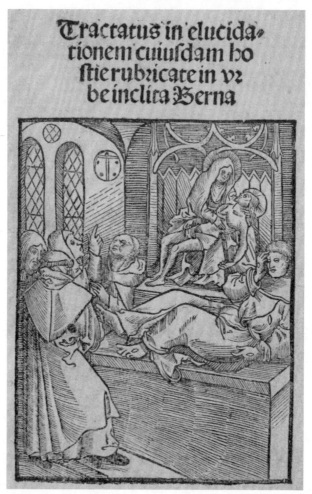

Frontispiz (zu S. 695): Der Traktat *in elucidationem cuiusdam hostie rubricate in urbe inclita Berna* enthält einen einzigen Holzschnitt, der die Aussetzung der roten Hostie zur Verehrung und die blutweinende Marienstatue mit dem Leichnam Christi in der Marienkapelle der Dominikanerkirche in Bern zeigt. Auf dem Altar liegt der Konversenbruder Hans Jetzer ausgestreckt. Man sieht die Stigmata an seinen Händen und Füßen und in der Seite. Links vom Altar zwei Dominikaner (einer von hinten) und zwei Zuschauer, ein Mann (?) und eine Frau. Der eine Dominikaner zeigt mit der rechten Hand auf eine Hostie oben an der Wand (oder schwebend?) mit einem Kreuz und fünf Punkten. Im Hintergrund zwei vergitterte Fenster.

Frontispiz von Jacobus de Marcepallo [Jacques de Marchepallu], *Tractatus in elucidationem cuiusdam hostie rubricate in urbe inclita Berna*, wahrscheinlich Basel, um 1509. Das Frontispiz dürfte, wie die meisten Holzschnitte der *Falschen History*, von Urs Graf d. Ä. stammen; vgl. HIERONYMUS, Oberrheinische Buchillustration 2 S. 36 Nr. 47 mit Abb. 171, 1.

(Österreichische Nationalbibliothek, 77.R.30.[Adl]; http://data.onb.ac.at/rep/10AC2CB4)

Monumenta Germaniae Historica

Schriften

Band 78

I

2022
Harrassowitz Verlag · Wiesbaden

Kathrin Utz Tremp

Warum Maria blutige Tränen weinte

Der Jetzerhandel und die Jetzerprozesse in Bern
(1507–1509)

I

2022
Harrassowitz Verlag · Wiesbaden

Bibliographische Information der Deutschen Nationalbibliothek
Die Deutsche Nationalbibliothek verzeichnet diese Publikation
in der Deutschen Nationalbibliografie; detaillierte bibliographische Daten
sind im Internet über https://dnb.de abrufbar.

Bibliographic information published by the Deutsche Nationalbibliothek
The Deutsche Nationalbibliothek lists this publication
in the Deutsche Nationalbibliografie; detailed bibliographic data
are available in the Internet at https://dnb.de.

© 2022 Monumenta Germaniae Historica, München
Alle Rechte vorbehalten
Gedruckt auf alterungsbeständigem Papier
Satz: Dr. Anton Thanner, Weihungszell
Druck und Verarbeitung: Beltz Grafische Betriebe GmbH, Bad Langensalza
Printed in Germany
ISBN 978-3-447-11647-3
ISSN 0080-6951

Für Ernst

Vorwort

Warum weint Maria blutige Tränen? Diese bange Frage stellten sich im Sommer 1507 viele Einwohner der Stadt Bern, aber auch der Schultheiß und Mitglieder des Kleinen und Großen Rats, nachdem die Statue in der Marienkapelle der Dominikanerkirche in der Nacht vom 24. auf den 25. Juni angeblich blutige Tränen geweint hatte. Mit diesem „Wunder" wurden die Erscheinungen von Geistern und Heiligen, die den Konversenbruder Johann (Hans) Jetzer seit Anfang Jahr zuerst in der Gästekammer und dann in seiner Zelle im Dormitorium heimgesucht hatten, erstmals in eine breitere Öffentlichkeit getragen. Die Geister und Heiligen warben für die Empfängnis der Jungfrau Maria in der Erbsünde (die befleckte Empfängnis), ein besonderes Anliegen des Dominikanerordens; dieses durfte indessen gar nicht genannt werden, weil sonst sofort allen klar gewesen wäre, dass die Erscheinungen inszeniert waren – etwas, was die Dominikaner bei ihrer Planung nicht bedacht hatten. Nachdem die Marienstatue blutige Tränen geweint hatte, griff der Rat der Stadt Bern ein und überstellte den Konversen Jetzer im Herbst 1507 an den Bischof von Lausanne, Aymo von Montfalcon. Bei Jetzers Prozess in Lausanne stellte sich heraus, dass die Erscheinungen ihm wohl von seinen Klostervorstehern, dem Prior Johann Vatter, dem Lesemeister Stephan Boltzhurst, dem Subprior Franz Ueltschi und dem Schaffner Heinrich Steinegger, vorgespielt worden waren. Diese wurden am Ende von zwei Prozessen vor einem außerordentlichen, vom Papst eingesetzten geistlichen Gericht am 23. Mai 1509 zur Degradierung und zur Übergabe an den weltlichen Arm verurteilt und am 31. Mai auf der Schwellenmatte in Bern auf dem Scheiterhaufen hingerichtet. Die Erschütterung blieb nicht auf Bern beschränkt, sondern löste eine wahre Flut von Traktaten aus, die sog. Jetzerliteratur, die von den damals neuen Medien Buchdruck und Holzschnitt getragen wurden und die, auf dem Weg zur Reformation, nicht wenig zum schlechten Ruf des mittelalterlichen Mönchtums beigetragen haben, ebenso wie auch die beiden Wirt-Händel (1494/95 und 1501–1513) und der Reuchlin-Handel (1510–1520), an denen die Dominikaner ebenfalls beteiligt waren.

Wir können uns in diesem Buch jedoch nicht mit der Jetzerliteratur befassen, sondern müssen uns damit „begnügen", den Jetzerhandel aufgrund der drei erwähnten Jetzerprozesse anzugehen (und damit auch die Voraussetzung für eine Aufarbeitung der Jetzerliteratur zu schaffen). Die Jetzerprozesse liegen seit 1904 in einer Edition des Berner Theologieprofessors Rudolf Steck vor, die jedoch während des ganzen 20. Jahrhunderts nie ausgewertet wurde. Stattdessen hat man sich darum gestritten, wer der eigentliche Schuldige war: ob die vier Vorsteher des Dominikanerkonvents in Bern oder nicht vielmehr Jetzer selber. Dies seitdem im Jahr 1897 der Kirchenhistoriker Nikolaus Paulus von einem „Justizmord an vier Dominikanern" gesprochen und diesen Justizmord der Stadt Bern zur Last gelegt hatte. Leider haben sich die Berner Historiker – selbst Rudolf Steck – auf die Seite von Paulus geschlagen, obwohl dieser nur die Akten des ersten Jetzerprozesses, nicht aber diejenigen des Haupt- und Revisionsprozesses gekannt hat, und alle Schuld auf Jetzer gehäuft, der in diesem nach ihm benannten „Handel" als einziger keine Lobby hatte; er war vielmehr ein Opfer, das bereits während des Jetzerhandels zum Täter gemacht wurde. Dabei hat man immer vom Original des Jetzerprozesses (bzw. der drei Jetzerprozesse) geträumt, das in einem römischen Archiv (demjenigen des Papstes oder der Dominikaner) liegen würde – wie wenn dieses zu einem anderen Urteil gekommen wäre als die Kopie im Staatsarchiv Bern, die eine sehr frühe, gut beglaubigte und allem Anschein nach einzige Kopie ist. Soweit wir auf einer allerdings kurzen Archivreise nach Rom feststellen konnten, liegen dort keine weiteren Quellen; für den Papst war die Sache weit weniger wichtig als für Bern, und die Dominikaner hatten wahrscheinlich gar keine Kopie und auch kein Interesse, eine solche aufzubewahren. Es liegt uns indessen fern, nun für Jetzer oder die Stadt Bern – wie das heute so üblich ist – eine Rehabilitation zu verlangen; viel wichtiger ist die wissenschaftliche Aufarbeitung des Falles, die wir hoffen geleistet zu haben. Diese Aufarbeitung richtet sich keineswegs gegen die Dominikaner allgemein und noch weniger gegen die heutigen Dominikaner, insbesondere nicht gegen jene des Konvents St-Hyacinthe, die in Freiburg im gleichen Quartier wohnen wie wir und die wir als gottesfürchtige und menschenfreundliche Männer kennengelernt haben.

Was mir den Mut gegeben hat, diese Arbeit in Angriff zu nehmen, ist meine „Lehrzeit" an der Universität Lausanne. Hier hat Prof. Agostino Paravicini Bagliani mir die Gelegenheit gegeben, in den Jahren 1990–1995 als Oberassistentin und seit 2000 als Privatdozentin mittelalterliche Geschichte zu lehren (und zu lernen). Hier haben wir uns mit den Anfängen der Inquisition sowie der Häresie- und Hexenverfolgungen in der Westschweiz vertraut gemacht, Themen, die mir bei der Aufarbeitung der Jetzerprozesse sehr hilfreich waren (auch wenn der Jetzerhandel nicht unbedingt in diese Zusammenhänge gehört). Ich bin stolz, dass ich in diesem Buch auf die Arbeiten unserer gemeinsamen Schüler zurückgreifen konnte, von denen hier nur Martine Ostorero, Georg Modestin und Lionel Dorthe genannt werden können. Im Jahr 2013 hat mir die Theologische Fakultät der Universität Bern, an der seinerzeit auch Rudolf Steck gelehrt hat, auf Antrag der Professoren Martin Sallmann und Rudolf Dellsperger für meine kirchengeschichtlichen Arbeiten die Ehrendoktorwürde verliehen. Damals begann ich zu ah-

Vorwort IX

nen, dass ich mich nach meiner Pensionierung als wissenschaftliche Mitarbeiterin im Staatsarchiv Freiburg (1999–2015) der Aufarbeitung des Jetzerhandels, mit dem ich mich seit 1988 immer wieder beschäftigt hatte, nicht mehr würde entziehen können. Bei der Arbeit sind mir auch die Chorherren des bernischen Vinzenzstifts (1484/85–1528) wieder begegnet, dem ich meine Dissertation (erschienen 1985) gewidmet hatte.

Am Ende eines langen Weges angelangt habe ich die angenehme Pflicht zu danken: Frau Prof. Dr. Martina Hartmann, Präsidentin der Monumenta Germaniae Historica, für die Aufnahme des umfangreichen Buches in die Schriftenreihe der MGH, in der 2008 bereits mein Buch „Von der Häresie zur Hexerei" erscheinen durfte. – Herrn Dr. Horst Zimmerhackl, der das Manuskript mit größter Sorgfalt betreut hat. – Prof. Dr. Paul Oberholzer SJ, Professor für mittelalterliche Geschichte an der Fakultät für Kirchengeschichte der Universität Gregoriana in Rom, der mir den Zugang zu den römischen Archiven geöffnet und dort nachträglich noch weitere Nachforschungen für mich angestellt hat. – Unserem älteren Sohn, Vinzenz Tremp, der mich auf der Archivreise nach Rom begleitet hat. – Unserem jüngeren Sohn, Benedikt Tremp, der die Druckfahnen mit der Akribie eines promovierten Germanisten mitgelesen hat. – Und *last but not least* meinem Mann Ernst Tremp, alt Stiftsbibliothekar von St. Gallen, der als erster das Manuskript einer gründlichen Lektüre unterzogen hat und mir dadurch zu einem wertvollen Gesprächspartner geworden ist. Er hat mir in einer schwierigen Zeit bei der Fertigstellung des Manuskripts und des Registers geholfen sowie die Bilder und die Bildrechte besorgt. Deshalb sei dieses Buch ihm, meinem Lebensgefährten seit über vierzig Jahren, gewidmet.

Freiburg, den 24./25. Juni 2021,
514 Jahre nachdem die Marienstatue
in der Berner Dominikanerkirche
blutige Tränen vergossen hatte Kathrin Utz Tremp

Inhaltsverzeichnis

[Teil I]

Abkürzungs- und Siglenverzeichnis XIX

Quellen- und Literaturverzeichnis XXI

Verzeichnis der wichtigsten Akteure XXXVI

EINLEITUNG

1. Stand der Forschung.. 1
   a) Hans Jetzer – eine erste Biographie (Emil Blösch, 1881) 3
   b) Die halbierte Schuld (Georg Rettig, 1883–1886) 7
   c) Ein Justizmord! (Nikolaus Paulus, 1897) 12
   d) Ein päpstlicher Justizmord? (Rudolf Steck, 1902–1905) 22
   e) Rückkehr zur halbierten Schuld (Daniel A. Mortier OP, 1911) 34
   f) Kein Justizmord (Albert Büchi, 1923) 37
   g) Jetzer ist an allem Schuld (Richard Feller, 1927 und 1953) 46
   h) Die Forschung in der zweiten Hälfte des 20. Jahrhunderts ... 49

2. Die Quellen des Jetzerhandels............................. 62
   a) Die Akten der Jetzerprozesse und die Beilagen (Defensorium;
      Briefe, Auszüge, Rechnungen) 65
   b) Die Chroniken 76
   c) Die sog. Jetzerliteratur................................. 82

3. Der Streit um die Empfängnis Marias und die Vorgeschichte des
   Jetzerhandels... 90
   a) Befleckt oder unbefleckt: der spätmittelalterliche Streit um die
      Empfängnis Marias..................................... 91
   b) Die Verehrung der hl. Anna und der erste Wirt-Handel
      (1494/1495) 106
   c) Der zweite Wirt-Handel (1501–1513) und die Rosenkranz-
      frömmigkeit 116

XII Inhaltsverzeichnis

TEIL I:
DER JETZERHANDEL AUS DER SICHT DER DOMINIKANER: DAS DEFENSORIUM

1. Der anonyme Herausgeber des Defensoriums 126

2. Der Prior des Dominikanerkonvents von Bern, Johann Vatter,
   als Verfasser des ersten Teils des Defensoriums 129
   a) Der Jetzerhandel unter der Führung des Priors von Bern 129
   b) Lob der dominikanischen Observanz 139
   c) Eingreifen des Lesemeisters Stephan Boltzhurst............. 143
   d) Der Streit um die messelesenden Toten 153

3. Der Prior des Dominikanerkonvents von Basel, Werner von
   Selden, als Verfasser von Teil II und III des Defensoriums 169
   a) Prior Werners erster Aufenthalt in Bern (11. bis 19. April 1507)
      und die Auseinandersetzung mit dem *Mariale* des observanten
      Franziskaners Bernardin de Bustis 169
   b) Prior Werner berichtet aus der Ferne..................... 185
   c) Prior Werners große Ent-Täuschung 193
   d) Prior Werners letzter Aufenthalt in Bern (30. Dezember 1507
      bis 14. Februar 1508) 197
   e) Gegenüberstellungen von Jetzer und den Dominikanern vor
      dem Rat von Bern (Januar 1508)......................... 200
   f) Jetzers Folterverhöre (5. und 7. Februar 1508) 206
   g) Prior Werners Rückzug nach Basel (14. Februar 1508) 212

4. Der Herausgeber des Defensoriums als Verfasser von Teil IV.... 218

Schluss: Das Defensorium als Beweismittel der Anklage in den
Jetzerprozessen.. 226

TEIL II:
DIE JETZERPROZESSE

1. Jetzers Prozess in Lausanne und Bern (8. Oktober 1507 bis
   22. Februar 1508) 235
   a) Jetzers Verhöre vor dem Bischof in Lausanne (8. Oktober bis
      21. Dezember 1507)................................... 235

Jetzers erstes Verhör (8. Oktober 1507) S. 236 – Jetzers zweites Verhör (15. Oktober 1507) S. 243 – Jetzers drittes Verhör (31. Oktober 1507); Anklageartikel und Artikelverhör (17. November 1507) S. 246 – Jetzers viertes Verhör (20. November 1507) S. 253 – Jetzers fünftes Verhör (22. November 1507) S. 256

b) Die Zeugen 260
Die Chorherren Johann Dübi und Heinrich Wölfli (6. Dezember 1507) S. 261 – Der Schuhmacher Johann Koch (12. Dezember 1507) S. 263 – Jetzers Reaktion auf die Zeugenaussagen (21. Dezember 1507) S. 265

c) Jetzers Verhöre vor dem Rat von Bern und vor dem bischöflichen Vikar von Lausanne in Bern (7. Januar bis 22. Februar 1508) 267
Gegenüberstellungen von Jetzer und den Dominikanern vor dem Rat von Bern (7., 14. und 31.[?] Januar 1508) S. 269 – Jetzers erstes Folterverhör (5. Februar 1508) S. 273 – Jetzers zweites Folterverhör (7. Februar 1508) S. 277 – Jetzers letztes Verhör vor dem bischöflichen Vikar von Lausanne in Bern (22. Februar 1508) S. 280

2. Der Hauptprozess in Bern (26. Juli bis 7. September 1508) 284
a) Die Vorbereitungen und der Beginn des Hauptprozesses (25. Februar bis 26./27 Juli 1508) 285
Die Vorbereitungen (25. Februar bis 17. Juli 1508) S. 285 – Der päpstliche Auftrag zum Hauptprozess (21. Mai 1508) S. 289 – Der Beginn des Hauptprozesses (26. und 27. Juli 1508) S. 292

b) Jetzers Prozess (26. Juli bis 5. August 1508) 297
Jetzers Geist und seine Beichtväter S. 299 – Die Erscheinungen der hl. Barbara und der Jungfrau Maria S. 302 – Die Ent-Larvung Marias und der Engel auf dem Schwebezug S. 309 – Die blutweinende Marienstatue S. 314 – Die Erscheinungen der heiligen Cäcilia, Bernhard von Clairvaux und Katharina von Siena S. 316 – Die Frauengeschichten der Klostervorsteher S. 321 – Jetzers Martyrium S. 323 – Die Verschwörung der Klostervorsteher in der Marienkapelle und die Erscheinung der gekrönten Maria auf dem Lettner der Dominikanerkirche S. 328 – Warum gerade Jetzer? S. 331

c) Anklageartikel und Artikelverhöre der vier Klostervorsteher (7. bis 11. August 1508) 334

XIV Inhaltsverzeichnis

Der Lesemeister (7. und 8. August 1508) S. 342 – Der Schaffner (8. August 1508) S. 345 – Der Prior (9. August 1508) S. 347 – Der Subprior (11. August 1508) S. 352

d) Die Zeugen (12. bis 31. August 1508).   357
Der Schmied Anton Noll S. 365 – Der Goldschmied Martin Franke S. 375 – Der Klostervogt Wilhelm von Diesbach S. 378 – Der Stadtschreiber Niklaus Schaller S. 382 – Der Cluniazenser Peter Müller S. 385 – Der Franziskaner Johann Müller S. 386 – Johann (Hans) Frisching (d. Ä.), Mitglied des Kleinen Rats S. 387 – Thomas vom Stein, Kantor des Vinzenzstifts S. 388 – Venner Benedikt Weingarter S. 390 – Der Apotheker Niklaus Alber S. 391 – Niklaus Darm, Mitglied des Großen Rats S. 394 – Der Scherer Ludwig von Schüpfen S. 395 – Der Bauherr Rudolf Huber S. 398 – Der Weibel Konrad Brun S. 401 – Johann Schindler, Mitglied des Rats der Sechzig S. 403 – Johann Dübi, Kustos des Vinzenzstifts S. 408 – Jost Keller, Kanzler des Bischofs von Basel S. 409 – Niklaus Grafenried, Mitglied des Kleinen Rats S. 410 – Der Glockengießer Johann Zehnder S. 412 – Der Zimmermann Heinrich Stiffels S. 413 – Der Gerichtsschreiber Peter Esslinger S. 415 – Die Priester Johann Brünisberg und Christen Keusen, Verwalter und Vikar in Rüeggisberg S. 419 – Der Pfarrer von Wimmis, Benedikt Dick S. 421 – Der Frühmesser von St. Stephan sowie die Pfarrer von Oberwil, Boltigen und Zweisimmen S. 422 – Die Dominikaner: der Konversenbruder Oswald und Bruder Bernhard Karrer S. 426 – Johann Murer, Dekan des Vinzenzstifts S. 428 – Valerius Anshelm, Schulmeister und Stadtarzt S. 432 – Die *Fama* des Jetzerhandels S. 436

e) Die Folterverhöre der vier Klostervorsteher (19. August bis 5. September 1508).   445
Anklageartikel des Verteidigers gegen Jetzer und Alibis für die Klostervorsteher S. 446 – Vorbereitungen zur Anwendung der Folter S. 456 – Das erste Folterverhör der Dominikaner (19. August 1508) S. 461 – Die Folterverhöre des Schaffners, Priors und Subpriors vom 21. und 23. August 1508 und das Ausscheiden des Provinzials aus dem Gericht S. 463 – Die Folterverhöre des Schaffners vom 25. und 26. August 1508 S. 469 – Die außerordentlichen Geständnisse des Subpriors vom 26. und 30. August 1508 S. 473 – Die Folterverhöre des Priors vom 28. und 29. August 1508 und die Ermahnungsrede des Bischofs von Sitten S. 477 – Die Folterverhöre des Lesemeisters

vom 30. August bis 1./3. September 1508 und seine Bekenntnisschrift S. 488 – Abschluss der Prozesse des Schaffners, Priors und Subpriors (1. und 2. September 1508) S. 508 – Die Mitschuld der Oberdeutschen Dominikanerprovinz S. 515 – Ein offenes Ende S. 528

[Teil II]

3. Der Revisionsprozess in Bern (2. bis 31. Mai 1509) 535
   a) Die Vorbereitungen und der Beginn des Revisionsprozesses
      (20. September 1508 bis 2. Mai 1509) 535
      Die Vorbereitungen S. 535 – Briefe aus Rom (5. November 1508 bis 1. Februar 1509) S. 538 – Der päpstliche Auftrag zum Revisionsprozess (1. März 1509) S. 543 – Der Beginn des Revisionsprozesses (2. Mai 1509) S. 548
   b) Die Verhöre Jetzers und der vier Dominikaner
      (2. bis 16. Mai 1509) 553
      Jetzer (2. bis 5. Mai 1509) S. 553 – Der Lesemeister (5. und 7. Mai 1509) S. 557 – Der Schaffner (8. und 9. Mai 1509) S. 563 – Der Prior (10. bis 12. Mai 1509) S. 568 – Der Subprior (14. bis 16. Mai 1509) S. 576
   c) Die Zeugen (17. bis 22. Mai 1509). 584
      Der Priester Johann Zwygart S. 585 – Der Sporenmacher Friedrich Hirz S. 591 – Der Goldschmied Martin Franke und der Glaser Lukas S. 592 – Der Schuhmacher Johann Koch S. 594 – Der Kaufmann Johann Graswyl S. 595 – Der Chorherr Heinrich Wölfli S. 597 – Der Apotheker Niklaus Alber S. 601 – Der Stadtschreiber Niklaus Schaller und Venner Kaspar Wyler S. 602 – Der Scherer Johann Haller S. 605 – Der Kustos Johann Dübi S. 606
   d) Letzte Verhöre der Klostervorsteher (18. bis 22. Mai 1509). 606
      Augenschein im Dominikanerkonvent S. 610 – Die Skandalisierung des Skandals S. 611
   e) Das Urteil gegen die vier Dominikaner und gegen Jetzer nach den Prozessakten und den chronikalischen Quellen (23. und 24. Mai 1509). 619
      Allerletzte Geständnisse des Priors (30. Mai 1509) S. 625 – Die Degradierung und Hinrichtung der Dominikaner in der Chronik des Valerius Anshelm S. 627 – Der Jetzerhandel und die Degradierung der Dominikaner in der Chronik des Diebold Schilling von Luzern S. 631 – Der Jetzerhandel in der Chronik

XVI Inhaltsverzeichnis

des Werner Schodoler S. 643 – Der Jetzerhandel in der Chronik des Ludwig Schwinkhart S. 646

4. Die Anklagepunkte gegen die Dominikaner 655
   a) Häresie und Erscheinungen. 663
   Auf der Suche nach der Häresie im Jetzerhandel S. 663 – Marienerscheinungen im Mittelalter S. 668
   b) Sakrileg: der Diebstahl der Kleinodien aus der Marienkapelle in der bernischen Dominikanerkirche 674
   c) Vergiftung: die wiederholten Vergiftungsversuche an Jetzer ... 677
   Der Giftmord im Mittelalter S. 681
   d) Idolatrie: Hostienwunder und Hostienfrevel 683
   Ein Fest der befleckten Empfängnis nach dem Vorbild des Fronleichnamsfestes S. 688 – Eine vergiftete, erbrochene und verbrannte Hostie S. 689 – Der *Tractatus in elucidationem cuiusdam hostie rubricate in urbe inclita Berna* S. 694
   e) Absage an Gott und Anrufung von Dämonen 698
   Schwarze Magie im Kloster S. 710

5. Hintergründe und Abgründe. 720
   a) Die Stadt Bern als weltlicher Arm 720
   Die Vertretung der Stadt in den Gerichten der Jetzerprozesse S. 723 – Die Stadt Bern: von der negativen Auswahl zum höchsten Lob S. 730 – „Kuhliebhaber und Verräter": Die Beleidigung Berns und der Eidgenossen S. 739 – Die Prophezeiungen der blutweinenden Marienstatue S. 744 – Der eidgenössische Pensionenbrief (1503) und seine Folgen S. 751 – Der bündnispolitische Hintergrund S. 760
   b) Eine Inflation des Übernatürlichen 776
   Die Reliquien und ihre Verehrung S. 780 – Eine neue Wallfahrt S. 795 – Jetzers Stigmata und Passionsspiel S. 804 – Zweifel an den Stigmata des hl. Franziskus von Assisi S. 812 – Der Vergleich mit Niklaus von Flüe S. 820 – Jetzers Stigmata: „Nicht große Löcher, sondern nur ein bisschen weggeschürfte Haut" S. 829 – Ekstase oder Epilepsie? S. 833 – Echte und falsche Heiligkeit am Ende des Mittelalters S. 838

Schluss: Vom Jetzerhandel zum Predigerhandel 847

Inhaltsverzeichnis XVII

EPILOG:
VOM JETZERHANDEL ZUR REFORMATION

Einleitung: Der Jetzerhandel in den „Dunkelmännerbriefen" (1515
und 1517). 874

1. Jetzers Schicksal 884
   a) Jetzers Verurteilung und seine Flucht aus dem Gefängnis
   (24. Mai und 25. Juli 1509). 884
   b) Jetzers Verhaftung und Freilassung in Baden (1512) 888

2. Die Kosten der Jetzerprozesse. 892
   a) Die Rechnungen. 893
   b) – und ihre Bezahlung. 902

3. Ein Aufschub?. 915
   a) Neue Altartafeln für die Berner Dominikanerkirche 918
   b) Totentanz und Jetzerhandel 928
   c) Ende des Tauwetters?. 937

4. Vom Jetzerhandel zur Reformation (1520 bis 1528/1530) 943
   a) Der Jetzerhandel in den 1520er-Jahren 946
   b) Bis dass der Tod euch scheidet: der Streit zwischen den
   Chorherren Ludwig Löubli und Heinrich Wölfli. 952

ANHANG

1. Chronologische Übersicht über Jetzerhandel und Jetzerprozesse. 963
   a) Jetzerhandel 963
   b) Jetzerprozesse. 970
   Jetzers Prozess in Lausanne und Bern S. 970 – Hauptprozess
   in Bern S. 977 – Revisionsprozess in Bern S. 986

2. Die Mitglieder des Dominikanerkonvents Bern 1498–1508. 994

3. Who's who von Jetzers Erscheinungen. 996

4. Die Zeugen in den Jetzerprozessen. 1004

XVIII Inhaltsverzeichnis

Abbildungsverzeichnis 1006

Tafeln... 1009

Namenregister 1021

Abkürzungs- und Siglenverzeichnis

AHVB	Archiv des Historischen Vereins des Kantons Bern
Akten	Die Akten des Jetzerprozesses nebst dem Defensorium
Akten I	Prozess Jetzer in Lausanne und Bern
Akten II	Hauptprozess in Bern
Akten II/1	Hauptprozess Jetzer
Akten II/2	Hauptprozesse der vier Dominikaner
Akten II/3	Hauptprozess, Zeugenverhöre
Akten III	Revisionsprozess in Bern
Akten, Beilagen 1	siehe Def.
Akten, Beilagen 2	siehe Beilagen
Anshelm	Die Berner-Chronik des Valerius Anshelm
Beilagen	Akten, Beilagen 2
BZGH	Berner Zeitschrift für Geschichte und Heimatkunde
CLHM	Cahiers lausannois d'histoire médiévale
d	Denar, Pfennig
Def.	Defensorium = Akten, Beilagen 1
EA	Eidgenössische Abschiede
Enc. WC	Encyclopedia of Witchcraft
F.	Fach (Urkundenfach, StABern)
FG	Freiburger Geschichtsblätter
HBLS	Historisch-biographisches Lexikon der Schweiz 1–7 u. Suppl. (1921–1934)
HLS online	Historisches Lexikon der Schweiz 1–13 (2002–2014) (online: https://hls-dhs-dss.ch/de/)
HS	Helvetia Sacra
lb	liber, Pfund
Lex.MA	Lexikon des Mittelalters
LThK	Lexikon für Theologie und Kirche
kan.	kanonisiert
Korrespondenzen Schiner	Korrespondenzen und Akten zur Geschichte des Kardinals Matth. Schiner
Luzerner Schilling	Die Schweizer Bilderchronik des Luzerners Diebold Schilling 1513
OCist	Ordo Cisterciensis (Zisterzienser)
OClun	Ordo Cluniacensis (Cluniazenser)
OFM	Ordinis Fratrum Minorum (Franziskaner)
OP	Ordinis Praedicatorum (Dominikaner)
OSB	Ordinis sancti Benedicti (Benediktiner)
Rechnungen	Akten, Beilagen 2 S. 657–664
Schodoler	Die eidgenössische Chronik des Wernher Schodoler, um 1510 bis 1535
ß	Schilling

XX Abkürzungs- und Siglenverzeichnis

SSRQ	Sammlung Schweizerischer Rechtsquellen
StA	Staatsarchiv
Tellbuch 1494	MEYER, Das Tellbuch der Stadt Bern vom Jahre 1494
Urkunden	Die Urkunden des Jetzerprozesses
www.niklaus-manuel.ch	Niklaus Manuel. Catalogue raisonné
ZSKG	Zeitschrift für Schweizerische Kirchengeschichte

Quellen- und Literaturverzeichnis

Acta capitulorum generalium ordinis Praedicatorum 4 (1501–1553), recensuit Fr. Benedictus Maria REICHERT OP (Monumenta ordinis fratrum Praedicatorum historica 9, 1901)

Die Akten des Jetzerprozesses nebst dem Defensorium, hg. von Rudolf STECK (Quellen zur Schweizer Geschichte 22, 1904) (online: https://archive.org/details/dieaktendesjetz00stecgoog; Zugriff 15. Nov. 2020)

Aktensammlung zur Geschichte der Berner Reformation 1521–1532, hg. von Rudolf STECK / Gustav TOBLER (1923) (online: https://www.e-rara.ch/bes_1/bernensia/content/titleinfo/16830696; Zugriff 15. Nov. 2020)

AMMANN-DOUBLIEZ, Chantal: Les chasses aux sorciers vues sous un angle politique: pouvoir et persécutions dans le diocèse de Sion au XVe siècle, in: Chasses aux sorcières et démonologie. Entre discours et pratiques (XIVe–XVIIe siècles). Textes réunis par Martine OSTORERO, Georg MODESTIN et Kathrin UTZ TREMP (Micrologus Library 36, 2010) S. 5–25

ANDENMATTEN, Bernard / UTZ TREMP, Kathrin: De l'hérésie à la sorcellerie: l'inquisiteur Ulric de Torrenté OP (vers 1420–1445) et l'affermissement de l'inquisition en Suisse romande, in: ZSKG 86 (1992) S. 69–119

ANGENENDT, Arnold: Heilige und Reliquien. Die Geschichte ihres Kultes vom frühen Christentum bis zur Gegenwart (1994)

Les Annales des Frères mineurs de Strasbourg, réd. par le frère Martin STAUFFENBERGER, économe du couvent (1507–1510). Extraits publ. d'après un manuscrit du dix-septième siècle, par Rodolphe REUSS, in: Bulletin de la Société pour la Conservation des Monuments Historiques d'Alsace, sér. 2,18 (1897) S. 295–314

ARNOLD, Klaus: Die Heilige Familie. Bilder und Verehrung der Heiligen Anna, Maria, Joseph und des Jesuskindes in Kunst, Literatur und Frömmigkeit um 1500, in: OPITZ u. a., Maria in der Welt S. 153–174

Aymon de Montfalcon. Mécène, prince et évêque de Lausanne (1443–1517). Volume édité par Bernard ANDENMATTEN e. a. (Etudes de Lettres n° 308, 2018)

BÄUMER, Remigius: Die Entscheidung des Konzils von Basel über die Unbefleckte Empfängnis Mariens und ihre Nachwirkungen in der Theologie des 15. und 16. Jahrhunderts, in: Studien zum 15. Jahrhundert 1 S. 193–206

BALZAMO, Nicolas: Fausses apparitions et vraie supercherie: l'affaire des Cordeliers d'Orléans (1534–1535), in: Bibliothèque d'Humanisme et de Renaissance 73,3 (2011) S. 481–496

– Les miracles dans la France du XVIe siècle (Le miroir des humanistes, 2014)

BARNAY, Sylvie: Les apparitions de la Vierge (1992)

– Le ciel sur la terre. Les apparitions de la Vierge au Moyen Âge, Préface de Jean DELUMEAU (1999)

– L'affaire de Berne. Immaculée conception et apparitions de la Vierge, in: FOURNIÉ/LEPAPE-BERLIER, L'Immaculée Conception S. 1–38

XXII   Quellen- und Literaturverzeichnis

BARTHELMÉ, Annette: La réforme dominicaine au XVe siècle en Alsace et dans l'ensemble de Teutonie (Collection d'études sur l'histoire du droit et des institutions de l'Alsace 7, 1931)

Die Berner-Chronik des Valerius Anshelm, hg. vom Historischen Verein des Kantons Bern [Emil BLÖSCH], 6 Bde. (1884–1901) [zit. Anshelm 1–6]

Berns große Zeit. Das 15. Jahrhundert neu entdeckt, hg. von Ellen J. BEER u. a. (1999)

Bildersturm. Wahnsinn oder Gottes Wille? Katalog zur Ausstellung Bernisches Historisches Museum, Musée de l'Œuvre Notre-Dame, Strasbourg, hg. von Cécile DEPEUX u. a. (2000)

BINZ-WOHLHAUSER, Rita: Katholisch bleiben? Freiburg im Üchtland während der Reformation (1520–1550) (2017)

BLASER, André: Les officiers de l'évêque et des couvents du diocèse de Lausanne (Bibliothèque historique vaudoise 26, 1960)

BLÖSCH, Emil: Art. Jetzer, Johann, in: Allgemeine Deutsche Biographie 14 (1881) (online: https://www.deutsche-biographie.de/sfz37256.html#adbcontent; Zugriff 15. Nov. 2020)

BOER, DE, Jan-Hendryk: Unerwartete Absichten – Genealogie des Reuchlinkonflikts (Spätmittelalter, Humanismus, Reformation 94, 2016)

BŒSPFLUG, François / BAYLE, Françoise: Sainte Anne. Histoire et représentations, publ. à l'occasion de l'exposition La Sainte Anne, l'ultime chef-d'œuvre de Léonard de Vinci, organisée au musée du Louvre du 29 mars au 25 juin 2012 (2012)

Bruder Klaus, Die ältesten Quellen über den seligen Niklaus von Flüe, sein Leben und seinen Einfluss, gesammelt und erläutert im Auftrage der h. Regierung des Kantons Unterwalden ob dem Kernwald auf die fünfhundertste Wiederkehr seiner Geburt, hg. von Robert DURRER, 2 Bde. (1917–1921, ND 1981)

BÜCHI, Albert: Kardinal Matthäus Schiner als Staatsmann und Kirchenfürst. Ein Beitrag zur allgemeinen und schweizerischen Geschichte von der Wende des XV.–XVI. Jahrhunderts, 1. Teil (bis 1514) (Sonderabdruck aus Collectanea Friburgensia NF, Lieferung 18 [27. der ganzen Sammlung], 1923); 2. Teil (1515–1522). Aus dem Nachlass hg. von Emil Franz Jos. MÜLLER (Collectanea Friburgensia NF, Fasc. 23 [32. der ganzen Reihe], 1937)

– Das Ende der Betrügerin Anna Laminit in Freiburg i. Uechtland, in: Zeitschrift für Kirchengeschichte 47 / NF 10/1 (1928) S. 41–46

Bernardinus <de Bustis> / Ponzonus Dominicus; Mariale, darin: Officium de missa Immaculatae Conceptionis BMV, Mailand 1493 (online: https://daten.digitale-sammlungen.de/db/0009/bsb00092275/images/; Zugriff 15. Nov. 2020)

BYNUM, Caroline Walker: Wonderful Blood. Theology and Practice in Late Medieval Northern Germany and Beyond (2007)

CACIOLA, Nancy: Discerning Spirits. Divine and demonic possession in the Middle Ages (Conjunctions of Religion & Power in the Medieval Past, 2003)

CÁRDENAS, Livia: Genealogie und Charisma. Imaginationen dominikanischer Verwandtschaften im Spätmittelalter, in: Die deutschen Dominikaner und Dominikanerinnen S. 301–334

Quellen- und Literaturverzeichnis

CHIFFOLEAU, Jacques: Dire l'indicible. Remarque sur la catégorie du *nefandum* du XIIe au XVe siècle, in: Annales ESC, mars–avril 1990 S. 289–324
- Avouer l'inavouable: l'aveu et la procédure inquisitoire à la fin du Moyen Âge, in: Renaud DULONG (dir.), L'aveu. Histoire, sociologie, philosophie (Droit et justice, 2001) S. 57–97
COLLARD, Franck: Veneficiis vel maleficiis, in: Le Moyen Age 109 (2003/1) S. 9–57
- Le crime de poison au Moyen Âge (Coll. Le Nœud Gordien, 2003)
CONTI, Fabrizio: Witchcraft, Superstition, and Observant Franciscan Preachers. Pastoral Approach and Intellectual Debate in Renaissance Milan (Europa Sacra 18, 2015)
CREYTENS, Raymond OP: Les constitutions des frères prêcheurs dans la rédaction de s. Raymond de Peñafort (1241), in: Archivum Fratrum Predicatorum 18 (1948) S. 5–68

DELLSPERGER, Rudolf, Art. Jetzerhandel, in: Religion in Geschichte und Gegenwart 4 (2001) Sp. 502
DESCŒUDRES, Georges / UTZ TREMP, Kathrin: Bern, Französische Kirche, Ehemaliges Predigerkloster. Archäologische und historische Untersuchungen 1988–1990 zu Kirche und ehemaligen Konventgebäuden (Schriftenreihe der Erziehungsdirektion des Kantons Bern, 1993)
Destins de pierre. Le patrimoine funéraire de la cathédrale de Lausanne, sous la dir. de Claire HUGUENIN e. a. (Cahiers d'archéologie romande 104, 2006)
Die deutschen Dominikaner und Dominikanerinnen im Mittelalter, hg. von Sabine VON HEUSINGER u. a. (Quellen und Forschungen zur Geschichte des Dominikanerordens NF 21, 2016)
Dictionnaire encylopédique du moyen âge, sous la dir. d'André VAUCHEZ, avec la coll. de Catherine VINCENT, 1 et 2 (1997)
DÖRFLER-DIERKEN, Angelika: Die Verehrung der heiligen Anna in Spätmittelalter und früher Neuzeit (Forschungen zur Kirchen- und Dogmengeschichte 50, 1992)
- Vorreformatorische Bruderschaften der hl. Anna, Heidelberg 1992 (Abhandlungen der Heidelberger Akademie der Wissenschaften, Philosophisch-historische Klasse, Jg. 1992, 3. Abhandlung)
DORTHE, Lionel: Brigands et criminels d'habitude. Justice et répression à Lausanne 1475–1550 (Bibliothèque historique vaudoise 142, 2015)
DUBUIS, Olivier F. / OSTORERO, Martine: La torture en Suisse occidentale (XIVe–XVIIIe siècles), in: La torture judiciaire. Approches historiques et juridiques, sous la dir. de Bernard DURAND. Avec la coll. de Leah OTIS-COUR (2002) S. 539–598
DÜRMÜLLER, Peter: Der Jetzerhandel und die Empfängnis Mariens. Masterarbeit der Philosophischen Fakultät der Universität Zürich, Feb. 2012 (masch.)

Die Eidgenössischen Abschiede aus dem Zeitraume von 1500 bis 1520, bearb. von Anton Philipp SEGESSER (Der amtlichen Abschiedesammlung Bd. 3, Abtheilung 2, 1869) [zit. EA III/2]
Die eidgenössische Chronik des Wernher Schodoler, um 1510 bis 1535. Kommentar zur Faksimile-Ausgabe der dreibändigen Handschrift MS 62 in der Leopold-Sophien-Bibliothek Überlingen, MS 2 im Stadtarchiv Bremgarten, MS Bibl. Zurl. Fol. 18 in

XXIV   Quellen- und Literaturverzeichnis

der Aargauischen Kantonsbibliothek Aarau, hg. von Walther BENZ (1983) S. 11–410: Edition des Chroniktextes, bearb. von Pascal LADNER, Separatdruck [zit. Schodoler]

ELLINGTON, Donna Spivey: From Sacred Body to Angelic Soul. Understanding Mary in Late Medieval and Early Modern Europe (2001)

Encyclopedia of Witchcraft. The Western Tradition, ed. Richard M. GOLDEN, 4 Bde. (durchgehend pag.) (2006) [zit. Enc. WC]

ENGLER, Claudia: Art. Bern, St. Michael in der Insel, in: HS IV/5 (1999) S. 610–630

– Regelbuch und Observanz. Der Codex A 53 der Burgerbibliothek Bern als Reformprogramm des Johannes Meyer für die Berner Dominikanerinnen (Kulturtopographie des alemannischen Raums 8, 2017)

FELLER, Richard: Art. Jetzer (Jetzerhandel), in: HBLS 4 (1927) S. 403 f.

– Geschichte Berns 2: Von der Reformation bis zum Bauernkrieg, 1516 bis 1653 (1953) S. 99–106

FELLER, Richard / BONJOUR, Edgar: Geschichtsschreibung der Schweiz vom Spätmittelalter zur Neuzeit 1 (^{2}1979)

FINUCANE, Ronald C.: Contested Canonizations. The Last Medieval Saints, 1482–1523 (2011)

De Frédéric II à Rodolphe II. Astrologie, divination et magie dans les cours (XIIIe–XVIIe siècle). Textes réunis par Jean-Patrice BOUDET e. a. (Micrologus Library 85, 2017)

FOURNIÉ, Eléonore / LEPAPE-BERLIER, Séverine: L'Immaculée Conception: une croyance avant d'être un dogme, un enjeu social pour la Chrétienté, L'Atelier du Centre de recherches historiques. Revue électronique du CRH 10 (2012) (online: https://journals.openedition.org/acrh/4244; Zugriff 15. Nov. 2020)

FÜLLENBACH, Elias H. OP (Hg.): Mehr als Schwarz und Weiß. 800 Jahre Dominikanerorden. Unter Mitarbeit von Susanne BIBER (2016)

GAY-CANTON, Réjane: Entre dévotion et théologie scolastique. Réceptions de la controverse médiévale autour de l'Immaculée Conception en pays germaniques (Bibliothèque d'histoire culturelle du Moyen Âge 11, 2011)

– La Rencontre à la Porte dorée. Image, texte et contexte, in: FOURNIÉ/LEPAPE-BERLIER, L'Immaculée Conception S. 1–29

GERBER, Roland: Gott ist Burger zu Bern. Eine spätmittelalterliche Stadtgesellschaft zwischen Herrschaftsbildung und sozialem Ausgleich (Forschungen zur mittelalterlichen Geschichte 39, 2001)

GÖTTLER, Christine / JEZLER, Peter: Doktor Thüring Frickers „Geistermesse". Die Seelgerätskomposition eines spätmittelalterlichen Juristen, in: Materielle Kultur und religiöse Stiftung im Spätmittelalter (Österreichische Akademie der Wissenschaften, philosophisch-historische Klasse, Sitzungsberichte 554; Veröffentlichungen des Instituts für mittelalterliche Realienkunde Österreichs 12, 1990) S. 187–231

GONTHIER, Nicole: Le châtiment du crime au Moyen Âge, XIIe–XVIe siècles (Coll. „Histoire", 1998)

Quellen- und Literaturverzeichnis XXV

GRAUS, Franišek: Fälschungen im Gewand der Frömmigkeit, in: Fälschungen im Mittelalter, Internationaler Kongreß der Monumenta Germaniae Historica München, 16.–19. September 1986, Teil V (MGH Schriften 33,V, 1988) S. 261–282

GREYERZ, VON, Hans: Der Jetzerprozess und die Humanisten, in: AHVB 31 (1931/1932) S. 243–299

– Studien zur Kulturgeschichte der Stadt Bern am Ende des Mittelalters, in: AHVB 35 (1940) S. 177–491

GÜNTHART, Romy (Hg.): Von den vier Ketzern. „Ein erdocht falsch history etlicher Prediger münch" und „Die war History von den vier ketzer prediger ordens". Edition und Kommentar (Schweizer Texte NF 29, 2009)

GUGGISBERG, Kurt: Bernische Kirchengeschichte (1958)

GUTSCHER-SCHMID, Charlotte: Nelken statt Namen. Die spätmittelalterlichen Malerwerkstätten der Berner Nelkenmeister (2007)

GYGER, Patrick J.: L'épée et la corde. Criminalité et justice à Fribourg (1475–1505) (CLHM 22, 1998)

HALLER, Berchtold: Bern in seinen Rathsmanualen 1465–1565, 3 Bde. (1900–1902)

HANSEN, Joseph: Quellen und Untersuchungen zur Geschichte des Hexenwesens und der Hexenverfolgung im Mittelalter (1901, ND 1963)

HELMRATH, Johannes: Das Basler Konzil 1431–1449. Forschungsstand und Probleme (Kölner Historische Abhandlungen 32, 1987)

Helvetia Sacra [zit. HS]

– I/1: Schweizerische Kardinäle. Das apostolische Gesandtschaftswesen in der Schweiz. Erzbistümer und Bistümer, red. von Albert BRUCKNER (1972)

– I/3: Le diocèse de Genève, l'archidiocèse de Vienne en Dauphiné, par Louis BINZ, Jean EMERY et Catherine SANTSCHI, réd. Jean-Pierre RENARD (1980)

– I/4: Le diocèse de Lausanne (VIᵉ siècle–1821), de Lausanne et Genève (1821–1925) et de Lausanne, Genève et Fribourg (depuis 1925), Réd. Patrick BRAUN (1988)

– I/5: Das Bistum Sitten / Le diocèse de Sion. L'archidiocèse de Tarentaise, Redaktion: Patrick BRAUN, Birgitte DEGLER-SPENGLER, Elsanne GILOMEN-SCHENKEL (2001)

– II/2: Die weltlichen Kollegiatstifte der deutsch- und französischsprachigen Schweiz, red. von Guy P. MARCHAL (1977)

– III/1: Frühe Klöster, die Benediktiner und Benediktinerinnen in der Schweiz, red. von Elsanne GILOMEN-SCHENKEL (1986)

– III/2: Die Cluniazenser in der Schweiz, red. von Hans-Jörg GILOMEN unter Mitarbeit von Elsanne GILOMEN-SCHENKEL (1991)

– III/4: Les chartreux en Suisse, Réd. Bernard ANDENMATTEN (2006)

– IV/5: Die Dominikaner und Dominikanerinnen in der Schweiz, red. von Petra ZIMMER unter Mitarbeit von Brigitte DEGLER-SPENGLER (1999)

– V/1: Der Franziskusorden. Die Franziskaner, die Klarissen und die regulierten Franziskaner-Terziarinnen in der Schweiz, red. von Brigitte DEGLER-SPENGLER (1978)

– VI: Die Karmeliter in der Schweiz, bearb. von D. François HUOT, red. von Brigitte DEGLER-SPENGLER, in: HS V/2: Der Franziskusorden. Die Kapuziner und Kapuzinerinnen in der Schweiz, Zweiter Teil (1974) S. 1125–1175

XXVI Quellen- und Literaturverzeichnis

HERZIG, Tamar: The Demons and the Friars: Illicit Magic and Mendicant Rivalry in Renaissance Bologna, in: Renaissance Quarterly 65/4 (Winter 2011) S. 1025–1058
– Christ transformed into a virgin woman. Lucia Brocadelli, Heinrich Institoris and the defense of the faith. With the text of *Stigmifere virginis Lucie de Narnia aliarumque spiritualium personarum feminei sexus facta admiracione digna* (Temi e testi 114, 2013)
– Genuine and Fraudulent Stigmatics in the Sixteenth Century, in: Dissimulation and Deceit in Early Modern Europe, ed. by Miriam ELIAV-FELDON und Tamar HERZIG (2015) S. 142–164
HESSE, Christian: Inszenierung durch gelehrtes Wissen. Die Bedeutung der Doktorpromotion Thüring Frickers (1473) für das Selbstverständnis der Stadt Bern, in: Martina STERCKEN / Christian HESSE (Hg.): Kommunale Selbstinszenierung. Städtische Konstellationen zwischen Mittelalter und Neuzeit (Medienwandel – Medienwechsel – Medienwissen 40, 2018) S. 81–94
HIERONYMUS, Frank: Oberrheinische Buchillustration 2: Basler Buchillustration 1500–1545 (Publikationen der Universitätsbibliothek Basel 5, 1984)
Histoire des saints et de la sainteté chrétienne
– 6: Au temps du renouveau évangélique, 1054–1274, sous la dir. d'André VAUCHEZ (1986)
– 7: Une église éclatée, 1275–1545, sous la dir. d'André VAUCHEZ (1986)
HOFER, Paul / MOJON, Luc: Die Kirchen der Stadt Bern. Antonierkirche, Französische Kirche, Heiliggeistkirche und Nydeggkirche (Die Kunstdenkmäler des Kantons Bern 5, 1969)
HORST, Ulrich OP: *Nova Opinio* und *Novelli Doctores.* Johannes de Montenigro, Johannes Torquemada und Raphael de Pornassio als Gegner der Immaculata Conceptio, in: Studien zum 15. Jahrhundert 1 S. 169–191
– Dogma und Theologie. Dominikanertheologen in den Kontroversen um die *Immaculata Conceptio* (Quellen und Forschungen zur Geschichte des Dominikanerordens NF 16, 2009)
HOYER, Wolfram OP: Die deutschen Dominikaner im Mittelalter, in: FÜLLENBACH, Mehr als Schwarz und Weiß S. 63–87
HUBER HERNÁNDEZ, Ariane: Für die Lebenden und für die Toten. Testamente des Spätmittelalters aus der Stadt Bern, Diss. phil.-hist. Universität Bern 2015 (2019) (https://biblio.unibe.ch/download/eldiss/15huberhernandez_a.pdf; Zugriff 15. Nov, 2020)
HÜBSCHER, Bruno: Die deutsche Predigerkongregation 1517–1520. Aufhebung, Kampf und Wiederherstellung, Diss. theol. Univ. Freiburg (Schweiz) (1953)
Ulrich von Hutten, Lettres des hommes obscurs, présentées et traduites par Jean-Christophe SALADIN (Le Miroir des Humanistes, 2004)

L'imaginaire du sabbat. Edition critique des textes les plus anciens (1430 c.–1440 c.), réunis par Martine OSTORERO, Agostino PARAVICINI BAGLIANI, Kathrin UTZ TREMP, en coll. avec Catherine CHÈNE (CLHM 26, 1999)

Quellen- und Literaturverzeichnis   XXVII

Inquisition et sorcellerie en Suisse romande. Le registre Ac 29 des Archives cantonales vaudoises (1438–1528). Textes réunis par Martine OSTORERO et Kathrin UTZ TREMP, en coll. avec Georg MODESTIN (CLHM 41, 2007)

IZBICKI, Thomas M.: The Immaculate Conception and Ecclesiastical Politics from the Council of Basel to the Council of Trent: The Dominicans and Their Foes, in: Archiv für Reformationsgeschichte 96 (2005) S. 145–170

JEZLER, Peter: In der Geistermesse vergelten die dankbaren Toten ihren Wohltätern die Jenseitsinvestitionen. Flügel des Allerseelenaltars aus dem Berner Münster, in: Bildersturm S. 204 f. Nr. 62

JOST, Hans Ulrich: Art. Jetzer, Johann, in: Neue Deutsche Biographie 10 (1974) S. 429 f.

KIECKHEFER, Richard: Magic in the Middle Ages (Cambridge Medieval Textbooks, 1989)
– Forbidden Rites. A Necromancer's Manual of the Fifteenth Century (Magic in History, 1997)

Korrespondenzen und Akten zur Geschichte des Kardinals Matth. Schiner, gesammelt und hg. von Albert BÜCHI, 2 Bde. (Quellen zur Schweizer Geschichte NF, Abt. 3,5 u. 6, 1920 u. 1925) [zit. Korrespondenzen Schiner]

KRÜGER, Birte / KRÜGER, Klaus (Hg.): Ich, Hans von Waltheym. Bericht über eine Pilgerreise im Jahr 1474 von Halle in die Provence (Forschungen zur hallischen Stadtgeschichte 21, 2014)

KÜHNE, Hartmut: Ostensio reliquiarum. Untersuchungen über Entstehung, Ausbreitung, Gestalt und Funktion der Heiltumsweisungen im römisch-deutschen Regnum (Arbeiten zur Kirchengeschichte 75, 2000)

KÜHNE, Hartmut / ZIESAK, Anne-Katrin (Hg.): Wunder, Wallfahrt, Widersacher. Die Wilsnackfahrt (2005)

LACHAT, Paul: Das Barfüßerkloster Bern, in: Alemania Franciscana Antiqua 4 (1958) S. 5–58

LAMY, Marielle: L'immaculée conception: étapes et enjeux d'une controverse au Moyen Âge (XIIᵉ–XVᵉ siècles) (Collection des Etudes Augustiniennes, Sér. Moyen Âge et Temps modernes 35, 2000)

LAUCHERT, Friedrich: Der Dominikaner Wigand Wirt und seine Streitigkeiten, in: Historisches Jahrbuch 18 (1897) S. 759–791

LECHNER, A.: Zum Jetzerprozess, in: Blätter für bernische Geschichte, Kunst und Altertumskunde 4 (1908) S. 201–208

LEVI D'ANCONA, Mirella: The Iconography of the Immaculate Conception in the Middle Ages and Early Renaissance (Monographs on Archaeology and Fine Arts, sponsored by the Archeological Institute of America and the College Art Association of America 7, 1957)

LIEBENAU, VON, Theodor: Der Franziskaner Dr. Thomas Murner (Erläuterungen und Ergänzungen zu Janssens Geschichte des deutschen Volkes 9,4 u. 9,5, 1913)

LINDT, Johann: Der Dominikanermönch Johannes Vatter, Buchbinder des Predigerklosters in Bern, in: Schweizerisches Gutenbergmuseum 1 (1965) S. 9–16

XXVIII Quellen- und Literaturverzeichnis

LOË, V., P. Paulus: Statistisches über die Ordensprovinz Teutonia (Quellen und Forschungen zur Geschichte des Dominikanerordens in Deutschland 1, 1907)

LÖHR, Gabriel M. OP: Die Teutonia im 15. Jahrhundert. Studien und Texte vornehmlich zur Geschichte ihrer Reform (Quellen und Forschungen zur Geschichte des Dominikanerordens in Deutschland 19, 1924)

MAIER, Eva: Trente ans avec le diable. Une nouvelle chasse aux sorciers sur la Riviera lémanique (1477–1484) (CLHM 17, 1996)

Marcepallo, de, Jacobus [Jacques de Marchepallu]: *Tractatus in elucidationem cuiusdam hostie rubricate in urbe inclita Berna*, o. O. u. J., wahrscheinlich Basel, um 1509. München, Bayerische Staatsbibliothek, Res/4 Dogm. 563 oder Res/4 P.lat. 1335#Beibd.1; Österreichische Nationalbibliothek, 77.R.30.(Adl) u. a. (online: http://data.onb.ac.at/rep/10AC2CB4; Zugriff 15. Nov. 2020)

MARCHAL, Guy P.: „Von der Stadt" und bis ins „Pfefferland". Städtische Raum- und Grenzvorstellungen in Urfehden und Verbannungsurteilen oberrheinischer und schweizerischer Städte, in: DERS. (Hg.), Grenzen und Raumvorstellungen (11.–20. Jh.) / Frontières et conceptions de l'espace (11e–20e siècles) (Clio Lucernensis 3, 1996) S. 225–263

Marchepallu siehe Marcepallo

MARTI, Susan (Hg.): Söldner, Bilderstürmer, Totentänzer. Mit Niklaus Manuel durch die Zeit der Reformation. Begleitpublikation zur gleichnamigen Wechselausstellung am Bernischen Historischen Museum (13. Oktober 2016 bis 17. April 2017) (2016)

MAURER, Helmut: Schweizer und Schwaben. Ihre Begegnung und ihr Auseinanderleben am Bodensee im Spätmittelalter ([2]1991)

MERCIER, Franck: La Vauderie d'Arras. Une chasse aux sorcières à l'Automne du Moyen Âge (Coll. „Histoire", 2006)

MEUTHEN, Erich: Die alte Universität (Kölner Universitätsgeschichte 1, 1988)

MEYER, Emil: Das Tellbuch der Stadt Bern vom Jahre 1494, in: AHVB 30,2 (1930) S. 147–224 [zit. Tellbuch 1494]

MODESTIN, Georg: Le diable chez l'évêque. Chasse aux sorciers dans le diocèse de Lausanne (vers 1460) (CLHM 25, 1999)

– L'inquisition romande et son personnel. Une étude prosopographique, in: Inquisition et sorcellerie en Suisse romande S. 315–411

MORTIER, Daniel Antonin OP: Histoire des maîtres généraux de l'Ordre des Frères Prêcheurs, 8 Bde. (1903–1914); 4: 1487–1589 (1911)

MOSER, Franz Adolf: Ritter Wilhelm von Diesbach, Schultheiß von Bern, 1442–1517, Diss. phil. I Universität Bern (1930)

Murner, Thomas: *De quattuor heresiarchis ordinis Praedicatorum de Observantia nuncupatorum, apud Suitenses in civitate Bernensi co[m]bustis. Anno Christi M.D.IX*, [Straßburg] [1509], Digitalisat Bayerische Staatsbibliothek, Münchener Digitalisierungszentrum, Digitale Bibliothek, Res/4 P.lat 420 d#Beibd.2, VD16 M 7054 (online: https://daten.digitale-sammlungen.de/db/bsb00007126/images/; Zugriff 15. Nov. 2020)

– Von den fier ketzeren, hg. von Eduard FUCHS (Thomas Murners Deutsche Schriften, mit den Holzschnitten der Erstdrucke I,1, 1929)

Quellen- und Literaturverzeichnis   XXIX

NEIDIGER, Bernhard: Mendikanten zwischen Ordensideal und städtischer Realität. Untersuchungen zum wirtschaftlichen Verhalten der Bettelorden in Basel (Berliner Historische Studien 5; Ordensstudien 3, 1981)
– Die Observanzbewegungen der Bettelorden in Südwestdeutschland, in: Rottenburger Jahrbuch für Kirchengeschichte 11 (1992) S. 175–196
– Das Dominikanerkloster Stuttgart, die Kanoniker vom gemeinsamen Leben in Urach und die Gründung der Universität Tübingen. Konkurrierende Reformansätze in der württembergischen Kirchenpolitik am Ausgang des Mittelalters (Veröffentlichungen des Archivs der Stadt Stuttgart 58, 1993)
Niklaus Manuel Deutsch. Maler, Dichter, Staatsmann. Ausstellungskatalog Kunstmuseum Bern (1979)
Niklaus Manuel. Catalogue raisonné. Print- und Online-Version (Schriften der Burgerbibliothek Bern; Œuvrekatalog Schweizer Künstler und Künstlerinnen 29, 2017) (online: https://www.niklaus-manuel.ch/content.aspx; Zugriff 15. Nov. 2020) [zit. www.niklaus.manuel.ch]
„Nit wenig verwunderns und nachgedenken." Die „Reichstagsakten – Mittlere Reihe", in: Edition und Forschung, hg. von Elke WOLGAST (Schriftenreihe der Historischen Kommission bei der Bayerischen Akademie der Wissenschaften 92, 2015)

OGUEY, Grégoire: La „petite Renaissance" d'Aymon de Montfalcon. Le goût de l'évêque et des milieux canoniaux pour l'Italie et les monuments, in: Aymon de Montfalcon S. 107–128
OPITZ, Claudia u. a. (Hg.): Maria in der Welt. Marienverehrung im Kontext der Sozialgeschichte, 10.–18. Jahrhundert (Clio Lucernensis 2, 1993)
ORTEGA, Gwendolin: *Maleficare*. Etudes de cas comparatives sur la pratique et la condamnation des maléfices dans l'arc alpin occidental (v. 1420–1460). Mémoire de maîtrise universitaire ès lettres en Histoire médiévale, Université de Lausanne, Session d'hiver 2017 (masch.)
OSTORERO, Martine: Les marques du diable sur le corps des sorcières (XIVᵉ–XVIIᵉ siècles), in: La pelle umana. The Human Skin, Micrologus. Natura, Scienze e Società Medievali 13 (2005) S. 359–388
– „Folâtrer avec les démons". Sabbat et chasse aux sorciers à Vevey (1448). Réédition (anastatique) de la version parue en 1995, accompagnée d'une préface (CLHM 47, 2008)
– Crimes et sanctions dans la répression de la sorcellerie à la fin du Moyen Âge. Une étude des sentences prononcés contre les inculpés (ACV, Ac 29), in: Revue historique vaudoise 118 (2010) S. 17–35
– Le diable au sabbat. Littérature démonologique et sorcellerie (1440–1460) (Micrologus Library 38, 2011)
– L'odeur fétide des démons. Une preuve de leur présence corporelle au sabbat, in: Parfums et odeurs au Moyen Âge. Science, usage, symbole. Textes réunis par Agostino PARAVICINI BAGLIANI (Micrologus Library 67, 2015) S. 259–288

XXX Quellen- und Literaturverzeichnis

PAULUS, Nikolaus: Ein Justizmord an vier Dominikanern begangen. Aktenmäßige Revision des Berner Jetzerprozesses vom Jahre 1509 (Frankfurter zeitgemäße Broschüren NF 18,3, 1897)
– Die deutschen Dominikaner im Kampfe gegen Luther (1518–1563) (Erläuterungen und Ergänzungen zu Janssens Geschichte des deutschen Volkes 4,1 u. 4,2, 1903)
PFISTER, Laurence: L'enfer sur terre. Sorcellerie à Dommartin (1498) (CLHM 20, 1997)
PFISTER, Rudolf: Kirchengeschichte der Schweiz 1 (1964)
PFLEGER, Luzian: Nikolaus Paulus, ein Priester- und Gelehrtenleben 1353–1930 (Lebensbilder elsässischer Katholiken 4, 1931)
PIBIRI, Eva: Aymon de Montfalcon, ambassadeur de la cour de Savoie et du roi de France: un spécialiste de la négociation, in: Aymon de Montfalcon S. 85–105

Quellen zur Geschichte der Waldenser von Freiburg im Üchtland (1399–1439), hg. von Kathrin UTZ TREMP (MGH Quellen zur Geistesgeschichte des Mittelalters 18, 2000)

RAPP BURI, Anna / STUCKY-SCHÜRER, Monica: Der Berner Chorherr Heinrich Wölfli (1470–1532), in: Zwingliana 25 (1998) S. 65–105
Registrum litterarum fr. Thomae de Vio Caietani O. P. magistri ordinis 1508–1513, ed. Albertus DE MEYER OP (Monumenta ordinis fratrum Praedicatorum historica 17, 1935)
RETTIG, Georg: Art. Hans Jetzer (14..–15..), in: Sammlung bernischer Biographien 1 (1884) S. 330–339
REYMOND, Maxime: Les dignitaires de l'église Notre-Dame de Lausanne jusqu'en 1536 (Mémoires et documents publ. par la Société d'histoire de la Suisse romande, 2e sér., 8, 1912)
ROGGER, Philippe: Geld, Krieg und Macht. Pensionsherren, Söldner und eidgenössische Politik in den Mailänderkriegen 1494–1516 (2015)
RUBIN, Miri: Corpus Christi. The Eucharist in Late Medieval Culture (1991)
– Mother of God. A History of the Virgin Mary (Penguin Books, 2010)
RÜTHER, Andreas: Bettelorden in Stadt und Land. Die Straßburger Mendikantenkonvente und das Elsass im Spätmittelalter (Berliner Historische Studien 26; Ordensstudien 11, 1997)

SAURER, Klaus Martin: Art. Jetzer, Johannes, in: Biographisch-Bibliographisches Kirchenlexikon 3 (1992) Sp. 100–101
SCHIMMELPFENNIG, Bernhard: Die Degradation von Klerikern im späten Mittelalter, in: Zeitschrift für Religions- und Geistesgeschichte 34,1 (1982) S. 305–323
SCHLÄPPI, Daniel: Selbstbereicherung an kollektiven Ressourcen. „Eigennutz" als Leitmotiv politischer und sozialer Skandalisierung in der vormodernen Eidgenossenschaft, in: Traverse 22,3 (2015) S. 57–71
SCHMID, Regula: Wahlen in Bern. Das Regiment und seine Erneuerung im 15. Jahrhundert, in: BZGH 58,3 (1996) S. 233–270
SCHMITT, Clément OFM: La controverse allemande de l'Immaculée Conception. L'intervention et le procès de Wigand Wirt OP (1494–1513), in: Archivum Franciscanum Historicum 45,3–4 (Juli–Okt. 1952) S. 397–450

Quellen- und Literaturverzeichnis   XXXI

SCHÖNHERR, Alphons: Katalogisierung mittelalterlicher und neuzeitlicher Handschriften, in: 29. Bericht über das Jahr 1958 der Zentralbibliothek Solothurn (1959) S. 45–53

SCHREINER, Klaus: Maria, Jungfrau, Mutter, Herrscherin (1994)
– Maria, Leben, Legenden, Symbole (C. H. Beck Wissen, 2003)

SCHUHMANN, Georg: Thomas Murner und die Berner Jetzertragödie, in: ZSKG 2 (1908) S. 1–30 u. 114–130
– Die Berner Jetzertragödie im Lichte der neueren Forschung und Kritik (Erläuterungen und Ergänzungen zu Janssens Geschichte des deutschen Volkes 9,3, 1912)

Die Schweizer Bilderchronik des Luzerners Diebold Schilling 1513 (online: https://www.e-codices.unifr.ch/de/searchresult/list/one/kol/S0023-2; Zugriff 15. Nov. 2020); Sonderausgabe des Kommentarbandes zum Faksimile der Handschrift S. 23 fol. in der Zentralbibliothek Luzern, hg. von Alfred A. SCHMID (1981) [zit. Luzerner Schilling]

Schwinkhart, Ludwig: Chronik 1506 bis 1521, hg. von Hans VON GREYERZ (1941)

SCUDERI, Magnolia: Museum von San Marco [Florenz]. Der offizielle Führer (^{2}2007, ^{1}1999)

SIDLER, Daniel: Heiligkeit aushandeln. Katholische Reform und lokale Glaubenspraxis in der Eidgenossenschaft (1560–1790) (Campus Historische Studien 75, 2017)

SIEBER-LEHMANN, Claudius: Spätmittelalterlicher Nationalismus. Die Burgunderkriege am Oberrhein und in der Eidgenossenschaft (Veröffentlichungen des Max-Planck-Instituts für Geschichte 116, 1995)

SIGNORI, Gabriela: „Totius ordinis nostri patrona et advocata": Maria als Haus- und Ordensheilige der Zisterzienser, in: OPITZ u. a. (Hg.), Maria in der Welt S. 253–277
– Maria zwischen Kathedrale, Kloster und Welt. Hagiographische und historiographische Annäherungen an eine hochmittelalterliche Wunderpredigt (1995)

SIMON, Sophie: „Si je le veux, il mourra". Maléfices et sorcellerie dans la campagne genevoise (1497–1530) (CLHM 42, 2007)

SLADECZEK, Franz-Josef: Jetzerhandel 1507: Ein weinendes Marienbild entpuppt sich als Betrug. Vier Mönche landen auf dem Scheiterhaufen, in: Bildersturm S. 254–255 Nr. 106

SPECKER, Hermann: Urfehden und Urteilssprüche: eine neu erschlossene Urkundenabteilung im bernischen Staatsarchiv, in: BZGH 23 (1961) S. 137–146

SPRINGER, Klaus-Bernward: Die deutschen Dominikaner in Widerstand und Anpassung während der Reformationszeit (Quellen und Forschungen zur Geschichte des Dominikanerordens NF 8, 1999)
– Der Orden in Deutschland während und nach der Reformation, in: FÜLLENBACH, Mehr als Schwarz und Weiß S. 115–144

Das Stadtrecht von Bern 6/1: Staat und Kirche, bearb. und hg. von Hermann RENNEFAHRT (SSRQ BE I/6.1, 1960)

STECK, Rudolf: Der Berner Jetzerprozess (1507–1509) in neuer Beleuchtung nebst Mitteilungen aus den noch ungedruckten Akten (Separat-Abdruck aus der „Schweizerischen theolog. Zeitschrift", 1902) S. 1–87
– Kulturgeschichtliches aus den Akten des Jetzerprozesses (Kirchliches, Politisches, Medizinisches, Häusliche Einrichtung und Kunst, Finanzielles), in: Blätter für berni-

XXXII Quellen- und Literaturverzeichnis

sche Geschichte, Kunst und Altertumskunde 1 (1905) S. 161–186 (mit Nachbildungen von fünf Holzschnitten aus dem Gedichte *Von den fier ketzeren*, 1509)

STEITZ, Georg-Eduard: Der Streit über die unbefleckte Empfängniss(!) der Maria zu Frankfurt a. M. im Jahre 1500 und sein Nachspiel in Bern 1509, in: Archiv für Frankfurts Geschichte und Kunst NF 6 (1877) S. 1–35

STREUN, Kristina: Das Testament des Hans Rudolf von Scharnachthal 1506, in: BZGH 55,3 (1993) S. 157–201

STROBINO, Sandrine: Françoise sauvée des flammes? Une valaisanne accusée de sorcellerie au XVe siècle (CLHM 18, 1996)

STUDER IMMENHAUSER, Barbara Katharina: Verwaltung zwischen Innovation und Tradition. Die Stadt Bern und ihr Untertanengebiet 1250–1550 (Mittelalter-Forschungen 19, 2006)

Studien zum 15. Jahrhundert (Festschrift für Erich Meuthen) 1, hg. von Johannes HELMRATH und Heribert MÜLLER in Zusammenarbeit mit Helmut WOLFF (1994)

THÉRY, Julien: Fama: l'opinion publique comme preuve judiciaire. Aperçu sur la révolution médiévale de l'inquisitoire (XIIe–XIVe), in: Bruno LEMESLE (dir.), La preuve en justice: de l'Antiquité à nos jours (2003) S. 119–147

THÉVENAZ MODESTIN, Clémence: Un mariage contesté. L'union de la Cité et de la Ville inférieure de Lausanne (1481) (CLHM 38, 2006)

TREMP, Ernst: Wunder und Wallfahrt. Das Marienheiligtum von Lausanne nach den Mirakelberichten im Chartular Conos von Estavayer (1232–1242), in: Francia 32,1 (2005) S. 91–119

– Das Ende des Freiburger Humanisten und Staatsmanns Peter Falck († 1519), in: FG 95 (2018) S. 115–148

TREMP-UTZ, Kathrin: Eine spätmittelalterliche Jakobsbruderschaft in Bern, in: ZSKG 77 (1983) S. 47–93

– Die Chorherren des Kollegiatstifts St. Vinzenz in Bern. Von der Gründung bis zur Aufhebung 1484/85–1528, in: BZGH 46 (1984) S. 55–110

– Das Kollegiatstift St. Vinzenz in Bern. Von der Gründung 1484/85 bis zur Aufhebung 1528 (AHVB 69, 1985)

– Gottesdienst, Ablasswesen und Predigt am Vinzenzstift in Bern (1484/85–1528), in: ZSKG 80 (1986) S. 31–98

– Welche Sprache spricht die Jungfrau Maria? Sprachgrenzen und Sprachkenntnisse im bernischen Jetzerhandel (1507–1509), in: Schweizerische Zeitschrift für Geschichte 38 (1988) S. 221–249

TREMP-UTZ siehe auch UTZ TREMP

TRUFFER, Bernard: Art. Schiner, Matthäus, in: HS I/5 S. 230–240

TÜRLER, Heinrich: Zur Topographie der Kreuzgasse und der Gerechtigkeitsgasse in Bern, in: Neues Berner Taschenbuch (auf das Jahr 1899) 4 (1898) S. 121–138

– Der Berner Chorherr Constans Keller, in: Festgabe zur 60. Jahresversammlung der Allgemeinen Geschichtsforschenden Gesellschaft der Schweiz, dargeboten vom Historischen Verein des Kantons Bern (1904) S. 241–309

Quellen- und Literaturverzeichnis   XXXIII

Die Urkunden des Jetzerprozesses, hg. mit einer Einleitung, Anmerkungen und einer literarischen Übersicht von Georg RETTIG, in: AHVB 11 (1883–1886) S. 179–248, 275–344, 501–566 [zit. Urkunden]

UTZ TREMP, Kathrin: Der Freiburger Waldenserprozess von 1399 und seine bernische Vorgeschichte, in: FG 68 (1991) S. 57–85

– Geschichte des Berner Dominikanerkonvents von 1269–1528 mit einer Darstellung der topographischen Verhältnisse in Kloster und Kirche zur Zeit des Jetzerhandels, in: DESCŒUDRES/UTZ TREMP, Bern, Französische Kirche S. 119–160

– Eine Werbekampagne für die befleckte Empfängnis: der Jetzerhandel in Bern (1507–1509), in: OPITZ u. a., Maria in der Welt S. 323–337

– Art. Jetzer, Johannes, in: LThK 5 (³1996) S. 548

– Art. Bern, in: HS IV/5 S. 285–324

– Die Zeit des Malers Hans Fries, in: Hans Fries. Ein Maler an der Zeitenwende, hg. von Verena VILLIGER und Alfred A. SCHMID (2001) S. 21–29

– Art. Jetzerhandel, in: HLS 6 (2007) S. 792

– Von der Häresie zur Hexerei. „Wirkliche" und imaginäre Sekten im Spätmittelalter (MGH Schriften 59, 2008)

– Die bernischen Dominikaner und die totgeborenen Kinder von Oberbüren. Beispiele für gelungene Zusammenarbeit zwischen Geschichte und Archäologie, in: Die mittelalterliche Stadt erforschen – Archäologie und Geschichte im Dialog, hg. von Armand BAERISWYL u. a. (Schweizer Beiträge zur Kulturgeschichte des Mittelalters 36, 2009) S. 215–233

– Ein reformierter Tremp [Lienhard Tremp], in: Schaukasten Stiftsbibliothek St. Gallen. Abschiedsgabe für Stiftsbibliothekar Ernst Tremp, hg. von Franziska SCHNOOR u. a. (2013) S. 200–207

– Le Chapitre de St-Vincent de Berne (1484–1528) et ses antiphonaires, in: Marina BERNASCONI REUSSER e. a., Les antiphonaires de St-Vincent de Berne. Le destin mouvementé d'un chef-d'œuvre liturgique, Musée historique de Vevey (2017) S. 18–21

– La défense d'une cause perdue. Le rôle de l'évêque Aymon de Montfalcon dans les procès Jetzer (Berne, 1507–1509), in: Aymon de Montfalcon S. 63–84

– Das Marienheiligtum von Oberbüren in historischer Sicht (um 1470–1530), in: Peter EGGENBERGER u. a., Das mittelalterliche Marienheiligtum von Oberbüren. Archäologische Untersuchungen in Büren an der Aare, Chilchmatt (Hefte zur Archäologie im Kanton Bern 4, 2019) S. 10–52

UTZ TREMP, Kathrin / ABBOTT Fanny: Le Chapitre de St-Vincent (1484–1528) et ses antiphonaires. Du Moyen Age à nos jours, le parcours mouvementé d'un chef-d'œuvre liturgique, in: Kunst + Architektur in der Schweiz 2 (2017) S. 46–54

UTZ TREMP siehe auch TREMP-UTZ

VASELLA, Oskar: Art. Jetzer, Johannes, in: LThK 5 (²1960) S. 967 f.

VAUCHEZ, André: Les stigmates de saint François et leurs détracteurs dans les derniers siècles du Moyen âge, in: DERS., Religion et société dans l'Occident médiéval (1980) S. 595–625 (ursprünglich in: Mélanges d'Archéologie et d'Histoire publ. par l'Ecole française de Rome 80 [1968] S. 595–625)

XXXIV Quellen- und Literaturverzeichnis

- La sainteté en Occident aux derniers siècles du Moyen Age, d'après les procès de canonisation et les documents hagiographiques. Edition revue et mise à jour (Bibliothèques des Ecoles françaises d'Athènes et de Rome 241, 1988, [1]1981)
- La naissance du soupçon: vraie et fausse sainteté aux derniers siècles du Moyen Age, in: DERS., Saints, prophètes et visionnaires. Le pouvoir surnaturel au Moyen Age (1999) S. 208–219 (zuerst unter dem Titel: Vraie et fausse sainteté: la naissance du soupçon, in: Finzione et santità tra Medio Evo et età moderna, sous la dir. de Gabriella ZARRI [1991] S. 39–51)
- Les laïcs au Moyen Age. Pratiques et expériences religieuses (1987)

WALDER, Ernst: Reformation und moderner Staat, in: 450 Jahre Berner Reformation. Beiträge zur Geschichte der Berner Reformation und zu Niklaus Manuel (AHVB 64/65, 1980/1981) S. 445–583

WEBER, Berchtold: Historisch-Topographisches Lexikon der Stadt Bern (2016) (online: https://www.digibern.ch/katalog/historisch-topographisches-lexikon-der-stadt-bern; Zugriff 15. Nov. 2020)

WEGENER, Lydia: „Wider alle beflecker oder bescheysser der reynigkeit Marie". Zur propagandistischen Ausschlachtung des Berner Jetzerskandals in den ersten Jahrzehnten des 16. Jahrhunderts, in: Schrift-Zeiten. Poetologische Konstellationen von der Frühen Neuzeit bis zur Postmoderne, hg. von Jan BROCH / Markus RASSILLER (2006) S. 35–64

WEHRLI-JOHNS, Martina: Geschichte des Zürcher Predigerkonvents (1230–1524). Mendikantentum zwischen Kirche, Adel und Stadt (1980)
- L'Immaculée Conception après le concile de Bâle dans les provinces dominicaines et franciscaines de la Teutonie et de Saxe: débats et iconographie, in: FOURNIÉ/LEPAPE-BERLIER, L'Immaculée Conception S. 1–26

WEINSTEIN, Donald: Savonarola. The Rise and Fall of a Renaissance Prophet (2011)

Wirt, Wigand: *Dialogus apologeticus fratris Wigandi Wirt, sacre theologie professoris, contra Wesalianicam perfidiam atque divi ordinis fratrum Predicatorum persecutores, ac demum contra eos qui de conceptione immaculatissime virginis Marie male sentiunt, studiosa exaratio in laudem eiusdem gloriose virginis Marie*, Oppenheym, [ca. 1504], Digitalisat München, Bayerische Staatbibliothek – 4 Polem. 3260d (online: https://daten.digitale-sammlungen.de/0000/bsb00003234/images/?seite=00001&l=de; Zugriff 15. Nov. 2020)

WIRZ, Caspar: Bullen und Breven aus italienischen Archiven 1116–1623 (Quellen zur Schweizer Geschichte 21, 1902)

Heinrich Wölflis Reise nach Jerusalem 1520/1521. Veröffentlichung der Schweizer Bibliophilen Gesellschaft, hg. von Hans BLOESCH (1929)

WÜRGLER, Andreas: Medien in der Frühen Neuzeit (Enzyklopädie deutscher Geschichte 85, [2]2013)

ZAHND, Urs Martin: Die Bildungsverhältnisse in den bernischen Ratsgeschlechtern im ausgehenden Mittelalter. Verbreitung, Charakter und Funktion der Bildung in der politischen Führungsschicht einer spätmittelalterlichen Stadt (Schriften der Berner Burgerbibliothek, 1979)

Quellen- und Literaturverzeichnis XXXV

- Die autobiographischen Aufzeichnungen Ludwig von Diesbachs. Studien zur spätmittelalterlichen Selbstdarstellung im oberdeutschen und schweizerischen Raume (Schriften der Berner Burgerbibliothek, 1986)
- „...aller Wällt Figur...". Die bernische Gesellschaft des ausgehenden Mittelalters im Spiegel von Niklaus Manuels Totentanz, in: Berns große Zeit S. 119–139
- „Wir sind willens ein kronick beschriben zu lassen". Bernische Geschichtsschreibung im 16. und 17. Jahrhundert [Valerius Anshelm und Michael Stettler], in: BZGH 67 (2005) S. 37–61
- Gesellschaftsbild und Gesellschaftskritik in Niklaus Manuels *Berner Totentanz*, in: Zum Sterben schön. Alter, Totentanz und Sterbekunst von 1500 bis heute, hg. von Andrea VON HÜLSEN-ESCH 1 (2006) S. 144–155

ZAREMSKA, Hanna: Les bannis au Moyen Âge. Traduit du polonais par Thérèse DOUCHY. Préface de Claude GAUVARD (1996)

Verzeichnis der wichtigsten Akteure

DOMINIKANER
Johann Vatter, Prior von Bern, Autor
Stephan Boltzhurst, Lesemeister von Bern
Franz Ueltschi, Subprior von Bern
Heinrich Steinegger, Schaffner von Bern
Paul Süberlich, Novizenmeister von Bern
Johann Meyerli, Novize in Bern
Johann (Hans) Jetzer, Konversenbruder in Bern
Peter Sieber, Provinzial der Oberdeutschen Provinz, Richter im Hauptprozess
Paul Hug, Vikar des Provinzials
Magnus Wetter, Gesandter des Provinzials
Werner von Selden, Prior von Basel, Autor
Wigand Wirt, Autor

DAS GERICHT
Aymo von Montfalcon, Bischof von Lausanne, Richter in allen drei Jetzerprozessen
Matthäus Schiner, Bischof von Sitten, Richter im Haupt- und im Revisionsprozess
Achilles de Grassis, Bischof von Città di Castello, Richter im Revisionsprozess
Ludwig Löubli, Glaubensprokurator, Chorherr des Vinzenzstifts
Baptiste de Aycardis, Generalvikar des Bischofs von Lausanne
Salvator de Melegottis, Notar im Revisionsprozess
François des Vernets, Sekretär des Bischofs von Lausanne
Georg Colleti, Sekretär des Bischofs von Sitten

BERNISCHE OBRIGKEIT
Rudolf von Erlach, Schultheiß
Hans Rudolf von Scharnachtal, Schultheiß
Wilhelm von Diesbach, Klostervogt
Thüring Fricker, ehem. Stadtschreiber
Niklaus Schaller, Stadtschreiber
Lienhard Schaller, Großweibel

WEITERE GEISTLICHE UND WELTLICHE PERSÖNLICHKEITEN
Bernardin de Bustis, Franziskaner, Autor
Valerius Anshelm, Schulmeister und Stadtarzt, Chronist
Diebold Schilling von Luzern, Chronist
Werner Schodoler, Chronist
Ludwig Schwinkhart, Chronist
Johann Armbruster, Propst des Vinzenzstifts

Verzeichnis der wichtigsten Akteure XXXVII

Johann Dübi, Kustos des Vinzenzstifts
Heinrich Wölfli, Chorherr des Vinzenzstifts
Niklaus Manuel, Maler und Dichter
Thomas Murner, Franziskaner, Autor

EINLEITUNG

Die folgende Einleitung hat eine für eine Einleitung ungewöhnliche Länge, denn es gilt nicht nur, in die Quellen und die Literatur einzuführen, sondern auch in eine schwierige theologische Frage, die nicht nur den ganzen Jetzerhandel, sondern bis zu einem gewissen Grad die Frömmigkeit des ganzen Spätmittelalters geprägt hat, die Frage, ob auch die Jungfrau Maria – und nicht nur ihr Sohn – unbefleckt empfangen worden sei, eine Frage, die uns heute müßig und irrelevant erscheint, die aber im Spätmittelalter immer wieder insbesondere die Orden der Dominikaner und Franziskaner gegeneinander aufbrachte: Die Dominikaner votierten für die befleckte, die Franziskaner für die unbefleckte Empfängnis, die sich letztlich durchsetzte, wenn sie auch erst Mitte des 19. Jahrhunderts zum Dogma erklärt wurde. An der Wende vom 15. zum 16. Jahrhundert befanden sich die Dominikaner schon längst in der Defensive, und der Jetzerhandel kann als ihr Versuch betrachtet werden, das Rad der Geschichte zu ihren Gunsten und zu Gunsten der befleckten Empfängnis zurückzudrehen, ein Versuch, der wahrscheinlich von Vornherein zum Scheitern verurteilt war[1], eine Tatsache, die dem Jetzerhandel auch etwas Tragisches verleiht, nicht zuletzt, weil er vier Dominikanern das Leben gekostet hat.

1. Stand der Forschung

Am 23. Mai 1509 wurden die Vorsteher des Dominikanerkonvents von Bern, der Prior Johann Vatter, der Lesemeister Stephan Boltzhurst, der Subprior Franz Ueltschi und der Schaffner Heinrich Steinegger in Bern an der Kreuzgasse öffentlich degradiert und zur Übergabe an den weltlichen Arm verurteilt und am 31. Mai auf der Schwellenmatte auf dem Scheiterhaufen hingerichtet. Ihr Gegenspieler – oder ihr Opfer? –, der ehemalige Konversenbruder Hans Jetzer, wurde vom geistlichen Gericht am 24. Mai 1509 zu lebenslänglicher Verbannung aus allen deutschsprachigen Gebieten verurteilt, entkam aber am 25. Juli 1509 aus dem Gefängnis (siehe Kap. II/3e und Epilog 1a). Für ihre Richter stand fest, dass die Vorsteher des bernischen Dominikanerklosters schuldig waren, Jetzer indessen auch nicht unschuldig, eine Meinung, die indessen nicht von allen Zeitgenossen geteilt wurde. In der Folge scheint sich diese Meinung – oder eben das Urteil – der Richter

---

1) NEIDIGER, Dominikanerkloster Stuttgart S. 136: „Die Dominikaner standen am Ende des 15. Jahrhundert mit ihrer Ablehnung der unbefleckten Empfängnis auf verlorenem Posten."

2 Einleitung

doch mehr oder weniger durchgesetzt zu haben, doch können wir wegen der Fülle der zu bewältigenden Quellen (siehe Einl. 2) und Literatur nicht auf die vierhundert Jahre zwischen der Vollstreckung des Urteils und dem Ende des 19. Jahrhunderts eingehen, als diese Schuldzuteilung radikal in Frage gestellt wurde. Das erste Kapitel der Einleitung ist nicht nur eine Einleitung in die Schuldfrage, sondern zugleich ein Bericht über die Literatur, die seit Ende des 19. Jahrhunderts zum sog. Jetzerhandel veröffentlicht worden ist – und eine Annäherung an die Quellen.

Es bringt ein gewisses Risiko (und einige Wiederholungen) mit sich, den Jetzerhandel zunächst von der Literatur – und nicht von den Quellen – her anzugehen, denn so muss recht viel bereits vorausgesetzt werden, was erst erklärt werden muss. Nichtsdestoweniger haben wir diesen Zugang gewählt, weil wir während der folgenden Arbeit an den Quellen (Teile I und II) nicht immer wieder auf die Schuldfrage zurückkommen möchten; diese hat die Forschung Jahrzehnte lang begleitet und – so scheint uns – auch behindert. Dabei hat die Forschung sich wahrscheinlich zu stark auf den Jetzerhandel und zu wenig auf die Jetzerprozesse konzentriert. Unter dem Jetzerhandel sind die mehr oder weniger wunderbaren Geschehnisse um den Konversenbruder Hans Jetzer zu verstehen, die ihm in der Zeit von Anfang 1507, als er als Konversenbruder in den Dominikanerkonvent von Bern aufgenommen wurde, bis in den Herbst des gleichen Jahres, als er zu einer ersten Untersuchung an den Bischof von Lausanne überstellt wurde, zustießen. Unter den Jetzerprozessen ist der Prozess zu verstehen, der Jetzer vom 8. Oktober 1507 bis zum 22. Februar 1508 zunächst in Lausanne und dann in Bern gemacht wurde, und dann der Haupt- und Revisionsprozess, denen sowohl Jetzer als auch seine Vorgesetzten in Bern unterzogen wurden, dem Hauptprozess vom 26. Juli bis 7. September 1508, dem Revisionsprozess vom 2. bis 31. Mai 1509. Dabei muss man sich im Klaren sein, dass praktisch alles, was man über den Jetzerhandel weiß, aus den Jetzerprozessakten rekonstruiert ist und entsprechend nicht als bare Münze genommen werden darf, und dies umso weniger, als zumindest in Jetzers erstem Prozess in Bern an diesem und im Hauptprozess in Bern auch an allen vier Klostervorstehern die Folter angewandt wurde. Entsprechend muss das Gewicht der vorliegenden Darstellung auf den Jetzerprozessen und nicht auf dem Jetzerhandel liegen, den wir nicht mehr einfach so zu rekonstruieren wagen und der gerade auch in chronologischer Hinsicht gar nicht so einfach zu rekonstruieren ist (siehe Anh. 1a).

Letztlich umfasst der Jetzerhandel sowohl den Jetzerhandel als auch die Jetzerprozesse, doch halten wir aus methodischen Gründen an der Trennung der beiden Dinge fest. Deshalb auch die Einteilung des Buches in zwei Teile, Teil I, der dem Jetzerhandel gewidmet ist, und Teil II den Jetzerpro-

Stand der Forschung

zessen. Der Einstieg über die Literatur soll neugierig machen und zugleich auch schon an die Quellen heranführen, denn nicht jeder Forscher stützt sich für seine Meinung auf die gleichen Quellen. Um eine gewisse Einheitlichkeit zu gewährleisten, sollen die einzelnen Arbeiten immer wieder auf die gleichen Fragen hin abgeklopft werden: die Schuld Jetzers, diejenige der Vorsteher des Dominikanerklosters von Bern, der Ordensprovinz Teutonia und des gesamten Ordens, sowie darauf hin, wie die Inquisitionsprozesse von den einzelnen Forschern beurteilt werden: als rechtmäßig oder als fahrlässig.

a) Hans Jetzer – eine erste Biographie (Emil Blösch, 1881)

Im Jahr 1881 galt in etwa noch die gleiche Schuldzuweisung, wie sie 1509 von den Richtern vorgenommen worden war. So in der Biographie von Johann Jetzer, geschrieben von Emil Blösch und veröffentlicht 1881 in der Allgemeinen Deutschen Biographie. Dass Jetzer einen Artikel in diesem wichtigen Lexikon erhalten hat, war alles andere als selbstverständlich, und entsprechend beginnt Blösch seinen Artikel mit dem Satz: „Unter Allen, deren Namen die allgemeine deutsche Biographie erwähnt, ist zuverlässig Hans J., das Opfer des Dominikanerordens, der persönlich Unbedeutendste und Einfältigste; nicht was er gethan hat, nur was mit ihm geschehen ist, machte ihn zu seiner Zeit bekannt und geschichtlich wichtig." Jetzer stammte aus Zurzach und kam in den ersten Jahren des 16. Jahrhunderts als Schneidergeselle nach Bern, etwa zur gleichen Zeit, als in Wimpfen (heute Bad Wimpfen, Landkreis Heilbronn, Baden-Württemberg) ein Kapitel der Oberdeutschen Dominikanerprovinz stattfand, auf dem angeblich beraten wurde, wie man den rivalisierenden Franziskanerorden, der nicht zuletzt aufgrund der Lehre von der unbefleckten Empfängnis Marias (siehe Einl. 3) einen großen Aufschwung nahm, in die Schranken weisen könnte. Dabei verfiel man auf die Idee, dass am besten Maria selber Zeugnis für ihre befleckte Empfängnis ablegen sollte, und wählte für eine solche Erscheinung die bernische Niederlassung aus, mit der für Bern wenig schmeichelhaften Begründung: „Es seien in Bern wenig Gelehrte, aber ein schlicht Volk, aber so das beredt [überredet] würde, mächtig und handfest, die Sache zu schirmen und zu erhalten."[2]

Als Jetzer deshalb im Herbst 1506 im Dominikanerkloster in Bern um Aufnahme als Konversenbruder ersuchte, wurde er denn auch aufgenom-

---

2) BLÖSCH, Art. Jetzer, Johann. Zu Emil Blösch vgl. Rudolf DELLSPERGER, Art. Blösch, Emil, in: HLS online (Zugriff 18. Juli 2019).

4 Einleitung

men (nachdem er zunächst einmal abgewiesen worden war). Bald wurde er „durch allerlei nächtlichen Spuk" in seiner Zelle (zunächst nur eine Gastkammer) erschreckt, so dass er aus dem Orden austreten wollte. Nachdem er auch noch krank geworden war, erhielt er schließlich eine „andere Schlafstelle auf der Rückseite des Gebäudes" (genauer: eine Zelle im Dormitorium). Hier begann Ende Februar 1507 „der frevelhafte Betrug", den Blösch den Vorstehern des Hauses, dem Prior Johann Vatter, dem Lesemeister Stephan Boltzhurst, dem Subprior Franz Ueltschi und dem Schaffner Heinrich Steinegger, zuschreibt. Zuerst erschien Jetzer ein Geist, der aus dem Fegefeuer erlöst werden wollte, dann die hl. Barbara und schließlich Maria selber, „die dem Schneider sehr vertrauliche Eröffnungen machte und namentlich erklärte, dass sie durch die lügenhafte Lehre der Barfüßer [von der unbefleckten Empfängnis] nicht etwa geehrt, sondern nur verunehrt werde", und Jetzer mit einem Nagel ein erstes Stigma beibrachte. Für den zugefügten Schmerz entschädigten die Mönche den Konversen mit Verehrung, die sie ihm und seiner Wunde bezeugten, „und durch das Aufsehen, das sie nun mit Absicht überall von den unerhörten Wunderzeichen und dem neuen Heiligen erregten". Für Blösch bestand Jetzers Schuld darin, dass er „halb leichtgläubig, halb selbst in seiner Rolle sich gefallend", sich wieder beschwichtigen ließ, nachdem er einmal die künstliche Schwebemaschine, auf der die Heiligen ihm erschienen waren, ins Wanken gebracht und die „Spieler" erkannt hatte.

Aber auch die Brüder ließen sich von ihrem Vorhaben nicht abbringen, und dies umso weniger, als sie sich vom Ordensprovinzial sowie von den Prioren der Dominikanerkonvente von Köln, Heidelberg, Basel, Pforzheim, Wimpfen, Stuttgart und Ulm, „die sämmtlich mit im Geheimniss waren", unterstützt wussten. Während der Osterzeit 1507 (eigentlich erst ab dem 7. Mai 1507) musste Jetzer deshalb „mit seinen künstlich unterhaltenen Wundmalen und unter mancherlei Krämpfen und Verzerrungen ein abscheuliches Passionsspiel mit sich treiben lassen", täglich um 12 und am Freitag schon um 11 Uhr. Nichtsdestoweniger fühlten die Mönche sich nicht sicher und versuchten Jetzer zu wiederholten Malen zu vergiften, zunächst mit einer vergifteten Suppe und dann mit einer vergifteten Hostie. Andererseits produzierten sie neue Erscheinungen; so „musste das in der Kirche aufgestellte Marienbild blutige Thränen weinen und sogar sprechen". Das Kapitel der Oberdeutschen Dominikanerprovinz versuchte jetzt, der Sache ein Ende zu machen und den Schneidergesellen zum Schweigen zu verpflichten. „Mehr wirkten Misshandlungen und Bedrohungen; der Unglückliche gab sich von neuem zum Spiele her, durch einen furchtbaren Eid gebunden, jetzt nicht mehr Betrogener, sondern selbst mitschuldiger Betrüger."

Stand der Forschung

„Im Volke war aber jetzt der Glaube an Jetzer's Wunder dahin." Während die Klostervorsteher eine Abordnung nach Rom sandten, „um den Papst ins Interesse zu ziehen, verlangte der Rath von Bern eine Untersuchung des Handels durch den Diöcesanbischof in Lausanne". Jetzer wurde nach Lausanne gebracht und „erzählte, seines Eides feierlich entbunden, einen Theil dessen, was mit ihm geschehen war". Ende 1507 wurde er nach Bern zurückgeholt und – „fast genau ein Jahr nach seinem Eintritt – aus dem Kloster gestoßen". Eine erste Untersuchung fand vor dem Rat der Sechzig und vier Angehörigen des Chorherrenstifts St. Vinzenz statt. Jetzer wurde gefoltert und bekannte am 5. Februar 1508 „allen Misshandel, vom Geist, von Unser Frowen, vom roten Sacrament, von Tränkeren(!), von Wunden und Passion, vom Blutweinen, vom Gift, vom Rath in der Kappel(!), von der schwarzen Magie Ueltschis, wie der die Wyber(!) mit Handbieten verzauberte etc." (hier zitiert Blösch aus der Berner-Chronik des Valerius Anshelm 3 S. 134). Darauf wurden auch die Mönche „ins Gefängniss und Fußfesseln gelegt", doch bedurfte es zu einem Prozess gegen sie der Einwilligung des Bischofs von Lausanne und des Papsts, die erst eingeholt werden mussten.

Der Prozess gegen die vier Klostervorsteher und Jetzer begann am 26. Juni (vielmehr Juli) 1508 in Bern. Der Gerichtshof bestand aus den vom Papst beauftragten Bischöfen von Lausanne und Sitten sowie dem Vorsteher der Oberdeutschen Dominikanerprovinz, die von einer großen Zahl von „Notarien, Procuratoren, Offizialen und Räthen" begleitet waren. Jetzer bestätigte alle seine Angaben, die Mönche leugneten alles, bis sie der Folter unterworfen wurden. „Neue Schwierigkeiten bot die Form des Urtheilsspruches und der Urtheilsexekution", so dass im Herbst 1508 eine weitere Gesandtschaft nach Rom reisen musste, um „dem Papste vorzustellen, dass Gewalthaten zu besorgen seien, wenn die Uebelthäter ihrer Strafe entzogen würden". Gegen den Widerstand des mächtigen Dominikanerordens setzte der Papst ein neues Gericht ein, an dessen Spitze der Sonderkommissar Achilles de Grassis, Bischof von Castel (Città di Castello), stand, der im April 1509 in Bern eintraf. „Am 4. und 5. Mai bekräftigte Jetzer seine Aussagen, und am 15. und 16. Mai erneuerten die Mönche ihre früheren Geständnisse." Am 23. Mai 1509 wurden die Klostervorsteher zur Degradierung und zur Übergabe an den weltlichen Arm und Jetzer zur Verbannung aus allen deutschen Landen verurteilt (Jetzer am 24. Mai 1509). Am 31. Mai wurden die ersteren hingerichtet, während sich „gegen Jetzer, den der Rath zuerst enthaupten wollte, das Mitleid regte; er wurde im Gefängniss gehalten, konnte bald mit Hülfe seiner Mutter in Weiberkleider entkommen, blieb acht Wochen lang in der Stadt verborgen und floh endlich aus dem bernischen Gebiet. Er verheirathete sich nachher noch und betrieb sein

6 Einleitung

Schneiderhandwerk, wie es scheint in seiner ursprünglichen Heimath. Als er später einmal die Grenzen bernischer Gerichtsbarkeit überschritt, wurde er von neuem festgesetzt; man ließ ihn indessen bald wieder los." Blösch endet wiederum mit einem Zitat aus der Chronik des Valerius Anshelm (3 S. 166): *Hat hie nacher wenig jar gelebt, wusst wol von vilen großen und seltsamen Wundern zu sagen, daß der wunderwürkend Gott und seine wunderbaren Gericht wol darin zu verwundern und zu erkennen.*

Entsprechend den Urteilen vom Mai 1509 sind für Blösch die Hauptschuldigen die vier Klostervorsteher (Prior, Lesemeister, Subprior und Schaffner), aber auch Jetzer ist nicht nur Opfer, sondern „halb leichtgläubig, halb selbst in seiner Rolle sich gefallend", nicht nur „Betrogener, sondern selbst mitschuldiger Betrüger". Was die Rolle der Oberdeutschen Dominikanerprovinz betrifft, so habe sie zunächst mitgemacht und sei dann auf Distanz gegangen. Blösch äußert sich nicht ausdrücklich zu den Jetzerprozessen, doch nimmt bei ihm – und vielen anderen – der Jetzerhandel viel breiteren Raum ein als die Prozesse. In diesen Zusammenhang gehört auch das Provinzialkapitel von Wimpfen, auf dem der Plan zum Jetzerhandel ausgeheckt worden sein soll und das in den Jetzerprozessen erst relativ spät zum Vorschein kommt; es gehört wohl zur Vorgeschichte des Jetzerhandels, darf aber im Grund ebenso wenig wie dieser einfach eins zu eins erzählt werden (siehe Einl. 1h). Was die benutzten Quellen angeht, so nennt Blösch an erster Stelle die „Originalprocessacten im Staatsarchiv Bern" und erst an zweiter Stelle „Valerius Anshelms Berner Chronik", doch geht aus seiner Darstellung klar hervor, dass er viel weniger die Prozessakten, die damals noch nicht veröffentlicht waren, benutzt hat als Anshelms Chronik, der er – wie viele andere – vor der Veröffentlichung der Prozessakten durch Rudolf Steck 1904 – über weite Strecken und auch in den Zitaten folgt. Bei Anshelm aber liegt das Gewicht eindeutig auf dem Jetzerhandel und nicht auf den Jetzerprozessen, und sein Bericht beginnt insbesondere mit dem Provinzialkapitel von Wimpfen (Anshelm 3 S. 51). Von Anshelm hat Blösch auch die Spielmetaphorik (ein „auf den Aberglauben der Menge speculierendes Gaukelspiel", „das projectirte Spiel", „die Spieler", der „schlecht gespielte Betrug") übernommen[3]. An weiteren Quellen, die er indessen wahr-

---

3) Anshelm 3 S. 53: *[Jetzer] kam den våteren zům spil wol; Wie nun der tůfel sin spil wolt anrichten; zům spil wol gelegen; zům spil geschikt;* 3 S. 54: *das widerspil von Mariå enpfångnůs;* 3 S. 60: *der lesmeister sölle hinfür des Jåtzers bichtvater sin und in der fragen und antworten ires spils underrichten;* 3 S. 62: *geistspil;* 3 S. 63 und *passim: spil;* 3 S. 70: *ein himmelisch spil, himmelspil;* 3 S. 72 und *passim: die (vier) spilmeister;* 3 S. 82: *Jåtzers spil;* 3 S. 85, 94, 96: *wunderspil;* 3 S. 87, 88: *der spilmeister;* 3 S. 89: *des hellischen tůfels eigen spil und werk;* 3 S. 105: *ir spilvogel Jåtzer;* 3 S. 106: *dises versalznen spils kein warzeichen;* 3 S. 125: *ir letst spil;* 3 S. 127: *nach disem, diss manigvaltigen misshandels lesten,*

Stand der Forschung

scheinlich nicht benutzt hat, nennt Blösch *De quatuor heresiarchis ordinis predicatorum de observantia nuncupatorum apud Suitenses in civitate Bernensi combustis anno Christi MDIX*, eine Schrift, die damals noch Valerius Anshelm, die heute jedoch dem Franziskaner Thomas Murner zugeschrieben wird. Weiter spricht Blösch von „nicht weniger als 30 verschiedenen Schriften [über den Jetzerhandel]" „in Prosa und Poesie, zum Theil mit Holzschnitten", die in „Hallers Bibliothek der Schweizergeschichte, Bd. III, S. 17–32", aufgeführt sind. Dabei handelt es sich um die sog. Jetzerliteratur, auf die wir später eingehen werden (siehe Einl. 2c).

b) Die halbierte Schuld (Georg Rettig, 1883–1886)

Zwischen 1881 und 1883 begann in der Schuldfrage ein Meinungsumschwung zu Gunsten der Dominikaner und zu Ungunsten von Hans Jetzer, und zwar paradoxerweise aufgrund der Veröffentlichung von zeitgenössischen Quellen, wenn auch noch nicht der vollständigen Prozessakten selber. Im Jahr 1883 begann Georg Rettig, damals Unterbibliothekar der Stadt Bern, im Archiv des Historischen Vereins des Kantons Bern mit der Veröffentlichung dessen, was er die Urkunden des Jetzerprozesses nannte[4]. Dabei handelt es sich um „Urkunden zur äußern Geschichte des Jetzerprozesses" aus den Ratsmanualien, den Deutschen und Lateinischen Missivenbüchern, dem Abschiedbuch und dem Spruchbuch sowie aus dem Aktenband der Jetzerprozesse des Staatsarchivs Bern (heute StABern, A V 1438, Unnütze Papiere, Kirchliche Angelegenheiten 69). Von den Jetzerprozessen veröffentlichte Rettig 1883 lediglich die Akten des Prozesses, der Jetzer Ende 1507 in Lausanne und Anfang 1508 in Bern gemacht wurde. Die „Urkunden zur äußern Geschichten des Jetzerprozesses" wurden 1904 von Rudolf Steck als Beilagen 2 in seine Akten des Jetzerprozesses übernommen[5].

Auch wenn Rettig nicht alle Prozessakten veröffentlicht hat[6], so hat er sie doch offensichtlich gekannt und nimmt in der Einleitung zu seiner Publikation auch markant Stellung zur Schuldfrage. Seltsamerweise beruft er sich

---

ouch vermezten spil; nachdem inen so vil frefner spil und taten sind missraten; ir wunderbar spil; 3 S. 128: *ouch allen iren anfänglichen anschlag ganz verloren und verspilt;* 3 S. 129: *spilhandel;* 3 165: *dieser geistlichen vätern und gelerten spilmeistren helgen- und marterspil.*

4) Die Urkunden des Jetzerprozesses. Zu Georg Karl Julius Rettig (1838–1899), Sohn des Georg Ferdinand Rettig (geb. 1803 in Gießen [Bundesland Hessen], Professor der klassischen Philologie in Bern 1834–1877, † 1897 in Bern), vgl. HBLS 5 (1929) S. 590.

5) Akten S. LIX.

6) Rettig verließ Bern 1884, um eine Antiquariatsbuchhandlung in Straßburg zu über-

8 Einleitung

jedoch auch immer wieder auf Anshelm, dem als einzigem der Zeitgenossen „die Benutzung der bezüglichen Aktenstücke gestattet" war. Rettig hält sich indessen nicht lange mit dem Jetzerhandel auf, sondern kommt rasch zu den Jetzerprozessen, insbesondere zu Jetzers erstem Prozess in Lausanne und Bern, mit einem überraschend massiven Angriff auf diesen: „Jetzer war bei aller Beschränktheit pfiffig genug, um einzusehen, dass er nur dann gerettet werden könne, wenn er seinen Obern ein möglichst großes Maß von Schuld nachweise, und so kamen die schauderhaftesten Geschichten von Vergiftung, Misshandlungen, Beraubung des Muttergottesbildes u. a. zum Vorschein." Laut Rettig ergibt sich aus dem Protokoll des ersten Prozesses, dass Jetzer „als phantastischer, lügenhafter Mensch bekannt war, ferner dass er jede Aussage mit einem hohen Eide bekräftigte und bei spätern Verhören doch wieder abänderte, endlich dass seine Aussagen je länger je mehr die Tendenz verrathen, seine Obern im Misskredit zu bringen"[7].

Rettig greift aber auch das vom Papst eingesetzte Gericht des Hauptprozesses an, das aus den Bischöfen von Lausanne und von Sitten sowie dem Provinzial der Oberdeutschen Provinz bestand, und bemängelt, dass der Provinzial „nur zum Schein erwählt" worden sei, dass „der Wortlaut der päpstlichen Vollmacht seiner Stimme alle Bedeutung nahm", so dass er, „als er sich nun etwas unvorsichtig seiner Ordensbrüder annahm", rasch „als kompromittiert beseitigt" wurde. Insbesondere stößt Rettig – und das kann man ihm nicht verdenken – sich an der Folter und untersucht die Aussagen der Dominikaner vor und nach ihrer Anwendung. Die gerichtliche Untersuchung, die „volles Licht auf die Untersuchung werfen sollte, wurde höchst oberflächlich und einseitig geführt". Eine „Lokalinspektion" habe erst am Ende des Revisionsprozesses stattgefunden, „und eine körperliche Untersuchung über die von Jetzer angeblich beigebrachten und empfangenen Wunden wurde nicht vorgenommen, die Entlastungszeugen nicht vorgeladen, der Vertheidiger nicht angehört"[8]. Dies sind indessen nicht nur Mängel des ersten Jetzerprozesses, sondern des Inquisitionsprozesses allgemein, über die noch zu sprechen sein wird; es trifft nicht zu, dass die Jetzerprozesse – insbesondere der Hauptprozess im Sommer 1508 und der Revisionsprozess im Mai 1509 – „höchst oberflächlich und einseitig geführt" wor-

---

nehmen. Er kehrte zwar 1899 als Bibliothekar an die Hochschulbibliothek nach Bern zurück, starb aber noch im gleichen Jahr, vgl. Akten S. LV f.

7) Urkunden, Einleitung S. 180–183.

8) Urkunden, Einleitung S. 181, 183. Was die Untersuchung von Jetzers Wunden betrifft, so ist Rettig entgegenzuhalten, dass der Bischof von Lausanne, Aymo von Montfalcon, Richter in allen drei Jetzerprozessen, Jetzers Stigmata ärztlich untersuchen lassen wollte, aber daran von den Klostervorstehern gehindert wurde, siehe Kap. II/1a, Jetzers viertes Verhör (20. November 1507).

Stand der Forschung

den seien; wir werden ausführlich darauf zurückkommen (siehe Kap. II/2 u. 3).

Rettig untersucht die Aussagen der Dominikaner vor und nach der Folterung anhand der sie betreffenden Anklageartikel aus dem Hauptprozess, der damals noch nicht gedruckt vorlag, insgesamt 34 (bzw. 35) Artikel. Wir greifen hier nur einige bezeichnende Punkte heraus. So sind laut Rettig die Erscheinungen des Geistes sowie verschiedener Heiliger und der Jungfrau Maria sowohl auf Jetzer als auch auf die Klostervorsteher zurückzuführen: „Jetzer ist mehrfacher Simulation von Erscheinungen überführt, dagegen unzweifelhaft mehrere das Werk der Dominikaner, so dass es unmöglich sein dürfte, von jeder Erscheinung den Urheber mit Bestimmtheit nachzuweisen." Die Dominikaner gaben zwar zu, dass sie diese Erscheinungen bekannt gemacht hätten, doch erklärten sie übereinstimmend, dass sie nur eine weibliche Gestalt vor Jetzers Bett gesehen und gehört hätten; ob er im Bett gelegen sei, wussten sie nicht – was bedeutet, dass er die betreffende Erscheinung auch selber gespielt haben könnte. Rettig räumt allerdings ein, dass es sich dabei um einen sehr raffinierten Versuch handelt, „den Verdacht auf Jetzer zu wälzen". Immerhin sieht er, „dass die Dominikaner die Wundererscheinungen" jeweils „vorausgekündigt haben, also doch geistige Eigenthümer derselben sein müssen". Andererseits hält er den Schwebezug, auf dem die Heiligen erschienen sein sollen, für eine Erfindung Jetzers: „Die Maschinerie z. B., um drei Personen schwebend erscheinen zu lassen, ist in der beschriebenen Gestalt geradezu unmöglich." Dagegen schreibt er die „jedesmalige plötzliche Beleuchtung des Domitoriums, die Jetzer von seiner Zelle aus nicht bewerkstelligen konnte", ganz den Dominikanern zu, und ebenso „die Erscheinungen der Maria mit den Siegeln [gemeint sind die Reliquien], mit der rothen Hostie und bei der Stigmatisierung". Das gleiche gilt schließlich von der Lehre von der befleckten Empfängnis der Jungfrau Maria, die von den Erscheinungen propagiert wurde. Rettig stellt denn auch die – rhetorischen – Fragen: „Was wusste Jetzer, der weder lesen noch schreiben konnte, von den spitzfindigen Lehren eines Thomas von Aquino, eines Duns Scotus, eines Bernhardinus de Bustis über diesen Gegenstand? Und wenn er von der Streitfrage Kenntniss hatte, musste er als Laie nicht vielmehr die Partei der Franziskaner nehmen?"[9] Nichtsdestoweniger bezeichnet Rettig Jetzer als „moralisch ganz verkommenes Subjekt" und behauptet, dieser habe „aus Rachsucht" seine Suppe selber vergiftet, um den Verdacht auf seine Vorgesetzten zu lenken. Er stellt aber nicht in Abrede, „dass er [Jetzer] schließlich seinen Obern sehr lästig werden musste und der

---

9) Urkunden, Einleitung S. 184–193. Die Anklageartikel gegen die Dominikaner im Hauptprozess vgl. Akten II/2 S. 158–164 (undat.; 1508, Aug 7).

10 Einleitung

Wunsch wohl öfters in ihnen aufstieg, dass sie ihn doch los sein möchten". Er hält weniger den ganzen Dominikanerorden oder den Provinzial für schuldig, als vielmehr vor allem den Prior von Basel, Werner von Selden, einen Mitverfasser des Defensoriums (siehe Kap. I/3), für dessen Schuld er sich allerdings weniger auf die Prozessakten als wiederum auf den Chronisten Valerius Anshelm zu stützen scheint. Für das größte Verbrechen hält Rettig allerdings den „mit den Bernern gespielte[n] Betrug", und entsprechend sieht er einen direkten Weg vom Jetzerhandel zur Einführung der Reformation in Bern. Am Schluss kündigt er die Fortsetzung der Edition der Jetzerprozessakten an und ebenso eine „Uebersicht über die Jetzerliteratur", d. h. über jene Literatur, die von Gottlieb Emanuel Haller in seiner Bibliothek der Schweizergeschichte zusammengetragen worden war[10], eine Übersicht, die er leider nie geliefert hat, die aber in der Einleitung zur Edition der Akten der Jetzerprozesse 1904 von Rudolf Steck nachgeliefert worden ist, wenn auch nur in knappster Form (siehe Einl. 2c).

In der Folge hat Georg Rettig auch den Artikel über Hans Jetzer im ersten Band der Sammlung bernischer Biographien verfasst, der 1884 erschien und in dem Jetzer ein Platz eingeräumt wurde, obwohl er gar kein Berner war: „Jetzer war kein Berner, sondern aus Zurzach gebürtig; er hat sich auch nicht lange in Bern aufgehalten – höchstens von 1506 bis 1509; aber in dieser kurzen Zeit gerieth Bern seinetwegen in solche Gährung, dass wir ihm nothgedrungen einen Platz in der Sammlung bernischer Biographien einräumen müssen." Diese neuerliche Biographie soll hier nicht vollumfänglich resümiert werden, wir wollen aus ihr lediglich einige Punkte herausgreifen, die Rettigs Haltung in der Schuldfrage beleuchten. In der Biographie liegt das Gewicht zunächst mehr auf dem Jetzerhandel als auf den Jetzerprozessen. Rettig bezeichnet Jetzer als „eitlen Geck", aber auch als „beschränkten, abergläubischen und bigotten Menschen", die Klostervorsteher aber als „hochbegabte und willensstarke Männer"! Der Prior von Basel, Werner von Selden, gilt weiterhin als „Rädelsführer", der auch einzelne Erscheinungen selber „leitete" und der schließlich auch geraten haben soll, Jetzer „aus der Welt zu schaffen". Dagegen behauptet Rettig nicht mehr, dieser habe die Suppe selber vergiftet. Die anderen „Attentate" auf Jetzer werden von Rettig jedoch stark angezweifelt bzw. ganz in Abrede gestellt[11].

Nachdem entsprechende Schritte des Provinzials und des Bischofs von Lausanne (im Juli 1507) nichts ergeben hatten, musste (im Herbst 1507) der Rat einschreiten. Der Verdacht richtete sich zunächst mehr gegen Jetzer als gegen die Dominikaner, denn diese waren „für die weltliche Macht unan-

---

10) Urkunden, Einleitung S. 179 f., 184, 192–193, 195–197.
11) RETTIG, Art. Hans Jetzer (14..–15..).

Stand der Forschung

tastbar", während der erstere noch keine Profess abgelegt hatte. Er wurde deshalb vor das bischöfliche Gericht in Lausanne gestellt, doch „hatte der Bischof Aymon von Montfaucon [...] keinen rechten Ernst zur Sache", so dass die Berner Jetzer (Ende 1507) zurückholen ließen und „ihn vor dem Rath mit seinen Obern konfrontirten" und diese schließlich „in Fesseln" legten. In der Folge ließen sie sich vom Papst ein Sondergericht, bestehend aus den Bischöfen von Lausanne und Sitten sowie dem Vorsteher der Oberdeutschen Dominikanerprovinz bewilligen, das im Sommer 1508 den Hauptprozess durchführte. Diesmal verteidigt Rettig den Provinzial nicht mehr, bezichtigt aber das Gerichtsverfahren weiterhin der „Umständlichkeit, Schwerfälligkeit, Unsicherheit und Mangelhaftigkeit". Auch für die Prozessakten bringt er wenig Verständnis auf: „Daher besitzen wir ein monströses Protokoll von etlichen hundert eng beschriebenen Folioseiten, das sich des breitesten in Unsinn und Aberglauben ergeht, dagegen über wichtige Fragen uns oft mangelhaften oder gar keinen Aufschluss gibt." Was den Revisionsprozess betrifft, so meint Rettig, dass Papst Julius II. (1503–1513) diesen vielleicht nur bewilligt habe, weil er „schweizerischer Hülfstruppen zu seinem Kriege mit Venedig bedurft", und bringt damit ein politisches Motiv ins Spiel, das uns noch weiter beschäftigen wird (siehe Kap. II/5a, Der politische Hintergrund).

Am Schluss fasst Rettig die Schuldfrage folgendermaßen zusammen: „Fragen wir nun nach dem Schuldverhältniss, so ergibt sich wohl unzweifelhaft, dass die vier Dominikaner eine Reihe von Wundererscheinungen, sodann den Betrug mit den Siegeln [Reliquien], mit der rothen Hostie, mit den übrigens leichten Wundmalen und mit der Passionskomödie ausgeführt haben, aber nicht die Anstifter gewesen sind; dafür ist der Prior von Basel verantwortlich. [...] Dem eigentlichen Schuldigen, dem Prior von Basel, vermochte Bern nicht beizukommen. Dass auch Jetzer den Tod verdient habe, darüber war man sich damals einig, obwohl das Maß seiner Verschuldung zweifelhaft sein kann; das Urtheil wurde jedoch aufgeschoben, und diesen Umstand benutzte er zur Flucht, die vielleicht nicht ungern gesehen wurde [...]. Den Dominikanerorden als solchen für die Vorfälle in Bern verantwortlich zu machen, ist unzulässig; die Mehrheit des Provinzialkapitels in Pforzheim (2. Mai 1507) sprach sich dagegen aus und setzte die Vorlage an's Generalkapitel zu Pavia durch, die freilich wegen der kriegerischen Zeitläufe unterblieb [...]." Hier ist einiges schief: man war sich durchaus nicht einig, „dass auch Jetzer den Tod verdient habe", denn sonst hätte man ihn kaum entkommen lassen, und was den Dominikanerorden betrifft, so muss unbedingt zwischen der Oberdeutschen Ordensprovinz und der Ordensleitung in Rom unterschieden werden: während die letztere sich wohl nicht mitschuldig gemacht hat, ist dies bei der ersteren durchaus nicht so

12 Einleitung

eindeutig, wie Rettig gemeint hat (siehe Kap. II/2e, Die Mitschuld der Oberdeutschen Ordensprovinz).

c) Ein Justizmord! (Nikolaus Paulus, 1897)

Die eigentliche Wende in der Forschung brachte 1897 Nikolaus Paulus mit seiner Schrift „Ein Justizmord an vier Dominikanern begangen. Aktenmäßige Revision des Berner Jetzerprozesses vom Jahre 1509". Nikolaus Paulus (1853–1930) wurde 1878 zum Priester geweiht, musste aber wegen eines seit 1883 auftretenden Kehlkopfleidens auf eine geistliche Laufbahn verzichten, wurde Hausgeistlicher des Herz-Jesu-Klosters in München, wandte sich seit 1885 reformationsgeschichtlichen, kontroverstheologischen und territorialkirchenhistorischen Studien zu und promovierte 1896, „ohne jemals ordentlich immatrikuliert gewesen zu sein" (Behringer). Sein bedeutendstes Werk ist die „Geschichte des Ablasses im Mittelalter", erschienen in den Jahren 1922–1923. Laut Nikolaus Paulus ließen sich schon gleich nach der Hinrichtung der vier Dominikanerbrüder „manche Stimmen hören, welche die ‚frommen Väter' für unschuldig erklärten". Diese Stimmen seien jedoch nach und nach verstummt, „während in zahllosen Schriften [der sog. Jetzerliteratur] die hingerichteten Predigermönche fort und fort als gewissenlose Betrüger an den Pranger gestellt wurden. Auf diese Weise bildete sich bald über die Berner Vorgänge eine so feste Tradition aus, dass schließlich niemand mehr daran dachte, die Schuld der Mönche zu bestreiten; heute wird diese Schuld allgemein angenommen". Paulus tritt nun an, diese „Tradition" zu brechen, und zwar durch „eine kritische Untersuchung der einschlägigen Quellen, namentlich der Prozessakten". Er will beweisen, „dass die vier Mönche an den ihnen zur Last gelegten Verbrechen und Betrügereien ganz unschuldig waren", und es war ihm bewusst, dass diese Behauptung vielen „unglaublich" vorkommen werde. Den Schuldspruch – oder eben Justizmord! – schreibt er „der mangelhaften gerichtlichen Untersuchung" zu[12].

---

12) PAULUS, Justizmord S. 1. Zu Nikolaus Paulus vgl. PFLEGER, Nikolaus Paulus; Klaus-Gunther WESSELING, Art. Paulus, Nikolaus, in: Biographisch-Bibliographisches Kirchenlexikon 15 (1999) Sp. 1122–1131, und Wolfgang BEHRINGER, Art. Paulus, Nikolaus, in: Enc. WC 3 S. 887. Nikolaus Paulus war ein Autodidakt und hat tatsächlich Anfang 1896 an der theologischen Fakultät der Universität München promoviert, ohne hier vorher studiert zu haben, vgl. PFLEGER, Nikolaus Paulus S. 126 f. und 155 f. – Der Begriff des „Justizmords" soll erstmals 1783 vom Göttinger Historiker August Ludwig Schlözer (1735–1809) in Bezug auf die Hinrichtung von Anna Göldi als letzte Schweizer Hexe bzw. als Vergifterin 1782 in Glarus gebraucht worden sein, vgl. Kathrin UTZ TREMP, Annäherungen an Anna Göldi – „Späte" und „letzte" Hexen in der Schweiz

Es war Paulus klar, dass Rettig die Prozessakten noch lange nicht alle herausgegeben hatte – seit 1886 war keine Fortsetzung mehr erschienen –, aber das schien ihn nicht zu kümmern, denn er setzte auf eine ganz andere Quelle, nämlich das Defensorium, von dem bereits die Rede war und bei dem unseres Erachtens allergrößtes Misstrauen am Platz ist (siehe Kap. I/1–4). Dabei handelt es sich laut Paulus „um eine wenig bekannte Schrift, die noch im Sommer 1509 von einem anonymen Gegner der Dominikaner lateinisch herausgegeben und sofort in's Deutsche übersetzt wurde". Sie „zerfällt in vier Theile", wovon der erste und ausführlichste unmittelbar nach Ostern 1507 vom Berner Dominikanerprior Johann Vatter verfasst" worden sei und „einen eingehenden Bericht über die angeblichen Erscheinungen und Offenbarungen enthält, die bis Ostern 1507 stattgefunden" hatten. Dieser Bericht wurde vom Prior von Basel, Werner von Selden, fortgesetzt, der nach Ostern 1507 in Bern eintraf und seine Beobachtungen und Eindrücke Tag für Tag niederschrieb, zunächst bis Mitte August 1507, und dann von Anfang Oktober 1507 bis Ende Februar 1508 (Teile II und III). Diese Aufzeichnungen gaben die Dominikaner zunächst nur einigen guten Freunden zu lesen, dann aber gerieten sie in die Hände ihrer Gegner. Diese, die anonym bleiben, gaben die Aufzeichnungen in Druck, nachdem sie in einem kurzen vierten Teil über den Ausgang des Handels berichtet hatten. Für Paulus entspricht diese „von den Dominikanern verfasste Schilderung am meisten der Wahrheit". „Erst aus diesen naiven Aufzeichnungen lernt man den Verlauf der Dinge und den Charakter der betheiligten Personen recht kennen. Die Mönche treten uns hier keineswegs als schlaue Betrüger entgegen, wohl aber zeigen sie sich von einer Leichtgläubigkeit sondergleichen; namentlich die zwei Doctoren, der Prior Wernher [von Basel] und der Lesemeister Stephan Boltzhurst [von Bern], bekunden eine ganz seltene Naivität. Wer von ihren treuherzigen Aeusserungen Kenntniss genommen hat, wundert sich weniger, dass sie sich von einem durchgetriebenen Schneidergesellen [gemeint ist Jetzer] hinter's Licht führen ließen."[13] Leichtgläubigkeit, Naivität, Treuherzigkeit gegen Durchtriebenheit: uns scheint, dass Paulus mit dieser Einschätzung doch ziemlich falsch liegt.

Neben dem Defensorium lässt Paulus als Quelle auch noch die Chronik des Valerius Anshelm gelten, weil dieser „in den Jahren 1507–1509 als Augen- und Ohrenzeugen mitten in den Ereignissen drin lebte", obwohl er den Auftrag zu seiner Chronik erst 1529 – also nachdem die Reformation in Bern eingeführt worden war – erhielt. Dabei „wurde ihm auch gestattet, die

---

und in Deutschland, in: Jahrbuch des Historischen Vereins des Kantons Glarus 99 (2019) S. 9–37, hier S. 9.

13) PAULUS, Justizmord S. 2–4.

14 Einleitung

amtlichen Unterlagen und Prozessakten zu benutzen", die er „mit großer Gewissenhaftigkeit verwertet habe". Gegen Anshelm spreche allerdings, dass er, „ein eifriger Anhänger der neuen Lehre war, als er seine Chronik niederschrieb. Er war daher nur allzu geneigt, alles, was für die katholischen Mönche belastend schien, ausführlich zu schildern, während er die Umstände, die zu Gunsten der Angeklagten sprechen, weniger hervorhebt. Aber trotz dieser Einseitigkeit bleibt seine Erzählung eine Quelle von hohem Wert"[14]. Oder anders ausgedrückt: Paulus kann auf Anshelm nicht verzichten, weil er selber nur einen kleinen Teil der Prozessakten kennt, nämlich die von Rettig veröffentlichten Akten des Prozesses, der Jetzer Ende 1507 in Lausanne und Anfang 1508 in Bern gemacht wurde! Diese Zwangslage führt auch dazu, dass Paulus Anshelm nicht selten „gegen den Strich" lesen muss, auch an sehr heiklen Stellen (siehe unten).

Nachdem Paulus den „äußeren Verlauf" sowohl des Jetzerhandels als auch der Jetzerprozesse kurz geschildert hat, versucht er, „auf Grund der Aussagen der betheiligten Personen festzustellen, wer sich des Betruges schuldig gemacht habe". Dabei nimmt er zuerst die Aussagen Jetzers unter die Lupe, „da dieselben für den Gang der gerichtlichen Untersuchung maßgebend wurden", indem „die Beschuldigungen, womit Jetzer die Väter zu belasten suchte, letzteren vom öffentlichen Ankläger als Frageartikel vorgelegt und von ihnen, dank der Folter, auch zugestanden wurden". Paulus schickt voraus, „dass die Aussagen des ehemaligen Schneidergesellen nicht den geringsten Glauben verdienen", und bezeichnet – nach Rettig – Jetzer als „moralisch ganz verkommenes Subject", als „phantastische[n], lügenhafte[n] Mensch[en]", als „bei aller Beschränktheit pfiffig genug, um einzusehen, dass er nur dann gerettet werden konnte, wenn er seinen Obern ein möglichst großes Maß von Schuld nachweise". Er findet Jetzers Aussagen insbesondere im Prozess von Lausanne und Bern – die andern kennt er ja nicht – widersprüchlich, insbesondere wenn er sie mit dem Defensorium vergleicht[15]. Dabei sei nicht in Abrede gestellt, dass Jetzers Aussagen insbesondere im Prozess von Lausanne tatsächlich widersprüchlich sind; dies ist aber nicht auf seine Lügenhaftigkeit zurückführen, sondern auf einen Stillschweigeeid, den er im Sommer 1507 Vertretern des Provinzials hatte schwören müssen und an den er sich lange gebunden fühlte (siehe Kap. II/1a).

Jetzers Widersprüche betrafen insbesondere die umstrittene Empfängnis Marias (siehe Einl. 3). Beim ersten Verhör, das am 8. Oktober 1507 vor dem bischöflichen Gericht in Lausanne stattfand, schilderte der Konverse „die

---

14) PAULUS, Justizmord S. 5 f.
15) PAULUS, Justizmord S. 7–11.

Stand der Forschung

ihm zu Theil gewordenen Erscheinungen und Offenbarungen auf dieselbe Art und Weise, wie der Berner Prior und dessen Ordensgenosse Wernher die seltsamen Ereignisse [im Defensorium] bereits beschrieben hatten. Nur bezüglich der Frage von der Empfängniß Mariä besteht zwischen den beiden Darstellungen ein wesentlicher Unterschied. Jetzer behauptete nämlich, dass die Mutter Gottes ihm niemals von ihrer Empfängniß gesprochen habe; er wisse nicht einmal, was das sei". In einem zweiten Verhör vom 15. Oktober (1507) blieb er bei dieser Behauptung und fügte – auf entsprechende Frage – sogar noch hinzu, dass er dem Prior und dem Konvent nie mitgeteilt habe, dass Maria ihm gesagt habe, dass sie in der Erbsünde geboren sei. Am Schluss dieses zweiten Verhörs ersuchte er jedoch den Bischof um Absolution von einem Eid, den er dem Provinzial geschworen hatte, nicht zu sagen, was er jetzt sagen wolle. Nachdem der Bischof ihn von diesem Eid absolviert hatte, erklärte er: er habe zwei Gesandten des Provinzials (im Juli 1507) schwören müssen, „die Offenbarung, die ihm von der blutweinenden Mutter Gottes zu Theil geworden [ihre Empfängnis in der Erbsünde], nicht bekannt zu machen". Gegenüber Rettig, der diese Aussage Jetzers als Lüge bezeichnet hatte, rückt Paulus nun das Defensorium ins Feld: „Leider hat Rettig die in dem höchst seltenen Defensorium enthaltenen Berichte nicht gekannt, sonst würde er gefunden haben, dass Jetzer im vorliegenden Falle ausnahmsweise die Wahrheit sagt. Es war ihm in der That von den [vom Provinzial geschickten] Visitatoren befohlen worden, die angebliche Offenbarung geheim zu halten." Paulus geht indessen noch weiter und behauptet, es sei den Dominikanern gar nicht um ihre Lehre von der befleckten Empfängnis Marias gegangen: „Wohl erzählten sie gern von den Wundererscheinungen, mit denen ihr Haus begnadigt worden; den Endzweck dieser Erscheinungen suchten sie aber noch im Juli 1507 geheim zu halten. [...] Selbst dem Bischofe von Lausanne gegenüber hüllten sie sich Mitte Juli in tiefes Stillschweigen. [...] Erst Ende Juli verbreitete sich, wohl infolge einiger Indiskretionen, das Gerücht, dass alles geschehe wegen der Lehre von der Empfängniß Mariä." Wir haben uns anderswo bereits mit diesem seltsamauffälligen Stillschweigen befasst und sind zum Schluss gekommen, dass der Jetzerhandel eine Werbekampagne für ein Produkt war, das man nicht nennen durfte, weil sonst alle gewusst hätten, dass es den Dominikanern „nur" darum ging, die Franziskaner auszustechen[16].

Schon bedenklicher ist, dass Jetzer auch in Lausanne noch Erscheinungen der Jungfrau Maria gehabt haben will. „Und doch befanden sich in Lausanne keine Dominikanermönche, die den Bruder mit erdichteten Erscheinungen hätten täuschen können!" Paulus führt weiter aus, dass Jetzer seine

---

16) PAULUS, Justizmord S. 11–13, vgl. auch UTZ TREMP, Eine Werbekampagne S. 331.

16 Einleitung

Aussage in Bezug auf die Empfängnis einmal mehr geändert habe, nachdem er auf Drängen des bernischen Rats am 20. November 1507 in Lausanne gefoltert worden sei. Dafür stützt er sich nicht auf die Prozessakten (die ihm in diesem Fall ja vorgelegen hätten), sondern auf Anshelm (3 S. 131). Dieser schreibt freilich: *Dass Jåtzer, pinlich gefragt, sine våter in der sach verlůmbdet*, doch irrt der Chronist hier: Jetzer ist in Lausanne nicht gefoltert worden! Nichtsdestoweniger hält Paulus daran fest, dass der Konverse nach der Folterung „das Gegentheil von dem behauptet, was er noch drei Tage vorher bekräftigt hatte. Die Mutter Gottes, so erklärt er jetzt, habe ihm geoffenbart, dass sie ohne Erbsünde empfangen worden sei. Die Väter hätten ihm jedoch streng verboten, dies bekannt zu machen; falls er etwas von der Empfängniß Mariä sagen wolle, so möge er verkünden, dass die Mutter Gottes ihm geoffenbart habe, sie sei in der Erbsünde empfangen worden"[17]. Dabei überliest Paulus (und zwar sowohl in den Prozessakten als auch bei Anshelm), dass Jetzer zwar nicht gefoltert worden war, aber doch vor diesem Geständnis den Bischof gebeten hatte, ihn in seinen Schutz zu nehmen und ihn das Ordenskleid der Dominikaner ablegen zu lassen. Erst nachdem ihm dieser Wunsch erfüllt worden war, gestand er, dass die Jungfrau Maria ihm geoffenbart habe, sie sei ohne Erbsünde empfangen worden. Eine Erklärung für dieses „Missverständnis" hätte Paulus im Defensorium finden können (siehe Kap. I/2b–c), aber dafür hat er es offenbar nicht gründlich genug gelesen.

Wir verzichten darauf, noch weitere angeblich widersprüchliche Aussagen, die Jetzer in Verlauf seines Prozesses in Lausanne machte, nach Paulus wiederzugeben und zu kommentieren. Was die Aussagen der vier Klostervorsteher betrifft, so unterscheidet Paulus, im Gefolge von Rettig, zwischen Aussagen vor und nach der Folter. Dies gilt nicht nur für die Dominikaner, sondern auch für Jetzer: „So lange der Bruder nicht gefoltert wurde, hat er nichts Belastendes gegen die Väter ausgesagt; erst als er auf die Folter kam, begann er gegen dieselben allerlei Anklagen vorzubringen; und je öfter er gefoltert wurde, desto zahlreicher und schwerer wurden die Verbrechen, die er ihnen zur Last legte. [...] Wenn sogar die Mönche auf der Folter sich selbst und andere ihres Ordens schuldig bekannten, so ist es leicht begreiflich, dass auch Jetzer, der ohnehin zum Lügen geneigt war, um den Folterqualen zu entgehen und sich zu retten, die Schuld auf andere zu schieben versuchte." Dies gelte auf Jetzers Seite für den Bund mit dem Teufel, den er seinen Klosterobern anzuhängen versuchte, und auf Seiten der Klostervor-

---

17) Paulus, Justizmord S. 14 . Eine Erklärung für Jetzers Erscheinungen in Lausanne siehe Kap. II/1a, Jetzers zweites Verhör (15. Oktober 1507). Nachweis, dass Jetzer in Lausanne nicht gefoltert worden ist, ebd., Jetzers viertes Verhör (20. November 1507).

Stand der Forschung

steher für das Kapitel von Wimpfen, auf dem Angehörige der Oberdeutschen Dominikanerprovinz die ganze Geschichte ausgeheckt haben sollten, nach Paulus eine reine Legende: „Diese Wimpfener Verschwörung ist seit dem Jahre 1509 bis auf den heutigen Tag fort und fort für eine sichere Thatsache ausgegeben worden, und doch ist es eine ganz unbegründete Legende, die vor der historischen Kritik nicht Stand hält." Für ihn ist klar, „dass Jetzer, und nicht die Berner Mönche, den Geisterspuk angefangen hat; die Initiative dazu kann daher nicht vom Wimpfener Kapitel ausgegangen sein." Ob und wann die angeklagten Mönche „die Wimpfener Verschwörung erwähnt haben", muss Paulus dahingestellt sein lassen, da die Akten des Haupt- und des Revisionsprozesses ihm nicht gedruckt vorlagen[18].

Was die Mitschuld der Ordensprovinz angeht, so nimmt Paulus insbesondere den Provinzial Paul (eigentlich Peter) Sieber in Schutz. Er habe „den seltsamen Vorgängen, die im Berner Kloster sich abspielten, gleich von Anfang an das größte Misstrauen" entgegengebracht. Als er sich Mitte Mai 1507 auf das Generalkapitel nach Lyon begab (das dann Anfang Juni in Pavia stattfand), und dabei „auf der Durchreise mit mehreren Vätern nach Bern kam", staunten er und seine Begleiter „zwar über die Dinge, die man ihnen erzählte", „doch glaubten sie nicht, dass dies von Gott komme". „Auf der Rückreise von Lyon hielten sich die Väter wieder einige Tage in Bern auf. Da hieß es einmal in der Nacht, Jetzer habe soeben in seiner Zelle den Besuch der Mutter Gottes erhalten." Der Provinzial wurde herbeigerufen, „um vor der geschlossenen Thüre anzuhören, wie die allseligste Jungfrau sich mit dem Bruder unterhalte". Er unterschied zwar zwei verschiedene Stimmen, hatte aber den Eindruck, „dass der Bruder die Stimme der Mutter Gottes simulire(!)", und machte ihm deshalb am nächsten Morgen strenge Vorwürfe. „Als er bald nach seiner Abreise von Bern von dem weinenden Muttergottesbild hörte, da ließ er [...] durch die zwei Visitatoren Magnus Vetter [eigentlich Wetter] und Paul Hug eine strenge Untersuchung anstellen." Paulus verweist weiter auf einen Brief, den der Provinzial angeblich im Oktober 1507, also „noch bevor Jetzer seine Enthüllungen begonnen hatte", an den Rat von Bern geschrieben habe, des Inhalts, dass er von der „Sache des Novizenbruders" „mitsammt den Vätern des Ordens [...] allezeit nichts gehalten habe, sondern Betrug und Falschheit gefürchtet". Dabei datiert Paulus diesen undatierten Brief auf Oktober 1507, während Rettig (und später auch Steck) ihn auf Ende Dezember datieren, wo es für die Dominikaner höchste Zeit war, sich von Jetzer zu distanzieren. Trotzdem kommt Paulus zum Schluss: „Von einer Mitschuld des Provinzials kann also

---

18) PAULUS, Justizmord S. 14–22, 24–27.

18 Einleitung

keine Rede sein. Höchstens wird man ihm vorwerfen können, dass er gegen den Betrug nicht strenge genug eingeschritten sei."[19]

Im Folgenden geht Paulus auf die eigentlichen Jetzerprozesse ein, den Hauptprozess, der im Sommer 1508 unter dem Vorsitz der Bischöfe von Lausanne und Sitten stattfand, und den Revisionsprozess, der im Frühjahr 1509 von den gleichen Bischöfen unter der Leitung des päpstlichen Legaten, Achilles de Grassis, durchgeführt wurde. Dabei erwähnt er den Provinzial gar nicht mehr, weil dieser seiner Meinung nach „nur zum Scheine" in das Gericht des Hauptprozesses gesetzt worden war. Aber auch die Bischöfe von Lausanne und Sitten hätten, so meint Paulus, nur „eine ziemlich untergeordnete Rolle" gespielt. Die eigentliche treibende Kraft, „dass gegen die vier Mönche äußerste Strenge gehandhabt werden müsse", sei bei der Bürgerschaft gelegen, worunter Paulus sowohl den „Magistrat" als auch das „Volk" versteht. Gestützt auf Anshelm (3 S. 149) meint Paulus, dass der Bischof von Lausanne, der selber ein Mönch (Benediktiner) war, „zum Ausgange des Prozesses wenig beigetragen habe", wohl aber der Bischof von Sitten, Matthäus Schiner, „mit Schub der Bürger". Die Erbitterung unter dem Volk sei in der Tat sehr groß gewesen. Im März 1508 habe der Rat nach Rom geschrieben, dass die Gemeinde sehr unruhig sei, so dass man sie kaum davon abhalten könne, die Schuldigen selber anzugreifen und „zu fertigen", also Lynchjustiz zu üben. Die Stimmung richtete sich nicht nur gegen die vier angeklagten Mönche, sondern gegen den ganzen Konvent, und laut dem Defensorium ließen sich drohende Stimmen hören, die sagten, dass man das Kloster anzünden würde, wenn es sich nicht innerhalb der Stadtmauern befände. Aber nicht nur das Volk, sondern auch der „Magistrat" habe auf die Verurteilung der vier Gefangenen gedrungen, und zwar aus Gründen der Ehre. Laut Anshelm (3 S. 129) war es *einer loblichen stat Bern unlidlich zehören, dass man ietzt umendum, ouch in verren landen sagte, sie båtete einen schniderknecht, ja einen erdachten roten hergot [eine rote Hostie] an.* In dem bereits erwähnten Brief nach Rom (vom März 1508) schrieb der Rat, dass die Berner *von allen umbsäßen und ußländigen mit allerlei schmächworten, und als ob wir ein andren Got und gelouben halten wellen, beladen sind worden*[20].

Gewissermaßen der Vollstrecker des Volkswillens sei der Chorherr Ludwig Löubli gewesen, den Prior Werner von Basel im Defensorium schon im Februar 1508 als „einen großen Feind der Mönche bezeichnete". „Bereits im August 1507 hatte er den ganzen Handel für eine ‚erdache Luderei und

---

19) PAULUS, Justizmord S. 27–29, vgl. auch Urkunden S. 208, und Beilagen S. 613 Nr. 9 (undat.; 1507, Dez 20?).

20) PAULUS, Justizmord S. 9 u. 31 f., vgl. auch Beilagen S. 623 Nr. 21 (1508, Mrz 13).

Stand der Forschung

Ketzerei' erklärt und war desshalb von den Dominikanern beim Rathe verklagt worden." Es ist wahrscheinlich kein Zufall, dass ausgerechnet er im Frühjahr 1508 nach Rom gesandt wurde, um vom Papst die Einwilligung zu einem außerordentlichen Gerichtsverfahren zu erlangen, und dass er zum Glaubensprokurator ernannt wurde. Paulus meint sogar, dass „die Führung des Prozesses eigentlich in seinen Händen" gelegen habe, „und nicht in den Händen der päpstlichen Richter [der Bischöfe von Lausanne und Sitten sowie des Provinzials]". Löubli sei denn auch sehr „rücksichtslos gegen die Angeklagten" vorgegangen und habe, „gestützt auf die Aussagen Jetzer's" die Folterung der Mönche verlangt und gegen deren Verteidiger auch durchgesetzt. Nichtsdestoweniger sei am Schluss auch Jetzer wegen „seiner vielfach falschen Aussagen" verurteilt worden. Paulus zitiert hier Anshelm, allerdings in etwas freier Auslegung[21].

Paulus übernimmt weiter Rettigs Urteil, dass „die gerichtliche Untersuchung" „höchst oberflächlich und einseitig" geführt worden sei. Deshalb hätten die beiden Bischöfe es nicht gewagt, „die Verantwortlichkeit für das Verdammungsurtheil allein auf sich zu nehmen. Obschon der Papst sie bevollmächtigt hatte, das Urtheil endgültig zu fällen, so wollten sie doch ,aus vielfältigen Ursachen den Handel und Prozess an unsern heiligsten Vater den Papst bringen und mit seiner Heiligkeit Rath ihr Urtheil geben'." Dies gegen den Willen des Rats, der „nur ungern in diese Verzögerung einwilligte" und der im Folgenden „alle Hebel in Bewegung" setzte, „um dem Prozess den gewünschten Ausgang zu geben". Der Rat hätte sogar die Stirn gehabt, dem Papst zu schreiben, „dass Jetzer in seinen Aussagen sich gleich geblieben sei"[22], eine Aussage, die indessen für den Haupt- und Revisionsprozess durchaus zutrifft, die Paulus aber besonders erzürnt, da die sich angeblich verändernden Aussagen Jetzers in seinem Prozess von Lausanne und Bern sein Hauptargument gegen diesen sind. Weiter habe der Papst nicht nur aus Wohlwollen in den Revisionsprozess eingewilligt, sondern auch, weil er bernische und eidgenössische Söldner für seinen Krieg gegen Venedig brauchte. Achilles de Grassis sei nicht nur als päpstlicher Kommissär für den Revisionsprozess nach Bern gekommen, sondern auch als päpstlicher Werber: „Diese Verquickung des Jetzerprozesses mit der Werbung um Hilfstruppen konnte für die gefangenen Dominikaner kaum von Vortheil sein." Paulus zweifelt sehr an der Unparteilichkeit des päpstlichen Kommissärs (Achilles de Grassis), der als Weltgeistlicher nicht nur die Do-

---

21) PAULUS, Justizmord S. 32 f., vgl. auch Anshelm 3 S. 163: *sitmal du durch gemelte stuk zů einem verlůmpten, verachtlichen, lasterlichen, falschen man und zů einer fabel und gmeinen gassenred bist worden.*

22) PAULUS, Justizmord S. 33, gestützt auf Beilagen S. 631 Nr. 33 (1508, Sept 24): *Qui ita libera fronte et tormentis castigatus in sua confessione uniformis, ut audimus, apparuit.*

20   Einleitung

minikaner, sondern alle Mönche als Tagediebe bezeichnete. Und er schließt: „Dass unter solchen Verhältnissen die Revision des Prozesses noch viel oberflächlicher und einseitiger abgehalten wurde, als die erste gerichtliche Untersuchung, darf nicht Wunder nehmen." Er schildert dann, gestützt auf Anshelm (3 S. 164) die grausame Hinrichtung der vier Dominikanerbrüder und wie der päpstliche Kommissär vom Turm der Propstei (heute Stiftsgebäude) aus ungerührt zugeschaut habe. „Das Volk, welches früher gegen die Mönche so aufgebracht gewesen, hatte mehr Mitgefühl als der herzlose Diplomat. [...] Manche scheuten sich nicht, für die verbrannten Mönche Partei zu ergreifen", und Paulus zitiert wiederum Anshelm (3 S. 165): *dan vil geredt ward, der schelm Jåtzer håt's alles – das doch unmuglich – getan, und den frommen våtern beschehe, wie unlang hievor dem hochgelerten, helgen Jeronomino Savonarola, Predierordens, propheten, zů Florentz verprent [1498], beschehen, namlich gross unrecht und gwalt.* Dabei überliest Paulus großzügig Anshelms Einschub *das doch unmuglich* und verdreht dessen Einschätzung in ihr genaues Gegenteil: „So war es in der That! Die vier hingerichteten Mönche waren unschuldig, während der ‚Schelm' Jetzer, dem es gelang, aus dem Gefängnisse zu entrinnen, alles gethan hatte."[23]

Immer laut Paulus war Jetzer nämlich durchaus kein „beschränkter, einfältiger Mensch gewesen, der mit falschen Erscheinungen leicht zu täuschen war. Obschon er weder lesen noch schreiben konnte, so besaß doch der dreiundzwanzigjährige Schneidergesell eine nicht geringe Pfiffigkeit, wie dies sowohl aus den Prozessakten als aus den im Defensorium abgedruckten Berichten hervorgeht. Dank seiner Schlauheit konnte er, ohne entlarvt zu werden, den Schwindel Monate lang fortsetzen." Es sei auch nicht nötig, Helfershelfer oder Mitschuldige anzunehmen; Jetzer habe alle Erscheinungen selber gespielt und sich dafür verkleidet und eine fremde Stimme simuliert und dann in seiner eigenen geantwortet. Auch die Kerzen im Dormitorium und selbst in der Kirche habe er vorgängig selber anzünden können. Allenfalls habe er sich vom Illuministen Lazarus von Andlau helfen lassen, der sich in dieser Zeit mehrere Wochen im Berner Dominikanerkonvent aufgehalten habe, einem getauften Juden, der später in Leipzig verbrannt worden sei: „Jetzer behauptete in den späteren Verhören, dieser Lazarus habe den Mönchen bei ihren Betrügereien geholfen. Es ist aber viel wahrscheinlicher, dass der ‚erfahrene Landfahrer' [Anshelm 3 S. 77] ein Mitschuldiger des ‚Schelms' Jetzer gewesen ist." Doch habe dieser „die Betrügereien" auch „allein in's Werk setzen" können. Paulus wendet sich auch insofern gegen Rettig, als Jetzer durchaus in der Lage gewesen sei, „angebliche Offenbarungen über die Empfängniß Mariä zu erdichten", so z. B „aus den

---

23) PAULUS, Justizmord S. 34–36, gestützt auf Anshelm 3 S. 154, 164 f., 182 f.

Stand der Forschung 21

Predigten, die er gehört" habe. „Gerade in den ersten Jahren des 16. Jahrhunderts wurde ja [...] die Frage von der Empfängniß Mariä in Schriften und Predigten sehr lebhaft erörtert." Auch die Stigmata, die rote Hostie und die blutenden Tränen der Marienstatue habe Jetzer selber gemalt, mit roter Farbe, die er von Lazarus erhalten habe. Die Berner Dominikaner hätten sich nur insofern verfehlt, als „sie die angeblichen Wundererscheinungen allzu leichtgläubig annahmen und prahlerisch ausposaunten". Und Paulus schließt: „Von den Betrügereien aber, derentwegen sie zum Feuertode verurtheilt worden sind, müssen sie im Namen der historischen Kritik und Gerechtigkeit freigesprochen werden. ‚Der Schelm Jetzer hat alles gethan.'"[24]

Trotz seiner offensichtlichen Schwächen (Paulus kennt weder die Akten des Haupt- noch des Revisionsprozesses – eine „aktenmäßige Revision" kann man das wohl kaum nennen!) – hat seine Arbeit eine völlige Umkehrung der jahrhundertealten Schuldzuweisung bewirkt und die Forschung bis gegen Ende des 20. Jahrhunderts beeinflusst. Dies nicht zuletzt, weil Rudolf Steck, der 1904 die Gesamtheit der Akten und Urkunden herausgab, ihm viel zu willig gefolgt ist und sich von ihm in großem Ausmaß beeinflussen ließ (siehe Einl. 1d). Rudolf Steck hat nicht nur die Akten und die Urkunden herausgegeben, sondern auch das Defensorium, das Paulus neu in die Diskussion geworfen hatte. Auch wir werden am Defensorium nicht vorbeikommen, sondern es vielmehr heranziehen, um den Jetzerhandel zu schildern (siehe Kap. I/1–4), aber wir werden es viel kritischer benutzen, als Paulus dies angeblich „im Namen der historischen Kritik und Gerechtigkeit" tut. Es scheint uns in höchstem Maße ungerecht – und auch „unmöglich" –, alle Schuld auf Jetzer zu laden, den einzigen, der in der ganzen Sache keine Lobby hatte, weder bei den Zeitgenossen noch bei der Forschung, nach dem schönen Motto: alle gegen einen. Zu welchen Verrenkungen dies führt, dürfte insbesondere Paulus' letzter Abschnitt über die Erscheinungen und die Stigmata gezeigt haben, die Jetzer sich selber beigebracht haben soll (wenn auch nur in gemalter Form). Eine ganze Menge Widersprüche lösten sich in Nichts auf, wenn man annimmt, dass es mehrere „Spieler" – und entsprechend auch mehrere Schuldige – gegeben hat, und da man nicht annehmen kann, dass Jetzer und die Dominikaner zusammen „gespielt" haben,

---

24) PAULUS, Justizmord S. 37–42. Bei Paulus' Behauptung, dass Jetzer seine Kenntnisse über die Empfängnis Marias beim Anhören von Predigten erworben haben könne, erweist sich einmal mehr, dass er selbst seine Hauptquelle, das Defensorium, nicht richtig gelesen hat, denn hier (Def. S. 566 Kap. I/20) lautet Jetzers Antwort auf die Frage, ob er vorher jemals von der Empfängnis Marias gehört habe: dass er nie davon gehört habe, auch nicht in Predigten (*quod numquam salveretur, si audierit nec ita sermones visitaverit*).

22 Einleitung

müssen es wohl die Dominikaner gewesen sein[25]! Doch werden wir dies aufgrund der Gesamtheit der Prozessakten noch zu beweisen versuchen, auch wenn es uns weniger um die Schuldfrage als darum geht, was damals in Bern eigentlich „gespielt" wurde (egal von wem). Dazu müssen nicht weniger als drei Inquisitionsprozesse interpretiert werden, denn sowohl beim Haupt- als auch beim Revisionsprozess handelt es sich um Inquisitionsprozesse (wie weit dies auch für Jetzers Prozess in Lausanne und Bern gilt, wird noch zu untersuchen sein), eine Quellengattung, mit der man im 20. Jahrhundert – anhand von Häresie- und Hexenprozessen – besser umzugehen gelernt hat, als dies zu Paulus' Zeiten der Fall war. Es ist irreführend, wenn sowohl Rettig als auch Paulus und Steck (auch in den Titeln, die sie ihren Veröffentlichungen gegeben haben) immer nur von *einem* Jetzerprozess sprechen, denn es sind deren drei, die sich in vielerlei Hinsicht unterscheiden und die man bei der Beurteilung nicht einfach über einen Leisten schlagen kann.

d) Ein päpstlicher Justizmord? (Rudolf Steck, 1902–1905)

Die Veröffentlichung der Schrift von Nikolaus Paulus 1897 scheint in Bern einige Diskussionen ausgelöst zu haben, und zumindest einer nahm sie nicht leicht, nämlich Rudolf Steck (1842–1924), damals (1881–1921) ordentlicher Professor für Neues Testament an der Theologischen Fakultät der Universität Bern, seit 1893 auch für allgemeine Religionsgeschichte. Steck war zunächst ein Vertreter der historischen Bibelkritik, wechselte dann aber immer mehr zur Kirchengeschichte und tat sich durch Quelleneditionen hervor, so 1904 mit den „Akten des Jetzerprozesses" (eigentlich: der Jetzerprozesse) und 1923 mit der „Aktensammlung zur Geschichte der Berner Reformation 1521–1532" (gemeinsam mit Gustav Tobler, ordentlichem Professor für Schweizer Geschichte an der Universität Bern 1896–1921). Im Jahr 1906 wurde Steck mit der Ehrendoktorwürde der philosophisch-historischen Fakultät der Universität Bern ausgezeichnet (für die Edition der Akten des Jetzerprozesses?), nachdem er 1895 bereits eine solche von seiner eigenen Fakultät bekommen hatte (vielleicht weil er nicht doktoriert hatte)[26]. Bevor er 1904 die Akten der Jetzerprozesse veröffentlichte, nahm

---

25) Rudolf Steck ist hier allerdings gegenteiliger Meinung, vgl. Akten, Einleitung S. LII: „Nehmen wir Jetzer als den Schuldigen an, so erklärt sich dagegen fast alles leicht und natürlich und nur(!) die Frage der Gehülfenschaft bleibt noch offen." Ausrufezeichen von Kathrin Utz Tremp.

26) Rudolf DELLSPERGER, Art. Steck, Rudolf; Christian BAERTSCHI, Art. Tobler, Gustav (1855–1921), beide in: HLS online (Zugriff 20. Juli 2019).

Stand der Forschung

er 1902 Stellung zu Paulus, und 1905 schickte er den Akten noch einen interessanten Aufsatz zu „Kulturgeschichtliche[m] aus den Akten des Jetzerprozesses" hinterher[27]. Vielleicht war es der Mangel an einem eigenen Doktorat und einer eigenen Habilitation in Kirchengeschichte, dass Steck sich von Paulus – dessen Doktorat auch nicht über alle Zweifel erhaben war – derart beeindrucken ließ. So schreibt er 1902 in seiner Stellungnahme zu Paulus' Veröffentlichung: „Die Schrift ist nur eine kleine Broschüre von 42 Seiten, enthält aber so viel wie manches dicke Buch. Die Begründung der vorgetragenen Ansicht ist überall ruhig(!) und sachlich(!) gegeben, die Argumente sind aufs äußerste zusammengedrängt und stellen in ihrer Verflechtung eine geschlossene Phalanx dar, die mit Wucht gegen die bisherige Meinung vordringt." Und dies, obwohl Steck zugegebenermaßen anfangs „von starkem Misstrauen gegen die neue Ansicht erfüllt" war; denn er wusste, dass „Dr. Paulus der Janssen'schen Schule angehört", die „durch gelehrte, aber einseitige und tendenziöse Erforschung des Reformationszeitalters den ultramontanen Ansichten Eingang zu verschaffen versucht". Wie Paulus war auch Johannes Janssen (1829–1891) ein katholischer Priester, aber auch ein ausgebildeter (doktorierter und habilitierter) Historiker, der als einer der Hauptvertreter der sog. ultramontanen Geschichtsschreibung gilt. In seinem achtbändigen Werk „Geschichte des deutschen Volkes seit dem Ausgang des Mittelalters" (1878–1894) nahm er eine Abwertung der Reformation vor, die auf evangelischer Seite heftige Kritik hervorrief, aber trotzdem das katholische Bild von der Reformation für Jahrzehnte prägte[28]. Sowohl die Werke von Johannes Janssen als auch diejenigen von Nikolaus Paulus müssen dem deutschen Kulturkampf (Modernisierungskrise, Etappe im Prozess der Säkularisierung von Staat und bürgerlicher Gesellschaft in der zweiten Hälfte des 19. Jahrhunderts) zugerechnet werden.

Immerhin findet Steck den Titel von Paulus' Arbeit „marktschreierisch" und verkennt auch die Tendenz nicht, „die Mönche zu rechtfertigen und die Schuld eines parteiischen Urteils den bernischen Behörden aufzubürden". Anderseits sei „gerade Dr. Paulus als tüchtiger Historiker bereits wohlbekannt. Dass seine Forschungen der katholischen Kirche dienen, schließt doch nicht aus, dass sie genau und gründlich sind." Eigentlich erscheint es

---

27) STECK, Der Berner Jetzerprozess; DERS., Kulturgeschichtliches.
28) STECK, Der Berner Jetzerprozess S. 2. Ausrufezeichen von Kathrin Utz Tremp. Zu Johannes Janssen vgl. Bernhard WILDERMUTH, Art. Johannes Janssen (Historiker), in: Biographisch-Bibliographisches Kirchenlexikon 2 (1990) Sp. 1552–1554; Walter TROXLER, Ein Außenseiter der Geschichtsschreibung: Johannes Janssen 1829–1891. Studien zu Leben und Werk eines katholischen Historikers, Diss. an der Philosophischen Fakultät der Universität Freiburg (Schweiz) 2000 (Berlin 2007).

24 Einleitung

Steck als „Torheit, an der Begründung eines Gerichtsurteils zu zweifeln, das scheinbar mit aller Umsicht und nach gründlichster, sogar langwieriger Untersuchung gefällt worden ist, bei dem geistliche und weltliche Behörden sich die Hand reichten und das von der Volksstimme geradezu gefordert wurde". Was ihn dennoch dazu bewegt, ist die Dreyfus-Affäre, die damals im Gange war, indem der jüdische Offizier Alfred Dreyfus 1894 durch ein Kriegsgericht in Paris wegen Landesverrat zur Degradierung, lebenslanger Haft und Verbannung verurteilt und 1899 begnadigt worden war – und 1906 rehabilitiert wurde. Was Steck Paulus voraus hat, ist die Kenntnis der damals noch unedierten Prozessakten (des Haupt- und des Revisionsprozesses), doch erklärt er im Voraus, „dass die Akten zwar einiges enthalten, womit Dr. Paulus berichtigt werden kann, aber noch weit mehreres, was seiner Ansicht zur Bestätigung dient"[29].

In der Folge gibt Steck einen instruktiven Überblick über die Quellen (die Jetzerprozessakten, das Defensorium und die Chronik des Valerius Anshelm sowie weitere Schriften zum Jetzerhandel), auf die andernorts (Einl. 2) eingegangen werden soll. Einspruch soll hier nur dagegen eingelegt werden, dass Steck das Defensorium, das er aus einem Exemplar der Hof- und Staatsbibliothek von München abgeschrieben hat, im Gefolge von Nikolaus Paulus „den Akten an Wichtigkeit gleich" stellen will[30]. Dagegen ist wegweisend, dass Steck seiner Untersuchung (von Jetzerhandel und Jetzerprozessen) ein Kapitel (III) über den „Streit über die unbefleckte Empfängnis der Jungfrau Maria" zwischen Dominikanern und Franziskanern vorausschickt, „ein dogmatischer Streit, der damals (zur Zeit des Jetzerhandels) gerade auf der Höhe stand und den Gang der Ereignisse und des Prozesses beeinflusste"; in dieser Hinsicht werden wir Steck folgen (siehe Einl. 3). Dabei hält dieser gegenüber Paulus an der Realität des dominikanischen Provinzialkapitels von Wimpfen fest, auf dem die Erscheinungen im Dominikanerkloster in Bern geplant worden sein sollen, und zählt die Stellen in den Prozessakten auf, an denen von diesem Kapitel die Rede ist, allerdings wiederum nicht, ohne dessen Bedeutung herunterzuspielen[31].

---

29) STECK, Der Berner Jetzerprozess S. 2 f. Andernorts nennt Steck Paulus' Broschüre gar „ein kleines historisches Meisterwerk", vgl. ebd. S. 56. Dieses Fehlurteil ist vom Biographen von Nikolaus Paulus natürlich mit Begeisterung aufgenommen worden, vgl. PFLEGER, Nikolaus Paulus S. 197. – Vgl. auch Léon POLIAKOV, Die Affäre Dreyfus, in: Jüdisches Museum der Stadt Wien (Hg.), Die Macht der Bilder. Antisemitische Vorurteile und Mythen (1995) S. 163–167.

30) STECK, Der Berner Jetzerprozess S. 5 f.

31) STECK, Der Berner Jetzerprozess S. 15–17. In seiner Einleitung zu den Akten (S. XXXIII Anm. 2) nimmt Steck dann allerdings aufgrund der Akten seine „früheren Zweifel" in Bezug auf das Provinzialkapitel von Wimpfen zurück.

Stand der Forschung

Nach einem Überblick über den Jetzerhandel (S. 18–29) geht Steck auf die Jetzerprozesse ein (S. 30–54). Hier antwortet er auf Paulus' Vorwürfe betreffend die Zusammensetzung des Gerichts des Hauptprozesses: dass es sich bei diesem eben um ein Inquisitionsverfahren handelte, insbesondere um einen Ketzer- und Hexenprozess, bei dem Glaubensprokurator und Folter integrierende Bestandteile waren. Er gibt Paulus insofern Recht, als „der Ordensprovinzial mit seiner Stimme gegen die beiden andern Richter nichts ausrichten" konnte und deshalb von vornherein „zu einer bloßen Scheinrolle" verurteilt war, und dass die Wahl von Ludwig Löubli, der sich bereits im August 1507 gegen die Erscheinungen im bernischen Dominikanerkloster ausgesprochen hatte, „für die Angeklagten ein neuer ungünstiger Faktor" war. Im Unterschied zu Paulus kennt Steck auch alle Zeugenaussagen, rund dreißig, die im Rahmen des Hauptprozesses gemacht wurden, und kommt zum Schluss, dass sie eigentlich sehr wenig Belastendes für die Angeklagten ergeben; „namentlich erscheint der Ruf, den die Dominikaner in der Stadt genossen, im Ganzen als ein günstiger, während über Jetzers Vorleben mancherlei schlimme Dinge berichtet werden. Auf Grund dieser Aussagen wäre jedenfalls eine Verurteilung der Angeklagten kaum möglich gewesen."[32] Auch wenn sie angeblich zur Schuldfrage nichts Entscheidendes beizutragen haben, werden wir uns doch ausführlich mit den Zeugenaussagen beschäftigen, um zu sehen, wie einzelne Berner (leider keine Bernerinnen) den Jetzerhandel wahrnahmen (siehe Kap. II/2d).

Andererseits hat Steck durchaus gesehen, dass beim Jetzerprozess „nicht nur der Anklage, sondern auch der Verteidigung ein gewisser Spielraum gegönnt war, allerdings nur ein sehr beschränkter", doch war auch „ein sehr beschränkter Spielraum" im Inquisitionsprozess durchaus nicht selbstverständlich, und dieser war auch nicht bei allen Jetzerprozessen der gleiche. Steck bringt den ersten Prozess, der nur Jetzer gemacht wurde, mit dem Hauptprozess durcheinander, wenn er ausführt, dass „für die Mönche hauptsächlich der Vikar der Ordensprovinz, Paulus Hug von Ulm, das Wort führte", dass diese „aber auch einen eigenen Verteidiger in der Person des Dr. Johannes Heintzmann, Prokurator des bischöflichen Konsistoriums zu Basel", hatten, „dem noch der Advokat Dr. Jacob von Straßburg zur Seite stand". Es sei dem Verteidiger (gemeint ist hier Johann Heinzmann) indessen nicht gelungen, in die „Mauer" der Vorverurteilung eine „Bresche" zu schlagen, auch nicht, als er am 18. August 1508 rund dreißig Artikel vorlegte, „die er sich zu beweisen anheischig machte, um dadurch die Unschuld der Angeklagten darzutun". Diese Artikel sind für Steck „beinahe das wichtigste, was die noch ungedruckten Akten zur Aufhellung des Prozesses ent-

---

32) STECK, Der Berner Jetzerprozess S. 38 mit Anm. 1, S. 40 f.

halten", und entsprechend gibt er sie bereits hier wieder. Das Gericht ging jedoch nicht darauf ein, der Provinzial schied aus dem Gericht aus und der Glaubensprokurator setzte durch, dass die Angeklagten gefoltert werden durften; denn der Inquisitionsprozess beruhte wesentlich auf dem Geständnis des oder der Angeklagten, das auch durch die Folter erlangt werden durfte. „Der Gerichtsbeschluss, statt der Anhörung des Verteidigers zunächst mit der Tortur vorzugehen, muss als die [...] entscheidende Wendung im Gang des Processes [genauer: des Hauptprozesses] bezeichnet werden. Von da an war das Resultat vorauszusehen, die Verurteilung der Angeklagten unvermeidlich. Denn dass man durch die Tortur schließlich alles Gewünschte aus den Unglücklichen herauspressen könne, ließ sich voraussehen."[33]

Den gefolterten Angeklagten blieb nichts anderes übrig, als vor und nach den Folterverhören „mit Beistand ihres Verteidigers" zu erklären, „wenn sie aus großer Marter etwas bekennen würden, das ihnen schädlich sei, so solle es ganz ungültig sein", doch half ihnen das nichts: „Die Richter erklärten den Prozess für abgeschlossen, doch wollten sie die Verkündigung des Urteils noch aufschieben, bis der Papst von den Verhandlungen unterrichtet worden sei", was letztlich zum dritten Prozess führte, zum Revisionsprozess, den der Papst bewilligt habe, weil er auf die Hilfe der Berner im geplanten Krieg gegen Venedig hoffte. Im Revisionsprozess aber gab es keine Verteidigung mehr. Der Vikar des Provinzials, Paulus Hug von Ulm, erhielt kein freies Geleit, „so dass er auf die Reise verzichtete". Steck schließt, immer im Gefolge von Paulus: „So gestaltete sich die Revision des Prozesses zu einem noch oberflächlicheren Verfahren, als es die frühere Verhandlung gewesen war." Steck zieht auch keine Schlüsse aus der Tatsache, dass bei der Lokalinspektion im Kloster, die noch vor der Urteilsverkündung stattfand, „Vieles verändert, Einiges aber noch im beschriebenen Zustand vorgefunden wurde". Was die Anklagepunkte gegen die Dominikaner betrifft, so hat er gemerkt, dass es davon verschiedene Versionen (im Defensorium, in den Prozessakten, bei Anshelm) gibt, mit denen wir uns ausführlich auseinandersetzen werden (siehe Kap. II/4). Das Urteil über Jetzer gleicht für Steck „mehr einer Strafpredigt als einem Rechtsspruch", womit er ziemlich falsch liegt (siehe Kap. II/3e). Entsprechend habe der Berner Rat „mit diesem Urteilsspruch auch nichts rechtes anzufangen" gewusst. „War Jetzer wirklich unschuldig, wie die Richter annahmen [nahmen sie das wirklich an?], warum dann die Strafe? War er schuldig, so war sie viel zu leicht." Aus

---

33) STECK, Der Berner Jetzerprozess S. 41–46. Zur durchaus nicht selbstverständlichen Verteidigung im Inquisitionsprozess vgl. UTZ TREMP, Von der Häresie zur Hexerei S. 633 ff.

Stand der Forschung 27

diesem Dilemma heraus habe man Jetzer aus dem Gefängnis entkommen lassen. Was schließlich die Mitschuld der Ordensprovinz betrifft, die deshalb an den Kosten der Jetzerprozesse beteiligt werden sollte, so behauptet Steck hier sogar, dass „die Dominikaner sich mit Hülfe des Papstes dieser Ansprüche" erwehrt hätten. Das Gegenteil ist richtig: der Papst hat, wie Steck selber in seiner Edition der Prozessakten schreibt, „in einem Breve vom 30. Juni 1509 die Begründetheit der Ansprüche Berns" anerkannt, einem Breve, das Steck schon 1902 hätte kennen können, denn es war bereits von Rettig herausgegeben worden[34].

In der Folge widmet Steck der Schuldfrage noch einen eigenen Abschnitt (S. 55–69), in welchem er den Gang der Forschung seit Rettig nachzeichnet. Dieser habe zunächst „nichts anderes im Auge gehabt, als das historische Quellenmaterial dieses Rechtshandels allgemein zugänglich zu machen. Allein, je mehr er in den Stoff eindrang, desto stärker wurde in ihm die Empfindung, dass die bisherige Auffassung wenigstens in *einem* Stücke einer Correctur bedürfe, nämlich dass auch *Jetzer* ein gewisses Maß von Schuld zuzuschreiben sei." „Danach stände nun die Sache so, dass die Schuld auf die Väter und Jetzer zu verteilen wäre, diese hätten mit den Betrügereien angefangen und jener es ihnen dann mit gleicher Münze und noch gröber heimgezahlt." „Diese Anschauung" geht Steck jedoch noch zu wenig weit und er fragt: „wenn doch von Jetzer's eidlichen Aussagen so viele in Zweifel gezogen werden müssen, warum sollen dann die andern noch glaubwürdig sein?" Nachdem Rettig nur einen „halben Schritt getan", habe Paulus die Konsequenzen gezogen und sei den ganzen Schritt gegangen: „Es war begreiflich, dass der halbe Schritt, den Rettig getan hatte, von einem schärferen, an die Tradition nicht so gebundenen Kritiker ganz zu Ende getan wurde. Dieser schärfere Kritiker kam in Dr. Paulus, von dessen Schrift wir ausgegangen sind. Er zog einfach aus den gegebenen Prämissen die Consequenzen und er konnte dies namentlich tun mit Hülfe der Quelle, die lange unbeachtet und auch Rettig unbekannt geblieben war, nämlich des Defensoriums, das die Darstellung von Augenzeugen, allerdings von solchen, die persönlich stark beteiligt waren, in ihrer ursprünglichen Frische(!) darbietet. Auf Grund dieses Documents untersuchte Paulus die ganze Frage auf's Neue und fand die Lösung in der Annahme, dass der eigentliche Schuldige in Jetzer zu erkennen sei, während die zu einem so schaudervollen Tode verurteilten Mönche keiner andern Schuld zu zeihen seien, als der einer gar zu großen Leichtgläubigkeit und Einfalt."[35]

---

34) Steck, Der Berner Jetzerprozess S. 48–53, vgl. auch Beilagen S. 644, und Urkunden S. 288–290 (1509, Juni 30).
35) Steck, Der Berner Jetzerprozess S. 55 f. Ausrufezeichen von Kathrin Utz Tremp.

28 Einleitung

Immerhin war für Steck damit das letzte Wort noch nicht gesprochen, denn Paulus habe bei weitem nicht die ganzen Prozessakten gekannt und sich stattdessen auf Anselm gestützt, von dem Steck zu Unrecht und wider besseres Wissen an dieser Stelle behauptet, dass er eine „genaue Reproduktion der Akten" biete. Insbesondere aber komme bei Paulus „der theologische Kern der Sache zu kurz": „Die Frage nach der unbefleckten Empfängnis der Maria hat […] die Vorgänge noch ganz anders beherrscht, als es nach ihm den Anschein gewinnt, und in dieser Beziehung liegt eine Verschuldung der Mönche vor, die ihr tragisches Schicksal einigermaßen rechtfertigt." Dazu gehört insbesondere Jetzers Passionsspiel, das vom Subprior eifrig kommentiert wurde. Steck meint zwar, dass Jetzer sich die Stigmata – vielleicht mit Ausnahme des ersten – selber beigebracht bzw. angemalt habe, aber für ihn steht doch fest, dass die Väter „aus diesem, damals rein übernatürlich erscheinenden Zustand des armen Hysterikers für ihr Kloster Vorteil gezogen" haben. „Insofern waren sie auch nicht ganz unschuldig, und auch das fällt ihnen zur Last, dass sie alle diese Dinge benutzten, um ihrer Dominikaner-Ansicht von der Empfängnis Mariä in der Erbsünde Beglaubigung und Anhängerschaft zu werben. Hier ist Paulus gegen Rettig entschieden im Unrecht, wenn er sagt, man würde irren, wenn man glaubte, dass die Berner Dominikaner bestrebt waren, die Jetzer zu teil gewordenen Offenbarungen zu Gunsten dieser Lehre von der Empfängnis der Maria auszubeuten." Steck findet hier auch eine „natürliche Erklärung" für die „hohe theologische Bildung" von Jetzers Maria: die Väter hätten, „ohne es zu merken(!), durch ihre Fragen und Antworten dem Bruder diese Weisheit eingetrichtert. So erhält auch dieses Faktum, über das Rettig sich sonst mit Recht gewundert hat, seine natürliche Erklärung."[36]

Zum Schluss versucht Steck noch, „den wahren Hergang" darzustellen (S. 70–87). Dabei will er von der Annahme ausgehen, Jetzer sei der Betrüger gewesen. Dieser scheine „eine Gabe gehabt zu haben, Frauenstimmen nachzumachen und überhaupt weibliche Rollen zu spielen; wie der Verteidiger – in den nicht beachteten Verteidigungsartikeln – behauptete, war er schon in Luzern dafür bekannt geworden." Anders als Paulus glaubt Steck indessen nicht, der Schelm Jetzer habe dies alles allein getan, sondern wie viele Zeitgenossen, Jetzer könne dies unmöglich alles allein getan haben. Wie Rettig denkt er, dass Jetzer allenfalls noch die Erscheinungen in der Zelle selber gemacht haben könnte, nicht aber gleichzeitig auch noch die Kerzen im Dormitorium oder gar im Chor selber habe anzünden können. An dieser Stelle teilt Steck mit, dass der am 31. August 1899 verstorbene Georg Rettig „noch

---

36) STECK, Der Berner Jetzerprozess S. 56 f., 81 f. Ausrufezeichen von Kathrin Utz Tremp.

Stand der Forschung

kurz vor seinem Tode eine Widerlegung der Schrift des Dr. Paulus entworfen" habe, „in der er sich als Hauptargument eben auf diese wiederholte Illumination stützt, die nicht auf Jetzer, auch nicht auf [den Illuministen] Lazarus, sondern nur auf die Mönche zurückgeführt werden könne"[37]. Für Steck „bleibt doch wahr, dass eine zweite Person hiezu wenigstens wünschenswert erscheint", und er hält es für „etwas unwahrscheinlich, dass Jetzer diese Verkleidungskomödie so beharrlich gespielt haben sollte, blos(!) um die Väter zu täuschen und sich wichtig zu machen". Er kann nicht so recht glauben, dass Jetzer auch die Maria selber dargestellt haben soll, und führt dazu eine wichtige Stelle aus den damals noch nicht edierten Prozessakten auf: „Als Jetzer gefragt wurde, in welchem Dialekt die Maria gesprochen habe, ob schwäbisch, bayrisch oder rheinisch […], antwortete er, sie habe berndeutsch gesprochen, aber nicht so grob, wie das Volk in der Stadt spreche." Steck zieht daraus den Schluss: „So könnte denn doch Jemand anders als Jetzer unter der Maria verborgen gewesen sein", und verfällt dabei auf die absurde Hypothese, dass dieser „im Kloster eine Liebschaft unterhalten hätte und dass die heilige Hülle ein sehr weltliches Verhältnis decken musste"[38]. Offenbar zieht Steck als Helfershelfer – oder Helfershelferin – eine Frau einem getauften Juden vor.

„Was endlich die politischen Rücksichten betrifft, die schon Rettig und nach ihm Paulus zur Erklärung der Einwilligung des Papstes zur Verbrennung der Dominikaner herbeigezogen haben, so lassen sie sich ebenso schwer abweisen, als genauer feststellen." Steck neigt eher dazu, den Papst vor solchen Verdächtigungen in Schutz zu nehmen: „Dennoch wird die Zustimmung des Papstes zu dem Verfahren ebenso sehr seiner Überzeugung von der Richtigkeit des Urteilsspruches zuzuschreiben sein. Julius II. war

---

37) STECK, Der Berner Jetzerprozess S. 72–74, 78 f. Von dieser Entgegnung Rettigs auf Paulus ist im Jahresbericht des Historischen Vereins des Kantons Bern 1899/1900 die Rede, vgl. AHVB 16 (1900–1902) S. I–XIII, hier S. II f.: „Ganz besonders hatte man sich mit der Erinnerung an die Reformation zu beschäftigen, als Herr Pfarrer Stettler die unvollendet gebliebene Entgegnung des Herrn Rettig auf die Arbeit des Dr. Paulus verlas, welcher den Jetzerprozess gerade umkehrt. Nach diesem wären nicht die verbrannten Dominikaner die Schuldigen, sondern Jetzer selbst. Die scharfsinnige Schrift dürfte einer neuen Untersuchung rufen, die uns umso mehr am Herzen liegen muss, als wir den Verdacht eines Justizmordes gerne von unsern Vorfahren abwälzen möchten." Rettigs Schrift scheint in der Burgerbibliothek Bern, Mss.h.h.XVII.302 (4), überliefert zu sein, vgl. E-Mail von Thomas Schmid, lic. phil. hist., Bereich Privatarchive BBB, vom 27. März 2017.

38) STECK, Der Berner Jetzerprozess S. 79 f. Die Stelle, auf die Steck anspielt, findet sich in Akten II/1 S. 102 Nr. 186 (1508, Juli 31, 14 Uhr; Jetzer). Wir haben daraus einen anderen Schluss gezogen als Steck, vgl. TREMP-UTZ, Welche Sprache, und siehe Kap. II/2b, Die Erscheinungen der hl. Barbara und der Jungfrau Maria.

30 Einleitung

bei aller seiner Kunstliebe und großartigen Lebensauffassung doch ein Mann, dem gläubige Gesinnung im Sinne der damaligen Kirche und Zeit nicht abgesprochen werden kann." Das gibt Steck die Gelegenheit, den Justizmord auf den Papst abzuwälzen: „Wenn aber Dr. Paulus von einem *Justizmord* redet, so ist doch daran zu erinnern, dass der Prozess von Anfang an durch ein geistliches Tribunal geführt wurde und dass die höchsten Würdenträger und schließlich der Papst selbst den Entscheid herbeiführten. War es ein Justizmord, so war es ein solcher der *päpstlichen Justiz.*" Völlig unerträglich ist schließlich das Loblied, das Steck am Schluss seiner Ausführungen auf das von Paulus beigebrachte Defensorium singt: „Diese Schrift ragt in der literarischen Hochflut, die der Jetzerhandel hervorrief, als eine einsame Insel hervor, auf der, wenn nicht alles trügt, allein fester Boden der Wahrheit zu finden ist. Sie ist es auch, welche es ermöglicht hat, den berühmten Rechtshandel in unserer Zeit der phantastischen Umhüllung zu entkleiden, mit der ihn der mittelalterliche Aberglaube so bedeckt hatte, dass Niemand seine wahren Züge mehr zu erkennen vermochte. So ist nun doch auch hier endlich ein Licht aufgesteckt worden und die schüchternen Stimmen, die schon in jener Zeit die Unglücklichen als Märtyrer bezeichneten, aber vom Chor der Volksmeinung übertäubt wurden, sind schließlich zu ihrem Rechte gekommen."[39]

Im Jahr 1904 hat Rudolf Steck praktisch alle Quellen zum Jetzerhandel herausgegeben, d. h. die Prozessakten und das Defensorium sowie die bereits von Rettig transkribierten „Urkunden zur äußern Geschichte des Jetzerprozesses", eine bemerkenswerte Leistung[40]. Nichtsdestoweniger hat das Vorliegen dieses ganzen reichen Materials bis in die zweite Hälfte des 20. Jahrhunderts zu keiner Revision der Schuldfrage und auch zu keiner umfassenden Darstellung von Jetzerhandel und -prozessen geführt. Dies liegt auch an Rudolf Steck selber, der in der Einleitung zur Edition von seiner 1902 unter dem Druck von Paulus entstandenen Meinung in der Schuldfrage nicht abweicht. Wir wollen jedoch erst in unserer Darstellung der Quellen (siehe Einl. 2) auf Stecks Edition eingehen und hier nur in aller gebotenen Kürze eine Arbeit vorstellen, in der dieser 1905 auf „Kulturgeschichtliches aus den Akten des Jetzerprozesses" eingegangen ist. Es scheint uns, dass man die Akten der Jetzerprozesse vermehrt für solche Fragestellungen – abseits der Schuldfrage – nutzen sollte, und wir haben dies selber bereits zwei Mal ge-

---

39) STECK, Der Berner Jetzerprozess S. 83, 85 f., 87.
40) Die Akten des Jetzerprozesses nebst dem Defensorium, hg. von Rudolf STECK.

Stand der Forschung

tan[41]; dabei ergibt sich hie und da, auf Nebengleisen, auch etwas zur Schuldfrage, ohne dass man sich geradezu obsessiv damit beschäftigen muss. Steck stellt vor allem auf die Zeugenverhöre ab, in denen „sich uns eine große Anzahl von Persönlichkeiten vorstellen, die damals in Bern lebten und zum Teil wichtige Stellungen einnahmen. Sie geben sich in ihren Aussagen, wie sie sind, ohne Kunst und Schminke, und zwar sprechen sie unmittelbar zu uns, nicht durch irgend einen Erzähler." Die Zeugen kommen in allen drei Prozessen – den Prozessen Jetzers in Lausanne und Bern sowie im Haupt- und Revisionsprozess – zu Wort, und entsprechend soll ihnen auch in unserer Darstellung ein guter Platz eingeräumt werden (siehe Kap. II/1b, II/2d, II/3c und Anh. 4). Unter den Zeugen finden sich Anhänger sowohl der Dominikaner als auch der Franziskaner, unter den ersteren die Goldschmiede, die in der Dominikanerkirche ihre Bruderschaft hatten und hier am 25. Juni das Fest ihres Patrons, des hl. Eligius, feierten. Es ist durchaus kein Zufall, wenn ausgerechnet am 25. Juni 1507 die Statue in der Marienkapelle blutende Tränen zu weinen anfing, denn da konnte man mit Publikum rechnen. In diesem Zusammenhang lokalisiert Steck die Marienkapelle am falschen Ort, nämlich „südlich vom Querlettner nach der Zeughausgasse hinaus". Dagegen haben wir sie aufgrund von archäologischen Grabungen und einer genauen Lektüre der Jetzerprozesse östlich des Lettners und südlich des Chors lokalisieren können, als eigentliches Gegenstück zur Johanneskapelle nördlich des Chores (siehe Abb. 15 in Kap. II/2b, Die Verschwörung der Klostervorsteher in der Marienkapelle)[42].

Die Bürger verkehrten überhaupt viel in den Klöstern: „eingeladen oder uneingeladen nahmen sie dort Mahlzeiten ein, die Klöster hatten damals förmliche Wirtschaften, wie es ja in katholischen Ländern teilweise noch der Fall ist. Erst im Verlaufe der reformatorischen Bewegung wurde dann den Klöstern 1526 das Wirten verboten, nachdem das Predigerkloster zum Versammlungsort der Altgläubigen, das Barfüßerkloster zu dem der Neugläubigen geworden war." Auch zur Zeit des Jetzerhandels standen die beiden Konvente einander feindlich gegenüber, doch scheinen die Franziskaner den wunderbaren Geschehnissen im Dominikanerkloster zwar wohl „mit einer Art Schadenfreude" – wie Steck sagt –, aber doch eher diskret zugeschaut zu haben, auch wenn man die Konkurrenten durchaus aus der Reserve zu locken versuchte. Als der Ratsherr Anton Noll, der an beiden Orten verkehrte, bei den Franziskanern einen Trunk nahm und „dabei von dem mit

---

41) TREMP-UTZ, Welche Sprache, und DIES., Geschichte des Berner Dominikanerkonvents S. 119–160, hier S. 143–160; siehe Einl. 1h.

42) STECK, Kulturgeschichtliches S. 162 f., vgl. auch UTZ TREMP, Geschichte S. 153 Abb. 140, und S. 155 f.

32 Einleitung

den Passionswunden gezeichneten Bruder Jetzer erzählte und sagte: ‚Die Prediger haben jetzt auch einen heiligen Franziskus mit den Wundmalen wie ihr'", antwortete ihm ein Franziskanerbruder: „Am Ende wird sich's dann schon finden, was für einen Franziskus sie haben!"[43]

Wir greifen einige Einzelheiten aus Stecks Kapitel über „Häusliche Einrichtung und Kunst" heraus. Steck ist aufgefallen, dass die Zellen der Brüder im Dominikanerkloster wahrscheinlich aus Holz in einen größeren Raum hineingebaut worden waren: „Die Zellen der Mönche waren aus Holz gebaut, die Wände aus Bohlen gefügt, wie noch heute die Bauernhäuser im [Berner] Oberlande. Schon damals verstanden die Baumeister die Kunst, den Raum zu sparen, indem ein Fenster durch eine Zellenwand in zwei Hälften geteilt wurde, so dass es zu zwei Zellen gehörte." Dies deckt sich wiederum mit unseren eigenen Beobachtungen: „Aus all dem können wir schließen, dass die Zellen, vielleicht zweistöckig, nachträglich in einen größeren Raum (das ursprüngliche Dormitorium?) hineingebaut worden waren, so dass die hölzerne Zelleneinteilung nicht mit der ursprünglichen, steinernen Fenstereinteilung übereinstimmte. [...] Für einen nachträglichen Einbau der Zellen ins Dormitorium spricht – neben der allgemeinen Entwicklung des Klosterlebens – auch, dass diese Unterteilung offenbar leicht verändert werden konnte. [...] Jetzers Zelle wurde zerstört (*destructa*), ‚abgeschliessen' (Anselm 3 S. 108), weil er nach der Erscheinung der Jungfrau Maria samt Engeln auf dem Schwebezug alles aufzudecken drohte und man dann Spuren etwa von der Befestigung des Schwebezuges an den Zellenwänden hätte finden können." Besonders aufschlussreich ist, dass im Hauptprozess als Zeuge auch ein gewisser Heinrich Stiffels zu Wort kam, „der sich selbst als Zimmermann des Klosters (*carpentatorius monasterii*) bezeichnet und eigenhändig Zelle und Stübchen Jetzers gezimmert haben" wollte (*ipse cellam et stubellam suam fabricaverit*). Als die geistlichen Richter des Revisionsprozesses sich am 22. Mai 1509 zur Besichtigung des Tatorts in das Kloster begaben, „fanden sie alles verändert bzw. erneuert und konnten nur mehr zur Kenntnis nehmen, dass diese Veränderung bzw. Erneuerung durch die Brüder des Konvents vorgenommen worden sei. Dies alles konnte nicht anders denn als Verwischen der Spuren und letztlich als Eingeständnis von Schuld verstanden und beurteilt werden."[44]

---

43) STECK, Kulturgeschichtliches S. 163 f., vgl. auch Akten II/3 S. 338 (1508, Aug 12). Zu Anton Noll siehe Kap. II/2d, Der Schmied Anton Noll.

44) UTZ TREMP, Geschichte des Berner Dominikanerkonvents S. 145–147, vgl. auch STECK, Kulturgeschichtliches S. 179, mit Verweis auf Akten II/2 S. 247 Nr. 31 (1508, Aug 31, Vesperzeit; Lesemeister). Man darf vermuten, dass auch die Zellen des Dominikanerklosters von San Marco in Florenz, die von Fra Angelico mit berühmten Fresken ausgemalt worden sind, nachträglich in einen größeren Raum eingebaut (allerdings ge-

Stand der Forschung

Steck befasst sich weiter noch mit der spärlichen Ausstattung von Jetzers Zelle, wofür er sich nicht nur auf die Akten, sondern auch auf die Holzschnitte stützen konnte, die Urs Graf (d. Ä., um 1485–1528) für die deutsche Übersetzung des Defensoriums, die *Falsche History*, geschaffen hatte. Dagegen werden die großartigen Malereien, welche die Berner Nelkenmeister in den Jahren 1495–1498 am Lettner und im Sommerrefektorium angebracht hatten und die zu Stecks Zeiten eben erst wieder zum Vorschein gekommen waren, in den Akten mit keinem Wort erwähnt[45]. Zuletzt kommen bei Steck auch noch die Kosten der Jetzerprozesse zur Sprache und vor allem die Rechnungen, die bereits Rettig herausgegeben und Steck übernommen hatte: „Die Hauptkosten machte der Unterhalt der fremden Richter. Bischof Schinner(!) ritt in Bern ein mit 31 Rossen, zum Revisionsprozess mit 34, und verzehrte in der Krone 3574 lb. Wie es scheint, kamen mit ihm viele Herren aus Freiburg und Wallis zum Prozess, die dann in Bern auf Kosten des Klosters und des Rates flott lebten. Der päpstliche Legat begnügte sich mit 14 Rossen und verzehrte 953 lb, der Bischof von Lausanne war der bescheidenste, er brauchte nur 593 lb." „Das Billigste war die Verbrennung der vier Väter auf dem Schwellenmätteli, sie kostete mit dem Richtlohn 24 lb 4 s [ß]; den Schiffleuten, die Holz und Stroh über die Aare führten, gab man 10 s [ß] 8 d." Und Steck schließt mit einem Seufzer: „Mir haben die Akten den Eindruck gemacht: Es war hohe Zeit, dass die Reformation kam. Dieser dicke Aberglaube auch bei den Gebildetsten, dieses scholastische Streiten um Nichtigkeiten, dieses Kämpfen der beiden Orden [Dominikaner und Franziskaner] miteinander und mit der Weltgeistlichkeit um die Volksgunst, dieses Vertrauen auf die unglaublichsten Mirakel zum Beweis des Glaubens kennzeichnet so recht den Ausgang des Mittelalters. Zwanzig Jahre später finden wir ein neues Bern, in dem es ja auch an Streit um den Glauben nicht fehlt, wo aber doch ganz andere Dinge im Vordergrund stehen, als in dieser düstern Klostergeschichte, die weder den Siegern noch den Besiegten zur Ehre gereicht."[46] Nichtsdestoweniger war der Weg vom Jetzerhandel zur Reformation nicht so gradlinig, wie Steck gemeint hat (siehe Epilog 3).

---

mauert) worden sind, vgl. SCUDERI, Museum von San Marco. Der offizielle Führer. Bei den Dominikanern wurden bereits im 13. Jahrhundert Zellen ins Dormitorium eingebaut, damit die Brüder sich ungestört der Predigt und der Wissenschaft widmen konnten, und auch bei der Einführung der Observanz nicht entfernt, vgl. ENGLER, Regelbuch S. 264.

45) STECK, Kulturgeschichtliches S. 179–181, vgl. auch GUTSCHER-SCHMID, Nelken statt Namen S. 82–117.

46) STECK, Kulturgeschichtliches S. 183 f., 186.

34   Einleitung

e) Rückkehr zur halbierten Schuld (Daniel A. Mortier OP, 1911)

Nachdem Nikolaus Paulus von Rudolf Steck 1902 gewissermaßen zum Vollstrecker von Georg Rettigs Zweifeln an Jetzers Unschuld ernannt worden war (siehe Einl. 1d), könnte die Sache für diesen für lange Zeit verloren gewesen sein – wenn nicht 1911 Hilfe von unerwarteter Seite gekommen wäre, von einem Historiographen des Dominikanerordens selber. Im Jahr 1911 erschien der vierte Band der „Histoire des maîtres généraux de l'Ordre des Frères prêcheurs" von Daniel Antonin Mortier OP, der die Zeit von 1487–1589 und auch die Jetzergeschichte behandelt[47]. In den Jahren 1508–1518 war Thomas Cajetan (eigentlich Thomas de Vio genannt Cajetan, weil 1469 in Gaëta geboren) Ordensgeneral der Dominikaner. Er folgte auf Johann Clérée, der im Juni 1507 auf dem Generalkapitel in Pavia gewählt worden und bereits am 10. August 1507 in Pavia gestorben war. Cajetan vertrat ihn zunächst als Vizegeneral und wurde auf dem Generalkapitel in Rom im Juni 1508 zum Ordensgeneral ernannt[48]. Auf reformierter Seite ist Cajetan vor allem wegen seiner Auseinandersetzung mit Luther bekannt, die vom 12. bis 14. Oktober 1518 auf dem Reichstag von Augsburg stattfand. Laut Mortier bedeutete der Jetzerhandel für Cajetan „eine der schmerzhaftesten Prüfungen seines Generalats (une des plus douloureuses épreuves de son Généralat)". Mortier erinnert daran, dass der Berner Dominikanerkonvent 1419 als einer der ersten die Observanz angenommen hatte, eine Reformbewegung, die Ende des 14. Jahrhunderts insbesondere in der Ordensprovinz Teutonia um sich griff, die aber auch zu einer Spaltung der Provinz führte, die sich – auch während des Jetzerhandels – in Polemik von observanten gegen konventuale (nicht reformierte) Konvente und umgekehrt äußerte. Für Mortier steht die Annahme der Observanz in einem eklatanten Widerspruch zu dem, was während des Jetzerhandels geschehen war[49], während wir diese Geschehnisse eher als eine wenn auch nicht unmittelbare Folge der Einführung der Observanz sehen (siehe Kap. I/2b).

Mortier schildert zunächst einmal den Jetzerhandel und beginnt mit der Aufnahme Jetzers als Konverse in den Dominikanerkonvent von Bern; dieser wurde nur wenige Zeit nach seiner Aufnahme von einem Geist heimgesucht. Für Mortier ist klar, dass Jetzer ein „Betrüger" (frz. fourbe) war, und

---

47) MORTIER, Histoire des maîtres généraux 4 S. 183–191.

48) Akten II/2 S. 227 Anm. 1, vgl. auch Akten III S. 433 Anm. 1 und 5. Vgl. auch Friedrich Wilhelm BAUTZ, Art. Cajetan, in: Biographisch-Bibliographisches Kirchenlexikon 1 (1975/1990) Sp. 847 f.

49) MORTIER, Histoire des maîtres généraux 4 S. 183 f. Zur Begegnung von Luther und Cajetan am Rande des Reichstags von Augsburg vgl. Christiane LAUDAGE, Das Geschäft mit der Sünde. Ablass und Ablasswesen im Mittelalter (2016) S. 254–261.

Stand der Forschung

er wirft den Vorstehern des Konvents vor, dass sie keine Erkundigungen über den „einzigartigen Postulanten" in dessen Heimatort Zurzach eingezogen hätten; hier hätten sie nämlich erfahren, dass Jetzer schon früher Erscheinungen gehabt habe. Dabei stützt Mortier sich auf die von Rudolf Steck 1904 herausgegebenen Akten und insbesondere auf die Artikel des Verteidigers, auf die bereits Steck abgestellt hatte (siehe Einl. 1d). Mortier zweifelt indessen nicht an der „Komplizität einiger Väter". Er folgt auch insofern Rudolf Steck, als er hervorhebt, dass die „Betrügereien" (frz. impostures) einen doktrinären Hintergrund hatten: „Ce qui complique singulièrement le cas et l'aggrave pour les religieux, c'est le sens doctrinal de ces impostures. Les Saints et la Vierge elle-même ne faisaient pas que se montrer à Jean Jetzer, ils parlaient, et sur les questions les plus délicates de l'École, ils parlaient *dominicain* [gegen die befleckte Empfängnis]." „C'était très clair, trop clair même!" Mortier weist aber auch noch auf eine „andere Einzelheit hin, die bisher zu wenig beachtet worden sei, nämlich das Phänomen der Stigmata". Jetzers Stigmata seien eine Antwort auf eine Bulle des Franziskanerpapstes Sixtus IV. (1471–1484) gewesen, der das Monopol der Stigmata dem hl. Franziskus – und damit den Franziskanern – gesichert habe, und zwar gegen die Stigmata der hl. Katharina von Siena (1347–1380), einer Dominikanerterziarin. Mortier ist überzeugt (wie Rettig und ich), dass diese Intrige das intellektuelle Niveau des Laienbruders überschritten habe: „Dans ces conditions, est-il admissible de penser que Jean Jetzer, ce *laicus idyota*, comme il a été, a pu, de lui-même, d'après ses seuls moyens, imaginer et monter toute cette pièce de haute comédie, qui exigeait plusieurs acteurs, puisqu'il y avait à la fois plusieurs personnages?"[50]

Nach dem Jetzerhandel kommt Mortier auf die drei Jetzerprozesse zu sprechen. Im Hauptprozess hätten die Vorsteher des bernischen Konvents vor der Folter jede Teilnahme an den Betrügereien verneint, aber zugegeben, dass sie die Erscheinungen an die Öffentlichkeit gebracht, die rote Hostie ausgestellt und von Jetzers Stigmata erzählt hätten, dass sie also die „Verbreiter", nicht aber die „Drahtzieher und Autoren der vermeintlichen Wunder", sondern vielmehr die ersten „Opfer" der Betrügereien gewesen seien („qu'ils étaient les propagateurs, mais non les instigateurs et les auteurs des prétendus miracles, dont ils auraient été les premières victimes"). Gegen den ausdrücklichen Willen des Provinzials, der sich aus dem Gericht zurückgezogen habe, seien sie anschließend gefoltert worden und hätten alles gestanden; für Mortier sind erfolterte Geständnisse, die unmittelbar danach zurückgezogen wurden, nichts wert. Im Revisionsprozess seien weder Jetzer noch die Väter mehr gefoltert worden. Mortier glaubt auch nicht, dass

---

50) MORTIER, Histoire des maîtres généraux 4 S. 184, 186 f.

36 Einleitung

die Richter des Revisionsprozesses wissentlich Unschuldige verurteilt hätten. Trotz des Wunsches, die Väter zu rehabilitieren, kann er sich Nikolaus Paulus und Rudolf Steck nicht anschließen und behaupten, dass die Väter zu Unrecht verurteilt worden seien: „Aussi, malgré tout le désir que j'aurais de réhabiliter les Pères de Berne, il me semble difficile de croire, avec le docteur Paulus et M. Steck, qu'ils furent injustement punis.“[51]

Am Schluss ist es Mortier noch ein Anliegen, gegen eine Anklage zu protestieren, die an die Ehre von Thomas Cajetan, damals Vikar des Ordensgenerals, rühre. Einer der Rezensenten der Edition der Akten des Jetzerprozesses durch Rudolf Steck, ein gewisser Rod. Reuß, scheint behauptet zu haben, dass die Verurteilung der Väter das Ergebnis eines geheimen Abkommens zwischen dem hl. Stuhl und dem Dominikanerorden gewesen sei, wonach man die vier Angeklagten ihrem Schicksal überlassen habe, unter der Bedingung, dass nicht nach weiteren Verdächtigen gesucht würde[52]. Mortier schließt ein solches geheimes Abkommen kategorisch aus. Nach der Lektüre der Akten glaubt er nicht mehr an eine Unschuld der Klostervorsteher: „Si les Pères de Berne ont été injustement condamnés, certes, il faut le regretter. Mais, lecture faite des actes du procès, il me semblerait plus que téméraire de l'affirmer. S'ils ont été justement punis, ils ont cruellement expié leur faute.“ Was die Kosten der Prozesse betrifft, die nach dem Willen des Rats von Bern von der Oberdeutschen Provinz getragen werden sollten, so scheint Cajetan in diese Überwälzung eingewilligt zu haben, doch widersetzte sich der Provinzial, und das Generalkapitel, das Mitte Mai 1513 in Genua tagte, gab ihm recht; laut Mortier sei dies das einzige Mal, wo die offiziellen Akten des Dominikanerordens sich zum Jetzerhandel äußerten: „C'est le seul mot des actes officiels de l'Ordre sur l'affaire de Berne.“[53] Das letztere trifft allerdings nicht zu, denn ein Beschluss des Generalkapitels, das am 11. Juni 1508 in Rom abgehalten wurde, bezieht sich wahrscheinlich

---

51) MORTIER, Histoire des maîtres généraux 4 S. 187 f.

52) MORTIER, Histoire des maîtres généraux 4 S. 184, vgl. Rod. Reuss, Le Procès des Dominicains de Bern en 1507–1509, in: Revue de l'Histoire des Religions, année 26, t. 52 (1905) S. 237–259, hier S. 252 f.: „Aussi marquons nous le fait curieux et significatif que les défenseurs des accusés au cours du second procès, ne paraissent plus au tribunal de révision, soit qu'il y ait eu découragement absolu de leur part, soit que nous devions voir ici le résultat de quelque arrangement secret entre le Saint-Siège ou ses commissaires et l'ordre de Saint-Dominique, en vertu duquel on aurait abandonné définitivement les quatre accusés à leur triste sort, contre l'engagement de ne pas rechercher de nouvelles et plus nombreuses victimes". Rud. Reuss war ein alter Gegner von Nikolaus Paulus, vgl. PFLEGER, Nikolaus Paulus S. 132 f., 138 f.

53) MORTIER, Histoire des maîtres généraux 4 S. 190 f., vgl. Beilagen S. 655 f. Nr. 54 (1513, Mai 15).

Stand der Forschung

ebenfalls auf den Jetzerhandel. Hier wurde unter Androhung schwerer Strafen verboten, unter die Weltlichen zu verbreiten, wenn ein Angehöriger des Ordens in Ekstase verfallen sollte. Aber auch das Generalkapitel, das Anfang Juni 1507 in Pavia tagte, scheint sich bereits mit der Angelegenheit befasst zu haben, obwohl davon nichts in die offiziellen Akten eingegangen ist, wohl aber in die Akten des Jetzer-Hauptprozesses. Hier gestand der Lesemeister Stephan Boltzhurst am 31. August 1508, dass die Sache auf dem Generalkapitel von Pavia von den besten Meistern in Theologie geprüft worden sei und dass diese eindeutig zum Schluss gekommen seien, dass Jetzers Erscheinungen nicht von der Jungfrau Maria stammten, sondern von einem Menschen oder einem Dämonen oder von beiden, und dass sie deshalb *abgetan und vertuscht* (Anshelm 3 S. 94) werden sollten[54].

Mortier bedeutet insofern einen Lichtblick in der Forschung, als er ausdrücklich nicht in das gleiche Horn stößt wie Nikolaus Paulus und Rudolf Steck und die Schuld nicht allein bei Hans Jetzer sieht, sondern in etwa zu der Position zurückkehrt, die Georg Rettig 1883–1886 eingenommen hatte; ob man Jetzer damit allerdings gerecht wird, sei dahingestellt. Jedenfalls geht es Mortier mehr um Cajetan als um Jetzer. Von Bedeutung ist auch, dass Mortier in Kenntnis der Akten handelt (die er insbesondere auf Cajetans Haltung hin durchgeschaut hat) und gewissermaßen die offizielle Ordensgeschichtsschreibung vertritt. Der Nachteil ist, dass man ihn in Bern nicht zur Kenntnis genommen und weiterhin alle Schuld auf Jetzer gehäuft hat, so besonders bösartig der Historiker Richard Feller in einem Artikel des Historisch-biographischen Lexikons der Schweiz 1927 und im zweiten Band seiner Geschichte Berns 1953 (siehe Einl. 1g)[55].

f) Kein Justizmord (Albert Büchi, 1923)

Doch zunächst ist die (chronologische) Reihe an Albert Büchi, der in seiner Biographie des Kardinals Matthäus Schiner, Richter im Haupt- und Revisionprozess, dem Jetzerprozess bzw. den Jetzerprozessen ein eigenes Kapi-

---

54) Akten II/2 S. 235 (undat., 1508, Aug 31; Lesemeister, Bekenntnisschrift); Beilagen S. 625 Nr. 25 (1508, Juni 11).

55) Wir gehen nicht ein auf SCHUHMANN, Die Berner Jetzertragödie, denn dabei handelt es sich nur um ein zu einem Buch ausgewalzten Aufsatz vom gleichen Autor, Thomas Murner und die Berner Jetzertragödie. Es geht um den Franziskaner Thomas Murner (1475–1537), dessen Schriften zur sog. Jetzerliteratur gehören (siehe Einl. 2c) und der von der Schuld der Dominikaner überzeugt war. Schuhmann versucht, ihn gegen den Strich zu lesen, ähnlich wie Paulus den Chronisten Valerius Anshelm gegen den Strich liest, was zu ziemlich absurden Resultaten führt.

38 Einleitung

tel gewidmet hat. Albert Büchi (1864–1930) war von 1889/1891 bis zu seinem Tod 1930 zunächst Privatdozent und dann Professor für Schweizer Geschichte an der neugegründeten katholischen Universität Freiburg in der Schweiz. Er befasste sich vor allem mit der Geschichte und Historiographie des 15. und 16. Jahrhunderts (Humanismus, Burgunderkriege, Freiburg im Spätmittelalter). Die zweibändige Biographie von Kardinal Matthäus Schiner (um 1465–1522) gilt als sein Hauptwerk, doch ist es unvollendet geblieben bzw. wurde der zweite Band erst 1937 von Büchis Schwiegersohn, Emil Müller-Büchi (1901–1980), herausgegeben[56]. Wir können hier nicht ausführlich auf Schiners Biographie eingehen, sondern nur einige Grundzüge in Erinnerung rufen[57]: Matthäus Schiner war der Neffe von Nikolaus Schiner, Bischof von Sitten 1497–1499, und sein Nachfolger in den Jahren 1499–1522. Als Bischof von Sitten war er zugleich Landesherr der Grafschaft Wallis, in der er in den ersten Jahren seines Episkopats auch für Ruhe und Ordnung und für kirchliche Reformen sorgte. Da er sich offen für eine Koalition zwischen dem damals von den Franzosen besetzten Herzogtum Mailand sowie dem Kaiser und dem Papst einsetzte, nahm die päpstliche Kurie sein diplomatisches Geschick zunehmend in Anspruch und setzte ihn als päpstlichen Legaten ein, so 1509/1510 in einer Spezialmission und 1512–1515 als ständigen Legaten in der Eidgenossenschaft[58]. Im Jahr 1510 bewog er die Eidgenossen zu einem Bündnis mit dem Papst und wurde dafür 1511 von Papst Julius II. zum Kardinal ernannt. Dagegen musste er im gleichen Jahr aus dem Wallis nach Rom flüchten, weil die Walliser Zenden eher zu Frankreich neigten. Im Jahr 1512 vertrieb Schiner mit Hilfe von eidgenössischen Söldnern die Franzosen im Pavierzug aus der Lombardei und erwirkte mit den Eidgenossen die Einsetzung von Maximilian Sforza als Herzog von Mailand. Als Oberbefehlshaber über das päpstliche Heer verlor er zusammen mit den Eidgenossen im Herbst 1515 die Schlacht von Marignano und damit das Herzogtum Mailand wiederum an die Franzosen. Während die Eidgenossen 1516 mit König Franz I. (1515–1547) von Frankreich Frieden schlossen, versuchte Schiner die Franzosen weiterhin mit allen Mitteln aus Oberitalien zu vertreiben. Im Jahr 1519 setzte er sich mit Erfolg für die

---

56) BÜCHI, Schiner. Zu Albert Büchi vgl. Ernst TREMP, Art. Büchi, Albert, in: HLS online (Zugriff 20. Juli 2019). Zu Büchis Biographie von Matthäus Schiner vgl. DERS., in: Bibliothèque cantonale et universitaire / Kantons- und Universitätsbibliothek, Miroir de la science. 100 ans de livres à l'Université de Fribourg / Spiegel der Wissenschaft. 100 Jahre Bücher an der Universität Freiburg (1990) S. 97 f. Schiners Biographie war begleitet von: Korrespondenzen Schiner, gesammelt und hg. von BÜCHI.

57) Hier und im Folgenden nach Bernard TRUFFER, Art. Schiner, Matthäus, in: HLS online (Zugriff 20. Juli 2019), und DEMS., Art. Schiner, Matthäus, in: HS I/5 S. 230–240.

58) Vgl. auch HS I/1 S. 39.

Wahl des Habsburgers Karl V. (1520–1556) zum römisch-deutschen König ein und eroberte nach dem Abschluss eines Offensivbündnisses zwischen Karl V. und Papst Leo X. (1513–1521) im Jahr 1521 mit einem eidgenössischen Heer Mailand zurück. Als Leo X. im gleichen Jahr starb, wäre Schiner mit Unterstützung Karls V. fast Papst geworden, scheiterte aber am Widerstand der französischen Kardinäle. Im Jahr 1522 starb er in Rom an der Pest, nachdem er sein Bistum seit 1514 nicht mehr wiedergesehen hatte.

Albert Büchi beginnt sein Kapitel über den Jetzerprozess – zu Recht – mit dem theologischen Streit um die Empfängnis Marias, der seit dem Mittelalter zwischen den Dominikanern und den Franziskanern herrschte. Anders als Paulus zweifelt er nicht an der Existenz des dominikanischen Provinzialkapitels, das um Ostern 1506 in Wimpfen stattfand, auch wenn die Akten dieses Kapitels nicht überliefert sind; die dort getroffenen Verabredungen wären ohnehin nicht darein eingetragen worden, denn sie fanden sicher am Rande der Beratungen statt. Büchi wendet sich – mit Steck – gegen Paulus, der behauptet hatte, „die Berner Dominikaner hätten die Jetzer'schen Offenbarungen nicht zu Gunsten ihrer Lehre von der Empfängnis Mariä ausgebeutet". Nichtsdestoweniger hält auch Büchi Jetzer für einen „leichtfertigen und unglaubwürdigen Menschen, der sich vor seinem Eintritt ins Kloster auch schon mit Weibern abgegeben" habe, und meint, dass ein „Mann von seinen Anlagen und seiner Vergangenheit niemals" hätte in den Konvent aufgenommen werden dürfen, womit er möglicherweise unterstellt, dass die Klostervorsteher mit seiner Aufnahme eine bestimmte Absicht verbunden hätten. Büchi hält Jetzer indessen nicht für einen „Betrüger", sondern meint, dass „er nur das Instrument in andern Händen" gewesen sei. Trotzdem diagnostiziert er bei Jetzer „eine psychopatische Veranlagung, die ihn für Spuk- und Wundergeschichten besonders zugänglich machte"[59], ohne indessen anzugeben, woher er diese Diagnose hatte.

Auf eine Rekonstruktion des Jetzerhandels (BÜCHI, Schiner 1 S. 121–126) folgt bei Büchi eine Schilderung der Jetzerprozesse, beginnend mit Jetzers Prozess in Lausanne und Bern; dabei stellt er (gegen Paulus) richtig, dass Jetzer in Lausanne nicht gefoltert wurde, wohl dann aber am 5. Februar 1508 in Bern. Eine Folge dieses Verhörs in Bern war, dass der Verdacht auch auf die Klostervorsteher fiel, für die indessen – für den Hauptprozess – ein kirchlicher Gerichtshof eingerichtet werden musste, bestehend aus den Bischöfen von Lausanne und Sitten sowie dem Provinzial der Oberdeutschen Dominikanerprovinz, dessen Stimme indessen zu einer Verurteilung nicht nötig war. Büchi erklärt die Wahl der Bischöfe von Lausanne und Sitten damit, dass „ihre Sprengel sich über bernisches Gebiet erstreckten".

---

59) BÜCHI, Schiner 1 S. 117–121.

40 Einleitung

Dies trifft für das Bistum Sitten nur insofern zu, als die Vogtei Aigle seit 1475 unter bernischer Herrschaft stand[60], aber es genügt wohl nicht, um die Präsenz des Bischofs von Sitten im außerordentlichen Gerichtshof zu rechtfertigen; wenn es auf die Sprengel angekommen wäre, über die das bernische Territorium sich damals erstreckte, hätte eher der Bischof von Konstanz als derjenige von Sitten berücksichtigt werden müssen. Es verhielt sich vielmehr so, dass ursprünglich offenbar die vier Bischöfe von Lausanne, Konstanz, Basel und Sitten im außerordentlichen Gericht hätten sitzen sollen und dass es dann aus Gründen, die wir nicht kennen, zu einer Beschränkung auf die Bischöfe von Lausanne und Sitten gekommen ist (siehe Kap. II/2a, Die Vorbereitungen). Was die Beziehungen Schiners zu Bern betrifft, so hatte dieser am 30. November 1500, wohl um das Unterwallis vor weiteren bernischen Übergriffen zu schützen, das Burgrecht seines Vorgängers Walter Supersaxo (vom 7. September 1475) mit Bern erneuert und im gleichen Jahr einen Beitrag von 3000 rheinischen Gulden an den Bau der Muttergotteskapelle im Münster in Bern und für Fenster mit seinem Wappen sowie 800 Pfund für eine Orgel gestiftet. Büchi hält jedenfalls die beiden Bischöfe, denjenigen von Sitten und denjenigen von Lausanne, für unparteiisch: „An eine Voreingenommenheit für oder gegen die Angeklagten ist dabei nicht zu denken, da für eine solche Annahme alle Anhaltspunkte fehlen.“ [61]

Büchi schildert zunächst die Zusammensetzung des Gerichts für den Hauptprozess, das am 23. (vielmehr 26.) Juli 1508 zusammentrat, und kommt dann gleich auf die Auswahl und Befragung der rund vierzig (vielmehr rund dreißig) Zeugen zu sprechen, die ihm „sachlich, objektiv und im Rahmen des damals üblichen Prozessverfahrens erfolgt zu sein“ scheinen. Insgesamt hätten sie „nicht viel Belastendes (für die Dominikaner) beigebracht“ und „auch dem Ruf der Dominikaner im ganzen kein ungünstiges Zeugnis“ ausgestellt. Auch die Prozessführung könne „nicht als oberflächlich diskreditiert werden, abgesehen von der Anwendung der Folter“. Büchi bringt auch ein gewisses Verständnis dafür auf, „dass die Richter den Verteidiger zum Beweis seiner Artikel nicht zuließen“, da diese „sich nur mit der Person Jetzers befassen und die Hauptpunkte der Anklage nicht berühren“. „Aus dem Studium der Prozessakten“ gewinne „man trotzdem den Eindruck, dass Julius II. durchaus berechtigt war, die beiden Bischöfe wegen ihrer Rechtlichkeit, Unantastbarkeit und Sorgfalt in der Führung dieses

---

60) BÜCHI, Schiner 1 S. 127–129, vgl. auch Jean-Jacques BOUQUET, Art. Aigle (Gouvernement, Bezirk), in: HLS online (Zugriff 20. Juli 2019).

61) BÜCHI, Schiner 1 S. 79, 129, 148 f. Schiner scheint seine Schenkung an das bernische Vinzenzstift nie vollständig bezahlt zu haben, jedenfalls bestand in den Jahren 1514 und 1518 noch eine Restschuld von 650 Gulden, vgl. BÜCHI, Schiner 2 S. 414.

Stand der Forschung

Prozesses zu loben". Büchi meint auch, dass es keinen Grund gebe, „die unter den Qualen der Folter erpressten Geständnisse" „ganz zu verwerfen, besonders dann nicht, wenn sie mit andern Ereignissen übereinstimmen"[62].

Im Folgenden befasst Büchi sich mit Schiners persönlicher Haltung im Prozess, die allerdings nur schwer zu fassen ist. Dieser habe „sich vorgenommen, im Gefühle seiner Verantwortlichkeit mit großem Ernst seines Richteramtes zu walten. Er wollte der Sache auf den Grund kommen, und da sich ihm ein Abgrund von Verworfenheit auftat, unbedingt und rücksichtslos Ordnung schaffen." In einem Brief ins Wallis, wo man offenbar seine Anwesenheit wünschte, schrieb er am 13. August 1508 – also mitten in den Zeugenverhören des Hauptprozesses: „Wir stecken im Morast dieses langwierigen Handels, so dass wir nicht so leicht den Fuß herausziehen oder auf den Grund desselben kommen können." Und weiter (in der Paraphrase von Büchi): „Er ist zwar über den Ausgang noch nicht im Klaren, hofft aber immerhin, dass sie etwas zu Stande bringen werden, was der Kirche und dem Vaterlande erspriesslich sein dürfte, wenn nicht alle Rechtschaffenheit und Ehrenhaftigkeit von den Sterblichen gewichen sei."[63] Als der Prior (nicht der Lesemeister, wie Büchi meint) trotz Folter nicht gestehen wollte, hielt der Bischof von Sitten ihm eine lange eindringliche Rede (Wahrheit befreit usw.), worauf der Prior zusammenbrach und ein vollständiges Geständnis ablegte (siehe Kap. II/2e, Die Folterverhöre des Priors vom 28. und 29. August 1508 und die Ermahnungsrede des Bischofs von Sitten)[64].

Auf die Frage, warum das harte Urteil nicht gleich am Ende des Hauptprozesses gefällt, sondern noch ein Revisionsprozess durchgeführt wurde, soll anderswo eingegangen werden (siehe Kap. II/2e, Ein offenes Ende). Jedenfalls gehörte Schiner dem Gericht des Revisionsprozesses wiederum an, zusammen mit dem Bischof von Lausanne und – anstelle des Provinzials – dem Bischof von Città di Castello, Achilles de Grassis, als Vertreter Roms. Dieser reiste über den Großen St. Bernhard und verbrachte laut Büchi die Ostertage – Ostern fiel 1509 auf den 8. April – am Hof des Bischofs von Sitten. So hätte Büchi – und Schiner – es wohl gerne gehabt, aber leider trifft es nicht zu, vielmehr beklagte sich Schiner in einem Brief vom 9. April 1509 an Bern, dass er den Bischof von Città di Castello für die Osterzeit nach Sitten eingeladen habe, dass dieser ihn aber habe links (bzw. rechts) liegen lassen, um so rasch wie möglich nach Bern zu gelangen. Büchi hat den entspre-

---

62) BÜCHI, Schiner 1 S. 129–131.
63) BÜCHI, Schiner 1 S. 131, vgl. auch Korrespondenzen Schiner 1 S. 78 f. Nr. 103 (1508, Aug 13).
64) BÜCHI, Schiner 1 S. 131–133.

42 Einleitung

chenden Brief zwar aus den Akten des Jetzerprozesses in seine „Korrespondenzen und Akten zur Geschichte des Kardinals Matth. Schiner" übernommen, aber offenbar nicht richtig gelesen. Man hat auch den Eindruck, dass Schiner beleidigt war, weil man ihm in Rom einen anderen Bischof vor die Nase gesetzt hatte[65]. Dagegen hat Büchi richtig gesehen, dass die Folter im Revisionsprozess nicht mehr angewandt wurde und dass Schiner selber die Zeugen verhörte, aber vielleicht zu wenig, welche Macht ihm dies verlieh[66]. Das Urteil erfolgte am 23. Mai 1509, aber die Dominikaner wurden nicht, wie Büchi meint, bereits am folgenden Tag hingerichtet, sondern erst am 31. Mai 1509[67].

„Die Ansichten über die Schuld der Dominikaner" seien von allem Anfang an auseinandergegangen: „Die unglücklichen Mönche hatten in der Stadt Anhänger, die von ihrer Unschuld völlig überzeugt waren und gleich den Dominikanern, alle Verantwortung für den Betrug auf Jetzer abladen wollten und die Hinrichtung der Väter mit dem Feuertode des großen Bußpredigers Savonarola verglichen." Dagegen seien „andere gelehrte und kritische Zeitgenossen [...] von der Schuld der Dominikaner völlig überzeugt" gewesen, und ebenso die Chronisten Werner Schodoler und Diebold Schilling von Luzern. Büchi findet weiter, dass Paulus' „Beweisführung mehr glänzend als überzeugend" sei (wobei ich auch das „glänzend" in Frage stellen möchte). Auch das Defensorium verdiene „nicht unbedingten Glauben, da es eben doch im Interesse und zu Gunsten einer Partei abgefasst wurde". Von einem „Justizmord" könne nicht die Rede sein: „Es bleibt das Verdienst von Paulus, das Vertrauen in die Aussagen Jetzers gründlich erschüttert zu haben; aber es ist ihm nicht gelungen, die Mönche so weit zu entlasten, dass von einem Justizmorde die Rede sein könnte." An dieser Stelle interpretiert Büchi die Aussagen der Zeugen auch anders, als er es oben getan hat, und meint, dass ihnen „im allgemeinen doch mehr Belastendes (für die Dominikaner) zu entnehmen" sei, „als bisher zum Ausdruck kam". Er schließt daraus, dass die öffentliche Meinung früher gegen die Klostervorsteher gewesen sei als der Rat: „Im Gegensatz zum Rate, der eher geneigt war, Jetzer für den Schuldigen anzusehen, war die öffentliche Meinung sehr früh gegen die Väter; denn es machte einen üblen Eindruck, dass die Mönche, trotz der Warnung, die Erscheinungen Jetzers nicht voreilig zu verkünden, bevor sie dieselben geprüft hätten, zu Stadt und Land auf offener Kanzel davon predigten und dabei die Drohung anbrachten, wer nicht

---

65) BÜCHI, Schiner 1 S. 135, mit Verweis auf Korrespondenzen Schiner 1 S. 83 Nr. 110 (1509, Apr 9), übernommen aus Beilagen S. 640 f. Nr. 38 (1509, Apr 9).

66) BÜCHI, Schiner 1 S. 135 f., vgl. auch TREMP-UTZ, Welche Sprache S. 239.

67) BÜCHI, Schiner 1 S. 136. TRUFFER, Art. Schiner, in: HS I/5 S. 234, hat das falsche Datum übernommen.

Stand der Forschung

an die Wunder glaube, sei der Exkommunikation verfallen." Von der Schuld der Dominikaner sei aber noch nicht auf eine Mitschuld des ganzen Ordens zu schließen: „Wenn man auch von den nur durch die Folter erpressten Geständnissen völlig absieht, so ergibt sich doch meines Erachtens keine auch nur einigermaßen befriedigende Lösung dieser verwirrten und dunklen Angelegenheit als bei der Annahme von der Schuld der vier Angeklagten, die deswegen aber noch nicht dem ganzen Orden zu Last gelegt werden darf, da von dieser Seite ja der Betrug rechtzeitig erkannt und ihm entgegengearbeitet wurde."[68] Dabei müsste indessen doch zwischen der Schuld des ganzen Ordens und derjenigen der Oberdeutschen Dominikanerprovinz unterschieden werden (siehe Kap. II/2e, Die Mitschuld der Oberdeutschen Dominikanerprovinz).

Laut Büchi hatte auch Jetzer keinen Freispruch verdient, und dies obwohl er ganz genau gesehen hat, dass dieser sich all die Erscheinungen und ihre theologischen Botschaften nicht selber ausgedacht und auch nicht selber in Szene gesetzt haben konnte: „Die Erklärung, dass die Väter, ohne es zu merken, dem Bruder diese Weisheit förmlich eingetrichtert hätten [Steck], erscheint völlig unzulänglich angesichts der Fülle theologischen Wissens, das er auskramt, und der Genauigkeit der Wiedergabe." Büchi nimmt auch Jetzers Angst vor dem Orden und vor dem Bruch des Eids, den er im Sommer 1507 den Vertretern des Provinzials gezwungenermaßen hatte leisten müssen, ernst, wenn er auch (mit Rettig) ausschließt, dass die Väter diesem mehrmals nach dem Leben getrachtet hätten. Nichtsdestoweniger hält er Jetzer für „eine verlogene, unsaubere Natur", ohne zu sagen, worauf er sich stützt. Andererseits macht er sehr zu Recht auf „eine graduelle Steigerung in den Wundererscheinungen" aufmerksam, „die auf ein planmäßiges Vorgehen hinweist: erst erscheint ein verstorbenen Mensch, dann die hl. Barbara, hernach die Muttergottes und erst zuletzt folgen als Krönung und Vollendung des Ganzen die Leidensgeschichte und die Wundmale des Herrn." Im Unterschied zu den Dominikanern habe Jetzer auch kein „Motiv für den angeblichen Betrug" gehabt[69].

Büchi geht es letztlich indessen nicht um Jetzer, sondern um Schiner und um die politischen Motive – das Bündnis mit dem Papst –, die er gehabt haben soll, um in den Jetzerprozessen den Bernern gefällig zu sein, ein Verdacht, von dem Büchi ihn reinigen will. Vom päpstlichen Bündnis sei „erst wieder ganz kurz vor Abschluss des langwierigen Prozesses (16. April 1509) die Rede" gewesen. Auch „spreche die Einigkeit der Richter, die in der

---

68) BÜCHI, Schiner 1 S. 136–139. Zu den Chronisten Diebold Schilling (von Luzern) und Werner Schodoler siehe Einl. 2b und Kap. II/3e.
69) BÜCHI, Schiner 1 S. 139–142.

44 Einleitung

äußern Politik scharfe Gegensätze vertraten (Schiner die päpstliche Partei, Montfalcon [der Bischof von Lausanne] die französische Partei) direkt gegen eine solche Annahme". Wie Büchi selber referiert, waren laut dem Bericht des Chronisten Diebold Schilling von Luzern die Bischöfe von Lausanne und von Sitten sich (am Ende des Hauptprozesses) „über die Art der Bestrafung der Mönche" durchaus nicht einig: „Während ersterer sie nicht habe töten, sondern nur einmauern lassen wollen, so hätte Schiner in Übereinstimmung mit dem Berner Rate darauf bestanden, ,si in das für' zu richten." Dies kann Büchi jedoch auch nicht recht sein, denn damit fällt die Verantwortung für die Todesstrafe letztlich doch auf Schiner, und er wendet mit einem gewissen Recht ein, dass die Richter nur die Befugnis hatten, „sich über die Schuld, nicht aber über die Strafe auszusprechen". Und: unter diesen Umständen „war aber, wenn nicht besondere Gnade waltete, eine andere Strafe als der Feuertod nicht zu erwarten". Die Verantwortung dafür habe indessen nicht bei den Bischöfen gelegen. Hingegen habe es „den vollen Mut und die ganze Rücksichtslosigkeit(!) des Bischofs von Sitten" gebraucht, „um die wahren Schuldigen, die von mächtigen Armen beschützt wurden, der Verurteilung nicht zu entziehen, und nur so ist sein Verhalten zu erklären und zu verstehen, und nicht als ob der Papst dieses Mittel bedurft hätte, um die Berner für sein Bündnis zu gewinnen; so viel brachte auch die Beredsamkeit und diplomatische Kunst seines gewandten Agenten, Schiner, allein fertig."[70]

Dies heißt eigentlich nichts anderes, als dass Schiner im Mai 1509 trotzdem zwei Aufgaben hatte: nicht nur die Beendigung der Jetzerprozesse, sondern auch die Werbung für ein päpstliches Bündnis. Die Konstellation im Mai 1509 ist in der Tat einzigartig. Am 14. Mai 1509 – also noch vor der Beendigung des Revisionsprozesses – fand in Bern eine Tagsatzung statt, an der der Bischof von Lausanne, Aymo von Montfalcon (1491–1517), die Erneuerung des französischen Bündnisses betrieb, das im Frühjahr abgelaufen war, und die beiden andern Richter, Achilles von Grassis und Matthäus Schiner, für ein Bündnis mit dem Papst warben. Büchi wendet indessen ein, dass „es sich um einen Bund mit allen Orten, nicht bloß mit Bern handelte". Er meint auch, dass wenn „die Bündnisfrage beim Prozesse eine Rolle gespielt" hätte, „so wäre der Gegensatz unter den drei geistlichen Richtern in

---

70) BÜCHI, Schiner 1 S. 140 Anm. 1, S. 144, vgl. auch Luzerner Schilling S. 452 Kap. 388. BÜCHI, Schiner 1 S. 133 f., stellt die Situation denn auch so dar, als hätte der Bischof von Sitten – und nicht derjenige von Lausanne – im Herbst 1508 gegen den Willen des Berner Rats die Meinung vertreten, „man sollte zunächst in Rom Schritte tun, um die Erlaubnis zur Vollstreckung des Urteils und zur Aufhebung des schwer kompromittierten Dominikanerklosters zu erhalten". Zur Haltung des Bischofs von Lausanne, Aymo von Montfalcon, in den Jetzerprozessen vgl. UTZ TREMP, La défense.

Stand der Forschung 45

einer ganz andern Weise zum Ausdruck gelangt und ein ferneres Zusammenwirken überhaupt unmöglich geworden". Was Büchi allerdings an dieser Stelle verschweigt, aber sehr wohl weiß, ist, dass Schiner ein Anhänger der unbefleckten Empfängnis gewesen zu sein scheint, denn er stiftete Anfang 1509 – also zwischen Haupt- und Revisionsprozess! – in die Theodulskirche in Sitten einen Altar und eine Kaplanei zu Ehren der unbefleckten Empfängnis sowie eine Bruderschaft des gleichen Titels für hundert Mitglieder beiderlei Geschlechts[71]. In einem späteren Kapitel wehrt Büchi sich gegen die Ansicht, dass Schiner am 10. März 1511 von Papst Julius II. zum Kardinal ernannt worden sei, weil er (am 14. März 1510) das Bündnis des Papstes mit den Eidgenossen zustande gebracht habe, und verweist darauf, dass der Papst ihm den Purpur längst vor dem Abschluss des Bündnisses versprochen habe, nämlich am 11. September 1508, eine Vermutung, die Büchi nicht für unwahrscheinlich hält, obwohl er dieses Versprechen nicht damit in Zusammenhang bringt, dass am 7. September 1508 der Jetzer-Hauptprozess – allerdings ohne Urteil – zu Ende gegangen war. Rudolf Steck sieht einen Zusammenhang zwischen dem Ende des Hauptprozesses und dem, was er Schiners Designation zum Kardinal nennt, doch ist dies wahrscheinlich insofern kurzgeschlossen, als der Papst am 11. September 1508 noch nicht wissen konnte, dass der Hauptprozess am 7. September zu Ende gegangen war (und dazu noch ohne Resultat). Wie auch immer, gleichzeitig mit Schiner wurde am 10. März 1511 auch der Bischof von Città di Castello, Achilles de Grassis, zum Kardinal ernannt, der letztere vielleicht wegen seiner Verdienste um den Revisionsprozess, der 1511 fast zwei Jahre zurücklag[72].

---

71) BÜCHI, Schiner 1 S. 145; Korrespondenzen Schiner 1 S. 80 Nr. 106 (1509, Jan 4). Vgl. DÖRFLER-DIERKEN, Vorreformatorische Bruderschaften S. 157 f.: „1514 ist durch Kardinal Mathäus (Schiner) die 1509 gegründete Bruderschaft zu Ehren der unbefleckten Empfängnis, der hl. Mutter Anna und des hl. Theodor(!) in der Kirche St. Theodor(!) mit Ablass ausgestattet worden. Ob das Patrozinium unbefleckte Empfängnis tatsächlich von 1509 datiert oder erst 1514 vom Kardinal anlässlich der Ablassvergabe eingeführt wurde, ist undeutlich." Büchi spricht erst später von dem von Schiner in die St. Theodulskirche in Sitten gestifteten Altar und Kaplanei zu Ehren der unbefleckten Empfängnis und stellt auch die Frage, ob Schiner als Anhänger der unbefleckten Empfängnis im Jetzerhandel befangen war, die er indessen wieder etwas gewunden negativ beantwortet, vgl. BÜCHI, Schiner 2 S. 408 f. und 416 f.
72) BÜCHI, Schiner 1 S. 256–258, vgl. auch STECK, Kulturgeschichtliches S. 170.

g) Jetzer ist an allem Schuld (Richard Feller, 1927 und 1953)

In den Jahren 1921–1934 erschien das Historisch-biographische Lexikon der Schweiz, umfassend sieben Bände und einen Ergänzungsband. Darin erhielt auch Jetzer bzw. der Jetzerhandel seinen Artikel, der ihm nicht gut bekommen ist; denn der Verfasser, Richard Feller (1877–1958), in den Jahren 1921–1948 ordentlicher Professor für Schweizergeschichte an der Universität Bern, häuft im Gefolge von Paulus und Steck alle Schuld auf Jetzer, und dies obwohl er (oder die Redaktion des HBLS?) genau wusste, dass Albert Büchi, immerhin sein Kollege an der Universität Freiburg, die Schuldfrage doch differenzierter gesehen hatte („Abweichende Ansicht bei A. Büchi: Kard. Matth. Schiner")[73]. Fellers Artikel über Jetzer war ein großer Multiplikator und ist bis zum Erscheinen des neuen „Historischen Lexikons der Schweiz" (2002–2013) immer wieder konsultiert worden; damit war Jetzers schlechter Ruf für das ganze 20. Jahrhundert gemacht! Feller beschränkt sich indessen nicht darauf, alle Schuld auf Jetzer zu laden, sondern er malt dessen Leben und Charakter auch in den düstersten Farben, ohne dass man wüsste, woher er seine Informationen hat. Immerhin schickt er Jetzers Biographie einige Bemerkungen über den Streit um die Lehre von der unbefleckten Empfängnis Marias und das Provinzialkapitel von Wimpfen voraus, für das er als Quelle eine Aussage des Lesemeisters auf der Folter nennt, deren Wert sich nicht kontrollieren lasse.

Der Schneidergeselle Hans Jetzer von Zurzach sei im Herbst 1506 „erst nach langem Anhalten als Novize ins Berner Predigerkloster aufgenommen" worden, „da ihn sein Meister in Luzern wegen Diebstahl entlassen hatte. Schon zu Luzern hatte er einen Ruf für Verkleidungen und Nachahmung von Stimmen, litt er an Anfällen und Erscheinungen. Im Berner Kloster wiederholten sie sich, wodurch die Mönche für die folgenden Darbietungen disponiert wurden. Er verlegte sie in seine verschlossene Zelle, wo er sich alle Vorteile wahrte. Die Mönche durften nur durch Bohrlöcher in der Wand zuschauen, so dass sie nie die ganze Zelle beobachten, nie J[etzer] und die Erscheinungen zusammen sehen konnten. Er wusste, was die Mönche hören wollten, und ging mit geschickter Steigerung der Wunder zu Werk, stets nachts. […] Als Schneider konnte J[etzer] sich selbst die Verkleidungen verschaffen. Bei anderem aber muss man Mithilfe annehmen. Die Kritik schließt aus Andeutungen des Prozesses, dass J[etzer] sein unsittliches Leben fortsetzte und dass sich seine Geliebte bei der damaligen Klosterfreiheit einschleichen konnte."

---

73) Hier und im Folgenden nach FELLER, Art. Jetzer (Jetzerhandel). Zu Richard Feller vgl. Edgar BONJOUR, Art. Feller, Richard, in: HLS online (Zugriff 2. Feb. 2017).

Auch bei der Schilderung der Jetzerprozesse sind Feller mehrere Fehler unterlaufen. So meint er, dass der Hauptprozess sich nur mehr gegen die vier Dominikaner gerichtet habe, nicht aber gegen Jetzer, der als Hauptzeuge gegen sie aufgetreten sei. Das Verfahren sei „nach den Regeln des Ketzerprozesses unter Beiziehung des Hexenprozesses durchgeführt" worden, „formell korrekt, in Wirklichkeit willkürlich". Für das Gericht sei der Schuldbeweis im November 1508 erbracht gewesen – in Wirklichkeit wurde der Hauptprozess im September 1508 ohne Urteil abgeschlossen. Der Augenschein im Kloster sei erst zu Beginn des Revisionsprozesses erfolgt, in Wirklichkeit war es sogar erst am Ende des Revisionsprozesses. Der Chronist Valerius Anshelm habe die Nachwelt von der Schuld der Mönche überzeugt, während sich beim Luzerner Schilling doch einige Zweifel geregt hätten. Anshelm habe den Prozess in seiner Chronik „nach den Akten" geschildert, „die er so einseitig wie der Gerichtshof benützte"; das ist Unsinn, denn der Gerichtshof hat die Akten ja selber produziert.

Im zweiten Band seiner „Geschichte Berns" in vier Bänden, die als sein „episches" Hauptwerk gilt, kommt Feller auf den Jetzerhandel zurück und lässt seiner Feder vollen Lauf[74], auch dies sehr zu Jetzers Nachteil, denn auch Fellers „Geschichte Berns" wird bis heute viel benützt. Das Predigerkloster habe sich um 1500 „durch gelehrte und studienfrohe Mitglieder" ausgezeichnet. Dagegen sei Jetzer „eitel und verbuhlt, tückisch und verlogen" gewesen, „mit gereizten Nerven zu Verzückung und Traumzuständen geschaffen und schauspielerisch begabt, eine gemischte Natur, in der Frömmigkeit und Sinnlichkeit, Geltungsdrang und Lichtscheu durcheinander gingen. Er hatte den verschlagenen Verstand, der die Schwächen und Wünsche der Umgebung erriet." „Verschiedenes traf zusammen, den Erfolg Jetzers zu sichern. Jetzer war von Natur zur Ekstase veranlagt und hatte Übung erlangt, sich mit Willen in einen solchen Zustand hineinzuarbeiten. Seine entzündliche Einbildungskraft gaukelte ihm die Erscheinungen vor, die seine Fertigkeit ins Werk setzte. Als Schneider konnte er die Gewänder rüsten. Die Farbe für die Wundmale entwendete er einem Maler, der eben im Kloster arbeitete. Aus Andeutungen im Prozess lässt sich schließen, dass ein oder mehrere Mädchen, die sich zu ihm einschlichen, hilfreiche Hand boten."

Bei der Darstellung der Jetzerprozesse unterlaufen Feller neue Fehler, so derjenige, dass Jetzer bereits in Lausanne gefoltert worden sein soll. Im Hauptprozess seien die beiden Bischöfe (von Lausanne und von Sitten) „von Anfang an von der Schuld der Mönche überzeugt" gewesen, „Schiner als humanistischer Verächter des Mönchtums und Montfalcon als Freund

---

74) FELLER, Geschichte Berns 2 S. 99–106.

48 Einleitung

Berns". „Aus den Zeugenaussagen ergab sich, dass die Mönche einen guten Ruf genossen, dass dagegen Jetzer allenthalben als ein durchtriebener Taugenichts galt. Auch die Richter fanden, dass er ein lasterhafter, verächtlicher und falscher Mensch sei. Gleichwohl stieg er vom Angeklagten zum Hauptzeugen auf." Andererseits zweifelt Feller nicht an den politischen Motiven des Papsts für die Bewilligung des Revisionsprozesses: „Der [bernische] Rat machte sich auch die politische Lage zunutze. Julius II. suchte eben ein Bündnis mit der Eidgenossenschaft und zählte besonders auf Bern; sein Werber war Schiner. Es war umsonst, dass der Dominikanerorden in Rom gegen das anstößige Verfahren Einspruch erhob. Der Papst wollte Bern eine Gunst erweisen und ernannte den Bischof Achilles de Grassis, einen Feind des Mönchtums, zum Bevollmächtigten. Grassis kam im April 1509 mit Schiner und Montfalcon in Bern zusammen und nahm den Prozess noch einmal vor. Jetzt erst gingen die Richter zum Augenschein ins Kloster, wo unterdessen die Zelle Jetzers hinweggebrochen worden war." Differenzierter als Richard Feller beurteilt sein Schüler, Hans von Greyerz (1907–1970, ordentlicher Professor für Schweizer und neuere allgemeine Geschichte an der Universität Bern 1948–1970), die Schuldfrage, doch da er in seinem Artikel „Der Jetzerprozess und die Humanisten" (1931/1932) vor allem das Verhältnis der Humanisten zum Jetzerprozess beleuchtet, kann hier nicht darauf eingegangen werden; bei der von den Humanisten produzierten Literatur handelt es sich zum Teil um das vom Jetzerhandel unmittelbar ausgelöste Schrifttum, das wir aus unserer Untersuchung ausschließen müssen (siehe Einl. 2c)[75]. Dies wird uns aber nicht daran hindern, hie und da auf die Arbeit von v. Greyerz zurückzugreifen. Unverständlich bleibt, wie man in Bern so lange am Pamphlet von Nikolaus Paulus hat festhalten können – wo doch die Akten seit 1904 gedruckt vorlagen und man sich ein eigenes Urteil hätte bilden können[76].

---

75) GREYERZ, Der Jetzerprozess und die Humanisten. Wir können auch nicht auf den historischen Roman „Meischter und Ritter" (1933) des berndeutschen Schriftstellers Rudolf von Tavel (1866–1934) eingehen, in welchem der Jetzerhandel einen nicht unwichtigen Hintergrund bildet, und ebenso wenig auf Max BRAUNSCHWEIG, Der Streit um das Berner Marienwunder. Der Jetzer-Handel, in: Schicksale vor den Schranken. Berühmte Schweizer Kriminalprozesse aus vier Jahrhunderten (1943) S. 9–70.

76) In einem ähnlich gelagerten Fall, der sich 1534–1535 bei den Franziskanern in Orléans abspielte (ohne indessen im geringsten die Ausmaße des Jetzerhandels zu erreichen), scheint man nicht mehr auf das Urteil, das auch wesentlich weniger hart ausfiel als dasjenige von Bern (neun Franziskaner zu zwei Jahren Gefängnis verurteilt), zurückgekommen zu sein, vgl. BALZAMO, Fausses apparitions S. 491. Im Jahr 1569 ließ der Genfer Drucker Jean Crespin ein kleines Buch erscheinen, in dem sowohl der Jetzerhandel als auch die Affäre von Orléans dargestellt waren, vgl. BALZAMO, Les miracles S. 169.

Stand der Forschung

h) Die Forschung in der zweiten Hälfte des 20. Jahrhunderts

In der zweiten Hälfte des 20. Jahrhunderts wirkte die von Nikolaus Paulus 1897 initiierte Schuldverlagerung von den Dominikanern auf Jetzer noch lange nach, doch wurde man allmählich doch vorsichtiger, wenn auch häufig nur im Gebrauch der Ausdrücke, ohne die Forschung aufgrund der seit 1904 publizierten Quellen weiter zu treiben. So bereits Kurt Guggisberg (1907–1972), Professor für allgemeine Kirchengeschichte und Konfessionskunde an der Universität Bern 1944–1972, in seiner 1958 publizierten „Bernischen Kirchengeschichte". Zunächst sieht es indessen so aus, als wenn auch er alle Schuld auf Jetzer häufen wollte, indem er das Kapitel der Dominikaner von Wimpfen als „nicht erweisbar" und Hans Jetzer als „exzentrische und zu krankhaften Schwärmereien und Schwindeleien neigende Gestalt" bezeichnet. Aber auch die Dominikaner hätten sich, „zum mindesten durch ihre Leichtgläubigkeit, schuldig gemacht", doch sei „völlige Gewissheit über die Verteilung von Schuld und Unschuld freilich nicht mehr zu gewinnen", nicht zuletzt, weil „der Prozess gerade in den entscheidenden, schwer zu erhellenden Punkten nur mangelhaft geführt" worden sei. Für die damalige Öffentlichkeit habe „die Schuld der Mönche ohne allen Zweifel" festgestanden. Auch wenn „die Bestrafung der Mönche in keinem Verhältnis zu derjenigen Jetzers" gestanden habe, dürfe „man gleichwohl nicht von Justizmord reden"[77].

Weniger vorsichtig als (der reformierte) Kurt Guggisberg war (der katholische) Oskar Vasella (1907–1966), Professor für Schweizer Geschichte an der (katholischen) Universität Freiburg (Schweiz) in den Jahren 1933–1966, der den Artikel Johannes Jetzer für die 2., völlig neu bearbeitete Auflage des Lexikons für Theologie und Kirche verfasst hat[78]. Der Artikel erschien 1960, und darin wird Jetzer als „pathologisch veranlagter Schneidergeselle" bezeichnet, der „durch seine anfänglich als Wunder geglaubten, dann als Betrug aufgedeckten Erscheinungen […] den sog. Jetzerprozess (1507–1509) veranlasste, in dem die vier der Anstiftung beschuldigten Offiziale des Konventes […] verbrannt wurden". Der Prozess sei „z. T. willkürlich durchgeführt" worden und habe „ein Geständnis der Dominikaner erst nach Folterungen" erbracht. Die „Humanisten und die protestantische Publizistik"

---

77) GUGGISBERG, Bernische Kirchengeschichte S. 38–40 Der Jetzerhandel. Zu Kurt Guggisberg vgl. Rudolf DELLSPERGER, Art. Guggisberg, Kurt, in: HLS online (Zugriff 14. Feb. 2017). Vager bleibt R. PFISTER, Kirchengeschichte 1 S. 271 f., der zwar das Provinzialkapitel von Wimpfen nicht in Abrede stellt, aber zur Schuldfrage nicht wirklich Stellung nimmt.

78) VASELLA, Art. Jetzer, Johannes. Zu Oskar Vasella vgl. Marco JORIO, Art. Vasella, Oskar, in: HLS online (Zugriff 13. Feb. 2017).

50 Einleitung

hätten „den Vorfall als Paradigma für die Unhaltbarkeit des Mönchtums und der katholischen Marienverehrung" benutzt. Damit war Jetzers Ruf auch für ein internationales Publikum verdorben, zumindest bis zur nächsten Auflage des Lexikons für Theologie und Kirche (siehe unten).

Im Jahr 1974 wurde der Johann Jetzer gewidmete und 1881 erschienene Artikel in der Allgemeinen Deutschen Biographie, von dem wir ausgegangen sind, erneuert, und zwar in der Neuen Deutschen Biographie[79]. Der Artikel stammt von Hans Ulrich Jost, einem Schüler des 1970 verstorbenen Hans von Greyerz und Professor für Zeitgeschichte an der Universität Lausanne in den Jahren 1981–2005 – also alles andere als ein Spezialist für das ausgehende Mittelalter oder die beginnende Neuzeit. Nichtsdestoweniger bescheinigt Jost Jetzer doch „einen schlechten Leumund", eine „pathologische Veranlagung (Halluzinationen)" und einen „zweifelhaften Charakter". Immerhin hält er klar fest, dass „die Schuldfrage sich heute nicht mehr klären" lasse, und meint, dass „die jüngsten Forscher zu einem Ausgleich" tendierten. Er erwähnt auch, „dass der an den Prozess [Revisionsprozess] gesandte päpstliche Kommissar zugleich mit Söldnerwerbungsverhandlungen betraut war", und schließt, dass „das radikale Vorgehen des Gerichts, ganz im Sinne der Berner Obrigkeit, zur Bewahrung von Ruhe und Ordnung für notwendig gehalten" worden sei.

Ende der 1980er-Jahre habe ich selber begonnen, mich mit dem Jetzerhandel zu befassen, wobei es mir zunächst überhaupt nicht um die Schuldfrage gegangen ist, sondern vielmehr um „Sprachgrenzen und Sprachkenntnisse im bernischen Jetzerhandel"[80]. Mit den Sprachgrenzen sind die Sprachgrenzen gemeint, wie sie gewissermaßen in horizontaler Richtung zwischen Bern und Lausanne bestanden, wohin Jetzer Anfang Oktober 1507 zur ersten Einvernahme geschickt wurde, und die vertikalen Grenzen, wie sie im Haupt- und Revisionsprozess zwischen dem gelehrten lateinischen Gericht und den ungebildeten Zeugen, aber auch, auf der Ebene des Jetzerhandels selbst, im Kloster zwischen gebildeten und ungebildeten Brüdern verliefen, gespiegelt in den Erscheinungen, durch welche jene zu diesen (oder umgekehrt?) sprachen. Die Akten der drei Jetzerprozesse verfälschen die Situation insofern gravierend, als sie ausschließlich lateinisch verfasst sind. Man stelle sich vor: Alle Aussagen Jetzers sind lateinisch wiedergegeben, obwohl dieser, wie ausdrücklich gesagt wird, das Vaterunser, das Ave Maria und das Credo nur in seiner Muttersprache Deutsch aufsagen konnte,

---

79) JOST, Art. Jetzer, Johann.
80) TREMP-UTZ, Welche Sprache. Im Folgenden erlaube ich mir, aus meinen eigenen Arbeiten ohne Anführungszeichen zu zitieren.

Stand der Forschung

also sicher kein Latein beherrschte[81], so dass mit großen Verfälschungen zu rechnen ist. Aber nicht nur die Protokolle, sondern auch die Verhandlungen selbst wurden lateinisch geführt, was bei der überwiegenden Mehrzahl der geistlichen Angeklagten und Zeugen noch ohne weiteres möglich war. Nicht mehr der Fall war dies bei der großen Mehrheit der weltlichen Zeugen und vor allem beim Kronzeugen Jetzer, die nur ihre Muttersprache Deutsch beherrschten. Die Übersetzung ihrer Aussagen wurde indessen nicht stillschweigend durch die protokollierenden Notare vorgenommen, die, alle romanischer Herkunft (siehe Einl. 2a), dazu wohl gar nicht in der Lage gewesen wären, sondern durch (mehr oder weniger) offizielle Übersetzer, deren Indienstnahme uns darauf hinweist, wo Sprachgrenzen bestanden. Die Übersetzer waren nicht professionelle Dolmetscher, sondern in der Mehrzahl Männer aus der stadtbernischen Gesellschaft, die als Geistliche oder Diplomaten mehrere Sprachen beherrschten und die in gewisser Weise die Stadt Bern in den Gerichten der Jetzerprozesse vertraten (siehe Kap. II/5a, Die Vertretung der Stadt in den Gerichten der Jetzerprozesse).

Wir wollen hier nicht näher auf die Ergebnisse dieser Untersuchung eingehen, denn die Verständigungsschwierigkeiten und ihre Überwindung werden im Laufe unserer Darstellung der drei Jetzerprozesse immer wieder zur Sprache kommen, doch ist eines der Hauptergebnisse, dass man den Übersetzungsproblemen im Revisionsprozess noch stärkere Beachtung geschenkt hat als im Hauptprozess und dass deshalb jenen Kritikern (Paulus, Rettig) nicht beizupflichten ist, die behaupten, „die Revision des Prozesses" sei „noch viel oberflächlicher und einseitiger abgehalten" worden „als die erste gerichtliche Untersuchung"[82]. Andererseits fiel man sowohl im Haupt- als auch im Revisionsprozess immer wieder in eine pragmatische Lösung zurück, die darin bestand, dass derjenige Richter Jetzer – und dann auch die nur deutschsprachigen Zeugen der beiden Prozesse – befragte, dessen Muttersprache ebenfalls Deutsch war, nämlich der Bischof von Sitten, Matthäus Schiner. Diese Doppelrolle von Richter und Übersetzer ist sicher mit ein Grund dafür, dass schon die Zeitgenossen Schiner einen großen Einfluss auf Verlauf und Ausgang der Jetzerprozesse zugeschrieben haben[83].

In den Jahren 1988–1990 wurden in der ehemaligen Dominikanerkirche in Bern (heute Französische Kirche) archäologische Grabungen durchgeführt und wurde mir Gelegenheit geboten, mit dem Archäologen Georges Descœudres zusammenzuarbeiten und eine Geschichte des bernischen Do-

---

81) Akten I S. 20 Nr. 4 (undat., nach 1507, Nov 3; Jetzer, Anklageartikel); Akten II/1 S. 65 Nr. 5 (undat., 1508, Juli 26; Jetzer, Anklageartikel).

82) PAULUS, Justizmord S. 36, vgl. auch Urkunden, Einleitung S. 183.

83) Luzerner Schilling S. 452; Anshelm 3 S. 149; BÜCHI, Schiner 1 S. 143–145; GREYERZ, Der Jetzerprozess und die Humanisten S. 257–262, 286.

minikanerklosters zu schreiben, gefolgt von einer „Darstellung der topographischen Verhältnisse in Kloster und Kirche zur Zeit des Jetzerhandels"[84]. Fast unabhängig voneinander sind der Archäologe und die Historikerin bei der Rekonstruktion der vorreformatorischen Kirche zu gleichen Ergebnissen gekommen, und dies nicht zuletzt, weil der letzteren mit den Akten der Jetzerprozesse – ganz losgelöst von allen Schuldfragen – ein unermesslich reiches Material zur Verfügung stand, das es „nur" richtig zu lesen und zu interpretieren galt. Der Fall der ehemaligen Dominikanerkirche in Bern gilt bis heute als Modell für eine gelungene Zusammenarbeit von Archäologie und Geschichte[85]. Auch hier ging es zunächst nicht um die Schuldfrage; was immer die Prozessakten dazu beizutragen haben – für die topographischen Verhältnisse in Kloster und Kirche sollten sie unparteiische Zeugen sein. Wir müssen uns indessen davor hüten, die zu beschreibende Einrichtung des Klosters als die alltägliche anzusehen; sie ist vielmehr im Zusammenhang mit dem Geschehen bereits recht einschneidend verändert worden. Es war sicher nicht normal, wenn ein Konversenbruder neben einer Zelle im Dormitorium über ein eigenes Stübchen verfügte, in welchem er sich den Tag mit Nichtstun (bzw. Heilig-Sein) vertrieb, oder wenn ein Prior sich eigens neue Gemächer bauen ließ, um den Klostereingang im Auge behalten zu können. In dieser Hinsicht ist unsere Darstellung bereits wesentlich mehr vom Jetzerhandel geprägt und belastet als diejenige von Rudolf Steck, der 1905 etwas Ähnliches versucht hat (siehe Einl. 1d).

Wir haben unsere Darstellung der topographischen Verhältnisse mit dem Kloster begonnen, von dem nach dem Abriss 1899 zu Gunsten des Stadttheaters wesentlich weniger übriggeblieben ist als von der Kirche[86]. Da für das Kloster die archäologischen Quellen weitgehend fehlen, kommt den historischen Quellen, und das heißt den Akten der Jetzerprozesse, hier umso mehr Gewicht zu. Wir haben sie daraufhin abgeklopft, was sie zu Stichworten wie Gästekammer, Krankenzimmer und Schneiderei hergeben, in denen Jetzer seine erste Zeit im Kloster verbrachte, bevor er eine Zelle im Dormitorium erhielt – wo ihn der Geist allerdings auch nicht in Ruhe ließ. Von allen Räumlichkeiten des Klosters wird das Dormitorium weitaus am meisten erwähnt, was sich darauf zurückführen lässt, dass Jetzers Erscheinungen nächtliche Erscheinungen waren und deshalb im Dormitorium stattfanden. Wir haben oben schon erwähnt, dass die Zellen des Dormitoriums, vielleicht sogar zweistöckig, wohl nachträglich in einen größeren Raum hinein-

---

84) UTZ TREMP, Geschichte des Berner Dominikanerkonvents. Mit einer Darstellung der topographischen Verhältnisse in Kloster und Kirche zur Zeit des Jetzerhandels.

85) UTZ TREMP, Die bernischen Dominikaner S. 216.

86) Vgl. DESCŒUDRES / UTZ TREMP, Bern, Französische Kirche S. 91.

Stand der Forschung

gebaut worden waren und leicht verändert – und damit auch Spuren verwischt werden konnten (siehe Einl. 1d).

Über seine Zimmer- bzw. Zellennachbarn macht Jetzer sehr widersprüchliche Angaben: einmal sind es der Lesemeister und der Subprior, einmal der Lesemeister und der Prior oder der Schaffner, in dessen Zelle auch der Prior, der Subprior und der Lesemeister häufig zu schlafen pflegten. Abgesehen von der Widersprüchlichkeit der Angaben ist erstaunlich, wie viele und wie prominente Leute sich da um die Zelle eines geringen Laienbruders geschart haben sollen! Eigentlichen Aufschluss über die Zellennachbarn Jetzers erhalten wir erst durch die Aussagen des Schaffners, der tatsächlich einer der beiden gewesen zu sein scheint. Dieser hatte in seiner Zelle über seinem Bett einen Glockenzug angebracht, den Jetzer von seiner Zelle aus bedienen konnte, wenn er beim Erscheinen des Geistes Hilfe benötigte. Damit der Schaffner das Läuten ja nicht überhörte, scheint gelegentlich auch der Subprior in dessen Zelle geschlafen zu haben, und in der Abwesenheit des Schaffners auch der Prior und der Lesemeister[87]. Es kam auch vor, dass der Schaffner auswich und bei Bruder Oswald schlief, der die Zelle auf der anderen Seite von Jetzer bewohnte und die ehrenvolle Aufgabe hatte, diesem das Bett zu machen[88]. Dies alles, damit alle durch Gucklöcher in der Wand sowohl von der Zelle des Schaffners als auch von derjenigen des Konversenbruders Oswald aus die nächtlichen Erscheinungen in Jetzers Zelle beobachten konnten.

Als das Gericht sich am Ende des Revisionsprozesses, am 22. Mai 1509, zur Besichtigung des Tatorts – oder vielmehr der Tatorte – ins Kloster begab, war die Wand zwischen der Zelle der Schaffners und derjenigen Jetzers mit den Gucklöchern noch vorhanden, aber sonst alles verändert bzw. erneuert, und das Gericht konnte nur mehr zur Kenntnis nehmen, dass diese Veränderungen bzw. Erneuerungen durch die Brüder des Konvents vorgenommen worden seien[89]. Aber bereits bevor Jetzers Zelle zerstört worden war, hielt dieser sich tagsüber getrennt von den übrigen Konversen in einem eigenen Stübchen (*stuppella separata*) auf[90]. Dieses lag seitlich des Dormitoriums (*ad latus domitorii*), *uf dem hindren dormetter*, und sollte, wie der spätere Chronist Valerius Anshelm zusätzlich zu berichten weiß, ursprünglich vom Subprior bewohnt gewesen sein, der es dem neuen Heili-

---

87) Akten II/2 S. 173–175 (1508, Aug 8; Schaffner, Artikelverhör).

88) Def. S. 564 Kap. I/19; Akten III S. 435 Nr. 46 (1509, Mai 7, 14 Uhr; Lesemeister); Anshelm 3 S. 69. Vgl. auch Anshelm 3 S. 53, der alle unsere Vermutungen bestätigt: *[...] da ward im [Jetzer] der erst nüw gemachten zellen eine, zwischen dem schafner und brüder Osswald dem koch [...].*

89) Akten III S. 521 (1509, Mai 22); Anshelm 3 S. 157.

90) Akten II/1 S. 102 Nr. 187 (1508, Juli 31; Jetzer), vgl. auch Def. S. 573 Kap. II/1.

54 Einleitung

gen nach Empfang des ersten Stigmas abgetreten hätte, *damit er von êrenlü-
ten êrlich und stil gefunden und von niemands on der vâteren wissen uberloffen wurde*[91]. Bis zur Zerstörung seiner Zelle ging Jetzer jeden Abend
zum Schlafen – oder vielmehr zum Nicht-Schlafen – ins (vordere) Dormitorium. Nachdem seine Zelle zerstört („renoviert") worden war, blieb er auch
des Nachts in seinem Stübchen und waren die Erscheinungen gezwungen,
ihn hier aufzusuchen, so die Jungfrau Maria in Begleitung der hl. Katharina
von Siena (alias Subprior und Schaffner)[92].

In seinem Stübchen empfing Jetzer auch hohen Besuch, so Mitte Mai
1507 den Provinzial auf der Hin- und Rückreise nach und vom Generalkapitel in Lyon[93]. Als nach der Abreise des Provinzials im bernischen Dominikanerkloster weitere Wunder geschahen und der städtische Rat sich ein-
schaltete, schickte jener am 9. Juli 1507 zwei Abgesandte nach Bern, die an-
ordneten, dass der Laienbruder Hans Jetzer zur Gemeinschaft und zur Arbeit zurückkehren sollte (*eum deputantes communitati et labori*), und ihn
zwangen, mit erhobenen Fingern zu schwören, dass er dem Bischof von
Lausanne, den der bernische Rat ebenfalls zum Kommen aufgefordert hatte,
nichts verraten würde[94]. Beim Besuch des Bischofs in Jetzers Stübchen am
21. Juli 1507 war der Chronist Valerius Anshelm Augenzeuge. Er beschreibt, zunächst als Zeuge im Revisionsprozess und später in seiner Chronik, wie der Lesemeister Jetzer aus dem Bett hob und ihm klarmachte, welche Ehre ihm widerfahre; wie der Bischof die Stigmata berührte und nach
den Umständen fragte, was ihm vom Prior die Antwort eintrug, dass diese
nur dem Papst enthüllt werden dürften; und wie Jetzer selber nicht auszupacken wagte[95].

Als nächstes haben wir uns mit der Väterstube und dem Stübchen des
Priors befasst. Es scheint, dass die Klostervorsteher, vielleicht mit Ausnahme des Subpriors, ihre Mahlzeiten in der Väterstube und nicht zusammen
mit den anderen Brüdern im Refektorium eingenommen haben, hie und da
auch in weltlichen Kleidern und zusammen mit Frauen – jedenfalls will Jetzer sie so überrascht haben (siehe Kap. II/2b, Die Frauengeschichten der
Klostervorsteher). Die Väterstube oder das Haus der Väter (*domus patrum*)
befand sich außerhalb des Dormitoriums im hinteren Teil des Klosters (*ex-*

---

91) Akten II/1 S. 103 Nr. 196 (1508, Juli 31; Jetzer); Anshelm 3 S. 53, 69. Vgl. dazu
Akten II/3 S. 332 f. (1508, Aug 12; Zeugenaussage Noll).
92) Akten II/1 S. 120 f. Nr. 296–303 (1508, Aug 2; Jetzer); Anshelm 3 S. 111 f.
93) Akten II/1 S. 142 f. Nr. 398–400 (1508, Sept 4; Jetzer); Anshelm 3 S. 90 f., 92 f.
94) Akten II/1 S. 116–118 Nr. 281–283 (1508, Aug 2; Jetzer); Anshelm 3 S. 104 f.
95) Akten II/3 S. 400 f. (undat.; 1508, Aug 30; Zeugenaussage Anshelm); Anshelm 3
S. 106–108.

Stand der Forschung

tra dormitorium in posteriori parte monasterii constructam)[96] und war das eigentliche Gehirn des Klosters, wo auch die Pläne für die Erscheinungen ausgeheckt worden sein sollen. In der Nähe (*prope stubella[m] patrum*) hatte der geistige Kopf des Unternehmens, der Lesemeister Stephan Boltzhurst, seine Kammer und vielleicht auch sein Studierzimmer (*studiorum, studiolum, studorium*)[97]. Das Stübchen des Priors – das wohl mehr als ein „Stübchen" war – scheint erst kürzlich für diesen neu gebaut worden zu sein (*habitationes noviter constructe pro priore*), und zwar, wie Anselm interpretiert, damit er und seine Komplizen ohne Behinderung durch den Konvent tun und lassen konnten, was sie wollten, und insbesondere auch das Tor im Auge behalten, um aus- und einzulassen, wen sie wollten[98].

Entsprechend den anhand von Väterstube und Stübchen des Priors geschilderten Herrschaftsstrukturen kam den Gemeinschaftsräumen im Kloster praktisch keine Bedeutung zu. Der Kapitelsaal wird in den Akten des Jetzerprozesses nirgends erwähnt, und das Refektorium nur gerade einmal[99]. Auch von dem berühmten, mit einem Dominikanerstammbaum ausgemalten Sommerrefektorium[100] ist nirgends die Rede. Die Klosterväter scheinen ihre gerade im Zusammenhang mit den Jetzerwundergeschichten recht zahlreichen Gäste in der Stube des Priors oder in der Väterstube empfangen und bewirtet zu haben[101]. Von der Bibliothek scheint einzig der Geist Gebrauch gemacht zu haben, obwohl das ganze Komplott zunächst von ausgedehnten Literaturkenntnissen gerade des Lesemeisters zu zeugen

---

96) Akten II/1 S. 122 Nr. 306 (1508, Aug 2; Jetzer).

97) Akten II/2 S. 230 f. (undat., 1508, Aug 31; Lesemeister, Bekenntnisschrift), S. 278 Nr. 1 (1508, Aug 28; Prior); Def. S. 556 Kap. I/13.

98) Akten II/2 S. 123 Nr. 307 (1508, Aug 4; Jetzer); Anselm 3 S. 69: *So hat der priol im selbs ein eigen nůw stüble und kåmerle gebuwen ussert des convents behusung, da er und sine gsellen on irrung des convents zů allen sachen, und besonder zům tor, mochten gesicht und wandel haben, wer inen gefiel, uss- und inlassen.* Vgl. auch ebd. S. 104: *Da hielten die wirdigen våter flissige wacht in des priols darzů gemacht stüble, dass niemands, dan inen gefållig, zů irem spil ingelassen wurde.* Auf Gregor Sickingers Planvedute (1603–1607, in der Oelkopie von J. L. Aberli) ist, umrahmt von einem äußern, sekundären Klosterhof, ein erhöhtes Gebäude zu erkennen, das allenfalls mit *des priols darzů gemacht* und *nůw stüble und kåmerle* identisch sein könnte, vgl. HOFER/MOJON, Kirchen S. 56 Abb. 53.

99) Akten II/2 S. 228 (undat., 1508, Aug 31; Lesemeister, Bekenntnisschrift).

100) HOFER/MOJON, Kirchen S. 61–70, vgl. auch GUTSCHER-SCHMID, Nelken statt Namen S. 102–117.

101) Akten II/2 S. 181 f. (1508, Aug 9; Prior, Artikelverhör); Akten II/3 S. 340, 344, 350, 370, 397, 398 (1508, Aug 12, 13, 16, 31; Zeugenaussagen Noll, von Diesbach, vom Stein, Dübi, Anselm); Akten III S. 468 Nr. 46 (1509, Mai 12; Prior), S. 504 (1509, Mai 17; Zeugenaussage Wölfli).

56 Einleitung

scheint. Auch wenn der Geist in der Bibliothek nur einen seiner Auftritte abwartete, fand er sie doch seit seiner Zeit – er gab vor, der Geist eines Priors zu sein, der vor etwa hundertsechzig Jahren im Berner Dominikanerkloster gelebt hatte – um ein Beträchtliches angewachsen, ebenso wie den Konvent und die Konventgebäude, ein allgemeiner Aufschwung, den er auf die Einführung der Observanz zurückführte (siehe Kap. I/2b)[102]. Der spätere Betrachter hat – auch wenn er nicht in billige reformatorische Polemik verfallen möchte – einen weniger guten Eindruck vom Kloster. Ihm fällt auf, dass es zumindest den Klostervorstehern an Gemeinschaftssinn fehlte und bei ihnen das Gruppendenken vorherrschte. Wenn sie auch des Nachts, vielleicht mit Ausnahme des Lesemeisters, noch alle in dem in Einzelzellen aufgeteilten Dormitorium geschlafen – oder eben: nicht geschlafen – haben sollten, so gingen sie doch Tags im Väterhaus und in der Stube des Priors ihre eigenen, im vorliegenden Fall krummen Wege. Der einzige aber, bei welchem seitens der Ordensleitung mangelnder Gemeinschaftssinn gerügt wurde, war der Laienbruder Hans Jetzer!

Etwas Ähnliches gilt auch für die Kirche. In den Akten der Jetzerprozesse erfahren wir nichts, aber auch gar nichts über das für die Laien bestimmte Kirchenschiff westlich des Lettners, auch nicht über die Bruderschaftsaltäre in den Gewölben des Lettners. Der Blick geht vom Lettner fast ausschließlich in den Chor, und es kommen nur die Chorräume – von Norden nach Süden: die Johanneskapelle, in der Mitte der Chor und rechts davon die Marienkapelle – ins Blickfeld. Dies scheint uns symptomatisch zu sein für das Welt- und Kirchenbild der Klosterbewohner und insbesondere der Klostervorsteher, welche die Laien nur für ihre Zwecke benutzten und missbrauchten. Ausgenützt wurde die angebliche Leichtgläubigkeit und Schwatzhaftigkeit der Frauen, ausgenützt wurden aber auch Bruderschaftsmitglieder wie der Goldschmied Martin Franke und der Glaser Lukas. Diese Tendenz gipfelte in der Benutzung eines Festes der Anna-, Lux- und Loyenbruderschaft für das Marienwunder, welches den entscheidenden Durchbruch bringen sollte, die blutweinende Marienstatue, und findet eine Parallele im Umgang der Klosterväter mit ihren Klosterbrüdern, über die wir nicht viel mehr erfahren als über die Gläubigen[103].

Wie man sieht, ist mir die „Darstellung der topographischen Verhältnisse in Kloster und Kirche zur Zeit des Jetzerhandels" unter der Hand zu einem Psychogramm der Klostergemeinschaft zur Zeit des Jetzerhandels geraten,

---

102) Def. S. 542 Kap. I/1, S. 547 Kap. I/6, S. 549 Kap. I/7. Das hausinterne Kapitel, das durch die Observanz aufgewertet wurde (vgl. ENGLER, Regelbuch S. 185), wird in den Jetzerprozessen nie auch nur erwähnt, ebenso wenig wie die Tischlesung (ebd.).

103) UTZ TREMP, Geschichte S. 152–160.

Stand der Forschung 57

das zu Ungunsten der Klostervorsteher ausfällt. Von den Konventgebäuden ist, wie bereits gesagt, nichts mehr übriggeblieben, wohl aber von der Kirche, so dass man sich gut vorstellen kann, wie der Jetzerhandel verlaufen ist, nachdem er einmal einer weiteren Öffentlichkeit zugänglich gemacht werden sollte und deshalb vom Dormitorium in die Kirche getragen wurde, über eine Treppe, die vom Dormitorium auf den Lettner führte, der heute noch erhalten ist und die Kirche wie eine Brücke durchzieht; wir werden immer wieder darauf zurückkommen. Die topographischen Verhältnisse sind unverfängliche und unparteiische Zeugen für den Jetzerhandel, und trotzdem sprechen sie eine deutliche Sprache – auch und gerade in der Schuldfrage. Es entsteht hier eine innere Wahrheit, die unabhängig ist von der Frage, wer was getan hat, und sie trotzdem auf ihre Art beantwortet.

Im gleichen Jahr (1993) wie die „Darstellung der topographischen Verhältnisse in Kloster und Kirche zur Zeit des Jetzerhandels" habe ich unter dem Titel „Eine Werbekampagne für die befleckte Empfängnis: der Jetzerhandel in Bern (1507–1509)" eine weitere Arbeit zum Jetzerhandel veröffentlicht, diesmal näher an der Schuldfrage[104]. Dabei ging es um das Argument, dass das intellektuelle Niveau des Jetzerhandels zu hoch gewesen sei, als dass es dasjenige des Laienbruders Jetzer hätte sein können. Damals war mir allerdings nicht klar, dass das Argument längst in die Debatte geworfen worden war, und zwar bereits 1883/1886 von Georg Rettig. Für ihn ist das intellektuelle Niveau der Erscheinungen eines der Hauptargumente, die ihn daran hindern, die Schuld ganz auf Jetzer abzuwälzen. Paulus hat dieses Argument dann 1897 allerdings mit dem Hinweis auf Predigten, die Jetzer gehört habe, weggewischt, und Steck meint sogar, die Klostervorsteher hätten, „ohne es zu merken, durch ihre Fragen und Antworten dem Bruder diese Weisheit eingetrichtert". Dagegen ist Mortier 1911 davon überzeugt, dass diese Intrige das intellektuelle Niveau des Laienbruders überschritten habe. Ebenso verwirft Büchi 1923 Stecks Erklärung und macht außerdem auf „eine graduelle Steigerung in den Wundererscheinungen" aufmerksam, „die auf ein planmäßiges Vorgehen hinweist". Dagegen meint Feller 1927, dass Jetzer „mit geschickter Steigerung der Wunder zu Werk" gegangen sei, und von Greyerz hält 1931/1932 Jetzer für durchaus fähig, die Erscheinungen „in einer wohlgeordneten Stufenfolge" organisiert zu haben[105]. Das Bil-

---

104) Utz Tremp, Eine Werbekampagne.
105) Urkunden, Einleitung S. 187; Paulus, Justizmord S. 137; Steck, Der Jetzerprozess S. 82; Mortier, Histoire des maîtres généraux 4 S. 187; Büchi, Schiner 1 S. 140–142; Feller, Art. Jetzer (Jetzerhandel); Greyerz, Der Jetzerprozess und die Humanisten S. 252.

58 Einleitung

dungsniveau des Jetzerhandels scheint also ein wichtiger Indikator in der Schuldfrage zu sein.

Dabei geht es nicht nur um die Erscheinungen – den Geist eines ehemaligen Priors des Berner Dominikanerkonvents, die hl. Barbara, die Jungfrau Maria sowie die heiligen Cäcilia, Bernhard von Clairvaux und Katharina von Siena –, die Jetzer allenfalls noch hätten bekannt sein können, sondern auch um die mittelalterlichen Theologen, von denen die Erscheinungen sprechen, meist Angehörige des Franziskaner- oder des Dominikanerordens (OFM bzw. OP, hier in chronologischer Reihenfolge ihrer Lebensdaten): Erzbischof Anselm von Canterbury (1033–1109), der Zisterzienserabt Bernhard von Clairvaux (1090–1153), Alexander von Hales OFM (ca. 1185–1245), Bonaventura OFM (1221–1274), Thomas von Aquin OP (1227–1274), Duns Scotus OFM (ca. 1265–1308) und Bernardin de Bustis OFM (ca. 1450–1513), die sich alle zur Frage der Empfängnis der Jungfrau Maria geäußert hatten (Anselm von Canterbury: befleckt; Bernhard von Clairvaux: befleckt; Alexander von Hales: befleckt; Bonaventura: befleckt; Thomas von Aquin: befleckt; Duns Scotus: unbefleckt; Bernardin de Bustis: unbefleckt). Es ist höchst unwahrscheinlich, dass Jetzer alle diese Theologen und den Inhalt ihrer Lehren kannte; deshalb kam es auch immer wieder zu einem Frage- und Antwortspiel zwischen Jetzer und der Jungfrau Maria bzw. zwischen dem Lesemeister, Jetzers Beichtvater, und der Jungfrau Maria (was den Lesemeister nicht daran hinderte – ganz im Gegenteil –, die Maria selber zu verkörpern). Als Jetzer die Jungfrau Maria im Auftrag des Lesemeisters nach Alexander von Hales fragen sollte, wusste er dessen Namen nicht zu nennen, da sei ihm Maria zuvorgekommen und habe gesagt: „Ich weiß, von wem du sprechen willst; er heißt Alexander von Hales."[106]

Daraus geht klar hervor, dass es eben nicht Jetzer war, der alle diese Namen kannte, sondern wohl der Lesemeister, Stephan Boltzhurst. Dies bedeutet aber nicht unbedingt, dass dieser alle diese Gelehrten und ihre Schriften gelesen hatte, wohl aber eine andere Schrift, gewissermaßen einen Reader. Einem seiner Geständnisse ist zu entnehmen, dass der Beschluss, die Materie der Empfängnis Marias durch einige erdichtete Wunder zu erproben (*ad comprobandam illam materiam conceptionis virginis Marie per aliqua figmenta miraculorum*), drei (genauer: zwei) Jahre zuvor anlässlich eines in Wimpfen tagenden Kapitels der Oberdeutschen Dominikanerprovinz gefasst worden war. Die Akten dieses Kapitels scheinen nicht überliefert zu

---

106) Akten II/1 S. 95 Nr. 160 (1508, Juli 31, 14 Uhr; Jetzer): *Item magis dicit [Jetzer], quod dum de Alexandro de Alex debuisset loqui virgini Marie, quod non sciebat eum nominare, et cum tunc virgo Maria ipsum Iohannem [Jetzer] prevenerit: „Ego sic* (wohl für *scio) quis est, quem tu velles nominare; vocatur Alexander de Alex."*

Stand der Forschung

sein, aber es hätte wahrscheinlich auch keinen Sinn, darin zu suchen, denn der Plan wurde selbstverständlich nicht bei einer offiziellen, sondern bei einer inoffiziellen Zusammenkunft in der dem Prior Werner von Basel zugewiesenen Kammer ausgeheckt. Prior Werner brachte das Gespräch auf die Frage der Empfängnis und beklagte, dass die Franziskaner die Dominikaner angreifen und das Volk überall an sich ziehen würden, und schlug vor, etwas zu unternehmen, um die eigene Ansicht zu beweisen und so die Leute für sich zu gewinnen. Die kleine Versammlung kam zum Schluss, dass dies in der Stadt Bern geschehen müsse, weil dort das Volk gut und einfältig sei und es dort nicht so viele Gelehrte gebe und weil die Herren von Bern, einmal für diese Meinung gewonnen, nach Kräften mitarbeiten würden[107].

Auf dem Provinzialkapitel von Wimpfen konnte man einen Traktat des Magisters Wigand Wirt kaufen, damals Prior des Dominikanerkonvents von Stuttgart und selber in Wimpfen anwesend. Der dritte Teil dieser Schrift handelte davon, dass alle alten und heiligen Gelehrten dafür hielten, dass die Jungfrau Maria in der Erbsünde empfangen worden sei, und griff die „moderneren" an, welche das Gegenteil vertraten. Der Prior von Bern kaufte sogar zwei Exemplare, eines für sich und eines für den Lesemeister. Bei diesem Traktat handelt es sich um den *Dialogus apologeticus fratris Wigandi Wirt, sacre theologie professoris, contra [...] divi ordinis fratrum Predicatorum persecutores, ac demum contra eos, qui de conceptione immaculatissime virginis Marie male sentiunt [...]*, entstanden zwischen 1503 und 1506. Er gliedert sich in drei Teile, von denen der dritte mit Alexander von Hales, Bonaventura und Scotus tatsächlich eine Art „historisch-kritischen" Überblick bot. Mit diesem Traktat hatte Wigand Wirt versucht, sich am Stadtpfarrer von Frankfurt, Konrad Hensel, zu rächen, mit dem er um 1500 als Lesemeister der Dominikaner in Frankfurt in Streit um die Empfängnis Marias geraten war. Es war zu einem Prozess vor dem Bischof von Straßburg als „Richter und Konservator der Rechte und Privilegien des Predigerordens" gekommen, bei dem der Vorsteher der Oberdeutschen Dominikanerprovinz Peter Sieber als Kläger aufgetreten und bei dem Wigand Wirt Anfang 1503 unterlegen war. Seine Rache war der *Dialogus apologeticus*, den man getrost als eine der Inspirationsquellen für den Jetzerhandel bezeichnen darf (siehe Einl. 3c und Kap. I/3a).

Der Jetzerhandel kann demnach als Teil des Wigand-Wirt-Handels bezeichnet werden, der mit dem Urteil von 1503 und dem *Dialogus apologeti-*

---

107) Akten II/2 S. 226 Nr. 1 (1508, Aug 30; Lesemeister, Folterverhör): *bonum eis videbatur, quod in hac urbe Bernensi fieret, eo quod hic esset bonus et simplex populus, neque essent hic multi docti, et casu, quo ipsi domini Bernenses possent induci ad talem opinionem, quod extunc ipsi etiam de potentia cooperturi essent.*

60 Einleitung

cus noch nicht abgeschlossen war, denn Wirt hatte darin u. a. auch einen Franziskaner namens Johann Spengler angegriffen, der ihn dafür in Rom verklagte. Der Prozess zog sich lange hin und endete schließlich 1513 mit einem Widerruf Wirts. Diese neuerliche Niederlage könnte insofern mit den Jetzerprozessen in Zusammenhang stehen, als der Hauptprozess im Winter 1508/1509 ebenfalls an der Kurie in Rom hängig war und im Mai 1509 mit dem Revisionsprozess einen für die Dominikaner ungünstigen Ausgang nahm. Letztlich aber gehören sowohl der Jetzer- als auch der Wirt-Handel (bzw. die zwei Wirt-Händel, 1494/1495 und 1501–1513) in den Rahmen der Auseinandersetzungen um die Empfängnis Marias, die im letzten Viertel des 15. Jahrhunderts vor allem zwischen Dominikanern und Franziskanern tobten und bei welchen sowohl Streitschriften als auch fingierte Erscheinungen und Offenbarungen die absolut *normalen* Kampfmittel waren (siehe Einl. 3a–c).

Der Jetzerhandel hat also eine Vorgeschichte, zu welcher die Wirt-Händel und das Provinzialkapitel von Wimpfen gehörten. Dies aber nimmt ihm einiges von seiner Einzigartigkeit – und den Klostervorstehern einiges von ihrer Unschuld! Es ist kein Zufall, wenn die Verfechter der Unschuld der Klosterväter, allen voran Nikolaus Paulus, das Provinzialkapitel von Wimpfen in den Bereich der Legende verweisen (siehe Einl. 1c). Nach dem intellektuellen Niveau des Jetzerhandels kann die Realität des Provinzialkapitels von Wimpfen uns also als zweiter Indikator in der Schuldfrage dienen, wobei interessant ist, dass auch relativ stramme Gefolgsleute von Paulus wie Steck ihm in dieser Hinsicht nicht folgen. Wenn der Jetzerhandel sich in die Wirt-Händel einbetten lässt, dann hat das höchst unangenehme Konsequenzen für die Klostervorsteher, denn Jetzer konnte von dem allem nichts gewusst haben und am Provinzialkapitel in Wimpfen hat er jedenfalls – im Unterschied zum Prior und Lesemeister von Bern – nicht teilgenommen. Das intellektuelle Niveau des Jetzerhandels und seine Vorgeschichte könnten also zu einer entscheidenden Wende in der Forschung führen – oder vielmehr zu einer Rückkehr in die Zeit vor dem Ende des 19. Jahrhunderts, als man im Gefolge des Urteils von 1509 die Schuld vor allem bei den Klostervätern gesehen hat.

In der Folge habe ich meine Zweifel an der eindeutigen Schuldzuweisung durch Nikolaus Paulus und seine Gefolgsleute auch in Lexikonartikeln geäußert, zunächst einmal (1996) in der 3. Auflage des Lexikons für Theologie und Kirche[108], gewissermaßen als Antwort auf Oskar Vasellas Artikel in der 2. Auflage von 1960, und dann 2007 auch im Historischen Lexikon der

---

108) Utz Tremp, Art. Jetzer, Johannes.

Stand der Forschung 61

Schweiz[109], als Antwort auf Richard Fellers Artikel im Historisch-biographischen Lexikon der Schweiz von 1927. Dazwischen habe ich auch den Artikel „Bern" für den Dominikanerband der Helvetia Sacra geschrieben, der 1999 erschienen ist[110]. Die neueste Literatur ist mir in meinen Zweifeln gefolgt, wenn sie auch nur spärlich ist (und hier auch nicht vollständig aufgeführt werden kann). So Franz-Josef Sladeczek in einem Beitrag zur Ausstellung „Bildersturm", die 2000 im Bernischen Historischen Museum stattfand[111], und auch Rudolf Dellsperger in seinem Artikel „Jetzerhandel", erschienen 2001 im Lexikon Religion in Geschichte und Gegenwart[112]. Jetzer verfügt heute sogar über einen Wikipedia-Artikel, der meine Arbeiten (den Artikel im Historischen Lexikon der Schweiz und die „Werbekampagne für die befleckte Empfängnis"), zwar zitiert, aber wieder zu einem gegenteiligen Schluss kommt: „Die Schuld der vier Dominikaner wurde lange Zeit nie bezweifelt (Valerius Anshelm) und wird in jüngster Zeit noch als gegeben angenommen (Kathrin Utz Tremp). Allerdings darf nicht vergessen werden, dass die Verurteilung letztlich nur auf den Aussagen von Jetzer beruhte, die dieser im Verlauf des Prozesses mehrmals änderte, sowie auf den durch Folter erpressten Geständnissen. So gesehen scheint wahrscheinlich, dass der ganze Betrug einzig von Jetzer ausging (mit Verweis auf Nikolaus Paulus und Rudolf Steck)."[113] Eine Monographie über den ganzen Jetzerhandel und insbesondere die Jetzerprozesse scheint sich also noch nicht erübrigt zu haben. Dabei wollen wir nicht immer wieder auf die Schuldfrage zurückkommen, sondern insbesondere den Jetzerhandel anhand des Defensoriums und die Jetzerprozesse anhand der überlieferten Akten einer gründlichen Analyse unterziehen. Nach der Literatur wollen wir uns im folgenden einleitenden Kapitel mit den Quellen zum Jetzerhandel befassen, von denen von einigen in der Literatur schon die Rede war: von den Akten des Jetzerprozesses bzw. der Jetzerprozesse, die 1904 durch Rudolf Steck herausgegeben worden sind, und vom Defensorium, das 1897 von Nikolaus Paulus in den Vordergrund gerückt wurde.

---

109) UTZ TREMP, Art. Jetzerhandel.
110) UTZ TREMP, Art. Bern, in: HS IV/5 S. 285–324, mit einem Abschnitt über den Jetzerhandel (1507–1509) (S. 297–299) und Kurzbiographien des Priors Johannes Vatter (1503?–1509) (S. 319–321) und des Lesemeisters (Lektors) Stephan Boltzhurst (1505?–1509) (S. 324).
111) SLADECZEK, Jetzerhandel 1507.
112) DELLSPERGER, Art. Jetzerhandel.
113) Art. Johann Jetzer, in: Wikipedia (Zugriff 20. Feb. 2017).

62 Einleitung

2. Die Quellen des Jetzerhandels

Die beste Einführung in die Quellen zum Jetzerhandel bietet immer noch Rudolf Steck in seiner Einleitung zu den Akten des Jetzerprozesses, die er 1904 herausgegeben hat[114]. Er beginnt diese Einleitung freilich nicht mit den Hauptquellen, den Akten der Jetzerprozesse, sondern mit der Literatur zum Jetzerhandel, angefangen mit dem, was Georg Rettig die „Jetzerliteratur" genannt hat[115], d. h. die Schriften, die bereits zwischen dem Tod der Vorsteher des bernischen Dominikanerklosters auf dem Scheiterhaufen am 31. Mai und noch vor Jetzers Flucht aus dem Gefängnis am 25. Juli 1509 zu erscheinen begannen. Wir werden diese Schriften aus unserer Untersuchung ausschließen müssen und sie am Ende dieses Kapitels nur kurz vorstellen können. Für uns stehen eindeutig die Akten der Jetzerprozesse im Vordergrund, schon nur, weil sie noch nie gründlich untersucht worden sind.

Wie die diesbezüglichen Aussagen Rudolf Stecks und Richard Fellers gezeigt haben, war ihnen alles andere als klar, was ein Inquisitionsprozess war bzw. wie er sich vom Ketzer- und vom Hexenprozess unterschied[116]; deshalb soll hier ein kurzer Überblick über die Entwicklung des Inquisitionsprozesses zum Ketzer- und Hexenprozess geboten werden, denn sonst nimmt man für Unregel- und Unrechtmäßigkeiten, was Eigenschaften dieser Prozesse waren. Zunächst einmal gilt es zwischen Inquisition und Inquisitionsprozess zu unterscheiden: die Inquisition war ein kirchliches Sondergericht, bestehend in der Regel aus Dominikanern oder Franziskanern, das indessen auch nicht so unabhängig vorgehen konnte, wie man oft geglaubt hat, sondern stark an den Bischof gebunden war, gerade auch in den Westschweizer Diözesen Lausanne, Genf und Sitten, wo die dominikanische Inquisition mit Sitz in Lausanne stark von den jeweiligen Bischöfen abhing[117]. Im Fall der Jetzerprozesse kam aus leicht verständlichen Gründen indessen

---

114) Akten, Einleitung S. XI–XXVI, XXXIV–XLIV, LII–XL. Ein wesentlich knapperer Überblick über die Quellen zum Jetzerhandel bei FELLER/BONJOUR, Geschichtsschreibung der Schweiz 1 S. 174 f.

115) Urkunden, Einleitung S. 197.

116) STECK, Der Berner Jetzerprozess S. 38 Anm. 1: „Das Strafverfahren war das des Kanonischen Rechtes: Inquisitionsverfahren, erweitert durch die Bestellung eines Anklägers von Amtes wegen. Der Prozess wurde von Anfang an als ein Ketzer- und Hexenprozess durchgeführt, was man bisher zu wenig beachtet hat. Daher auch die Anwendung der Tortur"; FELLER, Art. Jetzer (Jetzerhandel) S. 404: „Das Verfahren wurde nach den Regeln des Ketzerprozesses unter Beiziehung des Hexenprozesses durchgeführt, formell korrekt, in Wirklichkeit aber willkürlich. Dem Verteidiger schnitt man das Wort ab, seine Anträge wurden verworfen, Entlastungszeugen nicht angehört."

117) MODESTIN, L'inquisition romande S. 323 f., 332–334.

Die Quellen des Jetzerhandels 63

nicht die dominikanische Inquisition von Lausanne zum Zug, sondern zunächst, für Jetzers ersten Prozess in Lausanne und Bern, der Bischof von Lausanne selber, und dann ein päpstliches Sondergericht, das im Fall des Hauptprozesses aus den Bischöfen von Lausanne und Sitten sowie dem Provinzial der Oberdeutschen Dominikanerprovinz bestand, und im Fall des Revisionsprozesses aus den gleichen Bischöfen und einem ihnen übergeordneten direkten Abgesandten des Papstes, dem Bischof von Città di Castello, Achilles de Grassis. In allen drei Fällen wurde der Inquisitionsprozess angewandt, möglicherweise bereits in der verkürzten Form des Ketzer- und Hexenprozesses, wobei im ersten Fall, bei Jetzers Prozess in Lausanne und Bern, die Stadt Bern den normalen Ablauf des Prozesses ganz gehörig störte, indem sie Jetzer vorzeitig (Ende 1507) von Lausanne zurückholen ließ, ihn zunächst (im Januar 1508) mehrmals mit seinen Gegnern, den Dominikanern, konfrontierte und ihn Anfang Februar foltern ließ, ohne nur im geringsten eine Legitimation dafür zu haben. Denn der Inquisitionsprozess – ebenso wie auch der Ketzer- und der Hexenprozess – kannte seine genauen Regeln, die im Fall der Jetzerprozesse nur in Jetzers erstem Prozess von der Stadt Bern gründlich missachtet wurden (siehe Kap. II/1).

Bei seiner Entstehung im 13. Jahrhundert war der Inquisitionsprozess sogar ein rechtlicher Fortschritt gewesen, denn die Ermittlung der Schuld wurde nicht mehr einfach einem Gericht überlassen, das gewissermaßen als Schiedsgericht zwischen einem Kläger und einem Angeklagten entschied, im sog. akkusatorischen Verfahren, bei dem die Beweislast ausschließlich beim Kläger lag[118]; man kann sich denken, dass dieser schwerlich zu seinem Recht kommen konnte, wenn er dem Angeklagten sozial unterlegen war. Beim Inquisitionsprozess dagegen wurde die „Wahrheit" von den Richtern ermittelt, nicht zuletzt aufgrund von Zeugenaussagen. Die Frage ist allerdings, ob es den reinen Inquisitionsprozess – von dem Rechthistoriker wie Winfried Trusen (1924–1999) gerne träumen – je gegeben hat, denn der In-

---

118) Hier und im Folgenden nach UTZ TREMP, Von der Häresie S. 387 ff. Vgl. auch Winfried TRUSEN, Der Inquisitionsprozess. Seine historischen Grundlagen und frühen Formen, in: Zeitschrift der Savigny-Stiftung für Rechtsgeschichte 105, kanonistische Abteilung 74 (1988) S. 168–230; DERS., Vom Inquisitionsprozess zum Ketzer- und Hexenprozess. Fragen der Abgrenzung und Beeinflussung, in: Staat, Kirche und Wissenschaft in einer pluralistischen Gesellschaft (Festschrift zum 65. Geburtstag von Paul Mikat), hg. von Dieter SCHWAB u. a. (1989) S. 435–450; DERS., Von den Anfängen des Inquisitionsprozesses zum Verfahren bei der *inquisitio haereticae pravitatis*, in: Die Anfänge der Inquisition im Mittelalter, hg. von Peter SEGL (Bayreuther Historische Kolloquien 7, 1993) S. 39–76; DERS., Rechtliche Grundlagen der Hexenprozesse und ihrer Beendigung, in: Das Ende der Hexenverfolgung, hg. von Sönke LORENZ / Dieter R. BAUER (Hexenforschung 1, 1995) S. 203–226.

quisitionsprozess kam schon sehr früh, bereits seit den 1230er-Jahren, im Kampf gegen die Häresie (in Südfrankreich, aber auch in Norditalien und Deutschland) zum Einsatz und kann deshalb wohl kaum bereits als „pervertierter Inquisitionsprozess" bezeichnet werden, wie Trusen dies tut. Dies, weil auf einfache Denunziation hin ein Prozess eröffnet werden konnte, weil immer mehr auch zweifelhafte Zeugen angehört und weil immer weniger Verteidiger zugelassen wurden – oder dann Gefahr liefen, selber als Häretiker verurteilt zu werden. Vor allem aber durfte das Geständnis des Angeklagten, das im Häresieprozess als ultimativer Beweis galt, seit der Mitte des 13. Jahrhunderts auch durch die Folter erzwungen werden. Dabei wirkte sich höchst erschwerend aus, dass die Ketzer seit der Dekretale *Vergentis in senium*, erlassen 1199 von Papst Innozenz III. (1198–1216), als Majestätsverbrecher verfolgt wurden, die nicht nur mit dem Tod bestraft werden konnten, sondern auch mit dem Verlust des aktiven und passiven Wahlrechts und der Konfiskation ihrer Güter.

Der Hexenprozess ist für Trusen noch einmal eine Pervertierung des – bereits – pervertierten Ketzerprozesses, indem er praktisch identisch war mit dem summarischen Ketzerprozess, den Papst Bonifaz VIII. (1294–1303) folgendermaßen definierte: „Wir gestatten, dass man bei der Suche nach Häresie einfach und außergerichtlich sowie ohne großen Lärm von Verteidigern und Urteilssprüchen vorgehen darf" (*concedimus quod in inquisitionis haereticae pravitatis negotio procedi posset simpliciter et de plano, et absque advocatorum et iudiciorum strepitu et figura*). Dies bedeutete nichts anderes, als dass man noch zweifelhaftere Zeugen beiziehen durfte als schon im Ketzerprozess, selbst Exkommunizierte und Meineidige, aber immer nur gegen und nicht für die Angeklagten, mit der einzigen Ausnahme von Todfeinden; dabei durften die Namen der Zeugen geheim gehalten werden, wurden diese also geschützt. Während im regulären Inquisitionsprozess durchaus eine Verteidigung vorgesehen gewesen sei, habe es beim Ketzer- und Hexenprozess im Ermessen des Richters gelegen, einen Verteidiger zuzulassen, und wenn er einen zugelassen habe, dann durfte er ihn auswählen, und nicht der Angeklagte. Ein ganz entscheidender Unterschied zwischen Ketzer- und Hexenprozess war, dass im Häresieprozess nur rückfällige und nicht reuige Häretiker zum Tod auf dem Scheiterhaufen verurteilt wurden, beim Hexenprozess aber auch Hexer und Hexen (bzw. Häretiker), die zum ersten Mal überführt worden waren. Dies trifft im Grund auch auf die vier Dominikaner zu, die am 31. Mai 1509 in Bern auf dem Scheiterhaufen hingerichtet wurden, denn bei ihnen handelte es sich nicht um Rückfällige, und trotzdem sind im Verlauf der Prozesse immer wieder Versuche sichtbar, ihnen Rückfälligkeit oder zumindest hartnäckiges Festhalten an ihren Irrtümern nachzuweisen, so bereits in den Anklageartikeln, denen sie im Haupt-

Die Quellen des Jetzerhandels

prozess unterworfen wurden (siehe Kap. II/2c). In diesem Sinn ist Fellers Beurteilung („nach den Regeln des Ketzerprozesses unter Beiziehung des Hexenprozesses") nicht ganz falsch, auch wenn sie eher inhaltlich – die Dominikaner wurden wegen Häresie und Hexerei bzw. Ausübung von schwarzer Magie (siehe Kap. II/4a und e) verurteilt – als formal gemeint war.

a) Die Akten der Jetzerprozesse und die Beilagen (Defensorium; Briefe, Auszüge, Rechnungen)

Mit den Jetzerprozessen sind die Prozesse gemeint, die zunächst Jetzer allein in Lausanne und Bern und dann Jetzer und allen vier Klostervorstehern im Hauptprozess und im Revisionsprozess in Bern gemacht wurden. „Die Gerichtsverhandlungen wurden von Anfang bis Ende genau protokolliert, und zwar in lateinischer Sprache. Was deutsch verhandelt worden war, wie die Verhöre Jetzer's und die Einvernahme der Zeugen, wurde ins Lateinische übersetzt."[119] Beim Hauptprozess wurden die Protokolle von François des Vernets geführt, einem sehr gebildeten Mann, der in den Jahren 1503–1514 Sekretär des Bischofs von Lausanne, Aymo von Montfalcon, war[120], und von Johann de Presenssiis (Pressensé?), Gerichtsschreiber des Bischofs von Sitten, Matthäus Schiner[121]. Beim Revisionsprozess waren es wiederum François des Vernets (inzwischen Domherr von Lausanne geworden) für den Bischof von Lausanne und Georg Colleti, Notar und Kleriker aus der Diözese Genf, für den Bischof von Sitten[122]. Bei Jetzers Prozess in Lausanne wird der Name des Sekretärs nicht genannt, aber man kann annehmen, dass es ebenfalls François des Vernets war. Die einzelnen Hände lassen sich jedoch nicht mehr unterscheiden, denn bei den Gerichtsakten, die im Staatsarchiv Bern liegen (heutige Signatur StABern, A V 1438, Unnütze Papiere, Kirchliche Angelegenheiten 69), handelt es sich nicht um das Original, sondern um eine Abschrift, die nach Ausweis eines Postens in den Rechnungen, die im gleichen Band überliefert sind, in St. Gallen angefertigt

---

119) Akten, Einleitung S. LII f.
120) Akten II S. 401 f. Zu François des Vernets vgl. HS I/4 S. 245, 271 f.; Olivier PICHARD, Art. Vernets, François des, in: HLS online (Zugriff 22. Juli 2019), und OGUEY, La „petite Renaissance" d'Aymon de Montfalcon S. 113 f.
121) Akten II S. 401–403. Zu Johann de Presenssiis vgl. Korrespondenzen Schiner 1 S. 113 Nr. 142 (1510, Nov 10), S. 202 Nr. 269 (1512, Sept 24); BÜCHI, Schiner 2 S. 150 Anm. 1, S. 162.
122) Akten III S. 411, 517, 518. Es ist uns nicht gelungen, Georg Colleti zu identifizieren.

wurde. Diese Abschrift ist von zwei verschiedenen Händen geschrieben bzw. abgeschrieben: der Prozess in Lausanne und der Revisionsprozess von der einen und der Hauptprozess von der anderen; dabei hat jeder Prozess eine eigene Foliierung[123]. Diese Abschriften wurden durch den Notar Salvator de Melegottis, Doktor beider Rechte und Domherr von St. Petronius in Bologna, eigenhändig und mit seinem Notariatszeichen beglaubigt, und zwar am Ende eines jeden Prozesses[124]. Melegottis scheint die Abschrift tatsächlich an den Originalakten überprüft zu haben, denn im Revisionsprozess ist unter dem 22. Mai 1509 (fol. 41r) ein Blatt eingeheftet, auf dem er das Protokoll, bei dem die Abschreiber von St. Gallen möglicherweise eine ganze Seite übersprungen hatten, eigenhändig ergänzt, und ebenso ganz am Schluss, unter dem 30. Mai 1509 (fol. 46v–47r), die letzten Geständnisse oder Richtigstellungen des zum Tod verurteilten Priors des Berner Dominikanerkonvents, Johann Vatter, die dieser durch seinen Beichtvater (Franz Kolb) überbringen ließ[125]. Dies könnte u. U. sogar bedeuten, dass die Kopie noch vor dem 30. Mai 1509 vorlag und von de Melegottis noch in Bern anhand des Originals überprüft und beglaubigt wurde, was ihr doch einigen Wert verleiht, und dies umso mehr, als die Originalakten wahrscheinlich in Rom verloren gegangen sind (siehe unten). Darauf, dass man es mit der Abschrift eilig hatte, könnte auch hinweisen, dass man diese von zwei verschiedenen Schreibern anfertigen ließ.

Salvator de Melegottis, Doktor beider Rechte und Domherr von St. Petronius in Bologna, war mit dem Bischof von Città di Castello, Achilles de Grassis, zum Revisionsprozess nach Bern gekommen, wo er als Sekretär seines Bischofs waltete, neben den Sekretären der Bischöfe von Lausanne und Sitten, François des Vernets und Georg Colleti, und ihnen wahrscheinlich übergeordnet[126]; entsprechend spricht er bei der Beglaubigung des Revisionsprozesses auch davon, dass er Zeuge dieses Prozesses gewesen sei, nicht aber bei den beiden anderen Prozessen. Auf Salvator de Melegottis bezieht sich wohl auch ein Posten, der in der bereits zitierten Rechnung fast unmittelbar auf denjenigen betreffend die in St. Gallen angefertigte Abschrift folgt: *Denne des bischofen von Rom secretarien für sin arbeit, den proceß zu machen, 60 lb.*[127] Diese Ausgabe ist wohl eher auf die ursprünglichen Akten

---

123) Akten, Einleitung S. LIII, vgl. auch Rechnungen S. 658: *Denne von dem proceß abzuschriben zu Sant Gallen 12 gulden rinisch, 25 lb 12 ß.*

124) Akten I S. 54; Akten II S. 403; Akten III S. 536.

125) Akten III S. 525 f. (1509, Mai 22) mit Anm. c S. 525, und S. 535 (1509, Mai 30) mit Anm. a.

126) Akten III S. 411, 424 f., 518.

127) Rechnungen S. 658. Dagegen musste der Sekretär des Bischofs von Lausanne, François des Vernets, länger auf seine Bezahlung warten, nämlich bis zum 6. September

Die Quellen des Jetzerhandels

des Revisionsprozesses zu beziehen als auf das Beglaubigen der Abschrift, denn dafür wären wohl nicht 60 Pfund bezahlt worden. Laut Steck „gingen die Originalakten mit dem päpstlichen Kommissar (Achilles de Grassis) nach Italien. Die Abschrift dagegen blieb in Bern zurück, wo sie im Staatsarchiv aufbewahrt wird. Sie bildet, vereinigt mit einem Teil der durch den Handel verursachten Korrespondenz, einen dicken Folioband von 59, 415 und 94, zusammen 568 Seiten, Nr. 69 der Abteilung ‚Kirchliche Angelegenheiten‘ der sogenannten ‚unnützen Papiere‘“ (heute Staatsarchiv Bern, A V 1438, Unnütze Papiere, Kirchliche Angelegenheiten 69). Dass die ursprünglichen Sekretäre alle romanischer Nationalität waren, geht insbesondere aus der Schreibung der Eigennamen hervor: Haller wird als Aller geschrieben, und Oswald als Hoswald, und es lassen sich auch zahlreiche Verschreibungen feststellen[128].

Damit erschöpft sich bei Steck bereits die Beschreibung der Handschrift, welche die Prozessakten (bzw. eine Abschrift davon) enthält. Diese umfasst nicht nur die drei Prozesse, sondern auch einen „Teil der durch den Handel verursachten Korrespondenz“[129], genauer die an den Rat von Bern gerichteten Briefe, die bei Steck in den Beilagen 2 und bei Rettig in den „Urkunden des Jetzerprozesses“ wiedergegeben sind. Dies sind alles ganz wichtige zusätzliche Dokumente zu den Jetzerprozessen, und man hat den Eindruck, dass die bernische Stadtkanzlei ihrer Registraturpflicht sehr sorgfältig nachgekommen ist und nötigenfalls auch Abschriften hat anfertigen lassen – ebenso wie sie auch schon früh angefangen hat, über die auflaufenden Kosten Buch zu führen, Rechnungen, die ebenfalls in dem Aktenband mit den Jetzerprozessen überliefert sind (siehe Epilog 2a).

Ebenso wenig wie eine eingehende Beschreibung der Handschrift, welche die Prozessakten und anderes enthält, gibt Steck eine Geschichte der Akten während der laufenden Prozesse. Der Rat von Bern scheint von allem Anfang an viel Wert darauf gelegt zu haben, gut dokumentiert zu sein. Als der Bischof von Lausanne Ende 1507 zögerte, Jetzer in Lausanne foltern zu lassen, verlangte der Rat ihn zusammen mit seinem Prozess und seinen

---

1510, und auch da wurde er noch vertröstet: *An secretarien von Losan, siner schuld und lidlons in der bredger handel verdient, biß zu widerker meister Constans* [Constans Keller, Chorherr von St. Vinzenz, geistlicher Diplomat, siehe Epilog 2b] *zu beiten [warten].*

128) Akten, Einleitung S. LIII. Rettig und Steck verwenden zwei verschiedene Signaturen, um auf den Band StABern, A V 1438, Unnütze Papier, Kirchliche Angelegenheiten 69, zu verweisen, Rettig die Signatur KA. = Kirchliche Angelegenheiten, und Steck die Signatur JP. = Jetzerprozess, vgl. Urkunden S. 197 und Beilagen S. 608.

129) Akten, Einleitung S. LIII.

68   Einleitung

Geständnissen zurück[130] – und scheint beides auch bekommen zu haben[131]. Umgekehrt hielt der Rat auch den Bischof von Lausanne auf dem Laufenden, indem er Jetzers Geständnisse in Bern durch den Stadtschreiber aufzeichnen, in die lateinische Sprache übersetzen und nach Lausanne schicken ließ[132]. Laut dem Chronisten Valerius Anshelm wurde Jetzers Prozess Anfang März 1508 nach Rom geschickt. Von dort kam er am 21. Juni versiegelt zurück und wurde am 26. Juli bei der Eröffnung des Hauptprozesses zusammen mit dem päpstlichen Breve, das diesen Prozess erlaubte, feierlich eröffnet[133]. Wiederum laut Anshelm soll zum Ende des Hauptprozesses, am 7. September 1508, *dis schwerer process geendet und in drî und hundert bogen latinischer voller gschrift vergriffen und ufgeschriben* worden sein, und *der beschlossen process sôlte durch eignen boten gon Rom geschikt werden*, und zwar durch Konrad Wymann, Pfarrer von Spiez, der im Hauptprozess neben Ludwig Löubli als Glaubensprokurator geamtet hatte und der dessen Ergebnis nun wieder an den Papst bringen sollte. Der Bischof von Sitten, Matthäus Schiner, könnte ebenfalls ein Exemplar des Prozesses besessen haben, jedenfalls gelangte der Rat von Bern am 6. November 1508 an ihn und erinnerte ihn daran, dass er ihm beim Abschluss des Hauptprozesses eine *abschrifft des proceß der gefangnen Predier hie bi uns* versprochen habe, ein

---

130) Beilagen S. 612 Nr. 8 (1507, Dez 15): *una cum processu et confessionibus ab eo factis*.

131) Beilagen S. 614 Nr. 11 (1508, Jan 7): *als das alles durch in [ihn = Jetzer] zu Losan ouch bekant und minen herren schriftlich zugeschickt ist*. Vgl. auch Anshelm 3 S. 133: *der Jätzer mit sinem process von Losan wider gon Bern gefúert*, und Akten I S. 49 Nr. 154 (1508, Feb 7; Jetzer): *iuxta tenorem processus in Lausana*.

132) Vgl. Beilagen S. 617 Nr. 13 (1508, Feb 12; Bern an den Bischof von Lausanne): *processus ob id conceptus et hiis adiunctus*, und dazu eine Bemerkung im Stadtschreiber-Rodel 3 S. 204 (zitiert Akten I S. 43 Anm. 1): *Denne in dem handel der Prediger des brúders vergicht an dem anfang geschriben und darnach transferiert in latin und gan Losann geschickt*. Diese Notiz kann nicht zeitgleich zu Jetzers erstem Prozess in Lausanne und Bern (im Winter 1507/1508) gemacht worden sein, denn sonst wäre wohl nicht vom „Handel der Prediger", sondern von demjenigen des Konversenbruders die Rede, vgl. Kap. II/5, Schluss: Vom Jetzerhandel zum Predigerhandel.

133) Anshelm 3 S. 136: *Sobald nun, wie beredt, der bischoflich vicari [der Generalvikar der Diözese Lausanne, Baptiste de Aycardis] hat an bábstliche helikeit suplication, instruction und Jätzers process abgericht, [Abfertigung Löubli]. [.....] Dieselben [richter], bápstlicher manung gehorsam, haben uf den 26. tag êgenamts monats [Juli], morgens zú Bern in der stiftkilchen, von obgenamten Lôbli und im zúgebnen ratsboten, doctor Thúring Frickern und Barthlome Meyen, die apostolisch commission zúsampt des Jätzers versigletem process mit gepúrlichen êren empfangen, ufgetan und gelesen […].* Vgl. auch Akten II/1 S. 60 (päpstliches Breve vom 21. Mai 1508): *per processum ad nos transmissum tanquam non legitimum et perfectum.*

Die Quellen des Jetzerhandels

Versprechen, das er noch nicht eingelöst habe[134]. Wir wissen nicht, ob Bern diese Abschrift je erhalten hat, aber sie kann nicht identisch gewesen sein mit derjenigen, die heute in Bern liegt, denn diese enthält alle drei Prozesse, und der Revisionsprozess hatte ja Anfang November 1508 noch nicht stattgefunden.

Wie den Briefen, die Wymann im Winter 1508/1509 von Rom nach Bern schickte, zu entnehmen ist, wurden die Prozessakten in dieser Zeit in Rom eifrig studiert (siehe Kap. II/3a, Briefe aus Rom). Aus Wymanns Briefen aus Rom geht hervor, dass der Dominikanerorden auch eine Abschrift der Prozessakten haben wollte, um dagegen *zu reden, dass er nit förmlich nach form des rechten gemacht sig*, doch ist nicht anzunehmen, dass der Orden sein Ziel erreicht und eine Abschrift bekommen hat. Nach dem Revisionsprozess gingen die Originalakten wohl, wie Steck vermutet, „mit dem päpstlichen Kommissär (Achilles de Grassis) nach Rom"[135], doch scheinen sie in den päpstlichen Archiven nicht mehr erhalten zu sein. Blösch hatte in seiner Biographie Jetzers von 1881 (in der Allgemeinen Deutschen Biographie) die Akten im Staatsarchiv Bern noch für die *Originalprozeßakten* gehalten, aber bereits Rettig hatte 1883 gemutmaßt, dass „in Rom ohne Zweifel noch Vieles existiren wird, das uns nicht zugänglich war", und Paulus hat 1897 gemeint, dass die Richter eine Abschrift(!) der Protokolle an die Kurie gesandt hätten. Er vermutet in Rom auch „eingehende Berichte" der Dominikaner „an ihren Ordensobern Cajetan", und möchte am liebsten einen Dominikaner an dieses Material setzen...[136] Schließlich berichtet Steck 1904 in der Einleitung zu den Akten, dass der Dominikaner Heinrich Suso Denifle (1844–1905), der von 1883 an Unterarchivar im päpstlichen Archiv war, infolge von Paulus' Schrift im Vatikanischen Archiv vergeblich nach den Originalakten der Jetzerprozesse gesucht habe, doch ist leider nicht zu erfahren, wo er gesucht hat. Eine erneute Sondierung hat ergeben, dass im Archivio Segreto Vaticano kaum mehr mit Quellenfunden zu rechnen ist[137], was

---

134) Anshelm 3 S. 149 f.; Beilagen S. 632 f. Nr. 34 (1508, Nov 6; Bern an den Bischof von Sitten), übernommen bei Korrespondenzen Schiner 1 S. 80 Nr. 105 (Regest).

135) Beilagen S. 633 Nr. 35/1 (1508, Nov 5), S. 637 Nr. 35/5 (1509, Jan 10); Akten, Einleitung S. LII.

136) BLÖSCH, Art. Jetzer, Johann; Urkunden, Einleitung S. 196 f.; PAULUS, Justizmord S. 2: „Nicht nur wurde von den Richtern eine Abschrift der Protokolle an die Kurie gesandt, auch die Dominikaner schickten eingehende Berichte an ihren Ordensobern Cajetan. Möchte sich bald ein Forscher finden, der im Interesse der historischen Wahrheit es unternähme, die wichtigsten dieser Dokumente der Oeffentlichkeit zu übergeben. Die Söhne des hl. Dominikus wären hierzu am ehesten berufen."

137) Akten, Einleitung S. LVI, vgl. auch SCHUHMANN, Die Jetzertragödie S. 3, und Michael SCHMAUS, Art. Denifle, Heinrich, in: Neue Deutsche Biographie 3 (1957)

70 Einleitung

eine Aufwertung der frühen und beglaubigten Abschrift, die in Bern liegt, bedeutet, und dies umso mehr, als diese von einem reichen Quellenmaterial begleitet ist, das, herausgegeben von Georg Rettig und Rudolf Steck, nun schon mehr als ein Jahrhundert der eingehenden Auswertung harrt!

In der Folge gibt Steck – immer in seiner Einleitung in die Akten – eine Übersicht über die verschiedenen Editionsversuche. In der ersten Zeit nach den Prozessen wurden die Akten als geheim gehandelt und nur Ausgewählten Einblick gewähnt, so den Berner Chronisten Valerius Anshelm im 16. und Michael Stettler (1580–1642) im 17. Jahrhundert. Michael Stettler hat zwar eine eigene Abschrift des Hauptprozesses (samt Notariatszeichen Melegottis) herstellen lassen, die heute unter der Signatur Mss. hist. Helv. I,5 (d. h. in Bd. 4 von Anshelms Chronik) in der Burgerbibliothek Bern liegt, aber er hat keine eigene Darstellung gegeben, sondern lediglich Anshelms Bericht abgeschrieben (siehe Einl. 2b). Im Jahr 1660 hat Christoph Lüthard (1590–1663), Professor der Theologie an der Hohen Schule in Bern seit 1628, in seinem Werk *Disputatio Bernensis explicatio et defensio* Auszüge aus den Akten (insbesondere die Anklageartikel und die Bekenntnisschrift des Lesemeisters) veröffentlicht, und zwar im Kampf gegen den 1651 erschienenen *Hercules catholicus* des Freiburger Dekans Jakob Schuler (1588–1658), ein polemisches Werk gegen die Artikel der Disputation von Bern (1528)[138]. „Der Gedanke einer vollständigen Veröffentlichung dieser Prozessakten erwachte aber erst weit später", denn „man begnügte sich lange Zeit mit der ausführlichen Darstellung des Handels bei Anshelm und Stettler, an deren Richtigkeit man nicht zweifelte", und dies umso weniger, als die Chronik Stettlers seit 1626 und diejenige Anshelms seit 1825–1833 gedruckt vorlagen[139].

S. 595–597. – Im September 2019 hat Prof. Dr. Paul Oberholzer SJ, Professor für mittelalterliche Geschichte an der Gregoriana in Rom, im Archivio Segreto Vaticano für uns nach Quellen zum Jetzerhandel gesucht, und zwar in den Beständen Fondo Domenicani I/II, Sacra Romana Rota, Processus Actorum, Segretaria dei Brevi und im Schedario Garampi, ohne indessen fündig geworden zu sein, vgl. E-Mails vom 23. und 24. September 2019. Aber auch im Briefregister des Ordensgenerals Cajetan findet sich keine einzige Erwähnung des Jetzerhandels, vgl. Registrum litterarum fr. Thomae de Vio Caietani.

138) Akten, Einleitung S. LIII–LVI. Zu Christoph Lüthard vgl. Die Dozenten der bernischen Hochschule. Ergänzungsband zu: Hochschulgeschichte Berns 1528–1984. Zur 150-Jahr-Feier der Universität Bern (1984) S. 24 Nr. 32; zu Jakob Schuler vgl. HS I/4 S. 289–291.

139) Akten, Einleitung S. LIV, vgl. auch FELLER/BONJOUR, Geschichtsschreibung der Schweiz 1 S. 356–359 (zu Michael Stettler). Zu den Ausgaben von Anshelms Chronik vgl. Einl. 2b.

Die Quellen des Jetzerhandels

Zu Beginn der 1880er-Jahre begann, wie wir bereits gesehen haben (siehe Einl. 1b), Georg Rettig mit der Herausgabe der „Urkunden des Jetzerprozesses", worunter die Briefe, Auszüge und Rechnungen zu verstehen sind, die von Steck in seiner Ausgabe 1904 als Beilagen 2 integriert wurden, sowie der Prozess, der Jetzer im Winter 1507/1508 in Lausanne und Bern gemacht wurde. Nach Rettigs Tod (1899) übernahm Rudolf Steck die Aufgabe, die Akten vollständig herauszugeben, nachdem Nikolaus Paulus mit seinem „Justizmord" (1897) „dem Falle auf einmal ein ganz neues Interesse" verliehen und die vollständige Publikation der Akten „beinahe zur Pflicht" gemacht hatte[140]. Dabei ging es nicht „nur" um die Akten von Jetzers Prozess in Lausanne und Bern sowie des Haupt- und Revisionsprozesses, sondern auch um zusätzliche Quellen zum Jetzerhandel aus dem Staatsarchiv Bern: aus den Ratsmanualen, den deutschen und lateinischen Missivenbüchern (ausgehende Korrespondenz in deutscher und lateinischer Sprache), Abschiedsbüchern (Instruktionen) und Spruchbüchern. Rettig hatte seine Editionsarbeit zu Beginn der 1880er-Jahre mit diesen zusätzlichen Quellen, von ihm „Urkunden zur äußern Geschichte des Jetzerprozesses" genannt, begonnen und damit bereits eine außerordentlich große Menge von Quellen gesichtet und gesichert; bei den Prozessakten war er allerdings nur bis zum ersten Prozess Jetzers in Lausanne und Bern (inbegriffen) gekommen. Steck hat dann das ganze Korpus – zu Recht – anders angeordnet: bei ihm kommen die Akten der drei Prozesse an erster Stelle, gefolgt vom Defensorium als Beilage 1 und Rettigs „Urkunden zur äußern Geschichte des Jetzerprozesses" als Beilagen 2, bei Steck unter dem Titel „Briefe, Auszüge, Rechnungen" (siehe das nachfolgende Schema).

Die Akten des Jetzerprozesses nebst dem Defensorium, hg. von Rudolf STECK (Quellen zur Schweizer Geschichte, Bd. 22, 1904)	Die Urkunden des Jetzerprozesses, hg. mit einer Einleitung, Anmerkungen und einer literarischen Uebersicht von Georg RETTIG, in: AHVB 11 (1883–1886) S. 179–248, 275–344, 501–566
Einleitung (S. XI–LX)	I. Einleitung (S. 179–197)
I. Prozess in Lausanne [und Bern] (S. 1–54)	III. Die Protokolle (S. 501–566) [Prozess Jetzers in Lausanne und Bern]

---

140) Akten, Einleitung S. LVI.

II. Prozess [Hauptprozess] in Bern (S. 55–403)	
III. Revisionsprozess (S. 405–536)	
Beilagen 1. Defensorium (S. 539–607)	
2. Briefe, Auszüge, Rechnungen (S. 608–664)	II. Urkunden zur äußern Geschichte des Jetzerprozesses (S. 197–248, 275–344)

Dabei scheint Steck das von Rettig bereits transkribierte Material an den Quellen überprüft und teilweise auch berichtigt und ergänzt zu haben. Neu transkribiert wurden die Akten des Haupt- und des Revisionsprozesses sowie als Beilage 1 das Defensorium, das Nikolaus Paulus 1897 in die Diskussion geworfen und von dessen Wichtigkeit als Quelle Steck sich hatte überzeugen lassen[141]. Bei den Beilagen 2 (Briefe, Auszüge, Rechnungen) hat Steck gegenüber Rettig Stücke weggelassen, insbesondere bei den Verhandlungen um die Kosten der Jetzerprozesse, die nach dem Abschluss der Prozesse jahrelang ausgetragen wurden (siehe Epilog 2b), dies aber meist gewissenhaft angegeben, so dass man auf Rettig zurückgreifen kann[142]. Bei den Beilagen hat Steck Nummern eingeführt, so dass die Briefe, Auszüge und Rechnungen etwas strukturierter wirken und sich auch besser zitieren lassen (wenn die Nummerierung auch nicht immer einleuchtet[143]). Vor allem aber hat Steck für das ganze Quellenkorpus einen doppelten Anmerkungsapparat eingeführt, einen textkritischen (mit Buchstaben) und einen Sachapparat (mit Zahlen), während Rettig die beiden Dinge in ein und denselben Apparat (mit Zahlen) gesteckt hatte. Zudem hat Steck den Sachapparat wesentlich versachlicht, denn Rettig hatte zum Prozess Jetzers in Lausanne und Bern Sachanmerkungen geschrieben, die von seiner Haltung in der Schuldfrage geprägt sind und die in einer Edition nichts zu suchen haben; diese haben entsprechend verheerend weitergewirkt[144].

---

141) Akten, Einleitung S. XIV f., XLVI f., LVIII.

142) Beilagen S. 624, 627, 642, 644 f.

143) Vgl. etwa Beilagen S. 628 Nr. 30.

144) Vgl. Urkunden S. 512 Anm. 23: „Merkwürdiger Widerspruch mit spätern Aussagen!"; S. 518 Anm. 50: „Hier ein Beispiel, dass Jetzer Visionen der Muttergottes fingirte(!) oder hatte"; S. 519 Anm. 52: „Hier lügt Jetzer ganz offenbar"; S. 531 Anm. 80: „Ist Jetzer wirklich der Idiot gewesen, als der er in Art. 5 [der Anklageartikel] bezeichnet wird, so kann an eine Simulation dieser so klar beschriebenen Gesichte kaum gedacht werden; dann ist aber auch kein Grund, ihm verschiedene andere zu bestreiten; will man dagegen dieselben in Abrede stellen, so fällt auch der Idiotismus dahin und das Ganze ist Simulation. Für beide Annahmen sprechen schwerwiegende Gründe und wir getrauen

Die Quellen des Jetzerhandels

Auch Steck hat es nicht ganz lassen können, bei den Verhören Jetzers in Lausanne und Bern auf Widersprüche hinzuweisen[145], aber im Allgemeinen hat er die Sachanmerkungen doch gebraucht, um Personen und Orte zu identifizieren oder auf andere Quellen hinzuweisen. Die Prozessakten sind bei ihm wesentlich klarer strukturiert als bei Rettig, wo man nicht einmal Jetzers einzelne Verhöre unterscheiden kann[146]. Steck schreibt die Daten der Verhöre an den Rand hinaus, wo sie allerdings ins Gehege geraten mit den Foliozahlen, die er ebenfalls am Rand markiert (die Versofolien mit einem Asterix), sowie mit einzelnen Daten, die im Text genannt und am Rand aufgelöst werden[147], was höchst verwirrlich ist. Problematisch ist auch die nicht ganz konsequente Durchnummerierung der Verhöre, die zum größten Teil von Anshelm stammt, der die Akten als einer der ersten benutzt hat; dies war Steck allerdings durchaus bewusst (siehe Einl. 2b). Auch wirken Stecks Sachanmerkungen ziemlich ungepflegt, die Literatur wird nicht konsequent zitiert, und er scheint sich viel von Paulus haben helfen lassen – bei dem er sich auch am Ende der Einleitung für „regstes Interesse" an seinem Unternehmen und Auskünfte über „kirchengeschichtliche Einzelheiten"

---

uns nicht, darüber zu entscheiden"; S. 539 Anm. 105: „Merkwürdig, dass Jetzer noch hier nur die Erscheinung der gekrönten Maria für einen Betrug ausgiebt(!), dagegen oben bei der Verwandlung der Hostie fest an das Wunder zu glauben scheint und von der Entlarvung der Betrüger noch nichts zu sagen weiß"; S. 542 Anm. 115 (zum Berner Chorherrn Heinrich Wölfli): „Der bekannte Lehrer Zwingli's, ein Mann von schwachem Verstand und Charakter"; S. 544 Anm. 120: „Wir werden später sehen, dass Jetzer beim Passionsspiel auf dem Fronaltar an der nämlichen Stelle der Liturgie aus der Starre erwachte. Ein bloßer Zufall ist kaum anzunehmen, so dass aus diesem Indicium(!) auf die Urheberschaft der Mönche geschlossen werden darf"; S. 557 Anm. 149: „Schon wieder eine andere Angabe! Jetzt will Jetzer auch bei Empfang des ersten Wundmals bewusstlos gewesen sein!"; S. 564 Anm. 174: „Der Vorfall mit dem Einstopfen(!) der rothen Hostie ist bereits in der Einleitung besprochen worden; warum hat aber Jetzer in Lausanne nichts davon gesagt? warum erzählt er nichts von den folgenden Vorgängen?"

145) Akten I S. 10 Anm. 3: „Diese Aussage ist besonders wichtig, weil sie in vollem Widerspruch steht zu späteren"; S. 12 Anm. 1: „Auch diese Aussage steht im Widerspruch zu späteren"; S. 14 Anm. 3: „Hier noch ebenso wie im ersten Verhör Punkt 37"; S. 16 Anm. 2: „Hier die zweite Version dieser Aussage, s. o. Punkt 37"; S. 28 Anm. 1: „Hier die dritte Version dieser Aussage, s. o. Punkt 37, S. 10"; S. 29 Anm. 2: „Später soll es die hl. Barbara gewesen sein; vgl. auch Anshelm 3 S. 64".

146) Urkunden S. 516, 518, 521, 532, 536, 544, 549, 557.

147) Vgl. etwa Akten I S. 38 (1507, Dez 6; Zeugenaussage Wölfli), wo das Datum vom 13. September 1507, das Datum der Erscheinung der gekrönten Maria, an den Rand hinausgeschrieben ist.

74   Einleitung

bedankt, die ihm „als protestantischem Theologen ferner lagen"[148]. Immerhin hat er seiner Edition eine nützliche chronologische Übersicht über Jetzerhandel und Jetzerprozesse sowie ein ebenso nützliches (wenn auch nicht vollständiges) Orts- und Personenregister beigegeben, ohne welche das Arbeiten mit den Akten sich sehr viel schwieriger gestaltet hätte[149]. Allerdings unterscheidet die chronologische Übersicht nicht zwischen den Quellen der verschiedensten Art, so dass wir sie durch eine eigene chronologische Übersicht ersetzen müssen, die dies viel konsequenter tut (siehe Anh. 1a und b).

Letztlich standen wir vor der Alternative, eine neue Edition zu machen oder die alte zum ersten Mal gründlich zu benutzen und zu interpretieren, und dabei haben wir uns ohne langes Zögern für die zweite Variante entschieden, nicht zuletzt, weil eine Monographie in deutscher Sprache einem viel größeren Publikum zugänglich ist als eine Edition von Texten, die über weite Strecken in einem spätmittelalterlichen und manchmal sehr schwierigen Latein verfasst sind und die man nur mit viel Aufwand (Zusammenfassungen und Übersetzungen) einem größeren Kreis hätte öffnen können. Andererseits ist an dem vorliegenden Buch nicht spurlos vorbeigegangen, dass es auf einer unzulänglichen und mehr als hundertjährigen Quellenedition beruht, denn viele Personen mussten erst aufgrund von Arbeitsinstrumenten identifiziert werden, die dem Editor zu Anfang des 20. Jahrhunderts noch nicht zur Verfügung standen, wie das Historisch-biographischen Lexikon der Schweiz (1921–1934), das Historische Lexikon der Schweiz (2002–2014) und die Helvetia Sacra (1972–2007) – während Steck noch auf das uralte Leu-Lexikon (Allg. Helvetische, Eydgenössische oder Schweitzerische Lexicon von Johann Jakob Leu, 20 Bände, 1747–1765) angewiesen war[150]. Inzwischen hat auch das bernische Chorherrenstift St. Vinzenz seine Geschichte und haben seine Chorherren, die im Jetzerhandel eine nicht geringe Rolle spielen, ihre Biographien bekommen[151] und lassen sich viele Quellen des Staatsarchivs Bern auf Internet konsultieren, was für unser Vorhaben nur von Vorteil sein konnte. Andererseits kann das vorliegende Buch manchmal nicht viel mehr sein als ein Führer durch das Dickicht und Labyrinth der Akten, und dies umso weniger, als es wegen der immer noch umstrittenen Schuldfrage die drei Jetzerprozesse einen nach dem anderen dar-

---

148) Akten, Einleitung S. LIX, vgl. auch Akten II S. 58 Anm. 2; II/1 S. 126 Anm. 1; II/3 S. 398 f. Anm. 2; III S. 432 Anm. 3, S. 433 Anm. 2, S. 434 Anm. 1, S. 477 Anm. 1, S. 517 Anm. 3; Beilagen S. 648 Anm. 1.

149) Beilagen S. 665–668 und 671–679.

150) Akten II/1 S. 123 Anm. 5; III S. 452 Anm. 1, S. 522 Anm. 2, S. 530 Anm. 1; Beilagen S. 653 Anm. 1.

151) TREMP-UTZ, Chorherren des Kollegiatstifts St. Vinzenz, und DIES., Kollegiatstift St. Vinzenz in Bern.

Die Quellen des Jetzerhandels

stellen muss, um es dem Leser im besten Fall zu erlauben, sich in der Schuldfrage selber eine Meinung zu bilden.

Was das Defensorium betrifft, so rechtfertigt Steck den wichtigen Platz, den er ihm in seiner Edition (als Beilage 1) einräumt, damit, dass dieses „zum größeren Teile [...] noch zu den Akten selbst" gehöre, und zwar weil der erste Teil, der Bericht des Priors Johann Vatter „über das bis zum 11. April, d. h. zum Sonntag nach Ostern 1507, mit Jetzer Erlebte" offenbar mit einem der beiden „Büchlein" identisch sei, die in den Akten oft erwähnt werden[152]. Deshalb gehört das Defensorium aber noch lange nicht zu den Akten, sondern, wie Steck eigentlich richtig sieht, zur Jetzerliteratur, die er im ersten Kapitel seiner Einleitung von 1904 beschreibt (siehe Einl. 2c). Seit dem 11. April 1507 wurde das Defensorium vom Prior von Basel, Werner von Selden, weitergeführt, und zwar bis zum 25. Februar 1508, „also bis über den Beginn des Strafverfahrens hinaus" (Teile II u. III). In der Fastenzeit des Jahres 1508 (8. März bis 22. April) wurde die Schrift zunächst handschriftlich in Basel verbreitet und geriet dabei wahrscheinlich in die Hände der Gegner der Dominikaner, die sie um einen für diese negativen Schlussteil (Teil IV) ergänzten und zum Druck brachten, und zwar nachdem die Klostervorsteher am 31. Mai 1509 hingerichtet worden waren und bevor Jetzer am 25. Juli 1509 aus dem Gefängnis entkam. Noch im gleichen Jahr erschien unter dem Titel *Ein erdocht falsch history etlicher Prediger münch, wie sye mit eim brůder verhandelt haben*, ohne Ort und Jahr, eine deutsche Übersetzung des Defensoriums, illustriert mit 14 Holzschnitten von Urs Graf d. Ä. (1485–1528), mit denen auch das vorliegende Buch illustriert werden soll. Für die Edition des Defensoriums benutzte Steck ein Exemplar der Münchner Hof- und Staatsbibliothek (heute Bayerische Staatsbibliothek München, Signatur Polem. 840), die er anschließend nach den Exemplaren der Zürcher Stadtbibliothek (heute Zentralbibliothek Zürich, Sign. Gal. Tz. 393) und nach der Universitätsbibliothek Basel (heute UBH Aleph C VI. 6:1) korrigierte[153]. Wie bereits gesagt, werden wir den Jetzerhandel aufgrund des Defensoriums schildern, damit man uns nicht vorwerfen kann, wir hätten uns nicht damit auseinandergesetzt, aber wir werden dies viel kritischer tun als Paulus und Steck (siehe Einl. 1c und d). Unserer Meinung nach ist das Defensorium über weite Strecken nichts anderes als ein Wunderbericht, der sehr vorausschauend bereits verfasst wurde, während

---

152) Hier und im Folgenden nach Akten, Einleitung S. XIV f. Vgl. auch Akten II/2 S. 156 Anm. 1, S. 179 Anm. 1, S. 189 Anm. 1; Akten III S. 455 Anm. 2; Def. S. 590 Kap. III/4; Beilagen S. 624 Nr. 22 (1508, Mrz 28; Brief des Lesemeisters an seine Brüder), S. 641 Nr. 38 (1509, Apr 9; Brief des Bischofs von Sitten an Bern).

153) Akten, Einleitung S. LVIII; Digitalisat des Münchner Exemplars: https://daten. digitale-sammlungen.de/0000/bsb00003228/images/.

76 Einleitung

die Wunder geschahen bzw. ins Werk gesetzt wurden, und verwandelt sich dann ab einem gewissen Zeitpunkt in eine Verteidigungsschrift zu Gunsten der Dominikaner und zu Ungunsten von Jetzer (siehe Kap. I/1–4).

Noch eine Bemerkung zur Art, wie das von Steck edierte Quellenkorpus im vorliegenden Buch zitiert wird, nämlich nicht nur mit dem Titelschlagwort Akten, sondern differenzierter: Akten I = Prozess Jetzer in Lausanne und Bern; Akten II = Hauptprozess in Bern: Akten II/1 = Hauptprozess Jetzer; Akten II/2 = Hauptprozesse der vier Dominikaner; Akten II/3 = Hauptprozess, Zeugenverhöre; Akten III = Revisionsprozess in Bern. Damit soll jederzeit klar sein, wer gerade spricht bzw. verhört wird, ob Jetzer oder die Klostervorsteher oder die Zeugen in den drei Prozessen. Die von Steck (und vor ihm von Rettig) publizierten Briefe, Auszüge und Rechnungen werden als Beilagen zitiert, das Defensorium dagegen nicht als Beilage 1, sondern als Defensorium (abgekürzt Def.), aber unter Angabe des Teils in römischen und des Kapitels in arabischen Zahlen (Bsp. Kap. I/16), damit man gleich weiß, wer das zitierte Kapitel geschrieben hat: der Prior von Bern (Teil I) oder derjenige von Basel (Teile II u. III) oder der anonym gebliebene, den Dominikanern feindlich gesinnte Herausgeber (Teil IV).

b) Die Chroniken

Bei den Chroniken, in denen der Jetzerhandel erwähnt wird, ist an erster Stelle diejenige des Valerius Anshelm (1475–1547) zu nennen, der in seiner Berner Chronik „dem Jetzerhandel eine außerordentlich eingehende Darstellung gewidmet" hat, „die in der Handschrift des Verfassers (Blatt 649–909 des 2. Bandes) nicht weniger als 260 Seiten füllt"[154]. Von großer Bedeutung ist, dass Anshelm beim Jetzerhandel das annalistische (und humanistische) Schema, das ihn sonst leitet (die Ereignisse streng nach Jahren gegliedert, am Anfang des Jahres jeweils die Namen des Papstes, des Kaisers, des französischen Königs und des Schultheißen von Bern aufgeführt), aufgegeben und den Bericht über drei Jahre (1507–1509) durchgezogen hat, so dass

---

154) Akten, Einleitung S. XXII. Anshelms Chronik in 4 Bänden liegt auf der Burgerbibliothek Bern unter der Signatur Mss. hist. Helv. I, 4–7. Editionen: Valerius Anshelm's, genannt Rüd, Berner-Chronik von Anfang der Stadt Bern bis 1526, hg. von E. STIERLIN und J. R. WYSS, 6 Bde. (1825–1833); Die Berner-Chronik des Valerius Anshelm, hg. vom Historischen Verein des Kantons Bern [Emil BLÖSCH], 6 Bde. (1884–1901). Wir benützen selbstverständlich die neuere Ausgabe. Da Bd. 3 mit dem Jetzerhandel (S. 48–167) 1888 erschienen ist, konnte der Editor in seinem Kommentar bereits die von Rettig 1883–1886 herausgegebenen Urkunden benützen, nicht aber die von Steck 1904 herausgegebenen Akten.

Die Quellen des Jetzerhandels

auch schon vermutet worden ist, dass er ihn bereits vor 1529, als er den offiziellen Auftrag zur Chronik erhielt, geschrieben habe[155]. Denn Valerius Anshelm stammte zwar aus Rottweil (heute Bundesland Baden-Württemberg), weilte aber schon seit 1505 in Bern, wo er zunächst das Amt des Vorstehers der Lateinschule und seit 1508 dasjenige des Stadtarzts innehielt. Er war in Bern einer der frühesten Anhänger der Reformation und musste deshalb 1525 nach Rottweil zurückkehren, wo er ebenfalls in die Reformationswirren hineingeriet und ins Gefängnis kam. Dies nachdem seine Frau, Elsbeth Huber, 1523 auf einer Badenfahrt gesagt hatte, Unsere Frau sei eine Frau gewesen wie sie selber, was ihr bei den Altgläubigen den Spottnamen *Unser Frauen Schwester* eintrug (Anshelm 5 S. 26 f.). Nachdem die Reaktion in Rottweil die Oberhand gewonnen hatte, wurde Anshelm 1529 nach Bern zurückberufen, wo er den Auftrag zur Chronik bekam, mit der er bis zu seinem Tod 1547 beschäftigt war[156].

---

155) Akten, Einleitung S. XXIII, mit Verweis auf Anshelm 6 (1901) S. XIII f., wo der Herausgeber Emil Blösch bemerkt: „die Erzählung dieses Ereignisses (des Jetzerprozesses) dagegen, wie sie jetzt einen Theil der Chronik bildet, dürfte wohl die Ansicht begründen, dass sie schon vorher vorhanden, dem größern Werk erst später einverleibt worden sei. Darauf scheint uns vorerst schon die außerordentliche Ausführlichkeit und die aktenmäßige Genauigkeit zu führen, welche auf gleichzeitige Aufzeichnung schließen lässt; aber namentlich auch der Umstand ist auffallend, dass die Erzählung offenbar ein Ganzes für sich bildet, das, ganz abweichend von der sonst beobachteten Stoffanordnung, ausnahmsweise mehrere Jahre zusammenfasst und weder mit dem unmittelbar Vorangehenden, noch mit dem Nachfolgenden in Zusammenhang gesetzt ist." Vgl. auch FELLER/BONJOUR, Geschichtsschreibung der Schweiz 1 S. 167. – Ein kleiner Hinweis in der Frage, ob Anshelms Bericht über den Jetzerhandel bereits vorher oder erst zusammen mit der Chronik entstanden sei: in Bd. 3 S. 152 f. lässt der Chronist sich über den Dominikaner Paul Hug aus, *„ietzan zů Rom zů einem vicari des ordens siner provinz gemacht, ein frefner, gschwinder můnch, zů unsern ziten provincial worden.* Da Hug erst 1530 Provinzial wurde (siehe Kap. I/3b, Anm. 110), beziehen sich *zu unsern Zeiten* wohl auf die Zeit, als Anshelm mit der Abfassung seiner Chronik begonnen hatte, und lassen deshalb vermuten, dass auch der Bericht über den Jetzerhandel erst damals entstanden sei, doch kann Anshelm damals natürlich auch einen bereits bestehenden Bericht in seine Chronik inseriert, entsprechend angepasst und auch mit Nachrichten über die Wiederverhaftung Jetzers 1512 in Baden und über die Bezahlung der Kosten der Jetzerprozesse (Anshelm 3 S. 166 f.) ergänzt haben.

156) Hans-Beat FLÜCKIGER, Art. Anshelm, Valerius, in: HLS online (Zugriff 25. Feb. 2017). Zu Anshelm vgl. auch Arnold ESCH, Wahrnehmung sozialen und politischen Wandels in Bern an der Schwelle vom Mittelalter zur Neuzeit. Thüring Fricker und Valerius Anshelm, in: DERS., Alltag der Entscheidung. Beiträge zur Geschichte der Schweiz an der Wende vom Mittelalter zur Neuzeit (1998) S. 87–136 (eine erste, kürzere Fassung in: Sozialer Wandel im Mittelalter. Wahrnehmungsformen, Erklärungsmuster, Regelungsmechanismen, hg. von Jürgen MIETHKE und Klaus SCHREINER (1994) S. 177–194),

78 Einleitung

Valerius Anshelm war also während des Jetzerhandels und der Jetzerprozesse bereits in Bern und als solcher Augenzeuge unter anderem von Jetzers Passionsspiel und vom Besuch des Bischofs von Lausanne bei Jetzer (am 21. Juli 1507). Im Hauptprozess wurde er als Zeuge vorgeschlagen, aber vom Verteidiger der Dominikaner als *verdächtig und parteiisch* (*suspectus et partialis*) abgelehnt. Nichtsdestoweniger verlas er dann doch eine schriftliche Stellungnahme auf vier Blättern, die allerdings in falscher Reihenfolge in die Akten eingetragen sind (siehe Kap. II/2d, Valerius Anshelm, Schulmeister und Stadtarzt). Anshelms Bericht über den Jetzerhandel wird auch deshalb als Quelle hoch geschätzt, weil er bei der Abfassung der Chronik direkten Zugang zu den Akten hatte, doch wissen wir wiederum nicht wann: ob bereits kurz nach dem Handel oder erst 1529, als er den offiziellen Auftrag zur Chronik erhielt. Er hat in den Akten auch Spuren hinterlassen, nämlich eine Nummerierung, die Steck in seine Edition aufgenommen hat, wenn auch ein bisschen wider Willen, denn „diese Anshelmischen(!) Nummern haben es auch verhindert, dass die Aussagen der verschiedenen Angeklagten, wie es sonst praktisch gewesen wäre, einfach durchnummeriert würden". Steck gibt zunächst ein sehr vorteilhaftes Urteil über Anshelms Bericht über den Jetzerhandel ab: „Jedenfalls steht [er] an Anschaulichkeit und Lebendigkeit keinem andern Teil seiner Chronik nach und die bekannten Vorzüge der Anshelmschen(!) Geschichtsschreibung, völlige Aktentreue und scharf herausgearbeitete geist- und gemütvolle Darstellung, bei kerniger, oft allerdings dem Einfluss des Lateinischen stark gehorchenden Sprache, treten auch hier deutlich hervor. Anshelm hat den Prozess so genau von Punkt zu Punkt erzählt, dass seine Darstellung geradezu als Leitfaden durch das Labyrinth der Akten dienen kann."[157] Hier hat Steck allerdings übersehen, dass Anshelm nicht einen Bericht über die Jetzerprozesse schreibt, sondern einen Bericht über den Jetzerhandel, den er aus den Akten rekonstruiert; der beste Beweis dafür ist, dass er die Wirt-Händel und das Provinzialkapitel von Wimpfen an den Anfang stellt. Bei dieser Rekonstruktion sind ihm auch Fehler unterlaufen, so derjenige, dass er die Erscheinung von Maria und Cäcilia zwei Mal erzählt und einmal auf Anfang Mai 1507 (nach dem Provinzialkapitel von Pforzheim) und einmal auf Ende Juli datiert, das erste Mal nach einer Aussage des Subpriors und das zweite Mal nach einer

---

und ZAHND, „Wir sind willens..." [Vergleich von Valerius Anshelm und Michael Stettler].

157) Akten, Einleitung S. XXIII mit Anm. 1, vgl. auch Akten I S. 25 Nr. 99a, S. 28 Nr. 102a u. 102b, S. 29 Nr. 105a, wo Anshelm vergessen hat, Nummern zu setzen, was nicht verwunderlich ist, da er die Akten im Manuskript las.

Die Quellen des Jetzerhandels

von Jetzer, die er auch als die richtige erkannt hat[158]. Deshalb lässt sich Anshelms Darstellung keinesfalls als Leitfaden durch die Akten oder gar die Jetzerprozesse benützen. Ganz im Gegenteil: seit Beginn von Jetzers Prozess in Lausanne und Bern fängt Anshelm stark zu raffen an und insbesondere Bogen und Artikel zu zählen. Von der Eröffnung des Hauptprozesses in Bern am 26. Juli 1508 springt er bereits auf der nächsten Seite zum Ende von Jetzers Prozess am 4. September 1508: *Demnach ward uf dem nůnden rechtstag, was der vierd September, sin process beschlossen und in 418 fragen und antworten uf 28 bogen papir vervasset.* Ebenso verfährt Anshelm mit den Prozessen des Lesemeisters (12 Bogen), des Schaffners (6 Bogen), des Priors (7 Bogen) und des Subpriors (9 Bogen). Für den Hauptprozess insgesamt zählt er *dri und hundert bogen latinischer voller gschrift,* und für den Revisionsprozess *23 bogen latinischer kleiner gschrift vergriffen und von des bischofs von Castel notari underschriben und verzeichnet*[159]; daraus kann man allenfalls schließen, dass die Akten noch nicht gebunden waren, als Anshelm sie benützte.

Steck hat indessen klar gesehen, „dass Anshelm nur diejenigen Stellen der Akten ausführlich wiedergibt, die dem Ausgang des Prozesses entsprechen, also die Schuld der Angeklagten, von der auch Anshelm voll überzeugt war, bestätigen. Von den Aussagen der Angeklagten v o r der Folterung macht er so gut wie keinen Gebrauch, ebenso wenig von dem, was der Verteidiger vorbrachte, und vom Inhalte des Zeugenverhörs. Dies alles schien ihm eben durch die Prozessverhandlungen widerlegt und als falsch erwiesen. Wohlwollen gegen die Väter lag Anshelm fern, haben ihn diese doch im Prozesse selbst als Zeugen sich verbeten, indem er ihnen als parteiisch verdächtig sei. Ferner ist Anshelm natürlich auch ein Kind seiner Zeit und im Aberglauben derselben befangen, so dass er an den Geschichten von Teufelsbeschwörungen und dergleichen keinen Anstoß nimmt, sondern sie, wie auch die Hexenmeisterkünste des Subpriors, für bare Münze nimmt. Endlich schrieb Anshelm diese Geschichte als überzeugter Protestant, dem das katholische Wesen, und namentlich das Klosterleben, als unevangelisch verhasst war. Er gibt dieser Gesinnung oft genug Ausdruck in Worten des Abscheus vor dem Irrwahn des Papsttums und in reichlichem Spott über den neuen Heiligen, den die Dominikaner aus diesem Schneidergesellen machen wollten, und seine ganze Darstellung spitzt sich mehr und mehr zur Satire auf das Mönchtum zu, dem allein solche Blüten entsprießen konnten, wie dieser greuliche Betrug", also vergleichbar mit der Jetzerliteratur oder auch den

---

158) Anshelm 3 S. 50 f., 93, 109, vgl. auch Akten, Einleitung S. XXIII f. Aus diesem Fehler ließen sich allenfalls Rückschlüsse auf Anshelms Arbeitsweise ziehen.

159) Anshelm 3 S. 129 ff., 136 f., 144, 147–149, 163.

80 Einleitung

„Dunkelmännerbriefen" (siehe Einl. 2c, und Epilog, Einleitung). Steck schließt zu Recht: „Danach ist Anshelm als Chronist des Jetzerhandels zwar eine unentbehrliche Quelle, aber doch fern von Objektivität, die auch in solcher Sache damals von niemandem verlangt werden konnte."[160] Es ist deshalb völlig unmöglich, ihn gegen den Strich lesen zu wollen, wie Nikolaus Paulus dies versucht hat (siehe Einl. 1c).

An weiteren Chroniken, die etwas zum Jetzerhandel beizutragen haben, nennt Steck den Luzerner Schilling, dessen Werk erst 1862 im Druck erschien, und Michael Stettler, der praktisch ganz auf Anshelm beruht, aber im Unterschied zu diesem viel früher gedruckt wurde[161]. Der Luzerner Diebold Schilling (vor 1460–1515) war ein Neffe des Berner Chronisten Diebold Schilling (ca. 1436/37–1486), er weilte 1509 in Bern und hat die Degradierung und Hinrichtung der vier Dominikaner als Augenzeuge miterlebt; entsprechend enthält seine Chronik eigenständige und wichtige ergänzende Mitteilungen gerade zu den Tagen zwischen dem 23. und dem 31. Mai 1509, die wir benutzen werden (siehe Kap. II/3e, Der Jetzerhandel und die Degradierung der Dominikaner in der Chronik des Diebold Schilling von Luzern). Der Luzerner Schilling hat seine Bilderchronik zwischen 1511 und 1513 geschrieben und bebildert, doch wurde sie erst 1862 zum ersten Mal gedruckt; heute ist sie in einer Sonderausgabe des Kommentarbandes zum Faksimile (der Handschrift S. 23 fol. in der Zentralbibliothek Luzern) greifbar, die 1981 veranstaltet wurde. Anders als bei Anshelm ist der Jetzerhandel hier nicht in einer eigenen Darstellung zusammengefasst, sondern über die Jahre 1507–1509 verstreut, aber mit wichtigen Illustrationen versehen, die wir brauchen werden, um unsere Ausführungen über die Jetzerprozesse zu illustrieren (Kap. II/2 u. 3)[162]. Dagegen werden wir die viel spätere Chronik des Michael Stettler, der den Jetzerhandel größtenteils von Ans-

---

160) Akten, Einleitung S. XXIVf., vgl. auch FELLER/BONJOUR, Geschichtsschreibung der Schweiz 1 S. 174f.

161) Akten, Einleitung S. XXVf. Von Stettler hängt wiederum eine niederländische Schrift ab, die 1651 erschien und an die katholisch gesinnten Einwohner der Stadt Breda gerichtet war, mit dem Titel *Historie der Predicker Monniken tot Bern in Switzerlandt* etc., und ebenso eine englische Schrift *The tragical History of Jetzer* etc., geschrieben von Sir William Waller, Sohn von Sir Waller-Waller, Mitglied des Parlaments und General, veröffentlicht 1679, unter der Regierung König Karls II., in London; vgl. Akten, Einleitung S. XXIf.

162) Akten, Einleitung S. XXVf., vgl. auch Die Schweizer Bilderchronik des Luzerners Diebold Schilling 1513.

Die Quellen des Jetzerhandels

helm abgeschrieben und einen eigenen Bericht nur über die spätere Wiederergreifung Jetzers in Baden hat[163], nicht berücksichtigen.

Was Steck noch nicht gekannt hat, sind die Berichte über den Jetzerhandel in den Chroniken von Werner Schodoler und Ludwig Schwinkhart. Werner Schodoler (1489/1490–1541) stammte aus Bremgarten im Aargau, das ursprünglich eine habsburgische Kleinstadt und seit 1415 eine mehr oder weniger unabhängige eidgenössische Stadt war. In den Jahren 1503–1508 machte er eine Lehre in der Stadtkanzlei von Bern unter dem Stadtschreiber Niklaus Schaller, weilte also zur Zeit des Jetzerhandels und beim Beginn der Jetzerprozesse in Bern. Entsprechend ist er im ersten Prozess Jetzers, demjenigen von Lausanne und Bern, am 12. Dezember 1507 an der Seite des Stadtschreibers bei der Einvernahme eines Zeugen anwesend, allerdings unter dem von den romanischen Schreibern entstellten Namen *Walnery Schedeler*! Seit 1508/1509 wirkte er als Stadtschreiber und von 1520 bis zu seinem Tod im jährlichen Wechsel als Schultheiß in Bremgarten, außer 1529–1531, als die Stadt vorübergehend reformiert war. Seit 1509 verfasste Schodoler eine dreibändige, handschriftliche und auch illustrierte Eidgenössische Chronik, die von den sagenhaften Anfängen der Städte Zürich und Luzern bis zur Schlacht von Pavia (1525) reicht und hier jäh abbricht, aber auch ein Kapitel über den Jetzerhandel (III/466) enthält[164].

Nach Schodoler ist der Chronist Ludwig Schwinkhart (1495–1522) zu nennen, Sohn des Niklaus Schwinkhart, der seit 1496 Mitglied des Großen und seit 1513 Mitglied des Kleinen Rats von Bern war. Ludwig saß selber seit 1515 im Großen Rat und fiel am 27. April 1522 in der Schlacht an der Bicocca (nördlich von Mailand)[165]. Seine Chronik verfasste er wohl zwischen 1516/1519 und 1521. Sie wurde 1539 von einem unbekannten Kopisten abgeschrieben und kam erst 1825 wieder zum Vorschein; 1941 wurde sie durch Hans von Greyerz neu herausgegeben. Dieser meint, dass Schwinkharts Darstellung des Jetzerhandels auf Anshelm und Murner (siehe Einl. 2c) beruhe, doch war Anshelm damals erst mit einem lateinischen Kompendium der Weltgeschichte (1510) hervorgetreten, das zudem erst 1540 gedruckt wurde – es sei denn, Anshelms Darstellung des Jetzerhandels wäre tatsächlich lange vor seiner Chronik entstanden und auch bekannt gewe-

---

163) Akten, Einleitung S. XXVI, vgl. auch Beilagen S. 651–653 Nr. 50 (undat.; 1512, Juli 7–15 [22?]).

164) Vgl. Anton WOHLER, Art. Schodoler [Schodeler], Werner, in: HLS online (Zugriff 27. Feb. 2017). Vgl. auch Die eidgenössische Chronik des Wernher Schodoler, Edition des Chroniktextes, S. 274 f. Kap. III/466. Die erwähnte Stelle aus den Akten der Jetzerprozesse: Akten I S. 39 f. (1507, Dez 12; Zeugenaussage Johann Koch).

165) Anshelm 2 S. 53; 3 S. 453; 4 S. 153 u. 519, vgl. auch Hans BRAUN, Art. Schwinkhart, Ludwig, in: HLS online (Zugriff 17. Sept. 2019).

82 Einleitung

sen[166]. Interessanter ist, dass Schwinkhart eine säkularisierte Version des Jetzerhandels bietet – wie man diesen u. U. um 1520 in Bern gesehen haben könnte (siehe Kap. II/3e, Der Jetzerhandel in der Chronik des Ludwig Schwinkhart, und Epilog 3c).

c) Die sog. Jetzerliteratur

Bei der Jetzerliteratur handelt es sich um die Literatur, die Gottlieb Emanuel Haller (1735–1786), der ältere Halbbruder des berühmten Albrecht von Haller (1758–1823), im dritten Teil seiner Bibliothek der Schweizergeschichte (erschienen 1786) zusammengetragen hat, rund 30 Nummern[167]. Georg Rettig hatte 1883/1886 eine „Uebersicht" darüber angekündigt, die leider nie erschienen ist, die Rudolf Steck indessen 1904 in aller Kürze nachgeliefert hat[168]. Laut ihm war die erste Schrift, die über den Jetzerhandel erschien, das Defensorium, das in der ersten Hälfte des Jahres 1509 in die Hände der Gegner der Dominikaner geraten und zum Druck gebracht worden war (siehe Einl. 2a). Dieses wurde noch im gleichen Jahr (1509) ins Deutsche übersetzt und unter dem Titel *Ein erdocht falsch history etlicher Prediger münch, wie sye mit eim brüder verhandlet haben* wahrscheinlich in Basel gedruckt (ebenso wie auch das Defensorium selbst). Die deutsche Übersetzung ist mit 14 Holzschnitten von Urs Graf d. Ä. versehen und liegt seit 2009 in einer Edition durch die Germanistin Romy Günthart vor[169].

Immer laut Steck war der eigentliche Urheber der Jetzerliteratur der Franziskaner Thomas Murner (1475–1537), der aus Oberenheim (heute Obernai) im Elsass stammte, um 1460 in Straßburg in den Franziskanerorden eintrat und 1506 in Freiburg i. Br. ein Doktorat in Theologie und 1519 in Basel ein solches in Recht erwarb. In seinen satirischen Schriften *Narrenbeschwörung* (1512), *Schelmenzunft* (1512) und *Geuchmatt* (1519) geißelte Murner (in Nachahmung von Sebastian Brants *Narrenschiff*) die Zustände

---

166) Schwinkhart, Chronik S. 399 f., und Anshelm 6, Einleitung S. XIII f. Vgl. auch FELLER/BONJOUR, Geschichtsschreibung der Schweiz 1 S. 27–29.

167) Gottlieb Emanuel VON HALLER, Bibliothek der Schweizer-Geschichte und aller Theile, so dahin Bezug haben. Systematisch-Chronologisch geordnet. Dritter Theil, Bern, in der Hallerschen Buchhandelung (1786) S. 17–32. Zu Gottlieb Emanuel von Haller vgl. Thomas KLÖTI, Art. Haller, Gottlieb Emanuel von, in: HLS online (Zugriff 28. Juli 2019).

168) Akten, Einleitung S. XIII–XXII, vgl. auch Urkunden, Einleitung S. 197.

169) Akten, Einleitung S. XIV f., vgl. GÜNTHART, Von den vier Ketzern S. 23: *Ein erdocht falsch history etlicher Prediger münch* und *Die war History von den vier ketzer prediger ordens.*

Die Quellen des Jetzerhandels   83

in der vorreformatorischen Gesellschaft. Ab 1520 entwickelte er sich indessen zum schärfsten publizistischen Gegner Martin Luthers und der Reformation, vor allem mit dem Gedicht *Vom großen lutherischen Narren* (1522). Nachdem Straßburg sich der Reformation angeschlossen hatte, musste Murner nach Luzern ausweichen, wo er im Franziskanerkloster eine Druckerei eröffnete. Von Luzern aus agierte er gegen die fortschreitende Reformation in der Eidgenossenschaft, so dass Zürich und Bern im Ersten Kappeler Frieden (1529) seine Ausweisung forderten, der er sich durch Flucht in seine ehemalige Heimat entzog. Murner soll im Frühling 1509 ins Franziskanerkloster nach Bern gekommen sein, gerade noch rechtzeitig zum Ausgang des Revisionsprozesses und zur Hinrichtung der Dominikaner. Bald danach kehrte er nach Straßburg zurück und verfasste eine lateinische Schrift mit dem Titel *De quattuor heresiarchis ordinis Predicatorum de Observantia nuncupatorum, apud Suitenses in civitate Bernensi co[m]bustis. Anno Christi M.D.IX* (ohne Ort und Jahr, bei Haller Nr. 44)[170].

Von dieser Schrift stammt eine Reihe von Töchtern ab, zunächst einmal die lateinische *Historia mirabilis quattuor haeresiarcharum*, wahrscheinlich ebenfalls von Murner und mit den gleichen Holzschnitten von Urs Graf d. Ä. versehen wie die deutsche Übersetzung des Defensoriums; dabei sind die 14 Holzschnitte 21 Mal abgedruckt, sieben Mal doppelt. Auf diese lateinische Prosaschrift folgten verschiedene Schriften in deutscher Sprache, an erster Stelle ein Reimgedicht, das ohne Zweifel von Murner stammt, mit dem Titel *Von den fier ketzeren Prediger / ordens der observantz zü Bern / im Schweytzer land verbrannt, in dem jar noch / Christi geburt M.CCCC-Cix uff den nechsten / donderstag noch Pfingsten. / Mit vil schönen figürlin und lieblichen / reymsprüchen neüwlich geteutscht* (ohne Ort und Jahr). Das Reimgedicht ist wiederum mit den gleichen Holzschnitten geschmückt wie

---

170) Akten, Einleitung S. XV f., vgl. auch Rainald FISCHER, Art. Murner, Thomas, in: HLS online (Zugriff 5. März 2017). Wir benutzen Thomas Murner, *De quattuor heresiarchis ordinis Praedicatorum de Observantia nuncupatorum, apud Suitenses in civitate Bernensi co[m]bustis. Anno Christi M.D.IX*, [Straßburg] [1509]. – Dass Murner im Frühjahr 1509 als Lesemeister der Franziskaner in Bern war, geht aus den Annalen der Barfüßer von Straßburg hervor, die für die Jahre 1507–1510 erhalten sind, vgl. Les Annales des Frères mineurs de Strasbourg S. 308 (1509): *Item Dr Thomas Murner gang hie uss uf Montag vor alerman fassnacht [Feb 25]*. – S. 309 (1509): *Hoc anno ward pater provincial Dr Thomas Murner, lesemeister zu Bern*. – S. 310 (1509): *Item uff Donnerstag nach dem Pfingstag [Mai 31] verbrant man zu Bern vier Prediger, den prior, den lesemeister, doctor Steffan genannt, den subprior und den schaffner*. – S. 310 (1509): *Item die Schwitzer haben dem hencker, der die 4 Prediger verbrant, gleich urlaub geben*. – VON LIEBENAU, Der Franziskaner Dr. Thomas Murner S. 60, bezweifelt allerdings, dass Murner eigens wegen des Jetzerhandels nach Bern versetzt worden sei.

84 Einleitung

die deutsche Übersetzung des Defensoriums; dass diese von Urs Graf d. Ä. stammen, lässt sich aus dessen Malerzeichen erkennen, einer Büchse mit einem Lötrohr, das im Reimgedicht nur ein einziges Mal, nämlich bei einer Ratssitzung unter der Bank angebracht ist[171]. Bei der Büchse mit dem Lötrohr handelt es sich um eine sog. Boraxbüchse (ein gießkannenförmiges Metallgefäß, das als typisches Zeichen der Goldschmiede gilt), wie sie in den Holzschnitten zur *Falschen History* (der deutschen Übersetzung des Defensoriums) zwei Mal vorkommt[172].

Von Murners deutschem Reimgedicht gibt es mehr als ein halbes Dutzend gedruckte deutsche Prosafassungen, „die alle nur unwesentlich voneinander abweichen". Gemeinsam ist ihnen ein Lied zu Ehren der Jungfrau Maria und ihrer unbefleckten Empfängnis, das entweder vor oder nach der Erzählung steht (bei Haller Nr. 39 u. 45). Einer dieser Drucke trägt den Titel *Die war History von den vier Ketzern Prediger-Ordens, zu Bern in der Eydgnossschaft verbrannt; ein schön Lied von der unbefleckten Empfengknuss Marie.* Laut Steck lässt sich beweisen, dass diese Schriften alle von Murners Reimgedicht abhängig sind, indem sie einen Fehler reproduzieren, den dieser in seinem Gedicht begangen hat. Hier ist nämlich die Erscheinung der Maria mit Katharina von Siena in Jetzers Stübchen (siehe Anh. 3, Who's who der Erscheinungen) in zwei Vorgänge auseinandergerissen worden. Weiter erzählt Murners Gedicht irrtümlicherweise, dass Jetzer schließlich aus dem Kloster entflohen sei und wieder sein Handwerk betrieben habe, bis er erneut gefangen genommen wurde. Steck glaubt allerdings nicht, dass die Prosadarstellung auch von Murner herrühre: „sie macht mir in ihren wenig variierenden, zahlreichen Drucken eher den Eindruck, der Buchhändlerspekulation entsprungen zu sein, die sich beeilte, den dankbaren Stoff möglichst auszuschlachten und solche ,Büchlein' bald in dieser, bald in jener Gestalt, mit mehr oder weniger Bildern verziert, auf den Markt zu werfen." Diese bösen „Büchlein" „waren dem Predigerorden natürlich ein Dorn im Auge und er scheute weder Mühe noch Kosten", um ihrer hab-

---

171) Akten, Einleitung S. XVI, vgl. auch die Abbildung ebd. S. 615, und Murner, Von den fier ketzeren. Ebd. S. XXI–LXXII ein Vergleich zwischen der lateinischen Prosa *De quattuor heresiarchis* und dem deutschen Reimgedicht *Von den fier ketzeren.* Zur Reihenfolge von Murners Jetzer-Schriften vgl. HIERONYMUS, Oberrheinische Buchillustration 2 S. 34 f.

172) GÜNTHART, Von der vier Ketzern S. 23 mit Anm. 69. Urs Graf d. Ä. war zunächst einmal Goldschmied, vgl. Martin ROHDE, Art. Graf, Urs (der Ältere), in: HLS online (Zugriff 5. Feb. 2017).

Die Quellen des Jetzerhandels

85

haft zu werden und sie zu verbrennen – aber sie tauchten immer wieder auf[173].

Im Folgenden soll noch rasch auf zwei dieser Schriften eingegangen werden, und zwar auf die deutsche Übersetzung des Defensoriums, die *erdocht falsch history etlicher Prediger münch, wie sye mit eim brůder verhandlet haben* und *Die war History von den vier Ketzern Prediger-Ordens, zu Bern in der Eydgnosschaft verbrannt*, kurz die *Falsche History* und die *Wahre History*, die beide 2009 von Romy Günthart ediert worden sind. Wie aus Stecks Übersicht hervorgeht, gehören die beiden Texte zwei verschiedenen Überlieferungsgruppen an. Die ältere, die *Falsche History* bzw. deutsche Übersetzung des Defensoriums, setzt sich aus vier Teilen zusammen, von denen die ersten drei vom Berner Prior Johann Vatter und vom Basler Prior Werner von Selden geschrieben sind, der vierte Teil aber von einem unbekannten Verfasser, der die gegenteilige Meinung vertrat, so dass für ihn die ersten drei Teile eben „falsch“ waren. Die jüngere, die *Wahre History*, ist dagegen ganz „aus antidominikanischer Perspektive verfasst. Das ,wahr‘ des Titels bezieht sich nicht auf die wunderbaren Geschehnisse im Predigerkloster, sondern auf die historischen Ereignisse.“ Die *Wahre History* enthält außerdem ein kurzes Bittgedicht an Maria und einen längeren Marienhymnus, das *Lied von der unbefleckten Empfängnis Marias*[174]. Wir werden lediglich auf die *Falsche History* (als Übersetzung des Defensoriums) zurückgreifen, nicht aber auf die *Wahre History*.

Die *Falsche History* erschien mutmaßlich noch im Sommer 1509 in Basel und bietet im Wesentlichen eine Übersetzung des Defensoriums. Die ersten drei Teile des lateinischen Defensoriums „kursierten vermutlich um die Fastenzeit 1508 in Basel und wurden nach dem Ausgang des Prozesses (des Revisionsprozesses) Ende Mai 1509 von den Gegnern der Dominikaner mit einer entsprechenden Einführung an den Leser, mit Zwischentiteln zum Prolog und zum ersten Teil sowie mit einem abschließenden vierten Teil versehen. Das ganze Werk wurde noch vor der Flucht Jetzers am 25. Juli 1509 in Basel gedruckt, wobei der Titel ,Defensorium‘ vermutlich noch von Werner von Selden selbst vorgesehen worden war, allerdings unter anderen Voraussetzungen, als sie nach der Verurteilung der Berner Predigermönche gegeben waren.“ Der ausführlichere Titel *Defensorium impiae falsitatis, a quibusdam pseudopatribus ordinis Praedicatorum excogitatum, principaliter contra mundissimam superbenedictae virginis Mariae conceptionem. Cum insertione actorum in Berna sub annis Christi millesimo quingentesimo septi-*

---

173) Akten, Einleitung S. XIII, XVIII–XX, vgl. auch WEGENER, „Wider alle beflecker“ S. 43.

174) GÜNTHART, Von den vier Ketzern S. 21 f.

86 Einleitung

mo, octavo et nono, usque ad ultimam Maii, qua die quattuor eiusdem falsitatis architecti igne deleti sunt muss vom Verfasser des vierten Teils und Herausgeber des Ganzen angefügt worden sein, offensichtlich einem Verfechter der unbefleckten Empfängnis Mariens, der anonym geblieben ist. Die deutsche Übersetzung „bietet das erste und einzige Mal die gesamte Folge der Holzschnitte zum Jetzerhandel vor ihrer seitlichen Beschneidung. Die Forschung hat vermutet, dass die Holzschnittfolge im September 1508 von dominikanischer Seite, vermutlich vom Basler Prior Wernher von Selden oder von seinem Drucker, bei Urs Graf in Auftrag gegeben" worden war. Ebenso wie die Manuskripte Vatters und von Seldens gingen dann auch die Holzschnitte an die Gegenseite über. Drei Holzschnitte des vierten Teils (die blutweinende Maria, das Passionsspiel und die Hinrichtung) stammen eindeutig nicht mehr von Urs Graf; nur ein Holzschnitt (die Erscheinung der hl. Barbara) zeigt sein Monogramm, und zwei (die blutweinende Marienstatue und die Ratsversammlung) weisen sein Zeichen, die Boraxbüchse, auf[175].

Hinter dem Übersetzer und vielleicht auch schon hinter dem Herausgeber und dem Verfasser des vierten Teils des Defensoriums hat man lange Zeit Thomas Murner vermutet, dem man indessen nur das deutsche Reimgedicht und möglicherweise die lateinische Prosa mit dem Titel *Historia mirabilis* mit einiger Sicherheit zuschreiben kann. Dagegen ist Niklaus Manuel († 1530) zu Unrecht als Verfasser der *Wahren History* genannt worden. Diese erschien Ende 1509 oder Anfang 1510 ebenfalls wieder mit den Holzschnitten Urs Grafs in Straßburg und „erlebte eine ungleich größere Verbreitung als die *Falsche History*": „Sie wurde zum eigentlichen Multiplikator der Geschichte im 16. und 17. Jahrhundert." Beim anonymen Verfasser bzw. Übersetzer der *Wahren History* darf man wohl die Kenntnis der *Falschen History*, zumindest aber der *Historia mirabilis* und von Murners Reimgedicht voraussetzen. Die beiden Werke erschienen in der Straßburger Offizin des älteren Johann Knobloch, bei dem auch die früheste Ausgabe der *Wahren History* gedruckt wurde. Sowohl für Murners Gedicht wie auch für die *Historia mirabilis* wurden wiederum die Holzschnitte aus der *Falschen History* verwendet, „allerdings in verstümmelter Form. Schon in der *Historia mirabilis* wurden zwei Holzstöcke nicht nur abgeschnitten, sondern zersägt und einzeln oder angestückt benutzt." Zwei Holzschnitte wurden so beschnitten, dass Grafs Monogramm bzw. sein Zeichen, die Boraxbüchse, wegfielen, doch weiß man nicht, warum dies geschehen ist[176].

---

175) GÜNTHART, Von den vier Ketzern S. 22 f.
176) GÜNTHART, Von den vier Ketzern S. 23 f., 26 f.

Die Quellen des Jetzerhandels

Die bisher genannten Schriften gehören alle zu einer ersten Phase der literarischen Produktion, „die dem Ereignis auf dem Fuße folgte und noch innerkatholisch blieb". Diese erste Phase wurde später von einer zweiten abgelöst, „in der die protestantische Polemik sich des Jetzerhandels bediente"[177]. Wir wollen Steck nicht mehr in diese zweite Phase der Jetzerliteratur folgen, da wir ohnehin weder die erste noch die zweite Phase berücksichtigen können. Bei der Jetzerliteratur handelt es sich um eine ganz neue Art von Literatur, die von den neuen Medien Buchdruck und Holzschnitt getragen und geprägt wurde, beide Produkte eines ganz entscheidenden Medienwandels, dessen Bedeutung sich erst vor dem Hintergrund des Medienwandels, den wir am Ende des 20. und zu Beginn des 21. Jahrhunderts erleben, richtig verstehen lässt. Diese neuen Medientechniken schufen erstmals ein weiteres Publikum, eine Art Massenpublikum, und können in diesem Sinn auch als Massenmedien verstanden werden. Sie zeichneten sich dadurch aus, dass sie kombiniert auftraten, als illustrierte Texte oder beschriftete Bilder. Dem Druck und dem Holzschnitt war gemeinsam, dass sie im Druckverfahren hergestellt und auf Papier – und nicht mehr auf Pergament – „gespeichert" wurden. Dabei waren gerade die Holzschnitte meist noch nicht signiert. Die Bücher erhielten ein Titelblatt, auf dem der Inhalt, aber noch nicht unbedingt der Autor oder der Druckort und Verlag genannt wurden. Erst die illustrierten Flugblätter und Flugschriften machten aus der Reformation ein veritables Medienereignis; diese ist ohne Printmedien überhaupt nicht denkbar[178].

Bei den Flugblättern handelt es sich um Druckerzeugnisse von nur einer Seite Umfang, in der Regel eine Kombination von Bild und Text von meist informativem oder propagandistischem Charakter, deshalb oft auch anonym. Die Flugschriften waren mehrblättrig und ebenfalls illustriert, sie können als „frühes Massenkommunikationsmittel mit propagandisch-agitatorischer Zielsetzung" bezeichnet werden, „das in der Phase der geistig-religiösen und politisch-sozialen Auseinandersetzungen an der Schwelle zur Neuzeit zum ersten Mal in so großem Umfang zur gezielten Massenbeeinflussung eingesetzt wurde" (H.-J. Köhler). Sowohl Flugblätter als auch Flugschriften waren vergleichsweise rasch und billig herstellbar, sie konnten rasch aufeinander reagieren und wurden so zu „Hauptmedien für die Vermittlung des reformatorischen" – oder eben auch vorreformatorischen – „Gedankenguts an den gemeinen Mann"[179]. Die Jetzerliteratur besteht vorwiegend aus solchen Flugschriften, die zumindest in der ersten Phase in ra-

---

177) Akten, Einleitung S. XX.
178) Vgl. WÜRGLER, Medien in der Frühen Neuzeit S. 1–16.
179) WÜRGLER, Medien in der Frühen Neuzeit S. 16–18.

88 Einleitung

scher Folge – Schlag auf Schlag – erschienen, um den Handel publizistisch auszuschlachten, meist anonym und ohne Druckort und Jahr; dabei plädierte keine dieser Schriften für die Unschuld der Dominikaner, ganz im Gegenteil. Der Jetzerhandel gehört einer Zeit an, die man gerade aufgrund der eingesetzten Medien als Sattelzeit bezeichnen könnte, wie Reinhart Kosellek dies für „die Spätzeit der Aufklärung und die Zeit vor und nach der Französischen Revolution" getan hat, doch lässt sich der Begriff wohl auch für die Zeit um 1500 verwenden[180], als die neuen Medien, die auf dem Druck beruhten, auftauchten und erstmals eingesetzt wurden. Unsere Schilderung des Jetzerhandels und der Jetzerprozesse wird sich allerdings auf die traditionellen Quellen – Prozessakten und Chroniken – stützen, und nicht auf die neuen Medien der Jetzerliteratur, die wir ganz ausklammern müssen, mit Ausnahme des lateinischen Defensoriums, dem eine Zwischenstellung zwischen den traditionellen Quellen und den neuen Medien zukommt[181].

Dass sich eine Auseinandersetzung mit der Jetzerliteratur durchaus lohnen würde, geht aus einem Aufsatz hervor, den die Germanistin Lydia Wegener 2006 der „propagandistischen Ausschlachtung des Berner Jetzerskandals in den ersten Jahrzehnten des 16. Jahrhunderts" gewidmet hat. Dabei schießt sie allerdings übers Ziel hinaus, wenn sie sich bei ihrer Analyse der deutschen Übersetzung des Defensoriums von der Fragestellung leiten lässt, „wie die Ereignisse selbst, aber auch ihr theologischer Kern – die Diskussion um die Conceptio immaculata – funktionalisiert werden, um ein Feindbild ‚die Dominikaner' zu konstruieren, das über Jahrhunderte hinweg wirkmächtig blieb und innerhalb antiklerikaler Diskursformen immer wieder aufgerufen und reaktualisiert werden konnte" – wie wenn die Dominikaner gar nichts dazu beigetragen hätten, um zu einem Feindbild stilisiert zu werden! Nichtsdestoweniger hat Wegener Recht, wenn sie behauptet, dass der Jetzerhandel sich für eine „literarische Ausschlachtung" deshalb besonders gut eignete, weil „es sich bei den Protagonisten des Skandals um sozial hochstehende Geistliche handelte" und weil es dabei um eine „Verteidigung der Unbefleckten Empfängnis" ging. „Mit der agitatorischen Koppelung von monastischer Lebensform, Wundergläubigkeit und Betrug, die an einem tagesaktuellen Fallbeispiel exemplifiziert, zu einer umfassenden Polemik ausgebaut und dann in breiter Streuung publik gemacht wird, gehören die Jetzerschriften zu jenen zukunftsweisenden Erzeugnissen des frü-

---

180) Wikipedia-Artikel, „Sattelzeit" (Zugriff 6. März 2017). Eine ähnliche Quellenlage zwischen traditionellen und modernen Medien auch im Fall der Anna Göldi, die 1782 in Glarus als letzte Hexe in der Schweiz hingerichtet wurde, vgl. Kathrin UTZ TREMP, Anna Göldi, letzte Hexe. Die Akten des Prozesses (1781–1782), in: Jahrbuch des Historischen Vereins des Kantons Glarus 99 (2019) S. 39–77.

181) WEGENER, „Wider alle beflecker" S. 45–56.

Die Quellen des Jetzerhandels 89

hen Buchdrucks, welche das Potential der auch zu Beginn des 16. Jahrhunderts immer noch innovativen Technik für die Verbreitung von neuen erregenden Informationen zu nutzen verstehen und so den Boden für den Reuchlin-Pfefferkorn-Streit (der schließlich die „Dunkelmännerbriefe" hervorbrachte) als erste wirkliche Flugschriften-Kontroverse ebenso bereiten wie für die literarische Großoffensive Martin Luthers und seiner reformatorischen Mitstreiter." Indem das Defensorium so rasch als möglich in die deutsche Sprache übersetzt und außerdem mit Holzschnitten versehen wurde, wurde eine Breitenwirkung angestrebt, „die auch Analphabeten in das Kollektiv der Immaculata-Verteidiger einschloss"[182].

Die Quellen zum Jetzerhandel lassen sich zwei Traditionssträngen zuordnen: auf der einen Seite den Akten der Jetzerprozesse, die nachfolgend von den Chronisten Valerius Anshelm und Michael Stettler benutzt wurden (wobei Stettler allerdings eher auf Anshelm als auf den Akten beruht), und auf der anderen Seite der Jetzerliteratur, beginnend mit dem Defensorium und fortgesetzt mit der *Falschen* und der *Wahren History*. Gerade weil die meisten Schriften der Jetzerliteratur anonym erschienen sind, ist die Frage, wie der Franziskaner Thomas Murner sich in ihr situiert, noch nicht abschließend geklärt. So gibt die Jetzerliteratur noch viele Probleme auf, um die wir uns indessen hier nicht zu kümmern brauchen, weil wir sie – mit Ausnahme des Defensoriums und der Holzschnitte von Urs Graf, die zum ersten Mal in der *Falschen History* auftauchen – nicht benutzen können und wollen, und dies obwohl sie durchaus als zeitgenössische Quellen zu betrachten sind. Wir müssen und wollen uns auf die Akten der Jetzerprozesse beschränken und werden stellenweise auch die zeitgenössischen Chroniken heranziehen, diejenige des Valerius Anshelm immer und diejenigen des Luzerner Schillings sowie von Schodoler und Schwinkhart vor allem für das Endurteil und die Hinrichtung der Dominikaner (siehe Kap. II/3e). Am Luzerner Schilling interessieren uns auch die farbigen Bilder, die er seiner Chronik allgemein und dem Jetzerhandel im Besonderen beigegeben hat.

Dabei sind die Prozessakten und die Chroniken nicht auf die gleiche Ebene zu stellen; die Prozessakten sind „Überreste" des Geschehens, während die Chroniken bereits zur Historiographie gehören. Unter „Überrest" versteht man in der Geschichtswissenschaft nach Johann Gustav Droysen und Ernst Bernheim „eine ,unabsichtlich' hergestellte Quelle, also einen Gegenstand oder ein Dokument, der oder das aus anderen Gründen erstellt wurde als dem, die Nachwelt über Gegenwart oder Vergangenheit zu unterrichten", wie etwa Urkunden oder Alltagsschriftgut – oder eben

---

182) WEGENER, „Wider alle beflecker" S. 36 f., 40–43.

90 Einleitung

auch die Akten von Inquisitionsprozessen. Im Unterschied dazu gehören die Chroniken zu den Traditionen, nämlich „Informationen, die in der Absicht weitergegeben werden, um Zeitgenossen, vor allem aber die Nachwelt über Gegenwart und Vergangenheit zu unterrichten"[183]. In diesen Kategorien gehört das Defensorium wohl zu den Traditionen, die in der Absicht geschrieben wurde, zunächst einmal die Zeitgenossen und später auch die Nachwelt über die Geschehnisse im bernischen Dominikanerkloster im Jahr 1507 zu unterrichten bzw. zu täuschen (siehe Kap. I/1–4). Doch bevor wir den Jetzerhandel aufgrund des Defensoriums schildern können, müssen wir uns noch mit dem Streit um die Empfängnis der Maria – befleckt oder unbefleckt – befassen, der an der Wende vom 15. zum 16. Jahrhundert gerade auch im Jetzerhandel einen gewissen Höhepunkt erreichte.

3. Der Streit um die Empfängnis Marias und die Vorgeschichte des Jetzerhandels

Wie wir bereits gesehen haben, hatte der Jetzerhandel eine Vorgeschichte im dominikanischen Provinzialkapitel von Wimpfen, das im Jahr 1506 stattgefunden hatte und auf dem der Plan zu den Erscheinungen in Bern ausgeheckt worden sein soll (siehe Einl. 1h). Diese Vorgeschichte ist für die Schuld der Dominikaner so entscheidend, dass Nikolaus Paulus sie in seiner Schrift von 1897 kurzerhand in den Bereich der Legenden verwiesen hat (siehe Einl. 1c). Aber nicht nur der Jetzerhandel hatte eine Vorgeschichte, sondern auch das Provinzialkapitel von Wimpfen hatte eine, nämlich die Streitigkeiten um die Empfängnis Marias, die der Dominikaner Wigand Wirt, Lesemeister in Frankfurt 1494–1506, seit 1494 unterhielt, in den Jahren 1494–1495 gegen den Benediktinerabt Johannes Trithemius (1462–1516) von Sponheim, und in den Jahren 1501–1513 gegen den Pfarrer Konrad Hensel von Frankfurt. Die letztere endete im Jahr 1513 mit einem Widerruf Wigand Wirts und damit einer – erneuten – Niederlage des Dominikanerordens. Der Jetzerhandel und die Jetzerprozesse (1507–1509) wurden also umrahmt durch die beiden Wirt-Händel, und das hatte seine Auswirkungen auf den Jetzerhandel, ganz abgesehen davon, dass insbesondere der zweite Wirt-Handel den Jetzerhandel erst eigentlich ausgelöst hat. Die Verfasser der Jetzerliteratur haben die Vorgeschichten (die Wirt-Händel und Wimpfen) jedenfalls zur Kenntnis genommen, so der anonym gebliebene Herausgeber des Defensoriums und entsprechend auch die deutsche

---

183) Wikipedia Artikel „Tradition" und „Überrest" (Zugriff 6. März 2017).

Der Streit um die Empfängnis Marias 91

Übersetzung bzw. die *Falsche History*[184], und der Franziskaner Thomas Murner hat sie – ebenso wie der Chronist Anshelm – an den Anfang seiner Darstellungen gestellt[185], so dass sich eine scheinbar logische Abfolge zwischen den Wirt-Händeln, dem Provinzialkapitel von Wimpfen und dem Jetzerhandel ergibt; was in den Prozessakten erst seit Anfang August 1508 zur Sprache kommt, nämlich das Provinzialkapitel von Wimpfen[186], wird hier keck an den Anfang gestellt. Bei der folgenden Darstellung versuchen wir stärker als Steck (1902 und 1904)[187] bereits auf die Voraussetzungen für den Jetzerhandel in Bern selber einzugehen, so auf die Annen- und Rosenkranzbruderschaft bei den Dominikanern – und auf ihre Konkurrenten, die Bruderschaft Unser Lieben Frauen Empfängnis im Münster und die Jakobsbruderschaft bei den Franziskanern (siehe Einl. 3b und c).

a) Befleckt oder unbefleckt: der spätmittelalterliche Streit um die Empfängnis Marias

Bei der Darstellung des Streits um die Empfängnis Marias folgen wir dem Buch der Germanistin Réjane Gay-Canton, dessen einziger Nachteil es ist, dass es den Streit nur bis zur Dogmatisierung der unbefleckten Empfängnis durch das schismatische Konzil von Basel 1439 verfolgt[188]; für die restliche Zeit bis zum Jetzerhandel werden wir uns mit einzelnen Aufsätzen behelfen müssen. Bei diesem Streit ging es, ganz kurz zusammengefasst, um nichts weniger als die Übertragung der Ehre der unbefleckten Empfängnis Jesu Christi, die im Neuen Testament (Luc. 1,26–38) bezeugt ist, auch auf seine Mutter, ohne dass es im Neuen Testament dafür irgendeinen Anhaltspunkt gegeben hätte. Diese intendierte Übertragung resultierte aus der zunehmenden Marienverehrung des Mittelalters. Doch zunächst hatte Maria auch eine

---

184) Def. S. 602 Kap. IV/2; GÜNTHART, Von den vier Ketzern S. 163 Kap. IV/2.

185) Murner, Von der fier ketzeren S. 10–16 Kap. 3–7; Murner, *De quattuor heresiarchis*, unpag., vgl. auch Anshelm 3 S. 50.

186) Wimpfen: Akten II/1 S. 140 Nr. 394 (1508, Aug 5; Jetzer); II/2 S. 226 Nr. 1 (1508, Aug 30; Lesemeister, Folterverhör), S. 228 (undat., 1508, Aug 31; Lesemeister, Bekenntnisschrift), S. 238 (1508, Aug 31; Lesemeister, Folterverhör); III S. 427 Nr. 2 (1509, Mai 5, 14 Uhr; Lesemeister), S. 458 Nr. 21 (1509, Mai 11; Prior), S. 507 (1509, Mai 18; Lesemeister).

187) STECK, Der Berner Jetzerprozess S. 11–17; Akten, Einleitung S. XXVI–XXXIV.

188) GAY-CANTON, Entre dévotion. Noch detailreicher, aber auch nur bis zum Konzil von Basel reichend: LAMY, L'immaculée conception. Wesentlich knapper, aber doch präzise (wenn sie manchmal auch zuviel unbefleckte Empfängnis in die von ihr beschriebenen Bilder hinein interpretiert): LEVI D'ANCONA, The Iconography.

92 Einleitung

Biographie – oder eine Vita – erhalten, und zwar im Protoevangelium des Jakob, angeblicher Sohn Josephs aus einer ersten Ehe, das Ende des 2. nachchristlichen Jahrhunderts in Ägypten oder Syrien entstanden ist. Hier werden als Marias Eltern Joachim und Anna genannt, die schon älter waren und deren Ehe kinderlos geblieben war. Eines Tages, als Joachim sein Opfer im Tempel darbringen wollte, wurde er wegen seiner Kinderlosigkeit daraus verjagt und zog sich in die Wüste zurück. Ebenso machte sich Annas Magd über ihre unfruchtbare Herrin lustig. Da erschien dieser ein Engel und verkündigte ihr, dass sie ein Kind empfangen würde, und ebenso erfolgte die gleiche Botschaft auch an Joachim. Die beiden Gatten trafen unter einem Tor der Stadt Jerusalem zusammen, unter der später sog. Goldenen Pforte, und Anna gebar ein Kind, das sie Maria nannte. Dabei ging es noch nicht um eine unbefleckte Empfängnis Marias, sondern vielmehr um ihre Jungfräulichkeit, die es gegenüber Juden und Griechen zu verteidigen galt. Das Vorbild für die späte Fruchtbarkeit von Anna und Joachim waren (u. a.) Abraham und Sarah des Alten Testaments, die ebenfalls im hohen Alter noch Eltern von Isaak geworden waren. Das Wunder bestand darin, dass diese unfruchtbaren Paare spät noch Eltern wurden, nicht aber in so etwas wie einer unbefleckten Empfängnis des Kindes. Denn laut der Lehre des Kirchenvaters Augustin (354–430) wurde die Erbsünde unausweichlich beim sexuellen Akt der Zeugung (und der dabei empfundenen Lust) weitergegeben; die einzige Ausnahme machte Jesus Christus, der vom hl. Geist gezeugt worden war. Augustins Lehre hatte einen großen Einfluss auf die mittelalterliche Theologie von der unbefleckten Empfängnis; sie wurde erst bei Anselm von Canterbury und bei Johannes Duns Scotus relativiert und schließlich vom Konzil von Trient (1545–1563) aufgegeben[189].

Eine große Diskussion löste die Einführung des Festes der Empfängnis Marias (am 8. Dezember) aus, die im Abendland im 11. Jahrhundert erfolgte, als fünftes Marienfest nach Verkündigung (25. März), Himmelfahrt (15. August), Geburt (8. September) und Reinigung (2. Februar). Die Empfängnis (8. Dezember) wurde neun Monate vor der Geburt (8. September) angesetzt. Mit dem Fest der Empfängnis Marias wurde das von einem Engel angekündigte Ende der Unfruchtbarkeit der Anna gefeiert, was bedeutet, dass der Beginn des Heils von der Geburt Marias auf ihre Empfängnis vorverschoben wurde. Das Fest wurde zunächst, in der ersten Hälfte des 12. Jahrhunderts, in England gefeiert und von da in der gleichen Zeit auch in der Normandie eingeführt, von wo es um 1136 auch nach Lyon gelangte und dort von den Domherren in ihren liturgischen Kalender eingetragen wurde. Dies rief den Widerstand des Zisterzienserabts Bernhard von Clairvaux her-

---

189) GAY-CANTON, Entre dévotion S. 32–47.

Der Streit um die Empfängnis Marias

vor, der um 1139 einen Brief an die Domherren von Lyon schrieb und sie vor der Einführung eines Festes ohne Einwilligung des päpstlichen Stuhles warnte. Die Kirche feiere schon die Himmelfahrt und die Geburt Marias, denn sie glaube, dass diese im Mutterleib geheiligt worden sei, ebenso wie Jeremias und Johannes der Täufer vor ihr. Dies bedeute, dass Maria gewissermaßen als Heilige geboren, nicht aber, dass sie heilig (= ohne Erbsünde) empfangen worden sei. Außerdem könnte das Fest der Empfängnis Marias so interpretiert werden, dass diese auf jungfräuliche Art durch den hl. Geist empfangen worden sei, was allein für Christus zutreffe. Trotz der bernhardinischen Warnungen breitete das Fest sich in der Folge weiter aus, nicht zuletzt weil der „Vater der Scholastik", Anselm von Canterbury, vorgängig die augustinische Lehre von der Erbsünde abgemildert hatte; er blieb aber selber ein Makulist, ein Befürworter der befleckten Empfängnis Marias[190].

Die Theologen des 13. Jahrhunderts, die großen Scholastiker, waren sich einig in der Überzeugung, dass Maria nicht unbefleckt empfangen worden sei. Sie waren sich aber ebenso einig, dass Maria von der Erbsünde gereinigt worden sei, bevor sie Christus empfing; es ging also darum, den genauen Zeitpunkt festzulegen. Man einigte sich schließlich auf eine *sanctificatio in utero*, d. h. eine Reinigung noch im Mutterleib der Anna, eine Meinung, die auch der Dominikaner Thomas von Aquin teilte; für ihn war das Fest der Empfängnis insofern legitim, als man damit die „Heiligung" Marias feierte, auch wenn man nicht genau wusste, wann diese stattgefunden hatte. Die Haltung des Aquinaten war in der Folge entscheidend für den ganzen Dominikanerorden, und damit auch den Orden zur Zeit des Jetzerhandels. Für Thomas von Aquin bestand das Haupthindernis für eine unbefleckte Empfängnis Marias darin, dass ohne Ausnahme jedermann und jedefrau der Erlösung durch Christus bedürftig sei, ein Problem, das Alexander von Hales in seiner *Summa theologica* aufgeworfen hatte. Die Erbsündenlehre des Aquinaten leitete sich sowohl von Augustin als auch von Anselm von Canterbury ab. Für Thomas vererbte sich die Erbsünde von Generation zu Generation, aber nicht wegen der Lust, die mit dem Zeugungsakt verbunden war, sondern weil jeder Mensch an Adams Natur teilhatte. So konnte Maria körperlich nicht von der Erbsünde gereinigt worden sein, bevor diese im Augenblick der Beseelung (lat. *animatio*) die Seele erreicht hatte, denn sowohl die Sünde als auch die Gnade setzten die Seele voraus. Einzig Christus hatte keine Erlösung nötig, und dies war für Thomas ein zweiter Grund, warum Maria nicht unbefleckt empfangen sein konnte: hier hatte ihr Sohn absoluten Vorrang. Im Unterschied zu ihm war Maria nicht von ihrer Emp-

---

190) GAY-CANTON, Entre dévotion S. 49–59.

94 Einleitung

fängnis an heilig und bedurfte einer Heiligung, zunächst im Mutterleib, kurz nach der Beseelung (die aus einem Fötus einen Menschen machte), und schließlich bei ihrer Himmelfahrt[191].

Ebenso wie der Dominikaner Thomas von Aquin lehnte auch der Franziskaner Bonaventura eine unbefleckte Empfängnis Marias ab und vertrat wie dieser eine „Heiligung im Mutterleib". Auch er fragte nach dem Moment dieser „Heiligung": vor oder während oder nach der „Beseelung", aber sicher vor der Geburt, denn wenn Maria nicht gereinigt geboren worden wäre, würde die Kirche nicht das Fest ihrer Geburt begehen. Schließlich optierte Bonaventura für eine „Heiligung" in zwei Etappen: nach der Beseelung (immer im Mutterleib) habe Maria die Möglichkeit der Sündlosigkeit erhalten, was sie auf die gleiche Ebene hob wie die Heiligen, und bei der Empfängnis Christi sei diese Möglichkeit dann Realität geworden. Deshalb feiere die Kirche am Fest der Empfängnis Marias nicht deren Empfängnis, sondern deren Heiligung. Bonaventura war zwar nicht ein eifriger Anhänger des Festes der Empfängnis Marias, denn es handelte sich um eine Neuheit, welche die Kirchenväter nicht gekannt hätten, aber andererseits wollte er dieses auch nicht verdammen, denn es gäbe Leute, die dieses auf eine göttliche Offenbarung zurückführten, wahrscheinlich eine Anspielung auf eine Vision, die der englische Mönch Helsin, Abt von Ramsay (1080–1087), gegen 1070 gehabt hatte[192].

Im Unterschied zu den Scholastikern aus dem Umkreis der Universität Paris standen die englischen einer unbefleckten Empfängnis Marias offener gegenüber, ebenso wie England auch das erste westliche Land war, welches das Fest der Empfängnis angenommen hatte. Es war der Franziskaner Johannes Duns Scotus, der *doctor subtilis*, der die besten Argumente für die unbefleckte Empfängnis lieferte. Vor allem zeigte er, dass die einzigartige Würde, die man Maria mit einer unbefleckten Empfängnis verlieh, der Würde ihres Sohnes keinen Abbruch tat, sondern diese vielmehr noch vermehrte. Für ihn verstieß die unbefleckte Empfängnis Marias nicht gegen die Idee von der allgemeinen Erlösung durch Christus, sondern erlaubte es diesem sogar, im Fall seiner Mutter eine noch größere Erlösung auszuüben, nämlich eine präventive Gnade, die bewirkte, dass Maria in keinem Augenblick ihrer Existenz der Erbsünde unterlegen sei. Auch in Aragon ging die Meinung in Richtung unbefleckte Empfängnis, mit Petrus Paschasius (1227–1300) und Raymond Lull (1235–1315), der dem Franziskanerorden nahestand[193].

---

191) GAY-CANTON, Entre dévotion S. 66–73.
192) GAY-CANTON, Entre dévotion S. 73–75, vgl. auch ebd. S. 53 f. und LAMY, L'immaculée conception S. 89 ff.
193) GAY-CANTON, Entre dévotion S. 77–89.

Der Streit um die Empfängnis Marias

Im 14. Jahrhundert entwickelten sich die Meinungen der Franziskaner und der Dominikaner auseinander; dahinter standen unterschiedliche theologische und ekklesiologische Auffassungen, aber auch unterschiedliche Haltungen darüber, wie mit den Quellen umzugehen war. Parallel zu den theologischen Debatten verbreitete sich das Fest der Empfängnis Marias, das für die einen den Tag der Empfängnis und für die anderen den Augenblick der „Heiligung im Mutterleib" der Jungfrau bedeutete und damit zur Verbreitung der Kontroverse unter den Gläubigen beitrug. Die Reaktion auf die Lehre von Johannes Duns Scotus erfolgte unmittelbar und heftig: weniger als zwei Jahre nach dessen Tod erklärte Jean de Pouilly († 1321), ein Weltgeistlicher, die Lehre von der unbefleckten Empfängnis für häretisch, und zwar weil sie der Bibel, der Lehre der Kirchenväter und von Theologen wie Petrus Lombardus (um 1095/1100–1160) und Thomas von Aquin widerspreche und von keinem Meister der Universität Paris unterstützt würde. Dies blieb ein sehr gewichtiges Argument der Makulisten, das auch im Jetzerhandel immer wieder auftaucht. Auf der franziskanischen Seite wurde die Lehre des Scotus zur herrschenden, so dass man seit der zweiten Hälfte des 14. Jahrhunderts keinen Franziskaner mehr findet, der ihr nicht gefolgt und nicht Immakulist gewesen wäre. Auf der dominikanischen Seite verlief die Entwicklung in der umgekehrten Richtung. Auf dem Generalkapitel von Metz (1313) wurde die Lehre des Thomas von Aquin zur offiziellen Lehre des Dominikanerordens erklärt. Gemäß den Thomisten agierte Gott im Rahmen der Grenzen, die er sich selber gesteckt hatte. Deshalb könne er nicht gegen die von ihm selber erlassenen Gesetze der Natur verstoßen und Maria von der Erbsünde befreien, die sie sich wie alle anderen menschlichen Wesen nach dem Sündenfall zugezogen habe. Wohl aber konnte er sie rasch davon befreien, das heißt: noch im Mutterleib, eine Meinung, die auch die Dominikanerterziarin Katharina von Siena vertrat[194].

Im letzten Viertel des 14. Jahrhunderts beklagte sich der deutsche Theologe Heinrich von Langenstein (1325–1397) über die Ausmaße, welche die Debatte zwischen den Franziskanern und Dominikanern in der zweiten Hälfte des 14. Jahrhunderts angenommen hatte. Er war entsetzt von der Heftigkeit, von welcher sich die beiden Orden bei scholastischen Disputen über dieses Thema leiten ließen und dabei sogar die Schrift verfälschten, um ihre jeweiligen Meinungen zu verteidigen. Im Jahr 1387 verwarf der Dominikaner Jean de Monzon (um 1350–1412) bei einer Vorlesung an der Universität Paris die Lehre von der unbefleckten Empfängnis so ungestüm, dass der Dekan der theologischen Fakultät auf Klagen der Studenten eine Kommission von 27 oder 28 Meistern zusammenstellte, die vierzehn von Mon-

---

194) GAY-CANTON, Entre dévotion S. 91–96.

96 Einleitung

zons Thesen als schockierend für die Frömmigkeit erklärte. Dieser weigerte sich zu widerrufen, sondern floh nach Avignon und ließ die theologische Fakultät von Paris vor den Papst zitieren; schließlich wurde er vom Bischof von Paris exkommuniziert, allerdings nicht wegen seiner Thesen, sondern wegen seiner Flucht nach Avignon. In Paris fiel die Schande auf den ganzen Dominikanerorden; gewisse Brüder wurden eingekerkert, andere wurden zum Widerruf gezwungen, und dies manchmal vor einem großen Publikum, was der Lehre von der unbefleckten Empfängnis einen gewaltigen Aufschwung verlieh. Der Dominikanerorden stand völlig isoliert da, und zwar sowohl auf der Ebene der Lehre als auch der Liturgie, denn laut Heinrich von Langenstein (*Contra disceptationes et contrarias praedicationes fratrum mendicantium super conceptione beatissimae Mariae Virginis*) feierten die Dominikaner nicht das Fest der Empfängnis (*festum Conceptionis*), sondern das Fest der „Heiligung" (*festum Sanctificationis*)[195].

Inzwischen verbreitete sich das Fest der Empfängnis Marias (8. Dezember) weiter. Bereits zu Beginn des 14. Jahrhunderts wurde es von der Universität Paris sowie von den Kirchen der Normandie und Englands begangen. Noch in der ersten Hälfte des 14. Jahrhunderts wurde es in die Statuten der Universitäten von Paris, Oxford und Cambridge eingetragen. Der Dominikanerorden nahm es erst Ende des 14. Jahrhunderts an, in der Folge der Affäre um Jean de Monzon, auf dem Kapitel von Rodez (1388) für die avignonesische Obödienz (Anhänger des avignonesischen Papsttums), und auf dem Kapitel von Ferrara (1391) für die römische Obödienz. Am Ende des 14. Jahrhunderts war das Fest der Empfängnis in der ganzen westlichen Kirche verbreitet. Dies bedeutete aber nicht, dass man die Empfängnis schon überall als unbefleckt gefeiert hätte; wie bereits gesagt, feierten auch die Dominikaner das Fest, aber unter dem Titel der „Heiligung". Nichtsdestoweniger nahmen die Anhänger der unbefleckten Empfängnis während der zweiten Hälfte des 14. Jahrhunderts stetig zu. Bereits seit den ersten Jahrzehnten dieses Jahrhunderts wurde das Fest der Empfängnis auch an der römischen Kurie begangen, ohne dass das Objekt des Festes klar definiert worden wäre. Erst unter Papst Sixtus IV. (1471–1484), einem Franziskaner, wurde das Fest am 27. Februar 1477 von Rom offiziell anerkannt (Konstitu-

---

195) GAY-CANTON, Entre dévotion S. 96–99. Zu Heinrich von Langensteins persönlicher Haltung (schwankend) ebd. S. 326–332. Laut den Annalen der Franziskaner von Straßburg hätten die (nicht observanten) Dominikaner von Straßburg erst am 8. Dezember 1508 von *sanctificatio* auf *conceptio* umgestellt, vgl. Les Annales des Frères mineurs de Strasbourg S. 307 (1508): *Item uff Unser lieben Frawen tag conceptionis haben die Brediger zu Straßburg zu dem ersten mal angefangen zu brauchen das wort so genant, zu grossen eren Unserer lieben Frawen* conceptio, *da sie vor habend genand das wort* sanctificatio, *nun aber auch brauchen* conceptio, *so sie uff iren tag angefangen.*

Der Streit um die Empfängnis Marias

tion mit den Anfangsworten *Cum praeexcelsa*), was allerdings auch keinen endgültigen päpstlichen Entscheid in der Frage der Empfängnis bedeutete, den man seit der zweiten Hälfte des 14. Jahrhunderts immer ungeduldiger erwartete. Angesichts der heftigen Kontroversen zwischen Franziskanern und Dominikanern in der zweiten Hälfte des 14. Jahrhunderts rief Heinrich von Langenstein Gegner und Befürworter zu einem „ewigen Schweigen" (*perpetuum silentium*) auf, während die Könige von Aragon an den Heiligen Stuhl appellierten, um der Zwietracht ein Ende zu setzen[196].

Die ungeduldig und lange erwartete Entscheidung für die unbefleckte Empfängnis kam dann allerdings von der falschen Seite: nicht vom Papsttum, sondern vom Konzil von Basel (1431–1449), das kein rechtmäßiges Konzil mehr war, als es diesen Entschied fällte. Das Geschäft stand keineswegs von Anfang an auf der Traktandenliste des Konzils, sondern wurde erst durch eine Predigt, die der Domherr Jean de Rouvroy (um 1380–1461) am 8. Dezember 1435 hielt, in die Diskussion geworfen. In der Folge wurde eine Kommission eingesetzt, die entscheiden sollte, ob es frömmer sei zu glauben, dass die Seele der Mutter Gottes im Augenblick ihrer Infusion in den Körper von der Erbsünde bewahrt worden sei, als zu glauben, dass die Jungfrau in der Erbsünde empfangen worden sei. Die Kommission bestand aus den Immakulisten Jean de Rouvray, Domherrn von Bourges, und Johann von Segovia (um 1393–1458), Konziliarist und Geschichtsschreiber des Konzils von Basel, sowie aus den Makulisten Johann von Montenegro und Johannes (von) Torquemada (1388–1468), beide Dominikaner. Für Johann von Segovia stellte das seit Jahrhunderten gefeierte Fest der Empfängnis einen ausreichenden Beweis für die Lehre von der unbefleckten Empfängnis dar, auch wenn davon nichts in der Bibel stand, und er drängte das Konzil mehrmals, endlich eine Entscheidung zu fällen und das christliche Volk nicht länger im Ungewissen zu lassen. Dagegen war für Johannes (von) Torquemada das Fest der Empfängnis lediglich das Fest der „Heiligung", und konnten die Aussagen der Kirchenväter und die kirchliche Tradition nicht durch eine neue Interpretation der Bibel relativiert werden. Er warf seinem Gegner auch vor, dass dieser sich auf Wunder stütze, so das „Wunder" eines Dominikaners, der um 1370 in Krakau gegen die unbefleckte Empfängnis gepredigt habe und kurz darauf tot umgefallen sei … Im Jahr 1437 verließen die Dominikaner das Konzil von Basel und wechselten ans päpstliche Konzil von Ferrara-Florenz (1438–1445), so dass eine neue Kommission eingesetzt werden musste. Diese war nun mehrheitlich aus Immakulisten zusammengesetzt und brachte ohne große Schwierigkeiten ein Dekret zu Gunsten der unbefleckten Empfängnis zustande, das am 17. Sep-

---

196) GAY-CANTON, Entre dévotion S. 100–103.

98 Einleitung

tember 1439 durch das Konzil angenommen wurde. Das Dekret wurde auf zahlreiche Pergamente abgeschrieben und an Orte in Frankreich, Aragon und fast ganz Deutschland geschickt, wo es von Prozessionen empfangen wurde. Obwohl es nicht von einem ökumenischen Konzil verkündigt worden war, hatte es doch großen Einfluss. Remigius Bäumer hat gezeigt, dass es zwischen dem 15. und 16. Jahrhundert mehr Theologen gab, welche die Proklamation des Konzils von Basel für gültig hielten, als das Gegenteil, und zwar sowohl bei Immakulisten als auch bei Makulisten[197].

In der Folge hat diese Entscheidung des Konzils von Basel zu Gunsten der unbefleckten Empfängnis einen ebensolchen Entscheid des Papsttums – der gerade unter dem Franziskaner Sixtus IV. durchaus denkbar gewesen wäre – verhindert, denn damit hätte dieses indirekt dem schismatischen Konzil von Basel Recht gegeben, was absolut unmöglich war! Deshalb konnte die unbefleckte Empfängnis erst am 8. Dezember 1854 durch Papst Pius IX. (1846–1878) dogmatisiert werden, durch den gleichen Papst, der auf dem Ersten Vatikanischen Konzil 1869/1870 auch die päpstliche Unfehlbarkeit verkündet hat (und der im Jahr 2000 von Papst Johannes Paul II. seliggesprochen wurde). Durch den voreiligen – und trotzdem überfälligen – Entscheid des Konzils von Basel wurde in der zweiten Hälfte des 15. Jahrhunderts ein Vakuum geschaffen – und damit nicht zuletzt auch die Voraussetzungen für die verschiedensten „Händel" und insbesondere den Jetzerhandel (siehe Einl. 3b). Gay-Canton erwähnt selber den Jetzerhandel und situiert sich auf Seiten derjenigen, welche die Dominikaner für schuldig halten[198].

---

197) GAY-CANTON, Entre dévotion S. 105–209, vgl. auch HELMRATH, Basler Konzil S. 383–394; HORST, *Nova Opinio,* und BÄUMER, Entscheidung des Konzils. Vgl. auch HORST, Dogma und Theologie S. 34–52, und MEUTHEN, Die alte Universität S. 168 f.: „Die Auseinandersetzung zwischen Franziskanern und Dominikanern um die Unbefleckte Empfängnis Marias, die jene, gefördert vor allem durch Duns Scotus, bis zur Dogmatisierung befürwortet wissen wollten, diese hingegen ablehnten, gelangte auf dem Basler Konzil zu einer ersten Entscheidung, indem es 1439 die Lehre von der Unbefleckten Empfängnis zum Glaubenssatz erhob. Insgesamt schadete es ihr damit in der Christenheit aber weitaus weniger, als man zunächst annehmen möchte, wenngleich mit dem Scheitern des Basler Konzils, das nach römischer Auffassung seit 1437/38 illegal tagte, auch die von ihm seither gefassten Beschlüsse in Mitleidenschaft gezogen wurden, so dass es päpstlicherseits bekanntlich erst 1854 zur Dogmatisierung dieser Lehre gekommen ist. Die lange Herauszögerung verdeckt nämlich, dass es innerkirchlich einen breiten Konsens für die Unbefleckte Empfängnis gab."

198) GAY-CANTON, Entre dévotion S. 381, mit Verweis auf UTZ TREMP, Eine Werbekampagne. Zur Dogmatisierung der unbefleckten Empfängnis 1854 vgl. Hubert WOLF, Der Unfehlbare. Pius IX. und die Erfindung des Katholizismus im 19. Jahrhundert, Biographie (2020) S. 187–217.

Der Streit um die Empfängnis Marias   99

Anschließend befasst Rejane Gay-Canton sich mit der Stellung der Empfängnis Marias in der spätmittelalterlichen deutschen Literatur, die hier weniger interessiert. Nichtsdestoweniger gibt es auch hier bemerkenswerte Resultate, indem sie zeigen kann, dass die Lehre von der unbefleckten Empfängnis allmählich in die Literatur eindrang, die für die Ungebildeten (*illiterati*) bestimmt war, und dass der Franziskanerorden dabei eine entscheidende Rolle spielte. Der erste Autor, der von der unbefleckten Empfängnis Marias ausging, Hermann von Fritzlar († nach 1349), war allerdings kein Franziskaner, sondern ein Laie, gebürtig aus Fritzlar (Bundesland Hessen, Landkreis Schwalm-Eder). In seinem in den 1340er-Jahren verfassten „Heiligenleben" und insbesondere in den fünf Marienpredigten (Predigten, die zum Lesen und nicht zur Verkündigung von der Kanzel bestimmt waren) befasste er sich (in der Predigt zur Empfängnis, 8. Dezember) zunächst mit dem Augenblick, in welchem der Mensch sich die Erbsünde zuzieht, und kam dabei auf den dreißigsten Tag nach der Empfängnis: bei der Beseelung. Für ihn war der Augenblick, in dem Maria von der Erbsünde berührt – und gleich wieder gereinigt – wurde, nur so kurz wie der Augenblick, in dem eine Erbse (die Erbsünde), die man gegen einen vom Himmel fallenden Mühlstein (die Gnade) wirft, diese berührt. Heinrich von Fritzlar stellte es seinen Lesern frei, in Hinsicht auf die Empfängnis Marias zu glauben, was sie wollten, denn die Kirche selber kenne die endgültige Antwort nicht und diese sei auch noch nie einem Heiligen offenbart worden[199] – also im Grund genau die Offenbarung, allerdings zu Gunsten der befleckten Empfängnis, die im Jetzerhandel dem gleichnamigen Konversenbruder zuteil wurde, den man gleichzeitig zu einem Heiligen zu machen suchte (siehe Kap. II/5b, Jetzers Stigmata und Passionsspiel).

Für sich selber entschied Hermann von Fritzlar sich allerdings für die unbefleckte Empfängnis, mit der er sich in seiner Predigt über die Geburt Marias (zum 8. September) auseinandersetzte. Für ihn war diese Empfängnis eine durchaus natürliche; sie fand statt, nachdem Marias Eltern, Anna und Joachim, unter der Goldenen Pforte wieder zusammengefunden hatten. Was er hier bekämpft, ist die Idee, dass Maria beim Kuss ihrer Eltern unter der Goldenen Pforte empfangen worden sei, eine Idee, die er alten Frauen und verrückten Priestern zuschreibt. In der Tat findet diese Idee sich in der ganzen theologischen Diskussion nirgends, und Réjane Gay-Canton führt sie auf ein Amalgam zwischen einer wörtlichen Lektüre der bildlichen Darstellung der Begegnung unter der Goldenen Pforte und dem Willen zu, die augustinische Erbsündenlehre zu umgehen. Seit dem Ende des 10. Jahrhunderts wurde die (unbefleckte?) Empfängnis Marias in der Ostkirche in der

---

199) GAY-CANTON, Entre dévotion S. 183, 202–211.

100   Einleitung

Begegnung unter der Goldenen Pforte dargestellt, denn anders konnte man sie anständigerweise gar nicht bildlich darstellen. Dabei ist die Darstellung an sich neutral; sie verweist weder auf eine befleckte noch eine unbefleckte Empfängnis und kann sich deshalb sowohl in Dominikaner- als auch in Franziskanerkirchen finden. Heinrich von Fritzlars Predigt ist in der Tat der erste Text, der auf die Idee von einer Empfängnis durch einen Kuss verweist, offenbar eine volkstümliche Idee. Die gleiche Idee wurde am Ende des 14. Jahrhunderts vom Dominikaner Jakob von Soest (1360–1440) bekämpft, der schrieb, dass sich im ungebildeten Volk ein neuer Irrtum verbreite, und zwar durch gewisse angeblich fromme Predigten: dass die Jungfrau Maria durch einen Kuss ihrer Eltern empfangen worden sei, und nicht bei deren Beischlaf. Die Empfängnis durch den Kuss unter der Goldenen Pforte wurde also sowohl von einem Immakulisten (Heinrich von Fritzlar) als auch von einem Makulisten (Jakob von Soest) verworfen, und da Fritzlar und Soest nur etwa hundert Kilometer auseinanderliegen, kann man sich zu Recht fragen, ob Jakob von Soest den Text von Heinrich von Fritzlar gekannt hat und ob die Idee von der Empfängnis durch einen Kuss entsprechend mitten in Deutschland entstanden ist[200].

Im 15. Jahrhundert (und bis in die erste Hälfte des 16. Jahrhunderts) lebte die Idee von der Empfängnis durch einen Kuss, auf die wir später zurückkommen werden (siehe Epilog 3a), vor allem in Illustrationen zu deutschen Werken (insbesondere im *Marienleben* des Bruders Philipp) weiter. Im Jahr 1677 verbot Papst Innozenz XI. (1676–1689) dann die Darstellungen der Begegnung unter der Goldenen Pforte als Symbol für die Empfängnis Marias, da diese zu Missverständnissen Anlass geben könnten. Bemerkenswert ist, dass diese Idee vor allem in volkssprachlichen Texten vertreten wird, während die lateinischen sie alle bekämpfen; in dieser Hinsicht ist Heinrich von Fritzlar, der zwar deutsch schreibt, aber die Idee bekämpft, nicht typisch. Er stellt sich zwar entschieden auf die Seite der Immakulisten, aber für eine unbefleckte Empfängnis war für ihn keine übernatürliche Empfängnis nötig. Sein Zeugnis bedeutet, dass vierzig Jahre nach Johannes Duns Scotus die Lehre von der unbefleckten Empfängnis den Schritt von der lateinischen Theologie zur deutschen Literatur gemacht hatte, die hier nicht mehr weiter verfolgt werden soll[201].

---

200) GAY-CANTON, Entre dévotion S. 223–228. Hier S. 227 Anm. 172: Jakob von Soest, *De concepcione Marie: Pullulare incepit error novus in populo vulgoque rudi per predicacionem quorundam, ut dicitur seminatus sub quadam specie pietatis [...] asseruntque namque, virginem gloriosam osculo Joachim et Anne conceptam et non ex eorum commixtione.*

201) GAY-CANTON, Entre dévotion S. 230–235.

Der Streit um die Empfängnis Marias 101

In der zweiten Hälfte des 14. Jahrhundert hatte die immakulistische Meinung an Terrain gewonnen, so dass der Dominikanerorden zunehmend in die Defensive und Isolation geraten war, also bereits ein Jahrhundert vor dem Jetzerhandel! Die Diskussion um die Empfängnis überschritt den Rahmen der scholastischen Debatte und wurde zu einem Objekt der Predigt, nicht nur zum Klerus, sondern auch zum Volk. Die Verbreitung des liturgischen Festes zog nach sich, dass die Laien über das umstrittene Objekt dieses Festes unterrichtet wurden, und zwar sowohl aus makulistischer als auch aus immakulistischer Perspektive. Mehr und mehr versuchten die Prediger aber auch, die Szene zu beruhigen, bis der Papst einen Entscheid getroffen haben würde. Wie wir gesehen haben, setzte das Konzil von Basel ein falsches Zeichen, welches das Gegenteil von dem erreichte, was es erreichen wollte. Aber auch die traditionelle Position des Dominikanerordens, die „Heiligung im Mutterleib", erfuhr eine gewisse Verbreitung durch die Reform des Ordens, die Observanz, die im 15. Jahrhundert um sich griff (siehe Kap. I/2b). Die entscheidende Frage blieb nach wie vor der Zeitpunkt der „Heiligung": gleich bei der Empfängnis, was einer *Bewahrung* vor der Erbsünde gleichkam, oder später – wenn auch nur ganz wenig später –, was eine *Reinigung* von der Erbsünde bedeutete. Für die Makulisten fiel der Moment der Reinigung mit demjenigen der Beseelung zusammen, von der man im Mittelalter allgemein glaubte, dass sie bei männlichen Embryonen am 40. Tag nach der Empfängnis stattfand, bei weiblichen Embryonen aber – und Maria war ein Mädchen! – am 80. Tag[202]. Was wir jedoch in der ganzen Literatur nirgends gefunden haben, ist die Dauer von drei Stunden, während welcher Maria nach ihrer Empfängnis in der Erbsünde geblieben sein sollte, die von den Vorstehern des bernischen Dominikanerkonvents während des ganzen Jetzerhandels propagiert wurde – diese könnte ihre ureigenste Theorie und Theologie gewesen sein[203]! Drei Stunden sind sehr

---

202) GAY–CANTON, Entre dévotion S. 313–320, 349, 359. Demnach kann für die Makulisten die „Reinigung" oder *sanctificatio* Marias natürlich nicht am 8. Dezember, dem Tag ihrer Empfängnis (neun Monate vor der Geburt), stattgefunden haben, sondern erst am 80. Tag nach dem 8. Dezember, das heißt am 25. Februar, eine Rechnung, die der italienische Dominikaner (und Makulist) Vinzenz Bandelli in seinem Buch *De singulari puritate et praerogativa conceptionis Salvatoris nostri Jesu Christi*, publiziert 1481 in Bologna, gemacht hat, vgl. HORST, Dogma und Theologie S. 73.

203) Vgl. Akten, Einleitung S. XXX und *passim*. Vgl. auch LAMY, L'immaculée conception S. 243 ff.: L'enquête sur le moment de la sanctification de Marie. Ein kleiner Anhaltspunkt für unsere Argumentation findet sich im *Mariale* des observanten Franziskaners Bernardin de Bustis, das im Jetzerhandel eine große Rolle spielte (siehe Kap. I/3a). Hier wird gesagt, dass es eine Ausflucht sei, zu sagen, dass die „Heiligung" Marias schneller vonstatten gegangen sei als die anderer (gemeint sind Jeremias und Johannes

102 Einleitung

wenig, und diese kurze Dauer sollte wohl den großen Unterschied verdecken helfen, der zwischen der makulistischen und der immakulistischen Auffassung von Marias Empfängnis bestand – natürlich nicht für Menschen von Anfang des 21. Jahrhunderts, wohl aber für solche des Mittelalters! Letztlich lassen sich die unterschiedlichen Auffassungen von Makulisten und Immakulisten auf „ein unterschiedliches Konzept von der Mutterschaft und vom Anteil der Frau an der Empfängnis" zurückführen. Thomas von Aquin übernahm sein Konzept der weiblichen Empfängnis vom griechischen Philosophen Aristoteles (384–322 v. Chr.), bei dem der Frau nur eine passive Rolle als Empfängerin des männlichen Samens zukam: „Nach Aristoteles lag der Beitrag der Frau in ihrem Blut; das neue Lebewesen bildete sich aus der Verbindung des [männlichen] Samens mit dem weiblichen Blut. Demnach bestimmte der Mann die Form des Lebewesens, und die Frau steuerte [lediglich] das Material bei." „Da Thomas glaubte, dass die Erbsünde nur durch die aktive Kraft des männlichen Erbsamens übertragen werden konnte, war es nicht nötig, dass Maria von der Erbsünde bewahrt wurde. Sie konnte diese ja keinesfalls auf ihren Sohn übertragen." Maria konnte deshalb ohne weiteres in der Erbsünde empfangen und erst nachträglich davon gereinigt worden sein. Im Gegensatz zu Thomas übernahm Duns Scotus die Vorstellung des griechischen Arztes Galen (129/131–200/215 n. Chr.) von der aktiven Mutterschaft der Frau: „Nach Galen hatte die Frau den gleichen Anteil an der Empfängnis wie der Mann; er glaubte, dass die Frau die gleichen Geschlechtsorgane hatte wie der Mann, nur waren sie nach innen gekehrt. So war der Beitrag der Frauen an der Entstehung des neuen Lebewesens nach Galen ungefähr der gleiche wie der des Mannes. Die Scotisten setzten den Beitrag Marias an der Empfängnis und Geburt so hoch wie möglich an und befürworteten deshalb die Bewahrung Marias vor der Erbsünde."[204]

Die Schlüsse, welche die Germanistin Réjane Gay-Canton aus ihrer inhalts- und gehaltsreichen Studie zieht, sind bemerkens- und bedenkenswert.

---

der Täufer) und dass die Jungfrau nur „eine ganz kleine Weile" in der Erbstünde geblieben sei, vgl. Bernardinus de Bustis, *Mariale* fol. 42r: *Nec valet fuga dicentium quod virginis sanctificatio fuit magis accelerata quam sanctificatio aliorum: quia secundum eos fuit sanctificata per minimam morulam possibilem post conceptionem, alii autem tardius, vel quod virgo Maria in sua sanctificatione uberiorem gratiam pre omnibus aliis accepit.*

204) DÜRMÜLLER, Der Jetzerhandel S. 74. Vgl. auch IZBICKI, The Immaculate Conception S. 150, und Maaike VAN DER LUGT, Le ver, le démon et la vierge. Les théories médiévales de la génération extraordinaire. Une étude sur les rapports entre théologie, philosophie naturelle et médecine (2004), insbes. S. 44 ff.: La transmission des théories antiques et le développement de l'embryologie médiévale. In van der Lugts Buch geht es indessen nicht um die Empfängnis Marias, sondern um diejenige ihres Sohnes.

Der Streit um die Empfängnis Marias 103

Die Kontroverse über die Empfängnis Marias, die seit dem 12. Jahrhundert ausgebrochen war, scheint in der deutschen Literatur recht rasch ein Echo gefunden zu haben; zwischen Johannes Duns Scotus und Heinrich von Fritzlar liegen nur ein paar Jahrzehnte. Es verhält sich aber keineswegs so, dass die Auffassung von der unbefleckten Empfängnis von den Laien ausgegangen und diese damit die Theologen beeinflusst hätten; vielmehr erschien diese zuerst bei den Klerikern, die damit die Laien beeinflusst haben, nicht zuletzt durch das Mittel der Predigt. Auf dieser Ebene wurde die Kontroverse weniger mit Argumenten als mit Zitationen ausgetragen, die nicht selten aus dem Zusammenhang gerissen waren und ebenso gut den Makulisten wie den Immakulisten dienen konnten. Beide stützten sich in erster Linie auf die Bibel und in zweiter Linie auf die Kirchenväter und die Scholastiker. Zwischen der dominikanischen (makulistischen) und der franziskanischen (immakulistischen) Schule gab es insofern einen grundlegenden Unterschied in der Methode, als die erste sich gegen eine Neuheit (die unbefleckte Empfängnis) sträubte, die in der kirchlichen Tradition (bei den Kirchenvätern) nicht vorgesehen war, und die zweite sich auch auf Neuheiten einlassen wollte, die aus einer fortschreitenden Enthüllung der Geheimnisse der Schrift durch den heiligen Geist hervorgingen, also eine Art Modernismusstreit. Die deutsche Literatur war auch offen für Erzählungen von Heiligenerscheinungen und Wundern, welche die eine oder andere Position bestätigten, wobei die makulistischen Autoren sich – zumindest bis zum Konzil von Basel – weniger solcher Mittel bedienten als die immakulistischen; die einzige Ausnahme macht (nach dem Konzil von Basel) der Jetzerhandel! Dabei ist bemerkenswert, dass dieser Unterschied den Akteuren des Jetzerhandels sehr wohl bewusst war, denn in der Bekenntnisschrift, die der Lesemeister des Dominikanerkonvents von Bern Ende August 1508 vor dem Gericht des Hauptprozesses vortrug, schrieb er, dass er am Beginn des Jetzerhandels formuliert habe, es sei erstaunlich, dass die Menschen dieser Zeit so sehr auf die Fabeln und Träume von Frauen hineinfielen, und dies selbst gegen die Aussagen der Kirchenväter, denn die Gegenseite – d. h. die Immakulisten – scheine nichts für sich zu haben als die fingierten Offenbarungen an Frauen und die Antworten von Geistern und Dämonen in besessenen Körpern; es sei nötig, einmal auch das Gegenteil zu träumen, und er habe vorgeschlagen, einen Geist zu fingieren, der etwas anderes zu offenbaren habe[205]. Demnach hätten die Dominikaner von Bern mit dem Jetzerhandel gewissermaßen einen Strategiewechsel vollzogen, bei dem sie sich der Mittel

---

205) GAY-CANTON, Entre dévotion S. 385–398, vgl. auch Akten II/2 S. 228 (undat., 1508, Aug 31; Lesemeister, Bekenntnisschrift): Zitat in Kap. II/2e, Die Folterverhöre des Lesemeisters vom 30. August bis 1/3. September 1508, in Anm. 309.

104 Einleitung

ihrer immakulistischen Gegner bedienten, ein Strategiewechsel, der ihnen allerdings schlecht bekommen ist.

Doch kehren wir in die zweite Hälfte des 15. Jahrhunderts zurück, als der Entscheid des schismatischen Konzils von Basel zu Gunsten der unbefleckten Empfängnis einen gleichen Entscheid des Papstes auf lange Zeit hinaus (bis Mitte 19. Jahrhundert!) verunmöglichte. Die Dominikaner akzeptierten die Entscheidung des Konzils von Basel nicht. Für sie war damit die Autorität ihres Ordenslehrers Thomas von Aquin in Frage gestellt, und damit die Vorreiterrolle ihres Ordens in der theologischen Lehre der Kirche überhaupt. Im Jahr 1475 veröffentlichte der Dominikaner Vinzenz Bandelli, später Ordensgeneral der Dominikaner (1501–1506), in Mailand anonym einen *Liber recollectorius auctoritatem de veritate conceptionis beatae Virginis Mariae*, in dem er mehrfach den Glauben an die unbefleckte Empfängnis für häretisch erklärte. Damit forderte er Papst Sixtus IV., einen Franziskaner, heraus, der Anfang 1476 noch zwischen Bandelli und dem Ordensgeneral der Franziskaner, Franz Insuber, zu vermitteln versuchte. Unmittelbar nach dieser Begegnung bestätigte der Papst jedoch am 27. Februar 1476 in der Konstitution *Cum praeexcelsa* eine Messe, die sein Notar, Magister Leonhard de Nogarolis, für das Fest der Empfängnis der unbefleckten Jungfrau Maria – und nicht der unbefleckten Empfängnis der Jungfrau Maria – geschrieben hatte, und verlieh allen Christen, die daran teilnahmen, den gleichen Ablass wie seine Vorgänger denjenigen in Aussicht gestellt hatten, welche die Messe an Fronleichnam besuchten[206].

Nur wenig später verfasste der observante italienische Franziskaner Bernardin de Bustis (1450–1513) einen weiteren Text für das liturgische Amt der Empfängnis, den Sixtus IV. mit Brief vom 4. Oktober 1480 freudig begrüßte (siehe Kap. I/3a). Darauf publizierte Bandelli 1481 erneut ein Buch mit dem Titel *De singulari puritate et praerogativa conceptionis Salvatoris nostri Jesu Christi*, mit dem er – wie aus dem Titel hervorgeht – versuchte, das Privileg der unbefleckten Empfängnis für Christus zu retten. Um diese Diskussionen zu beenden, erließ Sixtus IV. im Jahr 1482 eine erste Version der Bulle *Grave nimis* für die Lombardei und ein Jahr später (am 14. September 1483) eine zweite Fassung für die gesamte Kirche. Die erste Version „war gegen Prediger verschiedener Orden ‚in Städten und Orten der Lombardei‘ gerichtet, denen vorgeworfen wird, dass sie trotz der Tatsache, dass die römische Kirche das Fest der Empfängnis Marias begehe und ein Offici-

---

206) Hier und im Folgenden nach WEHRLI-JOHNS, L'Immaculée Conception; vgl. auch HORST, Dogma und Theologie S. 53 ff., und LEVI D'ANCONA, The Iconography S. 73 f. Zur Bulle *Cum praeexcelsa* vgl. auch Akten, Einleitung S. XXVIII.

Der Streit um die Empfängnis Marias 105

um herausgegeben habe, in Predigten behaupten, alle, die an die unbefleckte Empfängnis glaubten, seien Häretiker. Schließlich hätten sie sogar Bücher dieses Inhalts publiziert". Dabei wird Bandelli nicht genannt, doch war allen Kennern klar, dass seine Bücher und insbesondere *De singulari puritate* gemeint war. Alle, „die künftig solche verworfenen Ansichten predigen würden", sollten der Exkommunikation verfallen[207]. „Ein Jahr später, am 14. September 1483, erließ Sixtus IV. die zweite Version von *Grave nimis*. Auch sie verurteilt alle, welche die Anhänger der unbefleckten Empfängnis für Häretiker hielten, doch weist sie zwei wichtige Unterschiede auf. Sie richtet sich nicht nur an Prediger in der Lombardei, sondern beansprucht allgemeine Geltung, Noch wichtiger ist der zweite Punkt. Da der Papst als Franziskaner leicht dem Vorwurf der Parteilichkeit ausgesetzt war, sah er sich genötigt, auch den Immakulisten Zügel anzulegen, indem er ihnen ebenfalls untersagte, den Gegner zu verketzern, da ‚die Sache von der römischen und apostolischen Kirche noch nicht entschieden ist (*cum nondum sit a Romana Ecclesia et Apostolica sede decisum*)‘." Damit stiftete der Papst nicht nur einen Waffenstillstand zwischen Makulisten und Immakulisten, sondern schuf gewissermaßen auch eine „kirchenamtlich festgelegte Waffengleichheit", wie es sie bisher noch nicht gegeben hatte[208]. Wie wir noch sehen werden, spielten die Bulle *Grave nimis* und ihre Bestätigung durch Papst Alexander VI. (1492–1503) auch im Jetzerhandel eine wichtige Rolle (siehe Kap. II/3b, Jetzer). Entsprechend bestand für den Berner Chronisten Anshelm (3 S. 49) eine Hauptursache des Jetzerhandels darin, dass Sixtus IV. die Empfängnis der Maria *freigläubig gebullet* und doch eigentlich die unbefleckte Empfängnis bevorzugt habe: *wie wol êgenanter babst hat die enpfángnúss Mariá friglôbig gebullet, so hat er dennoch sines subtilen Schottens*

---

207) HORST, Dogma und Theologie S. 74, vgl. auch DÜRMÜLLER, Der Jetzerhandel S. 12 Anm. 51: Sixtus IV., Bulla *grave nimis* prior, nach Cherubinus SERICOLI, *Immaculata B. M. Virginis Conceptio iuxta Xysti IV constitutiones* (Bibliotheca Mariana Medii Aevi, Textus et Disquisitiones 5, 1945) S. 156–158, hier S. 156: *Sane, sicut accepimus, nonnulli diversorum Ordinum professores, ad praedicandum verbum Dei in diversis civitatibus et locis partium Lombardiae deputati, non ignari quod sancta Romana ecclesia de intemeratae semperque Virginis gloriosae Mariae Conceptione festum celebrat et speciale ac proprium officium ordinavit, in eorum praedicationibus ad populum publice affirmare hactenus non erubuerunt et quotidie praedicare non cessant, astante populi multitudine, omnes illos qui tenent et affirmant eamdem gloriosam et Immaculatam Dei genitricem Virginem Mariam absque peccati originalis macula fuisse conceptam, haereticos esse et ipsam Romanam Ecclesiam solam spiritualem conceptionem, seu sanctificationem eiusdem Virginis Mariae celebrare, ac huiusmodi eorum praedicationibus non contenti, confectos super his suis assertionibus libros in publicum ediderunt [...].*

208) HORST, Dogma und Theologie S. 74 f. (mit Verweis auf SERICOLI, *Immaculata B. M. Virginis Conceptio* [wie vorangehende Anm.] S. 158–161).

106 Einleitung

[Johannes Duns Scotus] *opinion mit grossem ablass und firtag begabt*, eine sehr weitsichtige Aussage.

b) Die Verehrung der hl. Anna und der erste Wirt-Handel (1494/1495)

Mit der Bulle *Grave nimis* war eine Patt-Situation entstanden, welche das Aufkommen von neuen Kontroversen nur förderte, so von denjenigen, die 1494 und 1501 von Wigand Wirt, damals Lesemeister des observanten Dominikanerkonvents in Frankfurt, ausgingen[209]. Im September 1494 griff dieser in einem anonymen Brief Johannes Trithemius, Abt des Benediktinerklosters Sponheim (bei Bad Kreuznach), einen bekannten Humanisten, an. Dieser hatte im Mai des gleichen Jahres einen Traktat zu Ehren der allerheiligsten Mutter Anna (*Tractatus de laudibus sanctissimae matris Annae*) veröffentlicht, mit dem die Verehrung der Anna, der Mutter Marias, und zugleich die unbefleckte Empfängnis verteidigt wurden. Dabei scheinen die beiden Dinge – die unbefleckte Empfängnis und die Verehrung der Mutter Marias – nicht unbedingt miteinander verknüpft gewesen zu sein, doch warf die Frage nach Marias Empfängnis auch diejenige nach ihren Eltern auf. Im Spätmittelalter begann man sich immer mehr für die Mensch-Seite von Jesus Christus zu interessieren, für seine Kindheit und seine Verwandtschaft, und deshalb musste er auch eine ausgedehnte Familie, eine Sippe haben. Wie wir gesehen haben, erhielt seine Mutter, Maria, zunächst einmal Eltern, Anna und Joachim, und ihr Sohn damit Großeltern, und zwar bereits im Protoevangelium des Jakob, das Ende des 2. nachchristlichen Jahrhunderts in Ägypten oder Syrien entstanden war (siehe Einl. 3a). Um die Mitte des 9. Jahrhunderts tauchte bei Haimo von Auxerre (um 841–nach 875) ein neuer Gedanke auf, nämlich derjenige des *trinubium* der hl. Anna. Demnach hätte diese nach der Geburt Marias und nach dem Tod Joachims noch zwei weitere Male geheiratet und zwei weitere Töchter namens Maria gehabt, die eine Maria Kleophae (nach ihrem Vater Kleophas, Joachims Bruder) und die andere Maria Salomae (nach ihrem Vater Salomas). Die beiden Marien heirateten ebenfalls, Maria Kleophae den Alphäus, von dem sie unter anderem den zukünftigen Apostel Jakob d. J., und Maria Salomae den Zebedäus, von dem sie Jakob d. Ä. und den Evangelisten Johannes hatte. Alle zusammen bilde-

---

209) Zu den Wirt-Händeln vgl. STEITZ, Der Streit über die unbefleckte Empfängniss(!); LAUCHERT, Der Dominikaner Wigand Wirt; Nikolaus PAULUS, Über Wigand Wirts Leben und Streitigkeiten, in: Historisches Jahrbuch 19 (1898) S. 101–107, und SCHMITT, La controverse allemande. Vgl. auch NEIDIGER, Dominikanerkloster Stuttgart S. 132–137, und DE BOER, Unerwartete Absichten S. 235–258. Was den Jetzerhandel betrifft, so legt de Boer (S. 231–235) sich in der Schuldfrage nicht fest.

Der Streit um die Empfängnis Marias

ten die Heilige Sippe, die auch Aufnahme in die *Legenda aurea* des Dominikaners Jakob von Voragine (1228/1229–1298) fand. Die gängigste Darstellung der Mutter Marias in Malerei und Skulptur des Spätmittelalters war jedoch die hl. Anna Selbdritt, d. h. Anna mit ihrer Tochter Maria und deren Sohn Jesus[210].

Klaus Arnold, dem wir hier folgen, meint, dass die Verehrung Annas und der hl. Sippe sich auf zwei Tatsachen zurückführen lasse, die sich beide im Laufe des 15. Jahrhunderts verstärkten: einerseits auf die Kontroverse um die Empfängnis Marias, andererseits auf die „Affinität des spätmittelalterlichen Stadtbürgertums zum Kult der heiligen Anna und ihrer Familie". Die Kaufleute und Handwerker der spätmittelalterlichen Städte begannen, sich für ihre eigene Genealogien zu interessieren und diese in Chroniken und Hausbüchern aufzuzeichnen, und konnten sich gar nicht vorstellen, dass Jesus keine Familie und keinen Stammbaum gehabt haben sollte. In diesem Zusammenhang erwähnt Arnold auch die Schrift *De laudibus sanctissimae matris Annae* des Abts Trithemius, von der wir ausgegangen sind, und unterstreicht, dass praktisch alle Humanisten für die unbefleckte Empfängnis Marias votierten; er meint auch, dass die spätmittelalterliche Verehrung der hl. Anna aus der gleichzeitigen Marienfrömmigkeit herausgewachsen sei: „Aus der Lehre, Maria sei unbefleckt und ohne Erbsünde geboren, fiel neuer Glanz auf die Mutter." Anschließend untersucht er die fünfzehn Annenaltäre, die allein aus der Hansestadt Lübeck von der Wende vom 15. zum 16. Jahrhundert im dortigen St. Annen-Museum aufbewahrt sind, und ebenso eine Annenbruderschaft der Stadt Kitzingen (Landkreis Kitzingen, Regierungsbez. Unterfranken, Bundesland Bayern), die wohl in die 1490er-Jahre zurückreicht, um 1511 vom zuständigen Diözesanbischof bestätigt wurde und in dieser Zeit etwa 230 Mitglieder zählte[211].

Für Angelika Dörfler-Dierken ist in ihrem Buch über „Die Verehrung der heiligen Anna in Spätmittelalter und früher Neuzeit" zunächst nicht klar, „welcher Zusammenhang zwischen Marienverehrung – insbesondere der Auffassung, dass Maria unbefleckt empfangen worden sei – und Annenverehrung besteht". Sie ist nicht sicher, ob „der Annenkult eine notwendige Folge der Verehrung der unbefleckten Empfängnis Marias sei", denn sie kann nicht so richtig glauben, „dass ein Massenphänomen wie der Annen-

---

210) ARNOLD, Die Heilige Familie S. 155 f.

211) ARNOLD, Die Heilige Familie S. 156/158–170. Für Bern hat Urs Martin Zahnd Haus- und Familienbücher ausfindig gemacht, vgl. ZAHND, Die autobiographischen Aufzeichnungen S. 334–341. Vgl. auch BŒSPFLUG/BAYLE, Sainte Anne (freundlicher Hinweis von Frau Prof. Martine Ostorero, Lausanne) S. 121: le „prodigieux intérêt des derniers siècles du Moyen Âge pour la généalogie". Vgl. auch RUBIN, Mother of God S. 323–331.

108 Einleitung

kult abhängig gemacht wird von den feinen Distinktionen der Theologen". Zudem sei bekannt, „dass die Frage der Empfängnis gerade in den Jahrzehnten, in denen die Verehrung Annas ihren Höhepunkt erlebte, heftig umstritten war". Dabei stellt sie aber nicht in Frage, „dass der Annenkult in vieler Hinsicht abhängig von der Marienverehrung ist". Papst Sixtus IV. gelte zwar als Förderer der Marien- und der Annenverehrung, doch werde Anna in keiner seiner Verlautbarungen (*Cum praeexcelsa*, *Grave nimis*) erwähnt. Erst Abt Trithemius habe in seinen *De laudibus sanctissime matris Annae* einen eindeutigen Zusammenhang zwischen Annenverehrung und unbefleckter Empfängnis hergestellt, indem er forderte, „alle Verehrer Annas sollten auch die unbefleckte Empfängnis ihrer Mutter glauben". Entsprechend fiel auch die Reaktion des Frankfurter Dominikanerlesemeisters Wigand Wirt aus, auf die wir gleich zu sprechen kommen werden; doch meint Dörfler-Dierken nach wie vor, dass die Annenverehrung nicht „notwendige Folge des Glaubens an die unbefleckte Empfängnis Marias war", denn weder Wirt noch Bandelli hätten einen „Verzicht auf die Verehrung Annas" gefordert. Entsprechend seien „in späteren Jahren die Diskussionen um die Verehrung Annas einerseits und um den Glauben an die unbefleckte Empfängnis ihrer Tochter andererseits stets getrennt voneinander geführt" worden. „Die Diskussion um die Empfängnis Marias und die Geschichte der Verehrung Annas" seien deshalb auseinanderzuhalten; nur Trithemius habe sie so eng miteinander verbunden. Auch die Dominikaner hätten das Annenfest (am 26. Juli), das erst 1481 ebenfalls von Papst Sixtus IV. in das römische Brevier aufgenommen worden sei und einige Mühe bekundet habe, sich durchzusetzen, gefeiert und in ihren Klosterkirchen Annenbruderschaften aufgenommen[212] – wie wir gleich auch für Bern sehen werden.

Im Grunde nahmen die Gegner der Dominikaner diesen übel, dass sie sowohl von der Marien- als auch von der Annenverehrung profitierten und trotzdem an der befleckten Empfängnis Marias festhielten. Entsprechend lautete „ein sich ständig wiederholendes Argument" von Trithemius gegen seine Gegner: „Wenn die Immakulisten sich irren sollten, irrten sie aus

---

212) DÖRFLER-DIERKEN, Verehrung der heiligen Anna S. 35, 45–47, 54–58, 61–74. In diesem Zusammenhang erwähnt Dörfler-Dierken (S. 58 f.) auch den Jetzerhandel, doch legt sie hier alle Schuld auf Jetzer: „Ein sich als Dominikaner ausgebender ‚Schwindler' ließ sich in das Berner Kloster des Dominikanerordens aufnehmen und behauptete, Visionen und Auditionen der hl. Jungfrau empfangen zu haben, in denen sie die Lehre dieses Ordens betreffs ihrer Empfängnis bestätigte. Honorige und gebildete Personen ließen sich von der Wahrhaftigkeit dieser Visionen überzeugen. Nachdem der Betrug entlarvt worden war, konnte der schuldige Mensch namens Jetzer fliehen, seine vier unschuldigen Berner Ordensbrüder aber wurden als Mitwisser und Mittäter hingerichtet." Zur Verbreitung des Annenfestes vgl. auch BŒSPFLUG/BAYLE, Sainte Anne S. 27–29.

Der Streit um die Empfängnis Marias

Frömmigkeit, wenn ihre Opponenten sich irrten, irrten sie umgekehrt aufgrund eines Mangels an Frömmigkeit."[213] Wie auch immer: jedenfalls nahm die Verehrung der Anna in den zwei Jahrzehnten zwischen 1495 und 1515 einen großen Aufschwung, der sich vor allem in der Gründung und Stiftung von Annenbruderschaften äußerte[214]. Selbst Luther war zunächst ein glühender Annenverehrer und führte seinen Entschluss, ins Erfurter Augustinereremitenkloster einzutreten, auf den Beistand der hl. Anna in einem Gewitter zurück. Umso stärker war später seine Abneigung gegen die Verehrung der hl. Anna, die „allein aus eigennützigen weltlichen Interessen – Ausdruck der Sünde der *avaritia* – von den Gläubigen angerufen werde". Bemerkenswert ist, dass man aufgrund von Luthers späteren Äußerungen das Aufkommen der Annenfrömmigkeit recht genau datieren kann, nämlich auf die allerletzten Jahre des 15. Jahrhunderts. Im Jahr 1523 erzählte der Reformator in einer seiner Tischreden, dass man begonnen habe, von der hl. Anna zu sprechen, als er ein Knabe von fünfzehn Jahren gewesen sei, d. h. etwa 1498[215]! Es ist sehr selten, dass man das Aufkommen einer neuen Verehrung so genau datieren kann, und doch ergibt sich eine verblüffende Übereinstimmung (auf fünf Jahre genau) mit einer Stelle in der Chronik des Valerius Anshelm, der sich zum Jahr 1503 zu dieser „neuen Mode" äußerte, wobei dieses Jahr mit dem Beginn des Papsttums Julius' II. und dem Pensionenbrief für ihn sowieso ein unheilschwangeres Jahr war (siehe Kap. II/5a, Der eidgenössische Pensionenbrief):

Wie denn in diesen jaren nůw sitten, nůwe plagen und zeichen sind ankommen, also so sind ouch angends [...] hinzůgebracht nůwe oder vernůwte heiligen und patronen, die mit nůwen allerhand stiftungen und gnemt brůderschaften zů verêren; harzů hond insunders die båttelorden so siess [süß] und gflissen gelokt, ir hopt, der Rômsch babst, willig bestât und so hoch gefrigt [gefreit] und mit sinem ablass so richlich begabt, dass,

---

213) DE BOER, Unerwartete Absichten S. 236.

214) DÖRFLER-DIERKEN, Verehrung der heiligen Anna S. 81 ff.; vgl. auch DIES., Vorreformatorische Bruderschaften.

215) ARNOLD, Die Heilige Familie S. 158; DÖRFLER-DIERKEN, Verehrung der heiligen Anna S. 20–22; BŒSPFLUG/BAYLE, Sainte Anne S. 24. Vgl. auch Martin LUTHER, Weimarer Ausgabe 47 S. 383 (online, Zugriff 30. Juli 2019): *Bej meinem gedencken ist das gross wesen von S. Anna aufkomen, als ich ein knabe von funffzehen jharen wahr. Zuvor wusste man nichts von ihr, sondern ein bube kam und brachte S. Anna, flugs gehet sie ahn, den(!) es gab jederman darzu. Dohehr ist die hehrliche Stadt und kirche auff S. Annabergk ihr zu ehren gebauet worden, und wer reich werden wolte, der hatte S. Anna zum(!) Heiligen. Solcher heiligen dienst hat dem Bapst geldts gnug getragen. Aber da itzt Christus anhebt, mit seinem wortt umbzustossen die wechselbencke [...].*

110 Einleitung

*hindan und in vergessen gesezt einig heilsame Cristi Jhesu ware brůder-
schaft, dis menschen brůderschaften so hochgeacht und so gmein sin worden, dass ein iede geistlich oder weltlich gnemte rot oder gselschaft, ein ie-
des hantwerk, ein iede begangenschaft, hantierung und iebung, unss uf
die gmeinen måtzen, einen nůwen oder vernůwten heiligen patron und
demselben hat ein sundre brůderschaft angericht, jartag, blichtung [Be-
leuchtung], opfer, mess, bilder, altar, kapelen, kirchen, klôster, ja ståt
[Städte] gestift. Und hie fůrtreffenlich, so hat, on glouben, sant Ann, deren vor wenig gedacht, zů diser zit fůr die gmeinen, unwerten, unlidigen
bresten der zitlichen armůt und der ellenden blateren und pinlichen låme,
garnah ire tochter, die wirdig můter unsers herren, und al heiligen hinder-
sich gerukt, also dass iren in Tůtschen landen iederman zůschrei: hilf s.
Anna selb drit! und uf allen strassen, in ståten und dôrferen bilder, altar,
kapelen, kirchen, uf dem Schreckenberg in Myssen ein stat [Annaberg],
und umundum brůderschaften sind iren ufgericht worden, als diss jars hie
zůn Predigern, mit inschribung silbriner becheren, so sust wider ir observanz wårid gsin, so vor zů s. Vincenzen unser frowen mit kôstlicher stiftung um gnad, und darnach s. Jacoben fürs jůngst gericht zůn Barfůssen
brůderschaften sind angehaben.*[216]

Was Anshelm hier beklagt, ist der Partikularismus der einzelnen Bruder-
schaften – anstelle der *einzigen wahren Bruderschaft Christi*. Er hat auch
richtig gesehen, dass die hl. Anna – oder auch Anna Selbdritt (d. h. Mutter,
Tochter und Enkel), eine Art weiblicher Dreifaltigkeit[217] – in jener Zeit an
Beliebtheit alle anderen Heiligen und fast auch ihre Tochter Maria überflü-
gelte. Seine Kritik hatte einen ganz bestimmten Ausgangspunkt, nämlich die
Gründung einer Annenbruderschaft im bernischen Dominikanerkloster im
Jahr 1503 bzw. 1504. Am 7. Dezember 1504 konstituierte sich eine Bruderschaft von Maler-, Goldschmiede-, Münzer-, Bildhauer-, Glaser- und Sei-
denstickermeistern, die zu ihren Patronen die heiligen Anna sowie Lukas
und Eligius (Lux und Loy) wählte und einen Annenaltar stiftete. Durch die
Statuten, welche die Bruderschaft sich bei der gleichen Gelegenheit vom Rat

---

216) Anshelm 2 S. 391 f. (Interpunktion zur besseren Lesbarkeit leicht angepasst). Mit
dieser Analyse traf Anshelm ins Schwarze, er wird denn auch in der einschlägigen Literatur überall zitiert: ARNOLD, Die Heilige Familie S. 158; DÖRFLER-DIERKEN, Verehrung der heiligen Anna S. 23 f.; DIES., Vorreformatorische Bruderschaften S. 9. Bemerkenswert ist, dass sowohl Luther als auch Anshelm Anstoß daran nahmen, dass eine
ganze Stadt – Annaberg – nach der neu in Schwang gekommenen Heiligen genannt wurde.

217) In französischer Sprache „sainte Anne trinitaire", vgl. BŒSPFLUG/BAYLE, Sainte
Anne S. 123.

Der Streit um die Empfängnis Marias 111

bestätigen ließ, waren die Mitglieder bei einer Buße von 5 Schilling verpflichtet, an den Tagen der heiligen Lukas (18. Oktober) und Eligius (1. Dezember) nicht zu arbeiten und an den gestifteten gesungenen Messen teilzunehmen, und ebenso an den Jahrzeiten der verstorbenen Mitglieder an den Tagen danach sowie an denjenigen nach Eligius im Sommer (*Translatio Eligii*, 25. Juni) und nach Anna (26. Juli). An den Festen der heiligen Lukas und Eligius musste jedes Mitglied zwei Kreuzer bezahlen, die an die Beleuchtung des Altars gewendet wurden; dagegen war niemand gezwungen, an den Bruderschaftsmahlzeiten, die an den beiden Tagen am Morgen (Mittag?) und am Abend veranstaltet wurden, teilzunehmen. Bei den Malern, Bildhauern, Glasern und Seidenstickern betrug die Aufnahmegebühr 30 Schilling, bei den Goldschmieden und Münzern, die gleichzeitig zu den Schmieden gehörten, nur die Hälfte[218].

Man darf vermuten, dass die Dreiheit der Patrone – die heiligen Lukas und Eligius sowie, etwas aufgesetzt, die hl. Anna – einen Kompromiss zwischen den Wünschen der Bruderschaftsmitglieder und der Dominikaner darstellte. Diese hätten in den Maler-, Goldschmiede-, Münzer-, Bildhauer-, Glaser- und Seidenstickermeistern eine Trägerschaft für einen bereits bestehenden Annenaltar (belegt am 21. Januar 1503 in einem Testament) gefunden. Die Dominikaner scheinen auch Wege gefunden zu haben, um die Anna-Seite der Lux- und Loyenbruderschaft besser zur Geltung zu bringen. Am 5. März 1507 – Jetzer war bereits im Konvent und hatte Erscheinungen eines Geistes! – stifteten Thomas vom Stein, Kantor des Vinzenzstifts, die Pfarrer von Hilterfingen, Schüpfen und Bolligen und der Kaplan des Siechenhauses in Bern sowie Altvenner Kaspar Wyler, Altgerichtsschreiber Jakob Erk, der Apotheker Niklaus (Alber) und der Goldschmied Martin (Franke) jeder mit einem silbernen Becher eine zusätzliche Jahrzeit am dritten Tag nach Anna; von diesen Stiftern sollten nicht wenige – Thomas vom Stein, Kaspar Wyler, Niklaus Alber und Martin Franke – zu wichtigen Zeugen in den Jetzerprozessen werden (siehe Anh. 4). Wenn nicht der Goldschmied Martin Franke genannt würde, gäbe es in dem ganzen Stiftungsdokument keinen Hinweis darauf, dass die hier in den Vordergrund gerückte Annabruderschaft auch eine Lux- und Loyen-Seite hatte. Dabei handelte es sich um eine exklusive Bruderschaft, denn sie scheint nur die Meister der Maler, Goldschmiede, Münzer, Bildhauer, Glaser und Seidensticker aufgenommen zu haben, deren es in Bern bestimmt nicht viele gab, und man

---

218) UTZ TREMP, Geschichte S. 139 f., vgl. auch DÖRFLER-DIERKEN, Vorreformatorische Bruderschaften S. 61 f. Zu Eligius vgl. Fredy MEYER, Der Heilige mit dem Pferdefuß. Sankt Eligius – Goldschmied, Bischof und Volkspatron, in: Schriften des Vereins für Geschichte des Bodensees und seiner Umgebung 135 (2017) S. 3–44.

112 Einleitung

kann sich vorstellen, dass die Dominikaner mit dem Patrozinium der Anna diese Exklusivität etwas aufzuweichen bzw. die Basis der Bruderschaft zu erweitern versuchten. Die Stiftung mit den Silberbechern hat indessen auch wieder etwas Exklusives und wurde von Anshelm, wie wir gesehen haben (oben S. 110), als Verstoß gegen die Observanz der Dominikaner gewertet. Der Chronist unterstellt weiter, dass die 1503/1504 bei den Dominikanern gegründete Annenbruderschaft ein Konkurrenzunternehmen zu zwei bereits anderswo bestehenden erfolgreichen Bruderschaften gewesen sei: einer Liebfrauenbruderschaft in der Pfarrkirche St. Vinzenz und einer Jakobsbruderschaft in der Franziskanerkirche. Bei der ersteren handelte es sich wahrscheinlich um die Bruderschaft Unser Lieben Frauen Empfängnis, die im Jahr 1473 aus dem Oberen Spital (Heiliggeistspital) ins Münster (Vinzenzkirche) umgezogen war. Hier erhielt sie einen Platz im bisherigen Südportal zwischen der Brüggler- und der Diesbachkapelle[219]. Zwanzig Jahre später scheint sie bereits mehr Platz benötigt zu haben; jedenfalls bekam sie vom Rat die Erlaubnis, in den Raum, *da der alt kilchturn gestanden ist*, umzuziehen. Der Umzug in den Raum nördlich des Chors lässt sich wahrscheinlich dahingehend interpretieren, dass die Bruderschaft mehr oder einen bessern Platz oder beides benötigte; jedenfalls scheint sie in der Folge vermehrt Gräber angeboten zu haben. Dies würde dem Aufschwung, den das Bruderschaftswesen in eben jenen Jahren in Bern nahm, durchaus entsprechen. In der Folge erhielt die Liebfrauenbruderschaft große Spenden (ohne dass man weiß, ob sie diese auch tatsächlich immer bekommen hat): im Jahr 1500 eine solche von 400 Gulden vom Bischof von Sitten, Matthäus Schiner, und im Jahr 1508 400 Pfund von Johann Armbruster, dem ersten Propst des Vinzenzstifts (1484/1485–1508), beide zum Unterhalt einer täglichen gesungenen Messe bestimmt. Im Jahr 1509 trug der berüchtigte Johann

---

219) Heinrich TÜRLER, Die Altäre und Kaplaneien des Münsters in Bern vor der Reformation, in: Neues Berner Taschenbuch 1 (1896) S. 72–118, hier S. 99 f. Im Oberen Spital ist die Bruderschaft seit 1441 nachweisbar, vgl. StABern, F. Außenkrankenhaus (Siechenhaus), 1441, Jan 5; 1467, Dez 29; 1468, Dez 7. Laut Ariane Huber Hernández findet sich die erste Nennung dieser Bruderschaft in einem Testament aus dem Jahr 1434. Die gleiche Autorin kann auch feststellen, dass die Bruderschaft Unserer Frauen Empfängnis die weitaus beliebteste war: „Von 1480 bis 1522 erfreute sie sich der meisten testamentarischen Begünstigungen; rund jedes dritte Testament enthält entsprechende Vergabungen. In den 1510er-Jahren erreichten die Zuwendungen mit annähernd 37% nicht nur [an] diese Bruderschaft, sondern auch [an] die dem heiligen Jakob und der heiligen Anna gewidmeten Bruderschaften (mit 24% beziehungsweise fast 15%) ihren Höhepunkt, fielen nach 1520 wieder ab, bis die testamentarischen Zuwendungen an Bruderschaften nach 1524 gänzlich versiegten." Vgl. HUBER HERNÁNDEZ, Für die Lebenden und für die Toten S. 312 f.

Der Streit um die Empfängnis Marias

113

de Furno, entlassener Kanzler Herzog Karls II./III. von Savoyen (1486–1553) und auf Rachefeldzug gegen diesen, weitere 300 Pfund zu dieser Messe bei, wobei hier noch unsicherer ist als bei Schiner, ob die Bruderschaft dieses Geld je erhalten hat (siehe Einl. 1f). Im Jahr 1504 stiftete der Münsterbaumeister Erhart Küng (um 1420–1506/07) außerdem ein *täglich und ewig singendes Salve [regina] in Unser frowen capellen*, doch ist dieses erst 1519 bezeugt. Aus all dem geht hervor, dass die Bruderschaft Unser Lieben Frauen Empfängnis im Münster, wie von Anshelm angedeutet, sehr erfolgreich war, doch muss man sich davor hüten, diese „Empfängnis" als unbefleckte zu deuten; die Patronin der Bruderschaft war einfach *Mariae Conceptionis*, ein Reflex der Einführung des liturgischen Festes am 8. Dezember, ohne Entscheidung für befleckt oder unbefleckt; nichtsdestoweniger könnte die Bruderschaft doch davon profitiert haben, dass die Entwicklung zunehmend in Richtung unbefleckter Empfängnis lief[220].

Im Fall der Jakobsbruderschaft bei den Franziskanern wandte der bernische Rat sich zunächst – am 20. März 1501 – an den Bischof von Lausanne und unterrichtete diesen von der Absicht, eine solche Bruderschaft zu gründen, und ebenso am 24. August des gleichen Jahres in einem Schreiben an die Pfarrer in Stadt und Land, was bedeutet, dass man Mitglieder nicht nur in der Stadt, sondern auch auf dem Land zu gewinnen suchte; in diesem Schreiben ist bereits die Rede von einem *altar mit eyner kostlichen tafel und andrer zůgehörd zůgerüst*, für welche die Mitgliederbeiträge bestimmt waren. Die eigentliche Gründung erfolgte wahrscheinlich erst im Verlauf des Jahres 1502, denn in einem Testament von Beginn des Jahres 1503 wurde die *sant Jacobs brůderschaft zů den Barfůßen* erstmals mit einer Summe von 1 Pfund bedacht. In den nächsten Jahren folgten weitere, auch substantiellere Legate an die Jakobsbruderschaft, und am 15. April 1506 wurde ein Vertrag zwischen ihr und den Franziskanern geschlossen, die gegen eine Summe

---

220) TREMP-UTZ, Gottesdienst S. 76–78. Zu Furno vgl. Katharina SIMON-MUSCHEID, Jean Furno: Frommer Stifter, politischer Intrigant und ‚Freund der Eidgenossen', in: Katharina SIMON-MUSCHEID / Stephan GASSER (Hg.), Die spätgotische Skulptur Freiburgs i. Ue. im europäischen Kontext (Archives de la Société d'histoire du canton de Fribourg, nouv. sér. 4, o. J.) S. 281–307. – LAMY, L'immaculée conception S. 461, unterscheidet zwei Arten von Bruderschaften Mariä Empfängnis: „[...] on peut distinguer deux cas, correspondant à deux étapes: dans un premier temps en effet, on voit certaines confréries mariales déjà existantes adopter de manière spéciale la fête de la Conception; mais dans un second temps apparaissent des confréries directement placées sous le titre de la Conception de Marie." – Wir wissen mit Gewissheit, dass in Bern das Fest der Empfängnis Marias (8. Dezember) begangen wurde; denn im Jahr 1507 befand der Bischof von Lausanne, Aymo von Montfalcon, sich an jenem Tag in Bern und feierte selber die Messe im Münster, vgl. UTZ TREMP, La défense S. 66.

114 Einleitung

von 800 Pfund, zahlbar in jährlichen Raten von 100 Pfund jeweils am Jakobstag (25. Juli), am Jakobsaltar täglich eine Messe für alle lebenden und verstorbenen Brüder und Schwestern der Bruderschaft halten mussten, die zugleich Mitglieder des noch viel größeren Dritten Ordens der Franziskaner sein sollten. Von den Opfergeldern, die während den Messen und während den Begräbnissen der verstorbenen Bruderschaftsmitglieder auf den Jakobsaltar gelegt wurden, sollte die Bruderschaft ein und sollten die Franziskaner drei Viertel bekommen. In der Folge bemühte man sich auch um Ablass für die Bruderschaftsmitglieder und erlangte 1512/1513 einen solchen für 400 Mitglieder (wobei die Ehepaare als ein Mitglied gerechnet wurden, damit der Ablass weiter reichte ...). Demnach hatte die Jakobsbruderschaft einen großen Aufschwung genommen, und die Zahl von 400 Mitgliedern lässt sich aufgrund der in einem Bruderschaftsrodel überlieferten Mitgliederlisten von 1509 und 1511 verifizieren (wobei sich in diesen beiden Jahren „nur" 250 Mitglieder gleich blieben). Zwischen 1510/1511 und 1513/1514 verdoppelte sich das Bruderschaftsvermögen von 362 Pfund auf 733 Pfund. Vom Aufschwung der Bruderschaft zeugt auch die Tatsache, dass 1521 in der Franziskanerkirche (oder auf dem dazugehörigen Friedhof?) eine eigene Kapelle für sie gebaut wurde[221].

Wenn Anshelm die Annenbruderschaft bei den Dominikanern sowie die Liebfrauenbruderschaft in St. Vinzenz und die Jakobsbruderschaft bei den Franziskanern zum Jahr 1503 erwähnt, nimmt er damit den späteren Erfolg dieser Bruderschaften voraus, zumindest denjenigen der Annen- und der Jakobsbruderschaft; die Liebfrauenbruderschaft scheint damals schon gut etabliert gewesen zu sein. Aus den Geschichten der Jakobs- und der Annenbruderschaft geht weiter hervor, dass die letztere wohl tatsächlich eine Reaktion der Dominikaner auf die 1501 bei den Franziskanern gegründete Bruderschaft gewesen ist, und wohl auch eine weniger erfolgreiche Imitation, denn die Annenbruderschaft scheint immer exklusiver geblieben zu sein als die Jakobsbruderschaft. In den Mitgliederlisten der letzteren finden sich keine Angehörigen der Stiftsgeistlichkeit von St. Vinzenz, die, wie wir noch sehen werden, bei den Dominikanern einigermaßen rege ein- und ausgingen. Damit könnte ein grundlegendes Problem der Dominikaner angesprochen sein, die zwar bewusst exklusiver sein wollten als die Franziskaner, aber gerne auch so populär gewesen wären wie diese. Die Dominikaner wurden als arrogant wahrgenommen, und außerdem war die von ihnen ver-

---

221) TREMP-UTZ, Eine spätmittelalterliche Jakobsbruderschaft S. 56–63, 66 f., 74. Die Angaben bei TREMP-UTZ, Eine spätmittelalterliche Jakobsbruderschaft, wären zu ergänzen durch LACHAT, Barfüßerkloster Bern S. 26 f.

Der Streit um die Empfängnis Marias

tretene Lehre von der befleckten Empfängnis Marias wesentlich schwieriger zu vermitteln als diejenige von der unbefleckten Empfängnis[222].

Doch kehren wir zu Wigand Wirt und seinem Streit mit Trithemius zurück. Bei letzterem scheinen Verehrung der hl. Anna und unbefleckte Empfängnis der Maria unbestreitbar miteinander verknüpft gewesen zu sein; jedenfalls enthielt seine Lobrede auf die hl. Anna ein eigenes Kapitel (Kap. 7) zu Gunsten der unbefleckten Maria. Genau auf dieses Kapitel reagierte Wigand Wirt mit einem ironisch-beißenden Brief vom 6. November 1494, allerdings unter dem lateinischen Pseudonym *Pensans manus*, einer wörtlichen Übersetzung von Wigand bzw. Wieg-Hand[223]. Trithemius antwortete trotzdem; er schickte einen Mann in den Dominikanerkonvent von Frankfurt, um sich nach *Pensans manus* zu erkundigen, und das Pseudonym wurde rasch aufgedeckt. Aber nicht nur Trithemius antwortete, sondern eine ganze Reihe seiner humanistischen Freunde, die alle Anhänger der Annenverehrung waren, so dass der Abt selber von einem „großen Briefkrieg" (*grande litterarum bellum*) sprechen konnte[224]. Am 11. Dezember 1494 erwiderte Wigand Wirt noch einmal, musste dann aber auf Vermittlung des Rektors der Universität Köln, Ulrich Kreidweiß von Esslingen, am 12. September 1495 widerrufen und sich bei Trithemius entschuldigen. Die Folgen dieses ersten Wirt-Handels waren weitreichend, denn im Jahr 1496 „folgte die Kölner [theologische] Fakultät einem Beschluss ihrer Pariser Kollegen, die Lehre [von der unbefleckten Empfängnis] zu unterstützen, solange die Kirche nicht anders entscheide, und ein Dominikaner wurde 1496 nur unter der Verpflichtung auf die unbefleckte Empfängnis zum Lizentiat zugelassen. 1501 erklärte die theologische Fakultät von Mainz jede gegen die unbefleckte Empfängnis gerichtete Lehre ‚nach dem Beispiel der Pariser und der Kölner Fakultät' für irrig."[225] Wigand Wirt hatte also genau das Gegenteil von dem erreicht, was er hatte erreichen wollen!

Es ist sicher kein Zufall, wenn eine Erscheinung der Maria im Berner Dominikanerkonvent im Defensorium in eine beredte Klage über die „modernen Doktoren" ausbricht: „Es gibt jetzt so viele Gelehrte an den verschiede-

---

222) DÜRMÜLLER, Der Jetzerhandel S. 26 f., vgl. auch ebd. S. 30 u. 49.

223) SCHMITT, La controverse allemande S. 405–414 und 434–443 Dok. 1. Hier (S. 399–405) auch zu *De laudibus sanctissimae matris Annae* des Trithemius.

224) SCHMITT, La controverse allemande S. 415–418. Zur Tatsache, dass die Humanisten der Annenverehrung zuneigten und die geographische Verbreitung des Annenschrifttums sich mit derjenigen der deutschen Humanisten deckte, vgl. DÖRFLER-DIERKEN, Verehrung der heiligen Anna S. 165 ff.

225) SCHMITT, La controverse allemande S. 418–423; MEUTHEN, Die alte Universität S. 169.

116 Einleitung

nen Universitäten, aber es grassiert ein solcher Neid unter ihnen, dass Gott in dieser und anderen Angelegenheiten zum Erbrechen gereizt ist und dies nicht länger dulden will. Wenn in dieser Materie [der Empfängnis Marias] nicht endlich eine Klärung zur Wahrheit erfolgt, werden elende Plagen insbesondere über die Gelehrten, aber auch über das gemeine Volk kommen."[226] Die Lehre von der unbefleckten Empfängnis wurde von ihren Gegnern nicht umsonst als „neue Lehre" apostrophiert, ein Versuch der Diffamierung; denn im Mittelalter galt lange Zeit die Regel: je älter, desto besser, doch war diese Regel gerade in der Frage der Empfängnis zum großen Leidwesen der Dominikaner im Begriff, ins Wanken zu geraten[227]. An einer anderen Stelle im Defensorium beklagte sich der Prior des Dominikanerkonvents von Basel, Werner von Selden, bei Jetzer, dass „ein Doktor in Köln vor der versammelten Universität gesagt habe, dass diejenigen, die glaubten, dass Maria in der Erbsünde geboren sei, schlimmer seien als die Türken, und dass keiner der zahlreich anwesenden Dominikaner gewagt habe, ihm zu widersprechen", eine Geschichte, die Jetzer angeblich das Herz brach. Die Dominikaner von Bern sahen die Universitäten von Paris und Köln in direkter Nachfolge des (falschen) Entscheids des Basler Konzils und ließen dieses deshalb durch die Jungfrau Maria kurzerhand für ungültig erklären[228]!

c) Der zweite Wirt-Handel (1501–1513) und die Rosenkranzfrömmigkeit

Im zweiten nach ihm benannten Handel blieb Wigand Wirt zunächst im Hintergrund. Der Streit wurde ausgelöst durch den observanten Franziska-

---

226) Def. S. 569 Kap. I/24: *De modernis vero doctoribus sic dicebat [virgo Maria]: „Multi quidem"*, dicebat, *„nunc sunt doctores in diversis universitatibus, verum tanta invidia regnat, ut Deus ad nauseam et in hac materia et in aliis provocetur, nec diutius sustinere velit. Quodsi in hoc negotio non fuerit ad veritatem declaratio facta, plagae miserabiles super doctos praecipue et communem populum superventurae erunt."*

227) HORST, *Nova Opinio* S. 170: „Dass die konservative Position offensichtlich Terrain verloren hatte, zeigt einen tiefgreifenden Wandel in Wertung und Funktion der Autoritäten an. Die deduktiv verfahrende Konklusionstheologie, eine nicht mehr so wie früher an den Literalsinn gebundene Exegese, Liturgie und Volksfrömmigkeit gewinnen einen Rang, den sie ehedem nicht hatten. Seit langem war allen an der mariologischen Kontroverse Beteiligten klar, dass weit mehr als ein theologisches Detail auf dem Spiel stand, nämlich eine prinzipielle Methodendifferenz, die sich noch durch alte Rivalitäten unter den Orden verschärfte." Zum Autoritätsverlust der Universitäten vgl. DE BOER, Unerwartete Absichten S. 206–215, 931.

228) Def. S. 577 f. Kap. II/6, vgl. auch ebd. S. 570 f. Kap. I/25 u. 26, sowie Akten II/1 S. 83 Nr. 93 (1508, Juli 31; Jetzer).

Der Streit um die Empfängnis Marias

ner Johann Spengler, Lesemeister und Prediger in Heidelberg (1499–1502), der nach eigenen Aussagen während zweier Jahren häufig über die unbefleckte Empfängnis predigte. Die Dominikaner fühlten sich provoziert und forderten ihn auf, an einer öffentlichen Disputation teilzunehmen, die am 24. März 1501 an der Universität Heidelberg stattfinden sollte und an der Spengler nicht teilnehmen konnte. Die Doktrin der unbefleckten Empfängnis wurde deshalb durch einen Dominikaner vertreten, der sich nur zu gern von seinen Mitbrüdern besiegen ließ. Darauf organisierten die Franziskaner der Provinz Straßburg für den 18. Juni 1501 eine Gegendisputation in ihrer Kirche in Heidelberg. Auf Betreiben der Dominikaner untersagten der Pfalzgraf Philipp (1476–1508) sowie die Bischöfe von Worms und Speyer die Gegendisputation, die aber trotzdem stattfand, allerdings ohne Dominikaner, wohl aber in Gegenwart einiger Humanisten und von Konrad Hensel, Stadtpfarrer von Frankfurt (1474–1505)[229]. Nach seiner Rückkehr nach Frankfurt predigte Hensel in der Stadtkirche St. Bartholomäus im Sinne der unbefleckten Empfängnis und provozierte damit Wigand Wirt, Lesemeister der Dominikaner in der gleichen Stadt. Was dann geschah, berichtet Georg Eduard Steitz 1877 aufgrund von Thomas Murners *De quattuor heresiarchis*, von Steitz ins Deutsche übersetzt:

„[.....] Da aber jener, unser Wigandus hörte, dass auch er von dem Stadtpfarrer in seinen Predigten angegriffen werde, beschloss er, denselben persönlich beizuwohnen; er stellte sich ihm so gegenüber, dass er von ihm gesehen werden musste, und lauschte mit gespannter Aufmerksamkeit, ob er sich einen beleidigenden Ausfall gegen ihn erlauben werde. Dem Pfarrer, dem die Gegenwart des Frechen unerträglich war, stieg die Galle und, sich selbst in der Leidenschaft vergessend, [.....] tadelte und geiselte(!) er die, welche den Rosenkranz der Jungfrau Maria nicht hoch genug erheben und empfehlen könnten und sich dennoch unterstünden, ihre Empfängniss(!) mit dem Makel der Erbsünde zu beflecken und dadurch den Kranz und das Haar der Jungfrau selbst mit dieser Hundsblume der Erbsünde (*canino hoc flosculo originalis delicti*) zu entehren und eine so schmähliche Rose in die Krone der hohen Jungfrau zu flechten. Als Wigand das hörte, brüllte er mit lauter Stimme: Du lügst und hast deine Lügen wie ein Ketzer ausgespieen. Die übrige Gemeinde hörte das mit Missfallen und Aergerniss, die Freunde des Stadtpfarrers [...] empfanden es, wie sie sich selbst ausdrückten, übel, dass ein bekutteter Mönch (*cucullatus monachus*) in der Haupt- und Pfarrkirche einer so berühmten Stadt sich solche Frevel erlaubt und ohne Rücksicht auf sie und die Versammlung Widerspruch einzulegen gewagt habe, und drohten

---

229) SCHMITT, La controverse allemande S. 423–425.

118 Einleitung

ihm, wo er auch seine Zuflucht suchen werden, den Tod. Als er dies vernahm, rettete er sein Leben durch die Flucht. [.....]"[230]

Auch der seltsam klingende Vorwurf der „Hundsblume der Erbsünde" (Hundsblume: ein ganz gewöhnlicher Löwenzahn) im Rosenkranz der Jungfrau Maria, den der Pfarrer von Frankfurt gegen die Makulisten erhob, hat wiederum einen ganz konkreten Hintergrund. Im Jahr 1484 war von den Dominikanerbrüdern in Colmar eine Rosenkranzbruderschaft gegründet worden. Sie blieb nicht auf diese Stadt beschränkt, sondern breitete sich rasch aus: in der näheren und weiteren Umgebung von Colmar und von Bern, wo sich ein zweites Zentrum bildete. Von hier aus fand sie auch im Berner Oberland Eingang, im bevorzugten Terminiergebiet (Predigtgebiet) des Berner Dominikanerklosters, so in St. Stephan und Zweisimmen (im Simmental) und in Frutigen (im Kandertal) mit einigen wenigen Ablegern im Wallis, aber auch im Mittelland (Hindelbank, Jegenstorf, Münchenbuchsee und Kirchberg) sowie im Seeland (Vinelz/Erlach). In den bernischen Quellen hat diese überregionale Bruderschaft, soweit wir sehen, keinen Niederschlag gefunden, abgesehen von zwei aus weißen Blumen geflochtenen und mit fünf roten Rosen besetzten Rosenkränzen, die von den bernischen Nelkenmeistern auf das Mittelstück der Stirn des Lettners in der bernischen Dominikanerkirche gemalt und beide mit der Jahrzahl 1495 versehen wurden[231].

Man nimmt an, dass die Bemalung des Mittelstücks mit einer von den Propheten Jesaias und Jeremias begleiteten Verkündigung eine Stiftung des Säckelmeisters Anton Archer und seiner Frau Margareta Fränkli gewesen sei, deren Wappen sich in den Zwickeln unter Maria und dem Engel finden. Margareta Fränkli, ihrerseits Tochter des Säckelmeisters Hans Fränkli (im Amt 1458–1477), lässt sich auch tatsächlich als Mitglied der Rosenkranzbruderschaft nachweisen, auch wenn diese weder in ihrem Testament noch in demjenigen ihres Mannes erwähnt wird. Die Rosenkranzbruderschaft war eine Laienbruderschaft, „deren Ausrichtung sehr einfach war: Alle Men-

---

230) STEITZ, Der Streit über die unbefleckte Empfängniss(!) S. 6–9, hier S. 7. Vgl. auch LAUCHERT, Der Dominikaner Wigand Wirt S. 767–769.

231) Hier und im Folgenden nach UTZ TREMP, Geschichte S. 135 u. 138 f. Vgl. auch Jean-Claude SCHMITT, Apostolat mendiant et société. Une confrérie dominicaine à la veille de la Réforme, in: Annales E. S. C. 26 (1971) S. 83–104, insbes. S. 84 mit Tabelle 1, und GUTSCHER-SCHMID, Nelken statt Namen S. 94–96. Im Anschluss an die oben (siehe Einl. 3b) zitierten Ausführungen Anselms zu den Bruderschaften findet sich auch noch eine lakonische Bemerkung des Chronisten zur Rosenkranzfrömmigkeit der Dominikaner: *Die Predigerbrüder heiligeten iren drifarben rosenkranz* (Anselm 3 S. 392). Zur Rosenkranzfrömmigkeit allgemein vgl. RUBIN, Mother of God S. 332–338.

Der Streit um die Empfängnis Marias 119

schen, die den Marienpsalter beteten (also drei Rosenkränze mit fünfzig Ave Maria und fünf Paternoster) hatten an der geistigen Gnade teil, die durch die Bruderschaft garantiert wurde." Entsprechend umfasste der Berner Zweig der Bruderschaft fast fünfhundert Mitglieder (mit einem großen Anteil von Frauen) und reichte über die Stadt hinaus (122 Mitglieder in Frutigen, 21 in Hindelbank, 36 in Münchenbuchsee). Damit könnte die Rosenkranzbruderschaft bei den Dominikanern noch erfolgreicher gewesen sein als die Jakobsbruderschaft bei den Franziskanern, doch handelte es sich wohl um eine noch lockerere Bruderschaft als diese, denn sonst wäre sie in den Berner schriftlichen Quellen präsent – und nicht nur in zwei gemalten und illusionistisch am Lettner der Berner Dominikanerkirche aufgehängten Rosenkränzen. Vor diesem Hintergrund lässt sich nun auch der Vorwurf, den der Stadtpfarrer von Frankfurt, Konrad Hensel, Wigand Wirt und den Dominikanern allgemein machte, besser verstehen: indem diese darauf beharrten, dass Maria befleckt empfangen worden sei, flochten sie eine Hundsblume (einen Löwenzahn) in die von ihnen sonst so gepflegte Rosenkranzfrömmigkeit und profitierten damit einmal mehr von der Marienfrömmigkeit, ohne aber ihre Auffassung von der befleckten Empfängnis Marias aufzugeben.

Wir kehren ein letztes Mal zu Wigand Wirt zurück. Nach dem Zwischenfall mit Konrad Hensel in der Stadtkirche von Frankfurt verklagte der Provinzial der Dominikaner in Oberdeutschland, Peter Sieber, den wir schon aus dem Jetzerhandel kennen, den Pfarrer von Frankfurt beim Bischof von Straßburg, Albrecht von Bayern (1478–1506), als Konservator der Rechte des Dominikanerordens außerhalb des Königreichs Frankreich. Dieser übertrug den Prozess dem Juristen Thomas Wolf, Propst von St. Michael und St. Peter in Straßburg. Dagegen wurde Hensels Verteidigung vom Juristen (und Humanisten) Sebastian Brant (1457/1458–1521), seit 1503 Stadtschreiber von Straßburg, übernommen. Der Prozess dauerte vom 24. September 1501 bis zum 1. Februar 1503 und ging zu Hensels Gunsten aus. Nur kurz darauf, am 20. Februar 1503, erneuerte Papst Alexander VI. die Bulle *Grave nimis*, die Sixtus IV. in den Jahren 1482 und 1483 erlassen hatte. Aus Rache für seine erneute Niederlage publizierte Wigand Wirt in der Folge mehrere Schriften gegen Brant, zunächst einmal 1503 eine *Defensio Bullae Sixtinae sive Extravagantis Grave nimis, per Alexandrum VI denuo revisae, restauratae ac confirmatae contra Sebastianum Brant et omnes suos complices in furibunda nave secum fluctantes*, und dann, zwischen 1503 und 1506, eine Schrift mit einem noch umständlicheren Titel: *Dialogus apologeticus fratris Wigandi Wirt, sacre theologie professoris, contra Wesalianicam perfidiam atque divi ordinis fratrum Predicatorum persecutores, ac demum*

120 Einleitung

contra eos qui de conceptione immaculatissime(!) *viginis Marie male sentiunt [...]*. Die Schrift erschien ohne Angabe des Jahrs in Oppenheim, doch muss sie zwischen 1503 und 1505 entstanden sein, nach Wirts erneuter Niederlage und vor dem am 12. März 1505 erfolgten Tod Hensels, der als noch lebend vorausgesetzt wird[232].

Dieser fingierte Dialog wurde geführt zwischen Wirt und einem Anhänger von Johann von Wesel (1425–1481), der 1479 in Mainz als Häretiker zum Widerruf verurteilt worden war, weil er angeblich die Erbsünde überhaupt leugnete. Mit seinem Anhänger war Konrad Hensel gemeint, der tatsächlich ein Schüler von Johann von Wesel gewesen war (und der im *Dialogus* als *Hasso senior* bezeichnet wird). Damit wurden die Immakulisten allgemein des Pelagianismus bezichtigt, der Lehre des Pelagius († 418), die von Augustin bekämpft und 431 auf dem Konzil von Ephesos als häretisch verurteilt worden war. Im zweiten Teil des *Dialogus* nahm Wirt Stellung zu seinem verlorenen Prozess und griff auch den Franziskaner Bernardin de Bustis an, „der unter den zeitgenössischen Verteidigern der *Conceptio Immaculata* einen hervorragenden Rang einnahm und auf dessen Hauptwerk sich der Wesalianus des Dialogs als auf ein *pulcherrimum opus noviter factum* beruft". Im dritten Teil des *Dialogus* kehrt Wirt zur Frage der Empfängnis zurück und zählt die älteren Autoritäten für die befleckte Empfängnis auf, wobei er besonderen Wert darauf legte, dass diese keineswegs nur Dominikaner waren, sondern auch prominente Franziskaner wie Bonaventura und Alexander von Hales. Schließlich wirft er den Franziskanern vor, dass sie sich in ihren Angriffen auf die Dominikaner nicht an die Bulle *Grave nimis* Papst Sixtus' IV. hielten, sondern diese laufend überträten und ihre Gegner als Häretiker beschimpften[233] – was er selber im Grund mit dem Vergleich der Makulisten mit den Wesalianern auch tat, aber gleichzeitig mit der Wahl dieser Terminologie verschleierte.

Den Dominikanern scheint der *Dialogus* gelegen gekommen sein; jedenfalls wurde er auf dem Kapitel der Oberdeutschen Dominikanerprovinz, das am 3. Mai 1506 in Wimpfen stattfand, zum Verkauf angeboten. An diesem Kapitel scheint auch Wigand Wirt teilgenommen zu haben, der inzwischen Prior von Stuttgart geworden war. Weiter der Prior von Ulm, Ulrich Kölli; der Prior von Wimpfen, Peter Balmer (eigentlich Palmer); der Prior von Basel, Werner (von Selden), sowie der Prior und der Lesemeister von Bern, Johann Vatter und Stephan Boltzhurst. Allen Prioren wurde empfoh-

---

232) STEITZ, Der Streit über die unbefleckte Empfängniss(!) S. 7 f.; SCHMITT, La controverse allemande S. 425 f.

233) LAUCHERT, Der Dominikaner Wigand Wirt S. 776–787. Zu Johann von Wesels Verurteilung vgl. auch NEIDIGER, Dominikanerkloster Stuttgart S. 84 ff., und DE BOER, Unerwartete Absichten S. 217–228.

Der Streit um die Empfängnis Marias 121

len, für ihre Konvente ein Exemplar des *Dialogus* zu kaufen, und der Prior von Bern kaufte sogar zwei, eines für sich und eines für den Lesemeister. In Wimpfen scheint auch der inoffizielle Beschluss gefasst worden zu sein, der bedrängten Lehre von der befleckten Empfängnis durch Erscheinungen aufzuhelfen, die im Konvent in Bern stattfinden sollten[234]. Dagegen missfiel der *Dialogus* dem Erzbischof von Mainz, der ihn – wohl auf Betreiben der Franziskaner – mit Verfügung vom 28. Juli 1506 für die Diözesen Mainz, Worms, Speyer, Straßburg und Konstanz verbot (vielleicht weil er gegen die Bulle *Grave nimis* verstieß). Darauf scheint Wigand Wirt an die Türen seines Konvents in Stuttgart Plakate angeschlagen zu haben, mit denen er die observanten Franziskaner als wesalianische Häretiker beschimpfte. Der Vikar der observanten Franziskanerprovinz von Straßburg, der das Verbot des *Dialogus* in Mainz erreicht hatte, zog den Fall nach Rom, wo er zunächst lange liegen blieb, nicht zuletzt weil auch der Ordensgeneral der Dominikaner – seit Juni 1508 Thomas de Vio Cajetan – Interesse an einer Verschleppung hatte[235]. In die gleichen Jahre (1507–1509) fielen auch der Jetzerhandel und die Jetzerprozesse, und es ist nicht auszuschließen, dass Cajetan deshalb 1512 schließlich in einen Kompromiss einwilligte bzw. Wirt fallen ließ: dieser musste am 25. Oktober 1512 in Rom vor einem Notar und weiteren Zeugen, darunter auch Cajetan, widerrufen, d. h. zunächst einmal bekennen, dass er der Autor des *Dialogus* war, der als skandalös und gegen die Doktrin der Kirche abqualifiziert wurde, und sich bei den observanten Franziskanern, beim Pfarrer von Frankfurt, Konrad Hensel (inzwischen verstorben), beim Domherrn Thomas Wolf von Straßburg und bei den Humanisten Sebastian Brant und Jakob Wimpfeling entschuldigen. Weiter musste er bekennen, dass diejenigen, die glaubten, dass die Jungfrau Maria vor der Erbsünde bewahrt worden sei, nicht irrten, und versprechen, seinen Widerruf innerhalb von vier Monaten nach dem 1. November 1512 in der

---

234) Akten II/2 S. 226 Nr. 1 (1508, Aug 30; Lesemeister, Folterverhör), S. 228 (undat., 1508, Aug 31; Lesemeister, Bekenntnisschrift), vgl. auch UTZ TREMP, Eine Werbekampagne S. 328 (referiert in Einl. 1h). NEIDIGER, Dominikanerkloster Stuttgart S. 134, interpretiert die Versetzung Wigand Wirts von Frankfurt nach Stuttgart in dem Sinne, dass man ihn aus der bischöflichen Schusslinie in Frankfurt genommen habe, und zieht eine etwas seltsame Parallele zum Jetzerhandel, für den die 1506 in Wimpfen versammelten Dominikaner mit Bern auch eine bischofsferne Stadt gewählt hätten, was man angesichts der Rolle, die der Bischof von Lausanne in den Jetzerprozessen gespielt hat, so nicht stehen lassen kann. Für Neidiger spielt auch keine Rolle, „ob der Berner Prior und seine Mitbrüder die Angelegenheit in Absprache mit ihrer Provinz inszeniert hatten oder ihrerseits von Jetzer getäuscht worden waren", auch dies eine etwas gewagte Behauptung.

235) SCHMITT, La controverse allemande S. 427–430.

122 Einleitung

Franziskanerkirche in Heidelberg zu wiederholen[236]. Der Widerruf in der Kirche der observanten Franziskaner in Heidelberg fand am 24. Februar 1513 statt und erschien auch im Druck, allerdings ohne Ort und Jahr. Es scheint der letzte öffentliche Auftritt von Wigand Wirt gewesen zu sein, der zu Beginn des Jahres 1513 wieder nach Frankfurt versetzt worden war und am 30. Juni 1519 als Prior von Steyr (Österreich) starb[237].

Auf diese Weise war der Jetzerhandel eben Teil des Wirtshandels bzw. der Wirt-Händel, und dies scheint auch den Zeitgenossen spätestens nach dem schlechten Ausgang des Jetzerhandels Ende Mai 1509 klar geworden zu sein. In Jöchers Gelehrten-Lexikon (1751) steht sogar, dass Wigand Wirt „selbst die Berner Betrügereien dort mit inszeniert habe und dafür ‚nebst seinen vier Gesellen 1509 verbrannt worden‘ sei"[238]. Dies trifft zwar nicht zu, aber sonst sind Wigand Wirt und sein *Dialogus* doch in den Akten der Jetzerprozesse vielfach präsent, zunächst einmal in den Schilderungen des Provinzialkapitels von Wimpfen[239], dann aber auch im Defensorium, allerdings bezeichnenderweise nur in den Teilen, die nicht von den Dominikanern selber stammen[240]. Selbst Jetzer scheint vom Vorfall in Frankfurt mit Konrad Hensel gewusst zu haben, jedenfalls berichtet er am 5. Februar 1508 vor dem Rat in Bern, dass seine Erscheinungen wegen den Franziskanern gemacht worden seien, die glaubten, dass die Jungfrau Maria nicht in der Erbsünde empfangen worden sei, und auch weil ein Franziskaner in einem Dominikanerkloster öffentlich gepredigt habe, die Dominikaner beobachteten die Rosenkranzbruderschaft und hörten trotzdem nicht auf zu predigen, die Jungfrau sei in der Erbsünde empfangen worden[241]. Hier ist allerdings einiges durcheinandergeraten, denn Hensel war kein Franziskaner und er hat auch nicht in einem Dominikanerkloster gepredigt, aber der Bezug auf

---

236) SCHMITT, La controverse allemande S. 430–432. Der Widerruf in Rom ebd. S. 445–448 Dok. 3.

237) SCHMITT, La controverse allemande S. 432–433. Laut DE BOER, Unerwartete Absichten S. 256 f., scheint Wirt nicht so sang- und klanglos aus der Geschichte verschwunden zu sein, wie Lauchert und Schmitt gemeint hatten. Vgl. auch Registrum litterarum fr. Thomae de Vio Caietani S. 198 f. Nr. 95 (1512, Okt 23), S. 199 Nr. 98 (1513, Jan 5).

238) LAUCHERT, Der Dominikaner Wigand Wirt S. 788, mit Verweis auf Jöcher, Gelehrten-Lexikon 4 (1751) S. 2020 f.

239) Akten II/2 S. 226 Nr. 1 (1508, Aug 30; Lesemeister, Folterverhör), S. 228 (undat., 1508, Aug 31; Lesemeister, Bekenntnisschrift). Wigand Wirt scheint auch am Provinzialkapitel von Pforzheim vom 2. Mai 1507 teilgenommen zu haben, vgl. Akten III S. 434 Nr. 45 (1509, Mai 7, 14 Uhr; Lesemeister).

240) Def. S. 540 (Einleitung) und S. 602 Kap. IV/2.

241) Akten I S. 45 f. Nr. 144 (1508, Feb 5; Jetzer, Folterverhör), vgl. auch Def. S. 597 Kap. III/9.

Der Streit um die Empfängnis Marias

123

die Rosenkranzbruderschaft ist doch klar. Ja, Jetzer kennt selbst den Namen von Wigand Wirt, denn er sagt im Hauptprozess von Bern aus, dass der Vikar des Provinzials, Paul Hug, und Meister Wigand von Stuttgart „die Enthüllungen und Geschehnisse um ihn herum" – wohl das Defensorium – auf ein Generalkapitel mitgenommen hätten, wo diese geprüft und für gut befunden worden seien[242] – obwohl genau das Gegenteil der Fall war! Und als Jetzer im Sommer 1512 in Baden wieder gefangen genommen und vom Landvogt verhört wurde, nannte er Meister Wigand von Stuttgart unter den *Herren, so solchen falsch mit ihm gebraucht haben*[243]. Wigand Wirt ist also in den Akten der Jetzerprozesse recht gut vertreten, nicht aber – und das ist bezeichnend – im Defensorium, zumindest soweit es von den Dominikanern selber verfasst wurde, ebenso wenig wie das Provinzialkapitel von Wimpfen. Für die Dominikaner durfte der Jetzerhandel keine Vorgeschichte haben, denn dann wäre allen klar gewesen, dass er von ihnen geplant worden war.

---

242) Akten II/1 S. 126 Nr. 322 (1508, Aug 4; Jetzer): *Item dicit quod frater Paulus, de quo superius mencio facta sit, et quidam Storcardiensis magister Wigandus, euntes ad capitulum generale ordinis, revelationes et gesta circa prefatum Iohannem, ut supra dictum est, secum detulerunt.*
243) Beilagen S. 652 Nr. 50.

Pro opinione vero opposita nullam adhuc miraculum reperitur factum
Bernardin de Bustis, *Mariale* fol. 30r

TEIL I:
DER JETZERHANDEL AUS DER SICHT DER DOMINIKANER:
DAS DEFENSORIUM

Im ganzen vorliegenden Buch gilt es zwischen Jetzerhandel (1507) und Jetzerprozessen (1507–1509) zu unterscheiden (siehe Einl. 1, Einleitung), und es geht auch nicht an, den Jetzerhandel lediglich aufgrund der Jetzerprozesse darstellen zu wollen, denn in den Prozessen werden zu viele unterschiedliche Stimmen laut, als dass man sie einfach in Übereinstimmung bringen dürfte – auch wenn dies im Hauptprozess mit der Folter durchaus getan wurde (siehe Kap. II/2e). Hingegen ist es möglich, den Jetzerhandel zunächst einmal aufgrund des Defensoriums zu schildern, jener Verteidigungsschrift, die 1897 von Nikolaus Paulus ins Spiel gebracht wurde, um zu beweisen, dass die Vorsteher des Dominikanerkonvents von Bern Ende Mai 1509 unschuldig auf dem Scheiterhaufen verbrannt worden seien (siehe Einl. 1c). Dabei muss man sich jedoch im Klaren sein, dass im Defensorium praktisch ausschließlich die Sicht der Dominikaner zum Ausdruck kommt und dass dieses deshalb sehr kritisch gelesen werden muss, nicht nur auf seinen Inhalt hin, sondern auch auf die Absichten, in denen es geschrieben wurde. Dabei können wir uns auf die Ausgabe des Defensoriums stützen, die Rudolf Steck 1904 seiner Edition der Jetzerprozesse (als Beilage 1) beigegeben hat[1], weil er mit Paulus der Meinung war, dass dieses „zum größeren Teile [...] noch zu den Akten selbst" gehöre, eine Meinung, die wir nicht teilen (siehe Einl. 2a). Trotzdem soll das Defensorium nicht von unserer Untersuchung ausgeschlossen werden, schon nur, damit man uns nicht vorwerfen kann, wir hätten ein wichtiges Beweisstück für die Unschuld der Dominikaner unterschlagen wollen. Wir packen also gewissermaßen den Stier bei den Hörnern und entwickeln dabei auch schon ein erstes chronologisches Gerüst für den Jetzerhandel und den Beginn der Jetzerprozesse (siehe Anh. 1 a und b). Mit der nötigen Vorsicht und Kritik lässt sich der Jetzerhandel durchaus anhand des Defensorium darstellen, auch wenn uns dabei vieles, was hinter den Kulissen geschah – und das war das Wesentliche – vorenthalten wird. Dabei sollen auch die Hauptakteure, der Prior und der Lesemeister des Dominikanerkonvents von Bern, Johann Vatter und Stephan Boltz-

---

1) Akten S. 539–607 Beilage 1: Defensorium (zit. Def.).

Der Jetzerhandel aus der Sicht der Dominikaner 125

hurst, und der Prior des Dominikanerkonvents von Basel, Werner von Selden, vorgestellt werden, die in der Literatur als Rädelsführer genannt werden: der Prior von Basel in den 1880er-Jahren von Georg Rettig und der Lesemeister des Berner Dominikanerkonvents von mir selber (siehe Einl. 1a und h). Es ist im Grund sogar richtiger, das Defensorium vor den Prozessakten zu lesen und dann mit diesen zu verzahnen; Steck hat diese Schrift zwar im Anschluss an die Prozessakten herausgegeben, aber wohl nicht mehr richtig mit diesen in Verbindung gebracht. Bei aller gebotenen Vorsicht muss das Defensorium auch als Quelle für Fakten benutzt werden, die in den andern Quellen (Akten) nicht überliefert sind, so etwa für die Gegenüberstellungen von Jetzer und den Dominikanern vor dem Rat im Januar 1508 (siehe Kap. I/3e und II/1c, Gegenüberstellungen).

Das Defensorium ist noch im Sommer 1509 im Druck erschienen, herausgebracht allerdings nicht, wie ursprünglich wohl vorgesehen, von den Dominikanern selber, sondern von ihren Gegnern, in deren Hände es wahrscheinlich bereits in der Fastenzeit 1508 (8. März bis 22. April) geraten war. Noch im gleichen Jahr 1509 erschien das lateinische Defensorium auch in deutscher Übersetzung, in der sog. *Falschen History*, die 2009 von Romy Günthart herausgegeben worden ist (siehe Einl. 2a). Es gibt also durchaus eine deutsche Übersetzung zum lateinischen Defensorium, doch ist diese in Frühneuhochdeutsch gehalten und dürfte deshalb dem heutigen Leser nicht viel zugänglicher sein als die lateinische Fassung. Während das lateinische *Defensorium* nur mit einem einzigen Holzschnitt versehen ist, nämlich mit einem Titelbild, wie Jetzer um Aufnahme ins Berner Dominikanerkloster bittet (Abb. 1), weist die *Falsche History* insgesamt 14 Holschnitte auf, von denen die Mehrheit von Urs Graf d. Ä. stammt. Diese Holzschnitte sollen im September 1508 noch von den Dominikanern für ihre Aufzeichnungen bei Urs Graf bestellt und dann mit den Aufzeichnungen an die Gegenseite übergegangen sein[2]. Von den 14 Holzschnitten sind neun in der *Falschen History* mehrmals abgebildet, und fünf (Abb. 2, 3, 5, 13 u. 14) nur einmal[3]. Wir werden sie nur je einmal abbilden, und zwar jeweils zum ersten Kapitel, in denen sie vorkommen[4]; wir werden sie aber nicht nach allen Regeln der Kunstgeschichte interpretieren können, wohl aber geben wir ihnen Kom-

---

2) HIERONYMUS, Oberrheinische Buchillustration 2 S. 33 zu Nrn. 46–54, S. 35 Nr. 46 (Defensorium), S. 37 Nr. 48 (*Falsche History*).

3) Abb. 1 auf dem Titelblatt und in Kap. I/1; Abb. 2 in Kap. I/2; Abb. 3 in Kap. I/3; Abb. 4 in Kap. I/5 u. I/8; Abb. 5 in Kap. I/13; Abb. 6 in Kap. I/15, I/16, II/1, II/5; Abb. 7 in Kap. I/17 u. II/12; Abb. 8 in Kap. I/18, I/22, I/23, II/8; Abb. 9 in Kap. I/19, I/24, II/2; Abb. 10 in Kap. II/9, IV/4; Abb. 11 in Kap. III/1, III/4, III/5; Abb. 12 in Kap. III/8, III/11; Abb. 13 in Kap. IV/5; Abb. 14 in Kap. IV/6.

4) In der *Falschen History* folgen die Holzschnitte in der Regel gleich auf die Kapitel-

126 Der Jetzerhandel aus der Sicht der Dominikaner

mentare bei, denn die ursprünglichen Holzschnitte scheinen keine Legenden zu haben[5].

Die Holzschnitte sind in der Jetzerliteratur (siehe Einl. 2c) weiter verwendet worden, so in der *Historia mirabilis quattuor heresiarcharum ordinis Predicatorum* bzw. *De quattuor heresiarchis ordinis Predicatorum*, im deutschen Reimgedicht *Von den fier ketzeren Prediger ordens*, alle drei aus der Feder des Franziskaners Thomas Murner. Entsprechend hat Frank Hieronymus, der diese Schriften untersucht hat, suggeriert, dass Murner auch derjenige gewesen sein könnte, der den Dominikanern das Defensorium geraubt, mit Zusätzen versehen und herausgegeben haben könnte, doch lässt sich diese Frage hier nicht entscheiden. Fest steht lediglich, dass die Holzschnitte von Urs Graf nur in der *Falschen History* unbeschnitten sind, in den aufgezählten Murner-Schriften aber an den jeweiligen Satzspiegeln angepasst und deshalb beschnitten[6].

1. Der anonyme Herausgeber des Defensoriums

Das Defensorium ist ein schwieriges und heterogenes Quellenstück, und dies nicht zuletzt, weil es von mindestens drei verschiedenen Verfassern geschrieben worden ist, nämlich von einem Anonymus, der es herausgegeben hat, sowie vom Prior des Dominikanerklosters von Bern, Johann Vatter (Teil I), und von demjenigen von Basel, Werner von Selden (Teile II und III). Wir fangen mit dem ersten „Verfasser" an, der eigentlich der letzte ist, nämlich derjenige, der das Defensorium den Dominikanern entwendet und im Druck herausgegeben hat und den man am besten als „Herausgeber" bezeichnet. Man hat bisher wohl noch nicht mit der nötigen Klarheit gesehen, in welchem Maß die äußere Gestalt dieser Schrift nicht auf die Dominikaner, sondern auf diesen Herausgeber zurückgeht; man darf vermuten, dass

---

überschriften, während sie im vorliegenden Buch eher ans Ende der Kapitel gestellt werden, weil sich in ihnen doch recht viele Elemente aus dem Text wiederfinden.

5) In Niklaus Manuel Deutsch S. 184–189 Nr. 36 (Franz BÄCHTIGER) sind die Holzschnitte zum Jetzerhandel allerdings mit Legenden versehen, doch stammen diese nicht aus der *Falschen History*, sondern wahrscheinlich aus Murner, *Von den fier ketzeren Prediger ordens [...]*, Straßburg: Knobloch, 1509, Bern, Stadt- und Universitätsbibliothek AD 73, vgl. auch MARTI, Söldner, Bilderstürmer, Totentänzer S. 95 Abb. 45, und S. 147 Kunst im Dienst der Kirche Anm. 2. Während Franz Bächtiger in der Nachfolge von Nikolaus Paulus fast alle Schuld bei Jetzer sieht, äußert Susan Marti sich nicht dazu.

6) HIERONYMUS, Oberrheinische Buchillustration 2 S. 34 f. zu Nrn. 46–54, S. 37 Nr. 48 (*Falsche History*), S. 38 Nr. 49 (*Von den fier ketzeren Prediger ordens*), S. 38 Nr. 50 (*Historia mirabilis*).

Der anonyme Herausgeber des Defensoriums 127

er erst die Aufzeichnungen der Dominikaner zu einem Buch geformt hat, mit Titel, Adresse an den Leser, Prolog usw., und insbesondere auch mit einer Einteilung in Kapitel, die wiederum zu Teilen (Teil I–III) zusammengefasst sind. Demnach stammen wohl auch die Kapitelüberschriften von ihm, ebenso wie wahrscheinlich die Marginalien (wie *Protestatio veritatis, Ioannes Ietzçer recipitur* usw.) zu den einzelnen Kapiteln und möglicherweise teilweise (oder sogar mehrheitlich) auch die Kolophone, die zwischen den einzelnen Teilen stehen; wir kommen darauf zurück. Bei der Durchzählung der Kapitel ist dem Herausgeber ein Fehler unterlaufen: er springt gleich von Kap. 20 zu Kapitel 22 (Teil I), ein Fehler, den die *Falsche History* vermieden hat, so dass der ersten Teil des Defensoriums 26 Kapitel zählt, derjenige der *Falschen History* nur 25 Kapitel. Insbesondere aber rührt der ganze vierte Teil mit einer Zusammenfassung des Jetzerhandels und der Jetzerprozesse in sechs kurzen Kapiteln von diesem ersten „Verfasser" her, ebenso wie auch die *Conclusio*. Entsprechend stammen die Holzschnitte zum vierten Teil, insbesondere die Peinigung Jetzers durch die Dominikaner (zu Teil IV, Kap. 5) und die Hinrichtung der Dominikaner (zu Teil IV, Kap. 6), vielleicht nicht mehr von der Hand von Urs Graf d. Ä., sondern von derjenigen eines anderen Künstlers[7]; die Dominikaner werden ja nicht eine Darstellung ihrer eigenen Hinrichtung in Auftrag gegeben haben, noch die Art, wie sie Jetzer gepeinigt haben sollen.

Der vollständige Titel des Defensoriums lautet: *Defensorium impiae falsitatis, a quibusdam pseudopatribus ordinis Praedicatorum excogitatum, principaliter contra mundissimam superbenedictae virginis Mariae conceptionem. Cum insertione actorum in Berna sub annis Christi millesimo quingentesimo septimo, octavo et nono, usque ad ultimam Maii, qua die quattuor eiusdem falsitatis architecti igne deleti sunt*, also zu Deutsch etwa: „Verteidigungsschrift der gottlosen Falschheit, ausgedacht von einigen falschen Vätern des Dominikanerordens, hauptsächlich gegen die allerreinste Empfängnis der gesegnetsten Jungfrau Maria. Mit dem, was in den Jahren 1507, 1508 und 1509 in Bern geschehen ist, bis zum 31. Mai (1509), als die vier Architekten dieser Falschheit im Feuer verbrannt wurden." Es versteht sich von selbst, dass dieser Titel nicht von den Dominikanern selber stammen kann, wenn man auch annimmt, dass die Idee der „Verteidigungsschrift" bereits von Werner von Selden, Prior von Basel, vorgesehen gewesen sein könnte, der im Winter 1507/1508 mit der Verteidigung der Dominikaner betraut war[8], allerdings einer inoffiziellen Verteidigung vor dem Beginn der eigentlichen

---

7) HIERONYMUS, Oberrheinische Buchillustration 2 S. 33 f. zu Nrn. 46–54, S. 37 Nr. 48 (*Falsche History*).

8) HIERONYMUS, Oberrheinische Buchillustration 2 S. 35 Nr. 46.

128 Der Jetzerhandel aus der Sicht der Dominikaner

Jetzerprozesse, in einer Zeit, als zunächst nur Jetzer (in Lausanne und Bern) vor Gericht stand. Im gleichen Ton wie der Titel ist auch die Adresse an den Leser (*Lectori pio salus et foelicitas*) gehalten, doch liefert diese auch einige (mehr oder weniger) sachliche Informationen, so, dass die ersten drei Teile des Defensoriums durch die Dominikaner ihren Anhängern mitgeteilt worden seien, aber nicht in der Absicht, die der vierte Teil enthülle[9]. Außerdem versteht sich die Schrift als Gegenschrift zum *Dialogus apologeticus*, den der Dominikaner Wigand Wirt, zuerst Lesemeister in Frankfurt und dann Prior in Stuttgart, zwischen 1503 und 1506 (1505) zu Gunsten der befleckten Empfängnis Marias veröffentlicht hatte (siehe Einl. 3c). Auch die Überschrift zum Prolog zu Teil I und der Obertitel zum ersten Kapitel des ersten Teils stammen zweifellos vom Herausgeber des Defensoriums[10], der Prolog selbst sowie das erste und die folgenden Kapitel des ersten Teils unzweifelhaft vom Prior von Bern, Johann Vatter. Im vierten und letzten Teil bezeichnet sich der Herausgeber, offenbar ein eifriger Anhänger der unbefleckten Empfängnis (Immakulist) und entsprechend des Konzils von Basel, als „frommen Pfleger Christi und seiner allerreinsten Mutter und damit der Wahrheit, aber nicht als Schüler eines Ordens oder der Prediger"[11]. Entsprechend feiert er in seiner *Conclusio* den Sieg der Wahrheit, der unbefleckten Jungfrau, des Basler Konzils und insbesondere der Berner und ihrer „Einfalt" *(simplicitas)*, die sich bei der Verfolgung der Gerechtigkeit nicht hätten beirren lassen, und schließlich des Papstes Julius II.[12], der die Gerichtshöfe für den Haupt- und Revisionsprozess eingesetzt hatte.

---

9) Def. S. 540: *[.....] Priores tres partes huius defensorii per fratres eiusdem ordinis fautoribus communicatae sunt; at non in eum finem, ut detegerent latens virus, quale quarta pars clarius pandit. [.....]*

10) Def. S. 541: *Defensorii impiae falsitatis pars I. Prologus pseudopatrum Praedicatorum in falsae eiusdem historiae seu fictionis contextum. [.....] Defensorii impiae falsitatis pseudopatrum Praedicatorum incipit pars I. [...].*

11) Def. S. 602 Kap. IV/1: *[.....] placuit cuidam, non quidem ordinis, aut Praedicatorum aemulo, sed Christi eiusque matris mundissimae, veritatis denique cultori piissimo.*

12) Def. S. 607: *Ad lectorum conclusio.*

2. Der Prior des Dominikanerkonvents von Bern, Johann Vatter, als Verfasser des ersten Teils des Defensoriums

a) Der Jetzerhandel unter der Führung des Priors von Bern

Wie bereits gesagt, setzen die Aufzeichnungen des Priors des Berner Dominikanerkonvents, Johann Vatter, mit dem Prolog zum Defensorium ein, in dem er sich selber und seine Mitbrüder nennt: Johann Vatter, Lektor und Prior; Stephan Boltzhurst, Professor der Theologie (und Lesemeister); Franz Ueltschi, Subprior, sowie die Brüder Heinrich Hell (*de consilio*, ev. eine lat. Übersetzung von Root, Gem. und Amt LU); Johann Rolmanni der Ältere; Konrad Zimmerecklin (*Çimmerecklin*); Balthasar Fabri (wohl eine lateinische Übersetzung von Schmied); Paul Süberlich; Bernhard Karrer, Meister der Studenten (*magister studentium*); Heinrich Steinegger, Schaffner; Jodok (Jost) Hack; Alexander Mesch und Ulrich Hügli, alle Priester, sowie die Konversenbrüder Johann der Schneider der Ältere; Oswald; Georg der Koch und Georg der Bäcker und schließlich sieben „Junge" (*cum aliis iuvenibus septem*). Sie alle sollten das Erbauliche, was der Prior zu berichten hatte, teilweise gesehen und teilweise gehört und aufgeschrieben haben[13], werden also von ihm gewissermaßen zu Zeugen genommen (und werden auch immer wieder als solche genannt werden). Bemerkenswert ist, dass der Schaffner Heinrich Steinegger in dieser Liste unter den Brüdern aufgeführt wird, und nicht unmittelbar nach Prior, Lesemeister und Subprior, und dass Jetzer unter den Konversen nicht aufgelistet ist und auch sonst nie in einer Aufzählung der Konventsangehörigen erscheint (siehe Anh. 2). Bemerkenswert ist schließlich, dass in der lateinischen Liste des Defensoriums alle Konventsangehörigen – „richtige" Brüder und Konversen – als *fratres* bezeichnet werden (so auch in einer Liste von 1508), in der Übersetzung in der *Falschen History* die „richtigen" Brüder aber als „Väter" und die Konversen als „Brüder"[14].

---

13) Def. S. 541 Prolog zu Teil I: *omnes hi prenominati, quae partim vidimus et partim audivimus et, ut firmiter credimus, omnibus haec legentibus et audientibus, ut credibilia fiant, ad rei memoriam posteris relinquendam conscripsimus.* – Zu den beiden „Georgen" gibt es auch zwei Familiennamen, Hedner und Plieger, ohne dass man sie sicher zuordnen könnte, vgl. Def. S. 562 Kap. I/18, und Beilagen S. 620 Nr. 16 (1508, Feb 19).

14) GÜNTHART (Hg.), Von den vier Ketzern S. 61. Bei der Übersetzung sind drei Brüder bzw. Väter verloren gegangen, nämlich Konrad Zimmerecklin, Balthasar Fabri und Paul Süberlich, d. h. wohl einem Augensprung zum Opfer gefallen. In Anh. 2 eine Zusammenstellung der Mitglieder des Dominikanerkonvents Bern 1498–1508, mit diesen beiden Listen und zwei weiteren Listen von 1498 und 1508. – Eine Untersuchung über

130 Der Jetzerhandel aus der Sicht der Dominikaner

Laut dem Chronisten Valerius Anshelm stammte Johann Vatter (hie und da auch Vetter) aus einem Ort namens Marbach, der wohl nicht mit dem luzernischen, sondern mit dem schwäbischen Marbach (Marbach am Neckar, Baden-Württemberg) zu identifizieren ist[15]. Am 5. März 1498 war er, offensichtlich schon von Bern aus, an der Universität Heidelberg immatrikuliert[16], wo er den Grad eines Lektors der heiligen Schrift und ein Buch erwarb, das heute in der Zentralbibliothek Solothurn liegt[17]. Am 6. Mai des gleichen Jahres, anlässlich des in Bern abgehaltenen Provinzialkapitels, wird er hier als Bruder erwähnt (siehe Anh. 2). Seit 1503 scheint er dem Berner Dominikanerkonvent als Prior vorgestanden zu haben. Johann Vatter tat sich vor allem als Buchbinder hervor: Die Stadt- und Universitätsbibliothek Bern (heute nur mehr Universitätsbibliothek) besitzt rund ein Dutzend Bände aus der Wende vom 15. zum 16. Jahrhundert, die aus dem ehemaligen Berner Dominikanerkloster stammen und wahrscheinlich von Johann Vatter eingebunden und mit gotischen Stempeln sorgfältig verziert worden sind[18]. Ein weiterer, ebenfalls von Vatter eingebundener Band liegt in der Zentralbibliothek Solothurn (Rar. I 13bis) und bietet den Schlüssel zu den

---

die Konversenbrüder im Dominikanerorden, insbesondere im Spätmittelalter, bleibt, wie schon 1980 festgestellt, ein Desiderat, vgl. Beiträge zur Geschichte der Konversen im Mittelalter, hg. von Kaspar ELM (Berliner historische Studien 2; Ordensstudien 1, 1980) S. 6. Zu den Anfängen dieser Einrichtung im Dominikanerorden, die stark von den Konstitutionen des Zisterzienserordens bestimmt waren, vgl. Philip F. MULHERN OP, Les origines des frères convers dans l'Ordre de Saint Dominique, in: La Vie Spirituelle, Supplementum 22 (1952) S. 302–318, und DERS., The early Dominican laybrothers, Diss. Univ. Laval, Quebec (1944). Besser untersucht sind die Konversen in den Klöstern der Dominikanerinnen, vgl. Raymond CREYTENS OP, Les convers des moniales dominicaines au moyen âge, in: Archivum Fratrum Praedicatorum 19 (1949) S. 5–48. Hier (S. 25 f. Anm. 72) auch ein Hinweis auf die Regeln, die für die Konversen galten und die sich im Lauf des Mittelalters nur wenig verändert haben, vgl. DERS., Les constitutions des frères prêcheurs dans la rédaction de s. Raymond de Peñafort (1241), in: Archivum Fratrum Predicatorum 18 (1948) S. 5–68.

15) Anshelm 3 S. 54 mit Anm. 2, vgl. auch Akten II/2 S. 178 Anm. 1. – LINDT, Der Dominikanermönch Johannes Vatter S. 11 f., vermutet, dass Johann Vatter ursprünglich doch ein Berner gewesen sei, Sohn von Hans Vatter, der 1469 im Großen Rat saß und bis 1478/1479 in Bern nachweisbar ist. – Wir übernehmen hier die Daten aus UTZ TREMP, Art. Bern S. 319–321.

16) ZAHND, Die Bildungsverhältnisse S. 270: *Joannes Vetter ex Berno, Lausonensis diocesis.*

17) SCHÖNHERR, Katalogisierung S. 52 Beilage I: *Ex libris fratris Johannis Vatter filii huius conventus Bernensis, ordinis Predicatorum, sacre theologie lectoris* [kleine Rasur von 1 cm] *Heydelberge comparatus.*

18) LINDT, Der Dominikanermönch Johannes Vatter, vgl. auch Scriptoria Medii Aevi

Der Prior des Dominikanerkonvents von Bern, Johann Vatter   131

Bänden in Bern, denn er enthält einen Besitzervermerk mit dem Zusatz, dass der Besitzer andere Bände ebenfalls gekauft, gebunden und illuminiert und in die gemeinsame Bibliothek gestellt habe:

Ex libris fratris Johannis Vatter f(ilii) con(ventus) B(ernensis). Alios posuit sponte ad communem locum librarie; et qui hunc titulum de hoc vel aliis libris deleverit, deleat et eum Deus de libro vite. Quia pene omnes suos libros ad usum concessos illigavit, illuminavit, comparavit cum magno labore et diligencia. Anno 150VI^{to} prior exiens (wahrscheinlich *existens*). [Daran von anderer Hand der Zusatz] *Qui cum suis sectatoribus combustus est propter suam heresim, anno* [nicht vollendete Zeile][19].

Die Tatsache, dass Johann Vatter sich vor allem als Buchbinder hervorgetan hat, hilft auch, seine Rolle im Jetzerhandel zu klären. Denn der Prior war wohl nicht, wie Steck meint, „der charaktervollste der Angeklagten", welcher der Folter „mit Heldenmut" widerstanden habe und erst bei der Ermahnungsrede des Bischofs von Sitten zusammengebrochen sei[20]. Wir haben vielmehr den Eindruck, dass er im Gegenteil ein eher schwacher Charakter war, der sich vom Lesemeister Stephan Boltzhurst, dem eigentlichen Rädelsführer, in diese Sache hat hineinziehen lassen[21]; wir sehen Johann Vatter jedenfalls mehr als tüchtigen und begabten Handwerker mit einem ganz konkreten, handfesten Verhältnis zu den Büchern und der Bibliothek denn als Rädelsführer im Jetzerhandel. Anselm (3 S. 54) billigt ihm immerhin zu, dass er ein nicht unbegabter Prediger (*nit ein ungelerter lector*) gewesen sei.

Der Prior begann seine Aufzeichnungen mit der Aufnahme des 23-jährigen Schneiders Johann Jetzer aus Zurzach (heute Bad Zurzach AG, damals Grafschaft Baden, seit 1415 Gemeine Herrschaft der Eidgenossen) in den Berner Dominikanerkonvent, und dies obwohl der Konvent damals mit einem Bruder seiner Art bereits versehen gewesen sei, wahrscheinlich dem

---

Helvetica. Denkmäler schweizerischer Schreibkunst des Mittelalters 11: Schreibschulen der Diözese Lausanne, hg. und bearb. von Albert BRUCKNER (1967) S. 55.

19) SCHÖNHERR, Katalogisierung S. 51 Beilage I, übernommen bei LINDT, Der Dominikanermönch Johannes Vatter S. 12. Schönherr (S. 47) vermutet, dass „mehrere Inkunabeln aus dem Besitz der Berner Dominikaner" nach der Reformation in Bern (1528) „durch Vermittlung des ehemaligen Berner Stiftsdekans Ludwig Läubli (1527–1537 Propst von Solothurn) nach Solothurn gekommen" seien.

20) Akten, Einleitung S. XLIX, gefolgt von LINDT, Der Dominikanermönch Johannes Vatter S. 12.

21) UTZ TREMP, Geschichte S. 151 f.; DIES., Eine Werbekampagne S. 327 f.; DIES., Art. Bern S. 324.

132 Der Jetzerhandel aus der Sicht der Dominikaner

oben erwähnten Schneider Johann dem Älteren, einem Konversenbruder. Jedenfalls wurde Jetzer schließlich vom versammelten Kapitel für ein Probejahr aufgenommen und sollte „nach dem Herbst eingekleidet werden" (*post autumnum induendum*), so dass man annehmen darf, dass er im Herbst 1506 um Aufnahme gebeten hatte, laut seiner ersten Aussage im Prozess von Lausanne (8. Oktober 1507) am 24. August (*Bartholomei*) 1506[22].

Jetzer scheint zuerst in der Gästekammer (*camera hospitum*) des Konvents untergebracht worden zu sein, wo ihn ein Geist zu belästigen begann, zunächst nur leicht, indem er um sein Bett herum strich und auf die Decke tappte, was auch anderen, die früher hier einquartiert worden waren, zugestoßen war. Der Geist belästigte aber nicht nur Jetzer (der dies zunächst verschwieg), sondern auch die anderen Brüder, indem er nicht nur in der Nacht, sondern immer öfters auch tagsüber oberhalb der Bibliothek des Konvents Geräusche machte. Bei dieser Gelegenheit wird gesagt, dass es sich, wie der Ausgang der Sache zeigte (*ut rei exitus indicabat*), um einen guten Geist handelte, so dass man annehmen kann, dass der Prior aus einer gewissen zeitlichen Distanz geschrieben hat. Nachdem Jetzer am 6. Januar 1507 das Ordenskleid und eine eigene Zelle erhalten hatte, fuhr der Geist fort, ihn in seiner Zelle zu belästigen. Da Jetzer weiterhin schwieg und den Geist nicht beschwor, begann dieser mit immer größerem Lärm zu erscheinen, vorwiegend an Freitagen (*feria sexta*) vor oder nach der Matutin, die im Berner Dominikanerkloster um Mitternacht gehalten wurde. Der Schaffner Heinrich Steinegger, dessen Zelle neben derjenigen Jetzers lag, richtete ein Glöcklein ein, mit dem dieser ihn zu Hilfe rufen konnte (*campanula etiam ex cella fratris ad cellam suam disposita*), doch wird nicht klar, ob das Glöcklein in Jetzers Zelle oder in derjenigen des Schaffners hing[23]. In einer Aussage, die Jetzer am 22. Februar 1508 vor dem bischöflichen Vikar in Bern machte, sagte er, dass die vier Klostervorsteher ein Glöcklein in

---

22) Def. S. 541 Kap. I/1, vgl. auch Akten I S. 4 Nr. 1 (1507, Okt 8; Jetzer), und Anshelm 3 S. 52. Laut einer Aussage des Lesemeisters im Hauptprozess war Jetzer um den 25. Juli (*circa festum Jacobi*) 1506 noch ohne Ordenskleid in den Konvent aufgenommen worden; laut einer Aussage des Priors im Revisionsprozess war es in der ersten Hälfte des Monats September 1506 gewesen; laut einer Aussage des Subpriors ebenfalls im Revisionsprozess waren es ungefähr drei Monate, bevor Jetzer (am 6. Januar 1507) das Ordenskleid erhielt, vgl. Akten II/2 S. 226 Nr. 2 (1508, Aug 30; Lesemeister, Folterverhör); III S. 464 Nr. 35 (1509, Mai 11, 15 Uhr; Prior), ebd. S. 483 Nr. 14 (1509, Mai 15; Subprior).

23) Def. S. 542 Kap. I/1. Zur Matutin im Berner Dominikanerkloster, die um Mitternacht stattfand und zu der der Sakristan eine Stunde früher läutete, vgl. Def. S. 545 Kap. I/4, S. 565 Kap. I/19, S. 575 Kap. II/2.

Abb. 1: Jetzer bittet auf den Knien um Aufnahme in den Dominikanerkonvent in Bern. Rechts von Jetzer vier Dominikaner, erkennbar an ihrem Ordenskleid, in einer Pforte stehend. Hinter Jetzer eine Kirche, wahrscheinlich die Dominikanerkirche in Bern (heute Französische Kirche), mit einer Umfassungsmauer und, innerhalb der Mauer, einem Baum. Links davon die Aare mit einem Ruderboot, was insofern stimmt, als das Berner Dominikanerkloster effektiv oberhalb der Aare (westlich von der heutigen Kornhausbrücke) lag. Noch weiter links eine Brücke, die über den Fluss in eine Stadt führt, von einem Stadttorturm zum anderen, beide mit Berner Wappen versehen. Dabei handelt es sich wohl nicht um die Steinerne Brücke, die 1280 vom Dominikaner Humbert errichtet worden war und die den Graben vor der ersten Stadtbefestigung überspannte, denn dieser war um 1405 aufgeschüttet worden[24].
(*Ein erdocht falsch history etlicher Prediger münch* [1509] [p. 9];
Zwickau, Ratsschulbibliothek, 24.10.14., Nr. 16)

seiner Zelle hätten anbringen lassen und es dann von außerhalb der Zelle betätigt und gesagt hätten, dies sei die Jungfrau Maria selber gewesen. Der Schaffner wiederum sagte im Hauptprozess aus, dass das Glöcklein über

---

24) WEBER, Historisch-Topographisches Lexikon, Art. Predigerbrücke (Zugriff 23. Okt. 2018).

134 Der Jetzerhandel aus der Sicht der Dominikaner

seinem eigenen Bett aufgehängt gewesen sei und der Glockenzug durch die
Wand in Jetzers Zelle geführt habe, und Anshelm schließlich meint, dass es
zwei Glöcklein gewesen seien, eines in Jetzers und eines in der Zelle des
Schaffners, mit einer Schnur verbunden, *dass wenn man ein lut, so lut das
ander ouch*[25].

Am Freitag, dem 19. Februar 1507, kam der Geist mit solch großem Getöse, dass er das ganze Dormitorium – das wohl nachträglich aus Holz in einen größeren Raum hineingebaut worden war (siehe Einl. 1d) – erschütterte
und Jetzers Zellennachbarn, den Schaffner, aufweckte. Der Geist betrat Jetzers Zelle und machte dort großen Lärm, indem er eine kleine Truhe öffnete
und wieder zuschlug (*cistulam quandam parvam aperiens ac iterum clau-
dens*). Jetzer zog am Glöcklein und rief den Schaffner zu Hilfe, der zusammen mit Bruder Paul Süberlich, der aus Frankfurt stammte und Novizenmeister war, in den Chor lief, um Licht zu holen. Inzwischen zog der Geist
Jetzer die Decke und die Leintücher ganz weg, so dass dieser nur mehr mit
einem Hemdchen (*tunicella*) bekleidet war, das der Prior ihm geliehen hatte.
Er drehte das Gesicht zur Wand und sagte zum Geist: „Hilf dir Gott und
seine fromme Mutter, denn ich kann dir nicht helfen." Hier begann der
Geist erstmals zu sprechen und sagte: „Doch, Sohn und Knecht Gottes, du
und deine Brüder, ihr könnt mir helfen. Wenn du dich während acht Tagen
jeden Tag bis zum Blutvergießen geißelst (*disciplinam accipies usque ad sanguinis effusionem*) und mir in der Johanneskapelle acht Messen lesen lässt
und bei jeder bis zum Ende mit ausgebreiteten Armen am Boden liegst und
dabei je fünfzig Vaterunser und Ave Maria sowie fünf Glaubensbekenntnis-
se betest, kann ich erlöst werden." Der Geist kündigte seine Wiederkunft
für den nächsten Freitag (26. Februar 1507) zwischen neun und zehn Uhr
(abends) an und erklärte Jetzer, dass er von bösen Geistern begleitet werde,
die ihn für seine Sünden straften, und dass er mit keinem anderen Menschen
als mit ihm sprechen dürfe. Als Jetzer die Hand ausstreckte, um sich mit
dem Weihwasser zu besprengen, das ihm der Prior in einem Glasgefäß in die
Zelle hatte stellen lassen, warfen die bösen Geister das Glas samt dem Wasser an die Wand, so dass es in unzählige Stücke zerbrach. Als der Schaffner
und Paul Süberlich – endlich – mit dem Licht aus dem Chor kamen, war
Jetzers Hemdchen vor Angst so durchschwitzt, dass man es auswinden
konnte. Er wurde in die Zelle des Schaffners gelegt, wo er die ganze nächste
Woche blieb[26].

---

25) Anshelm 3 S. 55, vgl. auch Akten I S. 53 Nr. 167 (1508, Feb 22; Jetzer), und II/2
S. 173 f. (1508, Aug 8; Schaffner, Artikelverhör).

26) Def. S. 542 f. Kap. I/2, vgl. Akten II/1 S. 107 Nr. 226 (1508, Aug 2; Jetzer): *tunica,
in qua dormire solebat.* In den Konstitutionen des Dominikanerordens von 1241 heißt es

Abb. 2: Der Geist in Jetzers Zelle I. Jetzer liegt mit einer Nachtkappe und mit nacktem Oberkörper im Bett, an ein kariertes Kopfkissen gelehnt, der Geist mit verhülltem Gesicht betastet ihn am Hals oder im Gesicht. Rechts vom Bett auf einer kleinen Truhe ein tierisches Wesen, das, wie in Def. S. 542 Kap. I/2 beschrieben, mit dem Deckel der Truhe einen großen Lärm macht, wohl einer der bösen Geister, die den Geist begleiteten und ihn plagten. Über dem Bett ein Glockenzug, der nicht von Jetzers Zelle in die Nachbarzelle des Schaffners führt, sondern ganz in Jetzers Zelle abgebildet ist, wahrscheinlich weil man anders nicht zeigen konnte, was es damit auf sich hatte. Jetzer hält den Strang in der rechten Hand und zieht offensichtlich daran. Neben dem Bett zwei Gucklöcher in der Wand (von denen erst in Kap. I/5 des Defensoriums die Rede sein wird), und vor dem Bett das umgeworfene Weihwassergefäß. Über den Gucklöchern ein Gestell und hinter dem Bett an einer Stange aufgehängt ein Tuch oder ein Kleid; in der rechten Wand, hinter der Truhe, eine geschlossene Tür.
(*Ein erdocht falsch history etlicher Prediger münch* [1509] [p. 13];
Zwickau, Ratsschulbibliothek, 24.10.14., Nr. 16)

Nachdem Jetzer sich etwas erholt hatte, erzählte er dem Schaffner und den übrigen Vätern, was er gehört und gesehen hatte, und der Prior, der sah, dass die Sache über Jetzers Kräfte ging, verfügte, dass die Bußübung, die

---

effektiv, dass die Brüder in Hemd (*tunica*) und Hosen schlafen sollten, vgl. CREYTENS, Les constitutions S. 36 De lectis IX: *Cum tunica et caligis cincti dormiant*.

136 Der Jetzerhandel aus der Sicht der Dominikaner

dieser für die Erlösung des Geistes auf sich genommen hatte, von allen Vätern und Brüdern gemeinsam im Chor auszuführen sei, während Jetzer nach seiner eigenen Bußübung mitten im Chor vor den Stufen (zum Altar) in der Form eines Kreuzes verharren sollte. Auch die vom Geist verlangten acht Messen wurden gelesen, einige davon allerdings wegen des Volkes auf dem Lettner (*in cancellis*), auch wenn sie nachher in der (Johannes-)Kapelle vollendet wurden (siehe Abb. 3)[27].

Als der nächste Freitag (26. Februar 1507) nahte, an dem der Geist wieder erscheinen sollte, beschlossen gewisse Väter am Vorabend, zu wachen und den Ort mit dem Sakrament der Eucharistie, geweihtem Wasser und geweihten Kerzen auszustatten. Damit wurde nicht nur Jetzers Zelle ausgerüstet, sondern auch die Nachbarzellen, die vom Schaffner (Heinrich Steinegger) und von Bruder Oswald – wie Jetzer ein Konverse – bewohnt wurden. In der Zelle des Schaffners sollten zusätzlich der Novizenmeister Paul Süberlich und Bruder Ulrich Hügli wachen, in derjenigen des Konversen Oswald Bernhard Karrer, der Studentenmeister. Dagegen musste Jetzer allein bleiben, damit der Geist ungestört mit ihm sprechen konnte. In seiner Zelle wurde zusätzlich zu seinem Schutz eine Kreuzreliquie aufgehängt, die im Besitz des Konvents war. Am Freitag kamen pünktlich um 10 Uhr abends die Dämonen und warfen einen großen Stein vom Chor in das Dormitorium, der alle Brüder aufweckte und in Schrecken versetzte. Der Geist versuchte nicht weniger als fünf Mal, Jetzers Zelle zu erreichen, wurde aber von den ihn begleitenden Dämonen, die kein Interesse an seiner Erlösung hatten, daran gehindert. Endlich gelang es ihm doch, zu Jetzer vorzudringen, der ihn beschwor. Dieser antwortete, dass es nicht nötig sei, ihn zu beschwören, wohl aber die bösen Geister, die ihn begleiteten, was schließlich mit Erfolg geschah. Bevor der Geist seine Lebensgeschichte erzählte, folgt im Defensorium eine erneute *protestatio veritatis* von Seiten derjenigen, welche die „wunderbare", aber glaubhafte Geschichte berichteten, die neben Jetzer noch zwei andere Brüder mit eigenen Augen gesehen hatten, nämlich Bruder Bernhard Karrer und Bruder Oswald, und zwar durch ein Guckloch in der Wand zwischen Oswalds und Jetzers Zellen[28].

Im folgenden Kapitel des Defensoriums (I/6) erzählte der Geist seine Geschichte – und streckte sich dabei zu Jetzers Füßen auf dessen Bett aus (*circa pedes fratris super lectum aliquantulum se protendens*). Er sei ein Meister der freien Künste (*magister artium*) und Weltpriester gewesen und darauf in den Berner Dominikanerkonvent eingetreten und in kurzer Zeit zum Prior

---

27) Def. S. 543 f. Kap. I/3, vgl. auch Akten II/2 S. 299 Nr. 2 (1508, Aug 21; Subprior, Folterverhör).

28) Def. S. 544–546 Kap. I/4 u. 5.

Abb. 3: In der bernischen Dominikanerkirche werden an drei Altären Messen für die Erlösung des Geistes gelesen. Jetzer kniet mit ausgebreiteten Armen hinter dem Dominikaner, der am Hauptaltar Messe liest. Alle drei Priester sind in Messgewändern gekleidet, derjenige links hält den Kelch in den Händen, der Priester in der Mitte hat die Hände erhoben und derjenigen rechts die Hostie. Interessant ist, dass man fast erraten kann, welchen Heiligen die Altäre geweiht waren, am wenigsten bei demjenigen auf der linken Seite. In der Mitte sind zumindest die hl. Barbara (mit dem Turm) und wahrscheinlich Katharina von Alexandria (mit dem Schwert) erkennbar, und rechts Maria mit Krone und Kind. Jetzer und der Ministrant, der hinter dem rechten Priester kniet, tragen wohl das Ordensgewand. Der Ministrant zieht an einer Glocke: es ist wahrscheinlich der Moment der Elevation und Wandlung der Hostie.
(*Ein erdocht falsch history etlicher Prediger münch* [1509] [p. 14]; Zwickau, Ratsschulbibliothek, 24.10.14., Nr. 16)

aufgestiegen. Er sei dann jedoch abgesetzt worden, was er schlecht ertragen habe, so dass er nicht mehr länger im Konvent bleiben wollte. Er habe ein Buch aus der Bibliothek gestohlen und sei nach Paris gegangen, wo er zehn Wochen geblieben sei. In einer Nacht zwischen Weihnachten und dem neunten Sonntag vor Ostern (*septuagesima*) sei er mit zwei Mitstudenten, die ihn dazu verführt hätten, ohne Wissen des Regens in weltlichen Klei-

Abb. 4: Der Geist in Jetzers Zelle II. Links Jetzer im Bett, mit erhobener rechter Hand und Zeigefinger, vielleicht um den Geist zu beschwören; rechts der Geist, aus dessen Mund zwei schwarze Gestalten, wohl Dämonen, weichen. Über dem Bett der Glockenzug und neben dem Bett zwei Gucklöcher in der Wand. Hinten an der Wand ein Gestell, auf dem nun ganz gesittet das Weihwassergefäß sowie eine Laterne(?) und ein Buch(?) angeordnet sind. Unter dem Bett Jetzers Schuhe und ein Nachtgeschirr. Ganz rechts ein Butzenfenster.
(*Ein erdocht falsch history etlicher Prediger münch* [1509] [p. 17]; Zwickau, Ratsschulbibliothek, 24.10.14., Nr. 16)

dern heimlich aus dem Kloster geschlichen und in eine Schlägerei mit Weltlichen geraten, bei der ihm Ohr und Nase abgehauen und bei der er schließlich getötet worden sei, ohne Beichte, ohne Ordenskleid und ohne dass im Berner Konvent für ihn ein christliches Begräbnis stattgefunden hätte. Der Regens in Paris, der von seinem Tod gehört habe, habe nichts für seine Seele getan, sondern sich vielmehr seinen Besitz (Bücher und Schmuckstücke) angeeignet, wofür er bis auf den heutigen Tag im Fegefeuer schmoren müsse; dies beweise, dass „kaum etwas den Mönchen so schade wie der Besitz". Es folgt, etwas unmotiviert, ein Lob auf die Besitzlosigkeit und die Observanz des Berner Konvents, wobei der Geist Insiderwissen einfließen ließ, das solches des Priors gewesen sein könnte. Er erzählte nämlich, dass in diesem

Der Prior des Dominikanerkonvents von Bern, Johann Vatter 139

Konvent ein Bruder sei, der einige „gekrümmte Münzen" besitze, die er zu Neujahr bekommen habe und die von den Dämonen häufig mit großer Freude gezählt und umgedreht würden. Als jener Bruder dies gehört habe, habe er auf die Münzen verzichtet – sagte der Geist, und der Schreiber fügte hinzu, dass der Prior(!) sie nur wenig später in seinem Stübchen gefunden habe, und zwar so verkrümmt, dass man sie zerbrechen musste[29].

b) Lob der dominikanischen Observanz

An das Lob der Besitzlosigkeit schließt ein Lob der dominikanischen Observanz (*reformatio*) an, durch deren Einführung der Berner Konvent zur Blüte gelangt sei. Zur Zeit des Geistes seien nur sechs oder sieben Priester und zwei Junge hier gewesen; seit der Einführung der Observanz sei viel gebaut und reformiert worden, besonders sichtbar an der Bibliothek. Und der Geist gestand, dass er als ehemaliger Prior auch deshalb exkommuniziert (und wohl abgesetzt) worden sei, weil er heimlich eine verheiratete Frau in den Konvent genommen und hier mit ihr gesündigt habe. Folgt ein Loblied auf das Stillschweigen, das demjenigen, der es strikt einhalte, die Strafen des Fegefeuers erspare, und ein diesbezüglicher Appell an die Verantwortlichkeit der Oberen. Der Geist beklagte die üppigen Mahlzeiten und den Abendtrunk, die im Kloster nicht üblich gewesen seien, als man hier noch sehr einfach von Almosen lebte. Dazu muss man wissen, dass das Dominikanerkloster Bern – wie viele frühe Dominikanerklöster – ursprünglich gar keinen festen Besitz annehmen durfte, sondern von Almosen leben musste. Dieses Ideal hatte der Berner Konvent um die Mitte des 14. Jahrhunderts aufgegeben und daraufhin in der zweiten Hälfte des 14. Jahrhunderts große Schenkungen entgegennehmen dürfen. Dieses Anwachsen des Besitzes könnte mit ein Grund dafür gewesen sein, dass der Berner Dominikanerkonvent auf Initiative des Rats 1419 der Observanz zugeführt wurde, einer Bewegung, die zunächst vom Ordensgeneral Raymond von Capua (1380–1399) ausgegangen war, der vorgängig (1374–1380) Beichtvater der hl. Katharina von Siena gewesen war, und die in Deutschland in seinem Auftrag von Konrad von Preußen (erw. 1370–1426) betrieben wurde. Der Berner Konvent war nach Colmar und Nürnberg der dritte Konvent gewesen, der im deutschsprachigen Gebiet observant geworden war, und von hier aus war in den Jahren 1428–1430 auch der Basler Konvent reformiert worden. Während des ganzen 15. Jahrhunderts waren die Berner Dominikaner sehr stolz auf die Observanz, und in der zweiten Hälfte des Jahrhunderts kam es

---

29) Def. S. 546 f. Kap. I/6.

140   Der Jetzerhandel aus der Sicht der Dominikaner

auch zu einem bescheidenen Aufschwung, der sich in einer Erweiterung der
Gebäude, in der Bemalung des Lettners durch die Nelkenmeister (um 1495)
und in der Abhaltung eines Provinzialkapitels (1498) äußerte, für welche
von den Nelkenmeistern auch das Sommerrefektorium ausgemalt wurde[30],
das Ganze „ein einzigartiger Malereibestand" (Charlotte Gutscher-Schmid).
Die Dominikanerstammbäume lassen erahnen, wie weit der Berner Konvent sich in der Tradition des Dominikanerordens und der dominikanischen
Heilsgeschichte sehen wollte: „So erstaunt es denn auch nicht, dass als zen-
trales Thema der Berner Ausmalung die gemeinsame Ordensgeschichte gewählt wurde, deren Darstellung die ungebrochene Kontinuität und damit
auch den aktuellen Zustand der Gemeinschaft verherrlichte."[31]
     Der Geist stand mit seinem Lob der Observanz also durchaus in der Tra-
dition des Berner Konvents – was ihn umso verdächtiger macht! Nichtsdestoweniger übte er in gewissem Masse auch Kritik an der Gemeinschaft,
wenn er die üppigen Mahlzeiten und den Schlummertrunk, die früher im
Kloster nicht üblich gewesen seien, beklagt. Die Klostervorsteher scheinen
selber einem Schlummertrunk durchaus nicht abgeneigt gewesen zu sein; jedenfalls schrieb der Lesemeister in der Bekenntnisschrift, die er Ende August 1508 dem Gericht des Hauptprozesses vorlegte, dass die Planung des
Jetzerhandels bei einem Abendessen nach dem Bad unter ihm, dem Prior
und dem Schaffner in der Väterstube stattgefunden habe und dass auch der
Subprior aus dem Refektorium zu ihnen heraufgestiegen sei[32] – offensichtlich ohne in dem Bad und in dem Abendessen in der Väterstube – statt im
Refektorium – einen Widerspruch zu der sonst so gepriesenen Observanz

---

30) Def. S. 547 f. Kap. I/6, vgl. auch UTZ TREMP, Art. Bern S. 290–297, und DIES., Geschichte S. 133 f., 137 f. Zur Observanz vgl. auch HS IV/5 S. 118–124, und Eugen HIL-
LENBRAND, Die Observantenbewegung in der deutschen Ordensprovinz der Dominikaner [bis 1475], in: Reformbemühungen und Observanzbestrebungen im mittelalterlichen Ordenswesen, hg. von Kaspar ELM (Berliner Historische Studien 14; Ordensstudi-
en 6, 1989) S. 219–271; HOYER OP, Die deutschen Dominikaner S. 81–87; ENGLER, Regelbuch S. 203 ff.

31) GUTSCHER-SCHMID, Nelken statt Namen S. 82–117, hier S. 114 f. Zu den Domini-
kanerstammbäumen vgl. auch CÁRDENAS, Genealogie und Charisma, insbes. S. 312 ff.

32) Akten II/2 S. 228 (undat., 1508, Aug 31; Lesemeister, Bekenntnisschrift): *Fac-
tumque est in die quodam, in cena post balneum nobis residentibus, me, priore et procuratore, supprior autem e refectorio ad nos ascendisset ad stubam patrum [...]*. Auch Anshelm (3 S. 54) ist diese Stelle nicht entgangen: *Und also diss jars Cristi Ihesu 1507, zů end
Hornungs, bim ingang der vasten, nach warmem bad und gůtem nachtmal, bi stiller col-
laz in der våteren lustigen, heimlichen stüble, sind zůsammen kommen die vier obristen
reformierten våter ires reformierten klosters zů Bern [...]*. Vgl. auch Anshelm 3 S. 95:
*Nun der nacht, als der convent nach gůter pitanz und frölicher tagmette wol entschlafen
was [...]*.

Der Prior des Dominikanerkonvents von Bern, Johann Vatter 141

zu sehen. Auch die gemeinsam mit Frauen eingenommenen nächtlichen Mahlzeiten im „Haus der Väter" bzw. im „Stübchen des Priors", die Jetzer den Klostervorstehern zur Last legte (siehe Kap. II/2b, Die Frauengeschichten der Klostervorsteher) und von denen im Defensorium natürlich kein Wort steht, sprechen nicht gerade für eine strikt eingehaltene Observanz. Bernhard Neidiger meint, dass die Unterschiede zwischen Observanten und Konventualen (Nicht-Reformierten) sich gegen Ende des Mittelalters abgeschliffen hätten, da beide mit den gleichen Schwierigkeiten zu kämpfen hatten, und dass den Observanten die von ihnen geführten Kontroversen (u. a. der Jetzerhandel) sehr geschadet hätten. Die Gegner der Dominikaner – nicht zuletzt die Humanisten (Reuchlin-Handel) – hätten nicht mehr zwischen einer observanten und einer konventualen Richtung unterschieden, und „Vorwürfe wegen unpassenden Lebenswandels und Erbschleicherei" seien „nun auch gegen die Observanten erhoben" worden. Bereits Annette Barthelmé, die 1931 als eine der ersten eine Geschichte der dominikanischen Observanz vorgelegt hat (der sie im Übrigen sehr unkritisch gegenüber steht), hat seit 1475 eine „allgemeine Nivellierung" zwischen Observanten und Konventualen beobachtet und in diesem Zusammenhang auch vom Jetzerhandel gesprochen (wobei sie die Schuld ausschließlich bei Jetzer sieht). Laut ihrer Analyse lebte die Observanz im letzten Viertel des 15. Jahrhunderts „viel mehr von der Vergangenheit als von der Gegenwart (du passé beaucoup plus que du présent)"[33], also in einer gewissen Nostalgie, wahrscheinlich weil ihre Vertreter fürchteten, dass ihre Reform zum Stillstand gekommen war oder zumindest zum Stillstand zu kommen drohte – eine ähnliche Nostalgie, wie sie auch aus dem Lob der dominikanischen Observanz durch den Geist herausklingt, doch wandten die observanten Dominikaner viel mehr Energie auf, um ihre konventualen Brüder und die Franziskaner zu bekämpfen, als um ihrem eigenen bequemen Leben ein Ende zu setzen – und die Klostervorsteher von Bern, um den Jetzerhandel zu inszenieren. Der Berner Dominikanerkonvent scheint Anfang des 16. Jahrhunderts an einem gewissen Höhepunkt angelangt zu sein, den er nicht zuletzt der Observanz verdankte und an dem er – gerade mit seinem Kampf für die befleckte Empfängnis – um jeden Preis festhalten wollte, vielleicht weil man schon den beginnenden Niedergang ahnte. Nach meiner eigenen Einschätzung „war der Jetzerhandel nicht das Produkt einer dekadenten, sondern vielmehr einer materiell und geistig emporstrebenden Klostergemein-

---

33) NEIDIGER, Die Observanzbewegungen S. 194–196, vgl. auch BARTHELMÉ, La réforme dominicaine, insbes. S. 105 ff., 108, 123. Zum Reuchlin-Handel siehe Epilog, Einleitung: Der Jetzerhandel und die „Dunkelmännerbriefe" (1515 und 1517).

142 Der Jetzerhandel aus der Sicht der Dominikaner

schaft"[34], mit einem vielleicht bereits ein bisschen übersteigerten Selbstbewusstsein und Anspruch, der sich nicht zuletzt aus der Observanz herleitete und der im Jetzerhandel seine unglückliche Fortsetzung fand.

Nach seinem verräterischen Loblied auf die Observanz rief der Geist sich selber zur Ordnung, denn die Zeit, in der er mit Jetzer sprechen dürfe, sei beschränkt. Er dankte ihm sowie seinen Vätern und Brüdern für die Mühen, die sie für ihn auf sich genommen hatten, und bat noch um einen Dreißigsten (Messe am dreißigsten Tag nach dem Tod) und vier gesungene Totenvigilien sowie von jedem Bruder einen Psalter und von Jetzer eine Geißelung. Er verriet weiter, dass er bereits seit 160 Jahren im Fegefeuer gepeinigt worden sei und dass er noch weitere dreihundert Jahre – wenn auch unter leichteren Bedingungen – hätte leiden müssen, wenn ihm nicht geholfen worden wäre. Gott habe ihm zugestanden, dass er Hilfe suchen könne, doch seien ihm dabei vier Dämonen beigegeben worden, die für den großen Lärm und das Steinewerfen verantwortlich seien, die sein Erscheinen begleiteten. Bei diesen Worten schossen ihm Flammen aus dem Mund und aus dem ganzen Körper, eine Gestalt, in welcher ihn auch die Brüder Bernhard Karrer und Oswald durch die Gucklöcher in der Zellenwand gesehen hätten, samt abgehauenem Ohr und herunterhängender Nase! Gehört hatten ihn der Schaffner sowie die Brüder Paul Süberlich und Ulrich Hügli, wenn sie auch nicht jedes einzelne Wort verstanden hatten, denn der Geist sprach sehr schnell, aber doch fast zwei Stunden lang ohne Unterbrechung. Auf Jetzers Frage, warum er kürzlich das Weihwassergefäß zerschmettert habe, antwortete der Geist, dass nicht er dies getan habe, sondern die ihn begleitenden Dämonen, und dass dies geschehen sei, weil das Weihwasser im Berner Konvent lange nicht richtig geweiht worden bzw. ungeweihtes Wasser zum geweihten geschüttet worden sei – auch dies wieder Insiderwissen (des Priors?)[35].

Schließlich kündigte der Geist an, dass er am Samstag in der Nacht das Himmelreich betreten werde. Dabei veränderte sich seine Gestalt und erschien nun im weißen Ordenskleid der Dominikaner. Als Jetzer um ein Zeichen bat, dass das vom Geist Verkündete wahr sei, ergriff dieser dessen große hölzerne Laterne und warf sie ins Dormitorium, wo sie vor den Augen aller anwesenden Brüder zerbrach. Der Geist lobte wiederum den Dominikanerorden, obwohl dieser von gewissen Geistlichen bekämpft und von vielen Menschen verachtet würde, „da die Jungfrau niemals eine Sünde hatte". So zumindest erzählte Jetzer, habe der Geist gesagt, und das war nicht das,

---

34) UTZ TREMP, Art. Bern S. 297, vgl. auch DIES., Geschichte S. 138.
35) Def. S. 548–550 Kap. I/6–7.

Der Prior des Dominikanerkonvents von Bern, Johann Vatter 143

was die Dominikaner hören wollten! Außerdem scheint die Rede sehr unvermittelt auf die Empfängnis Marias gekommen zu sein. Deshalb – so schrieb der Prior – beschlossen wir, dies zu übergehen (*dimittere*)[36], aber der Schaden war bereits geschehen, Jetzer hatte den Geist falsch verstanden, er hatte gemeint, dieser plädiere für die unbefleckte Empfängnis Marias, und nicht für die befleckte, wie die Dominikaner dies taten. Es war ein Kunstfehler geschehen, den die Dominikaner in der Folge zu korrigieren versuchten, der aber letztlich das ganze weitere Defensorium und den ganzen weiteren Jetzerhandel überschattete.

c) Eingreifen des Lesemeisters Stephan Boltzhurst

Das Missverständnis und der Kunstfehler, die geschehen waren, führten wohl dazu, dass im Folgenden der Lesemeister, Stephan Boltzhurst, neben dem Prior stärker in Erscheinung trat und schließlich die Führung übernahm. Bisher war vom Lesemeister nicht die Rede gewesen, sondern vor allem vom Prior, der als guter Hirte seine Herde führte. Er war es, der Jetzer ein Nachthemdchen geliehen hatte, der von der Botschaft des Geistes benachrichtigt werden sollte und der schließlich die Last der von diesem gewünschten guten Dienste auf den ganzen Konvent verteilte[37] – vielleicht ist er auch deshalb für den Rädelsführer des Jetzerhandels gehalten worden. Nun aber könnte der Lesemeister eingegriffen haben. Dieser stammte aus Offenburg am Rhein (Baden-Württemberg)[38] und war im Jahr 1498 in den (nicht observanten!) Dominikanerkonvent in Straßburg eingetreten, von wo er zum Studium nach Paris geschickt wurde. Hier erwarb er wohl den Grad eines Doktors der Theologie und tat sich in der Folge als Gegner der Immakulisten hervor. Als der Straßburger Rat diese verteidigte, ging er nach

---

36) Def. S. 549 f. Kap. I/7–8, insbes. S. 550 Kap. I/8: *Iterum vero Spiritus locutus est et dixit:* „*Frater, nos quidem bonum habemus ordinem, licet a certis religiosis (aliquos nominans) et pluribus hominibus spretum, qui religiosi contra ordinem machinantes et propter eorum contra nos et nostrum contra eos illicitum çelum plures ex utroque ordine poenas gravas exolvere (exsolvere?) habent quia Virgo nullum habuit unquam peccatum*", *retulit frater Spiritum dixisse, quod nos quidem dimittere statueremus,* „*nullamque, scito, Virginem gloriosam in hoc habere complacentiam, ut illi, qui ab initio fratres, iam quasi mortales inimici reperiantur, mutuo sibi ipsis poenas imprecantes.*"

37) Def. S. 543 f. Kap. I/2–3. Laut Anshelm 3 S. 59 hätte Jetzer gefordert, dass die Brüder auch ihren Teil an der Buße für den Geist leisten sollten.

38) Beilagen S. 624 f. Nr. 22 (1508, Mrz 28), Brief Dr. Stephan Boltzhurst an seine Brüder in Offenburg, vgl. auch Anshelm 3 S. 54. – Wir übernehmen hier die Daten aus UTZ TREMP, Art. Bern S. 324.

144 Der Jetzerhandel aus der Sicht der Dominikaner

Bern[39], wo er spätestens 1505 nachweisbar ist[40]. Stephan Boltzhurst hatte sich also bereits als Makulist einen Namen gemacht, und es muss ihn geschmerzt haben, dass „sein" Konvent in Straßburg sich nicht für die Observanz gewinnen ließ. Im Defensorium erscheint er – abgesehen von der an den Anfang gestellten Liste der Konventsmitglieder – erstmals in Kap. I/9, unmittelbar nach dem oben nacherzählten Auftritt des Geists vom 26. Februar 1507, der sich über mehrere Kapitel erstreckt (Kap. I/4–8). Demnach hätten der Prior und Meister Stephan überlegt, ob sie niederschreiben sollten, dass Jetzer verstanden habe, dass die Jungfrau ohne Erbsünde empfangen worden sei, da dieser, wie er später erzählte, noch nie etwas von dieser „Materie" gehört hatte, weshalb er glaubte, richtig verstanden zu haben[41].

Hier stellt sich die dringende Frage, warum der Prior diesen Kunstfehler bei den Aufzeichnungen nicht ganz einfach weggelassen hat. Rudolf Steck hat dies natürlich zu Gunsten der Dominikaner ausgelegt und daraus geschlossen, „dass der Inhalt der Offenbarungen, die ihm [Jetzer] der Geist zu teil werden ließ, *sein* Eigentum war und nicht das der Väter". Dagegen hat Peter Dürmüller auf die Paradoxie dieser Stelle aufmerksam gemacht: „Die grandiose Paradoxie dieser Szene ist, dass einfach alles aufgeschrieben steht. Der irrige fremde Satz ist aufgeschrieben, das Befremden der Dominikaner über diesen Satz ist aufgeschrieben, und sogar ihr Beschluss, ihn nicht aufzuschreiben, ist aufgeschrieben – ganz so als ob die beiden Schreiber (gemeint sind wohl der Prior und der Lesemeister) *keine Macht darüber hät-*

---

39) Akten II/2 S. 165 Anm. 1, vgl. auch Charles SCHMIDT, Histoire littéraire de l'Alsace à la fin du XVe et au commencement du XVIe siècle 1 (1879) S. 221, und Benedictus Maria REICHERT (Hg.), Registrum litterarum Joachimi Turriani 1487–1500, Vincentii Bandelli 1501–1506, Thomae de Vio Caietani 1507–1513 (Quellen und Forschungen zur Geschichte des Dominikanerordens in Deutschland 10, 1914) S. 99 u. 102 (1498, Mai 10 und Aug 15).

40) StABern, A V 1370, Unnütze Papiere 17.1, Nr. 10 (1505, Mai 2): Erlaubnis für den Berner Dominikaner Stephan Boltzhurst zu einer Reise nach Rom, ausgestellt vom Provinzial Peter Sieber in Wimpfen. – Zum Straßburger Dominikanerkonvent, dem drittältesten des Ordens in Deutschland, gegründet 1224, übersiedelt von der Vorstadt in den Kern der Stadt in der Mitte des 13. Jahrhunderts, vgl. RÜTHER, Bettelorden S. 70–78, zur Nichtannahme der Observanz ebd. S. 307–310, und NEIDIGER, Die Observanzbewegungen S. 185 f.

41) Def. S. 551 Kap. I/9: *His itaque peractis et auditis et diligenter per priorem et magistrum Stephanum signatis, – uno articulo dempto, quo isdem frater Virginem gloriosam sine peccato originali fuisse et esse conceptam intellexerat, quod eosdem reddebat suspensos an id scribere deberent an non, potissimum quia idem frater nihil, ut postmodum retulit, unquam audivit de hac materia, propter quod credebat quod bene loqueretur et bene etiam intellexerit. Quia vero, ut praefati sumus, res non ita clare ei demonstrata erat, idcirco statuerunt hac in re praetereundum silentio.*

Der Prior des Dominikanerkonvents von Bern, Johann Vatter 145

ten, was sie aufschreiben." Dürmüller hat dieses Paradox darauf zurückführen wollen, dass die Dominikaner in ihren Aufzeichnungen eine Distanz zu der durch den Geist und Jetzer übermittelten Botschaft markieren und diese gewissermaßen objektivieren wollten[42], und wahrscheinlich ist ihm insofern beizustimmen, als es tatsächlich um Echtheit und Authentizität der Aufzeichnungen ging.

Möglich ist aber auch noch eine andere, für die Dominikaner weniger schonende Interpretation. Wenn wir annehmen, dass der Subprior den Geist gespielt hat, was so jedenfalls der Herausgeber des Defensoriums in dem von ihm verfassten vierten Teil behauptet (siehe Anh. 3), dann könnte dieser das lange Geplänkel um die Person des Geistes allmählich satt gehabt haben und zur Sache – bzw. zur Empfängnis – haben kommen wollen, und wäre dabei von Jetzer tatsächlich falsch verstanden worden. Dies aber hätte den Lesemeister gezwungen, dazwischen zu gehen, und zwar nicht erst bei der gemeinsamen Überlegung mit dem Prior darüber, was man aufschreiben und was man weglassen solle, sondern bereits vorher und viel handgreiflicher. Unmittelbar nach dem oben (in Anm. 36) zitierten Satz erschien nämlich in Jetzers Zelle eine weitere Erscheinung, die ich mir selber lange Zeit nicht habe erklären können. Dabei handelte es sich um einen Konversenbruder, der hin- und herspazierte und von Bruder Bernhard Karrer gesehen wurde. Als Jetzer von den Brüdern gefragt wurde, wer dies gewesen sei, antwortete er: ein Konversenbruder und ehemals weltlicher Ritter aus der Stadt Bern. Jetzer, der nun schon die Gewohnheit hatte, Verdammten zu helfen, fragte ihn, was er für ihn tun könne. Der Konverse winkte ab und sagte, dass Gebete ihm eher schadeten als nützten, und zwar weil er als weltlicher Ritter das Heilige Grab besucht und sich dabei finanziell ruiniert habe und dem Dominikanerorden deshalb eher aus finanzieller Not denn aus Liebe zu Gott beigetreten sei[43]. Damit bricht diese Episode bereits wieder ab, aber sie wird doch später noch einmal erwähnt, und zwar in der Bekenntnisschrift des Lesemeisters, der schreibt, dass er Jetzer auch einmal in der Gestalt eines Konversen erschienen sei und dem Subprior (der in der Gestalt des Geistes anwesend gewesen wäre) befohlen habe, ihn Jetzer als Adeligen vorzustellen, der dem Dominikanerorden aus Armut beigetreten

---

42) STECK, Der Berner Jetzerprozess S. 73; DÜRMÜLLER, Der Jetzerhandel S. 38, 56 f.
43) Def. S. 550 Kap. I/8: *Apparuit denique in cella hincinde spaciando quidam frater conversus, ut fratri Bernardo videbatur. De quo interrogatus frater a fratribus quis esset, dixit quod fuisset frater conversus et miles prius in saeculo de civitate oriundus. Tunc frater dixit: „Peto, si potes adiuvari, des mihi signum." Quo signum dante et dicente eum damnatum et plus ei orationem obesse quam prodesse, requisitus de causa dixit: „Quia, cum miles in saeculo visitando sepulchrum Domini effectus fuissem et ad inopiam pervenissem, ex quadam inani gloria potius quam divino honore vel amore ordinem intravi."*

146 Der Jetzerhandel aus der Sicht der Dominikaner

und deshalb verdammt worden sei – eine erstaunliche Übereinstimmung zwischen dem Defensorium und der Bekenntnisschrift des Lesemeister, die sich allerdings vielleicht daraus erklärt, dass dieser beim Verfassen seiner Schrift auch das Defensorium benützt hat (siehe Kap. I/4, Schluss)[44]. Trotzdem ist nicht ganz auszuschließen, dass der Lesemeister mit dieser wahrscheinlich ungeplanten Erscheinung versucht hat, das ungünstig verlaufende Gespräch über die Empfängnis Marias zwischen dem Geist (dem Subprior?) und Jetzer vom 26. Februar 1507 zu unterbrechen. Dabei darf man nicht vergessen, dass das Defensorium in der Fastenzeit 1508 noch unredigiert in die Hände der Gegner der Dominikaner gefallen war und dass diese solche Ungereimtheiten wohl noch selber eliminiert hätten, wenn sie das Defensorium selber hätten zum Druck bringen können.

Doch kehren wir zum ersten Teil des Defensoriums zurück. Während der auf den 26. Februar 1507 folgenden Woche bereitete man sich im Konvent auf das nächste Erscheinen des Geistes vor, das man auf Freitag, den 5. März, erwartete, allerdings vergeblich; der Geist kam erst am Donnerstag, dem 11. März, aber wieder mit großem Lärm und zwei Steinen, von denen er einen gegen ein Fenster mit einem bleiernen Fensterkreuz warf, das dem Angriff widerstand, und den anderen gegen die Zelle von Bruder Ulrich Hügli, der jene acht Messen für ihn gelesen und damit zu seiner Erlösung beigetragen hatte. Der Geist betrat Jetzers Zelle, und es schien diesem, als ob er jetzt mit der Albe und anderen priesterlichen Gewändern bekleidet sei, mit Ausnahme der Kasel (d. h. des Messgewands). Der Geist kam sogleich zur Sache bzw. zum Missverständnis, das bei seinem letzten Auftritt entstanden war und klärte Jetzer auf, dass die Jungfrau Maria in der Erbsünde empfangen worden sei, obwohl sie nur eine ganz kurze Zeit darin geblieben sei und obwohl die Franziskaner das Gegenteil behaupteten und damit die ganze Welt in die Irre führten. Er beklagte, dass die Dominikaner und Franziskaner sich wegen dieser Frage bekriegten, und kündigte an, dass ein heiliger Mann, der seinem Orden nahestehe, diesen Streit beenden werde, wollte Jetzer aber dessen Namen noch nicht nennen. Er erzählte diesem weiter, dass viele Dominikaner und Franziskaner deswegen im Fegefeuer schmorten, insbesondere der Franziskaner Duns Scotus, der diesen Streit angefangen habe (siehe Einl. 3a). Schließlich teilte der Geist mit, dass das

---

44) Akten II/2 S. 230 (undat., 1508, Aug 31; Lesemeister, Bekenntnisschrift): *Apparui in forma conversi cuiusdam etiam ego, quem iussu meo supprior dixit nobilem quendam fuisse, qui intrasset ordinem paupertate ductus et sic non iusta causa ingrediens damnatus fuit.* Zu den Kosten einer Heiliglandfahrt vgl. TREMP, Das Ende des Freiburger Humanisten Peter Falck S. 128, 131.

Der Prior des Dominikanerkonvents von Bern, Johann Vatter   147

Weihwasser im Konvent nun nicht mehr mit ungeweihtem Wasser durchmischt sei, weil der Prior die nötigen Maßnahmen getroffen habe[45]. Der Auftritt des Geists vom 11. März 1507 ist wiederum auf mehrere Kapitel (I/9–11) des Defensoriums verteilt. Im letzten Kapitel (I/11) lobte dieser erneut den Orden der Dominikaner und den Konvent von Bern sowie drei andere Konvente der Oberdeutschen Dominikanerprovinz (möglicherweise Basel, Nürnberg und Ulm, jedenfalls alles observante Konvente), die von dem angekündigten heiligen Mann mit Privilegien bedacht werden würden. Der Geist wusste auch, dass Jetzer kürzlich aus Angst vor ihm vom Dominikaner- in den Kartäuserorden hatte übertreten wollen – dann wäre er von fünf schrecklichen Katzen zerrissen worden – und dass er vor drei Jahren fast im Rhein ertrunken und von einer Jungfrau, die er sehr verehre, gerettet worden sei. Weiter teilte der Geist mit, dass er jetzt in die „ewigen Freuden" eingehe; er werde aber in acht Tagen zurückkehren, wenn er die Erlaubnis dazu bekomme. Wenn nicht, so werde Jetzer trotzdem klarere Einsicht in dies alles bekommen, und zwar am Vorabend von Mariä Verkündigung (25. März), „und vorher solle nirgendwo etwas aufgeschrieben werden" (*et ante illud tempus nullibi quidquam scribi debet*). Er gehe jetzt, um eine Messe für all jene zu feiern, die ihm geholfen hätten. Zuletzt nannte der Geist noch seinen Namen: er heiße Heinrich Kaltbürger (sonst eher Kalpurg) und stamme aus Solothurn. Sein Name sei nicht in den „Kalender der Brüder" – wohl das Jahrzeitbuch – eingeschrieben, obwohl der Prior lange danach gesucht habe (*licet prior illud diu quesierit*), sollte aber jetzt eingeschrieben werden[46].

In diesem Kapitel wird offensichtlich ein nächster Auftritt vorbereitet, der am Vorabend von Mariä Verkündigung stattfinden sollte, aber wohl nicht mehr ein Auftritt des Geists, dessen Zeit abgelaufen schien – er war ja erlöst –, sondern einer von Jetzer verehrten Jungfrau, deren Namen indessen nicht genannt wird. Ganz wichtig ist, dass bis zu diesem nächsten Auftritt nichts mehr aufgeschrieben werden sollte: es sollte offensichtlich vermieden werden, dass es zu weiterer Missverständnissen um die Empfängnis Marias kam, und man liegt wohl nicht falsch, wenn man hinter diesem Schreibverbot den Lesemeister Stephan Boltzhurst vermutet, der dem Prior gewissermaßen in den Arm gefallen war. Mit der Zeit des Geists war auch diejenige des Priors vorbei; die nächsten Erscheinungen waren wohl vom Lesemeister bereits angedacht. Auf den letzten Auftritt des Geists folgt wiederum eine *protestatio veritatis* der Väter und Brüder des Berner Konvents, welche die Wahrheit dessen, was sie gehört und teilweise mit eigenen Augen

---

45) Def. S. 551–554 Kap. I/9–10.
46) Def. S. 554 f. Kap. I/11, vgl. auch Akten II/1 S. 82 Nr. 89 (1508, Juli 31; Jetzer).

148   Der Jetzerhandel aus der Sicht der Dominikaner

gesehen hatten, bezeugten und sich ganz demütig fragen, warum ausgerechnet sie „arme und unwürdige Schlucker" (*miselli et indigni*) für diese Offenbarungen auserwählt worden seien, wo es doch viel berühmtere Konvente
in ihrer Provinz und im ganzen Orden gebe, und viel berühmtere Mitbrüder, insbesondere die Ordensoberen[47] – wenn man die wahren Gründe für
die Wahl des Berner Konvents kennt (siehe Einl. 1h und 3c), kann dies nur
wie zynischer Hohn klingen.

Dass der Lesemeister eingegriffen hatte, geht ganz klar daraus hervor,
dass er Jetzer auf den Auftritt, der am Vorabend von Mariä Verkündigung
stattfinden sollte, vorbereitete. Man spürt hier einen anderen, „kritischeren"
Stil, die Beweislast wird auf Jetzer verschoben. Der Lesemeister rief diesen
zu sich in sein Stübchen und machte ihm klar, dass er und die Väter ihm keinen Glauben schenken würden, wenn der Geist – der Lesemeister ging offenbar immer noch vom Geist aus oder tat wenigstens so – nicht einen Brief
(den er dem Bruder in die Hand drückte) in sein Studierzimmer tragen würde, und dies im Wissen, dass dieses von niemandem außer ihm selber betreten werden konnte. In dem Brief waren viele Fragen (*dubia*) formuliert, so,
wie es um den 1498 in Florenz hingerichteten Dominikaner Savonarola
stand, und wie um Papst Alexander VI., der diesen exkommuniziert hatte.
Weiter wurde nach der Empfängnis Marias gefragt und nach dem Namen
jenes heiligen Mannes, der zwei Dominikanerklöster der Observanz zufüh-
ren würde, und nach den Namen jener Klöster. Weiter nach dem Franziskaner, der im Fegefeuer schmorte (Duns Scotus?); ob Thomas von Aquins
Lehre Gott gefällig sei, und ebenso diejenige Bernhards von Clairvaux und
des hl. Bonaventura (alle drei Makulisten). Schließlich wollte der Lesemeister auch noch wissen, wer im bevorstehenden Generalkapitel (Lyon–Pavia
1507) zum Ordensgeneral gewählt und wann der Dominikanerkonvent von
Straßburg – sein Heimatkonvent – reformiert werden würde. Dies alles trug
der Lesemeister Jetzer auf, bevor er ihn zusammen mit dem Prior zu seiner
Zelle begleitete und ihm noch einmal alle Fragen wiederholte, damit er als
reiner Laie nichts vergesse. Jetzer wurde – offenbar von Lesemeister und
Prior gemeinsam – ins Bett gelegt, und um neun Uhr erschien ihm denn
auch eine in Weiß gekleidete Jungfrau, die ihm kurz und bündig mitteilte,
dass ihm nach der Matutin die Jungfrau Maria selber erscheinen werde und
dass der Geist, der ihm bisher erscheinen sei, ein guter Geist gewesen sei,
der nicht wiederkommen werde, da er erlöst worden sei. Auf Jetzers Frage
nach ihrem Namen antwortete sie, dass sie Barbara sei, die Magd Christi
und der Jungfrau Maria, die er verehre. Sie wusste auch schon, dass Jetzer
ein Brief anvertraut worden war, und wollte diesen gleich zu Maria tragen

---

47) Def. S. 555 Kap. I/12.

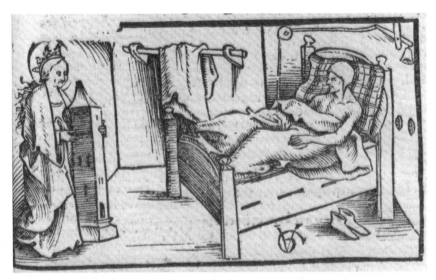

Abb. 5: Die hl. Barbara in Jetzers Zelle. Links die hl. Barbara mit ihrem Attribut, dem Turm, rechts Jetzer im Bett (immer mit einer Nachtkappe und nacktem Oberkörper und auf ein kariertes Kissen gelehnt), über dem Bett der Glockenzug, neben dem Bett die zwei Gucklöcher in der Wand und hinter dem Bett, an einer Stange aufgehängt, ein Tuch oder ein Kleid. Vor dem Bett Jetzers Schuhe und Urs Grafs Monogramm.
(*Ein erdocht falsch history etlicher Prediger münch* [1509] [p. 29];
Zwickau, Ratsschulbibliothek, 24.10.14., Nr. 16)

und dann an einem sicheren Ort verwahren und mit einem Zeichen versehen, das bei allen Glauben finden würde[48].

Mit diesen wenigen Worten verschwand die hl. Barbara. Zeugen ihrer Erscheinung in Jetzers Zelle war der Subprior, Franz Ueltschi, der hier erstmals ins Spiel kam (wenn er nicht schon den Geist gespielt hatte), und Bruder Bernhard Karrer, die sich beide in der Nachbarzelle des abwesenden Schaffners aufhielten. Als Barbara verschwunden war, läutete Jetzer dem Subprior und bat ihn, den Lesemeister aufzuwecken, dem er erzählte, was sich zugetragen hatte. Dieser suchte zusammen mit dem Subprior sowie den genannten Brüdern seinen Brief, zunächst vor dem Bild (der Statue?) der Maria im Dormitorium und dann im Chor der Kirche, wo alle Kerzen brannten, ohne dass jemand sie angezündet hätte. Und der Schreiber des

---

48) Def. S. 555–557. Kap. I/12–13.

150   Der Jetzerhandel aus der Sicht der Dominikaner

Defensoriums stellte im hagiographischen Stil die rhetorische Frage: „Wer konnte bei diesem Anblick froher sein als jene (*Quo viso quis laetior illis*)?" Der Lesemeister fand seinen Brief schließlich in der Nähe des Sakramentshäuschens, das sich hinter dem Hauptaltar im Chor befand, und auf dem Brief eine Art erhöhtes Siegel, das er beinahe zerstört hätte und das sich als Siegel aus fast noch frischem Blut herausstellte. Erst jetzt schickte er Bruder Bernhard und den Studentenmeister (dies muss ein Irrtum sein, denn Bruder Bernhard Karrer *war* der Studentenmeister), um den Prior aufzuwekken. Nachdem das Blutsiegel gebührend bewundert worden war, kehrten alle bis zur Matutin zur Nachtruhe zurück, alle außer dem Subprior und Bruder Oswald, die in den Zellen neben derjenigen Jetzers wachten[49].

Zur Zeit der Matutin, also um Mitternacht, stand Jetzer auf. Als er seine Zelle verließ, fand er im Dormitorium die Kerzen angezündet, was ihm nicht gefiel, denn da er zu Jähzorn neigte (*utpote cholericus*), dachte er, jemand erlaube sich einen Scherz mit ihm, und löschte die Kerzen entrüstet aus – doch diese entzündeten sich von neuem, und auch im Chor brannten sie heller als sonst. Während die Brüder die Matutin sangen, schien es dem Subprior und Bruder Bernhard Karrer, die in den Nachbarzellen wachten, als ob die Jungfrau Maria in Jetzers Zelle eintrete, aber nicht durch die Türe, sondern durch die Wand, doch mit einem Geräusch, wie wenn die Tür geöffnet worden wäre. Jetzer befand sich offenbar in seiner Zelle, obwohl man vorher den Eindruck hatte, dass er an der Matutin teilnehmen würde. Die Jungfrau redete ihn an: „Oh, Bruder, du sollst nicht schlafen, denn ich habe etwas mit dir zu besprechen, was mir von meinem Sohn Jesus Christus aufgetragen worden ist." Nach dieser direkten Anrede wechselt die Erzählperspektive des Defensoriums zum Subprior und Bruder Bernhard, die in der Zelle des Schaffners, und zu Bruder Oswald, der in seiner eigenen Zelle wachte, und schließlich auch zum Prior und den anderen Brüdern, die nach der Matutin hinaufgestiegen waren und in ihren Zellen und im Dormitorium lauschten. Während mehr als einer Stunde hörten sie eine schöne weibliche Stimme, einzelne Wörter und ganze Gebete, indessen nicht so, dass alle alles mitbekommen hätten, sondern der eine das, der andere etwas anderes, besonders häufig den Namen Jesus Christus, dann „Papst", dann „Provinzial", dann „Konvent Zürich", dann „Konvent Straßburg". Dies wirkt einigermaßen echt, doch dann wird die Außenperspektive wieder aufgegeben und folgen ganze Sätze in direkter Rede, mit denen Maria Jetzer mitteilte, dass der heilige Mann, der die Entscheidung über ihre Empfängnis fällen würde, niemand anders als der gegenwärtige Papst Julius II. sei. Ihm sollte

---

49) Def. S. 557 Kap. I/14. Zu den Kerzenwundern vgl. SIGNORI, Maria zwischen Kathedrale, Kloster und Welt S. 37, 67 f., 86–90, 96, 177, 256 (allerdings ohne Analyse).

ein Kreuz, gefärbt aus echtem Blut ihres Sohnes Jesu Christi, überbracht werden; dabei handelte es sich um drei Tropfen (Blut oder Tränen?), die dieser über die Stadt Jerusalem geweint hatte, zum Zeichen, dass sie in der Erbsünde geboren worden sei, mit der sie von ihrer Mutter Anna und diese wiederum von ihren Eltern angesteckt worden sei. Die drei Tropfen bedeuteten, dass sie drei Stunden in der Erbsünde geblieben und dann von ihrem Sohn davon erlöst (geheiligt) worden sei. Ja, Maria ging so weit zu behaupten, dass kein Mensch in das Reich Gottes eingehen könne, wenn er sich nicht vorher mit der Erbsünde „angesteckt" habe – außer eben Jesus Christus[50].

Abb. 6: Die Jungfrau Maria in Jetzers Zelle I. Links die Jungfrau Maria mit Krone, Nimbus und Kind, rechts Jetzer im Bett, über dem Bett der Glockenzug, hinter dem Bett das Gestell mit der Laterne und dem Weihwassergefäß; die zwei Gucklöcher diesmal in der linken Wand.
(Ein erdocht falsch history etlicher Prediger münch [1509] [p. 30]; Zwickau, Ratsschulbibliothek, 24.10.14., Nr. 16)

Maria brachte aber nicht nur das Kreuz mit den drei Tropfen, sondern auch noch eine ganze Reihe anderer Reliquien mit. Das blutige Kreuz mit den

---

50) Def. S. 558 f. Kap. I/15. Ebenso wie der Dominikanerkonvent von Straßburg war auch derjenige von Zürich nicht observant, vgl. WEHRLI-JOHNS, Geschichte des Zürcher Predigerkonvents.

152 Der Jetzerhandel aus der Sicht der Dominikaner

drei Tropfen war auf Windeln gemalt, in die sie ihren Sohn nach dessen Geburt gewickelt hatte; diese Reliquie sollte, wie gesagt, dem Papst gebracht werden. Dann sprach Maria von einem anderen Kreuz, nämlich demjenigen auf dem Brief des Lesemeisters, den man vor Mitternacht vor dem Sakramentshäuschens im Chor der Klosterkirche gefunden hatte; dieses Kreuz war von fünf Tropfen frischem Blut umgeben, welche die fünf Schmerzen bedeuteten, die Maria um ihren Sohn empfunden hatte. Dieses Kreuz sollte im Besitz des Berner Konvents und des Dominikanerordens bleiben, zum Zeichen für die Wunder, die dank Jetzer hier geschahen. Die fünf Tropfen, die um das zweite Kreuz angeordnet waren, bedeuteten die fünf Tränen, die Maria unter dem Kreuz geweint hatte, und die beiden Kreuze waren so heilig und verehrungswürdig, dass sich die Kerzen im Dormitorium und im Chor ohne menschliches Zutun entzündet hätten, als sie von Maria hergetragen worden seien[51].

Maria blieb aber noch zwei weitere Kapitel lang (I/16 u. 17) bei Jetzer. Sie sprach weiterhin in direkter Rede und rühmte Papst Julius II., der nicht nur die Wahrheit über ihre (befleckte) Empfängnis in der ganzen Welt verbreiten, sondern auch die nicht observanten Dominikanerkonvente von Zürich und Straßburg reformieren werde – das Letztere, wie wir wissen, ein besonderes Anliegen des Lesemeisters Stephan Boltzhurst. Sie übergab Jetzer einen verschlossenen Brief, der mit den Siegeln der Dominikanerkonvente von Basel, Nürnberg und Bern sowie mit dem Siegel der Stadt Bern versehen und zuerst dem Ordensgeneral und dann dem Papst überbracht werden sollte, zusammen mit dem ersten Kreuz (demjenigen mit drei Tropfen), und dies alles noch vor dem nächsten Fronleichnamsfest (3. Juni 1507), ein höchst ehrgeiziges Ziel – die Erscheinung fand in der Nacht vom 24. zum 25. März statt. Dann aber hatte Maria noch ein weiteres Missverständnis aufzuklären. Sie wusste, dass Jetzers Väter an dem Geist gezweifelt hatten, der bei seinem letzten Auftritt verkündet hatte, dass er eine Messe für all jene feiern wollte, die ihn unterstützt hätten, und versicherte dem Konversenbruder nun, dass der Geist die Messe sehr wohl gelesen habe, aber in den Himmel aufgestiegen sei, bevor er das Sakrament genommen habe, denn einem toten Priester sei es nicht erlaubt, selber zu kommunizieren[52].

---

51) Def. S. 559 Kap. I/15. Richard Feller hat eingewandt, dass es sieben Schmerzen Marias gebe und diesen Fehler Jetzer zur Last gelegt, vgl. FELLER, Geschichte Berns 2 S. 101. Dabei steht der „Fehler" – der wahrscheinlich gar keiner war, denn die Zahl der Schmerzen Marias wurden sukzessive erhöht (vgl. BARNAY, Le ciel sur terre S. 143 f., 190 f.) – bereits im Defensorium und wurde von Jetzer wahrscheinlich von seinen Vorgesetzten im Kloster übernommen, vgl. Akten II/1 S. 81 Nr. 86 (1508, Juli 29, Vesperzeit; Jetzer).

52) Def. S. 560 f. Kap. I/16, hier S. 561: *„Quia patres tui de Spiritu dubitaverunt, qui*

Der Prior des Dominikanerkonvents von Bern, Johann Vatter 153

d) Der Streit um die messelesenden Toten

Dass es einem toten Priester nicht erlaubt war, selber zu kommunizieren, lässt sich möglicherweise als Stellungnahme der Dominikaner in einem Streit verstehen, der damals in Bern herrschte und über den wir einmal mehr dank dem Chronisten Anshelm unterrichtet sind. Im Jahr 1505 hatte Thüring Fricker, der in den Jahren 1465–1470 und 1471–1492 Stadtschreiber von Bern gewesen war, in das Münster einen Altar gestiftet, der Allerseelen (allen Seelen im Fegefeuer) geweiht war. Von diesem Altar sind zwei Altartafeln erhalten, die heute im Kunstmuseum Bern aufbewahrt werden. Auf dem linken Altarflügel nähert sich nachts ein Küster einer von innen erleuchteten Kirche, auf dem rechten weicht er erschrocken zurück, weil es Totengerippe sind, die in der Kirche den Messen für das Seelenheil Verstorbener beiwohnen[53] – und die vielleicht ursprünglich auch die Messen (Geistermessen!) gelesen hatten. Anshelm fügt seinem Bericht über die Stiftung des ehemaligen Stadtschreibers Fricker einen weiteren Bericht über die Diskussionen an, welche diese ausgelöst hatte:

> *[...] dess ward der gsazt, glert doctor Thüring Fricker bewegt und stiftet diss jars [1505] in s. Vincenzen münster hie zů Bern 40 Rynscher gulden järlicher gült, mit geding, dass der caplan und caplanî aller selen caplan und caplanî sölte heissen und gnemt werden, und der caplan alle wochen fünf selmessen halten uf sinem altar, welchen er mit kostlichen geschneten und gemalten toten, deren ein teil für sich, ire gesellen und lebendigen gůttåter mess hielten, hat lassen zieren. Als aber vom Barfůssen wider der toten mess halten und vom Prediger lesmeister darzů geprediget ward, und ich, vom doctor disputierlich gefragt, sagt, messhalten gebürte sich allein den lebendigen und nit den toten, lůd er mich füra nimme zů tisch, als sinen lieben selen ungstándigen. Do aber die totengünstigen Predigermünch mit schantlichem, doch me verschulten tod, zůn toten gefüren, wurden die messhaltenden toten in lebendiger pfaffengstalt verbildet. [...]*[54]

---

missam dixit se velle celebrare, debes scire quod missam quidem legit; sed postquam ad sumptionem deventum est, coelos ascendit, ubi eum videt, sicuti est in propria specie, et ab eius aspectu satiatur. Et quilibet sacerdos defunctus, cui permissum fuerit, missam quidem legere potest; sed non sacramentum sumere."

53) MARTI (Hg.), Söldner, Bilderstürmer, Totentänzer S. 98 f.

54) Anshelm 2 S. 415 f. (1505), vgl. auch ebd. 3 S. 102, 107. Zum ganzen Komplex vgl. GÖTTLER/JEZLER, Doktor Thüring Frickers „Geistermesse". Vgl. auch JEZLER, In der Geistermesse; Susan MARTI, Kunst im Dienst der Kirche, in: DIES. (Hg.), Söldner, Bilderstürmer, Totentänzer S. 94 f.; TREMP-UTZ, Gottesdienst S. 79 f. – Zu Thüring Fricker

154   Der Jetzerhandel aus der Sicht der Dominikaner

Laut Anshelms Bericht waren es tatsächlich ursprünglich Tote (geschnitzte und gemalte), die auf dem rechten Altarflügel Messe hielten. Dies rief den Widerspruch der Franziskaner hervor, und dieser Widerspruch wiederum – vielleicht aus reinem Widerspruchsgeist – den Widerspruch der Dominikaner, genauer des Lesemeisters der Dominikaner, der 1505 bereits Stephan Boltzhurst gewesen sein könnte. Die messelesenden Toten entzweiten auch Thüring Fricker und Valerius Anshelm, der den Standpunkt vertrat, *messhalten gebürte sich allein den lebendigen und nit den toten*, und der deshalb von Fricker nicht mehr zum Essen eingeladen wurde. Wichtig auch Anshelms Nachricht, dass die messelesenden Toten *nach* der Hinrichtung der vier Dominikanerbrüder auf dem Scheiterhaufen Ende Mai 1509 übermalt und durch lebendige Priester ersetzt wurden; damit gab man den Franziskanern auch in diesem Punkt – nicht nur in demjenigen der Empfängnis Marias – Recht[55]. Die Dominikaner haben also im Defensorium ausdrücklich Stellung zu diesem Streit genommen, und zwar nicht nur einmal (der erlöste Geist geht Messe für seine Wohltäter lesen), sondern zweimal (der erlöste Geist geht Messe für seine Wohltäter lesen, aber er kommuniziert nicht selber, sondern steigt vorher in den Himmel auf). Bemerkenswert ist, dass diese Stellungnahme sich bereits im Defensorium findet, und nicht erst in den Jetzerprozessakten, denn jenes gibt die Ansicht der Dominikaner unvermittelter wieder als die Prozessakten[56]. Auch wenn wir nicht immer wieder auf die Schuldfrage zurückkommen wollen, spricht diese komplizierte Sachlage doch eher für die Schuld der Dominikaner – und insbesondere des Lesemeisters – als für diejenige Jetzers, der von dieser spezi-

---

(1440/1442–1519) vgl. STUDER IMMENHAUSER, Verwaltung S. 84–91, und HESSE, Inszenierung. Thüring Frickers Testament datiert vom Jahr 1517, vgl. HUBER HERNÁNDEZ, Für die Lebenden, Anhang I: Verzeichnis der Testatoren und Testatorinnen Nr. 64.

55) Das Problem ist allerdings, dass man die Übermalungen auf der erwähnten Altartafel nicht mehr deutlich sieht. Die messelesenden Toten oder Lebenden wurden nämlich in der Reformationszeit noch einmal verstümmelt und nachher mehrmals unsachgemäß restauriert, vgl. Nathalie BÄSCHLIN, Die Spurensuche am Allerseelenaltar. Eine kleine Geschichte materieller Veränderungen an Thüring Frickers spätmittelalterlicher Tafelmalerei, die im Rahmen der Ausstellung „Bildersturm – Wahnsinn oder Gottes Wille?" im Bernischen Historischen Museum ausgestellt ist, in: Der kleine Bund. Kulturbeilage zum „Bund" vom Samstag, 17. Februar 2001 S. 1 f.

56) Akten II/1 S. 76 Nr. 52 (1508, Juli 29; Jetzer); II/2 S. 230 (undat., 1508, Aug 31; Lesemeister, Bekenntnisschrift); III S. 459 Nr. 24 (1509, Mai 11; Prior), S. 484 Nr. 13 (1509, Mai 15; Subprior). Dabei ist festzuhalten, dass sowohl der Lesemeister als auch der Prior betonen, dass der erlöste Geist keine Kasel, d. h. kein Messgewand trug. Der Lesemeister behauptet allerdings, dass der Subprior den erlösten Geist gespielt habe, und der Prior, dass er selber es war, und auch der Subprior spricht vom Prior (siehe auch Anh. 3).

Der Prior des Dominikanerkonvents von Bern, Johann Vatter   155

fisch bernischen Diskussion wohl noch weniger wusste als von der allgemeinen Diskussion um die Empfängnis Marias. Der Verteidiger der Dominikaner im Hauptprozess wandte allerdings ein, dass in jener Zeit, als Jetzer in den Berner Dominikanerkonvent eingetreten sei, dort ein Bild gehangen habe, auf welchem Seelen dargestellt waren, wie wenn sie eine Messe lesen und Opfer darbringen würden (siehe Kap. II/2e, Anklageartikel des Verteidigers gegen Jetzer ...)[57], doch vermöchte auch eine solche Darstellung nicht zu erklären, wie es zur Diskussion darum gekommen war, wie weit ein Toter beim Messelesen gehen könne – nämlich bis zur Konsekration (inklusive), aber ohne selber zu kommunizieren.

Doch zurück zum Defensorium und zu Maria, die immer noch bei Jetzer weilte (in der langen Nacht vom 24. zum 25. März 1507, nach Mitternacht). Die Jungfrau hatte nämlich noch einen weiteren wichtigen Auftrag von ihrem Sohn bekommen: sie sollte Jetzer ein Zeichen von dessen bitterer Leidensgeschichte in die rechte Hand drücken, ein Stigma. Sie forderte Jetzer deshalb auf, ihr seine rechte Hand zu geben, und als er sie verweigerte, nahm sie sie selber, lenkte ihn ab und drückte ihm in einem Augenblick (*in momento oculi*) eine Wunde in seine Hand. Der Bruder schrie vor Schmerz auf, so dass alle es hörten, und die Jungfrau verband ihm die Wunde mit einem Stück von den bereits erwähnten Windeln ihres Sohnes, um dann zu verschwinden. Es folgt wieder eine *protestatio veritatis*, und es werden die Väter und Brüder genannt, die um Jetzers Zelle standen und dies alles gehört hatten, wenn auch nicht alle alles: der Prior, der Lesemeister, der Subprior und die Brüder Bernhard Karrer, Alexander Mesch, Ulrich Hügli und Georg Hedner (wohl der Koch oder der Bäcker)[58].

In der nächsten Nacht (vom 25. auf den 26. März 1507) erschien Maria Jetzer wiederum, diesmal schon um neun Uhr abends; sie schien es eilig zu haben und sprach nur wenig, in der Meinung, dass es jetzt endlich vorwärts gehen sollte, „damit das himmlische Geschenk", das sie gebracht hatte (*collatum coelitus munus*), endlich in das richtige Licht gerückt würde. Zeuge war der Subprior, der sie in einen weißen Mantel gehüllt sah, in welchem ihr Sohn verspottet worden sein soll. Bei ihrem Erscheinen waren wiederum die Kerzen vor ihrem Bild (Statue?) im Dormitorium angezündet, und ebenso vor dem Sakramentshäuschen hinter dem Hauptaltar im Chor. Aber auch noch andere Zeichen mahnten zum Handeln und zur Eile. Der Subpri-

---

57) Akten II/2 S. 213 f. Nr. 10 (undat.; 1508, Aug 18): *Item pono et probare intendo quod eo tempore, quo dictus Ietzer ad conventum venit, quedam tabula in conventu erat posita, in qua anime depicte, quasi una (unam?) missam celebraret (celebrarent?) et relique offerrent.*

58) Def. S. 561 f. Kap. I/17.

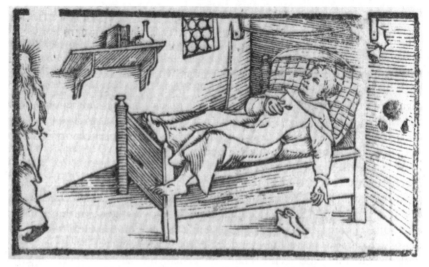

Abb. 7: Jetzer nach dem Empfang des ersten Stigmas. Jetzer mit dem Stigma in der rechten Hand auf seinem Bett, die linke Hand und der linke Fuß (auch bereits mit Stigmata?) hangen herunter. Er liegt diesmal nicht mit entblößtem Oberkörper und einer Art Nachtkappe unter der Decke, sondern im Ordenskleid auf dem Bett. Die Jungfrau Maria (mit Strahlenkranz), die ihm das Stigma beigebracht hat, verschwindet links; sie ist nur halb zu sehen und der sichtbare Fuß ist schwarz, während bei den bisherigen Erscheinungen die Füße nie sichtbar waren. Über dem Bett der Glockenzug, neben dem Bett drei Gucklöcher in der Wand, ein großes und darunter zwei kleine (obwohl von der Vermehrung der Gucklöcher erst in Def. Kap. I/18 und 25 die Rede ist). Hinter dem Bett das Gestell mit der Laterne (?) und dem Weihwassergefäß.
(*Ein erdocht falsch history etlicher Prediger münch* [1509] [p. 35]; Zwickau, Ratsschulbibliothek, 24.10.14., Nr. 16)

or sollte mit Briefen zum Provinzial geschickt werden und hörte denn auch am Samstag vor Palmsonntag (Palmsonntag = 28. März 1507) bei heiterhellem Tag in seiner Zelle ein Geläute, und mit ihm zusammen Bruder Balthasar Fabri, der bisher noch nichts gehört oder gesehen hatte, und beide begriffen, dass dies bedeutete, dass der Subprior sich nun unverzüglich auf den Weg machen sollte. Und als dieser – statt sich auf den Weg zu machen – in die Zelle des Schaffners ging, um einen kleinen Bohrer zu holen und damit

Abb. 8: Die Jungfrau Maria in Jetzers Zelle II. Links Jetzer im Bett, wieder mit entblößtem Oberkörper und an das karierte Kopfkissen gelehnt, aber ohne Nachtkappe; unten rechts vom Bett die Jungfrau Maria, diesmal mit verschleiertem Kopf und Nimbus und in einen langen Mantel gehüllt, vielleicht der weiße Mantel, der in Def. Kap. I/18 erwähnt wird. Die Jungfrau scheint zu Jetzer zu sprechen, jedenfalls hat sie ihre rechte Hand und ihren Zeigefinger erhoben. In der linken Hand hält sie ein Tüchlein mit einem Kreuz, vielleicht um Jetzer das Stigma in der rechten Hand zu pflegen, das aber nicht sichtbar ist. Über dem Bett der Glockenzug, neben dem Bett in der Wand zwei Gucklöcher. Bei der Kopfbedeckung der Maria könnte es sich um einen Witwenschleier handeln, vgl. Def. S. 563 Kap. I/19 und S. 566 Kap. I/22.
(*Ein erdocht falsch history etlicher Prediger münch* [1509] [p. 36];
Zwickau, Ratsschulbibliothek, 24.10.14., Nr. 16)

weitere Gucklöcher in die Wand zu Jetzers Zelle zu bohren, sah er zu wiederholten Malen hinter dem Fenster eine Kerze brennen[59].
Am Palmsonntag (28. März 1507) beschlossen die Dominikaner, die angeblich immer noch misstrauisch waren, das „höchste und letzte Experiment" (*supremum et ultimum experimentum*) zu wagen, d. h. Maria mit dem Sakrament der Eucharistie zu beschwören, das ein böser Geist nicht

---

59) Def. S. 562 Kap. I/18.

158   Der Jetzerhandel aus der Sicht der Dominikaner

nur nicht tragen, sondern auch nicht ertragen könne, so dass er in dessen Gegenwart gar nicht erscheinen könne. Deshalb brachten nach der Komplet, als die Brüder bereits in ihre Zellen gegangen waren und teilweise schon schliefen, der Prior, der Lesemeister, der Sakristan (Jost Hack) und Bruder Bernhard Karrer das Sakrament, eingewickelt in ein Korporale, in Jetzers Zelle und legten es dort auf einen kleinen Altar. Sie belehrten Jetzer, dass er der Jungfrau Maria sagen solle: „Wenn Du wirklich die Mutter Gottes bist, dann ist dies hier dein Sohn; nimm ihn und bring ihn an seinen Ort zurück." Darauf legten sich alle schlafen, mit Ausnahme des Lesemeisters, der fast eine ganze Stunde beim Sakrament blieb und Jetzer ermahnte, demütig zu sein, denn dies sei nicht sein Verdienst, sondern die Gnade Gottes. Dabei vertraute dieser ihm an, dass ihm die Jungfrau seit ihrem ersten Erscheinen in der Nacht vom 24. auf den 25. März jede Nacht erschienen sei und dass der Lesemeister sicher etwas sehen werde, wenn er bis neun Uhr abends in der Zelle des Schaffners wachen würde. Und in der Tat: um neun Uhr schien es diesem, als wenn die Türe zu Jetzers Zelle sich öffne und Maria mit Jetzer zu sprechen beginne. Der Lesemeister schaute durch das Guckloch in der Wand und sah eine ehrenhafte Matrone mit einem weiten Schleier, wie die ehrbaren Witwen ihn trugen. An einem gewissen Punkt des Gesprächs, das sie mit Jetzer führte, sah der Lesemeister – die Außenperspektive ist diesmal durch das ganze Kapitel durchgehalten –, dass die Jungfrau zu Jetzers Altärchen ging, die Lampe auslöschte, verschwand und das Sakrament mitnahm. Der Lesemeister verließ die Zelle des Schaffners, sah die Kerzen im Dormitorium brennen und trat schließlich bei Jetzer ein, der indessen auch nicht wusste, wo das Sakrament hingekommen war[60].

Auf der – fingierten – Suche nach dem Sakrament stieß der Lesemeister auf Bruder Ulrich Hügli, der aus Angst vor der bevorstehenden Erscheinung einen anderen Bruder, Alexander Mesch, in seine Zelle genommen und ihm vor dem Einschlafen vom gleichen „Experiment" erzählt und gewünscht hatte, dass ihre „Väter" dies anwenden würden – ohne zu wissen, dass sein Wunsch bereits in Erfüllung gegangen war. Ulrich Hügli hatte gehört, dass der hl. Petrus Martyr (oder Petrus von Verona), ein Dominikanerinquisitor, der 1252 in Mailand in Ausübung seines Amtes ermordet und bereits ein Jahr später heiliggesprochen worden war, dieses „Experiment" gegenüber einem Dämonen angewandt hatte, der ihm in der Gestalt der Jungfrau Maria erschienen war. Zur gleichen Zeit, als die Jungfrau mit dem Sakrament aus Jetzers Zelle verschwand, wachte Ulrich Hügli auf, weil ihm schien, dass eine Stimme ihm sage, dass er vor das Sakramentshäuschen im Chor gehen solle. Dabei stieß er – oh Wunder – auf den Lesemeister, und

---

60) Def. S. 563 f. Kap. I/17.

Abb. 9: Die Jungfrau Maria in Jetzers Zelle III. Rechts Jetzer mit Nachtkappe und entblößtem Oberkörper im Bett, an das karierte Kissen gelehnt, von dem man hier sieht, wie es an den Bettpfosten befestigt ist. Unten am Bett Maria, wohl wiederum wie eine Witwe verschleiert, aber diesmal nicht mit einem Nimbus, sondern mit Strahlen, in der rechten Hand eine mit einem Kreuz verzierte Hostie und in der linken eine Monstranz. Glockenzug über dem Bett und zwei Gucklöcher in der Wand neben dem Bett.
(*Ein erdocht falsch history etlicher Prediger münch* [1509] [p. 37]; Zwickau, Ratsschulbibliothek, 24.10.14., Nr. 16)

zusammen mit dem Prior stiegen alle drei in den Chor hinunter, wo ebenfalls alle Kerzen brannte und wo der Prior um 11 Uhr abends nicht nur das Sakrament fand, sondern auch eine Windel, die Jetzer als Verband für sein Stigma gedient hatte[61].

---

61) Def. S. 564f. Kap. I/19. Bei dem von Petrus von Verona und dann auch von den Klostervorstehern von Bern angewandten „Experiment" handelt sich um ein Exempel aus der Sammlung der Wunder des hl. Petrus von Verona, die zwischen 1314 und 1317 von Berengar von Landore (1262–1330), einem südfranzösischen Dominikaner, 1312–1317 Ordensgeneral und 1317–1330 Erzbischof von Santiago de Compostela, zusammengestellt worden war, vgl. BARNAY, L'affaire de Berne Abschn. 17f., und DIES., Le ciel sur terre S. 151. Zu Petrus von Verona vgl. André VAUCHEZ, Pierre Martyr, in: Histoire des saints et de la sainteté chrétienne 6 (1986) S. 224–228.

160   Der Jetzerhandel aus der Sicht der Dominikaner

Damit waren die Fragen, die der Lesemeister Maria durch Jetzer bereits am 24. März 1507 in einem Brief hatte stellen lassen, jedoch noch nicht beantwortet. Das Defensorium kommt indessen nicht auf jenen Brief zurück – der damit ein blindes Motiv bleibt –, sondern führt lediglich aus, dass der Prior und der Lesemeister am gleichen Palmsonntag (28. März 1507) Jetzer nach der Abendmahlzeit (*coena*) auftrugen, was er die Jungfrau fragen sollte. Und diese scheint Antwort gegeben zu haben – ohne dass ihr die Fragen gestellt und auch, ohne dass man erfährt, wie die Antworten von Jetzer an die Väter übermittelt wurden. Anshelm (3 S. 70f.) stellt es denn auch so dar, dass der Lesemeister die Maria gespielt und Jetzer ohne Umschweife angesprochen habe: *Min lieber brůder und frind Gots! Ich weiss wol, was du mich solt fragen.* Die Fragen scheinen nicht mehr ganz die gleichen gewesen zu sein wie diejenigen vom 24. März, aber doch ähnliche. Die erste betraf das Blut Christi, und die Antwort lautete, dass wahr sei, was Thomas von Aquin geschrieben habe, dass nämlich Christus sein ganzes Blut mit sich in den Himmel genommen habe, mit Ausnahme desjenigen, das Maria unter dem Kreuz gesammelt habe; das übrige sei wunderbares Blut (*miraculosus*). Auch dahinter steckt wieder eine jahrhundertelange Diskussion, von der Jetzer bestimmt nichts wusste. Die grundlegende Frage war, ob Christus von seinem Blut auf der Erde zurückgelassen hatte und ob es deshalb sog. Blutreliquien (wie in Westminster, Weingarten, Wilsnack) überhaupt geben könne, eine Frage, die einmal mehr Dominikaner (contra) und Franziskaner (pro) spaltete[62]. Wir werden später auf die Blutreliquien zurückzukommen,

---

62) Def. S. 565 Kap. I/20, vgl. auch Colette BEAUNE, Art. Saint Sang, in: Dictionnaire encyclopédique du Moyen Âge 2 (1997) S. 1359 f., hier S. 1360: „Mais la vénération du sang du Christ, dévotion très populaire, fait aussi l'objet d'une vive controverse à la fin du Moyen Âge entre Francicains et Dominicains. Les premiers pensent en effet que, durant les trois jours entre sa mort et sa résurrection, le Christ n'était plus qu'un corps sans âme. Le sang de la plaie du côté répandu après sa mort n'était donc qu'un sang humain auquel on ne devait pas de latrie mais une simple vénération. Inversement, les églises dominicaines multiplient les images à la gloire du sang du Christ dans leurs versions les plus doloristes (culte des plaies du Christ, pressoir mystique ou instruments de la Passion). Le sang du Christ n'avait nullement perdu vers 1500 son pouvoir de fascination mais, théoriquement, l'existence de ce type de reliques suscitait de plus en plus de réserves." Ein Beispiel für diese Blutmystik der Dominikaner: die Kreuzigungsszenen in den Fresken von Fra Angelico in San Marco in Florenz, vgl. SCUDERI, Museum von San Marco S. 59 ff. Vgl. auch DÜRMÜLLER, Der Jetzerhandel S. 74 f.: „Diese beiden verschiedenen Konzepte von der Mutterschaft und Empfängnis (siehe Einl. 3a, bei Anm. 204) hatten ihre Entsprechung in unterschiedlichen Auffassungen vom Blut Christi. Die Dominikaner tendierten zu einer ‚höheren Bluttheologie', nach der das Blut Christi gerade in seiner Unsichtbarkeit und Distanz verehrt wurde. Gegenüber eucharistischen Wundern und Blutreliquien waren die Dominikaner weniger aufgeschlossen als die Franzis-

Der Prior des Dominikanerkonvents von Bern, Johann Vatter   161

welche die Jungfrau Maria Jetzer – und damit dem Dominikanerorden – gleich bei ihrem ersten Auftritt in der Nacht vom 24. zum 25. März 1507 mitgebracht hatte (siehe Kap. II/5b, Die Reliquien und ihre Verehrung).

Bei den zwei nächsten Fragen, die der Lesemeister der Jungfrau Maria stellte (und als solche gleich auch selber beantwortete?!), ging es wiederum um die Empfängnis. Maria war der Meinung, der Franziskaner Bonventura und der Zisterzienser Bernhard von Clairvaux (in dieser Reihenfolge) hätten richtig über ihre Empfängnis (befleckt) geschrieben. Bei Bonaventuras Tod seien Engel erschienen, um seine Seele in den Himmel zu tragen. Seine Gegner hätten diese Engel jedoch als Wespen interpretiert und gesagt, diese seien erschienen, weil Bonaventura sich in der Frage der Empfängnis geirrt habe. Was Bernhard von Clairvaux betreffe, so sei wahr, dass dieser jemandem mit einem Flecken (*macula*) erschienen sei, zum Zeichen, dass Maria in der Erbsünde empfangen worden sei. Aber seine Feinde hätten dieses Zeichen der Wahrheit in ein Zeichen der Strafe verdreht. Während die Geschichte von Bonaventuras Engeln bzw. Wespen sich nicht weiter identifizieren lässt, weiß man mehr über den angeblichen Flecken Bernhards von Clairvaux. Die Anekdote findet sich zum ersten Mal in einem Brief, den der Benediktiner Nikolaus von St. Albans wahrscheinlich zwischen 1174 und 1182 an seinen Ordensbruder Peter von Celle († 1183) geschickt hatte. Dabei hatte der erstere das Fest der Empfängnis verteidigt, das in England gefeiert wurde, und der zweite den Standpunkt des Bernhard von Clairvaux, der eben erst (1174) heiliggesprochen worden war. Nikolaus von St. Albans war der Meinung, dass die Heiligsprechung Bernhards Ansicht bezüglich der Empfängnis Marias (befleckt) nicht rechtfertige, und erzählte eine Geschichte, die er von den Zisterziensern selber gehört haben wollte. Demnach hatte ein Konversenbruder Bernhard in einer nächtlichen Vision gesehen, in weißen Kleidern, aber mit einem dunkeln Flecken bei der Brustwarze. Auf eine entsprechende Frage habe dieser geantwortet, dass er diesen Flecken zur Buße dafür trage, dass er über die Empfängnis Dinge geschrieben habe, die er nicht hätte schreiben sollen. Der Konverse gab diese Geschichte seiner Gemeinschaft weiter, und diese ließ sie aufschreiben und brachte sie vor das Generalkapitel des Zisterzienserordens, das indessen beschloss, das Aufgeschriebene dem Feuer zu übergeben, und damit zeigte, dass es mehr Wert auf den Ruf des hl. Bernhard als auf den Ruhm der Jungfrau Maria legte[63].

---

kaner, die die Menschlichkeit Christi hervorhoben; beide Seiten gestanden aber die Möglichkeit solcher Reliquien ein, und beide verstanden das Blut als ein Mittel zur Erlösung." Und schließlich BYNUM, Wonderful Blood S. 96 ff.

63) Def. S. 565 f. Kap. I/20, vgl. auch GAY-CANTON, Entre dévotion S. 219 f., und LAMY, L'immaculé conception S. 81–83. Auch im Defensorium wird der hl. Bernhard als

162 Der Jetzerhandel aus der Sicht der Dominikaner

Diese Geschichte ist deshalb wichtig, weil sie Ende Juli 1507 von den Dominikanern in Szene gesetzt werden sollte, wobei der Prior den hl. Bernhard verkörperte (siehe Kap. II/2b, Die Erscheinungen der heiligen Cäcilia, Bernhard von Clairvaux und Katharina von Siena). Im Revisionsprozess gestand der Prior, dass er die Geschichte aus den Schriften des Bernardin de Bustis kannte, wahrscheinlich aus dessen *Mariale*, das erstmals 1492 erschienen war, einer Schrift, an der sich die Dominikaner der Oberdeutschen Provinz heftig rieben (siehe Kap. I/3a). Bei Bernardin de Bustis, einem Franziskaner und Immakulisten, war der hl. Bernhard tatsächlich mit seinem Flecken dargestellt, und der Prior wollte mit seinem Auftritt beweisen, dass Bernhard diesen Flecken zu Unrecht trug[64].

Bei den letzten beiden Fragen und Antworten von Palmsonntag 1507 ging es um Zeitgenossen, Schwester Lucia und Savonarola, die erstere ein Mitglied des Dritten Ordens der Dominikaner und der zweite selber ein Dominikaner, der 1498 in Florenz hingerichtet worden war, ein schreckliches Fanal für die Dominikaner, die indessen damals, im Frühling 1507, noch nicht im geringsten daran dachten, dass es ihnen gleich ergehen könnte wie Savonarola. Von diesem sagte Maria, dass er unschuldig hingerichtet worden sei und dass Papst Alexander VI. seinetwegen die größten Qualen im Fegefeuer leide. Von Schwester Lucia sagte Maria, dass sie ihre liebste und ergebenste Dienerin sei, welche die Stigmata bekommen habe, zum Zeichen, dass Papst Alexander VI. in der Frage der Empfängnis endlich eine Entscheidung treffen sollte. Aber da um Lucias Stigmata Verwirrung und Skandal entstanden seien, sei jene Gnade dem Papst weggenommen und die Botschaft nicht enthüllt worden. Bei Lucia handelte es sich um Lucia Brocadelli (1476–1544) von Narni, eine Dominikanerterziarin, die in der Karwoche 1496 in Viterbo angeblich die Stigmata empfangen hatte. Zuerst hatte sie einen Gönner und Beschützer in der Person des Herzogs von Ferrara, Ercole d'Este (1431–1505), gefunden. Als dieser jedoch im Februar 1505 verstarb, verbreiteten Lucias Gegner Gerüchte, wonach ihre Mitschwestern durch ein Loch in der Wand ihrer Zelle gesehen hätten, wie sie sich mit einem Messer die Stigmata selber beigebracht habe. Danach ließen ihre dominikanischen Oberen sie fallen und als Alleinschuldige darstellen, und die Stigmata verschwanden noch im Verlauf des Jahres 1505[65]. Die Parallelen zum Fall Jetzers, der eben erst sein erstes Stigma bekommen hatte, liegen

---

großer Marienverehrer dargestellt, vgl. Def. S. 565 Kap. I/20: *De s. vero Bernardo, devotissimo beatae Virginis amatore [...]*.

64) Akten III S. 470 Nr. 50 (1509, Mai 12; Prior).

65) Def. S. 565 Kap. I/20, vgl. auch HERZIG, Genuine and Fraudulent Stigmatics S. 145–150, und DIES., Christ transformed into a virgin woman, insbes. S. 83 ff. Hier, S. 261–263 auch zum Jetzerhandel, indessen vor allem aufgrund von Murners *De quat-*

Der Prior des Dominikanerkonvents von Bern, Johann Vatter 163

auf der Hand, und dies umso mehr, als man im Dominikanerkloster Bern offenbar bereits wusste, dass Lucia in Misskredit gefallen, aber nicht mit Sicherheit, ob sie noch am Leben war. Es ist wohl auch nicht zufällig, wenn im gleichen Jahr 1505, als Herzog Ercole von Ferrara starb und Lucia ihre Stigmata verlor, in Spanien eine Dominikanermystikerin, Sor María von Santo Domingo († 1524), eine Seitenwunde erhielt, die in den Jahren 1509–1510 auch eine inquisitorische Untersuchung überstand[66] – man scheint auch anderswo (und nicht nur in Bern) versucht zu haben, Lucia eine erfolgreichere Nachfolgerin (oder einen erfolgreicheren Nachfolger) zu geben, denn dem Dominikanerorden fehlte ein stigmatisierter Heiliger wie Franz von Assisi; das Experiment mit Katharina von Siena war nur halb geglückt (siehe Kap. I/3a).

Wir kehren einmal mehr zum Defensorium zurück. Maria antwortete an jenem Palmsonntag, 28. März 1507, nämlich nicht nur auf die ihr vom Lesemeister durch Jetzer gestellten Fragen, sondern bestätigte diesem auch, dass sie in der Erbsünde geboren und darin so lange geblieben sei, wie Tropfen um das Kreuz angeordnet seien, das dem Papst übergeben werden solle. Als Jetzer sagte, dass seine Brüder immer noch zweifelten, sagte sie ihm, dass sie das Vaterunser genauso bete wie alle anderen Menschen, nämlich „Vergib uns unsere Schulden", dass sie dies aber nicht tun würde, wenn sie ohne Erbsünde geboren wäre; dann würde sie nämlich beten „Vergib ihnen ihre Schulden". Sie lehrte Jetzer die Unterschiede zwischen Erbsünde sowie lässlicher und Todsünde, die er so gut begriff, dass der Schreiber des Defensoriums in Entzücken ausbrach ob der Tatsache, dass Jetzer nicht nur ein Ungebildeter (*idiota*), sondern auch kaum ein halbes Jahr im Orden sei und bis auf den heutigen Tag weder lesen noch schreiben könne, „damit allen klar werde, dass Gott die Weisheit der Gescheiten durch die Dummen und Schwachen auf die Probe stellen wolle". Jetzer musste gegenüber seinen Brüdern noch einmal in vollem Bewusstsein und Gehorsam bestätigen, dass er vorher niemals etwas von der Empfängnis Marias gehört habe, auch in der Predigt nicht, weshalb er auch den Geist aus Frömmigkeit zunächst falsch verstanden und gemeint habe, Maria sei ohne Erbsünde empfangen worden[67] – wie man sieht, lag den Dominikanern sehr viel daran, das Miss-

---

tuor heresiarchis. – Den Hinweis auf die Arbeiten von Tamar Herzig verdanke ich Dr. Georg Modestin, Solothurn.

66) HERZIG, Genuine and Fraudulent Stigmatics S. 150 f., vgl. auch DIES., Christ tranformed into a virgin woman S. 248–252.

67) Def. S. 565 f. Kap. I/20. „Idiot" heißt hier nicht „blöd" oder „schwachsinnig", sondern vielmehr nur „des Lateins und des Schreibens" unkundig, vgl. Herbert GRUNDMANN, Litteratus – illiteratus. Der Wandel einer Bildungsnorm vom Altertum

164   Der Jetzerhandel aus der Sicht der Dominikaner

verständnis um die Empfängnis, das ihnen unterlaufen war, einmal mehr auszubügeln! Das Kapitel (I/20) schließt mit der Bemerkung, dass nach diesem Tag (dem Palmsonntag) am Montag nichts mehr geschehen sei, auch nicht am Dienstag oder Mittwoch[68].

Erst für den Mittwochabend (31. März 1507) hat das Defensorium wieder etwas zu melden. Der Lesemeister hatte sich nach Biel begeben, um die Passion zu predigen – wir befinden uns in der Karwoche (1507) –, und der Prior könnte es genossen haben, allein Herr im Haus zu sein; jedenfalls richtete er sich in der Zelle des Schaffners ein, von wo aus er sehen konnte, ob „etwas" (*quidquid*) zu Jetzer käme. Und in der Tat: um 9 Uhr abends läutete jemand dem Prior, d. h. betätigte jemand den Glockenzug, der von Jetzers Zelle in diejenige des Schaffners führte. Der Prior erhob sich, schaute durch das Guckloch in der Wand und sah „sie" vor Jetzers Bett stehen, in einem langen weißlichen Mantel und einem Witwenschleier, der ihr hinten bis auf die Schultern reichte. Der Prior zog sich die Schuhe und einen Pelz an, damit er „sie" länger sehen könne, wohl ohne zu frieren. Als er zum Guckloch zurückgekommen war, löschte Jetzer mit der Handbewegung, mit der er das Kreuzzeichen machte, die kleine Kerze aus, die „sie" in der Hand hielt. Da der Prior nun nichts mehr sehen noch hören konnte, kehrte er ins Bett zurück, obwohl „sie" sich noch länger mit dem Konversen unterhielt. Als „sie" fertig gesprochen hatte, läutete Jetzer dem Prior, der zusammen mit dem Konversenbruder Oswald, der die Zelle auf der anderen Seite von Jetzer bewohnte, die Kerzen im Dormitorium und im Chor angezündet fand[69].

Am folgenden Tag (Gründonnerstag, 1. April 1507) konfrontierte der Prior Jetzer mit dem, was er am Vorabend gesehen hatte, doch dieser schwieg. Der Prior ersuchte ihn, die Jungfrau zu bitten, ihm ihr Gesicht zuzuwenden, denn er habe nur ihren Rücken gesehen. Dies war natürlich nur ein Scherz (sagt der Prior in seinen Aufzeichnungen), aber am Abend um 9 Uhr – der Prior scheint sich wieder in der Zelle des Schaffners aufgehalten zu haben –, läutete wiederum jemand, und es war nicht Jetzer! Als der Prior durch das Guckloch schaute, sah er die gleiche Person gleich gekleidet wie in der vergangenen Nacht. Nachdem er sie für die Dauer eines Vaterunsers und eines Ave Marias betrachtet hatte, drehte sie sich gegen das Guckloch, so dass er in ihr Gesicht schauen konnte, das indessen wie bei ehrbaren Ma-

---

zum Mittelalter, in: DERS., Ausgewählte Aufsätze 3 (Schriften der MGH 25,3, 1978) S. 1–66, hier S. 2.

68) Def. S. 566 Kap. I/20: *Post illam diem nihil singulare feria secunda contigit, nec feria tertia aut quarta.*

69) Def. S. 566 Kap. I/22, vgl. auch Akten II/2 S. 232 (undat., 1508, Aug 31; Lesemeister, Bekenntnisschrift).

Der Prior des Dominikanerkonvents von Bern, Johann Vatter 165

tronen verschleiert war – dann ging sie zur Lampe und löschte sie aus. Es scheint, dass Maria Jetzer an diesem Abend das Stigma erneuerte und neu verband, jedenfalls schrie dieser mehrmals vor Schmerz auf. Im Dormitorium und im Chor brannten wiederum alle Lichter, und sie wurden erst nach der Matutin ausgelöscht, nachdem die übrigen Brüder sie auch gesehen hatten. In der Nacht vom Karfreitag (2. April 1507) auf den Karsamstag nahm die Jungfrau Maria die Tücher, die Jetzer als Verbandzeug für das Stigma dienten, aus dem entsprechenden Behälter weg und legte sie ins Sakramentshäuschen im Chor. Als der Prior – wohl am Karsamstag – einigen Herren „das göttliche Geschenk des wertvollen Blutes" zeigen wollte, fand er die verlorenen Verbandsstücke im Sakramentshäuschen, wo sie in der Folge ebenfalls aufbewahrt wurden[70]. Dies aber bedeutet nichts anderes, als dass der Prior bereits vor Ostern (4. April) 1507 begonnen hatte, die von der Jungfrau Maria gebrachten Reliquien einem weiteren Publikum zu zeigen und wohl auch die entsprechenden Geschichten von Jetzers Erscheinungen zu erzählen. Wir werden gleich sehen, dass am Karsamstag nicht nur der Prior und der zurückgekehrte Lesemeister in der Zelle des Schaffners wachten, sondern erstmals auch zwei „weltliche" Familiaren des Klosters.

In diesen Tagen (*istis diebus*) beantwortete die Jungfrau auch einige Fragen, doch waren sie weniger gelehrt als diejenigen des Lesemeisters. Sie betrafen das Leiden Christi und das Mitleiden der Maria an Gründonnerstag und Karfreitag und waren also, an Gründonnerstag und Karfreitag 1507, durchaus aktuell. Maria berichtete, sie sei beim letzten Abendmahl nicht dabei gewesen und habe ihren Sohn erst wieder getroffen, als er nach Golgatha geführt wurde und sein Kreuz Simon von Cyrene abgeben konnte. Dann sei sie erst zum Kreuz gekommen, nachdem er bereits gekreuzigt war und er sie Johannes dem Evangelisten anvertraut habe. Unter dem Kreuz habe sie das Blut ihres Sohnes gesammelt, das sie hierher – wohl ins Berner Dominikanerkloster – gebracht habe. Ebenso habe Maria Magdalena Blut gesammelt, das heute in Köln sei. Die Antworten der Maria dienten also der Authentifizierung der Reliquien, die sie bei ihrem ersten Erscheinen am 25. März 1507 mitgebracht hatte, und es wird auch bereits die Konkurrenz – oder das Vorbild – genannt: eine Blutreliquie, die angeblich in Köln lag (die sich aber nicht identifizieren lässt, siehe Kap. II/5b, Die Reliquien und ihre Verehrung). Dabei wird bis zum Schluss von Kapitel I/23 nicht klar, wer die Fragen gestellt noch wie die Antworten ins Defensorium gekommen waren, denn Jetzer habe es nicht für nötig gehalten, Marias Antworten der Klostergemeinschaft zu übermitteln. Vollends schwierig – oder aber einfach – wird es, wenn der Prior selber in der Karwoche die Maria gespielt haben sollte,

---

70) Def. S. 566 f. Kap. I/22 u. 23.

166 Der Jetzerhandel aus der Sicht der Dominikaner

wie sowohl der Lesemeister im Hauptprozess als auch der Chronist Valerius Anshelm behaupten[71].

Am Karsamstagabend (3. April 1507) war der Lesemeister zurück und wachte zusammen mit dem Prior und zwei „Weltlichen", die sich aufgrund der Zeugenverhöre im Haupt- und im Revisionsprozess als Goldschmied Martin Franke und Glaser Lukas identifizieren lassen, in der Zelle des Schaffners. Nach 9 Uhr abends kam jemand, der im Defensorium nicht genannt wird – offensichtlich war allen klar, dass es sich um die Jungfrau Maria handelte – und sprach mit Jetzer, aber nicht lange. Als die Zuschauer die Zelle verließen, brannten die Lichter im Dormitorium, nicht aber im Chor; dort konnten sie nicht wie gewohnt angezündet werden, weil, wie erst später zu erfahren ist, die Novizen des Konvents in der Johanneskapelle an dem dort aufgestellten Heiliggrab in der Nacht auf Ostern eine Nachtwache abhielten[72]. An Ostern (4. April) 1507 war man wieder unter sich, die Jungfrau Maria erschien um 10 Uhr abends und machte Jetzer Mut: die Sache werde ein gutes Ende nehmen, worauf der Lesemeister nachfragen ließ, wann dieses denn zu erwarten sei. Der Wille, zum Ende zu kommen, ist auch zu Beginn des nächsten Kapitels (I/25) spürbar, denn dieses beginnt mit dem Satz: „Als wir schon glaubten, am Ende der Aufzeichnungen angekommen zu sein" (*Verum cum iam finem scribendi nos fecisse putaremus*); nun aber war es der Lesemeister, der noch einige wichtige Fragen geklärt haben wollte, Hauptargumente der „Gegner" der befleckten Empfängnis. Er bedrängte Jetzer so sehr, dass dieser ungeduldig wurde und dem Lesemeister entgegenhielt: wenn die Jungfrau komme, solle er doch in seine Zelle eintreten und sie selber fragen, was er wolle; er traue sich nicht mehr[73].

Nachdem der Lesemeister dem Konversen acht Fragen eingeschärft und dieser sich zur Ruhe begeben hatte, läutete um 10 Uhr abends das Glöcklein zwei Mal, als wenn es – wiederum im hagiographischen Stil – sagen wollte: „Steh auf, Lesemeister, schau und höre!" Der Prior und der Lesemeister befanden sich nach einem warmen Bad (*post aestuarium*) in der Zelle des Schaffners und schauten durch die Gucklöcher in der Wand; der Lesemeister stieg auf einen Schemel und überließ das untere Guckloch, das erst kürzlich gemacht und größer war, dem Prior – eine Szene, die man gerne mit eigenen Augen sehen möchte! Die Jungfrau begann von dem zu sprechen, was der Lesemeister Jetzer aufgetragen hatte, an erster Stelle vom Konzil

---

71) Def. S. 567 f. Kap. I/23, vgl. Akten II/2 S. 232 (undat., 1508, Aug 31; Lesemeister, Bekenntnisschrift), und Anshelm 3 S. 73. Zu Maria unter dem Kreuz vgl. SCHREINER, Maria, Jungfrau S. 100 ff, und ELLINGTON, From Sacred Body S. 77 ff.

72) Def. S. 568 Kap. I/24, vgl. auch Akten II/2 S. 244 Nr. 19 (1508, Aug 31; Lesemeister, Folterverhör).

73) Def. S. 569 f. Kap. I/24 u. 25.

Der Prior des Dominikanerkonvents von Bern, Johann Vatter   167

von Basel, das die unbefleckte Empfängnis zum Dogma erklärt hatte, gefolgt von den Universitäten von Paris und Köln. Die zweite Frage betraf die heiligen Brigitta und Elisabeth, denen Maria angeblich ebenfalls ihre unbefleckte Empfängnis offenbart hatte, und die dritte Alexander von Hales: ob wahr sei, dass dieser am Fest ihrer Empfängnis bestraft worden sei, weil er der Meinung war, dass sie in der Erbsünde empfangen worden sei[74].

Hier soll nur auf die Frage nach Alexander von Hales eingegangen werden, den Jetzer „vorher nie hatte nennen hören, außer einmal vom Lesemeister": ob dieser tatsächlich wegen seiner (richtigen!) Meinung bestraft worden sei. Maria antwortete, dass Alexander von Hales wirklich krank gewesen sei, aber nicht wegen ihrer Empfängnis, sondern weil Gott eben züchtige, wen er liebhabe (Prov. 3,12). Alexander aber habe selber geglaubt, dass er krank geworden sei, weil er die Meinung vertreten habe, dass Maria in der Erbsünde geboren sei, und habe diese Meinung deshalb aufgegeben. Seine Geschichte war also diejenige einer Konversion, aber für die Dominikaner in der falschen Richtung, so dass es diese zu entkräften galt. Alexander von Hales (1185–1245) könnte tatsächlich so etwas wie eine Konversion erlebt haben, aber nicht unbedingt vom Makulisten zum Immakulisten, sondern vom Weltkleriker zum Franziskaner, denn er war erst relativ spät, nämlich 1231, nachdem er schon (seit den 1220er-Jahren) an der theologischen Fakultät der Universität Paris gelehrt hatte, in den Franziskanerorden eingetreten und so auch zum Lehrer von Bonaventura geworden (der die Lehre von der befleckten Empfängnis Marias vertrat)[75]. Man darf vermuten, dass man auf franziskanischer Seite das Bedürfnis empfunden hatte, Alexander von Hales auch vom Makulisten zum Immakulisten „umzupolen" und deshalb die Geschichte von seiner Krankheit und Genesung erfunden hatte. Diese scheint ihren Eindruck auf Jetzer nicht verfehlt zu haben, jedenfalls erzählte er bereits am 20. November 1507 vor dem Bischof von Lausanne, dass die Jungfrau Maria ihm gesagt habe, dass der große Gelehrte Alexander von Hales von einer schweren Krankheit geheilt worden sei, weil er glaubte, dass Maria ohne Erbsünde empfangen worden sei. Demnach hätte Jetzer Maria einmal mehr falsch verstanden, aber die Geschichte war, wie aus einem Verhör des Konversen im Hauptprozess hervorgeht, noch komplizierter. Hier erzählte Jetzer, dass Maria ihm gesagt habe, dass Alexander von Hales das Fest der unbefleckten Empfängnis nicht mitgefeiert, sondern gearbeitet habe, und dass er, als er dabei immer von Fiebern geschüttelt wurde, zu seinen Ordensbrüdern gesagt habe: dass er Maria gebeten habe, dass sie

---

74) Def. S. 570 Kap. I/25.

75) Def. S. 571 f. Kap. I/26, vgl. auch Georg STEER, Art. Alexander von Hales, in: Die deutsche Literatur des Mittelalters. Verfasserlexikon 1 (1978) S. 218 f.

168 Der Jetzerhandel aus der Sicht der Dominikaner

ihn von seinen Fiebern befreie, wenn er mit seiner Meinung (befleckt) richtig liege – was auch geschehen sei. Die Franziskaner hätten dies aber falsch interpretiert und erzählt, dass Alexander seine Gesundheit wiedererlangt hätte, als er seine alte Ansicht aufgab und mit den anderen zusammen das Fest der unbefleckten Empfängnis gefeiert habe … Tatsache aber bleibt – und hier stimmen das Defensorium und Jetzers Aussage im Hauptprozess überein –, dass dieser vorher keine Ahnung hatte, wer Alexander von Hales war und dass Maria ihm helfen musste, als er nach diesem fragte[76]. Dabei ist die Interpretation freilich verschieden: das Defensorium stellt es als Wunder dar, dass Jetzer den Namen Alexanders von Hales behalten habe, während dieser selber sagte, er hätte ihn eben nicht behalten können und Maria (der Lesemeister?) hätte ihm helfen müssen.

Damit schließt der erste Teil des *Defensoriums*, der laut dem folgenden Kolophon vom Prior von Bern „zusammengetragen" worden war, und zwar erst nach dem 11. April 1507 (*Collectum Bernae post octavas Paschae Anno Domini millesimo quingentesimo septimo per priorem eiusdem conventus*). Dies ist wohl dahingehend auszulegen, dass der Prior von Bern den ersten Teil des Defensoriums nicht fortlaufend geschrieben, sondern erst nach dem 11. April 1507 aus dem Gedächtnis „zusammengetragen" hatte, was vielleicht auch einige Ungereimtheiten zu erklären vermag. Wie wir gleich sehen werden, war am 11. April 1507 Prior Werner von Basel im Berner Dominikanerkonvent eingetroffen und setzte nun das Defensorium fort, aber anders als der Prior von Bern fortlaufend, fast wie ein Tagebuch. Auf den oben zitierten Teil des Kolophons folgt nämlich ein zweiter, wonach „das Folgende, des Doktors Werner, Priors von Basel, Dominikanerordens, durch Übertragung und Diktat (*traductione et dictamine*) in der Fastenzeit 1508 verbreitet wurde" und wonach die beiden „Exemplare" (wohl Teil I sowie Teil II und III des Defensoriums) von den eigenen Händen der beiden Prioren geschrieben waren (*Erantque propriis manibus suis conscripta exemplaria*)[77]. Demnach muss zumindest der zweite Teil des Kolophons vom Herausgeber des Defensoriums stammen, dem offenbar die Aufzeichnungen der beiden Prioren vorlagen und der zwei verschiedene Hände unterscheiden konnte. Das vorliegende Kolophon ist also trügerisch, aber nicht nur das Kolophon, sondern das Defensorium überhaupt; denn es wird immer klarer, welch großen Anteil der Herausgeber wahrscheinlich an dem Produkt hatte, wie es zwischen dem 31. Mai und dem 25. Juli 1509,

---

76) Akten I S. 29 Nr. 106 (1507, Nov 20; Jetzer); II/1 S. 94 f. Nr. 158–160 (1508, Juli 31, 14 Uhr; Jetzer).
77) Def. S. 572.

Der Prior des Dominikanerkonvents von Bern, Johann Vatter   169

zwischen der Hinrichtung der Dominikaner und der Flucht Jetzers aus dem Gefängnis, zum Druck gebracht wurde.

Warum nun aber dieser Wechsel in den Aufzeichnungen am 11. April 1507? Wir haben gesehen, dass die Berner Dominikaner offensichtlich an ein Ende kommen wollten, ein Ende sowohl der Aufzeichnungen als auch der Erscheinungen, auch wenn sie selber wohl nicht genau wussten, wie dieses aussehen könnte; was sie erhofften, war wahrscheinlich eine päpstliche Anerkennung der Erscheinungen, die Jetzer zuteil geworden waren, samt ihren Botschaften und den Reliquien, die diese mitgebracht hatten, und *last but not least* von Jetzers Stigma (allerdings vorläufig nur das erste von fünf Stigmata). Auch wenn der Lesemeister sich in den letzten Kapiteln (I/25 u. 26) noch letzte wichtige Fragen hatte beantworten lassen, drängte doch auch er auf ein baldiges Ende, denn er ließ Maria durch Jetzer auffordern, „der Sache ein Ende zu machen (*ut ipsam finem imponeret*), denn sonst wäre alle ihre Arbeit umsonst" (*nam nostrum laborare frustra foret*)[78], doch konnte Jetzers Maria dies aus verständlichen Gründen nicht tun. Aus all dem geht eine gewisse Ratlosigkeit hervor, der entscheidende Durchbruch war nicht gelungen, und man wusste nicht recht, wie es weiter gehen sollte, wohl nicht zuletzt, weil die Berner Dominikaner wahrscheinlich nicht nur die Empfänger, sondern auch die Sender der wichtigen Botschaften der Jungfrau Maria waren; es fehlte der archimedische Punkt außerhalb der Versuchsanordnung, von dem aus man diese hätte aus den Angeln heben können. Diesen Punkt außerhalb der Versuchsanordnung hoffte man wohl in Prior Werner von Basel zu finden, der allerdings auch nicht so ahnungslos war, wie er tat.

3. Der Prior des Dominikanerkonvents von Basel, Werner von Selden, als Verfasser von Teil II und III des Defensoriums

a) Prior Werners erster Aufenthalt in Bern (11. bis 19. April 1507) und die Auseinandersetzung mit dem *Mariale* des observanten Franziskaners Bernardin de Bustis

Die Hilfe in dieser scheinbar ausweglosen Situation kam von unerwarteter Seite – oder vielleicht auch nicht, denn es handelte sich um einen guten Bekannten der Berner Dominikaner, nämlich Werner von Selden, der in den Jahren 1489, 1502–1503 und 1506–1508 als Prior des Basler Dominikaner-

---

78) Def. S. 571 Kap. I/26.

170 Der Jetzerhandel aus der Sicht der Dominikaner

konvents wirkte. Er stammte aus Selden bei Aarau und ist 1477 als Student in Basel belegt, wo er 1478 in den Dominikanerorden eintrat. Im Jahr 1481 wurde er zum Studium nach Paris geschickt, in den Jahren 1487–1488 studierte er Theologie in Köln bis zum Kursoratsexamen. Nach einem ersten Priorat 1489 in Basel wurde ihm vom Ordensgeneral gestattet, Magister zu werden und an der Universität Basel über die Sentenzen zu lesen. Im Jahr 1498 erwarb er an der Universität Heidelberg einen Magister in Theologie und amtete 1498–1499 und 1501 als Prior des Dominikanerkonvents von Heidelberg. Als solcher stritt er 1501 mit den Franziskanerobservanten und dem Humanistenkreis um Jakob Wimpfeling um die Empfängnis Marias (siehe Einl. 3c). Im Jahr 1502 scheint er nach Basel zurückgekehrt zu sein, wo er 1502–1503 und 1506–1508 als Prior belegt ist[79]. Werner von Selden war also der Streit um die Empfängnis Marias nicht fremd, und er hatte auch am Provinzialkapitel von Wimpfen (1506) teilgenommen, auf welchem der Jetzerhandel ausgeheckt worden war, wahrscheinlich sogar in führender Stellung. Es lässt sich auch beweisen, dass er zu Hilfe gerufen wurde, als der Jetzerhandel Anfang April 1507 zu versanden drohte, denn in seiner schon mehrfach zitierten Bekenntnisschrift schreibt der Lesemeister, „dass er und der Prior in der Woche nach Ostern 1507 übereingekommen seien, den Prior von Basel herbeizurufen, einen guten und einfältigen Mann, um ihn davon zu überzeugen, dass Jetzer wirklich Erscheinungen eines Geistes und der Jungfrau Maria habe; damals sei auch schon die Rede davon gewesen, eine Hostie zu bemalen ...". Dies war jedoch noch nicht die ganze Wahrheit, denn im Revisionsprozess musste der Lesemeister seine Aussage aus dem Hauptprozess korrigieren und zugeben, dass der Prior von Basel „bereits früher von der Materie gewusst habe"[80]. Wenn man dies alles weiß, dann

---

79) Bernhard NEIDIGER, Art. Basel, in: HS IV/5 S. 188–284, hier S. 259–261. HIERO-NYMUS, Oberrheinische Buchillustration 2 S. 33 unter Nrn. 46–54, identifiziert Selden mit Sölden bei Freiburg i. Br.; Anshelm 3 S. 51 spricht indessen auch von Selden bei Aarau.

80) Akten II/2 S. 232 f. (undat., 1508, Aug 31; Lesemeister, Bekenntnisschrift): *In eptomada*(!) *Pasce convenimus ego et prior, ut advocaretur prior Basiliensis, vir bonus et simplex, ut eum induceremus in opinionem, quod fratri illi beata virgo appareret et de Spiritu et huiusmodi. Tunc etiam tractatum de eucharistia tingenda per me.* Vgl. auch Akten III S. 427 Nr. 5 (1509, Mai 5, 14 Uhr; Lesemeister): *Item ulterius, in quantum dicitur, quod ebdomada Pasce convenerunt ipse inquisitus et prior, ut vocaretur prior Basiliensis ad oppinionem istam, dixit hoc esse correctum in alia depositione sua, ad quam se refert, dicendo quod imo dictus prior Basiliensis prius sciverat materiam huiusmodi.* Dabei hatte das Gericht den Lesemeister in der Hand, denn der Schaffner und der Subprior hatten bereits im Hauptprozess gestanden, dass der Prior von Basel eingeweiht gewesen war, vgl. Akten II/2 S. 268 Nr. 48 (1508, Aug 26; Schaffner, Folterverhör), und ebd. S. 321 Nr. 69 (1508, Aug 30; Subprior, Folterverhör).

Der Prior des Dominikanerkonvents von Basel, Werner von Selden 171

muss man zugeben, dass Prior Werner den Uneingeweihten – und entsprechend Unschuldigen – im Defensorium recht gut gespielt hat, und entsprechend gilt es auch, die von ihm verfassten Teile des Defensoriums (Teil II und III) mit der nötigen Vorsicht zu genießen.

Die beiden von Prior Werner geschriebenen Teile des Defensoriums sind zunächst in der Art eines Tagebuchs von Tag zu Tag und in der Ich-Form verfasst, so dass sie leichter zu lesen sind als Teil I, wo man nie genau weiß, wer eigentlich die Feder führte (der Prior von Bern oder der Lesemeister oder der ganze Konvent). Wie er selber schreibt, kam Prior Werner von Basel am Sonntag, dem 11. April 1507, vor dem Mittagessen (*prandium*) in Bern an. Nachdem er die Messe gelesen und zu Mittag gegessen hatte, zeigten ihm der Prior und der Lesemeister von Bern, was in der letzten Woche geschehen war und was der Prior – vielleicht im Hinblick auf Werners Besuch – aufgeschrieben hatte, und dazu Jetzers Stigmata (irrtümlicherweise bereits im Plural!) und die Reliquien: das Blut Christi in Form von zwei Kreuzen, das eine mit drei Tropfen und das andere mit fünf, auf den Windeln Christi. Prior Werner war voll von Bewunderung, aber überhaupt nicht überzeugt, denn er fürchtete, dass es sich um die Fiktionen von Dämonen handelte. Deshalb fragte er, ob die Jungfrau Maria, die so häufig mit Jetzer sprach, beschworen worden sei. Die Klostervorsteher erwiderten ihm, dass dies nicht nötig gewesen sei, da das Kommen der Maria ja durch den Geist angekündigt worden sei; dieser aber sei beschworen worden und habe sich als gut herausgestellt[81].

Am nächsten Tag, dem 12. April 1507, einem Montag, überlegte Prior Werner, ob er am folgenden Tag nach Basel zurückkehren wolle (offenbar misstraute er der Sache oder tat wenigstens so) – da erschien in der folgenden Nacht die Jungfrau Maria bei Jetzer und sprach in gewohnter Weise mit ihm. Werner wurde sogleich vom Prior geweckt, doch da er erst spät schlafen gegangen war, konnte er nur schwer wach werden und hörte wenig oder nichts, wohl aber sah er im Dormitorium und im Chor alle Kerzen – auch die Osterkerze – brennen, die alle durch göttliche Fügung (*divinitus*) angezündet worden waren. Nachdem er an der Matutin teilgenommen hatte, überlegte Werner sich einmal mehr, ob er abreisen oder länger bleiben wolle – und entschloss sich schließlich zum Bleiben. Seine Berner Mitbrüder waren damit zufrieden, auch wenn sie ihn an diesem Tag mehrmals im Scherz als „unsern Meister" (*magister noster*) anredeten – wie wenn die Autonomie des Berner Konvents durch die Anwesenheit des Basler Priors in Frage gestellt gewesen wäre. Prior Werner scheint vor allem von der Möglichkeit, der Jungfrau Maria durch Jetzer Fragen zu stellen, von welcher der Lese-

---

81) Def. S. 572 f. Kap. II/1.

172 Der Jetzerhandel aus der Sicht der Dominikaner

meister bereits ausgiebig Gebrauch gemacht hatte, angetan gewesen zu sein; jedenfalls dachte er sich fünf Fragen aus und gewann Jetzers Wohlwollen, indem er ihn in dem Stübchen, in dem er sich tagsüber aufhielt (siehe Einl. 1h), besuchte. Die erste Frage betraf Prior Werners Ergänzungen – oder vielmehr Berichtigungen – zum *Mariale* des Bernardin de Bustis, einer Schrift im Sinn der unbefleckten Empfängnis, die in den 1490er-Jahren viel gedruckt worden war (siehe oben, Kap. I/2d): ob die Ergänzungen Gott und der Jungfrau gefällig seien. Die zweite Frage war persönlicher und betraf einen Bruch, an dem Prior Werner litt; die dritte sein Priorat in Basel; die vierte die Wunder, die am Wallfahrtsort Oberbüren (unweit von Büren an der Aare BE) geschahen, und die fünfte eine Bulle Papst Julius II., von der nicht klar wird, was sie beinhaltete[82].

Bernardin de Bustis (auch Bernardin Busti, † 1513–1515) war um 1450 in Mailand geboren worden, wahrscheinlich in einer alteingesessenen und wohlsituierten Familie, und um 1475/1476 in Legnano in den Orden der observanten Franziskaner eingetreten. Anfang der 1480er-Jahre kehrte er nach Mailand zurück und 1488 wurde er Guardian des dortigen Konvents von Sant'Angelo, eines wichtigen Zentrums der franziskanischen Observanz, die sich durch Predigt und katechetische Werke auszeichnete. Bernardin de Bustis war ein begehrter Gastprediger (1498 in Modena und in der Regio Emilia, 1513 in Ravenna) und Verfasser eines *Mariale*, einer Sammlung von 63 Traktaten in der Form von Predigten, das 1492/1493 in Mailand gedruckt wurde und das der unbefleckten Empfängnis verpflichtet war, für welche die observanten Franziskaner gerne – und ganz wörtlich – durchs Feuer gegangen wären. Als zweites Werk folgte 1497 in Mailand ein *Defensorium Montis Pietatis contra pigmenta omnia aemulae falsitatis*, eine Verteidigung der von den observanten Franziskanern in den italienischen Städten gegründeten Banken, die Geld zu günstigen Bedingungen liehen und damit die Juden als Geldleiher überflüssig machen wollten, schließlich ein *Rosarium sermonum*, ein Kompendium von achtzig Fastenpredigten, das 1498 in Venedig gedruckt wurde. Leider konzentriert sich Fabrizio Conti in seinem Buch, das er den observanten Franziskanern von Sant'Angelo in Mailand und insbesondere Bernardin de Bustis gewidmet hat, auf das *Rosarium Sermonum* und die Haltung der observanten Franziskaner von Sant'Angelo zum Aberglauben und zur Diskussion um die Realität des Hexensabbats, die an der Wende vom 15. zum 16. Jahrhundert auch in Oberitalien zwischen observanten Franziskanern und Dominikanern umstritten war[83], und

---

82) Def. S. 573 f. Kap. II/1.

83) CONTI, Witchcraft S. 39–52 (ein herzlicher Dank an Dr. Georg Modestin, Solothurn, der mich auf dieses Buch aufmerksam gemacht hat). Zum *Mariale* des Bernardin

Der Prior des Dominikanerkonvents von Basel, Werner von Selden   173

nicht auf die ebenso heftige Diskussion zwischen den beiden Parteien um die Empfängnis Marias, die uns sehr zustatten gekommen wäre, weil die Dominikaner der Oberdeutschen Dominikanerprovinz das *Mariale* offensichtlich kannten und heftigen Anstoß daran nahmen. Es ist nicht auszuschließen, dass Prior Werner von Basel seine Ergänzungen – oder vielmehr Berichtigungen – zum *Mariale* des Bernardin de Bustis im Auftrag des Provinzialkapitels von Wimpfen (1506) geschrieben hat[84]. Auch der Dominikanerkonvent von Bern scheint im Besitz des *Mariale* gewesen zu sein, über das man sich häufig und gerne aufregte[85].

Prior Werner von Basel war indessen nicht der erste Kritiker des *Mariale* des Bernardin von Bustis; hier war ihm bereits ein anderer vorausgegangen, nämlich der Dominikaner Wigand Wirt in seinem *Dialogus apologeticus*, der in den Jahren zwischen 1503 und 1506 (1505) entstanden war und den man auf dem Provinzialkapitel von Wimpfen (1506) hatte kaufen können (siehe Einl. 3c). Hier hatte Wigand Wirt beißende Kritik an Bernardin de Bustis *Mariale* geübt. Wirts fiktiver Gegner, ein Anhänger des Johannes von Wesel, hier Wesalianus genannt, hatte in der Diskussion – oder im Dialog – „ein sehr schönes neues Werk von Bernardin (*Bernhardini pulcherrimum [...] opus noviter factum*)" ins Spiel gebracht und Wirt damit die Gelegenheit geboten, gegen diesen und dieses loszuziehen, was wohl der beste Beweis dafür ist, dass das *Mariale* – im Unterschied zum *Dialogus!* – ein großer Erfolg war. Wirt nennt Bernardin einen „hässlichen und verlogenen Fürsprecher" (*causidicus ille turpissimus ac mendacissimus*). Als der Wesalianer Einspruch erhob, entgegnete Wirt, „dass Bernardins Erfindungen so voll von Lügen und Unverschämtheit seien, dass kein vernünftiger Mensch sie lesen oder hören könne, ohne in Lachen auszubrechen. Seine Argumente seien nutzlos, wertlos und dumm, seine Zitate verderbt, seine Beispiele ganz einfach mit groben Lügen und Blasphemien gegen die Heiligen erfunden."[86]

---

de Bustis vgl. ELLINGTON, From Sacred Body S. 6: „The *Mariale* of Bernhardino de Busti was generally recognized as a compendium of all of the current themes, legends, and symbols of the Marian cult of the late Middle Ages. It was a popular collection of sermons first published in 1492–1493, which had already been through nine editions before the outbreak of the Reformation in 1517."

84) Akten, Einleitung S. XXXII; Def. S. 577 Anm. 1.

85) Akten II/2 S. 228, 232f. (undat., 1508, Aug 31; Lesemeister, Bekenntnisschrift); III S. 465 Nr. 37, S. 470 Nr. 50 (1509, Mai 11 u. 12; Prior).

86) Wirt, *Dialogus apologeticus* fol. 14v: *Nil ego in eum fingam, sed sua contra eum producam figmenta, mendaciis et impudentia usque adeo plena, ut nemo illa prudens absque risu aut legere aut possit audire. Etenim rationes componit inutiles, frivolas ac stultas. Auctoritates sanctorum corrupte et extorte adducit: et exempla simpliciter conficta mendaciis et hiis grossissimis, atque blasphemiis in sanctos referta [...].*

174 Der Jetzerhandel aus der Sicht der Dominikaner

Vor allem ärgerte Wigand Wirt, dass Bernardin sich auf Bonaventura und Alexander von Hales stützte, die zwar beide Franziskaner – und große Leuchten ihres Ordens – waren, aber doch Vertreter der befleckten Empfängnis, ebenso wie auch der Zisterzienser Bernhard von Clairvaux. Bei Bernardin erscheine Bernhard von Clairvaux mit einem Flecken entstellt, Bonaventura nach seinem Tod in eine Wespe verwandelt(!) und Alexander von Hales von Krankheit geplagt (*Bernhardum: maculam deturpatum, Bonaventuram post mortem in muscam conversum, Alexandrum de Ales plagatum*)[87]. Dies ist aber genau die gleiche Konstellation, die wir oben im Defensorium angetroffen hatten (siehe Kap. I/2d, bei Anm. 63), was zum einen beweist, dass der Lesemeister, der damals die Fragen stellte (und die Antworten gab), Wirts *Dialogus* und auch de Bustis *Mariale* gelesen hatte, und zum andern, dass die peniblen Uminterpretationen von Makulisten zu Immakulisten bzw. zu bestraften Makulisten, die hier von Wirt kritisiert werden, möglicherweise von Bernardin stammten. Auf diese Weise versuchten die beiden Parteien sich gegenseitig die besten Zeugen bzw. Autoritäten auszuspannen! Für Wirt war dies nichts anderes, als wenn Bernardin Mahommed und Belzebub zu Zeugen genommen hätte, und er beklagt, dass Erfindungen (*figmenta*) zu Wundern (*miracula*) erklärt würden – genau das, was die Klostervorsteher in Bern mit dem Jetzerhandel auch vorhatten, und zwar wohl zusammen mit Prior Werner von Basel, der daran war, Berichtigungen zu Bernardins *Mariale* zu schreiben! Wenn Prior Werner immer wieder zögerte, ob er in Bern bleiben wolle oder nicht, dann wohl nicht nur, weil er wahrscheinlich ein Zauderer war, sondern auch, weil er nicht wusste, inwieweit er sich auf eine gefährliche Sache einlassen sollte.

Wenn wir einen Blick auf das *Mariale* des Franziskaners Bernardin de Bustis (Erstdruck Mailand 1493) werfen, dann sehen wir, dass Wirt sich mit seiner Kritik nicht geirrt hatte, denn dieser schlägt zur Propagierung der unbefleckten Empfängnis tatsächlich eine neue Strategie vor. Der erste Teil des *Mariale* umfasst neun Predigten zu Gunsten der unbefleckten Empfängnis, gefolgt vom *Officium*, das der Autor selber für das Fest der Empfängnis (8. Dezember) geschrieben hatte (siehe Einl. 3a). In der zweiten Predigt fragte Bernardin sich, warum es so viele Autoritäten zu Gunsten der befleckten Empfängnis gebe – ein Defizit für die Immakulisten –, und beantwortete sich diese Frage damit, dass „Gott oft einem Heiligen etwas verberge, das er später einem anderen auf wunderbare Weise offenbare" (*sepe ergo deus celat aliquid uni sancto, ut postea cum tempore illud alteri mirabiliter revelet*). So zum Beispiel im Fall der Himmelfahrt Mariä, an der in der alten Zeit viele gezweifelt und nicht geglaubt hätten, dass diese mit Seele und Körper in den

---

87) Wirt, *Dialogus apologeticus* fol. 15v–16r.

Der Prior des Dominikanerkonvents von Basel, Werner von Selden   175

Himmel aufgenommen worden sei. Ebenso verhalte es sich auch mit der Empfängnis der Jungfrau: Gott habe zugelassen, dass einige Gelehrte gezweifelt und sich in Spekulationen verloren hätten – damit er später die Unschuld seiner Mutter umso wunderbarer durch große Offenbarungen und viele Wunder bekannt machen konnte. Bernardin war auch sicher, dass die Meinung von der unbefleckten Empfängnis die „verbreitetere" (*communior*) und deshalb von allen anzunehmen sei (*tenenda est et ab omnibus amplectenda*). Und wenn noch Zweifel bestehen sollten, so sei diejenige Meinung anzunehmen, die für die Jungfrau die günstigere (*favorabilior*) und für die Frömmigkeit die bessere sei (*que magis facit pro religione*). Vor allem sei zwei Bejahenden mehr Glauben zu schenken als tausend Verneinenden (*magis creditur duobus affirmantibus quam mille negantibus*). Wenn etwas zwiespältig sei, dann sei zu Gunsten des „besseren und menschlicheren Teils" (*in meliorem et humaniorem partem*) zu interpretieren, denn Richter sollten eher bereit sein, zu absolvieren als zu verdammen[88].

Folgt, relativ unvermittelt, ein Angriff auf die Anhänger der befleckten Empfängnis, die hier als „Verleumder" (*calumniatores*) der Jungfrau Maria bezeichnet werden: sie bezichtigten diese einer Schuld, über die keine Gewissheit bestehe; sie vergäßen allen Respekt, stellten die Jungfrau vor allen Völkern als Sünderin dar und legten damit falsches Zeugnis ab. Sie umgäben sich mit einer Menge von Büchern und verdammten unter Vorzeigen von zahlreichen Bänden, was sie gerechterweise und wahrheitsgemäß nicht beweisen könnten. Dabei übersähen sie, dass die Wahrheit um die unbefleckte Empfängnis lange verborgen gewesen, jetzt aber durch verschiedene Offenbarungen ans Tageslicht gekommen sei, Offenbarungen, die vor allem (den) „modernen Gelehrten" zuteil würden, denn: je jünger, umso scharfsinniger (*quanto iuniores tanto perspicaciores*). Ein eklatanter Beweis für die Richtigkeit der Meinung von der unbefleckten Empfängnis war für Bernardin de Bustis die weite Verbreitung des Festes der Empfängnis, das vom Papst und den Kardinälen, den Bischöfen und den Priestern, den Äbten und den kirchlichen Würdenträgern, den Benediktinern und den Regularkanonikern, den Augustinereremiten, Karmelitern und Franziskanern gefeiert würde – „mit Ausnahme von wenigen, die hier nicht genannt zu werden brauchten (*paucis exceptis, quos exprimere non est opus*)". Dort, wo die Bibel nichts Sicheres hergebe (*nihil certi statuit divina scriptura*), sei der „Brauch des Gottesvolks" (*mos populi Dei*) ausschlaggebend. Daraus erhelle klar die Verstocktheit (*pertinacia*) jener, die nichts lernen wollten außer in den Schulen von einigen alten Meistern, welche die unbefleckte Empfängnis der glorreichen Jungfrau bekämpften (*in scolis quorundam antiquorum ma-*

---

88) Bernardinus de Bustis, Mariale fol. 13v–14r.

176 Der Jetzerhandel aus der Sicht der Dominikaner

gistrorum impugnantium immaculatam conceptionem virginis gloriose). Der Papst habe das liturgische Offizium der unbefleckten Empfängnis, das er, Bernardin de Bustis, (1480) verfasst habe, bestätigt, und ebenso dasjenige des päpstlichen Protonotars Leonhard de Nogarolis (1476). Ja, Bernardin scheut sich nicht, die päpstliche Approbation dieser beiden liturgischen Offizien als Approbation der unbefleckten Empfängnis durch den Papst zu interpretieren – was durchaus nicht der Fall war – und den Gegnern der unbefleckten Empfängnis raffiniert zu unterstellen, dass sie ihrerseits ihre Gegner als Häretiker bezeichneten und damit gegen die Bulle *Grave nimis* verstießen, die Papst Sixtus IV. 1482/1483 eigens erlassen hatte, um die diesbezüglichen gegenseitigen Anschuldigungen zu unterbinden (siehe Einl. 3a)[89].

Für die Bestätigung der Lehre von der unbefleckten Empfängnis berief Bernardin de Bustis sich ausgerechnet auf Alexander von Hales, der eigentlich ein Makulist war, der aber, wie wir bereits gesehen haben, eine angebliche Konversion zum Immakulisten durchgemacht haben soll (siehe Kap. I/2d). In der vierten Predigt erzählte der Polemist von einem Buch, das in der Kathedrale von Toulouse angekettet sei und in dem Alexander nachgewiesen habe, dass Maria vom Laster der Erbsünde verschont geblieben sei; hier widerrufe dieser auch alles, was er vorher gegen die unbefleckte Empfängnis gesagt habe, und erzähle von einem verblüffenden Wunder, das ihn zu dieser Konversion geführt habe; für dieses verweist Bernardin indessen auf das Offizium, das er um 1480 für das Fest der unbefleckten Empfängnis geschrieben habe und das im Anschluss an die neun Predigten abgedruckt ist. Hier steht tatsächlich, dass Alexander von Hales, als er noch nicht in den Franziskanerorden eingetreten war (*adhuc secularis existens*), an der Universität Paris gelehrt und die unbefleckte Empfängnis nicht habe feiern wollen – da sei er von einer heftigen Krankheit ergriffen worden, und ebenso wieder in den nächsten Jahren jeweils am Fest der Empfängnis (8. Dezember) –, bis er sich, ermahnt von seinen Schülern, eines Besseren besonnen und der Jungfrau Maria ein „schönes Werk zum Ruhm ihrer Empfängnis" (*pulcherrimum se aliquod opus ad sue gloriam conceptionis editurum*) versprochen habe, wahrscheinlich der Kettenband in der Kathedrale von Toulouse; darauf habe er seine Gesundheit wiedererlangt[90]. Wir dürfen also annehmen, dass die Geschichte, wie sie Jetzer erzählt wurde, aus dem *Mariale* und dem *Officium* des Bernardin de Bustis stammte, freilich in ihr Gegenteil verkehrt, entkräftet und mit gezogenen Zähnen: Jetzers Maria sagte nämlich, dass Alexander wirklich krank gewesen sei, aber nicht wegen ihrer Empfängnis, sondern weil Gott eben züchtige, wen er lieb habe ...

---

89) Bernardinus de Bustis, Mariale fol. 14r–15v, Sermo III.
90) Bernardinus de Bustis, Mariale fol. 16v und 52r.

Der Prior des Dominikanerkonvents von Basel, Werner von Selden   177

In der sechsten und siebenten Predigt bietet Bernardin de Bustis dann tatsächlich einige Wunder, und vor allem eines, das uns interessieren muss, weil hier nichts weniger versucht wird, als den großen Dominikanergelehrten Thomas von Aquin auf die „richtige" Seite zu bringen bzw. umzuinterpretieren. Es sei noch nicht lange her (*non multis annis elapsis*), da habe Gott durch Thomas eine Offenbarung gemacht. Der Bischof von Padua, Fantinus, ein Marienverehrer, habe den dritten Teil der *Summa* des Aquinaten gelesen und sich gewundert, warum dieser schreibe, dass Maria in der Erbsünde empfangen sei. Da sei ihm Thomas selber erschienen und habe ihm gesagt, dass er diese Stelle nur im Hinblick auf den göttlichen Status geschrieben habe, durch welchen die Jungfrau sich mit der Erbsünde hätte anstecken lassen müssen, wenn sie nicht von ihrem Sohn davor bewahrt worden wäre; bei diesen Worten sei er verschwunden. Der Bischof Fantinus habe darauf das Fest der Empfängnis unbeschwert begangen und in seiner ganzen Diözese feiern lassen. Diese seine Vision sei zwar nicht in seine Vita eingegangen, doch habe Bruder Nikolaus von Padua, damals sein Vikar, jetzt ein Franziskaner, dies alles getreu überliefert: der Bischof habe ihm dies alles erzählt und dabei viele Tränen vergossen[91]. Bemerkenswert ist, dass dieser Bischof sich leicht identifizieren lässt: es muss sich um Fantinus Dandolo handeln, der in den Jahren 1448–1459 Bischof von Padua war. Und auch die „Überlieferungsgeschichte" des Wunders ist nicht zufällig: dieses war nicht in der Biographie des Bischofs überliefert, wohl aber von einem zukünftigen Franziskaner eifrig aufgeschnappt worden!

Einige Folien weiter hinten, immer in der siebenten Predigt, überschüttet Bernardin seine Leser – oder Hörer – mit einer Fülle von Wundern, welche die Menschen dazu führen sollten, zu glauben, was sie auf natürliche Weise nicht erfahren könnten (*ad quorum notitiam naturaliter pervenire non poterant*). Dabei lässt er zunächst ganz raffiniert angeblich viele Wunder beiseite oder verweist auf sein Offizium (*Omissis autem multis miraculis ...; pretermissis etiam brevitatis causa illis prodigiis ...*), was die Zahl der Wunder natürlich ins Unermessliche steigert. Nichtsdestoweniger erzählt er vom Wunder an einem Lesemeister eines gewissen Ordens (*miraculum illius lectoris ordinis cuiusdam*), der gegen die Empfängnis gepredigt und dabei in der Mitte des Predigt umgefallen sei und die Sprache sein Leben lang nicht mehr erlangt habe. Nicht viel besser – oder noch viel schlechter – erging es einem Lesemeister namens Paulus (dessen Ordenszugehörigkeit nicht genannt wird), der im Jahr 1350 in Krakau gegen die Empfängnis gepredigt habe und gleich darauf tot umgefallen sei, ein Wunder, das von einem Meister Heinrich von Balsia(?) überliefert sei und auch in einer Chronik der Päpste und

---

91) Bernardinus de Bustis, Mariale fol. 28v, vgl. auch ebd. fol. 25v.

178 Der Jetzerhandel aus der Sicht der Dominikaner

Kaiser nachgelesen werden könne, ein „Wunder", das wir schon aus einer Diskussion zwischen Johannes (von) Torquemada und Johann von Segovia auf dem Basler Konzil kennen (siehe Einl. 3a, bei Anm. 197). Bernardin berichtet weiter von einem anderen verblüffenden Wunder (*aliud stupendum miraculum*), das im Jahr 1440 in Deutschland geschehen sei, wieder einem Bruder eines gewissen Ordens, der nach dem Mittagessen gegen die unbefleckte Empfängnis der Jungfrau gepredigt und dabei Gott gebeten habe, ihn noch am gleichen Tag eines schlechten Todes sterben zu lassen, wenn er schlecht gepredigt haben sollte. Als die Predigt beendet war und er zusammen mit seinen Brüdern den Chor betrat, um die Vesper zu feiern, hätten sie dort einen großen Wolf vorgefunden, der drei Mal durch den ganzen Chor geschritten sei und die Brüder mit schreckenerregenden Augen gemustert und zuletzt den Prediger in aller Gegenwart erstickt und getötet habe. Schließlich ein Wunder, das in der Stadt Mantua geschehen sei, wo ein Bruder eines gewissen Ordens eine öffentliche Disputation veranstaltet habe, in der er beweisen wollte, dass die Jungfrau Maria in der Erbsünde empfangen worden sei. Er sei vor vielen gelehrten Männern an einen erhöhten Ort gestiegen, umgeben von zahlreichen Brüdern seines Ordens und vielen Büchern, doch jedes Mal, wenn er gegen die Empfängnis der Jungfrau argumentieren wollte, habe diese ihm seine Worte im Mund umgedreht, so dass er sich zu Gunsten der unbefleckten Empfängnis ausgesprochen habe[92] – eine Geschichte, die uns ein bisschen an das Missverständnis erinnert, das soeben im Defensorium geschehen war und das die Dominikaner von Bern sich vielleicht mehr zu Herzen hätten nehmen sollen ...

Ich erspare mir und meinen Lesern die übrigen Wunder, die immer dem gleichen Muster folgen und in der Mehrheit Strafwunder sind. Entscheidend ist der Schluss, den Bernardin de Bustis aus diesen Wundern zieht: während Gott täglich unzählige Wunder zu Gunsten der unbefleckten Empfängnis wirke, sei noch keines zu Gunsten der befleckten Empfängnis geschehen (*pro opinione vero opposita nullam adhuc miraculum reperitur factum*)[93]. Diese Stelle muss die Dominikaner von Bern angeregt haben, Wunder zu Gunsten der befleckten Empfängnis zu veranstalten, und deshalb kann man sie als Schlüssel zum ganzen Jetzerhandel verstehen! Wigand Wirts *Dialogus* hat uns zum *Mariale* des Bernardin von Bustis geführt, und dieses bildet ohne Zweifel die Inspirationsquelle zum Jetzerhandel – und bietet damit auch den ultimativen Beweis dafür, dass dieser von den Domi-

---

92) Bernardinus de Bustis, Mariale fol. 29r.
93) Bernardinus de Bustis, Mariale fol. 30r. Zu den Wundern zu Gunsten der unbefleckten Empfängnis vgl. LEVI D'ANCONA, The Iconography S. 57–61, wo (S. 60) auch Bernardin de Bustis und seine Wunder erwähnt werden, die sich gegen die bereits eingewurzelten nicht mehr hätten durchsetzen können.

Der Prior des Dominikanerkonvents von Basel, Werner von Selden   179

nikanern geplant und veranstaltet worden war, und nicht von Jetzer, der nicht lesen konnte und schon gar nicht Latein. Wir haben schon früher mit dem Bildungsniveau des Jetzerhandels argumentiert (siehe Einl. 1h) und diese Argumentation nun durch den Rückgriff auf Wirts *Dialogus* und de Bustis *Mariale* – den eigentlichen Inspirationsquellen zum Jetzerhandel – noch verbreitern und untermauern können. Es lässt sich zeigen, dass viele der verdrehten und uminterpretierten Wundergeschichten, die im Jetzerhandel und insbesondere im Defensorium aufgetischt werden, nur vor dem Hintergrund des *Dialogus* und insbesondere des *Mariale* zu verstehen sind, so etwa die Geschichte von Bernhard von Clairvaux mit dem Flecken (weil er für die befleckte Empfängnis votiert hatte), oder eben die bereits erwähnte Geschichte von der Konversion von Alexander von Hales. Bernardin scheut sich auch nicht, den ersteren aus dem Himmel zurückkommen und verkünden zu lassen, dass das Fest der Empfängnis im Himmel mit viel Freude begangen würde und dass es so auch auf Erden sein sollte ...[94]! Schließlich spannt Bernardin (im Offizium) sogar noch den Gründer des Dominikanerordens für seine Zwecke ein, indem er unterstellt, dass dessen Gegner, die häretischen Katharer, auch nicht an die unbefleckte Empfängnis geglaubt und dass deren Schriften deshalb eine Feuerprobe nicht überstanden hätten; dies gibt Bernardin außerdem die unverfängliche Gelegenheit, die Gegner der unbefleckten Empfängnis als Häretiker zu bezeichnen[95]!

Was ganz besonders auffällt, ist die „Modernität" der Wunder, die Bernardin de Bustis zum Besten gibt: die Erscheinung des Thomas von Aquin lässt sich auf die Mitte des 15. Jahrhunderts in Padua datieren, die Wunder mit den Lesemeistern, welche die falsche Lehre verkünden und tot umfallen oder noch des gleichen Tags eines schrecklichen Todes sterben, auf Krakau 1350 (1370?) oder Deutschland 1440 (wobei das Wunder von 1350 bereits als ehrwürdig gelten kann ...). Später berichtet Bernardin vor allem von Wundern, die sich zu seiner eigenen Zeit in Italien zugetragen hätten und bei denen er selber Zeuge war[96] – auf diese Weise ließen sich diese natürlich

---

94) Bernardinus de Bustis, Mariale fol. 34v: *Beatus etiam Bernardus post mortem suam apparens cuidam monaco suo dixit quod in celo fit festum conceptionis. Multis quoque sanctis revelatum fuit, quod maximum gaudium fit in celo de conceptione eius: et ideo similiter fieri debet solemnitas in terra*; fol. 47v–48r: *Beatus Bernardus abbas post mortem suam totus lucidus cuidam de suis fratribus apparuit. Cum autem omne eius indumentum candidum esset, solus in pectore quendam nigerrimi coloris macula videbatur. Querenti autem fratri, ubi illam maculam recepisset, respondit: Cum tali macula volui tibi apparere, quia dum viverem, in quadam extiti non vera opinione: existimans matrem domini nostri originalem maculam contraxisse. Dicas ergo, fili mi, fidelibus populis q(uod) vidisti.*

95) Bernardinus de Bustis, Mariale fol. 48r.

96) Bernardinus de Bustis, Mariale fol. 42v–43r.

180 Der Jetzerhandel aus der Sicht der Dominikaner

beliebig vermehren, und man beginnt langsam den Ärger der Dominikaner jenseits der Alpen zu verstehen ... Einmal erschien sogar in der Kirche der Franziskanerobservanten in Mailand – d. h. in Bernardins eigener Kirche – einem Gegner der unbefleckten Empfängnis eine Maria mit verstörtem Gesicht (*ostendens faciem turbatam*), und einmal in Toulouse eine Marienstatue aus Marmor, die sich ähnlich an einem „Verächter" ihrer unbefleckten Empfängnis rächt[97], so dass man sich fragen darf, ob diese beiden „Wunder" die Berner Dominikaner zu ihrer blutweinenden Marienstatue inspiriert haben. Vom *Mariale* aus gedacht, wird nun auch verständlich, warum die Wunder, welche die Dominikaner von Bern denjenigen des Bernardin de Bustis entgegensetzen wollten, praktisch von Anfang an in einem Wunderbericht, dem späteren Defensorium, aufgezeichnet werden mussten!

Zurück zum Defensorium. Die Vorsteher des Berner Dominikanerklosters hatten also mit Prior Werner von Selden eine neue Chance bekommen (bzw. hatten sich wohl selber eine neue Chance verschafft), die es rasch zu nutzen galt. An den folgenden beiden Tagen, Mittwoch und Donnerstag, 14. und 15. April 1507, trugen sie mit der erforderlichen Ehrerbietung das Sakrament der Eucharistie in Jetzers Zelle; dabei ist bezeichnend, dass in Werners Aufzeichnungen der Lesemeister dem Prior von Bern vorangestellt wird, wie es wahrscheinlich den Tatsachen entsprach. Jetzer wurde instruiert, wie er die Jungfrau Maria bei ihrem Kommen beschwören sollte; offenbar sollte das Versäumnis, das Prior Werner bemängelt hatte, nachgeholt werden. Dieser unterstreicht auch die Gehorsamkeit des Konversen gegenüber seinen Obern: er unternehme nichts, was ihm von seinem Vätern nicht befohlen worden sei. Er sollte die Jungfrau auffordern, erneut das Vaterunser, das Ave Maria und das Glaubensbekenntnis zu beten, und zwar so laut, dass auch die andern es hörten. Und sich von ihr bestätigen lassen, dass alles, was sie früher gesagt habe, wahr sei[98].

Die Jungfrau Maria erschien am Donnerstag, dem 15. April 1507, um 10 Uhr abends. Sie steuerte geradewegs auf das Sakrament in Jetzers Zelle zu, verneigte sich vor ihm, nahm es in ihre Hände und zeigte Jetzer die weiße Hostie, die sich dabei in eine blutrote verwandelte; dazu sagte sie auf Deutsch: *Dys ist min blůt und min fleysch.* Sie legte die Hostie an ihren Ort zurück und löschte die Lampe aus. Jetzer läutete dem Prior und Lesemeister, die in der Nachbarzelle des Schaffners lagen, und der Prior weckte Prior Werner, der nicht schlief, sondern wartete. Als dieser zu ihnen gestoßen war, gab der Prior Jetzer mit dem Glöcklein ein Zeichen, dass er mit der Be-

---

97) Bernardinus de Bustis, Mariale fol. 43r und 48r–v.
98) Def. S. 574 Kap. II/2.

schwörung beginnen konnte. Der Prior von Basel hörte nur, dass Maria und Jetzer lange miteinander sprachen, konnte aber nichts verstehen, wohl aber, dass Jetzer stöhnte, nachdem die Jungfrau sich entfernt hatte. Das Sakrament fand sich vor dem Bild (der Statue?) der Maria in der Mitte des Dormitoriums wieder und wurde vom Prior mit Stola in den Chor an seinen Platz (im Sakramentshäuschen) getragen; dabei war ein großer Schlag über der Kirche zu hören (*magnus ictus auditus est supra ecclesiam*). Folgten die Matutin und die Laudes, und dann legte man sich wieder schlafen. Prior Werner konnte aber nicht schlafen und wurde bald vom Novizenmeister Paul Süberlich von Frankfurt geholt, der an seine Zellentür klopfte und ihm sagte: „Der Prior schickt mich, damit Ihr schleunigst kommt und das Sakrament seht, das sich in ein blutiges verwandelt hat." Man scheint erst jetzt entdeckt zu haben, dass das Sakrament, das man in den Chor getragen hatte, ganz rot war, wie von frischem Blut (*quasi de sanguine recenti*). Das Erstaunen war groß, und man fragte sich, wo man die blutige Hostie aufbewahren sollte. Schließlich entschied man sich, sie zwischen zwei Patenen (kleine Teller für die Hostie) und ins Sakramentshäuschen zu legen; inzwischen war es zwei Uhr morgens geworden[99]. Hier hat Prior Werner allerdings eine ganze Menge unterschlagen: dass nämlich bei der Verwandlung der Hostie der Prior von Bern die Maria spielte und zusammen mit dem Lesemeister und dem Subprior, die zwei Engel gaben, auf einem Schwebebalken stand, der in Jetzers Zelle angebracht worden war und der bei diesem Manöver ins Schwanken geriet, so dass dieser die drei Spieler erkannte – eine entscheidende Wende im Jetzerhandel (siehe Kap. II/2b, Die Ent-Larvung Marias und der Engel auf dem Schwebezug).

Prior Werner tat, wie wenn nichts gewesen wäre, und ging am Morgen (16. April 1507) zu Jetzer, um zu erfahren, ob dieser seine Fragen der Jungfrau Maria vorgelegt hatte, was dieser bejahte. Insbesondere habe Prior Werner über ihre Empfängnis richtig geschrieben, was dieser mit großer Erleichterung und Dankbarkeit zur Kenntnis nahm. Maria habe auch nicht übel genommen, dass Jetzer sie beschworen habe, und alles bestätigt, was sie bisher gesagt habe. Beim Beten des Glaubensbekenntnisses und des Vaterunser habe sie bei ihrem Namen jeweils beigefügt: „Das bin ich", und bei Jesus „der mein geliebter Sohn ist". Beim Vaterunser habe sie in der Tat gebetet: „Vergib uns unsere Schulden", und nicht: „Vergib ihnen ihre Schulden". Jetzer zeigte Prior Werner sein Stigma, das ihn mehr schmerzte denn je, und Werner tröstete ihn, so gut er konnte. Am Schluss des Kapitels folgt das Datum: Freitag, 16. April, und Werner fügte hinzu, dass er das Kapitel auch an diesem Tag geschrieben habe (*Erat autem sexta feria post octavas*

---

99) Def. S. 574 f. Kap. II/2.

182 Der Jetzerhandel aus der Sicht der Dominikaner

Paschae, qua etiam die haec scripsi)[100], was beweist, dass er seine Teile des Defensoriums – zumindest den ersten – tatsächlich wie ein Tagebuch führte, und zwar nicht nur einmal, sondern mehrmals täglich.

Das nächste Kapitel stammt noch vom gleichen Tag, nach der Komplet, als Werner Jetzer einmal mehr besuchte. Dieser hatte den ganzen Tag bei Wasser und Brot gefastet, wahrscheinlich weil Maria ihm, als sie ihm das erste Stigma beibrachte, die übrigen vier Stigmata nach sechs Wochen versprochen hatte, wenn er bis dahin jeden Freitag faste – eine Information, die allerdings nicht aus dem Defensorium hervorgeht, sondern aus Jetzers erstem Verhör in Lausanne (am 8. Oktober 1507); das Defensorium konnte ja nicht durchblicken lassen, dass hinter der ganze Sache eine Planung stand, sondern musste die wunderbaren Ereignisse von Tag zu Tag mit dem nötigen Erstaunen schildern. Bei seinem erneuten Besuch bat Werner um Ergänzungen zu den Antworten, die Jetzer ihm bereits am Morgen geliefert hatte, doch bleibt die Antwort auf die Frage nach den Wundern von Oberbüren recht rätselhaft und wollte Werner die Antwort auf die Frage nach seinem Bruch verschweigen. Jetzer teilte ihm mit, dass das Blut, das man in der konsekrierten Hostie (oder im Sakrament der Eucharistie) finde, weder aus dem Körper Christi noch von seiner Substanz stamme, sondern dass es wunderbares Blut sei, und Werner konnte sich nicht genug darüber wundern, dass dieser „bäuerische und ungebildete Mensch" (*homo rusticus et idiota purus*) zwischen dem wahren und dem wunderbaren Blut Christi unterscheiden könne, ein Unterschied, den selbst die Gelehrten kaum kannten. Werner zeigte sich immer mehr überzeugt und gab Jetzer weitere Fragen an die Jungfrau Maria auf[101].

Die Jungfrau erschien bereits in der nächsten Nacht (immer noch Freitag, 16. April 1507) um 10 Uhr. Der Prior von Bern weckte denjenigen von Basel auf, und dieser begab sich in die Zelle neben derjenigen Jetzers, von der er tatsächlich zu glauben schien, dass es die gemeinsame Zelle der Priors und Lesemeisters von Bern gewesen sei (*cellam prioris et magistri Stephani, quae erat contigua cella fratris illius*). Von dort aus sah er durch ein Guckloch eine „verehrungswürdige Person", wie eine Nonne gekleidet, die sich zu Jetzer beugte und mit ihm sprach; er konnte sie nur von hinten sehen, da die Lampe am Kopf von Jetzers Bett stand. Nachdem Werner diese Person für die Dauer von einem bis zwei Vaterunser mit großer Bewunderung betrachtet hatte, richtete diese sich auf, wandte ihr Gesicht für die Dauer eines Ave Marias zu ihm und löschte dann die Lampe. Da Werner glaubte, dass

---

100) Def. S. 575 f. Kap. II/3.

101) Def. S. 576 Kap. II/4, vgl. auch Akten I S. 11 Nr. 43 (1507, Okt 8; Jetzer). Zur Wallfahrt nach Oberbüren siehe Kap. II/5b, Eine neue Wallfahrt.

Der Prior des Dominikanerkonvents von Basel, Werner von Selden   183

die Frau nach dem Auslöschen des Lichts gegangen sei, verließ er mit dem Prior die Nachbarzelle, und sie fanden wiederum die Kerzen im Dormitorium und im Chor auf wunderbare Weise (*divinitus*) angezündet[102].

Am nächsten Morgen (Samstag, 17. April 1507) folgte Prior Werner frühmorgens, noch vor der Messe, Jetzer in sein Stübchen und wollte Marias Antworten auf seine Fragen wissen – man hat den Eindruck, dass er ein recht unsicherer Mann war, gerade auch in Bezug auf seine *Additiones* zum *Mariale* des Bernardin de Bustis. Sein Verhältnis zu Jetzer scheint ein ganz anderes, viel vertraulicheres gewesen zu sein als dasjenige der Klostervorsteher von Bern zu ihrem Konversen. Werner bewunderte Jetzers Einfachheit (*simplicitas*), und dieser gab Werner die Sicherheit, über die dieser offenbar nicht selber verfügte, selbst in theologischen Dingen. Er erzählte Werner, dass die Jungfrau Maria häufig zu ihm komme, ohne dass die anderen es wüssten, und er viel von ihr lerne, was erst zu gegebener Zeit zu offenbaren sein werde, wenn nämlich die Hauptsache, die Empfängnis (befleckt oder unbefleckt), entschieden sein und von der Welt geglaubt werden würde. Es könnte sein, dass die Erscheinungen Jetzer ein Selbstbewusstsein verliehen hatten, das ihm vorher abging – was wiederum nicht in der Absicht seiner Vorgesetzten gelegen haben kann, die in ihm nur ein gehorsames Instrument haben wollten. Werner notierte wiederum die Zeit seines Gesprächs mit Jetzer (*Sabbato post [octavam] Pasche mane ante missam*) und ging dann selber Messe lesen. Was er verschweigt und was erst aus einer Aussage des Priors von Bern im Revisionsprozess hervorgeht, ist, dass es bei der Begutachtung seiner Ergänzungen zu de Bustis *Mariale* recht handfest zugegangen war. Man hatte nämlich der Maria ein Quinternium (Heft bestehend aus fünf Doppelseiten) aus Bernardin de Bustis *Mariale* (gedruckt) und Prior Werners Ergänzungen (handschriftlich) hingelegt und sie durch Jetzer auffordern lassen, die falschen Schriften zu zerreißen, was sie denn auch mit einigen Blättern des *Mariale* (des Exemplars des Berner Konvents?!) getan habe[103].

Am folgenden Tag (Sonntag, 18. April 1507) begab Prior Werner sich wiederum zu Jetzer, um noch einmal ausgiebig mit ihm zu sprechen, denn er musste am folgenden Tag abreisen. Diesmal kam die Rede auf die hl. Katharina von Siena, von der Maria Jetzer gesagt hatte, dass dieser die Wahrheit über ihre Empfängnis geoffenbart worden sei. Dabei vergaß Maria nicht zu erwähnen, dass Katharina die Stigmata hatte, allerdings nicht offen und sichtbar, sondern verborgen. Auch dahinter steckt wieder eine ganze Geschichte. Nachdem der Gründer des Franziskanerordens, Franz von As-

---

102) Def. S. 576 f. Kap. II/5.
103) Def. S. 577 f. Kap. II/6, vgl. Akten III S. 465 Nr. 37 (1509, Mai 11, 15 Uhr; Prior).

184 Der Jetzerhandel aus der Sicht der Dominikaner

sisi († 1226), zwei Jahre vor seinem Tod die Stigmata empfangen hatte, unternahmen die Dominikaner zunächst alles, um die offizielle Anerkennung dieser Stigmata zu hintertreiben, und dann, als ihnen dies nicht gelang, einen eigenen stigmatisierte Heiligen – oder eine eigene stigmatisierte Heilige – aufzubauen, zunächst einmal Katharina von Siena (1347–1380). Diese stammte aus einer kinderreichen Familie und schloss sich 1364/1365 in Siena dem Dritten Orden des hl. Dominikus an, wo sie eine mystische Vermählung mit Christus erlebte. In der Folge engagierte sie sich auch in der Öffentlichkeit; so überzeugte sie 1376 Papst Gregor XI. (1370/1371–1378), von Avignon nach Rom zurückzukehren. Im Jahr 1374 musste sie vor einem Generalkapitel des Dominikanerordens erscheinen und bekam in der Folge Raymond von Capua (den Begründer der dominikanischen Observanzbewegung, siehe Kap. I/2b) als Beichtvater, der nach ihrem Tod 1380 in Rom auch ihre erste Biographie verfasste. Am 1. April 1375 erhielt sie vor einem Kreuz in Pisa die fünf Stigmata, die allerdings nur für sie selber sichtbar waren. Im Jahr 1461 wurde sie heiliggesprochen, doch wurden ihre Stigmata dabei nicht erwähnt[104].

Trotzdem wurde Katharina in der Folge auch mit den Stigmata dargestellt, was den Widerstand der Franziskaner hervorrief, die einwandten, dass die offizielle Anerkennung der Stigmata bei Katharinas Heiligsprechung fehle und dass sie diese – anders als Franz von Assisi – nur in einer Vision oder einem Traum, nicht aber in der Realität erhalten habe. Nachdem der Franziskaner Francesco della Rovere 1471 als Sixtus IV. Papst geworden war, verbot er in einer Reihe von Bullen die Darstellung Katharinas mit Stigmata, was von den Dominikanern als Angriff auf diese selbst empfunden wurde. In dieser blockierten Situation versuchten die Dominikaner, wie wir bereits gesehen haben, seit 1496 Lucia von Ferrara bzw. Lucia Brocadelli von Narni als Dominikanerheilige mit echten Stigmata aufzubauen, ein Versuch, der bis 1505 scheiterte (siehe Kap. I/2d). Es ist kaum Zufall, wenn im Gespräch zwischen Prior Werner und Jetzer (vom 18. April 1507) nach Katharina die Rede auch auf Lucia kam, die sich als Schülerin der ersteren verstand und deren Stigmata „wegen der Bosheit der Menschen" „zerstört worden seien"[105]. Auch diese Zusammenhänge sprechen wieder zu Ungunsten der Dominikaner und zu Gunsten von Jetzer: es war der Domini-

---

104) Def. S. 578 f. Kap. II/7, vgl. auch Sofia BOESCH GAJANO, Catherine de Sienne, in: Histoire des saints et de la sainteté chrétienne 7 (1986) S. 102–109. Im Inselkloster der bernischen Dominikanerinnen gab es einen Altar der hl. Katharina von Siena, der im Jahr 1473 gestiftet wurde, vgl. StABern, F. Inselarchiv, 1473, Mrz 18.

105) HERZIG, Genuine and Fraudulent Stigmatics S. 143 ff., vgl. auch DIES., Christ transformed into a virgin woman S. 18, 74 f., 82, 86–89, 147, 207, 258, 268 f., 271.

kanerorden, der eine(n) stigmatisierte(n) Heilige(n) brauchte, und nicht Jetzer, der die Stigmata brauchte.

Anschließend sprach Prior Werner gegenüber Jetzer von einigen Königen (möglicherweise von Aragon, siehe Einl. 3a), die vom Papst verlangten, dass er das Fest der Empfängnis gemäß der Meinung der Franziskaner und mit der gleichen Feierlichkeit wie das Fronleichnamsfest einsetze, und dieser antwortete umgehend und ohne zu überlegen (*statim absque deliberatione*): „Das neue Fest wird gemäß der Wahrheit und mit nicht minder großer Feierlichkeit als das Fronleichnamsfest eingesetzt und den Franziskanern wird Stillschweigen auferlegt werden." Dann sprach man wieder von Prior Werners persönlichen Problemen, die er beim Schreiben übergehen wollte, und er stellte Jetzer weitere an Maria weiterzugebende Fragen. Nach dem Nachtessen (*coena*) ging er in seine Kammer, in der Hoffnung, die Jungfrau werde an diesem Abend noch einmal erscheinen, denn am nächsten Tag musste er abreisen; andernfalls sollte Jetzer die Fragen bei einer späteren Gelegenheit stellen, und Werner versprach, nach dem Provinzialkapitel von Pforzheim, das am 2. Mai 1507 stattfinden sollte, wieder nach Bern zurückzukehren. Jetzer tröstete ihn wegen seines Bruchs, verhieß ihm ein langes Leben und wünschte, er wäre an seiner Stelle, ein Wunsch, der rätselhaft bleibt. Um Mitternacht griff Werner schließlich noch zur Feder, um die Gespräche des Tages aufzuzeichnen (*Haec in Berna in puncto duodecimae media nocte, quae Dominicam praefatam sequebatur. Laus Deo*)[106].

b) Prior Werner berichtet aus der Ferne

Prior Werner sollte nie mehr zur gleichen Vertrautheit mit Jetzer zurückkehren; er setzte seine Aufzeichnungen zwar fort, aber nicht mehr wie ein Tagebuch, sondern aus einer relativ fernen Außenperspektive. Während vorher ein Ereignis über mehrere Kapitel ausgebreitet worden war, sind es jetzt mehrere Ereignisse pro Kapitel. Dies gilt bereits für die Stigmata, die Jetzer am 7. Mai 1507 (einem Freitag) von der Jungfrau Maria eingedrückt

---

106) Def. S. 579 Kap. II/7. Prior Werners Bruch kam erst im Revisionsprozess wieder zur Sprache, als Jetzer zu seinem Verhältnis zu ihm befragt wurde, das er nun sehr viel kritischer sah, als es hier im Defensorium – von Werner! – dargestellt ist. Laut Jetzers Verhör im Revisionsprozess hatte Werner den Bruch erlitten, als er eines Tages in einer Predigt Marias Lob gesungen hatte, und umso mehr wunderte er sich, dass Maria dies zugelassen habe. Jetzer leitete diese Frage an Maria weiter, und diese antwortete, dass sie ihren Verehrern hie und da ein besonderes Zeichen zukommen lasse, damit sie es auch blieben – wohl ein Scherz mit Prior Werner, den sich derjenige erlaubte, der damals die Maria gespielt hatte, vgl. Akten III S. 422 Nr. 43 (1509, Mai 5; Jetzer).

186 Der Jetzerhandel aus der Sicht der Dominikaner

erhielt, nach dem Stigma in der rechten Hand, das er bereits seit dem 24./25. März hatte, eines in die linke Hand, je eines in die Füße und schließlich eines in die rechte Seite. Prior Werner scheint dies erst erfahren zu haben, als er am 12. Mai (Vorabend vor Auffahrt) nach dem Provinzialkapitel in Pforzheim, das am 2. Mai stattgefunden hatte, im Gefolge des Provinzials wieder nach Bern kam – er war also nicht in Bern gewesen, als Jetzer die Stigmata erhielt, und ebenso wenig der Prior und der Lesemeister von Bern, die ebenfalls am Provinzialkapitel teilgenommen hatten. Was Werner am 12. Mai 1507 sah, waren die fünf Stigmata und wie Jetzer jeden Tag seit dem Empfang der Stigmata zwischen Mittag und zwei Uhr nachmittags die Passion Christi darstellte, zuerst die Ölbergszene, bei der er betete, seufzte und weinte, dann die Krönung (mit der Dornenkrone), die Geißelung, die Kreuzigung und den Tod. Dabei erlitt er täglich eine Ekstase, er breitete die Arme aus, zitterte, lag in den letzten Zügen und legte den einen Fuß so fest über den anderen, dass man die Füße mit keiner Gewalt voneinander trennen konnte. Werner schreibt, dass er dies mehrmals mit eigenen Augen gesehen habe (*vidi haec oculis meis pluries*)[107].

Prior Werner fuhr fort, dass die Dominikaner, die sahen, wie Jetzer die Passion darstellte, verblüfft waren und nicht glaubten, dass dies von Gott komme, sondern vielmehr eine List von Menschen oder Dämonen fürchteten. Die Delegation um den Provinzial zog indessen weiter, zum Generalkapitel nach Lyon, im Gefolge des Provinzials fünf *Magistri* in Theologie, darunter Prior Werner der geringste an Alter, Leben und Lehre (*minimus aetate, vita et doctrina*). Als sie von Lyon zurückkehrten, fanden sie die Situation „vergrößert" (*negocium augmentatum*): am Sonntag nach Auffahrt (16. Mai 1507) lag Jetzer sieben Stunden in Ekstase, am darauffolgenden Freitag (21. Mai) gar neun Stunden. Und wenn er zu Bewusstsein zurückkehrte, glaubte er, er sei allein in der Welt. Die Delegation blieb zwölf Tage in Bern. Am letzten Tag kam Maria auf gewohnte Weise zu Jetzer und sprach mit ihm, allerdings ohne Kerzen und ohne dass man etwas vom Gespräch verstanden hätte. Der Provinzial war sehr verärgert (*scandaliçatus est plurimum*) und glaubte, dass Jetzer selber die beiden Stimmen – diejenige der Jungfrau und seine eigene – nachahme (*aestimans fratrem illum duas formare voces*). Dies warf er Jetzer am Morgen vor und betrübte ihn damit sehr (*de mane fratri haec improperabat et non parum ipsum contristavit*); dann reiste er ab. Der Provinzial Peter Sieber stammte aus dem Konvent von Ulm und wurde 1486 in denjenigen von Köln geschickt, wohl um dort Theologie zu studieren und

---

107) Def. S. 579 f. Kap. II/8. Normalerweise war Christi Seitenwunde tatsächlich rechts, s. Hermann MÖDDER, Die Seitenwunde Christi, in: Freiburger Zeitschrift für Philosophie und Theologie 4 (1957) S. 19–33, hier S. 21 f.

Der Prior des Dominikanerkonvents von Basel, Werner von Selden   187

zu unterrichten; im Jahr 1490 erscheint er als Bacchalaureus und 1493 als Professor der Theologie. Im gleichen Jahr war er Prior in Heidelberg und 1494 nahm er als Definitor am Generalkapitel von Ferrara teil. In den Jahren 1505–1508 war er Vorsteher der Oberdeutschen Dominikanerprovinz[108] und hatte als solcher auch am Provinzialkapitel von Wimpfen teilgenommen bzw. dieses einberufen, wie Anshelm (3 S. 50) sagt.

Nach dem zwölftägigen Aufenthalt in Bern im Mai 1507 reiste Prior Werner wohl mit dem Provinzial ab, denn das folgende Ereignis (immer noch in Kap. II/9) ist nicht aus eigener Anschauung geschildert. In der Nacht vom 24. Juni (*Johannis baptiste*) scheint Maria wieder zu Jetzer gekommen zu sein, aber nicht in seine Zelle, sondern in die Dominikanerkirche, wo sie zusammen die Altäre des Chors und der Johanneskapelle besuchten und gemeinsam beteten. Als er gehen wollte, sagte sie ihm: „Wir wollen noch weiter beten, und du wirst Engel sehen, die zu dir kommen." Und es kamen tatsächlich zwei Engel, die Jetzer durch die Luft und über den Lettner (*ultra ambonem claustri*) in die Marienkapelle trugen, wo sie ihn auf den Altar vor der Statue der Jungfrau Maria niedersetzten. Von hier aus hörte er die Stimme der weinenden Marienstatue zu ihrem Sohn sprechen, den sie auf dem Schoss hielt (also eine Pietà). Sie beklagte sich bei ihrem Sohn, dass die ihm geschuldete Ehre der unbefleckten Empfängnis ihr zugeschrieben werde. Der Sohn tröstete sie und sagte, dass er diese Sache in seine eigenen Hände genommen habe und unter Wahrung seiner Ehre zu einem guten Ende führen werde. Weiter sagte er zu Jetzer, dass dieser sich nicht vom Altar bewegen könne, bis er das Sakrament genommen habe und zu Ehren seiner Mutter die Antiphon *Ave regina caelorum* gesungen worden sei – und bis vier der wichtigsten Ratsherren der Stadt gerufen worden seien, deren Namen er ausdrücklich nannte, die aber an dieser Stelle nicht gegeben werden (wohl dann aber in Kap. IV/4 vom Herausgeber des Defensoriums). Erst nachdem dies alles geschehen war, konnte Jetzer sich wieder von der Stelle rühren. Das Argument, dass man Christus eine Ehre wegnehme, wenn man auch seiner Mutter eine unbefleckte Empfängnis attestiere, war ein uraltes Argument der Makulisten, das bereits Bernhard von Clairvaux um 1139 in seinem Brief an die Domherren von Lyon verwendet hatte[109].

---

108) Def. S. 580 Kap. II/9, vgl. auch v. LOË, Statistisches S. 16, 43, 49 f. Allerdings ist Petrus Sieber bereits am 31. Dezember 1504 als Provinzial der Teutonia belegt, als er nämlich in Bern Konflikte zwischen dem Dominikaner- und dem Dominikanerinnenkloster betreffend das Sammeln von Almosen für die beiden Klöster schlichtete, vgl. StABern, F. Inselarchiv, sub dato. Laut Anshelm 3 S. 50 war Sieber auch Inquisitor von Schaffhausen, doch erfährt man nicht, wann und in welchem Zusammenhang.

109) Def. S. 580 f. Kap. II/9, vgl. auch GAY-CANTON, Entre dévotion S. 54–57, 224 f. Zur Pietà vgl. SCHREINER, Maria, Jungfrau S. 105: „Aus dem beginnenden 14. Jahrhun-

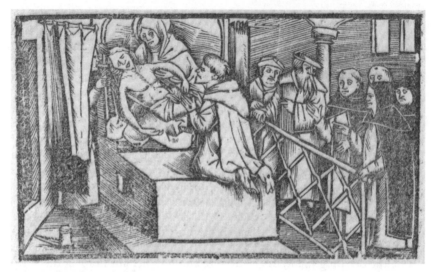

Abb. 10: Jetzer kniet in der Marienkapelle (in der Dominikanerkirche in Bern) auf dem Altar vor der Pietà, wobei die Stigmata an seinen Füßen und seiner linken Hand sichtbar werden. Rechts vom Altar ein Gitter (vgl. Akten I S. 22 Nr. 20, und Anshelm 3 S. 98), dahinter Dominikaner und weltliche Herren, von denen mehrere auf den Altar zeigen. Links und rechts von der Pietà Vorhänge, wobei man hinter dem Vorhang auf der linken Seite einen Dominikaner sieht, der durch ein Röhrchen in das Ohr Christi bläst, ihm gewissermaßen einbläst, was er zu sagen hat, ein verräterisches Detail, das im Text erst im vierten Teil des Defensoriums (Kap. IV/4) erscheint. Am Boden links vom Altar Urs Grafs Boraxbüchse. Demnach würde dieser Holzschnitt auch von Urs Graf stammen, obwohl er, zumindest in dieser Form (mit dem einblasenden Dominikaner) unmöglich von den Dominikanern selber in Auftrag gegeben worden sein kann.
(*Ein erdocht falsch history etlicher Prediger münch* [1509] [p. 58]; Zwickau, Ratsschulbibliothek, 24.10.14., Nr. 16)

Am Morgen (25. Juni 1507, Freitag) wurden die Glocken geläutet und strömte das Volk in die Dominikanerkirche. Als die Frauen sahen, dass die Marienstatue blutige Tränen in den Augen und im Gesicht hatte, ging ein großes Geschrei durch die Stadt Bern und kamen viele Frauen und Männer,

---

dert stammen die ersten literarischen und bildlichen Zeugnisse, die beschreiben und zeigen, wie Maria ihren toten Sohn auf dem Schoß hält. Erst damals entstand der Bildtypus der Pietà, in dem das Leid Marias ihren stärksten, überzeitlichen Ausdruck fand."

um Marias Tränen zu sehen, so dass die Herren von Bern (*domini Bernenses*) den Zulauf verbieten mussten; das Gerücht durchflog aber das ganze Land und kam auch dem Provinzial zu Ohren. Da die Vorsteher des bernischen Konvents ihm nichts von den neuesten Entwicklungen in ihrem Kloster geschrieben hatten, vermutete er eine List und schlechte Praktik von ihrer Seite(!) und entrüstete sich sehr. Er schickte einen Magister der Theologie und einen Lektor, seinen eigenen Gefährten, Paul Hug und Magnus Wetter, mit Vollmacht nach Bern, um dies alles zu untersuchen und zu bestrafen. Prior Werner schreibt, dass er selber mit ihnen nach Bern „hinaufgestiegen" wäre, wenn ihn nicht eine Augenkrankheit daran gehindert hätte ... Die Gesandten kamen am 9. Juli 1507 nach Bern und untersuchten alles aufs Sorgfältigste und mit großer Schärfe und Strenge. Sie blieben vier Tage und ordneten Veränderungen im Leben und den Gewohnheiten Jetzers an: er solle so viel wie möglich zur Gemeinschaft und zur Arbeit zurückkehren (*eum deputantes communitati et labori*), und außerdem sollte dies (die Stigmata?) niemandem gezeigt werden (*ne alicui haec ostendantur*). Sie sprachen sehr streng mit Jetzer. Doch dieser sei nicht zornig geworden, sondern habe auf alles sehr freundlich geantwortet und gesagt, er freue sich, in „unserem" Orden zu sein, denn er wisse, dass dies Gott gefalle. Obwohl die Visitatoren alles aufs Gründlichste untersuchten, fanden sie nichts Schlechtes (*nihil mali reperientes*) und kehrten deshalb am 15. Juli 1507 nach Basel zurück, wo sie erzählten, was sie gesehen, gehört und getan hatten[110].

---

110) Def. S. 581 f. Kap. II/10. Ebenso wie der Provinzial Peter Sieber stammte auch Paul Hug aus dem Konvent von Ulm und wurde 1501 in Heidelberg immatrikuliert; er diente dem Dominikanerorden öfters als Unterhändler, so möglicherweise bereits 1504–1506 im ersten Wirt-Handel, vgl. PAULUS, Die deutschen Dominikaner S. 286–288. Ende 1507 Lesemeister in Ulm (Def. S. 587 Kap. III/3), 1509 Prior in Heidelberg, 1511 Prior in Worms, 1512 von Worms nach Ulm transferiert (Registrum litterarum fr. Thomae de Vio Caietani S. 186 Nr. 30, S. 195 Nr. 76, S. 196 Nr. 86), 1511 und 1514 Prior von Worms; nahm 1515 als Definitor am Generalkapitel in Rom teil und wurde dort infolge des Todes des Provinzials Lorenz Aufkirchen (1508–1515) zum Provinzvikar ernannt; in den Jahren 1530 bis zu seinem Tod 1537 (in Colmar) amtete er dann selber als Provinzial, vgl. SPRINGER, Die deutschen Dominikaner S. 63, 157 Anm. 26, S. 158. Paul Hug sollte während der Jetzerprozesse eine große Rolle spielen, und es ist nicht ganz auszuschließen, dass dies seinen Aufstieg zum Provinzial verzögert hat. – Magnus Wetter scheint ebenfalls aus dem Konvent von Ulm zu stammen, wo er 1493 und 1494 bezeugt ist. Nachdem er 1494 ein Baccalaureat in Theologie erworben hatte, wurde er *magister studentium* in Köln, 1501 Professor in Theologie, Prior von Eichstätt und Vikar des Provinzials, vgl. v. LOË, Statistisches S. 43, 49 f. Im Mai 1507 scheint Magnus Wetter, ebenso wie Peter Sieber und Paul Hug, in Bern gewesen zu sein; jedenfalls sagte Jetzer am 7. Februar 1508 vor dem Rat in Bern aus, dass Wetter damals Lesemeister in Schlettstadt gewesen sei (Akten I S. 47 Nr. 153). Laut einem Verhör Jetzers vom 4. Sept. 1508

190　　　　Der Jetzerhandel aus der Sicht der Dominikaner

Die Abgesandten des Provinzials fanden also „nichts Schlechtes" und suchten den Fehler vor allem auf Seiten Jetzers: in seinem Stübchendasein, fern der Gemeinschaft und der Arbeit. Doch dieser scheint ein neues Selbst- und Sendungsbewusstsein entwickelt zu haben, das ihn ruhig bleiben ließ, obwohl er offensichtlich als einziger hart angefasst wurde, ja, laut seiner eigenen Aussage im Hauptprozess war er dabei von Paul Hug heftig angefahren und von Magnus Wetter mit einem Schlüsselbund ins Gesicht geschlagen worden[111]; so friedlich, wie von Prior Werner geschildert, kann es also nicht zugegangen sein. Was sich nicht durchsetzen ließ, war das strikte Stillschweigen, das die Väter des Ordens angeblich über alles verhängt hatten. Die Neuigkeiten verbreiteten sich vielmehr mit Windeseile, sie erreichten den deutschen König und die Fürsten des Reichs, die damals in Konstanz versammelt waren. Weiter alle Eidgenossen, da in diesem Jahr das Bündnis der Eidgenossen erneuert wurde (*quia eo anno et tempore innovata est liga Confederatorum*). Prälaten und Bischöfe und andere kamen, um die Wunder zu sehen. Das Gerücht verbreitete sich in ganz Deutschland, doch blieb die Absicht, die dahinter steckte (die befleckte Empfängnis), verborgen – „wie es richtig war", schreibt Prior Werner. Die Franziskaner ermahnten das Volk, diesen Gerüchten keinen Glauben zu schenken, und die Meinungen gingen weit auseinander. Prior Werner hoffte, dass Gott dies alles zu seiner Ehre und zum Heil der Menschen ordnen würde. Er fügt seinem Bericht eine Art Kolophon an, wonach er dies alles am 19. Juli 1507 aufgeschrieben habe, am gleichen Tag, als der Provinzial mit seiner Gefolgschaft von Basel nach Freiburg i. Br. aufbrach (*ea die qua reverendus pater provincialis exiit Basileam Friburgum versus cum sua societate*)[112]. Dieses Kolophon könnte echt sein, d. h. ganz von Prior Werner stammen, doch geht daraus auch hervor, dass der Provinzial Peter Sieber sich offenbar in Basel aufhielt, aber nicht selber nach Bern „hinaufstieg", ebenso wenig wie Prior Werner von Basel selber – die beiden scheuten sich offenbar, dieses heiße Eisen persönlich anzufassen. Es ist auch nicht zu verkennen, dass Prior Werner den Provinzial schon in diesem Abschnitt in Schutz zu nehmen begann,

---

stammten sowohl der Provinzial als auch Wetter und Hug aus dem Konvent Ulm (*omnes tres ex conventu Ulmacensi*), vgl. Akten II/1 S. 142 Nr. 398.

111) Akten II/1 S. 116 f. Nr. 281 (1508, Aug 2; Jetzer), vgl. auch Anshelm 3 S. 104 f.

112) Def. S. 582 Kap. II/10. Der Reichstag in Konstanz dauerte vom 30. April bis 16. Juli 1507, vgl. Deutsche Reichstagsakten unter Maximilian I. 9: Der Reichstag zu Konstanz 1507, Teil 1 und 2, bearb. von Dietmar HEIL (2014). – Die Erneuerung des Bündnisses der Eidgenossenschaft scheint am 11. Juli 1507 in Zürich stattgefunden zu haben, vgl. EA III/2 S. 385 Nr. 280: *Abscheid der Botten, so die pündt geschworen haben Zürich uff Sonntag vor Margarethe anno etc. vij.*

indem er ihn Mitte Mai in Bern als „skandalisiert" darstellte, und im Juni dann als „entrüstet", weil die Brüder von Bern ihn nicht informiert hatten. Es war wohl kein Zufall, wenn kurz nach den Abgesandten des Provinzials, nämlich am 21. Juli 1507, auch der Bischof von Lausanne, Aymo von Montfalcon, persönlich nach Bern kam, um als zuständiger Bischof (*ordinarius loci*) Jetzer und was um ihn herum geschah zu sehen. Die Dominikaner von Bern waren gezwungen, ihn zu empfangen, obwohl sie als Dominikaner eigentlich von der bischöflichen Gewalt exempt gewesen wären. Als er als Ordinarius alle Einzelheiten besichtigen und untersuchen wollte, antworteten sie ihm so vorsichtig wie möglich, damit er die dahinter steckende Absicht nicht erkenne, und dies obwohl er sehr insistierte. Entsprechend ging er zornig weg und drohte, sich beim Papst und beim Ordensgeneral zu beklagen. Die Dominikaner von Bern wandten sich ihrerseits an den Provinzial, der sich damals in Freiburg i. Br. aufhielt. Dieser riet „zur Verteidigung der Freiheit unseres Ordens (*pro defensione libertatis ordinis nostri*)" den Ordensgeneral zu informieren, damit dieser dem Bischof nicht Vollmacht zu einer eingehenden Untersuchung erteile. Der Bischof vermutete nämlich zu Recht (schreibt Prior Werner!), dass durch diese Wunder die Frage der Empfängnis Marias „in die Welt eingeführt werden sollte"[113]. Die Situation wurde also durch einen drohenden Jurisdiktionskonflikt zwischen dem Ortsbischof und dem Dominikanerorden noch verschärft.

Nachdem er selber keinen Erfolg gehabt hatte, schickte der Bischof von Lausanne am 23. Juli 1507 seinen Generalvikar (wohl Baptiste de Aycardis) mit einem Benediktiner nach Bern, um Jetzer in der Ekstase zu beschwören, was der Generalvikar während fast zweier Stunden mit schrecklichen Beschwörungen tat, allerdings ohne Erfolg: Jetzer kehrte nicht eher als sonst aus der Ekstase zurück. Der Generalvikar und sein Begleiter verließen den Ort unverrichteter Dinge und „bewunderten" – immer laut Prior Werner – „die Neuheit der Sache, die sie nicht in den Schmutz zu ziehen vermochten" (*admirantes novitatem rei, quam calumniari non poterant*). Nichtsdestoweniger verbreitete sich von nun an das Gerücht, dass dies alles wegen der Empfängnis Marias geschehe (*quod propter conceptionem haec omnia fiant*) und entsprechend laut der Meinung des Volkes weder von Gott noch von der Jungfrau Maria herrühren konnte. „Um sich gegen die Wut der Dummen zu verteidigen", brauchten die Berner Dominikaner die Bulle *Grave nimis* Papst Sixtus' IV. und ihre Bestätigung durch Papst Alexander VI., die den Makulisten und Immakulisten verbot, sich gegenseitig als Häretiker zu

---

113) Def. S. 582 f. Kap. II/11. Zu Aymo von Montfalcon, Bischof von Lausanne 1491–1517, vgl. HS I/4 S. 146–148, und Bernard ANDENMATTEN, Aymon de Montfalcon: être évêque vers 1500, in: Aymon de Montfalcon S. 23–45.

192 Der Jetzerhandel aus der Sicht der Dominikaner

beschimpfen (siehe Einl. 3a). Sie scheinen sich dafür an Prior Werner in Basel gewandt zu haben, der ihnen das Gewünschte am 29. Juli 1507 schickte und sie gleichzeitig seiner treuen Unterstützung zur Verteidigung der Wahrheit mit der Hilfe Gottes und seiner frommen Mutter versicherte[114].

Am gleichen 29. Juli 1507, als der Prior von Basel die gewünschten Dokumente nach Bern schickte, kam der Schaffner von Bern, Heinrich Steinegger, mit Briefen des Provinzials und des Priors von Basel (und wohl auch den gewünschten Dokumenten) in Bern an. In der folgenden Nacht, d. h. wohl in der Nacht vom 29. auf den 30. Juli 1507, erschien die Jungfrau Maria bei Jetzer und nahm ihm im Auftrag ihres Sohnes die Stigmata wieder weg, und zwar wegen der Nachlässigkeit der Ordensobern und dem Gelächter der anderen, über die ihr Sohn sehr erzürnt sei. Ihre Botschaft sei dem Dominikanerorden drei Mal offenbart und drei Mal verschmäht worden: deshalb nehme sie jetzt Jetzer die Wunden und die Passion weg. Und in einem Augenblick waren alle Wunden geheilt und blieben auch keine Spuren davon zurück. Als der Lesemeister am nächsten Tag (30. Juli 1507) zu Jetzer kam, fand er ihn an allen Gliedern geheilt und war darüber sehr erstaunt (oder tat wenigstens so). Er teilte die Neuigkeit dem Prior und den übrigen mit, die sehr verstört und verblüfft waren. Sie riefen gewisse weltliche Familiaren des Klosters und den Prior der Kartause Thorberg und schlossen vor ihren Augen die rote Hostie zusammen mit den übrigen Reliquien (*cum caeteris reliquiis*) in einen festen Behälter (*in conclavi firmo*) ein; die drei Schlüssel dazu gaben sie drei Männern, darunter dem Prior (Alexander) von Thorberg, „damit es nicht der List der Brüder zugeschrieben würde, wenn sich auch die Reliquien veränderten (*ne dolus aliquis ascriberetur fratribus, si etiam illa alterarentur aut mutarentur*)"[115].

Der Schaffner Heinrich Steinegger, der eben erst am 29. Juli 1507 von Basel gekommen war, wurde erneut zum Provinzial nach Freiburg i. Br. geschickt, um ihn um Rat zu fragen; er kam am 1. August am Abend in Basel

---

114) Def. S. 583 Kap. II/11. Baptiste de Aycardis war in den Jahren 1477, 1485–1487 und 1499–1519 Generalvikar der Diözese Lausanne und in den Jahren 1474, 1477–1491 und 1507–1518 auch Offizial, vgl. HS I/4 S. 240 u. 269–271. In den Jahren 1485–1519(?) war er auch Ehrenchorherr von St. Vinzenz in Bern, vgl. TREMP-UTZ, Chorherren S. 103.

115) Def. S. 583 f. Kap. II/12. – Prior der Kartause Thorberg (in der Nähe von Bern) war in den Jahren 1507–1521 ein gewisser Alexander, von dem weder Nachname noch Herkunft bekannt sind, vgl. Barbara STUDER IMMENHAUSER, Art. Thorberg, in: HS III/4 S. 350–374, hier S. 372. Bei den beiden anderen, denen Schlüssel anvertraut wurden, handelte es sich um den Stadtschreiber Niklaus Schaller und Venner Kaspar Wyler (vgl. Def. S. 584 Anm. 2), Schaller Zeuge im Haupt- und im Revisionsprozess, Wyler im Revisionsprozess, siehe Anh. 4.

Der Prior des Dominikanerkonvents von Basel, Werner von Selden   193

(wohl im Dominikanerkonvent) an und reiste am 2. August nach Freiburg i. Br. weiter. Prior Werner notierte, dass die Jungfrau Maria auch nach der Entfernung der Stigmata Jetzer weiterhin besuchte, mit ihm betete und mit ihm sprach – so auch in der Nacht vom 15. August 1507 (*Assumptio Mariae*), als der Lesemeister sie mehr als eine Stunde lang mit Jetzer sprechen hörte, ohne dass dieser wusste, dass er überwacht wurde. Dies schrieb der Lesemeister in einem Brief an Prior Werner, sicher in der Absicht, die Verantwortung für die Erscheinungen auf den Konversen zu schieben. Der Lesemeister plante gleichzeitig eine Reise an die Kurie nach Rom und bat den Provinzial sowie Magnus Wetter und Paul Hug um Empfehlungsbriefe, und ebenso Prior Werner. Der Lesemeister erhielt die gewünschten Empfehlungsbriefe, auch wenn der Provinzial und seine beiden Abgesandten wenig oder keine Hoffnung mehr in die Sache setzten, die jetzt als „Jetzers Sache" bezeichnet wurde (*negotium fratris*). Prior Werner dagegen war immer noch guter Hoffnung, dass der allmächtige Gott die Dominikaner unterstützen und sie vor Schlimmem bewahren würde[116].

c) Prior Werners große Ent-Täuschung

Hier bricht der zweite Teil des Defensoriums ab und geht zum dritten über, ohne dass wir wissen, ob diese Zäsur von Prior Werner selber oder vom Herausgeber des Defensoriums stammt; ein entsprechendes Kolophon fehlt. Immerhin liegt zwischen dem zweiten und dem dritten Teil – beide von Prior Werner geschrieben – eine zeitliche Lücke von Mitte August bis zum 8. Oktober 1507. An diesem Tag schrieb der Prior von Bern an denjenigen von Basel, dass Jetzer verhaftet worden sei, und zwar auf folgende Weise: die Herren von Bern, die wegen der Gerüchte im Volk und der Abreise des Lesemeister – zusammen mit dem Subprior – nach Rom beunruhigt waren, riefen den Prior von Bern samt Jetzer ins Rathaus, nahmen diesen dort fest und schickten den Prior wieder ins Kloster zurück. Danach beschlossen sie zusammen mit den „Gelehrten der Stadt" (*doctores civitatis*), Jetzer, der noch ein Novize war (und deshalb dem Bischof und nicht dem Orden unterstand), zum Bischof von Lausanne zu schicken, der strenger mit ihm verfahren würde als der Orden. Der Anlass zu Jetzers Verhaftung scheint gewesen zu sein, dass er bei einer Matutin – Prior Werner gibt kein Datum an – in der Person der Jungfrau Maria mit Krone und Lichtern aufgetreten sei und den nach Rom Abreisenden den Segen mit dem Sakrament in der Monstranz gegeben habe, und zwar in Gegenwart von zwei Chorherren

---

116) Def. S. 584 Kap. II/12.

194 Der Jetzerhandel aus der Sicht der Dominikaner

von Bern und Familiaren der Dominikaner (dem Kustos Johann Dübi und dem Chorherrn Heinrich Wölfli). Bei der Segnung sei Jetzer erkannt worden, allerdings nur von wenigen, die es soweit möglich vor den anderen Anwesenden verborgen hätten. Der ertappte Jetzer habe seine Schuld beweint und immer wieder beteuert, alles Frühere sei von Gott gewesen, und nur diese List von ihm selbst – was Prior Werner nicht mehr glaubt. Er schreibt: „Wer es glauben will, der glaube es; ich halte nur mehr wenig von dem Bruder und der ganzen Geschichte. Wenn ich nur nie etwas davon gesehen und gehört hätte! Ich war zu leichtgläubig (*facilis ad credendum nimis*), was mir Gott verzeihen möge, dem ich die ganze Sache befehle, damit er sich unserer erbarme und uns in allen Nöten und Ängsten beistehe."[117] Die Erscheinung der gekrönten Maria auf dem Lettner der Dominikanerkirche in der Nacht vom 12. auf den 13. September 1507 war ein entscheidendes Ereignis im Jetzerhandel, von dem wir hier allerdings nur in mehrfacher Brechung (durch die Prioren von Bern und Basel) erfahren – und wieder einmal nicht die ganze Wahrheit (siehe Kap. II/2b, Die Verschwörung der Klostervorsteher in der Marienkapelle und die Erscheinung der gekrönten Maria auf dem Lettner der Dominikanerkirche).

Wer immer die Aufteilung zwischen dem zweiten und dem dritten Teil des Defensoriums vorgenommen hat – sie rechtfertigt sich durch die völlig veränderte Lage: Jetzer schien durch die Darstellung der gekrönten Maria (in der Nacht vom 12. auf den 13. September 1507) überführt, und Prior Werner ließ ihn endgültig fallen und beklagte seine eigene Leichtgläubigkeit. In der Folge übernahm er auch wieder eine aktivere Rolle, nämlich die eines informellen Verteidigers des Berner Konvents, und zwar zusammen mit Paul Hug. Die beiden wurden vom Provinzial zu den „Herren von Bern" geschickt, mit Vollmacht, alles Nötige „für den Berner Konvent und die Ehre des Ordens" zu unternehmen. Sie trafen ihre Vorbereitungen, und erhielten von den Herren (von Bern?) die Zusicherung, dass sie den Konvent und den Orden in Schutz nehmen würden (*domini nos sunt consolati, promittentes defensionem conventus et ordinis*). Diese letzten Nachrichten sind im Defensorium auf den 29. Oktober 1507 in Basel datiert, doch ist auch ein Empfehlungsbrief des Provinzials Peter Sieber für Prior Werner und Paul Hug an den Rat von Bern vom 14. Oktober überliefert[118]. Ungefähr zeitgleich mit dem dritten Teil des Defensoriums setzen nun auch andere Quel-

---

117) Def. S. 584 f. Kap. III/1. In den Jetzerprozessen wurde der Kustos Johann Dübi drei Mal als Zeuge einvernommen: im Prozess gegen Jetzer in Lausanne und Bern sowie im Haupt- und im Revisionsprozess, der Chorherr Wölfli im Prozess gegen Jetzer in Lausanne und Bern sowie im Revisionsprozess, siehe Anh. 4.

118) Def. S. 585 Kap. III/1, vgl. auch Beilagen S. 609 Nr. 3 (1507, Okt 14; Brief des Provinzials an den Rat von Bern).

len ein, denn am 8. Oktober 1507 begann Jetzers erster Inquisitionsprozess in Lausanne. Es kommt zu Parallelüberlieferungen im Defensorium und in den Akten des Prozesses (oder im Ratsmanual), so für Jetzers erste Gegenüberstellung mit den Dominikanern vor dem Rat in Bern am 8. Januar 1508 sowie für dessen erstes und zweites Folterverhör in Bern am 5. und 7. Februar 1508 (siehe Anh. 1a), doch wollen wir uns in diesem Kapitel auf das Defensorium beschränken, das nun immer mehr zur Verteidigungsschrift wird, und die Parallelüberlieferungen erst im nächsten Kapitel (II/1) einbeziehen. Nichtsdestoweniger setzen wir im Folgenden gleiche oder ähnliche Kapitelüberschriften wie später in Kap. II/1. Verteidigungsschrift heißt aber zugleich, dass die Dominikaner versuchten, alle Schuld auf Jetzer zu schieben, den Prior Werner vielleicht nicht ohne Grund mit angeblich zunehmendem Selbstbewusstsein ausstattet.

Obwohl spätestens Mitte Oktober zum Vertreter des Provinzials ernannt, begab Prior Werner sich nicht sogleich nach Bern, sondern erst Anfang Dezember 1507. Am 5. Dezember 1507 kam ein Bote nach Basel, mit einem Brief von den Herren von Bern, womit sie Prior Werner nach Bern riefen, wenn möglich bis zum 6. Dezember, dem Tag, an welchem auch der Bischof von Lausanne nach Bern kommen sollte. Prior Werner machte sich zwar auf den Weg, kam jedoch erst am 8. Dezember in Bern an und empfing am nächsten Tag zwei Räte und den Stadtschreiber (Niklaus Schaller), die ihm ein Geständnis Jetzers vorlegten, das die Klostervorsteher von Bern schwer belastete. Demnach hatte der Konverse in Lausanne ausgesagt, dass er von der Jungfrau Maria zu den Vätern von Bern gesandt worden sei, um sie von ihrer Meinung von der befleckten Empfängnis Marias abzubringen! Man sieht, dass das anfängliche Missverständnis um die Empfängnis Marias (unbefleckt statt befleckt) sich nicht hatte beheben lassen und eine unheilvolle Verbindung mit Jetzers neuem Selbst- und Sendungsbewusstsein eingegangen war. Immer laut dessen Geständnis hätten sich der Prior, der Lesemeister, der Subprior und der Schaffner bei einer geheimen Zusammenkunft in der Marienkapelle beraten, wie sie ihn loswerden wollten: mit einem vergifteten Brei (*offa veneno tincta*) oder strenger Haft. Ein dritter habe vorgeschlagen, die Kleinodien, die an der Statue in der Marienkapelle hingen, zu entfernen und Jetzer den Diebstahl anzuhängen. Schließlich wollte der Subprior diesem in Gestalt der Jungfrau Maria erscheinen und ihm mitteilen, dass er sich irre und dass sie in der Erbsünde empfangen sei, ein Vorschlag, der Zustimmung fand und in Gegenwart von zwei Chorherren, die eigens dazu gerufen worden waren, in die Tat umgesetzt werden sollte. Jetzer aber sei bei der Versammlung in der Marienkapelle auf dem Lettner gestanden und habe alles mitgehört und deshalb den Subprior als Maria (mit Krone) überführen können. Nachdem dieser Betrug aufgeflogen sei, habe der Prior

196 Der Jetzerhandel aus der Sicht der Dominikaner

allen strengstens untersagt, davon zu sprechen (siehe Kap. II/1a, Jetzers viertes und fünftes Verhör)[119].

Dies alles legten die beiden Räte und der Stadtschreiber von Bern Prior Werner am 9. Dezember 1507 vor, in vollem Ernst und – wie ihm schien – nicht ohne Mitleid mit dem Orden und ihm selber. Dieser dankte und versicherte seinen Gesprächspartnern, dass er sicher wisse, dass dies alles falsch sei, und er könne es auch beweisen. Jetzer selber sei jener Betrüger gewesen, der in Gestalt der Jungfrau Maria erschienen sei. Der Subprior sei damals im Chor gewesen, zusammen mit dem ganzen Konvent und den beiden Chorherren, und sei auch der erste und einzige gewesen, der entdeckt und den versammelten Vätern mitgeteilt habe, dass Jetzer die Jungfrau Maria dargestellt habe. Die Räte beglückwünschten Prior Werner und schienen erleichtert; immerhin wollte der Stadtschreiber noch wissen, wer die Kleinodien gestohlen habe, und Prior Werner antwortete ausweichend, dass er es gerne sagen würde, wenn er nicht eine „Irregularität" fürchtete; doch wird zunächst nicht klar, was damit gemeint ist. Der Stadtschreiber habe nämlich bereits gewusst – doch wusste Prior Werner nicht, von wem –, dass Jetzer selber der Kirchendieb (*sacrilegus*) gewesen sei; er habe die Kleinodien umarbeiten lassen, zum Teil dem Lesemeister zum Verwahren gegeben und diesem gesagt, dass sie aus seinem (Jetzers) Erbe (*patrimonium*) stammten. Außerdem habe er durch einen bernischen Goldschmied vier Ringe mit Schildern aus Silber machen lassen, das aus den Kleinodien stammte, und zwar unter Vermittlung des weltlichen Schuhmachers des Klosters, Johann Koch. Hier scheint Prior Werner bereits die Zeugenaussage einzubeziehen, die Johann Koch im Rahmen von Jetzers erstem Prozess machte, allerdings erst am 12. Dezember 1507, doch wissen wir nicht, wie er deren Inhalt kennen konnte – es sei denn, der Stadtschreiber, der bei jenem Verhör dabei war (siehe Kap. II/1b, Der Schuhmacher Johann Koch), hätte sie ihm mitgeteilt und damit die „Irregularität" – oder Indiskretion – begangen, von der oben die Rede war – vielleicht weil er, zumindest damals noch, auf der Seite der Dominikaner stand, deren Familiare er war (siehe Kap. II/2d, Der Stadtschreiber Niklaus Schaller). Und Prior Werner bricht in Klagen über Jetzer aus, den er als Kirchendieb, Strolch und schlimmsten Lügner bezeichnet. „Welche Enttäuschung und welche Verwirrung: helfe uns Gott!"[120]

Am 15. Dezember 1507 ging Prior Werner vor den bernischen Rat, dankte ihm für sein Wohlwollen gegenüber dem Dominikanerorden und bat, ihn

---

119) Def. S. 585 f. Kap. III/2. Unter „Kleinodien" verstand man nicht nur Schmuckstücke, „sondern ganz allgemein Gegenstände, die aus wertvollen Materialien wie Gold und Silber hergestellt" waren, vgl. STREUN, Testament Hans Rudolf S. 180.

120) Def. S. 586 Kap. III/2.

Der Prior des Dominikanerkonvents von Basel, Werner von Selden   197

wissen zu lassen, wenn Jetzer – der immer noch in Lausanne weilte – weiterhin Angehörige des Ordens verleumde, damit er antworten könne. Er bat auch um Aufschub, bis der Provinzial selber käme oder ihm neue Vollmacht schicken würde, da die Sache schwierig sei und den ganzen Orden betreffe; er wurde jedoch nach Hause geschickt. Nach dem Mittagessen ging er zum neuen Schultheißen, Hans Rudolf von Scharnachtal, der an die Stelle des am 18. November 1507 im Amt verstorbenen Rudolf von Erlach getreten war. Dieser antwortete ihm wohlwollend und gestattete, dass die Sache an den Provinzial zurückfalle, der die nötigen Information einholen sollte. In der Zwischenzeit wollten die „Herren“ Jetzer (von Lausanne) nach Bern zurückholen lassen, um mit ihm im Rat „von Mund zu Mund“ zu reden. Prior Werner dankte dem Schultheißen und schickte Jakob von Wimpfen, Kaplan im Inselkloster der Dominikanerinnen, als Boten zum Provinzial, der sich damals in Straßburg aufhielt. Prior Werner selber kehrte nach einem Besuch in der Kartause Thorberg am 19. Dezember 1507 nach Basel zurück[121] – und ließ damit seine Mitbrüder in Bern im Stich, vielleicht weil er selber zu sehr in ihre Sache verstrickt war, die keineswegs nur „Jetzers Sache“ war.

d) Prior Werners letzter Aufenthalt in Bern (30. Dezember 1507 bis 14. Februar 1508)

Der Provinzial, Peter Sieber, bequemte sich indessen nicht selber nach Bern – vielleicht weil er ebenfalls nicht unschuldig war –, sondern schickte seinen Gefährten, Paul Hug, damals Lesemeister in Ulm, den er bereits im Oktober zusammen mit Prior Werner zu inoffiziellen Verteidigern der Dominikaner von Bern eingesetzt hatte (siehe Kap. I/3c). Paul Hug kam am 27. Dezember 1507 nach Basel und brachte einen Brief mit, in dem Prior Werner

---

121) Def. S. 586 f. Kap. III/2. Zum Schultheißen Hans Rudolf von Scharnachtal (erw. 1486–1512), Schultheiß 1507–1510 und 1512 (als er ebenfalls im Amt starb), vgl. Annelies Hüssy, Art. Scharnachtal, Hans Rudolf von, in: HLS online (Zugriff 6. Aug. 2019), und Streun, Testament Hans Rudolf. Zum Schultheißen Rudolf von Erlach siehe Kap. II/2d, Zeugenaussage des Weibels Konrad Brun. Jakob von Wimpfen nicht identifiziert. Das Inselkloster der Dominikanerinnen (gegr. 1286) war erst 1439 dem Dominikanerorden inkorporiert wurden, gleichzeitig mit der Einführung der Observanz. Die letztere hatte aber zu einer eher ungewöhnlichen Trennung vom Berner Männerkloster geführt, indem die Nonnen seit 1434 über einen eigenen Kaplan und Beichtvater verfügten; dieser stammt in der Regel nicht aus dem Berner, sondern aus dem Basler Dominikanerkonvent, vgl. Utz Tremp, Art. Bern S. 294 f., und Engler, Art. Bern S. 616 f. Entsprechend war das Inselkloster vom Jetzerhandel nicht betroffen, vgl. ebd. S. 617.

198 Der Jetzerhandel aus der Sicht der Dominikaner

befohlen wurde, mit ihm nach Bern zu gehen, um den Fall Jetzer abzuschließen (*ad concludendum causam fratris Bernensis prefatam*). Hug hatte weiter einen Empfehlungsbrief des Provinzials an den Rat von Bern bei sich, in dem dieser beteuerte, dass er von der *sach des novitzenbruders [...] mit sampt den vetren [Vätern] deß ordeß [ordens] [...] all zitt nüt gehalten hab, sonder betrug und falßheit gefürchtet, als ich uwer wißheit vormals geschriftlich, ouch durch vetter [Johann Vatter?] anzeygt habe.* Nichtsdestoweniger hätte er sich dieser Sache gerne selber angenommen, doch hinderten ihn Krankheit (*bledikeit mynes lybs*) und andere wichtige Gründe daran. Im Empfehlungsbrief wird nur Paul Hug erwähnt, aber nicht mehr, wie noch im Brief vom 14. Oktober 1507, Prior Werner, dessen Standfestigkeit der Provinzial vielleicht nicht traute[122].

Am 28. Dezember 1507 brach die kleine Gesellschaft von Basel auf, Prior Werner – vielleicht als Zeichen der Demut – auf dem Esel des Provinzials, den der Kaplan Jakob von Wimpfen hergeführt hatte. Am 28. Dezember wurde in Liestal genächtigt, am 29. in Solothurn, und am 30. Dezember langte man in Bern an, wo am folgenden Tag (Silvester, Freitag) wegen des Jahreswechsels kein Rat abgehalten wurde. Nichtsdestoweniger ging Paul Hug an diesem Tag zum Schultheißen von Scharnachtal, der ihn auf Montag, den 3. Januar 1508, bestellte. Inzwischen war Jetzer von Lausanne nach Bern zurückgeholt und am 29. Dezember 1507 vor dem ganzen Rat angehört worden; hier hatte er ausgesagt, dass die Stigmata, die rote Hostie und die blutweinende Marienstatue echt gewesen seien und er bereit sei, dafür zu sterben. Am Sonntag, dem 2. Januar 1508, erfuhren die Dominikaner, dass der Rat am Montag nicht gut besetzt sein würde, und baten deshalb um eine Verschiebung auf Mittwoch, den 5. Januar, die ihnen gewährt wurde. Als sie jedoch am 5. Januar zum Rathaus kamen, schickten ihnen die Herren den Großweibel entgegen, um die Verabredung auf Freitag, den 7. Januar, zu verschieben. Die Dominikaner baten um ein Wort, denn am 6. Januar ging Jetzers Probejahr zu Ende, und wenn ihm nicht vorher das Ordenskleid abgenommen würde, würde er automatisch zum Professen (*fieret tacite professus*). Paul Hug bat die Räte, einige abzuordnen, um – wohl noch am gleichen Tag – nach dem Mittagessen der Entkleidung Jetzers beizuwohnen, denn dieser habe mit falschen Anschuldigungen vielfach gegen den Orden gesündigt, so dass er unwürdig sei, in diesen aufgenommen zu werden. Die „Herren" willigten ein, sich dabei vertreten zu lassen, und gewährten den Dominikanern eine Anhörung vor dem Rat am 7. Januar 1507, bei der auch Jetzer zugegen sein sollte. Paul Hug bat um einen Notar, der bei der Ent-

---

122) Def. S. 587 Kap. III/3, vgl. auch Beilagen S. 613 Nr. 3 (undat., 1507, Dez 20?; Brief des Provinzials an Bern).

Der Prior des Dominikanerkonvents von Basel, Werner von Selden   199

kleidung zugegen sein und diese wohl protokollieren sollte[123], und viereinhalb Jahre später scheint Jetzer tatsächlich über ein solches Protokoll – wohl ein Notariatsinstrument von der Hand des Stadtschreibers Niklaus Schaller – verfügt zu haben, das indessen nicht überliefert ist (siehe Epilog 1b). Es erstaunt nicht, dass der bernische Rat mit Jetzers Entkleidung einverstanden war, denn als weltliche Obrigkeit konnte er besser auf einen Laien zugreifen als auf einen Konversenbruder der Dominikaner. Dabei wusste der Rat sicher, dass Jetzer das Ordenskleid bereits am 20. November 1507 in Lausanne abgelegt hatte (siehe Kap. II/1a, Jetzers viertes Verhör), doch konnte ihm nur daran gelegen sein, dass dieser Akt auch von Seiten des Ordens vollzogen wurde.

Am 5. Januar 1508 wurden die Dominikaner nach dem Mittagessen ins Haus des Großweibels (Lienhard Schaller) gerufen, in welches auch Jetzer geführt worden war (oder wo er möglicherweise sogar gefangen gehalten wurde, siehe Kap. II/1c). Die Regierung war vertreten durch Ritter Sebastian vom Stein, Stellvertreter des Schultheißen, durch den Stadtschreiber (Niklaus, Bruder von Lienhard Schaller), den Venner Kaspar Wyler und zwei weitere Venner, die nicht genannt werden. Nach einigen Worten des Stellvertreters des Schultheißen forderte Paul Hug von Jetzer das Ordenskleid zurück. Dieser wehrte sich und wollte es um keinen Preis hergeben, wenn er nicht von den „Herren" dazu überredet und gezwungen worden wäre, doch sollten ihm die Dinge, die er in den Konvent gebracht hatte, zurückgegeben werden, insbesondere 30 Gulden in Gold, 5 in Silber und anderen Münzen, insgesamt 53 Gulden. Schließlich zog Jetzer das Kleid aus und stieß dabei beleidigende Worte gegen den Prior und den Orden aus. Das wenige, das er besaß, sollte ihm durch einen Weibel zurückgegeben werden, der das ihm ausgezogene Kleid in den Konvent trug[124]. Wenn Jetzer sich tatsächlich zur Wehr gesetzt haben sollte, dann kann es ihm nicht um das

---

123) Def. S. 587f. Kap. III/3. Anshelm 3 S. 133 meint, dass das Ordenskleid Jetzer am 6. Januar 1508 weggenommen worden sei, am Jahrestag seiner Profess – am 6. Januar 1508 war es vielmehr ein Jahr her, seit Jetzer das Ordenskleid empfangen hatte, das ihm am 5. Januar abgenommen werden musste, damit er nicht am 6. Januar automatisch Professe geworden wäre.

124) Def. S. 588 Kap. III/3. Wenn Sebastian vom Stein 1508 als Stellvertreter des Schultheißen amten konnte, kann er wohl nicht identisch sein mit Sebastian I. († 1551 oder 1531), Sohn von Georg I., 1513 erster eidgenössischer Landvogt in Locarno, 1519 Landvogt in Baden, 1521 bernischer Truppenführer in Oberitalien, seit 1522 Mitglied des Kleinen Rats, eifriger Anhänger des alten Glaubens, zog 1527 nach Freiburg, wo er das Bürgerrecht erlangte und zahlreiche Nachkommen hatte, vgl. HBLS 6 (1931) S. 529, und BINZ-WOHLHAUSER, Katholisch bleiben? S. 51. – Zum Geld, das Jetzer in den Konvent mitgebracht hatte, vgl. Akten II/1 S. 124f. Nr. 315 (1508, Aug 4; Jetzer).

200 Der Jetzerhandel aus der Sicht der Dominikaner

Ordensgewand gegangen sein, das er ja schon in Lausanne abgelegt hatte, sondern vielleicht um seine Habe, die möglicherweise auch nicht so klein war, wie hier von Prior Werner dargestellt. Vor allem aber ging für ihn ein schlimmes Probejahr zu Ende, ein viel schlimmeres, als man sich aufgrund der bisherigen Berichte des Defensoriums vorstellen kann, die ja ausschließlich von Dominikanern stammen. Dieses Leiden konnte Jetzer nur kompensieren, indem er sich in seiner Vorstellung – und ganz gegen die Absichten seiner Ordensoberen – als Märtyrer für die Lehre von der unbefleckten Empfängnis Marias verstand.

e) Gegenüberstellungen von Jetzer und den Dominikanern vor dem Rat von Bern (Januar 1508)

Am 7. Januar 1507 (Freitag) trafen die Dominikaner und Jetzer vor dem Rat zusammen. Der Vorsitzende und Stellvertreter des Schultheißen erteilte zuerst Jetzer das Wort, der eine lange Rede voller Lügen über die Dominikaner hielt (schreibt ein Dominikaner). Der Konverse hob die unbefleckte Empfängnis der Jungfrau hervor, zu deren Verkündung und Bestätigung diese ihm oft erschienen sei, ihm die Stigmata gegeben, das Sakrament der Eucharistie verwandelt und in der Marienkapelle geweint habe, und dies alles ohne menschlichen Betrug. Die vier Klostervorsteher hätten ihn jedoch mit den verschiedensten Listen verfolgt, um ihn von dieser Meinung abzubringen, und ihn mit ihren Machenschaften bis in den Tod verfolgt. Der Subprior habe einmal die Jungfrau Maria gespielt, und der Schaffner die hl. Katharina von Siena; den Schaffner habe er jedoch identifiziert und ihn an Kopf und Fuß schwer verwundet. Ein anderes Mal sei einer von ihnen mit einer Krone auf dem Kopf erschienen; er habe ihn erkannt, weil er mit seinen Füßen den Boden berührt habe, denn die wahre Jungfrau sei ihm immer ohne Füße erschienen. Jetzer klagte den Lesemeister des Diebstahls der Kleinodien an; der Prior habe davon 300 Gulden nach Schwaben geschickt. Der Lesemeister sei während dreier Jahre nie in der Matutin gewesen, und so auch nicht in der Nacht der falschen Erscheinung (der gekrönten Maria), und er habe ihn töten wollen. Jetzer verglich seinen Beichtvater (den Lesemeister) mit demjenigen der hl. Katharina, der ihr auch vorgeschrieben habe zu sagen, die Jungfrau sei in der Erbsünde empfangen worden. Der Prior halte Frauen im Kloster und verschleudere mit ihnen das Gut des Konvents; er habe sie gesehen und könne sie mit Namen nennen. Als Jetzer geschlossen hatte, antwortete Paul Hug ihm auf vieles, wenn auch nicht auf alles, denn inzwischen war es 11 Uhr geworden. Ebenso der Prior und auf seinen Befehl auch der Schaffner – der Lesemeister und der Subprior waren noch

Der Prior des Dominikanerkonvents von Basel, Werner von Selden   201

in Rom oder auf dem Rückweg –, so dass Jetzer vor allen bloßgestellt wurde, obwohl er nur lachte. Hug anerbot sich zu beweisen, dass die bernischen Klostervorsteher gerecht und unschuldig seien, ebenso die übrigen Brüder, wie auch Jetzer selber zugegeben habe, dass mit Ausnahme der vier Klostervorsteher alle andern unschuldig seien[125].

In seinen Aufzeichnungen protestiert Prior Werner gegen die Meinung, dass die Dominikaner den Tod „jenes Menschen" wollten; es ginge ihnen nur darum, ihre Unschuld zu beweisen. Er hielt fest, dass Jetzer in den wichtigsten Punkten, d. h. den Stigmata, der gewandelten Hostie und der blutweinenden Marienstatue, keinen Dominikanerpater oder -bruder angegriffen habe. Um zwölf Uhr hätten sie das Rathaus verlassen, voll Erstaunen über Jetzers Bosheit und Schlauheit und trotzdem Gott lobend, dass dieser in den wichtigsten Punkten, in denen die Falschheit sich nicht so leicht hätte nachweisen lassen, niemanden angeklagt hatte. Jetzer habe gesagt, dass es ihm nicht nur um die Verteidigung seines eigenen Leibes gehe, sondern um alle Orden und die ganze Kirche; und dass er deshalb bereit sei, für diesen Glauben (der unbefleckten Empfängnis) vor einem Generalkonzil und dem Papst zu sprechen – von Prior Werner sicher aufgeführt, um zu zeigen, dass Jetzer offensichtlich unter Größenwahn litt. Werner scheint der Sache aber doch nachgegangen zu sein, denn er notierte nach dieser Bemerkung, dass er Anfang des Jahres 1508 in einem Sexternium (Heft bestehend aus sechs Doppelblättern) des Priors von Bern einen Satz gefunden habe, den die Jungfrau Maria zu Jetzer gesagt und der Prior von Bern aufgezeichnet habe. Die Jungfrau war offensichtlich enttäuscht, dass Jetzers Vorgesetzte nach den großen Dingen, die sie diesem gegeben und gezeigt habe, nichts getan hätten, als diese mit ihren Vorschriften und Verboten zu verbergen. Deshalb solle er seinen Vätern sagen, dass sie die Sache mit dem Rat der „Herren von Bern" angingen; sie wolle sie vor Verwirrung und Skandalen, die sie fürchteten, bewahren und die Plage, die über die Stadt kommen sollte, von dieser abhalten[126]. Dieser Satz diente offensichtlich der Reinwaschung der Klostervorsteher, die sich eben nicht auf Jetzers „große Dinge" eingelassen hätten. Eine solche Aussage findet sich im Defensorium nicht wieder, das ja seit dem 11. April 1507 von Prior Werner von Basel und nicht mehr vom Prior von Bern geführt wurde. Der letztere könnte indessen seine Aufzeichnungen trotzdem weitergeführt haben, denn die von Prior Werner zitierte Aussage der enttäuschten Jungfrau lässt sich wohl auf Ende Juli 1507 datieren, als diese Jetzer die Stigmata wieder weggenommen hatte. Diese Geschichte zeigt einmal mehr, dass das, was im Frühsommer 1509 als Defensorium pu-

---

125) Def. S. 589 f. Kap. III/4.
126) Def. S. 590 Kap. III/4.

Abb. 11: Die Dominikaner vor dem Rat von Bern. Links die Dominikaner, stehend, hinter ihnen ein Weibel (der Großweibel, Lienhard Schaller?) mit seinem Stab. Die Ratsherren rechts, wohl um einen langen Tisch sitzend. Hinter dem Tisch ein Wappen mit dem Berner Bär. Unter der Sitzbank (links) Urs Grafs Boraxbüchse.
(*Ein erdocht falsch history etlicher Prediger münch* [1509] [p. 62]; Zwickau, Ratsschulbibliothek, 24.10.14., Nr. 16)

bliziert wurde, nur *ein* Überlieferungsstrang war, nämlich die Aufzeichnungen, die Prior Werner von Basel am 11. April 1507 vom Prior von Bern übernommen und dann bis zum 26. Februar 1508 weitergeführt und nach Basel mitgenommen hatte, wo sie in der Fastenzeit 1508 in die falschen Hände gerieten.

Am Montag, dem 10. Januar 1508, kamen einige Abgeordnete des bernischen Rats in den Dominikanerkonvent, um erstens alle Kleinodien sowie goldenen und silbernen Gefäße zu inventarisieren und an einem einzigen Ort unter den Siegeln des Konvents und der Stadt zu verwahren, und zweitens, um den Prior und den Schaffner einzuschließen (*arcerentur seu includantur*), damit sie nicht die Flucht ergriffen. Diese einschneidenden Maßnahmen zeigen, dass es um den Konvent schlimmer stand, als Prior Werner dachte oder hoffte. Als Paul Hug davon hörte, überlegte er kurz mit Prior Werner und dem Beichtvater der Insel (Jakob von Wimpfen oder Johann Ottnant, siehe unten) und antwortete, dass die erste Maßnahme keine

Der Prior des Dominikanerkonvents von Basel, Werner von Selden   203

Schwierigkeit darstelle, wohl aber die zweite; dagegen wolle man dafür sorgen, dass die zwei Väter den Konvent nicht verließen. Die Abgeordneten des Rats antworteten, dass die Dominikaner, wenn sie die beiden nicht einschließen wollten, am nächsten Mittwoch (12. Januar 1508) vor dem Rat erscheinen sollten, um ihre Weigerung zu begründen. Am Dienstag, dem 11. Januar 1508, kehrten nach der Komplet – es war schon dunkel – der Lesemeister und der Subprior nach Bern zurück, die wegen des „ärmsten Bruders, dessen Geschichte hier erzählt wird", nach Rom geritten waren. Als die Dominikaner im Gästehaus beim Nachtessen saßen, kam der Sakristan Jost Hack gerannt und kündigte ihre Ankunft an. Alle standen auf und eilten zum Pferdestall, empfingen die beiden mit großer Freude und führten sie ins „Stübchen", wo erzählt wurde, was in Rom und Bern geschehen war[127].

Am nächsten Tag (Mittwoch, 12. Januar 1508) gingen die Dominikaner vor den Rat, wo Paul Hug sich für den Prior und die Väter von Bern verbürgte und die Rückkehr des Lesemeisters und des Subpriors von Rom meldete, samt einem Brief des Vikars des Ordensgenerals, Thomas Cajetan, der den Berner Konvent dem Rat empfahl, „ungeachtet der Bosheit jenes Bruders (*non obstante malicia illius fratris*)". Der Lesemeister sagte, dass er selbst dann gekommen wäre, um sich zu rechtfertigen, wenn er gewusst hätte, dass ein Galgen in der Mitte des Marktplatzes errichtet sei und er am nächsten Tag daran aufgehängt würde. Die Dominikaner erhielten die Anweisung, in ihren Konvent zurückzukehren, aber noch bevor sie den Saal verlassen hatten, erhob sich Meister Leonhard (wohl Lienhard Hübschi), der Schwager des Subpriors und von der Familie (*linea*) des Schultheißen, und verteidigte seinen Schwager gegen „jenen Taugenichts (*nequam fratrem illum*)" und verließ darauf das Rathaus demonstrativ zusammen mit den Dominikanern. Nach dem Mittagessen wurden diese auf Freitag, den 14. Januar 1508, erneut vor den Rat und diesmal auch die Sechziger vorgeladen. Erhalten ist auch der Empfehlungsbrief Cajetans, datiert vom 11. Dezember 1507, in dem er als Vertreter des Ordensgenerals „mit großer Traurigkeit" zur Kenntnis nahm, dass ein gewisser „Wundermacher" dem Orden an die Ehre gegangen sei, „wohl ohne die Schuld der Mitbrüder, aber vielleicht aufgrund ihrer großen Leichtgläubigkeit und Einfalt (*sine confratrum, ut puto, culpa, sed ipsorum forte nimia credulitate simplicitateque*)"[128].

---

127) Def. S. 590 f. Kap. III/5.
128) Def. S. 591 Kap. III/5, vgl. auch Beilagen S. 612 Nr. 7 (1507, Dez 11; Brief Cajetans an Bern). Lienhard Hübschi (um 1470–1536), Bürger von Bern, Sohn des Lienhard (Mitglieds des Großen Rats und Stadtwerkmeisters), verheiratete sich um 1491 mit einer Tochter von Cläuwi und Schwester von Franz Ueltschi. Seit 1487 Mitglied des Großen Rats, seit 1501 und wieder 1528–1533 des Kleinen Rats, 1512–1527 Säckelmeister, 1530

204 Der Jetzerhandel aus der Sicht der Dominikaner

Am Freitag, dem 14. Januar 1508, versammelten sich der Kleine Rat und die Sechziger. Dazu waren auch der Propst (Johann Armbruster), der Dekan (Johann Murer) der Kustos (Johann Dübi) und ein weiterer Chorherr des Vinzenzstifts geladen worden. Die Dominikaner waren sieben an der Zahl: Paul Hug, der Beichtvater der Insel (Jakob von Wimpfen oder Johann Ottnant), die vier angeklagten Väter des Konvents und Prior Werner von Basel. Ebenfalls hinzugeführt wurde Jetzer, „der perverse Bruder", der zuerst sprach und wieder mehr oder weniger die gleiche Geschichte erzählte wie am 7. Januar 1508. Als die Marienstatue wegen ihrer Empfängnis geweint habe und weil eine große Plage über den Dominikanerorden kommen würde, hätten die Väter ihm befohlen zu sagen, dass sie weine, weil eine große Plage über die Welt kommen würde, und zwar wegen der empfangenen Pensionen (d. h. wegen der Pensionsgelder, welche die Eidgenossen von verschiedenen Mächten empfingen). Dabei kümmere Maria sich nicht um solche Dinge und sei keine Kriegerin. Schließlich, dass er die Väter, insbesondere den Prior und den Lesemeister, drei Mal in weltlichen Gewändern mit schönen Frauen im Stübchen des Konvents gefunden habe; als er sie tadelte, habe der Lesemeister gesagt, es seien seine Schwestern. Von den Dominikanern antworteten Paul Hug, der Lesemeister und der Prior; der Lesemeister sagte, dass er nach Rom gereist sei, nachdem Jetzers Betrug entdeckt worden sei. Dieser habe mit vielen dummen Worten geantwortet, so dass die Räte mehrmals in Lachen ausgebrochen seien. Er verlangte, dass die Väter gefangen genommen und die gleichen Strafen erleiden sollten wie er (*traherentur hincinde poenis, quas ipse passus est*); dann werde sich die Wahrheit schon finden. Er wünschte, dass der ganze Klerus zusammengerufen würde, damit er öffentlich von der unbefleckten Empfängnis sprechen könne, und machte sich damit angeblich zum Gespött. Prior Werner verurteilt ihn im Defensorium sehr streng, verschweigt aber nicht, dass es in der Stadtgemeinde nicht wenige gab, die Jetzer für gut und einfach hielten und der Meinung waren, dass die Dominikaner auch am Seil aufgezogen werden sollten. Die allgemeine Meinung war, dass Jetzer dies alles nicht allein getan haben könne, sondern von den Vätern Hilfe gehabt haben müsse – also genau das, was der Chronist Anselm zum Endurteil schreibt (siehe Einl.

Spitalmeister, vgl. Barbara BRAUN-BUCHER / Ulrich MOSER, Art. Hübschi, Lienhard, in: HLS online (Zugriff 7. Aug. 2019). Zur Verwandtschaft zwischen Lienhard Hübschi und dem Subprior Franz Ueltschi vgl. auch UTZ TREMP, Art. Bern S. 305 Anm. 114. – Der Rat der Sechzig scheint seit Beginn des 16. Jahrhunderts belegt zu sein, es handelte sich um eine Appellationsinstanz, an welche die Entscheide des Stadtgerichts und des Rats als nächste Instanz weitergezogen werden konnten, vgl. STUDER IMMENHAUSER, Verwaltung S. 179.

Der Prior des Dominikanerkonvents von Basel, Werner von Selden   205

1c)[129]. Dabei ist klarzustellen, dass Jetzer unseres Wissens noch nicht gefoltert worden war, dass man aber offenbar allgemein der Meinung war, dass man ihn würde foltern müssen, so dass diejenigen, die ihn nicht für allein schuldig hielten, die Folter auch für die Dominikaner verlangten.

Nach dem Mittagessen erhielten die Dominikaner, die um 12 Uhr mittags das Rathaus verlassen hatten, die Antwort, dass die „Herren" nichts überstürzen, sondern warten wollten bis der Bote, den der Bischof von Lausanne an die Kurie in Rom geschickt hatte, um einen Auftrag gegen die Dominikaner zu bekommen, zurückgekehrt sein würde. In der Zwischenzeit redigierte Paul Hug seine Einwände gegen Jetzers Vorwürfe in sieben Punkten, die er dem Rat am 24. oder 26. Januar vorlegen wollte, doch verzögerte sich die Sache bis zum 31. Januar, für welchen eine Sitzung des Großen Rats (Rats der Zweihundert) einberufen wurde. Inzwischen kam Nachricht vom Bischof von Lausanne, dass man nicht auf seinen Boten warten solle, von dem er nicht wisse, wo er stecke. Wenn die Berner gegen die von Jetzer diffamierten Dominikaner vorgehen wollten, sollten sie selber an die Kurie schicken und Vollmacht einholen; wenn er einen entsprechenden Auftrag erhalte, werde er kooperieren. Eine solche Mission sollte ebenfalls am 31. Januar beschlossen werden, aber nicht vom Großen Rat, wohl aber von den Sechzigern[130].

Am 31. Januar 1508 lagen den Sechzigern sieben Artikel vor, mit denen Jetzer die Väter anklagte. Laut dem ersten Artikel hätten sie ihn erst in den Orden aufgenommen, als sie hörten, dass er reich sei; bei seiner Einkleidung habe er dem Prior 53 Gulden sowie Seide und Damast gegeben. Laut dem zweiten Artikel hätten der Geist und die Jungfrau Maria ihm gesagt, dass diese ohne Erbsünde geboren sei und dass er die Dominikaner von ihrem Irrtum abhalten solle; als er dies den Vätern weitergegeben habe, hätten sie ihn bis zum Tod verfolgt. Laut dem dritten Artikel hätten die Väter bei einer geheimen Versammlung in der Marienkapelle beschlossen, dass der Sub-

---

129) Def. S. 591 f. Kap. III/6, hier S. 592: *Nihilominus plures erant ibi de civitate et communitate, qui censebant fratrem simplicem et bonum, saltem quod diceret veritatem, et quod fratres etiam trahendi essent cum eo ad chordas, ut veritas patefieret. Communis enim omnium opinio fuit, quod frater ille haec omnia solus non perpetrasset vel perfecisset, sed habuisset auxilium ex patribus.* – Biographische Angaben zu Propst Johann Armbruster in Kap. II/1a, Jetzers erstes Verhör in Lausanne; zu Johann Murer, Dekan des Vinzenzstifts, in Kap. II/2d und zu Kustos Dübi in Kap. II/1b, Die Chorherren Johann Dübi und Heinrich Wölfli (6. Dezember 1507). – Der Gedanke, dass Maria eine „Kriegerin" (*bellatrix*) sein könnte, ist uns ziemlich fremd, doch wurde ihr auch diese Eigenschaft verliehen, allerdings eher in der frühen Neuzeit („Maria vom Siege"), vgl. SCHREINER, Maria, Jungfrau S. 99 ff.

130) Def. S. 592 f. Kap. III/6.

206 Der Jetzerhandel aus der Sicht der Dominikaner

prior eine Maria mit Krone darstellen sollte. Laut dem vierten Artikel habe sich dieser ein anderes Mal als Jungfrau Maria und der Schaffner als hl. Katharina von Siena verkleidet, aber Jetzer habe sie erkannt und den Schaffner am Kopf und am Schienbein verletzt, wo man heute noch Spuren sehe; der Subprior habe eine Kanne nach ihm geworfen, die im Fenster mehrere Löcher hinterlassen habe, die ebenfalls heute noch sichtbar seien. Laut dem fünften Artikel habe der Lesemeister die Kleinodien aus der Marienkapelle gestohlen und ihm nachher einige geschenkt, um ihn in Verdacht zu bringen. Laut dem sechsten Artikel hätten die Väter schöne Frauen in den Konvent eingeführt und seien mit ihnen in weltlichen Kleidern im Stübchen gesessen: in Wämsern aus Seide, die er ins Kloster gebracht habe, und mit roten Biretten, *und warn gûte menlin*. Und als er sie überrascht und protestiert habe, habe ihm der Lesemeister gesagt, er solle sich nicht aufregen, es seien seine Schwestern. Laut dem siebenten Artikel schließlich habe der Prior mehr als 100 Gulden und gewisse Kleinodien zu seinen Verwandten nach Schwaben geschickt, damit er auf etwas zurückgreifen könnte, wenn er sein Amt verlöre. Auf all diese Artikel scheint Paul Hug Einwände formuliert zu haben, doch verzichtete Prior Werner leider um der Kürze willen darauf, diese wiederzugeben, so dass nur die Vorwürfe stehenbleiben. Prior Werner meint, dass Jetzer in Lausanne erfahren habe, dass seine Diebstähle entdeckt worden seien, und geglaubt habe, diese seien durch die Väter ausgebracht worden – deshalb habe er versucht, diese zu beschmutzen und ins Gefängnis oder gar ums Leben zu bringen, „um diejenigen, die nie seine Genossen in den Sünden waren, zumindest als Genossen in den Strafen zu haben (*ut saltem eos haberet socios in poenis, quos numquam habuit socios in peccatis*)“; dabei hätten sie nur insofern gefehlt, als sie diesen Taugenichts wie einen Engel verehrt hätten (*in hoc solo delinquentes, quod eum credebant sanctum et probum, qui erat nequam*)[131].

f) Jetzers Folterverhöre (5. und 7. Februar 1508)

All dies scheint wiederum einen weniger guten Eindruck auf die bernischen Behörden gemacht zu haben, als Prior Werner es vielleicht wider besseres Wissen darstellte. Er scheint auch ein bisschen verwirrt gewesen zu sein, jedenfalls ist in den nächsten Kapiteln – Werners letzten – die Chronologie durcheinander geraten. Als erstes berichtet er, dass am Sonntag, dem 6. Februar 1508, die vier Väter im Konvent gefangen genommen wurden (*quattuor patres fuerunt capti in conventu*), aber erst nachher, dass man bereits vor-

---

131) Def. S. 593 f. Kap. III/7.

Der Prior des Dominikanerkonvents von Basel, Werner von Selden   207

her für Jetzer nach dem Henker von Solothurn geschickt hatte, da derjenige von Bern krank (*invalidus*) war. Der Henker von Solothurn traf am 4. Februar 1508 in Bern ein, und am nächsten Tag wurde der „Taugenichts von Bruder" (*nequam ille frater*) am Seil hochgezogen. Dabei (oder danach?) scheint er alle Schuld auf die Väter geschoben zu haben, auch die Verleihung der Stigmata, die Färbung des Sakraments und die blutweinende Marienstatue. Am 6. Februar 1508 wurde der Große Rat zusammengerufen, und die Dominikaner dazu. Als diese zum Rathaus kamen, wurden Paul Hug, dem Beichtvater des Inselklosters und Prior Werner Jetzers Geständnisse vorgelesen, und danach sollten die angeschuldigten Klostervorsteher umgehend in städtische Gefängnisse (*ad custodias seu turres eorum*) gelegt werden. Paul Hug leistete großen Widerstand und wollte, dass sie im Gewahrsam des Ordens und des Konvents bleiben durften, und wollte alle erdenklichen Garantien geben, dass sie nicht die Flucht ergreifen würden. Die Räte ließen schließlich zu, dass sie im Kloster bleiben durften, aber jeder für sich allein eingeschlossen und von je zwei städtischen Weibeln bewacht. Paul Hug erreichte, dass sie wenigstens noch frei und ohne begleitende Weibel zum Konvent zurückgehen durften, obwohl diese bereits bei der Tür zum Rathaus warteten und den Gefangenen schließlich auf dem Fuß folgten. Im Kloster wurden die Gefangenen jeder in einem eigenen Stübchen untergebracht, bewacht von je zwei Weibeln[132].

Im folgenden Kapitel des Defensoriums (III/9) werden die Geständnisse wiedergegeben, die Jetzer am 5. Februar auf oder nach der Folter gemacht hatte und die am folgenden Tag im bernischen Rat verlesen wurden, mit der Folge, dass, wie wir bereits gesehen haben, die vier Klostervorsteher in städtischen Gewahrsam genommen werden sollten, aber schließlich doch unter strenger Bewachung im Kloster bleiben durften. Zu Jetzers Geständnissen, diesmal in 15 Punkten, wird einleitend bemerkt, dass er sie angesichts der Strenge der Folter, aber erst nach vielen Widersprüchen (*visa severitate torturae, post multa inconstantiae suae verba*) gemacht habe; dies sollte sie natürlich um ihre Glaubwürdigkeit bringen, und sie hören sich denn zunächst auch ziemlich phantastisch an. An erster Stelle: dass der Subprior mit schwarzer Magie öfters einen Dämonen heraufbeschworen habe; deshalb vermutete Jetzer, dass auch der Geist, der ihm erschienen sei, ein solcher Dämon gewesen sein könnte. Zweitens: wie Jetzer begriffen habe, dass auch die Erscheinung der Jungfrau Maria mit zwei Engeln, gespielt vom Lesemeister sowie vom Prior und Subprior, falsch gewesen sei: Der Lesemeister

---

132) Def. S. 594 f. Kap. III/8. Zum Amt des Henkers vgl. GERBER, Gott ist Burger zu Bern S. 205 f., und STUDER IMMENHAUSER, Verwaltung S. 170–172, zu den Weibeln ebd. S. 60–63.

Abb. 12: Jetzer wird gefoltert. Jetzer, mit einem Gewicht an den Füßen, wird vom Henker an einer Winde hochgezogen. Unter der Winde ein Dominikanerkleid. Links vom Henker drei Dominikaner, rechts zwei weltliche Herren und drei Bischöfe (mit Mitren), deren Anwesenheit eher zum Revisionsprozess als zu Jetzers erstem Prozess in Bern passt. Unter Umständen handelt es sich bei dem Gefolterten auch nicht um Jetzer (der ja auch kein Ordenskleid mehr trug), sondern um einen der vier Vorsteher des bernischen Dominikanerkonvents, und dies umso mehr, als der Gefolterte eine Tonsur aufweist; allerdings wurden die Dominikaner während des Revisionsprozesses nicht mehr gefoltert, wohl aber während des Hauptprozesses.
(*Ein erdocht falsch history etlicher Prediger münch* [1509] [p. 74];
Zwickau, Ratsschulbibliothek, 24.10.14., Nr. 16)

habe ihm zuerst eine weiße Hostie gezeigt und diese dann umgedreht, so dass sie rot erschien, doch sei sie gefärbt gewesen, nicht blutig. Drittens: das erste Stigma habe ihm der Subprior durch die Korrosion mit einem dunklen Pulver eingedrückt; die übrigen Stigmata hätten „sie" ihm sukzessive unter Einwirkung eines Tranks beigebracht, mit jenem starken Pulver erneuert und den heftigen Schmerz mit einem Wasser gestillt; die häufige Anwendung des Pulvers habe schließlich bewirkt, dass er durch seine Hand habe sehen können[133].

---

133) Def. S. 595 f. Kap. III/9.

Beim vierten Punkt wird sichtbar, dass Jetzer dies alles nicht einfach so „erzählt" haben kann, sondern dass ihm Fragen gestellt worden waren, doch wissen wir nicht von wem. Hier war offenbar nach der Passion gefragt worden, die er eine Zeitlang täglich dargestellt hatte. Die vier hätten ihm einen Trank gegeben, der ihm den Verstand geraubt und ihn in Ekstase versetzt habe, verbunden mit dem Rumoren des Bauches und dem Zittern aller Glieder. Der Subprior habe mit Hilfe eines Büchleins mit schwarzer Magie Dämonen in seine Glieder beschworen, wodurch er unbeweglich und ohne Gefühl wurde und vor dem herbeiströmenden Volk die Passion spielte; wenn die Leute gegangen waren, bekam er einen anderen, diesmal süßen Trank, der ihn in den früheren Zustand zurückversetzte, wobei der Schmerz der Stigmata blieb. Fünftens gestand Jetzer, dass er von den vier Vätern gezwungen worden sei, in der Marienkapelle auf dem Altar kniend zu verharren und zu sagen, dass die Marienstatute blutige Tränen geweint habe, die von ihnen gemalt worden seien. Als gewisse Mitglieder des Rats hinzugekommen seien, hätten die Väter ihn durch die Beschwörung eines Dämons unbeweglich gemacht, so dass er nicht vom Altar heruntersteigen konnte, bis ein Sakrament gebracht worden sei. Als er aus menschlicher Schwäche die starken Schmerzen insbesondere bei der Erneuerung der Stigmata nicht mehr ertragen konnte, hätten sie ihn mit Feuer bedroht, wenn er jemandem etwas verrate. Deshalb hätten sie ihm sechstens auch einen Brei (*offa*) gegeben, der grün wurde, als er mit dem Löffel darin rührte; da habe es ihn geekelt und er habe den Brei zum Fenster hinaus geschüttet, wo ihn sechs Wölfe (die erst kurz zuvor gekauft worden waren) gefressen hätten; sie seien alle am nächsten Morgen verendet gewesen. Siebtens: Als die Väter begriffen hätten, dass er den Trank nicht mehr nehmen und auch der hl. Katharina von Siena keinen Glauben schenken wollte, hätten sie sich in der Marienkapelle verschworen, bis in den Tod beim Begonnenen zu bleiben. Auf die Frage, warum sie dies alles versucht hätten, antwortete Jetzer achtens, dass dies zur Schande der Franziskaner geschehen sei, welche die Meinung vertreten hätten, dass Maria ohne Erbsünde empfangen worden sei[134].

Im neunten Anklagepunkt kam Jetzer auf seinen Prozess in Lausanne zu sprechen (oder wurde danach gefragt), von dem im Defensorium noch kaum die Rede war. Jetzer sagte, er habe damals auf Zeit gespielt, weil er den Dominikanerorden mit seinen Geständnissen nicht entehren wollte – was für ihn spricht und die oft angeprangerten Widersprüche in seinen Geständnissen zumindest teilweise erklärt; was er aber von der Stadt Bern und den Pensionen gesagt habe, habe er von den vier Klostervorstehern gehört. Dann kam die Rede (zehntens) wieder auf den Subprior mit der schwarzen

---

134) Def. S. 596 f. Kap. III/9.

210 Der Jetzerhandel aus der Sicht der Dominikaner

Magie, mit der er sich auch eine Frau gefügig machen könne. Elftens: Der Subprior habe, wie er ihm selber gesagt habe, 500 Pfund gestohlen. Jetzer selber habe 43 (53?) Gulden und Seide ins Kloster gebracht, und aus der Seide hätten der Lesemeister und der Prior sich rote Wämser machen lassen; nachdem er sie mit Frauen und Mädchen entdeckt habe, hätten sie ihn nachher noch schlechter behandelt. Zwölftens hätten die Väter die Kleinodien der Marienstatue gestohlen und das Gold nach Schwaben geschickt. Neu war der dreizehnte Punkt, wonach sich ein Illuminist namens Lazarus eine gewisse Zeit im Kloster aufgehalten, dort Verschiedenes gemalt und schöne Farben gemischt und schließlich auch die Statue in der Marienkapelle angemalt habe. Zum vierzehnten fürchtete Jetzer, dass die Väter die Flucht ergreifen würden, und bat deshalb, sie gefangen zu nehmen, zu verhören und zu foltern, damit sie mit dem gleichen Maß gemessen würden, wie er gemessen worden sei. Schließlich vermutete Jetzer, dass die erste Erscheinung der Jungfrau Maria in seiner Zelle vielleicht ebenfalls vom Subprior mit schwarzer Magie gemacht worden sei[135].

Hier kommt sehr viel höchst Bedenkliches zum Vorschein, von dem die bisherigen Aufzeichnungen im Defensorium nicht das Geringste erahnen lassen! Bemerkenswert ist, dass hier der Subprior ins Zentrum der Anklage gerückt ist, als Kenner der schwarzen Magie, mit der er nicht nur gewisse Erscheinungen in Szene gesetzt hätte, sondern auch maßgeblich an Jetzers Passionsspiel beteiligt gewesen wäre. Dieser kam immer wieder auf den Subprior zurück, den er fast noch mehr gefürchtet zu haben scheint als den Lesemeister und den Prior. Seine Geständnisse (auf oder nach der Folter) enthalten erstmals den Vorwurf der Hexerei bzw. der schwarzen Magie und sind deshalb zunächst nicht sehr glaubwürdig; wir werden uns ausgiebig mit ihnen befassen müssen, aber wir können sie nicht einfach vom Tisch wischen, gerade weil sie eine besondere Form angenommen hatten, die für die spätmittelalterlichen Klöster typisch war, nämlich diejenige der schwarzen Magie (siehe Kap. II/4e).

Im folgenden Kapitel (III/10) kam Prior Werner auf den 6. Februar 1508 zurück, als die Klostervorsteher infolge von Jetzers Geständnissen bzw. Anschuldigungen auf oder nach der Folter am 5. Februar in städtischen Gewahrsam genommen wurden, wenn auch im Kloster selbst. Dabei erhielten die Dominikaner auch einen Termin, um auf Jetzers Anschuldigungen zu antworten und um eine Verminderung oder einen Abzug der städtischen Weibel (*relaxatio custodiae famulorum civitatis*) zu bitten, nämlich Mittwoch, den 9. Februar 1507, wenn der Rat einigermaßen gut besetzt sein würde. Am Dienstag, 8. Februar, kam jedoch ein Gerücht zu den Häuptern der

---

135) Def. S. 597 Kap. III/9.

Stadt, das alles noch viel schlimmer machte. Demnach soll sich ein Laie im Dominikanerkonvent herumgetrieben haben, und als er nach dem Grund gefragt wurde, habe er geantwortet, er schaue, wo er etwas finden würde, wenn der Konvent geplündert würde. Darauf habe ein Bruder geantwortet: „Ihr Kuhliebhaber (*bestiales vaccarum*, in der *Falschen History* mit „ku^egeheyer" übersetzt), ihr werdet uns nie haben." Als die Dominikaner von diesem Gerücht hörten, waren sie konsterniert, aber offenbar nicht wegen der Drohung mit der Plünderung, sondern wegen der Antwort ihres eigenen Bruders. Sie riefen den ganzen Konvent zusammen und fragten jeden unter schrecklichen Drohungen, wer das gesagt habe oder von einem anderen habe sagen hören, allerdings ohne Erfolg. Am 9. Februar 1508 gingen Paul Hug, Prior Werner und der Beichtvater des Inselklosters vor den Rat und die Sechzig. Zunächst entschuldigte Paul Hug sich wegen jenes hässlichen Wortes (*bestiales vaccarum*) und anerbot sich, den Urheber einzukerkern und streng zu bestrafen, wenn er sich im Konvent finde. Danach widerlegte er die Punkte, in denen Jetzer die Väter anklagte – überzeugend, wie Prior Werner meint. Dann kam dieser selber an die Reihe, sich zu entschuldigen, denn unter den Bürgern ging die Rede, dass er an der schmutzigen Sache beteiligt sei und in Basel von ihr gepredigt habe und deshalb mit den anderen in Haft zu legen sei. Werner legte dar, wie er mit der Sache in der Fastenzeit des vergangenen Jahres in Berührung gekommen sei und wie er an einem Dienstag vom Geist gepredigt habe, und versicherte unter Eid, dass er damals nichts von den Dingen um Jetzer gewusst habe, noch von denen, die erst bevorstanden. Schließlich entschuldigte der Beichtvater der Insel den Subprior wegen des ihm von Jetzer zur Last gelegten Diebstahls (von 500 Pfund): der eigentliche Dieb sei längst tot. Darauf stellte Paul Hug das Begehren, die Weibel aus dem Kloster abzuziehen, doch erhielt er vom Schultheißen eine abschlägige Antwort, allerdings erst am Nachmittag um 15 Uhr[136].

Hier ist die Szene mit dem Mann zu kommentieren, der sich in eine gute Ausgangsposition für die Plünderung des Klosters bringen wollte. Für die Dominikaner scheint viel weniger schlimm gewesen zu sein, dass bereits von Plünderung ihres Klosters gesprochen wurde, als dass einer der ihren die Berner als „Kuhliebhaber" bezeichnet haben soll, was in dieser explosiven Situation, in der die Dominikaner ganz vom Wohlwollen der bernischen Räte abhingen, ausgesprochen kontraproduktiv war, obwohl – oder gerade weil – die Eidgenossen in der Zeit vor und nach dem Schwabenkrieg (1499) von den Schwaben relativ gängig als „Kuhliebhaber" bezeichnet wurden, was auch den Vorwurf der Sodomie (Häresie) beinhaltete, der die

---

136) Def. S. 597–599 Kap. III/10, vgl. auch GÜNTHART (Hg.), Von den vier Ketzern S. 155.

212 Der Jetzerhandel aus der Sicht der Dominikaner

Eidgenossen besonders hart treffen musste (siehe Kap. II/5a, „Kuhliebhaber und Verräter": Die Beleidigung Berns und der Eidgenossen). Vor dem Vorsprechen der Dominikaner vor dem Rat und den Sechzigern am 9. Februar 1508 war Jetzer am 7. Februar erneut gefoltert worden und scheint dabei neu auch den Provinzial und alle Dominikaner angeklagt zu haben, die auf dem Weg ans Generalkapitel in Lyon und auf dem Rückweg (am 12. und 16. Mai 1507) im Berner Konvent untergekommen waren und ihn ermahnt hatten, seinen Vorgesetzten zu gehorchen: „wie wenn der Betrug im Wissen und mit der Beihilfe des Provinzials und aller Väter der Provinz angefangen worden wäre (*quasi res ipsa deceptoria incepta sit de scitu et practica reverendi patris provincialis et omnium patrum provinciae)*". Am 10. Februar 1508 verlangten die Dominikaner durch den Stadtschreiber, diese ungeheuerliche Anschuldigung schriftlich zu haben, erhielten aber am 11. Februar eine abschlägige Antwort, mit der Begründung, dass Jetzers Geständnisse ebenso wenig „gerecht" seien wie die früheren und dass sie in schriftlicher Form mehr Verwirrung als Nutzen stiften würden. Jetzer selber scheint am 10. (oder 11.?) Februar 1508 erneut heftig gefoltert worden zu sein[137].

g) Prior Werners Rückzug nach Basel (14. Februar 1508)

Nach diesen wiederholten Abfuhren beschlossen Paul Hug und Prior Werner, dass der letztere nach Basel zurückkehren („heruntersteigen") sollte, um die Parteigänger der Dominikaner zu mobilisieren, damit sie zur Unterstützung des Ordens nach Bern kämen. Werner langte am 14. Februar 1508 – vom Esel, auf dem er Ende Dezember 1507 hergekommen war, ist nicht mehr die Rede – in Basel an und erreichte, dass der Bischof von Basel seinem Suffragan (Weihbischof oder Generalvikar?) einen entsprechenden Auftrag gab. Das Domkapitel von Basel ordnete seinen Propst ab, den Herrn von Hallwyl, die Stadt Basel ihren Bürgermeister, Junker Zeigler, das Kollegiatstift St. Peter den Ordinarius der Theologie, Dr. Gebwiler, und die Universität Basel den Arzt Dr. Wonnecker. Sie alle waren bereit, nach Bern zu gehen, und schickten einen Boten dorthin, um zu erfahren, wann man sie dort anhören wollte; dieser kam jedoch am 22. Februar 1508 zurück und meldete, dass die Basler sich nicht nach Bern bemühen sollten, denn der Generalvikar von Lausanne habe verlauten lassen, dass es der päpstlichen Vollmacht bedürfe, um gegen die Dominikaner vorzugehen; wenn diese erlangt worden sei, würde man auf die Basler zurückgreifen[138]. Der Brief, den der

---

137) Def. S. 599 Kap. III/11.
138) Def. S. 599 f. Kap. III/11. Bischof von Basel war damals Christoph von Utenheim

Bote mitbrachte, datiert vom 19. Februar 1508 und spricht vom *schwären ungehörten handel [...], so sich in dem gotshus zu den Bredigeren hie in unser stat (Bern) begeben.* Da dieser *den gelouben und die er [Ehre] Gots hoch und vast berürt und eben wit in alle land ußerschollen,* könnte man zu seiner *vertigung und beleytung* [Begleitung] sehr wohl *hochwiser und gelerter Personen rats und underrichtung* gebrauchen, wolle aber jetzt zunächst das angekündigte Kommen des Vikars des Bischofs von Lausanne abwarten; dann komme man gerne auf das Angebot der Basler zurück. Prior Werner bedauerte das Nichtzustandekommen dieser hochkarätigen Delegation, die in Bern sicher sehr viel ausgerichtet hätte, um das Volk zu beruhigen[139]. Dass die Stadt Bern später auf dieses Angebot zurückgekommen ist – ohne dass wir Einzelheiten erfahren würden –, geht daraus hervor, dass nicht wenige Basler im Hauptprozess engagiert waren: so Dr. Johann Heinzmann, Prokurator am bischöflichen Hofgericht in Basel, als Verteidiger der vier Dominikaner (mit einem Dr. Jakob aus Straßburg als Fürsprecher) sowie Dr. Johann Textoris von Mörnach und Johann (Jakob?) Wysshar, Rektor der Universität Basel und Pfarrer von Kleinbasel, als Beisitzer (Mörnach auch als Dolmetscher) im Hauptprozess[140]. Dies aber bedeutet nichts anderes, als dass die Stadt Bern den Dominikanern doch bis zu einem gewissen Grade entgegengekommen ist, auch wenn der Verteidiger und die Beisitzer nicht mit den oben genannten Mitgliedern der baslerischen Delegation identisch sind. Es bedeutet aber auch, dass man sich redlich bemühte, „hochweise und gelehrte" Leute herbeizuziehen, um die Rechtmäßigkeit insbesondere des Hauptprozesses zu sichern.

(1502–1527), Dompropst 1504–1510 Johann Rudolf von Hallwyl, vgl. HS I/1 S. 199 f. u. 283. Bürgermeister von Basel war 1502–1521 Wilhelm Zeigler (vor 1472–1521), vgl. Samuel SCHÜPBACH-GUGGENBÜHL, Art. Zeigler, Wilhelm, in: HLS online (Zugriff 7. Aug. 2019); Rektor der Universität Basel 1507, 1515 und 1521 war Johann Gebwiler (um 1450–nach 1530), Dr. der Theologie und des kanonischen Rechts, Chorherr von St. Peter 1508–1530, vgl. Veronika FELLER-VEST, Art. Gebwiler, Johannes, in: HLS online (Zugriff 7. Aug. 2019). Der Arzt Dr. Wonnecker lässt sich identifizieren mit Johannes Romanus Wonnecker (eigentlich Johannes Rulman von Windegk) aus Hanau, Prof. der Medizin an der Universität Basel und Stadtarzt, Rektor der Universität 1519 und 1522, vgl. HBLS 7 (1934) S. 592.

139) Def. S. 600 Kap. III/11, vgl. auch Beilagen 2 S. 619 Nr. 15 (1508, Feb 19; Bern an Stift und Stadt Basel). Vgl. weiter Rechnungen S. 660 Anm. 1 (Rechnung 4): *Denne Hiltbrant gan Basel zu roß geschickt, die zu wenden, so von der statt und hochschul har verordnet waren zu ryten.* – Der Generalvikar von Lausanne weilte am 22. Februar 1508 in Bern, vgl. Kap. II/1c, Jetzers letztes Verhör vor dem Generalvikar von Lausanne in Bern.

140) Vgl. Akten S. 81 Anm. 2 (Mörnach), S. 143 Anm. 2 (Wysshar), S. 152 Anm. 1 (Heinzmann), S. 210 Anm. 1 (Jakob). Siehe auch Kap. II/2c, Anklageartikel und Artikelverhöre der vier Klostervorsteher.

214 Der Jetzerhandel aus der Sicht der Dominikaner

Prior Werner scheint sich nach seiner Rückkehr – oder Flucht – nach Basel auch darum bemüht zu haben, dem Berner Dominikanerkonvent finanziell unter die Arme zu greifen – vielleicht weil er wegen seiner Flucht und seiner Mitschuld ein schlechtes Gewissen hatte. Jedenfalls hat sich im Staatsarchiv Basel eine Urkunde erhalten, die vom 19. Februar 1508 datiert und wonach der Prior und der Konvent von Bern diejenigen von Basel um eine Anleihe von 150 Florin ersuchten, die sie mit einem jährlichen Zins verzinsen wollten, dessen Höhe nicht genannt wird, so dass es sich möglicherweise gar nicht um eine Anleihe, sondern um ein Darlehen à fonds perdu handelte. Dabei fällt auf, wie formlos das Schriftstück gehalten ist – es handelt sich eher um einen Brief als um eine Urkunde, und man kann sich auch fragen, ob die Väter des Konvents von Bern damals überhaupt noch handlungs- oder urkundsfähig waren. Nichtsdestoweniger ist das Schriftstück mit dem Siegel des Konvents und mit den eigenhändigen Unterschriften aller Konventsangehörigen versehen, so dass sich der Konvent vom 19. Februar 1508 mit demjenigen vergleichen lässt, der am Anfang des Defensoriums aufgezählt ist (siehe Anh. 2)[141].

In der Liste der Konventsangehörigen fehlt der Subprior Franz Ueltschi, vielleicht weil er als Magier in Verruf geraten und für den Konvent selber nicht mehr tragbar war; an seiner Stelle ist Balthasar Fabri (seit spätestens Anfang Defensorium im Konvent) zum Vikar des Subpriors aufgerückt, doch folgt er nicht unmittelbar auf Prior und Lesemeister, sondern erst an fünfter Stelle, nach dem Schaffner Heinrich Steinegger sowie nach Johann Ottnant, der in den Jahren 1480, 1486 und 1497–1498 Prior gewesen war und sich dann als Beichtvater in das Inselkloster der Dominikanerinnen zurückgezogen hatte, wo er 1501 auch als Konventbruder aufgenommen worden war – und der nun offenbar, in der Not, in den Männerkonvent zurückgekehrt war, wo er zunächst als *lector* und *confessor* und seit dem Revisionsprozess wieder als Prior amtete. Auf ihn und den Vikar des Subpriors folgen vier weitere „Alte", nämlich Heinrich Hell, Johann Rulandi Rull, Konrad Zimmerecklin, Bernhard Karrer und Alexander Mesch (hier Meusch). Darauf folgen eine ganze Reihe von „neuen" Brüdern, an erster Stelle Georg Sellatoris (Sattler), der hier als *studens generalis* bezeichnet wird und im Revisionsprozess bereits zum Lesemeister aufrücken sollte[142]. Auf ihn folgen die Brüder Johann Blenderer, Marco, Joseph, Gallus Korn, Rudolf Noll, Jo-

---

141) Beilagen S. 619 f. Nr. 16 (1508, Feb 19). Ein Photo dieses Dokuments findet sich unter den Briefen, die den Akten der Jetzerprozesse (bzw. der Kopie) beigegeben sind, vgl. StABern, A V 1438, Unnütze Papiere, Kirchliche Angelegenheiten 69.

142) Vgl. UTZ TREMP, Art. Bern S. 318 f. und 324, und siehe Kap. II/3a, Der Beginn des Revisionsprozesses. Zur Rolle des Beichtvaters in den observanten Dominikanerinnenklöstern vgl. ENGLER, Regelbuch S. 272 f.

Der Prior des Dominikanerkonvents von Basel, Werner von Selden 215

hann Meyer, Georg Pflieger, Johann Lapicide und Sebastian Viniatoris. Von ihnen befanden sich Rudolf Noll und Johann Meyer bereits während des Jetzerhandels im Konvent, beide als Novizen, Johann Meyer – oder „Meyerli" – auch im Einsatz für gewisse Erscheinungen[143]. Dagegen fehlen Bruder Paul Süberlich von Frankfurt, Jodok (Jost) Hack und Ulrich Hügli, was insbesondere in den Fällen von Paul Süberlich und Jost Hack auch kein Zufall sein dürfte, denn die beiden waren recht eifrige Verfechter der Sache, Süberlich, der auch die gekrönte Maria gespielt hatte, noch mehr als Hack (siehe Kap. II/2d, Der Frühmesser von St. Stephan ..., und Anh. 3). Im Konvent scheint also eine recht große Fluktuation geherrscht zu haben, die vielleicht nicht nur das Resultat des Jetzerhandels war, aber diesen insofern begünstigt haben könnte, als die Brüder kamen und gingen und dabei eine gewisse Zeit brauchten, bis sie begriffen, was hier gespielt wurde.

Doch kehren wir ein letztes Mal zu Prior Werners Aufzeichnungen zurück. Dieser schrieb, nun wieder von Basel aus, dass die Berner in der Zwischenzeit (zwischen dem 14. und dem 22. Februar 1508) beschlossen hatten, die Klostervorsteher des Berner Konvents mit eisernen Fußfesseln zu versehen (*ut patres illi ferreis compedibus alligarentur*). Dies bedeutet wohl eine Verschärfung der am 6. Februar 1508 getroffenen Maßnahmen, auch wenn Prior Werner bereits zum 6. Februar von „Eisen" gesprochen hatte[144]. Weiter beschlossen die Berner, Meister Ludwig Löubli (im Defensorium „Heinrich Lücklin"), nach Rom zu schicken, „einen großen Feind der Dominikaner und dieses Handels (*magnum fratrum et negocii huius hostem)*", um eine päpstliche Vollmacht einzuholen (*pro auctoritate apostolica*). Prior Werner wusste wohl, dass Löubli, damals noch Chorherr, seit dem 15. September 1508 Dekan des Vinzenzstifts, ein erklärter Gegner der Dominikaner war, denn dieser hatte bereits am 23. August 1507 – also zwischen den Erscheinungen der blutweinenden und der gekrönten Maria – vor dem Rat von Bern zu Protokoll gegeben, *daß der handel, so allhie zu den Predigern mit*

---

143) Vgl. Akten II/1 S. 115 Nr. 277 (1508, Aug 2; Jetzer), und Anh. 3. Im ersten Beleg wird auch der Novize Joseph Striger von St. Gallen genannt, der mit dem in der Schuldverschreibung vom 19. Feb. 1508 genannten „Joseph" identisch gewesen sein könnte.

144) Def. S. 599 f. Kap. III/11, vgl. ebd. S. 594 f. Kap. III/8. In einem Brief an den Bischof von Lausanne vom 12. Februar 1508 hatte Bern eine diesbezügliche Absicht angekündigt, allerdings bereits in der Vergangenheit (*voluimus eosdem ab eo [Jetzer] denominatos per superiorem ordinis mancipari, ferreis vinculis includi*), und in den Rechnungen findet sich ein Posten für *Die schloßer von den fuß- und armysen wägen zu schmieden*, vgl. Beilagen S. 617 Nr. 13 (1508, Feb 12; Bern an den Bischof von Lausanne), und Rechnungen S. 660 Anm. 1 (Rechnung 4).

216   Der Jetzerhandel aus der Sicht der Dominikaner

dem bruder [Jetzer] fürgeloffen, ein erdachte lotterî und ketzerî sîe[145]. Dies
verhieß nichts Gutes für die Dominikaner, und Prior Werner ließ sich denn
auch von „großen und weisen Männern" in Basel raten, nicht mehr nach
Bern „hinaufzugehen", sondern vielmehr dafür besorgt zu sein, dass das,
was in Bern geschehen war, aufgeschrieben und dem Generalvikar des Ordens (Cajetan) übermittelt würde (*ut singula Bernae gesta consciberentur et
mitterentur generali vicario ordinis*). Werner behielt jedoch eine Kopie bei
sich, um sie den Parteigängern der Dominikaner zu zeigen, damit sie sähen,
was in Bern geschehen, gedacht und eingewendet worden sei. Diese zum
Zirkulieren (und Kopieren) bestimmte Abschrift könnte diejenige gewesen
sein, die in der Fastenzeit 1508 in die Hände der Gegner der Dominikaner
fiel, die sie nach der Hinrichtung der vier Klostervorsteher in Bern am
31. Mai 1509 zum Druck brachten[146].

In einem letzten Abschnitt berichtet Prior Werner schließlich von einem
großen Aufruhr gegen die Dominikaner, der sich in dieser Zeit in Bern im

---

145) Def. S. 600 Kap. III/11, vgl. auch Beilagen S. 608 Nr. 1 (1507, Aug 23). Zu Ludwig Löubli vgl. TREMP-UTZ, Chorherren S. 80–82. – Bei der Information des Papstes
könnte Cajetan den Bernern jedoch zuvorgekommen sein und dies auch nicht verhehlt
haben, denn er schrieb am 17. Februar 1508 nach Bern, dass er den Sekretär des Papstes
informiert habe, sobald er von den Täuschungen des liederlichen Menschen (*nugacissimi
hominis deceptiones*) vernommen habe, damit die Dominikaner von jedem Verdacht gereinigt werden könnten, vgl. Beilagen S. 618 Nr. 14 (1508, Feb 17).

146) Def. S. 600 Kap. III/11. Ein wichtiges Zeugnis für die Verbreitung des Defensoriums ist die Selbstbiographie, die der Humanist Konrad Pellikan (1478–1556) von 1545
bis 1556 verfasste. Konrad Pellikan war 1494 in den Franziskanerorden eingetreten und
wirkte seit 1502 als Lesemeister im Basler Konvent, vgl. Hans Ulrich BÄCHTOLD, Art.
Pellikan, Konrad, in: HLS online (Zugriff 7. Aug. 2019). In der Selbstbiographie erinnert
Pellikan sich an ein Gespräch, das er in den Ostertagen 1507 mit dem Bischof von Basel
geführt habe, der ihm über eine Stunde lang von den Vorgängen im Berner Dominikanerkloster erzählt habe (hier und im Folgenden nach v. GREYERZ, Der Jetzerhandel und
die Humanisten S. 278). Da die *impostura* das ganze Jahr durch weitergegangen sei, habe
Pellikan sich zum Reporter für seinen Onkel, Jodocus Gallus in Speyer, gemacht und
ihn durch periodische Mitteilungen auf dem Laufenden gehalten. Im Jahr 1508 sei er für
zwei oder drei Tage in den vorübergehenden Besitz einer Schrift über die Vorgänge bei
den Berner Dominikanern – wohl das Defensorium – gekommen, habe diese in Eile kopiert, mit seinen Anmerkungen versehen und die Kopie seinem Onkel geschickt. Pellikan hielt die Dominikaner für schuldig und gleichzeitig die Schrift, die er kopiert hatte,
für „wahrer", als was Sebastian Franck und Thomas Murner über den Jetzerhandel geschrieben hätten, was bewirkte, dass er im Folgenden sowohl von den Befürwortern eines Justizmordes an den Dominikanern (PAULUS, Ein Justizmord S. 3) als auch von deren Gegnern (BÜCHI, Schiner 1 S. 119 und 136) in Anspruch genommen wurde, von den
letzteren wahrscheinlich mit mehr Recht als von den ersteren.

Volk erhoben habe, so groß, dass man sagte, dass das Kloster, wenn es außerhalb der Stadtmauern gelegen wäre, längst mit allen jenen „Hexen-Brüdern" (*fratribus maleficis*) eingeäschert worden wäre, und auch mit allem, was wegen der Empfängnis der Maria angestellt worden war und was den Dominikanern als Gotteslästerung (*blasphemia*) ausgelegt wurde. Prior Werner kommentiert: „Das dumme Volk glaubt, es leiste Gott und der Jungfrau einen Dienst, wenn es jene, die es für deren Feinde hielt, verbrennen würde." Und die Feinde der Dominikaner begrüßten die Wut des Volkes im Glauben, es sei gerecht, wenn diese nun um der Jungfrau Maria willen litten. Und er schließt: Gott möge sehen und urteilen! Laut einem folgenden Kolophon, von dem man wiederum nicht weiß, ob es von Prior Werner oder vom Herausgeber des Defensoriums stammt, soll dieser seine Aufzeichnungen am 26. Februar 1508 abgeschlossen haben (*Scripta et collecta sunt haec per doctorem Wernherum, priorem conventus Basiliensis, altera Matthiae Apostoli, anno Christi millesimo quintentesimo octava*). Auf den Herausgeber könnte allenfalls das *Anno Christi* statt *Anno Domini* deuten, das er auch sonst braucht. Dagegen kann kein Zweifel daran bestehen, dass die Fortsetzung des Kolophons vom Herausgeber und nicht von Prior Werner selber stammt. Demnach floh dieser, nachdem die Berner die angestrebte päpstliche Vollmacht erhalten hatten und die Dominikaner gefoltert worden waren, am 7. September 1508 von Basel auf dem Schiff nach Frankfurt und gab damit die Verteidigung seiner Mitbrüder in Bern und sein Priorat in Basel auf[147]. Mit diesem zweiten Teil dieses Kolophons versuchte der Herausgeber Prior Werner und damit auch die von ihm geschriebenen Teile des Defensoriums rückwirkend um ihre Glaubwürdigkeit zu bringen. Es war übrigens nicht von ungefähr, wenn Werner am 7. September 1508 die Flucht ergriff, denn an diesem Tag ging in Bern der Hauptprozess zu Ende, nachdem die Dominikaner seit dem 19. August tatsächlich gefoltert und in zusätzlichen Verhören am 4. und 5. September auch auf die Mitschuld der Oberdeutschen Dominikanerprovinz hin befragt worden waren (siehe Kap. II/2e, Die Mitschuld der Oberdeutschen Dominikanerprovinz, und Ein offenes Ende).

---

147) Def. S. 600 f.: *Apostolica autoritate interim obtenta idem doctor Wernherus, percepta serie rei causamque examinari certa relatione videns tortura strictiori, navigio Basiliensis exiit Franckphordiam versus in profesto nativitatis Mariae eiusdem anni [1508], relictis compatrum suorum Bernensium defensione et prioratus sui (quam tanti habuit) dignitate.*

218   Der Jetzerhandel aus der Sicht der Dominikaner

4. Der Herausgeber des Defensoriums als Verfasser von Teil IV

Damit kommen wir zum letzten Teil des Defensorium, das von dem den Dominikanern feindlich gesinnten, aber anonym gebliebenen Herausgeber stammt. Er gibt ein ganz anderes Bild vom Jetzerhandel als die Prioren von Bern und Basel in den ersten drei Teilen, ein erschreckend anderes Bild, aber doch von den gleichen Vorgängen, ein Bild, auf das der Leser des Defensoriums allenfalls durch die Geständnisse Jetzers in den letzten Kapiteln des dritten Teils (Kap. III/7 u. 9) vorbereitet ist. Der letzte Teil ist denn auch nicht mehr eigentlich zum Defensorium zu rechnen, sondern wohl bereits zu der den Dominikanern feindlich gesinnten Jetzerliteratur, und wir werden die (wenigen) Daten, die daraus hervorgehen, auch nicht in die chronologische Übersicht über das Defensorium (siehe Anh. 1) aufnehmen, um den Dominikanern nicht unrecht zu tun. Wir können den vierten Teil aber auch nicht ganz beiseitelassen, und dies umso weniger, als er mit seinen sechs Kapiteln der kürzeste Teil von allen ist und den Jetzerhandel – mehr als die Jetzerprozesse – in prägnanten Punkten zusammenfasst.

Nach einem kurzen Vorwort, in dem die Dominikanerväter als „Pseudoväter" bezeichnet werden, kommt der Autor im ersten Kapitel (IV/1) gleich auf die drei Bischöfe zu sprechen, die Papst Julius II. nach Bern geschickt habe, an ihrer Spitze Achilles de Grassis, Bischof von Castellae (Città di Castello) und Auditor des päpstlichen Gerichts der Rota, zusammen mit den Bischöfen von Lausanne und Sitten, Aymo von Montfalcon und Matthäus Schiner; damit kann nur der Revisionsprozess gemeint sein, der erst im Mai 1509 stattfand. Der Herausgeber des Defensoriums weiß indessen, dass die Sache sich lang hingezogen habe, dass die „Pseudoväter" auch gefoltert wurden (allerdings nicht im Revisionsprozess) und dass man ihnen schließlich zusichern musste, dass man ihre vertraulicheren Geständnisse niemanden als allein dem Papst eröffnen würde. Nichtsdestoweniger will er das, was glaubwürdiger ist und von der Wahrheit nicht abweicht (*cuius fide digniora und quae a vero non dissonant*), bekannt machen, um die „gottlose und fiktive Falschheit der ersten drei Teile zu zerstören (*in destructionem impiae fictaeque falsitatis praetactarum trium partium*)", und hofft dabei, dass Achilles de Grassis den Rest zu seiner Zeit und in der Ordnung, in der er sich abgespielt habe, veröffentlichen werde[148].

Im zweiten Kapitel nennt der Herausgeber diejenigen, die er für die „Autoren und den Ursprung der falschen Machenschaften (*Auctores et origo falsae machinationis*)" hält, an erster Stelle den Dominikaner Wigand Wirt, Prior in Stuttgart (1506–1513) und Verfasser des *Dialogus apologeticus*, der

---

148) Def. S. 601 f. Kap. IV/1.

Der Herausgeber des Defensoriums als Verfasser von Teil IV 219

deshalb von den Franziskanern an die päpstliche Kurie in Rom zitiert worden war – der Fall war im Sommer 1509, als das Defensorium veröffentlicht wurde, noch hängig. Dann nennt er die Dominikaner, die 1506 auf dem Provinzialkapitel von Wimpfen versammelt waren, an erster Stelle den Provinzial (Peter Sieber), der „im Jahr darauf" – wohl 1508 – gestorben sei und „von diesem Verbrechen gewusst habe (*sceleris huius conscius*)". Dass er im Hauptprozess in Bern selber im Gericht saß, scheint dem Verfasser des vierten Teils entgangen zu sein. Folgen die beiden Angehörigen des Berner Konvents, Stephan Boltzhurst aus Straßburg und Johann Vatter aus Marbach, und insbesondere die beiden „Architekten der Falschheit", Prior Werner von Basel und Paul Hug. Dabei wird Prior Werner als „Zusammenträger der vorgeschriebenen Falschheiten (*praescriptarum falsitatum comportator*)" apostrophiert, und Paul Hug noch schlimmer als „perfekter Simulator und schlimmster Hypokrit (*perfectissimus rerum simulator atque hypocrita pessimus*)". Sie alle hätten von dieser Sache gewusst (*hi omnes conscii eius rei fuerunt*) und alle hätten auf dem Provinzialkapitel von Wimpfen Wirts *Dialogus* gekauft und darin vor allem dessen Kritik am *Mariale* des Bernardin de Bustis wahrgenommen, das viele Wunder enthalte, die dem Nachweis der unbefleckten Empfängnis dienten, obwohl sie vielmehr „Erfindungen und ausgedachte Falschheiten" seien. Man wollte sich davon anregen lassen und für die eigene Meinung (befleckte Empfängnis) etwas Ähnliches ausdenken, das der Meinung „unseres Doktors" (Thomas von Aquin) entsprach – was, wie wir bei der Auseinandersetzung mit Bernardin de Bustis gesehen haben (siehe Kap. I/3a), gar nicht so abwegig war, wie es zunächst scheint. Nach einigen Überlegungen fiel die Wahl auf Bern, und die Sache wurde, wie aus den Teilen I–III des Defensorium hervorgeht, auch im Geheimen und mit großer Frechheit versucht[149].

In dieser Situation kam Johann Jetzer, der Aufnahme ins Dominikanerkloster in Bern begehrte, eben richtig. Er sei den vier verschworenen Vätern des Konvents aufgrund seiner „ungebildeten Einfachheit (*ob simplicitatem eius indoctam*)" für ihr Vorhaben als geeignet erschienen. Er sei angehalten worden, alle Tage dem Lesemeister zu beichten, so dass den „Komplizen" sein „Gemüt und sein rauer Geist" bekannt gewesen seien. Als erstes hätten sie es mit einem Geist versucht, der vom Subprior dargestellt worden sei, dann mit weiteren Erscheinungen, wofür auf Jetzers Geständnisse in Kap. III/7 und 9 des Defensoriums verwiesen wird. Als sie gesehen hätten, dass

---

149) Def. S. 602 f. Kap. IV/2: „*Numquid Bernardinus de Busti in suo Mariali multa miracula ficte recitat, ut potius figmenta atque excogitatae falsitates credendae sint quam veritas, quibus beatae Virginis immaculatam conceptionem probare nititur eamque originalis peccati exortem? Numquid et nos possemus pro opinione nostra, quiae huic contraria est, effingere paria, quo doctoris nostri staret?*"

220 Der Jetzerhandel aus der Sicht der Dominikaner

der Konversenbruder der Sache Glauben schenkte, seien sie zu „größeren Illusionen" geschritten. Sie hätten einen Trank zubereitet, in welchen sie das Blut aus dem Nabel eines jüdischen Kindes gemischt hätten, das sie von einem gewissen Lazarus bekommen hätten, der sich unter den Juden in Bamberg als Frau ausgegeben und als Hebamme gewirkt habe. Dazu hätten sie Quecksilber (*argentum vivum*) und anderes gemischt, das man nicht nennen dürfe. Diesen Trank habe der Subprior Franz Ueltschi mit schwarzer Magie beschworen. Darin hätten sich auch neunzehn Härchen aus den Augenbrauen des erwähnten Judenknaben befunden, und ebenso viele Dämonen habe der Subprior in den Konversenbruder beschworen, so dass dieser nach der Einnahme des Tranks wie tot gelegen sei und nichts mehr gespürt habe und man seine Beine nicht mehr habe auseinander bringen können, weil die Dämonen sie angeblich festhielten. Hier geht der vierte Teil des Defensoriums eindeutig über die vorangegangenen drei Teile als Quellen hinaus, denn vom Trank war in Jetzers Geständnissen vom 5. Februar 1508 zwar die Rede, nicht aber von dessen Zusammensetzung aus dem Blut und den Augenbrauen eines jüdischen Kindes, übermittelt wiederum vom bereits genannten Juden namens Lazarus. Damit kommen Vorstellungen von einem Hexentrank ins Spiel, der bei den Anfängen der Hexenverfolgungen im Spätmittelalter eine Rolle spielte, gemischt mit Antijudaismus, der in diesen Bereichen ebenfalls heimisch war. Auch die Hebammen standen insbesondere seit dem „Hexenhammer" des Dominikaners Heinrich Kramer oder Institoris (1487) unter Generalverdacht, weil sie Zugang zu ungetauften Kindern hatten[150] – um wieviel schlimmer ein jüdischer Mann, der sich angeblich als Frau und Hebamme betätigte!

Während das Blut, das dem Trank beigemischt war, angeblich von einem jüdischen Knaben stammte, soll die rote Hostie mit dem Blut eines schon getauften christlichen Knaben bemalt worden sei, das ihm aus seiner Herzader entnommen worden war, bevor er die erste Speise genossen hatte. Dieses sollte ebenfalls von Lazarus gestammt haben, und entsprechend aus einem Ritualmord, der von einem Juden – oder gar einer jüdischen Hebamme – an einem christlichen Kind begangen worden wäre. Mit diesem Blut sollten die Klosterväter zwei Hostien gefärbt haben, von denen die eine noch bestand, die andere aber verbrannt war. Wenn das Stigma, das Jetzer in die

---

150) Def. S. 603 f. Kap. IV/3, vgl. auch UTZ TREMP, Von der Häresie, insbes. S. 212 ff.; Heinrich Kramer (Institoris), Der Hexenhammer. Malleus Maleficarum. Neu aus dem Lateinischen übertragen von Wolfgang BEHRINGER, Günter JEROUSCHEK und Werner TSCHACHER, hg. und eingeleitet von Günter JEROUSCHEK und Wolfgang BEHRINGER (dtv 30780, [2]2001), Register, Stichwort Hebamme. Dabei war der Anteil der Hebammen an den Opfern der Hexenverfolgungen nicht größer als derjenige anderer Berufsgruppen, vgl. Merry WIESNER-HANKS, Art. Midwives, in: Enc. WC 3 (2006) S. 762 f.

Der Herausgeber des Defensoriums als Verfasser von Teil IV 221

rechte Hand gedrückt worden sei, entzündet war, dann hätten die Klostervorsteher es mit Medizin und mit „starkem Wasser" erneuert, das in der *Falschen History* mit Scheidwasser (Salpetersäure) übersetzt ist. Als Jetzer den Schmerz nicht mehr habe aushalten können, hätten sie ihm das Stigma wieder geheilt und ihm an fünf Orten rote Flecken gemalt, und zwar mit dem eingekochten Saft des Mönchspfeffers, der sich nicht leicht abwaschen ließ[151].

Nachdem Jetzer die Stigmata (bereits im Plural!) erhalten hatte und nachdem vom 24. März bis zum 5. Mai 1507 dreiundvierzig Tage vergangen waren, in denen die Sache verborgen blieb und keinen Nutzen zu erbringen schien, hätten die vier Klostervorsteher überlegt, wie sie diese an die Öffentlichkeit bringen konnten. Zu diesem Zweck hätten sie die Statue der Jungfrau, die sich in einer Kapelle befand, mit roter Farbe angemalt, wie wenn sie Blut weinen würde (*quasi plorantem sanguinem*). Am 25. Juni 1507 (und nicht 1508, wie der Herausgeber schreibt) hätten sie Jetzer frühmorgens auf den Marienaltar platziert, auf den Knien und mit zusammengebundenen Händen vor der Marienstatue, so dass die Stigmata gut sichtbar wurden. Dabei wird ausdrücklich gesagt, dass Jetzer inzwischen gemerkt hatte, dass die ganze Geschichte ein Betrug war (*iam sceleris conscius*). Hinter einem Vorhang neben der Statue habe sich der Lesemeister verborgen und durch ein Röhrlein gesprochen (*loquebatur per cannam*) – genau so, wie es auf dem Holzschnitt 10 dargestellt ist, der diesem Kapitel (IV/4) in der *Falschen History* erneut beigegeben ist. Dabei wird erwähnt, dass Christus im Schoss seiner Mutter lag, und wird der deutsche Ausdruck für Pietà, nämlich „Vesperbild", verwendet. Der Dialog zwischen Sohn und Mutter ist indessen entstellt, denn es geht nicht um die Ehre, die man ihm wegnimmt und ihr gibt, sondern direkt um die Öffentlichkeit. Der Sohn fragt: „Mutter, warum weinst du? Habe ich Dir nicht gesagt und erlaubt, dass dein Wille geschehen wird?" Die Mutter antwortet: „Ich weine, weil du diese Sache nicht bekanntmachen willst." Und der Sohn beruhigt: „Glaube mir, Mutter, sie wird bekanntgemacht werden."[152]

Nachdem es Tag geworden war, habe der Prior nach den Mächtigen der Stadt Bern geschickt, deren Namen dem Herausgeber des Defensoriums be-

---

151) Def. S. 603 f. Kap. IV/3. Zu Scheidwasser und Mönchspfeffer vgl. GÜNTHART (Hg.), Von den vier Ketzern S. 165.

152) Def. S. 604 Kap. IV/4, vgl. auch SCHREINER, Maria, Jungfrau S. 42: „Seinen Namen verdankt das Vesperbild dem kirchlichen Stundengebet, dessen sieben Gebetszeiten sieben Ereignissen aus der Passion zugeordnet wurden. Die Abendandacht (,Vesper') sollte an die Beweinung Christi erinnern, eine in der Bibel nicht bezeugte Situation zwischen Kreuzabnahme und Grablegung Jesu, in der Maria den Leichnam ihres Sohnes auf dem Schoss hielt, ihn umarmte und beweinte."

222   Der Jetzerhandel aus der Sicht der Dominikaner

kannt sind: Schultheiß (Rudolf) von Erlach, Wilhelm von Diesbach, Lienhard Hübschi (der Schwager des Subpriors) und Rudolf Huber, alle Mitglieder des Kleinen Rats. Da die Kapelle verschlossen war, hätten die vier „Urheber des Betrugs (*doli auctores*)" gesagt, dass Jetzer durch die Jungfrau Maria – von den Engeln ist nicht mehr die Rede – hinüber getragen worden sei. Der Lesemeister, der sich inzwischen wieder zu den andern gesellt hatte, und der Prior hätten die anwesenden Herren (in direkter Rede) auf diese und noch größere Wunder hingewiesen, die sie lange Zeit verschwiegen hätten, aus Furcht, man könnte sie ihnen zur Last legen. Jetzt aber ertrage die Jungfrau nicht mehr, dass sie länger verschwiegen würden. Der Lesemeister habe zusätzlich auf die blutigen Tränen aufmerksam gemacht, doch habe insbesondere Wilhelm von Diesbach nichts als gemalte Flecken sehen wollen, die standen und nicht flossen (*maculas depinctas stantes nec fluentes*). Inzwischen hätten die Dominikaner durch die ganze Stadt das Gerücht verbreiten lassen, die Jungfrau bei den Dominikanern weine Blut (*beatam Virginem apud Praedicatores plorare sanguinem*), und damit einen großen Zulauf ausgelöst. Jetzer konnte angeblich nicht vom Altar hinuntersteigen, bis er kommuniziert hatte. Die Klostervorsteher hätten ihm die rote Hostie gebracht, von der sie sagten, dass sie auf wunderbare Weise verwandelt worden sei, doch habe er nur eine andere akzeptiert. Der Verfasser des vierten Teils will wissen, dass die rote Hostie vergiftet war, damit der Konverse, nachdem er sie genommen hätte, gestorben wäre, so dass man ihn für einen Heiligen gehalten und den Wundern mehr Glauben geschenkt hätte. Jetzer habe auch den Trank genommen und darauf während einer halben Viertelstunde auf dem Altar die Passion gespielt, bis der Prior die Antiphone *Ave regina caelorum* habe singen lassen. Am darauffolgenden Sonntag (27. Juni 1507) seien im Dominikanerkloster viele hochangesehene weltliche und geistliche Männer aus dem Staat Bern zusammengekommen. Ihnen allen habe der Prior mit der Stola und bei angezündeten Kerzen die rotgefärbte Hostie sowie die blutigen Kreuze und Tropfen gezeigt, gefärbt – so weiß wiederum der Herausgeber – aus Hühnerblut gemischt mit Menningrot, d. h. aus Blei gewonnener roter Farbe. Der Prior habe gesagt, dass dies alles dem Konversenbruder von der Jungfrau Maria gebracht worden sei, mit einigen Offenbarungen, die vorläufig noch verschwiegen werden müssten[153].

Wie wir bereits gehört haben, war – immer laut dem Herausgeber des Defensoriums – Jetzer misstrauisch geworden und musste deshalb zum Schweigen gezwungen werden, zunächst einmal mit einer eisernen Kette, die sich so in seinen Körper eingefressen habe, dass er gestorben wäre, wenn sie nicht wieder entfernt worden wäre. Dann mit Zangen, mit denen die

---

153) Def. S. 604 f. Kap. IV/4, vgl. auch GÜNTHART (Hg.), Von den vier Ketzern S. 168.

Der Herausgeber des Defensoriums als Verfasser von Teil IV 223

Klostervorsteher ihm das Fleisch von Armen und Beinen rissen. Und dann mit einem glühenden Eisen, mit dem sie ihn geplagt hätten. Schließlich hätten sie ihn gezwungen, einen Eid zu leisten, ihre Fiktionen niemals zu verraten. Doch trauten sie ihm nicht und versuchten ihn deshalb umzubringen. Zunächst mit einem vergifteten Brei oder einer vergifteten Suppe (*offa seu brodium*), den (oder die) der Subprior ihm serviert und den er Wölfen vor (dem Fenster) seiner Zelle hingeschüttet habe, die an der Suppe bald verendet seien. Weiter mit Arsen, das sie angeblich zu Kohl oder Spinat gemischt hatten, von dem Jetzer zwar gegessen habe, an dem er aber nicht gestorben sei. Da sie fürchteten, dass das Gift nicht stark genug gewesen sei, hätten sie das Gleiche einer Katze zu fressen gegeben, die daran eingegangen sei. Schließlich hätten die Klostervorsteher ihn auf eine Bank gefesselt und versucht, ihm die vergiftete Hostie (die er vor der blutweinenden Marienstatue nicht hatte nehmen wollen) mit Gewalt in die Kehle zu stoßen (siehe Abb. 13). Als Jetzer die Hostie auf den Stuhl erbrochen habe, hätten sie diese mit einer Patene aufgenommen. Es sei aber ein roter Flecken auf dem Stuhl geblieben, den sie nicht hätten abwaschen können. Deshalb hätten sie sowohl die Hostie als auch den Stuhl zum Verbrennen in den Ofen geworfen. Dieser habe ein schreckliches Geräusch von sich gegeben, so dass den Klostervorstehern selber bewusst geworden sei, was sie begangen hätten, nämlich einen Hostienfrevel erster Güte[154].

Nachdem sie diese und andere Ungeheuerlichkeiten wahrgenommen hatten, die Papst Julius II. als erstem enthüllt werden sollten, beraubten die drei genannten Bischöfe am 23. Mai 1509 die vier „Pseudoväter" ihrer priesterlichen Würde. Danach wurden diese vor den Augen eines zahlreichen christlichen Volks öffentlich in die Hände der weltlichen Macht der Berner übergeben, die sie am 31. Mai zum Tod auf dem Scheiterhaufen verurteilten, und zwar aus vier Gründen: Giftmord, Idolatrie, Häresie und Verleugnung Gottes und seiner Mutter Maria mit allen Heiligen. Sie sollten sich dem Urheber aller Lügen, dem Satan, unterworfen und mit ihm einen schriftlichen Pakt (Chirograph) abgeschlossen haben, den sie mit ihrem eigenen Blut unterzeichneten und den er in der Gestalt eines Äthiopiers entgegennahm. Sie wurden, wie erwähnt, am 31. Mai 1509 auf der Matte jenseits der Aare verbrannt, in Gegenwart einer wunderbar großen Zahl von Gläubigen[155].

Der Herausgeber des Defensoriums fährt fort, dass Johann Jetzer, der ehemalige Konversenbruder, sich noch in der Haft der öffentlichen Hand befinde (*adhuc vinculis custodiae publicae servatur*) – eine Angabe, die es er-

---

154) Def. S. 605 f. Kap. IV/5.
155) Def. S. 606 f. Kap. IV/6. Wir werden anderswo ausführlich auf die Verbrechen eingehen, die den Dominikanern zur Last gelegt wurden, siehe Kap II/4.

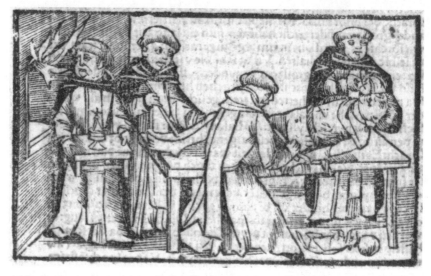

Abb. 13: Jetzer gefesselt auf einer Bank, umstanden von den vier Dominikanern in Ordensgewand und mit Tonsuren. Von ihnen versucht einer ihm eine wiederum mit einem Kreuz verzierte Hostie einzugeben, wahrscheinlich die gefärbte Hostie, und zwei malen ihm mit langen Pinseln die Stigmata auf die linke Hand und die Füße. Der vierte, wahrscheinlich der Subprior, übt schwarze Magie: Auf einem Tischchen, das er mit beiden Händen hält, steht ein Gefäß mit einer seltsamen Figur (einem Dämonen?) und durch das Fenster entflieht, aus einem schwarzen Rohr(?), so etwas wie ein Vogel. Unter der Bank, auf der Jetzer in unnatürlicher Stellung liegt, ein leerer Teller und ein Tier, das auf dem Rücken liegt und alle Viere von sich streckt, wahrscheinlich einer der jungen Wölfe, die an dem für Jetzer bestimmten vergifteten Brei gestorben waren. Beim Chronisten Werner Schodoler (S. 275 Kap. III/466) findet sich ein treffender Ausdruck für Jetzers unnatürliche Position: „als ob er Holz gewesen wäre (*allß wer er holcz gewesen*)".
(*Ein erdocht falsch history etlicher Prediger münch* [1509] [p. 86];
Zwickau, Ratsschulbibliothek, 24.10.14., Nr. 16)

laubt, den Abschluss des Defensoriums auf vor den 25. Juli 1509 zu datieren, als ihm die Flucht aus dem Gefängnis gelang (siehe Epilog 1b). Einige seien der Meinung gewesen, er sei des Todes würdig. Andere das Gegenteil, was immer das heißt. Und die dritten hätten für lebenslänglichen Kerker plädiert. In einem Schlusswort wandte der Herausgeber sich erneut an den Leser, dem er vor allem den vierten Teil als wahr empfahl (*ut verissima,*

Abb. 14: Die vier Dominikaner auf dem brennenden Scheiterhaufen, je zwei an eine Säule gebunden. Links der Henker, der zusticht, und mehrere weltliche Herren.
(Ein erdocht falsch history etlicher Prediger münch [1509] [p. 88]; Zwickau, Ratsschulbibliothek, 24.10.14., Nr. 16)

praesertim Quartam partem Confessatorum). In den ersten drei Teilen, die von Prior Werner unter den Anhängern der Dominikaner verbreitet worden seien, sah er einen Schlingerkurs (*fictionum suarum calle claudo qualitercunque serpunt*). Den Urhebern des Betrugs (*doli fabricatoribus*) sei geschehen wie dem Blinden, der mit dem Blinden in eine Grube falle (*ut caecus cum caeco foveam praeceps irruerit*, Matth. 15,14). Das Ganze ist für den Herausgeber ein Sieg der Wahrheit, der unbefleckten Jungfrau, des Konzils von Basel – und vor allem auch der Berner, die er im letzten Kapitel (IV/6) als „tüchtige Pfleger der Gerechtigkeit (*iustitiae cultores strenuissimi*)" apostrophiert, unterstützt von der Autorität Papst Julius' II.[156] – ausgerechnet Papst Julius II., auf den die Dominikaner alle ihre Hoffnung gesetzt hatten und der im Streit um die Empfängnis Marias den langersehnten Entscheid zu ihren Gunsten hätte fällen sollen!

---

156) Def. S. 607. Anselm 3 S. 127 spricht in Bezug auf die Klostervorsteher von „blinden Blindenführern", was vielleicht bedeutet, dass er auch das Defensorium gekannt hat.

Schluss: Das Defensorium als Beweismittel der Anklage in den Jetzerprozessen

Wie wir in der *Conclusio ad lectorem* gesehen haben, muss der Herausgeber des Defensoriums seinen Lesern ausdrücklich mitteilen, welche Teile des Defensoriums wahr seien und welche nicht. Dies bleibt das größte Handikap des Defensoriums, das mit seinen verschiedenen Teilen – „falschen" und „wahren" – den Leser in jeder Beziehung überfordert hat. Dies ist jedenfalls der Schluss, den Lydia Wegener aus ihrer Analyse der frühneuhochdeutschen *Falschen History* zieht und der weitgehend auch für das lateinische Defensorium gilt. Für Wegener sind die ersten drei Teile des Defensoriums sowohl von einer dokumentarischen als auch von einer apologetischen Ebene geprägt, „die sich wechselseitig durchdringen und je nach Perspektive verschiedene Deutungsmöglichkeiten zulassen". Das Gleiche treffe auch für den zweiten Teil zu, doch ergebe sich eine Verschiebung dadurch, dass der Autor (des zweiten und dritten Teils), Prior Werner von Basel, sich „in einer ganz anderen Rolle" präsentiere „als der Verfasser des ersten Abschnittes: nämlich nicht als Dokumentarist einer Serie mirakulöser Ereignisse, sondern als kritischer Zweifler, der sich gleichwohl kontinuierlich um eine Verifizierung des Wunderbaren" bemühe „und aufgrund dieser Bemühungen zwischenzeitlich immer wieder von dessen Wahrhaftigkeit überzeugt" sei – „auch dann noch, als die Verdachtsmomente bereits überhand" nähmen. Zwar werde „der genaue Ablauf der Ereignisse immer noch akribisch festgehalten" – hierin stimmen die dokumentarische Ebene des ersten und des zweiten Teiles miteinander überein –, „aber die Gewissheit der Auserwählung" beginne „zu bröckeln". Der zweite Teil fange an, „den Charakter einer Selbstverteidigung des Verfassers" anzunehmen, und der Verdacht werde zunehmend auf Jetzer gelenkt, Tendenzen, die im dritten Teil des Defensoriums noch zunähmen bzw. dominant würden. Hier ergebe sich „eine komplette Neubestimmung der Rollen": der Auserwählte sei „zum perfiden Fälscher mutiert; die Zeugen des Wunderbaren" seien „nun Opfer eines Betruges"; „statt um Dokumentation des Wunderbaren" gehe „es nur noch um Schadensbegrenzung". Der dritte Teil übe auch „eine Sogwirkung auf die ersten beiden Teile" aus: „Im Licht der Entlarvung Hans Jetzers" erschienen „die Zeugenaussagen und Beglaubigungsformeln im ersten Teil als Dokument einer ungeheuren Naivität seitens der Ordensbrüder". Insofern sei „es sicherlich keine schlechte Idee (der Dominikaner) gewesen, das Defensorium publik zu machen", doch unterlief ihnen dabei das Missgeschick, dass die Schrift in die Hände ihrer Feinde geriet, so dass „nun nach der

Das Defensorium als Beweismittel der Anklage   227

dokumentarischen und apologetischen Ebene" im vierten Teil „eine dritte Schicht ins Spiel" komme, „die polemische Ebene"[157].

Mit dieser Beurteilung der Sachlage sieht Lydia Wegener meines Erachtens Prior Werner zu früh als Zweifler, nicht erst für den dritten, sondern schon für den zweiten Teil, gerade weil sie sich offenbar nicht im Klaren ist, wie weit er selber in den Handel verstrickt und an dessen Planung beteiligt war (siehe Kap. I/3a). Was sie außerdem nicht gesehen hat, ist, dass dieser im dritten Teil des Defensoriums aus der Ferne schreibt und damit vielleicht automatisch in die Rolle des Zweiflers gerät, für die er aber wohl nicht von Anfang an vorgesehen war. Dagegen ist richtig, dass mit dem vierten Teil die polemische Ebene einsetzt und dass hier die Verteidigungs- zur Anklageschrift wird, diesmal indessen nicht gegen Jetzer, sondern gegen die Dominikaner. Dabei erhielt sie einen neuen Titel: *Defensorium impiae falsitatis ...*, der die Sache in ihr Gegenteil verkehrt – und zugleich sehr kompliziert macht: wie weiß der Leser, wann er das, was er gerade liest, gegen den Strich lesen muss, und wann „mit dem Strich"? Wegener macht darauf aufmerksam, dass die ersten drei Teile der *Falschen History* mit der Kopfzeile *Ein erdochte falsch history etlicher prediger münch* versehen ist, und der letzte Teil mit der Kopfzeile *Ein worhafftige ergründt vergicht etlicher prediger münch*, und dies trifft auch auf das Defensorium zu, wo die Kopfzeile *Defensorium impiae falsitatis / quorundam pseudopatrum Praedicatorum* über den drei ersten Teilen von der Kopfzeile *Confessata quorundam / pseudopatrum Praedicatorum* über dem vierten Teil abgelöst wird. Wegener weist weiter auf gewisse „Zwischenüberschriften und eingefügte Kommentare (die Kolophone?) in den ersten drei Teilen" hin, „die allerdings so spärlich sind, dass sie die ursprüngliche Aussage der dokumentarischen und apologetischen Ebene nicht zu zerstören vermögen". Für das Defensorium gilt deshalb wohl noch mehr als für die *Falsche History*, dass dieses zu „hastig produziert wurde", als „dass für eine umfassendere Überarbeitung" Zeit geblieben wäre[158].

Im vierten Teil des Defensoriums – und der *Falschen History* – mutieren die Anschuldigungen, die der Konversenbruder im dritten Teil an die Adresse der Klostervorsteher gerichtet hat und die einem zunächst monströs vorkommen, gerade wenn man gemeint hatte, von Prior Werner auf dem Laufenden gehalten worden zu sein, zu Geständnissen der Klostervorsteher selber. Die Leser der *Falschen History* werden auf diese Entwicklung vielleicht durch den Holzschnitt mit der Darstellung der blutweinenden Marienstatue samt dem einblasenden Dominikaner (Abb. 10) vorbereitet, die Le-

---

157) WEGENER, „Wider alle beflecker" S. 47, 49 f.
158) WEGENER, „Wider alle beflecker" S. 51–53 und Anm. 83 S. 53.

228 Der Jetzerhandel aus der Sicht der Dominikaner

ser des zugrundeliegenden Defensoriums aber nicht. Die Struktur des Defensoriums bleibt komplex und „dürfte einen ungeübten Leser schlicht überfordert haben". „Insbesondere gelingt es durch die Integration der polemischen Elemente nicht, die ursprüngliche prodominikanische Ausrichtung der Schrift außer Kraft zu setzen."[159] Es ist nicht auszuschließen, dass Nikolaus Paulus deshalb auf das Defensorium als Hauptquelle zum Jetzerhandel und als Beweis für die Unschuld der Dominikaner gesetzt hat bzw. hineingefallen ist (siehe Einl. 1c), allerdings ohne sich über dessen Komplexität auch nur im Geringsten im Klaren zu sein; ja, man hat sogar den Eindruck, dass er es nie ganz gelesen hat, denn sonst hätte er so etwas nicht behaupten können. Laut Lydia Wegener brachte erst die eigentliche Jetzerliteratur (siehe Einl. 2c) die nötige Gradlinigkeit bzw. „radikale Perspektivverengung", die nötig war, um den Verdacht ganz auf die Dominikaner zu lenken[160].

Was Nikolaus Paulus ebenfalls nicht gesehen hat, ist, dass das Defensorium (das noch vor der Drucklegung in handschriftlicher Form verbreitet wurde) in den Jetzerprozessen zu einem wichtigen Beweismittel der Anklage geworden ist – sonst hätte er es wohl nicht so in den Vordergrund gerückt. Dieser Fehler ist ihm unterlaufen, weil er weder die Akten des Haupt- noch des Revisionsprozesses gekannt hat, sondern lediglich diejenigen von Jetzers Prozess in Lausanne und Bern (veröffentlicht von Rettig), in welchen das Defensorium nicht erwähnt wird. Im Gefolge von Paulus hat Steck das Defensorium den Akten „an Wichtigkeit" gleichgestellt und dabei übersehen, dass dieses in den Jetzerprozessen ein Beweismittel in den Händen der Anklage, d. h. der Glaubensprokuratoren war, und nicht etwa des Verteidigers der Dominikaner. Zuerst aber wird das Defensorium in einem Brief des Lesemeisters Stephan Boltzhurst an seine Brüder in Offenburg erwähnt, der vom 28. März 1508 datiert und offensichtlich nicht abgeschickt worden ist, denn er liegt heute noch in Bern (siehe Einl. 2a und Kap. II/2a, Die Vorbereitungen). Diesem Brief wollte der Lesemeister „zwei Chroniken" beilegen[161], die sich allenfalls mit dem Defensorium identifizieren las-

---

159) WEGENER, „Wider alle beflecker" S. 54 f.

160) WEGENER, „Wider alle beflecker" S. 55 f.: „Die zu Beginn des vierten Teils geäußerte Befürchtung, dass der Leser – insbesondere der ‚gemeine Mann' – den Ausführungen der ersten drei Teile Glauben schenken könnte, deutet darauf hin, dass dem Verleger dieses Problem durchaus bewusst war. Seine Lösung gelingt indessen erst in den eigentlichen Jetzerschriften, die der Offenheit des ‚Defensoriums' für verschiedene Deutungsmöglichkeiten eine radikale Perspektivverengung entgegensetzen, indem sie das Geschehen zu einem dominikanischen Betrugsszenario vereindeutigen."

161) STECK, Der Berner Jetzerprozess S. 5; Beilagen S. 624 f. Nr. 22 (1508, Mrz 28; Dr. Stephan Boltzhurst an seine Brüder).

Das Defensorium als Beweismittel der Anklage 229

sen, denn dieses lag damals in Form von zwei „Büchlein" oder Heften (*libelli*) und wahrscheinlich auch in mehreren Abschriften vor. Dies aber bedeutet nichts anderes, als dass zwischen den beiden Büchlein und dem Defensorium, wie es 1509 gedruckt herauskam, ein sehr langer Weg lag und dass dem Herausgeber vielleicht noch ein größerer Anteil an dieser Schrift zukommt, als uns bisher bewusst war.

Sehr aufschlussreich ist schon einmal, was Jetzer in einem Verhör im Hauptprozess über das Defensorium aussagt: dass er jedes Mal, wenn die Jungfrau Maria ihm erschienen sei, das, was er gesehen und von ihr gehört habe, der Reihe nach den Konventsbrüdern erzählen musste, die wiederum alles sogleich aufgeschrieben hätten, doch schien ihm, dass sie immer besser wussten, was aufzuschreiben war, und zwar noch, bevor er es richtig erzählt hatte (*ut sibi videbatur, antequam bene exprimeret verba fratribus, recitando que audiverat, eos melius scire, quid et que scribenda essent*)[162]. Dies kann auch den beiden Glaubensprokuratoren, Ludwig Löubli und Konrad Wymann, nicht entgangen sein, die gleich zu Beginn des Hauptprozesses gegen die vier Klostervorsteher am 7. August 1508 vor dem außerordentlichen Gericht, bestehend aus den Bischöfen von Lausanne und Sitten sowie dem Provinzial, erschienen und zwei „Büchlein" (*libelli*) vorlegten, von denen das eine mit den Worten *Ea, que ad edifficationem* begann und mit *Cuidam familiari secreto revelavit* endete, und das andere mit *Narraturi ea que nostris* und *Et nos adiuvabit*. Von diesen Anfängen und Schlüssen hat sich nur der Anfang des ersten „Büchleins" mit dem Defensorium identifizieren lassen, dessen Prolog mit den Worten *Quoniam ea, quae ad aedificationem proximi sunt* beginnt[163]. Die beiden Glaubensprokuratoren legten also die beiden „Büchlein" vor und verlangten, dass die angeklagten Klostervorsteher befragt würden: „ob sie diese ‚Büchlein' geschrieben oder hätten schreiben lassen, ob sie sie gesehen oder diktiert hätten oder beim Schreiben anwesend gewesen seien und darein eingewilligt hätten, ob sie sie publiziert und darüber gepredigt und ihnen Glauben geschenkt und ob sie die Hand des Schreibenden erkannt hätten"[164]. In der Folge ist dieses Begehren der Anklage in Artikel 34 der Anklageartikel eingegangen, wonach „der schlechte Ruf (*infamia*) der Angeklagten sowohl [aus den Aussagen] ernstzunehmender und unverdächtiger Männer als auch aus dem Geständnis der Dominikaner und dessen Verbreitung selber resultiere. Das Geständnis hät-

---

162) Akten II/1 S. 98 Nr. 172 (1508, Juli 31, 14 Uhr; Jetzer).

163) Akten II/2 S. 156 f. (1508, Aug 7), vgl. Def. S. 541 Prolog.

164) Akten II/2 S. 157 (1508, Aug 7): *in [an] dictos libellos scripserint et aut scribi fecerint, viderint, dictaverint vel in scribendo presentes fuerint et in scribendo consenserint, publicaverint, predicaverint seu publicari et predicari fecerint et eisdem fidem adhibuerint, literas et manum scribentis cognoverint.*

230 Der Jetzerhandel aus der Sicht der Dominikaner

ten sie sowohl im von Hand geschriebenen Wort als auch in gedruckten Traktaten und Büchlein verbreitet, und es sei durch die Verbreitung dieser Büchlein zu aller öffentlichen Kenntnis gelangt."[165] Das Defensorium bzw. die „Büchlein" wurden also – wie bereits im vierten Teil des Defensoriums – als Geständnisse der Dominikaner interpretiert, was keineswegs in deren Absicht gelegen haben kann.

Umso mehr muss interessieren, was die vier Dominikaner in ihren Artikelverhören (Verhören aufgrund der Anklageartikel) zu Punkt 34 zu sagen hatten. Als erster nahm am 8. August 1508 (morgens) der Lesemeister Stellung; er bestritt, dass überhaupt ein schlechter Ruf bestehe und dass er „die Traktate und Büchlein geschrieben habe, um damit über den Orden hinaus Propaganda zu machen", gab aber zu, dass er „Jetzers Taten unterzeichnet" habe, was sich möglicherweise auf den Prolog des Defensoriums bezieht, wo alle Brüder des Berner Dominikanerkonvents aufgezählt werden. Am gleichen Tag gab der Schaffner zu, „dass er gesehen habe, wie das, was Jetzer gesehen und gehört habe, aufgeschrieben worden sei, damit die Erinnerung daran nicht verlorengehe (*ut non periret eorum memoria*)". Der Glaubensprokurator Ludwig Löubli wusste sehr wohl, dass der Prior mehr mit den „Büchlein" zu tun hatte als etwa der Schaffner, und legte denn auch zu Anfang von dessen Artikelverhör (am 9. August 1508) wiederum die beiden „Büchlein" vor und verlangte, dass der Prior die Hände identifiziere, von denen diese geschrieben seien. Dieser gab zu, dass er das erste Büchlein selber geschrieben und das zweite Bruder Alexander diktiert habe, wohl Alexander Mesch (oder Meusch), der zu Beginn des Defensoriums und auch am 19. Februar 1508 noch im Konvent bezeugt ist (siehe Anh. 2)[166]. Demnach wäre schon der erste Teil des Defensoriums, derjenige des Priors von Bern, von zwei verschiedenen Händen geschrieben gewesen, und nicht erst der zweite und dritte Teil von einer anderen Hand – derjenigen des Priors von Basel –, wie der Herausgeber in einem Kolophon am Ende des ersten Teils feststellte (siehe Kap. I/2d).

Dass der Prior von Bern ein besonders enges Verhältnis zum Defensorium hatte, geht weiter daraus hervor, dass er nicht erst unter Punkt 34 des Artikelverhörs auf dieses zu sprechen kam, sondern bereits unter Punkt 8, wo von den Teufeln in Form von Hunden die Rede ist, die den Geist des

---

165) Akten II/2 S. 164 (undat., 1508, Aug 7; Anklageartikel gegen die vier Dominikaner): *34. Item et quod dicta infamia tam a viris gravibus et famosis et non suspectis, quam a confessione et divulgatione ipsorum fratrum processit, tam verbo scripto quam tractatibus et libellis publicarunt et per traditionem dictorum libellorum ad publicam notitiam omnium devenire fecerunt.*

166) Akten II/2 S. 170 (1508, Aug 8, morgens; Lesemeister, Artikelverhör), S. 177 (1508, Aug 8; Schaffner, Artikelverhör), S. 178 f. (1508, Aug 9; Prior, Artikelverhör).

Das Defensorium als Beweismittel der Anklage 231

Heinrich Kalpurg begleiteten – und die sich nicht mit der orthodoxen Vorstellung, wonach die Seelen im Fegefeuer nicht von Teufeln geplagt werden könnten, vereinbaren ließen. An diesem Punkt verwies der Prior auf das „Büchlein mit Jetzers Taten, das er selber nach Jetzers Erzählung geschrieben habe (*per ipsum inquisitum conscripto ad relationem ipsius Iohannis Ietzer*)". Zu Punkt 34 der Anklageartikel antwortete er, dass er „in dieser Sache gewissen guten Brüdern zwei oder drei Briefe geschrieben habe, und zwar so geheim wie möglich und keinesfalls zur Veröffentlichung bestimmt". Dann kam er aber doch auf die Aufzeichnungen zurück, „die er zu leichtgläubig nach Jetzers Erzählungen gemacht habe, die aber nie zum öffentlichen Lesen bestimmt gewesen seien, sondern lediglich zur Information des Bischof von Lausanne"; dabei nannte der Prior nur das zweite „Büchlein", das in den Akten mit den Anfangs- und Schlussworten (*Narraturi ea que etc.* und *Et nos adiuvabit*) zitiert wird. Wenn man weiß, wie die Klostervorsteher den Bischof bei seinem Besuch bei Jetzer im Juli 1507 empfangen und behandelt hatten (siehe Kap. I/3b), kann dies nur wie blanker Hohn tönen. Nichtsdestoweniger scheint dieses zweite „Büchlein" (eine Kopie?) schließlich doch in den Besitz des Bischofs gelangt zu sein, denn in der Folge wurde es dem Prior vom bischöflichen Sekretär, François des Vernets, vorgelegt, worauf dieser sich wieder beklagte, dass er Jetzers Person und Worten sowie seiner simulierten Rechtschaffenheit zu sehr vertraut habe[167].

Dann scheint man dem Prior aber auch noch ein anderes Büchlein (*aliud libellum super huiusmodi*) vorgelegt zu haben, das mit den gleichen Anfangsworten begann wie das erste (*Quia ea, que ad edificationem etc.*), aber von zwei verschiedenen Händen mit zwei verschiedenen Schlüssen (*Monstrat te ergo esse matrem* und *Cuidam familiari secreto revelavit*) geschrieben war. Nichtsdestoweniger bekannte der Prior, dass er dieses Büchlein selber geschrieben habe und dass es ihm aus seiner Zelle gestohlen worden sei, obwohl er es habe versteckt halten wollen, bis er auf göttliche Eingebung sicher gewusst hätte, ob sein Inhalt wahr oder falsch sei. Auf die Frage, wer ihm das Büchlein gestohlen habe, antwortete er: zwei Weibel namens Christan Werler und Jakob Steiner – wohl nach dem 6. Februar 1507, als die Klostervorsteher im Konvent von je zwei Weibeln bewacht wurden. Die Sache um die beiden Büchlein wird also immer verwirrlicher, und man kann daraus eigentlich nur den Schluss ziehen, dass es davon nicht nur je ein Original, sondern auch mehrere Kopien und Versionen gegeben hat.

Am 11. August 1508 wurde der Subprior dem Artikelverhör unterzogen, doch wird man aus seiner Antwort auf Artikel 34 nicht klug, denn es heißt lediglich, dass er wie oben geantwortet habe (*ut successive superius singilla-*

---

167) Akten II/2 S. 180 u. 189 (undat., 1508, Aug 9; Prior, Artikelverhör).

232 Der Jetzerhandel aus der Sicht der Dominikaner

tim respondit), und aus seinen Antworten auf die vorangehenden Artikel geht nur hervor, dass er den schlechten Ruf der Klostervorsteher allein ihren Gegnern zuschrieb (Antwort auf Art. 31). Auf diese unklaren Antworten präsentierte ihm der Glaubensprokurator Löubli wiederum die beiden „Büchlein", und er musste die Schrift des ersten als diejenige des Priors identifizieren, während er die Hand des zweiten nicht erkannte. Dies alles konnte dem Glaubensprokurator nicht genügen, jedenfalls erschien er anschließend an die Artikelverhöre wieder mit den „Büchlein" vor dem Gericht und verlangte von den Angeklagten eine klare Antwort auf die Frage, „ob sie diese Büchlein hätten schreiben, veröffentlichen und bekanntmachen lassen", und erhielt zusammen mit dem Verteidiger der vier Dominikaner einen Termin am nächsten Freitagmorgen (18. August 1508)[168], also erst eine Woche später, eine Sitzung, bei der die „Büchlein" keine Rolle mehr spielten, die vielmehr der Durchsetzung der Anwendung der Folter an den Dominikanern diente (siehe Anh. 1b, Hauptprozess). Aber auch die Dominikaner selber beriefen sich im Hauptprozess auf die „Büchlein", so der Lesemeister in seiner Bekenntnisschrift, die er am 31. August 1508 vorlegte, mehrmals auf das „Buch": „die Brüder, die im Buch geschrieben sind (*fratres, qui scripti sunt in libro*)"; „die Fragen, die (im Buch) geschrieben und mir jetzt nicht präsent sind (*questiones [...] que scripte sunt nec occurrunt memorie*)"; „wie aus dem Buch hervorgeht (*ut patet in libro*)", so dass man annehmen kann, dass ihm die „Büchlein" beim Verfassen seiner Schrift zur Verfügung standen. Selbst der Prior bezog sich in einem Verhör vom 26. August 1508 (Nachmittag) auf „das von ihm geschriebene ‚Büchlein', das sich jetzt in den Händen der Richter befinde (*ad libellum per eum conscriptum, in manibus nostrorum commissariorum existentem*)"[169].

Zwischen dem Haupt- und dem Revisionsprozess scheint zumindest eines der „Büchlein" in den Händen des Bischofs von Sitten, Matthäus Schiner, geblieben zu sein, denn als ihm für den Revisionsprozess der Bischof von Città di Castello vor die Nase gesetzt wurde, schrieb er am 9. April 1509 einen gekränkten Brief nach Bern und legte diesem ein „Büchlein" bei, von ihm als „Gedicht der Prediger" bezeichnet, damit der Bischof von Città di Castello sich über „dessen Mangel" nicht zu beklagen hätte[170]. Das Gericht des Revisionsprozesses, bestehend aus den drei Bischöfen von Città di

---

168) Akten II/2 S. 199 f. (1508, Aug 11; Subprior, Artikelverhör), S. 201 (1508, Aug 11).

169) Akten II/2 S. 232, 234 (undat., 1508, Aug 31; Lesemeister, Bekenntnisschrift), S. 281 Nr. 4 (1508, Aug 26, Nachmittag; Prior, Folterverhör).

170) Beilagen S. 640 f. Nr. 38 (1509, Apr 9; Brief Schiners an Bern), hier S. 641: *Senden ein büchlin, – halt in der Brediger gedicht, was hinder uns beliben – uwer lieb zů, das well sy herren commissary ergeben, damit er deß mangel nit beclagen möge.*

Das Defensorium als Beweismittel der Anklage 233

Castello, Lausanne und Sitten, scheint jedenfalls wiederum im Besitz von zwei „Büchlein" gewesen zu sein, denn als der Prior sich am 10. Mai 1509 nicht mehr an den genauen Wortlaut des Gesprächs zwischen der blutweinenden Marienstatue und ihrem Sohn zu erinnern vermochte, wurden ihm die beiden „Büchlein" gezeigt und daraus vorgelesen, worauf sein Gedächtnis zurückkehrte[171]. So avancierte das Defensorium – oder eben die beiden „Büchlein" – im Lauf des Haupt- und des Revisionsprozesses zu einem Beweismittel der Anklage, das scheinbar selbst von den Angeklagten akzeptiert wurde. Dabei sollte auch klar geworden sein, dass die Überlieferung des Defensoriums, wie es 1509 gedruckt herauskam, wohl noch viel komplizierter war, als der Druck mit seinen vielen Teilen und Kolophonen vermuten lässt. Was zum Druck gelangte, war wahrscheinlich die Überlieferung, wie sie Prior Werner vor dem 14. Februar 1508 nach Basel mitgenommen hatte: die Aufzeichnungen des Priors von Bern (Teil I des Defensoriums = die beiden Büchlein?) sowie Werners eigene Aufzeichnungen (Teil II und III). Es ist nicht anzunehmen, dass das Gericht des Haupt- und Revisionsprozesses über die von Prior Werner verfassten Teile verfügte, sonst wäre dieser wohl noch viel stärker in die Schusslinie geraten.

---

171) Akten III S. 455 Nr. 10 (1509, Mai 10), vgl. Def. S. 581 Kap. II/9.

Teil II:
Die Jetzerprozesse

Mit Teil II vollziehen wir einen radikalen Perspektivenwechsel: von der Ebene des Jetzerhandels auf diejenige der Jetzerprozesse – auch wenn der Wechsel vielleicht so radikal nicht ist, denn letztlich setzen die Jetzerprozesse den Jetzerhandel fort, den wir zunächst aufgrund des Defensoriums und nicht aufgrund der Jetzerprozesse rekonstruiert haben (siehe Kap. I/1–4). Im Winter 1507/1508 überschneiden sich das Defensorium und Jetzers erster Prozess in Bern, so dass es Parallelüberlieferungen (in den Manualen des bernischen Rats und den Akten sowie dem Defensorium) zu bewältigen gilt. Seltsamerweise (oder vielleicht auch nicht) kommt Jetzer in den Jetzerprozessen mehr zu Wort, wenn auch gefiltert durch die Inquisition, als im Defensorium, wo er über weite Strecken als Objekt behandelt wird, vielleicht abgesehen von Teil II, wo der Prior von Basel, Werner von Selden, sich angeblich für ihn interessierte und seine Freundschaft suchte. In der Folge bleibt uns nichts anderes übrig, als die drei Jetzerprozesse gewissermaßen nachzuerzählen, denn es muss für die Leser nachvollziehbar bleiben, unter welchen Umständen die einzelnen Aussagen gemacht worden sind, und es geht nicht an, daraus einfach den Jetzerhandel zu konstruieren (oder zu rekonstruieren). Der Jetzerhandel ist wie eine Zwiebel, die vor allem aus unzähligen Häuten besteht, die man eine nach der anderen abziehen muss – ohne je wirklich auf einen Kern zu stoßen, den die Zwiebel – vielleicht mit Ausnahme des Zwiebelbodens – auch gar nicht hat. Das Nacherzählen bedeutet aber auch, dass wir über weite Strecken im Konjunktiv schreiben müssen, um anzudeuten, dass keine Aussage für sich allein wirklich glaubhaft ist, und dass wir uns oft werden wiederholen müssen, weil ein gleicher Sachverhalt von verschiedenen Personen und aus verschiedenen Perspektiven dargestellt wird – der Jetzerhandel ist eine Geschichte in fast unzähligen Varianten (oder eben Zwiebelhäuten), und es ist sehr schwierig, zwischen news und fake-news zu unterscheiden. Und selbst wenn die Aussagen im Lauf der verschiedenen Prozesse übereinzustimmen beginnen, dann nicht selten, weil sie vom Gericht in Übereinstimmung gebracht wurden – auch wenn die Jetzergeschichte – im Unterschied etwa zu einer Hexengeschichte – eine zu komplizierte Geschichte ist, als dass man die Übereinstimmungen allein den Manipulationen des Gerichts zuschreiben könnte.

1. Jetzers Prozess in Lausanne und Bern
(8. Oktober 1507 bis 22. Februar 1508)

a) Jetzers Verhöre vor dem Bischof in Lausanne (8. Oktober bis 21. Dezember 1507)

Wie wir aus dem Defensorium wissen, schrieb der Prior des Dominikanerkonvents von Bern am 8. Oktober 1507 an denjenigen von Basel, dass Jetzer Anfang Oktober 1507 vom bernischen Rat festgenommen und an den Bischof von Lausanne überstellt worden sei (siehe Kap. I/3c). Dies muss tatsächlich Anfang Oktober geschehen sein, denn vom 2. Oktober 1507 datiert ein Brief des Rats von Bern an den Bischof von Lausanne, Aymo von Montfalcon, in dem sie ihn an den Besuch erinnerten, den er selber am 21. Juli 1507 im Berner Dominikanerkonvent gemacht und bei dem er persönlich gesehen habe, „was durch den Konversenbruder des Ordens und Konvents der Dominikaner getan, gesagt und gehandelt worden sei". „Dieses habe sich seither so verbreitet, dass der allgemeine Ruf bei den Menschen (*communis hominum fama, vox et opinio*) sei, dass der Fall falsch, Fiktion und Irrtum sei." Der Rat sei deshalb zur Überzeugung gekommen, dass der Bruder festzunehmen und dem Bischof zu überstellen sei. Dieser solle ihn keineswegs aus den Fesseln befreien, bis eine gebührende Untersuchung (*inquisitio*) die Wahrheit ergeben habe und wer seine „Motoren" gewesen seien. Dem Rat schien der Fall wegen der Verwandlung der Hostie (*ob sacramenti immutationem*) den Glauben zu betreffen und „nach Häresie zu riechen" (*fidem concernere et hereticam pravitatem sapere*) und deshalb in die Zuständigkeit des Bischofs zu fallen. Dieser solle sich vorgängig mit dem Papst absprechen, zu dem die Dominikaner von Bern einige von ihnen geschickt hätten – womit die Reise gemeint ist, die der Lesemeister und der Subprior im Herbst 1507 nach Rom unternommen hatten. Damit sind zwei wichtige Elemente genannt, die einen Häresieprozess in Form eines Inquisitionsprozesses auslösen konnten, nämlich die *Fama* und die Häresie. Der Inquisitionsprozess bedurfte keines Anklägers, es genügte, dass eine Sache (oder ein Mensch) weiterum als verdächtig galt und „nach Häresie roch", in diesem Fall die Verwandlung der Hostie von einer gewöhnlichen in eine blutige (am 15. April 1507)[1]. Mit der Verwandlung der Hostie nannte der bernische Rat einen der wichtigsten Anklagepunkte – wenn nicht den wich-

---

1) Beilagen S. 608 f. Nr. 2 (1508, Okt 2; Bern an den Bischof von Lausanne). Zu Bischof Aymo von Montfalcon siehe Kap. I/3b, bei Anm. 113. Zur *fama* siehe mehr in Kap. II/2d.

236 Die Jetzerprozesse

tigsten Anklagepunkt überhaupt – gegen die Dominikaner, der letztlich entscheidend zu ihrer Verurteilung beitragen sollte (siehe Kap. II/4d). In einem solchen Fall musste der Rat sich an den zuständigen Bischof von Lausanne wenden. Dieser konnte den Fall aus leicht verständlichen Gründen nicht an den dominikanischen Inquisitor der Westschweizer Diözesen Lausanne, Genf und Sitten weitergeben, mit dem er sich sonst in die Inquisition teilte[2]. Der bernische Rat gab die Untersuchung (Inquisition) gewissermaßen beim Bischof von Lausanne in Auftrag und wirkte damit als weltlicher Arm, dem die Schuldigen nach der Durchführung der „Untersuchung" zur Vollstreckung des Urteils zurückgegeben wurden (siehe Kap. II/3e und II/5a).

Jetzers erstes Verhör (8. Oktober 1507)

Bischof Aymo von Montfalcon machte sich gleich ans Werk: bereits am 8. Oktober 1507 trat in Lausanne ein Gericht zusammen, an dessen Spitze er selber stand, assistiert von seinem Generalvikar, Baptiste de Aycardis, der hier als Dr. beider Rechte bezeichnet wird und der am 23. Juli 1507 ebenfalls im Berner Dominikanerkonvent gewesen und Jetzer in der Ekstase mit Hilfe eines Benediktinermönchs zu beschwören versucht hatte (siehe Kap. I/3b). Dazu kamen François de la Faverge, Kantor des Domkapitels von Lausanne, sowie die Domherren (und Dres decretorum) Louis de Pierre und Guido de Prez, und schließlich Bruder Etienne Coste, Prior des Karmeliterklosters Sainte-Catherine im Jorat (oberhalb von Lausanne)[3]. Vor diesem Gericht stand Bruder Johann Jetzer, Konverse des bernischen Do-

---

2) Zur dominikanischen Inquisition in den Westschweizer Diözesen Lausanne, Genf und Sitten, die in allen drei Diözesen eine bischöflich-dominikanische war, vgl. MODESTIN, L'inquisition romande *passim*.

3) Akten I S. 3 (1507, Okt 8; Jetzer). Franciscus de Fabrica (de la Faverge), Kantor des Domkapitels von Lausanne gegen dessen Willen 1498 und schließlich akzeptiert 1505, vgl. REYMOND, Dignitaires S. 328. – Ludwicus de Petra (Louis de Pierre), Domherr von Lausanne 1482–1519 (REYMOND, Dignitaires S. 412). – Guido de Prez, Dr. iur., aus der Familie der Junker von Lutry, Domherr von Lausanne 1482–1508, Kantor 1498 (REYMOND, Dignitaires S. 422), Ehrenchorherr von St. Vinzenz in Bern 1485–1506/07(?) (TREMP-UTZ, Chorherren S. 107); Grabplatte in der Kathedrale von Lausanne, vgl. Destins de pierre. Le patrimoine funéraire de la cathédrale de Lausanne S. 182 f. – Zu Etienne Coste, Prior der Karmeliter von Sainte-Catherine im Jorat (1502–1509), vgl. HS VI S. 1125–1175. Sainte-Catherine du Jorat ist seit 1228 als Spital bezeugt, war aber am Ende des Mittelalters verlassen, bis 1497 der Bischof von Lausanne, Aymo von Montfalcon, hier Karmeliter ansiedelte, vgl. ebd. S. 1170, und Stéphanie VOCANSON-MANZI, Aymon de Montfalcon et l'Observance: la fondation controversée de Savigny, de Sainte-Catherine du Jorat et de Morges, in: Aymon de Montfalcon S. 47–61, hier S. 52 f., 54, 55 f., 58.

Jetzers Prozess in Lausanne und Bern

minikanerkonvents, von dem ausdrücklich gesagt wird, dass er „weder still-schweigend noch ausdrücklich Professe sei (*non tamen tacite nec expresse professus*), sondern ein reiner und ungebildeter Laie (*sed merus laycus et omnino illiteratus*), gebürtig von Zurzach (Diözese Konstanz) und von einem Vater namens Hans Jetzer". Jetzer sei durch den Schultheißen und die Räte von Bern für „viele verschiedene Verbrechen und Exzesse, Erscheinungen und andere unerhörte Fälle" dem Bischof als Ordinarius überstellt worden. Da Jetzer kein Latein und kein Französisch sprach, amteten Johann Armbruster, Propst des Vinzenzstifts in Bern (1484/85–1508) und ehemaliger Generalvikar der Diözese Lausanne (1483–1485) und der Diözese Genf (1491–1493), und der Adelige Petermann Asperlin, die beide sowohl der deutschen als auch der französischen Sprache mächtig waren, als Dolmetscher[4]. Man muss sich also vorstellen: der Bischof stellte die Fragen wohl in Französisch, die Dolmetscher übersetzten sie für Jetzer in die deutsche und dessen Antworten für das Gericht in die französische Sprache, und das Protokoll wurde in Latein verfasst, eine Situation, die nicht dafür garantiert, dass immer alles richtig „hinüberkam"[5].

Das Protokoll von Jetzers Prozess in Lausanne und Bern wurde wahrscheinlich vom Sekretär des Bischofs von Lausanne, François des Vernets, geführt, der sich indessen erst ganz am Schluss von Jetzers letztem Verhör, das am 22. Februar 1508 vor dem Generalvikar von Lausanne in Bern stattfand, nennt, allerdings nicht mit seinem Namen, sondern nur mit seiner Funktion[6]. Des Vernets hat allerdings nicht alle Verhöre protokolliert, insbesondere nicht Jetzers Folterverhöre, die am 5. und 7. Februar 1508 in Bern stattfanden und die wohl vom Stadtschreiber von Bern, Niklaus Schaller, protokolliert wurden[7]. Dies lässt sich leider nicht an den Händen überprü-

---

4) Akten I S. 4 (1507, Okt 8; Jetzer). Zu Johann Armbruster (Balistarii) vgl. HS I/4 S. 242 f. und TREMP-UTZ, Chorherren S. 57–59. – Petermann Asperlin stammte aus einem ritteradeligen Walliser Geschlecht, welches das Wallis 1482 verlassen musste. Er begründete den Waadtländer Zweig dieser Familie, der im 18. Jahrhundert erlosch, vgl. Philipp KALBERMATTER, Art. Asperlin (Esperlin), in: HLS online (Zugriff 9. Aug. 2019). Petermann Esperlin scheint am 25. September 1508 verstorben gewesen zu sein, denn an diesem Datum gab sein Schwiegersohn, Diebold von Erlach, Sohn des Rudolf von Erlach (Schultheiß von Bern, am 18. Nov. 1507 im Amt verstorben), Ehemann von Petermanns einziger Tochter Johanneta, dem Bischof von Sitten, Matthäus Schiner, das Meieramt von Raron auf, vgl. Korrespondenzen Schiner 1 S. 79 Nr. 104.

5) Vgl. TREMP-UTZ, Welche Sprache S. 230.

6) Akten I S. 53 (1508, Feb 22; Jetzer). Biographische Angaben zu François des Vernets in Einl. 2a.

7) Akten I S. 43–51 (1508, Feb 5 u. 7; Jetzer, Folterverhöre). Biographische Angaben zu Niklaus Schaller siehe unter Kap. II/2d, Der Stadtschreiber Niklaus Schaller.

238   Die Jetzerprozesse

fen, weil die Protokolle aller drei Jetzerprozesse nur kopial überliefert sind
(siehe Einl. 2a). Bei seinen Verhören antwortete Jetzer auf Fragen, die im
Protokoll nicht immer notiert sind, so dass es zu Unrecht so aussieht, als
hätte er frei erzählt, und dies umso mehr, als wir bei der Nacherzählung
auch Umstellungen und Straffungen vornehmen, die uns logischer erscheinen, so dass der Frage- und Antwort-Charakter der Verhöre noch mehr verloren geht als in den Prozessakten. So „erzählte" Jetzer bei seinem ersten
Verhör, dass er am 24. Juni 1506 bei einem Schneidermeister namens Erhard
in Luzern in Dienst gewesen sei, bei dem er etwa ein Jahr gearbeitet habe.
Darauf sei er nach Zurzach zurückkehrt, in der Absicht, nach Konstanz zu
gehen. Da sei ihm eine Frau begegnet, die Tochter eines Propsts von Zurzach, die mit Jetzer verwandt war und die ihn dazu bewogen habe, nach
Bern zu gehen. Hier habe er zunächst beim Schneider Niklaus Hertenstein
gearbeitet, doch habe er seit seiner Jugend immer in einen Orden eintreten
wollen. Deshalb habe er die bernischen Dominikaner gebeten, ihn in ihr
Kloster aufzunehmen, doch hätten sie ihn zuerst abgelehnt. Dann aber habe
der Prior Johann (Vatter) einen Konversen nach ihm geschickt, der ebenfalls
Johann hieß und ebenfalls Schneider war – wohl der Schneider Johann der
Ältere, der in der Liste der Konventsmitglieder zu Beginn des Defensoriums
aufgeführt ist (siehe Anh. 2). In der Folge habe Jetzer sich während zwanzig
Wochen, nämlich vom 24. August 1506 bis zum 6. Januar 1507, ohne Or-
denskleid im Konvent aufgehalten und habe dann am 6. Januar 1507 auf vie-
le Bitten hin das Kleid bekommen. Im Kloster habe er Holz gespalten sowie
Essen und Steine durch die Stadt getragen[8]. Dies stimmt in etwa mit dem
Defensorium überein, wonach Jetzer auch erst in einem zweiten Anlauf ins
Kloster aufgenommen wurde (siehe Kap. I/2a) – vielleicht erst als man sah,
wozu man ihn brauchen konnte (nicht als zweiten Schneider!).
   Bereits bevor Jetzer das Ordenskleid bekam, sei ihm in seiner Kammer
ein Geist erschienen, der auf seinem Bett herumgetappt und ihm die Decke
weggezogen habe, was ihn in Angst und Schrecken versetzt habe. Um den
Geist zu vermeiden, sei er aufgestanden und zur Matutin gegangen, die, wie

---

8) Akten I S. 4 f. Nr. 1 (1507, Okt 8; Jetzer). Beim Propst von Zurzach, auf den hier
angespielt wird, könnte es sich um Peter Attenhofer (1496–1532) handeln, siehe Kap.
II/2b, Die Frauengeschichten der Klostervorsteher. – Laut dem Tellbuch der Stadt Bern
vom Jahre 1494 wohnte der Schneider Niklaus Hertenstein mit seiner Frau und zwei
„Knechten" an der Gerechtigkeitsgasse Schattenseite in Bern, vgl. Tellbuch 1494 S. 173
Nr. 376. Er saß 1507–1528 im bernischen Großen Rat und wurde 1530 Landvogt von Signau und 1533 von Lausanne (Akten I S. 4 Anm. 2; II/3 S. 335 Anm. 1). Niklaus Hertenstein wurde 1506 im Testament von Hans Rudolf von Scharnachthal, Schultheiß
1507–1509, bedacht, dessen „Leibschneider" er war, vgl. STREUN, Testament Hans Rudolf S. 174.

Jetzers Prozess in Lausanne und Bern

wir aus dem Defensorium wissen, im Berner Dominikanerkloster um Mitternacht stattfand (siehe Kap. I/2a). Die Kammer, in der er schlief, war die Kammer der Gäste – hier spürt man Nachfragen des Gerichts –, und der Geist war auch schon anderen Gästen erschienen. Um den 11. November 1506 herum sei der Geist ihm erschienen, als er die Stube heizen ging, und habe sich fast eine Stunde vor dem Ofen der Schneiderstube aufgehalten, um dann zu verschwinden. Der Geist habe das Kleid der Dominikaner getragen und ihm nur gesagt, dass er wegen seiner Sünden schwer leide. Jetzer habe ihn auch oft gesehen, wie er die Stube des Priors betreten und verlassen habe. Ihm voran seien zwei und manchmal drei kleine Hunde gegangen, von denen der Geist gesagt habe, dass sie Teufel seien und dass er sie nicht fürchten müsse, solange er das Kreuzzeichen mache. Auf die Frage, ob er den Geist immer in der gleichen Gestalt gesehen habe, antwortete Jetzer mit Ja, und auf die Frage, welche Stimme er gehabt habe: eine raue Stimme. Ebenso ein schwarzes Gesicht sowie Hände und Füße eines Menschen (nicht eines Tieres), aber schwarze Hände. Und, immer auf entsprechende Fragen: er habe ihm ins Gesicht sehen können und dabei so gezittert, dass er den Konvent habe verlassen wollen, wenn nicht der Konverse gewesen wäre, der ihn ins Kloster geführt habe. Die Fragen sind recht eindeutig: das Gericht glaubte offenbar, dass Jetzers Geist ein Teufel gewesen sei, der ihn möglicherweise zu einem Pakt mit ihm überreden wollte, und stellte ähnliche Fragen, wie man sie in den frühen Hexenprozessen, die im 15. Jahrhundert von der Dominikanerinquisition in der Westschweiz geführt wurden, immer wieder findet[9].

Nachdem Jetzer (am 6. Januar 1507) das Ordenskleid empfangen habe, habe der Geist sich sechs Wochen lang nicht mehr gezeigt. Jetzer habe die „Pest" bekommen, und seine Mitbrüder hätten ihn in die Krankenstube gesteckt, wo der Geist ihm nicht erschienen sei, wohl aber wieder, nachdem er in sein Kämmerchen zurückgekehrt war, zwei Mal, das erste Mal um zwei Uhr nach Mitternacht und das zweite Mal um Mitternacht. Dabei seien dem Geist Flammen aus dem Mund und der Nase geschossen, ein schrecklicher Anblick! Dieser habe die Türe zur Kammer geöffnet und geschlossen, wie wenn er spielen wollte, und sei eine halbe Stunde geblieben. Nachdem Jetzer wieder gesund geworden war, habe er aus Angst vor dem Geist zu den Kartäusern (wohl in Thorberg bei Bern) gehen wollen, doch hätten sie ihn nicht genommen, weil er bereits das Kleid der Dominikaner trug. Nachdem er wieder in den Berner Dominikanerkonvent zurückgekehrt war, sei ihm der Geist wiederum in schrecklicher Gestalt erschienen und habe ihm die

---

9) Akten I S. 5 f. Nr. 2–15 (1507, Okt 8; Jetzer), vgl. auch Inquisition et sorcellerie en Suisse romande, *passim.*

240   Die Jetzerprozesse

Bettdecke mehrmals so gewaltsam weggezogen, dass er sie nicht habe zurückhalten können. Er habe ihn so verängstigt, dass er vor Schweiß ganz nass gewesen sei. Schließlich habe er eine andere Kammer bekommen, wohl eine Zelle im Dormitorium, doch nach vierzehn Tagen sei der Geist auch hier erschienen, habe einen gewaltigen Lärm vollführt und mit Steinen um sich geworfen, so dass es alle Brüder gehört hätten und einige bei Jetzer geblieben seien, bis es Tag wurde[10]. Hier gibt es wiederum einige Übereinstimmungen mit dem Defensorium: den Geist, der die Türe (Truhe?) auf- und zu schlug, mit Steinen um sich warf, und Jetzer, dem der Angstschweiß ausbrach (siehe Kap. I/2a).

Nach acht Tagen sei der Geist zurückgekehrt und habe Jetzer mitgeteilt, wie dieser ihm helfen könne. Er werde in acht Tagen wieder kommen und bis dahin solle Jetzer sich bis zum Blutvergießen geißeln, täglich fünfzig Vaterunser beten und veranlassen, dass acht Messen für ihn gelesen würden: dann werde er von seiner Pein erlöst. Der Konverse, der hier als Novize bezeichnet wird, tat, wie ihm geheißen, und die übrigen Mönche scheinen sich an den Geißelungen beteiligt und die verlangten Messen gefeiert zu haben. Da der Konverse wusste, dass der Geist in acht Tagen zurückkehren werde, habe er seine Kammer mit Weihwasser versehen, und die Mönche hätten das Sakrament der Eucharistie in eine Nachbarzelle getragen, um ihm zu helfen, wenn der Geist ihn angreifen sollte. Dieser erschien tatsächlich in schrecklicher Gestalt, begleitet von Hunden, die durch das Fenster herein- und hinaussprangen. Jetzer habe den Geist beschwören wollen, doch habe dieser gesagt, dass es nicht nötig sei, ihn zu beschwören, wohl aber die Hunde, die ihn begleiteten, denn dabei handle es sich um böse Geister (*spiritus maligni*). Dabei habe er das Weihwassergefäß zerbrochen und gesagt, dass das Weihwasser im Berner Dominikanerkonvent seit einiger Zeit nicht mehr viel wert sei. Nichtsdestoweniger habe er Jetzer erzählt, dass er einst Prior des Berner Dominikanerkonvents gewesen sei, doch habe er sich schlecht aufgeführt, sei zum Studium gegangen, habe dort mit einem Gesellen ein ausschweifendes Leben geführt und sei mit diesem zusammen getötet und zu den Strafen des Fegefeuers verurteilt worden, in dem er 160 Jahre verbracht habe. Vor einem Jahr sei er in die Welt zurückgekehrt, doch werde er hier durch die Dämonen ärger geplagt als im Fegefeuer. Er zeigte Jetzer sein Gesicht mit herabhängendem Ohr und halb abgerissener Nase, voll von Würmern, laut dem Geist Dämonen, die ihn plagten. Der Geist habe ihn gebeten, ihm die Hand zu reichen, und als er dies nicht tun wollte, habe dieser seine rechte Hand an sich gerissen und ihn am Mittelfinger berührt, was ihm lange sehr weh getan habe und wovon noch Zeichen an seinem Mittel-

---

10) Akten I S. 6 f. Nr. 16–22 (1507, Okt 8; Jetzer).

Jetzers Prozess in Lausanne und Bern

finger geblieben seien, eine Art Teufelsmarke, das Zeichen eines mit dem Teufel abgeschlossenen Paktes, das sich wohl daraus erklärt, dass das Gericht in Lausanne den Geist zunächst einmal als Teufel zu verstehen versuchte – und Jetzers Beziehung zu ihm als Pakt[11].

Nach acht Tagen sei der Geist wieder gekommen, und zwar um drei Uhr nach Mitternacht, diesmal ohne Lärm und bekleidet wie ein Priester (mit Albe und Stola), und habe angekündigt, dass er nun von den Plagen befreit sei und in der Johanneskapelle eine Messe gefeiert habe, wobei ihm Engel ministriert hätten; und in dem Augenblick, als er den Leib Christi empfangen sollte, sei er in den siebenten Himmel aufgestiegen. An dieser Stelle wurde Jetzer gefragt, was der Geist mit dem Leib Christi gemacht habe, und er antwortete, wie er wohl aus den Diskussionen, die im Defensorium festgehalten sind, gelernt hatte: dass ein Toter nicht kommunizieren könne (siehe Kap. I/2d). Der Geist kündigte Jetzer die Ankunft der hl. Barbara an, die ihm wiederum die Ankunft der Jungfrau Maria ankündigen werde, und nannte seinen Namen: Magister Heinrich Kalpurg (im Defensorium Kaltbürger). Nach drei oder vier Tagen sei die hl. Barbara erschienen, zwischen zehn und elf Uhr abends, und zwar in schöner Gestalt und so strahlend, dass sie ihn geblendet habe. Sie habe schöne, lange, offene Haare gehabt und sei jung gewesen, mit der Stimme eines fünfzehnjährigen Mädchens. Nach der Matutin sei sie mit der Jungfrau Maria zurückgekehrt, die ein weißes Obergewand getragen habe und deren Kopf mit einem weißen Schleier verhüllt gewesen sei. Die beiden seien von zwei Engeln begleitet gewesen, die zwei Fuß über dem Boden schwebten. Maria habe eine Windel bei sich gehabt, in die sie ihren Sohn nach der Geburt gewickelt und die sie nun auf das Altärchen (*oratorium*) in Jetzers Zelle gelegt habe. Auf dieser Windel seien drei Tropfen vom Blut unseres Herrn Jesu Christi gewesen, und das weiße Obergewand, das Maria trug, sei dasjenige gewesen, das Christus während seiner Passion getragen habe und in dem er verspottet worden sei – auch hier wieder eine Übereinstimmung mit dem Defensorium[12].

In der Folge scheint Jetzer – immer in seinem ersten Verhör in Lausanne – nach den Lehren gefragt worden zu sein, die Maria in mehreren Erscheinungen vor ihm ausgebreitet hatte: dass Jesus Christus nach seiner Auferstehung zuerst ihr und dann erst den Aposteln erschienen sei; dass sie nicht immer unter dem Kreuz gestanden sei, als er gekreuzigt wurde, wohl aber Maria Magdalena. Die Apostel hätten Christus nach seiner Auferstehung

---

11) Akten I S. 7 f. Nr. 23–24 (1507, Okt 8; Jetzer), vgl. OSTORERO, Les marques du diable. Vgl. auch William MONTER, Art. Devil's Mark, in: Enc. WC 1 (2006) S. 275–277, und Vincenzo LAVENIA, Art. Witch's Mark, ebd. 4 (2006) S. 1220 f.

12) Akten I S. 8 f. Nr. 25–30 (1507, Okt 8; Jetzer), vgl. Def. S. 562 Kap. I/18.

242 Die Jetzerprozesse

nicht leiblich gesehen, sondern in einer Erleuchtung (*illuminatio*); Maria aber habe ihn in Leib und Seele gesehen. Das Blut, das sich in einer Ampel in der Kirche der Maria Magdalena (in Marseille) befinde, sei wahres Blut von unserem Herrn Jesus Christus, und ebenso das Blut, das in Köln sei, und nun auch die drei Blutstropfen auf der von ihr mitgebrachten Windel. Hier ist nun von zwei Windeln die Rede, eine mit drei und die andere mit fünf Tropfen Blut. Jetzer habe von Maria den Auftrag erhalten, den Dominikanern mitzuteilen, dass dieses Blut zum Papst nach Rom gebracht werden sollte; stattdessen hätten sie allen (*vulgaribus personis*) vom Blut erzählt, nur nicht dem Papst. Auf die Frage aber, ob Maria von ihrer Empfängnis gesprochen habe, antwortete Jetzer mit Nein![13] Das Gericht versuchte offenbar eine häretische Lehre zu fassen, die Jetzer von seinen Erscheinungen gelernt hätte, stieß aber ins Leere, gerade weil von Marias Empfängnis angeblich nicht die Rede gewesen war, sondern lediglich von einer Menge theologischer „Wunderfitzigkeiten" (Anshelm 3 S. 73).

Als Jetzer sich bei Maria beklagt habe, dass niemand ihm das alles glauben würde, habe diese geantwortet, dass sie ihm ein Zeichen geben werde, damit man ihm Glauben schenken würde: sie habe seine rechte Hand genommen und sie in der Mitte der Handfläche gedrückt, so dass ein Stigma blieb, das Jetzer sehr schmerzte. Wenn er während sechs Wochen jeweils am Freitag bei Brot und Wasser faste, erhalte er auch die übrigen Stigmata. Jetzer habe getan, wie ihm befohlen, und während dieser sechs Wochen sei die Jungfrau ihm öfters zusammen mit Engeln erschienen und habe das Vaterunser und das Ave Maria mit ihm gebetet. Nach den sechs Wochen habe er auch die übrigen Stigmata in die andere Hand, in die Füße und in die Seite erhalten; er wusste aber nicht, wie sie eingeprägt worden waren, nur dass er wegen der großen Schmerzen eine Weile in Ohnmacht gefallen sei. In der Folge habe er während vierzehn Wochen in der Form eines Kruzifixes (wohl im Passionsspiel) unerträgliche Schmerzen gelitten, und zwar insbesondere jeweils am Freitag. Maria habe ihm gesagt, dass er die Stigmata nur vierzehn Wochen ertragen müsse, denn inzwischen würden die Dominikaner ihre Pflicht getan und den Papst benachrichtigt haben. Nach vierzehn Wochen habe sie ihn von den Stigmata erlöst, so dass keine Spuren blieben[14]. Es ist bezeichnend, dass Jetzer in Wochen (zwanzig Wochen nach dem Empfang des ersten Stigmas, 14 Wochen nach dem Empfang der übrigen Stigmata, die ihm nicht wenig Schmerzen verursachten) rechnete, während das Defensorium, das als Wunderbericht gedacht war, eine sehr viel präzisere Chronologie hat, wahrscheinlich weil jedes präzise Datum auch

---

13) Akten I S. 10 f. Nr. 31–41 (1507, Okt 8; Jetzer).
14) Akten I S. 11 f. Nr. 42–48 (1507, Okt 8; Jetzer).

Jetzers Prozess in Lausanne und Bern 243

ein Beweis für die Richtigkeit eines Ereignisses oder einer Aussage war. Im Übrigen entsprechen die vierzehn Wochen tatsächlich in etwa der Zeit, in welcher Jetzer (vom 7. Mai bis Ende Juli 1507) alle fünf Stigmata hatte.

Entsprechend datierte der Konverse die Ankunft Prior Werners von Basel auf den „Anfang seiner Schmerzen (*in primiciis doloribus*)", während wir aus dem Defensorium wissen, dass dieser am 11. April 1507 in Bern anlangte (siehe Kap. I/3a). Jetzer berichtet auch nichts von dem persönlichen Verhältnis, das sich zwischen ihm und Prior Werner angebahnt hatte, sondern nur, dass dieser geraten habe, die Erscheinung der Maria zu beschwören, und dass sich bei dieser Gelegenheit das Sakrament in ihrer Hand blutig gefärbt habe. Dann macht Jetzer – oder das Gericht – einen großen chronologischen Sprung (vom 15. April zum 25. Juni 1507): Eines Nachts, um zwei Uhr nach Mitternacht, als der Konverse zusammen mit Maria in der Kirche betend von Altar zu Altar gegangen sei, habe er sich plötzlich auf dem Marienaltar wieder gefunden und habe die Marienstatue weinen sehen und mit ihrem Sohn reden hören. Aber auch hier ist vorerst nicht die Rede von der Empfängnis. Der Sohn habe seine Mutter gefragt, warum sie weine, und sie habe geantwortet: wegen der zunehmenden Sünden der Welt. Jetzer habe sich erst entfernen können, nachdem er auf Marias Befehl kommuniziert habe, und wusste auch nachher nicht, wie er auf den Marienaltar hinauf gekommen war. Es folgen noch einige Antworten auf Fragen, die ihm sicher vom Gericht gestellt worden waren, so, dass Maria ihm auch noch erschienen sei, nachdem er von den Stigmata erlöst worden sei und dass sie ihm jetzt seit vierzehn Tagen keinen Besuch mehr abgestattet habe[15]. Damit endete Jetzers erstes Verhör in Lausanne.

Jetzers zweites Verhör (15. Oktober 1507)

Am 15. Oktober 1507 fand Jetzers zweites Verhör vor dem Bischof von Lausanne statt. Die Beisitzer und die Dolmetscher waren die gleichen wie beim ersten Verhör, außer dass der Domherr Guido de Prez durch den Domherrn Michel de Saint-Cierges ersetzt worden war. Hier ist auch der Ort des Verhörs angegeben: die heizbare Stube (*stupha*) im bischöflichen Schloss Saint-Maire (heute Sitz der Regierung des Kantons Waadt). Das Gericht versuchte offenbar weiterhin herauszufinden, worin Jetzers Häresie bestand, doch konzentrierte es sich jetzt auf die Jungfrau Maria und nicht mehr auf den Geist. Der Konverse verneinte wiederum, dass Maria ihm von ihrer Empfängnis gesprochen habe. Auf die Frage, wie er wisse, dass die Frau, die mit ihm gesprochen habe, tatsächlich die Jungfrau gewesen sei,

---

15) Akten I S. 12–14 Nr. 49–55 (1507, Okt 7; Jetzer).

244 Die Jetzerprozesse

antwortete er, dass sie es ihm selber gesagt und dass er es geglaubt habe und bis in den Tod glauben wolle. Auf die Frage, ob er sie berührt habe, antwortete Jetzer, dass er es versucht habe, aber es schien ihm, als greife er in Nebel. Auf die Frage, ob sie ihrerseits ihn berührt habe, antwortete er mit Ja, manchmal an den Händen und am Körper, und er habe diese ihre Berührung auch gespürt. Auf die Frage, ob ihre Hände warm gewesen seien, antwortete er, dass er sich nicht erinnere[16].

All diese Fragen sind nicht zufällig; das Gericht wollte herausfinden, ob Jetzer es mit einer „wirklichen" oder mit einer illusorischen Gestalt zu tun gehabt habe. Dabei dachten die Richter vielleicht noch gar nicht daran, dass Jetzers Erscheinungen verkleidete Menschen gewesen sein könnten, sondern vielmehr, dass es sich um Dämonen gehandelt haben könnte, die nach der spätmittelalterlichen Dämonologie „richtige" Körper annehmen und von den menschlichen Sinnen wahrgenommen werden konnten; dabei rückte unter den menschlichen Sinnen die Berührung immer mehr vor die anderen Sinne (Sehen, Hören, Riechen, Schmecken), gerade weil man dem Sehen – der Vision – immer mehr misstraute. Im Rahmen der spätmittelalterlichen Dämonologie diente die Wahrnehmung durch die Sinne vor allem dem Nachweis, dass der Sabbat (die Versammlung von Hexen und Hexern mit dem Teufel) und der Flug dorthin reell und nicht imaginär waren[17]. Jetzers Antworten waren indessen auch nicht zufällig, denn er war von den Abgesandten des Provinzials, Paul Hug und Magnus Wetter, am 9. Juli 1507 in Bern instruiert worden, was er antworten solle, wenn der Bischof von Lausanne, dessen Besuch damals bevorstand, ihn frage, ob er Maria berührt habe[18]. Die Abgesandten des Provinzials hatten alles Interesse daran, dass Jetzers Erscheinungen *nicht* berührbar waren.

Im Folgenden kehrte das Gericht einmal mehr zur Empfängnis Marias zurück und fragte Jetzer, ob die Jungfrau ihm jemals gesagt habe, dass sie in der Erbsünde empfangen worden sei. Dieser verneinte die Frage und sagte, dass die Mönche dies nicht von ihm gehört, sondern selber erfunden hätten. Dagegen sei die Jungfrau ihm vor acht Tagen erschienen und habe ihm gesagt, dass sie es auf der Erde nicht gut gehabt habe, dass sie aber nach ihrem

---

16) Akten I S. 14 f. Nr. 56–62 (1507, Okt 15; Jetzer). – Michel de Saint-Cierges, Jurist, Sekretär des Domkapitels von Lausanne seit 1478, Domherr 1490–1524, vgl. REYMOND, Dignitaires S. 438; THÉVENAZ MODESTIN, Un mariage contesté S. 286.

17) OSTORERO, L'odeur fétide des démons. Vgl. auch DIES., Le diable au sabbat, insbes. S. 298–313.

18) Akten II/1 S. 118 Nr. 282 (1508, Aug 2; Jetzer): *ipsum Iohannem [Jetzer] instruentes, si dominus Lausannensis investigaret, si dictus Johannes audivisset vel palpasset virginem Mariam, deberet respondere quod ita, sed quando crederet Mariam tangere, esset quasi tactat fumi.*

Jetzers Prozess in Lausanne und Bern

Tod in den Himmel aufgenommen worden sei und nun fröhlich den Anblick ihres Sohnes genieße, und ebenso werde es auch Jetzer ergehen, denn wer nicht viel Schlechtes geduldig ertragen habe, könne das Himmelreich nicht betreten. Diese Erscheinung habe er am vergangenen Sonntag und Mittwoch gehabt (10. und 13. Oktober 1507, also in Lausanne), und zwar am Sonntag um Mitternacht, als er wie gewöhnlich aufstand, um zu beten; zu dieser Stunde sei Maria ihm in großer Klarheit erschienen, wie wenn Fackeln oder ein großes Feuer gebrannt hätten. Beim Herausgehen habe Maria die Türen nicht geöffnet, sondern sei entschwunden (*sed evanendo recedit*). Sie habe ihm auch gesagt, dass Gott sie mehr wegen ihrer Geduld als wegen ihrer Jungfräulichkeit liebe[19].

Die Tatsache, dass Jetzer angeblich auch in Lausanne Erscheinungen der Maria hatte, ist in der Schuldfrage gegen ihn verwendet worden, insbesondere von Nikolaus Paulus, denn wenn die Erscheinungen von den Vorstehern des bernischen Dominikanerkonvents dargestellt worden wären, dann hätte es im bischöflichen Gefängnis in Lausanne tatsächlich keine Erscheinungen mehr geben dürfen (siehe Einl. 1c). Dabei müssen wir uns indessen vor Augen führen, was Jetzer, als er hier saß, bereits alles hinter sich hatte: nicht nur zwanzig Wochen Stigmata, sondern möglicherweise auch das, was er später in seinen Geständnissen vor dem bernischen Rat erzählte und was ins Defensorium eingegangen ist. Wir haben bereits anhand dieser Schrift gesehen, dass Jetzer in dieser Not – alle gegen einen – ein gewisses Sendungsbewusstsein entwickelt hat, das er wohl brauchte, um überhaupt zu überleben (siehe Kap. I/3e und f). Ganz allein im bischöflichen Gefängnis in Lausanne, wohl in schlimmer physischer und psychischer Verfassung, brauchte Jetzer den Vergleich mit der Jungfrau Maria, die für ihr Leiden in der Welt mit der Aufnahme in den Himmel entschädigt worden war – auch wenn er uns höchst unangemessen erscheint. Die Befürworter von Jetzers Alleinschuld haben ihm auch immer wieder vorgeworfen, dass er sich gerade im Prozess in Lausanne ständig in Widersprüche, insbesondere auch bezüglich der Empfängnis Marias, verwickelt habe (siehe Einl. 1c und 2a), aber auch dafür gibt es eine Erklärung.

Am gleichen 15. Oktober 1507, während Jetzers zweitem Verhör, kam es zu einer unerwarteten Wende, indem dieser sich nach einer gewissen Zeit von selber und auf den Rat des Bischofs an das Gericht wandte, das neben diesem nur mehr aus Baptiste de Aycardis und Etienne Coste sowie den beiden Übersetzern bestand, und sagte, er wolle etwas gestehen, wenn er zuvor von dem Eid entbunden werde, der ihm vom Provinzial auferlegt worden sei und durch den er sich offensichtlich gebunden fühlte, nämlich den feier-

---

19) Akten I S. 15 f. Nr. 63–71 (1507, Okt 15; Jetzer).

246 Die Jetzerprozesse

lichen Eid, den er am 9. Juli 1507 den Abgesandten des Provinzials, Paul Hug und Magnus Wetter, geschworen hatte. Demnach durfte er nicht verraten, was die blutweinende Marienstatue ihm von der Empfängnis Marias enthüllt hatte: dass diese in der Erbsünde empfangen, aber innerhalb von drei Stunden von ihr befreit worden sei. Die Marienstatue habe ihm weiter mitgeteilt, dass man in Bern sage, dass sie wegen der Errichtung des Chorherrenstifts St. Vinzenz und wegen der Aufhebung anderer Klöster zu dessen Gunsten weine; dies sei aber nicht der Fall, im Gegenteil: die aufgehobenen Klöster hätten keine Seelsorge mehr wahrgenommen und seien durch den vermehrten Gottesdienst in St. Vinzenz dieser wieder zugeführt worden. Hier nimmt die Jungfrau Maria – oder Jetzer – eine Argumentation auf, die tatsächlich ins Feld geführt worden war, als der Rat von Bern 1484/1485 den Deutschen Orden, der seit 1226 die dem hl. Vinzenz geweihte Pfarrkirche von Bern innehatte, vertrieben und an seiner Stelle ein weltliches Chorherrenstift eingerichtet hatte, dem das Chorherrenstift Amsoldingen, die Augustinerinnenklöster Interlaken und Frauenkappelen, die Cluniazenserpriorate Münchenwiler, St. Petersinsel und Rüeggisberg sowie die Augustinerpropstei Därstetten zugeschlagen worden waren. Eine bessere Apologie für die Errichtung des Vinzenzstifts konnten die Berner sich gar nicht wünschen! Es ist nicht klar, wie Jetzer zu dieser Argumentation gekommen ist; von den Dominikanern hatte er sie, wie sich noch herausstellen wird, nicht, denn diese waren eher gegen das Stift, und sei es nur, um die Stadt zu verunsichern und ihr ein schlechtes Gewissen zu machen (siehe Kap. II/5a, Die Prophezeiungen der blutweinenden Marienstatue). Vom Bischof und vom Domkapitel in Lausanne konnte er sie auch nicht haben, denn diese waren gegen die Stiftsgründung gewesen und hatten Anfang März 1485 in Bern heftigen Protest dagegen eingelegt. Am Schluss des Verhörs vom 15. Oktober 1507 kam das reduzierte Gericht wieder auf die verwandelte Hostie zurück, in der es offenbar – ebenso wie auch der Rat von Bern – ein Kernstück von Jetzers Häresie sah[20].

Jetzers drittes Verhör (31. Oktober 1507); Anklageartikel und Artikelverhör (17. November 1507)

Am 31. Oktober 1507 fand Jetzers drittes Verhör statt, vor dem gleichen reduzierten Gericht wie am Schluss des Verhörs vom 15. Oktober und am

---

20) Akten I S. 16–18 Nr. 72–78 (1507, Okt 31; Jetzer), vgl. TREMP-UTZ, Kollegiatstift S. 23 f., 32, 38, 50. Über den Protest des Bischofs und der Domherren von Lausanne vom 3. März 1485 ist ein schriftliches Dokument überliefert, das heute im bischöflichen Archiv in Freiburg liegt, vgl. Freiburg, Archives de l'Evêché de Lausanne, Genève et Fribourg, Pergament I.158.

Jetzers Prozess in Lausanne und Bern 247

gleichen Ort (in der „Stube" des bischöflichen Schlosses von Saint-Maire in Lausanne). Auf eine entsprechende Frage bekräftigte der Konverse, dass er fest glaube, dass die Frau, die mit ihm gesprochen habe, die Jungfrau Maria gewesen sei und dass er bereit sei, für diesen Glauben zu sterben. Auf die Frage, ob er glauben würde, dass Maria ohne Erbsünde empfangen worden sei, wenn die Kirche dies lehrte, antwortete er, dass er glaube, was Maria ihm gesagt habe – und wenn die ganze Christenheit etwas anderes glaube. Inzwischen war den Bernern der Geduldsfaden gerissen, und sie schrieben am 3. November 1507 an den Bischof von Lausanne, dass er nicht mit jener „Reife" gegen den Bruder vorgehe, welche die Sache erfordere, da dieser allem Anschein nach viel Falsches, Irrtümliches und dem christlichen Glauben Widersprechendes getan und gesagt habe. Bern verlangte, dass der Bruder gefoltert oder ihm wenigstens das Ordenskleid ausgezogen und er nach Bern zurückgeschickt werde[21].

Wir wissen nicht, wann dieser Brief, datiert vom 3. November 1507, in Lausanne angekommen ist, doch scheinen hier inzwischen die Anklageartikel gegen Jetzer formuliert worden zu sein. Diese sind in die Prozessakten eingetragen, aber nicht datiert, und wir wissen nur, dass Jetzers Artikelverhör – das Verhör entlang den Anklageartikeln – am 17. November 1507 stattfand (siehe unten). In den 25 Anklageartikeln wurden die Irrtümer formuliert, die aus Jetzers Geständnissen vor dem Gericht des Bischofs von Lausanne hervorgingen und die nicht nur zum Verderben jener führten, die sie verbreiteten, sondern auch zu Schisma und Skandal in Kirche und Volk; entsprechend ist darin – wie bei einer „richtigen" Häresie – auch schon von „Komplizen" und „Anhängern" die Rede. Diese Artikel wurden von Johann (wohl eher Michel) de Saint-Cierges vorgelegt, der bereits beim zweiten Verhör Jetzers (am 15. Okt. 1507) anwesend gewesen war und der hier nun als „Fiskal" der bischöflichen Mensa von Lausanne und als Glaubensprokurator (*phiscalis mense episcopalis Lausannensis et fidei sacre procurator*) bezeichnet wird. Demnach hatte der Bischof, der hier als Inquisitor wirkte, sich auch einen eigenen Glaubensprokurator zugelegt, in Entsprechung zur dominikanischen Inquisition, wo es neben dem Inquisitor immer auch einen Glaubensprokurator gab, der die Anklage vertrat, die Anklageartikel zusammentrug und in der Regel auch die Folter verlangte. Während die Inquisitoren der dominikanischen Inquisition selbstverständlich diesem Orden angehörten, konnten die Glaubensprokuratoren auch Weltgeistliche oder sogar Laien sein. Der *procurator fiscalis* scheint ein bischöflicher Beamter gewesen zu sein, der die bischöflichen Güter (Mensa) verwaltete.

---

21) Akten I S. 18 Nr. 76–78 (1507, Okt 31; Jetzer); Beilagen S. 609 f. Nr. 4 (1507, Nov 3; Bern an den Bischof von Lausanne).

248 Die Jetzerprozesse

Gleichzeitig spielte er offenbar im Gericht des Landvogts von Lausanne, einem bischöflichen Gericht für das gesamte Territorium des Bischofs (seit 1313), eine ähnliche Rolle wie der Glaubensprokurator im Inquisitionsgericht, zumindest am Ende des 15. Jahrhundert[22]. Im vorliegenden Fall handelte es sich um einen Domherrn, Michel de Saint-Cierges, der bereits in einem Hexenprozess von 1479, der vom Offizial des Bischofs geführt worden war, als Beisitzer belegt ist[23].

In den Anklageartikeln werden zunächst einmal Tatsachen festgehalten, die insbesondere aus Jetzers erstem Verhör hervorgehen und die dieser im Artikelverhör würde bestätigen oder verwerfen müssen, so, dass er (1.) Konverse des Dominikanerkonvents in Bern, gebürtig aus Zurzach und Sohn eines Bauern namens Hans Jetzer war; dass er (2.) von Vater und Mutter her ein Christ und getauft war; dass er (3.) an die heilige Mutter Kirche glaube; dass er (4.) als Christ das Vaterunser und das Ave Maria gelernt habe, und zwar nur in seiner Muttersprache Deutsch, und dass er (5.) ein ungebildeter Laie (*laycus ydiota*) sei, ein geborener Handwerker (*mecanicus natus*) und sich bis vor einem Jahr auch davon ernährt habe. Die nächsten vier Fragen (6–9) betrafen Jetzers aktuellen Status, wobei offensichtlich Wert darauf gelegt wurde, dass er zwar um Weihnachten 1506 aus Frömmigkeit oder anderen Gründen in den Dominikanerkonvent in Bern eingetreten sei, aber keine Tonsur trage und kein Gelübde abgelegt habe und immer noch ein reiner Laie und Handwerker sei, als Konverse bei den Dominikanern aufgenommen, um weiterhin in seinem Schneiderhandwerk zu dienen. Mit dem zehnten Anklageartikel kam der bischöfliche Glaubensprokurator zu Jetzers zahlreichen Irrtümern, die er, obwohl ein ungebildeter Laie und noch jugendlichen Alters, sowohl selber als auch durch seine Anhänger (*fautores*), „Komplizen" und Helfer erfunden und die er (11.) zusammen mit ihnen in der Stadt Bern öffentlich verbreitet habe. Diese Irrtümer seien (12.) so ungeheuerlich, unerträglich und skandalös, dass unter dem Volk in Bern fast ein Schisma und ein Aufstand ausgebrochen sei, indem die einen dem durch Jetzer und seine Komplizen Verbreiteten zu-

---

22) Akten I, S. 19 (undat.). Zum Glaubensprokurator der dominikanischen Inquisition vgl. MODESTIN, L'inquisition romande S. 322 f. Zur Mensa des Bischofs von Lausanne und zum Gericht des Landvogts vgl. Jean-Daniel MOREROD, Genèse d'une principauté épiscopale. La politique des évêques de Lausanne (IXe–XIVe siècle) (Bibliothèque historique vaudoise 116, 2000) S. 426 ff., 448 ff.; DORTHE, Brigands S. 114 f., 214–217.

23) MAIER, Trente ans avec le diable S. 426. – Im Revisionsprozess werden die Glaubensprokuratoren Löubli und Wymann als *procuratores fiscales seu fidei* bezeichnet, vgl. Akten III S. 413 (1509, Mai 2).

Jetzers Prozess in Lausanne und Bern 249

stimmten, die andern aber meinten, dass es sich um falsche Erfindungen handle[24].

Um den drohenden Aufruhr zu stillen und um Jetzer und seine „Komplizen" zu verhören, hätten die „Herren von Bern" den Bischof von Lausanne kommen lassen (Art. 13 u. 14), wie wir aus dem Defensorium wissen, am 21. Juli 1507. Diesem habe missfallen, dass Jetzer die Geister von verstorbenen Seelen und böse Geister gesehen und mit ihnen gesprochen haben wollte (Art. 15). Ebenso, dass er Visionen von Heiligen, insbesondere der hl. Barbara und der unbefleckten(!) Jungfrau Maria, gesehen und gehört und mit ihnen gesprochen, geschwatzt, gebetet und sie berührt und beschworen haben wollte (Art. 16). Auch dass das Sakrament der Eucharistie in seine Kammer getragen und dort durch die Berührung durch Maria in ein blutiges verwandelt worden sein soll (Art. 17). Weiter, dass Maria Jetzer angeblich die fünf Stigmata Christi eingedrückt und er an einzelnen Tagen zwischen 11 und 12 Uhr in Form eines Gekreuzigten die Passion gespielt und dabei wegen der großen Schmerzen manchmal fast die Sinne verloren habe (Art. 18). Weiter dass Maria ihm angeblich Windeln unseres Herrn Jesu Christi mitgebracht habe, die mit Blutstropfen gefärbt waren (Art. 19). Schließlich, dass Jetzer angeblich unsichtbar von Maria auf ihren Altar in der Berner Dominikanerkirche getragen worden sei, obwohl dieser von einem eisernen Gitter umgeben sei; dabei wollte er gesehen und gehört haben, dass die hölzerne und bemalte Marienstatue geweint und sich bei ihrem Sohn, den sie in den Armen hielt, beklagt und dass umgekehrt auch der Sohn mit der Mutter gesprochen habe; und dass Jetzer schließlich nicht habe weggehen können, bis er kommuniziert hatte (Art. 20)[25].

Dies alles sei nicht nur unglaubwürdig und falsch, sondern auch unmöglich und unnatürlich. Deshalb habe der Bischof damals (am 21. Juli 1507) sowohl dem Konversen Jetzer als auch dem Prior und Subprior sowie den übrigen Angehörigen des Konvents – möglicherweise die „Komplizen" – unter Androhung von Strafen verboten, diesen in der Passion jemandem zu zeigen; dies habe er auch in einer Urkunde festhalten lassen (die leider nicht auf uns gekommen ist). Obwohl der Prior, Subprior und Konvent versprochen hätten zu gehorchen (Art. 21), seien sie nur wenige Tage später leichtfertig und arrogant zur Verbreitung und Veröffentlichung der genannten und anderer, nicht weniger großer Irrtümer geschritten, so dass ein solcher Aufruhr entstanden sei, dass man das Volk kaum habe davon abhalten können, den Konvent zu stürmen (Art. 22). In dieser Situation hätten Schultheiß und Rat von Bern Jetzer (Anfang Oktober 1507) dem Bischof über-

---

24) Akten I S. 19–21 Nr. 1–14.
25) Akten I S. 21 f. Nr. 15–20.

250 Die Jetzerprozesse

stellt, damit er rechtlich gegen ihn vorgehe, um die Irrtümer auszurotten, und zwar, wenn nötig, auch durch die Folter (Art. 23). Diese Aufforderung hätten sie seither öfters durch Briefe oder Boten wiederholt und würden sie noch wiederholen (Art. 24). Deshalb habe der Bischof gegen Jetzer, sobald er in seinen Händen war, einen Prozess mit vielen Verhören angestrengt (Art. 25)[26].

Dies, so kurz wie möglich zusammengefasst, die Anklageartikel gegen Jetzer. Dabei fällt auf, dass der Fiskalprokurator und Glaubensprokurator des Bischofs vor allem aus den Erfahrungen schöpft, die dieser im Sommer 1507 in Bern gemacht und offenbar auch schriftlich hatte festhalten lassen, und viel weniger aus den Verhören, die seit Anfang Oktober 1507 in Lausanne stattgefunden hatten und die offenbar nicht als sehr ergiebig beurteilt wurden. Am 17. November 1507 wurde Jetzer, wie bereits gesagt, dem Artikelverhör unterzogen, doch war die Stadt Bern zwei Tage früher wiederum in die Offensive gegangen und hatte einen neuen Boten nach Lausanne geschickt, nämlich Hans Frisching (d. Ä., 1445–1530), seit 1506 Mitglied des Kleinen Rats, und einen Brief an Propst Armbruster geschrieben, der sich als Dolmetscher in Lausanne aufhielt. In diesem Brief kritisierte Bern sehr streng, dass Jetzers *erdachen meinungen* in Lausanne *mer gloubens werde gegeben, dan aber sich wol gepürt*, und zeigte sich erstaunt, dass der Bischof von Lausanne *nit mer ernsts in der sach brucht, den bruder an der marter zu fragen und damit grund und warheit des handels zu vernämen*. Der Bischof habe sich damit entschuldigt, *wie er niemand by im hab, der tütscher und welscher oder lattinischer sprach bericht sye, den bruder zu fragen und hinwider sin antwurten zu vernämen* – wo Armbruster doch bei den Verhören dabei gewesen sei! Deshalb schicke Bern nun seinen „Ratsfreund" Hans Frisching, um vom Bischof zu verlangen, dass Jetzer gefoltert werde, und bitte Armbruster, bei der Unterredung dabei zu sein. Bern halte *den bruder und sin fürgeben [seine Aussagen] [für] falsch und ungerecht*, und zweifle nicht, dass auf der Folter die Wahrheit zum Vorschein kommen werde. Mit dem naiven Glauben, dass die Folter die Wahrheit an den Tag bringe, stand Bern damals nicht allein, ganz im Gegenteil; man glaubte nämlich allgemein, dass der Teufel den Angeklagten daran hindere, die Wahrheit zu sagen, und ließ diesen foltern, um ihn von seinem Dämon zu befreien! Freilich mussten die Geständnisse nachher ohne Folter wiederholt werden, aber diese hatte dennoch in der Regel ihre Wirkung bereits getan[27].

---

26) Akten I S. 22 f. Nr. 15–25.

27) Beilagen S. 610 f. Nr. 5 (1507, Nov 15; Bern an Propst Armbruster). Vgl. auch DUBUIS/OSTORERO, La torture S. 561–564. Zu Hans Frisching siehe Anm. 31.

Der Brief an Propst Armbruster wurde wahrscheinlich von Hans Frisching überbracht, der am 20. November 1507 in Lausanne nachweisbar ist (siehe unten). In der Zwischenzeit fand am 17. November Jetzers Artikelverhör statt, bei dem dieser auf die Anklageartikel mit Ja oder Nein antworten musste. Das Artikelverhör wurde durch den Fiskalprokurator Johann (wohl eher Michel) de Saint-Cierges durchgeführt, und zwar in Gegenwart des Bischofs (Aymo von Montfalcon), von dessen Generalvikar Baptiste de Aycardis und des Kantors François de la Faverge. Neu hinzugekommen waren der Schatzmeister Jean de Salins (*de Sallinis*) und Wilhelm de Montdragon (*Monte Dragone*), beide Domherren von Lausanne, sowie Barthélemy de Prez, Herr von Corcelles(-le-Jorat)[28]. Dem Artikelverhör gingen einige Fragen und Antworten voran, so ob Jetzer Maria seit seinem letzten Geständnis (am 15. Oktober 1507) gesehen habe, eine Frage, die er mit Ja beantwortete. Auf die Frage, ob er sich für einen Heiligen halte (*se sanctum esse*), erwiderte er: dass er sich im Gegenteil für einen armen Sünder halte. Es folgt das Artikelverhör, doch ist nicht zu erfahren, ob Jetzer auf die einzelnen Artikel mit Ja oder Nein (*fatetur vel negat*) geantwortet hat, denn die Antworten wurden an den Anfang (*in capite*) der einzelnen Anklageartikel in die Liste hineingeschrieben und sind bei der Kopie – denn bei „unsern" Akten handelt es sich um eine Kopie (siehe Einl. 2a) – nicht mitkopiert worden. Dagegen war zu den beiden Übersetzern, Johann Armbruster und Petermann Asperlin, ein dritter hinzugekommen, nämlich Nycod Synoteti, Elemosinarius des Benediktinerpriorats von Lutry (Bezirk Lavaux-Orbe VD), das zusammen mit der Stadt Lutry zu den Eigengütern des Bischofs von Lausanne gehörte; außerdem waren die letzten Bischöfe von Lausanne (Benedikt von Montferrand sowie Aymo und Sebastian von Montfalcon) auch Kommendatarprioren von Lutry[29]. Das Ungenügen der

---

28) Akten I S. 24. Zu Jean de Salins, Domherr und Schatzmeister 1471–1525, und Wilhelm de Montdragon, Domherr 1500–1529, vgl. REYMOND, Dignitaires S. 388 u. 443 f. – Barthélemy de Prez, Herr von Corcelles, wahrscheinlich Corcelles-le-Jorat, Lehen der Bischöfe von Lausanne, im 15. Jh. in den Händen der Familie de Prez, vgl. Olivier Frédéric DUBUIS, Art. Corcelles-le-Jorat, in: HLS online (Zugriff 10. Aug. 2019).
29) Akten I S. 24 f. Nr. 95–99a (1507, Nov 17; Jetzer, Artikelverhör). Verifizierung am Original bzw. an der Kopie, StABern, A V 1438, Unnütze Papiere, Kirchliche Angelegenheiten 69, Jetzers Prozess in Bern und Lausanne, fol. 17rff. – Zum Benediktinerpriorat Lutry vgl. Ansgar WILDERMANN, Art. Lutry, in: HS III/1 S. 803–831, hier S. 806, 829–831, vgl. auch BLASER, Les officiers S. 91–95. Die Mönche des Priorats Lutry, darunter auch der Elemosinar Nicod Chinoteti, werden in einem Dokument vom 27. Juli 1494 aufgezählt, vgl. Monuments d'histoire du comté de Gruyère 2, hg. von J. J. HISELY (Mémoires et documents publ. par la Société d'histoire de la Suisse romande 23, 1869) S. 261 Nr. 1009*.

252 Die Jetzerprozesse

bisherigen Dolmetscher könnte also nicht nur ein Vorwand des Bischofs gegenüber Bern, sondern eine Tatsache gewesen sein, gerade jetzt, wo Jetzers Prozess in eine schwierigere Phase (Artikelverhör) gekommen war und nicht mehr nur Französisch und Deutsch, sondern auch Latein gebraucht wurde. Es ist nicht anzunehmen, dass Petermann Asperlin der lateinischen Sprache mächtig war, und von Armbruster weiß man sogar, dass diese nicht eben seine Stärke war, und zwar dank einer Anekdote, die der Chronist Valerius Anshelm (1 S. 270) anlässlich der Vertreibung des Deutschen Ordens aus der Stadt Bern 1485 erzählt. Bei dieser Gelegenheit bezeichnet er Armbruster als *wit me welt- denn gschrifterfarnen, im Rômschen Wâlsch vast wol, aber im Latin so schlecht kûndigen, dass im rûmenden nacher caplan Egolff, der spettig [spöttisch?] organist, lachend inredt, die Tûtschen herren wârid noch nit al von Bern vertriben, diewil si zwen noch da wârid.*

Am Schluss seines Artikelverhörs fügte Jetzer seinen Geständnissen hinzu, dass er in der Zeit, als er die Stigmata hatte und große Schmerzen litt, einmal am Mittag (um 12 Uhr) im Geist entrückt worden sei und den Himmel offen gesehen habe, mit Jesus Christus und Maria sowie den heiligen Barbara, Franziskus, Dominikus, Katharina (von Siena) und den übrigen Heiligen, in großer Klarheit und Glorie. Er habe auch das Kreuz und die einzelnen Leiden Christi gesehen und ihn sagen hören: „Mein Freund, wenn du die Schmerzen meiner Passion geduldig erträgst, dann sollst du diese Krone – und er zeigte ihm eine wunderbar strahlende Krone – haben." Diese Vision habe neun Stunden gedauert und Christus habe dabei das gleiche Kleid getragen wie während seiner Passion, das Kleid, um das die Soldaten des Pilatus in der Folge gewürfelt hätten. Die gleiche Vision habe Jetzer noch zwei weitere Male gehabt; das zweite Mal habe sie acht und das dritte Mal drei Stunden gedauert[30]. Wir erinnern uns, dass der Prior von Basel, Werner von Selden, im Defensorium schrieb, dass Jetzer, nachdem er die Stigmata bekommen hatte, mehrmals in Ekstase lag, einmal, am 16. Mai 1507 sieben und am 21. Mai 1507 gar neun Stunden (siehe Kap. I/3b). Es ist also nicht auszuschließen, dass es sich um die gleichen Begebenheiten handelte, die bei Jetzer wahrscheinlich durch die Schmerzen der eben erst – am 7. Mai 1507 – empfangenen Stigmata ausgelöst worden waren. Einmal mehr gilt es wohl, das Leiden Jetzers während seines Probejahrs ernst zu nehmen, nicht nur das physische, sondern auch das psychische, die ihn beide zu solchen offensichtlich kompensatorischen Visionen führten.

---

30) Akten I S. 25 f. Nr. 100 u. 101 (1507, Nov 17; Jetzer, Artikelverhör).

Jetzers viertes Verhör (20. November 1507)

Am 20. November 1507 fand Jetzers viertes – wenn man das Artikelverhör nicht mitzählt – Verhör in Lausanne statt, und zwar wiederum in der Stube des bischöflichen Schlosses von Saint-Maire und in Gegenwart der Domherren Jean de Salins, François de la Faverge, Louis de Pierre, Michel(!) de Saint-Cierges (hier nicht als Fiskal- oder Glaubensprokurator bezeichnet) und Wilhelm de Montdragon. Dazu kam neu Hans (Johann) Frisching (d. Ä.), hier als ehemaliger Vogt von Orbe und Echallens (gemeinsame Herrschaft von Bern und Freiburg 1476/1485–1798) bezeichnet, was ein Grund gewesen sein könnte, dass er mit dieser Mission nach Lausanne betraut worden war[31]. Neu waren auch Nicod de Cojonnex und Jean Mayor von Lutry hinzugekommen, der eine bischöflicher Landvogt von Lausanne (1510–1520) und der andere bischöflicher Meier von Lutry[32]. Schließlich ein Arzt, Benoît Ravier (oder Chandelier)[33]. Mit ihnen wurden wohl Experten hinzugezogen: einerseits Richter für die weltliche Gerichtsbarkeit, andererseits ein Arzt für Jetzers Zustand, der insbesondere nach der Ausbreitung seiner Vision (am 17. November 1507) bedenklich schien, und vielleicht auch im Hinblick auf eine allfällige Folterung, die von Bern immer dringender verlangt wurde. Der Chronist Valerius Anshelm (3 S. 131) hat denn auch unterstellt, dass Jetzer beim Verhör vom 20. November 1507 gefoltert worden sei, allerdings nur in der Überschrift zum einschlägigen Kapitel: *Dass Jåtzer, pinlich gefragt, sine våter in der sach verlůmbdet [...]*, und die Literatur ist ihm darin teilweise gefolgt (Nikolaus Paulus und Richard Feller, nicht aber Albert Büchi, siehe Einl. 1c, e und f); doch dies kann nicht der Fall gewesen sein, denn in einem korrekten Inquisitionsprozess, wie er in Lausanne durchgeführt wurde, ging der Folter zwingend eine *sentencia in-*

---

31) Akten I S. 26 (1507, Nov 20; Jetzer). Hans Frisching (d. Ä., 1445–1530), seit 1476 Mitglied des Großen Rats, 1484 und 1495 Vogt in Erlach, 1490 Großweibel, 1501 Vogt in Aarburg, seit 1506 Mitglied des Kleinen Rats, 1513 Vogt in Nidau, vgl. HBLS 3 (1926) S. 341. Vgl. auch ZAHND, Autobiographische Aufzeichnungen S. 335–338.

32) BLASER, Les officiers S. 73–90. Jean Mayor von Lutry stammte wahrscheinlich aus der Familie, die das Meieramt der Bischöfe von Lausanne im Lavaux innehatte und bei der das Amt zum Familiennamen geworden war, vgl. Ansgar WILDERMANN, Art. Lutry, Mayor de, in: HLS online (Zugriff 10. Aug. 2019). Zu Nicod de Cojonnez vgl. DORTHE, Brigands S. 111.

33) Benoît Ravier (Raverii, nicht Ranerii) war der Sohn des Pierre Ravier (oder Chandelier), der bei der Vereinigung der Oberen und Unteren Stadt von Lausanne 1480/1481 eine wichtige Rolle gespielt hatte, und sollte selber eine wichtige Rolle bei der Hinwendung der Stadt Lausanne zu den Städten Bern und Freiburg in den 1520er-Jahren spielen, vgl. THÉVENAZ MODESTIN, Un mariage contesté S. 285 (Biographie Pierre Ravier); DORTHE, Brigands S. 84 f., 87 f., 88 Anm. 78, S. 89, 114.

254 Die Jetzerprozesse

terlocutoria voraus, ein Zwischenurteil, das vom Glaubensprokurator gefordert werden musste und das vom Gericht erst nach drei vorangegangenen kanonischen Mahnungen zugelassen werden durfte[34].

In Jetzers Fall haben wir keine *sentencia interlocutoria* und keine Mahnung, so dass man mit Sicherheit davon ausgehen kann, dass er in Lausanne nicht gefoltert worden ist. Wir haben vielmehr gesehen, dass man in seinem Fall offenbar noch ziemlich im Dunkeln tappte, denn er war offensichtlich kein traditioneller Häretiker, etwa ein Waldenser, aber auch kein Hexer, sondern vertrat eine ganz „eigene" Häresie, der man noch nicht auf die Spur gekommen war. Es ist nicht auszuschließen, dass der Bischof selber Jetzer für einen psychotischen Fall hielt; denn wir wissen aus der Bekenntnisschrift, die der Lesemeister am 31. August 1508 vorlegte, dass dieser, als er Jetzer im Juli 1507 in Bern besuchte, Ärzte hinzuziehen wollte, die dessen Stigmata heilen und damit die Täuschung aufdecken sollten. Indem er den Fall Jetzer unter zwei Malen als krankhaft angehen wollte, verfolgte Aymo von Montfalcon einen fortschrittlichen Ansatz; denn in der Geschichte der Hexenverfolgungen begannen die fortschrittlichsten Denker erst in der zweiten Hälfte des 16. Jahrhunderts in Erwägung zu ziehen, dass die Frauen, die Hexereiverbrechen gestanden, sich in einem Zustand der Melancholie befänden. Für den Bischof spricht auch, dass er offensichtlich zögerte, die Folter anzuwenden, und sich auch durch Hans Frisching nicht dazu drängen ließ[35].

Nichtsdestoweniger könnte die Anwesenheit von Hans Frisching doch Einfluss auf Jetzers Verhör vom 20. November 1507 gehabt haben, denn dieses verlief nicht wie ein „normales" Verhör. Bevor der Konverse irgendetwas aussagte, bat er den Bischof von Lausanne, dass er alle hinausgehen heiße, die nicht von Anfang an bei seinem Prozess dabei gewesen seien, und auch die andern, die Deutsch verstünden, mit Ausnahme des Propsts von Bern und von Hans Frisching. Nachdem dies geschehen war, bat Jetzer den Bischof, ihn in seinen Schutz zu nehmen und ihm zu erlauben, das Ordenskleid abzulegen; denn er wolle etwas aussagen, was den Orden der Dominikaner betreffe. Wenn diese es wüssten, wäre er in ihrem Kleid nicht mehr sicher; vielmehr würden sie ihn verderben oder lebenslänglich einsperren. Der Bischof ließ Jetzer durch Armbruster und Frisching mitteilen, dass er das Kleid der Do-

---

34) DUBUIS/OSTORERO, La torture S. 559 f., vgl. auch OSTORERO, Crimes et sanctions S. 25–28.

35) Akten II/2 S. 237 (undat., 1508, Aug 31; Lesemeister, Bekenntnisschrift). Vgl. auch Oscar DI SIMPLICIO, Art. Melancholy, in: Enc. WC 3 (2006) S. 747–749; James SHARPE, Art. Scot, Reginald (1538?–1599), ebd. 4 (2006) S. 1016–1018; Michaela VALENTE, Art. Weyer, Johann (1515–1588), ebd. S. 1193–1196. Diese Aspekte sind in UTZ TREMP, La défense, noch zu wenig zum Ausdruck gekommen.

Jetzers Prozess in Lausanne und Bern

minikaner ohne weiteres ablegen könne, da er noch kein Gelübde abgelegt habe. So abgesichert, sagte Jetzer, dass wahr sei, dass die Jungfrau Maria ihm erschienen sei, doch habe sie ihm gesagt, dass sie *ohne* Erbsünde empfangen sei. Als er dies den Dominikanern erzählt habe, hätten sie ihn entrüstet angehört und ihm gesagt, dass dies nicht wahr sei; denn Bernhard von Clairvaux, Thomas von Aquin und Bonaventura hielten das genaue Gegenteil, und sie hätten ihm einige Bücher und auch eine gesiegelte Bulle gezeigt, die er indessen weder habe lesen noch verstehen können. Sie hätten ihm bei den höchsten Strafen verboten, die ihm von Maria übermittelte Botschaft zu enthüllen und zu verbreiten, und zwar unter Eid und der Androhung der Exkommunikation. Und wenn er sich zur Empfängnis Marias äußern wolle, dann solle er sagen, sie sei in der Erbsünde empfangen worden. Auf die Frage, wer diese Verbote ausgesprochen habe, antwortete Jetzer: Johann (Vatter), der Prior des Konvents, und der Doktor; damit ist wohl Prior Werner von Basel gemeint, denn Jetzer nannte anschließend auch noch Magister Stephan (den Lesemeister), nicht aber die übrigen Angehörigen des Berner Konvents. Die Klostervorsteher hätten die Botschaft der Maria (dass sie ohne Erbsünde empfangen worden sei) bis Fronleichnam (3. Juni 1507) an den Papst bringen sollen, doch hätten sie dies nicht getan und stattdessen dem Volk das Gegenteil verkündet – dies und nichts anderes sei der Grund gewesen, weshalb die Marienstatue (am 24./25. Juni 1507) blutige Tränen geweint habe! Die Jungfrau Maria habe das Vaterunser eben doch anders gebetet als die gewöhnlichen Sterblichen, nämlich nicht: „Vergib uns unsere Schulden", sondern „Vergib ihnen ihre Schulden", was bedeute, dass sie selber ohne Schuld empfangen sei. Als er selber drei Jahre vor seinem Eintritt in den Dominikanerorden bei Koblenz (Bez. Zurzach AG) aus einem mit Holz beladenen Schiff gefallen und dabei die Jungfrau angerufen habe, habe diese ihn vor dem Ertrinken gerettet. Darauf sei sie ihm erschienen und habe ihm gesagt, dass er ihre Empfängnis ohne Erbsünde verkünden werde[36].

Damit hatte eine zweite entscheidende Wende in Jetzers Prozess in Lausanne stattgefunden, nach der ersten von 15. Oktober 1507, als er von dem Eid, den er am 9. Juli 1507 gegenüber Abgesandten des Provinzials abgelegt hatte, entbunden worden war. Nun entledigte er sich des Ordenskleid der Dominikaner und wollte in den Schutz des Bischofs aufgenommen werden. Im Unterschied zu denjenigen Forschern, die in Jetzer den Hauptschuldigen sehen, interpretieren wir diese Wendungen nicht als Widersprüche, sondern nehmen sie ernst, ebenso wie Jetzer offensichtlich den gegenüber den Dominikanern geleisteten Eid und das Ordenskleid ernst genommen hat. Dazu kommt ein Zweites. Wir haben anhand des Defensoriums gesehen, dass es

---

36) Akten I S. 27–29 Nr. 102–105 (1507, Nov 20; Jetzer).

256   Die Jetzerprozesse

zu einem Missverständnis um die Empfängnis Marias gekommen war, indem
Jetzer den Geist zunächst falsch verstanden und gemeint hatte, dieser trete
für die *un*befleckte Empfängnis ein, ein Missverständnis, das die Klostervorsteher rasch wieder zu beseitigen versuchten – was ihnen offenbar nicht gelungen war, denn je mehr Jetzer in Bedrängnis kam, desto mehr verstand er
sich als Märtyrer für die unbefleckte Empfängnis (siehe Kap. I/2b und c).

Jetzers fünftes Verhör (22. November 1507)

Der bernische Gesandte Hans Frisching machte offensichtlich Druck: Jetzers nächstes Verhör fand bereits am 22. November 1507 statt, und zwar in
Gegenwart des Bischofs, seines Generalvikars (Baptiste de Aycardis), der
Domherren und Rechtsgelehrten François de la Faverge, Guido de Prez, Michel de Saint-Cierges, des Priors Etienne Coste von Sainte-Catherine im Jorat sowie des Landvogts von Lausanne, Nicod de Cojonnex, und neu auch
von dessen Stellvertreter, Georges Levet[37]. Die Zahl der Übersetzer war inzwischen auf vier angewachsen: Propst Johann Armbruster, Hans Frisching,
Bruder Nicod Synoteti, Elemosinar der Priorats Lutry, und Petermann
Asperlin. Jetzers fünftes Verhör fällt dadurch auf, dass man ihm scheinbar
keine Fragen stellte, sondern ihn eine lange Geschichte erzählen ließ. Er erzählte, dass er sich vierzehn Tage, bevor er nach Lausanne geführt wurde, an
einem Freitag nachts um neun Uhr in der Kirche der Dominikaner in Bern
aufgehalten habe, und zwar auf dem Lettner (hier deutsch *lezstube* genannt),
wo das Evangelium und die Epistel gelesen wurden; da seien der Prior, der
Subprior, der Lesemeister und der Schaffner in die Kirche gekommen und
hätten die Marienkapelle betreten. Vorher habe der Schaffner mit einer Kerze die Kirche und auch den Lettner (hier lat. *iuba*) abgesucht, aber niemanden gefunden. In der Marienkapelle hätten sie einen feierlichen Eid auf den
Altar geleistet, nichts vom dem zu verraten, was sie jetzt besprechen würden. Dann hätten sie von Jetzer und seinen Erscheinungen gesprochen. Der
Lesemeister habe zuerst geklagt, und dann auch die anderen, sie wollten,
dass diese Sache nie geschehen wäre, weil sie leicht zu einem Skandal führen
könne. Sie hätten sich gegenseitig gefragt, was sie tun sollten, wenn dieser
Konverse auf seiner Meinung und Offenbarung beharre, dass Maria ohne
Erbsünde empfangen sei, wo doch ihr ganzer Orden das Gegenteil vertrete.
Wenn die Franziskaner dies wüssten, kämen sie mit einem Kreuz (d. h. wohl
mit einer Prozession) und würden ihn entführen, ihnen zum Ruhm und den
Dominikanern zur Schande! Die Klostervorsteher fragten sich, wie sie den

---

37) Akten I S. 30. Zu Georges Levet, Stellvertreter des Landvogts von Lausanne 1505–
1520 und selber Landvogt 1520–1523/1524, vgl. DORTHE, Brigands S. 112.

Jetzers Prozess in Lausanne und Bern 257

Konversen dazu bringen könnten, seine Meinung zu ändern, wo er doch sehr eigensinnig sei (*quia semper in oppinione suam perseveravit; quia nimis in oppinione sua firmus est*). Der Prior habe vorgeschlagen, Jetzer einen Trank zu verabreichen, an dem er innerhalb von drei Tagen sterben würde. Ein anderer Vorschlag habe gelautet, dass man alles, was Jetzer gesagt hatte, zum Papst schicken und (das Gegenteil) beschwören wolle, dann würde man ihnen eher glauben als Jetzer. Dann könnte man alle seine Aussagen (das Defensorium?) verbrennen und die Ehre der Dominikaner retten. Für eine Reise nach Rom brauchte es jedoch Geld, und der Prior habe sich anerboten, in Bern einen Mann zu finden, der ihnen 400 deutsche Gulden zu 5% leihen würde. Der Subprior habe dagegen vorgeschlagen, die Marienstatue der Kleinodien zu berauben, mit denen sie behängt war. Sein Vorschlag habe Gefallen gefunden und sei durch ihn sogleich ausgeführt worden. Wenn Jetzer weiterhin auf seiner Meinung beharre, sollte er in den Karzer gesteckt und dort erstickt werden, wobei man sagen wollte, er habe sich selber erstickt; oder aber, er sollte getötet werden und man wollte sagen, er habe die Kleinodien gestohlen und sei mit ihnen geflüchtet[38].

Der Subprior habe aber noch einen weiteren Vorschlag gemacht: er wollte Jetzer als Maria erscheinen, bekleidet mit einem weißen Übergewand und einer Krone auf dem verschleierten Kopf und mit angezündeten Kerzen, und ihm das Gegenteil von dem, was er glaube, offenbaren. Auch dieser Vorschlag sei angenommen und bereits am folgenden Sonntag (12. September 1507) umgesetzt worden. Dazu habe man zwei Chorherren des Kollegiatstifts St. Vinzenz eingeladen, nämlich Heinrich Wölfli und Johann Dübi: diese sollten an der Matutin (um Mitternacht) teilnehmen, offensichtlich als außenstehende Zeugen für die geplante Erscheinung. Zur Zeit der Matutin hätten sich alle Brüder zusammen mit den beiden Chorherren im Chor der Dominikanerkirche aufgehalten, Jetzer aber, wie es während der Matutin seine Gewohnheit war, auf dem Lettner. Da sei der Subprior – oder ein anderer (*vel alius*) – auf den Lettner gekommen (von wo man effektiv in den Chor sah), in einem weißen Kleid, den Kopf verhüllt, auf dem Kopf eine Krone und in der Hand einen fünfarmigen Leuchter mit angezündeten Kerzen, mit dem er mehrmals ein Kreuzzeichen gegen den Chor gemacht habe. Als die Brüder und Chorherren dies gesehen hätten, seien sie in großes Staunen, Schrecken und Bewunderung versetzt, ja zu Tränen gerührt worden. Jetzer aber habe sich auf dem Lettner der falschen Maria entgegengestellt und zornig ausgerufen: „Du bist nicht die Jungfrau Maria!", worauf die Erscheinung die Kerzen ausgelöscht habe[39].

---

38) Akten I S. 30–32 Nr. 107–110 (1507, Nov 22; Jetzer).
39) Akten I S. 32 f. Nr. 111–113 (1507, Nov 22; Jetzer).

258 Die Jetzerprozesse

Als der Prior und seine „Komplizen" erfahren hätten, dass der Konverse die Erscheinung entlarvt hatte, hätten sie am nächsten Morgen alle Brüder – außer ihm – im Kapitel versammelt und der Prior habe ihnen einen Eid abgenommen, von der Erscheinung, die sie in der vorangegangenen Nacht bei der Matutin gesehen hätten, nichts zu verraten. Innerhalb der nächsten vier Tage sei Maria Jetzer wieder in der gewohnten Gestalt erschienen und habe ihm gesagt, dass die Dominikaner ihn hätten täuschen wollen, dass sie aber selber getäuscht werden würden, denn sie würden aus ihrem Konvent vertrieben werden; Jetzer aber werde am nächsten Tag vor den Rat gerufen werden – was denn am 1. Oktober 1507 auch geschah. Man kann sich nicht recht vorstellen, dass die Dominikaner auch hinter dieser letzteren Erscheinung gesteckt haben könnten, aber wie wir bereits gesehen haben, hatten Jetzers Erscheinungen die Tendenz, sich selbständig zu machen ... Auf die Frage des Gerichts, wie er denn von der Kapitelversammlung am Tag nach der Erscheinung der gekrönten Maria erfahren habe, antwortete Jetzer, dass ihm dies von einigen Brüdern hinterbracht worden sei, und zwar an erster Stelle von Bruder Johann dem Schneider, der ihm weiter gesagt habe, dass der Prior, der Subprior und der Lesemeister zusammen mit vielen anderen zum Feiern und Fleisch essen in die Stadt gegangen seien – wo die Erscheinung auf dem Lettner sie doch eher zu Besinnlichkeit und zum Beten hätte anhalten sollen. Die Klostervorsteher hätten Jetzer auch gedroht, ihn bei Brot und Wasser einzusperren, wenn er etwas ausbringe[40].

Was ist von dem allem zu halten? Man zögert, Jetzers Erzählung von der Verschwörung der Klostervorsteher in der Marienkapelle Glauben zu schenken; denn solche Komplotte sind auch aus den Hexenprozessen bekannt, wo die mutmaßlichen Hexen und Hexer dem Teufel angeblich schwören mussten, ihre Komplizen nicht zu verraten bzw. zu denunzieren, und ebenso von den Briganten des Jorats (oberhalb von Lausanne), die sich einen solchen Eid gegenseitig geleistet haben sollen. Dies umso mehr, als einer der ersten Eide unter Briganten in einem Prozess bezeugt ist, der um 1507 von Georges Levet als Stellvertreter von Nicod de Cojonnex, Landvogt von Lausanne, geführt wurde – die beide auch bei Jetzers fünftem Verhör in Lausanne anwesend waren[41]. Andererseits gibt es doch einige konkrete Anhaltspunkte dafür, dass eine solche nächtliche Zusammenkunft stattgefunden haben könnte. Zunächst einmal die Erscheinung der gekrönten Maria auf dem Lettner der Dominikanerkirche selber, die in der Nacht vom 12. auf den 13. September 1507 stattgefunden haben muss und auf die Jetzer nur zu gut vorbereitet war! Für die Verschwörung in der Marienka-

---

40) Akten I S. 33 f. Nr. 114–118 (1507, Nov 22; Jetzer).
41) DORTHE, Brigands S. 294–305.

pelle, die vor dem 12./13. September 1507 anzusetzen ist, könnte die Anleihe von 800 Pfund als Anhaltspunkt dienen, die Prior und Konvent von Bern am 10. September 1507 beim Kaufmann Johann Graswyl tätigten, ja, laut dessen Aussage im Revisionsprozess hatte die Übergabe des Geldes bereits vor der Verurkundung, d. h. vor dem 10. September stattgefunden, so dass die Verschwörung in der Marienkapelle auf den 3. September 1507 zu datieren wäre (siehe Kap. II/3c, Der Kaufmann Johann Graswyl).

Für die Erscheinung der gekrönten Maria auf dem Lettner gibt es außerdem außenstehende Zeugen, nämlich die Chorherren Heinrich Wölfli und Johann Dübi, die in voller Absicht als Zeugen zu diesem Ereignis eingeladen worden waren. Es war dies das erste Mal, wo eine Erscheinung zumindest halböffentlich inszeniert wurde, zwar bei einem konventsinternen Ereignis, der Matutin um Mitternacht, aber doch nicht nur im Dormitorium, sondern in der Kirche und in Gegenwart von zwei Zeugen, die von außen dazu bestellt waren, übrigens beide Familiare der Dominikaner. Auch zur blutweinenden Maria waren zwar – im Juni 1507 – Zeugen gerufen worden, sogar vier Ratsherren, aber doch erst nachträglich, so dass die diesbezügliche Inszenierung wie nachgestellt wirkte und deshalb wohl auch weniger eindeutig war (siehe Kap. I/3b). Mit der gekrönten Maria aber versuchte man, eine Erscheinung gewissermaßen „live" zu inszenieren und brauchte dazu Zeugen, die beiden Chorherren. Doch diese wurden rasch von Zeugen eines wunderbaren Ereignisses zu Zeugen im Prozess, indem sie als erste nach Jetzers fünftem Verhör einvernommen wurden, aber nicht in Lausanne, sondern am 6. Dezember 1507 in Bern, wohin der Bischof von Lausanne sich ohnehin begeben musste, um als Gesandter des Herzogs von Savoyen, Karls II./III. die Erneuerung des Bündnisses zwischen Bern, Freiburg und Solothurn mit Savoyen zu betreiben. Dabei feierte er am Fest der Empfängnis Mariens (8. Dezember), einem Mittwoch, die Messe im Münster und speiste am 12. Dezember, einem Sonntag, mit dem Schultheißen. Dies ist aus einem Bericht zu erfahren, den der Bischof gegenüber dem Herzog ablegte, in dem er indessen mit keinem Wort erwähnt, dass er bei seinem Aufenthalt in Bern am 6. und 12. Dezember auch Zeugen in Jetzers erstem Prozess einvernahm[42].

---

42) Maxime REYMOND, Aymon de Montfalcon, évêque de Lausanne, 1497–1517, in: ZSKG 14 (1920) S. 28–39 und 99–111, hier S. 99–102, vgl. auch UTZ TREMP, La défense S. 65–67. Vgl. weiter PIBIRI, Aymon de Montfalcon, insbes. S. 88 u 98 f. (zu den diplomatischen Berichten), S. 100 (zu Aymos Belohnung).

260 Die Jetzerprozesse

b) Die Zeugen

Am 3. Dezember 1507 schrieben Schultheiß und Rat von Bern an Paul Hug, der hier als Vikar des Provinzials bezeichnet wird, und berichteten ihm, was sich in Lausanne zugetragen hatte, wo Jetzer sich „noch" befand, was wohl bedeutet, dass man in Bern bereits den Beschluss gefasst hatte, ihn zurückholen zu lassen. Die Nachrichten stammten wahrscheinlich von Hans Frisching, der wohl seit Jetzers (fünftem) Verhör (vom 22. November) nach Bern zurückgekehrt war. Die Absender wurden nicht konkret, sie berichteten lediglich, dass in Lausanne „Dinge" gefunden worden seien, an denen Paul Hug ebenso viel „Missfallen" haben werde wie sie, und baten ihn, zusammen mit einem Mitbruder bis zum 6. Dezember nach Bern zu kommen, denn der Bischof von Lausanne habe für eben diesen Tag sein Kommen angekündigt[43]. Aus dem Defensorium wissen wir, dass Paul Hug sich Anfang Dezember 1507 nicht nach Bern bemühte, wohl aber der Prior von Basel, Werner von Selden, der indessen erst am 8. Dezember hier anlangte, wo man ihm am folgenden Tag Jetzers letzte Geständnisse vor dem Bischof von Lausanne vorlegte (siehe Kap. I/3c).

Auch für die zu befragenden Zeugen waren vom Fiskal- und Glaubensprokurator, wahrscheinlich Michel de Saint-Cierges, Verhörartikel formuliert worden, zwölf an der Zahl, die ebenso wie die Anklageartikel für Jetzer undatiert sind. Der erste Artikel lautet, dass die beiden Chorherren zwischen den Festen der Verkündigung an Maria und Johannes' des Täufers (zwischen dem 25. März und dem 24. Juni 1507) von den Berner Dominikanern gerufen worden seien, um an ihrer Matutin teilzunehmen, was sie auch getan hätten (Art. 2). Diese Daten stimmen natürlich nicht und werden entsprechend von beiden Zeugen korrigiert. Dagegen trifft zu, dass Jetzer in dieser Zeit angeblich Erscheinungen der Jungfrau Maria hatte und die Stigmata empfing, wie Artikel 3 postuliert. Als die zwei Chorherren sich an der Matutin mit den Brüdern im Chor aufgehalten hätten, sei auf dem Lettner eine männliche oder weibliche Person erschienen, von der Größe eines Menschen, bekleidet mit weißen Kleidern, mit einer leuchtenden Krone auf dem Kopf und einem fünfarmigen Leuchter mit angezündeten Kerzen in den Händen (Art. 4–6). Mit diesen Kerzen habe sie gegen den Chor und die singenden Mönche einige Kreuzeszeichen gemacht (Art. 7). Von dieser Erscheinung seien die Mönche und Chorherren wunderbar erschreckt und die jungen Novizen sogar zu Tränen gerührt gewesen (Art. 8). Zur gleichen Zeit habe Jetzer sich auf dem Lettner aufgehalten und mit der wie oben bekleideten Person gesprochen (Art. 9) und dabei sowohl an der Gestalt als auch

---

43) Beilagen S. 611 Nr. 6 (1507, Dez 3; Bern an Paul Hug).

Jetzers Prozess in Lausanne und Bern

an der Sprache erkannt, dass es sich um eine menschliche und nicht eine überirdische (*spiritualis*) Person handelte (Art. 10). Darauf habe diese ihre Kerzen gelöscht und den Lettner verlassen (Art. 11). Diese Erscheinung sei durch die übrigen Mönche des Konvents veranstaltet worden, um Jetzer zu täuschen und ihn dazu zu bringen, zu sagen, dass Maria in der Erbsünde geboren worden sein (Art. 12)[44]. Diese Verhörartikel beruhen unzweifelhaft auf Jetzers Verhör vom 22. November 1507, in welchem er von der Erscheinung der gekrönten Maria gesprochen hatte.

Die Chorherren Johann Dübi und Heinrich Wölfli (6. Dezember 1507)

Die Befragung des Zeugen Johann Dübi fand in Bern im Wohnhaus des Bischofs von Lausanne statt, und zwar in der Kammer bei der vorderen Stube (*in camera penes stupham anteriorem*, korr. aus *antedictam*). Seit etwa Mitte der 1460er-Jahre besaßen die Bischöfe von Lausanne in Bern ein Haus mit Schankrecht, den später nach den beiden letzten Bischöfen von Lausanne, Aymo und Sebastian von Montfalcon, so genannten „Falken" (heute Marktgasse 11 / Amthausgasse 6). Hier stiegen sie auf ihren Reisen nach Bern ab, so wahrscheinlich Bischof Benedikt von Montferrand (1476–1491) Anfang März 1485, als er widerwillig zur Gründung des Kollegiatstifts St. Vinzenz in Bern kam. Im Jahr 1494 wohnte in dem Haus ein gewisser Jakob Kaufmann, der im Februar 1506 sein Testament machte. Darin schrieb er, dass er nun schon ungefähr 28 Jahre im Dienst von zwei Lausanner Bischöfen (Benedikt von Montferrand und Aymo von Montfalcon) in deren Haus in Bern gestanden habe, und machte Forderungen von 400 Pfund für Lohn und Investitionen in das Haus geltend. Auf ihn scheint als Wirt ein gewisser Burkhard (oder Burki) Schütz gefolgt zu sein, der während der Jetzerprozesse (Haupt- und Revisionsprozess) belegt ist, als der Bischof von Lausanne ebenfalls in seinem Haus wohnte (siehe Epilog 2a). Im Jahr 1529 verkaufte Bischof Sebastian von Montfalcon (1517–1560) das Haus an die Familie Reyff von Freiburg, dann wechselte es noch mehrmals den Besitzer, bis es schließlich 1722 an die Gesellschaft (Zunft) zu Mittellöwen kam und Ende 1904 verkauft und abgebrochen wurde[45].

In diesem Haus wurde Johann Dübi, Magister der Freien Künste, Chorherr und Pfarrer von Bern (bzw. Kustos des Vinzenzstifts), am 6. Dezember

---

44) Akten I S. 34 f. (undat.).

45) Akten I S. 36 (1507, Dez 6; Zeugenaussage Dübi), vgl. auch Margrit RAGETH-FRITZ, Der Goldene Falken. Der berühmteste Gasthof im Alten Bern. Das Zunfthaus zu Mittellöwen (1987) S. 31 ff. Jakob Kaufmann testierte am 5. Februar 1506, vgl. HUBER HERNÁNDEZ, Für die Lebenden, Anhang I: Verzeichnis der Testatoren und Testatorinnen Nr. 94.

262   Die Jetzerprozesse

1507 vom Bischof von Lausanne entlang den oben vorgestellten Verhörartikeln befragt, wobei er auf die einzelnen Artikel mit Ja und Nein oder „Weiß nicht" (*fatetur vel negat aut ignorat*) antwortete, und diese Antworten auf die Frageliste eingetragen wurden, so dass wir sie nicht kennen, ebenso wenig wie diejenigen von Jetzer in seinem Artikelverhör vom 17. November. Hingegen wurde ein Zusatz notiert, wonach Dübi von seinem Mitchorherrn Wölfli in die Dominikanerkirche mitgenommen worden sei, und zwar an einem Sonntag nach dem Fest der Geburt Marias (8. September), das 1507 auf einen Mittwoch fiel; der Sonntag war also, wie bisher schon angenommen, der 12. September 1507. Als sie bei der Matutin gewesen seien und diese sich mit der Antiphon *Ave regina celorum* ihrem Ende näherte, sei bei den Worten *lux est orta* eine Erscheinung in der Gestalt einer Frau aufgetaucht (*visio ad modum mulieris*), in weiße Gewänder bekleidet, doch habe Dübi ihre Augen nicht gesehen, denn ihr Gesicht sei bis zur Mitte der Nase mit einem Schleier bedeckt gewesen. Sie habe sich nur eine kurze Weile aufgehalten, etwa so lange, wie es für die Erhebung des Sakraments brauche, dann sei sie wieder verschwunden, aber ihm schien, dass er noch nie eine so schöne Frau gesehen habe (*nunquam vidisse mulierem adeo formosam*)! Darauf habe er vom Lettner aus gesehen, dass Jetzer – der nicht wusste, dass Dübi sich auf dem Lettner aufhielt – sich vor dem Hauptaltar mit einer Kette und mit Faustschlägen gegeißelt und dabei fromm für seine Verfolger gebetet habe. Doch Dübi wusste nicht, wie viele Schläge er sich versetzt habe[46]. Die Erklärung für diese Geißelung findet sich erst in einer Aussage des Lesemeisters vom 31. August 1508 (Vesperzeit), wonach dieser dem Konversen, als er den Glauben an die gekrönte Maria verweigerte, zur Buße aufgetragen habe, vom Lettner in den Chor hinunterzusteigen, sich bis auf den Nabel auszuziehen und sich mit einer Rute und einer Kette, die er, Jetzer, vom Chorherrn Heinrich Wölfli bekommen hatte, zu geißeln. Dabei habe der Lesemeister auch dafür gesorgt, dass die beiden Chorherren diese Geißelung zu Gesicht bekamen, um sie in ihrem Glauben an die gekrönte Maria zu bestärken[47].

Die Zeugen für Dübis Zeugenaussage werden erst am Schluss seiner Einvernahme genannt, nämlich Johann Murer, Dekan des Vinzenzstifts, und Bernard(in) von Bellegarde, Pfarrer von Maytet/Meytter (? Diözese Genf), wohl ein Begleiter von Aymo von Montfalcon, der in den Jahren 1497–1509

---

46) Akten I S. 36 f. (1507, Dez 6; Zeugenaussage Dübi). Zu Johann Dübi, Chorherr des Vinzenzstifts 1506–1507, Kustos 1507–1515, Chorherr 1519/1520, Kustos 1520–1526, Dekan 1526–1528, vgl. TREMP-UTZ, Chorherren S. 61 f. Dübis Magd, Elsbeth Heinzmann, testierte am 9. Februar 1530, vgl. HUBER HERNÁNDEZ, Für die Lebenden, Anhang I: Verzeichnis der Testatoren und Testatorinnen Nr. 85.

47) Akten II/2 S. 252 Nr. 44 (1508, Aug 31, Vesperzeit; Lesemeister, Folterverhör).

Jetzers Prozess in Lausanne und Bern 263

auch als Administrator der Diözese Genf wirkte[48]. Bei der Befragung des Zeugen Heinrich Wölfli, die am gleichen Tag und am gleichen Ort stattfand, werden die Zeugen gleich am Anfang genannt: der bereits erwähnte Bernard von Bellegarde und Philibert von Praroman, ein Priester der Kathedrale von Lausanne. Bei Heinrich Wölfli wurden die Antworten, die er auf die einzelnen Fragen gab, notiert, vielleicht weil das Formular bereits mit Dübis Antworten beschrieben war. Auf die erste Frage antwortete Wölfli mit Ja (*fatetur illum esse verum*), korrigierte aber das Datum: es sei am Vortag vor Kreuzerhöhung (14. September) gewesen, was ebenso stimmt wie die Angabe von Dübi, denn die gekrönte Maria erschien in der Nacht vom 12. auf den 13. September. Wölfli bejahte auch die Artikel 2–4, doch fügte er beim vierten hinzu, dass der Prior und der Subprior unter sich gesagt hätten, dass diese Erscheinung (*visio*) nicht jener gleiche, die in Jetzers Zelle zu erscheinen pflege – was möglicherweise dazu diente, den Konversen in Verdacht zu bringen und die bisherigen Erscheinungen zu retten. Wölfli stimmte auch den Artikeln 5–9 zu, nicht ohne daran einige Einzelheiten zu korrigieren oder zu präzisieren. Zu Artikel 8 sagte er, dass nicht nur die Novizen zu Tränen gerührt gewesen seien, sondern auch er selber ... Entsprechend wenig wusste er zu Artikel 9–12 zu sagen, außer dass er zu Artikel 12 ebenfalls bemerkte, dass Jetzer sich nach der Matutin im Chor gegeißelt habe, und zwar mit einer eisernen Kette, die er selber, Wölfli, ihm gegeben habe[49].

Der Schuhmacher Johann Koch (12. Dezember 1507)

Anders als die Zeugenaussagen der Chorherren Johann Dübi und Heinrich Wölfli könnte diejenige des Schuhmachers Johann Koch allein von der Stadt Bern organisiert worden sein. Sie fand zwar auch im Haus zum „Falken"

---

48) Akten I S. 37 (1507, Dez 6; Zeugenaussage Dübi). Zu Aymo von Montfalcon als Administrator der Diözese Genf vgl. HS I/3 S. 135.

49) Akten I S. 37–39 (1507, Dez 6; Zeugenaussage Wölfli). Zu Heinrich Wölfli, Chorherr des Vinzenzstifts 1503–1523, Kantor 1523–1524, vgl. TREMP-UTZ, Chorherren S. 99–101. Im Hauptprozess wurde Wölfli, der sich zu sehr mit den Dominikanern identifiziert hatte, nicht als Zeuge einvernommen, wohl aber im Revisionsprozess, siehe Kap. II/3c, Der Chorherr Heinrich Wölfli. Zu seinem Streit mit dem Chorherrn Ludwig Löubli, der im Haupt- und Revisionsprozess als unerbittlicher Glaubensprokurator wirkte, siehe Epilog 4b. – Philibert von Praroman, Sohn des Heinrich, Herr von Chapelle-Vaudanne (Chapelle-sur-Moudon, heute Gem. Montanaire VD), seit 1492 Priester der Kathedrale von Lausanne, seit 1513 Pfarrer von St-Martin de Vaud (St-Martin-du-Chêne, Gem. Molondin, Bez. Jura – Nord vaudois VD), 1514–1528 Domherr von Lausanne, † 1528 (REYMOND, Dignitaires S. 421); Grabplatte in der Kathedrale von Lausanne, vgl. Destins de pierre S. 186 f. Nr. 19.

264   Die Jetzerprozesse

und vor dem Bischof von Lausanne statt, der am 12. Dezember 1507 immer noch in Bern weilte, aber für sie scheinen keine Frageartikel formuliert worden zu sein, und zwei der Zeugen stammten aus der Berner Kanzlei, nämlich der Stadtschreiber Niklaus Schaller, der zugleich als Dolmetscher wirkte, und Werner Schodoler (hier Walnery Schedeler!), der damals eine Lehre in der bernischen Kanzlei absolvierte, der spätere Stadtschreiber von Bremgarten und Chronist, mit einem Kapitel über den Jetzerhandel in seiner Chronik (siehe Einl. 2b). Dazu kam Jean d'Estavayer, Vogt der Waadt, der den Bischof wohl auf seiner Gesandtschaft im Dienst des Herzogs von Savoyen begleitete[50]. Bei dieser Einvernahme ging es nicht um die Erscheinung der gekrönten Maria, sondern um den Diebstahl der Kleinodien der Marienstatue, den Jetzer in seinem Verhör vom 22. November 1507 ebenfalls den Klostervorstehern zur Last gelegt hatte. Dabei war indessen der Name des Zeugen, der nun einvernommen werden sollte, mit keinem Wort gefallen, wohl aber hatte Prior Werner von Basel im Defensorium geschrieben, dass er am 9. Dezember 1507 eine Unterredung mit zwei Mitgliedern des bernischen Rats und dem Stadtschreiber (Niklaus Schaller) über die Erscheinung der gekrönten Maria und den Diebstahl der Kleinodien gehabt und dabei vom letzteren erfahren habe, dass Jetzer einige von den gestohlenen Kleinodien bei einem Goldschmied zu vier Ringen hatte umarbeiten lassen, und zwar durch die Vermittlung des weltlichen Schuhmachers des Dominikanerkonvents (siehe Kap. I/3c).

Es ist deshalb anzunehmen, dass der Stadtschreiber, der ja auch als Zeuge und Dolmetscher bei der Einvernahme des dritten Zeugen dabei war, auch dessen Namen geliefert und vielleicht seine Einvernahme überhaupt angeregt hatte, vielleicht um den Dominikanern zu helfen, für die er gewisse Sympathien hegte (siehe Kap. I/3c). Beim weltlichen Schuhmacher des Konvents handelte es sich um Johann Koch aus der Stadt Bern, der Jetzer kannte, weil er ihn häufig dort gesehen hatte. Vor der Weinernte 1507 habe er sich mit anderen Arbeitern in einer Stube des Konvents aufgehalten, als der Prior ihn durch den Konversen Oswald habe rufen lassen. Er habe den Prior jedoch nicht gefunden, wohl aber Jetzer, der ihn um einen Dienst gebeten habe. Dieser habe ihm gesagt, dass er einige Schmuckstücke aus Silber besitze, die er von seiner Mutter bekommen habe. Wenn die Mönche davon wüssten, würden sie sie sicher haben wollen. Deshalb sollte Koch sie zu einem Goldschmied bringen, damit dieser daraus vier Ringe mache, die Jetzer

---

50) Akten I S. 39 f. (1507, Dez 12; Zeugenaussage Koch). Jean d'Estavayer (1451!–1513), savoyischer Landvogt der Waadt 1489–1513, vgl. Véronique MARIANI-PASCHE, Art. Stäffis, Johann von, in: HLS online (Zugriff 11. Aug. 2019). Biographische Angaben zum Stadtschreiber Niklaus Schaller siehe unter Kap. II/2d.

Jetzers Prozess in Lausanne und Bern

265

seinen Brüdern schenken könne, die ihn in vier oder fünf Tagen besuchen wollten. Koch ließ vier vergoldete Ringe machen und gab sie dem Konversen, der ihm weiter einen silbernen Apfel zum Vergolden anvertraut habe. Der Goldschmied habe aber nicht gewusst, dass diese Kleinodien dem Konversen gehörten, denn dieser habe ihm verboten, ihre Herkunft zu enthüllen[51]. Damit war der Diebstahl der Kleinodien wohl noch nicht geklärt, aber Jetzer doch wieder in ein schiefes Licht geraten, was aber, wie wir bei der Verschwörung in der Marienkapelle gesehen haben, durchaus auch in der Absicht der Klostervorsteher gelegen haben könnte.

Jetzers Reaktion auf die Zeugenaussagen (21. Dezember 1507)

Die Zeugenaussage des Schuhmachers Johann Koch mag die Berner Regierung noch in ihrem wahrscheinlich bereits feststehenden Entschluss bestärkt haben, Jetzer von Lausanne zurückzuholen und selber zu verhören. Am 15. Dezember 1507 schrieben Schultheiß und Rat an den Bischof von Lausanne, dass der Stellvertreter des Provinzials vor ihnen erschienen sei und sie gebeten habe, die Sache des Novizenbruders, der bei ihm gefangen gehalten werde, zu suspendieren, bis der Provinzial und andere Ordensobere zusammengerufen und mit ihrem Rat und ihrer Hilfe vorgegangen werden könne. Der Rat war geneigt, auf diese Bitte einzugehen, die ihm wahrscheinlich von Prior Werner von Basel, der am gleichen 15. Dezember beim Rat vorgesprochen hatte (siehe Kap. I/3c), vorgetragen worden war, fand es aber zu aufwändig, wenn die Dominikaner nach Lausanne reisen müssten. Um unnütze Ausgaben und Anstrengungen und auch Sprachschwierigkeiten zu vermeiden, verlangte der Rat deshalb vom Bischof, dass er den Bruder zusammen mit seinem Prozess und seinen Geständnissen zurückschicke, damit er selber gegen ihn vorgehen und den Fall zu Ende führen könne[52]. Dieser Brief muss am 21. Dezember 1507 in Lausanne gewesen sein, denn beim letzten Verhör, dem Jetzer dort unterzogen wurde, ist die Anwesenheit von zwei Weibeln aus Bern vermerkt, Ymer Gaidet und Glaudius Belmont, die sich auch in den Rechnungen wiederfinden – nur heißen sie da Güder und Ludi Belmund! Sie scheinen Jetzer Anfang Oktober schon nach Lausanne gebracht zu haben und sollten ihn jetzt wieder zurückholen. Der Bischof scheint nicht versucht zu haben, sich gegen Jetzers Rückholung zu wehren, ließ es sich aber nicht nehmen, diesen in einem letzten Verhör auf die Zeugenaussagen hin zu befragen, die am 6. und 12. Dezember in Bern

---

51) Akten I S. 39 f. Nr. 1–3 (1507, Dez 12; Zeugenaussage Koch). Johann Koch könnte identisch sein mit Hans Schuhmacher, der zusammen mit seiner Frau im Tellbuch von 1494 am Stalden (Sonnseite) aufgeführt ist, vgl. Tellbuch 1494 S. 201 Nr. 1042.

52) Beilagen S. 612 f. Nr. 8 (1507, Dez 15; Bern an den Bischof von Lausanne).

266   Die Jetzerprozesse

gemacht worden waren, allerdings nicht mehr persönlich, sondern durch seinen Vikar, Baptiste de Aycardis[53].

Das Verhör fand wiederum im bischöflichen Schloss von Saint-Maire statt, aber nicht mehr in der „Stube", sondern in einer Kammer zwischen der „Grotte" des Schlosses und der großen Kammer (*in camera existente inter crotam dicti castri et magnam cameram*). Es wurde, wie gesagt, durch Baptiste de Aycardis geführt, und daran nahmen zwei Doktoren in weltlichem und geistlichem Recht teil, Stephan Loys und Peter Grant, neue Beisitzer, vielleicht ein Zeichen, dass Jetzers Prozess für den bischöflichen Hof in Lausanne an Interesse verloren hatte, auch weil man im Begriff war, ihn an Bern zu verlieren. Aber auch Armbruster war nicht mehr dabei; als Dolmetscher fungierten nur mehr der Elemosinar von Lutry, Nicod Synoteti, und Petermann Asperlin, zusammen mit den beiden Weibeln von Bern, Ymer Gaidet und Glaudius Belmont[54]. Das Verhör ging in alle Richtungen, beschäftigte sich aber mehr mit dem Diebstahl der Kleinodien aus der Marienkapelle als mit der Erscheinung der gekrönten Maria auf dem Lettner. Jetzer gab ohne weiteres zu, dass er den Schuhmacher (hier: Schneider) Johann Koch von Bern kannte und dass dieser für ihn vor der Weinlese 1507 bei einem Goldschmied vier vergoldete Ringe aus Silber (*de argento rupto*) habe machen lassen, und zwar drei der Ringe mit dem Wappen von Zurzach und einen mit einem Herz mit mehreren Pfeilen. Die Ringe seien von zwei verschiedenen Goldschmieden angefertigt worden: drei von einem Goldschmied namens Hans Bach und einer von einem Goldschmied, dessen Namen Jetzer nicht kannte, der aber an der Junkerngasse (*carreria nobilium Bernensium*) wohnte. Außerdem habe er noch einen silbernen Apfel vergolden lassen, den der Lesemeister ihm gegeben habe. Dieser habe ihm auch das Silber für die vier Ringe geschenkt, das angeblich aus Münzen oder Rosenkränzen oder Kleinodien von Straßburg stammte. Den silbernen Apfel

---

53) Akten I S. 41 (1507, Dez 21; Jetzer), vgl. auch Rechnungen S. 657: *Des ersten Ludi Belmund und Güder von dem bruder gan Losan zu füren, 6 lb. Denn inen beiden von dem bruder wider har zu füren, und im für zerung und schuch, 5 lb 6 ß 3 d.* Laut Tellbuch 1494 wohnte Imer Güder mit seiner Frau an der Kramgasse Schattenseite, vgl. Tellbuch 1494 S. 159 Nr. 42.

54) Akten I S. 41 (1507, Dez 21; Jetzer). Stephan (Etienne) Loys (1465–1534), Sohn des Arthaud (Notar, Syndic der unteren Stadt von Lausanne 1458, leitete den Bau des Stadthauses von La Palud, † gegen 1480), Advokat in Lausanne, Herr von Marnand (Gem. Valbroye VD) 1497, von Middes und Trey, Meier von Lucens, Richter des Chablais 1510–1526, Appellationsrichter des Bistums Lausanne, Chef der konservativen, dem Bischof ergebenen Partei, vgl. HBLS 4 (1927) S. 716. – Peter Grant, möglicherweise identisch mit Peter Magni, Domherr von Sitten, Beisitzer im Haupt- und Revisionsprozess, siehe Kap. II/2a, Der Beginn des Hauptprozesses.

Jetzers Prozess in Lausanne und Bern 267

habe er vom Lesemeister gekauft, mit Geld, das er mit seinem Handwerk verdient habe. Die Ringe und den Apfel habe er seinen Brüdern geben wollen. Auf die unvermittelte Frage, ob er ein Testament gemacht habe, als er in den Orden eintrat, antwortete Jetzer mit Ja. Bei seinem Eintritt habe er sich nicht als von vornehmer Herkunft ausgegeben, sondern als Schneidergeselle. In seinem Testament habe er alles, was er damals besaß, und auch, was seine Eltern ihm hinterlassen wollten, dem Konvent vermacht[55].

Dann kam das Verhör auf die Kleinodien zurück. Auf die Frage, wann diese aus der Marienkapelle gestohlen worden seien, antwortete Jetzer: unter zwei Malen, einmal vor langer Zeit und das zweite Mal kurz bevor er nach Lausanne gebracht worden sei. Die Ringe seien geschmiedet worden, nachdem die Kleinodien zum zweiten Mal gestohlen worden seien. Auf die Frage, ob er eine Krone besitze, wie man sie den Heiligen auf den Kopf setze, antwortete er mit einem entschiedenen Nein; er habe auch nie eine in seiner Kammer gehabt oder gesehen, und wenn eine dort gefunden worden sei, so hätten die anderen Brüder sie dort hingebracht. Schließlich sagte Jetzer, dass der Lesemeister ihm den silbernen Apfel und die Ringe samt einigen Perlen weggenommen habe, weil er seine Meinung über die Empfängnis Marias nicht habe ändern wollen ... Dies das nicht sehr befriedigende Ende von Jetzers Prozess in Lausanne. In den Prozessakten folgt unmittelbar darauf der Anfang seines Prozesses in Bern, doch begann dieser formell erst am 5. Februar 1508[56] und gingen ihm nicht wenige Vorverhandlungen voraus, die man dem Defensorium und der städtischen Dokumentation – teilweise sogar in Parallelüberlieferung – entnehmen muss.

c) Jetzers Verhöre vor dem Rat von Bern und vor dem bischöflichen Vikar von Lausanne in Bern (7. Januar bis 22. Februar 1508)

Der Konversenbruder Johann Jetzer muss zwischen dem 21. Dezember (letztes Verhör in Lausanne) und dem 29. Dezember 1507 (Anhörung vor dem Rat in Bern) nach Bern zurückgebracht worden sein, sicher von den Weibeln, die am 21. Dezember 1507 seinem letzten Verhör in Lausanne beigewohnt hatten. In Bern scheint er nicht mehr im Dominikanerkloster untergebracht worden zu sein, sondern im Haus des Großweibels Lienhard Schaller, des Bruders des Stadtschreibers Niklaus Schaller. Für den Haupt-

---

55) Akten I S. 41 f. Nr. 119–132 (1507, Dez 21; Jetzer). Der Goldschmied Hans Bach könnte identisch sein mit Hans Goldschmid, der nach dem Tellbuch von 1494 in Bern an der Marktgasse wohnte, und der Goldschmied an der Junkerngasse mit dem Goldschmied Matis Reininger, vgl. Tellbuch 1494 S. 177 Nr. 468 und S. 183 Nr. 617.

56) Akten I S. 42 f. Nr. 133–135 (1507, Dez 21; Jetzer), S. 43 (1508, Feb 5; Jetzer).

268 Die Jetzerprozesse

prozess (26. Juli bis 7. September 1508) wurde er dann allerdings ins Stiftsgebäude überführt, doch wissen wir nicht, wie lange er dort geblieben ist;
jedenfalls gelang ihm die Flucht am 25. Juli 1509 wahrscheinlich aus dem
Haus des Großweibels (siehe Epilog 1a). Sowohl im Haus des Großweibels
als auch im Stift wurde er von städtischen Weibeln – darunter auch wieder
Imer Güder – bewacht; diese verursachten Ausgaben, die in die Rechnungen eingegangen sind:

> – *Denne Güder und Bartlome Knecht von dem bruder zu hüten, biß Ma-*
> *thei [1508, Sept 21] abgerechnet, 16 lb 18 ß 8 d*
> – *Denne Buren zu hüten den bruder 12 wochen in des großweibels hus*
> *und der stift, 11 lb 12 ß*
> – *Denne allen den weiblen von des bruders zu hüten in der stift und*
> *großweibels hus, 8 lb 5 ß 4 d*
> – *Denne Buren, des bruders gehütet in des großweibels hus, 84 tag, 11 lb*
> *4 ß*[57].

Diese Einträge folgen allerdings nicht aufeinander, stammen aber doch alle
aus ein und derselben Rechnung (Rechnung 1). Die Unterbringung Jetzers
beim Großweibel lag insofern nahe, als die Städte damals noch nicht über
Gefängnisse verfügten, in denen man Häftlinge über längere Zeit hätte un-
terbringen können, und der Großweibel der Stellvertreter des Schultheißen
im Stadtgericht und Chef der Polizei bzw. der Weibel war[58]. Aus dem Tellbuch von 1494 ist auch zu erfahren, wo Lienhard Schaller wohnte, nämlich
zusammen mit seiner Frau und einer Magd an der Kirch- und Kesslergasse
(heute Münstergasse); Steck hat das Haus des Großweibels allerdings eher
neben dem Rathaus vermutet. So spielten letztlich beide Brüder Schaller im
Jetzerhandel eine gewisse Rolle, wenn auch nicht zutrifft, was im Historisch-biographischen Lexikon der Schweiz steht: dass Lienhard Schaller als
Großweibel im Jetzerprozess(!) „eine entscheidende Rolle" gespielt habe[59].
Die Rolle seines Bruders Niklaus war sicher die größere, wenn auch mit seinen anfänglichen Sympathien für die Dominikaner zunächst eine eher ambi-
valente (siehe Kap. II/2d, Der Stadtschreiber Niklaus Schaller).

Dass Jetzer am 29. Dezember 1507 vor dem ganzen Rat angehört wurde
und dabei versichert haben soll, dass die Stigmata, die Verwandlung der

---

57) Rechnungen S. 658, 659. Zu den Rechnungen siehe Epilog 2a.

58) GERBER, Gott ist Burger S. 58, vgl. auch STUDER IMMENHAUSER, Verwaltung
S. 186–188.

59) Tellbuch 1494 S. 161 Nr. 91, vgl. auch STECK, Kulturgeschichtliches S. 179. Lienhard II. Schaller (1492–1524), Sohn von Lienhard I. und Bruder von Niklaus, Großweibel 1502–1505 und 1508–1509, 1505 Kastlan in Wimmis, vgl. HBLS 6 (1931) S. 145.

Jetzers Prozess in Lausanne und Bern 269

Hostie und die blutigen Tränen der Marienstatue echt und von Gott seien und dass er bereit sei, dafür zu sterben, wissen wir nur aus dem Defensorium (siehe Kap. I/3d); ein entsprechender Eintrag im Ratsmanual scheint zu fehlen. Dagegen findet sich in diesem unter dem 29. Dezember 1507 die Absicht formuliert, einen Brief an den Bischof von Lausanne zu schicken, doch fehlt hier der Brief bzw. ein Entwurf in den Lateinischen Missivenbücher. Man wollte den Bischof anfragen, *ob im nützit von Rom des bruders halb begegnet sye oder noch zukommen wurde, des min herren zu berichten.* Eine Erklärung bietet Anshelm, der schreibt, dass *der bischof den ungehörten handel heimlich gon Rom geschikt, um rat ze haben, wie und was darinen witer zehandlen*[60]. Dies scheint aber nicht hinter dem Rücken des Rats von Bern geschehen zu sein – sonst hätte dieser sich nicht danach erkundigt –, sondern könnte sogar abgesprochen worden sein, als der Bischof Anfang Dezember 1507 in Bern weilte, denn es war wahrscheinlich sowohl dem Bischof als auch den Bernern bewusst, dass man in einer Sackgasse steckte.

Laut dem Defensorium befanden sich seit dem 30. Dezember 1507 auch die Abgesandten des Vorstehers der Oberdeutschen Dominikanerprovinz, Paul Hug und Prior Werner von Basel, in Bern, und ihr Anliegen war zunächst einmal, dass Jetzer das Ordensgewand abgenommen würde, bevor am 6. Januar 1508 sein Probejahr beendet und er automatisch Professe des Dominikanerordens geworden wäre. Dabei wussten sie offenbar nicht, dass dieser das Ordensgewand bereits am 20. November 1507 bei seinem vierten Verhör in Lausanne freiwillig abgelegt hatte. Oder sie wollten es nicht wissen – jedenfalls stellte Prior Werner es so dar, als hätte Jetzer sich heftig gewehrt, als ihm am 5. Januar 1508 im Haus des Großweibels Lienhard Schaller das Ordenskleid weggenommen wurde. Es ist indessen möglich, dass Jetzer sich gegen die „Entkleidung" wehrte, weil er vorher den Besitz zurückhaben wollte, den er in den Konvent gebracht hatte, laut dem Defensorium 53 Gulden (siehe Kap. I/3d).

Gegenüberstellungen von Jetzer und den Dominikanern vor dem Rat von Bern (7., 14. und 31.[?] Januar 1508)

Am 7. Januar 1508 kam es zu einer ersten Gegenüberstellung von Jetzer und den Dominikanern vor dem Rat in Bern, zu der es erstmals sowohl einen Bericht im Ratsmanual als auch im Defensorium gibt. Wir folgen zunächst dem Ratsmanual, das von einem Dritten geschrieben, eigentlich unparteiischer sein sollte als das Defensorium, und werfen danach noch einen raschen vergleichenden Blick auf den in diesem überlieferten Bericht, den wir

---

60) Beilagen S. 613 Nr. 9 (1507, Dez 29), vgl. auch Anshelm 3 S. 133.

270   Die Jetzerprozesse

schon kennen (siehe Kap. I/3e). Laut dem Ratsmanual ließ man zunächst
Jetzer reden, der von dieser Gelegenheit auch ausgiebig Gebrauch machte,
doch wurde das, was er gesagt hatte, nur kurz resümiert, denn es entsprach
angeblich in etwa seinen Geständnissen in Lausanne, die offensichtlich
schriftlich nach Bern übermittelt worden waren[61]. Dagegen wurden die Argumente der Dominikaner (d. h. der Abgesandten des Provinzials sowie von
Prior und Schaffner des Berner Konvents) ausführlicher wiedergegeben.
Diese hielten zunächst einmal fest, dass Jetzer *si des geendreten sacraments,
weynenden bilds und empfangner wunden halb* bisher *für unschuldig darge-
ben.* Sie bezichtigten ihn, ein Lügner zu sein, und brachten als Beweis sein
Testament (auf das er erstmals bei seinem letzten Verhör in Lausanne vom
21. Dezember 1507 angesprochen worden war): darin habe er ihrem Konvent 500 Gulden vermacht, die er gar nicht besessen habe. Auch habe er ihnen gegenüber gesagt, dass die Muttergottes ihm offenbart habe, dass sie in
Erbsünde geboren(!, statt: empfangen) sei. Was die Kleinodien und Ringe
betreffe, so habe er sich in Widersprüche verwickelt: einmal habe er gesagt,
er habe sie geerbt, ein anderes Mal, der Lesemeister habe sie ihm gegeben,
und zum dritten, seine Verwandten hätten sie ihm durch einen Gerbergesel-
len in Rock und weißen Hosen geschickt, dessen Namen er jedoch nicht
habe nennen können. Der Prior bestritt insbesondere, dass in der Marienkapelle eine Verschwörung stattgefunden habe, und sagte, dass Jetzer selber die
gekrönte Maria dargestellt habe, und gab seinen Mitbrüdern ein Alibi: der
Schaffner sei nicht zu Hause und die anderen seien alle im Chor gewesen.
Der Schaffner verwahrte sich dagegen, dass er die hl. Katharina von Siena
gespielt und dabei von Jetzer verwundet worden sein solle: der Scherer
Roggli und andere, die ihn gepflegt hätten, könnten dies bezeugen. Dies versteht man allerdings nur, wenn man einen Seitenblick auf das Defensorium
wirft, wonach Jetzer – bei der gleichen Gelegenheit – ausgesagt hatte, dass
der Subprior und der Schaffner einmal die Maria und die hl. Katharina von
Siena gespielt hätten und er dabei den Schaffner verwundet habe. Zuletzt
kommt der Bericht im Ratsmanual wieder auf Jetzer zurück, der verlangt
habe, in der Gewalt und im Gefängnis der „Herren“ von Bern zu bleiben,
und dabei auch die Bemerkung fallen ließ, dass der Prior und seine „Mithaf-
ten“ im Kloster Frauen und Töchter empfingen und dass sie die Krone und

---

61) Beilagen S. 614 Nr. 11 (1508, Jan 7): *Es ist hüt fürgenomen der handel des brüders
und durch denselben mit vast langem erzellen eroffnet alles das, so im in dem gotshus [im
Dominikanerkonvent] anfangs mit dem geyst und demnach mit erschinung unser lieben
Frowen und andrer wunderzeychen begegnet, ouch was dagegen durch den prior und die
dry ander wider in zů abstellung sins fürgebens unser lieben Frowen enpfängnuß halb
gehandlet, als das alles durch in zu Losan ouch bekant und minen herren schriftlich zugeschickt ist.*

Jetzers Prozess in Lausanne und Bern 271

das Haar der gekrönten Maria verbrannt hätten, was sie, wie das Protokoll vermerkt, auch gar nicht bestritten hätten. Angesichts der „Schwere und Größe der Sache" suspendierte der Rat „den Handel", bis der Schultheiß (Hans Rudolf von Scharnachtal) und andere Räte zurück sein würden[62].

Seltsamerweise ist das Protokoll im Ratsmanual nicht so unparteiisch, wie man hätte erwarten können, vor allem indem es Jetzers Gravamina mit einem Verweis auf dessen Geständnisse in Lausanne, die dem Rat schriftlich vorlägen, einfach pauschal unter den Tisch kehrt und man dafür paradoxerweise auf das Defensorium zurückgreifen muss. Eine Erklärung könnte sein, dass das Protokoll wahrscheinlich vom Stadtschreiber Niklaus Schaller geschrieben worden war, der, wie wir nun schon mehrmals gesehen haben, gewisse Sympathien für die Dominikaner hegte. Auch das Defensorium unterstreicht die Länge von Jetzers Ausführungen (*fecitque longam orationem coram consulatu et nobis*), die fast bis um 11 Uhr gedauert hätten, so dass den Dominikanern für ihre Verteidigung nur mehr eine Stunde geblieben sei, und unterstellt, dass der entkleidete Bruder sich damit lächerlich gemacht habe. Insbesondere der damalige Schreiber des Defensoriums, Prior Werner von Basel, gibt sich optimistisch und meint, dass die Hauptpunkte (Stigmata, verwandelte Hostie und blutige Tränen) nicht in Zweifel gezogen worden seien[63].

Wir wissen indessen, dass der Berner Rat dies alles sehr viel kritischer sah, denn am gleichen Tag noch schrieb er einen Brief an den Bischof von Lausanne, in dem er ihm zunächst dankte, dass er Jetzer zurückgeschickt hatte, und dann davon berichtete, dass diesem auf Wunsch der Abgesandten des Provinzials das Ordenskleid abgenommen worden sei. Entsprechend sei er am Vormittag des 7. Januars bei der Gegenüberstellung mit den Dominikanern auch als Laie gekleidet gewesen (*veste laycali indutum*). Dabei seien die Meinungen so weit auseinandergegangen, dass der Rat nicht wisse, welcher Seite er Glauben schenken könne (*cui parcium fides et credulitas sit adhibenda*). Aus einem Brief, den der Bischof offenbar an den Stadtschreiber (Niklaus Schaller) gerichtet hatte, wusste der Rat, dass der Bischof sich an den Papst gewandt hatte, um sich beraten zu lassen, wie in der „so dunklen und verwirrten Sache (*causa tam obscura et intricata*)" vorzugehen sei, und bat darum, benachrichtigt zu werden, wenn der Bischof etwas aus Rom erfahre[64]. Dass der Rat auch den Dominikanern nicht mehr traute, geht daraus hervor, dass er am 10. Januar 1508 die Kleinodien des Konvents unter

---

62) Beilagen S. 614–616 Nr. 11 (1508, Jan 7), überprüft am Original StABern, A II 60, Ratsmanual 137 p. 22–24 (1508, Jan 7).

63) Def. S. 589 Kap. III/4.

64) Beilagen S. 613 f. Nr. 10 (1508, Jan 7; Bern an den Bischof von Lausanne). Der Brief ist in den Beilagen vor dem Protokoll der Ratssitzung vom 7. Jan. 1508 abgedruckt, zu Unrecht, denn er ist offensichtlich erst danach geschrieben worden.

272   Die Jetzerprozesse

Verschluss legen ließ; dagegen konnte Paul Hug noch gerade abwenden, dass auch der Prior und der Schaffner – der Lesemeister und der Subprior kehrten erst am 11. Januar von Rom zurück – eingeschlossen würden, damit sie nicht die Flucht ergriffen, Dinge, die wir indessen nur aus dem Defensorium erfahren (siehe Kap. I/3e).

Am 14. und am 31. Januar 1508 kam es zu zwei weiteren Gegenüberstellungen von Jetzer und den Dominikanern vor dem Rat und den Sechzigern, doch sind wir dafür wiederum ausschließlich auf das Defensorium angewiesen, denn im Ratsmanual sind sie nicht protokolliert worden. Laut dem Berichterstatter, Prior Werner von Basel, habe Jetzer, dem wiederum als erstem das Wort erteilt wurde, am 14. Januar nicht viel anderes erzählt als bei der ersten Gegenüberstellung am 7. Januar und sich dabei erneut lächerlich gemacht. Nach dem Mittagessen erhielten die Dominikaner die Antwort, dass man nichts überstürzen, sondern vielmehr die Rückkehr des Boten abwarten wolle, den der Bischof von Lausanne zum Papst geschickt habe (siehe Kap. I/3e). Das Gleiche schrieb der Rat am gleichen Tag auch an den Bischof, in einem Brief, der Propst Armbruster mitgegeben wurde, der den Bischof mündlich von der Konfrontation zwischen Jetzer und den Dominikanern vom gleichen Tag unterrichten sollte, der er zusammen mit dem Dekan und dem Kustos sowie einem weiteren Chorherrn beigewohnt hatte. Gleichzeitig erbat man vom Bischof raschen Bericht, wenn der Bote zurückgekehrt sein würde[65]. Die Antwort des Bischofs von Lausanne ist nicht überliefert, aber laut dem Defensorium schrieb er gegen Ende Januar 1508 nach Bern, dass sein Bote nicht zurückgekehrt sei und er nicht wisse, wo dieser sich aufhalte. Wenn die Berner etwas gegen die Dominikaner unternehmen wollten, sollten sie nicht auf den Boten warten, sondern sich die nötige Vollmacht direkt beim Papst beschaffen; wenn er selber, der Bischof, vom Papst einen Auftrag erhalte, werde er mitarbeiten. Um das weitere Vorgehen zu beraten, wurde eine Sitzung des Kleinen Rats und der Sechziger auf den 31. Januar 1508 angesetzt[66], doch wissen wir nicht, welcher Beschluss an diesem Tag gefasst wurde; denn die Sitzung ist im Ratsmanual nicht verzeichnet. Aufgrund des Defensoriums können wir nur vermuten, dass es zu einer letzten Gegenüberstellung von Jetzer und den Dominikanern gekommen war, vielleicht eher zu einer schriftlichen als einer mündlichen; denn von Jetzers Seite lagen sieben Anklagen gegen die Klostervorsteher vor, und diese scheinen darauf geantwortet zu haben, zum Teil mündlich und zum Teil auch schriftlich (siehe Kap. I/3e). Weiter kann man nur

---

65) Beilagen S. 616 Nr. 12 (1508, Jan 14; Bern an den Bischof von Lausanne).
66) Def. S. 593 Kap. III/6.

Jetzers Prozess in Lausanne und Bern 273

vermuten, dass beschlossen wurde, zunächst ohne Papst weiterzumachen und Jetzer foltern zu lassen – jedenfalls scheint man, da der Henker von Bern krank (*invalidus*) war, denjenigen von Solothurn bestellt zu haben, der – immer laut dem Defensorium – am 4. Februar 1508 in Bern anlangte (siehe Kap. I/3f).

Jetzers erstes Folterverhör (5. Februar 1508)

Am 5. Februar wurde Jetzer gefoltert und begann sein Prozess in Bern, den man wohl als Fortsetzung des Prozesses von Lausanne sah; denn sonst hätte man nicht gleich mit der Folter beginnen dürfen, ganz abgesehen davon, dass auch eine *sentencia interlocutoria* fehlt! Jetzers Prozess in Bern ist alles andere als ein Muster eines Inquisitionsprozesses, wie er im 15. Jahrhundert zumindest in der Westschweiz die Regel war, wurde er doch auch nicht vor einem geistlichen, sondern vor einem weltlichen Gericht – einigen Mitgliedern des Kleinen und Großen Rats – geführt. Auch das Protokoll, das an die Protokolle der Verhöre von Lausanne anschließt, lässt sehr zu wünschen übrig: es beginnt nicht mit dem Datum und dem Ort sowie den Richtern und den Beisitzern; das Datum kommt erst am Schluss, der Ort wird überhaupt nicht erwähnt, und die Richter oder Beisitzenden – einige Mitglieder des Kleinen und Großen Rats (*presentibus nonnullis ex dominis minoris et maioris consilii Bernensis*) – werden nur beiläufig genannt, aber immerhin am Anfang. Man erfährt nicht, wer die Fragen gestellt, und auch nicht, wer das Protokoll verfasst hat, das immerhin in Latein geschrieben ist. Jetzer wird als „ehemaliger Konverse" des Dominikanerkonvents von Bern bezeichnet und sein Prozess als Fortsetzung desjenigen von Lausanne dargestellt (von dem man sich auch die Akten hatte mitliefern lassen)[67]. Bern hatte das Gesetz des Handelns – und den Prozess – an sich gerissen und zog das Ganze auf ziemlich barbarische Art und Weise durch. Dies gilt nicht zuletzt auch für die vorangegangenen Gegenüberstellungen der beiden Parteien, mit denen man im „richtigen" Inquisitionsprozess wesentlich sparsamer umging.

Im Folgenden wurde auch nicht eigentlich ein Verhör protokolliert, sondern lediglich die Geständnisse, die Jetzer angeblich „nach vielen widersprüchlichen Erzählungen (*post multas varias inconstancie relationes*)" machte, und zwar als er gesehen habe, „dass er der sträflichen Inquisition

---

67) Akten I S. 43 (1508, Feb 5; Jetzer): *Tenor processus Iohannis Ietzer, olim conversi conventus Predicatorum Bernensis, ordinis sancti Dominici, in urbe Bernensi, post remissione[m] eiusdem magnificis dominis Bernensibus per reverendissimum dominum episcopum et principem Lausannensem factam; et hoc ultra processum per eundem conversum in Lausannensi civitate coram eodem reverendissimo domino episcopo et principe et eius vicario prius factum.*

274 Die Jetzerprozesse

(der Folter?) nicht entgehen konnte (*videns penalem inquisitionem preterfugere non posse*)". Paradoxerweise erfahren wir Genaueres wieder aus dem Defensorium, wo es heißt, dass Jetzer am 5. Februar 1508 nach dem Mittagessen am Seil aufgezogen wurde (*et altera die post prandium tractatus fuit ad chordas nequam ille frater*). Das Aufziehen am Seil (gesteigert mit zunehmenden Gewichten an den Füßen) war die gängigste Art der Folter, doch mussten die Geständnisse nachher ohne Folter – angeblich „spontan" – bestätigt werden – auch dies eine Regel, von der man nicht weiß, ob sie in Jetzers Fall in Bern eingehalten wurde. Man weiß auch nicht, ob dieser auf der Folter oder erst danach verhört wurde, wie es richtig gewesen wäre. Für Lionel Dorthe, der die Übergänge vom bischöflichen Gericht in Lausanne zum Gericht des bernischen Landvogts (nach 1536) studiert hat, ist es geradezu ein Merkmal des weltlichen Gerichts, dass man nicht erfährt, ob die Folter angewandt wurde oder nicht. Allenfalls können Rechnungen darüber Auskunft geben[68], so auch im Fall von Jetzer, wo es unmittelbar nach den Ausgaben für die beiden Weibel, die diesen nach Lausanne gebracht und wieder zurückgeholt hatten, ziemlich summarisch heißt: *Dem nachrichter von Soloturn und Flükinger, dem weybel, von dem bruder zu fragen under allen malen, 27 lb 10 ß*, was wohl bedeutet, dass Jetzer mehrmals gefoltert wurde, sicher jedenfalls am 5. und am 7. Februar 1508. Dazu kam in der gleichen Rechnung noch eine Summe von 4 Pfund für den Knecht des Nachrichters, der wahrscheinlich mit dem erwähnten Weibel Flückiger identisch war und ebenfalls aus Solothurn stammte[69]. Immerhin geht aus einem Brief Berns an den Bischof von Lausanne vom 12. Februar 1508 hervor, dass die Folter dem Verhör wohl vorausgegangen war (*previa penali interrogatione*)[70].

Die Geständnisse, die Jetzer am 5. Februar 1508 nach oder auf der Folter ablegte, kennen wir schon, denn sie sind auch im Defensorium wiedergegeben[71], und es ergeben sich sogar gewisse Anklänge, die wohl daher rühren, dass Jetzers Geständnisse, die im Grund Anklagen gegenüber den Dominikanern waren, diesen zwar nicht schriftlich übergeben, aber am folgenden Tag doch vorgelesen wurden (siehe Kap. I/3f). An erster Stelle: dass der

---

68) DORTHE, Brigands S. 203, vgl. auch DUBUIS/OSTORERO, La torture S. 561 f.

69) Rechnungen S. 657 u. 658 (Rechnung 1). In der Vorlage für diese Rechnung (Rechnung 4) ist der Eintrag etwas anders formuliert: *Denne dem nachrichter von Soloturn den bruder von den Predigern anfangs hie zu fragen und dem weybel von Soloturn, syn besoldung, 27 lb 10 ß* (ebd. S. 660 Anm. 1).

70) Beilagen S. 617 Nr. 13 (1508, Feb 12; Bern an den Bischof von Lausanne).

71) Akten I S. 43–47 Nr. 136–152 (1508, Feb 5; Jetzer, Folterverhör). Die Nummern der Geständnisse bzw. Anklagen stimmen nicht ganz überein, wir benutzen hier diejenigen des Defensoriums.

Jetzers Prozess in Lausanne und Bern 275

Subprior, Franz Ueltschi, in der schwarzen Magie bewandert sei, mit deren Hilfe er den bösen Geist mit Flammen aus dem Mund heraufbeschworen habe. Bei der Verwandlung der Hostie (am 15. April 1507) habe Jetzer erkannt, dass der Lesemeister die Maria dargestellt habe, begleitet vom Prior und Subprior als Engeln in weißen Gewändern bis zu den Füßen. Jetzer scheint auch begriffen zu haben, dass es sich bei der verwandelten Hostie in Wirklichkeit um zwei Hostien handelte, eine weiße und eine rote, und dass der Lesemeister ihm zuerst die weiße und dann blitzschnell die rote zeigte, und er war auch fast sicher, dass die rote Hostie von Hand und nicht auf wunderbare Weise gefärbt worden sei (Pt. 2). Was die Stigmata betraf, so glaubte Jetzer, dass der Subprior Ueltschi ihm das erste Stigma mit einem Pulver von dunkler Farbe verpasst habe und dass die übrigen Stigmata ihm „gekommen seien", nachdem er einen Trank genommen hatte (*postea accepto potu*). Wenn die Stigmata zu heilen begannen, habe der Subprior sie mit einem gewissen Wasser erneuert, das ihm solchen Schmerz bereitet habe, dass seine Hand manchmal wie durchlöchert ausgesehen habe (Pt. 3). Die Passion Christi habe er ebenfalls unter dem Einfluss eines Tranks gespielt, den die vier Klostervorsteher ihm vorher eingeflößt hätten und der bewirkte, dass es in seinem Bauch rumorte. Jetzer glaubte, dass der Subprior ein Büchlein mit schwarzer Magie (*libellum artis nigromancie*) besitze, mit dessen Hilfe er einen Geist beschworen habe, in Jetzers Glieder, Hände und Füße zu fahren, so dass man die Füße, die in der Art eines Kruzifixes übereinander geheftet waren, auch mit der größten Kraftanstrengung nicht auseinanderzubringen vermochte. Nach der Vorstellung (vor Publikum!) hätten sie ihm einen süßen Trank gegeben, der ihm alle Schmerzen – außer den durch die Stigmata verursachten – genommen habe (Pt. 4). Zum Auftritt auf dem Marienaltar sei er gezwungen worden, und wenn seine Schuhe im Chor verstreut aufgefunden worden seien, so um den Leuten einen übernatürlichen Flug von diesem in die Marienkapelle vorzutäuschen. Die vier Klostervorsteher hätten ihn instruiert zu sagen, dass die Marienstatue Blut weine. Sie hätten auch einige von den „Herren von Bern" herbei gerufen und ihn in der Kapelle eingeschlossen und durch teuflische Beschwörung gezwungen, dass er nicht vom Ort weichen konnte, bis er das Sakrament genommen hatte, das sie ihm gereicht hätten. Schließlich habe er aus körperlicher Schwäche den bitteren Trank und die Erneuerung der Stigmata nicht mehr ertragen, so dass diese verschwunden seien und die Mönche ihn bedroht hätten, wenn er jemandem etwas enthülle, werde er verbrannt werden (Pt. 5). Zu einer gewissen Zeit hätten der Prior und der Subprior ihm ein Essen zubereitet. Als er es essen wollte und auf dem Grund etwas Grünes gefunden habe, habe er das Essen verweigert und es fünf Wölfen, die damals im Kloster gehalten wurden, hingeschüttet, die sogleich daran gestorben sei-

276 Die Jetzerprozesse

en (Pt. 6). Der siebente Punkt betraf die Verschwörung in der Marienkapelle und der achte die Erscheinungen bzw. Täuschungen, die wegen des Franziskanerordens unternommen worden seien, welcher die Meinung vertrat, dass die Jungfrau Maria nicht in der Erbsünde empfangen worden sei.

Bei Punkt 9 wird erstmals eine Frage sichtbar, die Jetzer gestellt wurde, nämlich warum er die früheren Geständnisse, die er in Lausanne gemacht hatte, widerrufen habe, und er antwortete, dass er dies wegen der Ehre und der Verteidigung des Ordens unterlassen habe – eine Antwort, die im Defensorium klarer wird: weil er den Dominikanerorden mit seinen Geständnissen nicht entehren wollte. Was er aber über den Empfang der Pensionen gesagt habe, und dass der Allerhöchste gegen die Stadt Bern erzürnt sei, das hätten die vier Klostervorsteher ihm eingegeben. Unter Punkt 10 subsumierte Jetzer, was der Subprior Ueltschi mit seiner schwarzen Magie alles ausrichten könnte (Beschwörung des bösen Geists und Liebeszauber). Jetzer blieb auch bei seinen früheren Angaben von den 53 Gulden und der Seide, die er ins Kloster gebracht habe, und bei dem, was der Lesemeister und Prior in seidenen Wämsern und mit roten Biretten zusammen mit schönen Frauen und Mädchen getrieben hätten – was er schon früher vor dem Rat erzählt hatte (bei den Gegenüberstellungen vom 7. und 14. Januar 1508) (Pt. 11). Den Diebstahl der Kleinodien, den sie ihm zur Last legten, hätten die vier Klostervorsteher selber begangen und das daraus gewonnene Geld nach Schwaben geschickt (Pt. 12). Im dreizehnten Punkt kam Jetzer auf den Illuministen Lazarus zu sprechen, der einige Zeit im Dominikanerkloster verbracht und nachher in das Haus des Geistlichen Johann Zwygart gewechselt und für die Dominikaner verschiedene, auch teure Farben gemischt habe. Von den übrigen Angehörigen des Dominikanerkonvents Bern sagte Jetzer, dass sie unschuldig seien; bei den vier Klostervorstehern aber fürchtete er, dass sie die Flucht ergreifen würden, und bat deshalb, dass sie auch festgenommen und mit dem gleichen Maß gemessen würden wie er, d. h. wohl auch gefoltert würden (Pt. 14). Schließlich kam Jetzer, vielleicht auf eine entsprechende Frage, noch einmal auf die Erscheinung der Maria auf dem Schwebezug in seiner Kammer zurück und vermutete, dass sie vielleicht ebenfalls unter Einsatz der schwarzen Magie des Subpriors gemacht worden sei (Pt. 15). Auch wenn gewisse Geständnisse phantastisch tönen, so war eine unmittelbare Folge davon doch, dass die vier Klostervorsteher im Konvent eingeschlossen und von je zwei städtischen Weibeln bewacht wurden. Auf diese Weise bedeutete Jetzers erstes Folterverhör auch für die Klostervorsteher eine entscheidende Wende. Auch wenn sie vorsichtig blieben: für die „Herren von Bern" scheinen Jetzers Geständnisse auf oder nach der Folter doch so etwas wie Wahrheit ergeben zu haben.

Jetzers zweites Folterverhör (7. Februar 1508)

Am Tag nach Jetzers erstem Folterverhör in Bern, am 6. Februar 1508, wurden die Dominikaner ins Rathaus gerufen und ihnen Jetzers Geständnisse vorgelesen, weshalb diese auch ins Defensorium eingegangen sind. Weiter wurde eine Forderung Jetzers erfüllt, indem die vier Klostervorsteher gefangen gesetzt wurden, allerdings nicht in einem städtischen Gefängnis (in den Stadttürmen), sondern im Kloster selber, voneinander getrennt und von je zwei städtischen Weibeln bewacht. Dies alles ist wiederum nur aus dem Defensorium zu erfahren, ebenso wie auch die Tatsache, dass Jetzer am 7. Februar wiederum gefoltert und verhört wurde. Das Verhör ist in die Akten eingetragen, aber im Defensorium nur sehr kurz zusammengefasst; die Dominikaner ließen zwar am 10. Februar 1508 durch den Stadtschreiber um eine Abschrift des Protokolls bitten, die ihnen jedoch verweigert wurde. Immerhin war ihnen doch klar geworden, dass es jetzt nicht mehr nur um die Mitschuld der Klostervorsteher ging, sondern auch um diejenige der ganzen Oberdeutschen Ordensprovinz (siehe Kap. I/3f). Jetzers zweites Folterverhör fand am 7. Februar 1508 vor den gleichen Personen statt wie dasjenige vom 5. Februar (*coram personas ut supra*), d. h. wahrscheinlich vor Mitgliedern des Kleinen und Großen Rats. Auch hier ist nicht zu erfahren, wer das Verhör geleitet bzw. die Fragen gestellt hat; es sieht vielmehr so aus, als ob Jetzer einfach „erzählt" hätte, ohne dass die Folter auch nur im mindestens erwähnt würde[72].

Er „erzählte", dass eines Tages (Mitte Mai 1507) der Provinzial (Peter Sieber), der Prior von Köln, zwei Dominikaner von Straßburg (einer mit Doktortitel), der Lesemeister von Pforzheim, ein Lesemeister aus Böhmen, Dr. Magnus (Wetter) von Ulm, damals schon Lesemeister in Schlettstadt, auf dem Weg an ein Ordenskapitel (das Generalkapitel in Lyon, das dann aber erst Anfang Juni in Pavia stattfand) in Bern vorbeigekommen seien. Bemerkenswert ist, dass Jetzer den Prior von Basel, Werner von Selden, nicht nennt, der unzweifelhaft dabei war (siehe Kap. I/3b)[73]. Als diese gesehen hätten, was die vier Klostervorsteher mit Jetzer trieben, hätten sie ihm unter der höchsten Gehorsamspflicht gegenüber dem Orden befohlen, dass er alles, was die vier von ihm verlangten, tun und ihnen gehorchen müsse. Jetzer habe den Trank und das korrosive Pulver, das die vier ihm zur Erhaltung und Erneuerung seiner Stigmata verabreichten, nicht mehr ertragen können, und dies umso weniger, als die Seitenwunde nahe beim Herz lag. Trotzdem hätten die vier Klostervorsteher befunden, dass er einen „Gürtel zum Schlafen (*cingulum dormicionis*)" brauche, und hätten Meister Hein-

---

72) Akten I S. 47–51 Nr. 153–161 (1508, Feb 7; Jetzer, Folterverhör).
73) Akten I S. 47 Nr. 153 (1508, Feb 7; Jetzer, Folterverhör).

278 Die Jetzerprozesse

rich Wölfli, „der ihnen vor und nach sehr zu Willen war (*qui ante et postea sepius cum eorum agibilibus fuerit*)", zu ihm geschickt; Wölfli habe ihm seinen Wunsch nach einer eisernen Kette erfüllt, von der in den Zeugenaussagen der beiden Chorherren bereits die Rede war (siehe Kap. II/1b, Die Chorherren ...). In der Folge hätten die vier ihn gedrängt, die Kette auf dem nackten Fleisch zu tragen, wie es angeblich auch die andern Mönche des Klosters taten. Die „Herren von Bern" ließen sich denn von Jetzer auch die Spuren, die diese Kette auf seinem Körper hinterlassen hatte, zeigen.

Weiter hätten die Klostervorsteher von Jetzer verlangt, dass er ihnen einen Eid auf die Dreifaltigkeit leiste, dass er keinem Menschen etwas von allem, was ihm zugestoßen war, verrate; er habe diesen jedoch nur unter der Bedingung geleistet, dass sie ihn vorher darüber aufklärten, was sie mit dem Sakrament in der Marienkapelle und anderen Dingen mit ihm getrieben hätten. Darauf hätten sie ihm von dem korrosiven Pulver und der schwarzen Magie gesprochen, mit dem sie ihn die Passion spielen und auf den Altar in der Marienkapelle befördert hätten. Sie hätten ihm auch gesagt, dass der Jude Lazarus ihnen die Farben gegeben habe, mit denen sie die Marienstatue in der Kapelle angemalt hätten, ebenso auch die Hostien und die Blutstropfen auf den Windeln. Schließlich hätten sie ihm sogar den Schwebezug gezeigt, auf dem Maria und die Engel ihm erschienen seien. Sie hätten ihm einerseits einzureden versucht, er sei ein heiliger Mann, und ihn andererseits gefragt, wer die Kleinodien aus der Marienkapelle gestohlen habe – wo sie es doch selber gewesen seien. Wenn die Menschen, die zu ihm kamen, ihm Gold und Silber gaben, habe er es zurückgewiesen; der Lesemeister und die anderen aber hätten es genommen und ihn angewiesen, dies auch zu tun. Der Lesemeister habe aus Anlass von Jetzers fingierter Heiligkeit (*occasione huius ficte sanctitatis*) zahlreiche Briefe an den römischen König und sonst nach Deutschland und Frankreich geschickt und die Dominikaner hätten dafür auch Geld und andere Gaben bekommen. Als diese so mit ihm umgegangen seien, habe Jetzer zu ihnen gesagt: „Wenn der Provinzial das wüsste, würde es ihm gar nicht gefallen!" Sie hätten ihm geantwortet: „Wenn er es wüsste, würde er nicht widersprechen." Ebenso habe er ihnen von den „Herren von Bern" gesagt: „Wenn diese von ihren(!) Praktiken wüssten, würden sie ihnen nicht gefallen!" Darauf habe der Lesemeister geantwortet: „Was diejenigen von Bern betrifft, so sind das ‚Verräter und Kuhliebhaber (*proditores et vaccarum amatores*)'", und nicht nur sie, sondern auch die Eidgenossen allgemein (*confederatores communes*); denn sie hätten den Herzog von Mailand verraten – was sich auf den Verrat an Herzog Ludovico Sforza nach der Kapitulation von Novara am 9. April 1500 bezog[74].

---

74) Vgl. Hans STADLER, Art. Novara, Schlachten bei, und Giuseppe CHIESI, Art. Sforza, Ludovico (il Moro), in: HLS online (Zugriff 12. Aug. 2019).

Als der Lesemeister auch Jetzer, der aus der Gemeinen Herrschaft Baden (Zurzach) stammte, als Verräter beschimpft habe, habe dieser sich für sich selber und die Eidgenossen gewehrt; darauf habe der Lesemeister hinzugefügt: weder die Berner noch die Eidgenossen hätten sie für das zurechtzuweisen, was sie in ihrem Kloster täten (*nec Bernenses nec alii confederati haberent eos corrigere de hiis, que in suo monasterio fecerunt*).

Es kann kein Zufall sein, dass, wie wir aus dem Defensorium wissen, nur ein Tag nach Jetzers zweitem Folterverhör, nämlich am 8. Februar 1508, das Gerücht zu den Häuptern der Stadt kam, dass ein Dominikaner einen Berner, der sich eine gute Ausgangsposition für die Plünderung des Dominikanerkloster sichern wollte, als „Kuhliebhaber" beschimpft hatte und die Dominikaner alles aufbieten mussten, um weitere solche Zwischenfälle zu verhindern (siehe Kap. I/3f) – nur ein Tag, nachdem Jetzer im Verhör ausgesagt hatte, dass der Lesemeister die Berner und die Eidgenossen allgemein als Verräter und Kuhliebhaber bezeichnet habe, ja es könnte sogar sein, dass man im Konvent vergeblich nach dem Schuldigen gesucht hat, denn der Schuldige könnte der Lesemeister gewesen und die Sache durch eines der Mitglieder des Kleinen und Großen Rats ausgebracht worden sein, die am 7. Februar bei Jetzers zweitem Folterverhör anwesend waren. Wie auch immer: nach dieser Aussage Jetzers bzw. des Lesemeisters musste sich zum ersten Mal auch der bernische Rat angegriffen fühlen, und zwar nicht nur wegen der „Verräter und Kuhliebhaber", sondern auch, weil der Lesemeister sich damit jede Einmischung der weltlichen Obrigkeit in „sein" Kloster verbeten und damit das städtische Kirchenregiment in Frage gestellt hatte (siehe auch Kap. II/5a, „Kuhliebhaber und Verräter"). Der Rat musste auch immer mehr von einer Mitschuld der Klostervorsteher und unter Umständen der ganzen Ordensprovinz ausgehen, von der auch Jetzer immer mehr überzeugt war. Am Ende des Verhörs bestätigte dieser die Geständnisse, die er bei seinem ersten Folterverhör gemacht hatte und die ihm jetzt vorgelesen wurden, und das Protokoll notiert, dass er in seinen Aussagen „fest und stabil (*firmus et stabilis*)" geblieben sei. So scheint auch die Tatsache, dass Jetzer sich in keine Widersprüche mehr verwickelte, als Indiz für die Wahrheit seiner Aussagen genommen worden zu sein.

Am 9. Februar 1508 beschloss der Rat, *von des brůders handel wegen* an den Bischof von Lausanne zu schreiben, und ebenso an Propst Armbruster, doch datieren die beiden Briefe erst vom 12. Februar. An den Bischof schrieben Schultheiß und Rat, dass sie aus seinen früheren Briefen verstanden hätten, was er ihnen geraten habe (nämlich sich an den Papst zu wenden), dass sie aber zunächst einmal gegen Jetzer als reinen Laien ohne Ordenskleid vorgehen und von ihm durch vorangegangene Folter die Wahrheit hätten erfahren wollen. Weil Jetzer aber nicht nur sich selber, sondern auch

280 Die Jetzerprozesse

einige Mönche (*nonnullos religiosos*) anklage und fest dabei bleibe (*in eo firmiter perseverando*), habe der Rat die von diesem Denunzierten festnehmen, in eiserne Fesseln einschließen und durch städtische Weibel im Kloster bewachen lassen wollen. Da der Fall geistliche Personen und den christlichen Glauben betreffe und es deshalb nicht tunlich sei, die eigene weltliche Autorität durchzusetzen, bat Bern den Bischof dringend, in eigener Person nach Bern zu kommen oder doch seinen Generalvikar und andere gelehrte Männer zu schicken, mit dem Auftrag, die Untersuchung zu Ende zu führen und dem Rat zu raten, was zu unternehmen und zu unterlassen sei. Der Rat war also für einmal gewissermaßen ratlos, und Bern gab nach und verhehlte dies auch gegenüber Propst Armbruster nicht, der gebeten wurde, den Bischof zu überzeugen, nach Bern zu kommen, und ihn dabei zu begleiten[75].

Nur aus dem Defensorium wissen wir, dass Jetzer am 10. Februar 1508 noch einmal heftig gefoltert und dass den Dominikanern am folgenden Tag Einsicht in seine Geständnisse verweigert wurde, unter dem Vorwand, dass diese so wenig zuträfen wie die früheren und dass sie deshalb mehr Verwirrung als Aufklärung stiften würden (siehe Kap. I/3f). Es ist deshalb anzunehmen, dass Jetzer weiterhin (konstant!) die Klostervorsteher belastete, und man darf sogar vermuten, dass die Briefe an den Bischof von Lausanne und an Propst Armbruster zwar am 9. Februar beschlossen worden waren, aber erst am 12. Februar geschrieben wurden, weil man es noch einmal mit der Folter versuchen wollte, aber dann einsehen musste, dass man damit nicht weiterkam, und am 12. Februar die beiden Briefe schreiben ließ. Am 14. Februar kehrte – wiederum laut Defensorium – Prior Werner von Selden nach Basel zurück, weil es für ihn in Bern zu gefährlich geworden war und weil er in Basel Anhänger des Ordens mobilisieren wollte, und zwischen dem 14. und dem 22. Februar 1508 wurden die schwer belasteten Klostervorsteher im Konvent zusätzlich in Fußfesseln gelegt (siehe Kap. I/3g).

Jetzers letztes Verhör vor dem bischöflichen Vikar von Lausanne in Bern (22. Februar 1508)

Am 22. Februar 1508 wurde Jetzer im Rahmen seines ersten Prozesses zum letzten Mal in Bern verhört, und zwar vom Generalvikar der Diözese Lausanne, Baptiste de Aycardis, um dessen Entsendung der Rat mit Brief vom 12. Februar 1508 an den Bischof von Lausanne gebeten hatte. Das Protokoll dieses letzten Verhörs wurde wahrscheinlich wieder vom Sekretär des Bi-

---

75) Beilagen S. 616–618 Nr. 13 (1508, Feb 9 u. 12; Bern an den Bischof von Lausanne und Propst Armbruster).

Jetzers Prozess in Lausanne und Bern 281

schofs von Lausanne, François des Vernets, geführt, der sich ganz am Schluss nennt, allerdings nur mit seiner Funktion, nicht mit seinem Namen. Es präsentiert sich anders als die Protokolle der Folterverhöre vom 5. und 7. Februar 1508, die wahrscheinlich vom Stadtschreiber von Bern, Niklaus Schaller, geführt worden waren. Das Protokoll vom 22. Februar 1508 ist überschrieben mit „Geständnis und Antworten von Johann Jetzer in Bern vor dem Generalvikar von Lausanne" und beginnt mit dem Datum und dem Ort, nämlich dem Haus des Großweibels Lienhard Schaller in Bern, und der Aufzählung der Zeugen: Antoine de Rocules, Kantor des Benediktinerpriorats von Lutry, und Jean François (*Johann Francisci*), wohl beide Begleiter des Generalvikars, Lienhard Schaller selber sowie Wilhelm Wysshan und Benedikt Schwandener aus den Räten von Bern. Auch die Dolmetscher sind wieder ordnungsgemäß notiert, doch waren es nicht mehr die gleichen wie in Lausanne, sondern vielmehr der Chorherr Ludwig Löubli, ein erklärter Feind der Dominikaner, von dem man vielleicht schon wusste, dass man ihn nach Rom schicken würde, um die päpstliche Vollmacht für einen Prozess sowohl gegen Jetzer als auch gegen die vier Klostervorsteher zu erwirken (siehe Kap. I/3g), der Stadtschreiber Niklaus Schaller und schließlich der Gerichtsschreiber Peter Esslinger[76]. Man kann davon ausgehen, dass Jetzer vor diesem Verhör nicht gefoltert worden ist, denn sonst wäre diese protokolliert oder wären die Aussagen Jetzers nach der Folter zumindest als „spontan" bezeichnet worden. Dabei könnte nicht unwichtig sein, dass laut Anshelm (3 S. 135) Löubli die Fragen stellte: *durch frag meister Ludwig Lôublins.*

Als erstes musste Jetzer alle seine Geständnisse vor dem Rat in Bern (wohl die Folterverhöre vom 5. und 7. Februar 1508), die ihm in deutscher Sprache vorgelesen wurden, bestätigen, wobei er bei seinen vorherigen Antworten blieb (*invariabilis et constans*). Dann gestand er weitere Einzelheiten, die für seine Vorgesetzten ziemlich schwerwiegend waren. Eines Tages sei er von den vier in ein Stübchen gerufen worden, wo sie ihn mit Worten zu zwingen versucht hätten, die rot gefärbte Hostie zu schlucken. Als er dies verweigert habe, hätten sie ihn auf den Boden gelegt und ihn mit einer

---

76) Akten I S. 51 f., 53 (1508, Feb 22; Jetzer). Antoine de Rocules und Jean François nicht weiter identifiziert. – Wilhelm Wysshan, Sohn des Lienhard (im Kl. Rat 1491, Venner 1493, 1502, 1512, † 1514), seit 1500 im Großen und seit 1515 im Kleinen Rat, Landvogt Aarwangen 1511–1514, Teilnahme an den italienischen Feldzügen, 1515 Venner, 1520 Landvogt Lenzburg, † 1526, vgl. HBLS 7 (1934) S. 614 und Akten I S. 52 Anm. 1. – Benedikt Schwander (von Schwanden), im Großen Rat 1496–1515, Landvogt Aarburg 1508, vgl. Akten I S. 52 Anm. 2 (nach Anshelm) und HBLS 6 (1931) S. 265. Wohnte mit seiner Frau an der Marktgasse, vgl. Tellbuch 1494 S. 192 Nr. 827. – Der Gerichtsschreiber Peter Esslinger erscheint im Hauptprozess als Zeuge, siehe Kap. II/2d.

282 Die Jetzerprozesse

eisernen Zange an den Gliedern verletzt; außerdem hätten sie ihm mit einem hölzernen Knebel den Mund offengehalten und das Sakrament hineingeschoben, so dass es durch die Kehle herunterrutschte. Da habe ihn der Ekel ergriffen, so dass er das Sakrament erbrochen habe und dieses auf den Boden gefallen sei, was wohl als Hostienfrevel zu werten ist, auch wenn es noch lange nicht die ganze Wahrheit war (siehe Kap. II/4d, Eine vergiftete, erbrochene und verbrannte Hostie). Weiter hätten die Klostervorsteher untereinander ausgemacht, dass sie, wenn sie mit ihrem Vorhaben Erfolg haben würden, den Ort ihres Klosters „Ort zum heiligen Blut (*locus ad sanctum sanguinem*)" nennen wollten. Außerdem wusste Jetzer, dass die Dominikaner etwas Ähnliches wie mit ihm bereits vor einigen Jahren im Konvent von Colmar versucht hätten, ebenfalls mit einem Konversenbruder; dieser habe jedoch in den nicht observanten Konvent von Straßburg fliehen können. Schließlich äußerte Jetzer sich auch noch zum Glockenzug, den die vier in seiner Zelle hätten anbringen lassen: damit hätten sie jeweils außerhalb seiner Zelle geläutet und gesagt, es sei Maria, die geläutet habe. Während diese ihm erschienen sei, seien die übrigen vor der Tür zu seiner Zelle gestanden und hätten durch Gucklöcher in der Wand hineingeschaut, damit sie ihn leichter nach ihren Absichten hätten lenken können[77].

Nach diesen letzten Geständnissen Jetzers blieb wohl nur der vom Bischof von Lausanne angeratene Weg nach Rom, den Bern lange hatte vermeiden wollen. Jedenfalls schreibt der Chronist Valerius Anshelm (3 S. 135) im Anschluss an seine Zusammenfassung von Jetzers letztem Verhör in Bern: *Demnach, mit rat des vicaris [des Generalvikars] und der geistlichen, ward von einem rat beschlossen, durch eignen boten von Rom einen gwalt und commiss usszebringen, disen handel mit ordentlicher rechtvertigung zů volfůren.* Statt diesen Weg gleich zu beschreiten, hatte der bernische Rat auf die Folter gesetzt, und als der Bischof von Lausanne Jetzer nicht einfach so foltern lassen wollte, diesen heimgeholt und selber foltern lassen, was nur möglich war, weil Jetzer vorgängig am 22. November 1507 in Lausanne und am 5. Januar 1508 in Bern das Ordenskleid abgelegt hatte, das erste Mal freiwillig, das zweite Mal scheinbar gezwungen. Bern setzte nicht nur auf die Folter (nur an Jetzer), sondern auch auf mehrere Gegenüberstellungen zwischen Jetzer und den Dominikanern (am 7., 14. und 31.[?] Januar 1508), die indessen nicht den wohl erhofften Durchbruch brachten. Nichtsdestoweniger sind Jetzers Prozesse in Lausanne und in Bern wohl als einziger Prozess zu verstehen – oder der Prozess von Bern als Fortsetzung desjenigen von Lausanne –, dann aber handelt es sich um einen höchst hybriden Prozess. Insbesondere der Prozess von Bern setzte sich mit seinen Gegenüberstel-

---

77) Akten I S. 52 f. Nr. 162–168 (1508, Feb 22; Jetzer).

Jetzers Prozess in Lausanne und Bern 283

lungen und Folterungen über fast alle Regeln des Inquisitionsprozesses hinweg. Entsprechend wird Jetzers erster Prozess im päpstlichen Auftrag zum Hauptprozess (vom 21. Mai 1508) als „unrechtmäßig und unvollständig (*non legitimum et imperfectum*)" beurteilt. Bei diesem Verfahren waren Dinge zum Vorschein gekommen, die erstmals auch an eine Mitschuld (noch bei weitem nicht eine Alleinschuld) der Dominikaner denken und die schließlich den Weg nach Rom als unausweichlich erscheinen ließen. Doch Bern nahm ihn – wie vom Bischof von Lausanne vorgeschlagen – selber unter die Füße, indem der Rat am 25. Februar 1508 beschloss, den Chorherrn Ludwig Löubli nach Rom zu schicken[78].

Die Vorbereitungen zum Hauptprozess (26. Juli bis 7. September 1508) und dieser selbst sollen Gegenstand des nächsten Kapitels sein. Im Unterschied zu Jetzers Prozess in Lausanne und vor allem in Bern wurde der Hauptprozess in Bern ausgesprochen korrekt durchgeführt, denn nun waren auch exempte (von der weltlichen und bischöflichen Gerichtsbarkeit ausgenommene) Ordensleute – die Dominikaner – involviert, auf die man Rücksicht nehmen musste. Dagegen war Jetzer, als man ihn einmal von Lausanne zurückgeholt hatte, hemmungslos gefoltert worden, was man auch als Unrecht ihm gegenüber beurteilen kann. Nichtsdestoweniger hatte er einen Teilsieg errungen, indem er nicht mehr als der einzige Schuldige – aber noch bei weitem nicht und eigentlich bis zum Schluss nicht – als unschuldig angesehen wurde.

---

78) Beilagen S. 620 Nr. 17 (1508, Feb 25), vgl. auch Akten II/1 S. 60 (1508, Mai 21).

284 Die Jetzerprozesse

2. Der Hauptprozess in Bern (26. Juli bis 7. September 1508)

Im Unterschied zu Jetzers Prozess in Lausanne und Bern waren vom Hauptprozess in Bern nun alle betroffen: nicht nur Jetzer, sondern auch die vier Vorsteher des bernischen Dominikanerkonvents, die während dessen Prozess in Bern zunehmend auch in Verdacht geraten waren. Der Hauptprozess ist das eigentliche Herzstück der Jetzerprozesse und nimmt entsprechend viel Platz ein – um nicht den Rahmen eines noch lesbaren Buches zu sprengen, müssen wir ihn so kurz wie möglich zusammenfassen. Nichtsdestoweniger müssen wir die Akten anders lesen, als sie in der Kopie im Staatsarchiv Bern bzw. in Stecks Edition dargeboten werden, nämlich „chronologischer". In der Kopie und in der Edition geht Jetzers Prozess voraus, er dauerte vom 26. Juli bis zum 5. August 1508, mit „Nachzüglern" vom 14. August und 4. September (Akten II/1 S. 64–143 Nr. 1–400), gefolgt von den Artikelverhören der vier Klostervorsteher, die vom 7. bis zum 11. August 1508 dauerten (Akten II/2 S. 145–200). Darauf folgen die von Steck so genannten „peinlichen Verhöre" (Folterverhöre) des Lesemeisters, Schaffners, Priors und Subpriors (in dieser Reihenfolge, die auch schon diejenige der Artikelverhöre ist) (Akten II/2 S. 200–325), wobei die Akten hier als Personalakten angeordnet sind: zuerst der ganze Prozess des Lesemeisters (Akten II/2 S. 224–258 Nr. 1–52; 19. August bis 4. September 1508), dann derjenige des Schaffners (Akten II/2, S. 258–275 Nr. 1–80; 19. August bis 5. September 1508), des Priors (Akten II/2 S. 275–297 Nr. 1–41; 19. August bis 4. September 1508) und schließlich derjenige des Subpriors (Akten II/2, S. 297–325 Nr. 1–78; 21. August bis 5. September 1508), und dies ungeachtet der Tatsache, dass die einzelnen „peinlichen Verhöre" sich zeitlich vielfach überschneiden. Folgen der Abschluss des Hauptprozesses vom 7. September 1508 (Akten II/2 S. 325f.) und in einem dritten Block die Zeugenverhöre, die zum großen Teil vom 12. bis 16. August 1508 stattfanden (mit Nachzüglern vom 18., 19. und 30. August) (Akten II/3 S. 327–401). Diese situieren sich also zeitlich zwischen den Artikelverhören und den „peinlichen" Verhören der Klostervorsteher und müssen auch in dieser Reihenfolge gelesen werden, denn letztlich waren sie es, die dem Hauptprozess eine entscheidende Wende zu Ungunsten der Klostervorsteher gaben; sie entsprachen einem wichtigen Schachzug des Glaubensprokurators Ludwig Löubli und müssen deshalb in den Verlauf des Prozesses integriert werden – auch wenn sie in den Akten und in der Edition erst ganz am Schluss erscheinen. Der Hauptprozess muss so weit als möglich in seiner zeitlichen Abfolge gelesen werden, nur so kann man nachverfolgen, was das Gericht jeweils wusste und womit es die zu Verhörenden überführen konnte. Damit der Leser jederzeit weiß, in welchem Teil der Akten des Hauptprozesses er sich

Der Hauptprozess in Bern   285

gerade befindet, werden diese mit drei verschiedenen Signaturen zitiert: Akten II/1 (S. 55–143): Hauptprozess Jetzers; Akten II/2 (S. 145–326): Hauptprozesse der vier Klostervorsteher, und Akten II/3 (S. 327–401): Zeugenaussagen (siehe auch Einl. 2a).

a) Die Vorbereitungen und der Beginn des Hauptprozesses (25. Februar bis 26./27. Juli 1508)

Die Vorbereitungen (25. Februar bis 17. Juli 1508)

Wie wir bereits gesehen haben, wurde es Ende Februar 1508 unausweichlich, an den Papst zu gelangen, um die Vollmachten zu einem neuen Prozess – dem Hauptprozess – zu erlangen, auch wenn der Rat von Bern die Sache gerne ohne Rückgriff auf den Papst erledigt hätte – es war ihm schon unangenehm genug, dass er auf den Bischof von Lausanne angewiesen war, und dieser wollte offenbar nicht mehr ohne päpstliche Vollmacht handeln (siehe Kap. II/1c). Am 25. Februar 1508 fasste der Rat den Beschluss, für den Chorherrn Ludwig Löubli Empfehlungsschriften nach Rom verfassen zu lassen und ihm zu erlauben, 200 Dukaten „im Bank aufzunehmen", was wohl heißt, dass er sich einen Wechsel auf 200 Dukaten ausstellen lassen durfte. Am 4. März wandte der Rat sich an den Generalvikar der Diözese Lausanne, Baptiste de Aycardis, der am 22. Februar das letzte Verhör Jetzers in Bern geleitet hatte (siehe Kap. II/1c, Jetzers letztes Verhör ...), und bat ihn um eine Bittschrift an den Papst, die er offenbar am 22. Februar versprochen, aber Bern noch nicht hatte zukommen lassen; deshalb schickte der Rat ihm jetzt einen Briefboten (*tabellarius*), der keinen andern Auftrag hatte, als mit dem Gewünschten zurückzukehren[1]. Am 13. März beratschlagten der Kleine Rat und die Sechziger, wer in dem künftigen Prozess über Jetzer und die vier Klostervorsteher zu Gericht sitzen sollte, und kamen dabei zum Schluss, dass es die Bischöfe von Lausanne, Konstanz, Basel und Sitten sein sollten: *Ward geraten, für richter zu Rom darzugeben min herren von Losann, Costentz, Basel und Sitten, sampt und sunders.*[2] Wie das *sampt und sunders* andeutet, war das wohl ein Maximalprogramm, denn das bernische Herrschaftsgebiet gehörte vor allem zu den Diözesen Lausanne und Konstanz, nicht aber zu denjenigen von Basel und Sitten – wenn man von der Herrschaft Aigle (Diözese Sitten) absieht, die Bern seit 1475 innehatte (siehe Einl. 1f). Dagegen berührte die Diözese Basel kein bernisches Herr-

---

1) Beilagen S. 620 Nr. 17 (1508, Feb 25), S. 620 f. Nr. 17 (1508, Mrz 4; Bern an den bischöflichen Vikar in Lausanne).
2) Beilagen S. 621 Nr. 18 (1508, Mrz 13).

286 Die Jetzerprozesse

schaftsgebiet, und man kann lediglich vermuten, dass der bernische Rat
auch den Bischof von Basel im Gericht haben wollte, weil der Prior des Dominikanerkonvents von Basel, Werner von Selden, nach seiner Abreise –
oder Flucht – von Bern am 14. Februar 1508 Hilfe in Basel gesucht hatte,
beim Domstift, bei der Stadt, beim Kollegiatstift St. Peter und bei der Universität, denen die Stadt Bern am 19. Februar hatte absagen müssen (siehe
Kap. I/3g). In der Folge ist nicht zu erfahren, warum die Bischöfe von Konstanz und Basel nicht im Inquisitionsgericht saßen, wohl aber kann man
mutmaßen, warum diejenigen von Lausanne und Sitten es taten: der Bischof
von Lausanne, Aymo von Montfalcon, weil er als Ordinarius der Stadt Bern
bereits den ersten Prozess gegen Jetzer in Lausanne und Bern geleitet hatte,
und der Bischof von Sitten, Matthäus Schiner, wohl wegen der guten Beziehungen, die er sowohl zu Bern als auch zur päpstlichen Kurie unterhielt
(siehe Einl. 1f). Matthäus Schiner hatte am 30. November 1500 das bereits
von seinem Vorgänger Walter Supersaxo (1457–1482) mit Bern geschlossene
ewige Bündnis erneuert und sich am 2. Mai 1506 bei Bern entschuldigt und
in Abrede gestellt, dass er sich über die Berner und die Eidgenossen lustig
gemacht haben soll; er betrachte sich vielmehr selber als einen „guten Eidgenossen" und als Freund und Bundesgenossen von Bern[3].

Vom gleichen 13. März 1508 wie der oben zitierte Beschluss des Kleinen
Rats und der Sechziger von Bern datiert ein ganzes Bündel von Empfeh-
lungsbriefen für den Chorherrn Ludwig Löubli, nämlich ein allgemeiner
Passbrief[4] sowie Briefe an Papst Julius II. und an Niklaus von Diesbach,
Neffe von Wilhelm von Diesbach, Vogt des bernischen Dominikanerkon-
vents, und Cousin von Ludwig Löubli; Niklaus war seit 1500 Propst des St.
Ursenstifts in Solothurn, hielt sich aber in jenen Jahren vorwiegend an der
Kurie auf. An den Papst schrieben Schultheiß und Rat auf Lateinisch, dass
sie Niklaus von Diesbach und Ludwig Löubli „einen schweren und unerhörten Handel" aufgetragen hätten, der in ihrer Stadt „von einem Konversen und Novizen des Dominikanerordens zusammen mit einigen aus dem
Orden zur Kränkung Gottes und der Menschen und zum Spott des Glaubens ausgedacht worden" sei[5]. An Niklaus von Diesbach auf Deutsch und
etwas ausführlicher, dass er von Ludwig Löubli *einen seltsamen, schweren
handel hören und vernämen* werde, *der sich hie in unser statt mit einem*

---

3) EA III/2 S. 79 f. Nr. 36 (1500, Nov 30); Korrespondenzen Schiner 1 S. 61 f. Nr. 85
(1506, Mai 2).

4) Beilagen S. 621 f. Nr. 19 (1508, Mrz 13).

5) Beilagen S. 622 Nr. 20 (1508, Mrz 13; Bern an Julius II.): *causam quandam arduam
et inauditam et que in hac urbe nostra Bernensi a quodam converso et novitio ordinis
Predicatorum, coniunctis et associatis sibi nonnullis eiusdem ordinis, in Dei et hominum
despectum fideique nostre delusionem excogitata fuit.*

Der Hauptprozess in Bern 287

brůder und novitzen Brediger ordens, ouch etlichen des convents und klosters desselben ordens, alhie by uns begeben hat, in welichem solicher valsch und betrug mit verändren des heligen sacraments eucharistie und in viel andren gestalten gebrucht, daß dahär merkliche irrung, unruw und mißverstäntnüß under uns erwachsen und wir darzů von allen umbsäßen und ußländigen mit allerlei schmächworten und als ob wir ein andren Got und gelouben halten wellen, beladen sind worden. Hier wird wieder, wie schon im Brief an den Bischof von Lausanne vom 2. Oktober 1507, die „Veränderung des heiligen Sakraments der Eucharistie" in den Vordergrund gerückt (siehe Kap. II/1a), und neu der Hohn und Spott, den Bern von seinen Nachbarn erdulden musste: „als ob wir einen anderen Gott und Glauben halten wollten"! Bern habe sich an den Bischof von Lausanne gewandt, doch habe dieser ohne „päpstlichen Befehl" nicht gegen die Klostervorsteher vorgehen wollen. Es wird auch auf die „Unruhe" hingewiesen, welche die Gemeinde von Bern ergriffen habe und die unter Umständen sogar dazu führen könnte, dass diese die Schuldigen selber angreifen und zur Rechenschaft ziehen, also Lynchjustiz üben könnte (*diewil uns der handel hoch und schwer angelegen und unser gmeind vast unrüwig, also dass die kumerlich ist zů enthalten, die schuldigen selbst anzugrifen und zu vertigen*)[6].

Wir wissen, dass Ludwig Löubli am 14. März 1508 von Bern aufbrach und am 19. Juni 1508 dorthin zurückkehrte, also etwas mehr als drei Monate ausblieb, denn seine Abrechnung über diese Reise hat sich erhalten: *Item dargegen so bin ich ußgeritten uf Zinstag nach der alten vasnacht mit denen, so genempt sind, und bin ußbeliben biß uf Mendag zu nacht vor corporis Christi, bringt 14 wuchen.* Auf dieser Reise wurde Löubli begleitet von Meister Hans Wagner, Mitglied des bernischen Großen Rats, und einem gewissen Bendicht Müller. Der letztere überbrachte Löubli am 13. März 1508 vom Säckelmeister 40 Sonnenkronen als Reisegeld. Die 200 Dukaten, von denen oben die Rede war, scheinen nach Rom überwiesen worden zu sein, denn Löubli erhielt in Bern offenbar eine Quittung über 200 Dukaten, die er in Rom bei einem gewissen Cristoffel Weher(?) gegen 200 Dukaten *de ca-*

---

6) Beilagen S. 623 f. Nr. 21 (1508, Mrz 13). Zu Niklaus von Diesbach (1478–1550) vgl. Catherine BOSSHART-PFLUGER, Art. Diesbach, Niklaus von, in: HLS online (Zugriff 15. Aug. 2019). Als Propst von Solothurn wurde Löubli 1527 sein Nachfolger, siehe Epilog 4b. – Weitere Empfehlungsbriefe vgl. Urkunden S. 217 f. und 220 f. (1508, Mrz 13): an de Chaumont, Grandmaître und Marschall von Frankreich in Mailand = Charles II d'Amboise (1473–1511), Herr von Chaumont; an den Kardinal von Bologna = Giovanni Stefano Kardinal Ferrero, Bischof von Bologna 1502–1510; an Kaspar von Silenen (ca. 1467–1517), Kommandant der neu gegründeten päpstlichen Schweizer Leibgarde in Rom 1506–1517, vgl. Peter QUADRI, Art. Silenen, Kaspar von, in: HLS online (Zugriff 15. Aug. 2019).

288 Die Jetzerprozesse

mera oder 280 rheinische Gulden einlösen konnte. In seiner Rechnung legt Löubli recht minutiös und sparsam Rechenschaft darüber ab, was er mit den ihm anvertrauten Geldsummen angefangen hatte. Das Essen für drei Personen und während vierzehn Wochen kostete insgesamt 128 Dukaten. Dazu musste er seinen Begleitern unterwegs je 6 Dukaten leihen, und einem gewissen Hans vom Stein in Rom 36 Dukaten, Summen, die direkt an die Stadt Bern zurückzuzahlen waren. Weiter scheint Löubli (unterwegs?) ein Pferd (für 12 Kronen) und in Rom einen Rock (für 12 Dukaten) gekauft zu haben, doch war das Pferd bei der Abrechnung noch vorhanden und Löubli meinte, *es sölle sin gelt wieder gelten*, und den Rock ließ er beim Propst von Solothurn, Niklaus von Diesbach, in Rom, zurück, der ihm schrieb, er habe ihn für 8 Dukaten wieder verkaufen können. Insgesamt scheint Löubli 165 Dukaten ausgegeben zu haben, darunter 13 Dukaten für das erwirkte päpstliche Breve, das vom 21. Mai 1508 datiert, 12 Dukaten für den päpstlichen Sekretär und 1 Dukaten für dessen „Knecht"[7].

Während der vierzehn Wochen, die Löublis Reise nach Rom dauerte, war man in Bern zu relativer Untätigkeit verurteilt. Vom 28. März 1508 datiert ein Brief, den der inhaftierte Lesemeister der Dominikaner, Stephan Boltzhurst, an seine Brüder in Offenburg (Baden-Württemberg) schrieb und der von Rudolf Steck (und anderen) als Beweis für die Unschuld der Klostervorsteher gewertet worden ist. Der Lesemeister schreibt seinen Brüdern Hans, Niklaus und Jörg, dass sie sich um ihn keine Sorgen machen sollten; denn er sei *unschuldiklichen gefangen von denen von Bern [...] umb eins armen menschen willen, dem Got erkantnis siner lügen und boßheit göbe*". Dieser habe *unkristliche sachen und böß stück durch sich oder den bösen geyst – ich weiß nit – [...] volbracht* und sei danach von ihm, dem Lesemeister, und anderen Klostervätern als Dieb, Lügner und „großer Schelm" überführt und „von denen von Bern gefragt" (d. h. wohl gefoltert) worden. In der Meinung, die Klosterväter hätten ihn der Stadt ausgeliefert, habe *er alle sine boßheit uf mich und andere dry vetter mins kloster, prior, supprior und schaffner geleit*. Der Lesemeister sagte voraus, dass der Bösewicht die „Herren von Bern" *in großen kosten und geschrey und schand* bringen werde. Er entbot seinem Bruder Klaus sein Beileid zum Tod seiner

---

7) Rechnungen S. 660–662 (Rechnung 7). Vgl. auch die zusätzlichen Posten zu Löublis Reise in Rechnung 1, Rechnungen S. 657: *Denne meister Ludwig Löublin uff den ritt gan Rom 40 schilt, tund 120 lb. [...] Denne Bartlome Meyen uff meister Löublins ritt gan Rom, 205 lb 6 ß 8 d. [...] Denne aber Bartlome Meyen zu ganzer zalung Löubli's ritlon 140 sunnen schilt, (420 lb)*; ebd. S. 658: *Denne Hans Wagner, als er gan Rom ist geritten, 24 lb.* – Hans Wagner, Mitglied des bernischen Großen Rats 1496–1510, vgl. Beilagen S. 621 Anm. 1. – Bendicht Müller wohnte mit seiner Frau an der *Kilchgassen* in Bern, vgl. Tellbuch 1494 S. 176 Nr. 453. – Zu Bartholomäus May siehe Anm. 17.

Der Hauptprozess in Bern

Frau, der ihm mehr Kummer bereite als seine eigene Sache: *Ouch hab ich vestanden, min brůder Claus, wie dir abgangen sy din eegemahel, ist mir leid und bekümert mich me dan min sach.* Er ließ weiter den Schultheißen Ottheinrich von Offenburg grüßen, offensichtlich ein „Vetter" der Brüder Boltzhurst. Steck schreibt dazu: „Was dieser Mönch in seinem süddeutschen Dialekt aus dem Gefängnis an seine Brüder schreibt, macht nicht den Eindruck der Verstellung, sondern eher den einer großen Einfalt, durch die der Schreiber die Gefahr seiner Lage offenbar unterschätzt. [...] Diesen Eindruck machen auch die Berichte im ersten Teil des Defensoriums, die sie [die Dominikaner] selber aufgezeichnet haben und wo sie voll Naivetät(!) von den wunderbaren Dingen erzählen, die sich mit dem Bruder zugetragen haben."[8] Steck hat sich allerdings nicht gefragt, warum der Brief – offensichtlich das Original! – heute noch in Bern und nicht in Offenburg liegt: wahrscheinlich ist er geöffnet und zurückbehalten worden – und wahrscheinlich hat der Lesemeister – der alles andere als „naiv" war – gewusst, dass sein Brief geöffnet werden würde und ihn entsprechend gestaltet, so dass der einzige „Einfältige" in dieser Sache möglicherweise Steck ist ...

Der päpstliche Auftrag zum Hauptprozess (21. Mai 1508)

Am 2. April 1508 beschloss der Rat, die Bewachung der Klostervorsteher um die Hälfte zu reduzieren, also nur mehr je ein Weibel pro Dominikaner, doch ist in den Rechnungen auch weiterhin von acht „Knechten" die Rede, also für jeden Dominikaner zwei[9]. Am 26. April wurde ins Ratsmanual notiert, dass der Propst von Solothurn, Niklaus von Diesbach, ein an den Papst gerichtetes Beglaubigungsschreiben (*ein credenz*) brauche[10], und ein solches wahrscheinlich nach Rom geschickt. Am 21. Mai 1508 waren Niklaus von Diesbach und Ludwig Löubli in Rom am Ende ihrer Mühen angelangt, indem sie ein päpstliches Breve erlangten, das an die Bischöfe von Lausanne und Sitten sowie an den Vorsteher der Oberdeutschen Dominikanerprovinz gerichtet war. Dieses erlaubte die Eröffnung eines neuen Prozesses gegen Johann Jetzer, Konverse(!) des Dominikanerkonvents in Bern, der

---

8) Beilagen S. 624 f. Nr. 22 (1508, Mrz 28; Dr. Stephan Boltzhurst an seine Brüder), vgl. auch STECK, Der Berner Jetzerprozess S. 67.

9) Beilagen S. 625 Nr. 23 (1508, Apr 2), vgl. auch Rechnungen S. 657: *Denne aber 8 knechten zu hüten biß dem 5. tag Ougsten [1508, Aug 5], 32 lb*; S. 658: *Denne aber den acht knechten zu hüten, biß Mathei [1508, Sept. 21] abgerechnet, 33 lb 8 ß; [...] Denne den acht knechten zu hüten biß dem andern tag Abrellen [509, April 2], 34 lb 2 ß 8 d; [...] Aber den acht knecht biß dem 5. tag Meyen [1509, Mai 5], 35 lb 4 ß; Denne inen zu hüten biß zuletst [1509, Mai 31], 27 lb 9 ß 8 d.*

10) Urkunden S. 223 (1508, Apr 26).

290   Die Jetzerprozesse

unter simulierter Einfalt (*sub simulata simplicitate*) angeblich vieles gesehen
und von der Jungfrau Maria gehört hatte, das vom katholischen Glauben
abwich, aber auch gegen vier Brüder desselben Konvents, die dies dem
Konversen angeblich suggeriert hatten (*qui talia eidem converso suggessisse
dicuntur*) und die deshalb, und auch um einen Skandal und Aufstand des
Volkes zu verhindern (*ad sedandum etiam scandalum populi et tumultus ex-
ortos*), von Schultheiß und Rat von Bern gefangen genommen worden waren und im Kloster „ehrenhaft" bewacht wurden, damit sie nicht die Flucht
ergreifen konnten. Da der Prozess gegen Jetzer, der dem Papst übermittelt
worden war – der Prozess von Lausanne und Bern – nicht rechtmäßig und
unvollständig (*non legitimum et imperfectum*) sei, gab dieser den Bischöfen
von Lausanne und Sitten sowie dem Provinzial die Einwilligung, Jetzer
auch mit der Folter zu befragen, gegen ihn und die genannten Brüder einen
Prozess anzustrengen, sie je nach Sachlage zu absolvieren oder zu verurteilen und im letzteren Fall je nach ihren Verbrechen (*demerita*) zu degradieren und dem weltlichen Arm zu übergeben. Da es sich nicht zieme, dass
geistliche Personen von Laien festgehalten würden, verordnete der Papst,
dass der eingekerkerte Jetzer den Bischöfen und dem Provinzial übergeben
werde und dass die Dominikaner, wenn sie geeignete Bürgen dafür stellen
könnten, dass sie nicht aus dem Kloster flüchten würden, aus dem Gefängnis der Laien entlassen werden sollten; wenn sie die Bürgen indessen nicht
stellen könnten, sollten sie nach dem Gutdünken der Richter bewacht werden. Der Papst verlangte, dass bei den Verhören, bei der Folter und beim
Urteil immer mindestens zwei von den Richtern anwesend sein sollten;
wenn der Provinzial jedoch mit den beiden Bischöfen nicht einverstanden,
diese aber unter sich einig sein würden, konnten sie den Prozess zu Ende
bringen, ohne mögliche Appellation und ohne dass die päpstlichen Privilegien des Dominikanerordens dies verhindern konnten[11]. Hervorzuheben

---

11) Akten II/1 S. 59–61 (1508, Mai 21). Dabei handelt es sich um die Abschrift des
päpstlichen Breves in die Akten des Hauptprozesses. Steck (Akten II/I S. 59 Anm. a)
spricht von zwei weiteren „Texten": einem Konzept auf Pergament, aber ohne Siegel-
spuren und mit zum größten Teil abgeschnittener Unterschrift „unter den Beilagen der
Berner Prozessakten", d. h. wohl im Band StABern, A V 1438, Unnütze Papiere, Kirchliche Angelegenheiten 69 (transkribiert in Urkunden S. 223–225), und einer Edition bei
Wirz, Bullen und Breven S. 252 f. Nr. 266. Laut Steck ist das Original nicht vorhanden.
Laut Korrespondenzen Schiner 1 S. 77 Nr. 100, befindet es sich im Archiv der Edlen von
Vautéry in Monthey und danach ausgefertigte Abschriften bei A. J. de Rivaz, Opera
historica, 18 handgeschriebene Bände, aufbewahrt in Sitten, Staatsarchiv Wallis, Bestand
de Rivaz, und Collection Gremaud II im Staatsarchiv Freiburg, „mit nicht unerhebli-
chen Varianten". Ein Original könnte sich auch in den Archives cantonales vaudoises, C
IIIa 80, befinden (freundlicher Hinweis von Prof. B. Andenmatten, Lausanne). Es wäre

Der Hauptprozess in Bern

291

ist, dass das aus den Bischöfen von Lausanne und Sitten sowie dem Provinzial der Oberdeutschen Dominikanerprovinz bestehende Gericht nicht nur Jetzer den Prozess machen sollte, sondern auch den vier Klostervorstehern, dass man aber bei der Urteilsfindung bereits Probleme voraussah und deshalb nur die Einigkeit der beiden Bischöfe verlangt wurde.

Wie wir gesehen haben, kehrten Löubli und seine Begleiter am 19. Juni 1508 nach Bern zurück, und zwei Tage später übersandten Schultheiß und Rat das Breve vom 21. Mai ungeöffnet an den Bischof von Lausanne und fragten nach dem weiteren Vorgehen[12]. Am 24. Juni 1508 wandten sie sich auch an den Bischof von Sitten, Matthäus Schiner, der offenbar bereits eingeweiht war: *[...] Gnediger her, üwer gnad weiß den ungehörten, schwären handel, so sich hie in unser statt in dem gotshus Bredigerordens [...] begeben.* Die Absender zweifelten nicht, dass der Bischof von Lausanne, dem sie das erlangte Breve zugesandt hatten, sich in dieser Sache an seinen Walliser Kollegen wenden würde, wollten es aber nicht versäumen, diesen selber zu informieren und zu bitten, das ihm zugedachte Richteramt zu übernehmen, *und darin alle mogliche fürdrung zů abstellung unnottürftigs costens, der täglichs mit verhůt und vänknüß angenomner personen erwachst, bruchen*[13]. Am 5. Juli 1508 gelangte der Rat an alle drei Richter, sie sollten sich am 23. Juli (Sonntag vor Jakobi) in Bern einfinden. Aus dem Brief an den Bischof von Lausanne geht hervor, dass dieser das Breve, das an alle drei Richter adressiert war, nicht allein hatte öffnen wollen, so dass nun ein Tag angesetzt werden musste, um dies gemeinsam zu tun[14]. Der in Deutsch verfasste Brief an den Bischof von Sitten führte aus, dass sein Lausanner Kollege nicht wage, das Breve allein zu öffnen, weil dieses an alle drei Richter adressiert sei und die Klausel *et eorum cuilibet* fehle (was übrigens zutrifft), und mahnte erneut zur Eile, da der Bruder – wohl Jetzer – *etwz krank* sei und die Kosten für die Gefangenhaltung der Dominikaner täglich anstiegen[15]. Und schließlich gelangte Bern am 17. Juli 1508 auch noch an seinen ehemaligen Stadtschreiber Thüring Fricker, der seiner Vaterstadt weiterhin

---

nötig, eine kritische Edition zu machen, denn diejenige von Steck vermag nicht zu genügen.

12) Beilagen S. 625 Nr. 26 (1508, Juni 21; Bern an den Bischof von Lausanne).

13) Beilagen S. 625 f. Nr. 27, vgl. auch Korrespondenzen Schiner 1 S. 77 f. Nr. 101 (1508, Juni 24; Bern an den Bischof von Sitten).

14) Beilagen S. 626 f. Nr. 28 (1508, Juli 5; Bern an alle drei Richter, insbesondere an den Bischof von Lausanne).

15) Urkunden S. 227 f., vgl. auch Korrespondenzen Schiner 1 S. 78 Nr. 102 (1508, Juli 5; Bern an den Bischof von Sitten). In Rechnungen S. 658 findet sich eine Ausgabe von 1 Pfund 4 Schilling für einen gewissen Baltiser *von dem bruder zu arznen*. – Brief an den Provinzial: StABern, Dt. Missiven M, fol. 8v–9r (1508, Juli 5).

292   Die Jetzerprozesse

als Diplomat und Berater zur Verfügung stand, und bat ihn, *von der Brediger sach wägen* nach Bern zu kommen[16].

Der Beginn des Hauptprozesses (26. und 27. Juli 1508)

Am 26. Juli 1508, einem Mittwoch, konstituierte sich der Gerichtshof in der Vinzenzkirche – im Münster – in Bern. Ludwig Löubli, Chorherr von St. Vinzenz, der als „Bote" der Stadt und Republik Bern bezeichnet wird, begleitet vom Rechtsgelehrten Thüring Fricker und von Bartholomäus May, beide Mitglieder des Kleinen Rats, präsentierte den Bischöfen von Lausanne und Sitten sowie dem Provinzial Peter Sieber das päpstliche Breve vom 21. Mai 1508, das scheinbar noch immer ungeöffnet war, wenn auch inzwischen zusätzlich zum päpstlichen roten Wachssiegel (*anulo suo piscatoris cera rubea*) mit den Siegeln der beiden Bischöfe und des Provinzials versehen. Die Richter nahmen das Breve in Empfang und ließen es öffentlich verlesen und von den Notaren zu Protokoll nehmen. Bei den Notaren, die sich erst ganz am Schluss des Hauptprozesses nannten, handelte es sich um François des Vernets, Sekretär des Bischofs von Lausanne, und Jean de Pressensé (*de Presensiis*), Gerichtsschreiber des Bischofs von Sitten (siehe Einl. 2a). Dies alles in Gegenwart von Baptiste de Aycardis, der hier (und im Folgenden) nicht als Generalvikar der Diözese Lausanne bezeichnet wird, sondern als Offizial (was er beides war), vielleicht in Angleichung an den auf ihn folgenden Jean Grand, Offizial der Diözese Sitten, der indessen ebenfalls beide Ämter bekleidete. Weiter die Domherren von Lausanne und Sitten, Michel de Saint-Cierges und Peter Magni (Grand, Groß), der erstere Glaubensprokurator in Jetzers erstem Prozess und der letztere möglicherweise bei dessen letztem Verhör in Lausanne (am 21. Dezember 1507) anwesend (siehe Kap. II/1b, Jetzers Reaktion auf die Zeugenaussagen)[17]. In Vollziehung des Bre-

---

16) Beilagen S. 617 Nr. 29 (1508, Juli 17). Biographische Angaben zu Thüring Fricker unter Kap. I/2d.

17) Akten II/1 S. 57–59. Bartholomäus May (1446–1531), bedeutendster Kaufmann der Stadt Bern im Mittelalter, auch Diplomat und militärischer Führer im Schwabenkrieg und in den Mailänderkriegen, seit 1474 im Großen, seit 1494 im Kleinen Rat; nach der Schlacht von Murten 1476 zum Ritter geschlagen, zwischen 1496 und 1516 Erwerb der Herrschaften Strättligen, Thierachern, Wattenwil und Toffen, vgl. Hans BRAUN, Art. May, Bartholomäus, in: HLS online (Zugriff 15. Aug. 2019). Bartholomäus May testierte am 1. Mai 1528, vgl. HUBER HERNÁNDEZ, Für die Lebenden, Anhang I: Verzeichnis der Testatoren und Testatorinnen Nr. 140. – Jean Grand, Generalvikar der Diözese Sitten 1501–1504, 1507–1509, 1512–1516, 1522, 1534–1546; Offizial 1501, 1502, 1503, 1507–1512, 1516–1520, 1521, 1526, 1529–1546, seit 1505 auch Domherr von Lausanne, vgl. HS I/5 S. 313 f. u. 349 f. – Peter Magni (1480–1516), 1496 an der Universität

Der Hauptprozess in Bern 293

ves wurde Jetzer für den gleichen Tag auf die Vesperzeit vorgeladen, und zwar in das Haus des Propsts von St. Vinzenz, das die Richter als Ort für das Gericht (*pro eorum tribunali et loco audientie*) wählten. Dieses befand sich im ehemaligen Deutschordenshaus (heutiges Stiftsgebäude) auf der Südseite des heutigen Münsterplatzes, das man den Deutschordensbrüdern bei der Gründung des Stifts am 3. März 1485 weggenommen hatte. Dieses Haus war dreigeteilt: in die Propstei, Kustorei und Schaffnerei des Vinzenzstifts, wobei die letztere, in welcher die Chorherren auch ihre (wöchentlichen) Kapitelsitzungen abhielten, in der Mitte des Hauses lag. So war die Propstei zum geistlichen Zentrum der Stadt Bern geworden, und es erstaunt nicht, dass das geistliche Gericht sie für den wichtigsten der Jetzerprozesse zu seinem Sitz wählte[18].

Am gleichen 26. Juli 1508 wurden auch Ludwig Löubli und Konrad Wymann, Pfarrer von Spiez, zu Glaubensprokuratoren ernannt, die, wie wir gesehen haben, im Inquisitionsprozess die Anklage vertraten, die Anklageartikel zusammentrugen und auch die Folter verlangten (siehe Kap. II/1a, Jetzers drittes Verhör). Der Glaubensprokurator war das wichtigste Mitglied eines Inquisitionsgerichts nach dem Inquisitor; im Fall des Hauptprozesses (und später auch des Revisionsprozesses) ist außergewöhnlich, dass zwei Glaubensprokuratoren eingesetzt wurden, auch wenn in beiden Prozessen vor allem Löubli dieses Amt wahrnahm. Außergewöhnlich ist auch, dass der Glaubensprokurator bzw. die Glaubensprokuratoren gleich zu Beginn des Prozesses eingesetzt wurden, denn in den frühen Hexenprozessen, wie sie im 15. Jahrhundert in der Westschweiz durchgeführt wurden, erscheint der Inhaber dieses Amts in der Regel erst, wenn es darum ging, ein „Zwischenurteil" (*sentencia interlocutoria*) zu beantragen und durchzusetzen, welches die Anwendung der Folter erlaubte[19]. Man darf also vermuten, dass die Glaubensprokuratoren in den Berner Jetzerprozessen eine größere Rolle spielten als sonst und insbesondere die Anklage verstärkten, und dies umso mehr, als Ludwig Löubli alle Kompetenzen, die ihm dieses Amt verlieh, voll auszunützen verstand. Wie wir gesehen haben, gehörte er zu den

---

Köln immatrikuliert, seit 1501 Domherr von Sitten sowie Kaplan und persönlicher Mitarbeiter (Sekretär) von Matthäus Schiner, vgl. Rachel SIGGEN-BRUTTIN, Art. Grand, Peter, in: HLS online (Zugriff 15. Aug. 2019).

18) Akten II/1 S. 62 (1508, Juli 26), vgl. TREMP-UTZ, Kollegiatstift S. 22, 120, 137, 141 f.

19) Akten II/1 S. 62 f. (1508, Juli 26), vgl. auch MODESTIN, L'inquisition romande S. 322 f. – Konrad Wymann, seit 1496 Kaplan und seit 1498 Pfarrer von Spiez, Kämmerer des Kapitels Bern, vgl. Akten II/1 S. 63 Anm. 1; Georg RETTIG, Art. Conrad Wymann, 14..–1515?, in: Sammlung bernischer Biographien 1 (1884) S. 167; BÜCHI, Schiner 1 S. 129.

294 Die Jetzerprozesse

frühesten Gegnern der Dominikaner und ihrer „Ketzerei und Lotterei" (siehe Kap. I/3g), und aus heutiger Sicht ist es nicht nachvollziehbar, warum ausgerechnet er nach Rom geschickt und zum Glaubensprokurator ernannt wurde, wo er doch parteiisch und seine Parteilichkeit auch allgemein bekannt war (siehe auch Kap. II/2d, Zeugenaussage Noll). Die Glaubensprokuratoren verlangten als erstes, dass Jetzer aus den Händen der Laien in diejenigen des geistlichen Gerichts zu überführen sei; dabei wurde Jetzer als Konverse bezeichnet, was er eigentlich gar nicht mehr war (nachdem er selber am 17. November 1507 das Ordenskleid in Lausanne abgelegt hatte und ihm dieses am 5. Januar 1508 noch zusätzlich von den Dominikanern abgenommen worden war). Nichtsdestoweniger wurde er umgehend wahrscheinlich aus dem Haus des Großweibels Lienhard Schaller, wo er seit seiner Rückkehr aus Lausanne untergebracht war (siehe Kap. II/1c), in die Propstei überführt, und zwar durch den Kaplan Paul Rappol(d) – Kaplan nicht von St. Vinzenz in Bern, sondern von St. Nikolaus in Freiburg –, der später hie und da auch als Beisitzer im Inquisitionsgericht sitzen sollte[20].

Noch am gleichen Tag, um die Vesperzeit, begann in der Propstei Jetzers Artikelverhör, doch soll darauf erst unten eingegangen werden. Denn am gleichen 26. Juli 1508 wurden auch die Prozesse gegen die vier Klostervorsteher eröffnet und wurden die gleichen Zeremonien wie oben für Jetzer (Verlesung des päpstlichen Breves, Wahl des Gerichtsorts, Einsetzung der Glaubensprokuratoren usw.) auch für diese durchgeführt. Anders als Jetzer wurden die vier Klostervorsteher nicht auf den gleichen Tag in die Propstei zitiert, sondern erst auf den 27. Juli morgens um 7 Uhr. Die Glaubensprokuratoren verlangten einmal mehr, dass die vier Dominikaner und Jetzer(!) aus den Händen der Laien in diejenigen des päpstlichen Gerichts überführt werden sollten; doch trat ihnen Paul Hug entgegen, der uns aus dem Defensorium als Vertreter des Provinzials (der nun selber im Gericht saß!) und eine Art Verteidiger der Klostervorsteher bekannt ist (siehe Kap. I/3c). Dieser wird hier als *presidens* des Berner Dominikanerkonvents bezeichnet, das in der Tat verwaist war, indem alle vier Vorsteher zwar noch im Kloster, aber eingeschlossen und nicht mehr aktionsfähig waren. Er verlangte, dass die vier, wie im päpstlichen Breve vom 21. Mai 1508 vorgesehen, gegen Kaution freizulassen seien, weil er sonst nicht garantieren könne, dass sie

---

20) Akten II/1 S. 63 f. (1508, Juli 26), vgl. auch ebd. II/2 S. 258 (1508, Sept 4; Lesemeister, Folterverhör); II/3 S. 347 (1508, Aug 13; Zeugenverhör Peter Müller OClun); III S. 464 Nr. 34 (1509, Mai 11, 15 Uhr; Prior). – Paul Rappol (oder Rappold), Sakristan und Kaplan zu St. Nikolaus in Freiburg 1475, Feldprediger der Freiburger bei der Schlacht von Murten 1476, Pfarrer von Belfaux 1476, Guggisberg 1482, Tafers 1491, Cugy 1504, Chorherr von St. Nikolaus 1515, Pfarrer von Autigny 1517, † 1519 oder 1520, vgl. HBLS 5 (1929) S. 537.

Der Hauptprozess in Bern

295

am nächsten Tag vor dem Gericht erscheinen könnten, da sie in den Händen und der Gewalt von Laien seien. Das Gericht setzte den beiden Parteien – hier den Glaubensprokuratoren und dem „Verteidiger" – einen Termin, am nächsten Tag zur Stunde der Prim in der Propstei zu erscheinen, um sein Urteil in dieser Sache zu vernehmen[21]; damit entfiel wohl die Zitation der Dominikaner auf den 27. Juli um 7 Uhr morgens.

Hier zeichnet sich schon ein Unterschied zwischen Jetzer und den Dominikanern ab: diese hatten zumindest einen inoffiziellen und sollten später (am 4. August 1508) einen offiziellen Verteidiger bekommen, während Jetzer bis auf eine kleine zeitliche Ausnahme (in der Diskussion um die Anwendung der Folter am 17. August 1508) keinen Verteidiger hatte. Dabei muss klargestellt werden, dass die Verteidigung im Ketzer- und Hexenprozess, der sich aus dem „reinen" Inquisitionsprozess entwickelt hatte (siehe Einl. 2), eigentlich gar keinen Platz hatte; freilich war sie an den Ursprüngen des Inquisitionsprozesses im 13. Jahrhundert vorgesehen, sie kam aber schon bald außer Gebrauch, weil die Verteidiger verdächtigt wurden, „Komplizen" der Angeklagten zu sein, so dass bald niemand mehr wagte, Häretiker zu verteidigen[22]. Dies führte dazu, dass die frühesten Hexen, die im 15. Jahrhundert in der Westschweiz verfolgt wurden, kaum je einen Verteidiger hatten; aber wenn sie über einen verfügten, konnten sie unter Umständen sogar freigesprochen werden, wie jene wahrscheinlich wohlhabende junge Witwe, die zu Beginn des Jahres 1467 im Wallis in Verdacht geriet und aufgrund der Bemühungen von mehreren Verteidigern mehrmals (1467 und 1469) vor dem Scheiterhaufen gerettet wurde (ohne dass man allerdings wüsste, was zuletzt aus ihr geworden ist)[23]. Es waren also nur privilegierte Leute, die sich einen Verteidiger zu verschaffen wussten oder einen Verteidiger bekamen, die Dominikaner wohl weil sie (exempte) Ordensleute waren. Außerdem war im Hauptprozess einer der drei Richter (der Provinzial) ein Dominikaner, der allerdings nicht das gleiche Gewicht besaß wie die beiden anderen Richter. Diese Vorteile (Verteidigung und Vertretung im Gericht) wurden aber möglicherweise dadurch aufgehoben, dass der Glaubensprokurator ein erklärter Gegner der Dominikaner war und dass die Verteidigung sich mit ihren Anliegen nie so richtig durchsetzen konnte.

Wie wir gesehen haben, waren die Glaubensprokuratoren und der Verteidiger der Dominikaner auf den 27. Juli 1508 zur Zeit der Prim vor das Ge-

---

21) Akten II/2 S. 147–150 (1508, Juli 26).

22) UTZ TREMP, Von der Häresie S. 383–406, insbes. S. 401.

23) UTZ TREMP, Von der Häresie S. 633–640, vgl. auch AMMANN-DOUBLIEZ, Les chasses S. 14 f. Grundlegend zum Fall Françoise Bonvin: STROBINO, Françoise sauvée des flammes? Zur Verteidigung im Hexenprozess vgl. auch SIMON, „Si je le veux, il mourra" S. 78–81: „Se défendre, un privilège".

296 Die Jetzerprozesse

richt gerufen worden, das entscheiden wollte, ob die Dominikaner aus der Gewalt der Laien in diejenige des päpstlichen Gerichts überführt oder gegen Kaution freigelassen werden sollten. Am 27. Juli erschienen der Glaubensprokurator Ludwig Löubli und der Verteidiger Paul Hug in der Propstei und wiederholten ihre entsprechenden Anträge, worauf das Gericht dem Antrag des ersteren stattgab. Dieser Beschluss hatte die Form eines „Zwischenurteils" (*sententia interloqutoria*), das im Inquisitionsprozess vor allem beim Beschluss zur Anwendung der Folter gebräuchlich war. In der Folge wurden die Offiziale der Diözesen Lausanne und Sitten, Baptiste de Aycardis und Jean Grand, sowie Michel de Saint-Cierges ausgeschickt, um diese Überführung bis zum nächsten Tag (28. Juli 1508) zu vollziehen. Von Anshelm wissen wir, dass die Klostervorsteher, ebenso wie Jetzer, in der Propstei untergebracht wurden, jeder in einer eigenen Kammer und mit eisernen Fesseln an den Armen: *und also wurden die gemelten tåter zů handen der båbstlichen richtern in die probstî gefüert, und da iezlicher in ein sundre kammer an armisen gelegt und mit knechten verhůt.* Die Ausgaben für je zwei Weibel pro Klostervorsteher und auch für Jetzer (zu Lasten der Stadt) liefen in der Tat weiter, für die Klostervorsteher bis zum bitteren Ende am 31. Mai 1509[24].

Der Stiftspropst Johann Armbruster, der bei Jetzers Prozess in Lausanne als Dolmetscher gewirkt hatte (siehe Kap. II/1a), scheint über diese Einquartierung in „seiner" Propstei nicht glücklich gewesen zu sein; denn laut Anshelm verließ er am 29. Juli 1508, nachdem die Dominikaner in die Propstei gebracht worden waren, seine Amtswohnung und begab sich auf sein Gut Hohliebe außerhalb der Tore der Stadt Bern, wo man ihn am nächsten Morgen tot im Bett fand und noch am gleichen Tag im Chor der Stiftskirche begrub: *Diss jars uf den 29. Juli, was Samstag, als die gvangnen Prediermůnch uss irem kloster, durch gheiss råten und burgern, in die probstî gelegt wurden, gieng der probst, her Hans Armbruster, mit unwůrse [Unwissen?] nimmer darin zekommen, hinuss uf sine Hochliebe, da er mornedigs frůe ward an sinem bet tod funden, und des Sontags in S. Vincensen kor êrlich begraben.*[25] In der Propstei mussten die vier Klostervorsteher bis zum 4. August 1508 ausharren, bis weiter gegen sie vorgegangen wurde. In dieser Zeit (26. Juli bis 5. August 1508) wurde der Prozess gegen Jetzer fast vollständig durchgeführt, mit dem Artikelverhör am 26. und 28. Juli und sieben

---

24) Akten II/2 S. 150–152 (1508, Aug 26), vgl. auch Anshelm 3 S. 137; zu den Ausgaben für die Weibel siehe oben S. 289 Anm. 9.

25) Anshelm 3 S. 177. Hohliebe, Landhaus, das schon am Ende des 14. Jahrhunderts belegt ist und das sich in der Gegend der heutigen Universität Bern befunden haben muss, wurde vor 1768 wegen Baufälligkeit abgebrochen, vgl. WEBER, Historisch-Topographisches Lexikon, Art. Hohliebe 1 (Zugriff 15. Aug. 2019).

Der Hauptprozess in Bern

weiteren Verhören am 29. und 31. Juli sowie am 2., 4. und 5. August, wobei am 4. und 5. August je zwei Verhöre stattfanden (siehe unten).

b) Jetzers Prozess (26. Juli bis 5. August 1508)

Jetzers Prozess im Rahmen des Hauptprozesses von Bern begann gleich mit dem Artikelverhör (26. und 28. Juli), was insofern nicht normal ist, als dem Artikelverhör in der Regel mehrere Verhöre vorausgingen, aufgrund derer die Anklageartikel für das Artikelverhör formuliert wurden; im Prozess in Lausanne waren dem Artikelverhör (vom 17. November 1507) am 8., 15. und 31. Oktober drei Verhöre vorausgegangen (siehe Kap. II/1a). Wenn der Hauptprozess in Bern in Jetzers Fall gleich mit dem Artikelverhör begann, so wohl, weil man zunächst die Anklageartikel aus dessen erstem Prozess in Lausanne übernahm, die ersten neun Anklageartikel teilweise wörtlich, aber auch angepasst, so, wenn in der Einleitung Jetzer nicht mehr als Konverse, sondern als ehemaliger Konverse (*olim conversus*) bezeichnet wird oder der Glaubensprokurator Michel de Saint-Cierges durch die neuen Glaubensprokuratoren Ludwig Löubli und Konrad Wymann ersetzt ist. Ab Artikel 10 gehen die beiden Listen auseinander: während die Lausanner Anklageartikel auf die öffentliche Seite der Irrtümer von Jetzer und seinen „Komplizen" abheben, verweilen die Berner Artikel lange bei Jetzers „Geistern", die ihm in der Form von verschiedenen Tieren, aber auch in menschlicher Form erschienen seien (Art. 12). Sie halten sich lange beim Geist des Dominikaners Heinrich Kalpurg oder Kaltbürger auf (ohne dessen Namen zu nennen), begleitet von bösen Geistern in der Form von Hunden, bei Jetzers familiärem Umgang mit ihm und auch bei der Marke, die er angeblich in dessen Mittelfinger der rechten Hand hinterlassen hatte (Art. 13, 15 und 16)[26] – dann aber brechen sie ab, während in den Lausanner Artikeln auch von den Erscheinungen der hl. Barbara und der Jungfrau Maria, von der verwandelten Hostie, den Stigmata, dem Passionsspiel, den Reliquien und der blutweinenden Maria die Rede ist. Die Berner Artikel sind offensichtlich unvollständig, und entsprechend baten die Glaubensprokuratoren Löubli und Wymann die Richter, den zu Inquirierenden auch über die anderen „Fiktionen, Erfindungen und Verbrechen" zu befragen; es war ihnen also nicht entgangen, dass die Anklageartikel nicht vollständig waren. In Jetzers Verhör vom 29. Juli 1508 (Vesperzeit) werden zwei weitere Anklageartikel zitiert, die sich jedoch weder mit den Lausanner noch mit den Berner Artikeln in

---

26) Akten II/1 S. 64–67 Art. 1–18 (undat.), vgl. Akten I S. 19–23 Art. 1–25 (undat.; 1507, Nov 17).

298 Die Jetzerprozesse

Übereinstimmung bringen lassen, und im Revisionsprozess wird bemerkt, dass Jetzer im Hauptprozess auf drei Anklageartikel geantwortet habe, die in den Anklageartikeln nicht aufgeführt seien[27].

Unter diesen Umständen erstaunt nicht, wenn Jetzers Artikelverhöre recht rasch wieder in normale Verhöre (ohne vorgegebene Fragen) übergingen. Vielleicht ist es kein Zufall, wenn sein erstes Artikelverhör (vom 26. Juli 1508, Vesperzeit) nur die ersten neun Artikel betraf, die, wie wir gesehen haben, vom Lausanner Prozess übernommen waren. Jetzer bejahte alle neun Artikel, die aber auch nicht viel mehr als Tatsachen (dass er in Zurzach geboren und getauft worden sei, dass er ungebildet sei, dass er aus Gründen der Frömmigkeit in den Dominikanerorden eingetreten sei, aber noch keine Profess abgelegt habe usw.) enthalten[28]. Beim zweiten Artikelverhör, am 28. Juli 1508, wurde Jetzer über die übrigen neun Artikel befragt, dann ging das Artikelverhör bereits in ein „normales" Verhör über[29]. Wir können Jetzers Verhöre im Hauptprozess aus Platzgründen nicht mehr in der gleichen ausführlichen Art besprechen wie diejenigen seines Prozesses in Lausanne und Bern, sondern müssen uns darauf beschränken, besonders brisante und erhellende Punkte herauszugreifen.

Das Gericht fragte insbesondere nach Jetzers Erscheinungen, ihrem Aussehen, ihrer Gestalt, ihrer Stimme, ihrer Sprache und schließlich nach ihrer Identität. Es stellte auch geschickte Fragen nach der Beleuchtung in Jetzers Zelle, auf die wir aus Platzgründen ebenfalls nicht eingehen können. Dabei kamen auch Erscheinungen zum Vorschein, von denen man bisher noch nichts gehört hat, nämlich der heiligen Cäcilia, Bernhard von Clairvaux und Katharina von Siena. Während man versteht, warum der hl. Bernhard von Clairvaux erscheinen musste (weil er im 12. Jahrhundert praktisch als erster für die befleckte Empfängnis Marias eingestanden war bzw. dem beginnenden Trend zur unbefleckten Empfängnis Widerstand geleistet hatte, siehe Kap. I/3a), wird es bei den heiligen Cäcilia und Katharina weniger klar, denn die letztere hatte mit der Frage der Empfängnis eigentlich wenig zu tun, auch wenn ihr dies im Jetzerhandel von den Dominikanern immer wieder unterstellt wurde, aber immerhin hatte sie doch – wie Jetzer! – die Stigmata[30]. Dagegen bleibt unverständlich, warum einmal auch die hl. Cäcilia,

---

27) Akten II/1 S. 68 (undat.); II/1 S. 77 Nr. 59 u. 60 (1508, Juli 29, Vesperzeit; Jetzer); III S. 415 Nr. 10–12 (1509, Mai 2; Jetzer).

28) Akten II/1 S. 68 f. (1508, Juli 26, Vesperzeit; Jetzer, Artikelverhör). Anders als bei Jetzers erstem Prozess in Lausanne und Bern verzichten wir beim Hauptprozess darauf, die jeweilige Zusammensitzung des Gerichts anzugeben.

29) Akten II/1 S. 69–72 Nr. 1–19 (1508, Juli 28; Jetzer, Anklageart. 10–18).

30) Vgl. Def. S. 578 f. Kap. II/7, S. 589 Kap. III/4, S. 593 Kap. III/7; Akten II/1 S. 97 Nr. 168 (1508, Juli 31, 14 Uhr; Jetzer); II/2 S. 237 (undat., 1508, Aug 31; Lesemeister, Be-

Der Hauptprozess in Bern   299

eine frühchristliche Heilige, in Szene gesetzt wurde; denn mit der Empfängnis Marias hatte sie nichts zu tun. Es ist denn wohl auch kein Zufall, wenn sie im Defensorium überhaupt nicht erwähnt wird[31].

Jetzers Geist und seine Beichtväter

Bevor wir auf Jetzers Erscheinungen zu sprechen kommen, müssen wir uns einmal die Frage stellen, wer denn eigentlich sein Beichtvater war, der Prior, der Lesemeister oder der Subprior. Diese Frage ist insofern nicht müßig, als derjenige, der das Amt des Beichtvaters ausübte, den Konversenbruder in vielerlei Hinsicht manipulieren konnte, und umso verräterischer ist es, wenn dieses Amt während des Jetzerhandels von einem Klostervorsteher zum andern überging, wahrscheinlich vom Subprior (und nicht vom Prior) an den Lesemeister[32]. Am 7. Januar 1508 hatte Jetzer bei der ersten Gegenüberstellung mit den Dominikanern vor dem bernischen Rat bereits bitter bemerkt, dass die hl. Katharina von Siena vielleicht einen gleichen Beichtvater gehabt habe wie er, der ihr wie ihm nämlich vorgeschrieben habe zu offenbaren, dass die Jungfrau Maria in der Erbsünde empfangen worden sei[33]. Damit hatte Jetzer bewiesen, dass er sehr wohl wusste – oder zumindest ahnte –, welche Macht einem Beichtvater zukam. Und einen Monat später, am 7. Februar 1508, hatte Jetzer anlässlich seines zweiten Folterverhörs ausgesagt, dass der Lesemeister immer sein „nächster Instruktor (*propinior [propinquior] instructor*)" gewesen sei[34].

Jetzers erste beiden Verhöre im Hauptprozess sind fast ausschließlich dem Geist gewidmet, dem ehemaligen Dominikanerprior Heinrich Kalpurg (oder Kaltbürger) aus Solothurn, der durch die Gebetshilfe seines ehemaligen Konvents, vermittelt durch den Konversenbruder, aus dem Fegefeuer erlöst worden war[35]. Jetzer wurde gefragt, wann der Geist ihm erschienen sei, ob dieser ihn aus dem Schlaf geweckt habe und ob er, Jetzer, später als

---

kenntnisschrift), S. 248 Nr. 33 (1508, Aug 31, Vesperzeit; Lesemeister, Folterverhör), S. 285 Nr. 16 (1508, Aug 28, Nachmittag; Prior, Folterverhör), S. 314 f. Nr. 42 (1508, Sept 2; Subprior, Folterverhör).

31) Akten II/1 S. 114 Nr. 273 (1508, Aug 2; Jetzer); II/2 S. 245 Nr. 24 (1508, Aug 31, Vesperzeit; Lesemeister), S. 311 f. Nr. 34 (1508, Sept 2; Subprior).

32) Dies ist auch DÜRMÜLLER, Der Jetzerhandel S. 65 nicht entgangen.

33) Def. S. 589 Kap. III/4. Diese Aussage Jetzers fehlt im Protokoll der Ratssitzung vom 7. Januar 1508, vgl. Beilagen S. 614–616 (1508, Jan 7). Eine weitere kritische Bemerkung in Bezug auf die Beichtväter der heiligen Brigitta und Elisabeth vgl. Def. S. 571 Kap. I/26.

34) Akten I S. 49 Nr. 157 (1508, Feb 7; Jetzer, Folterverhör).

35) Akten II/1 S. 69–77 (1508, Juli 28 u. 29; Jetzer).

300 Die Jetzerprozesse

die anderen ins Bett gegangen oder früher aufgestanden sei. Er antwortete, dass er manchmal früher aufgestanden sei, um die Stuben des Klosters zu heizen, und dann dem Geist begegnet sei, der ihn aber auch aus dem Schlaf geweckt habe. Aus zwei weiteren Fragen und Antworten ergibt sich, dass die Stuben am Morgen um 4 Uhr geheizt wurden und dass auch der Prior über eine geheizte Stube verfügte[36]. Zunächst sieht es so aus, als ob zumindest anfänglich der Prior Jetzers Beichtvater gewesen sei, denn dieser sagte aus, dass der Prior, sein Beichtvater, ihn gelehrt habe, den Geist zu beschwören[37], korrigierte dies aber im Revisionsprozess ausdrücklich in den Subprior[38]. Es wäre ja auch übertrieben gewesen, wenn ein nicht sehr erwünschter Konversenbruder gleich den Prior zum Beichtvater bekommen hätte, wie es auch übertrieben war, dass er dann den Lesemeister bekam; der Subprior war angemessener, und wenn dieser – was stark zu vermuten ist (siehe Anh. 3) – auch den *unerlösten* Geist gespielt hat, dann hat er schon das gleiche Doppelspiel gespielt wie später der Lesemeister als Maria.

Dagegen könnte der *erlöste* Geist vom Prior gespielt worden sein; denn Jetzer antwortete auf eine entsprechende Frage, dass dessen Stimme am meisten derjenigen des Priors geglichen habe, und er habe sogar am Tag nach dem Erscheinen des erlösten Geistes zum Prior gesagt: „Tatsächlich, ich glaube, Ihr wart letzte Nacht in meiner Zelle, denn der Geist hatte eine Stimme, wie wenn Ihr es gewesen wäret!" Darauf habe der Prior erwidert: „Du täuschest Dich, ich bin es nicht gewesen, denn ich war in meiner Zelle, sag niemandem so etwas!" Nichtsdestoweniger sei es im Kloster fast zu einem stehenden Witz geworden, dass der Prior in etwa die gleiche Gestalt habe wie der Geist, und wenn Jetzer ihm ministriert habe, habe er zu ihm gesagt: „Tatsächlich, Herr Prior, Ihr habt fast die gleiche Erscheinung und Präsenz wie der Geist, als er zu mir sprach und eine weiße Albe trug." Der Prior habe dazu gelacht und später oft zu Jetzer gesagt: „Bruder Johann, wollt Ihr dem Geist ministrieren?" Der Geist sei Jetzer mit einem schönen Gesicht mit roten Wangen erschienen, wie wenn es das Gesicht eines gemalten Bildes wäre (*si fuisset faciem imaginis pulcerrime depicte*), ohne den Anschein eines Bartes. Auf die Frage, ob der Prior rote Wangen und einen Bart

---

36) Akten II/1 S. 70 Nr. 1, 4, 6 (1508, Juli 28; Jetzer).

37) Akten II/1 S. 71 Nr. 14 (1508, Juli 28; Jetzer), vgl. auch S. 72 f. Nr. 27 (1508, Juli 29; Jetzer), S. 74 Nr. 32 (1508, Juli 29; Jetzer).

38) Akten III S. 415 Nr. 7 (1509, Mai 2; Jetzer). Am 23. August 1508 sagte der Schaffner aus, dass der Subprior Jetzers Beichtvater gewesen sei, und am 2. September 1508 der Subprior selber, dass das Amt von ihm zum Lesemeister gewechselt habe, vgl. Akten II/2 S. 261 Nr. 5 (1508, Aug 23; Schaffner, Folterverhör), und S. 309 Nr. 26 (1508, Sept 2; Subprior, Folterverhör).

Der Hauptprozess in Bern 301

habe, antwortete Jetzer jedoch mit Nein: er habe keine roten Wangen, und wenn er nicht rasiert sei, habe er einen dichten Bartwuchs[39].
Wie schon anhand des Defensoriums beobachtet (siehe Kap. I/2b–c), ging das Gesetz des Handelns in der Fastenzeit 1507 vom Prior zum Lesemeister über – und das Amt von Jetzers Beichtvater vom Subprior ebenfalls zum Lesemeister, der es bis zum Ende des Jetzerhandels innehielt[40]. Der Chronist Valerius Anshelm hat den gleichen Wechsel vom Subprior zum Lesemeister beobachtet, aber daraus einen regelrechten Beschluss der Klostervorsteher im „Väterstübchen" gemacht, der sich so in den Akten nicht findet. Diesen Beschluss setzte er zwischen die Erscheinungen des unerlösten und des erlösten Geistes an; der erstere wurde laut Anshelm vom Subprior (mit viel Getöse!) gegeben, der zweite vom Prior:

> *Zů oberzáltem betrůg [der unerlöste Geist] kort [gehört] wenig kunst, aber vil frefels und hellisch gespenz [Gespenst?], darzů der suppriol geschikt fůrgenomner bosheit einen grund hat gemacht; aber iezan, so es gat an kunst, wiz und himmelsche ding, da müessen die gelerten ire prob ouch tůn. Und also, nachdem der wirdigen váteren erster anschlag durch den vater suppriol wol ussgericht und geraten was, habends witer im vaterstüble beschlossen, diewil es nun zit sîe, den Játzer uf ir fůrnemen inzefůeren, namlich uf ires ordens lob und uf begerte revelation von der enpfångnis Mariå, so sólle der lesmeister hinfúr des Játzers bichtvater sin und in der fragen und antworten ires spils underrichten; so sólle der priol iezan in gemelten stucken, mit anlass und antwort, im in gstalt des erlösten geistes begegnen, ouch uf die zůkunft Mariå důten.*[41]

Laut Anshelm sollte der Lesemeister fortan Jetzers Beichtvater sein und ihn auf die Fragen und Antworten der erscheinenden Maria vorbereiten; dies

---

39) Akten II/1 S. 76 Nr. 47–51 (1508, Aug 29; Jetzer).
40) Akten II/1 S. 77 Nr. 57 (1508, Aug 29, Vesperzeit; Jetzer), vgl. auch ebd. S. 79 Nr. 74 u. 77 (1508, Aug 29, Vesperzeit; Jetzer), S. 82 Nr. 88 f., S. 83 Nr. 94, S. 84 Nr. 96a, S. 87 Nr. 119 (1508, Juli 31; Jetzer), S. 90 Nr. 138, S. 91 Nr. 143, S. 92 Nr. 146, S. 93 Nr. 155, S. 94 Nr. 157 f., S. 96 f. Nr. 167, S. 98 Nr. 171 f., S. 103 Nr. 195 f. u. 200 (1508, Aug 31, 14 Uhr; Jetzer), S. 115 Nr. 276, S. 116 Nr. 280, S. 120 Nr. 295 (1508, Aug 2; Jetzer), S. 128 Nr. 329 (1508, Aug 4, 14 Uhr; Jetzer), S. 137 Nr. 383 (1508, Aug 5; Jetzer).
41) Anshelm 3 S. 60. Zum „Väterstübchen" vgl. UTZ TREMP, Geschichte S. 150 f. Zum Subprior als Beichtvater Jetzers vgl. Anshelm 3 S. 57, zum Lesemeister ebd. S. 60, 61, 63 f., 67, 69 f., 72, 74, 76, 78, 80 f., 83, 96, 106, 119, 125 f. Als der Lesemeister Anfang Mai 1507 auf dem Provinzialkapitel von Pforzheim weilte, vertrat ihn vorübergehend wieder der Subprior bei Jetzer, und zwar sowohl als Beichtvater als auch als Maria, vgl. Anshelm 3 S. 83.

302 Die Jetzerprozesse

artete zu einem Doppelspiel der ganz besonderen Art aus, wenn der Lesemeister selber auch die Maria spielte und die von ihm als Lesemeister an Jetzer gestellte Fragen als Maria beantwortete oder als Maria bereits wusste, welche Fragen Jetzer ihm stellen sollte. Oder anders ausgedrückt: als Beichtvater und als Maria hatte der Lesemeister gewissermaßen „Figge und Mühle", von denen er eifrig Gebrauch machte – und dabei missbrauchte er auch die Stellung als Beichtvater, um Jetzer zu strafen, wenn er nicht gehorchen wollte[42]. Der Wechsel des Amtes des Beichtvaters vom Subprior zum Lesemeister ist nicht zuletzt ein Beweis – oder doch ein starkes Indiz – dafür, dass der Lesemeister unter den vier Klostervorsteher der eigentliche Rädelsführer war.

Die Erscheinungen der hl. Barbara und der Jungfrau Maria

Die erste Erscheinung, die Jetzer unter der Ägide des neuen Beichtvaters hatte, war diejenigen der hl. Barbara, die er richtig auf den 24. März 1507 datierte. Auf die Frage, ob man im Konvent gewusst habe, dass er eine besondere Verehrung für die hl. Barbara hatte, antwortete er mit Ja, denn er habe dem anderen Konversenbruder, der ebenfalls Johann hieß und Schneider war, gestanden, dass er die heiligen Katharina und Barbara fast ebenso verehre wie die Jungfrau Maria. Barbara habe lange, blonde Haare gehabt, die sie offen getragen habe, sei mit weißen Kleidern angetan gewesen, mit einem Ausschnitt, aber ohne dass man ihre Brüste sehen konnte, mit einem schönen geschminkten (*venusta*) Gesicht, den Kopf ganz unverhüllt und von der Größe eines vierzehnjährigen Mädchens, mit einer klaren und dünnen Stimme, die allenfalls diejenige eines kleinen Novizen namens Marcellus (wahrscheinlich Johann Meyerli) gewesen sein könnte. Dieser habe aber kein schönes Gesicht gehabt, sondern ein abgemagertes, gelbes und von schlechter Farbe. Auf die Frage, ob er aufgestanden sei, als Barbara – und später auch Maria – ihm erschienen sei, antwortete Jetzer mit Nein, denn sein Beichtvater (der Lesemeister) habe ihm ausdrücklich verboten, aufzustehen; stattdessen sollte er in der gleichen Körperhaltung bleiben, in der er sich befand, wenn der Geist oder die Heiligen ihm erschienen, ein ähnliches Verbot, wie es seinerzeit auch der Prior (Subprior?) ausgesprochen hatte[43].

Zwischen der Erscheinung der hl. Barbara und derjenigen der Maria noch in der gleichen Nacht musste Jetzer seinem Beichtvater, dem Lesemeister, beichten. Ebenso wie Barbara sei auch Maria weiß gekleidet gewe-

---

42) Vgl. etwa Akten II/1 S. 112 Nr. 258, S. 115 Nr. 276 (1508, Aug 2; Jetzer), S. 128 Nr. 329 (1508, Aug 4; Jetzer).

43) Akten II/1 S. 77 Nr. 61, S. 78 Nr. 67–70, S. 79 Nr. 74 (1508, Juli 29, Vesperzeit; Jetzer), vgl. auch ebd. S. 77 Nr. 55 (1508, Aug 29; Jetzer).

Der Hauptprozess in Bern 303

sen, aber ihre Gewänder hätten – ohne Gürtel – bis zum Boden gereicht und ihre Ärmel hätten nur die Hände freigelassen. Ihr Kopf sei ganz verschleiert gewesen, wie derjenige der Matronen von Bern, wenn sie Trauer trugen; der Schleier sei bis zu den Ellbogen hinuntergefallen und habe nur etwa die Hälfte eines schönen geschminkten Gesichts sehen lassen. Sie habe Jetzer mit seinem Vornamen (Johann) angesprochen und ihm die Reliquien erläutert, die sie mitgebracht hatte. Diese sollten so rasch als möglich zum Papst gebracht werden, der die irrige Meinung, die vor allem von der Universität Paris herrühre, dass Maria ohne Erbsünde empfangen worden sei, verdammen und ein neues Fest der Empfängnis Marias verkünden solle; dieses solle zwischen dem 27. Dezember (*Johannis evangeliste*) und dem 24. Juni (*Johannis baptiste*) angesetzt und ebenso prächtig gefeiert werden wie Fronleichnam (siehe Kap. II/4d, Ein Fest der befleckten Empfängnis nach dem Vorbild des Fronleichnamsfestes). Wenn die Klostervorsteher ein neues Fest der Empfängnis in der ersten Jahreshälfte und nicht mehr am 8. Dezember vorsahen, dann wohl, weil das Fest der Empfängnis Marias am 8. Dezember bereits zu stark mit der unbefleckten Empfängnis konnotiert war[44].

Wie wir wissen, erhielt Jetzer bereits beim ersten Erscheinen der Maria (in der Nacht vom 24. auf den 25. März 1507) das erste Stigma. Von seinem Beichtvater, dem Lesemeister, instruiert, hatte er der ihm erscheinenden Maria gesagt, dass man ihm nicht glauben würde. Darauf habe sie verlangt, dass er seine rechte Hand ausstrecke, und gesagt: „Zum Zeichen, dass wahr ist, was ich dir enthüllt habe und dass ich wahrhaftig die Jungfrau Maria bin, will ich dir eine Wunde in die rechte Hand eindrücken" – was ihm große Schmerzen verursacht habe. Auf eine entsprechende Frage des Gerichts antwortete Jetzer, dass er sich vorstellen könne, dass dies mit einem eisernen Werkzeug geschehen sei. Die Wunde sei dreieckig gewesen, von der Größe einer Erbse oder Kichererbse, und sei durch die ganze Hand gegangen, so dass er, wenn er die Hand aufhob und gegen das Licht hielt, dieses durchschimmern sah! Nachdem er ihr seine Hand gereicht habe, habe Maria sie schräg gegen den Bettpfosten oder das Bettgestell gedrückt und ihm die Wunde bzw. das Stigma von außen nach innen beigebracht, so dass auf dem Pfosten Blut zurückgeblieben sei[45]. Mit Maria seien zwei Engel erschienen, welche die Statur von Kindern von drei Jahren gehabt hätten. Sie hätten weiße Alben getragen, die über der Brust rot gewesen seien, und sie hätten – wie gemalte Engel – gelb- und goldenfarbige Flügel gehabt, die in der Mitte

---

44) Akten II/1 S. 79 Nr. 77, S. 80 Nr. 81 f., S. 80 f. Nr. 86 (1508, Juli 29, Vesperzeit; Jetzer), S. 83 Nr. 93 (1508, Juli 31; Jetzer), vgl. auch LAMY, L'immaculée conception S. 519, 552, 554 f.

45) Akten II/1 S. 84 f. Nr. 96a, 99 f., 102 f. (1508, Juli 31; Jetzer).

304 Die Jetzerprozesse

bunt gewesen seien. Jeder der Engel habe im einen Arm einen Kerzenständer mit einer brennenden Kerze getragen. Diese hätten kein klares Licht gegeben, so dass es schien, als schwebten die Engel in der Luft, ohne dass man ihre Füße gesehen hätte, die völlig verhüllt waren. Sie hätten sehr zwei hölzernen und bemalten Engeln geglichen, die in der Sakristei des Klosters aufbewahrt und an größeren Festen auf dem Hochaltar aufgestellt wurden, und schienen sich auf und ab zu bewegen; als aber Jetzer den Lesemeister und die andern Klostervorsteher darauf angesprochen habe, seien diese in Lachen ausgebrochen und hätten gefragt, wie diese sich denn bewegen könnten, wo sie doch hölzern und unbeweglich seien[46].

Nachdem Jetzer das erste Stigma erhalten hatte und noch immer im Bett lag, sei der Subprior in seine Zelle gekommen, habe dieses entdeckt, sei in die Knie gegangen und habe es geküsst. Auf die Frage des Gerichts, ob die Väter des Konvents ihn je wegen seiner Erscheinungen gescholten oder zumindest gewarnt hätten, antwortete Jetzer, dass dies nie der Fall gewesen sei; sie hätten ihn vielmehr dafür gelobt. Sie hätten gesagt, wenn dies phantastische oder dämonische Illusionen wären, dann würden sie geweihtes Licht und geweihte Kerzen nicht ertragen. Nach dem Subprior seien der Prior, der Lesemeister und der Schaffner gekommen, der Lesemeister mit einer Stola um den Hals, der Schaffner mit einer angezündeten Kerze in der Hand, sie hätten sich vor den von Maria mitgebrachten Reliquien verbeugt und sie anschließend mit großer Ehrerbietung und Verehrung aus Jetzers Zelle getragen. Der Subprior aber sei rasch zurückgekehrt und habe das Blut, das aus Jetzers Wunde rann, mit reinem Leinen aufgefangen. Gleich bei ihrem ersten Erscheinen (in der Nacht vom 24. auf den 25. März 1507) habe Maria verlangt, dass diese ihre erste Erscheinung gleich bei Tagesanbruch einigen von den Räten der Stadt Bern bekanntgemacht und das Stigma gezeigt werden müsse[47].

In der Folge sei Maria Jetzer gut dreißig Mal erschienen, immer gleich verschleiert. Beim zweiten Mal habe sie ihm vom Franziskaner Duns Scotus gesprochen, der verdammt sei, weil er in einer Vision gesehen habe, dass sie in Erbsünde empfangen worden sei, aber trotzdem das Gegenteil verkündet habe, und zwar auf einer Disputation, auf die er nicht von Engeln, sondern von Teufeln getragen worden sei. Zur Strafe sei er lebendig begraben worden und verhungert. Die Franziskaner wollten ihn heiligsprechen, aber Maria wollte dies durch die Dominikaner verhindern[48]. Dies war nichts weniger als ein Angriff auf Johannes Duns Scotus, den ersten Vertreter der Lehre

---

46) Akten II/1 S. 85–87 Nr. 107–110, 113, 115, 118 (1508, Juli 31; Jetzer).
47) Akten II/1 S. 87 f. Nr. 120 f., S. 88 f. Nr. 123–126 (1508, Juli 31, 14 Uhr; Jetzer).
48) Akten II/1 S. 89 f. Nr. 130–133 (1508, Juli 31, 14 Uhr; Jetzer).

Der Hauptprozess in Bern

von der unbefleckten Empfängnis Marias, und die Geschichte stammt einmal mehr aus dem Offizium, das Bernardin de Bustis um 1480 für das Fest der Empfängnis (8. Dezember) geschrieben hatte[49] – freilich wiederum in ihr Gegenteil verkehrt, ebenso wie die Geschichte der angeblichen Konversion von Alexander von Hales vom Makulisten zum Immakulisten (siehe Kap. I/2d). Dieser Angriff auf den Hauptvertreter der Lehre von der unbefleckten Empfängnis kann unmöglich von Jetzer stammen, der in keiner Art und Weise über das nötige Wissen dazu verfügte, sondern muss von den Klostervorstehern gekommen sein, insbesondere vom Lesemeister, dem ein großer Erfolg gelungen wäre, wenn er die Autorität von Duns Scotus hätte ins Wanken bringen können ... Jetzer war vorgängig bereits gefragt worden, ob er den Namen Scotus gekannt oder gewusst habe, dass dieser ein Franziskaner war, der die Lehre von der unbefleckten Empfängnis vertrat, und hatte auf alle diese Fragen mit einem klaren Nein geantwortet[50].

Soweit zur zweiten Erscheinung der Jungfrau Maria. Bevor diese gegangen sei, habe sie Jetzers Wunde mit einem weißen weichen Tüchlein gepflegt und sei dann durch die Zellentüre verschwunden. Auf die Frage, ob Jetzer die Türe gehört habe, antwortete er mit Nein. Der Lesemeister habe ihn jeden Abend ins Bett gelegt und die Lampe angezündet, bevor er hinausging. Auf die Frage, ob dieser die Türe so geschlossen habe, dass man es gehört habe, antwortete Jetzer mit Nein, und als er den Lesemeister gefragt habe, warum er die Türe nicht stark schließe und verriegle, habe dieser geantwortet, dass man hier nicht bei den Bauern sei und dass in den Statuten des Klosters stehe, dass man im Dormitorium keinen Lärm machen solle[51].

In der Folge wurde Jetzer gefragt, was er, nachdem so viel von der Empfängnis Marias die Rede war, selber denke. Er antwortete, dass er gestutzt habe, als Maria ihm eröffnet habe, dass sie in Erbsünde empfangen worden sei, und die Klosterväter gefragt habe: „Wie kommt es, dass Maria sagt, sie sei in Erbsünde empfangen, was ich vorher noch nie gehört habe." Die Väter hätten ihm geantwortet, dass sie tatsächlich in Erbsünde empfangen worden sei, und deshalb habe er es geglaubt; jetzt aber glaube er es nicht mehr. Auf die Frage, ob er wisse, was die Erbsünde sei, antwortete Jetzer, dass er seinen Beichtvater, den Lesemeister, das Gleiche gefragt habe; dieser habe ihn angewiesen, Maria selber danach zu fragen. Übrigens habe der Lesemeister immer im Voraus gewusst, wann Maria erscheinen würde. Als diese zum dritten Mal erschienen sei, habe er sie nach der Erbsünde gefragt,

---

49) Bernardinus de Bustis, Mariale fol. 46v, vgl. auch LAMY, L'immaculée conception S. 382–386.

50) Akten II/1 S. 75 Nr. 43 (1508, Juli 29; Jetzer).

51) Akten II/1 S. 90 Nr. 134–136 (1508, Juli 31, 14 Uhr; Jetzer).

306 Die Jetzerprozesse

und sie habe ihm geantwortet, dass die Erbsünde aus Adams Fall und seinem Ungehorsam gegen Gott stamme und dass davon alle betroffen seien, sie nicht ausgenommen, denn wenn sie sich diese auch nicht von Adam zugezogen habe, so doch von ihren Eltern[52]. Es ist bezeichnend, dass Jetzer vorher nie gehört hatte, dass Maria in der Erbsünde empfangen worden sein soll; für Leute seiner Herkunft und Bildung war die unbefleckte Empfängnis inzwischen zur Selbstverständlichkeit geworden, so selbstverständlich, dass sie nicht wussten, dass es eine Alternative dazu gab.

Nichtsdestoweniger scheint Jetzer weiterhin an den Erscheinungen der Jungfrau Maria gezweifelt zu haben, so dass der Lesemeister ihm vorgeschlagen habe, der Maria bei ihrem nächsten Erscheinen im Namen der Dreifaltigkeit kühn ins Gesicht zu spucken: wenn der Teufel hinter der Erscheinung stecken würde, würde er diese Frechheit nicht hinnehmen, da er hochmütig (*superbus*) sei; wenn es aber wirklich Maria sei, dann würde sie deshalb nicht beleidigt sein. Jetzer tat denn auch tatsächlich, wie vom Lesemeister geheißen, und Maria antwortete, dass er nicht glauben solle, dass sie der Teufel sei und die Nennung der Trinität nicht ertrage; sie rechne es ihm aber nicht als Sünde an, dass er ihr ins Gesicht gespuckt habe, denn es sei nötig, die guten und schlechten Geister voneinander zu unterscheiden (*discernere*). Diese „Probe" scheint aus der *Vitae fratrum ordinis* des Gerhard de Frachet (Eintritt in den Orden 1225, † 1271) zu stammen, einer Sammlung von Dominikanerbiographien aus dem dritten Viertel des 13. Jahrhunderts, also wiederum – wie schon das Experiment des hl. Petrus Martyr (siehe Kap. I/2d) – aus einer dominikanischen Quelle[53], und sie ist wiederum Anshelm (3 S. 76) nicht entgangen, der sie genüsslich ausschlachtet: *Noch ein prob hat der Jåtzer getan, vom bichtvater gelert, namlich siner Marien dristen [dreist oder drei Mal?], im namen des vaters, suns und helgen geists, frech ins anlit gespůwt, dass der hochfårtig tůfel semlicher schmach nit gestůende. Do sagt si: „Brůder, man sol die geister bewåren, und darum hastu nit an mir gesůndet!"*

In der Folge ließ der Lesemeister Maria durch Jetzer nach den verschiedensten Autoritäten und ihrer Meinung in der Frage der Empfängnis fragen, so nach dem hl. Bonaventura (befleckt), dem Konzil von Basel (unbefleckt),

---

52) Akten II/1 S. 90 f. Nr. 137 f., 140 f. (1508, Juli 31, 14 Uhr; Jetzer).

53) Akten II/1 S. 92 Nr. 146 f., S. 93 Nr. 154 (1508, Juli 31, 14 Uhr; Jetzer), vgl. auch BARNAY, Le ciel sur terre S. 146–152, und Fratris Gerardi de Fracheto OP, Vitae fratrum ordinis praedicatorum necnon Cronica ordinis ab anno MCCIII usque ad MCCLIV, hg. von Benedikt Maria REICHERT OP (Monumenta ordinis fratrum praediatorum historica, 1896) S. 212 f., wo das „Experiment" bezeichnenderweise andersherum verläuft: hinter der Marienerscheinung steckt effektiv der Teufel, und dieser erträgt es nicht, dass man ihm ins Gesicht spuckt (und kommt deshalb nie wieder).

Der Hauptprozess in Bern 307

nach Anselm von Canterbury (befleckt), nach Alexander von Hales (befleckt), nach Thomas von Aquin (befleckt) und Bernhard von Clairvaux (befleckt). Bei Bonaventura war die große Frage, warum sich die Franziskaner nicht an die Meinung ihres eigenen Heiligen gehalten hätten, und es wird eine ähnliche verdrehte Geschichte erzählt wie bei Scotus: bei Bonaventuras Begräbnis seien zwei Engel erschienen, zum Zeichen, dass seine Meinung zur Empfängnis die richtige gewesen sei. Die Franziskaner aber hätten nachher behauptet, die Engel seien große Fliegen oder Wölfe und böse Geister gewesen, zum Zeichen, dass Bonaventura sich in dieser Sache geirrt habe – eine Geschichte, die wir schon aus dem Defensorium kennen (siehe Kap. I/2d). Dabei wurde Jetzer auch nach seinen Beziehungen zu den Franziskanern gefragt, und er antwortete, dass er nie mit diesen gesprochen oder ihre Klöster betreten habe, außer in Luzern und in Bern, wo er hie und da, aber nur selten, in ihre Kirchen gegangen sei, ohne aber das Kloster zu betreten[54].

Dann kam die Rede auf Jetzers Stigma zurück, das nicht nur vom Subprior, sondern auch von Maria gepflegt wurde; die blutigen Verbände wurden im Sakramentshäuschen (*sacrarium*) aufbewahrt. Es schien dem Konversen, dass Maria auch eine Salbe auf die Wunde auftrug, was ihn wiederum an der Wirklichkeit der Erscheinungen zweifeln ließ, aber als er den Lesemeister danach fragte, habe dieser die Sache mit der Salbe bestritten. Der Lesemeister gab Jetzer weiter den Auftrag, Maria nach den Stigmata der Dominikanerterziarinnen Lucia von Ferrara und der hl. Katharina von Siena zu fragen, von denen im Defensorium ebenfalls schon die Rede war (siehe Kap. I/2d u. 3a). Dabei wusste Maria, dass die Franziskaner in Nürnberg gegen Lucia gepredigt und dass die Stadt Nürnberg sogar eine Delegation nach Ferrara geschickt und dort erfahren hatte, dass diese die Stigmata wirklich hatte, und daraufhin die Franziskaner aus ihrer Stadt vertrieben habe, eine Geschichte, die sich nicht überprüfen lässt. Dabei scheint den Dominikanern fast wichtiger gewesen zu sein, dass die beiden stigmatisierten Frauen angeblich Makulistinnen gewesen waren, als dass sie die Stigmata trugen ... Jetzer – oder der Lesemeister – ließ sich denn auch von Maria bestätigen, dass es eine schwere Sünde sei, zu glauben, dass sie nicht in der Erbsünde geboren sei. Wenn man dem Konversen glauben will, war er gegenüber den Erscheinungen und Aussagen der Jungfrau Maria viel kritischer eingestellt gewesen als die Klostervätter, die ihn immer wieder beschwichtigten und ihm versicherten, dass alles seine Richtigkeit habe[55].

---

54) Akten II/1 S. 93–95 Nr. 155–161 (1508, Juli 31, 14 Uhr; Jetzer).
55) Akten II/1 S. 95–98 Nr. 162–172 (1508, Juli 31, 14 Uhr; Jetzer).

308 Die Jetzerprozesse

Der Lesemeister war nicht der einzige, der Maria durch Jetzer Fragen
stellen ließ; das Gleiche tat auch Prior Werner von Basel, der in der Woche
nach der Osterwoche 1507 nach Bern kam, eine Datierung, die mit dem Defensorium übereinstimmt (siehe Kap. I/3a). Von dem recht persönlichen
Verhältnis, das Prior Werner, der Verfasser des zweiten und dritten Teils des
Defensoriums, zu Jetzer aufbaute, ist in dessen Verhören im Hauptprozess
nicht die Rede. Werner scheint vielmehr mit dem Lesemeister gemeinsame
Sache gemacht und Jetzer von der Wirklichkeit seiner Erscheinungen zu
überzeugen versucht zu haben. Es scheint eine übereinstimmende Idee der
beiden gewesen zu sein, dass Jetzer Maria beschwören und sie das Vaterunser aufsagen lassen solle (inkl. „Vergib *uns unsere* Schulden" und „Erlöse
uns von dem Übel"). Als Zugabe gab Maria noch ein angepasstes Ave Maria
(*Ave Maria, que ego sum, ...*) und Glaubensbekenntnis (*Credo [...] in Iesum
Christum, filium meum unicum*)[56]. Hier stellte das Gericht nun auch die
Frage nach dem Dialekt der Maria: ob diese einen schwäbischen, bayerischen oder rheinischen Dialekt gesprochen habe, eine Frage, die einen entscheidenden Durchbruch hätte bringen können, denn der Prior stammte
von Marbach in Schwaben, der Lesemeister von Offenburg am Rhein, der
Subprior aus der Stadt Bern und der Schaffner aus dem Emmental. Leider
fiel die Antwort nicht so eindeutig aus, wie man sie gerne gehabt hätte; denn
Jetzer antwortete, dass Maria „nach der Aussprache der Stadt Bern gesprochen habe, aber ein gutes Deutsch, nicht so grob wie in Bern"[57]. Dies lässt
sich allenfalls als eine Art Hochdeutsch interpretieren, das möglicherweise
in der Predigt gesprochen wurde, ist aber nicht eindeutig, weil wahrscheinlich alle vier Klostervorsteher gepredigt haben. Die Frage muss entweder
von Matthäus Schiner, Bischof von Sitten, oder vom Provinzial Peter Sieber
stammen, denn dem Bischof von Lausanne, Aymo von Montfalcon, kann
die Verschiedenheit der deutschen Dialekte nicht geläufig gewesen sein. Da
der Provinzial wohl kein großes Interesse hatte, herauszufinden, wer von
den vier Klostervorstehern die Maria gespielt hatte, stammt die Frage wohl
eher von Schiner und könnte ihn erstmals aus der Anonymität des Gerichts
hervortreten lassen.

---

56) Akten II/1 S. 99 Nr. 173, S. 100 Nr. 178, S. 101 f. Nr. 183 f. (1508, Juli 31, 14 Uhr;
Jetzer)

57) Akten II/1 S. 102 Nr. 186 (1508, Juli 31, 14 Uhr; Jetzer): *Interrogatus sub cuiusmodi (eiusmodi?) differentia linguarum, cum Allemanica lingua sit sub diversis prolationi-
bus dispar, si Sueva, Bavarica vel Rhenensi expresse secum loqueretur, respondet quod
iuxta eloquium oppidi Bernensis, sed unum bonum Allemanicum, non ita grosse expres-
sionis sicut in oppido Bernensi.* Vgl. auch Anshelm 3 S. 54, und UTZ TREMP, Welche
Sprache? S. 243–245.

Der Hauptprozess in Bern

Die Ent-Larvung Marias und der Engel auf dem Schwebezug

Wie wir wissen, hatte Jetzer eine Zelle im Dormitorium, und zeitweise scheint sogar er selber – und nicht nur Prior Werner von Basel – geglaubt zu haben, dass die Nachbarzelle diejenige des Lesemeisters und des Priors gewesen sei[58], obwohl undenkbar ist, dass die beiden höchsten Klostervorsteher sich in eine Zelle geteilt oder neben einem Konversenbruder gewohnt hätten. Als Jetzer fast jede Nacht Erscheinungen der Jungfrau Maria hatte und am frühen Morgen der Lesemeister oder andere Väter zu ihm kamen, um zu erfahren, was er erlebt hatte, scheint er für den Tag ein eigenes Stübchen bekommen zu haben, das seitlich des Dormitoriums (*ad latus ipsius dormitorii*) lag, und fast nur noch zum Schlafen – oder eben Nicht-Schlafen – in seine Zelle zurückgekehrt zu sein, fast immer begleitet von seinem Beichtvater, dem Lesemeister, der ihn schlafen legte[59]. Der Chronist Valerius Anshelm (3 S. 69) hat diesen Tatbestand voll Hohn und Spott so ausgedeutscht:

Gabend irem ieztan gehelgeten Jâzter ein heimlich stûble in, darin er im tag sine wonung und rûw sôlte haben, damit er von êrenlûten êrlich und stil gefunden und von niemands on der vâteren wissen uberloffen wurde. Dem brûder Oswalt was sin zel und bet bevolhen. So fûert in sin bichtvater gwonlich al nacht selbs schlafen, legt in nider und dakt in zû.

So auch am Abend, bevor sich in der Nacht eine weiße Hostie in der Hand der Maria in eine blutige verwandelte (am 15. April 1507). Vorher habe Jetzer in seinem Stübchen dem Lesemeister – seinem Beichtvater – die Beichte abgelegt. Dann hätten ihn nicht nur der Lesemeister, sondern auch die Prioren von Basel und Bern in seine Zelle begleitet. Der Lesemeister habe ihn ermahnt, bald ins Bett zu gehen, und habe den grünen Bettvorhang nicht geschlossen, sondern vielmehr zurückgezogen. Jetzer habe vor Angst nicht einschlafen können und durch die Gucklöcher in der Wand Licht in der Nebenzelle gesehen. Wenig später habe das Glöcklein geläutet, das über seinem Bett angebracht war, und habe Maria die Tür geöffnet; Jetzer habe indessen keinen Ton gehört, denn der Lesemeister hatte die Türangel mit Öl geschmiert. Maria sei wiederum mit zwei Engeln gekommen, die diesmal die Statur von erwachsenen Männern gehabt hätten. Diese seien in weiße priesterliche Gewänder gekleidet gewesen, mit Stolen aus Damast über Schil-

---

58) Akten II/1 S. 92 Nr. 150 (1508, Juli 31, 14 Uhr; Jetzer): *cella doctoris et prioris contigua*. Vgl. auch Utz Tremp, Geschichte S. 146.

59) Akten II/1 S. 102 Nr. 187, S. 103 Nr. 196 (1508, Juli 31, 14 Uhr; Jetzer), vgl. auch Utz Tremp, Geschichte S. 147 f.

310 Die Jetzerprozesse

dern, die mit rotem Samt eingefasst gewesen seien. Sie seien in der Luft geschwebt und hätten schöne, wohlgeordnete Haare gehabt. Maria und die Engel hätten untereinander Latein gesprochen, so dass Jetzer sie nicht verstehen konnte. Als sich die weiße Hostie in Marias Hand in eine blutige verwandelt habe, sei er so erschrocken, dass er entgegen dem Befehl des Lesemeister aus dem Bett aufgesprungen und gegen Maria gerannt sei, die ebenfalls in der Luft zu schweben schien. Als er aufgesprungen sei, habe er eine Stimme – er wusste nicht, ob in der anderen Zelle oder von Maria oder den Engeln – rufen hören: „Passt auf (*Advideatis*)!" Darauf hätten Maria und die Engel ihre Kerzen ausgelöscht, aber Jetzer sei es gelungen, eine brennende Kerze zu fassen. Außerdem habe er jemanden in der Nachbarszelle ausrufen hören: „Beim Blute Gottes, der Bruder steht auf!"[60]

In diesem spannenden Augenblick bricht das lange Verhör vom Nachmittag des 31. Juli 1508 ab und wurde erst am übernächsten Tag, am 2. August, fortgesetzt, allerdings genau an der Stelle, an der das Protokoll unterbrochen worden war. Jetzer sagte aus, dass er vor Bitterkeit und Zorn (*pre amaritudine et iracundia*) zu weinen begonnen und gesagt habe: „Was macht ihr, wollt ihr mich so täuschen?", und dass darauf Maria und die Engel höhnisch herausgelacht hätten (*subridebant sive cachinabantur*), während Jetzer mit der brennenden Kerze in der Hand zur Zellentür gelaufen sei und davor Prior Werner von Basel gefunden habe, zu dem er gesagt habe: „Meister, tretet ein und seht, was hier ist und wie man mit mir spielt!" Dieser aber habe nicht eintreten wollen, kann aber auch nicht so uneingeweiht gewesen sein, wie er sich selber im Defensorium darstellt (siehe Kap. I/3a). Jetzer habe erkannt, dass Maria vom Lesemeister gespielt worden sei, die Engel aber vom Prior und vom Subprior. Die drei seien auf einem Schwebezug gestanden (bzw. die Engel gekniet), den Jetzer in der Folge genau beschrieb. Maria und die Engel hätten alle drei Masken getragen (*erant larvis induti*), die sie abgenommen hätten, sobald sie begriffen hätten, dass sie von ihm erkannt worden waren. Sie hätten ihm erklärt, dass sie hätten ausprobieren wollen, ob er echte von unechten Erscheinungen unterscheiden könne, hätten aber darauf bestanden, dass die blutige Hostie echt sei, und Prior Werner habe sich ihnen angeschlossen. Die Hostie wurde in Jetzers Zelle zurückgelassen, bis die Matutin vorüber war – das Ganze hatte sich vor der Matutin abgespielt –, und dann seien der Prior, Subprior und der Lesemeister gekommen, der Prior in einem Chorrock (*superpellicium*) und mit einer grünen Stola, und hätten die blutige Hostie in den Chor überführt. Der Schaffner habe vor Jetzers Augen den Schwebezug abgebaut, der

---

60) Akten II/1 S. 103 Nr. 195 f., S. 103 f., Nr. 200 f., S. 104 f. Nr. 208–211, S. 105 f. Nr. 214–218 (1508, Juli 31, 14 Uhr; Jetzer).

Der Hauptprozess in Bern   311

wahrscheinlich montiert worden war, während er nach der Komplet in seinem Stübchen dem Lesemeister die Beichte abgelegt hatte[61].

Als die vier Klostervorsteher zur Matutin gegangen seien, habe Jetzer sich in sein Stübchen geflüchtet, wo er bitterlich geweint habe (*flens et dolens miserabiliter*). Später hätten der Lesemeister und der Subprior ihm gesagt, dass der Schwebezug von Basel gebracht worden sei. Jetzer erinnerte sich, dass kurz vor diesem „Spiel" zwei Brüder des Ordens, einer Priester, dem Vernehmen nach der Novizenmeister des Basler Konvents, der andere ein Laie, nach Bern gekommen waren, und vermutete, dass diese den Schwebezug gebracht hatten – was eigentlich auch nicht ohne Wissen von Prior Werner geschehen sein kann. Aus Werners Aufzeichnungen im Defensorium geht in der Tat hervor, dass zur gleichen Zeit, als er (am 11. April 1507) in Bern eintraf, sich dort auch ein Mitbruder aus dem Konvent in Basel aufhielt, nämlich Augustin Stolwag, der „Studentenmeister" (*magister studentium*), zusammen mit einem „Gefährten" (*socius*). Dabei sieht es nicht so aus bzw. wird es nicht so dargestellt, wie wenn die beiden Prior Werner nach Bern begleitet hätten, sondern vielmehr so, als ob sie „zufällig" (*casu*) auch in Bern gewesen seien – auch wieder so ein verräterisches Detail[62]. Man darf also mit hoher Wahrscheinlichkeit vermuten, dass der Lesemeister, als er in der Woche nach Ostern (4. April) 1507 nach Basel schrieb (siehe Kap. I/3a), nicht nur Prior Werner zum Kommen aufgefordert, sondern auch den Schwebezug bestellt hatte, und Werner somit auch an der Planung der aufwändigen Erscheinung von Mitte April durchaus beteiligt war.

Am Morgen nach dem Unfall mit dem Schwebezug seien die vier Klostervorsteher und Prior Werner zu Jetzer gekommen und hätten ihn wieder zu überzeugen versucht. Als dieser ihnen vorgeworfen habe, dass sie die

---

61) Akten II/1 S. 106–108 Nr. 219–234 (1508, Aug 2; Jetzer). Zur Unterscheidung der Geister vgl. DÜRMÜLLER, Der Jetzerhandel S. 51 ff., und CACIOLA, Discerning Spirits.

62) Akten II/1 S. 109 Nr. 235–238 (1508, Aug 2; Jetzer), vgl. auch Def. S. 573 Kap. II/1. Bei Anshelm 3 S. 82 wird der zweite von Prior Werners Begleitern genannt, nämlich Bernhard Senger, der wahrscheinlich aus Aarau stammte, in den Basler Dominikanerkonvent eintrat und 1504 in Heidelberg immatrikuliert war, vgl. HÜBSCHER, Deutsche Predigerkongregation S. 31 und Anm. 6. In seinem Artikelverhör vom 7. August 1508 gestand der Lesemeister übrigens, gewissermaßen nebenbei, dass Prior Werner von Basel mit zwei Gefährten gehört habe, wie Jetzer Maria (auf dem Schwebezug) beschworen habe, und dass der Prior dabei „mit den übrigen von Basel (*cum ceteris de Basilea*)" vor Jetzers Zellentür gestanden sei, vgl. Akten II/2 S. 166. Im Folterverhör vom 31. August 1508 spricht der Lesemeister von einem Novizen namens Simon, der damals mit Prior Werner vor der Zellentür gewartet habe, vgl. Akten II/2 S. 242 Nr. 15, und der Subprior am 2. September 1508 von Bruder Bernhard [Senger] von Basel, der nicht ganz uneingeweiht gewesen sei, vgl. Akten II/2 S. 310 Nr. 28.

312 Die Jetzerprozesse

Hostie selber gefärbt hätten, hätten sie gelacht und gesagt: „Bei Gott, Bruder Johann, sagt so etwas nicht, denn daraus könnte uns allen große Gefahr erwachsen." Um zwei Uhr nachmittags seien sie alle fünf wieder zu ihm ins Stübchen gekommen und hätten acht ungeweihte Hostien und dazu ein großes Huhn mit sich gebracht, um zu demonstrieren, dass die Hostien sich nicht so leicht färben ließen. Sie hätten dem Huhn die Kehle durchgeschnitten, das Blut in einem Gefäß aufgefangen und versucht, damit die Hostien zu färben, aber diese hätten sich bei der Berührung mit dem Blut sogleich aufgelöst. Jetzer habe mit ihnen gefärbt und sich wieder überzeugen lassen, dass die Erscheinung der Maria und das Sakrament echt seien[63]. Man darf vermuten, dass die Klostervorsteher und Prior Werner mit diesem Auftritt von Maria und zwei Engeln auf einem Schwebebalken, der sicher von langer Hand vorbereitet war, einen Durchbruch schaffen wollten, der ihnen misslungen ist. Im Grund hatten sie versucht, die frühere Erscheinung von Maria mit zwei hölzernen Engel, die auf und ab zu schweben schienen, in die „Wirklichkeit" umzusetzen, aber dies erwies sich als schwieriger als gedacht. Für den Jetzerhandel ist zu notieren, dass diese Ent-Larvung recht früh gekommen ist, nämlich schon am 15. April 1507, und damit alle weiteren Inszenierungen überschattet hat; denn Jetzer konnte seine diesbezügliche Ent-Täuschung nie mehr vergessen: im Grund war der Jetzerhandel schon Mitte April 1507 gescheitert, und wenn die Klostervorsteher ihr Vorhaben damals aufgegeben hätten, wären sie wahrscheinlich mit dem Leben davongekommen. Stattdessen mussten sie in der Folge eine Menge weiterer Erscheinungen produzieren, die nicht nur dazu dienten, ihr Anliegen zu propagieren, sondern auch, um Jetzer, der durch seine bittere Enttäuschung zutiefst misstrauisch geworden war und immer wieder „rückfällig" wurde, immer wieder zu überzeugen – wahrscheinlich ist dies die bittere Wahrheit hinter dem Jetzerhandel.

Sechs Wochen, nachdem Jetzer (am 24./25. März 1507) das erste Stigma bekommen hatte, sei in der Nacht die Jungfrau Maria gekommen und habe ihm die übrigen vier Stigmata verabreicht, zuerst in beide Füße, dann in die Seite und zuletzt in die linke Hand – nachdem ihm der Subprior am Vorabend die Füße gewaschen hatte! Ebenfalls am vorangehenden Abend habe dieser ihm einen Trank verabreicht, der wie ein Gewürzwein (*claretum*) aussah und ihm eine Art Trunkenheit und Kopfschmerzen verursachte. Nachdem Maria ihn verlassen hatte, sei der Subprior zu ihm gekommen und habe ihn gefragt, warum er so geschrien habe, und als Jetzer ihm erzählte, dass er die übrigen Stigmata empfangen habe, habe der Subprior begonnen, diese zu küssen (wie er auch schon das erste Stigma geküsst hatte). Er habe ihm auch

---

63) Akten II/1 S. 109 f. Nr. 242 f. (1508, Aug 2; Jetzer).

Der Hauptprozess in Bern
313

aufgetragen, die Maria bei ihrem nächsten Erscheinen zu fragen, ob er, der Subprior, für seine Sünden Vergebung erlangt habe; diese Sünden habe er mit Blut aus seinem Ringfinger (*digitus cordialis*) auf einen Zettel geschrieben, den er auf einen Tragaltar legte, der sich zeitweise in Jetzers Zelle befand. Als die fingierte Maria das nächste Mal gekommen sei und Jetzer ihr das Anliegen des Subpriors eröffnet habe, habe sie gesagt, dass dieser sehr zur Unzucht (*luxuria*) neige, aber Verzeihung erlangen könne, wenn er sich von jetzt an enthalte, was dieser versprochen habe[64]. Man hat den Eindruck, dass der Subprior auch einmal in direkten Kontakt mit Maria treten wollte, wenn auch nicht mit (mehr oder weniger gescheiten) theologischen Fragen, sondern mit persönlichen Anliegen, und dies konnte er umso besser tun, als laut dem Defensorium der Prior und der Lesemeister Anfang Mai 1507 auf dem Provinzialkapitel von Pforzheim weilten (siehe Kap. I/3b) – dann aber könnte der Subprior die Maria auch selber gespielt, Jetzer die Stigmata verpasst und sich selber großzügig Absolution erteilt haben!

Am nächsten Tag nach dem Empfang der Stigmata, um zehn Uhr, habe der Subprior zusammen mit Bruder Oswald Jetzer wiederum einen Trank verabreicht, der ihn in Schweiß ausbrechen ließ und bewirkte, dass sein ganzer Körper sich bewegte, wie wenn er von Ameisen gebissen worden wäre. In seinen Eingeweiden hätte es rumort, im rechten Arm habe er einen heftigen Schmerz verspürt, und dann sei er vor Schmerz in eine Ekstase gefallen, so dass er fast ohne Sinne gewesen sei und nicht gewusst habe, was um ihn vorging. In dieser Ekstase sei er eine Stunde lang geblieben, ohne zu fühlen, zu sehen oder zu hören. In der Folge sei ihm dieser Trank jeden Tag um 11 Uhr verabreicht worden, und zwar vom Subprior, Prior, Lesemeister oder Schaffner, vor allem aber vom Subprior. Der Trank habe immer bewirkt, dass er in Ekstase gefallen sei. Die Klostervorsteher hätten ihm eingeredet, dass es sich um Taufwasser handelte, das sie ihm verabreichten, um zu erproben, ob seine Erscheinungen gut oder böse seien; denn wenn er Taufwasser getrunken habe, könne ein böser Geist ihn nicht täuschen. Wenn er den Trank nicht nehmen wollte, weil er ihm große Schmerzen verursachte, hätten sie ihn unter schweren Drohungen dazu gezwungen. Als der Provinzial mit andern Dominikanern nach Bern kam, auf dem Weg ans Generalkapitel in Lyon (Mitte Mai 1508), hätten viele von ihnen seine Stigmata geküsst, ihn getröstet und ermuntert, mehr Vertrauen in die Erscheinungen zu haben und vor allem immer alles zu tun, was seine Vorgesetzten ihm befahlen. Die einzigen, welche die Stigmata nicht geküsst hätten, seien der Provinzial und Magnus Wetter gewesen[65], doch muss man sich bei dieser Aus-

---

64) Akten II/1 S. 110f. Nr. 246–251 (1508, Aug 2; Jetzer).
65) Akten II/1 S. 111f. Nr. 252–255 (1508, Aug 2; Jetzer).

314   Die Jetzerprozesse

sage Jetzers vergegenwärtigen, dass der Provinzial selber im Gericht saß und also anwesend war (siehe Tafel 1).

Die blutweinende Marienstatue

In der Folge erzählte Jetzer, dass die Jungfrau Maria ihm vier Mal in der Kirche erschienen sei, wo sie zusammen von Altar zu Altar gezogen seien und abwechselnd gebetet hätten, die Jungfrau das Vaterunser und Jetzer das Ave Maria. Am Tag des heiligen Eligius (25. Juni 1507) habe ihn der Lesemeister um zwei Uhr früh geweckt und sei mit ihm und den andern drei in die Marienkapelle gegangen, wo sie vor dem Altar niedergekniet seien. Hier stand, wie wir aus dem Defensorium wissen, eine Pietà, d. h. eine sitzende Maria mit ihrem toten Sohn im Schoss, also zwei Personen (siehe Kap. I/3b). Da hätten sie eine Stimme, wie aus der Statue heraus, gehört, die fragte: „Mutter, warum weinst du?" Die Mutter habe geantwortet: „Sohn, ich weine, weil man dir deine Ehre [der unbefleckten Empfängnis] wegnimmt und sie mir zuteilt." Darauf habe der Sohn erwidert: „Weine nicht, fromme Mutter, denn diese Ehre wird mir nicht mehr lange vorenthalten werden; der Streit um die Empfängnis wird bald beendet und mir meine Ehre zurückgegeben werden." Darauf hätten die vier sich mit Jetzer von der Marienkapelle durch den Chor in die Johanneskapelle begeben, um, wie der Konverse vermutete, demjenigen, der sich hinter der Statue versteckt und gesprochen hatte, die Gelegenheit zu geben, zwei große Kerzen, die in der Marienkapelle standen, anzuzünden. Darauf seien alle in die Marienkapelle zurückgekehrt, und Jetzer habe den Befehl bekommen, auf den Altar zu steigen, um zu hören, ob Maria wieder sprechen wolle. Der Lesemeister habe ihm gewissermaßen suggeriert, dass die Marienstatue blutige Tränen weine, indem er ihm sagte: „Bruder Johann, schaut die Statue an, sie weint; das Holz sondert Tränen ab – und Ihr habt nicht glauben wollen!" Und Jetzer habe seine Ungläubigkeit bereut, sei auf dem Altar niedergekniet und habe um die Statue herum Atmen und Seufzen gehört. Auf die vom Gericht gestellte Frage, ob er denn die Statue wirklich habe weinen sehen, antwortete Jetzer mit Nein, aber als er Seufzer und Atmen gehört habe, habe er geglaubt, sie weine tatsächlich (siehe Tafel 2)[66].

Anschließend musste Jetzer fast zwei Stunden kniend auf dem Altar der Marienkapelle ausharren, bis die Klostervorsteher das Sakrament und einige von den „Herren" der Stadt Bern geholt hatten. Dann aber setzte ein großer Zulauf von Volk ein (*factus fuit magnus concursus populi*), von dem er aber nichts gesehen habe. Die vier Väter hätten ihm das rote Sakrament gereicht,

---

66) Akten II/1 S. 112 f. Nr. 257–265 (1508, Aug 2; Jetzer).

Der Hauptprozess in Bern 315

das er aber nicht nehmen wollte, so dass der Lesemeister ihm eine andere, weiße Hostie geholt habe, die er akzeptierte. Um sie hinunterzuschlucken (*pro ablutione*), wurde ihm in einem Kelch ein Trank gereicht, der jenem in Farbe und Geschmack sehr ähnlich gewesen sei, den die Klostervorsteher ihm zuerst gegeben hatten. Während er ihn getrunken habe, hätten die Mönche zu singen begonnen, doch konnte er nicht sagen, welchen Gesang, denn er habe einen solch intensiven Schmerz verspürt, dass er nicht gewusst habe, was er tat. Aber es sei nicht wahr, wie gesagt worden sei, dass Maria ihn durch die Luft in die Kapelle getragen habe, auf jenem übernatürlichen Flug, der im Defensorium suggeriert und von Jetzer bereits in seinem ersten Folterverhör vor dem Rat (vom 5. Februar 1508) in Abrede gestellt worden war (siehe Kap. I/3b und II/1c, Jetzers erstes Folterverhör). Als der Schmerz nachgelassen habe, sei er vom Altar gestiegen und ins Kloster zurückgekehrt. Auf die Frage, ob er wisse, warum die Statue geweint habe, antwortete Jetzer, Maria habe ihm auf dem Altar gesagt, dass sie weine, weil man die von ihr gewirkten Wunder nicht veröffentlichen wolle und weil eine große Plage über die Stadt Bern kommen werde. Darauf sei noch am gleichen Tag der Schultheiß Rudolf von Erlach ins Kloster gekommen, um mit ihm zu reden, doch habe der Prior ihn auf den nächsten Tag vertröstet. In der folgenden Nacht sei Jetzer nach der Matutin wiederum von Prior und Subprior in die Kapelle und vor die Marienstatue geführt worden und habe von dieser erfahren, dass eine große Plage über die Stadt Bern kommen werde, weil diese den Pensionen abgeschworen habe und sie trotzdem immer wieder von den Fürsten nähme (*quia alias obiuraverant pensiones et quod eas reciperent a principibus*). Als Jetzer vor der Statue auf den Knien gelegen sei, habe er eine Tafel links vor der Statue mit der Darstellung der Dreifaltigkeit sich bewegen sehen, und als er sie entfernt habe, habe er dahinter den Lesemeister sitzen gefunden; diesen habe er am Skapulier so heftig zu sich gezogen, dass er auf den Altar gefallen sei[67].

Am 15. Oktober 1507 hatte Jetzer in Lausanne ausgesagt, dass die Marienstatue wegen der Errichtung des Chorherrenstiftes St. Vinzenz blutige Tränen vergossen habe (siehe Kap. II/1a). Hier sollte nun eine Plage über die Stadt Bern kommen, weil die Berner den Pensionen abgeschworen hatten und sie trotzdem immer wieder von den Fürsten nähmen – ein Vorwurf, der diese viel härter treffen musste als derjenige mit dem Vinzenzstift, das in der Stadt längst Realität geworden war (das Gericht hatte seinen Sitz in der Propstei des Stifts). Man kann nur vermuten, dass die Marienstatue in einer ersten Nacht wegen der Errichtung des Vinzenzstifts geweint hatte, dass aber, als der Schultheiß selber sich schon am nächsten Tag ins Kloster bemühte,

---

67) Akten II/1 S. 113 f. Nr. 266–272 (1508, Aug 2; Jetzer).

316 Die Jetzerprozesse

um von Jetzer Näheres zu erfahren, die Klostervorsteher aus dieser Situation ihren Nutzen ziehen wollten und diesen deshalb auf den nächsten Tag vertrösteten – und in einer nächsten Nacht Maria noch einmal sprechen ließen, diesmal gegen die Pensionen, die für Bern und die ganze Eidgenossenschaft gewissermaßen eine offene Wunde darstellten. Damit zogen die Dominikaner unvermeidlich den Zorn der „Herren von Bern" auf sich – auf deren Unterstützung bei der Durchsetzung ihres Hauptanliegens, der befleckten Empfängnis, sie eigentlich zählten. Diese Zusammenhänge werden jedoch erst im Revisionsprozess klar (siehe Kap. II/5a, Die Prophezeiungen der blutweinenden Marienstatue, und Der eidgenössische Pensionenbrief). Dabei ist bezeichnend, dass die eigentliche Botschaft der Dominikaner, die befleckte Empfängnis, nicht klar zum Ausdruck kommt; denn wie bereits aus dem Defensorium hervorgeht, musste diese unter dem Deckel gehalten werden, weil sonst nur zu klar gewesen wäre, was hier gespielt wurde (siehe Kap. I/3b).

Die Erscheinungen der heiligen Cäcilia, Bernhard von Clairvaux und Katharina von Siena

Auf die Frage, wann er von den Stigmata „gereinigt" worden sei, antwortete Jetzer (immer am 2. August 1508): um das Fest der Maria Magdalena (22. Juli) herum oder acht Tage später, was mit der Angabe im Defensorium übereinstimmt, dass es der 29. Juli 1507 gewesen war (siehe Kap. I/3b). Vorgängig sei ihm wiederum die Jungfrau Maria erschienen, begleitet von der hl. Cäcilia, die ihre Anwesenheit damit rechtfertigte, dass sie zusammen mit Maria und der hl. Katharina von Siena öfters dem hl. Dominikus erschienen sei und allen Brüdern geweihtes Wasser gereicht habe. Ihrem Auftritt war jedoch kein Erfolg beschieden, denn als Maria Jetzers Hand ergriffen und seine Wunden berührt habe, habe dieser die Hand des Subpriors erkannt – und in der Hand eine kleine Büchse mit Salbe. Jetzer habe dem Subprior eine weiche Maske aus Leinen abgerissen und die Klostervorsteher verflucht. Die hl. Cäcilia sei vom Lesemeister dargestellt worden; sie habe weniger lange Haare gehabt, aber auch einen Schleier getragen, der indessen nicht den ganzen Kopf bedeckte. Von jenem Tag an habe Jetzer den Trank nicht mehr nehmen wollen, und er glaubte, dass die Stigmata deshalb geheilt seien, denn er hegte den Verdacht, dass die Klostervorsteher ihm diese mit einem korrosiven Pulver erneuerten, während er in Ekstase lag, die wiederum durch den Trank verursacht wurde. Er habe sich seine Wunden auch nicht mehr von den vieren verbinden lassen, so dass diese innerhalb von drei Tagen geheilt seien[68].

---

68) Akten II/1 S. 114 f. Nr. 273–275 (1508, Aug 2; Jetzer). Zum Datum der Erschei-

Der Hauptprozess in Bern

Am Tag nach der Erscheinung der hl. Cäcilia habe der Lesemeister versucht, Jetzer unter Drohungen mit Kerker oder anderen Qualen zu zwingen, den Trank wieder zu nehmen, doch vergeblich. Als er um die Stunde der Komplet dem Lesemeister die Beichte ablegte, habe dieser ihm als Buße verhängt, sich mit einer Rute zu schlagen, und habe ihm selber sieben Schläge für seinen Ungehorsam versetzt. Ein erster Versuch, Jetzer zu vergiften, scheint bereits um das Fronleichnamsfest (3. Juni) 1507 stattgefunden zu haben (in Wirklichkeit bereits Mitte Mai 1507, siehe Kap. II/2e, Die Mitschuld der Oberdeutschen Dominikanerprovinz). Der Prior, der Subprior und der Lesemeister seien zu ihm in sein Stübchen gekommen und hätten angeblich mit ihm essen wollen. Der Subprior habe drei Zinnteller mit einer dicken Suppe (*menestra vel ius*) mitgebracht; dabei waren die Zinnteller aufeinandergestellt und dazwischen je ein hölzernes Tranchierbrett eingeschoben. Ihnen sei der Novize Rudolf Noll gefolgt, der eine Art Diener von Jetzer war und der ebenfalls zwei Teller mit Suppe (*menestra seu brodium*) mit sich getragen habe. Darauf sei wiederum ein Novize gekommen, nämlich Joseph Striger von St. Gallen, und habe die Väter zum Essen in das Väterhaus gerufen. Diese hätten Joseph angewiesen, zwei Teller und den seinen dorthin zu tragen, und hätten von den drei Tellern, die der Subprior gebracht habe, einen für Jetzer zurückgelassen. Dieser sei vor dem Anblick und dem Geruch der Suppe (*pulmentum sive offam*) zurückgeschreckt und habe sich zuerst ein Stück Brot abgeschnitten, das er in die Brühe getunkt habe. Darauf sei aus dem Grund des Tellers etwas aufgequollen, das wie Körner von krokusgelber Farbe (*grana milei crocei colorum [coloris]*) ausgesehen habe, das Stück Brot habe sich grün gefärbt und ebenso fünf weitere Stücke, die Jetzer eingetaucht habe. Darauf habe er den Teller beiseite gestellt und auch Rudolf Noll, der mit ihm zusammen gegessen habe, verboten, diesen auszuessen. Nachdem dieser das Stübchen verlassen hatte, habe Jetzer den Teller fünf Wölfen, die im Kloster gehalten wurden, zum Fressen gebracht, die sogleich daran gestorben seien. Der Subprior habe ihn dafür heftig angefahren und ihm gesagt, dass die Wölfe, die 5 Röllibatz (Berner Batzen) gekostet hätten, an aromatischen Pulvern eingegangen seien, die in der Suppe gewesen seien[69].

In der Folge wurde Jetzer nach weiteren „Komplizen" bei den Erscheinungen gefragt, und er antwortete, dass die Stadt Bern, nachdem die Mari-

---

nung von Maria und Cäcilia, die bei Anshelm zwei Mal wiedergegeben wird, siehe Einl. 2b.

69) Akten II/1 S. 115 f. Nr. 276–279 (1508, Aug 2; Jetzer). Sowohl Rudolf Noll als auch ein gewisser Joseph werden im Schuldbrief der Berner Dominikaner zu Gunsten ihrer Mitbrüder in Basel vom 19. Februar 1508 aufgeführt, siehe Anh. 2.

318   Die Jetzerprozesse

enstatue geweint hatte, einen Boten mit einem Brief zum Provinzial geschickt habe. Darauf seien (am 9. Juli 1507) Magnus Wetter und Paul Hug als Abgesandte des Provinzials nach Bern gekommen. Jetzer habe ihnen alles der Reihe nach erzählt: wie er den Lesemeister, Prior und Subprior als Maria mit Engeln überführt habe, wie diese ihn in die Marienkapelle geführt und wie sie versucht hätten, ihn zu vergiften. Wetter und Hug hätten beide versucht, ihn glauben zu machen, dass Maria ihm wirklich erschienen sei. Als er bei seiner Meinung geblieben sei, habe Hug ihn gescholten und ihm gesagt, dass er „so würdige Personen und fromme Väter" nicht derart diffamieren dürfe, und Wetter habe ihm mit Schlüsseln, die er in der Hand hielt, ins Gesicht geschlagen, so dass Blut floss und Jetzer dem Gericht eine Narbe unter der Nase vorweisen konnte. Die beiden hätten ihn auch auf ein Missale und auf die Konstitutionen des Dominikanerordens einen lateinischen Schwur leisten lassen, den er nicht verstanden habe, des Inhalts, dass er dem Bischof von Lausanne, dessen Ankunft bevorstand, auch auf der Folter nichts von der Erscheinung auf dem Schwebezug und dem Vergiftungsversuch sagen dürfe. Sie verboten ihm auch, weiterhin zu sagen, dass Maria ihm enthüllt habe, dass sie in der Erbsünde geboren sei, denn diese Meinung sei im Volk verhasst (*res odiosa populo*), und wenn dies ans Licht käme, könnte es zu seinem Ruin und dem des ganzen Klosters führen (*posset ipsi et toto monasterio ruina accidere*)[70].

Nur wenige Tage – oder Nächte –, nachdem die Marienstatue angeblich blutige Tränen geweint hatte, habe eines Nachts jemand Jetzers Zelle betreten, in Grau oder Kamelfarbe gekleidet, mit einem Skapulier von weißem Leinen und einem schwarzen Birett auf dem Kopf, so dass keine Haare sichtbar waren, sei vor Jetzers Bett gestanden und habe gesagt: „Christus schickt mich vom höchsten Himmelschor, um dir die Wahrheit über die Empfängnis Marias in der Erbsünde kundzutun." Er habe auf sein Skapulier gedeutet, das mit einer Blume verziert gewesen sei, und habe gesagt, diese Blume habe er bekommen, weil er in dieser Sache richtig gelehrt habe, und er habe Jetzer aufgefordert, seinen Vätern zu sagen, dass sie vorwärts machen und die Sache zu einem guten Ende bringen sollten. Bei der Erscheinung handelte es sich offenbar um den hl. Bernhard von Clairvaux, der sich im 12. Jahrhundert als erster gegen die aufkommende Meinung von der unbefleckten Empfängnis gewandt hatte und von dem die Franziskaner deshalb sagten, dass auf seinem Skapulier ein hässlicher Flecken gewesen sei, weil er sich in der Frage der Empfängnis geirrt habe (siehe Kap. I/2d). Als

---

70) Akten II/1 S. 116 f. Nr. 281 f. (1508, Aug 2; Jetzer). Laut Bernardin de Bustis war die Meinung von der unbefleckten Empfängnis viel weiter verbreitet als die gegenteilige, siehe Kap. I/3a.

Der Hauptprozess in Bern

dieser Bernhard sich gegen das Fenster der Zelle gewandt habe, habe Jetzer gesehen, dass er die Hosen der Dominikaner trug (Anshelm 3 106: *predier-hösle*), sei aus dem Bett aufgefahren und habe ihn am leinenen Skapulier ergriffen. Bernhard habe sich dieses vom Hals gerissen und sei durch das Fenster gefallen, wobei Jetzer erkannt habe, dass es der Prior war, der nachher einige Zeit krank gelegen sei. Auf das Skapulier sei in der Tat eine rosagelbe Blume gemalt gewesen. Jetzer habe dieses in sein Stübchen getragen und dort aus einem Teil Taschentücher gemacht, den andern Teil hätten die Väter ihm weggenommen und verbrannt[71].

Nachdem die Stigmata (Ende Juli 1507) verschwunden waren, waren die Beziehungen zwischen Jetzer und den Klostervorstehern gespannt. Diese hätten ihm versprochen, ihn besser zu behandeln als die andern Konversen, wenn er niemandem etwas erzähle. Andererseits hätten sie ihm gedroht, dass sie ihn härter anfassen und einkerkern wollten, wenn er nicht glaube und nicht schweige. Sie hätten ihn auch gefragt, ob er zum früheren Glauben zurückkehren wolle, wenn die hl. Katharina von Siena ihm erscheinen würde, und da er für diese ebenfalls eine große Verehrung hatte, habe er es dem Lesemeister in der Beichte versprochen. Schon in der übernächsten Nacht seien Maria und Katharina nach der Matutin in Jetzers Stübchen erschienen, in dem er jetzt auch die Nacht verbrachte, denn nach dem Zwischenfall mit dem Prior in der Rolle des hl. Bernhard von Clairvaux hatten die Väter Jetzers Zelle zerstören lassen – was eigentlich so gut wie ein Schuldeingeständnis ist. Jetzer hatte sich also in seinem Stübchen befunden, als Maria und Katharina von Siena eingetreten seien, beide in weiße Leinengewänder gekleidet, Maria in gewohnter Weise verschleiert, Katharina mit einem Nonnenschleier, beide ohne Masken, aber mit schön geschminkten Gesichtern. Katharina sei in den Knien gegangen, um kleiner zu erscheinen, als sie war. Maria sei vom Subprior und Katharina vom Schaffner dargestellt worden, der damit zum ersten Mal auch zum Zug kam. Jetzer hatte sich schon so etwas gedacht, und zum Schlafen einen Gürtel mit Messern mitgenommen und auf seinem Kopfkissen deponiert. Als nun Maria und Katharina vor seinem Bett standen, habe er ein Messer aus dem Gürtel gezogen und es der letzteren in die Seite gestoßen. Diese habe aufgeschrien und Jetzer das Messer entrissen, mit dem er ihr auch in den Hals stechen wollte. Jetzer habe den Hammer ergriffen, mit dem er normalerweise Nägel für Bilder in die Wand trieb, und Katharina eine große Wunde in den Kopf geschlagen.

---

71) Akten II/1 S. 118 Nr. 284–287 (1508, Aug 2; Jetzer), vgl. auch ebd. S. 95 Nr. 161 (1508, Juli 31, 14 Uhr; Jetzer). Diese Stelle ist von besonderer Bedeutung, um den Einbau eines hölzernen Dormitoriums in ein steinernes Gebäude zu begreifen, denn der Prior fiel nicht eigentlich aus dem Gebäude heraus, sondern nur aus Jetzers Zelle, vgl. Utz Tremp, Geschichte S. 145.

320 Die Jetzerprozesse

Darauf habe Maria ein Zinngefäß mit Weihwasser nach Jetzer geworfen, das
ihn jedoch verfehlte, aber sieben oder acht runde Scheiben des Butzenfen-
sters zerbrach (*rotunde ille vitree septem vel octo frangebantur*). Jetzer habe
die beiden in seinem Stübchen eingeschlossen und den Lesemeister und den
Prior geholt, um ihnen die beiden zu zeigen; dabei sei der Kopf des Schaffners bereits mit einem Tuch verbunden gewesen[72].

Hier bricht Jetzers Verhör vom 2. August 1508 ab und wurde erst am 4.
August 1508 fortgesetzt, obwohl die Geschichte des verwundeten Schaffners noch nicht beendet war. Dieser sei nach einem Tag zum Provinzial geschickt worden und sei zehn bis elf Tage weggeblieben (so dass der Prior
ihm für die Erscheinung der gekrönten Maria auf dem Lettner in der Nacht
vom 12. auf den 13. September 1507 mit gutem Gewissen ein Alibi geben
konnte, siehe Kap. II/1c, Gegenüberstellungen ...). In der Zwischenzeit habe
Jetzer den Brüdern im Konvent erzählt, was ihm zugestoßen sei und wie er
den Schaffner geschlagen habe. Als dieser zurückkehrte, seien seine Wunden
verfault gewesen, so dass man Chirurgen – wohl eher Scherer – zu Rat ziehen musste, insbesondere einen jungen Familiaren des Konvents namens
Gabriel, Gehilfe des Scherers (Ludwig) von Schüpfen (*de Suphim*), der letztere Zeuge im Hauptprozess. Gabriel habe das verweste Fleisch mit einem
Eisen aus der Kopfwunde des Schaffners herausgeschnitten. Wenn dieser
von den Arbeitern, die im Kloster Maurer- oder Zimmerwerk verrichteten,
gefragt worden sei, wer ihm diese Wunden beigebracht habe, dann habe er
geantwortet, er habe auf dem Weg zum Provinzial einen Sonnenbrand erwischt ... Als nächstes kam die Rede auf die Kleinodien, wertvolle Paternoster (Rosenkränze) aus Korallen und andere kostbare Steine sowie silberne
und vergoldete Anhänger in großer Zahl und von beträchtlichem Wert, die
zum Schmuck an der Statue in der Marienkapelle hingen. Diese seien einige
Zeit, nachdem die Marienstatue blutige Tränen geweint hatte – Jetzers Zeit-
rechnung scheint verständlicherweise einschneidend von diesem Ereignis
geprägt gewesen zu sein –, verschwunden, so dass die Brüder ihm auferlegt
hätten, Maria zu fragen, wer diese gestohlen habe – doch habe diese niemanden nennen wollen, um niemanden in Verlegenheit zu bringen, was ihr von
den Vätern wiederum zum Guten ausgelegt worden sei: wenn hinter der Erscheinung der Maria der Teufel stecken würde, hätte dieser den Dieb sicher
angezeigt und damit im Konvent große Unruhe gestiftet ...[73] Es könnte indessen auch sein, dass Maria ganz andere Gründe hatte, um zu schweigen.

---

72) Akten II/1 S. 119–121 Nr. 288, 295–303 (1508, Aug 2; Jetzer).
73) Akten II/1 S. 121 f. Nr. 304 f. (1508, Aug 4; Jetzer).

Der Hauptprozess in Bern

Die Frauengeschichten der Klostervorsteher

Bereits bei den Gegenüberstellungen mit den Dominikanern vor dem bernischen Rat im Januar 1508 hatte Jetzer dem Prior und dem Lesemeister mehrmals vorgeworfen, dass er sie nicht weniger als drei Mal in weltlichem Gewand und in der Gesellschaft von schönen Frauen überrascht habe, und bei seinem Folterverhör vom 5. Februar wiederholte er diese Vorwürfe erneut, so dass sie auch in die Akten seines Prozesses von Lausanne und Bern eingegangen sind (siehe Kap. I/3e und f sowie II/1c, Gegenüberstellungen ..., und Jetzers erstes Folterverhör). Als Jetzer am 4. August 1508 vom Gericht gefragt wurde, ob er eine Ahnung habe, wo die Kleinodien der Marienstatue hingekommen seien, antwortete er mit einer ganzen Geschichte. Als er sich eines Abends, nachdem diese verschwunden waren, um 10 Uhr auf dem Dormitorium herumgetrieben und gebetet habe, habe er den Schaffner eine Zinnkanne voll Wein in das Haus der Väter tragen sehen, das außerhalb des Dormitoriums und im hinteren Teil des Klosters errichtet war. Da es ihm schien, es sei nicht die angemessene Zeit zum Trinken, sei er dem Schaffner heimlich gefolgt. Da habe er den Prior und den Lesemeister sitzen sehen, und vor ihnen in einem Gefäß gewisse Paternoster und Ketten und zwischen ihnen eine Frau, angeblich die Schwester des Lesemeisters. Acht Tage darauf habe Jetzer im Kreuzgang wiederum den Schaffner mit Wein erblickt, habe ihm aber diesmal nicht folgen können, weil dieser die Tür hinter sich verschlossen habe. Deshalb habe er von außen durch die Ritzen in den Läden in die Gemächer hineingeschaut, die erst kürzlich für den Prior neu gebaut worden waren, und dort Licht gesehen. Da er den Schlüssel zu einer ersten Tür hatte, weil man von hier aus auch in die Schneiderei gelangte, wo er tagsüber arbeitete, habe er das Stübchen des Priors betreten und den Prior, den Subprior und den Lesemeister mit drei Mädchen und einem mit Hühnern, Vögeln und Leckereien gedeckten Tisch sitzen sehen. Jetzer habe die Mädchen gekannt, es seien alle drei Töchter von Handwerkern gewesen, die im Kloster arbeiteten. Die Klostervorsteher hätten Wämser aus Seide getragen, der Prior und der Lesemeister aus schwarzem Damast, der Subprior aus einem roten Gewebe, und alle drei grüne Hosen. Der Prior habe einen Dolch mit einem Griff aus Sandelholz zwischen den Beinen hängen gehabt; er habe eine Kopfbedeckung aus schwarzer Seide und darüber ein scharlachrotes Birett mit doppelten Falten getragen, und der Subprior ein schwarzes Birett. Sowohl der Dolch als auch das scharlachrote Birett hätten eigentlich Jetzer gehört; er habe sie zusammen mit anderen Dingen beim Eintritt ins Kloster dem Prior zum Aufbewahren gegeben. Zwei der drei Wämser seien aus 9 Ellen Damast genäht gewesen, die er ins Kloster gebracht und ursprünglich für 4 Testonen (Dickpfennige) bei einem Basler Kaufmann namens Robert auf den Messen von Zurzach gekauft hatte; er habe daraus eine Kasel für das Seelenheil seines Vaters für den Marienwallfahrtsort zum Pflasterbach (in Sünikon, Steinmaur ZH) machen lassen wollen[74].

In der Folge sei es zu einem wüsten Wortwechsel zwischen Jetzer und dem Prior gekommen. Nachdem Jetzer die Väter angefahren hatte, habe der Prior ihm ironisch geantwortet: „Gott soll dich mit Fieber schlagen, verdammter Konverse; nie können wir dir entkommen! Wie wagst du es, deine Väter so zu stören? Du solltest vorher an die Türe klopfen!" Darauf Jetzer: „Wenn die ‚Herren von Bern' das wüssten, würden sie anders mit euch verfahren!" Darauf der Prior: „Was gehen uns die ‚Herren von Bern' an? Wir können in unserem Kloster jederzeit tun, was uns gefällt!" Drei Wochen später scheint Jetzer den Prior und den Subprior wiederum im Haus der Väter überrascht zu haben, wiederum in den seidenen Wämsern und mit zwei schönen Frauen, von denen die eine die Haare offen trug und die andere verschleiert war, auf dem Tisch vor ihnen wiederum Geschirr und Speisen. Als Jetzer gedroht habe, das wolle er dem Provinzial zu wissen tun, hätten sie geantwortet, das solle er nur tun. Als er wiederum mit den „Herren von Bern" gedroht habe, hätten sie ihn und die Berner als „Verräter" bezeichnet und ausdrücklich den Verrat an Ludovico Sforza genannt, dem Herzog von Mailand, im Jahr 1500 in Novara[75] – eine Szene, die bereits in Jetzers zweitem Folterverhör am 7. Februar 1508 in Bern zur Sprache gekommen war und die sich natürlich sehr gut eignete, um die Berner gegen die Dominikaner aufzubringen (siehe Kap. II/1c, Jetzers zweites Folterverhör).

Als Jetzer noch die Stigmata hatte (also vor Ende Juli 1508), aber den Erscheinungen schon (lange!) nicht mehr traute, sei der Lesemeister zu ihm gekommen und habe ihm zwei silberne Äpfel, eine silberne, aber vergoldete Marienstatue von der Größe eines Fingerglieds und acht silberne Ringe und einige Edelsteine gebracht, „mehr als eine Handvoll" (*plus quam unius plene manus*), und ihm diese angeboten, wenn er nicht so wunderlich, sondern gläubig und verschwiegen sein wolle. Er könne aus dem Silber und den

---

74) Akten II/1 S. 122 f. Nr. 306–311 (1508, Aug 4; Jetzer). Zum Haus des Priors vgl. UTZ TREMP, Geschichte S. 151 f. Zu den Messen von Zurzach vgl. Christoph HERZIG, Art. Bad Zurzach, Vom Frühmittelalter bis zum 21. Jh., in: HLS online (Zugriff 17. Aug. 2019); zur Pilgerkapelle Pflasterbach, die nur von 1501 bis 1540 bestand, vgl. Christian BAERTSCHI, Art. Steinmaur (Bez. Dielsbach ZH), in: HLS online (Zugriff 17. Aug. 2019). Vgl. auch Peter JEZLER, Der spätgotische Kirchenbau in der Zürcher Landschaft. Die Geschichte eines „Baubooms" am Ende des Mittelalters. Festschrift zum Jubiläum „500 Jahre Kirche Pfäffikon" (1988) S. 22 f.

75) Akten II/1 S. 123 f. Nr. 312 f. (1508, Aug 4; Jetzer).

Der Hauptprozess in Bern

Edelsteinen ein Kreuz für sein Altärchen machen lassen und das andere seinen Brüdern und Verwandten schicken. Jetzer habe dem Lesemeister dafür ein Goldstück im Wert von 4 rheinischen Gulden gegeben, das er zurückbehalten habe, als er dem Prior bei seinem Klostereintritt seinen Besitz – insgesamt 52 bis 53 rheinische Gulden – anvertraut hatte. Aus den Kleinodien habe er unter Vermittlung des Schuhmachers Johann Koch vier silberne Ringe für seine leiblichen Brüder machen lassen; einen der Äpfel habe er vergolden und den andern reinigen lassen. Der Lesemeister habe in Jetzers Namen einen Brief an den Propst von Zurzach schreiben wollen, damals ein gewisser Peter Attenhofer (1496–1532), der mit Jetzer verwandt war, um ihn zu bitten, einen Empfehlungsbrief zu Gunsten der Wunder im Berner Dominikanerkonvent an seinen Sohn (vielmehr Bruder) zu verfassen, der einen Doktortitel führte und sich in Rom aufhielt. Als Jetzer dies jedoch ablehnte, sei der Lesemeister zornig geworden und habe ihm die Ringe weggenommen; laut Jetzer war dies vor Anfang (*kalendas*) September 1507. Sechs Tage nach dem 1. September (*sex dies prope festum sancte Verene*) sei der Lesemeister wieder zu ihm ins Stübchen gekommen und habe ihm die Ringe zurückgeben wollen, zusammen mit zwei Rosenkränzen aus Korallen und den beiden erwähnten Äpfeln, unter der Bedingung, dass Jetzer in den Brief einwillige; da habe dieser ihm gesagt, dass die Rosenkränze jenen glichen, die von der Marienstatue gestohlen worden seien, was der Lesemeister bestritten habe. Da habe man Schritte gehört, und der Lesemeister habe ihn instruiert zu sagen, dass die Kleinodien aus seiner, Jetzers, Heimat stammten; und als der Chorherr Heinrich Wölfli gekommen sei und nach diesen gefragt habe, habe er in seiner Einfalt (*columbina simplicitate ductus*) getan, wie ihm befohlen worden sei[76]; wie wir noch sehen werden, war selbst der Besuch von Wölfli kein Zufall (siehe Kap. II/2b, Die Verschwörung der Klostervorsteher in der Marienkapelle ...).

Jetzers Martyrium

Das Verhör Jetzers vom 4. August 1508 folgt nicht mehr so klar der chronologischen Abfolge der Ereignisse des Jahres 1507 wie die vorhergehenden Verhöre; die Leitfrage war vielmehr, was die Klostervorsteher sonst noch alles unternommen hätten, um ihn wieder von der Echtheit seiner Erschei-

---

76) Akten II/1 S. 124–126 Nr. 314–319 (1508, Aug 4; Jetzer). Zu Peter Attenhofer, Propst von Zurzach 1496–1532, und seinem Bruder, Dr. Conrad Attenhofer, einem päpstlichen Familiaren, vgl. Guy P. MARCHAL, St. Verena in Zurzach, in: HS II/2 S. 597–627, hier S. 613 f.; zu diesem Brief an den Propst von Zurzach vgl. auch Lesemeister und Prior im Revisionsprozess: Akten III S. 436 Nr. 52, S. 470 f. Nr. 53 f. (1509, Mai 7 u. 12).

324 Die Jetzerprozesse

nungen zu überzeugen. Die vier Väter hätten auch versucht, ihn zu überreden, sich die Stigmata wieder erneuern zu lassen, die Ende Juli 1507 verschwunden waren, d. h. den Trank wieder zu nehmen. Als Grund hätten sie angegeben, dass die ganze Stadt Bern überzeugt sei, dass die Stigmata falsch gewesen seien, wenn sie einfach so über Nacht verschwinden konnten. Jetzer habe sich erst überreden lassen, nachdem sie ihm versprochen hätten, ihm zu verraten, wie sie die Stigmata und den Trank gemacht hätten, und habe so höchst bedenkliche Dinge erfahren: dass der Trank durch Lazarus, einen getauften Juden, der auch als Hebamme wirkte, hergestellt worden sei, und zwar aus Blut aus dem Nabel eines jüdischen Knaben sowie aus neunzehn Haaren vom Kopf und den Augenbrauen des gleichen Knaben – ebenso viele, wie böse Geister in denjenigen fahren sollten, der den Trank zu sich nahm. Diese hätten bewirkt, dass Jetzer beim Passionsspiel die übereinander gelegten Füßen nicht mehr habe voneinander bringen und auch dass er nicht mehr vom Altar in der Marienkapelle habe heruntersteigen können, bis er kommuniziert hatte. Um die bösen Geister zu aktivieren, brauchte es eine Salbe, die in den lateinischen Prozessakten mit *adeps scopis* bezeichnet wird (*adeps* = Salbe, *scope* Pl. = Besen) und die von Anshelm (3 S. 85) mit „Besenschmalz" übersetzt wird. Jetzer wusste auch zu beschreiben, wie der Lesemeister diesen „Besenschmalz" zubereitet habe: er habe vor sich eine Zinnschüssel (mit Salbe), einen trockenen Besen (*scopa sicca*) und in der Hand eine angezündete Kerze gehabt. Dann habe er einzelne Ruten aus dem Besen gezogen, sie angezündet und damit die Salbe flüssig gemacht, die er dann in einer Büchse aufbewahrt habe. Die Stigmata seien mit „starkem Wasser" (*aqua fortis*) und gewissen korrosiven Pulvern gemacht und dann mit dem Besenschmalz gepflegt worden; dieser habe verhindert, dass sie sich entzündeten, und gleichzeitig bewirkt, dass kein Chirurg oder Arzt ihren Ursprung erkennen konnte. Außerdem sei der Besenschmalz rot gewesen und habe deshalb auch die Stigmata rot gefärbt, eine Farbe, die sich nicht leicht habe abwaschen lassen. Es erstaunt nicht, dass Jetzer, nachdem er dies alles erfahren hatte, den Trank auch weiterhin nicht nehmen und sich auch die Stigmata nicht mehr erneuern lassen wollte[77].

Das Verhör vom 4. August 1508 wurde am Nachmittag um 14 Uhr fortgesetzt. Auf die Frage, was die Klostervorsteher weiterhin gegen Jetzer, der ihnen nicht mehr gehorchen wollte, unternommen hätten, antwortete dieser, dass der Lesemeister ihm befohlen habe, Heinrich Wölfli um eine Kette

---

77) Akten II/1 S. 126–128 Nr. 323–328 (1508, Aug 4; Jetzer). Laut Idiotikon 9 (1924) S. 951 war der Besenschmalz mit der Salbe identisch, „mit der die Hexen die Besen bestrichen, auf denen sie durch die Luft fuhren", doch stammen die Beispiele, soweit wir sehen, alle aus dem Kontext des Jetzerhandels.

Der Hauptprozess in Bern 325

zu bitten, mit der er sich zur Strafe für seine Ungläubigkeit schlagen könne. Wölfli habe die Kette innerhalb kürzester Frist beschafft (siehe Kap. II/3c, Zeugenaussagen Hirz und Wölfli), und der Lesemeister habe Jetzer in der Beichte aufgetragen, sich mit der Kette im Chor drei Mal auf den entblößten Rücken zu schlagen und sich mit ihr zu umgürten, wenn er ins Bett ging, mit der Begründung, dass er selbst dann nicht gegen seine Obern murren dürfe, wenn er getäuscht worden wäre … Schließlich hätten die Klostervorsteher ihm die Kette auf Nabelhöhe um den nackten Leib gelegt und sie mit zwei kleinen Schlössern verschlossen, so dass er sie drei Tage lang nicht mehr hätte ablegen können. Diese habe ihm die Haut und das Fleisch zerschnitten, mit der Folge, dass er weder schlafen noch essen konnte. Sie hätten ihm die Kette erst wieder abgenommen, nachdem er einen Eid geleistet habe, dass er über alles schweigen würde, was sie ihm mitgeteilt hatten (Stigmata, Trank, Pulver, Salbe). Als er diesen Eid zunächst verweigert habe, habe ihn der Subprior mit einem heiß gemachten Pfannenstil am linken Arm an drei Orten verbrannt. Narben, die Jetzer noch vorweisen konnte, ebenso wie diejenigen, die ihm von der dreitägigen Tortur mit der Kette geblieben waren. Auf die Frage, warum er nicht aus dem Kloster entflohen sei, antwortete Jetzer, dass die Väter ihn in seinem Stübchen eingeschlossen hätten und immer mindestens zwei von ihnen bei ihm geblieben seien und ihn überwacht hätten. Auch habe ihm jede Bewegung Schmerzen verursacht. Auf die Frage, warum er nicht geschrien habe, antwortete Jetzer, dass er sehr wohl versucht habe zu schreien, mit dem Resultat, dass sie ihm gedroht hätten, ihm einen Knebel in den Mund zu schieben, wenn er nicht still sei. Auf sein erstes Geschrei hin sei ein Bruder namens Jodok Lepcrons(?) erschienen. Als er ihn gefragt habe: „Warum helft ihr mir nicht?", habe dieser ihm geantwortet: „Warum gehorchst du den Vätern nicht?" Und als er erwidert habe, dass er ungerechterweise gequält werde, habe Jodok gesagt, dass er den Vätern trotzdem gehorchen müsse … Außerdem habe sein Stübchen sich im hinteren Teil des Klosters befunden, so dass seine Hilfeschreie von niemandem gehört werden konnten[78].

Dann kam das Gericht wieder auf die rote Hostie zu sprechen und stellte die entscheidende Frage, ob es sich dabei um eine geweihte Hostie (*verum sacramentum*) gehandelt habe, eine Frage, die Jetzer bejahte; jedenfalls habe der Prior in Anwesenheit der anderen drei gesagt, dass er sie geweiht habe. Auf die Frage, ob er wisse, wie die Hostie gefärbt worden und ob dies vor

---

78) Akten II/1 S. 128–130 Nr. 329–337 (1508, Aug 4, 14 Uhr; Jetzer). Rudolf Steck identifiziert Jodok Lepcrons(?) mit dem im Schuldbrief vom 19. Februar 1508 genannten Johannes Lapicide, es könnte sich aber auch um Jodok (Jost) Hack gehandelt haben, siehe Anh. 2.

326 Die Jetzerprozesse

oder nach der Konsekration geschehen sei, antwortete Jetzer, dass die Hostie vom Prior zuerst geweiht und dann durch den bereits erwähnten Lazarus in der Zelle des Priors mit sakramentalem Blut (*sanguis sacramentalis*) bemalt worden sei. Um dieses zu gewinnen, würde man einem männlichen Säugling bald nach der Geburt und nach der Taufe(!), aber bevor er menschliche Nahrung zu sich genommen habe, die Vene, die zum Herz führe, öffnen und so viel Blut entnehmen, dass dieser sterbe. Aus dem gleichen Blut seien auch die Kreuze und die Tropfen auf den von Maria mitgebrachten Reliquien und die blutigen Tränen der Marienstatue gemalt worden. Dies tönt sehr nach einem Ritualmord an einem christlichen Knaben, wie er den Juden gerade im Spätmittelalter immer wieder vorgeworfen wurde[79]. Was die Sache so verworren macht, ist, dass der Trank, mit dem Jetzer in Ekstase versetzt wurde, angeblich aus dem Blut eines *jüdischen* Knaben hergestellt wurde, die Farbe, mit der die Hostie und auch die Reliquien bemalt waren, aber aus dem Blut eines *christlichen* Knaben (siehe Kap. II/3c, Der Priester Johann Zwygart).

Auf die folgende Frage, was aus der roten Hostie geworden sei, antwortete Jetzer, dass die Väter, nachdem seine Stigmata verschwunden waren, gefürchtet hätten, dass die Jungfrau Maria auch die rote Hostie entfernen könnte. Deshalb hätten sie diese in ein Korporale eingewickelt, im Hauptaltar eingeschlossen und die Schlüssel dem Prior der Kartause Thorberg, dem Stadtschreiber Niklaus Schaller und dem Venner Kaspar Wyler, alles Vertrauensleute der Dominikaner, übergeben; nichtsdestoweniger hätten diese den Altar auch weiterhin öffnen können und so die Hostie etwa den Gesandten des deutschen Königs, die wohl vom Reichstag von Konstanz (30. April–16. Juli 1507) nach Bern kamen, hinter dem Hauptaltar zeigen können (siehe Kap. I/3b). Da aber die drei Vertrauensleute die Schlüssel schon bald wieder zurückgegeben zu haben scheinen, hätten die Klostervorsteher die gefärbte Hostie vom Hochaltar in ein Kästchen (*archa*) in der Sakristei überführt, das der ihnen ergebene Chorherr Heinrich Wölfli mit seinem Siegel verschlossen habe. Die Väter hätten aber eine bleierne Nachbildung von Wölflis Siegel und deshalb immer Zugang zur Hostie gehabt[80].

---

79) Akten II/1 S. 130 Nr. 339–341 (1508, Aug 4, 14 Uhr; Jetzer), vgl. auch Friedrich LOTTER, Aufkommen und Verbreitung von Ritualmord- und Hostienfrevelanklagen gegen Juden, in: Jüdisches Museum der Stadt Wien (Hg.), Die Macht der Bilder. Antisemitische Vorurteile und Mythen (1995) S. 60–79, und Willehad Paul ECKERT, Der Trienter Judenprozess [1475] und seine Folgen, ebd. S. 86–101. Vgl. auch Ronnie PO-CHIA HSIA, The Myth of Ritual Murder. Jews and Magic in Reformation Germany (1988).

80) Akten II/1 S. 131 f. Nr. 344–347, S. 133 Nr. 356 f. (1508, Aug 14, 14 Uhr; Jetzer), vgl. auch Anshelm 3 S. 110.

Der Hauptprozess in Bern

Eines Tages hätten die vier Väter die rote Hostie in Jetzers Stübchen gebracht und verlangt, dass er diese schlucke (siehe auch Teil I, Abb. 13). Als er sich geweigert habe, hätten sie ihn in eine Ecke des Stübchens gedrängt, der eine habe ihn am Arm und an der Hand gehalten, der andere an den Füßen, und die beiden anderen hätten ihn mit einer Zange (*unam forcipem, vulgariter „ain zenglin"*) an den entblößten Rippen und Beinen geklemmt und ihm Haut und Fleisch abgerissen, und ihn schließlich zu Boden geworfen. Damit er nicht schreie, hätten sie ihm den Hals zugedrückt. Es habe ihm mehr Schmerzen bereitet als später die Folter am Seil, und er habe geglaubt, den Geist aufzugeben. Das Blut sei in Strömen über seine Beine und Füße geflossen. Die Klostervorsteher hätten ihm den Mund mit Gewalt geöffnet, und als er die Zähne zusammenzubeißen versuchte, habe der Lesemeister gesagt: „Wenn er den Mund nicht öffnet, gieße ich ihm heißes, flüssiges Blei hinein." Er sei so erschrocken, dass er zugelassen habe, dass sie ihm den Mund geöffnet und einen Knebel und dann auch die Hostie hinein gesteckt hätten. Da er sie nicht schlucken wollte, sei sie in seinem Hals stecken geblieben und er habe sie schließlich auf einen Stuhl erbrochen, wo sie einen roten Flecken hinterlassen habe, der sich mit keinem Mittel habe wegwaschen lassen. Da sei auch dem Prior bewusst geworden, was sie getan hätten, denn er habe geweint und gesagt: „Ach, was tun wir (*Ach, quid facimus*)?" Der Lesemeister habe das Kommando übernommen und befohlen, Feuer sowie kleines Holz und trockene Scheitlein herbeizubringen; der Schaffner habe im Ofen ein Feuer entfacht, und der Stuhl sei hineingeworfen worden. Da habe man im Ofen einen schrecklichen Knall gehört, so dass man den Eindruck gehabt habe, dass er explodiere – und das ganze Stübchen damit. Die vier hätten vor Schrecken die Flucht ergriffen; Jetzer habe auch fliehen wollen, sei aber durch seine Schwäche daran gehindert worden. Die gefärbte und erbrochene Hostie schien nicht verbrannt zu sein; schließlich sei sie wieder vom Stuhl auf eine Patene gelegt und auf Befehl des Lesemeisters in die Sakristei getragen worden[81]. Demnach hätte sich der Hostienfrevel (das Erbrechen der Hostie) in ein Hostienwunder verwandelt (die Hostie ließ sich nicht verbrennen), doch scheint Jetzer hier nicht alles mitbekommen zu haben: die Hostie war tatsächlich verbrannt und der Hostienfrevel damit perfekt, einer der schwerwiegendsten Anklagepunkte gegen die Klostervorsteher überhaupt (siehe Kap. II/4d).

---

81) Akten II/1 S. 132 f. Nr. 348–355 (1508, Aug 4, 14 Uhr; Jetzer), vgl. auch Akten III S. 420 Nr. 36 (1509, Mai 4; Jetzer).

328 Die Jetzerprozesse

Die Verschwörung der Klostervorsteher in der Marienkapelle und die Erscheinung der gekrönten Maria auf dem Lettner der Dominikanerkirche

Am 5. August 1508 kam das Verhör auf die Verschwörung der Klostervorsteher in der Marienkapelle der Dominikanerkirche, von der bereits in Jetzers Verhör in Lausanne vom 22. November 1507 sowie in der Gegenüberstellung mit den Dominikanern vom 7. Januar 1508 in Bern und in Jetzers erstem Folterverhör vom 5. Februar 1508 die Rede gewesen war und die sich in etwa auf Freitag, 3. September 1507, datieren lässt (siehe Kap. II/1a, Jetzers fünftes Verhör; Kap. II/1c, Gegenüberstellungen ..., und Jetzers erstes Folterverhör). Der Prior habe gerühmt, wie meisterhaft ihnen die Bemalung der Marienstatue gelungen sei, er bereue nichts, während der Lesemeister schon skeptischer gewesen sei. Der Subprior habe sich verwundert, dass Jetzer nicht gestorben sei, wo er ihm doch schon fünf Mal Gift in das Essen gemischt habe. Der Lesemeister habe gemeint, Jetzer sei sehr vorsichtig gewesen, dass er die Hostie, die man ihm, als er auf dem Marienaltar kniete, gereicht habe, nicht genommen habe, denn diese sei auch vergiftet gewesen, ebenso wie der Trank, den der Subprior ihm nachher gereicht habe. Dies tönt alles recht abenteuerlich, und Jetzer musste am 5. August vor dem Gericht auch zugeben, dass er nicht alles verstanden habe, da die vier Klostervorsteher abwechslungsweise Latein und Deutsch gesprochen hätten. Dann hätten sie sich gegenseitig einen Eid geleistet, von dem Begonnenen nicht abzustehen und auch auf der Folter zu schweigen. Der Subprior habe sich gebrüstet, dass er eine Kunst kenne, mit der man jeder Folter widerstehen könne. Sie hätten beschlossen, einige von ihnen nach Rom zu schicken, um Jetzers Aussagen und Offenbarungen, der Reihe nach aufgeschrieben (wohl der erste Teil des Defensoriums), vorzeitig (*premature*) approbieren zu lassen. Dazu hätten sie Geld gebraucht; der Prior habe gesagt, er habe 150 rheinische Gulden, die er zu seinem Verwandten nach Schwaben schicken wolle, um einen Notgroschen zu haben, zusammen mit den restlichen Paternoster, die der Schaffner der Marienstatue abgenommen habe. Der Lesemeister habe sich gerühmt, dass er Jetzer zwei Rosenkränze aus Korallen sehr geschickt in die Hände gespielt habe, denn dieser habe, wie geplant, vor dem Chorherrn Heinrich Wölfli gesagt, dass er sie aus seiner Heimat habe. Es sei beschlossen worden, eine Anleihe von 400 rheinischen Gulden bei einem Berner namens Graswyl aufzunehmen, um in Rom die Approbation zu erlangen und damit die Väter im Notfall etwas zu ihrem Lebensunterhalt hätten (*in eventu alicuius tribulatione se possent sustentare*) – eine Anleihe, die, wie wir bereits wissen, am 10. September 1507 beim Kaufmann Graswyl getätigt wurde (siehe Kap. II/1a, Jetzers fünftes Verhör). Und

Der Hauptprozess in Bern 329

schließlich sei beschlossen worden, eine gekrönte Maria auftreten zu lassen, und der Subprior habe sich anerboten, die Krone herzustellen. Dazu wollte man die Chorherren Dübi und Wölfli einladen, damit sie als glaubwürdige Personen über diese Erscheinung Zeugnis ablegen könnten, ein Zeugnis, das schriftlich in Rom vorgewiesen werden könnte. Wenn die Erscheinung aber auffliegen sollte, könnten die beiden Zeugen dafür sein, dass Jetzer selber die gekrönte Maria gespielt habe. Die Verschwörung in der Marienkapelle habe fast zwei Stunden gedauert, von der Vesper um 9 Uhr abends bis die Brüder des Klosters durch einen „hölzernen Schlag" (*pulsu ligneo*) zur Matutin aufgeweckt wurden, die, wie wir wissen, um Mitternacht stattfand[82].

Nachdem die Verschwörung in der Marienkapelle an einem Freitag (3. oder 10. September 1507) stattgefunden hatte, habe der Lesemeister am darauffolgenden Sonntagabend Jetzer – wiederum in der Beichte – auf eine allfällige Erscheinung einer gekrönten Maria vorbereitet, indem er gesagt habe, dass es erstaunlich sei, dass Maria ihm noch nie mit einer Krone erschienen sei, und ihn aufgefordert habe, an der Matutin teilzunehmen. Obwohl Jetzer nicht mehr anderes erwartete, als erneut getäuscht zu werden, habe er sich doch zur Matutin eingefunden, und zwar auf dem Lettner, wo er für gewöhnlich betete (*super lectorio, suo solito loco orationis*). Dieser Ort war strategisch gut gewählt: der Lettner zog – und zieht – sich wie eine Aussichtsterrasse quer durch die ganze Dominikanerkirche und verband das Kloster mit der Kirche, denn vom Dormitorium stieg man über eine Treppe (von Norden nach Westen) auf den Lettner hinunter und von da wiederum über eine Treppe (von Westen nach Osten) in die Johanneskapelle, von der aus man in den Chor gelangte, wohl der gewohnte Weg der Mönche zum Gottesdienst. Der Chor wurde gegen Norden von der Johanneskapelle und gegen Süden von der Marienkapelle umrahmt, so dass man vom Lettner sowohl in die Johanneskapelle als auch in den Chor und in die Marienkapelle hinunterschauen konnte (siehe Abb. 15)[83].

Jetzer habe also seinen gewohnten Platz auf dem Lettner bezogen, es aber nicht unterlassen, vorher noch rasch in die Johanneskapelle hinunterzusteigen, die Kapelle der Konversenbrüder, um diese vorzuwarnen; dann habe er sich wieder auf den Lettner zurückgezogen. Er habe erwartet, dass die Erscheinung vom Dormitorium auf den Lettner heruntersteigen würde, und so scheint es auch gewesen zu sein, denn am Ende der Matutin sei tatsächlich jemand, der Maria dargestellt habe, auf den Lettner gekommen, auf dem Kopf eine vergoldete Krone, die mit Edelsteinen und Sternen verziert

---

82) Akten II/1 S. 134–137 Nr. 366–382 (1508, Aug 5; Jetzer).
83) Akten II/1 S. 137 f. Nr. 383 (1508, Aug 5; Jetzer), vgl. auch UTZ TREMP, Geschichte S. 157 f.

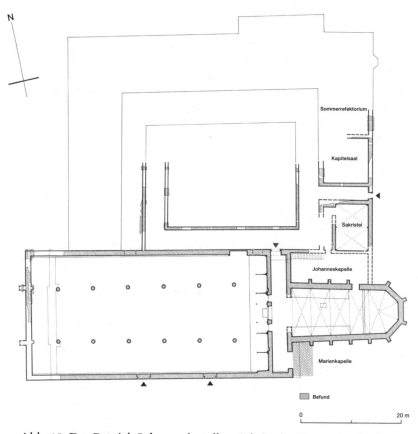

Abb. 15: Der Bereich Johanneskapelle – Sakristei – Kreuzgang in der bernischen Dominikanerkirche
(aus: UTZ TREMP, Geschichte des Berner Dominikanerkonvents S. 153 Abb. 140)

war, in der Hand einen Leuchter mit fünf Kerzen, die einen höher, die andern tiefer, alle angezündet. Die Maria, mit langen, schönen, offenen Haaren und einer Maske vor dem Gesicht, habe den Segen gegen den Chor erteilt und sei dann auf Jetzer zugekommen und habe gesagt: „Bruder Johann, es ist wahr, was ich dir gesagt habe!" Dieser aber habe erwidert: „Du bist nicht Maria, du bist der Teufel" und habe die Erscheinung mit einem Stock und einem Messer, die er fürsorglich mitgenommen hatte, schlagen wollen. Die-

Der Hauptprozess in Bern 331

se habe die Kerzen ausgelöscht und sei so rasch geflohen, dass Jetzer sie nicht habe fassen können. Am (nördlichen) Ende des Lettners, wo eine Treppe in die Johanneskapelle hinunterführte und die andere zur Orgel (einer Schwalbennestorgel über dem ersten nördlichen Pfeiler) und zum Dormitorium hinauf, sei Jetzer von Bruder Jodok (Hack) aufgehalten worden, der hier Wache gehalten und ihn nicht habe durchgehen lassen. Es habe einen kleinen Auflauf auf dem Lettner gegeben, indem die Brüder und die beiden Chorherren, die man, wie geplant, als Gäste geladen hatte, ebenfalls hinaufgestiegen seien. Diese seien indessen daran gehindert worden, mit dem Konversen zu sprechen, sondern in ein Stübchen geführt worden, wo man ihnen wahrscheinlich erklärt habe, dass Jetzer selber die gekrönte Maria gespielt habe. Das Gericht fragte Jetzer, wer seiner Meinung nach die Maria dargestellt habe, und er antwortete, dass ihm schien, der Gestus und die Form des Körpers seien diejenigen von Bruder Paul von Frankfurt gewesen, wahrscheinlich Paul Süberlich, der zu Beginn des Defensoriums aufgeführt wird, aber bei der Anleihe vom 19. Februar 1508 beim Dominikanerkonvent in Basel, vielleicht nicht zufällig, nicht mehr im Konvent von Bern weilte (siehe Anh. 2). Die Krone der gekrönten Maria scheint noch am gleichen Tag im Kamin des Väterhauses verbrannt worden zu sein. Etwa vierzehn Tage nach der Verschwörung in der Marienkapelle seien der Lesemeister und der Subprior nach Rom aufgebrochen[84].

Warum gerade Jetzer?

Am Schluss von Jetzers Hauptprozess stellten die Richter diesem die Frage, ob er die Klostervorsteher jemals gefragt habe, warum sie gerade auf ihn verfallen seien, um dies alles zu fingieren und zu spielen, und nicht auf eine andere Person oder einen anderen Bruder. Jetzer antwortete, dass er diese Frage den Vätern tatsächlich gestellt und ihnen sogar Bruder Georg vorgeschlagen habe. Steck meint, dass es sich um Bruder Georg Sellatoris (Sattler) gehandelt habe, der dem Berner Konvent 1498 als Diakon angehörte, in der Schuldverschreibung vom 19. Februar 1508 als Absolvent des Generalstudiums (*studens generalis*) aufgeführt ist und zu Beginn des Revisionsprozesses als Lesemeister (anstelle von Stephan Boltzhurst) erscheint (siehe Kap. II/3a, Der Beginn des Revisionsprozesses). Bei Jetzers Vorschlag könnte es sich aber auch um den Koch Georg oder um den Bäcker Georg gehandelt haben, die beide zu Beginn des Defensoriums unter den Konversen aufge-

---

84) Akten II/1 S. 138 f. Nr. 384–389, S. 140 Nr. 392 (1508, Aug 5; Jetzer). Zur gekrönten Maria vgl. RUBIN, Mother of God S. 306–309; SCHREINER, Maria, Jungfrau S. 295–330, hier S. 309 f.; ELLINGTON, From Sacred Body S. 102 ff.

332   Die Jetzerprozesse

führt sind (siehe Anh. 2), sogar eher als um den Studenten und späteren Le-
semeister; denn die Klostervorsteher hätten Jetzer geantwortet, dass dieser
Bruder Georg „zu dumm" (*nimis fatuus*) sei – es ging also darum, nicht „zu
dumm", aber auch nicht zu klug zu sein! Auch bei der Verschwörung in der
Marienkapelle scheint die Frage diskutiert worden zu sein, denn laut dem
Prior sagte man in der Stadt, dass man Jetzer eher glauben würde, wenn er
bereits dreißig Jahre im Orden wäre, als wenn er nur ein Novize sei. Der
Subprior habe hinzugefügt, dass eine Frau ihm anvertraut habe, dass man
dem Lesemeister oder einem anderen der Klostervorsteher eher glauben
würde als Jetzer, aber der Lesemeister habe diese Überlegungen mit der
Entgegnung abgeschnitten, dass man dann sagen würde, sie hätten es aus
Büchern oder Schriften (*[ex] libris et scripturis*) – wie es ja effektiv der Fall
war. Die Klostervorsteher scheinen Jetzer sogar vom Provinzialkapitel von
Wimpfen erzählt zu haben, auf dem vor fünf (vielmehr zwei) Jahren der
Plan gefasst worden sei, etwas zur Unterstützung der Meinung von der befleckten Empfängnis zu tun, und dass man dies zunächst im Dominikanerkloster in Colmar habe versuchen wollen; laut der Aussage, die Jetzer am
22. Februar 1508 vor dem bischöflichen Generalvikar in Bern gemacht hatte, hatte der dafür ausersehene Konverse sich jedoch in den nicht observanten Konvent von Straßburg geflüchtet (siehe Kap. II/1c, Jetzers letztes Verhör ...)[85].

Zum Schluss seines Prozesses musste Jetzer bekräftigen, dass er nie auch
nur im Geringsten in die Erfindungen, Erscheinungen und Fiktionen eingewilligt habe, die mit ihm gespielt wurden, und er musste einen Eid bei der
Heiligen Dreifaltigkeit, beim Jüngsten Gericht und der ewigen Verdammnis
leisten, dass er in seinem Prozess nicht gelogen habe, sei es, indem er andere
angeschuldigt und sich selber entschuldigt habe, oder umgekehrt – einen
Eid, den er ohne Zögern geleistet zu haben scheint. Am 14. August 1508
musste er noch einmal bestätigen, dass alles, was er ausgesagt habe, wahr sei,
und dass er nichts an seinen Aussagen ändern wolle, eine Bestätigung, die
ihm keine Mühe zu bereiten schien, auch wenn er dabei mit der Folter bedroht wurde (*una cum comminatione torture*)[86]. Sonst scheint er während
des Hauptprozesses in Bern – anders als die Klostervorsteher – nicht mehr
gefoltert worden zu sein (siehe Kap. II/2e).

Jetzer wirkt im Hauptprozess von Bern im Unterschied zu demjenigen,
der ihm vorgängig in Lausanne und Bern gemacht wurde, recht luzid und

---

85) Akten II/1 S. 136 Nr. 375, S. 140 f. Nr. 394 (1508, Aug 5; Jetzer). Vgl. auch TREMP-
UTZ, Welche Sprache? S. 245–249: Die Wahl Berns und Jetzers.
86) Akten II/1 S. 141 Nr. 395–397 (1508, Aug 5; Jetzer), S. 141 f. (1508, Aug 14; Jetzer).

Der Hauptprozess in Bern 333

glaubhaft. Dies erklärt sich wohl daraus, dass sich seine Situation radikal verbessert hatte: er war vom einzigen Angeklagten gewissermaßen zum Kronzeugen aufgerückt und hatte es nicht mehr nötig, sich als Märtyrer für die unbefleckte Empfängnis zu fühlen, um sich psychisch auch nur halbwegs über Wasser zu halten. Ganz zu schweigen davon, was ihm vor seinem Prozess in Lausanne und Bern im Kloster alles angetan worden war und wovon der Hauptprozess beredtes Zeugnis ablegt. Damals hatte er buchstäblich um sein Leben kämpfen müssen und war den Klostervätern ganz ausgeliefert gewesen, so dass der Wechsel in ein städtisches Gefängnis (zum Großweibel) nichts anderes als eine Wohltat sein konnte. Er schien also eine neue Sicherheit gewonnen zu haben und konnte auf die meisten Fragen des Gerichts, die recht ausgeklügelt waren, antworten. Dabei kam ihm zu Hilfe, dass er ein ausgesprochen guter Beobachter war, eine Gabe, die sich durch das Misstrauen, das ihn während des Jetzerhandels schon recht bald – spätestens beim missglückten Auftritt von Maria und den Engeln auf dem Schwebebalken Mitte April 1507 – ergriffen hatte, noch steigerte. Es ist eindrücklich, wie er beschreibt, wie er gerochen und gesehen habe, dass ihm auf das erste Stigma eine Salbe aufgetragen wurde, wie er die Auswirkungen des Tranks auf seinen Körper beschreibt, wie er begriff, warum er geglaubt hatte, dass die Marienstatue wirklich blutige Tränen vergossen habe, wie er in der Hand der Maria (in Begleitung von Cäcilia) diejenige des Subpriors erkannte. Außerdem hatte Jetzer als Schneider ein ganz ausgesprochenes Auge für Stoffe, was bei seiner Beschreibung der Kleidung, welche die Väter bei ihren Schäferstündchen mit gewissen Frauen angeblich trugen, schön zum Ausdruck kommt[87]. Jetzer hatte zwar keine akademische Bildung (weshalb alle die theologischen Implikationen der Erscheinungen nicht von ihm stammen können), aber mit seiner Beobachtungsgabe – die man heute vielleicht der emotionalen Intelligenz zuordnen würde – war er eindeutig zu *wenig* dumm für die Aufgabe, die ihm zugedacht war: die Klostervorsteher hatten ihn falsch eingeschätzt und mussten dafür bitter bezahlen! Der Reichtum an Einfällen und Einzelheiten aber, der hier zum Vorschein kommt, spricht wiederum für Echtheit; es ist nicht möglich, dass Jetzer sich dies alles nur ausgedacht oder sogar selber in Szene gesetzt haben soll.

---

87) Akten II/1 S. 96 Nr. 166 (1508, Juli 31, 14 Uhr; Jetzer), S. 111 Nr. 252, S. 113 Nr. 265, S. 114 Nr. 273 (1508, Aug 2; Jetzer), S. 123 Nr. 309 f. (1508, Aug 4; Jetzer).

334   Die Jetzerprozesse

c) Anklageartikel und Artikelverhöre der vier Klostervorsteher (7. bis 11. August 1508)

Noch bevor Jetzers Prozess beendet war, nämlich am 4. August 1508, verlangte der Glaubensprokurator Ludwig Löubli vor den Richtern, den Bischöfen von Lausanne und Sitten sowie dem Provinzial, dass gegen die vier Dominikaner des Konvents von Bern laut dem päpstlichen Breve vom 21. Mai 1508 vorgegangen werde, und zwar indem sie auf Anklageartikel (*articuli inquisitionales*) antworten mussten, damit man die Wahrheit darüber erfahren könne, wieviel sie Jetzer suggeriert hätten (*veritas super suggestionibus per eos Iohanni Ietzer converso factis*). Auf der anderen Seite erschienen die vier Dominikaner und erteilten ihrem Verteidiger (hier und im Folgenden Prokurator genannt, auch *procurator et advocatus*), Meister Johann Heinzmann, Prokurator am bischöflichen Hofgericht in Basel, Vollmacht[88]. Dies bedeutet wohl, dass Paul Hug, der noch am 26. Juli 1508 als Verteidiger der Väter aufgetreten war (siehe Kap. II/2a, Der Beginn des Hauptprozesses), als solcher nicht mehr zugelassen war, wahrscheinlich weil er selber ein Dominikaner und am 9. Juli 1507 als Abgesandter des Provinzials zusammen mit Magnus Wetter unerbittlich gegen Jetzer vorgegangen war und ihn an seine Gehorsamspflicht gegenüber seinen Obern ermahnt hatte (siehe Kap. II/2b, Die blutweinende Marienstatue). Dagegen stammte Johann Heinzmann möglicherweise aus dem Kreis der Basler Freunde der Dominikaner, die Prior Werner von Basel laut dem Defensorium Mitte Februar 1508 mobilisiert und denen Bern am 19. Februar 1508 geschrieben hatte, dass man zu gegebener Zeit auf sie zurückgreifen würde (siehe Kap. I/3g); doch wir wissen nicht, in welcher Form dies geschehen war[89]. Heinzmann

---

88) Akten II/2 S. 152 f. (1508, Aug 4). Johann Heinzmann, Prokurator und Notar am bischöflichen Hofgericht in Basel, scheint aus Neresheim (Baden-Württemberg) zu stammen und bis 1528 nachweisbar zu sein, vgl. Akten II/2 S. 152 Anm. 1. Wirkte laut StABasel-Stadt, Klingental Nr. 2588 (1512, Mrz 3) auch als Notar. Besitzer der Handschrift Solothurn, Zentralbibliothek S 474 (1481), vgl. Katalog der datierten Handschriften in der Schweiz in lateinischer Schrift vom Anfang des Mittelalters bis 1550: III: Die Handschriften der Bibliotheken St. Gallen – Zürich in alphabetischer Reihenfolge, Text, bearb. von Beat Matthias VON SCARPATETTI, Rudolf GAMPER und Marlis STÄHLI (1991) S. 135 Nr. 374 (freundlicher Hinweis von Frau Marlies Stähli mit Brief vom 2. März 1987).

89) Im Anschluss an den Abdruck des Briefs vom 19. Februar 1508 von Bern an Stadt und Stift Basel schreibt Steck lediglich, dass „das Basler Schreiben, auf das dieses die Antwort bildet, weder im Berner noch im Basler Staatsarchiv mehr vorhanden" sei und dass „von Basel zum Prozess der Rektor Wisshar und Dr. Joh. Textoris von Mörnach" gekommen seien, „die der Berner Rat in Basel abholen ließ" (Beilagen S. 619 Nr. 15),

Der Hauptprozess in Bern 335

nahm den Auftrag der Dominikaner zu ihrer Verteidigung bis zum Endurteil an und erhielt einen Termin für den nächsten Tag, den 5. August 1508. Heinzmann war übrigens nicht der einzige „Basler" im Gericht des Hauptprozesses; außer ihm stammten auch noch zwei Beisitzer aus Basel, nämlich Johann Mörnach und Johann (eigentlich Jakob) Wysshar. Johann Mörnach (eigentlich Johann Weber von Mörnach im Elsass) hatte in Basel zunächst Theologie und dann, nach einer Heirat 1489, die Rechte studiert und wurde später Ordinarius für kanonisches Recht an der dortigen Universität; er saß vom 31. Juli bis 7. September 1508 regelmäßig im Gericht, allem Anschein nach bei relativ heiklen Verhören und Entscheiden[90]. Jakob Wysshar ist vom 18. August bis zum 4. September in Bern nachweisbar, und dies, obwohl er im Jahr 1508 Rektor der Universität Basel und außerdem Pfarrer von Kleinbasel war[91]. Daraus geht klar hervor, dass die bischöflichen Richter sich gerade in heiklen Phasen des Hauptprozesses von ausgewiesenen Fachleuten beraten ließen. Auch von Genf scheint ein Doktor beider Rechte zum Hauptprozess herangezogen worden zu sein, Antoine Suchet, der sich in den Jahren 1502–1518 als Rechtsberater des Genfer Rats nachweisen lässt. Obwohl er vom 26. Juli bis zum 7. September an rund

---

doch wird Heinzmann hier nicht erwähnt und finden sich in den Rechnungen keine entsprechenden Einträge.

90) Akten II/1 S. 81 Nr. 87 (1508, Juli 31; Jetzer) und dazu Anm. 2; II/2 S. 211 (1508, Aug 18, Prim), S. 227 Nr. 3 (1508, Aug 30, Vesperzeit; Lesemeister, Folterverhör), S. 255 Nr. 49 (1508, Sept 1, Vesperzeit; Lesemeister, Folterverhör), S. 258 Nr. 53 (1508, Sept 4; Lesemeister), S. 260 (1508, Aug 23; Schaffner, Folterverhör), S. 286 Nr. 17 (1508, Aug 28, Nachmittag; Prior, Folterverhör), S. 296 Nr. 40 (1508, Sept 1; Prior, Folterverhör), S. 319 Nr. 57 (1508, Sept 2; Subprior, Folterverhör), S. 326 (1508, Sept 7); II/3 S. 388 (1508, Aug 30; Zeugenaussage Ubert). Vgl. auch StABasel-Stadt, St. Peter 1264 (1504, Mrz 26), wo Johann Mörnach (Johann Weber von Mörnach), Dr. iur. utr., für den Priester Adam Mülberg bürgt, der eine Chorherrenpfründe am Kollegiatstift St. Peter in Basel erhielt. Nach Ausweis der Rechnungen wohnte der „Doktor von Basel" während des Hauptprozesses 6 Wochen und 2 Tage zu zweit in der „Krone" in Bern (wo auch der Bischof von Sitten untergebracht war), vgl. Rechnungen S. 660 (Rechnung 6), und siehe Epilog 2a.

91) Akten II/1 S. 143 Nr. 400 (1504, Sept 4; Jetzer) mit Anm. 2; II/2 S. 219 (1508, Aug 18), S. 225 (1508, Aug 19; Lesemeister, Folterverhör), S. 227 Nr. 3 (1508, Aug 30, Vesperzeit; Lesemeister, Folterverhör), S. 258 Nr. 53 (1508, Sept 4; Lesemeister), S. 286 Nr. 17 (1508, Aug 28; Prior, Folterverhör), S. 296 Nr. 40 (1508, Sept 1; Prior, Folterverhör), S. 319 Nr. 57 (1508, Sept 2; Subprior, Folterverhör). Nach Ausweis der Rechnungen wohnte der „Rektor von Basel" während des Hauptprozesses 19 Tag zu zweit und zu Pferd in der „Krone", vgl. Rechnungen S. 660 (Rechnung 6), und siehe Epilog 2a.

336   Die Jetzerprozesse

zwanzig Sitzungen teilnahm[92], scheint er in den Rechnungen keine Spuren hinterlassen zu haben, so dass man sich fragen kann, ob er allenfalls im Haus des Bischofs von Lausanne in Bern gewohnt und vor allem dessen juristischer Berater gewesen sei.

Am 5. August 1508 erschienen die vier Dominikaner, die hier als *inquisiti principales* bezeichnet werden, zusammen mit ihrem Prokurator Johann Heinzmann vor Gericht und legten einen Zettel mit ihren Einwänden gegen das Verfahren vor, dessen Inhalt im Folgenden ebenfalls in die Akten eingetragen ist. Darin protestierten sie gegen die Jurisdiktion der Bischöfe von Lausanne und Sitten sowie des Provinzials, und auch gegen den ihnen möglicherweise aufoktroyierten Verteidiger, und zwar unter Berufung auf das Naturrecht (*ius naturalis*), und verlangten eine freie und legitime Verteidigung (*libera et legitima [...] defensio*) – erst dann seien sie bereit, sich dem Verfahren zu unterziehen. Der Verteidiger, der möglicherweise nicht ihr Wunschkandidat war, sondern eine Art Pflichtverteidiger, gewählt von den Anklägern, nicht den Angeklagten, legte diesen Protest (gegen sich selber!) getreu seiner Rolle vor und unterstellte die vier Dominikaner dem Schutz des Heiligen Stuhls. Er verlangte wiederum ihre Befreiung aus dem Gefängnis und anerbot sich in ihrem Namen zur Stellung einer Kaution. Für den Fall, dass sie jemals etwas gesagt oder getan hätten, das gegen den katholischen Glauben verstieße (was sie indessen nicht glaubten), appellierten die Dominikaner außerdem an die Mutter Kirche, „die ihren Schoss niemandem verschließe, der zu ihr zurückkehre (*sancta mater ecclesia nemini ad eam redeunti gremium claudit*), und nur diejenigen verdamme, die hartnäckig an ihrem Irrtum festhielten und nicht zu ihr zurückkehren wollten (*nec condamnat nisi pertinaces et errantes ad eamque redire nolentes*)"[93]. Mit diesem aus dem Häresieprozess wohlbekannten Satz versuchten sie sich

---

92) HBLS 6 (1931) S. 597, vgl. auch Akten II/1 S. 69 (1508, Juli 26, Vesperzeit; Jetzer, Artikelverhör), S. 134 (1508, Aug 5; Jetzer), S. 143 Nr. 400 (1508, Sept 4; Jetzer); II/2, S. 158 (1508, Aug 7), S. 211 (1508, Aug 18, Prim), S. 219 (1508, Aug 18, Vesperzeit), S. 225 (1508, Aug 19; Lesemeister, Folterverhör), S. 227 Nr. 3 (1508, Aug 30, Vesperzeit; Lesemeister, Folterverhör), S. 253 (1508, Sept 1; Lesemeister, Folterverhör), S. 255 Nr. 49 (1508, Sept 1, Vesperzeit; Lesemeister, Folterverhör), S. 258 Nr. 53 (1508, Sept 4; Lesemeister), S. 260 (1508, Aug 23; Schaffner, Folterverhör), S. 286 Nr. 17 (1508, Aug 28, Nachmittag; Prior, Folterverhör), S. 296 Nr. 40 (1508, Sept 1; Prior, Folterverhör), S. 306 Nr. 23 (1508, Aug 26; Subprior, Folterverhör), S. 319 Nr. 57 (1508, Sept 2; Subprior, Folterverhör), S. 326 (1508, Sept 7); II/3, S. 347 (1508, Aug 13; Zeugenaussage Müller OClun), S. 388 (1508, Aug 30; Zeugenaussage Ubert).

93) Akten II/2 S. 153 f. (1508, Aug 5), vgl. auch ebd. S. 155 f. (undat.): *Tenor supra designate cedule sequitur et est talis.*

Der Hauptprozess in Bern 337

präventiv die Gnade der Kirche zu sichern, für den Fall, dass man ihnen doch etwas nachweisen könnte.

Die Richter nahmen zwar den Protest des Verteidigers und der vier Dominikaner entgegen, erklärten sich aber auf Antrag des Glaubensprokurators in einem weiteren Zwischenurteil (*sententia interloquutoria*) selber für zuständig (*iudices competentes*) und setzten den beiden Parteien – dem Glaubensprokurator sowie den vier Dominikanern – einen nächsten Termin auf Montagmorgen, den 7. August 1508, um auf die Anklageartikel zu antworten, und zwar ohne Beistand des Verteidigers (*absque instructione procuratoris*)[94]. An diesem 7. August erschienen die Glaubensprokuratoren Ludwig Löubli und Konrad Wymann beide um die Zeit der Prim vor Gericht und wiesen in Anwesenheit des Verteidigers zwei Büchlein vor, bei denen es sich wahrscheinlich um den ersten Teil des Defensoriums handelte (siehe Kap. I/4, Schluss: Das Defensorium als Beweismittel der Anklage ...). Außerdem legten sie die Geständnisse vor, die Jetzer in seinem Prozess von Lausanne und Bern gemacht hatte, und schließlich die Anklageartikel gegen die vier Dominikaner. Auf der anderen Seite erschienen die vier Dominikaner mit ihrem Fürsprecher (*causidicus*), der möglicherweise den Verteidiger vertrat, dem der Zugang zu den Artikelverhören am 5. August verweigert worden war. Beim Fürsprecher oder Anwalt handelte es sich um einen gewissen Doktor Jakob von Straßburg, von dem wir noch weniger wissen als vom Verteidiger Johann Heinzmann, der aber am 18. August 1508 an dessen Seite erscheint und beim Chronisten Anshelm identifiziert ist. Der Fürsprecher und die vier Dominikaner verlangten eine Abschrift der Anklageartikel und genügend Zeit, um „angesichts der Schwere des Falles" (*attenta cause gravitate*) mit ihrem Anwalt oder Verteidiger darüber nachzudenken und darauf zu antworten. Dies wurde ihnen jedoch gerade angesichts der Schwere des Falls in einem neuen Zwischenurteil (*interloquutoria sententia*) einstimmig verweigert; sie sollten vielmehr jeder für sich allein und ohne Beistand ihres Anwalts und Verteidigers auf die Anklageartikel antworten müssen, was wohl eine schwere Einschränkung der gewährten Verteidigung beinhaltete. Als erster Termin wurde den Dominikanern Mittwoch, 9. August 1508, um die Stunde der Prim gesetzt[95].

Die von den Glaubensprokuratoren vorgelegten Anklageartikel gegen die Klostervorsteher waren nicht die gleichen wie die gegenüber Jetzer im ers-

---

94) Akten II/2 S. 155 (1508, Aug 5).

95) Akten II/2 S. 156–158 (1508, Aug 7), vgl. auch Anshelm 3 S. 138 f. (zu 1508, Aug 4), und Akten II/2 S. 210 (1508, Aug 18). In den Akten der Jetzerprozesse wird der Fürsprecher nur zwei Mal namentlich genannt, nämlich *Doctor Iacobus, Argentinensis*, und zwar in den Akten des Revisionsprozesses, vgl. Akten III S. 425 u. 518 (1509, Mai 5 u. 19), doch hatten die Dominikaner in diesem Prozess gar keinen Verteidiger mehr.

338 Die Jetzerprozesse

ten Prozess von Lausanne und im Hauptprozess angewandten (siehe Kap.
II/2b), sondern stellten stark auf die Öffentlichkeit und Bekanntheit der be-
gangenen Verbrechen ab, auf deren Ruf (*fama*). Die Anklageartikel gegen
die Klostervorsteher beginnen mit der Erklärung, dass insbesondere jene
Delikte, welche in den Völkern einen Skandal und in der Kirche Irrtümer
hervorrufen könnten (*que scandalum in populis et errores in sancta matre
ecclesie generare possunt*), bestraft und die Irrtümer ausgerottet werden
müssten (*puniantur et errores similiter extirpentur*). Sie waren gegen den Lesemeister Stephan Boltzhurst, den Prior Johann Vatter, den Schaffner Heinrich Steinegger und den Subprior Franz Ueltschi gerichtet, und zwar in dieser und nicht in der hierarchischen Reihenfolge (Prior, Lesemeister, Subpri-
or und Schaffner), so dass man sich fragen kann, ob die Glaubensprokuratoren bereits eine bestimmte Vorstellung betreffend den oder die Rädelsführer
hatten, doch sollte die Reihenfolge bis zum Schluss immer wieder variieren,
so dass man daraus keine Schlüsse ziehen darf. Die Klostervorsteher wurden als „verbrecherische Männer" bezeichnet, als „Erfinder von Irrtümern
gegen den Glauben und die Kirche" und insbesondere auch als „hartnäckig
in der Behauptung dieser Irrtümer". Dies alles würde man heute als (schwere!) Vorverurteilung bezeichnen („es gilt die Unschuldsvermutung"), war
aber im Inquisitionsprozess normal; hier stellte der Ruf (*fama*) und noch
viel mehr der schlechte Ruf (*infamia*) schon fast einen Beweis dar oder erlaubte es zumindest, ein Verfahren zu eröffnen[96].

Laut den Glaubensprokuratoren waren die in den Anklageartikeln zu-
sammengefassten Tatbestände so bekannt (*adeo notorii*), dass sie durch keine Ränkespiele mehr versteckt werden konnten (*ut non possint aliqua tergi-
versatione celari*) – auch dies eine bekannte Formel aus dem Inquisitionsprozess. Die Glaubensprokuratoren verlangten einmal mehr, dass die zu Inquirierenden getrennt und jeder für sich ohne Verteidiger und Anwalt (*sine
instructore, procuratore et advocato*) daraufhin abgefragt würden und, falls
sie diese verneinten, mit allen Beweismitteln, auch mit der Folter (*per omne
genus probationum, etiam inquisitionem in personam ac tormenta et questiones*), gezwungen werden könnten, diese anzuerkennen. Insbesondere sollte
dasjenige, was bekannt war, nicht mehr des Beweises bedürfen, sondern
eben nur mehr der Feststellung (Art. 1), was der Anklage bereits einen großen Vorteil verschaffte. Als bekannt wurde vorausgesetzt, dass seit ungefähr

---

96) Akten II/2 S. 158–164 Art. 1–35 (undat.), vgl. auch Claude GAUVARD, La Fama,
une parole fondatrice, in: La renommée, Médiévales 24 (1993) S. 5–13; THÉRY, Fama;
Alain PROVOST, Déposer, c'est faire croire? A propos du discours des témoins dans le
procès de Guichard, évêque de Troyes (1308–1314), in: Bruno LEMESLE (dir.), La preuve
en justice: de l'Antiquité à nos jours (2003) S. 98–118; UTZ TREMP, Von der Häresie
S. 395 ff.; OSTORERO, Crimes et sanctions S. 24, 29.

Der Hauptprozess in Bern 339

eineinhalb Jahren in der Stadt Bern im Konvent der Dominikaner durch die zu Inquirierenden und ihre „Komplizen" „Verbrechen, Falschheiten, Missbräuche und neue Erfindungen" begangen worden seien, und zwar durch das Medium(!) eines gewissen Johann Jetzer, Konverse, aber nicht Professe des Konvents; diese hätten nicht nur in der Gemeinde von Bern, sondern in der ganzen Christenheit und der Universalkirche zu Skandal und Spaltung (Schisma) geführt (Art. 2). Sie seien nicht nur in Bern, sondern auch diesseits und jenseits der Alpen verbreitet worden, so dass ihr Ruf (*fama*) bis nach Rom und zu den Ohren des Papstes gedrungen sei (Art. 3). In Bern hätten sie fast zu einem Volksaufstand geführt (Art. 4). So hätten die zu Inquirierenden seit eineinhalb Jahren durch das Medium Johann Jetzer verschiedene Visionen, sowohl göttliche als auch menschliche und teuflische, erfunden und verbreitet, was hier als Blasphemie bezeichnet wird (Art. 5).

In der Folge gehen die Anklageartikel zu den einzelnen Erscheinungen über, zunächst zu derjenigen des Geistes des Heinrich Kalpurg aus Solothurn (Art. 6), der nur durch das Medium Jetzer aus dem Fegefeuer erlöst werden konnte, wie die Angeklagten in der ganzen Stadt Bern verbreitet hätten (Art. 7). Ebenso hätten sie verbreitet („und damit Irrtum auf Irrtum gehäuft"), dass Jetzer Teufel in der Form von Hunden, die diesen Geist quälten, gesehen habe, was gegen die Lehre der Kirche verstoße, denn die Teufel könnten nicht Seelen im Fegefeuer (*in spe gratie constitutas*) quälen, weil sie über diese keine Macht hätten (Art. 8). Weiter werden aufgezählt: der erlöste Geist (Art. 9), die Erscheinungen der hl. Barbara und der Jungfrau Maria und anderer (Art. 10–12). Dabei habe Maria Jetzer insbesondere befohlen, dass die Dominikaner und der Papst in aller Welt verkünden sollten, dass sie in Erbsünde empfangen sei (Art. 13), und zum Zeugnis gewisse Reliquien mitgebracht (Art. 14). Artikel 15 betraf die konsekrierte(!) blutige Hostie, welche die zu Inquirierenden als Wunder verkauft und allen gezeigt hätten, die sie sehen wollten; sie hätten sie auch anbeten lassen und damit Idolatrie begangen. Das Ganze hätten sie auf die Spitze getrieben, indem sie veröffentlicht hätten, dass Jetzer von Maria die Stigmata bekommen habe, die sie ihm selber beigebracht hätten, und dass er jeden Tag um 11 Uhr die Passion erleide (Art. 16 und 17). Manchmal hätten sie die Erscheinungen, insbesondere in Bezug auf die Empfängnis Marias in der Erbsünde, bereits verkündet, bevor sie diese noch ins Werk gesetzt hätten, was sich durch glaubwürdige Zeugen beweisen lasse (Art. 18). Die Klostervorsteher hätten sich auch nicht an das (am 21. Juli 1507) gegenüber dem Bischof von Lausanne abgelegte Versprechen, diese „Falschheiten" zu verschweigen und Jetzer niemandem zu zeigen, gehalten (Art. 19), woraus ein solcher Tumult entstanden sei, dass man das Volk nur mit Schwierigkeiten von der Zerstörung und Plünderung des Konvents habe abhalten können (Art. 20). Als

340 Die Jetzerprozesse

Jetzer bei diesen „enormen Verbrechen und Falschheiten" nicht mehr mitmachen wollte, hätten die Klostervorsteher mehrmals und auf verschiedene Art und Weise versucht, ihn umzubringen (Art. 21), und zwar mit einem Trank und festerer Nahrung (Art. 22) und mit der vergifteten roten Hostie, die sie loswerden wollten und die er erbrochen habe (Art. 23). Auch hätten sie, um ihre Einnahmen zu vergrößern, die Kirche ihres Konvents und insbesondere die Marienkapelle „Ort zur seligen Jungfrau Maria vom Blut (*locus ad beatam Mariam de sanguine*)" nennen wollen (Art. 24) und zu diesem Zweck in der ganzen Stadt Bern verkündet, dass die hölzerne Marienstatue in dieser Kapelle blutige Tränen geweint habe (Art. 25), und zwar weil sie ihre Empfängnis in der Erbsünde nicht verkündet und dem Papst nicht mitgeteilt hätten (Art. 26).

Als Schultheiß und Rat der Stadt Bern die Verstocktheit (*pertinacia*) der zu Inquirierenden gesehen hätten, die leicht zu einem Aufstand des Volkes hätte führen können, hätten sie Jetzer aus deren Händen befreit und ihn dem Bischof von Lausanne als „Hirte und Prälat der Diözese" überstellt (Art. 27). In Lausanne sei Jetzer vom unrechtmäßigen Eid, den er seinen Obern geschworen habe, nichts von den erwähnten „Falschheiten" zu enthüllen, entbunden worden (Art. 28). Nachdem dies geschehen sei, habe er die meisten Unrechtmäßigkeiten, welche die genannten Dominikaner gegen ihn begangen hätten, eröffnet, wie dies aus seinem Prozess und seinen Geständnissen hervorgehe (Art. 29). Weitere Enthüllungen seien gefolgt, nachdem Jetzer nach Bern zurückgebracht und vor dem Rat als reiner Laie (*deposito habitu religionis*) mit den vier Dominikanern konfrontiert worden sei (Art. 30). Dies alles habe den zu Inquirierenden einen schlechten Ruf (*infamia*) insbesondere in der Stadt Bern eingetragen, der sowohl auf den Aussagen ernstzunehmender und angesehener Männer (gemeint sind wohl die Räte) als auch aus ihren eigenen Aussagen hervorgehe, wobei insbesondere die Büchlein des Defensoriums wieder aufgeführt werden (Art. 31–34). Und schließlich wird im letzten Artikel hervorgehoben, dass die Angeklagten keinerlei Anstrengungen unternommen hätten, um sich von ihrem schlechten Ruf zu reinigen (*purgatio*), sondern verstockt in ihren „Exzessen" verharrt seien und auch jetzt noch verharrten (Art. 35).

Im Lauf des 15. Jahrhunderts, das die ersten Hexenprozess sah, war auch potentiellen Opfern klar geworden, dass ein schlechter Ruf zu einer Verfolgung führen konnte, und man hatte gelehrt, sich gegen diesbezügliche Verleumdungen zu schützen, wobei auch hier die Mittel beschränkt blieben. So hatte François Marguet aus dem Dorf Dommartin (heute Gem. Montilliez, Bezirk Gros-de-Vaud VD), der 1498 als Hexer verurteilt wurde, bereits 25 Jahre früher einen gewissen Pierre Romanel, der ihn während eines Streites als Hexer beschuldigt hatte, beim Domkapitel von Lausanne, dem die Herr-

Der Hauptprozess in Bern 341

schaft Dommartin gehörte, verklagt, und dieses hatte zu seinen Gunsten entschieden: Pierre Romanel hatte sich in aller Öffentlichkeit – d. h. in der Kirche von Dommartin – bei François Marguet entschuldigen müssen, eine Episode, die vielen Bewohnern des Dorfes trotz der Zeitspanne von 25 Jahren in lebhafter Erinnerung geblieben war und François Marguet auch während 25 Jahren vor einer Verfolgung schützte, aber eben nur 25 Jahre, dann holte ihn sein schlechter Ruf erneut ein[97]. So etwas Ähnliches hätten nach Meinung der Verfasser der Anklageartikel auch die Vorsteher des bernischen Dominikanerkonvents unternehmen sollen – und hatten es eben nicht unternommen, was ihnen als hartnäckiges Beharren in ihren Irrtümern ausgelegt wurde.

Aus den Anklageartikeln gegen die Klostervorsteher lässt sich eine gewisse Strategie der Glaubensprokuratoren – wohl vor allem diejenige Löublis – herauslesen. Sie zielte weniger darauf, ob und wie die Angeklagten die Erscheinungen und anderes bewerkstelligt, als dass sie diese weit herum bekannt gemacht hatten, was sich leichter beweisen ließ als das erstere, gerade auch mit dem Defensorium, von dem offenbar Teile zirkulierten, und mit den Zeugenaussagen, denen, wie wir sehen werden, im Hauptprozess ein wichtigerer Platz zukommt als in vielen anderen Inquisitionsprozessen (siehe Kap. II/2d). Auf diese Weise wurde die Publizität, welche die Klostervorsteher immer gesucht hatten – ohne Publizität hatte der ganze Jetzerhandel keinen Sinn –, ihnen jetzt zum Verhängnis! Auffällig ist, dass gewisse Erscheinungen, die aus Jetzers Hauptprozess hervorgehen, wie die gekrönte Maria oder auch diejenigen der heiligen Cäcilia, Bernhard von Clairvaux und Katharina von Siena, in den Anklageartikeln nicht erwähnt werden, so dass wir vielleicht davon ausgehen müssen, dass den Glaubensprokuratoren für die Formulierung der Anklageartikel nur Jetzers Prozess in Lausanne und Bern zur Verfügung stand, und nicht Jetzers Aussagen im Hauptprozess. Andererseits muss festgestellt werden, dass es nicht normal war, dass sowohl Jetzer als auch die Klostervorsteher im Hauptprozess gleich den Artikelverhören unterzogen wurden; wenn es sich in Jetzers Fall vielleicht noch daraus erklärt, dass dieser bereits einen ersten Prozess mit zahlreichen Verhören hinter sich hatte, so ist es bei den Klostervorsteher absolut ungewöhnlich, dass sie gleich den Artikelverhören unterworfen wurden, die zudem Anklageartikeln folgten, die nicht aus ihren eigenen Geständnissen gewonnen worden waren, sondern aus denjenigen eines mutmaßlichen „Komplizen", der immer mehr zum Zeugen der Anklage gegen sie aufgerückt war.

---

97) Pfister, L'enfer sur terre S. 39 f.

342   Die Jetzerprozesse

Der Lesemeister (7. und 8. August 1508)

Obwohl die vier Dominikaner am 7. August 1508 auf den 9. August (*hora prime*) zitiert worden waren, fand das erste Artikelverhör – dasjenige des Lesemeisters – bereits am 7. August um die Vesperzeit statt und wurde am 8. August fortgesetzt. Auf den Lesemeister folgte am 8. August der Schaffner, und nicht, wie vielleicht ursprünglich vorgesehen, der Prior. Dieser wurde erst als dritter (am 9. August) verhört, und nach ihm der Subprior (am 11. August 1508). Der Lesemeister zeigte sich nicht sehr kooperativ und verneinte die meisten Anklageartikel. Er bestritt, dass er etwas zur Verbreitung der Wunder, die im Berner Dominikanerkloster geschahen, inner- und außerhalb der Stadt Bern beigetragen habe, außer dass er einmal einem Arzt einen geheimen Brief geschrieben habe, um zu erfahren, ob das, was durch Jetzer gemacht worden sei, auf natürliche Weise gemacht werden könne, d. h. er gab sich aufgeklärt und lenkte den Verdacht wieder auf Jetzer (zu Art. 2 und 3). Er gestand, dass er einigen vom Geist und dessen Erlösung (Art. 6 und 7) erzählt habe, aber nicht öffentlich. Von der Erlösung des Geists und den Erscheinungen der hl. Barbara und der Jungfrau Maria (Art. 9–11) wollte er nur von Jetzer gehört haben. Was die Erscheinung der letzteren betraf (Art. 12), so gestand er, dass er gesagt habe, dass er eine Person in weiblicher Gestalt vor Jetzers Bett stehen sehen und eine weibliche Stimme gehört habe, von welcher dieser nachher gesagt habe, es sei diejenige der Jungfrau Maria gewesen, während ihm selber schien, dass es sich um zwei Personen gehandelt habe. Auch für die befleckte Empfängnis (Art. 13) berief er sich auf Jetzer. Er gab zu, dass er die Reliquien gesehen (Art. 14), aber nicht, dass er etwas davon bekanntgemacht habe. Was die blutige Hostie betraf (Art. 15), so gestand er ein, dass er am 14. April 1507 eine konsekrierte Hostie in Jetzers Zelle gestellt habe. Am 15. April in der Nacht um 11 Uhr sei jene Frau erschienen, von der Jetzer gesagt habe, dass sie die Hostie verwandelt habe. Bei ihrer Ankunft habe das Glöcklein in seiner Zelle (eigentlich die Zelle des Schaffners) geläutet und habe er mit den Prioren von Bern und von Basel gehört, wie Jetzer die Jungfrau Maria beschworen habe. Darauf sei der Prior von Bern zum Kustos gegangen, um ihn am Läuten (wohl zur Matutin) zu hindern, damit die Lauschenden nicht gestört würden, und habe dabei die in ein Korporale eingewickelte Hostie vor dem Bild (der Statue?) der Maria im Dormitorium gefunden und nachher in das Sakramentshäuschen (*sacrarium*) im Chor getragen. Als er, der Lesemeister, nachher zu Jetzer gegangen sei, habe dieser darauf bestanden, dass man das Korporale öffne, denn ihm schien, dass die Hostie sich in Marias Hand von einer weißen in eine rote verwandelt hatte[98].

---

98) Akten II/2 S. 164–167 (1508, Aug 7, Vesperzeit; Lesemeister, Artikelverhör).

Der Hauptprozess in Bern 343

Hier bricht das Artikelverhör des Lesemeisters ab, wohl weil es schon spät geworden war, und wurde am folgenden Tag (8. August 1508) morgens fortgesetzt, aber zunächst nicht nach den Artikeln, sondern frei. Dabei machte das Gericht offenbar auch Gebrauch von Informationen, die aus dem am 5. August im Wesentlichen beendeten Prozess Jetzers stammten. Der Lesemeister wurde gefragt, ob er diesen jemals bei Fiktionen und Betrügereien erwischt habe, und antwortete, dass er ihn schließlich ertappt habe, als er mit einer Krone auf dem Kopf und brennenden Kerzen in der Hand eine gekrönte Maria dargestellt habe. Weil er aber noch ein Novize war, habe er ihn nicht zu hart anfassen wollen ... Dann kam das Gericht auf die verwandelte Hostie zurück und fragte, ob diese mit der konsekrierten Hostie identisch gewesen sei, die vorgängig in Jetzers Zelle getragen worden sei. Der Lesemeister antwortete, dass sowohl der Prior als auch der Schaffner ihm gesagt hätten, dass es sich um die gleiche Hostie handelte, welche die Form eines Osterlamms hatte. Er erklärte, dass der Prior gewisse Hostien für die Konversen, die noch Laien waren, und die Novizen des Klosters aus Basel habe kommen lassen, die etwas größer seien als diejenigen von Bern. Auf die Frage nach dem Grund antwortete er, dass die bernischen Hostien von den Franziskanern gebacken würden und etwas schwarz erschienen (*que apparebant sub nigro*) und die Dominikaner fürchteten, dass sie nicht aus Dinkelweizen (*de adore triticeo*; *adoreus* = Dinkel-, Spelt-; *triticeus* = aus Weizen) bestünden, und deshalb diese Art von Hostien aus Basel kommen ließen (warum nur für die Konversen und Novizen, bleibt offen). Der Lesemeister gab auch zu, dass er die Hostie verehrt habe (*adoravit*), und zwar weil der Prior ihm versichert habe, dass er sie geweiht habe. Auf die Frage, ob viele andere sie verehrt hätten, antwortete er, dass der Prior die Hostie am Tag der Apostel Peter und Paul (29. Juni 1507), dem Patronatsfest der Dominikanerkirche, dem herbeiströmenden Volk gezeigt und zur Verehrung ausgesetzt habe; dazu sei die Hymne *Tantum ergo sacramentum* gesungen worden, doch sei er, der Lesemeister, nicht dabei gewesen[99]. Bei *Tantum ergo sacramentum* handelt es sich um die zwei letzten Strophen des Hymnus *Pangue lingua*, der von Thomas von Aquin für das Fronleichnamsfest gedichtet worden war.

Dann kehrte das Verhör zu den Anklageartikeln zurück, doch erwies es sich als nicht viel ergiebiger als der erste Teil des Artikelverhörs, indem der Lesemeister die meisten Artikel in Abrede stellte. Er gab zwar zu, dass er einigen von Jetzers Stigmata und seinem Passionsspiel (Art. 16 und 17) erzählt habe, wollte aber keineswegs zu deren Verbreitung beigetragen haben.

---

99) Akten II/2 S. 167 f. (1508, Aug 8, morgens; Lesemeister, Artikelverhör). Zum Patronatsfest der Dominikanerkirche in Bern vgl. UTZ TREMP, Geschichte S. 122 f.

344 Die Jetzerprozesse

Er gab auch zu (Zusatzfrage zu Art. 25), dass er an Jetzers Erscheinungen und Marias Enthüllungen, an der wunderbaren Verwandlung der Hostie, an den Stigmata und der blutweinenden Marienstatue großen Gefallen gefunden habe, aber in der Meinung, sie entsprächen der Wahrheit (*presupposita veritate*). Er behauptete, Jetzer sei ein Kirchenräuber und ein Dieb (*sacrilegus et fur*), und stellte entschieden in Abrede, dass er von ihm jemals einen Eid verlangt habe (zu Art. 27 und 28). Er bestritt weiter, dass er und seine Mitangeklagten in einem schlechten Ruf stünden (zu Art. 31–34). Da er nichts von einem schlechten Ruf wusste, sei es für ihn auch nicht nötig gewesen, sich davon zu reinigen. Und für den Fall, dass er wirklich einen schlechten Ruf gehabt hätte – was er bestritt –, sei er zur Zeit, als die Verleumdung eingesetzt habe, im Gefängnis gewesen und zur Purgation nicht zugelassen worden, obwohl er sie verlangt habe – ohne dass man erfahren würde, auf welche Art und Weise (zu Art. 35)[100].

Damit hätte das Artikelverhör des Lesemeisters eigentlich beendet sein können, denn dieser hatte auf alle 35 Anklageartikel geantwortet (oder auch nicht geantwortet), aber es wurden ihm außerhalb der 35 Artikel noch einige recht aufschlussreiche Fragen gestellt. Auf die Frage, ob er Jetzer einmal auf die Probe gestellt habe, antwortete er mit Ja. Er habe geglaubt, dass Maria ihm erschienen sei, und ihm deshalb aufgetragen, dass er diese nach den Offenbarungen frage, die sie einigen Heiligen betreffend ihre Empfängnis gemacht habe, nämlich den heiligen Bernhard von Clairvaux, Elisabeth von Thüringen und Brigitta von Schweden. Er habe auch Jetzers Zelle und Stübchen nach Requisiten wie Farben, eisernen Instrumenten, Kleidern aus Leinen, Frauenschleiern und Obergewändern durchsucht, mit denen dieser sich hätte als Maria verkleiden oder sich die Stigmata malen oder zufügen können, doch nichts gefunden, außer einmal rote Farbe, mit der dieser die Kerzen für seinen Auftritt als gekrönte Maria angestrichen habe. Diese Kerzen und die Krone habe er in Jetzers Stübchen unter einem Gestell gefunden und darauf begriffen, dass dieser die gekrönte Maria dargestellt habe. Jetzer habe ihm gesagt, dass er die Krone in der Stadt Luzern zu einem (geistlichen) Spiel gebraucht und gemacht habe. Auf die Frage nach dessen eiserner Kette antwortete der Lesemeister, dass Jetzer bereits vor seinem Eintritt ins Kloster eine solche besessen habe, mit der er sich über die nackte Haut gegürtet habe. Als Jetzer sich beklagte, dass er diese Kette verloren habe, habe er von Heinrich Wölfli eine neue geschenkt bekommen. Auf die Frage, ob Jetzer Narben habe, antwortete der Lesemeister, dass er ihn im Bad wohl nackt gesehen, aber nicht auf allfällige Wunden geachtet habe. Er wusste, dass Jetzer und der Schaffner Streit gehabt hatten, weil der letztere

---

100) Akten II/2 S. 168–170 (1508, Aug 8).

Der Hauptprozess in Bern   345

ihm nach dem Verschwinden der Stigmata harte Vorwürfe gemacht habe, aber er glaubte nicht, dass es zu Handgreiflichkeiten gekommen sei; die Wunden, die der Schaffner am Bein und am Kopf hatte, führte er auf eine Hautkrankheit zurück. Vom Auftritt des Schaffners als Katharina von Siena war nicht die Rede[101].

Der Schaffner (8. August 1508)

Am gleichen Tag, wie das Artikelverhör des Lesemeisters abgeschlossen wurde, fand dasjenige des Schaffners, Heinrich Steinegger, statt. Über ihn weiß man wesentlich weniger als über den Prior und den Lesemeister (siehe Kap. I/2a und c). Laut Anshelm (3 S. 54) stammte er aus Lauperswil im Emmental, war also ein Einheimischer, und es ist nicht anzunehmen, dass er eine akademische Bildung besessen hat. In den Listen der Angehörigen des bernischen Dominikanerkonvents erscheint er 1498 als Subdiakon und zu Beginn des Defensoriums als Schaffner, und ebenso noch zu Beginn des Jahres 1508 (siehe Anh. 2). Er war eher der Mann fürs Praktische und Handwerkliche: nachdem der Lesemeister sowie der Prior und der Subprior (laut Jetzer!) die Maria und die beiden Engel auf dem Schwebebalken dargestellt hatten, räumte er den Schwebezug weg, und während sie sich im Haus der Väter oder des Priors mit Frauen gütlich taten, servierte er den Wein (siehe Kap. II/2b, Die Ent-Larvung Marias und der Engel ..., Die Frauengeschichten der Klostervorsteher). Immerhin war er der Zellennachbar von Jetzer (obwohl seine Zelle sehr häufig von den anderen Klostervorstehern in Beschlag genommen wurde) und müsste auf diese Weise doch einiges mitbekommen haben. Seine Stunde schien erst beim Auftritt der hl. Katharina von Siena geschlagen zu haben, aber da stand Jetzer der Sinn schon nicht mehr nach weiteren Erscheinungen, und der Schaffner trug kompromittierende Wunden davon. In seinem Artikelverhör wurde er leider nicht danach gefragt, und auch nicht nach der Erscheinung der gekrönten Maria auf dem Lettner, wahrscheinlich weil dem Gericht nach Jetzers Aussage vom 4. August 1508 bewusst war, dass der Schaffner damals gar nicht im Konvent gewesen war, sondern auf der Reise zum Provinzial, zu dem er nach seinem missglückten Auftritt als Katharina von Siena geschickt worden war (siehe Kap. II/2b, Die Erscheinungen der heiligen Cäcilia, Bernhard von Clairvaux und Katharina von Siena). Von allen vier Klostervorstehern könnte der Schaffner der unschuldigste gewesen sein.

---

101) Akten II/2 S. 170–172 (1508, Aug 8; Lesemeister, Artikelverhör).

346 Die Jetzerprozesse

Nichtsdestoweniger verneinte auch der Schaffner viele Anklageartikel, aber vielleicht auf weniger arrogante Art als der Lesemeister[102]. Anders als dieser schützte er bei einigen Unwissenheit vor, was insofern gerechtfertigt gewesen sein könnte, als er wohl nicht in die innersten Geheimnisse eingeweiht und wegen seines Amtes auch häufig abwesend war, also im wahrsten Sinn des Wortes ein Alibi hatte, so für die Erscheinungen der hl. Barbara und der Jungfrau Maria (Art. 10), die Botschaft von der befleckten Empfängnis (Art. 13), die von Maria mitgebrachten Reliquien (Art. 14) und die Überführung Jetzers nach Lausanne (Art. 27). Zu Artikel 12 antwortete er, dass er keine Erscheinung fingiert, wohl aber über seinem Bett ein Glöcklein installiert habe, damit Jetzer ihn bei seinen Erscheinungen zu Hilfe rufen konnte. Deshalb habe auch der Subprior häufig in seiner Zelle geschlafen: damit zumindest einer von beiden beim Läuten des Glöckleins wach würde und, wenn sie beide außerhalb des Klosters weilten, dann der Prior und der Lesemeister ... Zu Artikel 15 (der Verwandlung der Hostie) sagte der Schaffner aus, dass er zusammen mit dem Prior das Sakrament in Jetzers Zelle getragen habe, wo es die ganze Nacht und den ganzen folgenden Tag geblieben sei. In der zweiten Nacht habe er bei Bruder Oswald in dessen Zelle neben derjenigen Jetzers geschlafen – wahrscheinlich weil seine eigene anderweitig besetzt war (was er natürlich nicht sagte). Von da aus habe er durch ein Guckloch in der Wand, das er selber gemacht habe, in Jetzers Zelle zwei Stimmen gehört, eine lautere und eine leisere (*unam maiorem et aliam minorem*). Er habe gehört, wie Jetzer die Maria beschworen und diese das Ave Maria gebetet habe. Nach der Matutin hätten sie die blutige Hostie im Chor entdeckt und verehrt. Vom Schwebezug, den der Schaffner selber montiert hatte, ist natürlich keine Rede. An Jetzers Passionsspiel wollte er in keiner Weise beteiligt gewesen sein, und ebenso wenig an der blutweinenden Maria (Art. 17 und 26). Anders als der Lesemeister hätte der Schaffner sich gerne vom schlechten Ruf gereinigt, aber er wusste nicht genau, wie man dies machte, und glaubte, er hätte sich vor dem Rat von Bern „gereinigt" (Art. 35). Damit spielt der Schaffner wohl auf die Ratssitzung vom 7. Januar 1508 an, als Jetzer ihn laut dem Defensorium beschuldigt hatte, dass er Katharina von Siena gespielt und er ihn am Kopf und an den Füßen verwundet habe – und der Schaffner sich laut dem Ratsmanual gegen diese Unterstellung verwahrt („entschuldigt") hatte (siehe Kap. II/1c, Gegenüberstellungen ...). Dies entsprach wohl nicht dem, was das Gericht unter einer „Reinigung" (*purgatio*) verstand; denn dazu gehörte nicht nur, dass

---

102) Akten II/2 S. 172–178 (1508, Aug 8; Schaffner, Artikelverhör).

Der Hauptprozess in Bern

man seine Unschuld beweisen konnte, sondern auch ein Reinigungseid, und dies alles, bevor ein Verfahren eingeleitet worden war[103].

Der Prior (9. August 1508)

Wie wir bereits gesehen haben, stellte das Defensorium ein wichtiges Beweismittel gegen die vier Dominikaner dar, insbesondere aber auch gegen den Prior, der zumindest dessen ersten Teil geschrieben und diktiert hatte, und entsprechend kommt dieses in seinem Artikelverhör immer wieder vor, insbesondere zu Artikel 8 und 34 (siehe Kap. I/4, Schluss). Der Prior stellte nicht wenige Artikel in Abrede, insbesondere auch, was ihn selber betraf (*negat quantum ad se*), berief sich indessen auch nicht selten auf Jetzer und auf den Lesemeister als dessen Beichtvater, was doch als Versuch zu werten ist, die Schuld nicht nur auf Jetzer, sondern auch auf den Lesemeister abzuschieben. Für die Erscheinungen der hl. Barbara und der Maria (Art. 11) bezog er sich auf die Erzählungen Jetzers und seines Beichtvaters, des Lesemeisters (*tam ex relatione ipsius Iohannis Ietzer quam magistri Stephani, doctoris, eius confessoris*), und ebenso für die Botschaft von der befleckten Empfängnis (Art. 13). Unter den Antworten auf die Zusatzfragen behauptete er sogar, dass er in der Nacht vor der Vigil von Maria Verkündigung (23.–24. April 1507) den Lesemeister und Jetzer dabei ertappt habe, wie sie irgendwelche Fragen auf einen Zettel schrieben, und als er sie zur Rede gestellt habe, habe der Lesemeister ihm erwidert: „Nichts, das Euch angehen würde, Herr Prior (*Nihil ad vos, domine prior*)!"[104] Wir erinnern uns, dass wir eine ähnliche Rivalität zwischen dem Prior und dem Lesemeister schon anhand des Defensoriums beobachtet haben, insbesondere nachdem dem Prior einige Fehler unterlaufen waren (Kap. I/2b u. c). Nichtsdestoweniger überrascht dessen Versuch, die Schuld auf den Lesemeister abzuwälzen, denn sonst verhielten sich die Klostervorsteher im Allgemeinen recht solidarisch – vielleicht eine Wirkung des Eides, den sie sich gegenseitig bei der Verschwörung in der Marienkapelle geleistet hatten. Aus den Anklagen des Priors gegen den Lesemeister könnte man allerdings auch schließen, dass der letztere der Rädelsführer gewesen sei und der Prior deshalb mit einem gewissen Recht versucht hätte, die Schuld auf ihn abzuwälzen. Dabei könnten auch alte Rechnungen beglichen worden sein: der Lesemeister war dem Prior intellektuell wahrscheinlich überlegen und ordnete sich nicht so unter, wie es der hierarchischen Ordnung entsprochen hätte.

---

103) Utz Tremp, Von der Häresie S. 394 ff.; Théry, Fama, Abschn. 30.
104) Akten II/2 S. 178–190 (1508, Aug 9; Prior, Artikelverhör).

348 Die Jetzerprozesse

Dagegen scheint der Prior recht schwatzhaft gewesen zu sein und nicht
wenig zur Verbreitung der Geschichten um Jetzer beigetragen zu haben. So
habe er einem gewissen Mönch einige Schriften (seinen Teil des Defensoriums?) darüber geschickt, aber nur, um dessen Rat einzuholen, ob diese veröffentlicht werden sollten, und er habe es ihm auch überlassen, ob er noch
weitere Personen ins Vertrauen ziehen wolle oder nicht. Wenn Leute aus der
Stadt Bern zu ihm gekommen seien und nach diesen Dingen gefragt hätten,
habe er sich immer auf Jetzer berufen (zu Art. 3). Der Aufruhr in der Stadt
(Art. 4) sei nicht durch ihn oder seine Mitbrüder verursacht worden; vielmehr hätten sie einen Brief an den Rat geschickt, damit dieser entweder Jetzer aus dem Kloster zu sich nehme oder in diesem unter Beobachtung und
Bewachung stelle, damit man ihnen nicht vorwerfen könne, dass sie ihm die
Erscheinungen vorgemacht hätten, ein Brief, von dem man sonst nichts
weiß. Der Aufruhr in der Stadt sei vielmehr durch die Franziskaner verursacht worden, die gegen die Dominikaner gepredigt hätten, insbesondere
ein gewisser (Niklaus) Willenegger, der (allerdings erst) 1520 als Guardian
des Berner Franziskanerklosters nachweisbar ist; dieser habe selbst noch gegen die Dominikaner gehetzt, als diese schon in ihrem Kloster gefangen gesetzt worden seien. Was Jetzers Erscheinungen betraf (Art. 12), so habe der
Prior von der Zelle des Schaffners aus durch die Gucklöcher in der Wand
eine in weibliche Gewänder gekleidete Person mit verschleiertem Kopf gesehen und zwei verschiedene Stimmen gehört, eine die Stimme eines jungen
Mädchens und die andere diejenige eines Mannes. Von den Reliquien (Art.
14) habe er nur von Jetzer gehört und davon gewissen Freunden erzählt ...
Die Verwandlung der Hostie (Art. 15) datierte er ebenso wie der Lesemeister auf die Nacht vom 15. auf den 16. April 1507 und gab auch zu, dass er
die gewandelte Hostie bereits am nächsten Tag einigen Mitgliedern des bernischen Rats gezeigt habe, danach aber bis zum 24. Juni nur mehr sehr wenigen ... Er gestand auch, dass er sie selber verehrt habe – im Glauben, dass
es die gleiche Hostie gewesen sei wie diejenige, die er selber geweiht und in
Jetzers Zelle getragen habe. Er konnte sich nicht vorstellen, dass dieser auf
irgendeine Weise in den Besitz einer anderen, ungeweihten Hostie gekommen wäre, denn es handelte sich eben (wie bereits vom Lesemeister ausgeführt) um eine Hostie, die von Basel stammte und sich von den bernischen
Hostien unterschied[105].

---

105) Akten II/2 S. 178–181 (1508, Aug 9; Prior, Artikelverhör). Niklaus Willenegger
ist 1520 als Guardian und 1524 als Schaffner des Berner Franziskanerkonvents nachweisbar, vgl. Paul LACHAT, Barfüßerkloster Bern, in: HS V/1 S. 136–146, hier S. 145.
Nach der Reformation erhielt Willenegger ein Leibgeding, vgl. DERS., Das Barfüßerkloster Bern S. 52 u. 57.

Der Hauptprozess in Bern 349

Was Jetzers Stigmata betraf (Art. 16), so stellte der Prior richtig, dass er zwar im Kloster gewesen sei, als Jetzer (in der Nacht vom 24. auf den 25. März 1507) das erste Stigma erhalten habe, nicht aber, als er (am 7. Mai) die übrigen Stigmata bekam. Dies könnte insofern zutreffen, als der Prior und der Lesemeister am 2. Mai am Provinzialkapitel von Pforzheim teilgenommen hatten und wahrscheinlich noch nicht nach Bern zurückgekehrt waren und das Feld dem Subprior überlassen hatten (siehe Kap. II/2b, Die Ent-Larvung Marias und der Engel ...). Der Prior behauptete auch, dass er Jetzers Passionsspiel zum ersten Mal gesehen habe, als er zwei ehrbare Männer zum Mittagessen (*prandium*) zu Gast gehabt habe, nämlich den Goldschmied Meister Martin Franke und den Glasermeister Lukas, die sich bereits am 3. April 1507 selber eingeladen und einer Erscheinung Jetzers von der Nachbarzelle aus zugeschaut hatten (siehe Kap. I/2d). Nun hätten sie diesen wieder sehen wollen und ihn auf der Schwelle zu seinem Stübchen liegend gefunden, mit ausgestreckten Händen und Füßen, ein Bild, das der Prior angeblich noch nie gesehen hatte und das auf ihn einen großen Eindruck gemacht zu haben scheint. Er stellte auch nicht in Abrede, dass der Bischof von Lausanne bei seinem Besuch im Berner Dominikanerkonvent verboten hatte, die Geschichten um Jetzer weiter zu verbreiten (Art. 19), wohl aber, dass die Dominikaner diesem Verbot zuwidergehandelt hätten, denn vier Tage nach der Abreise des Bischof seien die Stigmata verschwunden[106] – ein recht interessanter Zusammenhang, denn er suggeriert, dass man die Stigmata verschwinden ließ, weil die Sache nach dem Eingreifen des Bischofs zu gefährlich geworden war ...

Was die blutweinende Marienstatue anging (Art. 26), so wollte der Prior zuerst nur von Jetzer erfahren haben, dass diese geweint habe, doch schien ihm selber, dass die Statue am Vorabend und an den vorhergehenden Tagen keine roten Tränen gehabt habe. Später aber, als der Konverse vor dem Marienbild kniete, seien die Tränen, die zunächst weiß gewesen seien, rot gefärbt gewesen. Deshalb habe der Prior einige Maler herbeirufen lassen, um zu erfahren, ob die roten Tränen von Menschenhand gemalt worden seien, insbesondere den Maler Hans Fries von Freiburg, der damals nach den Altartafeln für die Freiburger Heiliggeistbruderschaft (den sog. Bugnon-Altar) und denjenigen für einen Antonius-Altar (Antonius von Padua OFM) für die Freiburger Franziskanerkirche auf der Höhe seiner Kunst stand. Aus dem Artikelverhör des Priors geht leider nicht hervor, zu welchem Schluss Hans Fries gekommen ist, wohl aber aus dem Bericht in Anselms Chronik. Dieser machte sich darüber lustig, dass der Betrug „so meisterlich" gemacht gewesen sei, dass der berühmte Maler ihn nicht durchschaut habe:

---

106) Akten II/2 S. 181 f. (1508, Aug 9; Prior, Artikelverhör).

350 Die Jetzerprozesse

dass der verrüempt maler Hans Friess von Fryburg, daruber beschikt, die kunst nit erkennende, für ein gross wunder liess beliben. Wenn es dem Prior wirklich darum gegangen wäre, Jetzer durch einen Experten überführen zu lassen, dann hätte dessen Schluss – mitgeteilt allerdings nur bei Anshelm – ihn ja enttäuschen müssen. Da es ihm aber wohl nicht ernsthaft darum gegangen war und der Schluss ihm in der damaligen Situation genau ins Konzept passte, konnte ihm nicht daran gelegen sein, diesen dem Gericht jetzt mitzuteilen[107].

Im Anschluss an Artikel 26 verließ das Gericht für eine Weile das Schema der Anklageartikel und stellte dem Prior die gleiche Frage wie schon dem Lesemeister: ob er jemals Jetzers Stübchen bis in die letzten Winkel habe durchsuchen lassen, um allenfalls die rote Farbe zu finden, eine Frage, die der Prior verneinte, weil er Jetzer für einen „frommen, ehrlichen, einfachen und guten" Mann gehalten habe. Auf die Frage, wann er zu zweifeln begonnen habe, antwortete er: als dieser etwas von acht geheimen Worten gefaselt habe, die Maria ihm mitgeteilt habe und die er niemandem habe weitererzählen wollen, auch seinem Beichtvater und selbst dem Provinzial nicht. Von diesen Worten war schon in Jetzers Verhör vom 31. Juli 1508 die Rede gewesen, und vor allem auch im Defensorium selber, und zwar im ersten Teil, der vom Prior selber geschrieben worden war: hier scheinen die acht geheimnisvollen Worte, in denen laut Jetzers Aussage sehr viel von der Empfängnis Marias in der Erbsünde die Rede war, beim Prior jedenfalls noch keine Zweifel ausgelöst zu haben[108]. Als nächstes habe dieser Jetzer als gekrönte Maria auf dem Lettner erwischt. Auch habe er den Konversen immer und immer wieder in Gegenwart von glaubwürdigen Personen ermahnt und bedroht, er solle sich vor Betrügereien in Acht nehmen. Auf die Frage, ob er Jetzer einmal bei einer offenen Lüge ertappt habe, antwortete er mit Ja: als dieser kurz nach seiner Aufnahme ins Kloster schwer erkrankt sei, habe er sein Testament gemacht und darin dem Konvent bis 500 rheinische Gulden vermacht, die er gar nicht besessen habe. Dann kehrte das Verhör zu der Erscheinung der gekrönten Maria zurück. Auf eine entsprechende Frage antwortete der Prior, dass nicht er die beiden Chorherren, Johann Dübi und Heinrich Wölfli, die als Zeugen zugegen waren, gerufen habe, sondern der Lesemeister oder Bruder Georg (Sellatoris?). Als der Prior mit dem Sakrament auf den Lettner stürmen wollte, wo die gekrönte Maria er-

---

107) Akten II/2 S. 182 (1508, Aug 9; Prior, Artikelverhör), vgl. auch Anshelm 3 S. 95, und UTZ TREMP, Zeit des Malers Hans Fries S. 23–25. STECK, Der Berner Jetzerprozess S. 75, hat aus der Tatsache, dass der Prior selber über die blutigen Tränen eine Expertise veranlasste, auf dessen Unschuld zumindest in diesem Punkt geschlossen.

108) Akten II/2 S. 183, 184 (1508, Aug 9; Prior, Artikelverhör), vgl. auch Akten II/1 S. 83 Nr. 93 (1508, Juli 31; Jetzer), und Def. S. 560 Kap. I/16.

Der Hauptprozess in Bern 351

schienen sei, habe der Lesemeister sich ihm entgegengestellt und gesagt, dass
er der Sache auf den Grund gehen werde; kurz darauf sei Jetzer in den Chor
heruntergestiegen und habe sich dort – wohl auf Befehl des Lesemeisters –
die nackten Schultern mit der eisernen Kette und Ruten gegeißelt und dabei
geweint. Der Lesemeister scheint dem Prior auch zuvorgekommen zu sein,
indem er sich in Jetzers Stübchen begeben und dort unter einem Gestell die
Krone gefunden haben wollte. Da die Klostervorsteher einen Ansturm auf
das Kloster fürchteten, hätten sie die Krone und den Leuchter einige Tage
später verbrannt[109].

Nach diesen Zwischenfragen kehrten die Richter zu den Anklageartikeln
zurück. Auf Artikel 27 antwortete der Prior, dass er nicht wisse, warum die
„Herren von Bern" Jetzer (Anfang Oktober 1507) zum Bischof von Lausanne geschickt hätten, was in einem gewissen Widerspruch steht zu seiner
Aussage zu Art. 4, dass die Dominikaner selber einen Brief an den Rat geschrieben hätten, in dem sie ihn baten, ihnen Jetzer abzunehmen. Er stritt
auch ab, dass er jemals von diesem einen Eid verlangt habe (Art. 28); er habe
ihn vielmehr (Anfang Oktober) als Prior auf Befehl des Rats, der von einem
Weibel überbracht worden war, ins Rathaus geführt und dort zurückgelassen; wenn er Komplize seines Verbrechens gewesen wäre, hätte er ihm doch
zur Flucht verholfen. Bei zwei Gegenüberstellungen vor dem Rat und den
Sechzigern (wohl am 7. und am 14. Januar 1508) habe Jetzer die Dominikaner noch für frei von jedem Verbrechen und von jeder Komplizenschaft erklärt, und er wisse nicht, was dieser ihm und seinen Mitangeklagten nachher
vorgeworfen habe. Auch dies entspricht nicht ganz der Wahrheit, denn laut
dem Defensorium (damals von Prior Werner von Basel geführt) wurden die
Dominikaner bis zum 5. Februar 1508, bis und mit Jetzers erstem Folterverhör, über dessen Geständnisse bzw. Anklagen auf dem Laufenden gehalten.
Und schließlich bestritt der Prior (zu Art. 30), dass er und seine Mitbrüder
in einem schlechten Ruf ständen – das treffe allein auf Jetzer zu. Man könne
auch Opfer eines Gerüchts werden, ohne schuldig zu sein (zu Art. 31 u. 32).
Zu Art. 35 schließlich sagte der Prior, dass er sich nicht habe reinigen können, weil er gefangen gehalten worden sei; dagegen habe Paul Hug als Vikar
des Konvents sich öfters vor den ganzen Rat begeben und sich anerboten,
auf alle Anklagen zu antworten und für sie zu bürgen, aber er sei nicht zugelassen worden. Dies lässt sich aufgrund des Defensoriums auch nachwei-

---

109) Akten II/2 S. 185–188 (1508, Aug 9; Prior, Artikelverhör). Es könnte zutreffen,
dass der Prior Jetzer immer wieder vor Betrügereien gewarnt hatte, denn dies geht auch
aus den Zeugenaussagen der Chorherren Thomas vom Stein und Johann Dübi hervor,
siehe Kap. II/2d. Anderseits hat der Prior dies wohl in voller Absicht getan, um bereits
auf der Ebene des Jetzerhandels und vor Zeugen Jetzer als Alleinverantwortlichen hin-
zustellen.

352 Die Jetzerprozesse

sen (siehe Kap. I/3e und f), doch war es wohl auch nicht das, was das Gericht unter einer „Reinigung" (mit Reinigungseid) verstand[110].

Der Subprior (11. August 1508)

Das Artikelverhör des Subpriors Franz Ueltschi fand am 11. August 1508 statt. Laut Anshelm (3 S. 54) stammte dieser aus der Stadt Bern, obwohl der Name Ueltschi ursprünglich auf eine Herkunft aus dem Simmental (Berner Oberland) deutet. Steck hat einen Kessler namens Clevi Ueltschi ausfindig gemacht, der 1465 im bernischen Großen Rat saß[111]. Es ist möglich, dass Franz Ueltschi dessen Sohn war, denn eine Tochter dieses Clewi scheint sich um 1491 mit Lienhard Hübschi verheiratet zu haben, der im Defensorium als Schwager des Subpriors bezeichnet wird und der am 12. Januar 1507 die Dominikaner vor dem Rat in Schutz nahm (siehe Kap. I/3e). Es ist nicht anzunehmen, dass Franz Ueltschi eine akademische Bildung besessen hat. Im Dominikanerkonvent ist er erst seit Beginn des Defensoriums nachgewiesen, aber hier gleich als Subprior. Bemerkenswert ist, dass er in der Liste der Mitglieder des Konvents, die am 19. Februar 1508 in eine Anleihe beim Dominikanerkonvent Basel einwilligten, nicht mehr aufgeführt, sondern durch einen Vikar, Balthasar Fabri, vertreten wurde (siehe Anh. 2) – wie wenn er stärker diffamiert gewesen wäre als die andern drei Klostervorsteher, vielleicht wegen der schwarzen Magie, deren Jetzer ihn seit seinem ersten Folterverhör (am 5. Februar 1508) bezichtigte (siehe Kap. I/3f und II/1c, Jetzers erstes Folterverhör).

Die Taktik des Subpriors beim Artikelverhör bestand darin, dass er alles von Jetzer gehört und nichts weiter gesagt haben wollte. Nichtsdestoweniger musste er zugeben, dass er, wenn Besucher kamen, um Jetzer bei seinem Passionsspiel zu sehen, diesen dessen einzelne Gesten (Christus am Ölberg, die Dornenkrönung) erklärt habe, aber angeblich nur so, wie dieser sie ihm vorgängig selber erklärt hatte (Art. 3). Wenn die Leute ins Kloster kamen, habe er ihnen auch erzählt, dass Jetzer einen Geist gesehen habe, aber nur so, wie er es von diesem gehört habe (Art. 5). Er habe diesen oft von der Nachbarzelle (der Zelle des Schaffners) aus durch die Gucklöcher in der Wand überwacht und dabei in dessen Zelle auch jemanden in einem weißen Kleid erscheinen sehen, nach der Art der Matronen von Bern verschleiert, wenn sie in Zeiten der Trauer zur Kirche gingen, und zwei Stimmen gehört, die eine diejenige Jetzers und die andere diejenige einer jungen Frau. Auf die

---

110) Akten II/2 S. 188–190 (1508, Aug 9; Prior, Artikelverhör).

111) Akten II/2 S. 190 Anm. 1. Clewi (Niklaus) Ueltschi testierte am 2. Februar 1477, vgl. HUBER HERNÁNDEZ, Für die Lebenden, Anhang I: Verzeichnis der Testatoren und Testatorinnen Nr. 263.

Frage, ob Jetzer einen Mantel habe, antwortete der Subprior: nur einen schwarzen. Auf die Frage, ob er jemals in dessen Zelle nach Kleidern gesucht habe, antwortete er, dass der Lesemeister dies getan und nichts gefunden habe. Die Klosterväter hätten die Fasten und Geißelungen, die der Geist von Jetzer verlangt habe, für diesen für zu umfangreich gehalten, und deshalb hätten sie diese, bewegt von brüderlicher Liebe und Mitleid (*fraterna chariate et compassione moti*), auf alle Brüder verteilt – ein Argument, wie es ähnlich auch im Defensorium erscheint (siehe Kap. I/2a). Der Subprior gab weiter zu, dass er sich selber sehr gefürchtet habe, wenn der Geist und seine Begleiter im Dormitorium einen gewaltigen Lärm gemacht, mit Steinen um sich geworfen und Türen zugeschlagen hätten (Art. 8). In der Nacht, als die Erscheinung der Maria von ihrer Empfängnis gesprochen habe, sei er nicht in einer der Nachbarzellen gewesen und habe „es" deshalb erst am nächsten Tag vom Prior gehört (Art. 13). Zu einem späteren Artikel (Nr. 18) bemerkte er, dass er sich nie in die Diskussionen um die Empfängnis „eingemischt" habe (*quod numquam se intromiserit de disputationibus quoad conceptionem virginis Marie*)[112].

Der Subprior war also mehr der Mann für das Praktische, ähnlich wie der Schaffner, aber doch auf einer höheren Ebene: für das Passionsspiel, die Reliquien und die Stigmata. Was die Reliquien betraf, so habe er deren Interpretation seinen Obern überlassen und auch nicht so richtig daran geglaubt. Da es aber einen großen Zulauf des Volkes (*magnus concursus [...] populi*) zu diesen gegeben und der Prior ihm befohlen habe, sie zu zeigen, habe er dies getan, sich dabei jedoch immer auf Jetzers Aussagen berufen. Diese Reliquienschauen seien vor allem deshalb durchgeführt worden, um das Volk zu besänftigen, damit den Dominikanern niemand vorwerfen könne, dass sie das Ganze nur für sich erfunden hätten (Art. 14). In der Nacht, als die Hostie sich verwandelt habe, sei er nicht im Kloster gewesen und habe erst davon erfahren, als er am nächsten Tag zurückgekehrt sei – ein Alibi, das der Subprior sich zu Unrecht gab, denn er war in dieser Nacht sehr wohl im Konvent gewesen: als Engel auf dem Schwebezug (siehe Kap. II/2b, Die Ent-Larvung Marias und der Engel auf dem Schwebezug). Er behauptete weiter, dass ihm nie gefallen habe, dass die verwandelte Hostie gezeigt und sogar zur Verehrung ausgesetzt worden sei, und dass er deshalb auch niemandem davon erzählt habe, oder wiederum nur unter Berufung auf Jetzer (Art. 15). In der Nacht auf den 25. März 1507 sei er dagegen in der Zelle neben derjenigen Jetzers gewesen und habe gehört, wie die hl. Barbara mit diesem gesprochen habe. Nach der Matutin sei die Jungfrau Maria zu Jetzer gekommen und habe ihm das erste Stigma gegeben. Der Subprior

---

112) Akten II/2 S. 190–193 u. 195 (1508, Aug 11; Subprior, Artikelverhör).

354 Die Jetzerprozesse

sei dem Konversen zu Hilfe geeilt und habe ihm das Stigma mit reinem Leinen gepflegt und geküsst, was ihn aber nicht daran hinderte, diesen bald wieder zu verlassen und ungerührt schlafen zu gehen … Entsprechend wusste der Subprior vor dem Gericht das erste Stigma zu beschreiben und auch den Zeitraum einzugrenzen, in dem Jetzer die übrigen Stigmata bekommen habe: zwischen dem 1. und dem 6. Mai 1507 (*circa festum Philippi et Iacobi vel sancti Iohannis ad Portam Latinam*); in Wirklichkeit war es der 7. Mai, und der Subprior hatte Jetzer selber die übrigen Stigmata verpasst (siehe Kap. II/2b, Die Ent-Larvung Marias und der Engel …)! Dass das Gericht sich darüber im Klaren war, geht daraus hervor, dass es dem Subprior die Frage stellte, ob er Jetzer am Vorabend die Füße gewaschen habe, und dieser zugeben musste, dass er zwar nicht wisse, ob es am Vorabend oder an einem andern der vorhergehenden Tage gewesen sei, dass dessen Füße aber tatsächlich schmutzig gewesen seien und er ihm deshalb befohlen habe, sich diese im Bad (*estuarium*) zu waschen[113].

Für die blutweinende Marienstatue (Art. 25) berief der Subprior sich wiederum auf Jetzer, der gesagt habe, dass er die Statue habe weinen und Tränen vergießen sehen. Er wollte indessen eine ähnliche Beobachtung gemacht haben wie der Prior: dass die Statue sich von einem Tag zum andern verändert habe und dass die Tränen, die vorher wässrig schienen, nun plötzlich blutig gewesen seien, und zwar genau in dem Augenblick, als man Jetzer frühmorgens vor der Statue kniend gefunden habe, also auch wieder ein Versuch, die Schuld auf diesen zu schieben. Während die Zusatzfragen beim Prior zwischen den Artikeln 26 und 27 angesiedelt waren, sind sie es beim Subprior zwischen den Artikeln 27 und 28. Hier kam die Rede unweigerlich auf die gekrönte Maria, in welcher der Subprior sogleich Jetzer erkannt haben wollte, eine Erkenntnis, die ihn mit „Bitterkeit des Herzens" (*amaritudine cordis*) erfüllt habe. Er schildert ähnlich wie der Prior, wie der Lesemeister die Initiative ergriffen, in Jetzers Stübchen die Krone gefunden und sie am nächsten Tag den Brüdern gezeigt habe, und zwar angeblich mit den Worten: „Hier, gute Väter, wir sind getäuscht worden, der Subprior hat recht gehabt (*Ecce, boni patres, delusi sumus; verum dixit subprior*)." Damit versuchte der Subprior wohl, das Gericht glauben zu machen, dass er als erster Jetzer misstraut habe. Dieses sprach ihn auf sein Amt an: ob er nicht als Subprior zusammen mit den andern Klostervorstehern Jetzer hätte bestrafen müssen … Er antwortete, dass sie es nicht gewagt hätten, weil damals schon das Gerücht umgegangen sei, sie hätten diese „Neuigkeiten" selber fingiert, und wenn sie Jetzer gestraft hätten, hätte es geheißen, sie straften ihn, damit er nichts ausbringen könne, und dann wäre der Tumult und Irr-

---

113) Akten II/2 S. 193–196 (1508, Aug 11; Subprior, Artikelverhör).

Der Hauptprozess in Bern

355

tum nur noch größer geworden. Was den schlechten Ruf der Klostervorsteher betraf (Art. 31–32), so sei dieser ohne ihr Zutun entstanden, und da sie gefangen gehalten worden seien, hätten sie sich auch nicht um eine Reinigung bemühen können. Nichtsdestoweniger habe Paul Hug als Vikar des Klosters sich bemüht, für sie eine Reinigung zu erlangen, indessen vergeblich; der Subprior scheint Hugs Bemühungen aber auch gar nicht als solche um eine Reinigung verstanden zu haben (*nec tamen intelligit esse causam purgationis*)[114].

Bemerkenswert ist, wie verschieden und individuell die vier Angeklagten auf ein und dieselben Anklageartikel reagierten und jeder seine eigene Taktik entwickelte. Schon nur die Länge der Artikelverhöre ist sehr verschieden: dasjenige des Lesemeisters nimmt acht Seiten ein, dasjenige des Schaffners sechs, dasjenige des Priors zwölf Seiten und dasjenige des Subpriors zehn Seiten (in den gedruckten Akten). Dies lässt sich natürlich nicht mit einem allfälligen Anteil an einer allfälligen Schuld korrelieren, aber vielleicht doch mit dem Umgang mit dieser. Der Lesemeister und der Schaffner ließen sich offensichtlich weniger auf das Artikelverhör ein als der Prior und der Subprior. Auch das Verhältnis zu Jetzer war verschieden: der Lesemeister hat ihn wohl nur als Instrument benutzt und qualifiziert ihn entsprechend rasch als *fur* und *sacrilegus* ab. Der Schaffner war immerhin Jetzers Zellennachbar (als einziger von den vier Klostervorstehern) und scheint aus einem gewissen Mitgefühl für den von seinen Erscheinungen geplagten Konversenbruder das Glöcklein über seinem (eigenen) Bett montiert zu haben, damit Jetzer ihn zu Hilfe rufen konnte, und auch dafür gesorgt zu haben, dass sich immer jemand in seiner Zelle aufhielt, auch wenn er selber außer Hauses war ... Der Prior scheint Jetzer gar für einen „frommen, ehrenhaften, einfachen und guten“ Mann gehalten zu haben und entsprechend enttäuscht gewesen zu sein, als er ihn angeblich beim Lügen und Betrügen (das Testament und die gekrönte Maria) ertappte. Der Subprior schließlich wollte Jetzer schon immer misstraut haben, was ihn indessen nicht daran hinderte, ihn bei seinem Passionsspiel vorzuführen und ihm seine Stigmata zu pflegen (die er ihm wahrscheinlich zum größten Teil selber zugefügt hatte); er scheint dies alles aber mit einer gewissen Gefühlslosigkeit getan zu haben. Es kommt vielleicht nicht von ungefähr, dass Jetzer eine große Abneigung gerade gegen den Subprior entwickelt hat, der ihm mit seiner schwarzen Magie angeblich schlimm mitgespielt und unter anderem den Trank fabriziert hatte, der ihn zum Passionsspiel zwang. Festzuhalten ist schließlich, dass sich einige Anklagepunkte nicht einfach mit einem Ja (*Fatetur*) oder

---

114) Akten II/2 S. 197–200 (1508, Aug 11; Subprior, Artikelverhör).

356 Die Jetzerprozesse

Nein (*Negat*) erledigen ließen, sondern nach längeren Ausführungen verlangten, so Artikel 15 betreffend die Verwandlung der Hostie sowie Artikel 25 und 26 betreffend die blutweinende Marienstatue, ganz zu schweigen von der Zusatzfrage nach der gekrönten Maria. Nicht verschwiegen werden soll schließlich, dass einige Anklagepunkte von allen Klostervorstehern ganz einmütig mit Nein beantwortet wurden, so die Fragen (Art. 21–23) nach den Vergiftungsversuchen an Jetzer und die Frage (Art. 24), ob die Marienkapelle in der Dominikanerkirche in *locus ad beatam Mariam de sanguine* umbenannt werden sollte, um die Einkünfte zu steigern.

Wie auch immer: der Glaubensprokurator, Ludwig Löubli, war mit den Artikelverhören der Klostervorsteher sichtlich nicht zufrieden. Noch am gleichen 11. August 1508, an dem der Subprior dem Artikelverhör unterzogen worden war, erschien er wieder vor Gericht und wies diesmal neben den beiden Büchlein des Defensoriums und Jetzers Prozess von Lausanne und Bern auch die Anklagartikel gegen die Klostervorsteher und deren Artikelverhöre vor. Dabei akzeptierte er die geständigen Antworten und verlangte, dass für die ungeständigen jedes Mittel des Beweises (*omne genus probationis*) angewandt werden dürfe, was nichts anderes bedeutete, als dass er die Folter verlangte. Es ging darum, die Angeklagten mit dem Mittel der Folter dazu zu bringen, auch den übrigen Anklagartikeln zuzustimmen; denn im Inquisitionsprozess bestand der entscheidende Beweis im Geständnis, das auch mit der Folter erlangt werden durfte (siehe auch Einl. 2, Einleitung). Laut dem französischen Mediävisten Jacques Chiffoleau war die *fama* im Inquisitionsprozess nur ein halber Beweis, das Geständnis aber der ganze; dieses bestand jedoch im Wesentlichen darin, dass der Angeklagte – wenn nötig unter der Folter – die *fama* als wahr anerkannte. Die *fama* ging in der Regel aus Zeugenaussagen hervor, die von den Gerichtsschreibern und Notaren aufgeschrieben wurden und die es erlaubten, ein Verfahren zu eröffnen. Dabei wurden die Zeugenaussagen vom Gericht bzw. vom Glaubensprokurator zu Anklagartikeln umgearbeitet und die Angeklagten – wie wir eben gesehen haben – im Artikelverhör damit konfrontiert. Dadurch entstand jedoch keineswegs ein Dialog zwischen dem Gericht und den Angeklagten, indem diese keine andere Wahl hatten, als die Anklagartikel zu bejahen oder zu verneinen – und ihnen dann unter der Folter doch zuzustimmen, weil das inquisitorische Verfahren ohne Geständnis nicht auskam. Dieses durfte nicht auf der Folter erlangt werden, sondern musste, um gültig zu sein, nach der Folter „spontan" wiederholt werden, in der Regel außerhalb des Folterraumes. Der Angeklagte hatte also letztlich gar keine andere Wahl, als – unter der Folter – auf die Vorschläge (bzw. Anklagartikel) des Gerichts einzugehen[115].

---

115) Akten II/2 S. 201 (1508, Aug 11), vgl. auch CHIFFOLEAU, Avouer l'inavouable S.

Der Hauptprozess in Bern 357

Man weiß nicht, ob dem Verteidiger der Angeklagten dies alles bewusst war, aber jedenfalls wandte der Verteidiger, Johann Heinzmann, sich – immer am 11. August 1508 – gegen die Folter und anerbot sich, Gründe beizubringen, warum diese nicht angewandt werden dürfe (wobei auch hier die Folter nicht *expressis verbis* genannt, sondern tabuisiert wurde). Das Gericht setzte dem Glaubensprokurator und dem Verteidiger einen Termin auf den nächsten Freitagmorgen, d. h. den 18. August 1508, an dem beide Seiten ihre Gründe für und gegen die Folter vorbringen sollten. Damit hatten wohl beide Seiten Zeit gewonnen, der Verteidiger, indem er genügend Zeit hatte, um seine Gründe gegen die Folter vorzubereiten, und der Glaubensprokurator, um Zeugen verhören zu lassen; denn er verfolgte offensichtlich neben seinem Drängen auf die Anwendung der Folter an den Klostervorstehern noch eine andere Strategie, nämlich diejenige, Zeugen vor dem Gericht aussagen zu lassen, wiederum, um den Dominikanern nachzuweisen, dass sie Jetzers Geschichten bereits weitherum bekannt gemacht hätten.

d) Die Zeugen (12. bis 31. August 1508)

Die Einvernahme von Zeugen steht in den Inquisitionsprozessen – und insbesondere in den Hexenprozessen, die im 15. Jahrhundert in der Westschweiz geführt wurden – in der Regel am Anfang, in den sog. Voruntersuchungen (frz. enquêtes préliminaires). Es ist selten, dass sie überhaupt überliefert sind, aber es gibt doch drei Beispiele in den 27 Prozessen des berühmten Registers Ac 29 der Archives cantonales vaudoises[116]. Von der Voruntersuchung zum Prozess, der 1448 in der savoyischen Kastellanei Vevey gegen eine gewisse Catherine Quicquat geführt wurde, ist allerdings nur die Aussage eines einzigen Belastungszeugen überliefert, aber diese verrät schon sehr viel über den schlechten Ruf dieser Frau[117]. Weiter ist die Vor-

---

85–90. Bei diesem Aufsatz handelt es sich um eine überarbeitete Ausgabe von DEMS., Dire l'indicible. Zum Geständnis im Inquisitionsprozess vgl. auch Jacques CHIFFOLEAU, Sur la pratique et la conjoncture de l'aveu judiciaire en France du XIIIᵉ au XIVᵉ siècle, in: L'aveu. Antiquité et Moyen Age (Collection de l'Ecole française de Rome 88, 1986) S. 341–380, und OSTORERO, Crimes et sanction S. 25–27, 29 f. – In der heutigen Gerichtspraxis begegnet man dem Geständnis mit sehr viel mehr Misstrauen, vgl. Renaud DULONG (dir.), Présentation, in: L'aveu. Histoire, sociologie, philosophie (Droit et justice, 2001) S. 9 f., und Odile MACCHI, Le fait d'avouer comme récit et comme événement dans l'enquête criminelle, ebd. S. 181–221.

116) Martine OSTORERO / Kathrin UTZ TREMP, Introduction, in: Inquisition et sorcellerie S. 1–36, hier S. 27–29 (Tabelle).

117) OSTORERO, „Folâtrer avec les démons" S. 97–100.

358 Die Jetzerprozesse

untersuchung zum Prozess von Perrissone Gappit überliefert, die im Jahr 1465 in Châtel-Saint-Denis als Hexe verurteilt wurde. Hier haben wir drei Belastungszeugen: Perrissones Stiefsohn, ihren (zweiten) Ehemann und schließlich eine Nachbarin, die alle glaubten, von Perrissone „verhext" worden zu sein[118]. Und schließlich ging dem Prozess von François Marguet, der 1498 in der waadtländischen Herrschaft Dommartin geführt wurde (siehe Kap. II/2c), eine Voruntersuchung voraus, die nicht weniger als fünfzehn Zeugen vereinte, die sich alle auf irgendeine Weise von Marguet geschädigt fühlten oder doch von seinem schlechten Ruf gehört hatten[119]. Diese Voruntersuchungen waren in der Regel geheim; an die Stelle der Ankläger des Akkusationsprozesses waren die Denunzianten des Inquisitionsverfahrens getreten, die davon profitierten, dass ihre Namen geheim gehalten werden mussten – auch wenn der anvisierte Hexer oder die anvisierte Hexe meist genau wusste, wer ihre Gegner waren und was diese ihm oder ihr vorwarfen. Auf diesen Vorwürfen bauten dann die Prozesse auf, mit denen Offizialdelikte wie eben die Hexerei verfolgt wurden. Viel seltener sind Zeugenverhöre, die von der Verteidigung organisiert wurden, so im Fall der Françoise Bonvin, die 1467 im Wallis (Diözese Sitten) verfolgt wurde (siehe Kap. II/2a, Der Beginn des Hauptprozesses). Wie wir bereits gesehen haben, gelang es ihr oder ihren einflussreichen Freunden, eine Verteidigung aufzubauen, und ihr Verteidiger organisierte ein Zeugenverhör, bei dem insgesamt 67 Zeugen zu Gunsten der reichen und angesehenen Witwe aussagten[120]. Und schließlich haben wir eine Voruntersuchung von rund 70 Zeugen, die im Jahr 1530 im „Mandement" Peney (Diözese Genf) veranstaltet wurde, doch sind die daraus folgenden Prozesse nicht überliefert, auch das eine ungewöhnliche Situation[121].

Zu den Jetzerprozessen gibt es keine Voruntersuchung; hier diente in gewisser Weise der Prozess, der Jetzer im Winter 1507/1508 in Lausanne und in Bern gemacht wurde, als solche. Entsprechend waren die Anklagepunkte gegen die vier Klostervorsteher aufgrund dieses Prozesses formuliert worden (siehe Kap. II/2c). Nichtsdestoweniger gibt es auch in den Jetzerprozessen Zeugenverhöre: zunächst einmal kurz vor dem Ende von Jetzers Prozess in Lausanne (Zeugen: die Chorherren Johann Dübi und Heinrich Wölfli sowie der Schuhmacher Johann Koch, verhört am 6. und 12. Dezember 1507 in

---

118) MODESTIN, Le diable S. 48–50, 99–104, vgl. auch Georg MODESTIN, Art. Gappit, Perrissona, in: Enc. WC 2 (2006) S. 401 f.

119) PFISTER, L'enfer sur terre S. 37–42.

120) STROBINO, Françoise sauvée des flammes? S. 39–70. Vgl. auch Kathrin UTZ TREMP, *Una bona mulier.* Vergleich zwischen einer freiburgischen Häretikerin und einer Walliser „Hexe", in: Vallesia 66 (2011) S. 115–123.

121) SIMON, „Si je le veux, il mourra!" S. 89–129, 139–142.

Der Hauptprozess in Bern 359

Bern, siehe Kap. II/1b) und dann ein umfangreiches Zeugenverhör ungefähr in der Mitte des Hauptprozesses, dem wir uns jetzt zuwenden. Während die Aussagen der Zeugen kurz vor dem Ende von Jetzers erstem Prozess dazu dienten, ausgesprochen brisante Aussagen des Konversen (zur Erscheinung der gekrönten Maria am 12./13. September 1508 auf dem Lettner der Berner Dominikanerkirche und zum Diebstahl der Kleinodien aus der Marienkapelle) zu überprüfen, ist die Einvernahme von rund dreißig Zeugen in der zweiten Hälfte des Hauptprozesses doch eher ungewöhnlich und kann als Glanzstück der Strategie des Glaubensprokurators Ludwig Löubli bewertet werden, das den Gang des Prozesses wohl in eine andere Richtung gelenkt oder zumindest aus einer Sackgasse geholt hat – ein eigentliches Gegenstück zu den vom Verteidiger der Françoise Bonvin 1467 eingeholten Zeugenaussagen zu Gunsten seiner Klientin. Die Voruntersuchungen dienten zwar in der Regel immer der Anklage (Offizialanklage), aber sie wurden doch nicht vom Glaubensprokurator organisiert, der erst später (in der Regel beim Zwischenurteil, das die Anwendung der Folter zuließ) auf den Plan trat, während er hier, im Hauptprozess, von Anfang an aktiv und gestaltend ins Geschehen eingriff – dies könnte ein entscheidender Unterschied zu den im 15. Jahrhundert in der Westschweiz geführten Inquisitionsprozessen sein, der sich auf alle Fälle nicht zum Vorteil der Angeklagten auswirkte.

In der Literatur zum Jetzerhandel sind die Zeugenaussagen bisher meist auf die leidige Schuldfrage hin gelesen wurden, ohne dass sich dabei Eindeutiges ergeben hätte. Dabei muss vorausgeschickt werden, dass weder Georg Rettig noch Nikolaus Paulus die Zeugenaussagen im Hauptprozess gekannt haben, sondern lediglich die wenigen in Jetzers Prozess in Lausanne und Bern. Nichtsdestoweniger behauptet Paulus, dass Rettig aus den Zeugenaussagen der Chorherren Dübi und Wölfli auf die Schuld der Väter geschlossen habe, und vertritt selber die gegenteilige Meinung. Rudolf Steck, der dann alle Zeugenaussagen kannte, ist der Auffassung, dass diese eher zu Gunsten der Klostervorsteher auszulegen seien. Albert Büchi ist widersprüchlich: zuerst meint er, dass die Zeugenaussagen „nicht viel Belastendes" für die Dominikaner beigebracht hätten, und nur wenige Seiten weiter hinten, dass diesen „doch mehr Belastendes zu entnehmen" sei, „als bisher zum Ausdruck kam" und dass „die öffentliche Meinung sehr früh gegen die Väter war". Für Richard Feller wiederum ergibt sich aus den Zeugenaussagen, „dass die Mönche einen guten Ruf genossen, dass dagegen Jetzer allenthalben als ein durchtriebener Taugenichts galt"[122]. Wir wollen uns bei der

---

122) PAULUS, Justizmord S. 29 f.; STECK, Der Berner Jetzerprozess S. 40 f., vgl. auch Akten, Einleitung S. XLIX; BÜCHI, Schiner 1 S. 129 f., 138; FELLER, Geschichte Berns 2 S. 104.

360 Die Jetzerprozesse

Lektüre der Zeugenaussagen nicht von der Schuldfrage leiten lassen – die sich allerdings nie ganz ausklammern lässt –, sondern diese im Hinblick auf die Erzählung und Wahrnehmung hin lesen, als Narrative, die allerdings auch immer trügerisch bleiben. Dabei soll immer auch darauf geachtet werden, wie die Zeugen sich mit dem lateinischsprachigen Gericht verständigten. Die Aussagen der rund dreißig Zeugen – darunter leider keine Frauen – gehören zu den interessantesten und farbigsten Bestandteilen der Jetzerprozesse überhaupt, und sie sind bisher noch viel zu wenig als solche gewürdigt worden. Außerdem versetzen sie uns recht jäh und unmittelbar von der Ebene der Jetzerprozesse auf diejenige des Jetzerhandels zurück, den wir bisher nur gespiegelt im Defensorium und im ersten Jetzerprozess gesehen haben. Damit soll nicht unterstellt werden, dass hier die Wahrheit liege, dafür gehen die Ansichten zu weit auseinander, aber doch eine bemerkenswerte Unmittelbarkeit – oder eben bemerkenswerte „Unmittelbarkeiten". Da nicht wenige der Zeugen auch Mitglieder des bernischen Kleinen oder Großen Rats waren, ist außerdem einiges über den Ratsbetrieb zu erfahren, wie auch bereits bei den Gegenüberstellungen von Jetzer und den Dominikanern vor dem Rat im Januar 1508 (siehe Kap. I/3e, und II/1c, Gegenüberstellungen ...), und zudem über das Verhalten von einzelnen bekannten Persönlichkeiten in dieser Krisensituation.

Dass die Zeugenaussagen so unbekannt geblieben sind, erklärt sich wohl auch daraus, dass Anshelm nicht darauf eingeht; er schreibt lediglich, dass die Artikelverhöre der Klostervorsteher unergiebig verlaufen seien, indem diese alle Schuld auf Jetzer geschoben hätten, ohne dass es ihnen gelungen wäre, ihre Unschuld und dessen Schuld zu beweisen. Darauf habe der Glaubensprokurator erreicht, dass ihm zugestanden wurde, *uf alle rechtliche wis wider si kuntschaft zestellen*, Kundschaften, die am 12. und 14. August 1508 *bim eid ufgeschriben wurden* und die *im process [in den Prozessakten] vergriffen [enthalten]* seien, über die Anshelm (3 S. 140) aber kein Wort verliert. Ihn interessiert vielmehr, wie der Glaubensprokurator erreichte, dass die Klostervorsteher gefoltert werden durften, eine Entwicklung, auf die wir erst nach den Zeugenaussagen eingehen werden (siehe Kap. II/2e). Dabei war Anshelm selber einer der interessantesten Zeugen und auch der einzige, den der Verteidiger der Klostervorsteher als parteiisch ablehnte, der aber trotzdem zu Wort kam (siehe Kap. II/2d, Valerius Anshelm, Schulmeister und Stadtarzt). Aber auch anderen Zeugen verdanken wir höchst interessante Einblicke in den Jetzerhandel, so als erstem dem Schmied Anton Noll, der so geschickt zwischen Dominikanern und Franziskanern hin und her lavierte, dass wir ihn lange Zeit – zu Unrecht – für einen Familiaren der ersteren gehalten haben. Oder auch dem Stadtschreiber Niklaus Schaller, der den Dominikanern näher stand, als es auf den ersten Blick aussieht, oder

Der Hauptprozess in Bern

dem Weibel Konrad Brun, der gewissermaßen den Schultheißen Rudolf von Erlach vertrat, der im November 1507 gestorben war, und der, Brun, noch kritischer war als sein verstorbener Herr. Und schließlich den Pfarrern aus dem Simmental, wo die Dominikaner jeweils im Frühling und im Herbst predigten und wo sie zu früh und zu freigiebig von den Wundern erzählt hatten, die in ihrem Kloster in Bern geschahen.

Am Samstag, dem 12. August 1508, erschien der Glaubensprokurator Ludwig Löubli einmal mehr vor Gericht und verlangte die Akkreditierung (*assignatio*) der folgenden Zeugen: Wilhelm von Diesbach, Ritter, ehemals Schultheiß von Bern; Niklaus Schaller, Stadtschreiber; Martin Franke, Goldschmied; Lukas, Glaser; Niklaus (Alber), Apotheker (*aromatarius*); Heinrich Stiffels, Zimmermann; Johann Schweizer, Maler, und Ludwig (von Schüpfen) sowie Bruder Bernhard Karrer und der Konverse Oswald aus dem Berner Dominikanerkloster, die offenbar alle bereits anwesend waren, denn sie schworen in die Hände der Richter, die Wahrheit zu sagen. Von der Gegenseite erschien Johann Heinzmann als Verteidiger der Klostervorsteher und legte einen Fragenkatalog vor, nach welchem die Zeugen zu befragen seien. Am gleichen Tag, um die Vesperzeit, ließ das Gericht Löublis Zeugen zu und gab ihm auch Vollmacht, weitere Zeugen heranzuziehen, und ebenso den Fragenkatalog des Verteidigers[123]. Was die Zeugen betrifft, so scheint der Maler Johann Schweizer zwar als Zeuge zugelassen, aber in der Folge nicht befragt worden zu sein; er wird lediglich in der Zeugenaussage des Anton Noll erwähnt. Das ist umso bedauerlicher, als der Maler in Nolls Aussage im Zusammenhang mit der blutweinenden Marienstatue genannt wird und wir gerne nach dem Freiburger Maler Hans Fries, der vom Prior des Dominikanerkonvents Bern als Experte herangezogen worden war (siehe Kap. II/2c, Der Prior), eine weitere Expertenmeinung zur blutweinenden Maria gehabt hätten[124].

---

123) Akten II/2 S. 201–203 (1508, Aug 12 und Aug 12, Vesperzeit). Das Datum, das in den Prozessakten (II/2 S. 201) gegeben wird, lautet: Montag, den 11. August (1508), doch war der 11. August ein Freitag; Steck korrigiert zu Samstag, 12. August, mit Verweis auf Anshelm 3 S. 140, der allerdings nicht schlüssig ist. Schlüssiger ist wohl, dass die Zeugenaussagen tatsächlich am Samstag, 12. August 1508, begannen, vgl. Akten II/3 S. 329.

124) Akten II/3 S. 337 (1508, Aug 12; Zeugenaussage Noll). Zu Hans Schweizer, eine Art offizieller Stadtmaler von Bern in den Jahren 1494–1518, möglicherweise der letzte Berner Nelkenmeister, vgl. GUTSCHER-SCHMID, Nelken statt Namen S. 65, 78–81, 145, 159, 164, 169. Laut dem Tellbuch der Stadt Bern von 1494 wohnten ein gewisser „Hans Maler und seine Frau" an der Kirch- und Kesslergasse, vgl. Tellbuch 1494 S. 162 Nr. 108. In den Jahren 1511–1513 ließen die Chorherren von St. Vinzenz für die Fastenzeit beim Maler Hans Schweizer ein Hungertuch „scharpfieren" (schraffieren), vgl. TREMP-UTZ,

362   Die Jetzerprozesse

Bevor wir uns auf die Zeugen einlassen können, müssen wir uns mit dem Fragenkatalog beschäftigen, welchen der Verteidiger am 12. August 1508 vorgelegt hatte und nach welchem die von der Gegenseite beigebrachten Zeugen (*testes ex adverso productos*) befragt werden sollten. Die vom Glaubensprokurator beigebrachten Zeugen wurden vom Verteidiger offenbar als Zeugen der Gegenseite betrachtet, was all den glühenden Verteidigern der Dominikaner (Paulus usw.) entgangen ist, denn sonst hätten sie deren Aussagen einfach als parteiisch abtun können. Nichtsdestoweniger ist es eine seltene und seltsame Kombination, dass der Glaubensprokurator die Zeugen lieferte und der Verteidiger den Fragenkatalog; eigentlich hätte man erwarten können, dass der Glaubensprokurator zu den Zeugen auch den Fragenkatalog beigebracht hätte. Dieser bestand aus 16 Artikeln und drei Vorbemerkungen. Erstens sollte jedem Zeugen vor Augen geführt werden, dass auf eine Falschaussage die ewige Verdammnis stehe. Zweitens, dass seine Aussagen oder Diffamationen veröffentlicht und den dadurch Geschädigten eine Abschrift gegeben würde – was durchaus nicht den Regeln des Inquisitionsprozesses entsprach, der sich eben dadurch vom akkusatorischen Verfahren unterschied, dass die Anklagen bzw. Denunziationen geheim blieben; dabei könnte es sich um eine Forderung des Verteidigers handeln. Und drittens sollten die Zeugen, die Laien seien, in ihrer („unserer") Sprache befragt, ihre Aussagen in dieser Sprache aufgeschrieben und erst dann getreu (in die lateinische Sprache) übersetzt werden, wobei der Verteidiger eine Kopie dieser Übersetzung haben wollte. Auf diese Vorbemerkungen folgen die eigentlichen Frageartikel: Erstens sollte jeder Zeuge gefragt werden, ob er von jemandem instruiert worden sei, und wenn ja, von wem. Zweitens: ob jemand ihn zu beeinflussen versucht habe, als er hörte, er solle als Zeuge einvernommen werden. Drittens: ob er die Herren vom Gericht, ihre Beisitzer oder Familiaren habe wissen lassen, dass er etwas zu dieser Sache beizusteuern habe. Viertens: ob er etwas dazu beigetragen habe, dass Jetzers Geständnisse dem Papst als wahr vorgestellt werden sollten. Fünftens sollte jeder Zeuge gefragt werden, ob und wann er begriffen habe, dass die vier Klostervorsteher unschuldig(!) seien, und ob er von einer solchen Aussage einen Nachteil von der Regierung oder dem Volk von Bern zu befürchten habe. Sechstens: ob er gehört habe, wie Jetzer sich vor seinem Eintritt ins Kloster gehalten habe, und wenn ja, was und von wem. Insbesondere, ob dieser schon vorher und anderswo auch(!) einen Geist oder Geister fingiert oder gesagt habe, dass er Geister gesehen und mit ihnen gesprochen habe. Weiter: ob der Zeuge wisse oder jemals gehört habe, dass Jetzer vor seinem

---

Gottesdienst S. 45, und Rapp Buri/Stucky-Schürer, Der Berner Chorherr Heinrich Wölfli S. 73.

Eintritt ins Kloster Frauenkleider angezogen und sowohl mit einer männlichen als auch mit einer weiblichen Stimme gesprochen habe. Weiter: ob dieser an anderen Orten und insbesondere in Luzern über die Empfängnis der Jungfrau Maria diskutiert habe, insbesondere nach Predigten eines Franziskanermönchs, und ob er die Meinungen der Dominikaner und Franziskaner darüber habe auseinanderhalten können. Der Zeuge sollte auch gefragt werden, ob er gehört habe, was dieser Franziskaner in der Zeit, als Jetzer in Luzern weilte, gepredigt habe. Dabei hat man den Eindruck, dass ein bestimmter Franziskaner gemeint war, doch hat sich ein solcher nicht ausmachen lassen[125].

Artikel 6 mit all seinen Unterartikeln ist in gewisser Weise schon eine Vorausnahme der Artikel gegen Jetzer, die der Verteidiger am 17. August 1508 vorlegen würde (siehe Kap. II/2e, Anklageartikel des Verteidigers). Dieser versuchte wohl, vielleicht als Reaktion auf das geschickte Vorgehen des Glaubensprokurators, wieder Boden zu gewinnen und Jetzers Ruf ebenfalls zu beschädigen, letztlich wohl vergeblich und zu spät, denn dieser hatte seine Aussagen bereits gemacht. Siebentens sollte jeder Zeuge gefragt werden, ob er glaube, dass die vier Väter Jetzer instruiert hätten zu sagen, dass ihm ein Geist oder die Jungfrau Maria erschienen seien, oder ob er glaube, dass diese das Sakrament oder die Hostie zur Täuschung der Menschen gefärbt hätten. Achtens sollte jeder Zeuge gefragt werden, was ihn dazu bewege, die Väter der Falschheit zu verdächtigen. Neuntens: ob er die Väter jemals für Betrüger, Häretiker und Fälscher gehalten habe, bevor Jetzer sie dessen unrechtmäßig(!) angeklagt habe. Zehntens: ob er diesen für einen aufrichtigen und frommen Mann gehalten habe. Elftens: ob die Dominikaner und insbesondere die vier gefangen gehaltenen Väter die ersten gewesen seien, welche die durch Jetzer begangene Falschheit veröffentlicht hätten. Zwölftens: wenn ja, solle der Zeuge gefragt werden, ob er je gehört habe, dass die Väter, wenn sie darüber predigten, sich auf Jetzers Aussagen und Enthüllungen berufen hätten. Dreizehntens solle jeder Zeuge gefragt werden, was er für bekannt und was er für Diffamierung halte. Vierzehntens: ob er die vier Väter für Häretiker halte, und aus welchem Grund. Fünfzehntens: ob er aus Hass oder Neid gegen den Dominikanerorden im Allgemeinen und die vier Väter im Besonderen handle. Und schließlich (16.) sollte jeder Zeuge gefragt werden, ob er in dieser Sache öffentlich oder pri-

---

125) Akten II/2 S. 204–206 (undat.). Vgl. Brigitte DEGLER-SPENGLER / Josef FREY, Franziskanerkloster Luzern, in: HS V/1 S. 212–240, und Clemens HEGGLIN / Fritz GLAUSER (Hg.), Kloster und Pfarrei zu Franziskanern in Luzern. Geschichte des Konvents (vor 1260 bis 1838) und der Pfarrei (seit 1845), Baugeschichte der Kirche (Luzerner Historische Veröffentlichungen 24/1 u. 2, 1989).

364   Die Jetzerprozesse

vat von den Franziskanern gegen die Dominikaner aufgewiegelt worden sei, und mit welchen Worten und Überredungskünsten[126].

Der Verteidiger versuchte offensichtlich, den Konflikt zwischen Jetzer und den Klostervorstehern auf den weitaus größeren Konflikt zwischen Franziskanern und Dominikanern um die Empfängnis Marias zurückzuführen und darin einzubetten. Bemerkenswert ist, dass bereits das Wort „Häretiker" fällt, und zwar nur in Bezug auf die Klostervorsteher, die von Jetzer ungerechterweise der Häresie bezichtigt würden (Art. 9), und dass auch von der gefärbten Hostie die Rede ist (Art. 7 und 9). Und schließlich lieferte der Verteidiger auch noch eine Gebrauchsanweisung zum Fragenkatalog, die wiederum in dreizehn Artikel aufgeteilt ist. Erstens: wenn der Zeuge angebe, dass er einen Artikel für wahr halte, solle man ihn nach dem Grund dafür fragen. Zweitens: wenn der Zeuge aussage, dass die Dominikaner etwas veröffentlicht hätten, solle man ihn immer auch fragen, ob er glaube, dass sie dies aus List und in schlechter Absicht zur Täuschung der Menschen getan hätten oder aber weil sie gegenüber Jetzer zu unvorsichtig und leichtgläubig gewesen seien. Drittens: was immer der Zeuge antworte, so solle er nach dem Grund dafür gefragt werden. Viertens: wenn der Zeuge sage, dass die Väter gesagt hätten, dass sie das, was im betreffenden Artikel enthalten sei, selber gesehen hätten, solle er immer gefragt werden, wo und wann und vor welchen Zeugen er dies gehört habe. Fünftens: zu allen Artikeln und Punkten solle immer nach den Umständen (wo, wann, wie und was) gefragt werden. Sechstens: Der Zeuge solle gefragt werden, ob er wisse, dass Jetzer sich je in Gegenwart von angesehenen Männern über die Klostervorsteher beklagt habe, sie hätten ihm Gewalt angetan. Und schließlich scheint der Verteidiger mit Artikel 8 bis 13 der Gebrauchsanweisung auch noch auf Artikel 20 ff. der Anklageartikel gegen die Klosterväter zurückzugreifen. Das Ganze ist so kompliziert, dass man versteht, dass dieser Fragenkatalog und die vielen Anweisungen darum herum in der Folge nicht konsequent angewendet werden konnten, wenn man es auch versucht hat[127].

Zunächst wurden die Zeugen *en bloc* verhört: am 12. August 1508 vier Zeugen, am 13. August acht Zeugen, am 14. August drei Zeugen und am 16. August – der 15. August war ein Feiertag (Mariä Himmelfahrt) – sechs Zeugen. Seit dem 17. August wurden die Prozesse gegen die Klostervorsteher fortgesetzt, und die Zeugenverhöre liefen eher nebenher: am 18. August wurden noch zwei Zeugen verhört, am 19. August einer und am 30. August

---

126) Akten II/2 S. 206 f. (undat.)

127) Akten II/2 S. 207 f. (undat.). Wie kompliziert das Ganze war, geht aus dem Ende des Zeugenverhörs des Schmieds Anton Noll hervor, wo offensichtlich weder der Protokollant noch der Zeuge mehr folgen konnten, vgl. Akten II/3 S. 339 (1508, Aug 12).

Der Hauptprozess in Bern 365

1508 noch einmal sechs, die sich zum Teil aus der Zeugenaussage vom 19. August ergeben hatten und zum Teil von Anfang an vorgesehen waren; dazu kamen noch zwei schriftliche Zeugenaussagen, die undatiert sind. Wir werden im Folgenden die Zeugenaussagen vollständig in diesem Kapitel besprechen und erst nachher wieder auf die Prozesse gegen die Dominikaner zurückkommen, auch wenn sich vom 17. August 1508 an zeitliche Überschneidungen ergeben.

Was die Zusammensetzung des Gerichts während der Zeugenbefragungen angeht, so ist lediglich zu erfahren, dass bei den Zeugenaussagen vom 13. August 1508 – und zwar sowohl am Vormittag als auch am Nachmittag – die „Walliser" nicht anwesend waren, d. h. der Bischof von Sitten, Matthäus Schiner, der Offizial Jean Grand und der Domherr Peter Magni[128]. Aus der Tatsache, dass an diesem Tag der ehemalige Stadtschreiber von Bern, Thüring Fricker, die Aussagen der lateinunkundigen Zeugen übersetzte, darf man wohl schließen, dass dies normalerweise der Bischof von Sitten tat[129]. Bei einer normalen Gerichtssitzung am 14. August 1508 waren dann wieder alle drei Richter anwesend, und ebenso am 17. August zur Vesperzeit[130]. Bei den letzten Zeugenaussagen am 30. August 1508 schließlich wird das ganze Gericht aufgezählt, doch fehlt hier nun der Provinzial, der im Zusammenhang mit dem Beginn der Folterverhöre der Dominikaner am 19. August 1508 aus dem Gericht ausgeschieden bzw. entfernt worden war (siehe Kap. II/2e, Die Folterverhöre und Geständnisse des Schaffners, Priors und Subpriors vom 21. und 23. August 1508)[131].

Der Schmied Anton Noll

Am 12. August 1508 wurde als erster Anton Noll als Zeuge verhört, und zwar offenbar nicht von „Artikel zu Artikel, sondern summarisch (*summarie, non de articulo in articulum*)", was wohl bedeutet, dass der vom Verteidiger gleichentags eingereichte Fragenkatalog zunächst nicht zur Anwendung kam. Anton Noll (um 1470–1544) war ein Schmied, der seit 1505 (1501?) Mitglied des Großen und seit 1525 Mitglied des Kleinen Rats war[132]. In Bezug auf ihn gilt es zunächst ein Missverständnis zu beseitigen,

---

128) Akten II/3 S. 346 f. u. 350 f. (1508, Aug 13; Zeugenaussagen Müller OClun u. Weingarter), S. 352 (1508, Aug 13, 14 Uhr; Zeugenaussage Alber).

129) Akten II/3 S. 347 (1508, Aug 13; Zeugenaussage Müller OClun), S. 352, 354, 355 (1508, Aug 13, 14 Uhr; Zeugenaussage Alber, Darm u. von Schüpfen).

130) Akten II/2 S. 208 (1508, Aug 14), S. 210 (1508, Aug 17, Vesperzeit).

131) Akten II/3 S. 388 (1508, Aug 30; Zeugenaussage Ubert).

132) Akten II/3 S. 329 Anm. 1; www.niklaus-manuel.ch, Kat. 18.01 u. 18.02: Salomos Götzendienst. Mitglied des Großen Rats: Steck hat, wohl gestützt auf Anshelm (2

366   Die Jetzerprozesse

das ich selber 1993 in die Welt gesetzt habe. In meiner Untersuchung der „Topographischen Verhältnisse in Kloster und Kirche zur Zeit des Jetzerhandels" habe ich geschrieben, dass der Großrat Anton Noll am 25. Juni 1508 – nachdem die Statue in der Marienkapelle in der Dominikanerkirche in der Nacht zuvor angeblich blutige Tränen vergossen hatte – im Rathaus „etwas widerwillig den Verhandlungen folgte, denn als Schmied hätte er heute, am Tag der Translation des hl. Eligius (Eloi, Loy), eigentlich einen Feiertag gehabt, der auch ein Feiertag der Anna-, Lux- und Loyenbruderschaft in der Dominikanerkirche war". Daraus hat man geschlossen, dass Noll „als Schmied Mitglied der Annen-, Lux- und Loyenbruderschaft" und damit möglicherweise auch ein Familiare der Dominikaner war[133], doch liegen die Dinge wesentlich komplizierter. Die Annen-, Lux- und Loyenbruderschaft war eine Bruderschaft der Maler-, Goldschmiede-, Münzer-, Bildhauer-, Glaser- und Seidenstickermeister, also eine exklusive Bruderschaft, und es ist nicht anzunehmen, dass ein gewöhnlicher Schmied (oder auch Schmiedemeister) hier Mitglied war. Die Goldschmiede- und die Münzermeister gehörten gleichzeitig zu den Schmieden und mussten deshalb nur die Hälfte der Aufnahmegebühr von 30 Schilling bezahlen (siehe Einl. 3b), so dass man annehmen kann, dass es daneben noch eine weit weniger exklusive Bruderschaft der Schmiede gegeben hat, zu der möglicherweise auch Noll gehörte. In der Tat ist im Münster 1517 und 1522 ein Eligius-Altar belegt, an welchem die Gesellschaft (Zunft) zu Schmieden ein Kaplanei unterhielt. Man darf also vermuten, dass Noll Mitglied dieser Gesellschaft war, und nicht der Annen-, Lux- und Loyenbruderschaft bei den Dominikanern[134]. Was die Dinge noch komplizierter macht, ist, dass er, wie wir gleich sehen werden, auch bei den Franziskanern verkehrte und möglicherweise sogar in ihrem (inoffiziellen) Auftrag bei den Dominikanern spionierte.

S. 417), das Jahr 1505; www.niklaus-manuel.ch, Kat. 18.01 u. 18.02: das Jahr 1501. Laut Anshelm (4 S. 387, 5 S. 141) war Noll 1520 Mitglied der Sechzehner und 1525 Mitglied des Kleinen Rats. Anton Noll scheint nicht verwandt gewesen zu sein mit dem Dominikanernovizen Rudolf Noll, der Jetzer aufwartete, vgl. Akten II/1 S.115 f. Nr. 277–279 (1508, Aug 2; Jetzer). – Anders als Steck versuchen wir zu vermeiden, die Zeugen in den Jetzerprozessen immer auch schon im Hinblick auf ihre Haltung in der beginnenden Reformationszeit zu charakterisieren, denn die Zusammenhänge zwischen Haltung zum Jetzerhandel und zur Reformation sind wesentlich komplexer, als es zunächst den Anschein macht, siehe Epilog 3b.

133) UTZ TREMP, Geschichte S. 156, vgl. auch www.niklaus-manuel.ch, Kat. 18.01 u. 18.02.

134) StABern, F. Stift, 1517, Aug 14, und F. Varia II (Personen), 1522, Sept 28. Vgl. auch TREMP-UTZ, Gottesdienst S. 74.

Der Hauptprozess in Bern

Im Jetzerhandel ist Noll vor seiner Zeugenaussage vom 12. August 1508 nirgends belegt. Er erzählte zunächst, dass er eines Tages, als im Kloster der Dominikaner eine neue Messe gefeiert wurde, von gewissen „Genossen" zu einem Essen dorthin eingeladen worden sei. Da sei er von einem Bruder gefragt worden, ob er bei Tisch helfen und servieren wolle, was ihn gewundert habe, da er eben kein Familiare des Klosters gewesen sei (*nullam familiaritatem cum religiosis et in monasterio habebat*). Bei dieser Gelegenheit sei unter den Laien von Johann Jetzer als einem „guten und heiligen Mann" gesprochen worden. Da er selber die Mahlzeit mit den Dienern (*ministri*) zusammen eingenommen habe, habe er begonnen, sich nach diesem Jetzer zu erkundigen. Ein Bruder habe ihm jedoch erwidert: „Es ist nichts dabei, glaubt nicht; er ist ein Mann wie wir andern, und es sind Phantasien, die herumgeboten werden." Am Tag des hl. Elogius (Eligius, eigentlich Translation des hl. Eligius, 25. Juni) habe Noll pflichtgemäß im (Großen) Rat an einer Sitzung teilgenommen; da sei im Haus und in der Stube das Rats die Rede gegangen, dass die Statue der Maria in der Dominikanerkirche weine. Noll scheint die Gelegenheit ergriffen zu haben, um der lästigen Sitzung zu entgehen; er sei zur Dominikanerkirche geeilt, wo viel Volk versammelt war und wo Frauen und alte Weiber laut geweint und geschluchzt hätten. Er habe die Statue betrachtet und es schien ihm, dass sie unverändert war (*immutata*). Die Tränen der alten Weiber hätten ihn zum Lachen gereizt; er habe bei sich gedacht, das sei nur Phantasie und Illusion, und habe die Kirche verlassen[135].

Nichtsdestoweniger scheint Noll später mit einigen „Genossen" wiederum ins Dominikanerkloster gegangen zu sein, um Jetzer und seine Passion zu sehen. Er scheint gezögert zu haben, dem Gericht die Namen dieser „Genossen" zu nennen, rückte dann aber doch heraus, dass es sich um einen gewissen Willenegger und um den Schaffner des Franziskanerklosters gehandelt habe, Johann Müller, der bereits am nächsten Tag als Zeuge einvernommen wurde, wahrscheinlich ohne dass er ursprünglich als Zeuge vorgesehen war. Aber auch Willenegger war, wie wir aus dem Artikelverhör des Priors wissen, ein Franziskaner, der selbst noch gegen die Dominikaner gepredigt haben soll, als diese schon in ihrem Kloster gefangen gesetzt worden waren, ein eigentlicher Angstgegner des Priors (siehe Kap. II/2c, Der Prior). Nolls „Genossen" waren also zwei Franziskaner, die sich möglicherweise durch den Schmied hatten ins Dominikanerkloster einschleusen lassen. Sie seien in Jetzers Zelle (wahrscheinlich das Stübchen) geleitet worden, wo auch der Subprior Ueltschi immer anwesend gewesen sei – Noll musste zugeben, dass er die Veranstaltung nicht weniger als drei Mal besucht hatte.

---

135) Akten II/3 S. 329 f. (1508, Aug 12; Zeugenaussage Noll).

368 Die Jetzerprozesse

Der Subprior habe die Verbände aus Leinen von den Stigmata weggenommen, die Jetzer von Maria bekommen hatte, das erste mehr als einen Monat vor den anderen, und erklärt, dass diese immer am Freitag bluteten, was Noll selber nicht gesehen hatte, da er nie am Freitag da gewesen sei. Der Subprior habe ihn und andere auch in Jetzers Zelle geführt, wo Maria diesem erschienen sei, und habe ihnen die Gucklöcher in der Wand gezeigt, durch welche er, der Subprior, und andere die Erscheinung Marias gesehen und auch gehört hätten, wie sie mit Jetzer gesprochen habe, wenn auch nicht alles, was Maria gesagt habe. Schließlich habe der Subprior sie in den Chor geführt, wo er ihnen die verwandelte Hostie gezeigt und gesagt habe, die Dominikaner seien sicher, dass es dieselbe Hostie sei wie diejenige, die der Prior (vorgängig) geweiht habe. Er habe Noll auch eine Kerze in die Hand gegeben, die in ein Korporale eingehüllt war und welche Maria brennend wie eine Fackel in der Hand getragen habe. Als Noll sie anzünden wollte, habe der Subprior gesagt, sie werde nicht brennen. Nichtsdestoweniger habe ein Mann namens Maresius, der zusammen mit einer Gruppe von Leuten aus Thun an der Führung teilgenommen habe – Noll erinnerte sich, dass es die zweite Führung gewesen sei, die er mitgemacht habe – die Kerze anzünden können, und da habe der Subprior gesagt, es sei kein Wunder(!), dass sie jetzt brenne, wo man es doch so oft versucht habe … Noll sagte aus, dass er und andere die Hostie verehrt hätten, denn der Subprior habe versichert, alles sei wahr und keine Fiktion. Als er indessen gesehen habe, dass die Kerze dennoch gebrannt habe, habe er zu zweifeln begonnen[136]. Schon hier wird sichtbar, dass im Dominikanerkloster regelrechte Führungen veranstaltet wurden, von Jetzers Stübchen (mit Passionsspiel) zu dessen Zelle (mit Gucklöchern zu dessen Erscheinungen) und schließlich in den Chor, wo die verwandelte Hostie und eine Art Wunderkerze gezeigt wurden.

Dann kam Noll auf die Leute aus Thun zurück, mit denen er ins Dominikanerkloster gegangen sei. Weil die Warteschlange zu lang gewesen sei, sei er zum Prior gegangen und habe ihn um einen rascheren Zugang für die Thuner zu Jetzer gebeten. Dieser habe ihm sogleich einen Schlüssel ausgehändigt, mit dem er die Vortüre – eine von drei! – zu Jetzers Stübchen öffnen konnte, und ihm außerdem einen geheimeren Weg (*secretius iter*) gezeigt, auf dem er die Thuner an der Menge vorbei zum gewünschten Ort habe schleusen können, wo sie allerdings auch noch eine halbe Stunde hätten warten müssen. Da habe er sich gefragt, warum der Prior ihm, einem fast Unbekannten, die Schlüssel zum heiligen Mann so ohne weiteres anvertraut habe. Der Lesemeister sei auch dazu gekommen und habe vor ihnen

---

136) Akten II/3 S. 330–332 (1508, Aug 12; Zeugenaussage Noll).

Der Hauptprozess in Bern

das Stübchen betreten; der Prior sei mit ihnen vor einer anderen Tür gestanden, damit sie nicht zu früh einträten. Schließlich seien alle vier, der Prior, der Subprior, der Lesemeister und der Schaffner, bei Jetzer im Stübchen gewesen. Dann habe der Lesemeister sie ins Stübchen geholt, wo Jetzer mit ausgestreckten Armen, übereinandergelegten Füßen und rumorenden Eingeweiden im Bett gelegen sei. Der Subprior habe wieder seine Erklärungen zu dessen einzelnen Gesten abgegeben, hie und da unterbrochen von einem der drei anderen, doch in der Regel zur Bestätigung dessen, was der erstere gesagt habe[137].

Eines Tages, als Anton Noll im Großen Rat saß, seien alle vier Klostervorsteher dort erschienen, angeführt vom Lesemeister, der von den „wunderbaren Dingen" berichtet habe, die in ihrem Kloster um Jetzer herum geschähen, insbesondere von den Erscheinungen der Maria und der Verwandlung der Hostie. Insbesondere habe er ausgeführt, dass es den Dominikanern sehr missfalle, dass diese Wunder zur Kenntnis der Leute kämen, weil sie gewünscht hätten, diese länger geheim halten zu können; denn vorher seien sie in ihrem Kloster ruhig gewesen, nun aber litten sie unter dem großen Ansturm; und weil die Wunder nun einmal öffentlich seien, seien sie gezwungen, davon zu sprechen und die Zusammenhänge zu erklären. Zum Schluss hätten die vier beteuert, das alles wahr sei und sich wirklich so zugetragen habe, und dies, obwohl es Leute gäbe, die das Gegenteil behaupteten und die schweigen würden, sobald der Heilige Stuhl alles anerkannt haben würde. Noll wurde nach dem Zeitpunkt gefragt, doch wusste er nur, dass dieser Auftritt vor dem Rat stattgefunden hatte, bevor Jetzer (Anfang Oktober 1507) nach Lausanne geführt worden sei, und auch bevor zwei der Klostervorsteher (der Lesemeister und der Subprior) nach Rom gegangen seien, um die gewünschte päpstliche Anerkennung zu erlangen. Genaueres ist bei Anshelm zu erfahren, der schreibt, dass die Klostervorsteher noch am Morgen des 25. Juni 1507 vor dem Rat erschienen seien und verlangt hätten, dass dieser eine Abordnung ins Kloster schicke, um die „wunderbaren Dinge" zu hören und zu sehen, was offenbar am darauffolgenden Sonntag, 27. Juni, geschah. Zwei Tage später, am 29. Juni 1507, an Peter und Paul, dem Patronatsfest der Dominikanerkirche, wurden – immer laut Anshelm –

---

137) Akten II/3 S. 332f. (1508, Aug 12; Zeugenaussage Noll). Noll nannte die Namen von vier der Thuner, nämlich Maresius, Hulricus Bongarter, Nikolaus Weber und Oswald Köriling. Davon hat sich nur Oswald Köriling mit einiger Sicherheit identifizieren lassen; es handelte sich wahrscheinlich um Oswald Körnli, der seit 1477 als Bürger von Thun nachweisbar ist, seit 1494 als Mitglied des Rats und in den Jahren 1499–1520 als Venner, vgl. Die Urkunden der historischen Abteilung des Stadtarchivs Thun (H. A. T.), hg. von C. HUBER (1931) S. 336 Nr. K 696 (1477, Apr 23), S. 365f. Nr. K 735 (1494, Nov 30), S. 372 Nr. K 750 (1499, Mai 16), S. 396 Nr. K 786 (1520, Juni 9).

370 Die Jetzerprozesse

die verwandelte Hostie und die Reliquien noch einmal zur Verehrung ausgesetzt, so dass die beiden Ereignisse – am 27. und am 29. Juni 1507 – zumindest aus heutige Sicht nicht immer leicht zu unterscheiden sind (siehe
auch Kap. II/2d, Die *Fama* des Jetzerhandels)[138].

Es kann dem Gericht nicht entgangen sein, dass Noll nicht unparteiisch
war, und deshalb scheint es zum Fragenkatalog des Verteidigers gegriffen
und diesen angewandt zu haben; jedenfalls wurde der Zeuge in der Folge
nach seinem Verhältnis zu den Klostervorstehern gefragt (Art. 15 des Fragenkatalogs), doch bestritt er, dass er ihnen feindlich gesonnen sei. Auf die
Frage, ob er sich jemals gerühmt habe, dass er ein solches Zeugnis ablegen
würde, sagte er, dass er erst seit ungefähr drei Tagen wisse, dass er als Zeuge
aussagen würde. Vor drei Tagen sei er zufällig mit Meister Ludwig Löubli
auf den Plätzen (*in plateis*) zusammengetroffen. Als er gefragt habe, was mit
den Dominikanern geschehe, habe Löubli ihm geantwortet: „Sie leugnen
fast alles", was sich wohl auf die Artikelverhöre bezog (siehe Kap. II/2c). Er
habe erwidert: „Was leugnen sie? dabei können sie doch durch Zeugen
überführt werden." Löubli habe ihn gefragt: „Hast du etwas gesehen?", und
er habe geantwortet: „Freilich habe ich einiges von ihnen gehört und gesehen." Darauf habe Löubli ihn gefragt: „Würdest du dies bezeugen?", und er
habe geantwortet: „Was ich weiß und gesehen habe, würde ich überall sagen; ich würde es wegen niemandem unterlassen, die Wahrheit zu sagen."
Die vom Gericht gestellten Fragen entsprechen in etwa den ersten Artikeln
des Fragenkatalog des Verteidigers, die darauf zielten, ob ein Zeuge von jemandem rekrutiert und instruiert worden sei, und Nolls Antworten deuten
auf nichts anderes hin, als dass er vom Glaubensprokurator Ludwig Löubli
selber rekrutiert und instruiert worden war. Man darf sogar vermuten, dass
das Gespräch, das vor drei Tagen – also etwa am 9. August 1508 (Mittwoch) – auf den Plätzen (wahrscheinlich auf dem Kornhausplatz) stattgefunden hatte, Löubli erst auf die Idee gebracht haben könnte, Zeugen einzu-
schalten, um die Dominikaner, deren Artikelverhöre nicht sehr ergiebig gewesen waren, zu überführen. Dies aber war nichts weniger als ein Strategiewechsel; denn noch am 11. August 1508 (Freitag) hatte er versucht, vom
Gericht die Anwendung der Folter gegen die Klostervorsteher zu erreichen,
während er bereits am nächsten Tag (Samstag, dem 12. August) die ersten
Zeugen akkreditieren ließ. Unter diesen befand Noll sich indessen nicht,

---

138) Akten II/3 S. 332–334 (1508, Aug 12; Zeugenaussage Noll), vgl. auch Anshelm 3
S. 103 f.

Der Hauptprozess in Bern

und deshalb darf man weiter vermuten, dass der Glaubensprokurator mit ihm – als erstem Zeugen! – das Gericht vielleicht sogar überrumpelt hat[139]!

Das Gericht scheint sich zunächst auch haben überrumpeln lassen, doch dann könnte es etwas gemerkt und deshalb zum Fragenkatalog des Verteidigers gegriffen haben, den es nun auch weiterhin anwandte. Jedenfalls wurde Noll in der Folge auch über Jetzer befragt (Art. 6 ff. des Fragenkatalogs). Auf die Frage, ob er diesen vorher gekannt habe, antwortete Noll mit Nein. Auf die Frage, ob er etwas Schlechtes (*aliquem malum rumorem*) von ihm gehört habe, vorher oder nachher, erwiderte er: vorher nichts, nachher wohl. Er habe mit dem Schneider (Niklaus) Hertenstein gesprochen, bei dem Jetzer vor seinem Klostereintritt gearbeitet habe. Als dieser bereits im Kloster gewesen sei, habe Hertenstein ihm einen Gulden geliehen, damit er den Brüdern eine Mahlzeit bezahlen könne – einen Gulden, den Hertenstein nachher nur durch die Vermittlung der Dominikaner habe zurückbekommen können. Noll hatte aber niemals gehört, dass Jetzer jemals Frauenkleider angezogen und mit zwei Stimmen gesprochen noch dass er in Luzern über die Empfängnis Marias diskutiert habe. Auf die Frage, ob er jemals gehört habe, dass Jetzer bereits anderswo Erscheinungen von Geistern gehabt habe, antwortete Noll mit Ja, sagte aber, dass er dies von Paul (Hug), dem Verweser des Dominikanerkonvents gehört habe, nachdem dies alles geschehen war[140]. Diese Aussage ist insofern wichtig, als sie uns einen Hinweis darauf gibt, woher der Verteidiger seine Einwände gegen Jetzer hatte: offenbar wurden diese vom Dominikanerkonvent selber organisiert und ausgestreut. Daraus könnte sich auch erklären, dass Noll vorher – wohl vor dem Jetzerhandel – nichts Schlechtes von Jetzer gehört hatte, danach aber wohl!

In der Folge kehrte das Zeugenverhör wieder zum 25. Juni (Eligiustag) 1507 zurück, und Noll sagte aus, dass der Prior ihm damals erzählt habe, dass Jetzer an jenem Tag nach der Matutin (um Mitternacht) kniend im Chor der Dominikanerkirche geblieben sei – da habe Maria ihn durch den Chor und über eine Mauer hinweg auf den Altar der Marienkapelle getragen. Dabei sei ein Schuh in den Chor und der andere auf die Mauer gefallen – wo sie auch jetzt noch lagen, so dass der Prior sie Noll zeigen konnte, zum Beweis, dass Jetzer nicht zu Fuß auf den Altar der Marienkapelle gekommen sei, die überdies geschlossen gewesen sei. Nach dem Auftritt der Klosterväter vor dem Rat (wahrscheinlich am gleichen Tag) sei Noll beim

---

139) Akten II/3 S. 334 (1508, Aug 12; Zeugenaussage Noll), vgl. auch Akten II/2 S. 201 f. (1508, Aug 11 u. 12).

140) Akten II/3 S. 334–335 (1508, Aug 12; Zeugenaussage Noll). Zum Schneider Niklaus Hertenstein siehe Kap. II/1a, Jetzers erstes Verhör (8. Oktober 1507).

372   Die Jetzerprozesse

Hinausgehen auf den Chorherrn Heinrich Wölfli gestoßen, der ihn gefragt habe, wie ihm die Wunder der Dominikaner gefielen. Er habe geantwortet, dass diese ziemlich wunderbar seien und dass ihm gefiele, dass sie hier geschähen – vorausgesetzt dass sie wahr seien; sonst lieber nicht! Darauf habe Wölfli sich von ihnen überzeugt gezeigt und ihm gesagt, dass die Dominikaner bereits viele Zeugnisse aufgenommen hätten, um sie an die päpstliche Kurie zu bringen, unter anderen vom Prior der Kartause Thorberg und ihm selber. Auf die Frage, von wem er zuerst Zweifel gehört habe, antwortete Noll: von Ludwig Löubli, und zwar in Gegenwart des Malers Johann Schweizer und von Niklaus Weyermann, der wahrscheinlich zusammen mit Noll im Großen Rat saß. Löubli habe gesagt: die vorgeblichen Wunder bei den Dominikanern seien Betrügereien, falsche Fiktionen und erfundene Häresien (*truffe, falsa figmenta et adinvente haereses*), und er bitte Gott, ihn zu strafen, wenn sie wahr seien. Darauf seien – nach kaum einer Stunde – der Prior und der Schaffner des Dominikanerkonvents vor Nolls Haus gekommen und hätten wissen wollen, was Löubli Schlechtes über sie gesagt habe. Er habe ihnen geantwortet, dass er ihnen nichts sagen werde, wenn er nicht von seinen Obern und Herren dazu gezwungen werde; sie sollten zu andern gehen, die das Gleiche gehört hätten, und diese danach fragen. Der Prior und der Schaffner hätten gesagt, dass sie solche Reden nicht ungestraft lassen wollten[141].

Das Ergebnis dieser Konfrontation kennen wir schon: Die Dominikaner scheinen doch erfahren zu haben (von Johann Schweizer oder Niklaus Weyermann?), was Löubli über sie gesagt hatte; jedenfalls beklagten sie sich darüber vor dem Rat, so dass Löubli am 23. August 1507 vor diesem sowie dem Prior und dem Lesemeister bekennen musste, *kurzlicher verruckter tagen vor etlichen erbern lütenn geredt [zu] haben, daß der handel, so allhie zu den Predigern mit dem bruder [Jetzer] fürgeloffen, ein erdachte lotterî und ketzerî sie.* Dies ist wohl der Ursprung der Feindschaft zwischen Löubli und den Dominikanern und letztlich auch derjenige der lebenslangen Feindschaft zwischen den Chorherren Löubli und Wölfli (siehe Epilog 4b). Wie man aber unter solchen Umständen den Chorherrn Löubli zum Glaubensprokurator bestellen konnte, ist heute nicht mehr nachvollziehbar; dieser war ja offensichtlich der Anführer der Opposition gegen die Dominika-

---

141) Akten II/3 S. 335–337 (1508, Aug 12; Zeugenaussage Noll). Niklaus Weyermann wohnte 1494 zusammen mit Frau, Sohn und einem Knecht an der Spitalgasse Sonnseite oder am Waisenhausplatz und saß 1505 zusammen mit Anton Noll im Großen Rat, vgl. Tellbuch 1494 S. 193 Nr. 846 und Anshelm 2 S. 417. Anton Noll wohnte damals schon im Eckhaus am Münsterplatz, das er 1518 von Niklaus Manuel mit „Salomos Götzendienst" bemalen ließ, vgl. www.niklaus-manuel.ch, Kat. 18.01 u. 18.02: Salomos Götzendienst, und siehe Epilog 3b.

Der Hauptprozess in Bern

ner und alles andere als unparteiisch. Dass dem Gericht der Begriff der Parteilichkeit nicht fremd war, hatte es bewiesen, indem es Noll von einem gewissen Augenblick an dem Fragenkatalog des Verteidigers unterwarf. Die Wahl des Glaubensprokurators Löubli ging jedoch wohl auf einen dringenden Wunsch der Stadt Bern zurück, die diesen Weg bereits eingeschlagen hatte, als sie Löubli Ende Februar 1508 nach Rom schickte, um den päpstlichen Auftrag zur Durchführung des Hauptprozesses zu bekommen (siehe Kap. I/3g und II/2a, Die Vorbereitungen).

In der Folge kam Noll einmal mehr auf die Episode mit der blutweinenden Marienstatue zurück und erzählte, dass ein Priester namens Johann Täschenmacher auf den Altar gestiegen sei, um das Gesicht der Statue zu berühren. Als er wieder heruntergestiegen sei, habe er öffentlich gesagt, dass niemand das glauben solle: es sei nur aufgemalte Farbe, und keine Tränen. Darauf habe der Lesemeister gepredigt, es gehöre sich nicht für einen Bauern oder Handwerker, die Marienstatue zu berühren. Die gleiche Szene findet sich auch beim Chronisten Valerius Anshelm:

Indem steig ein kaplan, mit zůnamen Dåschenmacher, hinuf und greifs bild an, sprechend: „Ei glowends nit! es sind nit plůtstråhen, es ist nur farb." Uber den ward ein gross geschrei, besunder von gassenwibren, ja ouch von etlichen der stift und des rats, wie vast er sich versprach, er håtte doch des morgens in siner mess Got selb gehanzlet [in die Hände genommen, angefasst, nämlich die Hostie beim Messopfer]; warum er dan nit dörste [dürfte] ein hilzin [hölzernes] bild anrůren? Der priol [Prior] sagt: „Hätt' ich in uf dem altar erwůscht, ich wölt im mit minen schlůsslen herab gezint haben! Wie darf einer Unser Frow so frefenlich anrůren, der erst von einer hůren ist ufgestanden?" So prediet angends der lesemeister, es zimpte weder schůchmachern noch dåschenmachern, Unser Frowen bild frevenlich anrůren[142].

Dann scheint das Gericht wieder zum Fragenkatalog des Verteidigers zurückgekehrt zu sein, und zwar zu den letzten Artikeln, welche die Kloster-

---

142) Akten II/3 S. 337 (1508, Aug 12; Zeugenaussage Noll), vgl. auch Anshelm 3 S. 99 f. Hans oder Johann Teschenmacher war Kaplan am Vinzenzstift (vgl. TREMP-UTZ, Kollegiatstift S. 164 u. 171 f.), eine Tatsache, die der Lesemeister großzügig übersieht, wenn er den Kaplan als Bauern oder Handwerker abqualifiziert und damit wahrscheinlich darauf anspielt, dass dieser tatsächlich von einem Handwerker, einem „Taschenmacher", abstammte. Ein „Taschenmacher" (als Kopfzinszahler) wohnte 1494 an der Kramgasse Schattenseite, vgl. Tellbuch 1494 S. 159 Nr. 41. Der Tadel des Priors zielte in eine andere Richtung, aber offenbar wollten die Dominikaner unbedingt verhindern, dass jemand das Gesicht der Marienstatue berührte.

374   Die Jetzerprozesse

vorsteher betrafen (Art. 11 ff.). Auf die Frage, ob er wisse, von wem das Gerücht und der schlechte Ruf (*rumor et infamia*) gegen die vier Klostervorsteher ausgegangen sei, antwortete Noll: sowohl von alten Vetteln (Anshelms „Gassenweibern") als auch von Priestern und Ratsmitgliedern und schließlich auch aus dem Volk, und dass er sich selber daran beteiligt habe, insbesondere weil er gemerkt habe, dass die Väter und Jetzer darüber in Streit geraten seien. Auf die Frage, ob er schon früher von den Dominikanern gehört habe, dass Jetzers Taten und Offenbarungen Fiktionen und Illusionen seien, antwortete er: erst nachdem dieser (Anfang Oktober 1507) aus dem Kloster entfernt worden sei. Andererseits habe er vorher auch nie etwas Schlechtes über die vier Klostervorsteher gehört. Für Häretiker habe er sie erst gehalten, nachdem Ludwig Löubli sie als solche bezeichnet habe und diese Behauptung vor Gericht (vor dem Rat) nicht zurücknehmen musste. Auf die Frage, ob er von den Franziskanern beeinflusst worden sei, antwortete Noll, dass er oft mit seinen Berufsgenossen (*socii*) bei ihnen verkehre, aber auf eigene Kosten und nicht auf diejenigen der Franziskaner. Als er ihnen aber gesagt habe, die Dominikaner hätten jetzt auch einen mit den Stigmata ausgezeichneten Bruder wie sie (den hl. Franziskus von Assisi), hätten sie nur geantwortet, dass man am Ende schon sehen werde, was für einen Franziskus sie hätten (*In fine bene reperietur, qualem habeant Franciscum*)[143].

Aus dem Rest von Nolls Zeugenaussage sei nur mehr dessen Aussage herausgegriffen, dass der Rat den Frauengeschichten der Klostervorsteher, die Jetzer zuerst im Januar 1508 vor diesem ausgebreitet hatte, keinen Glauben geschenkt habe (*que ipse testis vel senatus minus credit*; siehe Kap. II/2b, Die Frauengeschichten ...). Dies könnte erklären, warum diese in den Jetzerprozessen weiterhin keine große Rolle spielten, möglicherweise weil sie einem gängigen spätmittelalterlichen Antiklerikalismus entsprachen, den man nicht noch anheizen wollte[144]. Bei Noll haben wir es mit einem vielseitigen und vielschichtigen Zeugen zu tun, der sich nicht nur geschickt zwischen den Fronten – zwischen den Dominikanern und Franziskanern – zu bewegen verstand, sondern auch im Großen Rat von Bern saß und deshalb wusste, dass die Dominikaner dort vorgesprochen hatten und was man dort von ihren Frauengeschichten hielt. Damit aber noch nicht genug: dank dem Fragenkatalog des Verteidigers vermochte das Gericht auch aufzudecken, dass Noll vom Glaubensprokurator selber instruiert worden war, was uns wie-

---

143) Akten II/3 S. 338 (1508, Aug 12; Zeugenaussage Noll).

144) Akten II/3 S. 339 (1508, Aug 12; Zeugenaussage Noll), vgl. auch Anticlericalism in late medieval and early modern Europe, ed. by Peter A. DYKEMA / Heiko A. OBERMAN (Studies in medieval and Reformation thought 51, 1993).

Der Hauptprozess in Bern 375

derum Einblick in dessen Motivationen gewährt, die letztlich viel zum Scheitern des Jetzerhandel beigetragen haben.

Der Goldschmied Martin Franke

Im Unterschied zu Anton Noll war der Goldschmied Martin Franke tatsächlich ein Familiare der Dominikaner und am 12. August 1508 auch ordnungsgemäß als Zeuge akkreditiert worden. Anders als von Noll ist von ihm auch schon vor seiner Zeugenaussage die Rede: er war, zusammen mit dem Glaser(meister) Lukas einer der ersten Weltlichen, die sich bereits am Vorabend vor Ostern (4. April) 1507 Zugang zu einer der allerersten von Jetzers Erscheinungen verschafft hatten, die allerdings etwas improvisiert ausgefallen war (siehe Kap. I/2d). Laut dem Tellbuch (Steuerbuch) von 1494 wohnte Marti, der Goldschmied, zusammen mit einer Magd und einem Knecht an der Kirch- oder Kesslergasse und versteuerte ein Vermögen von 1000 Pfund. In den Jahren 1500, 1505 und 1520, d. h. wohl 1500–1520, saß er im Großen Rat, doch scheint er weniger mitbekommen zu haben als sein aufgeweckter Mitrat Anton Noll[145]. Dagegen war Martin Franke sicher ein Mitglied der Annen-, Lux- und Loyenbruderschaft im Dominikanerkloster, denn er war an einer Stiftung beteiligt, mit der Thomas vom Stein, Kantor am Vinzenzstift (1485–1519), am 5. März 1507 – also nur kurz vor „Ausbruch" des Jetzerhandels – bei den Dominikanern eine zusätzliche Jahrzeit am dritten Tag nach dem Annentag (26. Juli) stiftete, zusammen mit den Pfarrern von Hilterfingen, Schüpfen und Bolligen und dem Kaplan des Leprosenhauses in Bern sowie dem Altvenner Kaspar Wyler, dem Altgerichtsschreiber Jakob Erk, dem Apotheker Niklaus (Alber) und eben dem Goldschmid Martin Franke, jeder mit einem silbernen Becher[146]. Von ihnen erscheinen Thomas vom Stein und Niklaus Alber als Zeugen im Hauptpro-

---

145) Tellbuch 1494 S. 162 Nr. 105; Anshelm 2 S. 278 (1500), S. 417 (1505); 4 S. 387 (1520). Es ist nicht auszuschließen, dass Martin Franke ursprünglich Martin Müller hieß und wohl aus Franken stammte, jedenfalls war ein Goldschmied Martin Müller 1509 und 1511 Mitglied der Jakobsbruderschaft bei den Franziskanern und 1513 zusammen mit Bartholome May Prokurator der Frauenbruderschaft im Münster, vgl. TREMP-UTZ, Eine spätmittelalterliche Jakobsbruderschaft S. 84, und DIES., Kollegiatstift S. 173. Ein Goldschmied namens Martin Müller ist 1496/1497 als Mitglied der Stube zum Mittellöwen belegt, vgl. Urs Martin ZAHND, Die Berner Zunft zum Mittellöwen im Spätmittelalter (1984) S. 71, 84. Im Jahr 1525 ist ein Martin Müller als Mitglied des Großen Rats belegt, vgl. Anshelm 5 S. 141. Vor allem aber erscheint ein Goldschmid namens Martin Müller als Zeuge einer Anleihe, welche die Berner Dominikaner am 10. September 1507 bei Johann Graswyl machten, siehe Kap. II/3c, Der Kaufmann Johann Graswyl.
146) UTZ TREMP, Geschichte S. 140.

376 Die Jetzerprozesse

zess, Wyler als solcher im Revisionsprozess und Franke sowohl im Haupt-
als auch im Revisionsprozess (siehe Anh. 4), was man wohl dahingehend
auslegen darf, dass nicht nur die Feinde, sondern auch die Freunde der Dominikaner als Zeugen zugelassen wurden, ohne dass man erfahren würde,
wie sie rekrutiert worden waren.

Martin Franke wurde zunächst summarisch befragt, d. h. wohl nicht nach
dem Fragenkatalog des Verteidigers. Nichtsdestoweniger legte er seine Kar-
ten gleich auf den Tisch, indem er zu Protokoll gab, dass er ein Familiare
des Klosters sei (*quod multam cum dictis fratribus in monasterio Predicatorum habuit familiaritatem*). Der Prior und der Lesemeister hätten ihm einmal erzählt, dass sie des Nachts großen Lärm im Dormitorium gehört und
dass sie Jetzer gelehrt hätten, den erscheinenden Geist zu beschwören, der
einen hohen spitzen Hut (*altum et acutum pileum*) getragen habe, vielleicht
eine Art Judenhut. In der Nacht vor Ostern (1507) seien er und der Glaser
Lukas uneingeladen(!) ins Kloster gegangen und hätten dort mit den Vätern
zu Abend gegessen und ihnen gesagt: „Ihr versteckt etwas, aber wir haben
doch gehört, dass Maria erscheinen soll. Wir wollen sie auch gerne sehen!“
Obwohl sie sich selber eingeladen hätten, seien die Väter doch einverstanden gewesen und hätten den Zeugen und seinen Gefährten nach dem
Abendessen in die Nachbarzelle von Jetzer geführt, wo sie durch die Gucklöcher in der Wand geschaut hätten; diese, etwa zwei oder drei, seien von
der Größe eines Eies gewesen. Erstaunlich ist, dass der Prior und der Lesemeister zumindest scheinbar schlafen gingen und ihre Gäste allein ließen.
Zwischen der zehnten und elften Stunde sei die Lampe in Jetzers Zelle ausgelöscht worden, und dann habe Martin ein Gemurmel gehört, wie wenn
zwei Stimmen miteinander sprechen würden, aber nichts verstanden. Der
Lesemeister – der ganz unvermittelt wieder da gewesen sei – habe erklärt,
dass Maria in Jetzers Zelle sei und dass jetzt sicher im Dormitorium und im
Chor alle Kerzen brennen würden, was für den Chor indessen nicht zutraf,
wo einige junge Brüder beim Heiliggrab in der Johanneskapelle gewacht
hätten. Der Prior habe Franke die sich selbst anzündenden Kerzen und die
Reliquien gezeigt, von denen eine für den Papst bestimmt gewesen sei. Dagegen wusste der Zeuge – auf eine entsprechende Frage – nicht, wie Jetzers
Stigmata verschwunden seien, wohl aber hatte er gesehen, wie sie jeweils zu
bluten anfingen, wenn die Verbände erneuert wurden, und welche Schmerzen der Konverse dabei litt. Franke hatte auch das Passionsspiel gesehen,
aber es sei von niemandem kommentiert worden. Von der verwandelten
Hostie wusste er nur, dass sie konsekriert gewesen sei, denn der Prior habe
ihm einmal gesagt, er habe acht kleine Hostien für die Kommunion geweiht

Der Hauptprozess in Bern

377

und der Lesemeister habe eine davon genommen, in ein Korporale gehüllt und in Jetzers Zelle deponiert[147].

Am 25. Juni 1507 hatte Martin Franke Jetzer auch auf dem Altar der Marienkapelle knien sehen und vom Prior gehört, dieser habe im Chor gebetet und sei dann aufgehoben und vor der Marienstatue abgestellt worden. Der Prior habe ihn, den Zeugen, eigens in die Marienkapelle geschickt, um die Marienstatue zu schauen, wovor er sich sehr gefürchtet habe; da er aber vorher nie genau hingeschaut habe, wusste er jetzt auch nicht zu sagen, ob ihr Gesicht vorher oder nachher von einer anderen Farbe gewesen sei. Auf die Frage, wer das Ganze zuerst an die Öffentlichkeit gebracht habe, ob die Dominikaner oder andere, antwortete der Zeuge, dass er als häufiger Besucher des Klosters früher davon gewusst habe als andere, doch schien ihm, als wollten die Väter das Ganze eher verbergen (*ipsi patres studebant occultare rem*). Aber an jenem Tag, als Jetzer vor der Marienstatue aufgefunden wurde, sei alles auf einen Schlag bekannt geworden. Es schien Franke auch, dass der Prior und die anderen um alles sehr besorgt gewesen seien und alles bewundert hätten. Er wusste nicht, wer ihnen zuerst nachgesagt hatte, das dies alles mit ihrer Hilfe und auf ihre Anregung hin geschehen sei, wohl aber, dass sich an dem Tag, als man Jetzer vor der Marienstatue habe knien sehen, diese Gerüchte überall in der Stadt Bern verbreitet hätten; er sei auch oft ausgelacht worden, weil er Maria gesehen und ein Anhänger der Dominikaner (*fautor Predicatorum*) sei. Er glaubte aber nicht, dass die Väter die Erfinder dieser Dinge oder auch nur daran beteiligt gewesen seien, und er hielt sie, mit denen er, wie gesagt, häufigen Umgang hatte, für ehrenhaft und fromm, sowohl in ihren Worten als auch in ihren Taten[148].

Spätestens hier scheint wieder der Fragenkatalog des Verteidigers angewandt worden zu sein. Auf die Frage nach Jetzers Ruf antwortete Franke, dass er Zeuge von dessen Testament gewesen sei, als dieser am Anfang seiner Klosterlaufbahn sehr krank war. Darin habe er den Klostervätern 500 Gulden und seiner Schwester in Kaiserstuhl (Bez. Zurzach AG) ein silbernes Gefäß (*ciphum*) mit einem Deckel und einen großen Topf vermacht und auch andere Verwandte in Zurzach bedacht. Nachher sei ihm aber erzählt worden, dass Jetzer gar nicht so viel besessen habe, und dieser selber habe kürzlich vor ihm behauptet, er habe gar kein Testament gemacht. Auf die wiederholte Frage nach Jetzers Ruf antwortete Franke nur, dass er von einigen – deren Namen er nicht zu nennen wusste – gehört habe, dass dieser bei

---

147) Akten II/3 S. 339–342 (1508, Aug 12; Zeugenaussage Franke). Zu den Judenhüten vgl. Adeline FAVRE, L'enluminure à Fribourg à la fin du XIVe siècle. L'exemple du bréviaire lausannois Ms L 30 de la Bibliothèque cantonale et universitaire de Fribourg, in: FG 95 (2018) S. 169–221, hier S. 187.

148) Akten II/3 S. 342 f. (1508, Aug 12; Zeugenaussage Franke).

378   Die Jetzerprozesse

der Elevation (Wandlung) des Sakraments – dem Höhepunkt der Messe –
den Kopf nicht hebe, um diese zu sehen – was bedeutete, dass er dem in die
Höhe gehobenen Sakrament gewissermaßen nicht ins Gesicht zu schauen
wagte, was als Anzeichen von Unglauben oder Häresie interpretiert wurde.
Dagegen wusste Franke nichts davon, dass Jetzer in Luzern vor einigen Lai-
en über die Empfängnis Marias diskutiert oder gar gepredigt hätte, noch
dass er sich jemals in Frauenkleider gekleidet und mit zwei verschiedenen
Stimmen gesprochen hätte. Die Klostervorsteher seien auch von niemand
anderem als von Jetzer beschuldigt worden[149]. Andererseits scheint Frankes
Glaube an die Unschuld der Dominikaner doch nicht ganz unbeschädigt
gewesen zu sein, sonst hätte er sich doch nicht davor gescheut, bei der blutweinenden Marienstatue genau hinzuschauen.

Der Klostervogt Wilhelm von Diesbach

Von Wilhelm von Diesbach (1442–1517) war bisher noch kaum die Rede,
außer im vierten Teil des Defensoriums, wo der den Dominikanern feindlich gesinnte Herausgeber von der blutweinenden Marienstatue spricht und
genüsslich ausbreitet, dass Wilhelm von Diesbach gesagt habe, er sehe nichts
(siehe Kap. I/4)! Dieser stammte aus der bernischen Patrizierfamilie von
Diesbach und war in den Jahren 1481–1492, 1498–1501, 1504–1507, 1510–
1512 und 1515–1517 Schultheiß von Bern. Er war aber auch der Onkel des
Glaubensprokurators Ludwig Löubli und von Niklaus von Diesbach,
Propst von Solothurn, der mit Löubli zusammen im Frühjahr 1508 in Rom
die päpstliche Vollmacht für den Hauptprozess erlangt hatte (siehe Kap.
II/2a, Die Vorbereitungen). Wilhelm von Diesbach wurde am 12. August
1508 als allererster Zeuge akkreditiert, doch verdankte er dies wohl nicht
der Tatsache, dass er Löublis Onkel, sondern der Vogt des bernischen Dominikanerkonvents war[150]. Er sagte aus, dass er im vergangenen Jahr, in der
Zeit, als Jetzer erst ein Stigma hatte (also zwischen dem 24./25. März und

---

149) Akten II/3 S. 342 f. (1508, Aug 12; Zeugenaussage Franke). Zum Wegschauen bei
der Elevation der Hostie vgl. RUBIN, Corpus Christi, *passim*; KIECKHEFER, Forbidden
Rites S. 3; ELLINGTON, From Sacred Body S. 126 f.; MERCIER, La Vauderie d'Arras
S. 73, 84; OSTORERO, Le diable au sabbat S. 7.

150) Akten II/2 S. 202 (1508, Aug 12), vgl. Barbara BRAUN-BUCHER, Art. Diesbach,
Wilhelm von, in: HLS online (Zugriff 18. Juli 2017). Ludwig Löubli war ein Sohn des
Handelsherrn Werner Löubli aus dessen erster Ehe mit Christine, der Schwester des späteren bernischen Schultheißen Wilhelm von Diesbach, vgl. TREMP-UTZ, Chorherren
S. 80. Vgl. auch ZAHND, Autobiographische Aufzeichnungen Abb. 18: Ausschnitt aus
der Stammtafel von Diesbach im 15./16. Jahrhundert. – Zur Bevogtung des Berner Dominikanerkonvents im Jahr 1503 vgl. UTZ TREMP, Geschichte S. 135 f.

Der Hauptprozess in Bern 379

dem 7. Mai 1507) zwei Mal zum Essen ins Dominikanerkloster eingeladen worden sei, wo der Prior und der Lesemeister ihm vom Geist und von der Erscheinung der Jungfrau Maria berichtet hätten. Beim zweiten Mal sei er mit dem Prior allein gewesen und habe dieser ihm erzählt, er habe die Jungfrau Maria selber gesehen; sie sei von untersetzter Statur und mit weißen Kleidern bekleidet und einem leinenen Schleier verhüllt gewesen. In jenen Tagen sei der Subprior zum Provinzial geschickt worden, der dem Zeugen nach seiner Rückkehr mitteilte, dass dieser verboten habe, dass etwas von dieser Sache veröffentlicht würde (*ne huiusmodi res publicarent*). Als der Provinzial und gewisse Prioren aus dem Dominikanerorden auf dem Weg zum Generalkapitel in Lyon (Mitte Mai 1507) in Bern vorbeigekommen seien, sei ihm klar geworden, dass diese den Brüdern von Bern ein Verbot auferlegt hatten, irgendetwas zu veröffentlichen. Trotzdem seien diese, wie allen bekannt sei, in der Folge zur Veröffentlichung geschritten[151]. Demnach hätte der Provinzial Peter Sieber versucht, die Sache zu unterbinden, und die Berner Klostervorsteher hätten sich über seinen Willen hinweggesetzt, was allerdings noch nicht die ganze Wahrheit war (siehe Kap. II/2e, Die Mitschuld der Oberdeutschen Dominikanerprovinz), doch darf man nicht außer Acht lassen, dass der Provinzial bis zum 19. August 1508 einer der drei Richter des Hauptprozesses und als solcher auch bei den Zeugenverhören anwesend war.

Am Tag des hl. Johannes des Täufers, also am 24. Juni 1507, seien der Prior und der Lesemeister um die Vesperzeit zu Wilhelm von Diesbach gekommen, der sich unter den Lauben am Fischmarkt (*sub testudinibus ad forum piscium*) beim Kreuzgassbrunnen aufgehalten habe. Sie hätten ihn gefragt, wie und wann sie vor dem Rat erscheinen dürften, um diesem ihre „Neuigkeiten und Wunder" mitzuteilen, und ob es ihm gut scheine, wenn sie dies gleich am nächsten Tag tun würden. Er habe sie zu überzeugen versucht, dass es besser sei abzuwarten, ob dies alles wirklich von Gott und wahr sei. Der Prior habe ihm sogleich geantwortet: „Die Jungfrau Maria will, dass es so geschieht und an die Öffentlichkeit gebracht wird (*Virgo Maria vult, ut ita fiat et publicetur)!*". Bei Anshelm liest sich die ganze Geschichte noch viel hübscher:

> *Und also [...] uf S. Johans des Tŏufers tag, um vesperzit, giengen der priol und der doctor [der Lesemeister] zŭ her Wilhelm von Diesach, alt schultessen, irem gŭnstigen vogt, begerten rat, ob sie morn des Jätzers handel, wie von Unsrer Frow bevolhen, sŏltid einem êrsamen rat fŭrtragen und ofnen. Und als er inen riet, nach sinem vast kleinen glowen, sie sŏltid noch me verziehen und die wol erkunnen, do sprach der priol: „Unser Frow wil*

---

151) Akten II/3 S. 344 f. (1508, Aug 12; Zeugenaussage von Diesbach).

380 Die Jetzerprozesse

nimme beiten [warten]." Daruf sagt er: „In Gots namen, so kan ichs nit heben."[152]

Die letzte Antwort des Vogts scheint Anshelm dazu erfunden zu haben, denn in von Diesbachs Zeugenaussage findet sie sich nicht. Die Dominikaner scheinen den Rat des Klostervogts indessen missachtet zu haben; denn aus Anton Nolls Zeugenaussage lässt sich herauslesen, dass sie am 25. Juni trotzdem vor dem Großen Rat erschienen – nachdem die Statue in der Marienkapelle der Dominikanerkirche in der Nacht zuvor begonnen hatte, blutige Tränen zu vergießen.

Wilhelm von Diesbach berichtet weiter, dass er am nächsten Morgen noch im Bett gelegen habe (*ipso teste adhuc in lecto quiescente*), als er von seiner Magd erfuhr, dass er von zwei Dominikanern umgehend in ihr Kloster gerufen werde. Als er aufgestanden und zum Kloster gegangen sei, habe der Prior ihn schon an der Pforte zum Friedhof erwartet und ihm mit einer Bewegung der Hand zu verstehen gegeben, dass er sich beeilen solle. Er habe ihn auf den Lettner geführt, von dem aus man sowohl in den Chor als auch in die Johannes- und die Marienkapelle hinunterschauen konnte (siehe Kap. II/2b, Die Verschwörung der Klostervorsteher in der Marienkapelle, Abb. 15); hier seien schon der Schultheiß Rudolf von Erlach sowie Rudolf Huber und Lienhard Hübschi gewesen, alle drei Mitglieder des (Kleinen) Rats, zusammen mit dem Lesemeister. Von dort aus hätten sie Jetzer kniend auf dem Altar der Marienkapelle gesehen, mit gefalteten Händen (*complausis manibus*) vor der Marienstatue, ohne sich zu bewegen, und es sei gesagt worden, dass diese Tränen vergieße. Er habe Mitleid mit Jetzer gehabt und gesagt: „Helft ihm doch herunterzusteigen!"; denn der Lesemeister und der Prior hätten ihm gesagt, Jetzer knie dort seit dem Ende der Matutin (um Mitternacht). Die beiden seien sogleich vom Lettner heruntergestiegen und hätten die Kapelle geöffnet. Der Lesemeister habe im Geheimen etwas zu Jetzer gesagt, was Wilhelm von Diesbach nicht verstanden habe. Darauf sei die verwandelte (eigentlich: durchsichtige) Hostie herbeigetragen worden, die Jetzer aber nicht habe nehmen wollen, wohl aber ein Sakrament in gewohnter Form und den Spülwein (*ablutio*). Die Mönche hätten eine Antiphon zu Ehren der Jungfrau Maria angestimmt und Jetzer sei aufgestanden, habe die Arme ausgestreckt und auf dem Altar liegend sein Passionsspiel ge-

---

152) Akten II/3 S. 345 (1508, Aug 12; Zeugenaussage von Diesbach), vgl. auch Anshelm 3 S. 95. Zum Fischmarkt vgl. WEBER, Historisch-Topographisches Lexikon, Art. Fischbank (Zugriff 22. Dez. 2018).

Der Hauptprozess in Bern

381

spielt. Dieses scheint recht lange gedauert und peinlich berührt zu haben, so dass der Konverse schließlich ins Kloster zurückgeführt wurde[153].

Der Zeuge Wilhelm von Diesbach sagte weiter aus, dass er sich später mit dem Stadtschreiber und vielen anderen in der Sakristei der Dominikanerkirche aufgehalten habe, wo der Prior, der Lesemeister „und gewisse Junge" der verwandelten Hostie bei Glockengeläute und angezündeten Kerzen die Verehrung (*honor latrie*) erwiesen und gesagt hätten, dies sei das wahre Sakrament, das Maria Jetzer zusammen mit den Reliquien aus dem wahren Blut Christi auf wunderbare Weise gebracht habe. Dabei handelte es sich wohl um Sonntag, den 27. Juni 1507, als der Rat auf Verlangen der Dominikaner (vom 25. Juni) eine Delegation ins Dominikanerkloster abgeordnet hatte (siehe auch unter den Zeugen Noll und Schaller). Was Jetzers Ruf betraf, so sagte der Klostervogt, dass er ihn nur seit kurzer Zeit kenne. Er habe aber vom Lesemeister und gewissen Leuten aus dem Volk erfahren, dass dieser schon anderswo mit einem Geist gespielt habe. Außerdem habe der Beichtvater der Dominikanerinnen in der Insel (wohl Johann Ottnant) ihm in Gegenwart des Stadtschreibers gesagt, und zwar in der Zeit, als Jetzer in Lausanne weilte, also zwischen Anfang Oktober und Ende Dezember 1507: dieser habe Kleinodien gestohlen und die Dominikaner mit seinem Testament getäuscht[154]. Damit stoßen wir auf den gleichen Befund wie oben bei

153) Akten II/3 S. 345 f. (1508, Aug 12; Zeugenaussage von Diesbach). Zu Lienhard Hübschi, dem Schwager des Subpriors Franz Ueltschi, siehe Kap. I/3e. Rudolf Huber sagte im Hauptprozess selber als Zeuge aus (siehe unten), und vom inzwischen (am 18. Nov. 1507) verstorbenen Schultheißen Rudolf von Erlach wird unter dem Weibel Konrad Brun die Rede sein.

154) Akten II/3 S. 346 (1508, Aug 12; Zeugenaussage von Diesbach). Zu Wilhelm von Diesbach und seiner skeptischen Haltung im Jetzerhandel vgl. auch MOSER, Ritter Wilhelm von Diesbach S. 205–209, insbes. S. 209: „Wilhelm von Diesbach, der die frühesten Mitteilungen von den Vorkommnissen erhalten, die ‚Wunder' zuerst gesehen und die Akteure gekannt hatte, war einer der wichtigsten Zeugen in dem Prozesse, der nun anhub. Obschon er der ‚günstige' Vogt des Klosters war, verteidigte er die Brüder mit keinem Wort, sondern opferte sie unbedenklich; er war des Ausgangs sicher." Dies bedeutet aber nicht, dass von Diesbach für Jetzer gewesen wäre, vgl. ebd.: „Seine Aussagen lauten für Prior und Brüder unvorteilhaft und belasten insbesondere Jetzer selbst schwer, den er erst kurz zuvor kennen gelernt hatte. Er sagte aus, dieser habe schon vorher mit andern Geistern zu tun gehabt, habe die Brüder betrogen und ihnen Kleinodien gestohlen. Da eine Reihe von weiteren Zeugen, Hübschi, Stadtschreiber Schaller und die beiden Boten, die die Sache nach Rom brachten, Niklaus von Diesbach und Ludwig Löubli, einer der ersten und Hauptfeinde der Prediger, Verwandte Diesbachs waren, ermisst man die ganz wesentliche Haltung der Diesbachpartei bei diesem Handel. Dazu stimmt es, dass das Stammbuch überliefert, Diesbach sei der erste gewesen, der den Betrug bemerkt habe."

382 Die Jetzerprozesse

Noll: seit Jetzer nach Lausanne gebracht worden war und sie sich fürchteten, dass er dort auspacken würde, taten die Dominikaner alles, um ihm seinerseits den Ruf zu verderben.

Der Stadtschreiber Niklaus Schaller

Vom Stadtschreiber Niklaus Schaller war bereits vielfach die Rede: ihm
wurde Ende Juli 1507, nachdem Jetzer die Stigmata verloren hatte, einer der
Schlüssel zu einem Kästchen anvertraut, in dem die Dominikaner die verwandelte Hostie einschlossen (siehe Kap. II/2b, Jetzers Martyrium); er fun-
gierte am 12. Dezember 1507 bei der Zeugenaussage des Schuhmachers Johann Koch vor dem Bischof von Lausanne in Bern als Übersetzer (siehe
Kap. II/1b, Der Schuhmacher Johann Koch); er war als Zeuge dabei, als Jetzer am 5. Januar 1508 im Haus seines Bruders, des Großweibels Lienhard
Schaller, das Ordenskleid ausgezogen wurde (siehe Kap. I/3d); er protokol-
lierte wahrscheinlich die Gegenüberstellung von Jetzer und den Dominikanern vor dem Rat in Bern am 7. Januar 1508 und ebenso Jetzers Folterverhöre vom 5. und 7. Februar 1508, und schließlich amtete er auch bei Jetzers
Verhör am 22. Februar 1508 vor dem Generalvikar des Bischof von Lausanne in Bern als Dolmetscher (siehe Kap. II/1c). Dabei hatten wir immer den
Eindruck, dass Niklaus Schaller gewisse Sympathien für die Dominikaner
hegte, und dieser Eindruck hat uns nicht getäuscht: Schaller war tatsächlich
im Besitz einer Urkunde, mit welcher der Vorsteher der Oberdeutschen
Dominikanerprovinz, Peter Sieber, am 3. Mai 1506 ihm und seiner Frau
„Anteil an allen Messen, Gebeten, Nachtwachen (Vigilien), Fasten, Mühsa-
len und anderen geistlichen Gütern der deutschen Provinz des Predigerordens" gewährt hatte, was wohl nichts anderes bedeutet, als dass Schaller in
ähnlicher Weise ein Familiare der Dominikaner war wie der Goldschmied
Martin Franke, der Kantor Thomas vom Stein, der Venner Kaspar Wyler
und der Apotheker Niklaus Alber. Diese Urkunde ist außerdem am 3. Mai
1506 in Wimpfen ausgestellt, also auf jenem Provinzialkapitel, an dem der
verhängnisvolle Plan zum Jetzerhandel ausgeheckt worden sein soll (siehe
Einl. 1 und 3). Schließlich lässt sich nachweisen, dass Niklaus Schaller zumindest 1506 Vogt des Dominikanerinnenklosters in der Insel war[155].

Niklaus war der Sohn von Lienhard Schaller (I.), einem wohlhabenden
Schneider, der aus Thann (im Elsass) in Bern eingewandert war und 1458
dem Großen Rat angehört hatte, und, wie bereits gesagt, Bruder des Großweibels Lienhard Schaller (II.). Im Jahr 1481 war er an der Universität Bologna immatrikuliert, und in den Jahren 1492 bis zu seinem Tod 1524 amtete

---

155) StABern, F. Varia II (Personen), 1506, Mai 3; F. Inselarchiv, 1506, Feb 19.

er als Stadtschreiber von Bern (als Nachfolger von Thüring Fricker)[156]. Er gehörte zu den am 12. August 1508 akkreditierten Zeugen, als zweiter nach dem Klostervogt, und es ist bei seinem guten Verhältnis zu den Dominikanern wahrscheinlich kein Zufall, dass er seine Zeugenaussage zunächst schriftlich (in Latein und in der Ich-Form) verfasste und am 12. August 1508 vor dem Gericht selber vortrug; er wollte wohl die Kontrolle über alles behalten, was er aussagte, und sich nicht durch Zwischenfragen ablenken lassen. Zusammen mit dem Säckelmeister (Jakob von Wattenwyl) sei er am Dienstag nach Ostern (die 1507 auf den 4. April fiel) ins Dominikanerkloster gerufen worden, wo man ihnen beiden einen Konversenbruder präsentiert habe, der an einer Hand eine Wunde oder Narbe hatte – Schaller vermeidet das Wort „Stigma" –, von der er gesagt habe, sie sei ihm von der Jungfrau Maria unter großen Schmerzen beigebracht worden. Während der Konverse in seiner Zelle geblieben sei, seien der Stadtschreiber und der Säckelmeister in den Chor geführt worden, wo der Prior und der Lesemeister auf dem Hauptaltar eine kleine Kapsel geöffnet hätten, in der einige Windelstücke, versehen mit blutigen Tropfen und Kreuzzeichen von der gleichen Farbe, gelegen hätten. Sie hätten gesagt, dies alles sei durch die Jungfrau Maria an diesen Ort getragen worden – wie es auch im Prozess des Bruders (wohl in Jetzers Prozess von Lausanne und Bern) und in dem von den Dominikanern verfassten Büchlein (wohl der erste Teil des Defensoriums) stehe – wichtige schriftliche Quellen, zu denen Schaller offenbar Zugang hatte. Weiter erinnerte er sich, dass an einem Freitag – aber er wusste nicht, in welcher Woche oder in welchem Monat – der Prior und die übrigen Väter aus dem Dominikanerkloster vor dem Rat erschienen seien und dort von den Wundern erzählt hätten, die in ihrem Kloster geschähen und zu deren Veröffentlichung sie gezwungen seien, mit der Bitte, dass der Rat einige oder sogar alle Mitglieder ins Kloster schicke, um die Wunder selber zu sehen. Der Rat habe mehrere abgeordnet, unter ihnen auch den Stadtschreiber, und der Prior habe ihnen in der Sakristei bei angezündeten Kerzen die rote Hostie und die Reliquien gezeigt, die Maria dem Konversenbruder zum Zeichen einer Botschaft von großer Wichtigkeit gebracht habe, die indessen noch nicht enthüllt werden dürfe[157]. Bei dem Freitag, den Schaller nicht zu datie-

---

156) Hans BRAUN / Annelies HÜSSY, Art. Schaller und Schaller, Niklaus, in: HLS online (Zugriff 18. Juli 2017), vgl. auch ZAHND, Bildungsverhältnisse S. 233 Nr. 1481; STUDER IMMENHAUSER, Verwaltung S. 91 f. Zu Lienhard Schaller (I.), vgl. Roland GERBER, Lienhard Schaller, der Schneider, in: Berns Große Zeit S. 162.

157) Akten II/3 S. 393–395 (1508, Aug 12; Zeugenaussage Schaller), vgl. auch II/2 S. 202 (1508, Aug 12; Akkreditierung der Zeugen). In den Akten ist Schallers Zeugenaussage nicht zwischen derjenigen des Klostervogts Wilhelm von Diesbach und des Cluniazensers Peter Müller wiedergegeben, sondern am Schluss, zwischen den schriftli-

384   Die Jetzerprozesse

ren wusste, muss es sich um Freitag, den 25. Juni 1507, gehandelt haben, als die Marienstatue in der Dominikanerkirche in der Nacht zuvor blutige Tränen vergossen hatte, und bei der Abordnung des Rats um diejenige, die sich am darauffolgenden Sonntag, dem 27. Juni, ins Dominikanerkloster begab, doch fällt auf, dass der Stadtschreiber sich über die blutweinende Marienstatue ausschweigt, die ihn möglicherweise misstrauisch gemacht hatte.

Entsprechend fuhr Schaller einigermaßen zusammenhangslos weiter, dass die „Herren von Bern" als nächstes gehört hätten, dass die Jungfrau Maria (bzw. die Marienstatue) bei ihrem Sohn für die Stadt Bern eingetreten sei, der angeblich eine große Plage drohte, und dass sie deshalb wiederum den Stadtschreiber und dessen Vorgänger, Thüring Fricker, zu Jetzer geschickt hätten. Von diesem hätten sie erfahren, dass der Grund für diese Plage sei, dass die Berner immer wieder Geld und darüber hinaus jährliche Pensionen von den großen Fürsten nähmen, obwohl sie diesen im Pensionenbrief (1503) abgeschworen hätten; hier ist Schaller recht differenziert, er wusste offensichtlich, worum es ging. Von einzelnen Ratsmitgliedern habe er auch gehört, dass der Prior und seine „Komplizen"(!) von ihnen ein Zeugnis über das verlangt hätten, was sie im Kloster gesehen hätten, damit sie dieses in Rom vorzeigen könnten; der Stadtschreiber erinnerte sich aber nicht, dass eine offizielle Anfrage an den Rat ergangen wäre. Schließlich habe er eines Tages, als er zusammen mit anderen ins Kloster gegangen sei, den Konversenbruder in seinem Stübchen (*stuba quadam parva*) gesehen; dieser sei zuerst gesessen, dann niedergekniet, um zu beten, dann habe er sich aufgerichtet und die Arme ausgebreitet und schließlich sei er vom Subprior Ueltschi auf sein Bett gelegt worden, wo er sein allseits bekanntes Passionsspiel gespielt habe[158]. Damit ist Schallers Zeugenaussage bereits beendet, ohne dass er sich zu den im Fragenkatalog des Verteidigers formulierten Fragen hätte äußern müssen. Man darf vermuten, dass der Stadtschreiber zu den Dominikanern auf Distanz gegangen war, denn sonst hätte er wohl die blutweinende Marienstatue nicht verschwiegen und den Lesemeister, Subprior und Schaffner nicht als „Komplizen" des Priors bezeichnet; auch das Passionsspiel scheint ihm nicht gefallen zu haben, denn er beschreibt es als etwas Fremdes und Abwegiges.

---

chen Zeugenaussagen von Dekan Johann Murer und Valerius Anshelm, vgl. Akten II/3 S. 391–401. Zum Säckelmeister Iakob von Wattenwyl siehe Kap. II/3c, Der Stadtschreiber Niklaus Schaller ...

158) Akten II/3 S. 394 f. (1508, Aug 12; Zeugenaussage Schaller).

Der Cluniazenser Peter Müller

Am 13. August 1508 ging die Einvernahme der Zeugen weiter, und dies obwohl Sonntag war; der Glaubensprokurator und das Gericht scheinen es eilig gehabt zu haben. Die Zeugen, die am 13. August einvernommen wurden, zeichnet aus, dass sie (mit Ausnahme von Niklaus Alber und Ludwig von Schüpfen) nicht am Vortrag vor dem Gericht akkreditiert worden, sondern auf andere Weise dazu gekommen waren, was indessen wohl in der Kompetenz des Glaubensprokurators lag. Es handelte sich zunächst einmal um den Cluniazenser Peter Molitoris (Müller), von dem man überhaupt nicht erfährt, wie man auf ihn gekommen war, und der auch nicht sonderlich viel auszusagen hatte. Steck meint, Peter Müller sei ein Cluniazenser von Rüeggisberg gewesen, einem Cluniazenserpriorat, das 1484/1485 dem Vinzenzstift bzw. dessen Propstei inkorporiert worden war, doch ist nicht zu erwarten, dass sich seit der Inkorporation dort noch Cluniazenser aufgehalten haben. Immerhin weist Rüeggisberg in eine Richtung, aus der später weitere und ganz wichtige Zeugenaussagen kommen sollten, nämlich diejenigen der Priester Johann Brünisberg und Christen Keusen. Hier ist zum ersten Mal zu erfahren, wie ein Zeuge sich mit dem Gericht unterhielt: es übersetzte nämlich Thüring Fricker (*interpretante, interrogante et resonante domino doctore Thuringo*), der Vorgänger von Niklaus Schaller als Stadtschreiber von Bern[159]. Daraus lässt sich erstens schließen, dass Peter Müller kein Latein verstand, und zweitens, dass normalerweise der Bischof von Sitten übersetzte, der am 13. August nicht anwesend war; denn es ist nicht anzunehmen, dass Anton Noll, Martin Franke oder Wilhelm von Diesbach sich mit dem Gericht auf Latein verständigt haben (siehe auch Kap. II/2e, Ein offenes Ende).

Der Bischof von Sitten scheint aber nicht bloß übersetzt, sondern auch die Fragen gestellt zu haben, denn Thüring Fricker tat es hier auch. Dabei scheint er sich an einen Fragenkatalog gehalten zu haben, aber seltsamerweise nicht an den vom Verteidiger am 12. August 1508 für die Befragung der Zeugen eingereichten, sondern an die gegen die Klostervorsteher am 7. August formulierten Anklageartikel – wobei tatsächlich nicht viel Vernünftiges herauskommen konnte. Dem ersten Artikel (*quod ea, que notoria sunt, probatione non indigent*) stimmte Peter Müller zu, und zum zweiten bis achten wusste er nichts zu sagen, weil er damals nicht in Bern gewesen sei (was wohl bedeutet, dass er in Bern – und nicht in Rüeggisberg – wohnte).

---

159) Akten II/3 S. 346 f. (1508, Aug 13; Zeugenaussage Peter Müller OClun). Ein Cluniazenser namens Peter Müller wird 1469 als Subprior des Cluniazenserpriorats St. Alban in Basel erwähnt, vgl. Hans-Jörg GILOMEN, St. Alban in Basel, in: HS III/2 S. 147–229, hier S. 209.

386 Die Jetzerprozesse

Darauf scheint man die Übung aufgegeben und Peter Müller „summarisch" befragt zu haben, was auch nicht viel weiterführte. Er hatte vom Prior des Dominikanerkonvents gehört, dass dieser einige Hostien von Basel habe kommen lassen und von ihnen eine konsekriert habe, die nachher „befleckt" (*maculata*) worden sei, doch wusste er nicht, wodurch. Weiter hatte er vom Prior gehört, und zwar in der Sakristei des Dominikanerklosters, dass die Blutstropfen in den Windeln vom wahren Blut Christi seien und dass dies der ganzen Welt bekanntgemacht werden müsse[160]. Dies bedeutet wohl, dass Peter Müller einmal an einer vom Prior geleiteten Reliquienschau in der Sakristei teilgenommen hatte, ebenso wie auch Wilhelm von Diesbach und Niklaus Schaller – und der Franziskaner Johann Müller.

Der Franziskaner Johann Müller

Johann Müller, der Schaffner des Berner Franziskanerklosters, war erst in Anton Nolls Zeugenaussage vom Vortrag genannt worden (wenn auch nicht namentlich), und zwar sollte er zusammen mit diesem an einer Aufführung von Jetzers Passionsspiel (kommentiert vom Subprior) teilgenommen haben. Es ist anzunehmen, dass er wie der Cluniazenser Peter Müller von Thüring Fricker befragt wurde, es sei denn, er hätte die lateinische Sprache beherrscht. Diesmal scheint sogar der richtige Fragenkatalog angewandt worden zu sein, nämlich derjenige des Verteidigers für die Zeugen, denn Johann Müller wurde als erstes gefragt, ob er ein Feind der Dominikaner und ob er von jemandem instruiert worden sei, eine Frage, die er verneinte. Auch seine weiteren Antworten erwiesen ihn als unverdächtig. Eine darauffolgende „summarische" Befragung ergab, dass auch er an den Reliquienschauen des Priors in der Sakristei teilgenommen und ebenso Jetzers Passionsspiel im Stübchen verfolgt hatte. Von dessen Erscheinungen und Ruf wusste er jedoch nichts, und damit war seine Aussage bereits beendet[161].

Man hat den Eindruck, dass die Berner Franziskaner dem Jetzerhandel gelassen zugeschaut haben, wie dies ja auch Nolls Zeugenaussage („dass man am Ende schon sehen werde, was für einen Franziskus die Dominikaner hätten") suggeriert. Immerhin haben sie sich durchaus auf dem Laufen-

---

160) Akten II/3 S. 347 (1508, Aug 13; Zeugenaussage Peter Müller OClun), vgl. auch Akten II/2 S. 158–164 (undat.; Anklageartikel gegen die Klostervorsteher).

161) Akten II/3 S. 347 f. (1508, Aug 13; Zeugenaussage Johann Müller OFM). Ein Johann Müller ist 1507, 1508 und 1512 als Schaffner bei den Franziskanern in Bern belegt. In den Jahren 1513–1516 und 1523/24–1525/26 könnte er u. U. als Guardian in Solothurn gewirkt haben, vgl. Klemens ARNOLD, Barfüßerkloster Solothurn, in: HS V/1 S. 250–287, hier S. 264.

Der Hauptprozess in Bern 387

den darüber gehalten, was im Dominikanerkloster vorging, und deshalb eben Noll sowie den Schaffner und Willenegger dahin geschickt. Von einer Hetze gegen die Dominikaner, die der Prior in seinem Artikelverhör erwähnt (siehe Kap. II/2c, Der Prior), ist nur wenig spürbar, doch gilt es zu bedenken, dass die Quellen keinerlei Zugang zu den Predigten der Franziskaner geben, und es ist vielleicht auch kein Zufall, dass als Zeuge „nur" der Schaffner, nicht aber der vom Prior der Dominikaner so gefürchtete Willenegger zur Verfügung stand. Werner Schodoler aus Bremgarten im Aargau, der in den Jahren 1503–1508 eine Lehre in der Berner Kanzlei unter Niklaus Schaller absolvierte und 1508/1509 als Stadtschreiber nach Bremgarten zurückkehrte, wo er 1509 eine Chronik begann (siehe Einl. 2b), schreibt darin von einem Lesemeister der Franziskaner in Bern, *der vilicht me wußt oder marckt dann ander; der brediget fúr unnd fúr wider dise múnch [die Dominikaner] unnd mant ein oberkeyt, ein uffsechen zů den sachen zů haben, dann er geloupte, wann man der sach recht in das antlit seche, so wurden den brediger múnchen zů Bern balld ire kutten súnckelen und vom fhúr schmecken.* Entsprechend hat Annette Barthelmé den ganzen Jetzerhandel auf die Hetzpredigten der anderen Orden zurückgeführt, was natürlich bei weitem nicht ausreicht: „Quant au procès de Berne en 1508, l'hostilité des citadins contre les Dominicains s'explique suffisamment par les prédications incendiaires des moines des autres ordres pour que nous n'ayons à rechercher nulle autre cause."[162]

Johann (Hans) Frisching (d. Ä.), Mitglied des Kleinen Rats

Johann Frisching war am 15. November 1507 nach Lausanne geschickt worden, um den dort seit Anfang Oktober hängigen Prozess Jetzers zu beschleunigen bzw. auf die Anwendung der Folter zu drängen, und war auch bei dessen Verhören vom 20. und 22. November dabei gewesen (siehe Kap. II/1a). Auch er gehörte nicht zu den am 12. August 1508 akkreditierten Zeugen, sondern scheint unmittelbar rekrutiert worden zu sein, ohne dass man den Grund dafür erfahren würde. Bei ihm ist ebenfalls anzunehmen, dass er von Fricker befragt wurde, doch war seine Aussage alles andere als ergiebig. Er wollte von nichts anderem wissen, als was in den Akten von Jetzers Prozess in Lausanne und Bern stand, bei dem er dabei gewesen sei (möglicherweise auch bei dessen Gegenüberstellungen mit den Dominikanern vor dem Rat im Januar 1508 in Bern), und berief sich auch für den schlechten Ruf der Klostervorsteher darauf. Er wollte nichts davon gehört

---

162) Schodoler S. 274 Kap. III/466, vgl. auch BARTHELMÉ, La réforme dominicaine S. 152.

388 Die Jetzerprozesse

haben, dass diese verkündet hätten, dass sie die Jungfrau Maria, die hl. Barbara oder einen Geist gesehen hätten, und verweigerte jegliche Auskunft in Bezug auf Jetzers Ruf und Lebenswandel[163].

Thomas vom Stein, Kantor des Vinzenzstifts

Wieder ergiebiger als die vorangehenden Zeugenaussagen ist die folgende von Thomas vom Stein, Kantor des Vinzenzstifts in Bern. Von ihm war bisher noch nicht die Rede, obwohl er offenbar ein Familiare des Dominikanerklosters war, wenn auch nicht ein sehr eifriger – oder aber einer, der bereits auf Distanz gegangen war. Thomas vom Stein stammte aus einem bernischen Twingherrengeschlecht und hatte wahrscheinlich zwischen 1477 und 1481 an der Universität Paris studiert, indessen wohl ohne Abschluss. In den Jahren 1479–1519 war er Chorherr am Mauritiusstift in Zofingen und seit 1485 auch und insbesondere Kantor am neugegründeten Vinzenzstift in Bern, eine Stelle, die er bis zu seinem Tod 1519 innehatte. Wie wir bereits gesehen haben, hatte er am 3. März 1507 – also kurz vor Beginn des Jetzerhandels – zusammen mit dem Altvenner Kaspar Wyler, dem Apotheker Niklaus Alber und dem Goldschmied Martin Franke eine Jahrzeit gestiftet, die am dritten Tag nach dem Annentag (26. Juli) zu begehen war und die eindeutig der Annen-, Lux- und Loyenbruderschaft zugeordnet werden kann[164]. Thomas vom Stein wurde zunächst „summarisch" befragt, begann aber gleich damit, dass er ein Familiare (*domesticus*) der Dominikaner und öfters zu ihnen zum Essen gegangen sei. Trotzdem habe er nie etwas von den Ereignissen um Jetzer gehört – bis an dem Tag (25. Juni 1507), als die Maria (eigentlich: die Marienstatue) angeblich blutige Tränen weinte. Als er am Morgen davon gehörte habe, habe er in die Marienkapelle gehen wollen, aber wegen des großen Zustroms (*propter maximum concursum*) sei ihm dies erst nach dem Mittagessen gelungen. Er habe zwar die Maria(!) genau angeschaut und betrachtet, aber diese unverändert gefunden und die blutigen Tränen nicht gesehen. Darauf sei er zu den Klostervorstehern gegangen, die noch nicht einmal zu Mittag gegessen hatten, und habe sie zur Rede gestellt, warum sie einen so großen Zulauf veranstalteten. Der Lesemeister habe ihn sofort an der Hand genommen und aus der Kammer gezogen und

---

163) Akten II/3 S. 348 (1508, Aug 13; Zeugenaussage Frisching). Biographische Angaben zu Johann (Hans) Frisching (d. Ä.) siehe Kap. II/1a, Jetzers viertes Verhör (20. November 1507).

164) TREMP-UTZ, Chorherren S. 89 f.; Christian HESSE, St. Mauritius in Zofingen. Verfassungs- und sozialgeschichtliche Aspekte eines mittelalterlichen Chorherrenstifts (Veröffentlichungen zur Zofinger Geschichte 2, 1992) S. 310 Nr. 121. Vgl. auch UTZ TREMP, Geschichte S. 140.

Der Hauptprozess in Bern

389

seinerseits gefragt: „Warum kommt Ihr nicht häufiger zu uns, wir sehen Euch gern?" Dann habe er ihn in Jetzers Stübchen geführt, wo er diesen im Bett liegen und an den gewohnten Schmerzen habe leiden sehen, und ebenso die Wunden der Stigmata. Nach einigen Tagen sei der Kantor wieder zu Jetzer gegangen und habe wahrgenommen, wie seine Eingeweide sich auf und ab bewegten und wie er fast weinte, und er habe Mitleid mit ihm gehabt. Man habe ihm gesagt, dass dieser alle Tage solche Schmerzen leide, und besonders am Freitag, wenn die Verbände erneuert wurden und das Blut wieder aus den Wunden floss. Nachher sei er wieder zu den Klostervorstehern zurückgekehrt und habe sie gewarnt, dass Volk erhebe und murre gegen sie (*populus moveatur ad susurandum et murmurandum contra vos*): „Ihr seid vorsichtige Männer und wisst, welche Strafe euch droht, wenn ihr etwas Krummes macht!" Darauf habe der Lesemeister ihn beruhigt: wenn es eine Illusion oder eine Täuschung sei, dann komme sie von Jetzer![165]

Als Thomas vom Stein später eines Tages vor seinem Haus gestanden sei, sei der Kustos (Johann Dübi) vorbeigekommen und habe ihm gesagt, er gehe zum Essen zu den Dominikanern, ob er mitkommen wolle. Er sei zwar nicht eingeladen gewesen, aber trotzdem mitgegangen. Sie hätten die Väter aber nicht in der Kammer gefunden, wo sie normalerweise speisten, sondern alle vier in Jetzers Zelle (Stübchen), und dazu auch den Chorherrn Heinrich Wölfli. Sie hätten alle zusammen gegessen und er habe wieder gewarnt. Der Prior habe die Warnung an Jetzer weitergegeben: „Bruder Johann, hört ihr nicht, was der Herr Kantor sagt? Passt auf, denn wenn wir etwas Krummes finden, dann werfe ich euch mit eigenen Händen in den Fluss!" Auf die Frage des Gerichts, ob er den Grund kenne, warum das Gerücht sich gegen die Dominikaner erhoben habe, sagte der Kantor ganz eindeutig: wegen der gefärbten und befleckten Hostie (*propter hostiam sacramenti intinctam et maculatam*). Am Schluss wurde Thomas vom Stein auch noch dem Fragenkatalog des Verteidigers unterworfen und bestand offenbar auch diese Probe (*optime respondit*): er erschien dem Gericht als absolut unverdächtig und Freund der Dominikaner (*non videtur aliquomodo suspectus, sed amicus religiosis*)[166], was seiner Aussage und seinen Warnungen, die er an die Dominikaner gerichtet haben wollte, vielleicht zusätzliches Gewicht verlieh. Dagegen wurde er offenbar nicht nach Jetzers Ruf und Lebenswandel gefragt. Vom Fragenkatalog des Verteidigers scheinen schließlich nur mehr die Fragen nach der Befangenheit des Zeugen (gegenüber den

---

165) Akten II/3 S. 349 f. (1508, Aug 13; Zeugenaussage vom Stein).
166) Akten II/3 S. 350 (1508, Aug 13; Zeugenaussage vom Stein).

390 Die Jetzerprozesse

Dominikanern) und nach Jetzers Ruf übriggeblieben zu sein, die jeweils am Anfang und am Ende der Zeugenbefragung gestellt wurden.

Venner Benedikt Weingarter

Auch von Venner Benedikt Weingarter (auch: von Weingarten) weiß man nicht, warum er als Zeuge herangezogen wurde. Er stammte aus einer Mitte des 17. Jahrhunderts ausgestorbenen Familie, die auf den Schuhmacher Peter († 1493) zurückging, der seit 1454 Mitglied des Großen und seit 1488 des Kleinen Rats gewesen war. Dessen beide Söhne, Benedikt und Hans, sowie Wolfgang, der Sohn von Hans, waren Venner zu Pfistern, offensichtlich eine Familie, die durch das Venneramt aufstieg. Benedikt (auch Bendicht) war seit 1488 Mitglied des Großen Rats, 1494 Landvogt von Bipp, 1498 von Schenkenberg, 1503 von Wangen an der Aare und 1504 von Aarwangen sowie seit 1506 Mitglied des Kleinen Rats und Venner zu Pfistern; er starb 1513 als Hauptmann in der Schlacht von Novara[167]. Benedikt Weingarter wurde „summarisch" über den ganzen Fall befragt und sagte aus, dass eines Tages (wohl am 25. Juni 1507) zwei Dominikanerbrüder, deren Namen er nicht zu nennen wusste, sogar zwei Mal vor den Rat gekommen seien, viele Worte gemacht und von Dingen erzählt hätten, die in ihrem Kloster geschähen und die, wie sich später herausgestellt habe, von großem Gewicht waren. Die Rede war von den Erscheinungen der Maria in Jetzers Zelle und von der Verwandlung der Hostie in ihrer Hand. Diese Hostie sei später immer wieder gezeigt worden, zusammen mit zwei Kapseln, in der einen ein Kreuz mit fünf Tropfen Blut, in der anderen drei Tropfen vom Blut Christi; von ihnen sollte diejenige mit fünf Tropfen Blut dem Papst gebracht werden und die andere in Bern bleiben[168].

Darauf wurde Weingarter zwar nach dem schlechten Ruf der Klostervorsteher gefragt, nicht aber nach demjenigen Jetzers. Die Klostervorsteher hätten das, was in ihrem Konvent geschehen sei, für wahr ausgegeben. Ihr schlechter Ruf sei zuerst auf Jetzers Aussagen zurückzuführen, dann aber auch auf ihre eigenen Reden gegenüber allen, die ins Dominikanerkloster geströmt seien, und zwar sowohl im Rat als auch im Kloster selber. Weingarter selber habe am Anfang auch geglaubt, dass diese Ereignisse wahr seien, glaubte es aber jetzt nicht mehr. Er hatte auch die Wunden in Jetzers Händen und Füßen gesehen, von denen die Mönche gesagt hätten, dass es die Stigmata seien. Zuletzt wurde er nach den Fragartikeln des Verteidigers

---

167) Annelies Hüssy, Art. Wingarten, Bendicht und Hans von; Hans Braun, Art. Wingarten [Weingarten], von, in: HLS online (Zugriff 19. Juli 2017).
168) Akten II/3 S. 350 f. (1508, Aug 13; Zeugenaussage Weingarter).

Der Hauptprozess in Bern

abgefragt und als unbefangener Zeuge beurteilt[169], und dies obwohl er die Klostervorsteher eigentlich sehr hart verurteilte – vielleicht gerade, weil er ihnen zuerst geglaubt hatte.

Der Apotheker Niklaus Alber

Die nächsten drei Zeugenbefragungen fanden am Nachmittag des 13. August 1508 statt. Der Apotheker Niklaus Alber oder, wie er meistens genannt wird, Niklaus Apotheker (oder auch, wie im Titel der Zeugenaussage, Niklaus, der *aromatarius* von Bern), gehörte zu den am 12. August 1508 akkreditierten Zeugen. Vorher war jedoch von ihm nie die Rede, und man weiß zunächst nur wenig von ihm, außer dass er (als Niklaus Apotheker) in den Jahren 1505–1525 im Großen Rat saß und zusammen mit dem Goldschmied Martin Franke, dem Kantor Thomas vom Stein und dem Altvenner Kaspar Wyler Anfang März 1507 an der Stiftung einer Jahrzeit zu Gunsten der Annen-, Lux- und Loyenbruderschaft bei den Dominikanern beteiligt war und also wohl zu den Familiaren des Dominikanerkonvents zu rechnen ist[170]. Seine Aussagen sind insofern interessant, als er im Dominikanerkloster als Arzt wirkte – ohne indessen für Jetzers Stigmata konsultiert worden zu sein. Jedenfalls sei er eines Tages zu zwei kranken Brüdern ins Kloster gerufen worden, und zur gleichen Zeit auch zu Jetzer, der sein Testament machen wollte, Alber jedoch als Zeuge (wie Martin Franke) und nicht als Arzt, zusammen mit zwei Räten (*cum duobus consulibus*). In seinem Testament habe Jetzer seinen Verwandten viel Verschiedenes (*plura et diversa*) vermacht, und den Dominikanern nicht weniger als 400 oder 500 Goldgulden[171].

Jetzer war bereits am 21. Dezember 1507 noch in Lausanne gefragt worden, ob er ein Testament gemacht habe, als er in den Orden eintrat, eine Frage, die er damals mit Ja beantwortet hatte. Nur wenig später, bei der Gegenüberstellung von Jetzer und den Dominikanern am 7. Januar 1508 vor

---

169) Akten II/3 S. 351 f. (1508, Aug 13; Zeugenaussage Weingarter).

170) Akten II/3 S. 352 Anm. 2. Bei Anshelm erscheint Niklaus Alber meist als Niklaus Apotheker, so Anshelm 2 S. 417 (Großer Rat 1505); 3 S. 157 (Niklaus Apotheker); 4 S. 163 u. 387 (Großer Rat 1515 u. 1520), und 5 S. 142 (Großer Rat 1525). Nur bei Anshelm 3 S. 156 (zum Revisionsprozess) wird er Niklaus Alber genannt. Laut dem Tellbuch von 1494 (S. 177 Nr. 460) wohnte Niklaus Apotheker mit seiner Frau am Stalden (Schattenseite) oder an der Junkerngasse. Vgl. auch UTZ TREMP, Geschichte S. 140. Laut einer Aussage des Priors im Revisionsprozess befand Albers Apotheke sich bei der Kreuzgasse und gegenüber vom Fischmarkt (*prope plateam crucis, et prope seu ex opposito foro piscium*), vgl. Akten III S. 473 (1509, Mai 12; Prior).

171) Akten II/3 S. 352 (1508, Aug 13; Zeugenaussage Alber).

392 Die Jetzerprozesse

dem Rat in Bern, hatten die letzteren vorgebracht, *wie der bruder in men-
gen articklen die unwarheyt gebrucht: dan er habe in sinem testament dem
gotshus ein erber summ, uff die fünf hundert guldin, verordnet und aber, als
darum nachfrag beschechen sye, nützit gehept.* Am 31. Januar 1508 hatte Jetzer den Dominikanern wiederum vor dem Rat vorgeworfen, dass sie ihn
erst in den Orden aufgenommen hätten, nachdem sie vernommen hätten,
dass er reich sei, dabei aber nicht von einem Testament gesprochen[172]. Dagegen hatte der Prior in seinem Artikelverhör (vom 9. August 1508) ausgesagt, dass er gegenüber Jetzer misstrauisch geworden sei, als dieser, kurz
nachdem er das Ordenskleid empfangen hatte, in eine schwere Krankheit
gefallen und darin dem Konvent bis 500 rheinische Gulden vermacht habe,
die er gar nicht besessen habe. Neun Tage später warf der Verteidiger der
Dominikaner Jetzer vor, dass er kurz nach seinem Ordenseintritt ein falsches Testament gemacht habe, und dies obwohl er zwar schwer krank, aber
doch im vollen Besitz seiner Vernunft gewesen sei. Ende August 1508 gab
der Lesemeister in seiner Bekenntnisschrift dann allerdings zu, dass die
Klostervorsteher nach dem Verschwinden von Jetzers Stigmata (Ende Juli
1507) geplant hatten, diesen aus dem Orden auszustoßen, und zwar unter
dem Vorwand, dass er die Kleinodien aus der Marienkapelle gestohlen und
ein falsches Testament gemacht habe[173], eine Aussage, die der Lesemeister
im Revisionsprozess bestätigen musste. Im gleichen Prozess hielt der Subprior den Vorwurf des falschen Testaments zwar aufrecht, ließ aber durchblicken, dass der Prior Jetzer in seiner Krankheit gedrängt habe (*inductus
per priorem*), ein Testament zu machen[174]. Demnach hätte die Geschichte
um Jetzers Testament dem Zweck gedient, diesen nachträglich in einen
schlechten Ruf zu bringen, ganz ähnlich wie die Geschichte mit dem Diebstahl der Kleinodien, den er auch begangen haben sollte (siehe Kap. II/4b),
doch hatte diejenige mit dem Testament einen anderen Ursprung, indem
Jetzer dieses ganz zu Beginn seiner Laufbahn im Kloster gemacht haben
soll, als es noch keineswegs darum ging, ihm seinen Ruf zu verderben. Man
kann also nicht ausschließen, dass Jetzer tatsächlich ein von vier Zeugen be-
glaubigtes Testament gemacht hatte – auch wenn er sich selber nicht mehr
daran zu erinnern vermochte, weil er tatsächlich schwer krank gewesen war
–, doch bleibt rätselhaft, wie eine so große Summe von 400 bis 500 Gulden,
die sowohl von Franke als auch von Alber genannt wurde, in das Testament

---

172) Akten I S. 42 Nr. 128 (1507, Dez 21; Jetzer); Beilagen S. 614 Nr. 11 (1508, Jan 7);
Def. S. 593 Kap. III/7.

173) Akten II/2 S. 185 (1508, Aug 9; Prior, Artikelverhör), S. 213 Nr. 8 (undat.; 1508,
Aug 18), S. 238 (undat., 1508, Aug 30; Lesemeister, Bekenntnisschrift)

174) Akten III S. 429 Nr. 17 (1509, Mai 5, 14 Uhr; Lesemeister), S. 483 Nr. 13 (1509,
Mai 15; Subprior).

Der Hauptprozess in Bern

393

geraten konnte – es sei denn, die Klostervorsteher hätten ihren Familiaren diese Summe nachträglich suggeriert[175].

Nach diesem kurzen Exkurs zu Jetzers Testament kehren wir zu Albers Zeugenaussage zurück. Als dieser an einem anderen Tag wiederum wegen eines Kranken im Kloster gewesen und an Jetzers Zelle vorbeigegangen sei, habe er gesehen, wie dieser vom Schaffner und anderen angekleidet wurde, wie wenn er krank wäre. Und als er nach dem Grund von dessen Schwäche gefragt habe, habe er erfahren, dass er von einem Geist geplagt würde. Auch wenn er oft im Konvent gewesen sei und mehrmals Jetzers verbundene Hände gesehen habe, habe er nicht nach dem Grund gefragt. Eines Tages sei er auf dem Rückweg vom Kloster zwei Frauen begegnet, von denen die eine die Frau des Bernhard Armbruster (und damit Schwägerin des Stiftspropsts Johann Armbruster) war. Sie hätten ihn gefragt, woher er komme und ob er nicht wisse, was sich im Dominikanerkloster zugetragen habe. Auf seine Frage hätten sie von der weinenden Marienstatue gesprochen. Als er in die Marienkapelle gegangen sei, habe er keine herabfließenden Tränen gesehen, wohl aber schien ihm Marias Gesicht röter als früher, und dasselbe hätten auch viele andere gesehen. Auf entsprechende Fragen antwortete Niklaus Alber, dass er die verwandelte Hostie nicht gesehen habe und auch nicht habe sehen wollen, und etwas Ähnliches auch in Bezug auf Jetzers übrige Stigmata, in die er keinen Glauben gehabt habe (*non haberet fidem in eisdem*). Er glaubte auch nicht, dass die vier Klostervorsteher dem Konversen bei diesen Illusionen Hilfe und Rat gegeben hätten, denn er habe sie immer für gut und ehrenhaft gehalten. Ebenso wenig wusste er, woher ihr schlechter Ruf stamme oder wer diesen in die Welt gesetzt habe; auf eine entsprechende Nachfrage habe der Prior ihm gesagt, dass er immer an Jetzers Geschichten gezweifelt habe[176]. Am Schluss wurde offensichtlich wieder der Fragenkatalog des Verteidigers angewandt, doch wurde Alber leider nicht

---

175) Das Erbrecht der Bettelorden an den Gütern ihrer Mitglieder war durchaus nicht unbestritten, vgl. NEIDIGER, Mendikanten S. 216. In Basel wurde 1476 ein Gutachten erstellt, laut welchem Bettel und Erbfähigkeit sich ausschlossen: „Das natürliche Recht zwischen Eltern und Kindern könne nicht als Vorwand dafür dienen, dass die Konvente anstelle der bei ihnen eingetretenen Konventualen Erbschaften bezögen." Dagegen berief der Orden sich auf päpstliche Privilegien. Bereits Papst Alexander IV. (1254–1261) hatte den Dominikanern erlaubt, Schenkungen von Personen zu empfangen, die sich um Aufnahme in den Orden bemühten, und Papst Gregor XI. (1370–1378) hatte ihnen 1375 bestätigt, dass zwar nicht die einzelnen Brüder, wohl aber der Konvent berechtigt sei, Erbschaften anzutreten.

176) Akten II/3 S. 352 f. (1508, Aug 13, 14 Uhr; Zeugenaussage Alber). Zu Bernhard Armbruster, Wirt der Krone, siehe Epilog 2a. Dieser war mit Magdalene Brügglerin verheiratet, vgl. www.niklaus-manuel.ch, Kat. 19.16.

394 Die Jetzerprozesse

nach Jetzers Ruf und Lebenswandel gefragt. Man hat den Eindruck, dass er wider besseres Wissen nicht sehen wollte, was er dennoch gesehen hat. Dass er vielleicht doch mehr wusste, als er sich zunächst entlocken ließ, geht aus dem Revisionsprozess hervor, wo er einmal mehr als Zeuge benötigt wurde (siehe Kap. II/3c, Der Apotheker Niklaus Alber).

Niklaus Darm, Mitglied des Großen Rats

Niklaus Darm (Tarm) ist im Jetzerhandel weder vorher noch nachher irgendwo belegt, und wir wissen lediglich, dass er von 1505 bis 1525 im Großen Rat saß. Immerhin hat sich im Staatsarchiv Bern eine Urkunde gefunden, wonach Niklaus Darm, gesessen zu Bern, und seine Frau, Katharina Subinger, der Stadt Bern 1499 eine Summe von 200 rheinischen Gulden liehen, die mit einem jährlichen Zins von 10 Gulden zu verzinsen war[177]. Niklaus Darm wurde zunächst „summarisch" befragt, wobei Thüring Fricker übersetzte. Darm scheint mit dem Jetzerhandel erst in Berührung gekommen zu sein, als im Volk allgemein die Rede war, Maria (sic, nicht die Marienstatue) weine. Er sei mit einem Gefährten zur Marienkapelle gegangen und habe Maria genau ins Gesicht geschaut, aber keine Tränen und keine Veränderung gesehen, und er glaube nicht und habe auch nie geglaubt, dass sie wirklich geweint habe. Am gleichen Tag sei er mit dem Kantor Thomas vom Stein zum Dominikanerkloster gegangen, um zu sehen, was es mit den wunderbaren Dingen auf sich habe, die durch das Volk verbreitet wurden. Als sie dorthin gekommen seien, hätten sie einige Dominikaner sitzend vorgefunden, die miteinander schwatzten und die den Kantor und seinen Begleiter auf die Bitte des ersteren hin sogleich zu Jetzer gelassen hätten[178]. Dagegen wusste Darm nichts davon, dass Thomas vom Stein die Väter getadelt und gewarnt hätte, aber dieser hatte ja auch ausgesagt, dass der Lesemeister ihn beiseite genommen hatte ... Immerhin könnte Niklaus Darm vom Kantor als zusätzlicher Zeuge angegeben worden sein, denn dessen Zeugenaussage stimmt mit derjenigen von vom Stein einigermaßen überein.

Im Stübchen hätten Niklaus Darm und der Kantor den Lesemeister und einen anderen Pater gefunden, dessen Namen ihm entschwunden sei, und

---

177) Akten II/3 S. 353 Anm. 2, vgl. auch Anshelm 2 S. 417 (1505); 4 S. 163 (1515), S. 387 (1520); 5 S. 142 (1525); 6 S. 231 (Niklaus Darm noch am Leben); StABern, F. Varia I (Orte), 1499, Apr 24. Niklaus Darms Frau, Katharina Subinger, testierte am 6. November 1516, vgl. HUBER HERNÁNDEZ, Für die Lebenden, Anhang I: Verzeichnis der Testatoren und Testatorinnen Nr. 252. Laut diesem Testament scheint Niklaus Darm seiner Frau von einer Pilgerfahrt nach Jerusalem zwei goldene Ringe mitgebracht zu haben, vgl. ebd. S. 232 u. 359.

178) Akten II/3 S. 353 f. (1508, Aug 13, 14 Uhr; Zeugenaussage Darm).

Der Hauptprozess in Bern

395

Jetzer im Bett liegend. Der Lesemeister habe ihn aufgefordert, auszuprobieren, ob er dessen Füße voneinander bringen könne, und er habe es zwei Mal versucht, aber nicht geschafft. Dagegen wusste Darm nichts von Jetzers Flug in die Marienkapelle noch von seinen Erscheinungen und der verwandelten Hostie, denn er sei nicht oft im Dominikanerkloster gewesen (*quia parum illic moraretur*). Auf die Frage, ob er wisse, wer das öffentliche Gerücht gegen die Väter in die Welt gesetzt habe und ob er es für wahr halte, sagte er, dass er es nicht wisse, obwohl er dem allgemeinen Volksgeschrei entnehme, dass die Väter schuldig und die Anstifter dieser Sache (*instructores huius rei*) seien. Er wisse es nicht, aber er glaube, dass Jetzer solche Erscheinungen und Phantasma allein und ohne Hilfe eines Dritten nicht zustande gebracht hätte. Damit kam Niklaus Darm der allgemeinen Meinung sehr nahe, die auch im Defensorium zitiert wird: „dass Jetzer dies alles nicht allein getan haben könne, sondern von den Vätern Hilfe gehabt haben müsse" (siehe Kap. I/3c). Auf Jetzers angeblich schlechten Ruf wollte Darm nicht eintreten, denn er kenne ihn überhaupt nicht (*quoniam sibi sit per omnia alienus et innotus*)[179].

Der Scherer Ludwig von Schüpfen

Der Scherer Ludwig von Schüpfen gehörte zwar zu den am 12. August 1508 akkreditierten Zeugen, aber von ihm ist vorher nur einmal kurz die Rede bzw. von seinem jungen Gehilfen Gabriel, der den Schaffner nach seinem missglückten Auftritt als Katharina von Siena, bei dem Jetzer ihn mit einem Hammer am Kopf verletzt hatte, versorgen musste; dabei wird Gabriel als „Familiare" (der Dominikaner) bezeichnet, und Ludwig von Schüpfen als „Meister" und „Scherer" (*barbitonsor*)[180]. In der Überschrift über seiner Zeugenaussage wird der letztere als „Chirurg von Bern" (*cirugicus Bernensis*) betitelt, aber nach seiner eigenen Aussage war er eher ein Scherer, dessen Familie wohl ursprünglich von Schüpfen (Amtsbez. Aarberg BE) stammte. Laut dem Tellbuch von 1494 wohnte er mit seiner Frau in der Neuenstadt oder im Gerberngraben. In den Jahren 1500–1525 saß er im Großen Rat und im Jahr 1507 legte er sein Udel auf das Haus seines Vaters in der Neuenstadt[181]. Seine Aussage wurde von Thüring Fricker übersetzt (*interpretante et referente quo supra*). Er habe erstmals von Jetzer sprechen hören,

---

179) Akten II/3 S. 354 f. (1508, Aug 13, 14 Uhr; Zeugenaussage Darm), vgl. auch Def. S. 592 Kap. III/6.

180) Akten II/1 S. 121 f. Nr. 304 (1508, Aug 4; Jetzer), vgl. auch Akten II/2 S. 202 (1508, Aug 12).

181) Akten II/3 S. 355 Anm. 2, vgl. auch Tellbuch 1494 S. 168 Nr. 246; Anshelm 2 S. 278 (1500), S. 417 (1505); 4 S. 163 (1515), S. 387 (1520); 5 S. 142 (1525).

396 Die Jetzerprozesse

als dieser die Stigmata empfangen hatte, aber ihn erst sechs Wochen später gesehen, als er im Dominikanerkonvent war, um die Brüder zu rasieren. In dieser Zeit sei er auch in Jetzers Stübchen gekommen und habe diesen im Bett liegen und an seinen Wunden leiden sehen; er habe sich mit mehreren anderen um ihn bemüht, sei aber gegangen, bevor dieser das Passionsspiel begonnen habe. Auf eine entsprechende Frage antwortete Ludwig von Schüpfen, dass viele Leute außerhalb des Klosters geglaubt hätten, dass die Stigmata Jetzer künstlich beigebracht worden seien, und einige, dass er sie auf wunderbare Weise bekommen habe. Im Konvent selber hätten nur wenige Brüder geglaubt, dass er sie auf wunderbare Weise bekommen habe. Ludwig selber glaubte auch nicht, dass sie von Gott kämen, sondern dass es sich um „Erfindungen" (*figmenta*) handle. Er sei auch nie herangezogen worden, um die Wunden zu pflegen. Er verdächtigte aber nicht die Klostervorsteher, sondern Jetzer selbst, mit Hilfe des bösen Geists[182]!

Auf entsprechende Fragen wollte Ludwig von Schüpfen nichts von der verwandelten Hostie wissen, noch von der blutweinenden Marienstatue noch von Jetzers Erscheinungen in seiner Zelle oder seinem Stübchen (die Jungfrau Maria, die hl. Barbara und hier nun auch die hl. Katharina von Siena), außer dass er nicht glaubte, dass sie mit Jetzer gesprochen hätten. Auf die Frage, ob man die Väter außerhalb des Klosters für die Urheber (*subordinatores*, *instructores*, *dispositores*, *promotores*) gehalten habe, antwortete er, dass er in der Tat vom gemeinen Volk sehr viel in dieser Richtung gehört habe, aber wie das im Volk eben sei: der eine sage dies, der andere das – eine Relativierung, die in diesem Fall den Dominikanern zu Gute kam. In der Folge wurde der Scherer direkt auf die Erscheinung der hl. Katharina von Siena angesprochen, die laut Jetzer vom Schaffner des Klosters gespielt und von ihm mit einem Messer und einem Hammer am Kopf verwundet worden sei, so dass aus zwei Wunden Blut geflossen sei. Er antwortete, dass der Schaffner seit einigen Jahren an Fisteln (einer Art Geschwür) leide, von denen eine am Bein immer wieder aufbreche, und ebenso am Kopf. Der Schaffner habe ihn aber nie um ein Medikament angegangen und ungefragt habe er sich nicht einmischen wollen. Er schien also nichts von der Intervention seines Gehilfen Gabriel zu wissen, und man kann nicht ausschließen, dass dieser hinzugezogen worden war, um den Meister zu umgehen – oder dass dieser den Gehilfen geschickt und selber weggeschaut hatte. Ludwig war jedoch sicher, dass der Schaffner weder am Kopf noch am Bein verletzt worden sei, und zwar weil dieser ihm seine Fisteln immer wieder ge-

---

182) Akten II/3 S. 355 f. (1508, Aug 13, 14 Uhr). Laut der Konstitutionen der Dominikaner von 1241 wurde die Tonsur der Brüder fünfzehn Mal im Jahr erneuert, vgl. CREYTENS, Les constitutions S. 37: *De rasura. XI.*

Der Hauptprozess in Bern 397

zeigt habe; sein Kopf und sein Körper seien voller Fisteln, so dass man nichts anderes sehe als Fisteln ... Das alles schien möglicherweise auch dem Gericht etwas widersprüchlich, so dass Ludwig von Schüpfen gefragt wurde, ob er einen Sohn oder Verwandten im Dominikanerorden habe. Er antwortete, dass er wohl einen Sohn habe, der zwar Konversenbruder im Basler Dominikanerkonvent sei, aber kaum in der Berner Niederlassung verkehre. Entsprechend äußerte der Scherer sich nur zu Jetzers Ruf, nicht aber zu demjenigen der Klostervorsteher: er hielt ihn für einen unglaubwürdigen und schlecht beleumdeten Mann (*levis opinionis, non famosus*), denn ein Jüngling aus Jetzers Heimatstadt Zurzach habe ihm gesagt, dass dieser früher in Zürich und Luzern auch schon eine Art Beschwörung eines Geists versucht habe[183].

Die Aussagen der beiden Fachleute, des Apothekers Niklaus Alber und des Scherers Ludwig von Schüpfen, sind umso interessanter, als man zumindest beim letzteren vermuten darf, dass er ein Mitglied der Bruderschaft der Meister des Schererhandwerks war, die ebenfalls von den Dominikanern betreut wurde. Dabei stellt sich allerdings die Frage, ob von Schüpfen ein Scherer oder ein Bader war, denn die beiden Handwerke waren in verschiedenen Zünften und Bruderschaften organisiert, die Scherer(meister) bei den Dominikanern, die Bader (seit spätestens 1475) in der Beinhauskapelle (beim Münster). Zwischen den beiden Handwerken gab es Konflikte, die 1487 in einem Spruch von Schultheiß und Rat geschlichtet wurden. Die Scherermeister hatten sich beklagt, dass die Bader ihnen Konkurrenz machten, indem sie die Leute sowohl nass als auch trocken „scherten" (rasierten?) und mit Arznei für ihre Wunden versahen. Schultheiß und Rat entschieden, dass die Meister des Baderhandwerks nur jenen Leuten den Bart schneiden dürften, die zu ihnen in ihre Badestuben kämen, und ihnen keine Wunden verbinden, Zähne ziehen oder sie zu Ader lassen durften. Demnach wäre Ludwig von Schüpfen wohl als Scherer einzuordnen, und dies umso mehr, als auch ein gewisser Hans von Schüpfen, der sein Vater gewesen sein könnte, 1477 als Scherer belegt ist. Die Bruderschaft der Scherermeister scheint bereits vor 1493 in der Dominikanerkirche eine Bruderschaft (mit Altar und Altartafeln) gestiftet zu haben, deren Patrone die heiligen Antonius (wahrscheinlich der Eremit) sowie Kosmas und Damian waren, die letzteren beiden Patrone der Ärzte und Apotheker[184]. Immer vorausgesetzt, dass Ludwig von Schüpfen der Bruderschaft der Scherermeister

---

183) Akten II/3 S. 355–357 (1508, Aug 13, 14 Uhr; Zeugenaussage von Schüpfen).

184) Das Stadtrecht von Bern X: Polizei, behördliche Fürsorge, bearb. von Hermann RENNEFAHRT † (SSRQ BE I/10, 1968) S. 200 Nr. 67b (1477, Aug 1), S. 200 f. Nr. 67c (1493, Nov 4), S. 245 Nr. 76a (1475, Dez 13), S. 247 Nr. 76b (1487, Mai 31). Eine Handwerksordnung der Scherer datiert vom 25. September 1500, und eine Ergänzung dazu

398 Die Jetzerprozesse

bei den Dominikanern angehört hat, könnte sich so auch seine fast bedingungslose Parteinahme für die Klostervorsteher und gegen Jetzer erklären. Dagegen war der Apotheker Niklaus Alber fast sicher ein Familiare der Dominikaner, aber wahrscheinlich kritischer als von Schüpfen; er scheint eher weggeschaut zu haben und war in seinem Urteil differenzierter als der Scherer.

Der Bauherr Rudolf Huber

Am 14. August 1507, einem Montag, ging die Vernehmung der Zeugen bereits am Morgen (*de mane*) weiter, und zwar mit Rudolf Huber, Mitglied des (Kleinen) Rats und Bauherr der Stadt Bern. Er gehörte zu jenen vier Ratsherren, die laut der Zeugenaussage des Wilhelm von Diesbach am 25. Juni 1507 frühmorgens aus dem Bett geholt worden waren, um Jetzer vor der blutweinenden Marienstatue knien zu sehen, zusammen mit Rudolf von Erlach und Lienhard Hübschi. Von ihnen konnten nur Wilhelm von Diesbach und Rudolf Huber befragt werden, denn Rudolf von Erlach war am 18. November 1507 gestorben und Lienhard Hübschi war der Schwager des Subpriors Franz Ueltschi und kam deshalb als Zeuge wohl nicht in Frage (siehe Kap. II/2c, Der Subprior). Rudolf Huber gehörte seit 1470 dem Großen Rat an, war 1481 Sechzehner und seit 1485 Mitglied des Kleinen Rats. Laut dem Tellbuch von 1494 wohnte er zusammen mit Frau und Mutter sowie Magd und Knecht an der Marktgasse Sonnseite oder am Kornhausplatz und versteuerte ein Vermögen von 12 000 Pfund[185]. Anders als Steck (aufgrund von Anshelm 3 S. 416) gemeint hat, war er nicht erst seit 1505 Bauherr, sondern bereits seit 1492 (so auch im Tellbuch von 1494). Er starb 1510 im Amt, das an Benedikt Weingarter überging[186]. Rudolf Huber wurde zunächst „summarisch" befragt, doch erfährt man nicht, von wem,

---

vom 16. September 1502 (ebd. S. 201–205 Nr. 67d und e) – UTZ TREMP, Geschichte S. 139 kennt nur die letztere.

185) Akten II/3 S. 358 Anm. 1, vgl. auch Anshelm 1 S. 192 (1481), S. 277 (1485); 2 S. 51 (1496), S. 416 (1505); 3 S. 239 (1510): Tellbuch 1494 S. 191 Nr. 789. Bei den Sechzehnern handelte es sich um ein Wahlmännergremium für den Großen und den Kleinen Rat, vgl. SCHMID, Wahlen in Bern S. 237, 241, 250, und Urs Martin ZAHND, Zünfte im spätmittelalterlichen Bern, in: Berns Große Zeit S. 133. Zum Baumeisteramt vgl. GERBER, Gott ist Burger S. 55 f., und STUDER IMMENHAUSER, Verwaltung S. 137–140.

186) StABern, F. Büren, 1492, Sept 11; F. Bauamt, 1494, Apr 17 (zusammen mit Peter Zurkinden); F. Signau, 1495, Apr 23; F. Inselarchiv, 1496, Dez 28 (zugleich Vogt des Seilerinspitals) u. 1509, Nov 10; Anshelm 3 S. 239 (1510). Rudolf Huber testierte am 19. Juli 1510, vgl. HUBER HERNÁNDEZ, Für die Lebenden, Anhang I: Verzeichnis der Testatoren und Testatorinnen Nr. 94.

Der Hauptprozess in Bern 399

noch wer übersetzte und wer von den Richtern anwesend war. Er war bereits vor dem berühmt-berüchtigten 25. Juni 1507 mit den Vorgängen im Dominikanerkonvent in Berührung gekommen bzw. gebracht worden; denn in der Woche nach Ostern, die 1507 auf den 4. April fiel, habe er sich auf seinem Besitz (*in quadam possessione sua*) außerhalb der Stadt aufgehalten und einen Zaun machen lassen. Da sei der Schaffner des Dominikanerklosters bei ihm aufgetaucht und habe ihn aufgefordert, so rasch als möglich ins Kloster zu kommen. Er wäre zwar lieber bei seinen Arbeitern geblieben, habe sich von diesem aber doch überzeugen lassen, und im Kloster habe der Subprior ihm gesagt, er werde Wunder sehen („*Vos videbitis mirabilia*"). Dann sei er zu Jetzer geführt worden, der ihm seine Hand mit einer Wunde oder einem Stigma gezeigt habe (nachdem er einen Handschuh ausgezogen hatte). Die Dominikaner hätten gesagt, Jetzer habe das Stigma auf wunderbare Weise bekommen, so dass Huber sich fromm gebeugt und dessen Hand wie die eines Heiligen geküsst habe. Darauf hätten ihn der Prior und andere ersucht, dies keinem Menschen zu sagen oder zu enthüllen[187]!

Später einmal, als Rudolf Huber den Rat verlassen habe, habe der Schultheiß Rudolf von Erlach ihm gesagt, sie müssten ins Dominikanerkloster gehen (vielleicht am 27. Juni 1507). In der Sakristei des Klosters hätten sich bereits Wilhelm von Diesbach, der Stadtschreiber (Niklaus Schaller), dessen Vorgänger Thüring Fricker und viele andere Räte der Stadt Bern versammelt. Der Prior und der Lesemeister hätten die von Maria mitgebrachten Reliquien „aus dem wahren Blut Christi" (*de vero sanguine Christi*) vorgezeigt, und ebenso die rote Hostie, und der Lesemeister habe ausführlich die mit der Verwandlung der Hostie verbundenen Geschichten erzählt, so unter anderem, wie Maria das Vaterunser und das Ave Maria gebetet habe, indem sie immer anstelle von „Unser Vater" (*pater noster*) „mein Sohn" (*filius meus*) gesagt habe, was wohl bedeutet, dass Huber den Sinn der Sache nicht ganz verstanden hatte ... Dann erst kam er auf den 25. Juni 1507 zu sprechen, als er noch schlafend in seinem Bett gelegen habe, da sei frühmorgens wiederum der Schaffner in seinem Haus erschienen und habe verlangt, dass er eilends ins Kloster komme, wo man ihm im Chor einen Schuh gezeigt habe. Vom Lettner aus sei ein anderer Schuh sichtbar gewesen, der auf der Mauer zwischen dem Chor (und der Marienkapelle) gelegen habe, angeblich die Schuhe, die Jetzer zurückgelassen habe, als er durch Maria vom Chor in die Marienkapelle getragen worden sei. Auf dem Lettner seien auch der Schultheiß Rudolf von Erlach, Wilhelm von Diesbach und Lienhard Hübschi gewesen, alle Mitglieder des Kleinen Rats. Ihnen allen habe man Jetzer gezeigt, der mit gefalteten Händen (*complausis manibus*) auf dem Altar vor

---

187) Akten II/3 S. 358 (1508, Aug 14; Zeugenaussage Huber).

400 Die Jetzerprozesse

der Marienstatue gekniet sei. Der Lesemeister sei in die Marienkapelle heruntergestiegen und habe einige geheime Worte mit Jetzer gewechselt, die Huber nicht habe verstehen können. Dann sei die rote Hostie herbeigetragen worden, die Jetzer jedoch nicht habe nehmen wollen, wohl aber eine andere, weiße. Nachdem die Brüder eine Antiphon zum Lob der Jungfrau Maria angestimmt hätten (die Huber als *illiteratus* nicht identifizieren konnte), sei der Konverse aufgestanden und habe sein Passionsspiel vollführt. Später (Ende Juli 1507) sei er wiederum ins Kloster gerufen worden, und da habe der Prior sich sehr beklagt, dass Jetzers Stigmata von einem Tag auf den anderen verschwunden seien[188].

Rudolf Huber wusste nicht, wer diese Wunder als erster an die Öffentlichkeit gebracht hatte, wohl aber, dass (am 25. Juni 1507), noch bevor er und die andern Räte weggegangen seien, in der Dominikanerkirche eine Messe gelesen und die Türen weit aufgemacht worden seien, so dass eine große Menge Volk hereingeströmt sei und Jetzer auf dem Marienaltar habe liegen sehen können. Darauf sei ein großer Lärm durch die Stadt gegangen, die einen hätten gesagt, wie wahr und groß dies sei, und die andern, dass es sich um „Erfindungen" (*figmenta*) handle. Und da gleichzeitig verbreitet worden sei, die Marienstatue habe geweint, hätten einige Priester, an deren Namen Huber sich nicht erinnerte (laut Noll: der Kaplan Johann Täschenmacher), gesagt, die Tränen seien Täuschung. Auf die Frage, ob der schlechte Ruf (*infamia*) der Klostervorsteher vom Rat oder vom Volk ausgegangen sei, antwortete der Bauherr, die Räte hätten unter sich diskutiert, und da ihnen schien, das Ganze sei zu unvermittelt (*nimis impertinenter*) geschehen, hätten sie eher gezweifelt (*dubitando, quod essent falsa vel ficta*). Deshalb hätten sie den Prior und andere Brüder mehrmals ins Rathaus zitiert und sie bedroht, gewarnt und ersucht, bei den wunderbaren Dingen und Erscheinungen in ihrem Kloster genau hinzuschauen, um einen Skandal zu vermeiden. Dagegen hätten sie keine Verbote ausgesprochen, und die Dominikaner hätten beteuert, dies alles sei nicht falsch, sondern wahr. Als die Zweifel im Rat überhandgenommen hätten, sei Jetzer (Anfang Oktober 1507) dem Bischof von Lausanne überstellt worden. Davon, dass Jetzer bereits anderswo einen Geist gesehen, über die Empfängnis Marias diskutiert oder in Frauenkleidern zwei verschiedene Stimmen nachgemacht hätte, wusste Huber nichts[189].

---

188) Akten II/3 S. 358–361 (1508, Aug 14; Zeugenaussage Huber).
189) Akten II/3 S. 361 f. (1508, Aug 14; Zeugenaussage Huber).

Der Weibel Konrad Brun

Der Weibel Konrad Brun wurde gewissermaßen anstelle seines Herrn, des Schultheißen Rudolf von Erlach (1448–1507), der am 18. November 1507 im Amt gestorben war, als Zeuge einvernommen. Brun scheint das Haupt der Weibel gewesen zu sein, denn er steht in den Osterbüchern jener Jahre stets an der Spitze der Weibel. Laut dem Tellbuch von 1494 wohnte er mit seiner Frau und einer Magd an der Brunngasse (alle drei Kopfsteuerzahler)[190]. Konrad Brun war nicht als Zeuge akkreditiert worden und wurde zunächst „summarisch" befragt. Er sagte aus, dass er Rudolf von Erlach als Schultheißen der Stadt fast immer begleitet habe (*continuo quasi et sepius comitabatur*), so auch am 25. Juni 1507 frühmorgens ins Dominikanerkloster, wohin der Schultheiß vom Schaffner gerufen worden war. Laut dem Chronisten Valerius Anshelm (3 S. 98) scheint Rudolf von Erlach im Unterschied zu Wilhelm von Diesbach und Rudolf Huber nicht aus dem Bett geholt worden zu sein, sondern vom Lettner der Franziskanerkirche, wo er nach seiner Gewohnheit frühmorgens betete, was u. U. darauf hindeuten könnte, dass er ein Familiare der Franziskaner war. Die Herren seien auf den Lettner der Dominikanerkirche geführt worden, und Rudolf von Erlach habe den Weibel gebeten, bei ihm zu bleiben. Von dort aus hätten sie Jetzer auf dem Altar der Marienkapelle vor der Marienstatue knien sehen. Seine Hände seien mit einem feinen Tüchlein umhüllt gewesen, mit welchem die Statue geschmückt war, und sein Kopf habe fast im Schoss der Marienstatue geruht – Einzelheiten, die sonst noch von niemandem erwähnt worden waren. Sie veranlassten Brun zu einem für Jetzer ungünstigen Vergleich mit dem seligen Bruder Niklaus von Flüe, der nie in der Öffentlichkeit gebetet habe. Der Tod des Einsiedlers lag damals gerade zwanzig Jahre zurück und seine Verehrung in der Eidgenossenschaft hatte eingesetzt, nicht zuletzt weil er Ende 1481 von seiner Einsiedelei im Ranft aus zwischen den Länder- und den Städteorten vermittelt und ein Auseinanderbrechen der Eidgenossenschaft verhindert hatte (siehe auch Kap. II/5b, Der Vergleich mit Niklaus von Flüe)[191]. Hier ergibt sich ein Blick über den bernischen Tellerrand hinaus, den man nicht unbedingt von einem Weibel erwartet, wo-

---

190) Akten II/3 S. 362 Anm. 1; Tellbuch 1494 S. 188 Nr. 727. Zu Rudolf von Erlach, Schultheiß 1479–1481, 1492–1495, 1501, 1504 und 1507, vgl. Anne-Marie DUBLER, Art. Erlach, Rudolf von, in: HLS online (Zugriff 26. Dez. 2018). Zu den Osterbüchern vgl. SCHMID, Wahlen in Bern S. 239 ff. Die Bezeichnung leitet sich von der Tatsache ab, dass die Wahlen in Bern über Ostern stattfanden, vgl. ebd. S. 249 ff.

191) Akten II/3 S. 362 f. (1508, Aug 14; Zeugenaussage Brun), vgl. auch Bruder Klaus 2 S. 1225, und Ernst WALDER / Heinrich STIRNEMANN / Niklaus VON FLÜE, Art. Flüe, Niklaus von (1417–1487), in: HLS online (Zugriff 20. Juli 2017). – Es gab tatsächlich ei-

402 Die Jetzerprozesse

bei sich dieser auch sonst als sorgfältiger, sensibler und kritischer Beobachter erweist.

Brun setzte seine Erzählung fort, indem er aussagte, dass der Schaffner auf die Marienstatue gezeigt und gesagt habe, diese Statue habe in der Nacht Blut geweint. Er, der Weibel, habe deshalb genauer hingeschaut, aber keine Tränen gesehen, während der Schultheiß und andere selber zu Tränen gerührt gewesen seien. Darauf habe der Lesemeister die Herren in die Mitte des Lettners geführt und ihnen Jetzers Schuhe gezeigt, von denen der eine im Chor und der andere auf der Mauer des Chors lagen, und ebenso blutiges Verbandszeug sowohl im Chor als auch um die Marienkapelle herum. Er habe mehrere Schlüssel in seiner Hand gehalten und gesagt, dass er Jetzer nach der Matutin (um Mitternacht) im Chor gefunden habe, wo er vor dem Hauptaltar kreuzweise ausgestreckt gebetet habe. Darauf habe er, der Lesemeister, alle Türen – sowohl zum Chor als auch zur Marienkapelle – geschlossen, so dass Jetzer durch die Luft in die Marienkapelle getragen worden sein müsse und dabei die Schuhe heruntergefallen sein müssten. Brun sei dies alles sehr zuwider gewesen (*tedio affectus*), und er habe gehen wollen, doch habe sein Herr ihm geboten, zuerst die Messe zu hören. Nachdem er mit den Herren vom Lettner heruntergestiegen sei, habe er sich Jetzers Schuhe genauer angesehen: diese seien sehr ausgeschnitten gewesen, wie junge, leichtsinnige Gesellen sie trügen, und es habe ihn geekelt, dass jemand im Kloster solche Schuhe trug. Nichtsdestoweniger scheint Brun noch am gleichen Tag nach dem Mittagessen wieder in die Dominikanerkirche gegangen zu sein, wo er sich vom Subprior Ueltschi in der Sakristei die Reliquien habe zeigen lassen, die Maria angeblich mitgebracht hatte, und vom Prior die Hostie, die sich angeblich in der Hand der Maria in eine blutige verwandelt hatte. Eines Tages, wahrscheinlich vor oder nach dem 11. Juli 1507 (siehe Kap. I/3b, Anm. 112), seien die Gesandten der Eidgenossen in Bern gewesen und er habe sie ins Kloster begleitet, um mit ihnen zusammen Jetzers Passionsspiel beizuwohnen. Dabei habe er diesen auf den Knien beten sehen, assistiert vom Schaffner, der ihn antrieb: „Jetzt, Jetzt (*iam, iam*)!" Der Schaffner habe Jetzer dann auch zusammen mit den anderen aufgehoben und auf sein Bett gelegt. Der Lesemeister habe dessen Hand genommen, den Verband abgelöst, und dann Bruns Hand an sich gerissen, mit ihr Jetzers Stigma berührt und gesagt: „Damit du von den wunderbaren und verblüffenden Dingen, die hier geschehen, berichten kannst: dieses Stigma haben der allmächtige Gott und Maria in diese Hand eingedrückt" – was den Zeugen Brun wohl unangenehm berührt hat, ähnlich wie die Sache mit

---

nen speziell dem Schultheißen zugeteilten Weibel, vgl. STUDER IMMENHAUSER, Verwaltung S. 62.

Der Hauptprozess in Bern

403

Jetzers Füßen den Zeugen Niklaus Darm. Brun war überzeugt, dass die vier Klostervorsteher dies zur Täuschung der Leute gemacht hätten, denn sie schienen ihm Dinge zu loben und zu bestätigen, die er für Betrügereien (*truffe*) hielt. Dagegen wusste er nichts von Jetzers gutem oder schlechtem Ruf oder davon, dass er Geister gespielt, über die Empfängnis Marias diskutiert oder sich als Frau verkleidet habe (*transvestitiones eius in mulierum habitu*)[192].

Johann Schindler, Mitglied des Rats der Sechzig

Auch von Johann (Hans) Schindler, der zum Großen Rat der Stadt Bern und insbesondere zu den Sechzigern gehörte, ist vor und nach seiner Zeugenaussage nie die Rede; er gehörte auch nicht zu den am 12. August 1508 akkreditierten Zeugen. Laut dem Tellbuch von 1494 war er Metzger und wohnte zusammen mit einem Knecht an der Kramgasse Schattenseite[193]. In den Jahren 1496–1525 saß er im Großen Rat, und in den Mailänderkriegen bekleidete er das Amt eines Hauptmanns[194]. Ebenso wie der Weibel Konrad Brun war auch er ein genauer Beobachter, und entsprechend stammt von ihm die genaueste Beschreibung der von Maria ins Dominikanerkloster gebrachten Reliquien, die im Chor oder in der Sakristei gezeigt und zur Verehrung ausgesetzt wurden (siehe Kap. II/5b, Die Reliquien und ihre Verehrung). Mit dem Jetzerhandel scheint Schindler erstmals am 25. Juni 1507 in Berührung gekommen zu sein, als er von seiner Frau (die 1494 im Tellbuch noch nicht belegt war) erfahren habe, dass die Marienstatue bei den Dominikanern Blut geweint habe. Offenbar aufmerksam geworden, hörte er daraufhin in den Gesellschaftsstuben (*societates*) von den Erscheinungen der Maria und von einem heiligen Bruder mit den Stigmata bei den Dominikanern; aber er habe nur wenig geglaubt und sei der Sache nicht nachgegangen. Als er jedoch per Zufall(!) beim Friedhof der Dominikaner vorbeigekommen sei, sei er doch in die Kirche eingetreten, um zu schauen, ob die

---

192) Akten II/3 S. 363–366 (1508, Aug 14; Zeugenaussage Brun).

193) Tellbuch 1494 S. 157 Nr. 7, vgl. auch StABern, F. Seftigen, 1521, Nov 27: „Das Gericht zu Bern weist den Hans Schindler, Metzer zu Bern, mit seiner Klagen gegen die Herrschaftsherren zu Belp wegen Beschlagnahme zweier Schafe vor das Gericht zu Belp." Im Jahr 1509 (1507?) verheiratete Hans Schindler sich mit Vreneli, einer unehelichen Tochter des Beat von Bonstetten, vgl. STREUN, Testament Hans Rudolf S. 174 f. Ein Hans Schindler testierte am 28. Juni 1527, vgl. HUBER HERNÁNDEZ, Für die Lebenden, Anhang I: Verzeichnis der Testatoren und Testatorinnen Nr. 198. – Zum Rat der Sechzig siehe Kap. I/3e, Anm. 128.

194) Akten II/3 S. 366 Anm. 1, vgl. auch Anshelm 2 S. 52 (1496), S. 278 (1500), S. 417 (1505); 4 S. 163 (1515), S. 170 (1516); 5 S. 141 (1525).

404 Die Jetzerprozesse

Marienstatue wirklich geweint habe. Er habe sich vor ihr zum Beten(!) niedergelassen und nach(!) dem Gebet die Statue genauer ins Auge gefasst, und da einige blutige Tränen aufwärts zu fließen schienen, kam er zum Schluss, es sei rote Farbe. Auch theologisch schien ihm unmöglich, dass die Marienstatue Blut weine, wo doch Maria selbst unter dem Kreuz nicht Blut geweint habe[195]!

Beim Evangelisten Johannes ist tatsächlich nur zu lesen, dass Maria zusammen mit anderen Frauen beim Kreuz gestanden, nicht aber, dass sie geweint habe (Ioh. 19,25), und entsprechend vertraten die Kirchenväter die Meinung, dass Maria unter dem Kreuz nicht geweint habe. Dies änderte sich indessen im Verlauf des Mittelalters, und so dichtete Jacopone da Todi (1230–1306), ein Jurist, der nach dem Tod seiner Frau als Laienbruder in den Franziskanerorden eintrat, den seither vielfach vertonten Leidenshymnus des *Stabat mater dolorosa* mit der suggestiven Frage, welcher Mensch nicht in Tränen ausbrechen würde, wenn er Maria, ebenfalls weinend, unter dem Kreuz sehen würde. Seit dem Anfang des 12. Jahrhundert konnten Theologen wie Anselm von Canterbury, Gottfried von Admont (Abt von Admont 1138–1165) und Aelred von Rievaulx (1110–1167) sich nicht mehr anderes vorstellen, als dass Maria bei dieser Gelegenheit „Quellen, Ströme und Flüsse von Tränen" aus ihren „schamhaften Augen" geflossen seien, und beim Verfasser eines um 1230 in Reimpaarversen verfassten Marienlebens waren es auch schon blutige Tränen. Die Reaktion auf diese Tränenflut war, dass Prediger und Theologen seit dem 14. Jahrhundert davor warnten, „in der Verkündigung und auf bildhaften Darstellungen Marias Leid zu übertreiben", eine Reaktion, von der letztlich auch Schindler etwas mitbekommen haben könnte[196].

Nach einigen Tagen habe Wilhelm von Diesbach der Jüngere (der Sohn des Klostervogts Wilhelm von Diesbach) Johann Schindler gezwungen(!), zusammen mit rund zwanzig anderen „Gesellen" in die Dominikanerkirche zu gehen. Die Reliquien seien in einem Schrein im hinteren Teil des Hauptaltars aufbewahrt und ihnen vom Subprior gezeigt und erklärt worden. Zu den anfänglichen zwei Kreuzen aus dem wahren Blut Christi scheint inzwischen ein drittes Stück hinzugekommen zu sein, das als Verband für Jetzers Stigmata gedient hatte; da dieses Stück deshalb blutig und hart geworden sei, habe Maria es einmal mitgenommen, weich gemacht und wieder mitgebracht ... Der Subprior habe auch die rote Hostie gezeigt, und dazu seien die Glocken geläutet und sei alles gemacht worden, was zur Verehrung *(honor latrie)* dieser Hostie gehöre, eine ähnliche Szene, wie sie bereits von

---

195) Akten II/3 S. 366 (1508, Aug 14; Zeugenaussage Schindler).
196) SCHREINER, Maria, Jungfrau S. 17 und 38–43.

Der Hauptprozess in Bern 405

Wilhelm von Diesbach (d. Ä.) beschrieben worden war; dabei ist die von diesem beschriebene Szene wohl auf den 27. Juni 1507 zu datieren, die von Johann Schindler beschriebene auf den 29. Juni, dem Patronatsfest der Dominikanerkirche. Der Subprior habe auch eine kleine Wachskerze gezeigt, die Maria gebracht und die wie eine große Fackel gebrannt habe, obwohl sie sich nicht habe anzünden lassen. Der Zeuge Schindler gab eine genaue Beschreibung dieser Wunderkerze und erzählte, ebenso wie vor ihm Anton Noll, dass die Zuschauer trotzdem versucht hätten, die Kerze anzuzünden, und dass es beim dritten Versuch zum Ärger des Subpriors dennoch gelungen sei[197].

In der Folge hätten Schindlers Begleiter darauf gedrungen, auch Jetzer zu sehen, und der Zeuge sei, wenn auch widerwillig, mitgegangen. Im Kloster hätten der Prior, der Subprior und der Schaffner Jetzers Zelle gezeigt, die bereits teilweise zerstört gewesen sei (*cellam sepedicti Iohannis Ietzer partim diruptam*), eine Zerstörung, die nach der verunglückten Erscheinung des Priors als hl. Bernhard von Clairvaux vorgenommen worden sein könnte (siehe Kap. II/2b, Die Erscheinungen der heiligen Cäcilia, Bernhard von Clairvaux und Katharina von Siena). Nichtsdestoweniger scheinen die Gucklöcher in der Wand noch sichtbar gewesen zu sein, durch welche der Prior und der Lesemeister Marias Erscheinungen in Jetzers Zelle beobachtet hätten; dabei habe der Lesemeister jeweils verstanden, was Maria gesagt habe, und sei aus dem Staunen nicht herausgekommen. Als der Zeuge und seine Begleiter Zutritt zu Jetzer (der sich nun auch tagsüber in seinem Stübchen aufhielt) verlangt hätten, sei ihnen geantwortet worden, es sei noch nicht Zeit und der Lesemeister sei noch bei ihm, um ihn zu informieren und zu belehren. Darauf hätten sie geantwortet: „Wenn der Lesemeister so heilig ist, dass er Maria hört und das, was sie sagt, aufschreibt (*conscribebat ab ore eius*), wäre es doch besser, wenn sie ihm selber erscheinen würde, damit er aufschreiben und antworten könne" – eine ähnliche Reaktion, wie sie im Defensorium auch von Jetzer überliefert ist (siehe Kap. I/2d). Schindler und seine Begleiter hätten noch beigefügt, dass es doch genüge, wenn Maria mit Jetzer spreche und ihn belehre, und dass zu einem Gelehrten nicht auch noch ein zweiter nötig sei (*non expediebat doctorem cum doctore*). Darauf hätten die Dominikaner erwidert, dass Jetzer ein einfacher und guter Bruder sei, der aber nicht viel wisse, weshalb der Lesemeister ihn lehre, wie er Maria antworten und mit ihr sprechen solle ... Als die Zeit gekommen sei, seien

---

197) Akten II/3 S. 366–368 (1508, Aug 14; Zeugenaussage Schindler). Zu Wilhelm von Diesbach d. J., einem „missratenen" Sohn von Wilhelm d. Ä., vgl. MOSER, Ritter Wilhelm von Diesbach S. 118 f., 124, 165–167, 184, 203 f., und ZAHND, Autobiographische Aufzeichnungen Abb. 18.

406 Die Jetzerprozesse

sie eingelassen worden und hätten Jetzer auf einem Stuhl sitzend gefunden und gesehen, wie die Klostervorsteher ihm die Verbände von den Stigmata entfernt hätten, wobei Jetzer die Nase gerümpft habe, wie wenn es schmerzte (*nasum, ac si doleret, complicabat*); aber er habe nicht mit Schindler sprechen wollen. Schließlich sei dieser auch im Kloster gewesen, als ein gelehrter Mönch aus der Umgebung des Bischofs von Lausanne Jetzer (am 23. Juli 1507) beschworen habe; er sei vor der Türe (*pro foribus*) gestanden, zusammen mit einigen Novizen des Klosters, die gesagt hätten, es sei nicht nötig, Jetzer zu beschwören, denn er sei nicht von einem Dämonen besessen[198].

In der Folge kam Johann Schindler auf die Führung durch den Subprior im Chor zurück und erzählte, wie dieser ihm und seinen Begleitern Jetzers Schuhe und Verbände gezeigt habe, die immer noch vor dem Hauptaltar herumlagen, ein Schuh immer noch auf der Mauer und ein Verbandstück an prominenter Stelle auf einem Gitter hängend, eine Unordnung, an der auch der Weibel Konrad Brun Anstoß genommen hatte. Auf die Frage, ob er glaube, die vier Klostervorsteher hätten dies zur Täuschung der Menschen veranstaltet, antwortete Schindler mit einem entschiedenen Ja, und zwar gerade weil sie immer wieder beteuert hätten, sie hätten alles geprüft. Ein Grund für die Täuschung sei sicher auch ein finanzieller gewesen; denn beim Marienaltar sei immer ein Zinnteller gestanden, in den Geld gelegt wurde. Auf die Frage, wie das Gerücht aufgekommen sei (*quomodo vox et fama surrexerit*), antwortete er: weil Ludwig Löubli öffentlich gesagt hatte, dass diese Dinge „Betrügereien und Häresien" (*conficte trufe et hereses*) seien, wofür ihn die Väter vor den Rat gezogen hätten. Als Löubli dort seine Worte nicht habe zurücknehmen müssen, seien in der ganzen Stadt solche Reden aufgekommen und hätte sich der schlechte Ruf der Dominikaner unter den Leuten, die in den Wirtschaften saßen oder auf den Plätzen herumgingen, herumgesprochen – wie bereits aus Nolls Zeugenaussage hervorgeht, hatte Löublis Ausspruch, den die Dominikaner vor dem Rat als Verleumdung einklagten, den er aber (am 23. August 1507) nicht zurücknehmen musste, zumindest auf die Skeptiker, aber wohl nicht nur auf sie, wie ein Fanal gewirkt. Dagegen wusste Schindler nichts von Jetzers Ruf oder schlechtem Ruf (*de infamia vel fama Iohannis Ietzer*), wohl aber, dass er vor dem Eintritt in den Orden liederlichen Umgang mit Frauen gehabt habe (*lascivire cum mulieribus consuevit*)[199]. Man darf indessen vermuten, dass Schindler nicht immer so entschieden gegen die Klostervorsteher eingestellt gewesen war, wie hier dargestellt, denn sonst hätte er nicht fortwährend betonen müssen, er sei nur per Zufall in die Dominikanerkirche geraten, um

---

198) Akten II/3 S. 368 f. (1508, Aug 14; Zeugenaussage Schindler).
199) Akten II/3 S. 369 (1508, Aug 14; Zeugenaussage Schindler).

Der Hauptprozess in Bern 407

die blutweinende Marienstatue zu sehen, und er hätte nur gezwungenermaßen an einer Heiltumsweisung im Chor und Jetzers Passionsspiel in dessen Stübchen beigewohnt.

Am gleichen 14. August 1508, an dem die Zeugen Rudolf Huber, Konrad Brun und Johann Schindler einvernommen wurden, fand auch der Abschluss von Jetzers Hauptprozess statt (siehe Kap. II/2b, Warum gerade Jetzer?) und trat der Glaubensprokurator Löubli einmal mehr vor das Gericht, das mit den beiden Bischöfen (von Lausanne und von Sitten) sowie dem Provinzial wieder vollständig war, doch wissen wir nicht, in welcher Reihenfolge dies alles geschah. Gegen den Widerspruch des Verteidigers der Klostervorsteher ließ der Glaubensprokurator weitere Zeugen akkreditieren, deren Namen jedoch nicht genannt werden, die aber einen Termin am nächsten Samstag (19. August 1508) erhielten. Die Zeugenverhöre wurden jedoch schon am 16. August fortgesetzt. Dagegen fanden am 15. August keine Gerichtssitzungen statt, denn dieser war ein hohes kirchliches Fest, Mariä Himmelfahrt. Bereits am 12. August (Samstag) war ins Ratsmanual notiert worden, dass der Bischof von Sitten, Matthäus Schiner, gebeten werden solle, am nächsten Dienstag (15. August) hier (im Münster?) zu predigen; dies scheint ein besonderes Anliegen Wilhelms von Diesbach und anderer gewesen zu sein[200]. Für eine solche Predigt kam von den Richtern nur Schiner in Frage, nicht aber der Bischof von Lausanne, der wohl der deutschen Sprache nicht mächtig war, und noch weniger der Provinzial, der immer mehr selber ins Zwielicht geriet.

Vom 13. August 1508 datiert auch ein Brief Schiners von Bern an seine Landleute im Wallis, die ihm offenbar geschrieben hatten, dass die Pest umgehe und er sich Sorgen tragen solle, denn in seinem Antwortbrief dankte er für ihre „Liebe und Treue und ihre Besorgnis um die Erhaltung seines Lebens und seines Staates". Hier interessiert besonders, was Schiner zum Jetzerhandel bzw. zum Jetzerprozess sagte, den er sich offenbar sehr zu Herzen nahm und über den er eine Art Zwischenbericht gibt: „Er stecke im Kote des so hartnäckigen Geschäftes, dass er nicht so leicht den Fuß herausziehen oder auf den Grund desselben kommen könne. Deshalb müsse er länger, als er wünsche, seine Zeit darauf verwenden, obwohl er ohne alle Unterbrechung daran sei, und er werde darnach trachten, die Angelegenheit möglichst bald zu erledigen. Indessen habe er auch dem Papst gehorchen und im übrigen versuchen müssen, etwas zur Beruhigung der Kirche und des Vaterlandes zu unternehmen, was einigen Nutzen bringen sollte, wenn

---

200) Akten II/2 S. 208 f. (1508, Aug 14), vgl. auch Beilagen S. 628 Nr. 30 (1508, Aug 12).

408 Die Jetzerprozesse

nicht alle Ehrlichkeit und Anständigkeit bei den Menschen zugrunde gerichtet werden soll." Die Pestgefahr werde ihm Antrieb sein, noch „rascher zu handeln und vorsichtiger im Aufenthalt zu sein"[201].

Johann Dübi, Kustos des Vinzenzstifts

Am 16. August 1508 wurden, wie bereits gesagt, die Zeugenverhöre fortgesetzt, und zwar mit Johann Dübi, dem Kustos des Vinzenzstifts, dem einzigen Zeugen, der in allen drei Prozessen einvernommen wurde. Diese Stellung verdankte er wohl der Tatsache, dass er in der Nacht vom 12. auf den 13. September 1507 zusammen mit seinem Mitchorherrn Heinrich Wölfli der Erscheinung der gekrönten Maria auf dem Lettner der Dominikanerkirche beigewohnt hatte, sehr vorausschauend von den Klostervorstehern zur Matutin eingeladen ... Heinrich Wölfli wurde dagegen nur in Jetzers Prozess in Lausanne und Bern und im Revisionsprozess einvernommen (siehe Anh. 4), wohl weil man ihm zumindest im Hauptprozess als parteiisch zu Gunsten der Dominikaner misstraute. Dübi wurde hier aber nicht über die Erscheinung der gekrönten Maria befragt, sondern berichtete, dass er einmal mit Jetzer allein gewesen sei, als dieser in Ekstase lag. Als er wieder zu sich gekommen sei, habe er ihn gefragt, ob er sehr gelitten habe, eine Frage, die Jetzer mit Nein beantwortete, er habe nichts gefühlt. Dübi habe ihn ermahnt, Geduld zu haben, denn viele beteten für ihn. Am gleichen Abend habe der Kustos zusammen mit Heinrich Wölfli und Thomas vom Stein bei den Dominikanern zu Abend gegessen. Jetzer sei auch dabei gewesen, und er, Dübi, habe gehört, wie der Prior oder der Lesemeister zu Jetzer gesagt habe, er solle gut aufpassen, dass er nicht einen Betrug begehe; denn sonst werde er mit eigenen Händen Holz zu seinem Scheiterhaufen tragen – also eine ähnliche Warnung, wie sie auch der Kantor Thomas vom Stein vernommen haben wollte[202].

Als die Klostervorsteher in der Stadt Bern in schlechten Ruf geraten seien und Dübi von einem gewichtigen Mann (*homo gravis*, wohl Wilhelm von Diesbach) gehört habe, dass sie ihren Obern nicht gehorsam seien und gegen deren Verbote die Ereignisse um Jetzer an die Öffentlichkeit gebracht hätten, und auch von den Frauengeschichten im Kloster, habe er es nicht geglaubt, weil er sie als ehrenhafte und fromme Männer gekannt habe. Nichtsdestoweniger habe er sich als Familiare (*fautor*) des Konvents an den Prior gewandt und ihn gewarnt, vorsichtig zu sein und in der Veröffentlichung

---

201) Korrespondenzen Schiner 1 S. 78 f. Nr. 103 (1508, Aug 13).
202) Akten II/3 S. 370 (1508, Aug 16; Zeugenaussage Dübi). Biographische Angaben zu Dübi siehe Kap. II/1b, Die Chorherren Johann Dübi und Heinrich Wölfli.

Der Hauptprozess in Bern 409

von Jetzers Taten nichts zu überstürzen, bevor er ihn gut kenne, denn er sei noch nicht lange im Kloster. Er habe ihm von Niklaus Brodeckol (Brotekel, wohl wiederum Niklaus von Flüe) gesprochen, der lange Zeit in gutem Ruf gestanden sei und ungefähr dreißig Jahre (vielmehr zwanzig Jahre, 1467–1487) weder gegessen noch getrunken habe, ohne dass sein Leben vor seinem Tod approbiert worden sei; deshalb solle der Prior Jetzer nicht zu rasch loben, sondern das Ende abwarten; und wenn dieser nach zwanzig(!) Jahren in guten Sitten gelebt haben würde, dann könne man ihn loben und seine Taten an die Öffentlichkeit bringen. Der Prior habe ihm geantwortet, dass die Jungfrau Maria nicht so lange warten wolle, also etwas Ähnliches wie (am 24. Juni 1507) auch dem Klostervogt Wilhelm von Diesbach. Da er von Anfang an gezweifelt habe, sagte Dübi, habe er mit Heinrich Wölfli gesprochen, der seinerseits häufig mit Jetzer im Gespräch war. Dieser wollte von Jetzer gehört haben, es sei alles wahr und er sei bereit, für diese Wahrheit zu sterben. Dübi habe Jetzer durch Wölfli fragen lassen, ob der Teufel jemals in der Gestalt Christi erschienen sei, eine Frage, die Jetzer bejahte. Auf die Frage, wie er den einen vom andern unterscheiden könne – also wiederum eine Unterscheidung der Geister –, habe der Konverse geantwortet: an den goldenen Schuhen, die der Teufel in der Gestalt Christi getragen (bzw. wohl abzulegen vergessen) habe. Dagegen wird Dübis Antwort auf die Frage nach Jetzers Ruf nicht klar[203].

Jost Keller, Kanzler des Bischofs von Basel

Der nächste Zeuge erscheint ganz unvermittelt und tanzt auch ganz aus der Reihe: Es handelte sich um Jost Keller, der in den Jahren 1481–1509 als Kanzler der Bischöfe von Basel tätig war, ohne dass dies in den Akten der Jetzerprozesse gesagt würde. Ein Hinweis, von wem er rekrutiert worden sein könnte, ergibt sich daraus, dass bei seiner Befragung Johann Mörnach von Basel als Übersetzer wirkte (*examinatus ad interpretationem domini doctoris Basilee*), einer der beiden Rechtsgelehrten aus Basel (siehe Kap. II/2c). Kellers Aussage beschränkte sich darauf, dass er von mehreren und insbesondere vom Pfarrer in Wimmis (am Eingang zum Simmental) und außerdem von seinem, Kellers, Schwiegervater (oder Schwiegersohn: *a socero ipsius deponentis*) gehört haben wollte, dass die Dominikaner in Wimmis und an anderen Orten gepredigt hätten, die Ereignisse um Jetzer seien wahr

---

203) Akten II/3 S. 370–372 (1508, Aug 16; Zeugenaussage Dübi), vgl. auch Bruder Klaus 2 S. 1225 f. Der Herausgeber, Robert Durrer, glaubt nicht, dass Nikolaus „Brodeckol" als „Brotekel" (weil Bruder Klaus seit Jahren nicht mehr gegessen hatte) zu interpretieren sei, sondern meint, dass es sich um eine Entstellung des Wortes „Bruderklaus" handle.

410 Die Jetzerprozesse

und wer dies nicht glaube, werde exkommuniziert[204]. Diese Botschaft war
zwar nur kurz, aber doch folgenreich; denn sie setzte wohl den Glaubensprokurator Ludwig Löubli auf die Fährte des Pfarrers von Wimmis, Benedikt Dick, der am 19. August 1508 aussagen sollte. Die Dinge liegen aber
noch komplizierter, indem Dick laut der erst noch bevorstehenden Zeugenaussage des Gerichtsschreibers Peter Esslinger (ebenfalls vom 16. August) in
den vergangenen Tagen – jedenfalls vor dem 16. August – in Bern an einer
Primiz (erste Messe eines neugeweihten Priesters) teilgenommen und dabei
offenbar hatte verlauten lassen, dass die Dominikaner im Oberland (bzw. im
Simmental) von den Wundern, die in ihrem Konvent in Bern geschähen, gepredigt und die Leute mit Exkommunikation bedroht hätten, wenn sie nicht
daran glaubten (siehe unten, Zeugenaussage Esslinger). Dann ist jedoch
schwierig zu verstehen, warum man den Pfarrer von Wimmis als möglichen
Zeugen durch den Kanzler des Bischofs von Basel ins Spiel bringen lassen
musste, es sei denn, dessen Schwiegervater (oder Schwiegersohn) hätte auch
noch etwas beizutragen gehabt, doch hat sich dieser nicht identifizieren lassen. Die Aussage des Pfarrers von Wimmis zog dann wiederum diejenigen
der Pfarrer und Priester aus dem Simmental nach sich, die am 30. August
1508 stattfanden und die sich als entscheidend erwiesen.

Niklaus Grafenried, Mitglied des Kleinen Rats

Mit Niklaus Grafenried (noch nicht Niklaus von Graffenried) kehren wir
wieder zu den Stadtberner Zeugen zurück. Auch er wird weder vorher noch
nachher im Zusammenhang mit dem Jetzerhandel genannt. Er war der Sohn
des Johann, der auch schon im Kleinen Rat gesessen hatte, und war selber
seit 1489 Mitglied des Großen und seit 1495 des Kleinen Rates. In den Jahren 1495–1498 war er Obervogt von Schenkenberg, 1507–1512 und 1520–
1525 Gubernator von Aigle sowie 1512 und 1529–1533 Venner zu Pfistern.
Im Jahr 1513 wurde er wegen unerlaubter Annahme französischer Pensio-

---

204) Akten II/3 S. 372 (1508, Aug 16; Zeugenaussage Keller). Zu Jost Keller vgl. Guy
P. MARCHAL, Die Statuten des weltlichen Kollegiatstifts St. Peter in Basel. Beiträge zur
Geschichte der Kollegiatstifte im Spätmittelalter mit kritischer Edition des Statuten-
buchs und der verfassungsgeschichtlichen Quellen, 1219–1529 (1709) (Quellen und For-
schungen zur Basler Geschichte 4, 1972) S. 392 Anm. 1 zu Nr. 109 (1494, Jan 30), und
Die Rechtsquellen der Stadt Biel mit ihren „Äußeren Zielen" Bözingen, Vingelz und
Leubringen, bearb. von Paul BLOESCH (SSRQ BE I/13.1, 2003) S. 154 Nr. 110 (1484,
Nov 10), S. 161 Nr. 117a (1493, Sept 25), S. 176 Nr. 123 (1503, Apr 26); StABasel-Stadt,
E 37. Nr. 2_1 (1493, Apr 22).

Der Hauptprozess in Bern 411

nen seiner Ämter enthoben, 1516 jedoch rehabilitiert[205]. Auch Grafenried scheint auf die Vorgänge im Dominikanerkloster erst aufmerksam geworden zu sein, als der Lärm durch die Stadt ging, dass die Maria im Dominikanerkloster weine; deshalb habe er das Kloster betreten, um zu sehen, um was es sich handle, aber es habe ihm missfallen und er sei weggegangen. Er habe die Marienstatue zwar angeschaut, aber nicht sehen können, dass sie Tränen geweint habe. Erst nachher habe er gehört, dass ein Bruder im Kloster sei, der Wunderbares wirke und die Stigmata habe, und habe sich, um diesen zu sehen, wiederum ins Kloster begeben. In Jetzers Stübchen habe er gesehen, wie dieser die Arme ausgebreitet habe, worauf der Prior und der Lesemeister ihn auf sein Bett gelegt hätten und er die Passion zu spielen begonnen hätte. Grafenried habe die Stigmata und die blutigen Verbände gesehen und um ein solches Verbandstück gebeten, aber nur unter größter Mühe durch Heinrich Wölfli eines bekommen können. Als der Prior und der Lesemeister und andere vor den Rat gerufen worden seien, hätten sie ziemlich klar gesagt, dass Jetzers Erscheinungen wahr seien und dass sie selber die Jungfrau Maria gesehen und auch gehört hätten, wie sie mit dem Bruder in seinem Stübchen oder seiner Zelle gesprochen und gebetet habe – und umgekehrt. Grafenried hatte auch die Hostie gesehen, die mit Blut oder Farbe befleckt worden sei; sie sei ihm von einigen Dominikanern im Chor hinter dem Hauptaltar gezeigt worden[206].

Als erster Zeuge kam Niklaus Grafenried auf die Gegenüberstellung der Klosterväter und Jetzers vor dem Großen Rat (*coram grandiori senatu*) (am 7. oder 14. oder allenfalls 31. Januar 1508) zu sprechen, wo die beiden Parteien sich darüber gestritten hatten, wer die gekrönte Maria dargestellt habe bzw. wo die Krone geblieben sei (siehe Kap. I/3e und II/1c, Gegenüberstellungen). Bei der gleichen Gelegenheit (vor dem „größeren" Rat) habe Jetzer auch öffentlich verlauten lassen, dass er den Schaffner in der Gestalt der hl. Katharina von Siena verwundet und dass dieser die Wunde noch heute am Kopf habe. Grafenried habe im Rat auch gehört, dass Jetzer nicht nur in Bern, sondern auch anderswo ein schlecht beleumdeter Mann sei (*levis et oppinionis et fame*)[207]. Man hat den Eindruck, dass Grafenried sich ein bisschen nach dem Wind drehte: zuerst (am 25. Juni 1507) missfiel ihm der Handel (*negotium*), dann beschaffte er sich sogar eine unappetitliche Reliquie und schließlich übernahm er die öffentliche Meinung in Bezug auf Jetzer.

---

205) Hans BRAUN, Art. Graffenried, Niklaus von, in: HLS online (Zugriff 22. Juli 2017), vgl. auch STUDER IMMENHAUSER, Verwaltung S. 46 f.

206) Akten II/3 S. 372 f. (1508, Aug 16; Zeugenaussage Grafenried).

207) Akten II/3 S. 373 f. (1508, Aug 16; Zeugenaussage Grafenried).

412   Die Jetzerprozesse

Der Glockengießer Johann Zehnder

Auch der Glockengießer Johann Zehnder wird in den Jetzerprozessen weder vor noch nach seiner Zeugenaussage genannt. Er stammte aus einer bernischen Glockengießerfamilie (Zeender), die vom 15. bis ins 18. Jahrhundert tätig war, und saß seit 1503 im Großen Rat. Im Jahr 1506 musste eine Glocke, die er für das Münster gegossen hatte, neu gegossen werden. 1511 wurde er vom Rat für eine Glocke im Aostatal empfohlen, und 1516 goss er eine Glocke für Thun[208]. Zehnder berichtete, dass er viel im Kloster verkehrt (*sepenumero in prefato monasterio conversationem habuerit*) und von den jetzt gefangen gehaltenen Vätern viel vom Geist gehört habe, der vor seiner Erlösung die ganze Klostergemeinschaft terrorisiert habe. Jetzers Ruf sei über die Klostermauern ins Volk gedrungen, so dass er ihn zusammen mit anderen, darunter auch Mitgliedern des Kleinen Rates (*senatores*), in seinem Stübchen besucht und dem Passionsspiel zugeschaut habe. Er habe Mitleid mit ihm gehabt und ihm das Stigma in der rechten Hand küssen wollen, sei aber zurückgewiesen worden (*reprimebatur*). Er habe auch, wiederum zusammen mit anderen, die blutbefleckte Hostie, zwei Kapseln mit den Reliquien und Jetzers Schuhe im Chor gesehen, und erzählte dies alles mit vielen Worten, doch hatte das Gericht allmählich genug von diesen Geschichten und ließ im Protokoll auf die anderen Zeugenaussagen verweisen[209].

Dagegen interessierten sich die Richter wesentlich mehr dafür, was Zehnder von Leuten, die auf den Märkten von Zurzach verkehrten, von Jetzers Ruf gehört hatte. Wenn man die Einheimischen nach ihrer Meinung über den Konversen gefragt habe, der in Bern fast wie ein Heiliger verehrt würde, hätten diese geantwortet: „Bei uns würde er möglicherweise am Galgen enden!" Auf die Frage, woher der schlechte Ruf der Klostervorsteher komme, antwortete der Glockengießer, dass die Untertanen der Berner Obrigkeit im Oberland (*in patriis superioribus*) viel von diesen Dingen erzählten

---

208) HBLS 7 (1934) S. 628, vgl. auch Anshelm 2 S. 429 (1506); Arnold NÜSCHELER-USTERI, Die Glockeninschriften im reformirten Theile des Kantons Bern, in: AHVB 10 (1881–1882) S. 255–415, hier S. 391: die Abfolge Vater – Sohn – Enkel: Heinrich Zehnder, 1463–1499 – Hans Zehnder, 1499–1515 – Jakob Zehnder, 1517–1525. Hier wird auch das Testament von Heinrich Zehnder erwähnt, das sich in StABern, F. Inselarchiv, 1499, Okt 3, befindet (vgl. auch HUBER HERNÁNDEZ, Für die Lebenden, Anhang I: Verzeichnis der Testatoren und Testatorinnen Nr. 284). Am 17. April 1503 kauften Hans Zehnder und seine Frau Barbara vom Inselkloster für 950 Pfund mehrere Häuser und Hofstätten in der oberen Stadt, vgl. StABern, F. Inselarchiv, 1503, Apr 17 (zwei Urkunden), und 1506, Dez 28 (Schlussabrechnung, bei der auch die Münsterglocke erwähnt wird). Eine Schwester von Hans Zehnder, Adelheid, war Nonne im Inselkloster, vgl. ebd., 1502, Nov 17 u. 26, sowie 1503, Dez 15.

209) Akten II/3 S. 374 f. (1508, Aug 16; Zeugenaussage Zehnder).

Der Hauptprozess in Bern

413

und sich wunderten, dass die Vorsteher nicht streng bestraft würden. Die Pfarrer im Oberland würden davon öffentlich zum Volk sprechen und glaubten, sie seien von den Dominikanern gut informiert. Auf die Frage, ob der Ruf von den Wundern in Bern sich schon über die Stadt Bern und über das Oberland hinaus verbreitet habe, antwortete der Zeuge Ja, bis nach Basel und anderswo hin[210]. Dies waren Neuigkeiten, die aufhorchen ließen: die Tatsache, dass man bis ins Berner Oberland und bis nach Basel vom Jetzerhandel wusste, die in ähnliche Richtungen deutete wie die Aussage von Jost Keller, Kanzler des Bischofs von Basel, der den Pfarrer von Wimmis als Auskunftsperson angegeben hatte. Dabei darf man nicht vergessen, dass der Jetzerhandel in Basel gewissermaßen ein zweites Epizentrum hatte, indem der Prior des Dominikanerkonvents von Basel, Werner von Selden, im April 1507 und wiederum im Januar und in der ersten Hälfte Februar 1508 persönlich in Bern geweilt hatte; dabei hatte er am 9. Februar vor dem Rat und den Sechzigern auch zugeben müssen, dass er in der Fastenzeit 1507 in Basel vom Geist gepredigt hatte. Schließlich war ihm das Defensorium in der Fastenzeit 1508 in Basel abhanden gekommen und in die Hände der Gegner der Dominikaner geraten (siehe Kap. I/3d–g). Schon erstaunlicher ist, dass man offenbar im Berner Oberland (genauer: im Simmental) viel mehr wusste als in der Stadt Bern und der Jetzerhandel dort scheinbar zum Gesprächsthema zwischen den Pfarrern und den ihnen anvertrauten Gläubigen geworden war.

Der Zimmermann Heinrich Stiffels

Vom Zimmermann Heinrich Stiffels wissen wir lediglich, dass er zu den Zeugen gehörte, die am 12. August 1508 akkreditiert worden waren, also von Anfang an als Zeuge vorgesehen war. Sonst kommt er in den Quellen zum Jetzerhandel weder vorher noch nachher vor und ist auch sonst in den bernischen Quellen praktisch unbekannt, es sei denn, er wäre identisch mit Heini Zimmermann, der 1494 zusammen mit seiner Frau an der Herrengasse wohnte[211]. Nichtsdestoweniger hatte auch Heinrich Stiffels einen speziellen Blick auf die Ereignisse; denn er war der Zimmermann des Dominikanerklosters und arbeitete bei Bedarf mit seinen Knechten für die Väter und Brüder, wobei er sich – wie er betonte – auf seine Arbeit konzentriert habe. Dabei habe er Jetzer einmal gesehen, wie er gestikulierend in seinem Stüb-

---

210) Akten II/3 S. 376 (1508, Aug 16).

211) Tellbuch 1494 S. 164 Nr. 156. Die Witwe des Zimmermanns Heinrich Stiffels ist 1542 unter dem Namen Ursula Vetter bezeugt, ihre damals bereits verstorbene Tochter scheint mit dem damals ebenfalls verstorbenen Schärer Ulrich Laufenberg verheiratet gewesen zu sein, vgl. StABern, F. Varia II (Personen), 1542, Mrz 20.

414 Die Jetzerprozesse

chen lag, ja, er habe sowohl dessen Zelle als auch dessen Stübchen gezimmert (*ipsam cellam et stubellam fabricaverit*). Von den Zellen der Mönche wissen wir bereits, dass sie nachträglich ins Dormitorium hineingebaut worden waren (siehe Einl. 1d), nicht aber vom Stübchen, das möglicherweise auch für entsprechende Bedürfnisse Jetzers und seiner zahlreichen Besucher eingerichtet werden musste. Auf die Frage, ob nicht einige Gucklöcher in den Wänden der Zelle gewesen seien, antwortete der Zimmermann, dass er vier gesehen habe, die zunächst klein gewesen und dann mit einem Messer vergrößert worden seien, damit man besser in die Zelle sehen konnte. Er wusste auch, dass die Gucklöcher sich etwa in der Mitte der Wand befunden hätten, und er glaubte, dass er mit der Hand zeigen könnte, wo sie gewesen seien, wenn er heute dorthin gehen würde. Er wusste nicht sicher, woher der schlechte Ruf der Väter stammte, aber doch, dass überall fast zur gleichen Zeit viel Verschiedenes gesagt und darüber diskutiert worden sei, auch mit heftigen Worten[212].

Auf die sicher nicht zufällige Frage, ob er etwas Neues auf dem Lettner gezimmert habe, und zwar in der Nähe der Orgel (Schwalbennestorgel), die sich auf der linken Seite des Chors – vom Schiff aus gesehen – befand, antwortete Stiffels, dass der Prior in der Tat verlangt habe, dass er auf dem Lettner eine Tür einbauen sollte, und zwar damit Jetzer, der häufig auf diesem betete, dabei durch den Ansturm der Leute nicht gestört würde. Der Zimmermann habe seine Gehilfen dorthin geschickt, um diese Tür zu machen; aber weder sie noch er, der ihnen nachfolgte, hätten verstanden, was der Prior wollte, und deshalb die ganze Sache aufgegeben. Beim Arbeiten im Kloster habe er einmal einen Fremden gesehen, von dem man ihm gesagt habe, dass es Jetzers Bruder sei. Da er bereits Erstaunliches von diesem gehört hatte, habe er den Bruder nach dessen vorherigem Ruf und Leben gefragt und von ihm erfahren, dass der noch jüngere Jetzer, wenn ihm etwas nicht nach Wunsch gelang, seine Zuflucht zu einer Marienkapelle außerhalb von Zurzach genommen habe. Stiffels habe den Prior auch gefragt, was mit Jetzer geschehe. Dieser habe ihm geantwortet, dass er seinen Brüdern befohlen habe, von diesen Dingen zu schweigen und nichts auszuplaudern; dieses Gespräch habe stattgefunden, bevor die Marienstatue angeblich zu weinen begann[213].

---

212) Akten II/3 S. 376 f. (1508, Aug 16; Zeugenaussage Stiffels).
213) Akten II/3 S. 377 f. (1508, Aug 16; Zeugenaussage Stiffels).

Der Gerichtsschreiber Peter Esslinger

Der Gerichtsschreiber Peter Esslinger war bereits als Zeuge beim letzten Verhör Jetzers am 22. Februar 1508 vor dem bischöflichen Generalvikar in Bern zugegen gewesen (siehe Kap. II/1c, Jetzers letztes Verhör). Er war seit 1488 Schreiber des Vinzenzstifts und seit 1493 auch Gerichtsschreiber. Laut dem Tellbuch von 1494 wohnte er mit seiner Frau und einer Magd an der Herrengasse. Nachdem er seit 1493 auch als Gerichtsschreiber amtete, könnte er seinen Sohn Adrian als Stiftsschreiber nachgezogen haben; jedenfalls führte dieser in den Jahren 1503–1507 die Stiftsmanuale. Seit 1494 saß Peter Esslinger auch im Großen Rat. Im Jahr 1510 musste er wegen eines Todschlags, den er an Jörg Geißmann, dem Kaplan der Familie von Diesbach, begangen hatte, nach Zürich fliehen, wo er nicht viel später starb[214]. Peter Esslinger sagte aus, dass er bereits vor mehr als einem Jahr gehört habe, wie der Lesemeister von der Kanzel aufgerufen habe, für die Befreiung eines Geistes zu beten, der im Dominikanerkloster umherging – was bedeutet, dass die Dominikaner bereits mit dem Geist an die Öffentlichkeit gegangen waren, wenn auch „nur" die Öffentlichkeit der Predigt. In den Tagen nach Ostern (die 1507 auf den 4. April fiel) sei er mit mehreren ehrbaren Personen ins Dominikanerkloster gegangen, um Jetzer und seine „Gesten" (wohl das Passionsspiel) mit eigenen Augen zu sehen. Als er dort angekommen sei, habe er das Kloster wegen des großen Andrangs (*pre multitudine astantium*) nicht betreten können und sei deshalb in die Kirche und den Chor ausgewichen. Dorthin sei auch der Prior gekommen, der, begleitet von zwei Schülern mit angezündeten Kerzen, die geweihte Hostie in die Sakristei getragen habe, damit sie den Zuschauern besser gezeigt werden könne. Diese Hostie schien Esslinger etwas „dichter" (*densior*) als die übrigen, und rot oder rot gefärbt[215]. Da die Verwandlung der Hostie erst Mitte April 1507 stattgefunden und Jetzer das Passionsspiel erst zum Besten gab, nachdem er am 7. Mai die übrigen Stigmata bekommen hatte, muss Esslinger sich hier in der relativen Chronologie („in den Tagen nach Ostern") um einiges getäuscht haben.

Auf die Frage nach der Veröffentlichung der Wunder, die um Jetzer herum geschahen, antwortete Esslinger, dass er viele Menschen darüber habe sprechen hören, so dass die *fama* tatsächlich offensichtlich (*manifesta*) war. Dabei sagten die einen, dass dies alles von den Klostervätern veranstaltet worden sei, und insbesondere der Pfarrer von Wimmis, Benedikt Dick, der vor wenigen Tagen auf einer Primiz in Bern gewesen sei. Dieser habe er-

---

214) Tremp-Utz, Kollegiatstift S. 125 f.; Tellbuch 1494 S. 164 Nr. 154, vgl. auch Studer Immenhauser, Verwaltung S. 190 f.

215) Akten II/3 S. 378 f. (1508, Aug 16; Zeugenaussage Esslinger).

416 Die Jetzerprozesse

zählt, dass einige Dominikaner im Oberland gepredigt hätten, dass die Ereignisse um Jetzer wahr und wahrhaftig seien, und wenn jemand dies nicht glauben wolle, dann verfalle er der Exkommunikation und ewigen Verdammnis, die nur vom Papst gelöst werden könne. Durch diese Androhungen sei unter Dicks Schäfchen ein solches Entsetzen ausgebrochen, dass er sie kaum habe beruhigen können. Die *fama* scheint aber noch viel weiter gedrungen zu sein als ins Berner Oberland, denn Esslinger hatte am eben erst vergangenen Tag des hl. Lorenz (10. August 1508) eine Wallfahrt nach Oberbüren (bei Büren an der Aare) unternommen, wo totgeborene Kleinkinder angeblich vorübergehend zum Leben erweckt wurden, damit sie getauft und so in den Himmel gelangen konnten (siehe Kap. II/5b, Eine neue Wallfahrt). Hier hatte er von einem Solothurner Bürger namens Gerhard Löwenstein gehört, dass dieser im vergangenen Jahr (1507) an den Fastenmessen in Frankfurt gewesen sei und dort von einem Dominikaner in der Predigt gehört habe, dass seinem Orden viele Wunder bevorstünden, und insbesondere in der Stadt Bern[216].

Dabei kann kein Zufall gewesen sein, dass diese Prophezeiungen ausgerechnet in Frankfurt gemacht wurden, wo der Dominikaner Wigand Wirt im Jahr 1501 mit dem Stadtpfarrer Konrad Hensel wegen der Empfängnis Marias öffentlich in Streit geraten war, ein Streit, der zunächst zu Wirts Ungunsten ausgegangen und dann während des ganzen Jetzerhandels in Rom hängig war (siehe Einl. 3c). Die Tatsache, dass die Dominikaner bereits vor Ostern 1507 in Frankfurt von den in Bern bevorstehenden Wundern gepredigt und in der Folge auch die Oberländer Bevölkerung damit in Angst und Schrecken versetzt hatten, spricht natürlich nicht zu ihren Gunsten, sondern ist im Gegenteil ein fast ultimativer Beweis gegen sie. Allerdings wusste Esslinger auch von Jetzer nicht viel Gutes zu berichten: er habe von bewährten Männern – deren Namen er aber nicht nennen konnte – gehört, dass diese einmal in Zug einen leiblichen Bruder von Jetzer kennengelernt hätten. Dieser sei sehr erstaunt gewesen, dass es seinem Bruder in Bern gut

---

216) Akten II/3 S. 379 (1508, Aug 16). Zu Gerhard Löwenstein vgl. LECHNER, Zum Jetzerprozess S. 204. Im Gefolge von Nikolaus Paulus und Rudolf Steck hat Lechner sich bemüht, Löwenstein als unglaubwürdig darzustellen und die Tatsache, dass während der Fastenmessen in Frankfurt, die 1507 vom 21. März bis zum 3. April stattgefunden hätten, bereits von den im Berner Dominikanerkloster bevorstehenden Wundern gepredigt worden sei, herunterzuspielen, nicht zuletzt, weil „jenes Zeugnis Löwensteins bzw. Esslingers in den gesamten Prozessakten die einzige Stelle ist, welche die bisherige Erzählung von einer auf einer Kapitelsversammlung (vielmehr einem Provinzialkapitel) zu Wimpfen geschehenen Verschwörung unterstützen [...] könnte".

Der Hauptprozess in Bern 417

gehe, denn er habe nicht geglaubt, dass dieser ein glückliches Ende nehmen würde[217].

Am 17. August 1508 (Donnerstag) wurden keine Zeugen einvernommen, sondern die Prozesse gegen die vier Klostervorsteher, die am 11. August nach deren Artikelverhören stehengeblieben waren, wieder aufgenommen. Der Glaubensprokurator hatte bereits am 11. August für die Angeklagten die Anwendung der Folter verlangt, der Verteidiger der Dominikaner hatte dagegen Einspruch erhoben, und die beiden Seiten waren auf den Freitag, 18. August, zitiert worden, um über diese Frage zu entscheiden (siehe Kap. II/2c, Der Subprior). Der Glaubensprokurator Ludwig Löubli scheint indessen den 18. August nicht abgewartet zu haben und bereits am 17. August am Morgen um die Zeit der Prim (*hora prime*) erneut vor das Gericht getreten zu sein, um erneut die Folter zu fordern, und zwar nicht nur gegen die vier Klostervorsteher, sondern auch gegen Jetzer, aber nicht mehr aufgrund der für ihn, Löubli, unbefriedigend ausgefallenen Artikelverhöre, sondern diesmal gestützt auf die Aussagen der von ihm beigebrachten Zeugen, die von den Richtern einvernommen worden waren (*iuxta tenorum et continentiam depositionum et attestationum testium[que] per eum productorum et per dictos dominos commissarios examinatorum*). Der Verteidiger der Dominikaner, Johann Heinzmann, verlangte eine Liste der einvernommenen Zeugen und einen Termin, um gegen diese Einwände erheben zu können, und erhielt sowohl die verlangte Liste als auch einen Termin: am gleichen Tag um die Vesperzeit. In der Zwischenzeit scheint er erstmals Gelegenheit bekommen zu haben, mit seinen Schützlingen einzeln zu sprechen, um sie besser verteidigen zu können. Man muss sich im Klaren sein, dass der Verteidiger bei der Einvernahme der Zeugen bisher nicht zugegen gewesen war und also nicht wissen konnte, was diese seinen Schutzbefohlenen vorwarfen. Indem er nun zumindest über eine Liste der Zeugen verfügte, konnte er sich – im Austausch mit den gefangenen Dominikanern – ein Bild machen, worin die Vorwürfe bestehen mochten. Dass der Verteidiger eine Liste zumindest der einvernommenen – und vielleicht auch einzuvernehmenden – Zeugen und Zugang zu seinen Schützlingen erhielt, ist – so seltsam uns das vorkommt – wohl als Zugeständnis an die Verteidigung zu werten; denn wie wir schon gesehen haben, war eine solche im Inquisitionsprozess nicht vorgesehen bzw. bereits im 13. Jahrhundert daraus verschwunden (siehe Kap. II/2a, Der Beginn des Hauptprozesses) und hatten die Zeugen das Recht,

---

217) Akten II/3 S. 379 f. (1508, Aug 16; Zeugenaussage Esslinger).

418

Die Jetzerprozesse

anonym zu bleiben[218]. Entsprechend scheint der Verteidiger zwischen dem 17. und 18. August 1508 den Fragenkatalog, nach welchem die Zeugen befragt wurden, im Hinblick auf Jetzers Ruf – bzw. auf die Zerstörung dieses Rufs – ausgebaut zu haben, doch soll davon erst im nächsten Kapitel die Rede sein (siehe Kap. II/2e, Anklageartikel des Verteidigers gegen Jetzer …).

Als unmittelbares Ergebnis der Beratungen mit den Klostervorstehern über die Liste der Zeugen legte der Verteidiger am 18. August 1508 (*hora prime*) einen Protest gegen Valerius Anshelm vor, der offenbar auch auf der Zeugenliste stand und der den Klostervorstehern als verdächtig und parteiisch (*suspectus et partialis*) erschien[219], ohne dass wir die Gründe dafür erfahren würden; denn in der damaligen Gegenwart war es für den Verteidiger wichtiger, die Folter von seinen Schutzbefohlenen abzuwehren – letztlich vergeblich –, als die Befangenheit eines einzelnen Zeugen darzulegen. Trotz des Protests des Verteidigers wurde Anshelm in der Folge als Zeuge zugelassen, doch legte er seine Aussage schriftlich vor und ist diese undatiert, ebenso wie auch diejenige des Dekans Johann Murer, die beide am Ende des dritten Teils der Akten des Hauptprozesses stehen (siehe Kap. II/2d, Johann Murer und Valerius Anshelm). Am gleichen 18. August 1508 fand auch die Einvernahme von zwei weiteren Zeugen statt, diejenigen der Priester Johann Brünisberg und Christen Keusen, die beide in Rüeggisberg tätig waren, der eine als Verwalter des Propsteiguts und der andere als Vikar des Pfarrers. Es stellte sich heraus, dass die Dominikaner auch in Rüeggisberg – auf dem Weg ins Simmental? – schon sehr früh, nämlich bereits kurz vor Ostern 1507, aus dem „Nähkästchen geplaudert" hatten, und nicht nur im Simmental. Am 19. August kam der Pfarrer von Wimmis, Benedikt Dick, als Zeuge zum Zug, und seine Aussage zog eine weitere Serie von Aussagen von Pfarrern aus dem Simmental nach sich, die wohl erst am 30. August in Bern eintreffen konnten. Ende August aber waren die Klostervorsteher unter dem Einfluss der Folter längst (seit dem 19. August) zu den Geständnissen übergegangen. Bevor wir uns jedoch mit ihren Folterverhören befassen können, sollen zunächst die Zeugenaussagen vollständig vorgestellt werden. Dabei verlagerte (und verengte) sich der Fokus immer mehr auf die frühen Predigten der Dominikaner im Simmental und in Rüeggisberg. Am 30. August wurden schließlich noch zwei Dominikaner, nämlich der Konverse Oswald, Zellennachbar von Jetzer, und Bernhard Karrer, die bereits von Anfang an als Zeugen vorgesehen gewesen waren, als solche verhört.

---

218) Akten II/2 S. 209, 210 (1508, Aug 17, zur Zeit der Prim und der Vesper), vgl. auch Utz Tremp, Von der Häresie S. 393, 396 f., 399, 401 f.

219) Akten II/2 S. 211 (1508, Aug 18, *hora prime*).

Die Priester Johann Brünisberg und Christen Keusen, Verwalter und Vikar in Rüeggisberg

In Rüeggisberg befand sich ursprünglich ein Clunizenserpriorat, das im Winter 1484/1485 dem neuzugründenden Vinzenzstift bzw. dessen Propstei inkorporiert worden war. Das Priorat wurde zu einer Pfarrkirche reduziert, und das Propsteigut von einem Schaffner verwaltet, der nicht selten mit dem Pfarrer identisch war. Dies gilt bereits für den ersten bekannten Schaffner, nämlich Johann Brünisberg (aus Freiburg), der seit 1501/1503 als Pfarrer und seit 1507 als Schaffner nachweisbar ist. Im Jahr 1508 könnte – vielleicht im Zusammenhang mit dem Tod von Propst Johann Armbruster Ende Juli 1508 – ein Wechsel stattgefunden haben, indem Johann Brünisberg das Pfarramt in Bösingen übernahm und in Rüeggisberg zwar noch Schaffner blieb, aber als Pfarrer durch Christen Keusen ersetzt wurde. Keusen trug hier noch den Titel eines Vikars, wirkte aber wahrscheinlich spätestens seit 1511 (bis 1528) als Pfarrer und ist in den Jahren 1514 und 1526 auch als Schaffner erwähnt[220]. Hier wurden sowohl Brünisberg als auch Keusen als Zeugen verhört, ohne dass wir erfahren, wer sie beigebracht hatte, aber da beide auf irgendeine Weise von der Propstei des Vinzenzstifts abhängig waren, braucht man wohl nicht weiter zu suchen. Bemerkenswert ist, dass beider Aussagen – und dann auch noch diejenige des Pfarrers von Wimmis, Benedikt Dick, vom 19. August 1508 – mit der Bemerkung versehen sind, dass sie „in Abwesenheit des Verteidigers der vier zu inquirierenden Dominikaner" (*in absentia procuratoris quatuor fratrum inquisitorum*) erfolgte, und dies obwohl dieser zwei Mal vom Sekretär des Bischofs von Lausanne, François des Vernets, zitiert worden sei, eine Bemerkung, die wir noch bei keinem der vorhergehenden Zeugen gefunden haben: wie wenn der Verteidiger durch seine Intervention vom 17. August 1508 plötzlich das Recht und sogar die Pflicht bekommen hätte, an den Zeugenverhören teilzunehmen – und dieses Recht dann doch nicht wahrgenommen hätte bzw. seiner Pflicht nicht nachgekommen wäre[221]. Es ist nicht ganz auszuschließen, dass das Gericht plötzlich so großzügig war, weil es bereits wusste, dass die Zeugenaussagen der beiden Geistlichen von Rüeggisberg für die Dominikaner ungünstig ausfallen würden.

Johann Brünisberg, der hier als Kaplan der Antoniuskapelle im Münster bezeichnet wird, sagte aus, dass er am Gründonnerstag (1. April) 1507 als Schaffner des Stiftspropsts Johann Armbruster in Rüeggisberg gewesen sei.

---

220) Akten II/3 S. 380–382 (1508, Aug 18; Zeugenaussage Brünisberg), vgl. auch Tremp-Utz, Kollegiatstift S. 55 f., und Dies., Rüeggisberg, in: HS III/2 S. 643–687, hier S. 656.

221) Akten II/3 S. 380 u. 381 (1508, Aug 18; Zeugenaussagen Brünisberg und Keusen).

420 Die Jetzerprozesse

Da sei Bruder Alexander (Mesch) aus dem Berner Dominikanerkonvent gekommen, um am Karfreitag die Passion zu predigen; er habe ihn am Gründonnerstag zum Essen eingeladen (an dem auch der folgende Zeuge, Christen Keusen, teilnahm). Beim Essen habe Brünisberg Mesch gefragt, warum
die Dominikaner als einzige die Meinung verträten, dass die Jungfrau Maria
in der Erbsünde empfangen sei. Denn da die Jungfrau – wie man glaube –
Christus ohne männlichen Samen empfangen habe, warum nicht auch glauben, dass dieser seine Mutter vor der Ansteckung durch die Erbsünde bewahrt habe? Als dem Zeugen in der folgenden Diskussion die Argumente
ausgegangen seien, habe er gesagt, er überlasse die Lösung dieser Probleme
jenen, die gelehrter seien als er, und halte sich an den Glauben der Kirche,
die das Gegenteil der Meinung der Dominikaner vertrete (was insofern
nicht zutraf, als die Kirche bzw. der Papst eben noch keine Entscheidung
getroffen hatte). Darauf habe Bruder Alexander sogleich erwidert: „In Kürze werdet ihr Wunderbares sehen (*Vos in brevi videbitis miraculose*)“, was
Brünisberg dahingehend ausgelegt habe, dass Bruder Alexander unterstelle,
die Entscheidung würde in Kürze aufgrund von Wundern gefällt werden[222].
Die Zeugenaussage des Vikars von Rüeggisberg, Christan Keusen, der offensichtlich in Rüeggisberg einen Pfarrer vertrat, der für zwei Jahre auf der
Universität weilte, weicht nur wenig von derjenigen des Schaffners ab. Als
Stellvertreter des Pfarrers habe er, Keusen, den Dominikaner Alexander
(Mesch) eingeladen, damit er in der Karwoche zum Volk predige. Dazu
muss man wissen, dass im Spätmittelalter nur im Advent und in der Fastenzeit gepredigt wurde, und zwar häufig nicht von den Pfarrern selber, sondern von zusätzlich herbeigezogenen Fachleuten, nicht zuletzt von Dominikanern und Franziskanern. Beim Essen am Gründonnerstag habe Brünisberg die Orden (Kartäuser, Franziskaner usw.) durchgenommen und gesagt,
dass ihm eigentlich der Dominikanerorden am besten gefallen würde, wenn
dieser nicht an der Empfängnis der Maria in der Erbsünde festhalten würde.
Den Rest des Gesprächs gab Keusen gleich wieder wie Brünisberg („*Vos videbitis in brevi miraculose / miraculosa*“) und fügte hinzu, dass er sich an
Alexanders Worte erinnert habe, als dann im Dominikanerkloster in Bern
tatsächlich Wunderbares geschehen sei; dieser habe also vorausgewusst, was
dann tatsächlich eingetroffen sei[223] – ein gewichtiges Argument gegen die

---

222) Akten II/3 S. 380 f. (1508, Aug 18; Zeugenaussage Brünisberg). Laut der Aussage
des Priors Johann Vatter in seinem Artikelverhör vom 9. August 1508 hatte Bruder
Alexander (Mesch) das zweite Büchlein des Defensoriums nach seinem Diktat geschrieben, siehe Kap. I/4, Schluss: Das Defensorium als Beweismittel der Anklage in den Jetzerprozessen.
223) Akten II/3 S. 381 f. (1508, Aug 18; Zeugenaussage Keusen). Der abwesende Pfar-

Der Hauptprozess in Bern

Dominikaner, denn wenn die Wunder voraussagbar waren, dann waren sie auch geplant!

Der Pfarrer von Wimmis, Benedikt Dick

Benedikt Dick, langjähriger Pfarrer in Wimmis (1492–1518), scheint vor dem 16. August 1508 an einer Primiz in Bern teilgenommen und hier haben verlauten lassen, dass die Dominikaner im Simmental von den Wundern predigten, die in ihrem Konvent in Bern geschähen, und wurde darauf am 16. August vom Kanzler des Bischofs von Basel, Jost Keller, als möglicher Zeuge genannt, und am gleichen Tag auch von einem anderen Zeugen, dem Gerichtsschreiber Peter Esslinger, erwähnt. Wahrscheinlich war er inzwischen in seine Pfarrei zurückgekehrt, aber dann wiederum nach Bern gerufen worden, wo er am 19. August aussagte, dass im Jahr 1507 an einem Samstag, und zwar vor oder nach dem Fest der Kreuzeserhöhung (14. September, also am 11. oder 18. September 1507), drei Dominikaner in Wimmis erschienen seien, nämlich Bernhard (Karrer), Paul Süberlich, und der Kaplan des Inselklosters (Jakob von Wimpfen?). Benedikt Dick habe sie gefragt, ob etwas Wahres an den wunderbaren Geschichten und Zeichen sei, die in ihrem Kloster geschähen. Sie, und insbesondere Bruder Paul, hätten geantwortet, dass alles mit rechten und nicht fingierten Dinge zuginge, und von Jetzers Stigmata (die damals allerdings schon verschwunden waren ...), den Reliquien und der verwandelten Hostie erzählt. Bruder Paul habe gesagt, wenn die Wunder fingiert seien, dann seien die Gebete und die Messe, die er feiere, auch falsch, und wenn diese falsch seien, dann wolle er sein Ordenskleid an einen Nagel hängen und den Glauben der Türken und Heiden annehmen ... Darauf habe der Pfarrer von Wimmis die Dominikaner nicht zum Predigen zugelassen, doch hätten sie trotzdem von Tür zu Tür (*hostiatim*) Almosen gesammelt und von den Wundern in ihrem Kloster erzählt, um mehr Geld zu bekommen. Dagegen hätten sie weiter oben im Simmental, in St. Stephan, predigen dürfen; bei einem Kirchweihfest in Oberwil habe er gehört, dass sie in St. Stephan gepredigt hätten, dass die Wunder, die in ihrem Kloster in Bern geschähen, wahr und von Gott seien und wer dies nicht glaube, exkommuniziert werde; die Gesandten des Klosters seien schon auf dem Weg nach Rom, um sich alles bestätigen zu lassen. Die Dominikaner hätten dies in allen umliegenden Orten verkündet, so dass überall davon die Rede gewesen sei (*ut de talibus est publica vox et fama*). Auf die Frage nach seinen Motiven stellte der Pfarrer von Wimmis in Abrede, dass

---

rer von Rüeggisberg könnte ein gewisser Hans Russ gewesen sein, vgl. StABern, F. Stift, 1509, Mai 3. Zur Advents- und Fastenpredigt vgl. TREMP-UTZ, Gottesdienst S. 92 ff.

422 Die Jetzerprozesse

er ein Feind der Dominikaner sei; im Gegenteil, er schätze sie und suche ihren Rat. Dagegen hatte er nichts zu Jetzers Ruf beizutragen[224].

Dazu muss man wissen, dass die Dominikanerkonvente, die sich im 13. Jahrhundert auf dem Gebiet der heutigen Schweiz ansiedelten, ihre Predigtbezirke unter sich aufgeteilt hatten. Im Fall von Bern (gegründet 1269) war es 1274 zur einer Grenzziehung gegenüber dem Konvent von Lausanne (gegründet 1234) gekommen, die entlang der Saane und Aare verlief. Diese Predigtbezirke wurden durch sog. Terminierhäuser erschlossen, wo die Dominikaner auf ihren Predigttouren unterkommen konnten; der Konvent von Bern besaß ein Haus in Frutigen und eines in Thun. Von hier aus predigten die Berner Dominikaner regelmäßig – wohl vor allem in der Fastenzeit, aber auch an wichtigen Kirchenfesten – im Berner Oberland, und zwar insbesondere im Kander- und im Simmental. Entsprechend finden sich in den Dörfern, in denen sie predigten, auch Mitglieder der von ihnen getragenen Rosenkranzbruderschaft (siehe Einl. 3c), so in St. Stephan, in Zweisimmen und in Frutigen. Wenn wir über die Predigtätigkeit der Berner Dominikaner recht gut Bescheid wissen, so vor allem dank den vorliegenden Zeugenaussagen im Jetzerhauptprozess[225]. Dabei stand es, wie wir gesehen haben, durchaus im Ermessen der Ortspfarrer, die Dominikaner zuzulassen oder nicht. Die Zeugenaussage des Pfarrers von Wimmis, Benedikt Dick, der die Dominikaner im Herbst 1508 abgewiesen hatte, zog diejenigen des Frühmessers von St. Stephan sowie der Pfarrer von Oberwil, Boltigen und Zweisimmen nach sich, die wahrscheinlich erst am 30. August 1508 in Bern eintreffen konnten.

Der Frühmesser von St. Stephan sowie die Pfarrer von Oberwil, Boltigen und Zweisimmen

Als erster kam am 30. August 1508 Rudolf Schürer, der Frühmesser von St. Stephan, damals eine Filialkirche von Zweisimmen, zu Wort. Er berichtete, dass im Herbst 1507, zwischen dem Fest der Kreuzeserhöhung und demje-

---

224) Akten II/3 S. 382–384 (1508, Aug 19; Zeugenaussage Dick). Bruder Paul Süberlich von Frankfurt war Novizenmeister, vgl. Def. S. 544 u. 575 Kap. I/4 u. II/2, sowie Akten III S. 437 Nr. 57 (1509, Mai 7, 14 Uhr; Lesemeister). Jetzer verdächtigte ihn – übrigens nicht zu Unrecht –, dass er am 12./13. September 1507 – also nur kurz vor oder nach der Reise nach Wimmis! – die gekrönte Maria dargestellt habe, siehe Anh. 3. Zu Bruder Bernhard Karrer siehe dessen eigene Zeugenaussage, unten: Die Dominikaner: der Konversenbruder Oswald und Bruder Bernhard Karrer.

225) UTZ TREMP, Geschichte S. 134–137, vgl. auch Bernard ANDENMATTEN / Kathrin UTZ TREMP, Prédication et frontières: les Ordres mendiants, in: Les pays romands au Moyen Age, sous la dir. d'Agostino PARAVICINI BAGLIANI e. a. (1997) S. 54–56.

Der Hauptprozess in Bern

nigen des Erzengels Michael (also zwischen dem 14. und dem 29. September), an einem Sonntag der Dominikaner Paul (Süberlich) in St. Stephan eine Predigt gehalten und am Ende dem Volk von den Wundern, die im Konvent in Bern um Jetzer herum geschähen, berichtet habe: dass sie wahr und heilig seien, dass die Berner Dominikaner zu ihrer Approbation einen Boten nach Rom geschickt hätten und dass in Exkommunikation verfalle und nicht mehr zu retten sei, wer diesen Wundern widerspräche. Nach dem Gottesdienst, als der Frühmesser zusammen mit Bruder Paul und anderen in der Wirtschaft gegessen habe, sei ein Laie namens Stefan Diasol(?) gekommen und habe Bruder Paul für den Fall gewarnt, dass die Wunder nicht echt seien; wenn er Herr wäre, würde er das ganze Kloster verbrennen lassen. Bruder Paul habe seine Hand auf seine Kukulle oder sein Skapulier vor der Brust gelegt und gesagt, sie seien echt und er wolle dafür in dieser Kukulle verbrennen oder gesteinigt werden[226].

Als nächster wurde – immer am 30. August 1508 – der Pfarrer von Oberwil, Peter Lector(is), einvernommen. Dieser sagte aus, dass im Jahr 1507, an Mariä Verkündigung (25. März), die Pfarrangehörigen von Boltigen, Erlenbach und Oberwil samt ihren Pfarrern eine Wallfahrt mit Prozession nach dem benachbarten Därstetten (Propstei der Augustinerchorherren in Interlaken) unternommen hätten; hier habe Bruder Paul (Süberlich) aus dem Berner Dominikanerkonvent gepredigt und dabei um Gebetshilfe für einen Geist ersucht, der vor dreihundert(!) Jahren Prior in Bern gewesen sei und jetzt noch vierzig Jahre im Fegefeuer bleiben müsse, wenn ihm nicht ein Konversenbruder aus seinem Konvent, ein seliger und heiliger Mann, helfen würde. Er habe auch gepredigt, dass in Kürze in seinem Orden und Kloster große Wunder geschehen würden (*magna et mirabilia miracula essent appuritura sive suboritura*); dies alles habe den Zeugen misstrauisch gemacht. Als in der Folge bis Ende September 1507 verschiedene Wunder um Jetzer herum geschehen seien, die von den benachbarten Pfarrern, wie von den weltlichen Obrigkeiten befohlen(!), in ihren Kirchen verkündet worden seien, habe er sich geweigert, dies ohne Zustimmung des Bischofs von Lausanne zu tun. Deshalb habe er am Tag des hl. Mauritius (22. September), Patron der Kirche von Oberwil, und an der Kirchweihe (Sonntag nach Michael = 3. Oktober) die Dominikaner nicht zum Predigen zugelassen, und dies obwohl es der Brauch war und Bruder Paul (Süberlich) es auch von ihm verlangt habe – und gewisse Pfarreiangehörige ihm deswegen Schwierigkeiten gemacht hätten. Bei einer Mahlzeit in seinem Haus, an der mehrere Priester teilgenommen hätten, sei die Rede auf die Wunder gekommen, die im Berner Dominikanerkloster angeblich geschahen. Bruder Paul habe darauf be-

---

226) Akten II/3 S. 394 (1508, Aug 30; Zeugenaussage Schürer).

424   Die Jetzerprozesse

standen, dass alles seine Richtigkeit habe, und unter anderem erzählt, dass die Jungfrau Maria Jetzer ein verschlossenes Büchslein gegeben habe, das allein der Papst öffnen dürfe. Der Pfarrer von Oberwil habe gefragt, was denn wohl in diesem Büchslein sei, und Bruder Paul sei in die Falle gegangen und habe unvorsichtigerweise geantwortet: ein Zettel, ein Kreuz und drei Tropfen Blut ... Die Zeugenaussage des Pfarrers von Oberwil, Peter Lector(is), wurde durch Peter Bratschi, Pfarrer in Boltigen (1508–1527), bestätigt[227].

Als letzter in dieser Reihe von Pfarrern kam Heinrich Ubert, Pfarrer von Zweisimmen, zu Wort. Er wird 1517 als Pfarrer von Zweisimmen genannt, war es offenbar aber schon viel länger und blieb es bis zur Einführung der Reformation im Berner Oberland (1528). Er holte etwas weiter aus und sagte, dass vor etwa vier Jahren (1504?) ein Bruder aus dem Dominikanerkonvent von Bern wie gewohnt in Zweisimmen gepredigt und Almosen gesammelt und dabei dem Volk ein neues Ave Maria, in dem auch die hl. Anna erwähnt wurde, habe beibringen wollen. Der Pfarrer habe ihn gescholten und gesagt, dass er zufrieden wäre, wenn seine Schäflein das alte Ave Maria wüssten, und dass sie keine solchen Neuheiten brauchten. Er scheint die Dominikaner auch direkt angegriffen zu haben, indem er sagte, sie täten so, als seien sie große Verehrer der Maria und ihrer Mutter Anna; dabei seien sie ihre Feinde, da sie Marias unbefleckte Empfängnis bestritten, ein bekanntes Argument (siehe Einl. 3c). In den folgenden drei Jahren habe er deshalb keine Dominikaner mehr in seiner Kirche und ihren Filialen – zu denen auch St. Stephan gehörte – predigen lassen. Im Jahr 1507, zwischen den Festen der Kreuzeserhöhung und des hl. Michael (14. und 29. September), seien zwei Dominikaner nach Zweisimmen gekommen, nämlich Paul (Süberlich) und Jost (Hack). An einem Sonntag hätten sie gepredigt, der eine in St. Stephan, der andere in Zweisimmen. Der letztere habe ausführlich von den Wundern gesprochen, die im Konvent in Bern geschähen. Der Pfarrer von Zweisimmen hatte auch an der Mahlzeit teilgenommen, die in jenen Tagen in St. Stephan stattgefunden hatte, und wusste genauer noch als der Frühmesser von St. Stephan, Rudolf Schürer, wer dabei gewesen sei; er meinte aber, der Dominikaner, der in St. Stephan gepredigt und der seine Kukulle auf die Wahrheit der Wunder in Bern gesetzt habe, sei Bruder Jost gewesen[228].

---

227) Akten II/3 S. 385 f. (1508, Aug 30; Zeugenaussagen Lector/is und Bratschi).

228) Akten II/3 S. 387 f. (1508, Aug 30; Zeugenaussage Ubert). Ein Ave Maria mit Erwähnung der Anna auch bei DÖRFLER-DIERKEN, Verehrung S. 17. – Bruder Jost (Jodokus) Hack (Steck normalisiert zu Hag) scheint bei der gekrönten Maria mit Paul Süberlich zusammengearbeitet zu haben, d. h. er hatte Jetzer daran gehindert, der Erscheinung zu folgen (und sie zu entlarven), vgl. Akten II/1 S. 138 f. Nr. 385 (1508, Aug 5; Jetzer). Jost Hack stammte aus Freiburg (im Üchtland oder im Breisgau?) und scheint im Kon-

Der Hauptprozess in Bern

Bei den Aussagen der Pfarrer des Simmentals fällt auf, dass die Dominikaner im Jahr 1507 sowohl im Frühling als auch im Herbst im Simmental gepredigt haben, aber doch vorwiegend im Herbst. Die einzige Ausnahme macht Oberwil bzw. Därstetten, wo Paul Süberlich bereits am 25. März 1507 vom Geist erzählt hatte. Sonst erschienen die Dominikaner vor allem im Herbst 1507: in Wimmis an einem Samstag vor oder nach Kreuzeserhöhung (14. September), d. h. am 11. oder 18. September; in Zweisimmen und St. Stephan an einem Sonntag zwischen Kreuzeserhöhung und Michael (29. September), und in Oberwil am Patronatsfest (Mauritius, 22. September) und am Sonntag nach Michael. In Zweisimmen (Pfarrer Heinrich Ubert), wo sie vorher ein Predigtverbot hatten, weil einer von ihnen dem Volk 1504(?) ein neues Ave Maria hatte beibringen wollen, durften sie 1507 wieder predigen; in Oberwil (Pfarrer Peter Lector/is) dagegen erhielten sie im gleichen Jahr ein Predigtverbot. Von den Dominikanern scheint besonders Paul Süberlich von Frankfurt seinen Mund sehr voll genommen zu haben: in Wimmis wollte er sein Ordensgewand an den Nagel gehängt und den Glauben der Heiden und Türken angenommen haben, wenn die Wunder in Bern nicht echt seien, in Zweisimmen wollte er in seinem Skapulier oder seiner Kukulle verbrennen und gesteinigt werden – und in Oberwil ging er prompt in die Falle, indem er verriet, was in dem Büchslein steckte, das dem Papst ungeöffnet überreicht werden sollte. Es ist wahrscheinlich kein Zufall, dass die Scharfmacher bei der Predigt – Paul Süberlich und in geringerem Maße Jost Hack – auch die Mitwisser im Konvent waren (siehe Kap. II/3b, Der Lesemeister). Indem er die Pfarrer aus dem Simmental als Zeugen heranzog, hatte der Glaubensprokurator sein Ziel erreicht: zu beweisen, dass die Dominikaner aus dem Konvent von Bern ihre Wundergeschichten – unabhängig davon, wie sie ins Werk gesetzt worden waren – schon recht früh (am 25. März 1507) weit herum verbreitet hatten.

---

vent das Amt eines Sakristans ausgeübt zu haben, vgl. Def. S. 591 Kap. III/5 und Akten II/2 S. 310 Nr. 28 (1508, Sept 2; Subprior, Folterverhör).

426   Die Jetzerprozesse

Zeuge	Pfarrei	Daten der Predigt	Predigende Dominikaner
Benedikt Dick	Wimmis	1507, Sept 11 oder 18	Bernhard (Karrer) Paul (Süberlich) Kaplan Insel
Rudolf Schürer (Frühmesser)	St. Stephan	1507, zw. Sept 14 u. 29	Paul (Süberlich)
Peter Lector(is)	Oberwil bzw. Därstetten	1507, März 25	Paul (Süberlich)
Peter Lector(is)	Oberwil	1507, Sept 22, Okt 3	Paul (Süberlich)
Heinrich Ubert	Zweisimmen	1504(?)	?
Heinrich Ubert	Zweisimmen St. Stephan	1507, zw. Sept 14 u. 29	Paul (Süberlich) (St. Stephan?) Jost (Hack) (Zweisimmen?)

Tabelle: Zeugenaussagen über die Predigt der Dominikaner von Bern im Simmental

Die Dominikaner: der Konversenbruder Oswald und Bruder Bernhard Karrer

Auf die Zeugenaussagen der Pfarrer aus dem Simmental folgen diejenigen von zwei Angehörigen des Berner Dominikanerkonvents, des Konversen Oswald (ohne Familiennamen) und des Bruders Bernhard Karrer, ohne dass wir erfahren, ob sie ihre Aussagen wirklich erst am 30. August 1508 gemacht haben, obwohl sie seit dem 12. August als Zeugen vorgesehen waren. Wir wissen auch nicht, warum gerade sie als Zeugen ausgewählt wurden, wo der Konvent doch rund zwanzig Mitglieder zählte (siehe Anh. 2: 1498: 21 und 4 Novizen; 1506/1507: 17 und 7 Junge; 1508: 20). Bruder Bernhard Karrer gehörte dem Konvent seit spätestens 1498 an, als er als Subdiakon erscheint (also noch nicht Priester war). Zu Beginn des Defensoriums ist er als Studentenmeister (*magister studentium*) belegt und 1508 ohne besondere Aufgabe. Später scheint er Subprior geworden zu sein und auch bei der Einführung der Reformation noch dem Berner Konvent angehört zu haben. Der Konverse Oswald gehörte dem Konvent spätestens seit dem Beginn des Defensoriums an, wird aber in der Schuldverschreibung vom 19. Februar

Der Hauptprozess in Bern

1508 nicht genannt, vielleicht weil die Zustimmung der Konversen nicht erforderlich war; bei seiner Zeugenaussage im August 1508 scheint er jedenfalls noch zum Konvent gehört zu haben[229]. Die Zeugenaussagen der beiden Dominikaner erwiesen sich allerdings als nicht sehr ergiebig; es war ja wohl auch nicht zu erwarten, dass sie gegen ihre Ordensobern aussagen würden. Der Konversenbruder Oswald hatte als Jetzers Zellennachbar in dessen Zelle den Geist gesehen, mit einem behaarten Kopf, einem herabhängenden Ohr und einer langen gekrümmten Nase. Er hatte nicht wahrgenommen, dass ihm Flammen aus dem Mund und der Nase schossen, wohl aber gesehen und gehört, dass der Geist in Jetzers Zelle, im Dormitorium und in der Nähe der Bibliothek mit Steinen um sich geworfen habe; Oswald hatte sogar einen Stein in der Nähe seiner eigenen Zelle gefunden und auch gesehen, wie der Geist die Laterne aus Jetzers Zelle geworfen hatte und wie sie in zwei Stücke zerbrochen sei. Er hatte zwar nicht zwei Personen gesehen, wohl aber zwei Stimmen gehört, die eine diejenige Jetzers, die andere rau und grob, aber er habe nicht verstanden, was gesprochen worden sei, wohl aber, dass der Konverse den Geist beschworen habe. Er hatte auch einige Male Maria vor Jetzers Bett knien sehen, mit einem Schleier vor einem weiblichen Gesicht. Danach habe sie sich erhoben und mit einer kleinen weißen Hand die Zelle mit Weihwasser besprüht. Als Oswald einmal allein in seiner Zelle gewesen sei, habe er auch gehört, wie Jetzer Maria beschworen und wie diese darauf das Vaterunser und das Ave Maria gebetet habe. Er wusste ferner, wie das Sakrament in Jetzers Zelle gekommen, nicht aber, wie es gefärbt worden sei. Oswald hatte in Jetzers Zelle auch nie Engel gesehen[230].

Der Dominikaner Bernhard Karrer nahm klarer Stellung als der Konversenbruder Oswald, indem er Jetzer beschuldigte, im Kloster Untaten (*facinora mala*) begangen zu haben, doch wusste er niemanden zu nennen, der davon gewusst hätte. Er selber habe keinen Hinweis auf Böses (*indicium malum*) gesehen, und die Klosterväter hätten keinen Anlass zu Skandal (*causam scandali*) gegeben. Schon bevor Jetzer (am 6. Januar 1507) das Ordensgewand erhalten habe, habe man hier gewusst, dass in der Gästekammer ein Geist umgehe, Lärm mache und Steine werfe. Als Jetzer die Zelle neben derjenigen des Schaffners bekommen habe, sei der Geist ihm dorthin gefolgt und habe ihn belästigt. Karrer selber habe den Geist mit rauer Stimme zu Jetzer sprechen hören und ihn durch das Guckloch in der Wand erblickt, das allerdings zu klein war, als dass er ihn richtig hätte sehen können.

---

229) Zu Bernhard Karrer und Bruder Oswald siehe Anh. 2 und vgl. Akten II/3 S. 388 Anm. 2 und S. 389 Anm. 1.

230) Akten II/3 S. 389 f. (1508, Aug 30; Zeugenaussage Oswald).

428   Die Jetzerprozesse

Der Geist habe stark gekräuselte Haare bis an die Ohren gehabt, wie die
Konversen (also wohl keine Tonsur), womit Karrer möglicherweise unterstellte, dieser sei von einem anderen Konversen oder aber von Jetzer selber
gespielt worden. Der Geist habe eine lange krumme Nase gehabt, und Bernhard schien, als wäre diese mit einem Faden angebunden (*appensus filo*) gewesen. Bei der zweiten Erscheinung des Geists schien dessen Gesicht ihm
geschunden, und beim dritten Mal habe er einen Konversen mit einer angezündeten Kerze in der Hand gesehen, der auf einem Tisch nach etwas suchte, aber er wusste nicht, wonach. Er habe auch gehört und gesehen, wie der
Geist im Dormitorium und in Jetzers Zelle großen Lärm gemacht und mit
Steinen um sich geworfen habe. Dagegen wollte er die Erscheinungen der
hl. Barbara und der Jungfrau Maria nie gesehen haben, auch keine Engel,
wohl aber habe er eine Stimme gehört, von der Jetzer gesagt habe, es sei diejenige der Jungfrau Maria gewesen. Auf eine entsprechende Frage verneinte
Bernhard, dass er in seinen Predigten je von diesen Erscheinungen gesprochen habe[231].

Die Zeugenaussagen der beiden Dominikaner bleiben bei den frühen Erscheinungen (Geist, Barbara, Maria) stehen und erwähnen die späteren (Cäcilia, Bernhard von Clairvaux, Katharina von Siena, die gekrönte Maria) mit
keinem Wort, doch wissen wir nicht, warum das Gericht hier nicht weiter
gefragt hat – vielleicht weil man einsehen musste, dass sich aus der Mönchs-
gemeinschaft keine Überläufer oder Verräter rekrutieren ließen – was vielleicht doch für die Gemeinschaft und die Väter spricht. Laut Aussagen des
Subpriors und des Schaffners vom 4. und 5. September 1508 hätte gerade
der Konverse Oswald eindeutig zu den Mitwissern im Konvent gehört (siehe Kap. II/2e, Die Mitschuld der Oberdeutschen Dominikanerprovinz) –
wenn man dies bedenkt, dann hat er bemerkenswert dicht gehalten, aber
auch vielleicht deshalb Jetzer weniger streng verurteilt als Bernhard Karrer.

Johann Murer, Dekan des Vinzenzstifts

Bleiben noch zwei Zeugenaussagen zu besprechen, die beide schriftlich abgegeben und beide undatiert sind, diejenige von Johann Murer, Dekan des
Vinzenzstifts, und diejenige des Valerius Anshelm, der damals noch nicht
Chronist war, sondern gerade von der Stellung des Schulmeisters in diejenige des Stadtarztes wechselte. Doch zunächst zu Johann Murer, der ursprünglich aus Baden stammte und 1472 an der Universität Basel den Grad
eines *Baccalaureus artium* erworben hatte. Als Chorherr des Vinzenzstifts
ist er erstmals am 12. August 1486 belegt. Am 26./29. Januar 1487 wurde er

---

231) Akten II/3 S. 389 f. (1508, Aug 30; Zeugenaussage Karrer).

Der Hauptprozess in Bern 429

Kustos und am 21. September 1492 Dekan. In den 1490er-Jahren trat er in Bern als Anhänger der savoyisch-französischen Partei hervor. Aus Anlass der Erneuerung des Bündnisses zwischen Bern und Savoyen im Jahr 1498 verfasste er eine Berner Chronik unter dem Gesichtspunkt der bernisch-savoyischen Freundschaft, die er dem Gesandten Savoyens, dem Bischof von Lausanne, Aymo von Montfalcon, widmete – was ihn fast seine Chorherrenpfründe und Dekanswürde gekostet hätte. Nachdem Propst Johann Armbruster am 30. Juli 1508 gestorben war, wurde Murer am 27. August an seiner Stelle von Rat und Burgern zum Propst des Vinzenzstifts gewählt und am gleichen Tag schriftlich dem Papst präsentiert. Der Rat scheint die päpstliche Bestätigung indessen nicht abgewartet zu haben, sondern ließ den neuen Propst am 17. September 1508 durch den Schultheißen (von Scharnachtal) auch dem Kapitel präsentieren[232].

Da Murer sich in seiner schriftlichen Zeugenaussage selber als „Dekan" bezeichnet, hat Rudolf Steck geschlossen, dass diese vor dem 27. August 1508 entstanden sein müsse, wahrscheinlich zu Recht, denn bei den Folterverhören der Dominikaner wird Murer schon am nächsten Tag, am 28. August 1508, als „erwählter Propst" tituliert. Bemerkenswert ist, dass Murer sich als „unwürdigen Dekan" des Bischof von Lausanne und diesen gleichzeitig als „Verwalter des bernischen Sitzes" (*Bernensis sedis administrator*) bezeichnet, womit wohl das durch Armbrusters Tod verwaiste Vinzenzstifts gemeint war[233]. In der Reihe der schriftlichen Stellungnahmen steht diejenige Murers vor derjenigen des Stadtschreibers Niklaus Schaller, die vom 12. August 1507 datiert ist, aber das will wohl nichts heißen, da anzunehmen ist, dass die Stellungnahmen auf losen Blättern abgegeben wurden, die erst später in einer bestimmten – oder eben willkürlichen – Reihenfolge in die Akten eingetragen wurden, wie dies bei Valerius Anselm der Fall sein würde. Während wir wissen, dass Schaller und Anselm ihre schriftlichen Stellungnahmen dem Gericht auch noch mündlich vorgetragen haben, ist bei Murer nichts Derartiges vermerkt.

Murer scheint vom Jetzerhandel offiziell erst Kenntnis bekommen zu haben, als eine Delegation von Geistlichen und Weltlichen vom Rat ins Dominikanerkloster geschickt wurde; doch wusste er nur, dass dies an einem Sonntag um elf Uhr vormittags gewesen sei – einem Sonntag, den Steck aufgrund von Anselms Bericht doch mit einiger Sicherheit auf den 27. Juni 1507 datieren kann[234]. Als Murer – wahrscheinlich etwas zu spät – in die

---

232) TREMP-UTZ, Chorherren S. 82 f., vgl. auch Leo NEUHAUS, Eine humanistische Bernerchronik von 1499, in: Festschrift Oskar Vasella (1964) S. 217–225.

233) Akten II/3 S. 391 (undat.; Zeugenaussage Murer), vgl. auch Akten II/2 S. 286 Nr. 17 (1508, Aug 28, Nachmittag; Prior, Folterverhör).

234) Akten II/3 S. 391 Anm. 2, vgl. auch Anselm 3 S. 103: *Und also verordnet ein wi-*

430 Die Jetzerprozesse

Sakristei (*sacrarium seu sacristigia*) gekommen sei, seien schon mehrere von den Abgeordneten versammelt gewesen und hätten stillschweigend dem Prior zugehört, der von den Erscheinungen des Geists und der Jungfrau Maria erzählt und beteuert habe, diese seien dem Konversenbruder wahr und wahrhaftig erschienen. Murer scheint sich als Stellvertreter des Bischofs von Lausanne – der im Inquisitionsgericht saß – aufgeführt, sich in den Vordergrund gedrängt, neben den Prior gestellt und versucht zu haben, diesen zu verunsichern, indem er sagte, dass Jetzer vielleicht ein Bild (oder eine Statue) erschienen sei (*ad ipsum fuit forte aliqua imago apparens*). Der Prior habe indessen darauf beharrt, dass es nicht ein Bild gewesen sei, sondern die Jungfrau selber, und Murer habe nachgefragt, ob denn noch jemand anderer sie gesehen habe als nur der Konverse. Darauf habe der Prior geantwortet, dass noch etwa fünf oder sechs Brüder des Ordens sie gesehen hätten. Von der Hostie habe der Prior gesagt, dass er sie mit eigenen Händen konsekriert und dass sie sich später auf wunderbare Weise in eine blutfarbige verwandelt habe. Er habe auch die Reliquien gezeigt, die in zwei Kistchen (*cistule*) lagen, und gesagt, dass man im Kloster wisse, was sie bedeuteten, und dass die eine eine Bestätigung für die andere darstelle.

Murer stand aber nicht nur dem Prior, sondern auch Jetzer kritisch gegenüber, den er mehrfach als Simulanten bezeichnet. Nach der Vorstellung in der Sakristei seien die Abgeordneten in Jetzers Stübchen geführt worden, wo dieser in einer düsteren Ecke neben dem Fenster gesessen sei, den Kopf auf die Arme gestützt (*caput facie tenus super lacertos reclinantem*); wenig später sei er aufgestanden und auf einen Stuhl gekniet und habe so getan, als ob er betete. Murer scheint auch dabei gewesen zu sein, als der Konverse (am 21. Juli 1507) vom Bischof und vom Generalvikar besucht wurde, musste dann allerdings hinausgehen, als dem Bischof die Stigmata gezeigt wurden, da er nicht zu dessen „Familie" gehörte; er verweist denn auch darauf, dass der Bischof hier selber Bescheid wisse (*quid autem factum fuerit, ipse reverendissimus dominus meus novit*)[235].

---

ser rat fürnäme personen, geistlich und weltlich, und namlich irer stift obren, probst, dechan, custor, sänger [Kantor], und ander, desglichen vom rat ein zal, dass si uf nächsten Sontag um einlife in der Predier kor sóltid erschinen und da die wunderbare ding vernemen.

235) Akten II/3 S. 391–393 (undat.; Zeugenaussage Murer). Es ist nicht auszuschließen, dass Murer sich auch als Vertreter des Bischofs aufspielte, weil dieser, nachdem er am 21. Juli 1507 in Bern nichts erreicht hatte, „seinen Klerikern" in Bern den Auftrag gegeben hatte, ihm zu melden, wenn sie etwas Einschlägiges hörten, vgl. Def. S. 583 Kap. II/11: *Unde et suos clericos Bernenses adiuravit mandatis, ut sibi dicerent, si quid super hoc audissent.*

Der Hauptprozess in Bern

Als die Dominikaner mit dem Chorherrn Ludwig Löubli im Streit lagen, weil dieser ihre Wunder im Anschluss an die blutweinende Marienstatue als „Lotterei und Ketzerei" bezeichnet hatte (siehe Zeugenaussage Noll), habe man im Stiftskapitel zu vermitteln versucht, doch hielt Murer es nicht für nötig, näher darauf einzugehen (*de quibus deponere non opus est*) – auch wenn es dabei doch zu einer Versöhnung gekommen war, die sich allerdings in der Folge als nicht dauerhaft erwies. Hingegen wollte er den Prior und den Lesemeister der Dominikaner mit einem Zitat aus Thomas von Aquin gewarnt haben: dass es sich bei den Erscheinungen um Täuschungen durch Dämonen oder böse Menschen (*illusiones demoniorum aut hominum*) handeln könnte; dabei gibt Murer, wohl um seine Gelehrsamkeit zu zeigen, die genaue Stelle bei Thomas an (*sancti Thome dicta CXIIII, q. in prima parte* = Summa Theologiae, pars I. qu. CXIV, art. 4,3). Dann seien zwei der vier nun gefangenen Dominikaner nach Rom gegangen. Nach ihrer Rückkehr seien sie alle vier vor den Rat der Sechzig gerufen worden, zusammen mit vier Chorherren von St. Vinzenz (Propst, Dekan, Kustos und einem weiteren Chorherrn, am 14. Januar 1508). Hier habe Murer gehört, wie Jetzer die Klostervorsteher „ins Gesicht" angeklagt und seinen Lausanner Prozess um die Erscheinung der hl. Katharina von Siena ergänzt habe (dies allerdings bereits am 7. Januar). Der Dominikaner Paul (Hug) habe versucht, seine Mitbrüder in Schutz zu nehmen, und diese seien auch selber zu Wort gekommen[236]. In seinem Eifer, seinen weltlichen und geistlichen Obrigkeiten zu gefallen und ihnen zu schmeicheln und mit einem ausgewählten Vokabular seine Bildung zur Schau zu stellen, verdächtigte Murer sowohl die Dominikaner als auch Jetzer und versuchte, es mit niemandem zu verderben.

---

236) Akten II/3 S. 393 (undat.; Zeugenaussage Murer), siehe auch Kap. I/3e und II/1c, Gegenüberstellungen. Zur Vermittlung zwischen Löubli und Wölfli vgl. StABern, B III 14, Stiftsmanual 3 p. 120–121 (1507, Nov 17): *Habenn min herren in dem handel zwúschenn m(eister) Ludwigen Lóublin und m(eister) Heinrichen Wólfflin nach irem uffgeben unnd vertruwen unnd mit wússenthafft(er) táding gerattenn, abgeredt unnd beschlossenn, das nů hinfúr gůter will, frúntschafft unnd einigkeyt sye under inen, unnd diewil min herrn der sach unnd der reden gnůgsammen bericht habenn, wellen si die beýd fur erlich, erber, fromen herren unnd mitbrúder wie vor habenn unnd achten, also dz inen soliche zů deheiner letzung oder abbruch ir eren sólle dienen, unnd damit diß in vergesßlikeýt gesatzt werde, haben min herren angesechen, das si ein andren diß fúrer nit verwýssen noch fúrhalten sóllen bý einem ursatz x lib an die ornamenta der kilchen zůgeben.*

432 Die Jetzerprozesse

Valerius Anshelm, Schulmeister und Stadtarzt

Von Valerius Anshelm war schon vielfach die Rede, vor allem vom Bericht über den Jetzerhandel, der in seine Chronik inseriert ist und den er u. U. vor dieser (die erst nach der Reformation entstanden ist) geschrieben hat. Dieser Bericht beruht auf den Akten der Jetzerprozesse, doch ist Anshelm damit sehr frei umgegangen und hat daraus einen Bericht über den Jetzerhandel konstruiert, wie wir ihn hier aus Gründen der Objektivität nicht geben dürfen (siehe Einl. 2b). In den Akten der Jetzerprozesse kommt Anshelm nur sehr spärlich vor, so zum ersten Mal am 18. August 1508, als der Verteidiger der Klostervorsteher ihn aufgrund von Gesprächen mit seinen Schutzbefohlenen als parteiisch ablehnte (siehe unter Zeugenaussage Esslinger). Nichtsdestoweniger scheint er doch als Zeuge zugelassen worden zu sein, sonst hätten wir wohl keine Zeugenaussage von ihm, eine Aussage, die er selber schriftlich und in lateinischer Sprache verfasst hatte und dann vor den Richtern vortrug. Dabei werden als Richter die Bischöfe von Lausanne und Sitten sowie der Provinzial der Oberdeutschen Dominikanerprovinz genannt, so dass man annehmen muss, dass Anshelm seine Stellungnahme vortrug – oder zumindest verfasste –, bevor der Provinzial (am 19. August 1507) aus dem Gericht ausschied. Ein weiteres Problem gibt Anshelms Beruf auf: er wird in der Überschrift seiner Zeugenaussage, die wohl nicht von ihm selber stammt, als „Meister" und „Doktor der Medizin" bezeichnet, doch war er am 30. Juli 1508 als Schulmeister der Stadt entlassen und am 17. November als Stadtarzt angestellt worden, so dass wir nicht genau wissen, welche Stellung er zur Zeit seiner Zeugenaussage innehatte, obwohl seine Stelle als Schulmeister noch um zwei Fronfasten (Vierteljahre) verlängert worden war[237].

Anshelms Zeugenaussage muss auf vier losen Blättern (oder Seiten) festgehalten worden sein, die indessen bei der Eintragung in die Akten durcheinandergeraten sind; doch hat Steck eine Reihenfolge konstruiert, die in

---

237) Adolf FLURI. Die bernische Stadtschule und ihre Vorsteher bis zur Reformation. Ein Beitrag zur bernischen Schulgeschichte, in: Berner Taschenbuch 42 und 43 (für das Jahr 1893/1894) S. 51–112, hier S. 101–103. Dass es Anfang des 16. Jh. noch durchaus möglich war, von der Stelle des Schulmeisters in diejenige des Stadtarzts zu wechseln, zeigt auch das Beispiel des St. Galler Reformators Joachim Vadian, der in den Jahren 1502–1518 an der Universität Wien nicht nur humanistische Studien betrieb, sondern auch Medizin studierte und seit 1525 in seiner Heimatstadt als Bürgermeister, Stadtarzt, Reformator, Jurist, Historiker und Geograph tätig war, vgl. Rudolf GAMPER, Joachim Vadian 1483/84–1551. Humanist, Arzt, Reformator, Politiker. Mit Beiträgen von Rezia Kauer und Clemens Müller (2017), und Kathrin UTZ TREMP, Rezension, in: Schweizerische Zeitschrift für Religions- und Kulturgeschichte 112 (2018) S. 437 f.

Der Hauptprozess in Bern 433

etwa die richtige gewesen sein könnte. Anselm beginnt mit jenem Sonntag (wahrscheinlich 27. Juni 1508), als der Prior des Dominikanerkonvents weltlichen und geistlichen Abgeordneten des Rats – darunter auch Anselm – seine Reliquien zeigte: die rote Hostie, die vom Prior selber konsekriert und von Maria in einem Wunder vor Jetzers Augen in „blutiges Fleisch" (*in cruentam carnem*) verwandelt worden sei. Dann auch die Blutstropfen aus dem wahren Blut Christi auf Windeln, in welche Maria ihr Neugeborenes eingewickelt hatte. Hier bricht Anselms Bericht über den 27. Juni in der Zeugenaussage jedoch bereits wieder ab, während er in der Chronik seiner Feder freieren Lauf lässt:

> *Do trůg der priol das rot sacrament in eim corporal, mit der himmelschen kerzen und gwonlichem geprång, und ouch die silberne lådle, darin die helgen plůtkrůzle, tropfen, schlůss und lůmple, uss dem fronaltar in d'sacristî, die er zůschloss von wegen des ubertringenden zůloufs, und fieng do an zesagen, was ergangen mit dem såligen brůder, und wie dis heilig ding harkommen.*[238]

Weiter berichtet Anselm von einem Essen mit dem Prior, dem Lesemeister und dem Subprior, an welchem auch die Chorherren Heinrich Wölfli, Johann Dübi und Ludwig Löubli(!) teilgenommen hatten. Dabei ließ Anselm sich vom Prior die ganze Geschichte um Jetzer erzählen, die damals bereits bis zur blutweinenden Marienstatue (25. Juni 1507) reichte. Der Prior habe mit Jetzers Klostereintritt und Sitten begonnen; der Mann sei ihnen unbekannt gewesen und sie hätten ihn nur wegen seiner Liebe zu ihrem Orden aufgenommen, obwohl er kindlich und einfältig sei (*infantilis, simplex, non tamen singularis*). Er sei dann krank geworden und habe in dieser Krankheit häufig die hl. Barbara angerufen und in einem Testament über seine weltlichen Güter verfügt. Die Erzählung sei weiter auf den Geist, auf die hl. Barbara und auf die wiederholten Erscheinungen der Jungfrau Maria sowie die Verwandlung der Hostie gekommen. Die Jungfrau Maria habe sich mit Jetzer angefreundet (*maximam Marie cum fratre familiaritatem*) und dieser habe die Schmerzen der Stigmata noch geduldiger ertragen als Katharina von Siena. Als der Prior mit seiner Erzählung, unterbrochen von Zwischenfragen von Seiten Anselms, so weit gekommen war, sei gerade die Zeit von Jetzers Passionsspiel gekommen, und die Gäste seien „vom Tisch zur Tortur" (*a tabula ad tormenta*) geschritten, ein Wortspiel, das zeigt, wie widerlich Anselm das Ganze fand. Anders als später in seiner Chronik (siehe Kap. II/5b, Der Vergleich mit Niklaus von Flüe) hält er sich in seiner

---

238) Akten II/3 S. 396 (undat.; Zeugenaussage Anselm), vgl. auch Anselm 3 S. 103.

434 Die Jetzerprozesse

Zeugenaussage nicht lange beim Passionsspiel auf, von dem er nur sagt, dass es schrecklich anzuschauen gewesen sei. Darauf sei man in die Kirche (Anselm sagt: *templum*) hinabgestiegen, um sich die Reliquien zeigen zu lassen. Folgt die Erzählung von der blutweinenden Marienstatue, nach Einschätzung des Lesemeisters das größte Wunder seit der Kreuzigung Christi (*Prodigia portentosiora ab ipso Christi crucifixionis die audita non sunt*)[239].

Anselm setzt seinen Bericht mit einer anderen Mahlzeit fort, die er zusammen mit den Chorherren Thomas vom Stein und Constans Keller im Dominikanerkloster eingenommen habe, und zwar am Tag des hl. Thomas von Aquin, d. h. am 7. März 1507, also in der Zeit der Erscheinungen des Geistes, aber vor denen der hl. Barbara und Maria. Hier wurde über die Empfängnis Marias gestritten. Der Prior habe gefragt, warum die Dominikaner ihre Meinung (befleckt) aufgeben sollten, wo diese doch von so vielen anderen Gelehrten, auch aus dem Franziskanerorden, unterstützt würde. Anselm habe sich eher zu Gunsten der „moderneren" Gelehrten ausgesprochen und Nikolaus von Kues (1401–1464) genannt, der 1431–1437 als Vertreter des Erzbischofs von Trier am Konzil von Basel teilgenommen, dann aber auf die päpstliche Seite gewechselt hatte. Darauf habe der Lesemeister geschlossen, dass kein Argument ihnen besser aus dieser Uneinigkeit helfen könne als eine bewährte Offenbarung und schöne Wunder (*a Deo probata revelatione clarisque miraculis*)[240] – was alle unsere Vermutungen in Bezug auf die Rezeption von Bernardin de Bustis' *Mariale* bei den Berner Dominikanern aufs Schönste bzw. aufs Schlimmste bestätigt (siehe Kap. I/3a). Zuletzt kam Anselm auf den Besuch des Bischofs von Lausanne, Aymo von Montfalcon, bei Jetzer (am 21. Juli 1507) zu sprechen, von dem bereits bei Dekan Murer die Rede war. Als der Bischof Jetzers Stübchen betreten habe, habe der Lesemeister diesen aus seinem Bett gehoben und ihn unterrichtet, welche Ehre ihm bevorstehe. Nachdem er die Stigmata betastet hatte, habe der Bischof Jetzer nach dem Grund all dieser Dinge ge-

---

239) Akten II/3 S. 396 f., 399 f., 397 f. (undat.; Zeugenaussage Anselm).

240) Akten II/3 S. 398 f. u. 400 (undat.; Zeugenaussage Anselm). Zu Constans Keller, Chorherr von St. Vinzenz 1498–1519, siehe Epilog 2b. Steck nennt Nikolaus von Kues (1401–1464) eine Autorität des Basler Konzils, das 1439 die unbefleckte Empfängnis proklamierte (vgl. Akten II/3 S. 393 Anm. 1). Damit greift er jedoch zu kurz, denn Niklaus von Kues hatte das Basler Konzil bereits 1437 verlassen, also zwei Jahre vor der Dogmatisierung der Immaculata-Lehre. Nichtsdestoweniger bekannte er sich 1454 und 1456, als er bereits Bischof von Brixen (1450–1464) war, in zwei Predigten dezidiert zur unbefleckten Empfängnis, vgl. Acta Cusana. Quellen zur Lebensgeschichte des Nikolaus von Kues, nach Vorarbeiten von Hermann HALLAUER / Erich MEUTHEN, hg. von Johannes HELMRATH / Thomas WOELKI, II/3 (2017) S. 822 Nr. 4167 (freundliche und speditive Auskunft von Dr. Thomas Woelki, Berlin, E-Mail vom 2. Jan. 2019).

Der Hauptprozess in Bern   435

fragt. Darauf habe eine „heimliche Unterredung" stattgefunden, mit dem Schluss, dass alle diejenigen, die nicht zum bischöflichen Gefolge gehörten, abtreten mussten, doch verschweigt Anshelm in seiner Zeugenaussage, dass er selber von diesem Beschluss betroffen war, wohl aber enthüllt er es später in seinem Bericht über den Jetzerhandel:

> *Und als nun der selbig (landsbischof von Losan), ernstlich beschriben, mit sinem wolgelerten vicario [Baptiste de Aycardis] und andren råten, nach mittem Hôwmonat gon Bern kam, da wurden im angends zůverordnet: der prior von Torberg, Alexander, von der stift: probst [Armbruster], dechan [Murer] und custor [Dübi], und ouch vom rat fürneme månner, den Jåtzer und sinen handel ze besichtigen und zů verhören. Mit denen gieng er nach immis ins kloster und ervordret den prior, im anzezeigen iren krůzgeten brůder. Do fůrt in der prior ins Jåtzers stůble; da lag der Jåtzer am betle; den hůb der lesmeister uf als kranken und lert in als vast einfåltigen den bischof enpfahen. [.....] Do nun der bischof wolt den brůder selbs besehen und um sine gschåft verhören, da begerten die våter durch ein heimliche underred, dass die, so nit von des bischofs gesind wåren, sôltind abtreten. Das ward gestattet, und also bleib von den verordneten niemands da, wen die andåchtigen, der Kartuser prior, und an mine stat doctor Thůring [Fricker], des Jåtzers tolmetsch. [...]*[241]

Anshelm könnte also ursprünglich als Übersetzer für Jetzer vorgesehen gewesen sein, damit der Bischof von Lausanne direkt mit diesem sprechen konnte und nicht auf die Vermittlerdienste der Klostervorsteher angewiesen war, doch wurde er offensichtlich durch eine Intrige der Klostervorsteher ausmanövriert und durch einen ersetzt, den Anshelm zu den „Andächtigen", d. h. zu den „Gläubigen" zählte, nämlich den ehemaligen Stadtschreiber Thüring Fricker, mit dem er sich seinerzeit bereits wegen dessen Altarstiftung überworfen hatte (siehe Kap. I/2d, Der Streit um die messelesenden Toten). Die Klostervorsteher könnten aber noch einen weiteren Grund gehabt haben, Anshelm von Jetzer und vom Bischof fernzuhalten, denn wie wir wissen, beabsichtigte der letztere bei Jetzers Besuch in Bern im Juli 1507, Ärzte hinzuzuziehen und damit den Fall aufzuklären (siehe Kap. II/1, Jetzers viertes Verhör) – und Anshelm war Arzt! Es ist denkbar, dass die Dominikaner auch deshalb Anshelm bereits am 11. August 1508 durch ihren Verteidiger als parteiisch von einer Zeugenaussage überhaupt ausschließen wollten; sie hatten sich dabei nicht getäuscht, Anshelm war parteiisch

---

241) Akten II/3 S. 400 f. (undat.; Zeugenaussage Anshelm), vgl. auch Anshelm 3 S. 106 f.

436   Die Jetzerprozesse

und machte, im Unterschied zu vielen andern Zeugen, die auch während ihrer Aussagen noch lavierten, aus seinen großen Vorbehalten kein Hehl und aus seinem Herz keine Mördergrube. Für ihn typisch ist der Rat, den er dem Lesemeister laut seiner Chronik mehrmals gegeben haben wollte, nämlich der Rat des Gamaliël (Anshelm 3 S. 100): *Ich sagt dem lesmeister me dan einist, er sôlte bescheidenlich faren und Gamaliels rat nit vergessen, wan der selbig wurde gwisslich in diser sach fúrgang haben.* Gamaliël war ein Pharisäer und beim ganzen jüdischen Volk angesehener Gesetzeslehrer gewesen, der laut der Apostelgeschichte (Act. 5,38 f.) dem Hohen Rat der Juden, der die Apostel töten lassen wollte, den Rat gab: „Lasst von diesen Männern ab und gebt sie frei; denn wenn dieses Vorhaben oder dieses Werk von Menschen stammt, wird es zerstört werden; stammt es aber von Gott, so könnt ihr sie nicht vernichten; sonst werdet ihr noch als Kämpfer gegen Gott dastehen." In seiner Chronik führt Anshelm Gamaliëls Rat noch ein zweites Mal auf bzw. legt ihn sogar Luther in den Mund, der auf dem Reichstag von Worms aufgefordert wurde, sich zum Konzil von Konstanz zu bekennen, und der sich in dieser Situation angeblich ebenfalls auf Gamaliëls Rat berief (Anshelm 4 S. 396 f.)[242]. Mit Gamaliëls Rat plädierte Anshelm im Grund fürs Zuwarten, ähnlich wie auch Kustos Johann Dübi mit seinem Hinweis auf das heiligmäßige Leben, das der 1487 verstorbene Niklaus von Flüe während dreißig bzw. zwanzig Jahren geführt hatte.

Die *Fama* des Jetzerhandels

Aufgrund der Zeugenaussagen lässt sich nun eine verfeinerte Chronologie des Jetzerhandels herstellen. Dabei geht es weniger darum, wann die einzelnen Ereignisse stattgefunden haben, als darum, wann die Erzählungen davon – die *fama*! – über die Mauern des Dominikanerklosters hinausgedrungen bzw. hinausgetragen worden waren, was der Strategie des Glaubensprokurators sowohl bei den Artikelverhören der Klostervorsteher als auch bei den Zeugenbefragungen entsprach (siehe Kap. II/2c und d). Dass diese Strategie aufgegangen war, geht daraus hervor, dass hier doch einige Überraschungen zu verzeichnen sind, gerade angesichts der Tatsache, dass die Dominikaner angeblich immer wieder scheinheilig beteuert hatten, dass sie die Geschehnisse um Jetzer herum lieber noch viel länger für sich behalten hätten (siehe Zeugenaussagen Noll, Franke und Huber). Die Geschichte wurde nämlich nicht erst am 25. Juni 1507 mit der blutweinenden Marienstatue an die Öffentlichkeit getragen, sondern schon wesentlich früher – und außer-

---

242) In Bernardinus de Bustis, Mariale fol. 31r wird Gamaliëls Rat zu Gunsten der unbefleckten Empfängnis ins Feld geführt.

Der Hauptprozess in Bern

halb der Stadt wahrscheinlich noch früher als in der Stadt! So waren einige Zeugen bereits mit dem Geist in Berührung gekommen, der das Kloster von der Jahreswende 1506/1507 bis zum 11. März 1507 heimgesucht hatte, in der Regel indirekt, so der Goldschmid Martin Franke, der Apotheker Niklaus Alber und der Glockengießer Johann Zehnder, und es stellte sich heraus, dass die Dominikaner auch schon vom Geist gepredigt hatten, so der Lesemeister in Bern und Bruder Paul Süberlich bereits am 25. März 1507 in Därstetten im Simmental (Zeugenaussagen Esslinger und Peter Lector/is). Dagegen waren die Dominikaner, die als Zeugen dienten, nämlich Bruder Bernhard Karrer und der Konverse Oswald, selber auch direkt mit dem Geist in Berührung bekommen, wobei dieser für Karrer gewissermaßen zum Inventar des Klosters gehörte und allenfalls ein Konverse hätte sein können. Höchst aufschlussreich aber ist, dass der Geist in den Zeugenaussagen gleich mit zwei jüdischen Attributen ausgestattet war: nämlich bei Martin Franke mit einem hohen spitzen Hut und beim Konversen Oswald mit einer langen krummen Nase, und dies obwohl der Geist eigentlich ein Dominikaner war, nämlich der ehemalige Prior Heinrich Kalpurg (bzw. der diesen spielende Subprior).

Der Stadtarzt (damals noch Schulmeister) Valerius Anshelm berichtet von einer Mahlzeit, die er am 7. März 1507, am Tag des hl. Thomas von Aquin, zusammen mit den Chorherren Thomas vom Stein und Constans Keller bei den Dominikanern eingenommen und bei der man eifrig über die Empfängnis Marias gestritten hatte – vielleicht nicht zufällig zu ungefähr der gleichen Zeit, als auch der Geist dieses Thema aufs Tapet brachte (zwischen dem 26. Februar und dem 11. März 1507). Der Vogt des Dominikanerkonvents, Wilhelm von Diesbach, wurde zwischen dem 24./25. März und dem 7. Mai 1507 (in der Zeitspanne, als Jetzer erst ein Stigma hatte) zwei Mal ins Kloster zum Essen eingeladen, wo ihm der Prior und der Lesemeister von den Erscheinungen des Geistes und der Jungfrau Maria erzählten. Und Bruder Alexander Mesch, der am Karfreitag (2. April 1507) in Rüeggisberg predigte, scheint schon am Vorabend vor dem dortigen Schaffner Johann Brünisberg und dem Vikar Christen Keusen von den Wundern gesprochen zu haben, die seinem Konvent in Bern bevorstünden. In der Nacht vor Ostern, die 1507 auf den 4. April fiel, scheinen der Goldschmied Martin Franke und der Glaser Lux, wahrscheinlich beide Mitglieder der Annen-, Lux- und Loyenbruderschaft und Familiare der Dominikaner, sich gewissermaßen bei diesen einquartiert zu haben, um auch einen Blick auf die Erscheinungen der Jungfrau Maria, die Jetzer erst seit dem 24./25. März 1507 hatte, zu erhaschen; dabei scheinen die Klostervorsteher nur wenig Widerstand geleistet zu haben.

438 Die Jetzerprozesse

In der Woche nach Ostern 1507 wurde der Bauherr Rudolf Huber, der sich auf seinem Besitz in der Nähe der Stadt befand, vom Schaffner der Dominikaner in deren Kloster gerufen, wo man ihm Jetzers erstes Stigma zeigte (das er küsste) und ihn gleichzeitig bat, niemandem etwas zu erzählen. Dies ist umso paradoxer, als auch der Stadtschreiber Niklaus Schaller bereits am 6. April 1507 (Dienstag nach Ostern) zusammen mit dem Säckelmeister Jakob von Wattenwyl ins Dominikanerkloster gerufen wurde, um Jetzers erstes Stigma zu sehen – und auch schon die Reliquien, noch nicht aber die verwandelte Hostie (die ihre Verwandlung erst am 15. April erfuhr). Die Reliquienschauen im Chor oder in der Sakristei der Dominikanerkirche, denen fast alle Zeugen beigewohnt hatten, setzten wohl erst nach Mitte April 1507 ein, und Jetzers Passionsspiel, das ebenfalls die meisten gesehen hatten, erst nach dem 7. Mai 1507, als dieser die übrigen Stigmata bekommen hatte. Die Reliquienschauen und das Passionsspiel waren wahrscheinlich die sichtbarsten Elemente des Jetzerhandels, nicht zuletzt, weil sie sich – anders als etwa die blutigen Tränen der Marienstatue – wiederholen ließen und damit praktisch allen zugänglich waren, auch Zeugen, die sonst nichts wussten, wie der Cluniazenser Peter Müller oder der Franziskaner Johann Müller. Bei den Stigmata und dem Passionsspiel gab es allerdings auch schon erste Zeugen, die bewusst weggeschaut haben, wie der Apotheker Niklaus Alber und der Scherer Ludwig von Schüpfen, wohl gerade, weil sie einerseits medizinische Fachleute waren und andererseits den Dominikanern recht nahe standen und nicht sehen wollten, was sie dennoch gesehen haben.

Am 25. Juni 1507 scheinen die Dominikaner die Tatsache ausgenützt zu haben, dass die von ihnen betreute Annen-, Lux- und Loyenbruderschaft damals einen Feiertag hatte, um mit der blutweinenden Marienstatue einen großen Schritt an die Öffentlichkeit zu wagen; dabei hatten sie das Pech, dass der Eligiustag auch ein Feiertag für den Schmied Anton Noll war, der kein Mitglied dieser Bruderschaft war, sondern auch bei den Franziskanern verkehrte und solche in der Folge bei den Dominikanern einschleuste. Aber selbst der Eligiustag hatte eine Vorgeschichte, die wiederum aus der Zeugenaussage des Klostervogts Wilhelm von Diesbach hervorgeht. Dieser berichtet, dass der Prior und der Lesemeister ihn am Vortag (Tag Johannes des Täufers) um die Vesperzeit aufgesucht hätten und seine Einwilligung haben wollten, dass sie am nächsten Tag ihre „Neuigkeiten und Wunder" vor dem Rat ausbreiten dürften. Als er ihnen riet, lieber noch abzuwarten, habe der Prior gesagt, dass Maria nicht mehr warten wolle ... Deshalb gingen die Dominikaner wohl am nächsten Tag mit der blutweinenden Marienstatue direkt an die Öffentlichkeit – zunächst mit großem Erfolg, denn nicht wenige „unserer" Zeugen kamen erst an diesem Tag mit dem Jetzerhandel überhaupt in Berührung (Niklaus Darm, Konrad Brun, Johann Schindler, Ni-

Der Hauptprozess in Bern

klaus Grafenried). An diesem Tag gab es freilich Mehreres zu sehen (die blutweinende Marienstatue, Jetzer auf dem Marienaltar kniend, seine Kommunion und das folgende Passionsspiel usw., Auftritt der Klostervorsteher vor dem Rat), und nicht jeder hatte das Gleiche wahrgenommen. Von der Plage, die über die Stadt Bern kommen sollte, weil diese den Pensionen abgeschworen hatte und sie doch immer wieder annahm, wusste nur der Stadtschreiber Niklaus Schaller, der zusammen mit seinem Vorgänger Thüring Fricker ins Dominikanerkloster geschickt worden war, um sich bei Jetzer danach zu erkundigen. Dieses Orakel war jedoch nicht bereits am 25. Juni abgegeben worden, sondern erst an einem der darauffolgenden Tage.

Bezeichnend ist, dass das Gerücht, dass die Marienstatue bei den Dominikanern blutige Tränen weinte, offenbar vor allem von den Frauen verbreitet wurde (Anton Noll), die als Zeugen überhaupt nicht zu Wort kommen. Der Apotheker Niklaus Alber wurde von der Frau des Bernhard Armbruster und einer anderen darauf aufmerksam gemacht, und Johann Schindler von seiner eigenen Frau. Der erste, dem Jetzers Schuhe auffielen, die verstreut im Chor und auf einer Mauer zwischen diesem und der Marienkapelle lagen (um zu beweisen, dass Jetzer von Maria vom Chor auf den Marienaltar getragen worden war), war der Bauherr Rudolf Huber, und derjenige, der heftig Anstoß daran nahm, war der Weibel Konrad Brun, der gewissermaßen anstelle des im November 1507 verstorbenen Schultheißen Rudolf von Erlach Zeugnis ablegte. Ebenso wie Brun ärgerte auch Johann Schindler sich über Jetzers Schuhe und blutige Verbandstücke, die offenbar noch tagelang im Chor herumlagen, und war überzeugt, dass die blutigen Tränen der Marienstatue aufgemalt waren, denn Maria habe selbst unter dem Kreuz nicht geweint ... Dies war sowieso ein größeres Problem der blutigen Tränen: niemand hatte die Marienstatue wirklich weinen sehen, die blutigen Tränen waren nur aufgemalt, und es beruhte auf der eigenen Phantasie oder auf Suggestion durch die Dominikaner, ob man sich vorstellen konnte, dass die Statue tatsächlich geweint habe.

Mit dem Eligiustag (25. Juni 1507) schien der Durchbruch an die Öffentlichkeit zunächst gelungen. Der kurze Rest des Monats Juni 1507 war von großen Auftritten geprägt; im Juli ging es schon wieder abwärts. Laut Anshelm waren es zwei Tage mit Reliquienschauen und Passionsspielen: der 27. und der 29. Juni 1507. Davon war der 27. Juni ein Sonntag, und der 29. Juni, ein Dienstag, das Patronatsfest (Peter und Paul) des Berner Dominikanerklosters. Laut Anshelm (3, S. 103 f.) hätten die Dominikaner am 25. Juni nicht nur die blutweinende Marienstatue in Szene gesetzt, sondern sie wären entgegen dem Rat ihres Vogts doch auch noch vor den Rat gegangen (*giengends noch des morgens, wie am abent fürgenommen, für rat*). Dieser

440 Die Jetzerprozesse

ordnete geistliche und weltliche Personen ab, insbesondere die Dignitäten des Vinzenzstifts, Propst, Dekan, Kustos und Kantor, und ebenso eine Anzahl Ratsmitglieder, die sich am nächsten Sonntag (27. Juni) um elf Uhr im Chor der Dominikanerkirche einfinden sollten, um Jetzers Passionsspiel und die Reliquien zu sehen. Am 29. Juni wurde die rote Hostie zur Verehrung ausgesetzt, wie man das sonst nur an Fronleichnam mit dem Sakrament machte, und dazu die Reliquien (samt den „Himmelskerzen") gezeigt:

> *Hienach, uf S. Peter und Pauls Tag, irer kilchen zůsamt Unser Frowen patronen, do hielt der priol und ganz convent festliche station, zů glich wie an unser hern fronlichnamstag brůchig, mit dem roten sacrament, trůgs um, hůbs fůr und stalts dar den ganzen tag zesehen und zů verêren, darneben die êgemelte lådle [mit den Reliquien], und darfůr die himmelkerzen, allein von Unser Frowen anzezinden; harzů aber von stat und land ein vast grosser zůlouf ward, da vor am Suntag verkůnt und gerůmt. Und demnach kamen tåglich ganze rottem, item keiserlicher majestat und gmeiner Eidgnossen boten [...]* (Anshelm 3 S. 103 f.).

Diese beiden Ereignisse – am 27. und am 29. Juni 1507 – scheinen bei einigen Zeugen durcheinandergeraten zu sein. Zeugen des Auftritts der Klostervorsteher vor dem Rat am 25. Juni 1507 scheinen Anton Noll, Niklaus Schaller und Benedikt Weingarter gewesen zu sein, von denen Noll dem Großen und Weingarter dem Kleinen Rat angehörten und Schaller als Stadtschreiber ohnehin in beiden Räten präsent war. Von diesen dreien scheint aber nur Schaller unter denen gewesen zu sein, die der Einladung der Dominikaner auf Sonntag, den 27. Juni 1507, um elf Uhr Folge leisteten, und neben ihm wahrscheinlich auch noch der Klostervogt Wilhelm von Diesbach, der Bauherr Rudolf Huber, der Dekan Johann Murer und Valerius Anshelm. Dagegen ist weniger klar, wer am 29. Juni 1507 in der Dominikanerkirche war (Noll mit den Thunern? Johann Schindler, angeblich mitgeschleppt von Wilhelm von Diesbach d. J.), wohl nicht zuletzt, weil das Zeremoniell (Reliquienschau und Passionsspiel) ein ähnliches war. Laut Anshelm setzte dann (wohl nach dem 29. Juni) der große Ansturm von Stadt und Land ein, unter anderen auch von Gesandten des deutschen Königs und der Eidgenossen, die letzteren begleitet vom Weibel Brun. Der Bauherr Huber wusste weiter, dass die Klostervorsteher in der Folge mehrmals vor den Rat zitiert und ermahnt worden waren, doch konnte er keine genauen Zeitangaben machen (bevor Jetzer – Anfang Oktober 1507 – an den Bischof von Lausanne überstellt wurde).

Doch einige Monate, bevor Jetzer nach Lausanne geschickt wurde, kam der Bischof zunächst selber nach Bern, und zwar am 21. Juli 1507, gefolgt

Der Hauptprozess in Bern

von einem Besuch des Generalvikars und eines Benediktiners, der Jetzer beschwören sollte. Dafür gibt es wesentlich weniger Zeugen als für die großen Ereignisse von Ende Juni. Für den Besuch der Abgesandten des Provinzials, Paul Hug und Magnus Wetter, die am 9. Juli in Bern weilten, hat man überhaupt keine Zeugen; dieser scheint ganz konventsintern abgelaufen zu sein, und selbst der Klostervogt Wilhelm von Diesbach wusste nichts davon. Beim Besuch des Bischofs am 21. Juli 1507 scheinen Dekan Murer und Valerius Anshelm dabei gewesen zu sein, doch mussten sie beide Jetzers Stübchen verlassen, als dieser seine Stigmata herzeigen sollte, weil sie nicht zur „Familie" des Bischofs gehörten, Anshelm wahrscheinlich von den Dominikanern bewusst entfernt. Nur zwei Tage später, am 23. Juli 1507, wurde Jetzer in seinem Stübchen von einem gelehrten Mönch aus der Umgebung des Bischofs von Lausanne beschworen; dabei stand der Zeuge Johann Schindler vor der Tür, zusammen mit einigen Novizen der Dominikaner, die ihm sagten, es sei nicht nötig, Jetzer zu beschwören, denn er sei nicht von einem Dämonen besessen. Als Jetzers Stigmata (Ende Juli 1507) über Nacht verschwanden, ließ der Prior einmal mehr den Bauherrn Rudolf Huber rufen und beklagte sich bitter bei ihm ...

Den Zeugenaussagen und insbesondere dem Fragenkatalog des Verteidigers verdanken wir auch neue Erkenntnisse zur Tatsache, dass der Chorherr Ludwig Löubli am 23. August 1507 vor dem Rat erklären musste (oder durfte?), dass er den „Handel" bei den Dominikanern eine „erdachte lotterî und ketzerî" genannt hatte – wohl der erste erklärte und aktenkundige Widerspruch gegen den Jetzerhandel! Löubli scheint im Übergang vom Jetzerhandel zu den Jetzerprozessen eine große Rolle gespielt zu haben, denn er war der erste, von dem der Schmied Anton Noll Zweifel gehört hatte, und zwar in Gegenwart des Malers Johann Schweizer (der zwar am 12. August 1508 als Zeuge akkreditiert, aber nie einvernommen wurde) und von Niklaus Weyermann. Dies muss zwischen dem 25. Juni und dem 23. August 1507 gewesen sein, lässt sich aber nicht genauer eingrenzen. Diese Geschichte scheint für Nolls Haltung im Jetzerhandel entscheidend gewesen zu sein, und er ließ sich denn auch von Löubli als Zeuge anwerben, etwa drei Tage vor seiner Aussage am 12. August 1508. Löublis Aussage gegen die Dominikaner scheint auch für Johann Schindler ausschlaggebend gewesen zu sein, insbesondere weil er sie vor dem Rat nicht zurücknehmen, sondern lediglich bestätigen musste. Aus der Zeugenaussage von Johann Murer, Dekan des Vinzenzstifts, geht weiter hervor, dass man im Herbst im Stiftskapitel noch zwischen Löubli und Wölfli zu vermitteln versucht und dabei auch einen gewissen, allerdings nicht dauerhaften Erfolg erzielte.

442   Die Jetzerprozesse

Von den Erscheinungen der heiligen Cäcilia, Bernhard von Clairvaux und Katharina von Siena sowie der gekrönten Maria (in der Nacht vom 12. auf den 13. September 1507) ist in den Zeugenaussagen kaum die Rede: von derjenigen der heiligen Cäcilia und Bernhard von Clairvaux überhaupt nicht, und von derjenigen der hl. Katharina von Siena nur in der Zeugenaussage des Scherers Ludwig von Schüpfen, der offensichtlich der Leibarzt des Schaffners des Dominikanerkonvents (alias Katharina) war, der aber eigens auf diese Geschichte angesprochen werden musste und seinen Pflegling in Schutz nahm. Niklaus Grafenried kam nur indirekt auf die hl. Katharina von Siena zu sprechen, weil Jetzer in einer seiner Gegenüberstellungen mit den Dominikanern vor dem Großen Rat in Bern im Januar 1508 davon gesprochen hatte, dass er den Schaffner in Gestalt der hl. Katharina von Siena am Kopf verletzt habe, eine Wunde, die damals noch hätte sichtbar sein müssen. Im gleichen Zusammenhang ist auch von der gekrönten Maria die Rede – Jetzer und die Dominikaner stritten sich darüber, wer sie gespielt hatte –, doch wird diese in den Zeugenaussagen im Hauptprozess sonst nicht erwähnt, wohl weil sie schon in den Zeugenaussagen in Jetzers Prozess in Lausanne und Bern am 6. Dezember 1507 (Dübi und Wölfli) zur Sprache gekommen war. Dekan Murer schließlich spricht von der Gegenüberstellung von Jetzer und den vier Dominikanern am 14. Januar 1508 vor den Sechzigern, bei der auch er und drei andere Chorherren von St. Vinzenz zugegen waren und bei der Jetzer seine Geständnisse von Lausanne und Bern durch die Erscheinung der hl. Katharina von Siena ergänzt habe (was nicht ganz zutrifft). Es ist wohl kein Zufall, dass die Erscheinungen der heiligen Cäcilia, Bernhard von Clairvaux und Katharina von Siena klosterintern blieben; denn sie waren nicht primär für die Öffentlichkeit bestimmt, sondern dienten vielmehr dazu, Jetzer wieder zu überzeugen und gefügig zu machen, ein Ziel, das sie jedoch nicht erreichten. Mit der gekrönten Maria war wohl noch einmal ein Durchbruch geplant – deshalb lud man auch die beiden Chorherren Dübi und Wölfli dazu ein –, der indessen auch misslang.

Wichtiger als die Erscheinung der gekrönten Maria (in der Nacht vom 12. auf den 13. September 1507) ist im Hauptprozess in Bern die Tatsache, dass die Dominikaner in der gleichen Zeit im Simmental von den Wundern predigten, die in ihrem Konvent in Bern geschähen: zunächst die Dominikaner Bernhard Karrer, Paul Süberlich und der Kaplan des Inselklosters am 11. oder 18. September 1507 in Wimmis (wo sie vom Pfarrer Benedikt Dick nicht zugelassen wurden), und dann Paul Süberlich und Jost Hack zwischen dem 14. und 29. September in St. Stephan und in Zweisimmen (Zeugenaussagen des Frühmessers von St. Stephan und des Pfarrers von Zweisimmen). Dagegen durfte Paul Süberlich am 22. September (St. Mauritius, Patron von Oberwil) und am 3. Oktober 1507 in Oberwil nicht predigen, ließ sich aber

Der Hauptprozess in Bern

443

vom Pfarrer (Peter Lector/is) in eine Falle locken, indem er verriet, was in einem Büchslein steckte, das nur der Papst öffnen durfte ... So scheinen die Mitglieder des Berner Dominikanerkonvents in ihrem Terminierbezirk im Simmental auch noch von den Wundern, die in ihrer bernischen Niederlassung geschahen, gepredigt zu haben, als diese in der Stadt Bern selbst längst heftig umstritten waren, ja möglicherweise noch von Jetzers Stigmata, als diese bereits verschwunden waren. In Bern hätte man wohl nicht mehr davon zu predigen gewagt, denn die Stadt war inzwischen tief zerspalten, für und gegen die Dominikaner. Diese sind nicht zuletzt an den Zeugenaussagen der Pfarrer aus dem Simmental gescheitert, die der Glaubensprokurator Ludwig Löubli, einmal vom Kanzler des Bischofs von Basel, Jost Keller, und zusätzlich noch von Johann Zehnder und Peter Esslinger auf diese heiße Spur gebracht, als Zeugen zu gewinnen verstand. So wird der Jetzerhandel gewissermaßen von der Predigt der Dominikaner im Simmental umrahmt: laut der Zeugenaussage des Pfarrers von Oberwil, Peter Lector(is), der offensichtlich ein besonders scharfes Auge bzw. Ohr hatte, hatte Paul Süberlich bereits am 25. März 1507 in Därstetten von dem Geist auf dem Weg zur Erlösung und von den Wundern, die dem Berner Dominikanerkonvent bevorstanden, gepredigt und, als er darauf ein Predigtverbot für Oberwil bekommen hatte, sich Ende September / Anfang Oktober mit der Geschichte vom Büchslein verraten ... Ganz abgesehen davon, dass der Ruf von den Wundern in Bern sich schon bis nach Basel und Frankfurt am Main verbreitet hatte, nach Basel, wo der Dominikanerprior Werner von Selden bereits in der Fastenzeit 1507 vom Geist in Bern gepredigt hatte, ähnlich wie Paul Süberlich am 25. März 1507 in Därstetten, und nach Frankfurt, wo ein Dominikaner an den Fastenmessen des gleichen Jahres verkündet hatte, dass seinem Orden in Bern viele Wunder bevorstünden (Zeugenaussagen Zehnder und Esslinger). Dies aber war nichts anderes als ein vielfaches *Quod erat demonstrandum* für den Glaubensprokurator Ludwig Löubli.

Von der eigentlichen Botschaft der Dominikaner, der befleckten Empfängnis, ist indessen in den Zeugenaussagen erstaunlich wenig die Rede. Aus Anshelms Zeugenaussage wissen wir, dass am 7. März 1507, am Tag des hl. Thomas, im Dominikanerkloster bei einem Essen unter Gelehrten darüber gestritten worden war, und aus den Zeugenaussagen der Priester Johann Brünisberg und Christen Keusen, dass ein ähnliches Gespräch unter etwas weniger Gelehrten am 1. April 1507 in Rüeggisberg stattgefunden hatte. Vor allem aber wäre die befleckte Empfängnis die eigentliche Botschaft der Statue in der Marienkapelle der Dominikanerkirche gewesen, die wegen der Ehre der unbefleckten Empfängnis, die ihr nicht zukam, in der Nacht vom 24. auf den 25. Juni 1507 angeblich blutige Tränen vergoss und dabei von ihrem Sohn getröstet wurde – so die Botschaft, wie sie sehr schön aus Jetzers

444 Die Jetzerprozesse

Verhören im Hauptprozess hervorgeht (siehe Kap. II/2b, Die blutweinende Marienstatue). Nichts von alledem in den Aussagen der Zeugen, die sich vor allem um die Echtheit der blutigen Tränen stritten, aber von der eigentlichen Botschaft nichts mitbekommen zu haben schienen. Der einzige, der wusste, warum eine große Plage über die Stadt Bern kommen sollte, war der Stadtschreiber Niklaus Schaller, aber die große Plage drohte nicht wegen der Empfängnis – befleckt oder unbefleckt – der Maria, sondern weil die Berner von den großen Fürsten immer wieder Pensionen annähmen, obwohl sie diesen im Pensionenbrief abgeschworen hatten. Die Empfängnis war ein absolutes Tabu, weil sonst jedermann sofort begriffen hätte, dass es den Dominikanern „nur" darum ging, die Franziskaner auszustechen[243], und es ist auch nicht ganz auszuschließen, dass man auf die Pensionen ausweichen musste – eine schlechte Wahl! –, weil man die Empfängnis nicht nennen durfte.

Um dies alles zu verstehen, muss man auf das Defensorium zurückgreifen, wo Prior Werner von Basel am 19. Juli 1507 vom großen Zulauf zu der blutweinenden Marienstatue geschrieben hatte, ohne dass die Leute die Absicht gekannt hätten, die dahinter steckte (*tacito fine omnium horum, qui occultissime servabatur caelabaturque, ut dignum erat*). Der Bischof von Lausanne habe aber bei seinem Besuch bei Jetzer am 21. Juli 1507 zu Recht so etwas vermutet (*suspiciabatur autem episcopus, quod erat: ut videlicet materia conceptionis per haec mirabilia inducenda foret in mundum*), aber nichts beweisen können. Nichtsdestoweniger sei damals das Gerücht aufgekommen, dass dies alles wegen der Empfängnis geschehe (*quod propter conceptionem haec omnia fiant*) (siehe Kap. I/3b). Wir erinnern uns auch an den Eid, den Jetzer den Abgesandten des Provinzials, Paul Hug und Magnus Wetter, am 9. Juli 1507 schwören musste: dem Bischof von Lausanne bei dessen bevorstehendem Besuch nicht zu verraten, dass die Jungfrau Maria ihm enthüllt habe, dass sie in der Erbsünde empfangen sei; denn diese Meinung sei im Volk verhasst (*res odiosa populo*) (siehe Kap. II/2b, Die Erscheinungen der heiligen Cäcilia ...). Die Tatsache, dass die Dominikaner eine Lehrmeinung durchzusetzen versuchten, die durch die Entwicklung längst überholt war, führte dazu, dass sie sich zwar mit der blutweinenden Marienstatue eine einmalige Gelegenheit zu verschaffen wussten, die sie dann aber doch nicht für ihr ureigenstes Anliegen nutzen durften.

---

243) Vgl. Utz Tremp, Eine Werbekampagne, insbes. S. 330 f.

Der Hauptprozess in Bern 445

e) Die Folterverhöre der vier Klostervorsteher (19. August bis
5. September 1508)

Die letzten Zeugenverhöre im Hauptprozess, diejenigen der Pfarrer des
Simmentals, datieren vom 30. August 1508. Inzwischen waren die Prozesse
gegen die vier Klostervorsteher jedoch weitergegangen bzw. hatten die Folterverhöre eingesetzt. Wie bereits gesagt, war am 17. August 1508 um die
Zeit der Prim der Glaubensprokurator Ludwig Löubli vor Gericht erschienen und hatte einmal mehr die Anwendung der Folter gegen die vier Klostervorsteher und auch gegen Jetzer verlangt. Diese Forderung hatte er nun
mit den Aussagen der Zeugen begründet, und nicht mehr, wie noch am
11. August, mit den Artikelverhören der Klostervorsteher, und dies, obwohl
am 17. August die Pfarrer aus dem Simmental noch gar nicht ausgesagt hatten. Der Verteidiger der Klostervorsteher hatte einmal mehr gegen den Prozess protestiert und eine Liste der Zeugen erhalten – und außerdem einen
Termin am gleichen Tag um die Vesperzeit (siehe Kap. II/2d, unter Zeugenaussage Esslinger). Am Morgen des 17. Augusts war aber auch Jetzer, der
am 5. August zum letzten Mal verhört und dessen Prozess am 14. August
abgeschlossen worden war, vor dem Gericht erschienen und hatte durch Peter Magni, Domherrn von Sitten, und Johann Mörnach, Rechtsgelehrter von
Basel, fordern lassen, dass er nicht mehr gefoltert werden solle, weil er erstens früher bereits genügend gefoltert worden sei (Anfang Februar 1508 in
Bern) und weil er zweitens inzwischen seine Geständnisse abgelegt, bestätigt und ergänzt hatte. Peter Magni und Johann Mörnach waren ihm von
den Richtern als Verteidiger beigegeben worden, doch offensichtlich nur gerade für diesen einen Auftritt vor Gericht, denn sonst hatte der ehemalige
Konverse im Unterschied zu den Klostervorstehern nie einen Verteidiger.
Auch er erhielt einen Termin am gleichen Tag um die Vesperzeit[244].

Am 17. August 1508 um die Vesperzeit erschien wiederum der Glaubensprokurator Ludwig Löubli vor dem Gericht und verlangte die Anwendung
der Folter gegen die vier Angeklagten – nicht mehr aber gegen Jetzer. Der
Forderung von dessen ad-hoc-Verteidigern scheint also stillschweigend
stattgegeben worden zu sein. Auf der andern Seite erschien der Verteidiger
der Dominikaner, der am gleichen Tag im Einverständnis mit den Richtern
mit jedem einzelnen seiner Schützlinge ein Gespräch gehabt hatte, damit er
sie besser verteidigen konnte. Er bat um die Rückgabe einiger Artikel aus
dem Katalog der Fragen, die an die Zeugen zu stellen waren und die er verbessern wollte (*nonnullos articulos, quos ad reformandum petiit sibi remitti*),
und um einen Termin, an dem er diese vorlegen konnte. Dieser wurde ihm

---

244) Akten II/2 S. 209 f. (1508, Aug 17).

446   Die Jetzerprozesse

gewährt: am nächsten Tag (18. August) zur Stunde der Prim[245]. An diesem Termin erschien der Verteidiger mit seinem Fürsprecher, Dr. Jakob von Straßburg, und legte auf einem Zettel die verbesserten Artikel vor. Dabei handelte es sich um eine „Verbesserung" derjenigen Artikel im Fragenkatalog für die Zeugen, die dazu dienten, Jetzers Ruf zu beschädigen, Bemühungen, die, wie wir gesehen haben, wahrscheinlich letztlich vom Dominikanerkloster ausgingen (siehe Kap. II/2d, Zeugenaussagen Noll und von Diesbach). In einem Zwischenurteil (*sententia interlocutoria*) lehnte das Gericht diese Artikel jedoch ab, da sie nicht geeignet seien, die Anschuldigungen, Verdächtigungen, Diffamierungen und Gerüchte gegen die vier Klostervorsteher zu zerstreuen. Dieses Zwischenurteil wurde indessen nur von den Bischöfen von Lausanne und Sitten ausgesprochen – der Provinzial distanzierte sich das erste Mal ausdrücklich davon (*dissentiente domino provinciali*). Doch da der päpstliche Auftrag vom 21. Mai 1508 nicht Einstimmigkeit aller drei Richter, sondern nur Einstimmigkeit der beiden Bischöfe verlangte (siehe Kap. II/2a, Der päpstliche Auftrag), war dieses Zwischenurteil trotz des Einspruchs des Provinzials gültig. Dem Verteidiger der Dominikaner blieb nur, gegen die Zulassung von Valerius Anshelm als Zeuge zu protestieren – wie wir bereits gesehen haben, ohne Erfolg –, und weiterhin gegen die Anwendung der Folter gegen seine Schutzbefohlenen, die seiner Meinung nach im päpstlichen Breve vom 21. Mai 1507 nicht explizit vorgesehen war. Da der Glaubensprokurator einmal mehr auf der Anwendung der Folter bestand, erhielten die beiden erneut einen Termin am gleichen Tag (18. August 1508) um die Vesperzeit[246].

Anklageartikel des Verteidigers gegen Jetzer und Alibis für die Klostervorsteher

Bevor wir auf diesen doch recht entscheidenden Termin vom 18. August 1508 eingehen, müssen wir uns mit den Artikeln gegen Jetzer befassen, die vom Verteidiger der Dominikaner in Zusammenarbeit mit seinen Mandanten (und wohl auch weiteren Dominikanern) ausgearbeitet worden waren; denn das Nichteingehen darauf ist den Bischöfen von Lausanne und Sitten in der Diskussion um die Schuldfrage immer wieder zum Vorwurf gemacht worden (siehe Einl. 1). Die Anklageartikel gegen Jetzer wurden vom Verteidiger einfach so hingestellt, doch anerbot er sich in der Präambel, sie zu beweisen, wozu es leider nicht gekommen ist, weil sie vom Gericht in Bausch und Bogen abgelehnt wurden, wohl nicht zuletzt, weil Jetzers Prozess

---

245) Akten II/2 S. 210 (1508, Aug 17, Vesperzeit).
246) Akten II/2 S. 210–212 (1508, Aug 18, Prim).

Der Hauptprozess in Bern 447

schon abgeschlossen war. Die Initiative des Verteidigers kam also zu spät, vielleicht, weil man ihm erst am 17. August Zutritt zu den eingeschlossenen Dominikanern gewährt hatte. Dabei muss auch einmal festgestellt werden, dass der Verteidiger, der auch nur ein reiner Pflichtverteidiger hätte sein können, seinen beschränkten Spielraum doch bis ins Letzte ausgereizt hat, um die drohende Folter von seinen Schützlingen abzuwenden[247]. Bei der Lektüre der Artikel soll es weniger darum gehen, diese zu widerlegen, als zu schauen, wie der Verteidiger gearbeitet und auf welche Quellen er sich gestützt hat. Eine Widerlegung wäre in vielen Punkten ein Leichtes, weil wir über viel mehr Quellen verfügen als der Verteidiger, der sich vermutlich nur auf den dritten Teil des Defensoriums stützen konnte, der von Prior Werner von Basel geschrieben worden war, und dazu auf mündliche Aussagen der vier Angeklagten und eine Liste der Zeugen, die im Hauptprozess angehört wurden, wohl aber nicht einmal auf die Akten von Jetzers erstem Prozess in Lausanne und in Bern geschweige denn auf diejenigen des noch nicht beendeten Hauptprozesses.

Die ersten Anklageartikel reichen in Jetzers Jugendzeit zurück, als dieser noch bei seiner Mutter (*in edibus maternis*) in Zurzach wohnte: da habe er sich häufig in eine der Maria geweihte Kapelle in Zurzach zurückgezogen, und wenn er zurückgekommen sei, habe er seiner Mutter erzählt, Maria habe in dieser Kapelle mit ihm gesprochen (Art. 1). Bevor er nach Bern gekommen und in den Dominikanerorden eingetreten sei, habe er in Zurzach öfters verlauten lassen, ein Geist sei ihm erschienen und habe mit ihm gesprochen (Art. 2). In Luzern habe er häufig Frauenkleider angezogen und öffentlich mit einer entsprechenden Stimme fingiert, eine Frau zu sein (Art. 3). Ebenso habe er in Luzern nicht selten über die Empfängnis Marias diskutiert (Art. 4). Außerdem sei er, immer noch in Luzern, des Diebstahls verdächtigt worden. Er habe dem Schneider, bei dem er gearbeitet habe, seidene Tücher gestohlen und damit seinen eigenen Rock verzieren lassen, weshalb er auch entlassen worden sei (Art. 5). Er sei von Luzern verschwunden, obwohl er Schulden gehabt und seine Hand darauf gegeben habe, nicht wegzugehen, bevor er sie bezahlt habe (Art. 6). Diese ersten Artikel lassen sich mit keinen andern Quellen vergleichen, es sei denn mit den biographischen Angaben, die Jetzer am 8. Oktober 1507 in seinem ersten Verhör in Lausanne gemacht hatte (siehe Kap. II/1a, Jetzers erstes Verhör); hier ist zwar auch von einem Schneidermeister namens Erhard die Rede, nicht aber, dass Jetzer diesen bestohlen hätte, so dass anzunehmen ist, dass

---

247) Akten II/2 S. 212–217 (undat.; Anklageartikel des Verteidigers gegen Jetzer), vgl. auch Akten, Einleitung S. XXXVIII.

448 Die Jetzerprozesse

der Verteidiger diese negativen Einzelheiten von den Klostervorstehern selber erfahren hatte.

Als Jetzer nach Bern gekommen und in den Orden eingetreten sei, habe er nichts oder nur wenig gehabt, und er habe auch das seidene Tuch vorher verkauft (Art. 7). Dies wohl, weil er am 31. Januar 1508 vor dem Rat und den Sechzigern ausgesagt hatte, dass er Seide und Damast ins Kloster gebracht habe, aus dem die Klostervorsteher sich seidene Wämser hätten machen lassen, einen Vorwurf, den er bei seinem ersten Folterverhör am 5. Februar 1508 wiederholt hatte[248]. Obwohl Jetzer nichts oder nur wenig besessen habe, habe er, kurz nachdem er in den Orden eingetreten und schwer krank geworden war, ein falsches Testament gemacht und so getan, als wäre er sehr reich (Art. 8), ein Vorwurf, den die Klostervorsteher bereits am 7. Januar 1508 vor dem Rat in Bern gegen ihn erhoben hatten[249]. Dieser Vorwurf geht allerdings so nur aus dem Ratsmanual hervor, das dem Verteidiger sicher nicht vorlag, aber er kann ihn auch direkt von den Klostervorstehern bezogen haben. Im Dominikanerkloster Bern habe Jetzer silberne Kleinodien und Rosenkränze aus Korallen, die dem Konvent zum Schmuck der Marienkapelle vermacht worden waren, an sich genommen und aus ihnen vier silberne Ringe machen lassen, von denen er gegenüber Geistlichen und Weltlichen gesagt habe, er habe sie von seinen Vätern und Großvätern geerbt (Art. 9). Auch dieser Vorwurf findet sich bereits im Defensorium: als nämlich Prior Werner von Basel am 8. Dezember 1507 vom Stadtschreiber mit Geständnissen – und Anklagen – konfrontiert worden war, die Jetzer in Lausanne gegen die Klostervorsteher erhoben hatte[250].

Dagegen lässt sich für den nächsten Artikel (Art. 10) wiederum keine Quelle ausmachen, und es ist zu vermuten, dass er direkt von den Klostervorstehern stammte. Als Jetzer in den Konvent gekommen sei, habe dort ein Bild gehangen, auf welchem Seelen gemalt waren, wie wenn sie eine Messe feiern und opfern würden (*quasi unam missam celebrare[n]t et relique offerrent*). Damit versuchten die Dominikaner wohl den Fehler, der ihnen im Defensorium unterlaufen war, dass nämlich der erlöste Geist Messen für seine Wohltäter las (und dabei auch selber kommunizierte), obwohl nach allgemeiner Überzeugung ein Toter keine Messe lesen konnte, auf Jetzer abzuschieben; dieser hätte sich von einem Bild inspirieren lassen, das im Konvent hing und vielleicht Ähnlichkeiten mit den Altartafeln von den messelesenden Toten aufwies, die Altstadtschreiber Thüring Fricker im Jahr

---

248) Def. S. 593 Kap. III/7 (1508, Jan 31; Art. 1), S. 597 Kap. III/9 (1508, Feb 5; Art. 11), vgl. auch Akten I S. 46 Nr. 148 (1508, Feb 5).

249) Beilagen S. 614 Nr. 11 (1508, Jan 7). Zu Jetzers Testament siehe Kap. II/2d, unter Zeugenaussage Alber.

250) Def. S. 586 Kap. III/2 (1507, Dez 8).

Der Hauptprozess in Bern

1505 ins Münster gestiftet hatte (siehe Kap. I/2d). Auf ähnliche Weise verfuhren die Dominikaner mit dem Illuministen Lazarus. Am 5. Februar 1508 hatte Jetzer bei seinem ersten Folterverhör ausgesagt, dass dieser eine gewisse Zeit im Kloster verbracht und den Klostervorstehern die Farben geliefert habe, mit denen sie die Marienstatue in ihrem Kloster bemalt hätten[251]. Der Verteidiger kehrte nun einfach den Spieß um und behauptete, dass Jetzer sich mit Lazarus angefreundet habe, als dieser zur Zeit der Verwandlung der Hostie (Mitte April 1507) im Konvent weilte (Art. 11). Als in der Stadt Bern Gerüchte über die Väter und Jetzer aufgekommen seien, wonach diese alles, was damals geschah, selber in Szene gesetzt hätten, habe der Prior, um sich und die Seinen, aber auch Jetzer von allem Verdacht zu reinigen, dem Rat geschrieben und ihn gebeten, diesen außer- oder innerhalb des Konvents in seinen Schutz – oder unter seine Bewachung – zu nehmen (Art. 12), ein Brief, von dem auch im Artikelverhör des Priors die Rede ist, der indessen nicht überliefert ist (siehe Kap. II/2c, Der Prior).

Im nächsten Artikel behauptete der Verteidiger recht unvermittelt, dass man am Vorabend von Ostern (die 1507 auf den 4. April fiel) in Jetzers Zelle zwei verschiedene Stimmen gehört habe, obwohl keiner der vier Klostervorsteher in der Zelle gewesen sei (Art. 13). Diese Behauptung bezog sich auf den verfrühten Besuch des Goldschmieds Martin Franke und des Glasers Lukas am 3. April 1507 im Kloster[252], und man kann sich vorstellen, dass die Klostervorsteher die beiden Namen auf der Liste der Zeugen gesehen und sich hatten ausrechnen können, worum es dabei gehen würde (auch wenn der Glaser Lukas erst im Revisionsprozess einvernommen wurde). Mit diesem Artikel versuchte der Verteidiger wohl, alle vier Klostervorsteher vor der Anschuldigung zu schützen, dass sie damals die Maria gespielt hatten, ihnen gewissermaßen ein Alibi zu verschaffen, und im Revisionsprozess sollte sich denn auch tatsächlich herausstellen, dass keiner von den vieren an jenem Abend die Maria gespielt hatte, sondern vielmehr der Novize Johann Meyerli, den der Lesemeister und der Prior zu diesem Zweck eingespannt hatten, weil sie sich effektiv nicht gut von ihren Gästen entfernen konnten (siehe Anh. 3). Auch mit dem nächsten Artikel versuchte der Verteidiger ein Alibi zu konstruieren, diesmal für den Subprior, der außerhalb des Konvents und der Stadt Bern gewesen sei, als die Hostie sich in der Hand der Maria in eine blutige verwandelte (Art. 14). Dies entgegen einer Aussage, die Jetzer – immer laut dem Defensorium – am 5. Februar 1508

---

251) Def. S. 597 Kap. III/9 (1508, Feb 5; Art. 13), vgl. auch Akten I S. 46 f. Nr. 150 (1508, Feb 5; Jetzer, Folterverhör).

252) Def. S. 568 Kap. I/24 (1507, Apr 3), wo von zwei „Weltlichen" die Rede ist, deren Namen aber nicht genannt werden.

450 Die Jetzerprozesse

vor dem Rat in Bern gemacht hatte und wonach der Lesemeister damals die Maria und der Prior und der Subprior die Engel (auf dem Schwebezug) dargestellt hatten[253], doch ließ sich dieses Alibi auf die Dauer nicht halten, indem die Präsenz des Subpriors auf dem Schwebezug sonst von niemandem bestritten wurde (siehe Anh. 3).

Im nächsten Punkt (Art. 15) weist der Verteidiger auf einen Widerspruch in der relativen Chronologie hin, den man überhaupt nur versteht, wenn man auf das Defensorium zurückgreift. In seinem ersten Folterverhör (vom 5. Februar 1508) hatte Jetzer nämlich (unter einem Punkt 5) von der Erneuerung seiner Stigmata gesprochen, die unter dem Einfluss eines Tranks gemacht wurde und die er schließlich nicht mehr ertragen habe, so dass er (Ende Juli 1507) den Trank verweigert habe und die Stigmata deshalb verschwunden seien. Als nächstes (unter einem Punkt 6) hatte er vom ersten Vergiftungsversuch gesprochen, den er (Mitte Mai 1507) über sich ergehen lassen musste und den er nur überlebt hatte, indem er den ihm zugedachten Brei sechs Wölfen zum Fressen gab, die daran über Nacht verendeten[254]. In Artikel 15 stellte der Verteidiger nun richtig, dass die Tiere eingegangen seien, *bevor* Jetzer die Stigmata verloren habe, was durchaus richtig ist, aber nicht eben viel zur Frage beiträgt, wer ihm die Stigmata verabreicht und wer versucht hatte, ihn zu vergiften (wohl kaum Jetzer selber ...). Immerhin wird hier nun klar, dass der Verteidiger sich für die Ausarbeitung seiner Artikel vor allem auf das Defensorium stützte. Dagegen ist der nächste Anklagepunkt wieder schwieriger einzuordnen, denn er betraf die eiserne Kette, die Jetzer angeblich gegen den Willen des Lesemeisters (*doctor non annueret*) vom Chorherrn Heinrich Wölfli bekommen hatte (Art. 16). Am 7. Februar 1508 hatte Jetzer bei seinem zweiten Folterverhör nämlich ausgesagt, dass die Klostervorsteher ihm, als er sich die Stigmata nicht mehr erneuern lassen wollte, gesagt hätten, er brauche eine Kette (*cingulum dormicionis*), und ihn an Heinrich Wölfli verwiesen hätten, der ihm die „gewünschte" Kette rasch beschafft habe. Diese Stelle findet sich indessen nur in den Akten von Jetzers erstem Prozess in Lausanne und Bern, nicht aber im Defensorium, wo das entsprechende Verhör zwar auch erwähnt wird, nicht aber die Sache mit der Kette. Andererseits fand dieses Verhör vor einigen Mitgliedern des Kleinen und Großen Rats statt, so dass davon durchaus etwas bis zu den Klostervorstehern durchgedrungen sein könnte; in seinem Artikelverhör (vom 8. August 1508) war der Lesemeister auch auf die Kette an-

---

253) Def. S. 596 Kap. III/9 (1507, Feb 5), vgl. auch Akten I S. 43 f. Nr. 137 (1508, Feb 5; Jetzer, Folterverhör).

254) Def. S. 596 Kap. III/9 (1508, Feb 5), vgl. auch Akten I S. 45 Nr. 141 f. (1508, Feb 5; Jetzer, Folterverhör).

Der Hauptprozess in Bern

451

gesprochen worden und hatte so getan, wie wenn er nichts damit zu tun gehabt hätte[255]. Der Lesemeister wusste also, dass die Kette ein Gravamen gegen ihn war, und könnte deshalb den Verteidiger auch direkt informiert – oder desinformiert – haben.

Mit Anklageartikel 17 versuchte der Verteidiger dem Dominikanerbruder Jost Hack ein Alibi für die Nacht vom 12. auf den 13. September 1507 zu verschaffen, als auf dem Lettner der Dominikanerkirche die gekrönte Maria erschienen war: dieser habe sich damals außerhalb des Konvents und der Stadt Bern aufgehalten, so dass Jetzer gelogen habe, als er gesagt habe, er habe auf dem Lettner mit ihm gesprochen. Dieses Alibi – das sich auch nicht halten lässt – kommt umso unerwarteter, als im Defensorium zwar von der Erscheinung der gekrönten Maria vielfach die Rede ist – wir kommen gleich darauf zurück –, aber Hack dabei nie erwähnt wird. Hingegen hatte Jetzer eben erst am 5. August 1508 ausgesagt, dass Hack sich ihm in den Weg gestellt habe, als er die gekrönte Maria auf dem Lettner verfolgen wollte[256], so dass hier etwas aus dem aktuellen Prozessgeschehen durchgesickert sein könnte, ähnlich wie auch bei Jetzers Kette. Wir nehmen hier gleich zwei weitere Artikel des Verteidigers dazu, die ebenfalls die Erscheinung der gekrönten Maria betreffen, nämlich Artikel 19 und 20. Davon postuliert der erste, dass Jetzer selber die gekrönte Maria gespielt habe und dabei vom Subprior ertappt worden sei, und der zweite, dass der Prior, der Lesemeister und der Subprior sich während der ganzen Matutin im Chor aufgehalten hätten, ebenso wie auch alle übrigen Brüder, die zu Hause gewesen seien. Artikel 19 könnte eine Antwort auf die Art sein, wie Jetzer selber die Dinge dargestellt hatte. Wie wir bereits gesehen haben, war Prior Werner von Basel bereits am 8. Dezember 1507 vom Stadtschreiber von Bern mit Aussagen konfrontiert worden, die Jetzer in Lausanne gemacht hatte, so über die von ihm belauschte Verschwörung der Klostervorsteher in der Marienkapelle, bei welcher der Subprior sich selber als gekrönte Maria vorgeschlagen habe. Prior Werner hatte die Sache schon am 8. Dezember „richtig" gestellt: der Subprior sei damals im Chor gewesen, ebenso wie auch der ganze Konvent, und habe als erster Jetzer als gekrönte Maria er-

255) Akten I S. 48 Nr. 153 (1508, Feb 7; Jetzer, Folterverhör), vgl. auch Def. S. 599 Kap. III/11 (1508, Feb 7). Vgl. auch Akten II/2 S. 173 (1508, Aug 8; Lesemeister, Artikelverhör).

256) Akten II/1 S. 138 Nr. 385 (1508, Aug 5; Jetzer). Dass Hack bei der Erscheinung der gekrönten Maria genau die Rolle gespielt hat, von der Jetzer gesprochen hatte, geht aus dem Folterverhör des Lesemeisters vom 31. August 1508 (Vesperzeit) hervor, vgl. Akten II/2 S. 250 Nr. 42.

452 Die Jetzerprozesse

kannt[257]. Artikel 20 aber könnte eine Antwort auf einen Vorwurf sein, den Jetzer – immer laut dem Defensorium – am 7. Januar 1508 geäußert hatte: dass der Lesemeister seit drei Jahren nie mehr an der Matutin teilgenommen habe, und so auch in jener Nacht nicht[258]. Was die Abwesenheit des Schaffners betrifft, die hier gar nicht in Abrede gestellt wird, so ist dies noch einmal eine andere Geschichte ... (siehe Kap. II/2b, Die Erscheinungen der heiligen ... Katharina von Siena).

Ähnlich wie Artikel 17, 19 und 20 gehören auch Artikel 18 und 20 zusammen. Laut dem Verteidiger sei Jetzer häufig in Ekstase – „wie man damals glaubte (*ut tunc putabatur*)" – gefallen, auch ohne dass man ihm einen Trank gereicht habe (Art. 18). Auch dies ist wieder eine Antwort auf eine Aussage Jetzers, die im Defensorium aufgezeichnet ist. Dieser hatte bei seinem Folterverhör am 5. Februar 1508 das Passionsspiel auf einen Trank zurückgeführt, den die „vier" ihm jeweils vorgängig eingegeben hätten und der bewirkte, dass er die Vernunft verlor und in Ekstase verfiel[259]. Jemand habe vor dem Rat in Bern gesagt, dass Jetzer die „Kunst", sich in Ekstase zu versetzen, schon vor seinem Eintritt ins Kloster gekannt habe, und ebenso habe eine Frau, die Jetzer angehangen habe (*femina quedam Ietzer adherens*), diese „Kunst" gekannt. Bei seinem ersten Verhör in Lausanne hatte dieser tatsächlich von einer ihm verwandten Frau gesprochen, die seine Wege gekreuzt und ihn durcheinander gebracht habe, so dass er statt nach Konstanz nach Bern gegangen sei[260]; doch ist fraglich, ob die Klostervorsteher davon gewusst haben. Es ist eher anzunehmen, dass diese Frau eine Retourkutsche der Dominikaner für die Frauengeschichten war, die Jetzer von ihnen erzählt hatte und die auch im Defensorium schon mehrfachen Niederschlag gefunden haben[261]; nichtsdestoweniger hat diese Frau bis in den Artikel „Jetzer(handel)" nachgewirkt, den Richard Feller 1927 für das Historisch-biographische Lexikon der Schweiz geschrieben hat (siehe Einl. 1g).

In einem nächsten Artikel unterstellte der Verteidiger, dass Jetzer selber seine Stigmata (Ende Juli 1507) habe verschwinden lassen, weil die Ordensobern nicht daran geglaubt und dem Papst nicht hätten übermitteln wollen, was er von der Empfängnis Marias gesagt habe – und auch, weil die Leute über sein Passionsspiel gelacht hätten (Art. 22). Dabei inspirierte sich der Verteidiger möglicherweise an einer Aussage, die Jetzer bei seinem Fol-

---

257) Def. S. 586 Kap. III/2 (1507, Dez 8), vgl. auch ebd. S. 593 Kap. III/7 (1508, Jan 31; Art. 3).

258) Def. S. 589 Kap. III/4 (1508, Jan 7).

259) Def. S. 598 Kap. III/9 (1508, Feb 5), vgl. auch Akten I S. 44 Nr. 139 (1508, Feb 5; Jetzer, Folterverhör).

260) Akten I S. 4 Nr. 1 (1507, Okt 8; Jetzer).

261) Def. S. 594 Kap. III/7 (1508, Jan 31), S. 597 Kap. III/9 (1508, Feb 5).

Der Hauptprozess in Bern 453

terverhör am 5. Februar 1508 gemacht hatte: dass er die Schmerzen bei der Erneuerung der Stigmata nicht mehr ertragen und deshalb die Einnahme des Tranks verweigert habe[262]. Eindeutig wieder aus dem Defensorium stammt das nächste Argument: dass Jetzer die Klostervorsteher nie als Mitwisser oder gar Täter seiner Verbrechen angeklagt oder diffamiert habe – bis er begriffen habe, dass sein Diebstahl und Kirchenraub (*furtum et sacrilegium*) aufgedeckt worden seien, und zwar, wie er irrtümlicherweise glaubte, durch die Väter (Art. 23)[263]. Wieder schwieriger nachzuweisen ist die Herkunft von Artikel 24: dass Jetzer durchaus und häufig Gelegenheit gehabt habe, sich über die Klostervorsteher zu beklagen, wenn sie ihn zu etwas Unerlaubtem gezwungen oder Gewalt gegen ihn angewendet hätten. Er könnte wieder ein Reflex auf das aktuelle Prozessgeschehen sein, indem Jetzer am 4. August 1508 (14 Uhr) geschildert hatte, was die Klostervorsteher ihm alles angetan hätten, als er nicht mehr mitmachen wollte. Dagegen lässt der Artikel sich ganz leicht entkräften, denn Jetzer hatte mehrmals versucht, sich bei den Ordensobern zu beklagen, so am 9. Juli 1507 bei den Abgesandten des Provinzials, Paul Hug und Magnus Wetter; dabei war er vom ersten gescholten und vom zweiten mit Schlüsseln ins Gesicht geschlagen worden (siehe Kap. II/2b, Die Erscheinungen ..., und Jetzers Martyrium).

Die letzten sechs Artikel (Art. 25–30) sind insofern interessant, als sie selber – ebenso wie auch schon Artikel 20 – ihre Quelle angeben, denn sie beginnen jeweils mit: dass Jetzer vor dem Rat von Bern (*coram senatu Bernensi, coram eisdem, coram eodem, coram senatu*) gesagt habe ..., und also einigermaßen klar auf die Gegenüberstellungen von Jetzer und den Dominikanern vor dem Rat in Bern und auf Jetzers erste Folterverhöre verweisen, die im Januar und Anfang Februar 1508 stattgefunden hatten und von denen man aus dem Defensorium viel mehr erfährt als aus dem Ratsmanual und den Akten. In Artikel 25 behauptete der Verteidiger, dass Jetzer vor dem Rat von Bern gesagt habe, dass die ihm erscheinende Jungfrau Maria ihm drei Tropfen Blut auf einer weißen Materie gegeben habe, zum Zeichen, dass die Dominikaner glaubten, dass sie nicht nur in der Erbsünde empfangen worden sei, sondern dass sie auch Christus darin empfangen habe und auch darin gestorben sei, eine Aussage Jetzers, die sich in der Tat im Defensorium unter dem 14. Januar 1508 findet[264]. Dies entsprach effektiv nicht der Meinung der Dominikaner, die glaubten, dass Maria zwar in der Erbsünde empfangen, aber drei Stunden danach davon erlöst worden sei.

---

262) Def. S. 596 Kap. III/9 (1508, Feb 5; Art. 5), vgl. auch Akten I S. 45 Nr. 141 (1508, Feb 5; Jetzer, Folterverhör).
263) Def. S. 594 Kap. III/7 (1508, Jan 31).
264) Def. S. 592 Kap. III/6 (1508, Jan 14).

454   Die Jetzerprozesse

Nichtsdestoweniger verbirgt sich hinter Jetzers Aussage vom 14. Januar 1508 doch eine schlimme und nicht unbegründete Anklage gegen die Dominikaner, die erst im Revisionsprozess in ihrer ganzen Tragweite zum Vorschein kommen sollte (siehe Kap. II/3b). Weiter habe Jetzer vor dem Rat behauptet, dass die Jungfrau Maria ihm erschienen sei und ihm die Stigmata verliehen habe, damit er die Dominikaner von ihrer (irrtümlichen) Meinung, dass sie in der Erbsünde geboren sei, abbringe – obwohl er früher auch das Gegenteil behauptet habe (Art. 26). Im Defensorium finden sich in der Tat viele Angaben zu diesem Thema, so bereits unter dem 8. Dezember 1507, als der Stadtschreiber Niklaus Schaller Prior Werner von Basel darüber informieren musste, was Jetzer in Lausanne ausgesagt hatte, aber auch bei den Gegenüberstellungen von Jetzer und den Dominikanern vor dem Rat vom 7. und 31. Januar 1508[265]. Letztlich lässt sich dieser Widerspruch auf das Missverständnis zurückführen, das bereits während des Jetzerhandels, wie er im Defensorium dargestellt ist, entstanden war, indem Jetzer den Geist zunächst falsch (im Sinn der unbefleckten Empfängnis) verstanden hatte, so dass die Dominikaner alles daran setzen mussten, das für sie grundlegende und verhängnisvolle Missverständnis wieder zurecht zu rücken – das trotzdem bis weit in Jetzers ersten Prozess in Lausanne nachwirkte (siehe Kap. I/2b–d und II/1a, Jetzers viertes und fünftes Verhör). Es ist durchaus möglich, dass der Verteidiger nichts von diesem Missverständnis gewusst und sich deshalb von seinen Schutzbefohlenen vor einen falschen Karren hat spannen lassen.

Die Artikel 27 und 28 beziehen sich beide auf eine Aussage, die Jetzer am 5. Februar 1508 anlässlich seines ersten Folterverhörs vor dem bernischen Rat gemacht hatte; sie betrafen beide die Verwandlung der Hostie, die dieser damals noch nicht in Zweifel gezogen habe – was so auch nicht zutrifft[266]. Der nächste Artikel (Art. 29) ist insofern interessant, als er sich auf Aussagen beruft, die Jetzer vor dem Bischof von Lausanne und auch vor dem Rat von Bern (*coram reverendissimo domino Lausannensi ac etiam coram senatu Bernensi*) gemacht haben soll. Inhaltlich kommt er einmal mehr auf die Erscheinung der gekrönten Maria zurück und beharrt einmal mehr darauf, dass der Subprior diese nicht – wie ursprünglich wohl geplant – gespielt, sondern vielmehr Jetzer als solche überführt habe (siehe auch schon Art. 19). Es ist nicht auszuschließen, dass der Verteidiger diesen Punkt so herausstrich, weil Jetzer sich hier tatsächlich zunächst geirrt und den von ihm belauschten Plan mit der Ausführung verwechselt, aber inzwischen längst –

---

265) Def. S. 585 f. Kap. III/2 (1507, Dez 8), S. 589 Kap. III/4 (1508, Jan 7), S. 593 Kap. III/7 (1508, Jan 31; Art. 2).
266) Def. S. 596 Kap. III/9 (1508, Feb 5; Art. 2).

Der Hauptprozess in Bern

455

und zu Recht – vermutete, dass Paul Süberlich die gekrönte Maria gegeben hatte (siehe Kap. II/2b, Die Verschwörung der Klostervorsteher in der Marienkapelle und die Erscheinung der gekrönten Maria ...). Interessanter ist die Frage, ob der Verteidiger bei der Formulierung dieses Artikels unter Umständen doch über die Akten von Jetzers Prozess in Lausanne verfügt hat, doch muss diese Frage insofern zunächst verneint werden, als der Verfasser des zweiten und dritten Teils des Defensoriums, Prior Werner von Basel, am 8. Dezember 1507 vom Stadtschreiber über Dinge informiert wurde, die Jetzer in Lausanne ausgesagt hatte, darunter auch die Erscheinung der gekrönten Maria[267]. Die Frage stellt sich aber bei Artikel 30 erneut, denn hier behauptete der Verteidiger, dass Jetzer vor dem Rat ausgesagt habe, dass die ihm erscheinende Jungfrau Maria keinen festen Körper gehabt habe (und also kein verkleideter Mensch gewesen sein konnte) und dass er beim Versuch, sie zu berühren, nur in so etwas wie Nebel gegriffen habe (Art. 30). Jetzer hat tatsächlich eine solche Aussage gemacht, aber – soweit wir sehen – nicht vor dem bernischen Rat, wohl aber am 15. Oktober 1507 vor dem Bischof von Lausanne, dazu aber präventiv instruiert von den Abgesandten des Provinzials, Paul Hug und Magnus Wetter, am 9. Juli 1507 in Bern (siehe Kap. II/1a, Jetzers zweites Verhör). Nichtsdestoweniger lässt sich daraus wohl nicht schließen, dass der Verteidiger im Besitz der Akten von Jetzers Prozess in Lausanne war, dazu gibt es zu wenig Anhaltspunkte; es ist vielmehr anzunehmen, dass die Dominikaner – vielleicht von Paul Hug – so etwas gehört hatten.

Der Verteidiger agierte also wahrscheinlich auf einer schmalen Quellenbasis, nämlich einigen Seiten aus dem dritten Teil des Defensoriums, und hinkte damit der Entwicklung weit hintendrein; er war alles andere als auf dem neuesten Stand, vielmehr eben nur auf demjenigen des Defensoriums, das er wohl mit den gefangen gehaltenen Klostervorstehern auf Verteidigungspunkte hin studiert hatte; damit wurde das Defensorium wieder zur Verteidigungsschrift, eine Funktion, die es vor allem seit dem dritten Teil zu erfüllen versucht hatte (siehe Kap. I/3c). Bemerkenswert ist, dass diese Schrift im Hauptprozess beiden Seiten diente: sowohl der Verteidigung als auch der Anklage (siehe Kap. I/4, Schluss: Das Defensorium als Beweismittel der Anklage ...). Deshalb kann man dem Verteidiger wohl nicht zum Vorwurf machen, dass er Punkte, die darin auch vorkommen, wie die Erscheinung der Katharina von Siena, gespielt vom Schaffner, und die schwarze Magie des Subpriors, mit keinem Wort berührte[268].

---

267) Def. S. 585 f. Kap. III/2 (1507, Dez 8).
268) Katharina von Siena, vgl. Def. S. 589 Kap. III/4 (1508, Jan 7), S. 593 Kap. III/7

456 Die Jetzerprozesse

Trotz der beschränkten Quellenbasis wäre es vermessen zu behaupten, dass die Anklageartikel des Verteidigers nicht heikle Punkte treffen würden, die sich indessen teilweise entkräften lassen, gerade die Alibis der Klostervorsteher. Insbesondere die ersten Artikel (1–6), die sich auf Jetzers Vorleben in Zurzach und Luzern beziehen, haben ihm viel mehr geschadet, als wenn sie angewandt und bewiesen worden wären, und dies nicht zuletzt, weil sie in seine Jugendzeit zurückgreifen und damit heutigen psychologischen Vorstellungen entgegenkommen. Sie liegen alle den bösartigen Psychogrammen zugrunde, die seit Ende des 19. Jahrhunderts von Jetzer gezeichnet worden sind, angefangen bei Georg Rettig und gipfelnd mit Albert Büchi und Richard Feller, ohne dass auch nur im mindesten gesagt würde, worauf diese beruhen: nämlich auf den unbewiesenen Anklageartikeln des Verteidigers der Klostervorsteher! Ja, selbst Steck hält die Anklageartikel für „beinahe das wichtigste, was die (1902) noch ungedruckten Akten zur Aufhellung des Prozesses enthalten" (siehe Einl, 1a, d, f, g). Dabei stammen diese zu einem nicht geringen Teil aus der Gerüchteküche des Dominikanerklosters, die heftig zu brodeln begonnen hatte, nachdem Jetzer spätestens im Herbst 1507 zu einer großen Gefahr für seine Vorgesetzten geworden war – und dies ungeachtet der Tatsache, dass man ihn vorher monatelang für einen Heiligen gehalten und als solchen angepriesen hatte (siehe Kap. II/5b, Jetzers Stigmata und Passionsspiel, und Echte und falsche Heiligkeit am Ende des Mittelalters).

Vorbereitungen zur Anwendung der Folter

Am 18. August 1508 um die Vesperzeit verlangte der Glaubensprokurator Ludwig Löubli erneut die Anwendung der Folter gegen die Klostervorsteher und legte deren Verteidiger, Johann Heinzmann, begleitet von mehreren Vätern und Mönchen des Dominikanerkonvents, einen „Zettel" mit acht Gründen vor, warum die Folter nicht anzuwenden sei; wir kommen gleich darauf zurück. Dessen ungeachtet beschloss das Gericht wiederum in einem Zwischenurteil (*sentencia interlocutoria*) die Anwendung der Folter, denn aus den Zeugenaussagen, aus Jetzers Prozess und seinen Geständnissen sowie aus den Gerüchten gegen die Klostervorsteher im Volk gehe klar hervor, dass diese der Erfindungen, Komplotte und Malefizien, die in den vom Glaubensprokurator formulierten Anklageartikeln genannt würden, verdächtigt seien. Da die Indizien sehr stark gegen sie sprächen, bleibe nichts anderes übrig, als ihr eigenes Geständnis durch die Folter zu erreichen und

---

(1508, Jan 31; Art. 4), S. 593 Kap. III/7 (1508, Jan 31; Art. 4), S. 596 Kap. III/9 (1508, Feb 5; Art 7). Schwarze Magie: Def. S. 595–597 (1508, Feb 5; Art. 1, 4, 5, 10, 15).

Der Hauptprozess in Bern

dies umso mehr, als sie sich geweigert hätten, auf die Artikel (positiv!) zu antworten. Dieses Zwischenurteil wurde indessen wiederum nur durch die Bischöfe von Lausanne und Sitten gesprochen, und der Provinzial, Peter Sieber, wandte sich ausdrücklich dagegen (*a supradicta ordinatione interloquutoria discrepans et eidem non inherens*) und verlangte, dass der Verteidiger zum Beweis der Anklageartikel gegen Jetzer zugelassen werde. Dagegen protestierten wiederum die Bischöfe und versicherten, dass bei der Folter kein Glied verletzt, kein Blut vergossen, keine Haut geritzt und auch der Tod vermieden werde – auch dies eine gebräuchliche, aber nichtsdestoweniger scheinheilige Formel. Der Verteidiger protestierte ebenfalls und unterstellte seine Schützlinge dem Schutz des Heiligen Stuhls. Aus den Protesten des Provinzials und des Verteidigers geht klar hervor, dass man wusste, was die Anwendung der Folter bedeutete: das Zwischenurteil war schon fast das Endurteil! Andererseits ist auch der Text des Zwischenurteils klar: die Indizien sprachen gegen die Dominikaner, und ihr Geständnis – gewissermaßen ihre Einwilligung zu den Indizien – durfte auch mit der Folter erreicht werden[269].

Der „Zettel" mit den acht Gründen gegen die Anwendung der Folter an den vier Klosternvorstehern (aber nicht gegen Jetzer!) ist gespickt mit Belegen aus dem kanonischen Recht, die Steck teilweise identifiziert hat[270]; wir können diese Belege hier nicht überprüfen, wohl aber versuchen, den Gedankengang des Verteidigers wiederzugeben. Zunächst einmal argumentierte dieser mit dem päpstlichen Auftrag vom 21. Mai 1508 (hier *rescriptum* genannt), in dem – wie er mit einem gewissen Recht bemerkt – wohl die Folter gegen Jetzer, nicht aber gegen die vier Klostervorsteher vorgesehen war, und zwar, weil Inhaber eines Doktortitels – wie der Lesemeister – nicht gefoltert werden durften. Das Gleiche galt auch für die Inhaber von höheren Weihen (Subdiakon, Diakon, Priester und Bischof), die nicht auf jene Art gefoltert werden durften, bei der den Gliedern Gefahr drohte, eine Einschränkung, die alle vier Klostervorsteher, die alle Priester waren, für sich in Anspruch nehmen konnten. Der Verteidiger führte weiter aus, dass in einem Inquisitionsprozess zuerst nach dem schlechten Ruf (*infamia*) gesucht werden müsse, und dann, wenn dieser einmal festgestellt sei, nach der Richtigkeit dieses schlechten Rufes, und stellte in Abrede, dass im vorliegenden

---

269) Akten II/2 S. 217–219 (1508, Aug 18, Vesperzeit), vgl. auch Anshelm 3 S. 142. Zu den Indizien vgl. Markus Hirte, „Mit dem Schwert oder festem Glauben" – Luther und die Hexen – Ein Rundgang durch die Ausstellung, in: Mit dem Schwert oder festem Glauben. Luther und die Hexen, hg. von Dems., Ausstellungskatalog (2017) S. 9–84, hier S. 41: „Indizien reichten für eine Verurteilung nicht aus, berechtigten jedoch zur Folter."
270) Akten II/2 S. 219–224 (undat.; 1508, Aug 18), vgl. auch Akten I S. 59–60 (1508, Mai 21; päpstlicher Auftrag zum Hauptprozess).

458   Die Jetzerprozesse

Fall nach dem schlechten Ruf geforscht worden sei, eine Behauptung, die sich so wohl nicht aufrecht erhalten lässt. Nichtsdestoweniger zog er den Schluss, dass nicht zur Folter geschritten werden könne, wenn der schlechte Ruf nicht festgestellt worden sei, denn wenn dieser fehle, fehle auch der Ankläger (*deficiente fama, deficiat inquisitionis accusator*), ohne den niemand verurteilt werden könne. Ebenso sei dann auch die Aufnahme von Zeugenaussagen ungültig – womit der Verteidiger möglicherweise auch die Ergebnisse der vorangehenden und noch laufenden Zeugeneinvernahmen in Zweifel zu ziehen versuchte. Er stellte weiter in Abrede, dass in „unserem Fall" der Ruf notorisch gewesen sei; denn der „angemaßte" Glaubensprokurator (*pretensus procurator fidei*) habe sich in seinen Artikeln zwar anheischig gemacht, den schlechten Ruf der Klostervorsteher zu beweisen, ein Beweis, der ihm jedoch nicht gelungen sei, weil ein Zeuge dem andern nachgeredet habe und weil die Zeugen, die einen schlechten Ruf bestätigten, gute und ernstzunehmende Zeugen sein müssten, und nicht Übelwollende (*malivoli*).

Der zweite Grund gegen die Anwendung der Folter an den Dominikanern bestand laut dem Verteidiger darin, dass Voraussetzung für deren Anwendung nicht nur der Ruf – die *fama* –, sondern auch die Indizien seien. Diese aber seien ebenso wenig gegeben wie der schlechte Ruf, denn jedes Indiz müsse von zwei bis drei voneinander unabhängigen Zeugen bestätigt worden sein. Beim dritten und vierten Grund kam der Verteidiger auf den päpstlichen Auftrag zurück, der im engeren Sinn auszulegen sei (was wohl bedeutet, dass nur Jetzer gefoltert werden durfte); auch habe ein guter Richter eher von der Unschuld als von der Schuld eines Angeklagten auszugehen. Der fünfte Grund bestand darin, dass die Folter ein außerordentliches Mittel (*remedium extraordinarium*) sei, das nur bei einem außerordentlichen Fehlen von Beweisen (*extremum defectum probacionis*) anzuwenden sei. In „unserem Fall" aber könne die Unschuld der vier Dominikaner leicht bewiesen werden, und zwar durch Zeugen, die der Verteidiger gerne beibringen werde. Unter dem sechsten Grund bestritt dieser, dass es sich im vorliegenden Fall um einen geordneten Inquisitionsprozess handle, wie das päpstliche Mandat ihn in Auftrag gegeben habe und wie er insbesondere zu beobachten sei, wenn es um Degradation oder Todesstrafe (*pena sanguinis*) gehe. Als siebten Grund führte der Verteidiger aus, dass der „angemaßte" Glaubensprokurator gar nicht zur Beweisführung zugelassen werden sollte und solle, wenn es sich um einen Streit handle, der nicht bestritten sei (*lis non contestata*), wie es im vorliegenden Streit (zwischen den Dominikanern und Jetzer?) der Fall sei. Und schließlich (8.) brachte der Verteidiger formale Einwände gegen die Anklageartikel vor, die der „angemaßte" Glaubensprokurator am 7. August 1508 vorgelegt hatte. Diese hätten gar nicht ange-

Der Hauptprozess in Bern

459

nommen und angewandt werden dürfen, und noch weniger dürfe aufgrund dieser Anklageartikel bzw. der Artikelverhöre die Folter angewandt werden. Das Gericht scheint indessen auf die Gründe des Verteidigers gegen die Anwendung der Folter an seinen Schützlingen überhaupt nicht eingegangen zu sein. Stattdessen wurden die ersten Vorbereitungen dazu getroffen. Die Anwendung der Folter an den Dominikanern scheint insofern Probleme aufgegeben zu haben, als die vier Priester waren und deshalb nicht von einem gewöhnlichen Henker gefoltert werden durften. Dies geht aus einem Brief hervor, den der Altstadtschreiber Thüring Fricker wohl am Morgen des 19. Augusts 1508 – dem Tag, an dem die Dominikaner am Nachmittag erstmals gefoltert werden sollten – an den Rat richtete, der ihn offenbar in dieser heiklen Angelegenheit konsultiert hatte. Die Richter, die Bischöfe von Lausanne und Sitten, scheinen verlangt zu haben, *dass der peenfrager nit der nachrichter oder sin dienst sye; dann sölichs wäre der sach, ir bevelch und irn ämptern unlidlich, angesehen dass die gevangnen priester ir wirde [ihrer Würde] mit recht nit entsetzt und in die händ der richter, irs lebens zů bezalen, bekannt sind.* Wie der Verteidiger war sich also auch Fricker durchaus im Klaren, dass es im Fall der Dominikaner nun um Leben und Tod ging, und meinte auch, dass der Rat *bißhar mit aller vernunft loblich und erlich gehandelt* habe; deshalb riet er, keinen Fehler zu machen und für die Folter „einen einfachen (*slechten*) Gesellen zu suchen". Hier ist auch zu erfahren, dass Jetzer (Anfang Februar 1508) als reiner Laie vom Knecht des Henkers gefoltert worden war, was für die Dominikaner als geweihte und noch nicht degradierte Priester nicht anginge: *Und wie doch der Jätzer durch des nachrichters knecht gefragt, der [muss sich auf Jetzer beziehen] ein purer läy ist, so mag doch darumb mit priesterlichen personen all die zit, so si noch nit degradirt oder ir ämptern mit urteil beroupt sind, nit also vervarn werden,* doch war ein „einfacher Geselle" wohl auch nicht viel anderes als der Knecht eines Henkers – außer dass er eben von diesem unabhängig war. Fricker meinte, dass die Richter den richtigen Weg zielgerichtet gingen, und riet davon ab, Probleme zu machen, wo keine seien: *die richter gan den rechten gestrackten weg und wölten gern alle sachen zu rechtem end bringen. Das wäre not also zů bedänken, so wurden vil wort gespart, die suß gebrucht werden.* Nichtsdestoweniger nennt er das Ganze einen *kumberhaften handel* und ging schweren Herzens zur Folterung der Dominikaner, die bereits am Nachmittag um 13 Uhr stattfinden sollte[271].

---

271) Beilagen S. 627 f. Nr. 29 (undat., aber aufgrund des Inhalts auf 1508, Aug 19, Vormittag, datierbar). Jetzer scheint am 5. und 7. Februar 1508 tatsächlich von einem Solothurner Weibel namens Flückiger unter der Aufsicht des Henkers von Solothurn gefoltert worden zu sein, siehe Kap. II/1c, Jetzers erstes Folterverhör.

460   Die Jetzerprozesse

Wie schon angetönt, war die „Lösung", die Fricker vorschlug, wohl auch keine gute Lösung, und entsprechend höhnt Valerius Anshelm (3 S. 142), dass man für die Folter der Dominikaner statt eines Henkers einen „Hundeschlager", d. h. wohl einen Abdecker für Hunde, gefunden habe. Die Folter habe in der „unteren Küche" der Propstei (im Stiftsgebäude) stattgefunden, und dafür seien den Dominikanern ihre Ordensgewänder abgezogen und Röcke aus „Landtuch" angezogen worden, alle vier innerhalb einer Stunde angefertigt: *Nun zůr ůebung pinlicher frag ward verordnet die under kuchi hinder der probstî hus, und ein hundschlaher, nit ein hånker. So wurden den münchen, so man die voltren solt, lantdůche rôk, iedem einer, al vier in einer stund gemacht, an- und die ordensoberkleider abgetan.* Aus den Rechnungen ist zu erfahren, dass diese Röcke vom Schneider Lienhard Tremp genäht wurden, der später im Totentanz des Niklaus Manuel die Handwerker vertreten und noch später, als entfernter Verwandter von Zwingli, ein eifriger Anhänger der Reformation in Bern werden sollte (siehe Epilog 3b)[272]. Der „Hundeschlager" war wahrscheinlich doch ein „Knecht des Henkers", denn in den Rechnungen findet sich ein Posten, wonach des „Nachrichters Knecht" 4 Pfund bekam, um *die Prediger under allen malen zu fragen*[273]. Da der Henker im Spätmittelalter „weitere unangenehme, mit Tabus behaftete Aufgaben übernehmen musste, u. a. die Folter, das Wasenmeisteramt (Verwertung oder Beseitigung von Tierkadavern), die Hundefängerei, Sonderbestattungen nach Hinrichtungen oder Suizid, die Kloakenreinigung sowie die Aufsicht über die Frauenhäuser"[274], ist durchaus vorstellbar, dass er etwa die Beseitigung der Tierkadaver seinem Knecht überließ, und umso paradoxer ist es, dass dieser nun auch die Dominikaner foltern musste, weil diese nicht vom eigentlichen Henker gefoltert werden durften – Anshelm hat sich mit seinem Spott einmal mehr nicht getäuscht.

---

272) Rechnungen S. 658 (Rechnung 1): *Denne Gutman Zollner und Marti Furer und Trempen umb tuch und hantschuch den gefangnen Bredigern, 4 lb 4 ß. – [...] Denne Koler umb 20 eln wifling zu röcken, 3 lb 6 ß 8 d. – [...] Denne Trempen umb 20 eln wifling und macherlon von röcken, 4 lb 8 ß.* Vgl. auch ebd. S. 660 Anm. 1 (Rechnung 4): *Denne Gutmann Zollner und Martin Furer umb tuch und hentschuch, die Prediger zu fragen, 17 ß. – Denne Lienhart Trempen umb ein rock zu machen, die Prediger darinn ufzuziechen, 1 lb 10 ß.*

273) Rechnungen S. 568 (Rechnung 1): *Des nachrichters knecht fraglon, 4 lb.* Vgl. auch ebd. S. 660 Anm. 1 (Rechnung 4): *Denne des Nachrichters knecht, die Prediger unter allen malen zu fragen* (ohne Summe), und ebd. S. 659 (Rechnung 2): *Item des henkers knecht hat verzert, 5 lb 12 ß.*

274) Martin ILLI, Art. Scharfrichter, in: HLS online (Zugriff 4. Dez. 2019).

Der Hauptprozess in Bern 461

Das erste Folterverhör der Dominikaner (19. August 1508)

Am 19. August 1508 wurden die vier Dominikaner zum ersten Mal gefoltert
– laut dem Brief des Stadtschreibers Thüring Fricker am Nachmittag; in den
Akten ist zwar das Datum angegeben, aber keine Uhrzeit, und außer beim
Schaffner (siehe unten) auch kein Ort. Die vier wurden in der gleichen Reihenfolge gefoltert wie bei den Artikelverhören: nämlich Lesemeister, Schaffner, Prior und Subprior. Die Glaubensprokuratoren, Ludwig Löubli und
Konrad Wymann, rückten zu zweit auf und verlangten vom Gericht die Vollstreckung des Zwischenurteils vom 18. August am Lesemeister, der sich mit
folgenden Argumenten dagegen wehrte: Erstens weil er unschuldig sei an all
den Verbrechen, die ihm zur Last gelegt würden. Zweitens: dass er nicht gefoltert werden dürfe, weil er ein Magister der Theologie sei. Drittens widerrief er bereits jetzt alle Geständnisse, die er allenfalls kraft der Folter (*vi torture*) machen könnte. Dessen ungeachtet beschlossen die bischöflichen Richter, dass der Lesemeister gefoltert werden solle, und zwar mit zusammengebundenen Händen an einem Seil in die Höhe gehoben (*manibus ligatis cum
corda in altum levari et torqueri*). Sie boten ihm jedoch das Erbarmen der
Kirche an, wenn er freiwillig und ohne Tortur gestehen wolle, ein Angebot,
das er ausschlug, weil er unschuldig sei. Entsprechend wurde er der „gewohnten Folter" (*tortura solita*) unterzogen, die, wie in einem seriösen Inquisitionsprozess üblich, genau protokolliert wurde: er wurde drei Mal am Seil
hochgezogen, indessen ohne Steine an den Füßen, und danach gefragt, ob er
die Wahrheit sagen wolle. Er erwiderte, dass er nichts anderes gestehen könne, als was er in seinem Artikelverhör auf die Anklageartikel geantwortet
habe. Darauf wurden ihm weitere Folterungen angedroht, bis die Wahrheit
aus seinem Munde hervorgehen würde (*donec veritas ab ore eius eruatur*)[275].

Das gleiche Prozedere wurde am gleichen Tag auch für die andern Angeklagten durchgeführt, zumindest für den Schaffner und den Prior. Beim
Schaffner wird auch der Ort genannt, nämlich der Ort der Tortur in der
Propstei (*in domo prepositure Bernensis, videlicet in loco torture*), aber nicht,
dass es sich dabei um die „untere Küche" gehandelt habe (Anshelm 3 S. 142).
Aus den Überschriften über die Folterverhöre des Schaffners und des Priors
geht hervor, dass ihre Geständnisse offenbar sowohl auf der Folter als auch
nach und außerhalb der Folter erlangt wurden (*in torturis et post ac extra
torturas; in torturis et etiam post torturas*). Anders als der Lesemeister
scheint der Schaffner keine Gründe genannt zu haben, warum man ihn nicht
foltern dürfe; er scheint auf die gleiche Art gefoltert worden zu sein wie dieser, doch sind die Formeln nicht ganz die gleichen. Nachdem er auf den Boden heruntergelassen worden war, wurde er von den Richtern entlang den

---

275) Akten II/2 S. 224 f. (1508, Aug 19; Lesemeister, Folterverhör).

462   Die Jetzerprozesse

Anklageartikeln befragt. Dabei sagte er vor und nach der Folter, dass er unschuldig sei und nichts anderes zu sagen wisse, als er im Artikelverhör gesagt habe. Darauf wurden ihm ebenso wie dem Lesemeister weitere Folterungen in Aussicht gestellt. Beim Prior wird als Ort zunächst nur die Propstei genannt (*in domo predicte prepositure*); dagegen protestierte dieser auch gegen die Folter, und zwar mit drei Gründen, aber nicht den gleichen wie der Lesemeister: Erstens weil er ein Angehöriger des Dominikanerordens sei und dessen Kleid trage. Zweitens weil er der Prior des Dominikanerkonvents von Bern und damit eine „authentische Person" sei, die von jeder Folter ausgenommen sei. Und drittens, weil er ein Lektor der heiligen Schrift (*lector sacre pagine*) sei. Weiter beteuerte er, er sei an allen ihm zur Last gelegten Verbrechen unschuldig, und widerrief – wie der Lesemeister – vorsorglich alle Geständnisse, die er allenfalls auf der Folter machen würde. Trotzdem wurde er am Ort der Tortur auf die gleiche Art gefoltert wie der Lesemeister und der Schaffner, aber möglicherweise nur ein Mal hochgezogen, vielleicht als Konzession an seine Würde als Prior, und dann entlang den Anklageartikeln abgefragt, wobei er erneut seine Unschuld beteuerte[276].

Seltsamerweise fehlt dieses erste Folterverhör vom 19. August 1508 beim Subprior; seine Folterverhöre setzen erst am 21. August 1508 ein, und da wurde er gleich einer verschärften Folter unterzogen, nämlich zwei Mal am Seil hochgehoben, einmal ohne Stein und das zweite Mal mit Steinen an den Füßen, und begann auch gleich mit den Geständnissen, nachdem er das zweite Mal mit einem Stein aufgehoben worden war[277]. Es ist nicht anzunehmen, dass es für den Subprior am 19. August kein erstes Folterverhör mit „nur" dreimaligem Aufziehen ohne Stein gegeben hätte, sondern vielmehr, dass hier ein Protokoll verloren gegangen ist (was bis jetzt noch niemandem aufgefallen ist), und dies umso mehr, als in der Akte mit den Folterverhören des Subpriors auch sonst einiges durcheinandergeraten ist (siehe unten). Man muss sich vorstellen, dass für jeden einzelnen Angeklagten eine einzelne Akte (in Form eines Heftes?) geführt wurde und dass die einzelnen Akten erst später zu einem Aktenband zusammengefügt wurden (der allerdings nicht identisch ist mit dem Aktenband, der heute im Staatsarchiv Bern liegt, denn dabei handelt es sich um eine spätere Kopie, siehe Einl. 2a). Die Folterverhöre der vier Angeklagten sind in Personalakten zusammengefügt, d. h. dass alle Folterverhöre eines einzelnen Angeklagten aufeinander folgen, obwohl sie zeitlich mit den Folterverhören der anderen Angeklagten zu verzahnen sind. So wurde der Lesemeister nach seinem ersten Folterverhör vom 19. August 1508 bis zum 30. August überhaupt nicht mehr behelligt, viel-

---

276) Akten II/2 S. 258 f., 275 f. (beide 1508, Aug 19; Schaffner und Prior, Folterverhöre).
277) Akten II/2 S. 297 f. (1508, Aug 21; Subprior, Folterverhör).

Der Hauptprozess in Bern 463

leicht weil man auf besonders viel Widerstand gefasst war, doch steht das Verhör vom 30. August (Akten II/2 S. 225f.) weit vor den Verhören des Schaffners und des Subpriors vom 21. August (Akten II/2 S. 259f., 297–303). Auch die Artikelverhöre der Dominikaner waren schon nach dem Prinzip der Personalakten organisiert gewesen, doch da sie jeweils nur ein oder höchstens zwei Verhöre umfassten und diese aufeinanderfolgten, konnten sie einfach eines nach dem andern besprochen werden (siehe Kap. II/2c). Bei den Folterverhören brauchte es jeweils für jeden weit mehr als ein Verhör, so dass diese Phase des Hauptprozesses sich vom 19. August bis zum 5. September 1508 hinzog. Dabei wurde bei jedem der zu Befragenden ein eigener Rhythmus angeschlagen, und dies vor allem seit man – wohl rasch – erkannt hatte, dass der Schaffner und der Subprior eher zu Geständnissen bereit waren als der Lesemeister und der Prior; man wählte ganz wörtlich den Weg des geringsten oder zumindest geringeren Widerstands! Entsprechend konnte man die beiden letzten dann mit den bereits gemachten Geständnissen der beiden ersten überführen, eine Taktik des Gerichts, die letztlich voll aufging, aber auch eine Taktik, bei der es sehr schwierig war, den Überblick über die bereits erlangten Geständnisse zu behalten; es ist anzunehmen, dass man sich dabei auf die Notizen stützte, welche die Sekretäre des Gerichts ohnehin für das Protokoll machen mussten, oder auch auf die Protokolle selbst, die rasch vorliegen mussten. Wir können die Folterverhöre und die Geständnisse der vier Klostervorsteher also nicht so darstellen, wie sie sich in den Akten finden, nämlich als Personalakten (gewissermaßen vertikal), weil wir sonst aus den Augen verlieren würden, was das Gericht jeweils bereits wusste, sondern müssen dies in chronologischen Blöcken tun, gewissermaßen horizontal. Letztlich fügen sich indessen die Geständnisse des Priors vom 28. bis zum 29. August und diejenigen des Lesemeisters vom 30. August bis 1./3. September 1508 wieder zu großen Blöcken zusammen. Vorauszuschicken ist weiter, dass die Folter durchaus nicht bei allen Verhören angewandt wurde, aber sie konnte, nach dem Zwischenurteil vom 18. August 1508, jederzeit wieder eingesetzt werden (so etwa beim Schaffner am 25. und beim Prior am 28. August), so dass es berechtigt ist, die Verhöre der Dominikaner vom 19. August bis zum 5. September 1508 insgesamt als „Folterverhöre" zu bezeichnen.

Die Folterverhöre des Schaffners, Priors und Subpriors vom 21. und 23. August 1508 und das Ausscheiden des Provinzials aus dem Gericht

Wie wir bereits gesehen haben, wurde der Lesemeister bis zum 30. August überhaupt nicht mehr verhört und auch nicht gefoltert. Dagegen wurde der

464 Die Jetzerprozesse

Schaffner am 21. August wiederum gefoltert, und zwar noch stärker als der Subprior am gleichen Tag, nämlich drei Mal hochgezogen, einmal ohne Gewichte und die andern beiden Male mit einem Stein an den Füßen[278], vielleicht weil man glaubte, dass man auf diese Weise bei ihm rascher zum Ziel käme, was allerdings erst am 23. August der Fall war. Dagegen ging der Subprior bereits nach seiner ersten (oder zweiten?) Folterung am 21. August 1508 zu den Geständnissen über, die indessen nicht mehr den Anklageartikeln folgten, sondern relativ frei zu sein scheinen bzw. durch die Fragen der Richter gesteuert wurden. Der Subprior gab zu, dass er den Geist gespielt habe und dass diese Erscheinung auf einer Zusammenkunft der vier Klostervorsteher geplant worden sei, die der Lesemeister zusammengerufen habe, um der Lehre von der befleckten Empfängnis Marias Schub zu verleihen. Man habe sich die Biographie des Heinrich Kalpurg ausgedacht, der mit viel Getöse und aus dem Mund schießenden Flammen erscheinen sollte, gespielt von ihm selber, dem Subprior; er habe auch die Hunde bzw. die bösen Geister, die den Geist begleiteten, gemacht, und zwar mit Beschwörungen und Exorzismen, d. h. mit schwarzer Magie, auf die wir zurückkommen werden. Außerdem habe er sich mit einer Larve maskiert, bei der die Nase und eine Ohrmuschel hinunterhingen. Um es so aussehen zu lassen, als ob ihm Feuer aus dem Mund schieße, habe er Werg (*stuppa*) in den Mund genommen und angezündet. Er behauptete, auch den erlösten Geist gespielt zu haben, doch musste er diese Behauptung im Revisionsprozess zu Gunsten bzw. zu Ungunsten des Priors zurückziehen (siehe Anh. 3). Um die nächste Erscheinung vorzubereiten, habe er mit Hühnerblut zwei Kreuze auf Windeln aus Leinen gemalt, die der Lesemeister ihm gebracht habe, um das eine Kreuz drei Tropfen und um das andere fünf, und die Kreuze dann so in eine Form gepresst, dass sie aussahen wie Siegel[279].

In der Nacht vom 24. auf den 25. März 1507 habe der Lesemeister vor der Matutin die hl. Barbara gespielt und Jetzer das Erscheinen der Jungfrau Maria noch für die gleiche Nacht nach der Matutin angekündigt. Diese sei ebenfalls vom Lesemeister gespielt worden, der die bereits vorbereiteten Reliquien mitgebracht und Jetzer auch das erste Stigma in die rechte Hand eingedrückt habe, und zwar mit einem eisernen Instrument (*ferreo instrumento*) sowohl von außen als auch von innen. Nachher sei er, der Subprior, zu Jetzer gegangen und habe so getan, als ob er das Stigma erst entdecke, habe es geküsst und gepflegt – und sei nachher schlafen gegangen! Auf die unvermittelte Frage, ob er bei der Verwandlung der Hostie (am 15. April 1507) dabei gewesen sei, antwortete der Subprior, er sei damals außerhalb des

---

278) Akten II/2 S. 259 f. (1508, Aug 21; Schaffner, Folterverhör).
279) Akten II/2 S. 298–300 Nr. 1–8 (1508, Aug 21; Subprior, Folterverhör).

Klosters gewesen – das gleiche Alibi, das auch der Verteidiger ihm zu geben versucht hatte (siehe Kap. II/2e, Anklageartikel gegen Jetzer und Alibis für die Dominikaner, Art. 14). Der Subprior habe erst nachher von der Verwandlung der Hostie erfahren, doch sei diese geplant gewesen: der Lesemeister habe die Hostie gemalt, aber der Subprior wusste angeblich nicht, wie. Nach seiner Rückkehr ins Kloster habe er am 6. (vielmehr am 7.) Mai 1507 selber die Jungfrau Maria gespielt und vor oder nach der Matutin Jetzer die vier übrigen Stigmata verabreicht, und zwar mit einem kleinen Eisen (*parvo ferro*). In Jetzers linke Hand habe er das Stigma von innen und außen eingedrückt, in die Füße aber nur von oben, und zwar (als Antwort auf eine entsprechende Frage) weil er aus Respekt vor den Stigmata nicht wollte, dass man darauf trete. Während er Jetzer, der nichts gemerkt und ihn zu Hilfe gerufen habe, die Wunden verbunden habe, sei der Schaffner in den Chor geeilt und habe mitgeteilt, was mit dem Konversen geschehen sei; er, der Subprior, habe sich dann ebenfalls an die Mönche gewandt, und ihnen verboten, bis zur Rückkehr des Priors und des Lesemeister (die auf dem Provinzialkapitel in Pforzheim weilten) irgendetwas zu enthüllen; dies bestätigt den Verdacht, den wir bereits bei der Lektüre des Defensoriums geäußert haben: dass die übrigen Stigmata zwar geplant waren, aber vom Subprior auf eigene Faust gegeben wurden (siehe Kap. I/3b). Nach seiner Rückkehr habe der Lesemeister Jetzer gelehrt, wie er die Passion simulieren könne, und er, der Subprior, habe Jetzer vor dem Spiel einen Trank verabreicht, der seine Sinne abstumpfte (*hebetaret*) und seinen Bauch auf wunderbare Weise erregte. Darauf beschrieb der Subprior das Passionsspiel ganz ähnlich, wie er es jeweils auch vor den Besuchern kommentiert hatte (siehe nur die Zeugenaussage Noll in Kap. II/2d)[280].

Mit diesen ersten Geständnissen des Subpriors war bereits eine Bresche in die Front der Dominikaner geschlagen. Am 23. August 1508 begann auch der Schaffner, der am 19. und am 21. August gefoltert worden war, auszupacken. Einmal – er wusste nicht, ob vor oder nach Weihnachten 1506, aber jedenfalls bevor Jetzer (am 6. Januar 1507) das Ordenskleid bekommen habe – seien der Lesemeister, der Prior und der Subprior in der Stube der Väter zusammengekommen und hätten zunächst eine Beratung abgehalten und dann auch den Schaffner kommen lassen. Sie hätten ihn wissen lassen, dass sie einen Geist planten, der Jetzer erscheinen und ihm etwas offenbaren solle – der Schaffner solle dann bloß keine Fragen stellen oder sich kümmern. Dieser versuchte also, die Schuld auf die anderen drei Klostervorsteher zu schieben, und wollte auch gewarnt haben, sei aber beruhigt worden und sollte allenfalls Zeugnis ablegen. Bei der gleichen Zusammenkunft sei auch

---

280) Akten II/2 S. 300–303 Nr. 9–13 (1508, Aug 21; Subprior, Folterverhör).

466   Die Jetzerprozesse

beschlossen worden, dass der Subprior den Geist spielen sollte, und zwar mit viel Lärm – so dass der Schaffner selber erschrocken sei, als es soweit war. Auch Jetzer habe große Angst gehabt, und deshalb habe der Schaffner, der in der Zelle neben Jetzer schlief, in seiner Zelle eine Glocke aufgehängt, mit der dieser ihn zu Hilfe rufen konnte. Dann kam eine recht wichtige Aussage: der Subprior sei Jetzers Beichtvater gewesen und habe diesen gelehrt, den Geist zu beschwören, den er auch gleich selber gespielt habe, und zwar so echt, dass der Schaffner manchmal nicht gewusst habe, ob es sich um einen Geist oder um einen Menschen handelte. Dagegen wusste der Schaffner (auf eine entsprechende Frage) nichts von den Reliquien, da diese fabriziert worden seien, als er in der zweiten Hälfte der Fastenzeit 1507 in Lützelflüh geweilt habe, wahrscheinlich um im Emmental – aus dem er selber stammte – Fastenpredigten zu halten, ein Alibi, das sich für einmal nicht angreifen lässt. Als er, wohl nach seiner Rückkehr, nach den Reliquien gefragt habe, hätten die übrigen Väter ihm gesagt, er solle nicht fragen, sondern deren Bedeutung so stehen lassen, wie sie diese festgesetzt hätten. Immerhin wusste er, dass die drei Tropfen Blut auf der einen Reliquie bedeuteten, dass Maria drei Stunden (nach ihrer Empfängnis) in der Erbsünde geblieben sei[281].

Am gleichen 23. August 1508 wurde der Prior, der offenbar noch keine Bereitschaft zu Geständnissen signalisiert hatte, noch einmal gefoltert, und zwar je drei Mal ohne Gewicht und mit Gewicht aufgezogen. Nachdem er vier Mal aufgezogen worden war (d. h. wohl, nachdem das erste Mal ein Stein an seine Füße gehängt worden war), bat er darum, heruntergelassen zu werden, und erhielt von den Richtern eine Bedenkzeit bis nächsten Montag, den 28. August 1508[282]. Dabei war vor der Folterung des Priors der Provinzial von der Folter und dem Ort der Folter entfernt worden, weil sich ein Verdacht gegen ihn erhoben hatte (*admoto domino provinciali propter suspicionem exortam a torturis seu loco torturarum*). Einen Grund für die Entfernung des Provinzials nennt der Franziskaner Thomas Murner in seiner Schrift *De quattuor heresiarchis*: „Als der Provinzial sah, dass der Lesemeister(!) am Seil aufgezogen wurde, legte er einen Finger auf seine Lippen und gab ihm damit ein Zeichen, dass er schweigen solle. Dies habe einer (wohl von den Richtern) gesehen und ihn hinausgehen heißen."[283] Dieser Vorfall

---

281) Akten II/2 S. 260–262 Nr. 1–13 (1508, Aug 23; Schaffner, Folterverhör).

282) Akten II/2 S. 276 f. (1509, Aug 23; Prior, Folterverhör).

283) Akten II/2 S. 276 Anm. 1, wo die einschlägige Stelle von Murner zitiert wird: *Provincialis autem, cernens Doctorem Stephanum ad chordas trahi, signum ei dedit, digitum labiis suis supraponens, illi tacendum esse significans, quod unus ex ipsis advertens, eum exire praecepit.* Steck macht darauf aufmerksam, dass Murner erst im Frühjahr 1509 nach Bern kam und diese Szene also nicht selber erlebt haben konnte. Vgl. auch Murner, Von den fier ketzeren S. 141 f. Zu Murner siehe Einl. 2c.

Der Hauptprozess in Bern 467

wird bei Murner auf den Lesemeister bezogen und damit wohl auf dessen erstes Folterverhör vom 19. August 1508, in den Akten aber auf den Prior und dessen Folterverhör vom 23. August, und ebenso bei Anshelm (3 S. 145): *Uf den 23. tag Ougst hiessen die bischof iren mitrichter, den provincial, als verdacht und zůr frag hinderlich, abtreten; do ward der vest priol 6 mal ufzogen, 3 mal lår und drimal mit einem stein; [.....]. Begert doch nachher, do im der ander stein angebunden ward, einen verdank [Aufschub], die warheit ze bedenken und ze sagen. [...].*" Der Provinzial hatte sich bereits am 18. August 1508 (Vesperzeit) von dem Zwischenurteil, das die Anwendung der Folter an den Dominikanern zuließ, distanziert. Damit war er indessen noch nicht automatisch aus dem Gericht ausgeschieden, wohl aber werden beim Verhör des Schaffners vom 23. August nur mehr die beiden Bischöfe (von Lausanne und von Sitten) genannt. Man weiß jedoch nicht, ob dieses vor oder nach demjenigen des Priors vom gleichen Tag stattgefunden hat; beim letzteren werden nur die beiden Bischöfe erwähnt und die Abwesenheit des Provinzials eben damit erklärt, dass sich ein Verdacht gegen ihn erhoben hatte. Dies könnte sich allenfalls auch auf ein früheres Folterverhör beziehen, vielleicht, wie Murner meint, auf dasjenige des Lesemeisters vom 19. August 1508. Die von Murner kolportierte Geschichte diente wohl dem Zweck, dem Provinzial selber die Schuld an seinem Ausscheiden aus dem Gericht zu geben; andererseits war, wie die letzten Geständnisse der Dominikaner im Hauptprozess zeigen werden, der „aufgekommene Verdacht" auch nicht aus der Luft gegriffen (siehe Kap. II/2e, Die Mitschuld der Oberdeutschen Dominikanerprovinz). Seltsam ist, dass die Geschichte mit dem Finger auf den Lippen nicht auch bei Anshelm erscheint, der sich solche Anekdoten sonst nicht entgehen ließ.

Noch einmal am gleichen 23. August 1508 setzte auch der Subprior seine Geständnisse (ohne Folter) fort bzw. wurde von den Richtern gefragt, auf welche Weise Jetzers Wunden offengehalten worden seien, ohne dass sie eiterten und ohne dass man erkennen konnte, woher sie stammten. Er antwortete, dass er die Stigmata mit einer gewissen Salbe gepflegt habe – Jetzer hatte sich auch hier nicht getäuscht (siehe Kap. II/2b, Die Erscheinungen der hl. Barbara und der Jungfrau Maria). Auf die Frage nach der Zusammensetzung dieser Salbe antwortete der Subprior, dass der Scherer Johann Haller (Zeuge im Revisionsprozess) ihm für eine Wunde am eigenen Finger eine Büchse mit grüner Salbe gegeben habe, mit der er Jetzers Schmerzen gelindert und zugleich Eiterung und Geschwulst verhindert habe. Außerdem habe er den sog. Besenschmalz (*adeps scope*) zubereitet, den er mit der Salbe auf die Stigmata aufgetragen habe. Der Protokollant nahm sich nicht mehr die Mühe, zu protokollieren, wie der Subprior diesen Besenschmalz zubereitet hatte, sondern verwies dafür auf Jetzers Aussage vom 4. August

468 Die Jetzerprozesse

1508 (*reperietur conscriptum in processu Iohannis Ietzer*), was beweist, dass Jetzers Hauptprozess den Richtern als Unterlage für ihre Fragen diente. Laut der Antwort des Subpriors wurde dem Besenschmalz eine Pflanze beigemischt, die diesen rot färbte und verhinderte, dass die Fliegen auf die Stigmata gingen[284]; dabei mag die rote Farbe diesen auch den nötigen dramatischen Touch verliehen haben.

Auf die Frage, mit welcher Kunst der Subprior Jetzers Passionsspiel inszeniert habe, so dass dieser die Füße nicht voneinander nehmen konnte, erwiderte dieser, dass er einmal in Bozen an der Etsch (im Südtirol) gewesen und dort von einem Organisten und Nekromantiker in die schwarze Magie eingeweiht worden sei. Was er bei diesem gelernt habe, habe er in ein kleines Buch eingeschrieben, das er indessen, als die Geschichten um Jetzer aufzufliegen drohten, verbrannt habe. Dieses habe unter anderem eine Beschwörungsformel enthalten, von welcher der Subprior nicht wusste, ob sie auf Latein, Hebräisch, Griechisch oder in einer anderen Sprache formuliert gewesen sei. Er habe diese Formel gesprochen und dazu die Gestalt eines Menschen mit allen seinen Gliedern gezeichnet, offenbar eine Art Voodoo-Puppe. Dabei habe er die Glieder, die er beschwören wollte, so eben Jetzers Füße oder Arme, mit gewissen Charakteren bezeichnet; dazu habe er auch die Länge der Unbeweglichkeit vorausprogrammieren können. So habe er diesen am 25. Juni 1507 auch auf dem Marienaltar festhalten können, bis er und der Schaffner wichtige Ratsmitglieder geholt hatten, er die Herren von Diesbach und Erlach und der Schaffner die Herren Hübschi und Huber. Auf die Frage, wer der Marienstatue die blutigen Tränen gemalt habe, antwortete der Subprior: der Lesemeister, mit Farben, die der Illuminist Lazarus in der Stube des Priors zurückgelassen habe. Die Marienstatue habe geweint, weil man nicht glaube, dass Maria in der Erbsünde empfangen worden sei, und auch wegen der Nichteinhaltung des Pensionenbriefs und der Vertreibung des Deutschen Ordens zu Gunsten des Vinzenzstifts, wobei der Subprior offenbar nicht so richtig wusste, wie die einzelnen Punkte sich zueinander verhielten[285].

Dies, stark zusammengefasst, das Verhör des Subpriors vom 23. August 1508. Nach diesem wurde er bis zum 26. August nicht mehr verhört, wahrscheinlich weil er dem Gericht mit seinem Geständnis zur schwarzen Magie einen harten Brocken aufgeben hatte und man überlegen musste, wie man damit umgehen wollte. Entsprechend wurde bis zum 26. August nur mehr der Schaffner verhört, der sich als der harmlosere erwies. Es kann auch nicht ganz ausgeschlossen werden, dass der Subprior dem Gericht mit der

---

284) Akten II/2 S. 303 f. Nr. 14 f. (1508, Aug 23; Subprior, Folterverhör).
285) Akten II/2 S. 303–306 Nr. 14–22 (1508, Aug 23; Subprior, Folterverhör).

Der Hauptprozess in Bern 469

schwarzen Magie gewichtige Argumente für eine harte Verurteilung der Dominikaner geliefert und sich damit eine Sonderbehandlung erkauft hat – allerdings musste er, um dies tun zu können, doch eigene Erfahrungen mit dieser Kunst gemacht haben; jedenfalls tönten die oben gelieferten Elemente doch einigermaßen professionell (siehe Kap. II/4e).

Die Folterverhöre des Schaffners vom 25. und 26. August 1508

Das Verhör des Schaffners vom 25. August setzt genau dort ein, wo dasjenige des Subpriors vom 23. August aufgehört hatte, nämlich bei der blutweinenden Marienstatue. Das Verhör fand zunächst am gewohnten Ort statt, nämlich in der „Halle" (*aula*) der Propstei, und zwar vor den beiden Bischöfen von Lausanne und Sitten; vom Provinzial ist nicht die Rede. Der Schaffner wurde nach der blutweinenden Marienstatue gefragt und erzählte, wie dieses Ereignis einige Zeit vorher von den vier „Komplizen" – das ist die Sprache des Gerichts, nicht diejenige des Schaffners! – in der Väterstube geplant worden sei, wobei die Idee, die Empfängnis Marias in der Erbsünde der Tatkraft des Rats von Bern anzuvertrauen, offenbar vom Lesemeister stammte, der auch die blutigen Tränen gemalt habe. Dann aber schien den Richtern, dass der Schaffner nicht so richtig mit der Wahrheit herausrücken wolle, und sie ließen ihn deshalb auf Verlangen des Glaubensprokurators an den Ort der Tortur führen, wo er „nur" einmal mit einem Stein an den Füßen leicht aufgehoben und gleich wieder auf den Boden heruntergelassen wurde, was offenbar seine Wirkung bereits tat. Der Schaffner gab zu, dass der Lesemeister bei den Erscheinungen jeweils die Maria gespielt habe; dazu habe er einen Schlüssel zu Jetzers Zelle gehabt und sei danach jeweils in die Nachbarzelle des Schaffners eingetreten. Dieser musste zugeben, dass er selber die Katharina von Siena dargestellt und von Jetzer mit einem Hammer am Kopf getroffen worden sei – die einzige namhafte Rolle, die der Schaffner je gespielt hatte; man darf vermuten, dass es dieses Geständnis war, das er zunächst verweigern wollte. Dann kam das Verhör auf die blutweinende Maria zurück, und der Schaffner sagte, dass der Lesemeister sich auf der rechten Seite des Altars hinter einem Vorhang von himmelblauer Farbe (*celestini coloris*) verbergen und die Stimmen sowohl von Christus als auch von Maria nachmachen sollte. Der Schaffner selber habe die Aufgabe gehabt, die Ratsmitglieder Rudolf Huber und Lienhard Hübschi zu holen. Bei der Erscheinung von Maria und Katharina von Siena, die der Schaffner zusammen mit dem Subprior als Maria gemacht habe, sei Katharina mit einem Weihwassergefäß aus Blei (*vas plumbeum, in quo erat aqua benedicta*) ausgerüstet gewesen, und Maria mit einem Weihwasserwedel (*aspersorium*). Jetzer sei aus dem Bett aufgefahren und habe das Messer gegen ihn gezückt, doch

470 Die Jetzerprozesse

glaubte der Schaffner nicht, dass er ihn wirklich verwundet habe, wohl aber sei eine der zahlreichen Fisteln (die der Schaffner laut der Zeugenaussage des Scherers Ludwig von Schüpfen hatte, siehe Kap. II/2d) am Bein oder an der Seite aufgebrochen. Darauf hätten Jetzer und er miteinander gekämpft und habe dieser ihn mit einem Instrument am Kopf verwundet[286].

Das Verhör des Schaffners wurde am 25. August 1508 um die Vesperzeit fortgesetzt. Dieser gestand angeblich aus freien Stücken und ohne Angst vor der Folter. Nachdem Jetzers Stigmata verschwunden waren, seien er und die drei andern Klostervorsteher in Jetzers Stübchen zusammengekommen und hätten ihn mit vielen Worten und Drohungen zu überzeugen versucht, dass er sich diese erneuern ließe und auch den gewohnten Trank für das Passionsspiel wieder nehme. Als Jetzer sich widersetzt habe, hätten sie ihm die Kleider ausgezogen und ihn um den Nabel herum über das nackte Fleisch mit einer eisernen Kette gefesselt, und er, der Schaffner, habe diese mit zwei kleinen Schlössern abgeschlossen. In diesem Zustand hätten sie Jetzer drei Tage lang gelassen. Dann habe der Subprior den Griff einer eisernen Pfanne erwärmt, der Schaffner habe Jetzers Arm gehalten, und der Subprior habe in Gegenwart von Lesemeister und Prior den Pfannenstiel mit einem spitzen Ende an drei Stellen in Jetzers Fleisch gebohrt – bis dieser vor Schmerz bereit gewesen sei, einen Eid auf ein Missale zu leisten, dass er nichts von all den Erscheinungen verrate, die man ihm vorgespielt habe. Der Schaffner gab zu, dass er selber damals, als die vier in Jetzers Stübchen zusammengekommen seien, wütend von seinem Stuhl aufgestanden sei und Jetzer angefahren habe: wenn er ihnen nicht gehorche, würden sie alles, was um ihn her geschehen und gemacht worden sei, auf ihn abwälzen, und dann würde man ihnen mehr Glauben schenken als ihm[287]! Damit erfahren die schlimmen Geschichten, die Jetzer erzählt hatte, eine Bestätigung, und dies umso mehr, als er den Schaffner nicht speziell angeklagt hatte (siehe Kap. II/2b, Jetzers Martyrium).

Am 26. August 1508 wurde das Verhör der Schaffners fortgesetzt, und dabei kam die Rede auf die Erscheinung von Maria und zwei Engeln auf dem Schwebezug, von dem in den Folterverhören bisher noch nicht die Rede gewesen war; dem Schaffner scheint hier doch eine gewisse Vorreiterrolle bei den Geständnissen zuzukommen. Andererseits gingen diese gerade beim Verhör vom 26. August kreuz und quer durcheinander, so dass man den Eindruck hat, dass er einer Art Kreuzverhör unterworfen worden war. Die Erscheinung von Maria und den Engeln auf dem Schwebezug sollte im Grund einen Höhepunkt aller bisherigen Erscheinungen darstellen (*ad maiorem colorem, abilitatem et aptitudinem apparitionum confingendar-*

---

286) Akten II/2 S. 262–265 Nr. 14–26 (1508, Aug 25; Schaffner, Folterverhör).
287) Akten II/2 S. 265 f. Nr. 27–30 (1508, Aug 25, Vesperzeit; Schaffner, Folterverhör).

Der Hauptprozess in Bern   471

um), und deshalb scheint besondere Mühe angewandt worden zu sein. Zunächst sagte der Schaffner aus, er habe sich selber in seiner eigenen Zelle (neben derjenigen Jetzers) aufgehalten, wo die Gewichte für den Schwebezug angebracht gewesen seien und wo er am Seil gezogen habe, damit Maria und die Engel, d. h. der Lesemeister sowie der Prior und der Subprior, in Jetzers Zelle emporgehoben würden. Die drei hätten Masken getragen, die im Kloster selber hergestellt worden seien, von ihm und dem Subprior, der diese gemalt habe. Dann aber sagte der Schaffner, dass er sich nicht in seiner eigenen Zelle aufgehalten habe, sondern in derjenigen des Konversen Oswald auf der anderen Seite von Jetzers Zelle. In seiner eigenen Zelle hätten die drei andern sich umgezogen, und Oswald habe in dieser Nacht Brot gebacken, denn er sei der Bäcker des Klosters gewesen. Damit versuchte der Schaffner Oswald ein falsches Alibi zu verschaffen, das er im Revisionsprozess widerrufen musste. Später im Verhör musste er weiter zugeben, dass auch Bruder Paul Süberlich von Frankfurt, der laut den Zeugenaussagen der Pfarrer aus dem Simmental ein eifriger Verfechter der Jetzerwunder gewesen war, geholfen habe, den Schwebezug zu bedienen. Bei dieser Erscheinung habe Jetzer die drei Klostervorsteher ertappt und sie wütend verflucht. An der Beratung, die dieser Erscheinung vorausgegangen sei, habe auch Prior Werner aus Basel teilgenommen, der sich laut dem Defensorium in dieser Zeit tatsächlich in Bern aufgehalten und auch das Defensorium geführt hatte (siehe Kap. I/3a). Bei dieser Erscheinung habe sich eine weiße Hostie in der Hand der Maria bzw. des Lesemeisters in eine blutige verwandelt, und der Schaffner führte denn auch aus, dass die Farbe, mit welcher diese Hostie bemalt worden sei, aus dem Blut eines kürzlich geborenen und bereits getauften männlichen Kindes hergestellt worden sei, das noch keine menschliche Nahrung genossen hatte. Dieses Blut habe den Klostervorstehern Lazarus, ein getaufter Jude, geliefert, der hie und da auch als Hebamme gewirkt und der sich in jenen Tagen im Dominikanerkloster in Bern aufgehalten habe. Da das Kind bei der Blutentnahme gestorben sei, sei sein Blut heilig und von besonderer Wirksamkeit gewesen, so dass man damit eine Hostie bemalen konnte, was der Lesemeister getan habe[288].

Dann beschrieb der Schaffner ausführlich, wie der Lesemeister zwei Hostien, eine weiße und eine rote, ausgetauscht habe und wie er selber durch ein Guckloch in der Wand gesehen habe, wie Jetzer aufgesprungen sei. Auf die Frage, ob Prior Werner, der vor der Tür zu Jetzers Zelle gestanden sei, gewusst habe, was gespielt wurde (*qualiter res agebantur*), gab der Schaffner eine bejahende Antwort, denn dieser habe an einigen Besprechungen der

---

288) Akten II/2 S. 266 f. Nr. 31–42 (1508, Aug 26; Schaffner, Folterverhör), vgl. auch Akten III S. 443 Nr. 12 (1509, Mai 8; Schaffner).

472 Die Jetzerprozesse

Klostervorsteher teilgenommen. Nach der missglückten Erscheinung von Maria und den Engeln habe der Lesemeister versucht, Jetzers Zweifel zu zerstreuen, indem er ihm erklärte, dass man habe ausprobieren wollen, ob er wahre (göttliche) von menschlichen Erscheinungen unterscheiden könne. Dazu habe man ihn auch zum Hostienmalen mit Hühnerblut eingeladen, um ihm zu zeigen, dass dies nicht möglich sei. Auch die Reliquien seien mit dem von Lazarus gelieferten Blut bemalt gewesen. Vor dem Passionsspiel hätte Jetzer jeweils einen Trank bekommen, den der Subprior zubereitet und der manchmal schneller und manchmal langsamer gewirkt habe. Dann kam das Verhör auf den Schwebezug zurück, der aus Basel stammte und den der Schaffner am Tag vor dem 15. April 1507 zusammen mit den drei anderen montiert und an der Wand befestigt habe. Schließlich auf die Verschwörung in der Marienkapelle, von der bisher in den Folterverhören der Dominikaner ebenfalls noch nicht die Rede gewesen war. Als die Klostervorsteher immer mehr fürchten mussten, dass sie wegen der fabrizierten Erscheinungen gefangen genommen, vor Gericht gezogen und gefoltert würden – was alles jetzt eingetroffen war –, hätten sie sich eines Abends in der Marienkapelle getroffen und sich gegenseitig einen feierlichen Eid auf ein Missale geleistet, niemandem – auch auf der Folter nicht! – zu gestehen, wie es zu dem allem gekommen sei. Der Schaffner wusste auch, dass sie darauf eine Anleihe von 800 Gulden oder Pfund beim Berner Kaufmann Graswyl gemacht hatten, und zwar für den Lesemeister und den Subprior, die nach Rom gereist seien. Er sei weiter dabei gewesen, als im Stübchen des Priors beschlossen wurde, dass man Zeugnisse aufnehmen solle, damit die Wunder in Rom approbiert würden. Er selber sei nach Solothurn gegangen, um beim Schultheißen Niklaus Konrad, bei Venner Stölli und bei einem Chorherrn solche Zeugnisse aufzunehmen; er wusste aber nicht, wer die übrigen Zeugnisse aufgenommen hatte, da er in der Weinernte am Neuenburgersee (*lacum Novicastri*) gewesen sei[289]. Damit waren die Folterverhöre des Schaffners vorläufig beendet; am 1. September 1508 wurden ihm noch einige, allerdings wichtige Er-

---

289) Akten II/2 S. 267–270 Nr. 43–62 (1508, Aug 26; Schaffner, Folterverhör). Niklaus Conrad (um 1460–1520), Schultheiß von Solothurn 1494–1520, vgl. Hans SIGRIST, Art. Conrad, Niklaus, in: HLS online (Zugriff 8. Aug. 2017). – Hans Stölli († 1534), Schwiegersohn des Bartholomäus May, seit 1505 Venner, seit 1510 Vogt von Kriegstetten, 1520–1532 Schultheiß von Solothurn (im Wechsel mit Peter Hebolt), vgl. Beat HODLER, Art. Stölli, Hans, in: HLS online (Zugriff 8. Aug. 2017). – Es könnte sein, dass hier, vielleicht von den ortsunkundigen Protokollanten, der Neuenburgersee mit dem Bielersee bzw. Neuenburg (am Neuenburgersee) mit Neuenstadt (am Bielersee) verwechselt wurde, denn die Dominikaner von Bern hatten einen Schaffner in Neuenstadt am Bielersee, vgl. Akten II/2 S. 228 (undat., 1508, Aug 31; Lesemeister, Bekenntnisschrift). Bei der Anleihe beim Kaufmann Graswyl vom 10. September 1508 setzten sie ihre Reben in der Nähe

Der Hauptprozess in Bern   473

gänzungen abverlangt, die sich in der Zwischenzeit aus den Verhören der anderen Klostervorsteher ergeben hatten.

Die außerordentlichen Geständnisse des Subpriors vom 26. und 30. August 1508

Am 26. August 1508 wurde erneut der Subprior verhört, doch musste er zunächst lediglich eine Bestätigung seiner bisherigen Geständnisse abgeben[290]. Am gleichen Tag scheint jedoch noch eine zweites Verhör mit ihm stattgefunden zu haben (Akten II/2 S. 321f. Nr. 71), das indessen in seiner Personalakte nicht an der chronologisch richtigen Stelle steht, sondern zusammen mit einem Verhör vom 30. August (Akten II/2 S. 319–321 Nr. 58–70) und einem (zweiten?) Verhör vom 2. September (Akten II/2 S. 322 Nr. 72–75) nach hinten gerückt, aber auch nicht in der chronologisch richtigen Reihenfolge, sondern zuerst das Verhör vom 30. August, dann dasjenige vom 26. August und schließlich dasjenige vom 2. September 1508. Nichtsdestoweniger sind all diese Verhöre (wohl von Anshelm) durchnummeriert (Nr. 58–75), so dass das chronologische Durcheinander nur aus den Daten hervorgeht. Steck hat gemeint, dass die in den nachgestellten Verhören enthaltenen „Zaubergeschichten" „secretiert" werden sollten[291], und es bleibt zu beobachten, inwieweit er Recht hat. Im Revisionsprozess hat man die chronologische Unordnung jedenfalls bemerkt, denn hier wurde der Subprior am 14. Mai 1509 (15 Uhr) zuerst über das Verhör vom 1. September 1508 ausgefragt, dann über das „frühere" vom 30. August, dann über das noch „frühere" vom 26. August und schließlich über die Verhöre vom 2. und vom 5. September 1508 (Akten III S. 481 Nr. 7 und 8).

1508, Aug 19	?	
1508, Aug 21	Akten II/2 S. 297–303	Nr. 1–13
1508, Aug 23	Akten II/2 S. 303–306	Nr. 14–22
1508, Aug 26	Akten II/2 S. 306	Nr. 23
1508, Sept 1	Akten II/2 S. 306 f.	Nr. 24–25
1508, Sept 2	Akten II/2 S. 307–319	Nr. 26–57
1508, Aug 30	Akten II/2 S. 319–321	Nr. 58–70
1508, Aug 26	Akten II/2 S. 321 f.	Nr. 71

---

von Neuenstadt zum Pfand, vgl. Akten III S. 522. Verwechslung von Neuenburg und Neuenstadt auch Akten II/2 S. 318 Nr. 51 (1508, Sept 2; Subprior, Folterverhör).

290) Akten II/2 S. 306 Nr. 23 (1508, Aug 26; Subprior, Folterverhör).

291) Akten II/2 S. 319 Anm. 1 zum Verhör des Subpriors vom 30. August 1508.

| 1508, Sept 2 | Akten II/2 S. 322–324 | Nr. 72–75 |
| 1508, Sept 5 | Akten II/2 S. 324 f. | Nr. 76–78 |

Tabelle: Folterverhöre des Subpriors

Beim zweiten Verhör des Subpriors vom 26. August 1508 fällt auf, dass dieses zwar vor den beiden Bischöfen von Lausanne und von Sitten stattfand, dass die Beisitzer indessen auf den Offizial von Lausanne, Baptiste de Aycardis, und auf den Domherrn von Sitten, Peter Magni beschränkt waren (Akten II/2 S. 321 Nr. 71), während am ersten Verhör des Subpriors vom gleichen Tag die beiden Offiziale von Lausanne und Sitten, Baptiste de Aycardis und Jean Grand, die beiden Domherren von Lausanne und Sitten, Michel de Saint-Cierges und Peter Magni, sowie der Rechtsgelehrte Antoine Suchet von Genf teilgenommen hatten (Akten II/2 S. 306 Nr. 23), auch schon eine reduzierte Besetzung. Beim zweiten Verhör des Subpriors vom 26. August fällt außerdem auf, dass dessen Freiwilligkeit betont wird (*sua libera et spontanea voluntate*), so dass man vermuten darf, dass der Subprior selber um dieses Verhör gebeten hat (oder vorgängig gefoltert worden war?), und dies umso mehr, als es darin um einen einzigen und sehr delikaten Gegenstand ging, nämlich um einen Pakt, den er mit dem Teufel geschlossen haben wollte. Als die Illusionen und Täuschungen mit Jetzer begonnen hätten, habe er es besonders gut machen wollen und deshalb mit Hilfe einer Beschwörungsformel, die sich in seinem Büchlein fand, den Teufel herbeigerufen. Dieser sei in Gestalt eines schwarzen Mannes erschienen und habe ihn nach seinen Wünschen gefragt. Er habe ihm geantwortet, dass er ihm helfen solle, einen Trank zuzubereiten, mit dessen Hilfe Jetzer so betäubt werden könne, dass er wie tot scheine, aber doch Bewegungen des Bauches aufweise und erleide, welche die Zuschauer zum Staunen brächten (*quod in admiratione videntium deducatur*). Der Teufel wollte dies nur tun, wenn der Subprior vorher Gott absage und sich ihm selber mit einer Schrift (*cirographum*) von eigener Hand und mit eigenem Blut übergebe sowie ihm einen Lehenseid leiste und einen Tribut gebe, was er nach viel Zögern (*post multas reluctationes*) getan habe – gegenüber einem Teufel, der sich inzwischen in einen Raben verwandelt hatte und den er unter den Schwanz geküsst habe; dieser habe ihn mit dem Schnabel in den Zeigefinger der linken Hand gepickt, so dass Zeichen davon blieben, die berühmte Teufelsmarke. Darauf habe er den Subprior gelehrt, den Trank zu machen, nämlich mit Taufwasser, mit Salböl (Chrisma), mit fünf bis zehn Haaren von den Augenbrauen eines Knaben oder Mannes, Weihrauchkörnern, Quecksilber (*argentum vivum*), Osterwachs, Blut von einem nicht getauften Knaben und mit ein bisschen geweihtem Salz, bei fünf angezündeten Kerzen und mit gewis-

Der Hauptprozess in Bern 475

sen Beschwörungen aus dem Büchlein, um den Trank im Namen des Teufels, seines Meisters, zu weihen. Mit diesem Trank habe er auch die Zeit festlegen können, an der Jetzer das Passionsspiel spielen musste. Schließlich sagte der Subprior, dass der Teufel ihm verboten habe, beim Feiern der Messe zu konsekrieren, was sehr wohl auch eine Zusatzinformation gewesen sein könnte, um die Vorstellungen der Richter von einem Pakt mit dem Teufel zu vervollständigen. Das Geständnis des Subpriors liefert einen vollständigen Pakt mit dem Teufel, bei dem der schriftliche Pakt (*cyrographum*) wohl wichtiger war als das Teufelsmal[292].

Das Verhör des Subpriors vom 30. August situiert sich zwar auch außerhalb der chronologischen Reihe, aber es wird nicht klar, inwieweit es ein außerordentliches Verhör war, denn wir erfahren nicht, ob die Zahl der Beisitzer ebenso beschränkt war wie bei seinem zweiten Verhör vom 26. August; vom Inhalt dagegen scheint das Verhör doch ein außergewöhnliches gewesen zu sein, denn es handelte von den Experimenten des Subpriors mit der schwarzen Magie. Dazu muss man allerdings wissen, dass der Prior ein entsprechendes Geständnis am 29. August 1508 bereits gemacht hatte (siehe unten, Die Folterverhöre des Priors vom 28. und 29, August 1508) – das Gericht hatte den Subprior also in der Hand, und dieser hatte wahrscheinlich keine andere Wahl, als seine Geständnisse weiterhin freiwillig, spontan und ohne Folter (*voluntarie ac sponte, sine tortura*) zu machen. Er gestand, dass er sich im vergangenen Jahr, nachdem Jetzer die Stigmata verloren habe (also nach Ende Juli 1507), zusammen mit dem Lesemeister, dem Prior und dem Schaffner in Jetzers Stübchen aufgehalten habe, um seinen Mitbrüdern ein „Experiment" in schwarzer Magie und die Beschwörung von Geistern vorzuführen und beizubringen. Da seien sie auf die Idee verfallen, Jetzer dazu zu rufen, um zu schauen, ob sie ihn zu diesen Beschwörungen verführen könnten. Bevor der Subprior diesen geholt habe, habe er einen großen Kreis auf den Boden gezeichnet, so groß, dass alle vier und der Konverse darin Platz gefunden hätten. Als dieser die Stube betreten habe, hätten sie ihn aufgefordert mitzumachen, denn dabei könne nichts Schlimmes passieren. Jetzer habe zuerst wissen wollen, auf was er sich einlasse, und sie hätten ihm gesagt, er müsse – nur – Gott absagen, und dann könnten sie viel Wunderbares miteinander erleben. Jetzer habe sich geweigert, dies zu tun, obwohl der Subprior ihm gesagt habe, das sei nur eine menschliche Sünde, die Gott in seiner großen Güte leicht vergebe! Darauf habe er, der Subprior, mit seinem Büchlein böse Geister und Dämonen heraufbeschworen; dabei hätten sie sich alle fünf innerhalb des Kreises aufgehalten. In der Folge seien

---

292) Akten II/2 S. 321 f. Nr. 71 (1508, Aug 26; Subprior, Folterverhör), vgl. auch OSTORERO, Les marques du diable S. 372–378.

476 Die Jetzerprozesse

sogleich fünf Geister in menschlicher Gestalt in die Stube gekommen, von denen er gesagt habe, dass es Apostel seien. Jetzer sei so wütend geworden, dass er ihm das Büchlein aus den Händen geschlagen habe, so dass es auf den Boden gefallen sei; darauf hätten die fünf Geister sich in Rauch aufgelöst und einen scheußlichen Gestank hinterlassen, der sich mit keinem anderen Gestank habe vergleichen lassen. Jetzer habe sich zurückgezogen und sich auch geweigert, einen Eid zu leisten, dass er dies nicht verraten werde[293].

Es ist nicht auszuschließen, dass das Gericht davon profitierte, dass der Subprior ihm schlimme Geständnisse machen musste, um ihn auf wichtige Fragen antworten zu lassen, so, warum die Klostervorsteher Jetzer immer wieder zu zwingen versucht hätten, die rote Hostie einzunehmen. Der Subprior antwortete: um diese zum Verschwinden zu bringen (*ut de medio tolleretur*). Dann musste er wiederum beschreiben, wie er Jetzer beim Passionsspiel wie eine Voodoo-Puppe gesteuert habe. Auf die Frage, wer die gekrönte Maria gespielt habe, gab er zu, dass es Bruder Paul Süberlich, und ebenso, dass derjenige, der die Stimmen der blutweinenden Marienstatue und ihres Sohnes nachgeahmt habe, der Novize Johann Meyerli gewesen sei – und nicht der Lesemeister, wie der Schaffner am 25. August 1508 ausgesagt hatte. Ebenso wusste das Gericht bereits vom Schaffner (und wohl auch aus dem Verhör des Priors vom 29. August 1508), dass in der Zeit, als Jetzer falsche Erscheinungen vorgespielt wurden, im Kloster ein auswärtiger Mönch – nämlich Prior Werner von Basel – gewesen sei und an den Beratungen der Klostervorsteher aktiv teilgenommen hatte. Auf die Frage, ob auch außerhalb des Dominikanerkonvents von Bern und bevor die Ereignisse um Jetzer begonnen hätten, Beratungen stattgefunden hätten, antwortete der Subprior: auf dem Kapitel in Pforzheim (Anfang Mai 1507), an dem der Prior und der Lesemeister teilgenommen hätten[294]. Die Antwort überraschte, denn man erwartet das Provinzialkapitel von Wimpfen, von dem Jetzer im Hauptprozess erstmals in seinem Verhör vom 5. August 1508 gesprochen hatte (siehe Kap. II/2b, Warum gerade Jetzer?), doch ist nicht auszuschließen, dass der Subprior von dieser Vorgeschichte des Jetzerhandels tatsächlich nichts gewusst hat, da er im Unterschied zum Prior und zum Lesemeister nicht am Provinzialkapitel von Wimpfen teilgenommen hatte. Die außerordentlichen Geständnisse des Subpriors vom 26. und 30. August 1508 stellten natürlich eine Zeitbombe für die andern Klostervorsteher dar, von denen man noch nicht genau wusste, inwieweit sie am Pakt mit dem Teufel und am Experiment mit der schwarzen Magie beteiligt gewesen waren.

---

293) Akten II/2 S. 319 f. Nr. 58–62 (1508, Aug 30; Subprior, Folterverhör).
294) Akten II/2 S. 320 f. Nr. 63–70 (1508, Aug 30; Subprior, Folterverhör).

Die Folterverhöre des Priors vom 28. und 29. August 1508 und die Ermahnungsrede des Bischofs von Sitten

Am 28. August 1508 wurde erstmals der Prior verhört, nachdem er am 19. und 23. August gefoltert worden war und an diesem letzteren Datum eine Bedenkfrist bis zum 28. August erhalten hatte. Er scheint zuerst nach den Anfängen des Jetzerhandels gefragt worden zu sein, vermied es aber – zumindest vorerst –, das Provinzialkapitel von Wimpfen zu nennen. Er stellte es vielmehr so dar, als sei er während der Fastenzeit 1507 einmal nach der Komplet ins Stübchen der Väter gekommen und habe dort den Lesemeister und den Subprior angetroffen. Hier habe man von der Empfängnis Marias und von einem Büchlein von Wigand Wirt, einem der Väter des Dominikanerordens, gesprochen, wohl vom *Dialogus apologetis fratris Wigandi Wirt*, der zwischen 1503 und 1506 (1505) entstanden war und auf dem Provinzialkapitel von Wimpfen zum Kauf aufgelegen hatte (siehe Einl. 3c). Dabei habe man sich unter anderem gefragt, was man unternehmen könnte, damit in der Sache der Empfängnis Marias endlich ein Entscheid gefällt würde. Einer von ihnen habe vorgeschlagen, dass einer von ihnen die Jungfrau Maria und ein anderer einen Geist spielen solle. Er, der Prior, sei hinausgegangen und habe dabei gesagt: „Macht, wie ihr wollt, ich mische mich nicht ein, aber ich werde begrüßen, was immer ihr tut!" Nach einiger Zeit sei dann der Tumult mit dem Geist im Berner Dominikanerkonvent losgegangen, an zwei Freitagen, mit dem Werfen von Steinen. Er habe Jetzer im Bett liegen sehen und geglaubt, der Subprior stelle den Geist dar. Am Vorabend vor Mariä Verkündigung (25. März 1507) habe der Lesemeister nach der Matutin einen Konversen zu ihm geschickt, er möge die Brüder zu Ruhe anhalten, denn die Jungfrau Maria sei in Jetzers Zelle und spreche zu ihm. Er habe den Lesemeister zur Rede gestellt, und dieser habe geantwortet, die hl. Barbara sei bei Jetzer gewesen und habe ihm das Kommen der Jungfrau Maria angekündigt. Man versteht, warum das Gericht mit dieser Erzählung nicht zufrieden war und auf Betreiben des Glaubensprokurators dem Prior Bedenkzeit bis nach dem Mittagessen (*prandium*) gab, um die Wahrheit zu sagen oder wiederum gefoltert zu werden[295]. Die Rolle, die der Prior sich hier für die Anfänge des Jetzerhandels zuzuschreiben versuchte, entsprach keineswegs der viel aktiveren, die er sich selber im ersten Teil des Defensoriums zugeschrieben hatte, und die Rivalität zwischen ihm und dem Lesemeister, die dort zum Ausdruck gekommen war (siehe Kap. I/2a–c), findet hier einen Nachklang in der Tatsache, dass der Prior offensichtlich versuchte, die Hauptschuld auf den Lesemeister zu schieben – wie er es auch schon in seinem Artikelverhör getan hatte (siehe Kap. II/2c, Der Prior).

---

295) Akten II/2 S. 277–279 Nr. 1 (1508, Aug 28; Prior, Folterverhör).

478 Die Jetzerprozesse

Als der Prior auch nach dem Mittagessen nicht zu substantielleren Geständnissen übergehen wollte, ließ das Gericht ihn wiederum foltern, und zwar ein Mal mit Gewichten an den Füßen aufziehen und durchschütteln (*excussus*) und dann wieder abstellen. Es folgt, möglicherweise noch immer am Ort der Folter, eine zweite Version der obigen Geschichte, die diesmal schon um Weihnachten 1506 einsetzte, wo der Prior, der Lesemeister, der Subprior und der Schaffner beschlossen hätten, die Erscheinungen eines Geists sowie der Jungfrau Maria oder anderer Heiliger zu simulieren, um erstens die Meinung von der Empfängnis Marias in der Erbsünde zu bestätigen, zweitens ihren eigenen Konvent zu verherrlichen (*magnificare*) und drittens die Unterstützung der Stadt Bern zu gewinnen. In der Folge habe der Lesemeister sich die Biographie des Geists ausgedacht, der vom Subprior dargestellt werden sollte. Mit der Anfertigung der Reliquien habe der Prior den Lesemeister und den Subprior beauftragt. Der Prior wusste angeblich nicht, wer von den beiden die Maria und die Barbara gespielt hatte, wohl aber, dass der Lesemeister in der Nacht vom 24. auf den 25. März 1507 in der Rolle der Maria Jetzer mit einem eisernen Instrument das erste Stigma verpasste, von außen und von innen, aber ohne die Hand zu durchbohren[296].

In der Folge kam der Prior auf seinen eigenen Auftritt als Bernhard von Clairvaux zu sprechen, den er seltsamerweise als Regularkanoniker (und nicht als Zisterzienser) bezeichnete. Er habe ein Skapulier mit einer bunten Rose getragen und Jetzer gesagt, dass die Franziskaner falsch von Bernhard predigten, wenn sie sagten, dass dieser einen Flecken auf der Brust hatte, weil er der Meinung war, dass Maria in der Erbsünde empfangen worden sei. Ganz im Gegenteil: Bernhard habe im Himmel großes Lob dafür bekommen – und eine Rose, die von den Franziskanern als Flecken oder Makel interpretiert worden sei. Darauf sei Jetzer aus dem Bett aufgeschossen und habe ihn fassen wollen; er sei zum Fenster hinaus geflüchtet und gefallen und habe dem Konversen das Skapulier zurücklassen müssen. Nach seinem Fall sei er einige Tage krank gewesen und habe dem Lesemeister befohlen, Jetzer das Skapulier zu entreißen, was dieser (am folgenden Tag) auch getan habe; davon, dass Jetzer aus dem Skapulier Taschentücher gemacht hatte, wusste oder sagte der Prior nichts (siehe Kap. II/2b, Die Erscheinungen der heiligen Cäcilia ...), doch sollte ihm dieses Detail im Revisionsprozess abverlangt werden. Ja, noch mehr, im Revisionsprozess musste der Prior auch zugeben, dass die Geschichte mit dem Flecken auf dem Skapulier aus dem *Mariale* des Bernardin de Bustis stammte, das im Berner Konvent vorhanden war (siehe Kap. I/3a), und dass er aus dem Flecken einfach eine

---

296) Akten II/2 S. 280 f. Nr. 2–5 (1508, Aug 28, Nachmittag; Prior, Folterverhör).

Der Hauptprozess in Bern

479

Rose gemacht habe, um Jetzer zu beweisen, dass es kein Makel sei, dass Bernhard von Clairvaux sich für die befleckte Empfängnis ausgesprochen hatte, sondern vielmehr ein großes Verdienst. Schließlich musste der Prior auch eine Aussage Jetzers vom 2. August 1508 bestätigen, wonach die Klosterväter nach dem missglückten Auftritt auf dem Schwebezug mit ihm zusammen Hostien mit Hühnerblut gefärbt hatten, um ihm zu beweisen, dass man Hostien nicht künstlich färben könne ... (siehe Kap. II/2b, Die Entlarvung Marias und der Engel ...)[297].

Das Verhör ging noch weiter, aber offenbar war man von der Folterkammer (Folterküche) in die Halle der Propstei zurückgekehrt. Der Prior kam – sicher nicht zufällig – auf den Auftritt von Maria und den Engeln auf dem Schwebezug am 15. April 1507 zu sprechen, bei dem er einen der Engel dargestellt hatte. Dabei gab er eine recht genaue Beschreibung des Schwebezugs, mit einem ziemlich großen technischen Verständnis – der Prior war nicht von ungefähr ein begabter Buchbinder (siehe Kap. I/2a). Wir wissen bereits, wie der ganze Auftritt – der ein Durchbruch hätte werden sollen – scheiterte und wie man Jetzer zu beschwichtigen versuchte, indem man sagte, man hätte schauen wollen, ob er zwischen echten und falschen Erscheinungen zu unterscheiden wisse. Dann korrigierte der Prior eine frühere Aussage, wonach die Hostie vom Lesemeister und vom Subprior gemalt, dahingehend, dass sie vom Illuministen Lazarus gefärbt worden sei, der in der Fastenzeit 1507 im Dominikanerkloster gearbeitet habe und dann zu einem Priester namens Zwygart gegangen sei (der im Revisionsprozess als Zeuge herangezogen werden sollte). Unabhängig von allem, was man in den Jetzerprozessen von ihm erfährt, war Lazarus zunächst einmal ein sonst unbekannter wandernder Illuminist, der offenbar auch im Berner Dominikanerkonvent Arbeit gefunden hatte, und dies nicht zuletzt, weil der Prior seine Bücher nicht nur selber einband, sondern auch illuminierte (siehe Kap. I/2a) und sich in dieser Kunst vielleicht weiterbilden wollte. Dann kam das Verhör auf die blutweinende Marienstatue, welcher der Lesemeister am 24. Juni 1507 beim Einnachten mit Hilfe des Subpriors das Gesicht bemalt habe, wie wenn sie blutige Tränen weinen würde, und zwar um dem, was im Konvent geschah, mehr Glauben zu verschaffen, insbesondere der Empfängnis Marias in der Erbsünde. Dem gleichen Zweck habe auch die Erscheinung Marias und Katharinas von Siena gedient, dargeboten durch den Subprior und den Schaffner, der erstere mit einem Weihwasserwedel (*asper-*

---

297) Akten II/2 S. 281 f. Nr. 7 f. (1508, Aug 28, Nachmittag; Prior, Folterverhör), vgl. auch Akten III S. 454 Nr. 6, S. 470 Nr. 50 (1509, Mai 10 u. 12; Prior).

480 Die Jetzerprozesse

sorium) und der letztere mit einem Weihwassergefäß aus Zinn (*vas stagne-um aque benedicte*)[298].

Am 29. August 1508 wurde das Verhör des Priors fortgesetzt, und zwar mit dem Orakel der blutweinenden Marienstatue. Seltsamerweise ließ man dem Prior hier noch durchgehen, dass er nicht verriet, wer die Stimmen von Mutter und Sohn nachgemacht habe, sondern nur: dass der Betreffende auf den Marienaltar gestiegen und sich neben der Marienstatue in einer Nische in der Mauer hinter einem Tuch aus himmelblauer Farbe versteckt habe. Der Lesemeister, der Subprior und der Schaffner hätten Jetzer in die Marienkapelle geführt und ihn überzeugt, auf den Altar hinauf zu knien, um das Orakel der Marienstatue betreffend die Empfängnis zu vernehmen. Die gleichen drei hätten auch Jetzers Schuhe und Verbandzeug über den ganzen Chorraum verstreut, damit sie den Herren vom Rat (von Erlach, von Diesbach, Huber und Hübschi), die um fünf Uhr morgens gerufen wurden, sagen konnten, dass Maria allein oder mit Hilfe von Engeln Jetzer, der vor dem Hochaltar betete, durch die Luft in die Marienkapelle getragen habe. Der Lesemeister habe den Herren vom Rat weiter mitgeteilt, dass Jetzer nicht von seinem Platz weichen könne, bis er kommuniziert habe, doch wollte dieser nicht die rote Hostie nehmen, sondern eine unverdächtige weiße. Als Spülwein sei ihm der bekannte Trank eingegeben worden, so dass er – auf dem Altar – sein Passionsspiel zu spielen begann[299].

Nachdem Jetzers Stigmata (Ende Juli 1507) verschwunden seien, habe dieser auch den Trank nicht mehr nehmen wollen, denn er hatte begriffen, dass seine Stigmata jeweils während der Ekstase, in die er aufgrund des Trankes fiel, erneuert worden seien, sei es vom Subprior oder vom Lesemeister (sagt der Prior). Als Jetzer weder durch Drohungen noch durch Bitten habe bewegt werden können, den Trank wieder zu nehmen, und sogar gedroht habe, ihre Betrügereien auszubringen, hätten sie ihm gesagt, sie würden alle Schuld auf ihn schieben, als ob er allein das Ganze fingiert hätte (*ac si ipse solus ea integra omni confinxisset*). Sie hätten ihn mit einem eisernen Pfannenstil und der eisernen Kette gequält und überwacht, damit er nicht aus seinem Stübchen oder dem Kloster fliehen könne, und schließlich gezwungen, einen Eid auf ein Missale zu schwören, nichts von dem, was im Konvent vorgefallen war, zu verraten. Dabei ergeben sich deutliche Anklänge an die entsprechenden Geständnisse des Schaffners vom 25. August 1508, so dass man annehmen darf, dass das Protokoll vom 25. August als Vorlage für das Verhör des Priors vom 29. August gedient hat, auch wenn dieses

---

298) Akten II/2 S. 282–286 Nr. 9–17 (1508, Aug 28, Nachmittag; Prior, Folterverhör).
299) Akten II/2 S. 286 f. Nr. 18–23 (1508, Aug 29; Prior, Folterverhör).

Der Hauptprozess in Bern 481

ausführlicher ausgefallen ist als die Vorlage, da der Prior über mehr Hintergrundinformationen verfügte als der Schaffner.

Akten II/2 S. 265 Nr. 28 f. (1508, Aug 25; Schaffner, Folterverhör)	Akten II/2 S. 287 f. Nr. 24 (1508, Aug 29; Prior, Folterverhör)
28. *Item magis confitetur quod, postquam Iohanni Ietzer stigmata disparuerunt e manibus et pedibus, latere, in stubella ipsius Iohannis Ietzer convenerunt presens inquisitus* [Schaffner] *cum aliis tribus multis verbis, hortationibus et comminationibus adhibitis insteterunt erga Iohannem Ietzer, ut sibi stigmata scienter et volite [volenter?] renovare permitteret et poculum solitum pro exercendis voluctationibus passionis sumere vellet.* [Kette] *Et cum ipse Ietzer facere noluit, exuerunt eum vestibus et super nuda carne cinxerunt circum umbilicum cathena ferrea et duabus clausuris minutis adiectis recluserunt; nam ipse inquisitus* [Schaffner] *illas clausuras compressit, videlicet cathenam ferream ita pro cinctura obserando; et quod dimiserunt illum usque ad tertiam diem in illa cathena constricta.* 29. [Pfannenstil] *Item magis confitetur quod, postquam Ietzer noluit consentire in illis rebus, quod tunc supprior succendit manubrium patelle ferree, et presens inquisitus* [Schaffner], *arrepto brachio Iohannis Ietzer, depositis manicis et pannis, tenuit brachium, ipse vero supprior presentibus aliis duobus, presertim doctore, adhibito canden-*	24. *Item confitetur quod, postquam stigmata a Iohanne Ietzer cessaverant sive evanuerant, presens inquisitus* [Prior] *et reliqui tres precibus et variis pollicitationibus in stubella Iohannis Ietzer eundem convenerunt, quia iam eo, quod non ultra vel plus poculum illud, quo in extasi agitabatur, volebat sumere, unde et dolores tales et ulcera manuum et pedum desierant, cognovit, quod artificialiter et durante extasi sua ab inquisitis vel aliquo eorum, scilicet suppriore vel doctore, conficiebantur, quathenus sua sponte et scienter idem poculum bibere et stigmata sibi renovare seu imprimi pateretur. Quibus annuere vel consentire dum non vellet, multis comminationibus, terroribus et verbis duris eundem ad id faciendum [cogere erg.] conati sunt; demum, ubi nec terroribus nec precibus moveri posset et comminaretur truffas eorum manifestare velle, refellebant illi, dicendo, quia vellent omnem culpam illusionum prelibatarum in eum revolvere, ac si ipse solus ea integra omnia confinxisset, qui nec huiusmodi obiectis consensit.* [Pfannenstil] *Igitur manubrium quoddam ferreum, quod a fuxorio [fixorio?] ferreo vel patella deciderat, in fine ab una parte quasi acutam [acutum?], igne*

te ferro, videlicet manubrio, quod in extremitate erat acutum, impressit in carnem brachii illius Ietzer in tribus locis, et tunc idem Iohannes pre dolore urentis ferri, licet prius annuere noluisset, *consensit de iuramento prestando.* Nam prius semper comminabatur, velle truffas et res, que circa se facte fuerunt de stigmatibus, apparitionibus et aliis, propalare et revelare; et quod posterius talia, *iuramento prestito,* non revelaret, et quod tunc *allatum fuit* per aliquem ex tribus *missale,* super quo idem Ietzer *prestitit iuramentum [.....].*

succenso in fornace stubelle ignire fecit et iussit idem inquisitus [Prior] *citius, et iussa supprioris statim implevit.* [Kette] *Triduo enim ante ipsi quatuor inquisiti quadam ferrea cathena prefatum Ietzer, ad predicta consentire nolente[m]* nec *volente[m] iurare de non revelando, super nuda pelle, in medio circum umbilicum circumcinxerunt, dictamque cathenam duabus seris parvulis concluserunt, procuratore ipsas seras comprimente vel concludente; quo fiebat, ut ipsa cathena corroderet cutem, proflueret sanguis et caro spassim per circulos cathene superius inferiusque defluebat. Et cathena quasi uncta adipe sanie suborta apparebat, unde maximis doloribus idem Ietzer vexabatur, quem, ne extra stubellam vel monasterium fugeret, isti inquisti – nunc iste, nunc ille – observabant et custodiebant;* [Pfannenstil] *denique, ut eum cogerent, quia ad reliqua, puta poculum vel stigmata, prorsus assentire noluit, saltem iuramentum prestare, supprior ferro, ut prediximus, allato candente et ignito, procurator vero accepto bracchio Iohannis Ietzer, depositis sive depulsis vestibus et manicis, isto vero inquisito* [Prior] *et magistro Stephano, doctore, Iohannem Ietzer in aliis manibus tenentibus, cepit supprior candente ferro brachium et carnem eius adurere successive in tribus locis. Quapropter idem Ietzer iuramentum facere consensit, ibidemque allato libro missali apperto et canone cum crucifixo intro*

Der Hauptprozess in Bern

> *depicto, quem Iohannem Ietzer manibus tangere faciebant, doctor Stephanus sibi Ietzer iuramentum dedit [.....].*

Als die Klostervorsteher Jetzers „Arroganz" begriffen hätten, der ihnen nicht mehr, wie gewohnt, gehorchen wollte, seien sie des Nachts in der Marienkapelle zusammen gekommen und hätten gemeinsam einen feierlichen Eid geschworen, sich nicht gegenseitig anzuklagen, wenn das Ganze auskäme, übrigens auf das gleiche Missale wie Jetzer, das der Prior, mit einem guten Blick für Bücher, an beiden Stellen beschrieb: *allato libro missali apperto et canone cum crucifixo intro depicto* (Jetzers Eid) – *super uno libro missali apperto, super sancto canone et imagine crucifixi hinc inde descriptis vel depinctis* (der Eid der Klostervorsteher) – es handelt sich beide Male um das Kanonbild mit der Darstellung der Kreuzigung Christi, wie es sich in illuminierten Missalen am Beginn des Hochgebets (*Canon missae*) findet. Weiter gestand der Prior, dass die vier Klostervorsteher, als Jetzer bereits die fünf Stigmata hatte (d. h. nach dem 7. Mai 1507), in seiner Zelle zusammengekommen und übereingekommen seien, dass der Konverse sterben müsse, damit die Welt glaube, dass die Stigmata und anderen Offenbarungen tatsächlich von Gott seien. Deshalb habe der Subprior Jetzer Gift in einen Brei gemischt, den dieser jedoch verschmäht und kleinen Wölfen vorgesetzt habe, die im Keller (*cava*) des Klosters gehalten wurden und die daran starben. Auf die Frage, ob er den Trank gesehen habe, der Jetzer vor dem Passionsspiel eingeflößt wurde, gab der Prior schließlich zu, dass er dabei gewesen sei, als der Illuminist Lazarus ihm und seinen „Komplizen" dessen Zusammensetzung erklärt habe[300]. Dabei stützten die Richter sich möglicherweise auf die (geheime?) Aussage, die der Subprior am 26. August 1508 gemacht hatte, doch kam bei diesem das Rezept für den Trank vom Teufel, und nicht von Lazarus.

In der Folge kam das Verhör auf Prior Werner von Basel. Der Prior von Bern musste zugeben, dass dieser das weiße Pallium, das für die Erscheinungen der Maria gebraucht worden war, in Basel habe anfertigen lassen, ebenso wie auch den Schwebezug für den Auftritt Marias mit den zwei Engeln. Prior Werner habe um die Täuschungen gewusst, und insbesondere auch um die Verwandlung der Hostie. Er sei dabei gewesen, als Lazarus, ein getaufter Jude, die nicht geweihte Hostie in Gegenwart aller vier Klostervorsteher im Väterstübchen bemalt habe, und zwar über Ostern 1507, als der Prior von Bern diesen eigens zu diesem Zweck gut zwölf oder mehr

---

300) Akten II/2 S. 288 f. Nr. 25–27 (1508, Aug 29; Prior, Folterverhör).

484 Die Jetzerprozesse

Tage im Geheimen im Dominikanerkloster beherbergt habe. Auch die hübschen Masken, die einige Erscheinungen trugen, hätten sie dank Prior Werner aus Basel bekommen. Damit war es mit dessen im Defensorium meisterhaft geheuchelten Unschuld endgültig vorbei. Der Prior von Bern wollte die gefärbte Hostie erst später geweiht haben, doch musste er diese Aussage im Revisionsprozess ebenfalls zurückziehen. Dann kam das Verhör auf die gekrönte Maria, die in der Nacht vom 12. auf den 13. September 1507 nach der Matutin auf dem Lettner erscheinen war. Der Prior musste zugeben, dass diese von Bruder Paul Süberlich gespielt worden sei, der auch schon am 25. Juni 1507 die Stimmen der Maria und ihres Sohnes nachgeahmt habe, das letztere wieder eine Falschaussage des Priors. Als gekrönte Maria habe Bruder Paul eine vom Subprior hergestellte Krone getragen, und um den Hals einen goldenen oder vergoldeten Schmuck, den man der Statue in der Marienkapelle abgenommen habe. Als Jetzer mit Worten und Schlägen auf Paul habe losgehen wollen, sei dieser auf die nördliche Seite des Lettners geflohen, wo eine Treppe zur Orgel hinaufführte. Da der Prior in seinem Artikelverhör ausgesagt hatte, dass Jetzer selber die gekrönte Maria gespielt hatte, musste er diese Aussage hier zurücknehmen (siehe Kap. II/2c, Der Prior)[301].

Schließlich musste der Prior noch zu drei sehr schwierigen Punkten Stellung nehmen, nämlich zum Frevel an der roten Hostie, zum Diebstahl der Kleinodien aus der Marienkapelle und zur Absage an Gott bzw. zum Experiment mit der schwarzen Magie. Eines Tagen hätten die vier Klostervorsteher die gefärbte Hostie in Jetzers Stübchen getragen und diesen mit eisernen Instrumenten und einem Knebel im Mund gezwungen, die Hostie zu schlucken. Er habe diese auf einen Stuhl erbrochen, wo sie einen roten Flecken hinterlassen habe, nachdem man sie mit einer Patene aufgehoben hatte. Als die Klostervorsteher den roten Flecken nicht wegbrachten, hätten sie den Stuhl in den brennenden Ofen geworfen, wo er einen solchen Lärm gemacht habe, dass das ganze Stübchen erschüttert worden sei. Er selber, der Prior, habe gesagt: „Oh Gott, was tun wir!" Sie hätten die Hostie verschwinden lassen wollen, damit sie hätten sagen können, dass die Jungfrau Maria sie weggenommen habe und damit sie auf ehrenhafte Weise aus diesem Kloster gekommen wäre – denn die geweihte und gefärbte Hostie war zu einer großen Hypothek für die Klostervorsteher geworden; der Hostienfrevel war im Grund schon begangen worden, bevor noch der Vorfall in Jetzers Stübchen dazu gekommen war. Was den Diebstahl der Kleinodien betraf, so musste der Prior zugeben, dass Jetzer daran unschuldig war, auch

---

301) Akten II/2 S. 289 f. Nr. 28–32 (1508, Aug 29; Prior, Folterverhör), vgl. auch Akten III S. 457 Nr. 16 f. (1509, Mai 10, 15 Uhr; Prior).

Der Hauptprozess in Bern

wenn einige davon in seine Hände gekommen seien: der Lesemeister habe sie ihm in die Hände gespielt, damit man ihm Schlechtes nachreden (*diffamare*) könnte, wenn er aus dem Kloster flüchten sollte. Der Lesemeister habe Jetzer gesagt, dass er sagen solle, dass er diese Stücke von seinen Eltern bekommen habe, wenn man ihn nach deren Herkunft frage, und es so eingerichtet, dass der Chorherr Heinrich Wölfli just in diesem Augenblick zu Jetzer gekommen sei und ihm die entsprechende Frage gestellt habe. Der Subprior habe auch versucht, Jetzer zu verführen, Gott abzusagen, um ihn in der schwarzen Magie zu unterrichten, und zwar in Gegenwart des Priors und der anderen zwei Klostervorsteher. Der Prior selber habe, um Jetzer zu überreden, das Buch (des Subpriors), wo die Absage an Gott Voraussetzung war, um die schwarze Magie zu erlernen, gelesen und Gott abgesagt, allerdings nur mit dem Mund und nicht im Geist (eine gängige Formel), da es nie in seiner Absicht gelegen habe, Gott wirklich abzusagen; Jetzer aber habe jeder Versuchung widerstanden[302].

Damit war der Prior der erste der Klostervorsteher, der den Hostienfrevel und den Diebstahl der Kleinodien zugab, von denen das Gericht bisher nur von Jetzer wusste (siehe Kap. II/2b, Die Frauengeschichten der Klostervorsteher, und Jetzers Martyrium). So schlimm dies alles war, so scheint es doch noch nicht die ganze Wahrheit gewesen zu sein, und entsprechend wurde der Prior mehrmals von den Richtern und den Beisitzern ermahnt, freiwillig die reine Wahrheit zu sagen. Als Reaktion scheint er zur Seite gemurmelt zu haben (*murmurando ad partem*): „Ach, was soll ich sagen! Wenn ich nichts sage, dann werde ich gefoltert (werden), wenn ich aber etwas sage, dann muss ich heucheln und lügen (*Ach, quid dicam! si non dixero, torquebor, si autem dixero, opus est ut fingam et mentiar*) – eine Reaktion, die sehr schwierig zu interpretieren ist, die aber ihrerseits eine Reaktion des Bischofs von Sitten, Matthäus Schiner, hervorrief, der dem Prior eine ganze Predigt hielt (im Protokoll in direkter Rede wiedergegeben). Er solle solche ungerechten Entschuldigungen lassen und seine Schuld ohne Verschleierung und Schwanken gestehen und die göttliche Rache mehr fürchten als einige Folterungen. Der Bischof führte dem Prior vor Augen, wie Gott in der ganzen Geschichte einige Wunder (gewissermaßen Gegenwunder!) gewirkt habe, so das Hostienwunder in Jetzers Stübchen oder dass dieser mehrere Vergiftungsversuche überlebt habe. Das göttliche Erbarmen zeige sich darin, dass der Prior und seine „Komplizen" nicht in ihren Missetaten, die sie gegenüber Gott und seiner unbefleckten(!) Mutter sowie dem Sakrament begangen hätten, verharren müssten, sondern überführt worden und dadurch zum Geständnis der Wahrheit gekommen seien, und dadurch wie-

---

302) Akten II/2 S. 290 f. Nr. 33–35 (1508, Aug 29; Prior, Folterverhör).

486   Die Jetzerprozesse

derum zur Buße und zur Vergebung der Sünden. Der Prior solle sich nicht schämen, vor den Richtern, die auch nur Menschen seien, die Wahrheit zu sagen, die befreie, ohne dabei die zeitlichen Strafen zu fürchten – und damit zu vermeiden, dass er seine Sünden dereinst vor dem Jüngsten Gericht gestehen müsse. Der Bischof erinnerte den Prior an Heilige wie den hl. Silvan, einen Schüler des Kirchenvater Hieronymus, oder die hl. Maria Magdalena, die zu Unrecht verdächtigt worden seien und sich trotzdem nicht zu entschuldigen versucht – und sich dafür im Himmel umso mehr Verdienste erworben hätten. Der Bischof von Sitten beschwor den Prior, die Wahrheit zu sagen, und versprach ihm, dass er nicht mehr gefoltert würde, wenn er dies tue – und dieser fiel tatsächlich vom Stuhl, auf dem er in der Halle der Propstei saß, mit dem Gesicht auf den Boden, weinte und bat Gott um Erbarmen und beschloss seinen Prozess, indem er einiges änderte und anderes ergänzte[303] – aber auch noch nicht unbedingt die Wahrheit sagte; andererseits hat der Bischof von Sitten sein Versprechen gehalten und ist der Prior nicht mehr gefoltert worden.

Insbesondere behauptete der Prior weiterhin, dass die rote Hostie, die Jetzer gezwungenermaßen schlucken sollte, nicht geweiht gewesen sei – was den Hostienfrevel wohl gemildert hätte. Dann wiederholte er, dass er bei dem Experiment mit der schwarzen Magie Gott in seinem Herzen niemals abgesagt habe, was wohl dahingehend zu interpretieren ist, dass er sich der Schwere dieses Verbrechens durchaus bewusst war. Weiter berichtete er von dem Experiment mit dem magischen Kreis, den der Subprior in Jetzers Stübchen gezogen hatte, und von der Beschwörung von Geistern in der Form von Aposteln – ein Geständnis, das es dem Gericht in der Folge erlaubte, am nächsten Tag (30. August) ein entsprechendes vom Subprior selber zu erlangen. Der Prior war durch dieses Experiment so mitgenommen

---

303) Akten II/2 S. 291–293 (1508, Aug 29; Prior, Folterverhör). Die Ermahnungsrede des Bischofs von Sitten übersetzt bei Anselm 3 S. 145–147, und BÜCHI, Schiner 1 S. 132 f. In Anselms Übersetzung fällt eine Wendung auf, die sich in der Vorlage nicht findet, vgl. Anselm 3 S. 146 f.: *Aber in dir so erschinend ofne zeichen eines verstokten herzens und ewiger verdamnüss, so du so frefenlich darst [darfst] sagen, der tüfel sölle dich mit lib und sel hinfüeren, wenn du und dine brüeder schuldig sîen; so doch Unser Frow bi uch so gmein was worden, dass si bald hätte müessen gon Fryburg gon am rad spinnen.* Der Herausgeber von Anselms Chronik hat nicht gewusst, was er mit dieser Stelle anfangen sollte und dahinter eine „Art von Zwangsarbeit für Frauen" in Freiburg vermutet. Die Stelle ist jedoch eine freie Erfindung von Anselm bzw. in gewisser Weise aus seiner eigenen Zeugenaussage im Hauptprozess entlehnt, wo er von größter Familiarität der Maria mit Jetzer (*maximam Marie cum fratre familiaritatem*) spricht, siehe Kap. II/2d, Zeugenaussage Anselm (was freilich die „Zwangsarbeit für Frauen" in Freiburg noch nicht erklärt).

Der Hauptprozess in Bern 487

gewesen, dass er die erschienenen Geister kaum beschreiben konnte. Schließlich gab er zu, dass die Klostervorsteher über die Geschehnisse um Jetzer bei glaubwürdigen Männern Zeugnisse aufgenommen hätten, wie wir – und das Gericht! – dies schon aus der Zeugenaussage des Schaffners vom 26. August 1508 wissen, der zu diesem Zweck nach Solothurn geschickt worden war. Diese Zeugenaussagen sollten zusammen mit „Erzählungen der ganzen Geschichte" (*narrationes totius hystorie illusionum confictarum*, wohl das Defensorium) versiegelt an die römische Kurie gebracht werden, und zwar durch den Lesemeister und Subprior; vorgängig sollte das Dossier dem Ordensgeneral (Cajetan) vorgelegt werden, und erst, wenn es diesem gefiel, zur Bestätigung dem Papst. Nachdem der Ordensgeneral das Dossier aber gelesen hatte, habe er gesagt, dies seien lediglich menschliche Betrügereien oder aber teuflische Erfindungen (*„Truffe humane vel diabolica figmente sunt, vade"*), so dass die Gesandten das Dossier niemandem mehr zu zeigen gewagt hätten. Damit erfahren wir zum ersten Mal etwas Konkreteres über die Mission des Lesemeisters und des Subpriors, die am 24. September 1507 nach Rom aufgebrochen und erst am 11. Januar 1508 zurückgekommen waren, offenbar mit leeren Händen, wohl aber mit einem Brief des Vikars des Ordensgenerals, Thomas Cajetan, datiert vom 11. Dezember 1507, mit dem er versuchte, die Klostervorsteher als „wohl unschuldig, aber zu leichtgläubig" in Schutz zu nehmen (siehe Kap. I/3e). Der Prior schloss seine Aussage damit, dass Jetzer vor dem Anfang des Handels sehr willig, gehorsam und leicht zu überzeugen gewesen sei, so dass er ihnen zur Ausführung des Geplanten umso geeigneter (*propinius et aptius*) schien[304]. Der Prior selber hinterlässt den Eindruck eines ängstlichen und unsicheren Mannes, der recht ungeschickt log und sich immer wieder in Widersprüche verstrickte, also alles andere als ein Leader oder Rädelsführer; er könnte vom Lesemeister in diese Geschichte und vom Subprior zusätzlich in die schwarze Magie hineingezogen worden sein, und es ist wohl kein Zufall, wenn er versuchte, die Schuld auf diese beiden – nie aber auf den Schaffner – abzuschieben und damit dem Gericht kräftig in die Hände arbeitete.

---

304) Akten II/2 S. 294 f. Nr. 36–39 (1508, Aug 29; Prior, Folterverhör). Das Datum des Aufbruchs zur Romreise, der 24. September 1507, stammt von Anshelm 3 S. 127. Laut einem Regest, das sich im Staatsarchiv Bern erhalten hat, erhielt der Lesemeister Stephan Boltzhurst die Erlaubnis zu einer Romreise vom Vorsteher der Oberdeutschen Dominikanerprovinz, d. h. wohl von Peter Sieber, am 26. August 1508, vgl. StABern, C I b 235, Päpstliche und Gräflich-Greyerzische Sachen (1358–1554), Urkunden- und Aktenverzeichnis p. 16; die Urkunde selbst scheint nicht überliefert zu sein.

488   Die Jetzerprozesse

Die Folterverhöre des Lesemeisters vom 30. August bis 1./3. September 1508 und seine Bekenntnisschrift

Der schwierigste Fall war der Lesemeister. Dieser war am 19. August 1508 zusammen mit den anderen (außer dem Subprior?) erstmals gefoltert worden (dreimaliges Hochziehen am Seil ohne Gewicht an den Füßen) und wurde dann bis zum 30. August 1508 in Ruhe gelassen, wohl weil man in dieser Zeit bei den andern Klostervorstehern Informationen sammeln wollte, mit denen man ihn dann überführen konnte – gerade weil er der schwierigste Fall war. Das Verhör vom 30. August 1508 fand am Ort der Folter (in der Propstei) statt, doch scheint der Lesemeister zunächst nicht gefoltert worden zu sein, weil er sich bereit erklärte, die Wahrheit über die Anklageartikel freiwillig und ohne Folter zu bekennen. Er begann als erster der Klostervorsteher ganz am Anfang, im Grund mit der Vorgeschichte des Jetzerhandels, nämlich mit dem Provinzialkapitel von Wimpfen, das vor drei (eigentlich: zwei) Jahren stattgefunden habe und an dem der Prior von Ulm, Ulrich Kölli, der Prior von Wimpfen, Peter Balner (eigentlich Palmer), der Prior von Stuttgart, Wigand Wirt, der Prior von Basel, Werner (von Selden), sowie der Prior und der Lesemeister von Bern teilgenommen hätten. Hier sei die Idee aufgekommen, die Frage der Empfängnis Marias durch fingierte Wunder zu erproben, und zwar natürlich nicht bei einer offiziellen Gelegenheit, sondern bei einer Mahlzeit in der Kammer des Priors von Basel. Dieser habe von der Empfängnis angefangen und gesagt, dass die Franziskaner die Dominikaner überall angriffen und das Volk auf ihre Seite zögen und dass man etwas für die eigene Auffassung tun müsste, um dieses zurückzugewinnen. Darauf habe einer von ihnen vorgeschlagen, dass es gut wäre, dies in Bern zu tun, wo „ein gutes und einfaches Volk und nicht zu viele Gelehrte seien" und wo die Herren von Bern, einmal für diese Meinung gewonnen, kräftig an deren Durchsetzung mitarbeiten würden, und man habe geraten, einen Geist zu fingieren, der Offenbarungen zur Empfängnis machen könnte[305]. Dies war natürlich ein riesengroßes „vergiftetes"

---

305) Akten II/2 S. 225f Nr. 1 (1508, Aug 30; Lesemeister, Folterverhör), insbes. S. 226 Nr. 1: *[...] bonum eis videbatur, quod in hac urbe Bernensi fieret, eo quod hic esset bonus et simplex populus, neque essent hic multi docti, et casu, quo ipsi domini Bernenses possent induci ad talem opinionem, quod extunc ipsi etiam de potentia cooperaturi essent etc. [...]*. – Zum Datum des Provinzialkapitels in Wimpfen (vor zwei oder drei Jahren) vgl. STECK, Der Berner Jetzerprozess S. 16 f., der eher zu 1505 neigt (also vor drei Jahren). Dagegen fand das Provinzialkapitel in Wimpfen tatsächlich am 3. Mai 1506 statt, vgl. v. LOË, Statistisches S. 43. Laut einer späteren Chronik des Dominikanerkonvents von Wimpfen, die heute im Katholischen Pfarramt von Bad Wimpfen liegt, hätte das Provinzialkapitel an *Jubilate* (3. Mai) 1506 stattgefunden, vgl. Albrecht ENDRISS, Die religiös-

Der Hauptprozess in Bern

Kompliment an die Stadt Bern, das einerseits erklärt, warum die Dominikaner diese Vorgeschichte des Jetzerhandels so lange als möglich geheim zu halten suchten, und andererseits die Unerbittlichkeit, mit welcher die Herren von Bern die Dominikaner spätestens seit Herbst 1508 verfolgten, sie unter allen Umständen zum Tod verurteilt haben und auch den Orden nicht mehr in der Stadt dulden wollten (siehe Kap. II/3a, Die Vorbereitungen).

Auf der Rückreise nach Bern hätten der Lesemeister und der Prior von Bern in Basel haltgemacht und hier eine zweite Unterredung mit Prior Werner und seinem Subprior gehabt, der inzwischen verstorben sei. Darauf habe zufällig Johann Jetzer, der sich in Bern aufgehalten und wegen seines Berufs den Schneider des Dominikanerkonvents, der auch Johann hieß, gekannt habe, den Prior um Aufnahme ins Kloster gebeten, und sei am 25. Juli (*circa festum Jacobi*) 1506 auch aufgenommen worden, aber noch ohne Ordenskleid (das er erst am 6. Januar 1507 bekam). Da keine Zelle bereit gewesen sei, sei er in der Gästekammer einquartiert worden, in der er, wie er später sagte, Geräusche hörte, wie wenn ein Geist herumstreifen würde, was vor ihm auch schon andere Leute, die hier nächtigten, gesagt hätten[306].

---

kirchlichen Verhältnisse in der Reichsstadt Wimpfen vor der Reformation (Veröffentlichungen der Kommission für geschichtliche Landeskunde in Baden-Württemberg B 39, 1967) S. XI, 80 bei Anm. 63, und Brief des Katholischen Pfarramts von Bad Wimpfen vom 23. März 1987. Der Lesemeister Stephan Boltzhurst scheint sich aber auch schon ein Jahr früher, 1505, in Wimpfen aufgehalten zu haben, wo er vom Provinzial Peter Sieber die Erlaubnis zu einer Reise nach Rom erhalten hatte, vgl. StABern, A V 1370, Unnütze Papiere 17.1, Nr. 10 (1505, Mai 2); dies könnte vielleicht seine falsche Zeitangabe (vor „drei" statt „zwei" Jahren) erklären. Nicht zu vergessen das am 3. Mai 1506 in Wimpfen ausgestellte Dokument, das dem Stadtschreiber Niklaus Schaller und seiner Frau Anteil an allen geistlichen Gütern der deutschen Dominikanerprovinz gewährte, siehe Kap. II/2d, Zeugenaussage Schaller. – Peter Palmer, Prior in Wimpfen 1507, vgl. Kurt Hans STAUB, Geschichte der Dominikanerbibliothek in Wimpfen am Neckar (ca. 1460–1803). Untersuchungen an Hand der in der Hessischen Landes- und Hochschulbibliothek Darmstadt erhaltenen Bestände (Studien zur Bibliotheksgeschichte 3, 1980) S. 36 und 144 f. Nr. 264. – Ulrich Kölli(n), geb. 1469 als Sohn eines Ledergerbers in Ulm, trat 1484 in den observanten Dominikanerkonvent dieser Stadt ein, wohin ihm 1492 sein leiblicher Bruder Konrad folgte, ein bekannter Thomist (vgl. MEUTHEN, Die alte Universität S. 180 f.). Im Jahr 1511 war Ulrich Kölli Beichtvater der Dominikanerinnen in Steinheim bei Esslingen, sowie 1513 und 1527 wieder (wie 1506) Prior in Ulm, vgl. PAULUS, Die deutschen Dominikaner S. 111, 119 f., 286; Registrum litterarum fr. Thomae de Vio Caietani S. 199 Nr. 100 (1513). Als die Dominikaner sich wegen der Reformation in Ulm nicht mehr halten konnten, kehrte Ulrich Kölli(n) nach Steinheim zurück, vgl. SPRINGER, Die deutschen Dominikaner S. 337 Anm. 12.

306) Akten II/2 S. 226 Nr. 2 (1508, Aug 30; Lesemeister, Folterverhör).

490 Die Jetzerprozesse

Hier bricht das Verhör des Lesemeisters ab und wurde erst am gleichen Tag um die Vesperzeit wieder aufgenommen, diesmal in der Halle der Propstei, ohne Androhung der Folter (*absque alicuius torture et tormenti comminatione*), und zwar an einem ganz anderen Punkt des Jetzerhandels, nämlich praktisch am Schluss, bei der vom Lesemeister und Subprior ausgeführten Mission nach Rom, über die der Prior am 29. August 1508 erstmals Näheres ausgesagt hatte. Dabei hätten die Klostervorsteher vorher von Geistlichen und Laien Zeugenaussagen über die Wunder, die im Konvent in Bern geschahen, aufgenommen, sie aber vor dem Papst dem Ordensgeneral (Cajetan) und dem Protektor des Dominikanerordens (Olivier Carafa) zeigen wollen. Als sie nach Rom gekommen seien, hätten sie das Ganze dem Ordensgeneral (Cajetan) gezeigt, der nach dem Tod des Ordensgenerals (Johann Clérée, gewählt im Juni 1507 auf dem Generalkapitel in Pavia, gestorben am 10. August 1507 ebenfalls in Pavia) zunächst Vikar und Prokurator des Ordens war (zum Ordensgeneral gewählt im Juni 1508 auf dem Generalkapitel in Rom). Diesem hätten die Schriften so missfallen, dass er den Dominikanern absolutes Stillschweigen auferlegt hätte, in der Meinung, dies alles sei auf teuflische Art fabriziert worden[307]. Hier bricht das Verhör des Lesemeisters schon wieder ab, ohne dass man erfahren würde, weshalb. Man kann nur vermuten, dass dieser eine Bekenntnisschrift vorlesen wollte, die er seit seiner ersten Folterung am 19. August 1508 in der Kammer, in der er gefangen gehalten wurde, verfasst hatte, und dass ihm dies zunächst verwehrt wurde. Bis zum 31. August scheint er sich jedoch durchgesetzt zu haben, jedenfalls durfte er an diesem Tag in der Halle der Propstei seine Schrift selber vorlesen, die wiederum mit dem Provinzialkapitel von Wimpfen begann[308]. Die Bekenntnisschrift verschaffte dem Lesemeister den Vorteil, dass ihm – zumindest vorläufig – keine Fragen gestellt wurden und er nicht aus dem Stegreif antworten musste, sondern sich stattdessen gut hatte überlegen können, was und wie er es schreiben wollte, und es könnte sein, dass das Gericht sich zunächst gesträubt hatte, ihm diesen Vorteil zu gewähren.

In Wimpfen sei eine Schrift des Dominikaners Wigand Wirt – der *Dialogus apologeticus* – verkauft worden, dessen dritter Teil davon handelte, dass alle heiligen und alten Gelehrten glaubten, dass die Jungfrau Maria in der Erbsünde empfangen worden sei, mit Angriffen gegen die modernen, die das Gegenteil vertraten. Von den Ordensoberen sei empfohlen worden, dass

---

307) Akten II/2 S. 227 Nr. 3 (1508, Aug 30, Vesperzeit; Lesemeister, Folterverhör). Zu Olivier Carafa siehe Kap. II/3a, Briefe aus Rom, Anm. 7; zur Ablösung von Clérée durch Cajetan vgl. Akten II/2 S. 227 Anm. 1, und III S. 433 Anm. 5, mit Verweis auf Acta capitulorum generalium ordinis Praedicatorum 4 S. 60, 81, 92.

308) Akten II/2 S. 227 f. (1508, Aug 31; Lesemeister, Folterverhör). Die Bekenntnisschrift des Lesemeisters weist keine Nummerierungen auf.

Der Hauptprozess in Bern 491

jeder Prior ein Exemplar dieser Schrift kaufe; der Prior von Bern habe sogar zwei gekauft, eines für sich und eines – wenn er wolle (*si vellem*) – für den Lesemeister. Die übrigen Exemplare seien den Buchhändlern insbesondere der Diözesen Mainz und Basel zugestellt worden. Die Bischöfe dieser beiden Diözesen hätten den Verkauf jedoch verboten, eine Nachricht, die der Lesemeister – bereits wieder in Bern – durch einen Brief von Prior Werner von Basel erfahren und die ihn sehr geärgert habe. Bei einem Abendessen (nach einem Bad) in der Väterstube, an der auch die anderen drei Klostervorsteher teilgenommen hätten, habe der Lesemeister seinem Ärger Luft gemacht und gesagt, es sei erstaunlich, „dass die Menschen dieser Zeit so sehr auf die Fabeln und Träume von Frauen hereinfielen, und dies selbst gegen die Aussagen der Kirchenväter, denn die Gegenseite – d.h. die Immakulisten – scheine nichts für sich zu haben als fingierte Offenbarungen an Frauen und Antworten von Geistern und Dämonen in besessenen Körpern", wie man bei Bernardin de Bustis sehe; es sei nötig, einmal auch das Gegenteil zu träumen (*necesse est, ut e contrario somniemus*), und er habe vorgeschlagen, einen Geist zu fingieren, der etwas anderes zu offenbaren habe (*qui diceret aliud revelando*). Der Subprior sei gerne bereit gewesen, etwas für die Ehre des Ordens zu tun; der Prior habe eingewandt, dass niemand ihnen glauben würde, wenn nicht auch andere es hörten und ein einfacher Bruder (*frater simplex*) sagen würde, es sei ihm offenbart worden. Der Schaffner habe eingeworfen, dass er vom Schaffner der Dominikaner in Neuenstadt (am Bielersee), von Jakob Müller (Molitoris) von Biel und auch von Jetzer gehört habe, dass sie in der Gästekammer so etwas wie einen Geist gehört hätten; Jetzer würde sich leicht täuschen lassen, wenn jemand einen Geist spielen würde. Es sei beschlossen worden, dass der Subprior diesen Geist geben würde, ausgestattet mit dazu geeigneten Kleidern und einer Maske (mit herabhängender Nase und Ohrmuschel!), und der Lesemeister habe sich die Biographie von Heinrich Kalpurg ausgedacht, die wir schon zur Genüge kennen[309]. Die Aussage des Lesemeisters betreffend Bernardin de Bustis

---

309) Akten II/2 S. 228 f. (undat., 1508, Aug 31; Lesemeister, Bekenntnisschrift): *Mirum est, quod homines huius seculi adeo dati sunt fabulis et somniis mulierum, etiam contra dicta sanctorum patrum, nam oppositam partem tenentes nichil pro se habere videntur, quo et vincunt, quam fictas forte revelationes mulierum et responsa Spirituum, ymo et demoniorum in obsessis corporibus, videlicet in Bernhardo Busti; necesse est ut e contrario somniemus. Quis enim contradicere vellet, si fingeremus et nos Spiritum aliquem, qui diceret aliud revelando?* Übersetzung bei Anshelm 3 S. 54: *Es ist ein wunderlich ding, dass sich die welt, ouch wider die heilige gschrift und der alten, heiligen våter ler, so gar an wiberdicht und tröm kert, dan ie die, so das widerspil von Mariá enpfångnůs halten, mines ansehens, hond nützet für sich, den(!) erdichte offenbarungen der wibren, geisten, und der tüflen in den besessnen menschen, als wir im Berhardino de Busti ver-*

492   Die Jetzerprozesse

entspricht genau dem, was Wigand Wirt in seinem *Dialogus apologeticus* über den gleichen Autor gesagt hatte, so dass wir sicher davon ausgehen können, dass die Berner Dominikaner sich für den Jetzerhandel von Wirts *Dialogus* und – zusätzlich, „gegen den Strich" gelesen – von de Bustis' *Mariale* inspiriert haben, wo zu lesen war, dass Gott zwar viele Wunder zu Gunsten der unbefleckten, keine aber zu Gunsten der befleckten Empfängnis wirke (siehe Kap. I/3a). Wunder zu Gunsten der befleckten Empfängnis: das war es, was die Dominikaner mit dem Jetzerhandel bezweckten! Dieser beinhaltete zugleich einen Strategiewechsel: anstelle der langen Tradition, auf welche die Makulisten sich stützen konnten, die ihnen aber nichts nützte, weil der Trend in die Richtung der Immakulisten lief, nun auch „fingierte Offenbarungen" und „Antworten von Geistern und Dämonen" zu Gunsten der Meinung von der befleckten Empfängnis (siehe Einl. 3a).

Nach dem ersten Auftritt des Geistes bei Jetzer hätten die Klostervorsteher diesen zu sich gerufen und sich nach dem Lärm bei ihm erkundigt – um zu erfahren, ob er den Subprior erkannt habe, was nicht der Fall gewesen sei. Der Konverse sei indessen sehr erschrocken gewesen, und der Schaffner habe ihn getröstet und ihm eine Glocke versprochen, mit der er läuten könne, wenn der Geist wiederkehre. Dann hätten die vier in der Väterstube geplant, was bis zum 25. März (inbegriffen) in der Sache der Empfängnis zu unternehmen sei. Nach acht Tagen sei der Subprior Jetzer wieder als Geist erschienen und habe mit Steinen um sich geworfen, nicht nur, um diesen in Angst und Schrecken zu versetzen, sondern auch, damit die anderen Brüder es nicht wagten, ihre Zellen zu verlassen. Auf Anweisung des Lesemeisters habe der Geist bzw. der Subprior Jetzer allmählich in die Problematik der Empfängnis und in den Streit zwischen den Dominikanern und Franziskanern eingeführt, indem er ihm sagte, dass Vertreter beider Orden im Fegefeuer schmorten, entweder weil sie die Meinung vertreten hätten, dass Maria nicht in der Erbsünde empfangen sei, oder weil sie bei der Verteidigung der Meinung von der unbefleckten Empfängnis kein Maß gehalten hätten (eine indirekte Kritik an Bernardin de Bustis). Laut dem Lesemeister hätte der Subprior auch den erlösten Geist gespielt, was wahrscheinlich nicht zutrifft, sondern der Schonung des Priors diente. Der erlöste Geist habe das Gewand eines Priesters getragen, aber ohne Kasel (das eigentliche Messgewand), habe Jetzer und dem Konvent für die Unterstützung gedankt und gesagt, dass er für alle, die ihm geholfen hätten, eine Messe feiern gehe. Der

---

samnet finden. Es ist not, dass wir hinwider ouch tröm findit; wer wils widersprechen, wenn wir ouch einen geist erdáchtid, der für uns wunder und offenbarung táte? – Zum Schaffner der Dominikaner in Neuenstadt siehe Anm. 289. Jakob Müller (Molitoris) von Biel: nicht identifiziert.

Der Hauptprozess in Bern 493

Lesemeister habe den Geist bzw. den Subprior (oder den Prior?) durch Jetzer anfragen lassen, wie ein Geist zelebriere, und damit eine Stellungnahme im Streit um die messelesenden Toten (ein Nebenkriegsschauplatz, siehe Kap. I/2d) provoziert. Der Geist habe geantwortet, dass er zum Zeitpunkt der Konsekration in den Himmel aufsteige und also nicht kommuniziere; deshalb habe er auch keine Kasel getragen[310]. Bemerkenswert ist, dass der Lesemeister sich hier selber gewissermaßen als Rädelsführer darstellt, und zwar von Anfang an, anders als im ersten Teil des Defensoriums, wo der Prior sich selber zwar nicht als Anführer, aber doch entsprechend seiner Stellung als Prior beschreibt (siehe Kap. I/2a). Bemerkenswert ist auch, dass der Lesemeister den Prior zu schonen versucht, was umgekehrt durchaus nicht der Fall war (siehe oben, Die Folterverhöre des Priors vom 28. und 30. August 1508).

Als Vorbereitung auf den 25. März 1507 habe der Lesemeister einen Brief mit Fragen an Maria geschrieben und der Subprior nach dessen Anweisungen die Reliquien angefertigt, nämlich die zwei Kreuze auf Windelstücken, eines mit fünf Tropfen und eines mit drei Tropfen Blut, und zwar aus dem Blut eines schwarzen Huhnes, gemischt mit Menningrot (*minium*). Am Vorabend des 25. März – der Subprior sei in der Zelle des Schaffners gewesen, der Prior in seiner eigenen Zelle, der Schaffner zur Fastenpredigt in Lützelflüh – sei der Lesemeister Jetzer als hl. Barbara erschienen; denn aus der Tatsache, dass dieser in seiner Krankheit diese Heilige angerufen habe, habe er auf eine besondere Verehrung geschlossen. Er habe den Brief mit Fragen an Maria an sich genommen und Jetzer mit einer weiblichen Stimme (*voce feminea*) deren Ankunft für die Zeit nach der Matutin, d. h. nach Mitternacht, angekündigt. Er habe auch die Maria selber gespielt und Jetzer mitgeteilt, dass diese in der Erbsünde empfangen sei, habe ihm die Reliquien mitgebracht und ihm deren Bedeutung erklärt. Als Jetzer ihr (ihm!) geantwortet habe, dass die Väter ihm nicht glauben würden, habe der Lesemeister ihm das erste Stigma verpasst, und zwar mit einem eisernen Nagel (*ferreus clavus*), mit dem er an beiden Seiten von dessen rechter Hand die Haut geschürft und kleine Löcher gemacht habe. Der Prior und der Subprior hätten außerhalb von Jetzers Zelle gewacht, damit niemand die Jungfrau bei diesem überrasche. Darauf sei der Subprior zu Jetzer gegangen, habe das Stigma geküsst, verbunden und später mit einer Salbe offen gehalten. Die Strahlen aber, die von der Wunde ausgegangen seien, seien mit der gleichen Mischung aus Menningrot und Hühnerblut gemalt gewesen wie die Tropfen auf den Windelstücken; die Kerzen im Dormitorium und im Chor seien vom Lesemeister und später von anderen angezündet worden, um die Mit-

---

310) Akten II/2 S. 229 f. (undat., 1508, Aug 31; Lesemeister, Bekenntnisschrift).

494 Die Jetzerprozesse

brüder an ein Wunder glauben zu lassen. Am Palmsonntagabend (28. März 1507) habe er Jetzer wiederum als Maria besucht, ihm ein Stück Verband von der Hand genommen und zu den Reliquien hinzugefügt, die im Sakramentshäuschen im Chor aufbewahrt wurden[311].

Am Dienstag (wohl nach Palmsonntag) sei der Lesemeister nach Biel gegangen, um die Passion zu predigen. In dieser Zeit sei er als Maria durch den Prior ersetzt worden, was wir aufgrund des Defensoriums bereits vermutet haben (siehe Kap. I/2d), und der Lesemeister verweist denn an dieser Stelle auch auf diese Schrift (*que scripte sunt nec occurrunt memorie*). Der Subprior sei in jener Zeit zum Provinzial geschickt worden und der Schaffner habe sich weiterhin in Lützelflüh aufgehalten. In der Woche nach Ostern hätten der Lesemeister und der Prior beschlossen, den Prior von Basel zu rufen, „einen guten und einfachen Mann (*vir bonus et simplex*)", um ihn davon zu überzeugen, dass Jetzer Erscheinungen der Jungfrau Maria habe. Prior Werner sei am Sonntag Quasimodo (11. April) 1507 in Bern angekommen, was mit dessen eigenen Angaben im Defensorium übereinstimmt, aber er war durchaus nicht so zufällig und ungerufen gekommen, wie er selber es dort darstellt (siehe Kap. I/3a). Er habe gefragt, ob Maria bereits beschworen worden sei; denn im *Mariale* des Bernardin de Bustis stehe, dass ein beschworener Geist notwendigerweise die Wahrheit sagen müsse. Entsprechend sei der Lesemeister am Mittwoch, 14. April 1507, zu Jetzer gegangen, um ihn zu lehren, wie er Maria beschwören solle, und am gleichen Abend noch hätten der Prior und der Schaffner das Sakrament der Eucharistie in Jetzers Zelle getragen, doch sei in dieser Nacht nichts weiter geschehen (*nihil factum fuit*). Am Donnerstagmorgen (15. April 1507) habe der Lesemeister die Hostie mit einer rot-schwarzen Farbe und etwas Weihrauch angemalt, einer Farbe, die der Illuminist Lazarus gemischt hatte, der zu dieser Zeit die Ablasstafel und Bücher im Konvent illuminiert habe. Am Abend nach zehn Uhr habe der Lesemeister sich wie gewohnt als Maria verkleidet und als solche die gemalte Hostie, die nicht geweiht gewesen sei, in Jetzers Zelle gebracht. Der Subprior sei nicht im Konvent gewesen, sondern in Nidau, der Prior aber und der Schaffner hätten sich als Engel verkleidet, und der Schaffner habe künstlich eine Maschine gemacht, mit der sie emporgehoben worden seien, den Schwebezug[312]. Hier hinkt der Lesemeister dem Stand der Geständnisse hinterher: das Alibi des Subpriors für die Rolle eines der beiden Engel auf dem Schwebezug war bereits in den Folterverhören des Schaffners vom 25. und 26. August 1508 geplatzt, und aus den Folterverhören des Priors vom 28. und 29. August wusste das Ge-

---

311) Akten II/2 S. 230–232 (undat.; 1508, Aug 31; Lesemeister, Bekenntnisschrift).
312) Akten II/2 S. 232 f. (undat., 1508, Aug 31; Lesemeister, Bekenntnisschrift).

Der Hauptprozess in Bern

richt, dass nicht der Lesemeister die Hostie bemalt hatte, sondern Lazarus selber, und dass nicht der Schaffner den Schwebezug hergestellt hatte, sondern dass dieser von Prior Werner aus Basel mitgebracht worden war (auch wenn er im Defensorium mit keinem Wort erwähnt wird).

In der Folge beschrieb der Lesemeister, wie er in der Rolle der Jungfrau Maria die weiße Hostie, die sich schon seit dem 14. April 1507 in Jetzers Zelle befand, gegen die rote ausgetauscht habe, in der rechten Hand die weiße Hostie und in der linken Hand die rote, die ungeweiht gewesen sei. Während Maria, wie von Jetzer verlangt, zur Authentifizierung der Erscheinung das Ave Maria, das Credo und das Vaterunser gebetet habe, sei der Sakristan aufgestanden, um zur Matutin zu läuten, was der Prior indessen verhindert habe, bis die Jungfrau zu Ende gebetet habe. Darauf habe diese bzw. der Lesemeister Jetzers Zelle verlassen und sei sich umkleiden und anschließend in diejenige des Schaffner gegangen, wo Prior Werner von Basel durch das Guckloch in Jetzers Zelle geschaut habe. Der Lesemeister habe sich daneben gestellt, wie wenn er immer da gestanden hätte (*ac si semper ibi fuissem*) – und wie wenn es darum gegangen wäre, Prior Werner zu täuschen ... In der Bekenntnisschrift des Lesemeisters steht kein einziges Wort davon, dass Maria und die Engel von Jetzer ertappt und überführt worden seien, eine ganz entscheidende Wende im Jetzerhandel, welche die anderen Angeklagten in ihren Folterverhören nicht hatten verschweigen können. In den folgenden Tagen sei der Lesemeister Jetzer weiterhin als Maria mit einem kleinen Licht in der Hand erschienen, habe ihn mit dem Kreuz gesegnet und Weihwasser verteilt – auch gegen die Gucklöcher in der Wand, hinter welchen, wie er gewusst habe, die anderen Dominikaner zugeschaut hätten. Auch habe er ihm Fragen betreffend die Offenbarungen der heiligen Brigitta von Schweden und Elisabeth von Thüringen sowie den hl. Bernhard von Clairvaux, Alexander von Hales, das Konzil von Basel, Augustin, Ambrosius und Bonaventura gestellt, Fragen, die er als Lesemeister stellte und als Maria beantwortete, mit Jetzer als Medium. Am Sonntag Quasimodo (11. April) 1507 sei der Subprior vom Provinzial zurückgekehrt, dem er erzählen sollte, was um Jetzer geschehe, insbesondere in der Nacht vor Mariä Verkündigung. Dieser habe der Sache jedoch keinen Glauben geschenkt, sondern vielmehr befohlen, dass der Lesemeister und der Prior an das Provinzialkapitel nach Pforzheim kommen sollten, das auf Anfang Mai 1507 angesetzt war. Sie seien am 20. April (*feria tertia post Misericordias Domini*) dahin aufgebrochen und hätten dort von den Erscheinungen des Geists und der Maria erzählt, aber dafür nur Lachen, Widerspruch und Unglauben geerntet; die meisten hätten gesagt, wenn etwas an der Sache sei, dann seien es Täuschungen und Illusionen des Teufels. Wenn es so weitergehe, so sollte vom nächsten Generalkapitel in Stuttgart (vielmehr schließlich in Pavia)

496 Die Jetzerprozesse

eine Untersuchung angestellt werden[313]. Dies waren schlechte Nachrichten
für die Vorsteher des Dominikanerkonvents von Bern – oder dann stellte
der Lesemeister es so dar, um den Provinzial und das Provinzialkapitel zu
schützen, und suchte damit wohl der Geste des Provinzials gegenüber dem
Lesemeister oder dem Prior vom ersten Foltertag – dem über die Lippen gelegten Finger – Folge zu leisten, obwohl dieser inzwischen deswegen aus
dem Gericht hatte ausscheiden müssen (siehe oben, Die Folterverhöre …
vom 21. und 23. August 1508). Mit seiner Bekenntnisschrift scheint der Lesemeister weit hinter der Geständnis-Wirklichkeit zurückgeblieben zu sein.

Während der Lesemeister und der Prior in Pforzheim gewesen seien, sei
der Subprior Jetzer als Maria erschienen und habe dieser selber oder der
Schaffner jeweils die Kerzen angezündet … Bevor der Prior und der Lesemeister abgereist seien, hätten sie – wahrscheinlich am Sonntag, 18. April
1507 – nach dem Abendessen in der Stube der Väter beschlossen, dass der
Subprior Jetzer in ihrer Abwesenheit die übrigen vier Stigmata verabreichen
solle, denn diese waren ihm für die Zeit von ungefähr sechs Wochen nach
dem 25. März 1507 verheißen worden. Am Vorabend vor *Johannis ante Portam latinam* (6. Mai 1507) habe der Schaffner Wache gehalten und habe der
Subprior als Maria Jetzers Zelle betreten und ihm mit einem Eisen die übrigen vier Stigmata verpasst, in die linke Hand von beiden Seiten, in die Füße
nur von oben (was mit der Aussage des Subpriors übereinstimmt, siehe
oben) und in die rechte Seite. Die Wunden habe der Subprior mit „Besenschmalz" – die Wortschöpfung stammt also vom Lesemeister und nicht von
Anshelm (siehe Kap. II/2b, Jetzers Martyrium) – vor üblem Geruch, Eiter
und Geschwulst bewahrt; und der Lesemeister wollte erfahren haben, dass
der Subprior diese Salbe von einem vagierenden Bettler vor der Pforte des
Klosters bekommen habe, der voller Wunden gewesen sei, und zwar als der
Subprior selber noch Schaffner des Klosters gewesen war, ein biographi-
sches Detail, das bisher unbemerkt geblieben ist. Mit einem Exorzismus und
einem Trank habe der Subprior weiter bewirkt, dass Jetzer sich jeden Tag
gegen zwölf Uhr in der Art eines Kreuzes ausgestreckt habe, und ebenso an
den Freitagen gegen elf Uhr. Dieses Passionsspiel habe Jetzer vom 6. Mai
(*Johannis ante portam latinam*) bis zum 30. Juli (*Abdon et Semine marti-
rum*) 1507 gespielt. Ende Juli (vielmehr Juni?) seien die Erscheinungen des
Geistes und der Jungfrau Maria einigen Herren (wohl Mitgliedern des Rats)
im Geheimen mitgeteilt worden, aber ohne dass die Botschaft der Erscheinungen – die befleckte Empfängnis – bekanntgegeben worden wäre[314]; da-

---

313) Akten II/2 S. 233 f. (undat., 1508, Aug 31; Lesemeister, Bekenntnisschrift).
314) Akten II/2 S. 234 f. (undat., 1508, Aug 31; Lesemeister, Bekenntnisschrift). Laut
dem Subprior selber hatte er Jetzer die übrigen Stigmata am 6. Mai 1507 verabreicht, laut

Der Hauptprozess in Bern

mit spielt der Lesemeister die Ereignisse vom 27. und 29. Juni 1507, wie wir sie aus den Zeugenaussagen kennen (siehe Kap. II/2d, Die Fama des Jetzerhandels), ganz gewaltig herunter.

Dann kehrt die Bekenntnisschrift in den Monat Mai 1507 zurück, als der Provinzial und sein Gefolge nach Bern gekommen seien, auf dem Weg ans Generalkapitel in Lyon, das dann aber (Anfang Juni) in Pavia stattfand. Sie hätten alles gehört und gesehen, was um Jetzer herum geschehen sei, obwohl sie nicht gewusst hätten, woher es kam (*licet ignoraverint, unde essent*) – eine Aussage, die in einem gewissen Widerspruch zur Mission des Subpriors zum Provinzial steht und die der Lesemeister im Revisionsprozess auch zurücknehmen musste. Sie hätten jedoch dem, was Jetzer und die Klostervorsteher erzählten, praktisch keinen Glauben geschenkt und seien fast einhellig der Meinung gewesen, dies sei der List eines Menschen oder eines Dämonen zuzuschreiben. Nichtsdestoweniger seien sie einverstanden gewesen, dass die Sache vor das Generalkapitel in Pavia gebracht würde. Laut dem Lesemeister wurde das Geschäft dort von den besten Theologen untersucht, die jedoch einhellig zum Schluss kamen, dass die Sache entweder auf einen Menschen oder einen Dämonen oder auf beide zurückzuführen sei, niemals aber auf die Jungfrau Maria selber. Deshalb wurde beschlossen, dass sie versteckt und verdeckt werden müsse, ein Beschluss, der indessen in den offiziellen Akten des Generalkapitels von Pavia keinen Niederschlag gefunden zu haben scheint[315]. Dem zweifelnden Jetzer aber hatten die Abgesandten des Provinzials, Paul Hug und Magnus Wetter, die laut Anshelm (3 S. 92) selber am Generalkapitel in Pavia teilgenommen hatten, im Juli 1507 genau das Gegenteil erzählt: dass die vier gelehrtesten Väter des Ordens aufgrund der Lektüre des Defensoriums zum Schluss gekommen seien, dass es sich unmöglich um eine „diabolische Illusion" handeln könne[316]!

Der Lesemeister berichtet weiter, dass die Vorsteher des Konvents von Bern sich aus Angst vor ihren Oberen eine gewisse Zeit an den wohl inoffiziellen Beschluss des Generalkapitels von Pavia gehalten hätten. Dann aber hätten sie sich etwa acht Tage vor *Johannis baptiste* (24. Juni 1507) alle vier in der Stube der Väter zusammengefunden, um zu beraten, wie man die Geschichte an die Öffentlichkeit bringen könne, „damit sie nicht vergeblich begonnen worden sei" (*ne frustra incepta fuisset*). Der Lesemeister habe gesagt, dass sie nicht besser veröffentlicht werden könne, als wenn die Statue

---

dem Defensorium wäre es der 7. Mai gewesen, vgl. Akten II/2 S. 302 Nr. 12 (1508, Aug 21; Subprior, Folterverhör); Def. S. 579 f. Kap. I/8.

315) Akten II/2 S. 235 (undat., 1508, Aug 31; Lesemeister, Bekenntnisschrift), vgl. auch Akten III S. 428 Nr. 11 (1509, Mai 5, 14 Uhr; Lesemeister). Vgl. auch Acta capitulorum generalium ordinis Praedicatorum 4 S. 60 ff.

316) Akten II/2 S. 126 Nr. 322 (1508, Aug 4; Jetzer).

498 Die Jetzerprozesse

der Maria in der gleichnamigen Kapelle, die vom Volk verehrt werde, mit blutigen Tränen bemalt und Jetzer in der Kapelle eingeschlossen würde. Er selber wollte sich hinter einer Tafel verstecken und die Stimmen von Mutter und Sohn nachahmen, bis einige herbeigeführt würden und Jetzer sein Passionsspiel beginnen könne. Er wollte die Marienstatue mit der gleichen Farbe bemalen, die er für die Hostie verwendet hatte, was er am dritten Tag vor *Johannis baptiste* nach der Komplet auch getan habe, nachdem alle Brüder entfernt worden seien und der Prior das Dormitorium verschlossen habe. In der Nacht nach *Johannis baptiste*, nach der Matutin, um 3 Uhr früh, habe der Lesemeister sich hinter den Tafeln versteckt, „die damals dort standen" (*tabulas alias illic existentes*). Um 3 Uhr nachts hätten die anderen drei Klostervorsteher Jetzer herbeigeführt und ihn in der Kapelle eingeschlossen. Dann habe der Lesemeister mit zwei verschiedenen Stimmen das Gespräch zwischen Mutter und Sohn fingiert, doch wusste das Gericht inzwischen aus den Geständnissen des Subpriors vom 30. August 1508 schon, dass dies eben nicht der Lesemeister gewesen war, sondern der Novize Johann Meyerli. Der Subprior sei auf dem Lettner gestanden und habe mit einem Exorzismus bewirkt, dass Jetzer sich nicht von der Stelle auf dem Marienaltar habe rühren können, bis die vier Herren vom Rat, die der Prior hatte herbeirufen lassen, angekommen seien und Jetzer bei seinem Passionsspiel zugeschaut und dabei auch seine Stigmata gesehen hätten. Zur Zeit der Messe sei unter den Frauen (*mulierculae*), die ihr beigewohnt hätten, die Rede (*sermo*) aufgekommen, dass die Marienstatue Blut geweint habe, ein Gerücht, das sich rasch über die ganze Stadt verbreitet und die Gemüter gespalten habe: die einen seien voll Bewunderung gewesen, die anderen voll Widerspruch. Um das Volk zu beruhigen, hätten die Klostervorsteher beschlossen, die Sache mit Jetzer (mit Ausnahme der Botschaft von der befleckten Empfängnis) allen Ratsmitgliedern und auch einigen aus dem Volk (aus dem Großen Rat?) zu zeigen, womit die Einladung vom 27. Juni 1507 gemeint war, welche die Klostervorsteher noch am gleichen 25. Juni vor dem Rat aussprachen (siehe Kap. II/2e, Zeugenaussage Noll). Es habe ein großer Zustrom zum Dominikanerkloster eingesetzt (den man vor allem aus den Zeugenaussagen kennt), doch seien die Meinungen weiterhin auseinander gegangen[317]. Dagegen unterschlug der Lesemeister hier den Besuch der Abgesandten des Provinzials, Paul Hug und Magnus Wetter, bei Jetzer, der am 9. Juli 1507 stattgefunden hatte.

Um die Gemüter zu beruhigen und um die Wahrheit herauszufinden, hätten die Herren der Stadt den Bischof von Lausanne, Aymo von Montfalcon, herbeigerufen, den der Lesemeister bereits hier als päpstlichen Beauf-

---

317) Akten II/2 S. 235–237 (undat., 1508, Aug 31; Lesemeister, Bekenntnisschrift).

Der Hauptprozess in Bern

tragten bezeichnet. Von den Dominikanern habe dieser aber nichts anderes gehört als alle anderen auch, nämlich von den Erscheinungen des Geistes und der Jungfrau Maria, und sie hätten sich dafür auf Jetzer berufen, den sie entsprechend instruiert hätten. Vom Generalvikar der Diözese Lausanne (der Jetzer am 23. Juli 1507 besuchte), Baptiste de Aycardis, habe der Lesemeister erfahren, dass der Bischof im Sinn gehabt habe, die Stigmata durch erfahrene Ärzte heilen zu lassen und auf diese Weise den Betrug ans Licht zu bringen (siehe auch die Zeugenaussage von Valerius Anshelm in Kap. II/2d). Um ihm zuvorzukommen, hätten die Klostervorsteher beschlossen, dass der Subprior Jetzers Wunden heilen solle, was, da diese nicht tief gewesen seien, innerhalb von kurzer Zeit möglich gewesen sei. Als die Stigmata verschwunden seien, hätten die Klostervorsteher verbreitet, dass die Jungfrau Maria Jetzer erschienen sei und ihm diese weggenommen habe, weil die Dominikanern ihre Befehle nicht ausführten und die Menschen nicht glaubten, was sie gesagt habe. Nichtsdestoweniger hätten der Subprior und der Schaffner es noch einmal als Maria und Katharina von Siena versucht, wobei Jetzer den Schaffner am Bein und am Kopf verwundet habe, wovon der Lesemeister indessen auch nichts mitbekommen haben wollte. Nachdem die Stigmata verheilt waren, sei als *corpus delicti* die rote Hostie geblieben, und die vier hätten beraten, wie man diese „auf ehrenvolle Weise (*honesto modo*)" aus der Welt schaffen könne; dabei sei man zum Schluss gekommen, dass man sie Jetzer zum Schlucken geben wolle, denn wegen der Farbe (nur wegen der Farbe?) habe keiner der Klostervorsteher gewagt, sie selber zu verzehren. Eines Nachts nach der Komplet hätten sie die rote Hostie in Jetzers Stübchen getragen und ihm befohlen, sie zu schlucken. Als er sich geweigert habe, habe der Schaffner ihm mit einem Stecklein(!) den Mund geöffnet und der Lesemeister ihm die Hostie in den Mund geschoben. Jetzer aber habe wegen des Steckleins zu würgen begonnen und deshalb habe er, der Lesemeister, die Hostie zurückgezogen und unversehrt(!) an den gewohnten Ort getragen, wo sie noch heute sei – was, wie das Gericht längst wusste, keineswegs der Wahrheit entsprach. Als der Lärm nach dem Verschwinden der Stigmata nicht kleiner, sondern im Gegenteil größer geworden sei, hätten die Klostervorsteher darüber nachgedacht, wie sie Jetzer im Verborgenen im Lauf der Zeit das Ordenskleid wegnehmen könnten, unter dem Vorwand, dass er die Kleinodien aus der Marienkapelle gestohlen und ein falsches Testament gemacht habe sowie am 12. September 1507 als gekrönte Maria auf dem Lettner der Dominikanerkirche aufgetreten sei. Der Lesemeister und der Subprior seien nach Rom gegangen, um dort die Einsetzung einer Kommission zur Untersuchung dieses Geschäfts zu erlangen; in der Zwischenzeit sollte Jetzer das Ordenskleid ausgezogen werden. Wenn dieser aus dem Konvent ausgeschieden sein würde, hätte ihnen nie-

500   Die Jetzerprozesse

mand mehr etwas nachweisen oder sie anklagen können; dann hätten sie sich kanonisch reinigen wollen[318]. Mit der letzten Bemerkung antwortete der Lesemeister gewissermaßen auf den Vorwurf, der den Klostervorstehern in den Artikelverhören gemacht worden war: dass sie sich nicht um eine kanonische Reinigung bemüht, sondern hartnäckig an ihren „Exzessen" und „Verbrechen" festgehalten hatten (siehe Kap. II/2c): sie hätten sich darum bemühen wollen, aber es sei nicht mehr dazu gekommen. Der Lesemeister und der Subprior scheinen in der Tat in Rom ein Breve erlangt zu haben, das vom 30. November 1507 datierte und das es den Klostervorstehern erlaubt hätte, sich kanonisch zu reinigen, doch sollte davon erst im Revisionsprozess die Rede sein (siehe Kap. II/3b, Der Prior, 10. bis 12. Mai 1509).

Soweit die Bekenntnisschrift des Lesemeisters, ein ganz schwieriges Dokument, weil es alles auf den Tisch zu legen scheint und doch ganz Wesentliches verschweigt, in dieser Hinsicht vielleicht vergleichbar mit dem Defensorium, wenn auch in einer für die Klostervorsteher wesentlich schlechteren Situation geschrieben. Es scheint zunächst ein recht persönlicher Text zu sein, indem der Lesemeister seine Zuhörer scheinbar an vielen Überlegungen und Planungen der Klostervorsteher teilnehmen lässt – der Jetzerhandel war geplant! –, so auch an der Vorgeschichte um das Provinzialkapitel von Wimpfen. Dabei schloss der Lesemeister auch nicht aus, dass er sich täuschen konnte („wenn ich mich nicht täusche" = *nisi fallor*; „wenn ich mich richtig erinnere" = *si bene recolo*), er konnte sich auch nicht immer erinnern[319], aber meistens handelte es sich dabei um kleine Dinge, die tatsächlich nicht der Mühe wert waren. Er scheint auch recht offen über recht vieles zu sprechen: über die Vorgeschichte des Jetzerhandels, über die Erscheinungen und ihre Urheber (wobei er sich selber nicht schont; man hat vielmehr den Eindruck, dass es ihm Spaß gemacht habe, die Maria zu spielen), über die Herstellung der Reliquien, die Dauer von Jetzers Passionsspiel, die Planung der blutweinenden Marienstatue, die Heilung der Stigmata, und vor allem die ablehnende Haltung des Provinzials und des Ordensgenerals, dies höchstwahrscheinlich um den Orden zu schützen. Dabei sagte er indessen recht häufig nur die halbe Wahrheit, so in Bezug auf Prior Werner, das Färben der Hostie und der blutigen Tränen der Marienstatue, die Beseitigung der roten Hostie, den Zweck der Reise nach Rom und vor allem wohl auch im Hinblick auf die Haltung des Provinzials. Schließlich unterschlug er wesentliche Dinge wie das Misslingen der Erscheinung von Maria und

---

318) Akten II/2 S. 237 f. (undat.,1508, Aug 31; Lesemeister, Bekenntnisschrift).
319) Akten II/2 S. 228, 230, 232, 233, 234 (undat., 1508, Aug 31; Lesemeister, Bekenntnisschrift),

Der Hauptprozess in Bern

501

den Engeln auf dem Schwebezug – die eigentliche Wende im Jetzerhandel –, den Hostienfrevel und die Erscheinung der gekrönten Maria, die er kurz und knapp Jetzer in die Schuhe schob, für den er nicht die geringste Sympathie zu hegen schien. Als einzige „Entschuldigung" für den Lesemeister kann man anführen, dass er nicht wissen konnte, was seine „Komplizen" in der langen Zeit zwischen dem 19. und dem 31. August 1508 bereits alles gestanden hatten. Insbesondere aber war er in Bezug auf die Mitschuld des Ordens auf dem Stand des 18. Augusts geblieben, als der Provinzial wohl vor ihm den Finger auf seine Lippen gelegt hatte.

Das Gericht ließ sich jedoch durch die halben Geständnisse des Lesemeisters nicht täuschen, sondern stellte fest, dass diese in eklatantem Widerspruch zu derjenigen der anderen „Komplizen" ständen und dass der Lesemeister nicht die ganze Wahrheit gesagt habe, sondern diese in gewissen Dingen verschleiert, in andern verändert und wiederum in andern ganz einfach unterschlagen habe. Deshalb beschloss es, immer am 31. August 1508, dass er gerade über diese Punkte weiter befragt werden solle, damit die Wahrheit ans Licht käme. Der Lesemeister musste zugeben, dass er und der Prior um Weihnachten 1506, als Jetzer bereits im Kloster war, aber das Ordenskleid noch nicht bekommen hatte und in der Gästekammer wohnte, wo er – ebenso wie auch andere Gäste – einen Geist zu hören glaubte, auf den Gedanken gekommen seien, dieser sei ein „geeigneter Diener und Spieler (*aptus minister et ioculator*)" für das, was sie vorhatten. Weiter gab er zu, dass einer der Brüder, der nach Basel gegangen sei, um die Weihen zu empfangen, von dort ein kleines weißlich-graues Pallium mitbracht habe, das Prior Werner hatte machen lassen und in dem der Lesemeister die Maria gespielt habe. Dieser Bruder habe auch die Hostien mitgebracht; denn die Dominikaner hätten vermutet, dass die Hostien, die innerhalb der Stadtmauern von Bern von den Franziskanern geliefert wurden, nicht aus reinem Weizenmehl gebacken seien; sie hatten sich sogar einmal beim Müller der Franziskaner erkundigt, der geantwortet habe, das Weizenmehl für die Hostien sei mit Mehl aus anderen Getreidearten gemischt. Vom Misstrauen der Dominikaner gegenüber den Franziskanern waren also selbst die von diesen gelieferten Hostien nicht ausgeschlossen – es sei denn, die Hostien aus Basel wären wegen ihrer besonderen Größe eigens für den beabsichtigten Zweck besorgt worden. Prior Werner habe auch den Schwebezug in Basel herstellen und ihn durch einen Bruder nach Bern bringen lassen oder gleich selber mitgebracht. Der Prior von Bern habe demjenigen von Basel von Jetzer und dem Geist geschrieben, aber auch, dass da noch anderes sei, das er nicht schreiben könne, so dass dieser herkommen müsse[320].

---

320) Akten II/2 S. 238–240 Nr. 4–10 (1508, Aug 31; Lesemeister, Folterverhör).

502 Die Jetzerprozesse

Ein weiterer Punkt betraf den Illuministen Lazarus, der sich während der Fastenzeit 1507 im Dominikanerkloster aufgehalten und Bücher illuminiert sowie den Subprior und den Schaffner gelehrt habe, wie man aus einer Mischung von Hühnerblut und Menningrot eine Farbe mischen könne, „wie wenn es richtiges Blut wäre (*ac si verus sanguis esset*)". Mit dieser Farbe seien die Kreuze und die Tropfen der Reliquien bemalt worden, von denen Lazarus aber nichts gewusst habe. Einige Tage, nachdem dieser seine Arbeit beendet und für zehn oder fünfzehn Tage zum Priester Zwygart übersiedelt sei, der ebenfalls in Bern wohnte, hätten sie ihn wieder in ihr Kloster gerufen und dort um Ostern (4. April) 1507 einige Tage im Geheimen in der Väterstube wohnen lassen (was das Gericht bereits vom Prior wusste). Laut dem Lesemeister war Lazarus ein sehr erfahrener Künstler, der sich rühmte, dass er mit vielen Farben und Farbmischungen auf Pergament oder Papier malen konnte, so dass später niemand erkennen konnte, aus welcher Farbe das Bild sei. Deshalb sei man auf die Idee gekommen, dass er auch eine Hostie bemalen könne, ohne dass diese zerfließe, und so habe Lazarus in Gegenwart der vier Klostervorsteher und von Prior Werner (der am 11. April 1507 in Bern eingetroffen war) eine solche Hostie hergestellt. Der Lesemeister wusste, dass Lazarus früher in Bamberg auch als Hebamme gearbeitet und bei der Geburt eines Knaben nach der Taufe diesem die Herzvene (*in cordiaco digito manus sinistre*) geöffnet und dort Blut entnommen habe. Darauf sei der Knabe, der noch keine menschliche Nahrung genossen habe, den Tod eines Märtyrers gestorben, so dass sein Blut heilig und von wunderbarer Kraft sei und auch der Teufel nicht sehen könne, was mit diesem Blut gemalt werde. Diesem Blut habe Lazarus noch eine andere Farbe beigemischt und damit die Hostie bemalt, die der Prior an sich genommen und später geweiht habe[321].

Am 15. April 1507 sei während des Tages der Schwebezug in Jetzers Zelle montiert worden, den der Lesemeister jetzt ausführlicher beschrieb als in seiner Bekenntnisschrift. Der Lesemeister und der Prior hätten Jetzer von seinem Stübchen in seine Zelle begleitet und verlangt, dass er rasch schlafen gehe – damit er den Schwebezug nicht sähe. Die übrigen Brüder hätten geschlafen, Prior Werner und sein Gefährte aus Basel, der Novize Simon, vor Jetzers Zellentür gewacht und gewartet. Der Lesemeister (Maria) sowie der Prior und der Subprior (Engel) hätten sich in der Nachbarzelle des Schaffners umgezogen und dann Jetzers Zelle betreten. Der Schwebezug sei von

---

321) Akten II/2 S. 240 f. Nr. 11–13 (1508, Aug 31; Lesemeister, Folterverhör), insbesondere S. 240 Nr. 12 betreffend Lazarus: *Erat enim, ut inquit presens inquisitus [Lesemeister], expertissimus sui ministerii artifex, qui se iactabat pariter de multis coloribus et mixturis colorum in membrana vel papiro iuxta omnem opportunitatem et casum fingere scire(t) et posse, ut nemo posterius dignosceret, cuiusmodi coloris vel artificii pictura esset.*

Der Hauptprozess in Bern 503

der Nachbarzelle des Schaffners aus von diesem und Prior Werner(!) bedient worden. Als der Lesemeister bzw. die Maria die weiße Hostie gegen die rote vertauscht habe, wie wenn die Verwandlung in der Hand der Maria selber geschehen würde, sei Jetzer entgegen den Befehlen, die er bekommen habe, aus dem Bett aufgesprungen und habe sie als Betrüger verflucht, die ihm mit dem Sakrament übel mitgespielt hätten! Darauf sei er zur Tür der Zelle gerannt und habe den davor stehenden Prior Werner aufgefordert, einzutreten und die Betrügereien selber zu sehen. Die Klostervorsteher hätten sich in die Nachbarzelle des Schaffners zurückgezogen und Jetzer nicht eintreten lassen. Am nächsten Morgen sei der Lesemeister selber zum Konversen gegangen und hätte versucht, ihn zu überzeugen, dass dies alles nur in Szene gesetzt worden sei, um zu schauen, ob er zwischen wahren und falschen, d. h. menschlichen Erscheinungen der Jungfrau Maria unterscheiden könne. Um diesen davon zu überzeugen, dass zumindest die Hostie echt sei, hätten sie alle zusammen in dessen Stübchen Hostien (ungeweihte!) mit dem Blut eines schwarzen Huhns zu bemalen versucht, vergeblich. Prior Werner sei abgereist, und der Lesemeister und der Prior hätten sich ans Provinzialkapitel nach Pforzheim begeben[322].

Schließlich wurde der Lesemeister auch noch über den mehr oder weniger erwarteten und vorbereiteten Besuch des Goldschmieds Martin Franke und des Glasers Lukas einvernommen, welche Familiare (*devoti et benivoli*) der Dominikaner waren, schon viel von Jetzer und seinen Erscheinungen gehört hatten und die am Abend vor Ostern (4. April) 1507 die Maria sehen und hören wollten – die erst seit dem 24./25. März erschien. Der Lesemeister behauptete zwar, dass die beiden auf seinen Befehl und den des Priors gekommen seien, doch scheinen die Dominikaner auf diesen frühen Besuch nicht richtig vorbereitet gewesen zu sein. Die beiden Gäste seien in die Zelle des Schaffners neben derjenigen Jetzers geführt worden und hätten durch die Gucklöcher in der Wand in dessen Zelle schauen dürfen. Der Lesemeister selber habe, von den andern unbemerkt, das Glöcklein geläutet und gesagt, dass Maria jetzt erscheinen werde, und Prior Werner von Basel sei ein bisschen durch Jetzers Zelle spaziert, habe aber nicht richtig gesprochen, sondern nur etwas vor sich hingemurmelt. Der Prior von Bern habe zu den beiden Besuchern gesagt, er könne darauf wetten, dass jetzt die Kerzen im Dormitorium und im Chor brennen würden, aber es hätten nur diejenigen im Dormitorium gebrannt, die der Lesemeister angezündet habe, als der Prior bereits mit den Gästen in der Zelle des Schaffners weilte, aber nicht diejenigen im Chor. Der Lesemeister und der Prior hätten dies den Besuchern damit erklärt, dass die Novizen in der Kirche um das Grab Christi ge-

---

322) Akten II/2 S. 241–244 Nr 15–17 (1508, Aug 31; Lesemeister, Folterverhör).

504   Die Jetzerprozesse

wacht hätten[323]. Bei demjenigen, der die Maria gemimt hatte, kann es sich aber nicht um Prior Werner gehandelt haben, der erst am 11. April 1507 nach Bern kam. Nichtsdestoweniger deckt diese Aussage des Lesemeisters sich ausgezeichnet mit der Zeugenaussage des Goldschmieds Martin Franke vom 12. August 1508 (siehe Kap. II/2d), die auch den Eindruck hinterlassen hatte, als ob an jenem Abend improvisiert worden wäre. Franke hatte die „Jungen", die sich beim Grab Christi in der Johanneskapelle aufhielten, ebenfalls bemerkt, aber wohl nicht verstanden, warum deren Anwesenheit verhindert hatte, dass die Kerzen auch im Chor brannten.

Das Verhör des Lesemeisters wurde am 31. August 1508 um die Vesperzeit fortgesetzt. Nach der Verwandlung der Hostie in der Nacht vom 15. auf den 16. April 1507 seien auf Rat der Prioren von Bern und Basel bereits einige Herren aus dem Rat ins Kloster gerufen und ihnen in der Sakristei vom Prior von Bern die rote Hostie und die Reliquien gezeigt worden; dies stimmt mit den Zeugenaussagen des Klostervogts von Diesbach und des Bauherrn Huber überein, und auch mit der Tatsache, dass man den Beginn der Reliquienschauen tatsächlich bereits auf Mitte April ansetzen kann (siehe Kap. II/2d, Die *Fama* des Jetzerhandels). Inzwischen sei Jetzer weiterhin regelmäßig von der Jungfrau Maria besucht worden, die abwechslungsweise vom Prior und vom Subprior gespielt worden sei; dabei hätten diese manchmal gesprochen und manchmal auch nur Jetzers Stigmata gepflegt. Einmal seien der Subprior und der Lesemeister dem Konversen auch als Maria und Cäcilia erschienen, doch habe dieser dabei die Hand des ersteren erkannt. Dann musste der Lesemeister die Aussage, die er in seiner Bekenntnisschrift gemacht hatte, dass nämlich er, am 25. Juni 1507, hinter einer Tafel verborgen, die beiden Stimmen von Christus und seiner Mutter nachgeahmt habe, korrigieren, denn er hatte sich zu Unrecht selber beschuldigt; es war vielmehr Bruder Johann Meyerli gewesen, der sich hinter dem himmelblauen Vorhang verborgen hatte und der sich zwischenzeitlich nur entfernen konnte, weil die Klostervorsteher Jetzer vorübergehend in die Johanneskapelle geführt hätten. Dann hätten sie diesen auf dem Marienaltar platziert, und zwar so, dass sein Kopf fast im Schoss der Marienstatue geruht habe, und der Schaffner habe seine Hände mit einem zarten Tüchlein umwunden, das zum Schmuck an der Statue gehangen habe – also genau die Stellung, die dem Weibel Brun so missfallen hatte (siehe Kap. II/2d, Der Weibel Konrad Brun). Nachdem der Subprior und der Schaffner die vier Ratsherren geholt hätten, sei Jetzer rasch in Ekstase verfallen und habe, immer auf dem Altar, sein Passionsspiel vollführt. Der Subprior habe vor den Herren, die auf dem Lettner standen, auf die Marienstatue gezeigt und ihnen suggeriert, dass die-

---

323) Akten II/2 S. 244 Nr. 18 f. (1508, Aug 31; Lesemeister, Folterverhör).

Der Hauptprozess in Bern

se blutige Tränen weine („*Ecce, quid contigit ymagini Marie? videtur flere sanguinem*"). Manchmal hätten sich der Lesemeister oder der Subprior auch, wenn Jetzer auf dem Lettner gebetet habe, in der Marienkapelle versteckt und gewissermaßen als Echo auf ein Vaterunser von Jetzer auch eines gebetet, damit dieser glaube, er sei ein „so seliger und guter Mann (*adeo beatum et bonum virum*)", dass Maria mit ihm bete[324].

Dann kam die Rede auf die befleckte Empfängnis Marias, den eigentlichen Grund des ganzen Jetzerhandels, auch der Grund der Erscheinungen des hl. Bernhards von Clairvaux, gespielt vom Prior, und der hl. Katharina von Siena, gespielt vom Schaffner, beide schiefgegangen. Dann musste der Lesemeister eine weitere Falschaussage korrigieren, die er in seiner Bekenntnisschrift gemacht hatte: Jetzer habe nämlich seine Stigmata (Ende Juli 1507) nicht verloren, weil der Subprior sie ihm geheilt, sondern weil er sich geweigert habe, den Trank weiterhin zu nehmen, der ihn in Ekstase versetzt und es erlaubt habe, die Stigmata zu erneuern. Um ihn zu zwingen, den Trank weiterhin zu nehmen, hätten sie ihn nackt ausgezogen und ihn während dreier Tage mit der eisernen Kette gefesselt, die der Chorherr Heinrich Wölfli ihm geschenkt hatte, und mit einem eisernen Pfannenstil an drei Orten am Arm verbrannt – bis er eingewilligt habe, einen feierlichen Eid zu leisten, dass er nichts ausbringen würde. Dann kam die Rede auf die Szene in Jetzers Stübchen, wo dieser gezwungen worden war, die rote Hostie zu schlucken, und sie auf einen Stuhl erbrochen hatte – eine Szene, die der Lesemeister diesmal bis zum bitteren Ende (des Stuhls mit dem roten Flecken im Ofen) gestehen musste. Hier wird zum ersten Mal klar, dass die Hostie tatsächlich im Ofen verbrannt und durch eine zweite rote Hostie – gewissermaßen ein Doppel, ebenfalls vom Illuministen Lazarus bemalt und vom Prior geweiht – ersetzt worden war. Auf die Frage, warum Jetzer die Hostie unbedingt schlucken sollte, antwortete der Lesemeister: damit diese endgültig verschwinde (*ut tale sacramentum de medio tolleretur*)[325].

Als nächstes wurde der Lesemeister auf das angesprochen, was wir als Verschwörung in der Marienkapelle bezeichnen. Damals hätten die Klostervorsteher auch beschlossen, eine gekrönte Maria auf dem Lettner erscheinen zu lassen und einen Kredit aufzunehmen, für den Fall, dass Gefahren drohten; denn das Volk sei in Aufruhr und die Dominikaner seien Anfeindungen ausgesetzt gewesen, so dass sie Ausgaben gehabt hätten. Außerdem sollte der Prior etwas Geld an seinen Geburtsort (Marbach in Schwaben) schi-

---

324) Akten II/2 S. 245–247 Nr. 22–30 (1508, Aug 31, Vesperzeit; Lesemeister, Folterverhör).

325) Akten II/2 S. 247–250 Nr. 31–37 (1508, Aug 31, Vesperzeit; Lesemeister, Folterverhör).

506 Die Jetzerprozesse

cken, gewissermaßen als Notgroschen. Am 13. September 1507 habe Bruder Paul Süberlich nach der Matutin auf dem Lettner die gekrönte Maria dargestellt. Dieser habe nichts von den früheren Erscheinungen gewusst – oder wenigstens nicht von allen ... Er habe sich hinter der Tür zur Treppe, die zur Orgel führte, umgezogen, unterstützt von Bruder Jodok (Jost Hack), der entgegen dem Alibi, das der Verteidiger der Dominikaner ihm hatte geben wollen, offenbar doch im Kloster – und nicht zum Predigen im Simmental – gewesen war (siehe oben, Anklageartikel gegen Jetzer und Alibis für die Dominikaner, Art. 17). Nach dem Ende der Matutin sei Bruder Paul zuerst – immer auf dem Lettner – den Konversenbrüdern in der Johanneskapelle erschienen und habe dann den im Chor versammelten Brüdern, unter denen sich auch die Chorherren Dübi und Wölfli befunden hätten, den Segen gegeben. Als er – immer noch auf dem Lettner – auf Jetzer gestoßen sei und dieser ihn verflucht habe, habe er die Flucht ergriffen, die Kerzen auf seinem Leuchter ausgelöscht und sich hinter der Tür zur Orgel versteckt. Jetzer sei ihm gefolgt, aber von Bruder Jost aufgehalten worden. Er selber, der Lesemeister, sei auf den Lettner gestiegen, denn er habe damals nicht gewusst, dass Jetzer die Verschwörung in der Marienkapelle, die einige Tage vorher stattgefunden hatte, belauscht hatte. Als Beichtvater(!) habe er versucht, diesen von der Echtheit der gekrönten Maria zu überzeugen, aber vergeblich, so dass er ihm zur Buße für seinen Unglauben auferlegt habe, dass er sich bis zum Gürtel entblößen und mit der eisernen Kette, die Wölfli ihm gegeben hatte, im Chor geißeln sollte. Er habe es auch so eingerichtet, dass die beiden anwesenden Chorherren gesehen hätten, wie der Konverse sich gegeißelt habe – um sie von dessen Heiligkeit und damit von der Echtheit der Erscheinungen zu überzeugen[326]. Wie die Zeugenaussagen der beiden in Jetzers Prozess in Lausanne und Bern beweisen, ist diese Botschaft denn auch angekommen (siehe Kap. II/1b, Die Chorherren Johann Dübi und Heinrich Wölfli, 6. Dezember 1507).

Was den Diebstahl der Kleinodien angeht, so hatte man bisher den Eindruck, dass dieser erst nach der Verschwörung in der Marienkapelle stattgefunden habe, die sich wiederum auf den 3. (oder 10. September) 1507 datieren lässt (siehe Kap. II/2b, Die Verschwörung ...); nun lieferte der Lesemeister aber ein früheres Datum, indem er aussagte, dass die Klostervorsteher bereits am 11. Juli (*dominica post octavas Visitationis beate Marie*) durch den Schaffner Rosenkränze aus Korallen und andere wertvolle Halsbänder, die zur Zier an der bekannten Marienstatue hingen, hätten wegnehmen und dass sie in der ganzen Stadt hätten verbreiten lassen, dass diese beraubt wor-

---

326) Akten II/2 S. 250 f. Nr. 38–44 (1508, Aug 31, Vesperzeit; Lesemeister, Folterverhör).

Der Hauptprozess in Bern

den sei. Der Lesemeister habe einige Stücke, so einen silbernen Apfel und einige zerbrochene Silbermünzen, Jetzer gegeben und ihm gesagt, dass diese ihm – dem Lesemeister – aus seiner Heimat zugeschickt worden seien, dass er als Mönch aber nicht wolle, dass man wisse, dass sie ihm gehörten; deshalb solle Jetzer, wenn jemand sie sähe, sagen, sie gehörten ihm und seien ihm von Zurzach zugeschickt worden. Der Lesemeister habe gewusst, dass der Chorherr Wölfli im Anzug war, und dieser habe Jetzer denn auch prompt nach der Herkunft der Kleinodien gefragt und dieser habe geantwortet, wie ihm befohlen worden sei[327]. Dies scheint jedoch noch immer nicht die ganze Wahrheit gewesen zu sein; denn am 1. September 1508 erschien der Glaubensprokurator Ludwig Löubli frühmorgens vor dem Gericht und verlangte, dass der Lesemeister sich zur Zusammensetzung des Tranks äußere, der Jetzer gegeben worden sei, und über alles, was damit zusammenhänge; damit war möglicherweise die Absage an Gott gemeint, von der das Gericht aus den Aussagen des Subpriors vom 26. und des Priors vom 29. August unterrichtet war. Da der Lesemeister behauptete, dass er über den Trank nicht mehr wisse, als er bereits ausgesagt hatte, wurde er vom „gewohnten Gerichtssaal (*aula audientie causarum huiusmodi solita*)" an den Ort der Tortur geführt und dort fünf Mal am Seil aufgezogen, das erste Mal ohne Stein, das zweite Mal mit einem Stein und die restlichen drei Male mit je zwei Steinen an den Füßen, die schwerste Folter, die einer der vier Klostervorsteher zu erleiden hatte. Nichtsdestoweniger blieb der Lesemeister auch nach dem fünften Mal dabei, dass er über den Trank nichts anderes wisse, als was er oben gesagt habe[328].

Am gleichen 1. September 1508 um die Vesperzeit war der Lesemeister offenbar zu weiteren Aussagen bereit. Das Verhör fand wiederum in der Halle der Propstei statt, und nicht am Ort der Tortur, und zuvor wurde der Angeklagte ermahnt, an das Heil seiner Seele und an seinen Ruf und seine Ehre zu denken. Dann wurde ihm unvermittelt die Frage gestellt, ob er jemals Gott abgesagt habe, eine Frage, die er bejahte, und zwar weil alles, was sie fingiert hatten, illusorisch erschien und ihm und seinen „Komplizen" daraus nur Widerspruch und Anfeindung erwachsen sei, also gewissermaßen in einem Akt der Verzweiflung, als welcher der Pakt mit dem Teufel in den Hexenprozessen immer wieder dargestellt wurde. Da die Klostervorsteher gewusst hätten, dass der Subprior Kenntnisse der schwarzen Magie und auch entsprechende Schriften besessen habe, hätten sie mit Hilfe dieser Kunst weitere Erfindungen (*figmenta*) zustande bringen wollen. Der Sub-

---

327) Akten II/2 S. 251 f. Nr. 45 f. (1508, Aug 31, Vesperzeit; Lesemeister, Folterverhör).

328) Akten II/2 S. 252 f. (1508, Sept 1; Lesemeister, Folterverhör).

508 Die Jetzerprozesse

prior habe sein Buch hervorgezogen, das mit rotem Leder überzogen, gut drei Finger breit und von Hand geschrieben gewesen sei, und gesagt, dass man nur etwas ausrichten könne, wenn man vorher Gott absage; er habe auch darauf bestanden, als die drei anderen Schwierigkeiten gemacht hätten. Deshalb hätten diese dem Glauben an Gott sowie dessen Sakramenten und der Kirche abgesagt. Damit sie vom Dämon nicht angegriffen werden könnten, habe der Subprior mit Kohle(!) und mit Exorzismen einen Kreis gezogen, und sie hätten sich alle vier innerhalb dieses Kreises auf den Boden gesetzt, der Subprior in der Mitte. Dann hätten sie Jetzer zu sich gerufen und von ihm verlangt, dass er Gott ebenfalls absage, und zwar um die schwarze Magie zu lernen und sich vom Teufel unbeschädigt irgendwohin tragen zu lassen. Der Konverse habe nicht gewollt, obwohl sie ihm gesagt hätten, dass es nicht eine so große Sünde sei, Gott abzusagen, wie er glaube, dass die Gnade Gottes groß sei und dass sie die schwarze Magie nur für gute Dinge brauchen wollten. Um sich ihre Rede bestätigen zu lassen, habe der Subprior fünf Teufel beschworen, die Heilige oder Apostel darstellen sollten und Togen und Bärte getragen hätten. Jetzer sei darob so erschrocken, dass er dem Subprior das Buch aus der Hand geschlagen habe, worauf die Apostel-Teufel unter Hinterlassung eines grässlichen Gestanks verschwunden seien. Nachdem der Lesemeister Gott abgesagt habe, habe man ein großes Getöse und einen großen Lärm über Jetzers Stübchen gehört. Dagegen hatte er – auf entsprechende Fragen – dem Teufel nie einen Lehenseid geleistet noch ein Pfand oder einen geschriebenen Pakt (Chirograph) gegeben. Als der Lesemeister Ende 1507 in Rom gewesen sei, habe er dies alles gebeichtet und die päpstliche Absolution und vollen Sündenerlass bekommen, und seither sei er weder mit Gelübde, Wort noch Tat rückfällig geworden. Als der Lesemeister aber am 3. September 1508 seinen Prozess abschließen sollte, nahm er sein Geständnis, dass er sowie der Prior und der Schaffner Gott abgesagt hätten, zurück, nicht aber, dass sie das Experiment mit der schwarzen Magie gemacht und auch Jetzer hineingezogen hätten[329].

Abschluss der Prozesse des Schaffners, Priors und Subpriors (1. und 2. September 1508)

Bevor der Schaffner, der Prior und der Subprior am 1. und 2. September ihrerseits ihre Prozesse abschließen konnten, mussten diese nach den neuesten Erkenntnissen des Gerichts ergänzt werden. Wir wissen nicht, in welcher

---

329) Akten II/2 S. 253–255 Nr. 47–49 (1508, Sept 1, Vesperzeit; Lesemeister, Folterverhör), S. 255 Nr. 50 (1508, Sept 3; Lesemeister, Folterverhör). Zum Pakt mit dem Teufel als Akt der Verzweiflung und der Melancholie vgl. OSTORERO, Le diable au sabbat, insbes. S. 469.

Der Hauptprozess in Bern 509

Reihenfolge dies geschehen ist, und nehmen deshalb die Reihenfolge Schaffner – Prior – Subprior bzw. folgen den Akten. Dabei hatte der Schaffner, der am Längsten nicht mehr verhört worden war (seit dem 26. August 1508) am meisten „nachzutragen". Am 1. September 1508 musste er „seinen Prozess in den folgenden Passagen und Punkten verbessern (*reparando processum suum in passibus in punctis subscriptis*)": die Stimmen der blutweinenden Marienstatue und ihres Sohnes waren nicht vom Lesemeister, sondern von Bruder Johann Meyerli gemacht, und die rote Hostie war nicht vom Lesemeister bemalt worden, sondern vom Illuministen Lazarus, der sich zu diesem Zweck um Ostern 1507 herum einige Tage geheim im Stübchen des Priors aufgehalten hatte. Dann musste der Schaffner auch den Frevel mit der roten Hostie schildern, die zusammen mit dem Stuhl im Ofen verbrannt war. Auf die Frage, warum sie Jetzer unbedingt dazu bringen wollten, dass er die Hostie schlucke, antwortete der Schaffner wie der Subprior am 30. und der Lesemeister am 31. August (Vesperzeit): weil man wollte, dass diese verschwinde (*ut eadem hostia tolleretur de medio*). Nichtsdestoweniger habe die Hostie nachher durch eine zweite ersetzt werden müssen, die auch von Lazarus bemalt und vom Prior später geweiht worden sei; denn man habe Nachfragen nach der ersten befürchtet, die häufig gezeigt worden sei. Dann hatte der Schaffner auch die Verschwörung in der Marienkapelle nachzutragen, ebenso den Diebstahl der Kleinodien und die Erscheinung der gekrönten Maria. Weiter zwei Vergiftungsversuche an Jetzer, denen der Subprior sich offenbar mit Hingabe gewidmet hatte und denen einmal eine Katze und einmal die jungen Wölfe zum Opfer gefallen waren. Schließlich das Experiment mit der schwarzen Magie bzw. die Absage an Gott, die auch beinhaltet habe, dass man sich nicht mehr bekreuzigen durfte, und die der Schaffner offenbar einem Mitbruder, nämlich Heinrich Hell, gebeichtet hatte. Am gleichen 1. September 1508, um die Vesperzeit, schloss der Schaffner seinen Prozess ab[330].

Da der Prior recht spät (am 28. und 29. August 1508) verhört worden und nach der Ermahnungsrede des Bischofs von Sitten (vom 29. August) zusammengebrochen war, hatte er offenbar nichts nachzutragen, was einer Erwähnung im Protokoll bedurft hätte, und konnte deshalb seine Geständnisse bestätigen und seinen Prozess am 1. September 1508 abschließen[331]. Ganz anders der Subprior, dessen „normale" Geständnisse durch diejenigen vom Pakt mit dem Teufel und dem Experiment in schwarzer Magie (vom 26. und 30. August 1508) in Verzug geraten waren. Dieser begann – eben-

---

330) Akten II/2 S. 270–274 Nr. 63–79 (1508, Sept 1, und Sept 1, Vesperzeit; Schaffner, Folterverhöre).

331) Akten II/2 S. 295 f. Nr. 40 (1508, Sept 1; Prior, Folterverhör).

510   Die Jetzerprozesse

falls am 1. September 1508 – damit, dass der Illuminist Lazarus zwei Hosti-
en bemalt habe, von denen der Prior zumindest eine geweiht habe. Dann
kam das Verhör auf den Schwebezug, der laut dem Subprior von der Nebenzelle aus vom Schaffner sowie von den Brüdern Paul Süberlich und Oswald bedient worden sei. Im Protokoll ist festgehalten, dass der Subprior in
Bezug auf diese Erscheinung (d. h. die Erscheinung der Maria mit zwei Engeln) vollständig mit den Prozessen des Lesemeisters, des Priors und des
Schaffners übereinstimme (*ut in processibus doctoris, prioris et procuratoris*)[332]. Er war tatsächlich der einzige, der zu diesem Punkt noch nicht Stellung genommen hatte. Damit ist ein großes Problem der Folterverhöre angesprochen: es ging weniger darum, Tatsachen auszumachen als Übereinstimmungen zwischen den einzelnen Verhörten herzustellen, und man kann
sicher sein, dass die einen aufgrund der Verhöre der anderen „abgefragt“
wurden, so dass es manchmal sogar zu wörtlichen Anklängen kam, wie wir
dies anhand der Kette und des Pfannenstils – Folterinstrumente für Jetzer –
für den Schaffner und den Prior gesehen haben (siehe oben S. 481–483, Die
Folterverhöre des Schaffners vom 25. und des Priors vom 29. August).

Vom Subprior gibt es zwei Verhöre vom 2. September 1508, und es ist
nicht klar, welches das erste war. Das eine gehörte zu dessen „außerordentlichen“ Verhören und betraf den Trank und den Hostienfrevel, das andere
setzt seine Geständnisse zum Schwebezug vom 1. September fort. Der einzige Grund, das „außerordentliche“ Geständnis vorauszunehmen, besteht
darin, dass dieses vom Morgen (*de mane*) des 2. Septembers datiert. Beim
außerordentlichen Verhör kam einmal mehr die Zusammensetzung des
Tranks zur Sprache, wobei die Aussagen des Subpriors vom 26. August
1508 mit solchen von Jetzer vom 4. August ergänzt wurden. Der Trank sei
in einem Glas aufbewahrt worden, und es habe jeweils nur einige Tropfen,
in Wein oder Wasser gemischt, gebraucht, um Jetzer in Ekstase fallen zu lassen. An zweiter Stelle musste der Subprior den Hostienfrevel gestehen, wobei er glaubte, dass die verbrannte Hostie geweiht gewesen sei. Der Schaffner habe Holz herbeischaffen müssen, um den Stuhl im Ofen zu verbrennen, und dabei ergeben sich wiederum klare Anklänge an dessen Verhör
vom 1. September 1508[333]. Beim zweiten Verhör des Subpriors vom 2. September 1508 ging es, wie bereits gesagt, um den Schwebezug, den dieser nun

---

332) Akten II/2 S. 306 f. Nr. 24 f. (1508, Sept 1; Subprior, Folterverhör).

333) Akten II/2 S. 322–324 Nr. 72–75 (1508, Sept 2, morgens; Subprior, Folterverhör).
Ebd. S. 323: *iussusque fuit procurator afferre carpentas siccas, quas et statim portavit;
habebant enim in monasterio lignicidas, qui dolando postes illas confecerant*. Vgl. Akten
II/2 S. 271 (1508, Sept 1; Schaffner, Folterverhör): *cucurritque presens inquisitus [Schaff-
ner], ut carpentas quasdam tenues et minutissimas bene siccas, quas nuper (quia in monasterio multa lignis et postibus hinc inde fecerant) afferet*.

Der Hauptprozess in Bern 511

auch noch beschreiben musste. Wichtiger aber ist, dass er hier bestätigte, dass er zunächst Jetzers Beichtvater gewesen sei und dieses Amt später dem Lesemeister abgegeben habe, einen Wechsel, den wir bereits aufgrund des Defensoriums und dann auch aufgrund von Jetzers Aussagen im Hauptprozess vermutet hatten (siehe Kap. II/2b, Jetzers Geist und seine Beichtväter). Als Beichtväter hatten sowohl der Subprior als auch der Lesemeister Jetzer eingeschärft, dass er sich bei einer Erscheinung niemals bewegen – geschweige denn aufstehen – dürfe, denn Maria wolle ihn immer in der gleichen Stellung antreffen. Als Jetzer deshalb bei der Verwandlung der Hostie das erste Gebot seiner beiden Beichtväter vergaß und aus dem Bett aufsprang, geriet die aufwändig inszenierte Erscheinung der Maria mit Engeln auf dem Schwebezug ins Wanken – und der ganze Jetzerhandel in höchste Gefahr[334].

Am Morgen nach dem verunglückten Experiment mit dem Schwebezug hätten die Klostervorsteher den Lesemeister zu Jetzer geschickt, der ihn, als sein Beichtvater(!) zu überreden versucht habe, dass dies alles geschehen sei, um zu schauen, ob er zwischen echten und falschen Erscheinungen unterscheiden könne. Darauf hätten sie Jetzer in sein Stübchen verbannt, den Schwebezug abmontiert und die Kleider von Maria und den Engeln in zwei Truhen in der Zelle des Schaffners eingeschlossen. Dies alles konnte den Brüdern des Berner Konvents nicht entgangen sei, und entsprechend musste der Subprior bestätigen, dass der Kustos des Konvents, Konrad Zimmerecklin, die Brüder Jost Hack und Paul Süberlich sowie der Konverse Oswald nach und nach begriffen hätten, dass die Erscheinungen in Szene gesetzt wurden, um Jetzer zu täuschen, auch wenn sie den Zweck, der hinter allem stand (*principia rerum*), nicht kannten und auch nicht wussten, wie die Hostie bemalt worden war. Dann musste der Subprior beschreiben, wie er Jetzer Anfang Mai 1507 die übrigen Stigmata beigebracht und wie er sie in der Folge gepflegt und mit Strahlen bemalt habe[335].

Nachdem der Prior und der Lesemeister von Pforzheim heimgekommen waren, seien der Subprior und der Lesemeister Jetzer eines Nachts als Maria und Cäcilia erschienen, wobei Jetzer die Hand des Subpriors erkannt habe. Damit datiert der Subprior diese Erscheinung falsch auf den Monat Mai 1507, denn sie hatte erst Ende Juli stattgefunden – übrigens mit der Folge,

---

334) Akten II/2 S. 307–310 Nr. 26 (1508, Sept 2; Subprior, Folterverhör). Stelle betr. Wechsel des Beichtvaters ebd. S. 309: *iussus fuit [Jetzer] tam per hunc inquisitum [Subprior], usquequo confessor suus fuit, quam per doctorum Stephanum [Lesemeister], posterius sibi datum confessorem, ut quotiens sibi fieret aliqua apparitio, nunquam se deberet aliter volvere vel movere, sed ea qualitate, qua iaceret, permanere, quia Maria sciret, quomodo eum comperire vel habere vellet.*

335) Akten II/2 S. 310 f. Nr. 27–33 (1508, Sept 2; Subprior, Folterverhör).

512 Die Jetzerprozesse

dass auch Anshelm zunächst die falsche Datierung übernommen, sich dann
aber selber korrigiert hatte (siehe Einl. 2b). Es kommt nicht von ungefähr,
wenn – neben Jetzer – nur der Lesemeister und der Subprior von dieser Erscheinung berichten (siehe Anh. 3); denn sie hatten sie ja selber in Szene gesetzt und die andern Klostervorsteher wussten vielleicht gar nichts davon.
Bei der gleichen Gelegenheit verriet der Subprior auch, dass die Klostervorsteher Jetzers Wunden mit reinem Leinen verbanden und später die Verbände heftig abrissen, um die Heilung der Stigmata zu verhindern, und dass sie
die abgerissenen Verbände oder Stücke davon als Reliquien verschenkten.
Der Subprior war auch an der Erscheinung des hl. Bernhard von Clairvaux,
gespielt vom Prior, beteiligt gewesen und hatte ihm ein Skapulier angefertigt, wie wenn er ein Regularkanoniker wäre (*ac si canonicus regularis esset*),
der gleiche Fehler, der sich auch im Verhör des Priors vom 28. August 1508
findet. Der Subprior wollte weiter die blutigen Tränen der Marienstatue gemalt haben, und zwar in der Nacht vom 24. auf den 25. Juni 1507 und unter
Assistenz des Lesemeisters und des Schaffners, welche die Lampe gehalten
hätten. Was denjenigen betrifft, der die Stimmen von Mutter und Sohn
nachgemacht habe, so sprach der Subprior von einem Unschuldigen, was
ihm das Gericht seltsamerweise durchgehen ließ, obwohl es schon wusste,
und zwar vom Subprior selber, dass es der Novize Johann Meyerli gewesen
war; der Subprior musste dies erst im Revisionsprozess berichtigen (siehe
Anh. 3). Der Zweck der blutweinenden Marienstatue sei es gewesen, durch
die Anhäufung von Wundern (*miraculum miraculo cumulatum*) die Herren
von Bern dazu zu bringen, an diejenigen, die im Dominikanerkonvent geschahen, zu glauben[336].
    Weiter war der Subprior auch an der Erscheinung von Maria und Kathari-
na von Siena direkt beteiligt gewesen, nämlich als Maria, und ebenso an den
Misshandlungen, die Jetzer im Herbst 1507 zu erleiden hatte, weil er den
Trank nicht mehr nehmen und sich die Stigmata nicht mehr erneuern lassen
wollte. Weiter an der Verschwörung in der Marienkapelle und an den Vergiftungsversuchen an Jetzer, die bereits im Mai 1507 eingesetzt hatten, einmal
mit Arsen, dem die Wölfe, und einmal mit Merkur, dem die Klosterkatze
zum Opfer fielen. Ebenso wie der Lesemeister datierte auch der Subprior
den Diebstahl der Kleinodien aus der Marienkapelle bereits kurze Zeit nach
Mariä Heimsuchung (2. Juli), und nicht erst auf die Zeit nach der Verschwörung in der Marienkapelle. Bei ihm wird auch klar, dass es sich um mehrere
Diebstähle gehandelt hatte, indem die Klostervorsteher sich nach der Verschwörung noch mindestens einmal bedient hatten, weil sie um ihre Zukunft
fürchteten. In der Marienkapelle sei auch die Anleihe von einigen Hundert

---

336) Akten II/2 S. 311–314 Nr. 34–41 (1508, Sept 2; Subprior, Folterverhör).

Der Hauptprozess in Bern

Pfund oder Gulden beim Kaufmann Graswyl beschlossen worden, wobei der Subprior als einziger wusste, dass diesem die Reben des Konvents am Neuenburgersee (vielmehr Bielersee) zum Pfand gesetzt worden waren. Von diesem Geld hätten der Subprior und der Lesemeister 40–60 Scudi (Taler) mit auf die Reise nach Rom genommen. Vorgängig (am 12./13. September 1507) hatte freilich noch der Auftritt der gekrönten Maria bzw. von Bruder Paul (Süberlich) unter Mithilfe von Bruder Jost Hack auf dem Lettner stattgefunden. Der Subprior gestand, dass er selber so getan habe, als ob er in der gekrönten Maria Jetzer erkannt und dass er die Krone selber bemalt und später auch selber verbrannt habe. Damit beschloss der Subprior am 2. September 1508 seine Folterverhöre und bestätigte alle seine Aussagen[337].

Die Folterverhöre hinterlassen selbstverständlich höchst zwiespältige Gefühle; denn wie wir gesehen haben, ging es mehr um das In-Übereinstimmung-Bringen der Geständnisse als um das, was wir als Wahrheit bezeichnen würden. Dazu kommt, dass diese Geständnisse bzw. die Bereitschaft dazu mit der Folter erzwungen worden waren, der die Klostervorsteher zumindest anfänglich offenbar tapfer widerstanden haben; jedenfalls schreibt Anselm (3 S. 143) zur ersten Foltersitzung (vom 19. August 1508):

Es gab ein gross verwundren, dass ir keiner nůtset verjach [gestand], so weich erzogne lůt, wie besunder der lesmeister was. Håttids noch gewöllen, so wår inen unbilliche gnad bewisen worden, dan ein grůlich schůhen [Scheuen] und ansehen was der helgen orden, die geistlichen, gewichten ouch gelerten ordensváter, aber die gerechtigkeit můst iren fůrgang haben und die gotlose glisnerî [Gleisnerei] an tag bringen und offenbar machen.

Laut Anselm bestand eine große Scheu, Geistliche foltern zu lassen, die auch dazu führte, dass man zu der seltsamen Lösung mit dem „Hundeabdecker" kam, während der Rat von Bern den laisierten Konversenbruder Jetzer Anfang Februar 1508 ohne Hemmungen hatte foltern lassen, und auch ohne dass die einzelnen Folterungen sorgfältig protokolliert worden wären (siehe Kap. I/3f und II/1c, Jetzers erstes und zweites Folterverhör). Diese Anforderung an einen geregelten Inquisitionsprozess wurde im Fall der Klostervorsteher im Hauptprozess zwar erfüllt, doch ist es vermessen, sich vorstellen zu wollen, was die Folter im Einzelnen auslösen konnte. Dem Widerstand der Klostervorsteher setzte das Gericht eine gewiefte Taktik entgegen, indem es zuerst diejenigen der physischen und wohl auch psychischen Folter unterwarf, bei denen ein Durchbruch eher zu erwarten war,

---

337) Akten II/2 S. 314–319 Nr. 42–57 (1508, Sept 2; Subprior, Folterverhör).

514 Die Jetzerprozesse

nämlich beim Schaffner und beim Subprior; bei ihnen scheute man sich wohl auch weniger, die Folter anzuwenden, als bei den oberen, gelehrten Chargen, dem Prior und dem Lesemeister, bei denen die Einwände des Verteidigers gegen die Folter schwerer wogen als bei den andern. Es könnte auch sein, dass der Widerstand beim Prior und beim Lesemeister stärker war, weil sie mehr Verantwortung – und Schuld – trugen als der Subprior und der Schaffner, wenn auch der Subprior ganz schön mitgemacht zu haben scheint. Wenn wir eine makabre Bilanz ziehen, so wurde

– der Lesemeister insgesamt zwei Mal (am 19. August und am 1. September 1508) gefoltert und dabei insgesamt acht Mal aufgezogen, davon vier Mal leer, ein Mal mit einem und drei Mal mit zwei Steinen
– der Schaffner drei Mal (am 19., 21. und 25. August 1508) gefoltert, dabei insgesamt sieben Mal aufgezogen, davon vier Mal leer und drei Mal mit einem Stein
– der Prior drei Mal (am 19., 23. und 28. August 1508) gefoltert, dabei insgesamt acht Mal aufgezogen, davon vier Mal leer, drei Mal mit einem Stein und ein Mal mit zwei Steinen ausgeschüttelt, und schließlich
– der Subprior ein Mal (am 21. August 1508) gefoltert, dabei insgesamt zwei Mal aufgezogen, davon ein Mal leer und ein Mal mit zwei Steinen. Dabei ist bei ihm möglicherweise das erste Folterverhör (am 19. August 1508) nicht protokolliert worden, so dass allenfalls noch drei Mal Aufziehen ohne Stein (wie bei den drei anderen) dazu zu rechnen wären. Nichtsdestoweniger scheint der Subprior im Vergleich mit den andern doch relativ wenig gefoltert worden zu sein, was möglicherweise auf einen Sonderdeal mit dem Gericht schließen lässt. Andererseits lässt sich feststellen, dass der Lesemeister zwar „nur" zwei Mal, dann aber umso heftiger gefoltert wurde (am 1. September 1508 fünf Mal, davon drei Mal mit zwei Steinen), und der Prior am 28. August 1508 zwar nur ein Mal, aber mit zwei Steinen und ausgeschüttelt. Bei ihnen brauchte es also heftigere Folter, um sie zum Reden zu bringen, aber dazu dienten letztlich auch die Geständnisse, die man inzwischen beim Schaffner und beim Subprior erlangt hatte. Auf diese Weise wurde im Verlauf von immerhin sechzehn Tagen (19. August bis 3. September 1508) eine große Übereinstimmung in den Geständnissen erzielt, die ihren Grund indessen nicht nur in der Folter, sondern auch in der Sache selber haben muss, im Jetzerhandel, der komplex und detailreich ist.

Es ist nicht das Gleiche, ob eine Übereinstimmung der Geständnisse bei einer Hexenverfolgung hergestellt wird, wo es immer um den Pakt mit dem Teufel und den Besuch des Hexensabbats ging, beide rein imaginär und deshalb beliebig reproduzierbar[338], so dass sie sich auf bzw. nach der Folter

---

338) Vgl. L'imaginaire du sabbat.

leicht aus den mutmaßlichen Hexen und Hexern herauspressen ließen, oder ob es sich um so ein komplexes Gebilde wie den Jetzerhandel handelt, der die verschiedensten Facetten bzw. Erscheinungen aufweist. Im Unterschied zu einer Hexenverfolgung hat der Jetzerhandel doch so etwas wie einen historischen Kern, ein *fundamentum in re*, und deshalb kann es nicht reiner Zufall sein, wenn am Schluss eines zugegebenermaßen zweifelhaften Verfahrens – wenn es auch dasjenige des anerkannten Inquisitionsprozesses war – doch so etwas wie Wirklichkeit – und damit auch Schuld – sichtbar und fassbar wird. Man muss sich auch im Klaren sei, dass die vier Klostervorsteher seit Anfang Februar 1508 getrennt gefangen gehalten worden waren und sich nicht absprechen konnten (außer vielleicht am 17. August 1508 über ihren Verteidiger), weder im Guten noch im Bösen. Allerdings weist, wie wir gesehen haben, nun auch der Jetzerhandel einen Pakt mit dem Teufel auf, indessen nicht einen „gewöhnlichen", sondern eine gelehrten, mit geschriebener Urkunde und Experiment in schwarzer Magie. Doch dies scheint vor allem eine Sache des Subpriors gewesen zu sein, der sich hier – eigentlich überraschenderweise – plötzlich zum Rädelsführer aufschwang und die anderen drei Klostervorsteher in eine zweifelhafte und gefährliche Sache hineinzog, die sich schließlich zu einem ernst zu nehmenden Anklagepunkt entwickelte (siehe Kap. II/4e). Dabei kann nicht ganz ausgeschlossen werden, dass der Subprior damit dem Gericht etwas geliefert hat, das es gut gebrauchen konnte, und sich damit selber eine mildere Behandlung bei der Folter eingehandelt hat.

Die Mitschuld der Oberdeutschen Dominikanerprovinz

Im Verlauf des Hauptprozesses und insbesondere der Folterverhöre muss dem Gericht immer klarer geworden sein, dass auch der Orden der Dominikaner oder doch die Exponenten der Oberdeutschen Dominikanerprovinz am Jetzerhandel nicht unbeteiligt und damit auch nicht unschuldig gewesen sein konnten. An erster Stelle ist der Prior von Basel, Werner von Selden zu nennen, der sich zwar im Defensorium als völlig unschuldig und überrascht darstellt (siehe Kap. I/3), der aber eingeweiht gewesen sein muss und mehrere *corpora delicta* aus Basel geschickt oder mitgebracht hatte: die weiße Albe und/oder das weißlich-graue Pallium für Maria, die Masken für diese und die Engel und insbesondere den Schwebezug, aber auch die speziell großen Hostien aus reinem Weizenmehl. Prior Werner war indessen auch schon auf dem Provinzialkapitel in Wimpfen (3. Mai 1506) dabei und auch am Aushecken des ursprünglichen Plans beteiligt gewesen, vielleicht sogar führend, und dann auch am Auftritt der Maria mit Engeln (15. April 1507) im Dominikanerkonvent in Bern, wenn auch nicht selber auf dem Schwebe-

516 Die Jetzerprozesse

balken, wohl aber beim darauf folgenden Hostienmalen. In der Zeit vom 11. bis 19. April 1507 war Prior Werner tatsächlich in Bern, herbeigerufen in der Woche nach Ostern vom Prior von Bern, weil die Sache zu versanden drohte. Dann kam er wieder mit dem Provinzial und seinem Gefolge am 12. Mai auf dem Weg ans Generalkapitel in Lyon und am 16. Mai auf der Rückreise, auf der die ganze Gesellschaft zwölf Tage in Bern blieb.

Damit ist die Rolle des Provinzials, Peter Sieber, angesprochen, der selber im Gericht des Hauptprozesses saß, aber nur bis zum 18. August 1508 (Vesperzeit), als er sich gegen das Zwischenurteil gewehrt hatte, mit dem die Anwendung der Folter gegen die Klostervorsteher beschlossen wurde, und bis zu den ersten Folterverhören vom 19. August, als er dem Lesemeister ein Zeichen gegeben haben soll, trotz Folter zu schweigen (siehe oben, Die Folterverhöre des Schaffners, Priors und Subpriors vom 21. und 23. August 1508 und das Ausscheiden des Provinzials aus dem Gericht). Spätestens seit dem 18./19. August 1508 konnte man sich nun auch für seine Rolle während des Jetzerhandels interessieren, doch wurde er zunächst von seinen Mitbrüdern in Bern noch gut geschützt. Jedenfalls sagte der Subprior, der in der Woche nach Ostern 1507 zum Provinzial geschickt worden war, um ihn über die Ereignisse des 24./25. März 1507 (erstes Erscheinen der Maria, erstes Stigma für Jetzer) zu unterrichten, dass der Provinzial dies alles vollständig abgelehnt und befohlen habe, dass der Lesemeister und der Prior ans Provinzialkapitel in Pforzheim kämen, wo sie für ihre Geschichten nur Unglauben und Gelächter geerntet hätten. Nichtsdestoweniger scheint das Provinzialkapitel dann doch einverstanden gewesen zu sein, dass der Jetzerhandel vor das Generalkapitel in Pavia gebracht wurde. Dieses fand am 6. Juni 1507 statt, aber kam auch zu einem negativen Schluss, der sich indessen nicht in den Akten findet, wohl nicht zuletzt, weil die Angelegenheit geheim gehalten werden sollte. Davon, dass der Provinzial Anfang Juli 1507 seine Abgesandten, Paul Hug und Magnus Wetter, nach Bern schickte, die indessen vor allem Jetzer rügten, ist in den Folterverhören nicht die Rede. Aufgrund seines Amtes – das er in den Jahren 1505–1508 bekleidete – hat Peter Sieber auch am Provinzkapitel von Wimpfen teilgenommen, ja, dieses einberufen, auch wenn ihn der Lesemeister nicht als Teilnehmer der inoffiziellen Zusammenkunft in der Kammer des Priors von Basel nennt (siehe oben, Die außerordentlichen Geständnisse des Subpriors und die Folterverhöre des Lesemeisters)[339].

Spätestens auf dem Generalkapitel von Pavia (6. Juni 1507) müsste der Ordensgeneral, damals noch Johann Clerée (gewählt in Pavia, gestorben am

---

339) V. LOË, Statistisches S. 43: *A. D. 1506, dominica* iubilate, *in conventu Wimpiensi sub eximio magistro Petro Siber provinciali.*

Der Hauptprozess in Bern 517

10. August ebenfalls in Pavia, in der Folge vertreten durch Thomas de Vio Cajetan, der seinerseits auf dem Generalkapitel von 11. Juni 1508 in Rom zum Ordensgeneral gewählt wurde) demnach etwas vom Jetzerhandel gehört haben, indessen, wie bereits gesagt, ohne sichtbare Folgen. Dagegen stand Cajetan bereits an der Spitze des Ordens, als der Lesemeister und der Subprior von Bern ihn im Herbst 1507 aufsuchten und ihm ihr Dossier vorlegten, bevor sie damit an den Papst gelangen wollten. Seine Reaktion scheint jedoch negativ gewesen zu sein, so dass die Dominikaner sich wohl gar nicht erst an den Papst wandten, sondern nur mehr ihre eigene Haut zu retten suchten[340]. Der Lesemeister und der Subprior scheinen von Cajetan lediglich einen Brief, datiert vom 11. Dezember 1507 in Rom, mitbekommen zu haben, mit dem er seine allzu leichtgläubigen Mitbrüder in Bern gegen einen „Wundermacher" (*confictor miraculorum*) in Schutz zu nehmen suchte. Auf dem Generalkapitel vom 11. Juni 1508 in Rom wurde eine Verordnung verabschiedet, wonach bei strenger Strafe verboten war, an die Öffentlichkeit zu bringen, wenn eine Person, die auf irgendeine Weise zum Orden gehörte, eine Ekstase erleide[341] – eine Verordnung, die sich wohl auf Jetzer beziehen lässt, auch wenn sie das ganze Ausmaß der Katastrophe, die sich damals in Bern abspielte, nicht erahnen lässt. Es war ja auch viel zu spät, die Vorbereitungen zum Hauptprozess, der durch das päpstliche Breve vom 21. Mai 1508 bewilligt worden war, waren bereits in vollem Gang (siehe Kap. II/2a).

Angesichts der Indizien, die auch gegen Prior Werner von Basel und den Provinzial, Peter Sieber, sprachen, scheint das Gericht beschlossen zu haben, nach dem Abschluss der Folterverhöre der vier Klostervorsteher und vor allem nach dem Ausscheiden des Provinzials aus dem Gericht noch eine Extrarunde einzulegen, bei der alle vier und auch Jetzer noch einmal einvernommen und in Hinsicht auf die Mitschuld des gesamten Ordens oder zumindest der Ordensprovinz verhört werden sollten. Dabei wird noch einmal ein neuer Hintergrund des Jetzerhandels sichtbar, der sich immer mehr als vielschichtig herausstellt (siehe Kap. II/1, Einleitung). Die zusätzlichen Verhöre fanden am 4. und 5. September 1508 statt; am 4. September wurden Jetzer sowie der Lesemeister und der Prior befragt, und am 5. September der Schaffner und der Subprior. Der Lesemeister und der Prior kamen diesmal wieder vor dem Schaffner und dem Subprior an die Reihe, wahrscheinlich weil von den ersteren in Bezug auf den Orden mehr zu erwarten war als

---

340) Akten II/2 S. 227 Nr. 3 (1508, Aug 30, Vesperzeit; Lesemeister, Folterverhör), S. 295 Nr. 39 (1508, Aug 29; Prior, Folterverhör), S. 317 f. Nr. 50 (1508, Sept 2; Subprior, Folterverhör).

341) Beilagen S. 612 Nr. 7 (1507, Dez 11), S. 625 Nr. 25 (1508, Juni 11), mit Verweis auf Acta capitulorum generalium ordinis Praedicatorum 4 S. 85.

518   Die Jetzerprozesse

von den letzteren. Wir erfahren freilich nicht, in welcher Reihenfolge die Verhöre am 4. und 5. September stattfanden, denn diese sind in die jeweiligen Personalakten mit den Folterverhören eingetragen; wir folgen hier den Akten und fangen mit Jetzer an. Dieser berichtete, dass um Pfingsten (23. Mai) 1507 herum der Provinzial (Peter Sieber), Dr. Magnus Wetter und der Begleiter des Provinzials, wohl Paul Hug, alle drei aus dem Konvent von Ulm, Prior Werner von Basel und der Prior von Köln (Servatius Fanckel) sowie zwei Dominikaner aus Polen (von denen einer kein Deutsch gesprochen habe) nach Bern und in sein Stübchen gekommen seien, begleitet vom Lesemeister von Bern. Sie hätten ihn gefragt, was er von den Wundern halte, die um ihn herum geschähen, und er habe ihnen geantwortet, dass er stark vermute, dass es Betrügereien (*truffe*) seien; denn er habe den Lesemeister, den Prior und den Subprior erkannt, die ihm (am 15. April 1507) als Maria und Engel auf einem Schwebezug erschienen seien und ihm eine rote Hostie dargeboten hätten. Darauf habe der Provinzial dem Lesemeister ein Zeichen gegeben, ihn hinausgehen und dann wieder eintreten heißen und ihm lachend gesagt: „Meister Stephan, dieser scheint Euch falscher Erscheinungen anzuklagen." Darauf habe einer nach dem andern und vor allem der Provinzial Jetzer ermahnt und getröstet, dass keine List angewandt worden sei und dass die Klostervorsteher keines solchen Delikts oder Falsches schuldig seien, sondern vielmehr von gutem Ruf und Benehmen gegenüber allen. Und dass der Provinzial sicher sei, dass Maria die rote Hostie direkt vom Himmel in den Chor der Dominikanerkirche gebracht habe und dass diejenigen, die ihm erschienen seien, ihm dies nur hätten zeigen wollen, damit er umso sicherer wisse, wann Maria ihm wirklich erscheine[342].

Dabei scheint Jetzer sich höchstens im Datum getäuscht zu haben; denn wie wir bereits wissen, kam der Provinzial mit seinem Gefolge am 12. Mai 1507 auf der Reise ans Generalkapitel in Lyon nach Bern und machte dort am 16. Mai auf der Rückreise wiederum Halt und blieb zwölf ganze Tage, so dass er über Pfingsten (23. Mai) 1507 wahrscheinlich tatsächlich noch in Bern weilte, aber auf dem Rückweg. Jetzer wusste auch, dass auf der Rückreise die beiden polnischen Brüder nicht mehr dabei gewesen seien, wohl aber zwei Brüder aus Straßburg, von denen einer – wie der Lesemeister – Meister Stephan geheißen habe. Die ganze Gesellschaft habe sich wieder in Jetzers Stübchen eingefunden, und der Provinzial habe Jetzer gefragt, wie die Klosterväter ihn behandelt hätten. Jetzer habe geantwortet, dass diese

---

342) Akten II/1 S. 142 Nr. 398 (1508, Sept 4; Jetzer). – Servatius Fanckel (Vanckel, aus Fankel an der Mosel) (1450–1508, Mai 17, † in Basel), Prior des Dominikanerkonvents von Köln 1488–1508, erfolgreicher Prediger, führte viele Klöster der Observanz zu, hinterließ ein Diarium, das für die Kenntnis des Kölner Studienbetriebs von höchstem Quellenwert ist, vgl. MEUTHEN, Die alte Universität S. 158.

Der Hauptprozess in Bern

519

ihm einen vergifteten Brei vorgesetzt hätten, den er seinerseits jungen Wölfen im Kloster hingeschüttet habe, die sogleich daran verendet seien. Dies heißt nichts anderes, als dass der erste Vergiftungsversuch an Jetzer wahrscheinlich bereits Mitte Mai stattgefunden hat, umrahmt von zwei Besuchen des Provinzials! Dieser habe dem Konversen versprochen, im Konvent ein Kapitel abzuhalten und nach dem Schuldigen zu suchen und diesen schwer zu bestrafen. Stattdessen habe er ihm nur kurz vor seiner Abreise mitgeteilt, dass die Untersuchung ergeben habe, dass es nicht Gift gewesen sei, sondern lediglich aromatische Pulver, die für Jetzer nicht schädlich gewesen wären, wohl aber für die Wölfe; er habe die Klostervorsteher dafür gescholten, dass sie Wölfe im Kloster hielten! Der Provinzial habe Jetzer überdies in Gegenwart des Priors und des Lesemeisters ermahnt, den vier Vätern gehorsam zu sein, denn es seien „gute Väter" und sie hätten ihm nicht Schlechtes beigebracht oder von ihm verlangt[343]. Dagegen geht nur aus Anshelm (3 S. 92) klar hervor, warum der Provinzial und sein Gefolge so rasch – innerhalb von vier Tagen (12. bis 16. Mai 1507) – von Lyon wieder in Bern waren: das Generalkapitel hatte gar nicht stattgefunden, weil die italienischen Dominikaner wegen der „Kriegsläufe" nicht über die Alpen reisen wollten und das Kapitel deshalb nach Pavia verlegten, wo es, wie gesagt, Anfang Juni stattfand[344].

Als nächster wurde – immer am 4. September 1508 – der Lesemeister verhört und ermahnt, nichts als die reine Wahrheit zu sagen, ohne Angst vor der Folter –, vielleicht weil er eben erst, am 1. September – als letzter der vier Klostervorsteher – hart gefoltert worden war. Er berichtete, dass es Prior Werner von Basel gewesen sei, der dem Provinzial (Peter Sieber) und den Brüdern Paul (Hug) und Magnus Wetter sowie dem Prior von Köln, Servatius Fanckel, auf dem Rückweg vom Provinzialkapitel in Pforzheim (Anfang Mai 1507) über den Jetzerhandel reinen Wein eingeschenkt habe, mit dem Kommentar, dass „diese Sache, wenn sie fortgesetzt werden könne, wie sie begonnen worden sei, eine gute Zukunft habe". Der Provinzial habe Prior Werner zuerst getadelt und gesagt, dass es dumm und gefährlich sei, eine solche Sache zu beginnen; da sie aber nun einmal begonnen sei, solle man

---

343) Akten II/1 S. 142 f. Nr. 399 f. (1508, Sept 4; Jetzer).

344) Anshelm 3 S. 92. Dagegen irrt Anshelm, wenn er sagt (S. 93), dass *der gelert, alt vater priol von Cöln* (Servatius Fanckel) auf der Rückreise von Bern nach Deutschland in Basel *an der Pestilenz siner bösen gwissne* gestorben sei – Fanckel starb erst ein Jahr später, am Ende des Provinzialkapitels, das Mitte Mai 1508 in Basel stattfand, vgl. v. LOË, Statistisches S. 43: *A. D. 1508, dominica iubilate, celebratum est magna solempnitate provinciale capitulum in conventu nostro Basiliensi sub magistro Petro Syber, et in fine capituli obiit hic eximius magister Servacius Fankel, prior conventus Coloniensis, eximius pater, cum merore et omnium patrum et fratrum tristicia.*

520   Die Jetzerprozesse

sich vorsehen, sie entweder abzubrechen oder vorsichtig fortzusetzen. Um
Auffahrt (13. Mai) 1507 sei der Provinzial mit Gefolge, darunter ein Pole,
nach Bern gekommen, und da hätten der Lesemeister und – wieder – Prior
Werner von Basel ihn näher aufgeklärt. Darauf habe der Provinzial seine
Leute zusammengerufen und sie gefragt, ob die Sache ihrer Meinung nach
sicher durchgeführt werden könne oder nicht. Die Meinungen seien auseinandergegangen; Magnus Wetter und der Prior von Köln seien dafür gewesen: wenn Jetzer nichts vom Betrug bei der Erscheinung mit der gefärbten
Eucharistie (Maria und Engel) gemerkt habe, könne es gut gehen (*facile fieri
posset*). Deshalb sei beschlossen worden, dass man herausfinden wolle, ob
dieser etwas gemerkt habe oder nicht. Zu diesem Zweck seien sie alle zu Jetzer gegangen, und der Provinzial habe ihn, den Lesemeister, hinausgehen
heißen, damit der Konverse ihn leichter anklagen könne; dies habe der Provinzial getan, um herauszufinden, was Jetzer im Schild führe. Dieser habe
sich denn auch über die Erscheinung von Maria und den Engeln auf dem
Schwebezug mit der roten Hostie beklagt. Darauf habe der Provinzial den
Lesemeister wieder herein gerufen; dieser habe begonnen, sich zu entschuldigen, und sei dabei vom Provinzial unterstützt worden. Jetzer schien be-
sänftigt, doch sei er es nicht gewesen; denn als Prior Werner ihn am nächsten Tag besucht habe, sei er immer noch – oder schon wieder – aufgebracht
gewesen. Prior Werner habe dies seinen Mitvätern berichtet und gesagt, der
Mann scheine ihm starrköpfig zu sein und stelle deshalb eine Gefahr dar –
wenn man ihn nicht insgeheim und vorsichtig beseitige[345]. Ausgerechnet
Prior Werner, der sich im zweiten Teil des Defensoriums als besonderen
Freund und Vertrauten Jetzers ausgegeben hatte (siehe Kap. I/3a)! Prior
Werners Vorschlag sei von allen gutgeheißen worden. Man sei sich einig gewesen, dass der Schaffner Jetzer Gift in die Nahrung oder einen Brei – was
praktischer sei – mischen solle. Dies sei einige Wochen, nachdem der Provinzial und sein Gefolge abgereist seien, ins Werk gesetzt worden, ging aber,
wie wir bereits wissen, schief. Laut Jetzers Aussage kann dieser erste Vergiftungsversuch jedoch nicht erst „einige Wochen" nach der Abreise des Provinzials, sondern muss bereits stattgefunden haben, während dieser in Lyon
weilte, also Mitte Mai 1507. Der Lesemeister wusste nicht, ob der Schaffner
oder der Subprior den vergifteten Brei zubereitet habe, wohl aber, dass diese
Aufgabe dem ersteren aufgetragen worden sei. Nach vier oder fünf Tagen,
als der Provinzial wiederum abreisen wollte, habe er Jetzer ermahnt, nicht
an den Vätern zu zweifeln, sondern ihnen zu vertrauen. Die Väter aber habe
er ermahnt, zu Jetzer Sorge zu tragen und ihn zu bedienen (*ut circa Ietzer
curam haberent ac eum servarent*), damit er nichts verrate; und wenn es sich

---

345) Akten II/2 S. 255 f. Nr. 51 (1508, Sept 4; Lesemeister).

Der Hauptprozess in Bern   521

herausstellen sollte, dass das von ihnen Begonnene keinen Erfolg haben könne, dann sollten sie das Ganze vorsichtig, stillschweigend und langsam auslaufen lassen und Jetzer die Stigmata wegnehmen oder verschwinden lassen; und wenn das nicht möglich sei, ihn vorsichtig und insgeheim beseitigen. Als Bruder Paul Hug im Juni 1507 als Vertreter der Oberdeutschen Provinz ans Generalkapitel in Pavia geschickt worden sei, sei ihm von den vier Klostervorstehern von Bern im Einverständnis mit dem Provinzial (*sciente et non contradicente provinciali*) aufgetragen worden, den Jetzerhandel dem Ordensgeneral (Johann Clérée) zu eröffnen; doch dieser habe von der ganzen Sache gar nichts gehalten und sie nicht gutheißen wollen, sondern befohlen, sie zu vertuschen[346].

Der Lesemeister berichtete weiter von der Visitation, die Magnus Wetter und Paul Hug im Auftrag des Provinzials nach dem 24. Juni 1507 (genauer: am 9. Juli 1507) bei Jetzer durchgeführt hätten. Sie hätten versucht, diesen zu überzeugen, dass er nichts ausbringe – von einem Eid ist nicht die Rede –, und auch, dass er von selber aus dem Orden austrete und in einen strengeren Orden eintrete, was er indessen abgelehnt habe. Der Lesemeister verriet außerdem, dass Bruder Jost Hack davon gewusst habe, dass man Jetzer die rote Hostie zum Schlucken geben wollte (das erste Mal am 25. Juni 1507), ja, der Lesemeister unterstellte sogar, dass dieser selber auf diese Idee gekommen sei; denn er habe sich bitter über Jetzer beklagt, von dem viel Unruhe, großes Geschrei und Gefahr ausgehe, gerade im Hinblick auf die rote Hostie. Jost habe sogar vermutet, dass Jetzer diese selber rot gefärbt habe, und habe vorgeschlagen, ihn zu zwingen, die Hostie zu schlucken, und die Klostervorsteher seien nicht ganz abgeneigt gewesen ... Später hätten sie Bruder Jost gesagt, sie hätten versucht, Jetzer zu zwingen, aber dieser habe sich widersetzt – nicht aber die ganze Geschichte mit der erbrochenen und verbrannten Hostie[347]. Hier ist bereits ein gefährlicher Gedankengang angelegt, der erst im Revisionsprozess voll zum Tragen kam (siehe Kap. II/3b): sowohl Jetzer als auch die rote Hostie mussten weg – was lag da näher, als Jetzer mit der roten Hostie zu vergiften? Der Gedankengang ist allerdings bereits in Anklageartikel 23 gegen die Klostervorsteher angelegt, den damals jedoch alle vier weit von sich wiesen (siehe Kap. II/2c).

Als nächster wurde, immer noch am 4. September 1508, der Prior verhört, der nach dem Lesemeister nicht mehr viel Neues beizutragen hatte. Er bestätigte, dass Prior Werner von Basel (Mitte Mai 1507) als erster den Vor-

---

346) Akten II/2 S. 256 f. Nr. 51 f. (1508, Sept 4; Lesemeister). Zum Generalkapitel von Pavia vgl. auch die Aussagen des Lesemeisters und des Priors im Revisionsprozess: Akten III S. 433 Nr. 39 und S. 467 f. Nr. 44 (1509, Mai 7 u. 12).
347) Akten II/2 S. 258 Nr. 53 (1508, Sept 4; Lesemeister).

522 Die Jetzerprozesse

schlag gemacht habe, den starrköpfigen Jetzer umzubringen, und zwar nicht nur in Gegenwart und im Einverständnis mit den vier Klostervorstehern, sondern auch mit dem Provinzial, dem Prior von Köln und Magnus Wetter; dagegen wusste er nicht sicher, ob Paul Hug auch dabei gewesen sei. Der Prior bestätigte weiter, dass der erste Vergiftungsversuch bereits während des (nicht abgehaltenen) Generalkapitels in Lyon – also Mitte Mai 1507 – stattgefunden hatte. Schließlich wusste er auch, dass Magnus Wetter und Paul Hug als Abgesandte des Provinzials Jetzer (am 9. Juli 1507) einen Eid abgenommen hätten, bei strengsten Strafen nichts zu verraten[348], ein Eid, der Jetzers panische Angst und seine seltsamen Widersprüche während seines ersten Prozesses in Lausanne erklären könnte (siehe Kap. II/1a).

Am 5. September 1508 wurden der Schaffner und der Subprior einvernommen, die naturgemäß weniger wussten als der Lesemeister und der Prior. Der Schaffner wusste nicht, ob der Provinzial um die Betrügereien um Jetzer gewusst habe, bevor er auf der Reise nach Lyon nach Bern gekommen sei, obwohl der Prior und der Lesemeister manchmal so etwas hätten durchblicken lassen. Als der Provinzial aber auf der Rückreise in Bern gewesen sei, habe Jetzer sich vor ihm sowie den Prioren von Basel und Köln und Magnus Wetter höchlich über die Klostervorsteher beklagt, und insbesondere über den Lesemeister, Prior und Subprior, die ihm in Gestalt von Maria und Engeln erschienen seien; doch wusste der Schaffner nicht, wie der Provinzial darauf reagiert habe. Darauf sei in der Väterstube beschlossen worden, Jetzer umzubringen, doch erinnerte er sich nicht, ob der Provinzial und sein Gefolge anwesend gewesen seien, eine Aussage, die er im Revisionsprozess korrigieren musste (siehe Kap. II/3b, Der Schaffner). Er wusste auch nicht mehr, ob er selber oder der Subprior Jetzer den vergifteten Brei gereicht hätten. Auf die Frage, ob der Provinzial und die anderen Prioren gewusst hätten, dass die Geschehnisse um Jetzer falsch gewesen seien, antwortete der Schaffner, dass sie es nicht hätten ignorieren können (*quod non potuerunt ignorare*). Als der Provinzial abgereist sei, habe er Jetzer ermahnt, den Klostervorstehern in allem zu gehorchen. Obwohl der Schaffner bei vielem dabei gewesen war, wusste er sich nicht mehr zu erinnern, denn er habe einen labilen Sinn und einen verstörten Geist (*sensum labilem et mentem turbatam*); er schien also von dem, was er hinter sich hatte, bereits sehr angegriffen, vielleicht weil er als Unschuldigster – nicht aber ganz Unschuldiger – in diese Geschichte hineingeraten war. Man kann auch nicht ganz ausschließen, dass er sich geweigert hatte, Jetzer zu vergiften; jedenfalls wurde der erste Vergiftungsversuch mit dem grünen Brei, wie Jetzer ihn geschildert hatte, durch den Subprior und scheinbar ganz ohne Zutun

---

348) Akten II/2 S. 296 f. Nr. 41 (1508, Sept 4; Prior).

Der Hauptprozess in Bern 523

des Schaffners durchgeführt (siehe Kap. II/2b, Die Erscheinungen der heiligen Cäcilia, Bernhard von Clairvaux und Katharina von Siena). Auf die Frage, wer von den Angehörigen des Berner Dominikanerkonvents außer den Klostervorstehern sonst noch gewusst habe, dass Jetzers Erscheinungen falsch gewesen seien, antwortete der Schaffner: der Novize Johann Meyer (Meyerli?) sowie die Brüder Jost Hack, Bernhard Karrer, Bruder Oswald und Paul (Süberlich), von welchen die letzteren beiden mit ihm zusammen den Schwebezug bedient hätten[349].

Der Subprior wollte nicht dabei gewesen sei, als Jetzer sich vor dem Provinzial über die Klostervorsteher beschwert habe, die ihm als Maria und Engel erschienen seien, wohl aber, als bald darauf im Väterstübchen vom Provinzial, Prior Werner, Magnus Wetter und Paul Hug sowie den vier Klostervorstehern beschlossen worden sei, Jetzer zu vergiften. Er wusste nicht, wer diesen Vorschlag zuerst gemacht hatte, wohl aber, dass er ihn selber umgesetzt habe, und zwar nur kurze Zeit, nachdem der Provinzial mit seinem Gefolge nach Lyon abgereist sei. Er wusste auch, dass beschlossen worden sei, die Sache auf dem Generalkapitel in Lyon vorzubringen, dass dies aber nicht geschehen sei, weil dieses gar nicht stattgefunden hatte. Er wusste auch vom Eid, den Magnus Wetter und Paul Hug Jetzer (am 9. Juli 1507) abverlangt hatten. Auf die Frage, ob der Provinzial gewusst habe, dass Jetzers Erscheinungen falsch seien, bevor er nach Bern gekommen sei, wusste der Subprior keine Antwort, wohl aber, dass dieser an allen Beratungen teilgenommen habe[350].

Die Verhöre über die Mitschuld des Ordens – oder wohl vielmehr „nur" der Ordensprovinz – fokussieren auf eine kurze Periode im Jetzerhandel, nämlich auf die Ereignisse des Monats Mai 1507. Dieser begann mit dem Provinzialkapitel von Pforzheim, an welchem auch der Prior und der Lesemeister von Bern teilgenommen hatten, laut einer Aussage des Lesemeisters zitiert vom Provinzial, der vorgängig vom Subprior über Jetzers erste Erscheinung der Maria und sein erstes Stigma (vom 25. März 1507) ins Bild gesetzt worden war und der alles andere als erbaut gewesen sei; doch stammt diese Aussage des Lesemeisters aus dessen Bekenntnisschrift und verdient also nur bedingt Glauben. Laut der Aussage des Lesemeisters vom 4. September 1508 hätte Prior Werner von Basel den Provinzial erst nach dem Provinzialkapitel von Pforzheim informiert und dafür nicht nur Ablehnung geerntet. Seltsamerweise ist in den Zusatzverhören vom 4. und 5. September 1508 nur gerade einmal von Jetzers Stigmata die Rede, nämlich

---

349) Akten II/2 S. 274 f. Nr. 80 (1508, Sept 5; Schaffner).
350) Akten II/2 S. 324 f. Nr. 76–78 (1508, Sept 5; Subprior).

524 Die Jetzerprozesse

am 4. September beim Lesemeister, obwohl Jetzer diese Mitte Mai 1507 bereits gehabt haben müsste, allerdings erst seit dem 7. Mai – wie wenn diese, samt dem Passionsspiel, dem Provinzial und seinem Gefolge noch nicht zu sehr gezeigt worden wären. Jedenfalls scheint Jetzer sich nach der Ankunft des Provinzials nur über die falsche Erscheinung von Maria und Engeln auf dem Schwebezug beklagt zu haben, die ihm bereits Mitte April 1507 vorgespielt worden war. In der Folge scheinen die Dominikaner realisiert zu haben, dass Jetzer sich mit dieser Erscheinung trotz aller Beschwichtigungsversuche noch keineswegs abgefunden hatte, und deshalb auf Vorschlag des Priors von Basel beschlossen zu haben, ihn durch den Schaffner oder Subprior vergiften zu lassen, und zwar einmütig, die vier Klostervorsteher sowie der Provinzial und sein Gefolge. Der Vergiftungsversuch wurde bereits in den nächsten Tagen – nicht Wochen – umgesetzt, und zwar durch den Subprior, aber in Gegenwart von Prior und Lesemeister, die nicht nach Lyon gereist waren, so dass Jetzer, als der Provinzial bereits am 16. Mai 1507 von Lyon zurückkehrte (weil das Generalkapitel abgesagt worden war), sich über den ersten Vergiftungsversuch beklagen konnte, aber nur abgewimmelt und zum Gehorsam gegenüber den Klostervorstehern ermahnt wurde. Seltsam ist auch, dass der Provinzial und sein Gefolge nach der Rückkehr von Lyon so lange – ganze zwölf Tage lang – in Bern blieben: wie wenn sie das Gelingen des nächsten Vergiftungsversuches hätten abwarten wollen ...

Ein Resultat des Bern-Besuchs des Provinzials könnte immerhin gewesen sein, dass man die Angelegenheit Anfang Juni 1507 vor das Generalkapitel in Pavia bringen wollte, es sei denn, dieser Beschluss wäre schon – wie in der Bekenntnisschrift des Lesemeisters – Anfang Mai vom Provinzialkapitel in Pforzheim gefasst worden. Als Gesandte wurden Paul Hug und Magnus Wetter aus dem Umfeld des Provinzials geschickt, dieselben, die im Juli 1507 im Auftrag des Provinzials auch Jetzer – der immer noch am Leben war – besuchten und ihn als einzigen streng rügten. Das Generalkapitel von Pavia scheint zu Ungunsten des Jetzerhandels – oder der Dominikaner der Oberdeutschen Provinz? – entschieden zu haben, doch ist der Beschluss nicht schriftlich festgehalten worden, vielleicht gerade, weil man die ganze Angelegenheit vertuschen wollte. Wie auch immer: Prior Werner von Basel steckte jedenfalls tiefer in der Schuld, als man sich dies gerade nach seinem Beitrag zum Defensorium je hätte träumen lassen, und Georg Rettig hat in ihm vielleicht doch nicht ganz zu Unrecht den Rädelsführer des Jetzerhandels sehen wollen, auch wenn es bei Rettig wohl vor allem darum geht, die Schuld von Bern weg zu verlagern (siehe Einl. 1b). Es ist wohl kein Zufall, wenn Prior Werner sich laut dem Herausgeber des Defensoriums am 7. September 1508, am gleichen Tag, als in Bern der Hauptprozess abgeschlossen

Der Hauptprozess in Bern   525

werden sollte, aus Angst vor der Folter von Basel mit dem Schiff nach Frankfurt absetzte und sowohl die Verteidigung seiner Mitbrüder in Bern als auch sein Priorat in Basel ihrem Schicksal überließ: *[...] idem doctor Wernherus, percepta serie rei causamque examinari certa relatione videns tortura strictiori, nagivio Basileam exiit Franckphordiam versus in profesto nativitatis Marie eiusdem anni, relictis compatrum suorum Bernensium defensione et prioratus sui (quam tanti habuit) dignitate.* In Frankfurt scheinen sich seine Spuren zu verlieren, und es ist nicht gesichert, dass er 1517 noch am Leben war, obwohl er vielleicht in einem Brief (II/55) des zweiten Bandes der „Dunkelmännerbriefe" erwähnt wird, der 1517 erschien[351].

Aber auch der Provinzial, Peter Sieber, war stark angeschossen, denn es stand fest, dass er seit spätestens Anfang Mai 1507 von Prior Werner von Basel eingeweiht gewesen war und Jetzer trotz heftiger Klagen Mitte Mai zwei Mal nicht geholfen hatte, sondern vielmehr am Beschluss, ihn durch Gift zu beseitigen, beteiligt gewesen war. Dieser Beschluss lässt sich nur dadurch erklären – nie aber rechtfertigen! –, dass Jetzer durch seine reine Existenz und durch sein Wissen im Berner Dominikanerkloster zu einer Zeitbombe geworden war, die jederzeit losgehen konnte. Der Provinzial scheint auch immer ein kleines Türchen offengelassen zu haben für den Fall, dass der Jetzerhandel doch noch von Erfolg gekrönt gewesen wäre ... Nichtsdestoweniger – aber das alles war damals noch nicht bekannt – war er mit dem päpstlichen Breve vom 21. Mai 1508 zum Mitglied des außerordentlichen Gerichtshofs ernannt worden, allerdings zu einem Mitglied minderen Rechts, denn die beiden anderen Richter, die Bischöfe von Lausanne und Sitten, konnten auch ohne ihn entscheiden, was sie denn am 18. August 1508 (Vesperzeit) mit dem Zwischenurteil zur Anwendung der Folter gegen die Dominikaner auch taten. Darauf scheint er aus dem Gericht ausgeschieden zu sein, so dass dieses die Folterverhöre der Klostervorsteher durchführen und in den Zusatzverhören dann auch ungehindert seiner Schuld nachforschen konnte. Bis zu seinem Ausscheiden muss der Provinzial während des Hauptprozesses durch die Hölle gegangen sein, doch ist Mitleid in diesem Fall wohl fehl am Platz. Er scheint dies alles nicht lange überlebt zu haben, sondern noch im Herbst 1508 in Konstanz gestorben zu sein, wie Anshelm (3 S. 149) sagt, „um weitere Schande zu vermeiden": *darzů der ein [richter], namlich der provincial, so wit in der sach beladen, dass, nachdem er, vom gericht abgestanden, gon Costentz kam, witer schand abzesin, flux uss diser zit verschied. Was ein treffenlicher, von lib und kunst wohl gestalter man gewesen.*

---

351) Def. S. 600f. Anm. 4, vgl. auch Ulrich von Hutten, Lettres des hommes obscurs S. 598 und 754. Zu den „Dunkelmännerbriefen" siehe Epilog, Einleitung.

526   Die Jetzerprozesse

Einigermaßen unbeschadet kamen nur die Ordensgenerale davon, zunächst Johann Clerée, der wahrscheinlich auf dem Generalkapitel von Pavia Anfang Juni 1507 erstmals von der Sache erfahren und negativ reagiert hatte, allerdings weniger im Sinn von Aufklären und Bestrafen, sondern im Sinn von Überdecken und Verschweigen. Er starb bereits am 10. August 1507 noch in Pavia und wurde zunächst von Thomas de Vio Cajetan vertreten, der auf dem Generalkapitel von Rom im Juni 1508 seinerseits zum Ordensgeneral gewählt wurde. Auch ihm ist eigentlich nicht viel vorzuwerfen. Als im Herbst 1507 der Lesemeister und der Subprior von Bern nach Rom kamen, scheint er sie davon abgehalten zu haben, mit ihren Anliegen an den Papst zu gelangen. Dass er sich in seinen Briefen an den Rat von Bern vom 11. Dezember 1507 und vom 17. Februar 1508 relativ dezidiert auf die Seiten seiner Ordensbrüder in Bern schlug und alle Schuld auf Jetzer schob, kann man ihm wohl nicht verdenken, obgleich auch dieser, zumindest bis zu seiner Entkleidung am 5. Januar 1508, ein Mitglied des Ordens gewesen war, wenn auch viel minderen Ranges ... Bemerkenswert ist, dass der Jetzerhandel in Cajetans Briefregister mit keinem Wort erwähnt wird, auch nicht die beiden Briefe an die Stadt Bern; man kann nicht ganz ausschließen, dass er von Rom aus die Tragweite des Jetzerhandels unterschätzt hat[352]. Dagegen lässt sich wohl nicht abstreiten, dass die Oberdeutsche Ordensprovinz – und das heißt der Provinzial Peter Sieber, seine Gefolgsleute Paul Hug und Magnus Wetter sowie, *last but not least*, Prior Werner von Basel – sich mitschuldig gemacht hatten, indem sie vom Treiben ihrer Mitbrüder in Bern wussten und dieses nicht unterbanden, und schließlich indem sie am Beschluss, Jetzer aus der Welt zu räumen, beteiligt waren, Prior Werner auch aktiv am Jetzerhandel selbst. Dabei darf man nicht übersehen, dass es dem Rumpfgericht – und wahrscheinlich vor allem auch dem Rat der Stadt Bern – darum ging, in einer letzten Runde des Hauptprozesses die Mitschuld des Ordens oder zumindest der Oberdeutschen Ordensprovinz gerichtlich fest-

---

352) Registrum litterarum fr. Thomae de Vio Caietani S. 181–200, Briefe betr. die Ordensprovinz Theutonia (1507–1513); Beilagen S. 612 Nr. 7 (1507, Dez 11), S. 612 Nr. 14 (1508, Feb 17), und HÜBSCHER, Deutsche Predigerkongregation S. 90: „Kajetans strenge Einstellung ist bekannt. Dass er seine Forderungen nicht durchbringt, muss einer gewissen Unerfahrenheit mit den Zuständen nördlich des Alpenwalls zugeschrieben werden. [...] Er überschaut nicht die Tragweite der drei Observantenhändel [Wirt-Handel bzw. -Händel, Jetzerhandel und Reuchlinhandel] in der Provinz Teutonia." Entsprechend dieser Einschätzung werden sich in Rom wahrscheinlich nicht mehr viele weitere Archivalien zum Jetzerhandel finden (siehe Einl. 2a, Anm. 137) – oder dann sind sie vernichtet worden, weil die Sache für den Orden rufschädigend war und die Zeitgenossen wohl nicht zwischen Ordensleitung in Rom und Provinzleitung in Oberdeutschland unterschieden.

Der Hauptprozess in Bern

stellen zu lassen, um diese dann auch an den Kosten zu beteiligen, die sich inzwischen zu einer großen Summe aufgelaufen hatten, und dies noch ohne die Kosten des Revisionsprozesses, von dem man damals noch nichts wusste (siehe Epilog 2b).

Interessant ist, dass in den letzten Verhören der Klostervorsteher im Hauptprozess offenbar auch die Frage auftauchte, inwieweit die Brüder des Konvents eingeweiht waren. Am 2. September 1508 hatte der Subprior erstmals ausgesagt, dass gewisse Brüder nach und nach gemerkt hätten, dass die Erscheinungen in Szene gesetzt worden waren, um Jetzer zu täuschen, den Grund (die befleckte Empfängnis) dafür aber nicht kannten. Dabei nannte er den Kustos Konrad Zimmerecklin, die Brüder Jost Hack von Freiburg und Paul Süberlich von Frankfurt sowie den Konversen Oswald (siehe oben, Abschluss der Prozesse des Schaffners, Priors und Subpriors). Die Genannten hätten auch nicht gewusst, wie die rote Hostie bemalt worden war. Am 4. September 1508 sagte der Lesemeister jedoch aus, dass Bruder Jost sehr wohl um die rote Hostie gewusst habe, die Jetzer schlucken sollte, ja, dass dieser selber dies vorgeschlagen habe, weil der Konverse ihm mit seinem Geschrei gewaltig auf die Nerven gegangen sei. Auch wenn man sich durchaus vorstellen kann, dass Jetzers Sonderbehandlungen – im Guten wie im Schlechten – die übrigen Brüder verärgert haben, kann Josts Hass auf Jetzer doch auch vom Lesemeister übertrieben worden sein, um den Verdacht wiederum auf Jetzer zu lenken. Es ist nicht auszuschließen, dass der Schaffner am 5. September 1508 aufgrund der Aussage des Subpriors vom 2. September befragt wurde, jedenfalls bestätigte er, dass die Brüder Jost Hack und Paul Süberlich sowie der Konverse Oswald gewusst hätten, dass Jetzers Erscheinungen falsch waren, und fügte außerdem, anstelle von Konrad Zimmerecklin, auch noch Bernhard Karrer (Zeuge im Hauptprozess) und vor allem den Novizen Johann Meyer(li) hinzu.

Was den Novizen Johann Meyerli betrifft, so stellte sich im Lauf des Revisionsprozesses heraus, dass er erstens die Maria beim verfrühten Besuch des Goldschmieds Martin Franke und des Glasers Lukas (am 3. April 1507) gespielt und zweitens in der Nacht vom 24. auf den 25. Juni 1507 die Stimmen der blutweinenden Marienstatue und ihres Sohnes nachgeahmt hatte, doch führten die Klostervorsteher während des Hauptprozesses wahre Eiertänze auf, um zumindest diese letzte „Ehre" dem Lesemeister vorzubehalten. Das mutet zunächst sehr sympathisch an: die Klostervorsteher denunzierten lieber sich selber, als den Schatten eines Verdachts auf einen ihrer Brüder – oder eben Novizen – fallen zu lassen, diente aber gleichzeitig einem zweiten, ganz andern Zweck, nämlich zu verbergen, dass die blutweinende Marienstatue mehr als einmal gesprochen – oder schlimmer: georakelt – hatte (siehe Anh. 3). Nichtsdestoweniger scheinen die Klostervorste-

528 Die Jetzerprozesse

her sich doch bemüht zu haben, ihre Brüder aus der Sache herauszuhalten, und dies ist ihnen zugute zu halten. Im Übrigen gilt wohl, was Jetzer bereits bei seiner ersten Gegenüberstellung mit den Dominikanern am 7. Januar 1508 vor dem Rat in Bern gesagt hatte: dass alle andern Brüdern außer den vier Klostervorstehern unschuldig seien (*omnes alios fratres innocentes, demptis quattuor maioribus*). Aber auch in seinem ersten Folterverhör vom 5. Februar 1508 hielt er daran fest, dass die übrigen Mönche unschuldig seien (*De singulis aliis religiosis monasterii dicit ipse Ietzer, quod sint innocentes*)[353], während er in seinem zweiten Folterverhör vom 7. Februar 1508 vom Besuch der Provinzials und seines Gefolges Mitte Mai 1507 in Bern berichtet, die ihn lediglich zum Gehorsam gegenüber seinen Obern ermahnt hätten, was immer diese ihm befehlen würden. Als er diesen einmal entgegengehalten habe, dass dem Provinzial gar nicht gefallen würde, was sie mit ihm trieben, hätten sie geantwortet: „Wenn er es wüsste, würde er nicht widersprechen." Und aus der Tatsache, dass während des Jetzerhandels mehrere Ordenskapitel an verschiedenen Orten stattgefunden hätten, hatte der Konverse geschlossen, dass die Sache nicht nur von jenen vier versucht worden sei, sondern auf Anordnung der Obern des Ordens (*factum non solum ab illis quatuor, verum ex ordinacione principalium ordinis attemptatum*). Und gewissermaßen als Antwort darauf hatte Prior Werner im Defensorium entrüstet geschrieben: „wie wenn diese Täuschungen mit Wissen und Willen des Provinzials und aller Väter der Provinz geschehen wären" (*quasi res ipsa deceptoria incepta sit de scitu et practica provinciae*)[354] – was nicht ganz so weit von der Wahrheit entfernt war, wie Prior Werner es hier darstellt.

Ein offenes Ende

Am Montag, dem 4. September 1508, also am gleichen Tag, an dem auch die Sonderverhöre Jetzers und der vier Klostervorsteher betreffend Mitschuld der Dominikanerordensprovinz begannen, wurden die Mitglieder des Rats von Bern, die sich außerhalb der Stadt befanden, aufgefordert, bis Mittwoch (6. September) wegen der Dominikaner zurückzukehren[355]. Bis Mittwoch scheint man indessen noch nicht soweit gewesen zu sein, vielleicht weil die

---

353) Def. S. 589 Kap. III/4 – fehlt in der Parallelüberlieferung im Ratsmanual (Beilagen S. 614–616 Nr. 11); Akten I S. 47 Nr. 151 (1508, Feb 5; Jetzer, Folterverhör) – fehlt in der Parallelüberlieferung im Def. S. 595 Kap. III/9.

354) Akten I S. 47 f. Nr. 153, S. 50 Nr. 157 u. 159 (1508, Feb 7; Jetzer, Folterverhör), vgl. auch Def. S. 599 Kap. III/11.

355) Beilagen S. 628 Nr. 30 (1508, Sept 4): *An die min hern ussernthalb, Mitwuchen hie zu erschinen der Brediger halb.*

Der Hauptprozess in Bern

Verhandlungen über das Schlussurteil sich länger hinzogen als erwartet. Am 7. September (Donnerstag) erschien der Glaubensprokurator Ludwig Löubli vor dem Gericht, bestehend aus den Bischöfen von Lausanne und Sitten, und vor den Angeklagten, diesmal wieder in der korrekten hierarchischen Reihenfolge Prior, Lesemeister, Subprior und Schaffner, aber nicht gleichzeitig, sondern einer nach dem andern (*presentibus ibidem successive*). Der Glaubensprokurator verlas das päpstliche Breve vom 21. Mai 1508, wies die Artikel- und die Folterverhöre vor und verlangte von den Richtern, das Urteil zu sprechen (*iusque et iustitiam summariam in hac causa ministrari*). Auf der Gegenseite erschienen die vier Angeklagten mit ihrem Verteidiger, Johann Heinzmann, und protestierten gegen den ganzen Prozess als null und nichtig. Der Verteidiger unterstellte seine Schutzbefohlenen dem Schutz (*protectio et tuitio*) des Heiligen Stuhls, und diese unterstellten sich außerdem dem Erbarmen Gottes und des Gerichts, mit Ausnahme des Priors, der sich zunächst dem Verteidiger anschloss und schließlich auch noch die Gnade und das Erbarmen des Papsts und des Gerichts anrief. Darauf kamen die Richter und der Glaubensprokurator zum Schluss, dass ein Endurteil erst gesprochen werden könne, wenn der Heilige Stuhl dazu die Erlaubnis gegeben haben würde (*quando quotienscumque per sanctam sedem apostolicam in hac causa ad sententiam diffinitivam decretum extiterit procedendum*)[356].

Die Akten des Hauptprozesses wurden beglaubigt durch François des Vernets, Sekretär des Bischofs von Lausanne, und durch Johann de Presenssiis (Pressensé), Gerichtsschreiber des Bischofs von Sitten (siehe Einl. 2a). Dabei wurde ausdrücklich festgehalten, dass der Bischof von Sitten praktisch alles übersetzt hatte, d. h. wohl alle Aussagen, die nicht auf Latein gemacht worden waren, mit Ausnahme der Zeugenaussagen vom 13. August 1508, die von Thüring Fricker, derjenigen vom 16. August, die von Johann Mörnach von Basel, und schließlich einiger anderer, die von Baptiste de Aycardis, Offizial von Lausanne, übersetzt worden seien. Dieser habe auch diktiert, und zwar vor allem bei einigen Passagen der Prozesse des Subpriors und des Schaffners, vor allem gegen Schluss (die außerordentlichen Geständnisse des Subpriors?!), und bei den Prozessen des Priors und des Lesemeisters vor allem bei den „Komplizen“, d. h. möglicherweise bei den Verhören betreffend die Mitschuld der Ordensprovinz[357]. Dies bedeutet, dass man für die Übersetzung der Zeugenaussagen eine pragmatische Lösung gefunden hatte, und zwar entgegen dem viel komplizierteren Verfahren, das

---

356) Akten II/2 S. 325 f. (1508, Sept 7).
357) Akten II/3 S. 401–403 (undat.).

530   Die Jetzerprozesse

der Verteidiger in seinem am 12. August 1508 vorgelegten Fragenkatalog für die Zeugen gefordert hatte, dass diese nämlich in ihrer Sprache befragt und ihre Aussagen in eben dieser Sprache aufgeschrieben und erst dann getreu (in die lateinische Sprache) übersetzt werden sollten, wobei der Verteidiger eine Kopie der Übersetzung haben wollte (siehe Kap. II/2d, Einleitung). Im Revisionsprozess wurden zwar zunächst offizielle Dolmetscher in Dienst genommen, von denen immer mindestens zwei bei den Verhören anwesend sein mussten, dann aber fiel man bald in die pragmatische Lösung des Hauptprozesses zurück und ließ wiederum Schiner übersetzen (siehe Kap. II/3a, Der Beginn des Revisionsprozesses).

Seine Übersetzungstätigkeit könnte dem Bischof von Sitten, Matthäus Schiner, einen großen Einfluss inner- und vielleicht auch außerhalb des Gerichts verschafft haben, und dies vermag wohl teilweise auch die Patt-Situation zu erklären, die jetzt, am Ende des Hauptprozesses, entstanden war. Am 7. September 1508 wurden nämlich die Bischöfe von Lausanne und Sitten vor dem Rat angehört, und es ist nicht auszuschließen, dass dies auch bereits am 6. September der Fall gewesen war, denn das Protokoll im Ratsmanual beginnt mit: *Es wurden abermals verhört min herr von Losan und min herr von Sitten, die dan wie gestern begerten [...].* Die Bischöfe scheinen beide Male um einen Aufschub (*verdanck*) gebeten zu haben, um „den Handel und Prozess“ an den Papst zu bringen und ihr Urteil erst mit seinem Rat zu sprechen (*den handel und proceß an unsren heiligosten vatter den bapst bringen und mit siner Heiligkeit rat ir urteil mogen geben*). Dabei scheinen sie viele Ursachen und Beweggründe genannt zu haben, die leider im Ratsprotokoll nicht mitgeteilt werden (*uß vilfaltigen ursachen und bewegungen durch si eroffnet und hie zů melden nit not*), vielleicht weil sie geheim gehalten werden sollten. Der päpstliche Auftrag verlangte nämlich Einhelligkeit zumindest der beiden Bischöfe, und diese war offenbar nicht gegeben. Der Rat bewilligte den Aufschub unter der Bedingung, dass die vier Klostervorsteher als Gefangene in den Händen der Stadt bleiben und auch hier bestraft werden und dass die Bischöfe sich soweit beeilen sollten, dass der Rat das leidige Geschäft möglichst bald abhaken könnte (*doch daß sie darin alle mogliche fürdrung bruchen, damit min herren der sach ân langen verzug abkommen*). Weiter wollte man den Dominikanern alle (liturgischen) Gewänder und Kleinodien sowie das Archiv (*brieff*) und das Siegel wegnehmen und von ihnen außerdem verlangen, dass sie die Zahl der Priester reduzierten und diese an andere Orte schickten; denn die Prozesse kosteten viel und die Stadt sei nicht willens, ihnen weiterhin mit Wein, Korn und anderem auszuhelfen. Man wollte sogar an den Papst schreiben und verlangen, die Stadt von der Niederlassung des Dominikanerordens, die sie

Der Hauptprozess in Bern 531

nicht mehr dulden wollte, zu befreien: *inen des ordens in der stat hie abzu-helfen, dan sie den fürer hye nit wellen wüssen noch liden*[358].

Das ist eine furchtbar harte Reaktion – aber im Grund nur die Antwort auf die Aussage des Lesemeisters vom 30. August 1508, wonach die Stadt Bern Anfang Mai 1506 auf dem Provinzialkapitel von Wimpfen für die Erprobung von Erscheinungen zu Gunsten der befleckten Empfängnis Marias ausgesucht worden war, weil hier „ein gutes und einfaches Volk und nicht zu viele Gelehrte seien" und weil „die Herren von Bern, wenn man sie für diese Meinung gewinnen könnte, kräftig an deren Durchsetzung mitarbeiten würden" (siehe oben, Die Folterverhöre des Lesemeister vom 30. August bis 1./3. September 1508). Oder in Anselms Worten (3 S. 51): *dass semlichs zů Bern angericht wurde, da wenig gelerter und ein schlecht [schlichtes] volk wår, aber, so das beredt wurd, måchtig und handvest, die sach ze schirmen und zů erhalten.* Oder noch einmal in anderen Worten: die Berner sind zwar mächtig, aber dumm! Man versteht, warum dies die Berner aufs tiefste verletzt haben muss, ebenso wie auch die Orakel der blutweinenden Maria wegen der Errichtung des Vinzenzstifts oder, viel schlimmer, wegen des Zuwiderhandelns gegen den Pensionenbrief, ohnehin eine schwärende Wunde in den Seelen der Eidgenossen; dies wurde als Einmischung in die inneren (innersten!) Angelegenheiten empfunden und durfte nicht ungestraft bleiben (siehe Kap. II/5a).

Seltsamerweise steht der eigentliche Grund für das offene Ende des Hauptprozesses weder im Ratsmanual noch in den Akten oder in einer der Berner Chroniken (Anshelm und Schwinkhart), sondern beim Luzerner Schilling (siehe Einl. 2b). Dieser schreibt, dass der Bischof von Lausanne die Mönche nicht zum Tod auf dem Scheiterhaufen, sondern „nur" zu lebenslänglichem Gefängnis habe verurteilen wollen, dass aber derjenige von Sitten sie mit der Unterstützung der Stadt auf den Scheiterhaufen schicken wollte:

[...] kamend beid bischoff von Wallis und Losan uß entpfelh unsers helgen vatters des bapstz, und wurdend die armen münch durch dieselben beid bischoff gevoltert und gefragt, und ward soviel an inen erfunden der dingen halb, das man sy jemer zum tod verurteilt. Doch wolt der bischoff von Losan sy nit tôten, sunder inmuren, der bischof von Wallis wolt sy aber mit der stat rat in das für richten. Und also ward ein zweitracht, das

---

358) Beilagen S. 628 Nr. 30 (1508, Sept 7), vgl. auch Akten II/1 S. 61 (1508, Mai 21; der päpstliche Auftrag): *vos duo episcopi concordes.*

532   Die Jetzerprozesse

*die von Bårn bestůndend in der sach, und liessend die sach abermalß an-
stan uff mandat unnsers helgen vatters des bapstz*[359].

Dies die Patt-Situation, von der oben die Rede war: die Bischöfe von Lausanne und Sitten waren sich nicht einig, derjenige von Sitten war für die här-
teste Strafe und wurde dabei von der Stadt Bern unterstützt – und wohl
auch angetrieben. Albert Büchi hat diese Härte natürlich nicht auf seinem
„Helden“, Matthäus Schiner, sitzen lassen können und hat die Richtigkeit
der Angaben des Luzerner Schillings ganz einfach negiert: „Allein das kann
nicht richtig sein, da es nur in der Befugnis der Richter stand, sich über die
Schuld, nicht aber über die Strafe auszusprechen. Nach den Umständen war
aber, wenn nicht besondere Gnade waltete, eine andere Strafe als der Feuertod nicht zu erwarten. Und die Verantwortung dafür liegt nicht bei den Bischöfen.“ Ja, Büchi behauptet sogar, dass es Schiner gewesen sei, der sich
dem Willen des bernischen Rats entgegengestellt und mit seiner Meinung
durchgedrungen sei, zunächst wieder an Rom zu gelangen: „Der Rat
wünschte zwar, dass man nicht nochmals nach Rom gelangen, sondern als-
bald die Schuldigen degradieren und dem Henker ausliefern solle. Allein
diese Ansicht drang bei den Richtern nicht durch, sondern im Gegenteil die
Meinung Schiners, man sollte zunächst in Rom Schritte tun, um die Erlaubnis zur Vollstreckung des Urteils und zur Aufhebung des schwer kompromittierten Dominikanerklosters zu erhalten.“ Damit usurpiert Büchi möglicherweise die Haltung des Bischofs von Lausanne, Aymo von Montfalcon,
für denjenigen von Sitten, Matthäus Schiner; denn es ist durchaus vorstellbar, dass Aymo von Montfalcon das Todesurteil für die Dominikaner – zunächst – nur verhindern konnte, indem er den Kompromissvorschlag machte, vorerst wieder an Rom zu gelangen – und damit auch, gegen den Willen
der Stadt und seines Mitrichters, durchdrang[360]. Von den beiden bischöflichen Richtern war Aymo von Montfalcon wahrscheinlich der friedlichere,
kompromissbereitere und diplomatischere.

Zwischen den Bischöfen von Lausanne und von Sitten, Aymo von Montfalcon und Matthäus Schiner, scheint ohnehin ein gewisser Antagonismus
bestanden zu haben, der sich zunächst einmal darauf zurückführen lässt,
dass der Bischof von Lausanne in den Jahren 1489–1506 im Auftrag der
Herzöge von Savoyen immer wieder – und letztlich ohne Erfolg – zuerst
mit Schiners Vorgängern und dann (seit 1499) mit diesem selber um die
Rückgabe des savoyischen Unterwallis verhandeln musste, das 1475–1477
von Bischof Walter Supersaxo erobert worden war. Dabei war es insbeson-

---

359) Luzerner Schilling S. 452 Kap. 388.
360) BÜCHI, Schiner 1 S. 133 f., 144., vgl. auch UTZ TREMP, La défense, insbes. S. 74.

Der Hauptprozess in Bern   533

dere im April 1506 in Sitten zu mehreren Zusammenstößen gekommen: der
Bischof von Sitten hatte denjenigen von Lausanne zwar zunächst gut empfangen und bewirtet, ihm dann aber mehrmals das Wort abgeschnitten und
und ihn schließlich zu einer undiplomatischen Antwort gereizt, die für den
diplomatischen Bischof von Lausanne völlig untypisch war. Denn Aymo
von Montfalcon war vor allem Diplomat[361]. Er war schon vor Beginn der
Jetzerprozesse in den Handel involviert gewesen, indem der bernische Rat
ihn bereits im Juli 1507 hatte rufen lassen, um sich Jetzer und seine Stigmata
anzusehen, die er durch Ärzte behandeln lassen wollte (siehe Kap. II/2d,
Zeugenaussage Anshelm); er hatte auch den ersten Prozess – gegen Jetzer allein – durchgeführt und sich von Bern nicht zur Anwendung der Folter
drängen lassen (siehe Kap. II/1). Im Hauptprozess waren ihm der Bischof
von Sitten und der Provinzial zur Seite gestellt worden, von denen der letztere ihm nicht gefährlich werden konnte, wohl aber der erstere, der ohnehin
nicht sein Freund war und der sich auch nicht auf die Seite seines Mitbi-
schofs, sondern auf diejenige der Stadt Bern schlug – anders als der Bischof
von Lausanne selber in Jetzers erstem Prozess! Der Luzerner Schilling hat
seinem Bericht über die Uneinigkeit der beiden Bischöfe ein Bild beigegeben, in dem dieser Antagonismus möglicherweise sogar zum Ausdruck
kommt (siehe Tafel 3).

Auf der Seite der Hardliner befand sich auch der Glaubensprokurator
Ludwig Löubli, für den der Luzerner Schilling an anderer Stelle ein besonderes Lob hat als für einen, der sich als einer der ersten den Dominikanern
entgegengestellt habe:

*[...] und sunderlich was dazemal zů Bårn ein chorherr und stattkind, ein
trefflicher gelerter man, namlich meister Ludwig Lôubli. Derselb und ander im zů hilff fiengend an, wider sollich uncristenlich sachen [u. a. die
rote Hostie, die der Luzerner Schilling für ungeweiht hält] zů bredigen
und sunst allenthalben darwider ze reden [...][362].*

Einer der Gründe für die Vertreibung des Deutschen Ordens aus der Stadt
Bern und die Errichtung des Vinzenzstifts an seiner Stelle war in der Mitte
der 1480er-Jahre in der Tat gewesen, dass der Rat die „Stadtkinder", um deren Bildung er sich zunehmend bemühte, anschließend auch entsprechend
„versorgen" können wollte, nämlich auf den Chorherrenpfründen des Vin-

---

361) PIBIRI, Aymon de Montfalcon S. 93 f., vgl. auch ebd. S. 97–99 u. 101. Vgl. auch
BÜCHI, Schiner 1 S. 96 ff.
362) Luzerner Schilling S. 450 Kap. 386.

534 Die Jetzerprozesse

zenzstifts[363]. Und Ludwig Löubli war ein solches „Stadtkind", und dazu kein unbedeutendes, sondern vielmehr der Neffe des langjährigen Schultheißen Wilhelm von Diesbach, zugleich Vogt des Dominikanerklosters (siehe Kap. II/2d, Der Klostervogt Wilhelm von Diesbach). Es ist kein Zufall, wenn Löubli kurz nach Abschluss – oder eben Nicht-Abschluss – des Hauptprozesses am 15. September 1508 dem Bischof von Lausanne(!) als Dekan des Vinzenzstifts präsentiert wurde, anstelle von Johann Murer, der zum Propst aufrückte (siehe Kap. II/2d, Johann Murer, Dekan des Vinzenzstifts), und dies obwohl Löubli sich als Chorherr nie besonders hervorgetan hatte[364]. Die Fronten waren klar: der Bischof von Lausanne, der für eine mildere als die Todesstrafe plädierte, gegen den Bischof von Sitten, die Stadt Bern und den Glaubensprokurator Ludwig Löubli, eine Situation, in der die vier Klostervorsteher nur verlieren konnten, auch wenn sie noch einen Aufschub erhielten. Dass die tief gekränkte Stadt Bern nicht gewillt war, irgendwelche Kompromisse zu machen, geht eindeutig aus der Instruktion und den Empfehlungsbriefen hervor, die sie ab dem 20. September 1508 Konrad Wymann – dem anderen Glaubensprokurator – nach Rom mitgab (siehe Kap. II/3a, Die Vorbereitungen).

---

363) TREMP-UTZ, Kollegiatstift S. 34, vgl. auch ZAHND, Bildungsverhältnisse, *passim*.
364) TREMP-UTZ, Chorherren S. 80.